让历史感同身受

让历史感同身受

[英] 艾伦·弗朗西斯·布鲁克 著

战争日记
（1939—1945）

章和言 修道石 译

Alan Francis Brooke

WAR DIARIES
（1939—1945）

上海译文出版社

艾伦·布鲁克的妻子贝妮塔,1930年代末。

贝妮塔和两个孩子:骑马的是维克多(书中昵称"泰先生"),站着的是凯瑟琳(书中昵称"普克斯")。

可能是1940年6月19日，从法国北部撤往普利茅斯途中，艾伦·布鲁克在"剑桥郡号"渔船甲板上与官兵们合影。

1941年9月28日至10月3日，代号"保险杠"的军事演习期间，艾伦·布鲁克刚刚从飞机上下来，照片左边是他的副官巴尼·查尔斯沃斯。

"保险杠"军事演习期间,艾伦·布鲁克正在座车的后箱盖上用晚餐。

1942年6月初,陆军部总参谋长办公室,艾伦·布鲁克与副总参谋长阿奇博尔德·奈在一起。

1942年8月11日，艾伦·布鲁克在英国驻德黑兰大使馆，照片是时任驻印度英军总司令阿奇博尔德·韦维尔陆军上将拍的。

1943年1月,参加卡萨布兰卡会议的联合参谋长委员会成员在电梯里。左起:阿诺德、迪尔、马歇尔、布鲁克、庞德、波特尔。

卡萨布兰卡会议期间，艾伦·布鲁克正在主持联合参谋长委员会的会议。右起：波特尔、布鲁克、庞德、蒙巴顿、伊斯梅、魏德迈、戴克思、萨默维尔、阿诺德、马歇尔、金。

出席卡萨布兰卡会议的英国代表团合影。前排左起：波特尔、庞德、丘吉尔、迪尔、布鲁克。后排左起：C.R.汤普森、戴克思、亚历山大、约翰·马丁、蒙巴顿、伊斯梅、莱瑟斯勋爵、麦克米伦、莱斯利·罗曼、雅各布。

1943年前后，艾伦·布鲁克、格里格和佩吉特在陆军部长办公室里。

1944年9月16日至20日，魁北克，奥里斯卡尼湖钓鱼娱乐部成员。右起：坎宁安、波特尔、布鲁克、莱基（加拿大空军参谋长）。

那是只鸟吗,还是架飞机?可能是只鸟吧。1945年2月2日,马耳他岛上,艾伦·布鲁克正在指给马歇尔和金看天上。此时的布鲁克可能刚刚听到巴尼·查尔斯沃斯的死讯。

1945年3月25日,德国莱茵伯格,艾伦·布鲁克和布拉德利在美国第9集团军司令部。

1945年3月25日,德国韦瑟尔附近,丘吉尔、蒙哥马利和艾伦·布鲁克正在察看莱茵河。

1945年2月9日,艾伦·布鲁克正在离开雅尔塔会议的会场。

1939 年 9 月 28 日至 1940 年 5 月 30 日

1939 年 9 月 28 日

和你告别后，我和副官迈克前往南安普顿①。在如此可爱的早晨驱车前行，让人很难意识到战争已然开始，而我们将有段时间无法相会。甚至直到现在，尽管身在黑色涂装的"希舍姆贝尔法斯特号"运输船上，旁边将士围绕，我依然难以接受这个事实。这一切比噩梦更恐怖。上次大战已经证明，战争其实徒劳无益，但这仍不减我对全能上帝的信仰，要为全人类的命运而努力奋战！我想，正与邪的冲突仍不可避免，为此我们会更多领教战争的徒劳无益。当然，最终我们会找到无需用战争解决问题的办法，但现在显然还远没有进化到这一步。

我现在正驶向索伦特海峡，并将在晚间穿越她。待在一个双铺位的船舱里，远比我预想的要舒服。

晚些时候：

船已抛锚靠岸，现在我出来走走。那里离我们当年观赏"施耐德杯"②中参赛飞机展翅翱翔的地方很近。这把我活生生地带回到我们携手共度的那些岁月。最近几天，我脑海中一遍又一遍地回映这些场景，在郡县酒店共进晚餐，一起驶回桑格罗夫。我并不敢过多回忆这些，以免自己会垮掉。难以想象的十年幸福时光就从那时开始，我无法告诉你这十年里你对我的影响有多大。

9月29日（在瑟堡③登陆）

尽管船只有些摇晃，穿着救生衣入睡也殊为不易，但总体来讲行程还算舒适。无论如何，没遇到潜艇和水雷是值得大大庆幸的！与瑟堡基地指挥官共进早餐后，我驱车四个半小时来到英国远征军总司令部，见到了缅因和军需官林塞尔④。我从前者那儿得到的消息令人不安，两个军都已经被投入了比利时边境⑤的防线，而这正是我一直以来想让第2军避免陷入的局面。这支部队至少还需要一至一个半月的训练才能投入实战。我曾经把上述情况告诉第3军的亚当⑥和某某（原文无法辨认），当时两人都向我保证，部队的先期行动只不过是向法国人做出的一种政治姿态，我会有充足的时间完成训练。哪里来这么多的政治承

---

① 南安普顿（Southampton），位于英格兰南岸，是英国重要的远洋贸易港，也是英国主要的客运港。——译者
② 施耐德杯（Schneider Trophy），是著名的水上飞机竞赛项目，由法国著名钢铁、军工企业继承人雅克·施耐德于1912年提议举办。1929年第十届施耐德杯在英国南部的卡尔肖特举行，卡尔肖特扼南安普敦通向索伦特海峡的出海口。——译者
③ 瑟堡（Cherbourg），是法国西北部重要的军港和商港，在科唐坦半岛北端，临英吉利海峡。在两次世界大战期间都为战略要地。——译者
④ 威尔弗里德·戈登·林塞尔（Wilfrid Gordon Lindsell，1884—1974），英国陆军中将。昵称"汤米"。——译者
⑤ 法国在修建马其诺防线时，出于资金和政治关系的考量，并未延伸至法国与比利时边境。于是，在考虑防御德军进攻时，该侧自然成为包括英国远征军在内的野战部队防御的重点。同时，可能出自"御敌于境外"的考虑，防御方案还倾向于在德国动手后进驻比利时国土进行防御。但这点并未得到比利时政府的认可，所以包括侦察等在内的一些准备工作实际难度很大。这些情况，作者在后面的日记中都有提及。——译者
⑥ 罗纳德·福布斯·亚当（Ronald Forbes Adam，1885—1982），英国陆军上将，爵士。亚当从一战前在印度加入皇家骑炮部队时就是作者的老同事了。1938至1939年担任帝国副总参谋长。1939至1940年担任英国远征军第3军军长。1941至1946年，他出色地承担了副官长一职，表现得开明而又高效。恰恰因此，他也经常受到批评，尤其是来自丘吉尔的。尽管如此（也许某种程度上正因为如此），作者和他的忠诚和友谊经久未变。——译者

诺！我提醒亚当，战争中时有预想不到的情况发生，亚当则坚信德国人不太可能在寒冬降临前入侵比利时。我不知道他是否正确？？下午6点半带着一身疲倦抵达军部（设在拉瓦勒①），被安排在一个古堡入住，房间非常舒适。

9月30日

来到位于施耐德训练营的办公室，法国驻地指挥官马沙尔上校前来拜访并邀请我共进午餐。他曾在法国波城②打过猎，我们谈及好几个共同的朋友，整个过程宾主尽欢。法国人的散漫、邋遢和拖拉比我预想的还糟，但确实没人比他们更热情好客了。下午，格洛斯特公爵③在明斯特和副官长布朗里格④的陪同下前来拜访，第3师的蒙哥马利⑤和霍特布莱克⑥也来了。总司令部现在看起来是各路将领济济一堂，就是不知道能不能切实发挥作用呢？

---

① 拉瓦勒（Laval），位于法国西部，是马耶讷省首府，距巴黎约300公里。——译者
② 波城（Pau），位于法国西南部阿基坦大区，是大西洋沿岸比利牛斯省的首府。作者的双亲婚后在该地定居。作者直至十六岁前一直在波城生活、学习，因此能使用英法两种语言。——译者
③ 格洛斯特公爵（Duke of Gloucester），即亨利王子，全名亨利·威廉·弗雷德里克·阿尔伯特（Henry William Frederick Albert；1900—1974），是英国国王乔治五世和玛丽王后的第三个儿子。1955年、1958年先后被授予陆军元帅、皇家空军元帅军衔。——译者
④ 道格拉斯·布朗里格（Douglas Brownrigg，1886—1946），英国陆军中将，参加过一战。二战爆发后，他受命担任英国远征军副军长。1940年7月退役。——译者
⑤ 伯纳德·劳·蒙哥马利（Bernard Law Montgomery，1887—1976），昵称"蒙蒂"，子爵，英国陆军元帅。在本书作者的影响下，蒙哥马利随其一起到了法国，担任英国远征军第3师师长。敦刻尔克战役后，他担任第5军军长，展现了卓越的训练和鼓动能力，这些在他带领新扩编部队过程中显得至关重要。他随后的职业生涯在作者日记中多有描述。蒙哥马利有一项"非凡"的能力，就是以各种欠考虑的言行把他的上司惹毛。然而这种让人讨厌的极度自我为中心和自我标榜的性格，却让他在基层部队中颇受欢迎。他成为二战中最著名的英军将领。——译者
⑥ 弗雷德里克·埃利奥特·霍特布莱克（Frederick Elliot Hotblack，1887—1979），英国陆军少将。时任远征军装甲战顾问，1939年12月至1940年5月任第2装甲师师长。——译者

10月1日

　　天气变得糟糕,而且这地方还严重缺水。我下午视察了高地轻步兵团,他们昨晚刚抵达,看上去状态倒还不错。第4师的约翰逊①也于下午抵达,我向他传达了更改后的计划。今天仍没有任何信件,我是多么渴望听到你的消息。突然发觉自己与心中所爱、与世上最重要的一切突然断绝了联系,实在让人感到糟糕透了。

10月4日

　　因为要去前线看一下将要接手的防线,所以这三天一直没机会写日记。我和第1军的迪尔②在他的临时军部里待了两晚,和他进行了长谈,发觉他依然因总体上备战不足而非常沮丧。我们为缺少装备和训练等诸多不利因素而互相宽慰。不过我还感到,因为错失帝国总参谋长和远征军总司令职位而产生的失望情绪,对他的生活产生了莫大影响。可能他把前景看得过于悲观了,正处于深度的抑郁之中,对此我感到十分难过。

　　在前线来回各300英里的路上,车上都有法军联络官随行,这让我有机会再把法语回炉一下,练到现在确实也变得更加流利了。昨天,我去里尔③前方见了法军第51师指挥官,到我们要进占的前沿防线看了一

---

① 达德利·格拉汉姆·约翰逊(Dudley Graham Johnson,1884—1975),英国陆军少将。时任第4师师长。1940年6月任奥尔德肖特司令部司令。1941年3月任陆军部步兵总监。——译者
② 约翰·格瑞尔·迪尔(John Greer Dill,1881—1944),英国陆军元帅,爵士。二战爆发后任英国远征军第1军军长。1940年4月任帝国副总参谋长,不久后任总参谋长,成为作者的前任。当美国人参战后,迪尔被任命为英美联合参谋长委员会英方首席代表。他在任上为维持和协调盟军事务作出了杰出贡献,得到了作者极高的评价。他与马歇尔的深厚友谊也使他获益良多。——译者
③ 里尔(Lille),位于法国北部,是北部-加来海峡大区的首府和诺尔省的省会。——译者

圈。回来的路上又去了总司令部，遇到了远征军总司令戈特①和参谋长波纳尔②。我对他们部署的第 4 师的位置不太满意，于是与他们进行了讨论。经过好一番争辩，戈特总算如我所愿地改了主意。我感到，就我们目前的力量而言，总司令部的规模过大，这是个问题。

10 月 5 日

三天里奔波了近 900 英里之后，昨晚我感到非常疲惫，沉睡得像块木头一样。今天，我和师一级指挥官们开会，商量了占领和守住防线的安排，并制定了前进的计划。晚上，我联系到巴涅尔-德比戈尔③的一位老朋友朱尔斯·邦武卢瓦，我们有四十年没见面了！明天我会和他一起吃午饭，聊聊我们的少年岁月。这能有助于我稍稍摆脱一点儿现在的紧张吧。

今天第一次同时收到两封你的信，这让我的一整天都焕然一新，连太阳都看上去明媚许多。

10 月 6 日

视察了之前一直未曾谋面的第 11 步兵旅④后，我与朱尔斯·邦武卢

---

① 约翰·斯坦迪什·瑟蒂斯·普伦德加斯特·维里克，戈特子爵（John Standish Surtees Prendergast Vereker, 6th Viscount Gort, 1886—1946），英国陆军元帅。二战爆发后，1939 年 9 月 4 日任英国远征军总司令。1940 年 5 月，德军入侵法国，在战局溃败的情况下，戈特冒着被追究责任的风险，在 5 月 25 日独自作出决定，违反了向南进攻的命令，将英国远征军和部分法国、比利时军队往北撤退，最终通过敦刻尔克撤回英国。这一做法引来不少争议，有人认为他挽救了英国远征军，也有人称其为失败主义者。——译者
② 亨利·波纳尔（Henry Royds Pownall, 1887—1961），英国陆军中将。后来又担任过远东英军司令、东南亚战区参谋长等职。——译者
③ 巴涅尔-德比戈尔（Bagnères-de-Bigorre），位于法国西南部，是南部-比利牛斯大区上比利牛斯省阿杜尔河畔的市镇，也是该省副省会，距离作者少年时居住的波城约 70 公里。——译者
④ 第 11 步兵旅是英军的一支常规部队，参加过两次世界大战。1939 年编入远征军入法，隶属第 4 师，当时旅长为肯尼思·阿瑟·诺埃尔·安德森。——译者

瓦在萨尔特省河畔的圣让德伯堡共进午餐,一起的还有朱尔斯邀请的马里克和马特。我们一起谈论了在巴涅尔-德比戈尔的昔日时光,在那一个小时里确实让人忘记了悬在头顶的战争阴云。然而,那些日子里还是有些让人伤心的回忆,因为毕竟与维克多、凯瑟琳、米尔德里德①和妈妈密切关联。晚上,城堡的女主人邀请我们在她的餐厅共进晚餐!她非常可怜,自己被丈夫抛下,唯一的儿子也找不到了。

10月7日

这是我们在拉瓦勒的最后一天,正式拜访了当地的行政长官,并和马沙尔上校以及他的参谋长一起吃了饭。明天,我们要开始向前线进发了。

10月8日

今早顺利地离开了拉瓦勒,驱车260英里前往亚眠②。抵达后被安排在宇宙酒店下榻,有一间带浴室的卧室。终于能安睡在真正的床铺上了,这是我离开索尔兹伯里③后的第一次,大概也是今后一段时间里的最后一次吧。

10月9日

在亚眠渡过了舒适的一晚后,于早上9点离开,首先去了总司令

---

① 均为作者的哥哥、姐姐。其中,哥哥维克多·雷金纳德·布鲁克1914年在一场军事行动中丧生,姐姐凯瑟琳·玛丽·布鲁克1917年去世,姐姐爱丽丝·米尔德里德·布鲁克1914年去世。作者是家中最小的孩子。——译者
② 亚眠(Amiens),位于法国北部,在里尔西南约100公里处,是北部-皮卡第大区索姆省的省会。——译者
③ 索尔兹伯里(Salisbury),位于英格兰南部,是威尔特郡的一个小城市,距离作者居住的哈特利温特尼镇约50公里。周围的平原大部分被英国军方用于军事训练。——译者

部，看了波纳尔对防线的安排。我对部队的总体精神状态不满意，我们正以一种三心二意的态度面对这场战争。前方地区仍然挤满了应该疏散的平民，看起来也没有像样的措施组织民工来修筑必要的防御阵地。后方的拆除工作还没有准备好，铁丝网也严重紧缺！我认为德国人可不会像我们这样。

我们在法郎潘①的新营房不错，但那里还是充斥着早该被朝西面疏散的里尔难民。

10 月 10 日

今天上午对前线进行了一次侦察，并在下午与远征军副总参谋长尼姆会面，讨论了第 4 预备师的部署问题，我并没有在讨论中受到多大启发。远征军的规模已经超过了两个军，但总司令部却没有及时控制在一个高效精干的规模，我为此感到可惜。现在我们正饱受"人多误事"之苦。路上遇到了迪尔，他正因为流感而无精打采。与在他一起的还有我们左翼法军的指挥官法加尔德②。

10 月 11 日

今天早上召开了一个内部会议，研究解决战线防御的细节问题。会议刚一结束，戈特就带着陆军部的准将参谋霍尔顿出现了。他向我们具体介绍了目前各种武器装备的产量及预定交付的时间表。看起来前景不容乐观，但最令人沮丧的是，总司令部显然没有意识到这些问题的严重性！在过去的这六个月里，陆军部和总司令部看起来是在筹划战争，却

---

① 法郎潘（Phalempin），位于法国北部，是北部-加来海峡大区诺尔省的一个市镇，属于里尔区蓬塔马克县。——译者
② 马力·贝特朗·阿尔弗雷德·法加尔德（Marie-Bertrand-Alfred Fagalde, 1878—1966），法国陆军中将。第 16 军军长。1940 年 6 月被俘。——译者

没有充分意识到我们很快就会遭到攻击这一迫在眉睫的危险。让我们期望德国人今年不要发动攻击,给我们些时间准备反坦克和防空武器吧。

10月12日

花了一上午研究进占阵地的作战方案,期间被不停打断。其中有军需官林塞尔和格洛斯特公爵,后者人很不错却不太好打发。到了下午,去看了看我们前线的左翼部分。

10月13日

我与法国人一起渡过了忙碌的一天。一开始我拜访了侧翼法军第51师的吉拉尔将军,商定了他们与我军第3师的联络事宜。接下来拜访了负责里尔地区的帕热齐将军[①]。考虑到他要处理的这些难题,确实引人关注。这个地区有三百多万居民。附近的大型纺织工业对军队至关重要,甜菜种植业价值千金,包括煤田,所有产业都亟需劳动力,因此需要雇佣比利时人、波兰人、萨尔的居民以及意大利人!所以间谍在这里机会多多,共产主义分子也四处流窜。比利时充斥着德国间谍,国内的人民也不太满意。德国军官常扮成墓园的管理人,那里明显是各种情报的集散中心。我和帕热齐将军拜访了当地的行政长官,向他解释说,我的部队里有人被共产党渗透,他则表示很愿意逮捕他们。与帕热齐共进午餐时,我不得不吃了六个牡蛎,以免辜负他的盛情。这真是对英法"友好关系"的一次深度测试。

午餐后去圣奥梅尔[②]看了指挥法国第16军的法加尔德将军,他曾在

[①] 欧仁·亨利·奎·帕热齐(Eugène-Henri-Jaques Pagézy,1875—1946),法国陆军中将。时任第1军区司令。1940年6月任第8军区司令。——译者

[②] 圣奥梅尔(St-Omer),位于法国北部,在里尔西北约68公里处,是北部-加来海峡大区加来海峡省的市镇和副省会。——译者

驻伦敦大使馆担任武官。我们在约翰·弗伦奇爵士①1914年的老营房里喝了下午茶。

10月14日

上午在办公室的工作被来客打断,迪尔过来吃午饭了。然后我们去总司令部,讨论他们上次那道令人相当难以理解的防御命令!正在那时,帕热齐来找戈特,我们于是被邀一起喝茶。帕热齐带来了有关比利时的最新情报,情况不是太好。虽然这个国家应该是想抵抗德国人的,但国王和支持他的四个主要顾问还是倾向于保持中立。其中,作为比军总司令的那位有明显的亲德嫌疑。法国人离开后,戈特归纳了一系列要点。在离开时,我们从无线电里听到了"皇家橡树号"②战列舰沉没的消息。

10月15日

今天是星期天,这个国家的人都身着假日盛装,显然他们已经忘了自己现在说不定正坐在火山口上!看来大家都很难意识到,我们正身处战争之中。上午去视察了后方区域的师属装甲团,下午与师级指挥官一起研究了挺进的可行性方案。正当我准备睡下时,总司令部的电话来了,尼姆告诉我,法军总司令部的联络官斯韦恩③通报称,法军预测攻击于明早到来,而且攻击可能会向我方蔓延,总司令想要指

---

① 约翰·丹顿·平克斯顿·弗伦奇(John Denton Pinkstone French,1852—1925),英国陆军元帅。一战时任英国远征军司令。——译者
② "皇家橡树号"战列舰(HMS Royal Oak),英国皇家海军在一战时期建造的复仇级战列舰。1939年10月14日在斯卡帕湾锚地被德国U-47号潜艇发射的鱼雷击沉,是第二次世界大战中英国损失的五艘战列舰中的第一艘。——译者
③ 约翰·斯韦恩(John Swayne,1890—1964),英国陆军中将。后来又担任过本土军和印度军参谋长。——译者

挥官们都知道这一点。为此,我打电话通知了约翰逊和蒙哥马利。

10月16日

今天上午去看了给养和军火的铁路补给站,然而还没有实际运行。成规模的装车运输尚未组织起来,但不管怎样后勤补给已然开始。和戈特在科鲁瓦堡与法军总司令甘末林①一起共进午餐,同桌的还有指挥我们这个集团军(第1集团军)的比约特,我欣赏他的相貌。甘末林的老相和疲态则让我吃了一惊。午饭后,一份紧追他脚步的文件到了。德国人在一条6 000米长的前线发起了进攻并取得了一些战果。为此,甘末林改变了计划,出发去找了乔治将军②,而不是原来安排的第16军的法加尔德。

10月17日

早上我待在了办公室,除了其他工作外,我还试着给国王陛下写了封信,因为戈特上次告诉我,陛下由于我们至今没有给他去信而非常难过。下午我去看了汤姆③,他看上去非常不错。他的长官亨利·莱瑟姆上校说他干得很好。

---

① 莫里斯·居斯塔夫·甘末林(Maurice Gustave Gamelin,1872—1958),法国陆军上将,1939年9月3日任法国陆军总司令,兼英国远征军指挥,是法国统治集团投降政策的拥护者之一,对法国战败负有责任。甘末林曾被认为是相当有智慧的将军,在德国也备受尊崇,但一些具有前瞻性的德军将官却认为其思想保守而古板。有历史学家称甘末林以一战的方式来打二战。——译者
② 阿方斯·约瑟夫·乔治(Alphonse Joseph Georges,1875—1951),法国陆军上将。二战爆发后,他被任命为甘末林的副手、法国陆军地面部队司令、东北战区司令,实际指挥包括英国远征军在内的联军部队。他与甘末林关系不佳,对防御部署也有分歧。1940年5月19日,他和甘末林都被免职。法国战败后,他拒绝担任维希政权的任何职务。——译者
③ 托马斯·布鲁克(Thomas Brooke,1920—1972),作者与前妻简·布鲁克的儿子,当时在第1军炮兵团服役。——译者

10 月 18 日

从需要完成任务的角度看，今天大部分时间都浪费了。因为温莎公爵来前线视察了，我不得不先在上午 10 点 15 分在第 1 军总部接待他，然后中午 12 点又去了我方的南部前线，再次把他介绍给我的师级指挥官，并带他上车到前线部分区域兜了一圈。陪他一起来的霍华德·维斯身负使命，要坚决防止这位公爵任何煽动前线部队"回家"的企图。霍华德·维斯正在甘末林的总司令部担任联络官的角色。在我看来，他虽然上了年纪，但仍精力过人、谈吐幽默。

10 月 19 日

花了一个上午的时间，研究在德国人违反中立的情况下进击比利时的应对方案。下午，在第 1 军军部参加了一场两个半小时的总司令部会议。开会前，我和迪尔拉住戈特商量，试图让他意识到行动方案的严重后果，即：离开目前精心准备的阵地、进入一个全无准备地方的危险性，以及法加尔德的第 16 军一旦没有跟上，会使我们的左翼暴露在真空状态。而戈特却把情况预想得过于轻松，并过于低估了德国人的力量和效率。我真诚地希望，到时候不会因为比利时遭到入侵而被迫向前进军。

10 月 20 日

又下倾盆大雨了。从早上 9 点到下午 6 点，花了整整一天时间和蒙哥马利一起在他的防线上四处察看。首先，去看了罗伯的第 9 步兵旅负责的预备防线。然后沿着防线，先是威茨的第 8 步兵旅，接着是惠特克[①]的第 7 近卫旅，最后到了第 3 师的皇家炮兵指挥官托厄尔负责的部位。经过艰苦奋战，我们的防线终于开始成型了。要不是因为维持漫长

---

① 约翰·惠特克（John Whitaker, 1897—1957），英国陆军少将。昵称"杰克"（Jack）。——译者

的防线极端缺乏人手，这样的防御点还算坚固。但由于没有防御纵深，这样的正面根本谈不上固若金汤。其间，在近卫旅掷弹兵第1营吃了午饭。

10月21日

指挥法军第16军的法加尔德原本准备今天来一起吃午饭的，结果没来成。上午9点召开军参谋会议，商议特定日期的协调行动。午饭的时候，戈特、波纳尔和亚当来了。亚当刚从陆军部回来没几天，据他透露德国人不会开打了，有关即将发动攻击的大波谣言是他们自己放出来的。据说德国人正再一次寻求和平，他们巴望我们的厌战情绪能促成和平协议。我个人则认为，一旦德国的国内形势恶化，一定会迫使他们开始某种形式的侵略。

10月22日

今天早上的霜冻很严重。与约翰逊一起去看了他负责打造的预备防线。早上10点出发，晚上5点半回来，大部分时间是步行。尽管天气非常恶劣，他们仍在努力工作，防线建设进展相当迅速。这个防御点很快就会变得相当坚固，但我们还远远缺乏足够的部队来抵御猛烈攻击。这里还非常缺乏沙袋。只要是见过一枚炸弹是如何在最短时间内让人失血而亡的，就肯定不会在国内再浪费沙袋了。

10月23日

在我右翼指挥法军第16军的法加尔德今天如约来共进午餐。我们讨论了进击比利时的预案措施以及在此期间的相互协作。由于他的部队事实上拉在我们后面30英里，因此在他赶上来之前，我得组织好侧翼防御。他是个乐观的痞子和有趣的玩伴，但一想到他的办事效率，就绝不会让你有饱受鼓舞、信心百倍的感觉！下午，陆军部作战处副处长奥托·隆德①从陆军部过来。上午的时候，去看了盖特豪斯②指挥的陆军坦克旅。不幸的是，所有 Mk I 坦克③都没有反坦克炮。

10 月 24 日

上午 9 点至 9 点 45 分，先召开了一个军参谋会议。然后和约翰逊去查看杜勒河上游的水路防御。今天的视察是近期最有趣的，各条水道的交叉口各有其特殊的问题，其中很多都是难题。回来已经是约下午 5 点了，格洛斯特公爵不久之后来到我的办公室。他下午去视察了斯奎克·柯蒂斯④指挥的第 3 步兵旅防线，在那里遇到了汤姆，于是带他去喝了茶，并介绍给自己的夫人，想让她开心点，但她好像并不受用。想到一个陌生大兵突然闯进屋子的情景，我对她的反应毫不见怪。

10 月 25 日

又是瓢泼大雨，希望能浇灭德国人任何发动进攻的热情吧。与迪尔共进午餐，和他讨论了一系列有关前进方案的问题。最后我们一致决定，必须去总司令部开一个小范围会议，把那些悬而未决的问题解决掉。第 17 步兵旅前来汇合了。晚上，在查尔斯·芬德利⑤的邀请下，在

---

① 奥托·马林·隆德（Otto Marling Lund，1891—1956），英军陆军中将。——译者
② 亚历山大·休·盖特豪斯（Alexander Hugh Gatehouse，1895—1964），英国陆军少将。——译者
③ 巡洋舰 Mk I 坦克（Cruiser, Mk I），也被称为 A9 型坦克，是二战初期英国陆军使用的巡洋舰系列坦克的第一种型号。样车由维克斯 & 阿姆斯特朗公司 1936 年完成设计，1937 年投产，1939 年 1 月列装部队。主要武器为 1 门 2 磅火炮，口径 40 毫米，但其穿甲弹无法击穿德国的Ⅲ型和Ⅳ型坦克的主装甲；辅助武器为 2 挺 7.92 毫米机枪。——译者
④ 亨利·奥斯本·柯蒂斯（Henry Osborne Curtis，1888—1964），绰号"斯奎克"（Squeak，意为"尖叫"），英国陆军少将。——译者
⑤ 查尔斯·芬德利（Charles Findlay，1895— ），英国陆军准将。——译者

奥尔希①的第 2 师师部吃了晚饭。

10 月 26 日

先去看了防御工事作业中的埃塞克斯先锋营,他们几乎被昨天的大雨所淹没。然后与帕热齐将军和里尔市长一起共进午餐,两人都极富魅力和好打交道,这让我从 12 点半到下午 2 点半一直像打机关枪一样地说法语,真是苦差事。今天又大幅降温了,一整天不时有雪花飘洒。

10 月 27 日

迪尔和我一起邀请戈特和波纳尔到第 1 军军部开会,就有关面对德军侵犯比利时与荷兰时的进击行动部署再作一些梳理和商研。看来很难让戈特认识到事态的严重性,以及我们很可能会面临此境。他不愿真正面对我们可能遇到的困难,并倾向于轻描淡写。迪尔和我都觉得事态远非他所想象的那样乐观。尽管随着时间推移,德国人今年动手的可能性正逐步降低,但我们离高枕无忧还相距甚远。如果德国的情况逼得希特勒放弃理智,不愿再等待下去,那他可能真的会尝试从比利时进攻。我们的危险主要在于:到时候出于政治上的考虑被仓促拖入比利时,而无法在精心准备的阵地上固守。

11 月 1 日补写的日记

我发现无意中把这两页的情况漏掉了,所以对当时的形势再做个补充。

---

① 奥尔希(Orchies),位于法国北部,是法国北部-加来海峡大区诺尔省的一个市镇。——译者

现在我们正在比利时的边界后面全力打造一条坚固的防线。然而，在德国入侵的时候，比利时人有多大可能会保卫他们的国家呢？这很难说。众所周知，比利时国王和他的四大顾问都有亲德倾向。同时，一旦德国人入侵该国，我们就得准备好进入比利时。然而，出于让里尔-图尔宽-鲁贝①工业中心免遭战火波及的政治考量，我们目前的作战方案②只允许我们前出到斯海尔德河③并以迟滞敌人行动为主。尽管这看起来很荒谬，但非常重要的是，当比利时人届时在东面独力抵抗德国人时，我们是不是会再次出于政治原因，听令远征军驻扎在斯海尔德河坐视？所以，出于政治原因我们很可能会被迫放弃战略决策，从而惹祸上身。甘末林想全力避免在比利时打遭遇战，并希望能在精心设防的阵地上迎战德国人。但政治考量能让他下这步好棋吗？我对此深表怀疑！

10 月 28 日

主持完军部参谋例会后，我和后勤主任、军需处长道威斯去了后方区域，看了军直属移动工程车、战地救护车和补给站，很好地了解了之前还不太熟悉的一些单位。我对军医院设在阴沉的帐篷里有所不满，并已经命令他们换地方。我希望我的军医官能更有活力些，老道威斯也能更年轻点（1884 年出生的他比我小约六个月，但我总觉得他已经老得像我父亲一样）。

---

① 图尔宽(Tourcoing)、鲁贝(Roubaix)均为法国北部-加来海峡大区北部省的城市，是当时重要的工业制造业中心。其中，鲁贝位于里尔东北约 16 公里处，图尔宽紧邻鲁贝，两者均靠近比利时边境。——译者
② 1939 年 10 月 24 日，甘末林曾签署命令，要求部队在德军进攻时，进击至斯海尔德河沿线地区。——译者
③ 斯海尔德河(Scheldt)，流经法国北部、比利时西部及荷兰的西南部，最后入北海，长约 350 公里，是该地区一条极为重要的水道。——译者

10月29日

上午10点至12点召集师指挥官开了冬季训练会议。我的两位师长约翰逊和蒙哥马利把我逗乐了，很难找到差异如此大的两类人了，当然两者从其行事方式来讲都是最有效率的。随后，远征军皇家空军指挥官布伦特①来访，我告诉了他对缺少飞行中队起降机场的担忧。接着，总司令部的参谋布里奇曼②来了，我很不客气地向他强调了反坦克和防空火力的必要性。最后，视察了从我们防线到比利时边界的前出地带，全角度地察看了我们前线的情况。

10月30日

今天先详细检查了单兵日常配给和各类替代品。然后和斯托普福德③花了整整一天时间，步行视察了第17步兵旅在预备防线上的工事，见了他的营参谋们。这是美好的一天，漫步在泥泞的田野上让我感觉不错。

10月31日

从工作的角度来说浪费了一天，但我希望这真能使我们和盟友的良好关系更加紧密。今天我参加了由里尔市政府组织的大型午餐会，与会宾客有戈特、格洛斯特公爵亨利王子、迪尔、波纳尔、帕热齐、法国代表团的某某将军（原文无法辨认）、驻里尔的英国文化协会的格杰恩夫妇，等等。午餐包括牡蛎、龙虾、鸡肉、鹅肝酱饼、奶酪和水果、咖啡、利口酒等。我们下午1点落座，直到3点才起身！女士们包括市长

---

① 查尔斯·布伦特（Charles Blount，1893—1940），英国皇家空军少将。——译者
② 罗伯特·克莱夫·布里奇曼（Robert Clive Bridgeman，1896—1982），英国陆军少将。——译者
③ 蒙塔古·斯托普福德（Montagu George North Stopford，1892—1971），昵称"蒙蒂"，英国陆军上将，参加过两次世界大战。——译者

夫人、副市长夫人、格杰恩夫人和市长千金。市长夫人一直十分努力地想与"王子殿下"交流，但得到的回应寥寥。亨利王子告诉我，每当他刚组织好一句话想要翻成法语回应时就已经晚了，然后不得不再想下一句！

11月1日

最终迈过了10月，德国今年冬天入侵比利时的可能性也随之消退。尽管还称不上高枕无忧，但概率确实明显减小。而且即使现在他们发动攻击，我们的情况也比10月初好了很多。然而，还是需要数月的训练以及诸如火炮、反坦克武器等必要的装备，才能使我军能真正应对这场战争。花了一天时间来巡视前方的炮兵防御，对他们不太满意。炮兵位置太远，步炮协同不够。明天和蒙哥马利见面商量此事。

11月2日

找蒙哥马利完善了他的炮兵部署，同时还研究了他的部队访问里尔一事，确保能达到比现在看上去更好的效果，为我军增光添彩。就在这个时候，防空警报响了起来，两架德国侦察机飞来。到了晚间时候，无线电报称已将他们击落。

与法国代表团负责人翁霍①将军、亨利王子、迪尔一起在总司令部吃了午饭。又是一顿包括开胃冷盘、鳟鱼、鸭肉、蘑菇、奶酪、冷饮、水果、咖啡和烈酒的大餐！我希望这是最后一顿了，它们不仅干扰了我的工作，还弄坏了我的肝脏。

11月3日

奉命于下午2点15分带着我的师级指挥官在阿尔斯特堡（里尔的古

---

① 拉乌尔·阿玛迪奥·翁霍（Raoul-Amédée Voruz，1874—1944），法国陆军少将。——译者

老要塞之一）与乔治将军会面。他于 2 点 45 分和某某（原文无法辨认）一起到达，看起来是被帕热齐设在里尔"牡蛎场"的丰盛大餐给耽搁了。我带了关于防御部署的地图，并在要塞顶上向他描述了一番。我欣赏他的仪表，极富魅力且令人鼓舞。他接着去了第 1 军防线与迪尔会面。他离开后，我把蒙哥马利和约翰逊叫到一起，商量现在配备了反坦克工事的巴希①结合部防御问题，希望能进一步缩短前线突出部，并能与我军和第 1 军结合部前方的制高点防御结合起来。

11 月 4 日

又是潮湿沉闷的天气。我和蒙哥马利去第 7 近卫旅前线进行一场设在封闭碉堡内的烟雾实验。包括我在内的十八个人进了碉堡，关闭所有的开口，然后用一门反坦克炮和一挺布伦轻机枪通过射击孔打了五分钟，以确认射击产生的烟和气不会影响碉堡内的守卫部队。我们全都感觉糟得不能再糟了。我想这大概明显有助于晋升吧，要不然这个碉堡里怎么会有一个中将、一个少将、两个准将、一个上校、三个中校呢。就实验来讲，真是一群昂贵的"小白鼠"！

11 月 5 日

奉戈特之命，在 1918 年德国人竖白旗投降的地方，与法国第 9 集团军指挥官一起参加停战纪念仪式。早上 8 点出发，经过 70 英里的行程后于 10 点半到达。和我一起去的有第 4 师师长约翰逊，以及他师部的军官赛利克、迈克尔·福克斯。指挥法国第 11 军的马丁将军会见了我们。过了一会，指挥第 9 集团军的科艾普将军②到了。我陪着他检阅了步兵和

---

① 巴希（Bachy），位于法国北部，是北部-加来海峡大区诺尔省的一个市镇。——译者
② 安德烈·乔治·科艾普（André Georges Corap，1878—1953），法国陆军上将，曾参过一战和二战。——译者

骑兵仪仗队,然后在迎风招展的英、法两国国旗和国歌伴奏下,肃立在纪念碑前。纪念碑碑文如下:"胜利属于坚韧顽强的法国战士"。在两段致辞之后,由天主教、新教和犹太教牧师分别献祷。接下来我和科艾普接过女士递来的花圈,安放在纪念碑下。之后,我们再次检阅了列队通过纪念碑的部队。天空中有战机巡逻,防止德国人来捣乱,同时防空部队也严阵以待。仪式结束后,我和科艾普去看了他在圣米歇尔森林的反坦克工事,后来一起共进了午餐。

仪式有些简单,从各个方面讲都有不足,在一些不到位的地方甚至显得有点儿滑稽,然而其中以史为鉴的部分也有可取之处。我不禁怀疑,法国还是不是一个足够坚韧的国家,能否在现在这场战争中再一次充分扮演好他的角色?

11月6日

上午前往维米岭纪念碑,处理下周六停战仪式的细节问题。有机会看到了纪念设施和以复原状态呈现的旧战壕。该纪念碑一眼看上去就给人留下深刻印象,如果黑夜中在灯光映照下一定非常壮观。接下来去看了维米岭战役①中加拿大军军部原址。我见到了我以前的那间办公室,那扇可以张望军部人员打棒球的窗户,宾②的房间,雷德克里夫炮兵军士的房间,还有我们的储间和我的寝室也在那里。脑海中往事如潮水

---

① 维米岭战役(Battle of Vimy),第一次世界大战中欧洲西部战线的一次著名战役,发生于1917年4月。之前,英法两军的进攻均以惨痛失败告终。后加拿大军在少量英军配合下,最终赢得战役。这是加拿大军第一次独立地参与一场战役,战役的胜利对提高加拿大国际地位和形象,最终加入国联和赢得独立都起到了重要作用,因此有很多人说维米岭战役是"加拿大成长的日子"。战役中,作者曾指挥炮兵,并为加拿大军设计了掩护火力。——译者
② 朱利安·赫德沃思·宾(Julian Hedworth Byng,1862—1935),英国陆军元帅。他是威尔逊、丘吉尔在桑德赫斯特皇家军事学院的同学,英国国王乔治五世的好友。宾是第一次世界大战时期英国著名指挥官,维米岭战役时受命指挥加拿大军作战。——译者

般涌来，简直让人以为战争从未结束，只不过当中被一场二十年的美梦所隔。然而，当我离开那里，思及这十年上帝赐予我与你相伴这天堂般的生活，与之相比这两场战争还真是微不足道。

11月7日

和迪尔在前线碰头，协调巴希结合部的防御问题，那里大雨滂沱却无处遮蔽！午饭后参加总司令部会议，研商是否连续派遣若干步兵旅到与德国人激烈对峙的前线轮战。迪尔和我的观点是：这样的小规模试探，很可能会因为德国人更讨厌英国人而遭到重火力打击，从而导致严重伤亡，使得我们让部队增长经验的初衷变得得不偿失。最终戈特否决了。接下来我们讨论了冬训指导问题，很遗憾这正好暴露了戈特是如何不善于对一个主题进行宏观把控，因此讨论马上就转到细枝末节上去了！

11月8日

上午召开了军部参谋会议，然后去视察了师属装甲团。午饭后去检查了反坦克炮的新型炮位。晚上，从总司令部赶来的副总参谋长尼姆警告我们，德国人有可能入侵荷兰，而且法国人已经计划用小型飞行部队扼守海峡及在荷兰南部部署一个师来挫败他们。这就意味着我们第2军要承担从斯海尔德河到奥德纳尔德①整条防线的防御任务，即我的两个师的防御宽度达到28 000码！此外，与法加尔德的第16军相邻的左翼需要向右前方推进也让我更加担忧。真希望把两个师属装甲团都留下照看这一侧。

---

① 奥德纳尔德(Oudenaarde)，是比利时东佛兰德省的一座城市，在斯海尔德河西南面，靠近法国和比利时边境，在一战时受到较大毁坏。——译者

11 月 9 日

　　乌云在地平线上迅速聚集起来。荷兰或者还有比利时被入侵的阴云更加逼近了。如果我们挺进比利时,第 2 军的角色可不让人感到乐观。我们的左翼将完全暴露出来,被迫形成一种"侧翼前线"。要是我能确认法国第 16 军能及时赶到我的左翼,我也许不会感觉那么糟糕,但我对此表示极度怀疑。不知道明天晚上我们还在不在法朗潘镇?!

11 月 10 日

　　我们还是在法朗潘镇。依然没有德国人动手的消息,但是比利时和荷兰同时遭到入侵的可能性看起来很高。所有的报告都指向德国人可能会尽早进攻,但这也可能依旧是一种虚张声势。这种悬而未决的状态让人感到有点儿难受。我已经为挺进比利时做了全面的计划,部署上第 3 师在右翼、第 4 师在左翼。但我很不喜欢第 4 师的左侧翼暴露在外,而且真心怀疑法加尔德的第 16 军何时能到达我的左翼。上午,去看了火炮牵引车在耕地路面的行驶试验。下午,去视察了安德森[①]的第 11 步兵旅,他们现在正替法军第 51 师构建工事。看起来法国人在这条防线上需要干的活不多了。

11 月 11 日,一战停战纪念日

　　悬念仍在继续,比利时和荷兰遭受入侵的威胁在加大,但德国人没有进一步的行动。上午,我在维米岭加拿大纪念碑前参加了停战纪念仪式。有两个仪仗兵队,一个来自法军第 51 师,一个来自皇

[①] 肯尼思·阿瑟·诺埃尔·安德森(Kenneth Arthur Noel Anderson,1891—1959),英国陆军上将。——译者

家苏格兰团①。帕热齐将军从里尔赶来参加仪式，他和我向纪念碑敬献了罂粟花圈。法军仪仗兵举枪致敬并吹响军号，接着皇家苏格兰团仪仗兵举枪致敬并用风笛吹奏"森林之花"。仪式在检阅双方仪仗部队分列式后宣告结束。

整个仪式期间我都感到宛如梦中。纪念碑的白色巨柱高高耸立于淡灰色天幕下，看上去像是要拔地而起。而放置于巨大纪念碑下的两只红色罂粟花圈如同两滴鲜血一般。此情此景生动地提示我们，历史上已经有大片鲜血抛洒在脚下，再次引发这种杀戮是如何徒劳无益。也许经过这样的惩罚，我们才会懂得什么是"爱邻舍如同爱自己"②。

11月12日

今晚一封来自总司令部的电报称，德国人将于11月12日至15日之间入侵荷兰，很可能还包括比利时！！我还是严重怀疑情报的准确性③。

---

① 由于历史发展和军事变革的因素，英国陆军部队命名有其独特之处。传统上部队以团(regiment)为基本单位，其招募往往是在特定区域或因特定事件，因此部队的命名也大致体现了这些要素（有的还带有绰号），比如皇家苏格兰团、苏格兰戈登高地团、柴郡团以及女王皇家团（绰号"西方马车"）、国王团等，地域、血缘属性愈来愈浓。而随着现代军事发展，部队构成逐渐以师(division)为单位，按需抽调编成。在一战和二战中，英国陆军也正处于这两种编制的过渡期，开始把传统的团按照营甚至连分散重新编制成新的战斗序列——旅，比如第3师第8步兵旅就下辖萨福克团第1营、东约克郡团第2营、皇家伯克郡团第4营等。这里的皇家苏格兰团也是一个传统团，历史悠久，参加过英国历史上多次战争，绰号"黑色守望者"（black watch，书中即以此来称呼该部队）。该团第1营1939年抽调入英国远征军，曾编入第4师，恰在作者麾下。——译者
② 源自《圣经·新约·路加福音》。——译者
③ 英国著名军事理论家李德·哈特(Liddell Hart)在《第二次世界大战史》中指出，希特勒1939年10月9日给陆军将领的一则长篇指令中坚持要求进攻西欧，并曾将进攻时间暂定在11月12日，后因天气恶劣推迟到11月15日，后来又一再延期。当时不少德军将领和希特勒的意见并不统一，以及国内反对势力的存在，盟军从多个渠道得到了相关情报。——译者

我很难相信这不是一次极度的虚张声势，就是为了吓阻这些小国不向大不列颠提供协助，以达到孤立封锁英国的目的。当然无论如何我们已经做好了动手的准备，一旦情况有变马上就可以下令挺进比利时。我还是不喜欢被要求前进到斯海尔德河的策略，那样会使我军的侧翼成为前线。此外，我们还被左侧的法军第 51 师严重拖了后腿，他们到现在还是原地不动。

今天我陪着安东尼·艾登①和自治领的代表们巡视了我军前线。迪尔下午 1 点的时候把他们送到我这儿，我陪着他们转到了下午 4 点 15 分。哈利·克里勒②也在其中，我希望过一阵子他能带一个加拿大师过来。

11 月 13 日

悬念仍在继续，德国人依然没有进入荷兰或者比利时的行动！到法加尔德的第 16 军军部与他一起吃了午饭，商量了我们前移的细节问题。原先预备队中的法国第 7 集团军现在移动到了我军左侧，并把第 16 军纳入麾下。此外该集团军还下辖第 1 军③，其任务看来是尽快跃进至荷兰

---

① 罗伯特·安东尼·艾登（Robert Anthony Eden，1897—1977），英国政治家、外交家，二战时期曾任英国国防委员会委员、陆军大臣、外交大臣和副首相等职。1955 至 1957 年出任英国首相。1930 年代的欧洲，德意法西斯势力极其猖獗。英、法两国统治集团妄想以牺牲弱小国家和民族的利益谋求"和平"。与此同时，英国统治集团中少数有远见的政治家不同意推行绥靖政策，主张联合苏联在内的欧洲国家，抵抗法西斯侵略势力。艾登就是这种有远见的政治家之一，要求推行以军事实力为后盾的外交，否则"在这个剑拔弩张的世界上任何外交政策也不会有获得成功的希望"。二战前曾担任英国外交大臣，因对首相张伯伦的绥靖政策不满而辞职。1939 年 9 月，他重新被邀请加入张伯伦的政府，成为自治领大臣。当时未参加政府的丘吉尔称他为"政府中唯一的优秀成员"。1940 年 5 月，丘吉尔出任内阁首相，艾登受到丘吉尔器重，出任陆军大臣。同年 12 月第二次出任外交大臣。二战期间，艾登始终在丘吉尔领导下工作。丘吉尔一再表示，如果他有什么意外，就由艾登接任首相。——译者

② 亨利·邓肯·格雷厄姆·克里勒（Henry Duncan Graham "Harry" Crerar，1888—1965），昵称"哈利"，加拿大陆军上将。——译者

③ 法军第 1 军 1939 年 8 月重新组建，最初被分配给法国第 1 集团军，11 月中旬被配属给第 7 集团军，移防至加来和敦刻尔克附近的沿海地区。——译者

南部防御德军。法加尔德的第 16 军现在降至两个师,和第 9 师一起紧贴我军左侧防守一条 25 公里长的防线,而他们左翼的防御,则要看比利时人不太靠谱的合作了。我只想祈求上帝,不要让我们被迫用如此薄弱的力量在斯海尔德河沿线防御德军!回来后,迪尔过来找我,说他和戈特商量过一次,想要他重视我们防御计划中的薄弱环节,但结果还是没能让戈特意识到远征军所面临的危机。我认为迪尔已经敏锐地意识到了事态的严重性,他机敏的军事眼光已经让他清晰地看到,凭目前手上的薄弱之师,就算面前有河流之利,也不太可能组织起牢固的防御。迪尔认为,他有义务让视野不尽相同的戈特认识到这一点,但他发觉戈特反过来认为他胆小如鼠、杞人忧天。这非常悲哀,他在绝对服从上级和忧心部队命运间饱受折磨。

11 月 14 日

比利时或荷兰依然未遭入侵,就连这种可能性是否存在也正在消减。上午我和巴克①到第 10 步兵旅的防线去视察,在泥泞的道路上行走感觉还不错。看起来他们在艰苦条件下做了大量工作。下午尼姆来找我,我俩讨论了一旦荷兰被入侵,我军按照既定部署展开行动时可能会遇到的困难。

11 月 15 日

看来 11 月 12 日至 15 日荷兰会遭到入侵的预言是不准确了。真心感谢事实如此,因为我们应对这一概率事件的安排和准备并不让人放心!我只希望这次入侵能被推迟到春季,到那时我们的准备工作应该能有所改进!这真是让人胆战心惊的一周。上午我检查了负责师预备防线的第

---

① 伊夫林·休·巴克(EvelynHugh Barker,1894—1983),英国陆军上将,参加过一战和二战。——译者

9步兵旅的工作，他们干得不错。下午，去朗斯大剧院观看了由海陆空三军合作社①组织，西摩·希克斯②、格雷西·菲尔兹③及其他几位演员联袂献艺的几出戏剧。表演非常精彩，广受部队欢迎。演出结束后，我专门到后台以个人名义向西摩·希克斯表示了感谢。

11月16日

和第45师④的施莱伯⑤花了大半天视察了各炮兵团。首先看了驻扎在拉巴塞⑥的第2皇家骑炮团⑦，然后是重炮团、第2侦察连。在里尔的"安德烈之家"吃过午饭后看了第32团⑧。每到一处，我都接见全体军官并进行了简短讲话。讲话时，我总是有种可怕的感觉，因为说不定某个时候我签发的军令就可能导致他们阵亡。某个时候被迫发出的命令却意味朋友的死亡，这种想法始终萦绕心头，也许是战争中最折磨指挥官的东西之一吧。

---

① 海陆空三军合作社（NAAFI），是英国政府于1921年建立的一个负责营运英军娱乐、生活设施的单位。——译者
② 西摩·希克斯（Seymour Hicks，1871—1949），英国著名编剧、演员。一战爆发时，他是第一个到法国为前线将士巡回演出的演员，为此荣获了法国十字勋章。二战爆发后，他于1939年11月12日再次赴法国前线进行慰问演出，并第二次荣获法国十字勋章。——译者
③ 格雷西·菲尔兹（Gracie Fields，1898—1979），英国著名歌手、演员。她十分乐于为军队服务，二战爆发后不久，就不顾刚刚动完手术的病体赴法国慰问演出。——译者
④ 英军第45师于1939年重新组建，脱胎于第43师，在二战期间表现活跃。——译者
⑤ 爱德蒙·查尔斯·阿克顿·施莱伯（Edmund Charles Acton Schreiber，1890—1972），英国陆军中将，昵称"泰迪"。——译者
⑥ 拉巴塞（La Bassée），位于法国北部，是北部-加来海峡大区诺尔省的一个市镇。——译者
⑦ 第2皇家骑炮团于1938年由骑兵旅经摩托化改建而成。1939年加入英国远征军后，隶属于远征军司令部直接指挥。——译者
⑧ 这里应该是指第32野战炮兵团，当时随远征军入法作战。——译者

11月17日

花了一整天时间和指挥第 12 步兵旅①的霍克斯沃思②检查了拉巴塞运河的防御方案。其间,重游了费斯蒂贝儿镇③、吉旺希镇④、戈尔⑤等地,这些都是我 1914 和 1915 年冬天在印度军⑥指挥 H 弹药补给分队时先后驻扎过的地方。今日故地重游,让人感到如在梦中,简直是恍若隔世。

11月18日

陆军大臣霍尔·贝利沙⑦今天来前线视察。下午 1 点,大家在蒙桑佩韦勒⑧迎接他,在那里吃完午饭后,带他会见了第 3 师、第 4 师的官兵们。他看上去十分疲劳,不复往日活力。他坐在我的车里,和我谈论仿效"海军航空队"组建"陆军航空队"的构想。他说此事正在推进中,但在空军部遇到了困难。

回来后道威斯过来找我,他收到了陆军大臣秘书任命他为马赛基地指挥官的命令。谈话过程很痛苦,因为他非常沮丧,认为自己是个失败者。我不得不安慰他,告诉他,他远谈不上是一个失败者,任命的原因只不过

---

① 第 12 摩托化步兵旅,由第 12 步兵旅发展而来,参加过第二次布尔战争及一战和二战。二战爆发后,该旅作为第 4 师的一部参加了英国远征军。——译者
② 约翰·莱德利·英格利斯·霍克斯沃思(John Ledlie Inglis Hawkesworth, 1893—1945),英国陆军中将。——译者
③ 费斯蒂贝儿镇(Festubert),位于法国北部,在里尔西南约 33 公里处,是北部-加来海峡大区加来海峡省的一个市镇,属于贝蒂讷区康布兰县。——译者
④ 这里应该是指吉旺希莱拉巴塞(Givenchy-lès-la-Bassée),位于法国北部,是北部-加来海峡大区加来海峡省的一个市镇,属于贝蒂讷区杜夫兰县。——译者
⑤ 这里应该是指戈尔英属印度军公墓,在费斯蒂贝儿镇以西约 3 公里。——译者
⑥ 第一次世界大战爆发后,英属印度陆军增援英国远征军入法作战。因为装备和武器运输滞后,直至 1914 年冬天才开始参与拉巴塞战役。——译者
⑦ 莱斯利·霍尔·贝利沙(Leslie Hore-Belisha, 1893—1957),英国政治家。——译者
⑧ 蒙桑佩韦勒(Mons-en-Pévèle),位于法国北部,是北部-加来海峡大区诺尔省的一个市镇,属于里尔区蓬塔马克县。——译者

是因为他的年龄（五十六岁）太大，以至于无法胜任接下来的激烈行动。

11月19日

又到了星期天，这是最难承受与你分别之苦的一天！由于制定了另一项在比利时或荷兰遭入侵时进击比利时的方案，我们接到了总司令部的新命令。按照计划安排，这次法军在我们右翼、比利时军在左翼，前进到鲁汶①至瓦夫尔②一线。如果我们能及时赶到那里，在德国人进攻前组织好我们的防御，毫无疑问这是一条上策。这条防线可能是穿过比利时最短的防线了，既可以挽救半壁江山，还可以让三个国家有时间协调行动，让比利时在烈日省③的阿尔伯特运河④形成前哨防御，并可以向阿登地区⑤充分延伸。然而，我们必须坚决避免试图通过坚守阿尔伯特运河和烈日一线来挽救比利时全境。如果执意如此，那我们不仅会丢掉整个比利时，还有可能会输掉这场战争。

11月20日

和蒙哥马利到前线检查了反坦克工作准备情况，也讨论了反坦克工事的运用方法。然后去里尔买了块新手表，老的那块已经不走了。晚上接到命令说，由于荷兰遭受威胁的可能性暂时减弱，我们可以降低进入比利时的戒备等级。

---

① 鲁汶（Louvain），位于比利时首都布鲁塞尔以东大约25公里，是弗拉芒-布拉班省的省会。德国军队入侵时，那里是远征军第3师和比利时军队的防区。——译者
② 瓦夫尔（Wavre），位于比利时首都布鲁塞尔东南大约30公里，是瓦隆-布拉班特省首府。——译者
③ 烈日省（Liège），是比利时瓦隆行政区（法语文化区、德语文化区）东南部的一个省，首府列日距荷兰仅30公里，距德国仅45公里。——译者
④ 阿尔伯特运河（Albert Canal），位于比利时东北部，连接安特卫普和烈日，世界第四长运河。1939年方建成，在二战期间基本都用作军事防御用途。——译者
⑤ 阿登地区（Ardennes），位于人口稠密的巴黎-布鲁塞尔-科隆三角地带中间，范围包括比利时和卢森堡的一部分，以及法国的默兹河（Meuse River）谷地。——译者

11 月 21 日

晚上去了第 1 军军部，找迪尔讨论总司令部下达的新命令。他像往常一样给了非常有帮助的建议，简直价值千金。我真希望他能代替戈特成为总司令，不管是眼光还是能力迪尔都胜出数倍。近来戈特的脑子简直像一个被惯坏了的童子军！也许说得有点儿刻薄，但差也差不了多少。

11 月 22 日

今天上午在第 1 军军部召开了总司令部会议，商讨挺进比利时的必要性。由于迪尔和我昨天已经商量过这事，并达成了一致，结果我们的意见被采纳了。戈特是一个神奇的混合体，既充满魅力，又个性鲜明，还精力充沛，满怀生活乐趣，并且天生具备领导力。但是，他就是没有看清大局的能力，总是纠缠于不应该由一个总司令来关心的细枝末节。可怜的老迪尔，感觉很难在戈特手下听命，但迪尔那忠于职守的操守让他在表面上毫不显露声色。要不是有几次他私下向我吐露心声，我怎么都想不到他正遭受如此煎熬。其实到这儿以后，他已经比我印象中的任何时候都显露得厉害了。

11 月 23 日

一天的工作从"训斥"蒙哥马利开始，原因是他向部队签署了一条由下流语言组成的预防性病的通告，为此国教和红十字的高级牧师向副官长[①]进行了投诉。副官长把通告转呈给戈特后，戈特让他来找我。我已经看过了那条通告，并把我的观点告诉了蒙哥马利，即该事件不可避免地会降低第 3 师官兵对他的尊敬和爱戴，进而影响他作为师长的威信。副官长本意想要蒙哥马利自己下令撤销这一通告，我对此极力反对。我

---

① 副官长（Adjutant General），为英军中的高级官员，主管人事。——译者

认为，蒙哥马利本来已经因为签署该通告极大地损害了他作为师长的威望，现在要求他撤销则充分表明了上级对他的不认可，这会把部队对他仅剩的尊敬剥夺殆尽。我告诉副官长，换做是我的话，就会再次对他提出批评，把总司令对他的不满转达给他，让他牢记所犯错误。我也向蒙哥马利指出，他师指挥官的位置已经被这次错误所严重动摇，绝对无法再次承受更多此类打击了。同时我也告诉他，我对他的军事业务水平评价很高，相应地对文字水平评价却很低！他非常虚心地接受了我的批评。我想这应该对他有帮助。他真是用胡言乱语和荒唐文字糟蹋他的军事才能，真是可惜极了。

11月24日

和菲普斯①去视察了军属皇家工兵部队的情况。看了皇家工兵仓库、木料场、车间、急救所，以及站台、重建的货场和拓宽的道路，在此期间雨一直下着。在运油车终点站附近我们下了车，去了老第1集团军②总部所在地乌迪考堡。上一次我在这里还是1918年，从这里出发开始那次大战的最后一役！我多么渴望眼下这场战争也走到了这一步！晚上接到指令，要求安排国王陛下12月6日视察第2军的行程。这可不是一个轻松的活儿，我必须让他避开那些有共产主义倾向的工业区。

11月25日

和我的参谋和师指挥官开了一个会，商量国王陛下视察时的行程安排。我们刚做好安排，就接到了要第4师接替法军第51师部署于第3师

---

① 查尔斯·康斯坦丁·菲普斯(Charles Constantine Phipps, 1889—1958)，英国陆军准将。——译者
② 第一次世界大战中英国远征军下辖的第1集团军，辖有第1军、第4军和英属印度军。1918年，第1军参与了击退德军的战役，实际上结束了战争。——译者

左翼的命令。这一下子让我们前功尽弃，不得不从头再来。这是项复杂的工作。由于担心共产主义分子的缘故，不能让陛下进入工业区和矿区，而第 4 师的防线介于图尔宽、鲁贝和比利时边界之间，那片区域有着大量的城镇和工厂，其复杂之处正在于此。

11 月 26 日

今天去视察了最近才加入我部的第 4 机枪营①。不管从哪方面看，这支部队都还无法适应战争，起码还需要两个月的时间。如果以其目前的状态投入战斗，那不光对它自己是一场纯粹的屠杀，还有可能威胁到其他部队的安全。因此我认为，有关部门把如此状态的部队送到这里来真是一个巨大的错误。霍尔·贝利沙上次来的时候还问我，把部队先送到这里后再完成训练为什么是不明智的（这么做的主要目的是可以显得派遣了更多的部队）。我告诉他，我认为这样的操作不仅对官兵、对英国远征军不公，对我们的法国盟友也是不公平的。

11 月 27 日

今天又是瓢泼大雨。把约翰逊叫来研究第 4 师与法军第 51 师换防的细节问题。第 2 军现在承担了包括阿尔芒蒂耶尔②在内，长约 64 公里（40 英里）的防线。当然，第 5 师③现在配属给了我，并将在这里整编。

---

① 这里应该是指英国一支老牌部队苏格兰戈登高地团下属第 4 营，当时配属为第 2 军直属部队。该团有一百多年历史，参加了两次世界大战。二战爆发后，其第 4 营被改编成机枪营，1941 年后又被改编为皇家炮兵的反坦克部队。——译者
② 阿尔芒蒂耶尔（Armentières），位于法国北部，是北部-加来海峡大区北部省的一个镇，属于里尔工业区的城市部分。——译者
③ 第 5 步兵师，是英军一支常规部队，在一战、二战等多次战争中都有所表现。1939 年 10 月，该师下辖的第 13 和第 15 步兵旅先行加入英国远征军进入法国。师部于 1939 年 12 月陆续到达，划入作者率领的第 2 军。1940 年新年后，该师重新编组，下辖第 13、第 15 和第 17 步兵旅。——译者

现在第 2 军将下辖第 3、第 4 和第 5 师。后来，副官长布朗里格过来和我商量国王陛下视察活动的行程细节问题。法国人不想让他靠近工业地区，所以只能让他在里尔和鲁贝南部活动，剩下的时间就安排皇家工兵的总工程师陪他看看在建的混凝土工事吧。

11 月 28 日

去拜访了法军第 51 师师长，想了解他们被第 4 师换防的细节要求，发现他对此很满意和高兴。接着，开车去阿尔芒蒂耶尔、阿吕安、图尔宽和里尔间的部分防线看了一圈儿。天气不错，风光无限好。实际上，法军的防线根本就像不存在一样！当我看到情况至此，再想到德国人要是真的在冬季前进攻了，就觉得不寒而栗！

第 2 军现在不用被迫出击了，真让人如释重负，这让我有更多的时间来训练和准备。在到达法国的头两个月里，部队几乎各个方面都不适应实战。甚至直到现在，我们的反坦克炮兵都没经过训练，大部分炮兵既没打过炮弹也没打过烟幕弹。把未经训练的部队投入一场现代化战争，无异于一场灾难降临。我只希望还可以维持两到三个月的和平时光，让我们有时间让加入生力军的第 2 军完成必要的迎战准备。

11 月 29 日

与施莱伯一起去视察炮兵部队。看了第 91 团和第 88 团（原文无法辨认）①，以及第 53 团②和第 51 团③两支中型炮兵团，表现得都不错。乡

---

① 这里可能是指皇家炮兵的第 91 野战炮兵团（隶属于新加入的第 5 师）和第 88 野战炮兵团（隶属于第 2 军直属炮兵部队）。译者猜测无法辨认部分可能是指两支野战炮兵团。——译者
② 这里应该是指皇家炮兵第 53 中型炮兵团，隶属于第 2 军直属炮兵部队。——译者
③ 当时，皇家炮兵第 51 重型炮兵团隶属于第 2 军直属炮兵部队，而皇家炮兵第 51 中型炮兵团此时尚在英国编训。——译者

间洪水肆虐，一些道路完全被淹没，琼斯"成功地"把车陷在了一个水坑里！上午听说了波普①被任命为重型装甲旅②的旅长，真为他感到高兴，同时也为他离开我们感到难过。

11月30日

花了一整天时间，视察了军部总包扎站、急救所、运油车终点站和油料仓库。晚上回来的时候，戈特和帝国总参谋长艾恩赛德③联袂而来。后者告诉我说，霍尔·贝利沙上次视察回去后报告内阁和枢密院：远征军在这里碌碌无为，前线毫不设防，我们在法国人的两个侧翼已经成为笑柄，以及其他一些类似的话！但事实上是法国人在我们的侧翼无所作为，就因为这个我才要求戈特用我的第4师把法国人的第51师换下来，这样我才能在自己的左翼安排防御。艾恩赛德对贝利沙所说的非常愤怒，他告诉贝利沙，由于这个指控非常严重，所以他会立即着手亲自核实情况。现在他看了实际情况，回去可以澄清了，就像爱尔兰人④所说的，"要让人知道他是个骗子！"

12月1日

去了第51师师部与戈特和艾恩赛德会合。我们听了第51师师长吉

---

① 维维安·瓦瓦苏·波普（Vyvyan Vavasour Pope，1891—1941），英国陆军中将。1926年任巴温顿坦克部队训练中心指挥官，在推动装甲战理论研究发展上做出了重要贡献。1936年调任本书作者、时任陆军部军事训练处处长的艾伦·布鲁克手下任一等参谋。二战爆发后，1939年9月被任命为第2军参谋长，继续在本书作者手下任职；12月调回国内担任第3装甲旅旅长，文中此处作者应该是指这段经历。——译者
② 这里应该是指的是第3装甲旅，后来主要参加了在北非的战斗。——译者
③ 威廉·埃德蒙·艾恩赛德（William Edmund Ironside，1880—1959），英国陆军元帅。二战爆发时，他原先可能被任命为英国远征军总司令，但由于戈特与陆军大臣贝利沙不和而出任了帝国总参谋长，与戈特的位置作了个交换。——译者
④ 应该是指当时在场的戈特，戈特出身于一个古老的盎格鲁-爱尔兰贵族家庭。——译者

拉尔的致辞，他表达了与远征军分别的伤感，以及对所受照拂的感谢。然后帕热齐和英国驻布鲁塞尔大使和驻里尔地区的领事一起来了。我们的总参谋长有点难缠。我们一起上了阿吕安山，我向他展示了里尔北面的工事。接着穿过图尔宽和鲁贝来到洛莫伊见了蒙哥马利，看了前线、旅预备防线和师预备防线。我把他从那里一直带到了备用据点。视察一直持续到下午4点，我想他现在算是看到了，我们到这儿以后还是做了些工作的，对此他应该挺满意的。不知道这场风波的最终结果如何，会不会成为霍尔·贝利沙倒台的开始？（详见1940年1月6日的日记）

12月2日

上午我和第4坦克营举行了一项越障实验，结果使我确认了我的想法，现在挖的反坦克障碍既不够宽也不够深。迪尔也过来观摩，我们聊了艾恩赛德突然造访一事。尽管情况有很大不同，但这还是让我想起了1914年基奇纳[①]的那次。不过这应该也是一次历史性事件吧，将来可能会导致更轰动的事情发生。

用了一个下午，研究了德国人侵波兰行动中波方的报告。我认为，苏联人侵芬兰一事[②]肯定会增加希特勒和他将领之间的分歧。

[①] 霍雷肖·赫伯特·基奇纳(Horatio Herbert Kitchener，1850—1916)，英国陆军元帅，在一战中扮演了重要角色。基奇纳于1914年被任命为陆军大臣，他与当时内阁的判断不同，认为第一次世界大战将绵延数年，规模亦不小，并因此推动了扩军的行动（那张著名的"国家需要你"的征兵海报上人物即为基奇纳）。1914年8月，由于英国远征军遭受重创，远征军司令弗伦齐产生了撤退的想法。基奇纳受命于内阁紧急前往法国，并与法方密谈，决定让英军继续留在前线。——译者

[②] 苏芬战争，又称冬季战争，自1939年11月30日苏联向芬兰发动进攻开始，于1940年3月13日双方签订《莫斯科和平协定》结束。最终苏联付出巨大军事损失打败了芬兰，令其割让与租借部分领土。冬季战争一定程度上影响了第二次世界大战的进程，它虽满足了苏联的领土要求，使芬兰丧失了约1/10的国土，但却加深了苏芬之间的矛盾，激起芬兰人的反苏情绪，成为一年后芬兰联合德国对苏作战的重要因素。——译者

12月3日

为总司令部的法国代表团负责人翁霍将军及他的参谋长、副官举行了一场午餐会。午饭后,我们向第16军的法加尔德将军送出四只信鸽。下午去看汤姆,但因为他的部队转移而错过了。

12月4日

天寒欲雪。上午踏勘了国王陛下的视察路线并敲定了细节。我现在只希望到时天气晴好,不然不光国王陛下受罪,受阅部队也受罪。晚上去朗斯①看了莱斯利·亨森②的演出,非常棒。我曾在1918年停战仪式结束后到里尔大剧院看过他的演出。做梦都想不到,二十年后在差不多相同的地方、相同的情景下,我又看到了他!

12月5日

视察了第7机枪营。第5师的师长富兰克林③过来一起吃了午饭。他昨晚刚到,现在要着手把新部队捏合起来。接下来的功夫都花在了完善明日国王陛下来访的安排上。让我们祝愿明天的表现更为出色。

12月6日

国王陛下的视察活动已经结束,整个过程非常成功。他于上午10点

---

① 朗斯(Lens),位于法国北部,是北部-加来海峡大区的一个大城市,与里尔齐名。——译者
② 莱斯利·林肯·亨森(Leslie Lincoln Henson,1891—1957),英国著名喜剧演员、剧作家、导演。一战时,他曾与英国军队签约进行演出。二战爆发后,他参与组建了"英国全国劳军演出协会"(ENSA),并在欧洲、近东和远东为英国远征军服务。——译者
③ 哈罗德·埃德蒙·富兰克林(Harold Edmund Franklyn,1885—1963),英国陆军上将。——译者

15分抵达阿沃兰①,我在那儿迎接他,并向他介绍了我的军参谋们。他接下来视察了第4坦克营、第14侦察团、军属皇家工兵部队、军属通信部队和第12步兵旅。然后移驾塞克兰②北部,视察了第7炮兵团。接下来,去了位于莱斯坎机场的第8步兵旅驻地,在那里轻骑兵、步枪兵、工兵和通信兵等各兵种部队正迎候他的视察。然后,他在布伦特的陪伴下检阅了两个战斗机中队。从那儿以后,我再次担负起陪伴他的重任,先带他到阿尔斯特堡视察了第9步兵旅和米德尔塞克斯郡机枪团,然后到了安那培堡,接见了法国第7集团军的吉罗③将军以及第一战区的帕热齐、第51师的吉拉尔、第16军的法加尔德和里尔防区指挥官伯歇蒂上校。在到达城堡大门的时候,第7近卫旅列队行军通过,刺刀齐刷刷上肩致礼,煞是好看。

然后我们去用午餐,陛下坐在吉拉尔和帕热齐当中,我则坐在吉拉尔旁边。饭后,我花了五分钟时间在地图上向陛下说明了我们的方位。接着我们来到城堡外面,视察刚才集合起来的部队,主要有第11步兵旅,第5龙骑兵团④,以及第4师其他配属部队代表,第13、17步兵旅,诺桑伯兰第火枪团⑤、柴郡团第7机枪营、戈登团第4机枪营等。整个视察效果一流,行程安排也一帆风顺,我为第2军的表现感到十分骄傲。

---

① 阿沃兰(Avelin),位于法国北部,是北部-加来海峡大区诺尔省的一个市镇,属于里尔区蓬塔马克县,在里尔以南约10公里处。——译者
② 塞克兰(Seclin),位于法国北部,是北部-加来海峡大区诺尔省的一个市镇,里尔区北塞克兰县与南塞克兰县的行政中心,属于里尔大都市圈的城市部分。——译者
③ 亨利·吉罗(Henri Giraud,1879—1949),法国陆军上将,长期在北非服役。——译者
④ 这里应该是指皇家恩尼斯基伦龙骑兵近卫团。二战爆发后,该团配备了Mk.VI超轻型坦克,加入英国远征军,隶属于第4师。——译者
⑤ 皇家诺桑伯兰第火枪团,是英军一支历史较为悠久的步兵团,参加了包括九年战争、英西战争、布尔战争、一战、二战等在内的许多重大战争。二战爆发后,该团被扩展到十个营,大部分为机枪营,还包括摩托化营、侦察营等,当时有部分营被配属给第4师。——译者

最后，我和国王陛下一起坐车回总司令部。一路上沿途所有村庄的军民都在欢呼和敬礼，不巧的是陛下在经过部分路段时睡着了，不免有些尴尬。陛下看上去对视察活动非常满意，并温和地向我致谢。戈特也对今天的效果感到非常满意，向我作了祝贺。为此，我起草了一份贺信准备明天向全军通报。

12月7日

上午和蒙哥马利到巴希结合部转了一圈儿，下午在办公室里埋头工作。

12月8日

第48师师长"大眼"索恩①来共进午餐了，非常高兴能再次遇到他。看着他的样子，一下子把我带回到当年共同为和平努力奋战的日子。我和他作了番长谈，发现家乡对敌人伞降入侵的恐惧已经疯狂蔓延开来！晚上去视察了位于贝蒂讷②的新的军属预备军官教导团，看上去还不错。

12月9日

这是美好的一天。和约翰逊一起去他的新防线转了转，那里靠近比利时边界，包括了鲁贝和图尔宽的整个东侧，是一个建筑密集区域，很难部署规划，但我们终究会把它变得固若金汤。而令人震惊的是，法军第51师在驻防的时候究竟干过点什么。

---

① 安德鲁·索恩（Andrew Thorne），英国陆军上将，绰号"大眼"。二战爆发后，1939年10月任第48步兵师师长，随远征军赴法国参战，在敦刻尔克战役中发挥了重要作用。——译者

② 贝蒂讷（Béthune），位于法国北部，是北部-加来海峡大区加来海峡省的一个市镇。——译者

晚上接到你的来信提醒了我，7号是我们的结婚纪念日。实际上我之前忘了具体是哪天了，但记得大约就是12月的这几天。当然，十年前我们都不知道现在会大战重临，这不可避免地会给我们一起欢度的幸福时光投上了阴霾。但即使我们能预知，我也相信那天堂般的快乐会像太阳的光芒一样，最大限度地驱散乌云。我以前从未意识到世上可以能如此幸福美满，甚至到了如今，当幸福使分离更难承受时，对幸福的回忆本身就成为一种补偿，让我能稍减离别的痛苦。因为你，我比任何时候都能更好地理解上帝造物的完美。我打心眼儿里感谢上帝把我们带到一起。

12月10日

上午，皇家炮兵的沃森①少将前来商量（原文无法辨认）的准备问题。午饭后，我去看了富尔塞②，那是军部一旦搬离的备选地。晚上，波纳尔过来和我商量了前出比利时的计划和命令。

12月11日

去找第5师的富兰克林研究了其防线的防御位置。他热切希望能尽快接手他的防线，但师里的参谋、通信人员和指挥管理部门还明显不足。回来的路上给普克斯③和泰④买了两本法文书作为圣诞礼物。午饭后，和施莱伯一起观看了一场由他组织的火炮演习。

---

① 这里可能是指悉尼·里格比·沃森（Sydney Rigby Wason，1887—1969），英国陆军中将。——译者
② 富尔塞（Fourcès），位于法国西南部，是法国热尔省的一个市镇，属于欧西坦尼亚地区。——译者
③ 凯瑟琳·史东妮·布鲁克（Kathleen Stoney Brooke），作者的幼女，昵称"普克斯"（Pooks），生于1931年。1961年，她因一次骑马事故丧生，给作者的晚年生活带来巨大悲痛。——译者
④ 维克多·布鲁克，作者的幼子，生于1932年，昵称"泰"（Ti）。——译者

12 月 12 日

天气寒冷，差不多要下雪了吧。去看了由邓普西①指挥的第 13 步兵旅，其间，他向我介绍了麾下的营级指挥官。这支部队是我们正在组建的第 5 师的一部分。晚上召集师指挥官开会，研究下周六首相来访相关事宜。

12 月 13 日

天气极为寒冷。用了几乎一整天观看了蒙哥马利组织的一场演习，展示了我们一旦进入比利时后应该采取的行动，非常实用。

12 月 14 日

上午出发去评估了奥贝尔-弗尔奈儿岭②在有需要时是否有成为我军后方侧翼防线的价值。在穿过拉巴塞、通过主干道去新沙佩勒③的路上，那些在 1915 年战火中的回忆不断被唤起。我还路过了在 1914 年前线附近住的第一个营房，就在旧沙佩勒④附近。我看到了那时候第一晚就有战地救护车掉进去的那条老水沟。当年我的马夫还在水沟外面找到了一套银制圣餐具，以及可以供运水车用的杆子。前者被前来找寻的法国牧

---

① 迈尔斯·克里斯托弗·邓普西（Miles Christopher Dempsey），英国陆军上将，绰号"傻瓜"（Bimbo）。——译者
② 这里可能是指奥贝尔-弗罗梅勒（fromelles，原文为 fournelles）岭。奥贝尔和弗罗梅勒都是法国北部诺尔省的市镇，距离里尔约 15 公里，而两个镇相距仅约 3 公里。因为两者与更北面的勒笛斯尼勒镇形成一线，且为高地，因此成为一战中英法联军与德军争夺的胶着地带，爆发过多场战役。另据《希特勒的私人图书馆》一书中称，希特勒在一战中就曾作为通信兵穿梭在那几个小镇。——译者
③ 新沙佩勒（Neuve-Chapelle），位于法国北部，是北部-加来海峡大区加来海峡省的一个市镇，也是一战中的一处著名战场。1915 年 3 月 10 日至 13 日，英军试图在炮火掩护下攻占德军驻守的新沙佩勒，以期进而突破奥贝尔岭乃至里尔，威胁德军的补给线。作者所在的英属印度军参加了该战役。——译者
④ 旧沙佩勒（Vieille Chapelle），位于法国北部，是北部-加来海峡大区加来海峡省的一个市镇，在里尔以西约 24 公里，与新沙佩勒相距约 4 公里。——译者

师领回去了，杆子却被我们一直用下去了！我记得在某间营房里，我们被发下来的烟草搞得快吐了，还在某个地方因为炮火惊扰损失了大部分战马。我还记得，阿斯奎斯上校总在那里抱怨，汤还没拿上楼就凉了！这一大堆回忆实际上带来一些苦涩的感觉，因为我现在不得不重新面对原先以为已经永远终结的东西。回忆这些陈年旧事也给我带来一种孤独感，那些当年和我在一起的人很多都已经离开人世了，现在正和我一起的人很多那时尚未出生！之后我来到1915年做进攻准备的那个地方，从那里望向奥贝尔岭，然后又去了当年德军的阵地，从那里看过来，遥想当时我们的模样。

12月15日

和斯托普福德花了一天时间视察他在阿吕安山的防线。这是我们防线中比较引人关注的一部分。道威斯的继任者，新任后勤主任、军需处长曼瑟①今天病了，他看起来不是很强壮，希望病情不太严重吧。

刚刚读完了安东尼·哈丁格的《布汶：胜利的奠基者》。这本书是对1214年法国国王菲利普·奥古斯都对阵英国国王约翰所率联军那场大战②的有趣记录。后者的大败最终导致了《大宪章》的出台。大战的遗址就在我军防线左侧。最近我组织部署新防线时多次踏足的地方，正好就是1214年十万大军拼死厮杀的场地！书中的描写极为精彩，就好像把

---

① 杰弗里·欧内斯特·曼瑟（GeoffreyErnest Mansergh，1893—1940），英国陆军准将。——译者
② 布汶战役，是中世纪发生的影响英国乃至欧洲历史的一次重要战役。随着11世纪英法矛盾的发酵，以及教皇、神圣罗马帝国间权力争夺越发激烈，到了1214年，英国国王约翰为了挑战和报复法国对其的压制，联合了受教皇压迫、欲巩固地位的神圣罗马帝国奥托四世，以及一些被法国国王菲利普压制的领主，向法国国王菲利普进攻。菲利普则在教皇英诺森三世的支持下迎战，结果在布汶附近通过骑兵对决击败了联军，一举确立了13世纪法兰西王国的强国地位。这场战役同时也标志着约翰统治的金雀花王朝走向衰败，约翰在次年被英国贵族胁迫签署了《大宪章》。——译者

你带回到七百二十年前的战场,亲眼看到想象中的两支大军互相靠近到只有几百码远的距离,然后义无反顾地投入战斗,直至尸横遍野。可以看到布汶村中的彩色玻璃窗,也给这场大战的生动记录增添了一抹色彩。

12月16日

今天是首相张伯伦来访的日子。他先去看了第1军。在12点45分到了第8步兵师①师部,在马尔伯勒②围攻里尔时占据的古堡吃了午饭,确切地说是在古堡原址所在地,因为真迹已在大革命时期被毁。午餐时我坐在他旁边,谈论有关布汶战役的事,他对此非常感兴趣。饭后,他会见了第4师和第5师代表,接着乘我的车去了里尔机场,在那里检阅了第3师主力部队,一部分为整队肃立,一部分列队通过。当时天气十分寒冷,首相只在单薄的外套上罩了一件轻质雨衣,我觉得可能穿得有点儿少,希望他不会感冒。

正当我们和首相在一起时,我的预备军官教导团发生了一起惨剧。一位工兵教官在演示反坦克地雷使用方法时突然发生爆炸,当场有三名军官丧生,一名在不久之后亦告死亡,还有三人生命垂危,两人伤势严重。我们的反坦克地雷在使用时竟然如此不安全,真是令人震惊!

12月17日

晚上又有两个青年军官没有抢救过来,事故死亡人数已达六人了。

---

① 这里可能是指法军第8步兵师,该部队包含有一个由西班牙籍士兵组成的外籍团,参加了法国战役。英军第8步兵师虽然在1938年短暂由蒙哥马利指挥,但一直部署在巴勒斯坦,之后为了防御德意军队,曾分散部署在中东,未有编入远征军入法作战的记录。——译者
② 这里应该是指第一代马尔伯勒公爵约翰·丘吉尔(John Churchill, 1650—1722),在西班牙王位继承战争期间,任大陆英军司令。1708年,他率军大败法军,并包围了里尔。——译者

我担心伤员中还有一个也挺不过去。尽管已经组织了一个班子尽最大努力开展抢救，但难度很大，其中有的人已经接近死亡边缘。

今天下午我去看了汤姆，和他一起喝了茶。他过得不错，对军旅生活很适应。上午的时候与约翰逊和蒙哥马利在第3师和第4师的交界地带碰了头，想明确结合部几条防线的设置问题。天气非常冷，冰冻得厉害。

12月18日

忙碌的一天。在办公室里工作，先是会见营地指挥官安排圣诞节慰问品的分发。接着，在第5师左侧的法军师长来拜访我。然后，前往里尔商量混凝土防空洞及通气孔防御等问题。用一刻钟时间匆匆吃完午饭后，去贝西汶参加在反坦克地雷事故中遇难的三位年轻军官的葬礼，接着去急救站看望了事故中的一位伤员。然后从那里出发去桑甘①，视察我军新的摩托化运输维护教导团。最后，我找了迪尔喝茶，敞开心扉地聊了聊总司令部的种种不足！

12月19日

上午九点离开法朗潘去了梅斯②，视察目前属于法军第42师指挥序列的我第4师所属第12步兵旅，他们所在的防线正好在摩泽尔河③畔与

---

① 这里可能是指桑甘昂韦普(Sainghin-en-Weppes)或者桑甘昂梅朗图瓦(Sainghin-en-Mélantois)，两者均位于法国北部，是北部-加来海峡大区诺尔省的市镇，相距约20公里。——译者
② 梅斯(Metz)，位于法国东北部，在摩泽尔和塞里河河畔，距离法国、德国和卢森堡边界交界处43公里，是洛林大区摩泽尔省的城市，洛林地区首府。一战前属于德国，战后割让给法国。二战爆发后又被德国攻占。——译者
③ 摩泽尔河(Moselle)，是莱茵河的一条支流，流经法国、德国和卢森堡。——译者

德国人对峙。我们在兰斯①停下吃午饭，并去法国第 3 集团军总部拜访了集团军司令孔德②将军。我记起来，他是我在凡尔赛培训时的指导老师之一。晚上 7 点我们返回了梅斯，在那里我遇到了在上一次大战中与我一起在第 18 师炮兵司令部共事的加德纳。第 4 师的约翰逊和巴克也住在这个旅馆。

12 月 20 日

今天大部分时间都过得很精彩。早上 7 点 45 分，从梅斯出发去拜访了法军第 42 师师长。他简直是一个军官典范，给我留下了深刻印象。结束后从那里驱车前往康普利克③，在那儿与约翰逊和巴克汇合，一起去参观马其诺防线上的一个要塞。这个要塞让人感觉就像一艘陆地战列舰，从这个角度来讲这是一件杰作，而且毫无疑问建设马其诺防线的想法可谓神来之笔。然而，它却不能给我多少安全感，而且我认为，法国人更应该把预算投入机动防御，比如建设更多更好的航空部队和重型装甲师，好过这样把钱埋进土里。

参观完要塞后，我和第 12 步兵旅旅长霍克斯沃思去视察他的营驻守的防线。首先去看了位于马其诺防线前约 3 000 码处由"黑色守望者"负责的侦察防线，那里只有一条简陋的反坦克壕，没有防御工事。然后从这里到约 6 000 码外由"威尔士亲王志愿者"④负责的前哨防线。那条防线由相距较远的独立据点组成，只围了少量铁丝网，不具备持久的

---

① 兰斯（Reims 或 Rheims），位于法国东北部，是香槟-阿登大区马恩省的城市。二战期间遭到了较大破坏，后盟军在此处接受了德军的无条件投降。——译者
② 查尔斯·马瑞·孔德（Charles-Marie Condé，1876—1945），法国陆军上将。——译者
③ 康普利克（Kemplich），位于法国东北部，是摩泽尔省的一个市镇。——译者
④ 这里指的是南兰开夏团（South Lancashire Regiment）所属部队。该团由历史悠久的线列步兵团发展而来，其一营于 1939 年加入英国远征军，编入第 12 步兵旅。——译者

防御性。每到黄昏和晚上，德国人的巡逻队就会向我们的据点渗透。在双方很难明确界定的前线之间，大约存在着一条 1 500 至 2 000 码的"无人区"。不过，实际上双方一般都没什么行动，每天只有一些相互的炮击和空战，除此之外就是绝对的相安无事。这样的防守给不了我什么信心。

12 月 21 日

早上 7 点 45 分，离开梅斯踏上回法朗潘的返程。天气很不错，就是比较冷。路上在兰斯作了停留，看了看大教堂①。很不巧的是那里堆满了沙袋，几乎不可能看到教堂壮丽的全貌。在拉昂②吃了午饭后，我们在下午 4 点左右回到驻地。我花了两个小时处理前两天遗留下的公务。现在终于可以打点行装，憧憬明天的回家之旅了！我简直不能相信这是真的，感到自己就像在做梦一样，甚至还担心有什么突发情况会让这好梦结束。

12 月 22 日

上午继续在办公室工作。午饭后和迈克·福克斯坐车启程前往布洛涅③。天气寒冷，雾非常浓。当我们到达阿拉斯④时，考虑到雾太大，于是决定换乘火车。六小时的慢车，当中还停了好多站。大概晚上 11 点我们才抵达布洛涅，于是就在那里留宿。

---

① 兰斯大教堂是法国著名的天主教堂，法国国王加冕仪式的举行地。——译者
② 拉昂（Laon），位于法国北部，是埃纳省省会，距离兰斯 55 公里。——译者
③ 布洛涅（Boulogne），位于法国北部，是北部-加来海峡大区加来海峡省的港口城市，在英吉利海峡科普特奥皮莱角。城市有火车站和港口渡轮，是来往英法的一个枢纽地点。——译者
④ 阿拉斯（Arras），位于法国北部，是北部-加来海峡大区加来海峡省的市镇，也是加来海峡省的省会，距离布洛涅大约 115 公里。——译者

12 月 23 日

早起赶上了 8 点出发的船。一路风平浪静地驶过雾霭，下午 5 点时把我带回来，与你和孩子在码头相会。

与你和两个可爱的孩子度过的这十天假期，绝对像在天堂一样。这些快乐的日子你都知道，我觉得无需录诸纸上，因为早已铭刻在心。

1940 年 1 月 2 日

新年已至，祈祷上帝能为我们带来和平。上午与你分别后，我坐到车上，反复确认自己没有因此而崩溃！我努力地回忆与你和两个可爱的宝贝度过的这十天天堂般的日子，以此来宽慰自己。这些回忆在接下来的几个月里能被我反复唤起，就像翻开了书页，可以一次又一次地重温那些无价的时光。这些时光充满欢愉，以至于一时难以尽享全美，而是逐渐释放，让我能感受到生活被你变得多么丰富多彩。

回程相当寒冷、波澜不惊。上午 11 点抵达多佛[①]吃了午饭，下午 2 点启航，4 点到了布洛涅。接着在酷寒冰冻的路面上开了四个半小时的车。其中最高潮的部分莫过于发现一辆法国的六轮大卡车滑倒倾覆，完全堵住了道路。不过幸运的是我们找了条路绕行，晚上 8 点半最终抵达法朗潘时，连脚都冻僵了。

1 月 3 日

今天在办公室，忙着把自己休假时落下的工作找出来，赶上进度。新任参谋官里奇[②]准将看起来不错，我想他会成为一个好帮手。天气依

[①] 多佛（Dover），位于英国东南部肯特郡，隔多佛海峡与法国相望，是英国的一个重要港口。——译者

[②] 尼尔·梅休因·里奇（Neil Methuen Ritchie, 1897—1983），英国陆军上将。——译者

旧严寒，冰冻得很厉害。

1月4日

上午，去看了我为反坦克炮新设计的碉堡掩体，结果令人满意。之后与戈特一起吃了午饭，他告诉我，他想请格洛斯特公爵视察第4师，要求我来部署安排。从很多方面看，这项工作都不简单。晚上，坎伯利参谋学院院长杰克·柯林斯①和高级军官学校校长罗宾·莫尼②来了，他们将和我一起呆几天。

1月5日

霜冻天气在继续。把柯林斯和莫尼带到第3师所在的防线。那里所有的混凝土工事都因为霜冻而停工了。之后我们一起参观了布汶教堂，大家对描绘布汶战役的彩色玻璃壁画都大感兴趣。

1月6日

无论如何上午总算来了个好消息，霍尔·贝利沙辞职了，我们有了新的陆军大臣（奥利弗·斯坦利③）。

---

① 罗伯特·约翰·柯林斯（Robert John Collins，1880—1950），"杰克"为昵称，英国陆军少将，参加过第二次布尔战争、一战和二战。——译者
② 罗伯特·科顿·莫尼（Robert Cotton Money，1888—1985），"罗宾"为昵称，英国陆军少将，参加过一战和二战。——译者
③ 奥利弗·弗雷德里克·乔治·斯坦利（Oliver Stanley，1896—1950），出身于贵族家庭，是英国著名保守党政治家，担任过多个部长级职务。1940年1月，由于前任陆军大臣贝利沙与主要将领交恶而下台，斯坦利被任命为陆军大臣。由于其父在一战时就担任这个职务，各方对其也期望颇高。但不久后政府下台，可能由于斯坦利的岳父是一位纳粹同情者，丘吉尔没有在新政府中给予斯坦利职务，但给了斯坦利参与指挥情报组织的机会，使其成为著名的欺敌秘密机构"伦敦控制科"的创始人。两年后，斯坦利重返政坛，成为英国殖民地国务大臣。——译者

把柯林斯带到第 4 师,由约翰逊接待他。我则去里尔理了发,还为普克斯挑了块手表,到时候赛克斯①会帮我带回来。下午去找富兰克林商量他的部署,研究下一步行动。已经开始融雪了,化得很快,上午路面非常滑。曼瑟看起来病得不轻,希望他能撑住,休个病假应该能让他好起来。

1月7日

花了一天时间,带杰克·柯林斯四处看看。首先,去了第 17 步兵旅,让斯托普福德带我们看了阿吕安防线的情况。然后,开车到贝蒂讷附近,访谈了师属骑兵部队的指挥官。最后,从洛斯②回来去看了一家军械厂。大部分时间都下着丝丝细雨,雪化得很快。柯林斯看上去很年轻,精力旺盛,冲劲十足。霍尔·贝利沙那时候拒绝提拔他,让他超过了晋升年龄,真是犯了个大错。当然,这不是他犯的唯一错误,现在他肯定正不痛快呢。

1月8日

从早上 9 点到下午 6 点,一直在办公室里赶因为接待柯林斯落下的工作。下午,负责红十字工作的西德尼·克莱夫③来找过我。

1月9日

又是非常严重的霜冻。和负责图尔宽以东区域的巴克一起,一整天

---

① 阿瑟·克利夫顿·赛克斯(Arthur Clifton Sykes,1891—不详),英国陆军准将。——译者
② 洛斯(Loos),位于法国北部,是里尔西南部的郊区。——译者
③ 这里可能是指西德尼·克莱夫(Sidney Clive,1874—1959),英国陆军中将,参加过第二次布尔战争、一战和二战。1934 年退役。——译者

都在研究第18步兵旅①的防线。那个防区非常有意思。

1月10日

又是严寒天气。大部分时间都花在视察第53轻型防空团上，这支部队目前被打散部署，用于保护法国的发电站。下午3点，作为视察之行的尾声，我和其中一个发电站的经理一起喝了香槟、吃了饼干。

回来后，我和总司令部的情报主任梅森-麦克法兰②就前线的安保部署谈了一个小时。接着，根据帕热齐的安排，会见了里尔的市长和警察局长。刚才我接到通知，要求把我的防线向南延伸至巴约勒③，在第51高地师④调出时接管其防线，同时还要从我现在指挥的师里匀一个给第3军。鉴于第5师最后才加入我军而且相对鲜为人知，我计划把该师划出。

1月11日

天气格外寒冷，阳光亦无法消融冰冻。一整天都与富兰克林在一

---

① 第18步兵旅虽然在一战和二战中表现活跃，但据多个资料显示，二战开始后直至法国战役爆发，这支部队一直部署于北非开罗区域，旅长并非巴克，而是亨德森·蒂波利。而巴克自1938年7月至1940年10月一直担任第10步兵旅旅长，特别是在法国战役中率领该旅参加多场恶战。根据以上情况，译者推测这里其实是指第10步兵旅。——译者
② 诺埃尔·梅森-麦克法兰（Frank Noel Mason-MacFarlane，1889—1953），英国陆军中将。1909年加入皇家炮兵，参加过第一次世界大战，多次荣获勋章。一战后曾担任过驻匈牙利、奥地利、瑞士和丹麦等国大使馆武官，二战爆发前任驻德国大使馆武官，曾建议暗杀希特勒，未获批准。二战开始后任英国驻法国远征军司令部军事情报主任，在敦刻尔克撤退时负责指挥右翼掩护部队，表现出色，被授予杰出服务勋章。——译者
③ 巴约勒（Bailleul），位于法国北部，是诺尔省的一个市镇。在里尔西北约26公里，距比利时边境仅3公里。——译者
④ 第51高地师，该师为步兵师，参加过一战和二战。二战开始后，该师由维克托·福琼少将指挥，法国战役中在德军进攻下全军覆没，后又由第9高地师改番号重建。——译者

战争日记（1939—1945）

起视察第5师防线，相谈甚欢，但还是不得不把他的部队将要被划拨出第2军的消息告诉了他。我非常不舍他们的离去，真想把第5师留下来。富兰克林的为人自然比蒙哥马利更讨人喜欢，但考虑到第3师和第4师在第2军组建的时候就是老班底部队，这两个师确实更应该留下来。

1月12日

心理战又打响了！来自总司令部的预警说，比利时可能会在接下来几天里遭到攻击，而且伴随着大规模的伞兵突击，攻击将延伸至荷兰及卢森堡。目前已经要求师一级指挥官停止休假、在岗在位。看来我早点儿把假休了是多么幸运！我估计，从现在开始这样的一惊一乍将会不断上演。不过，我现在仍不相信德国人会在这样的时节入侵比利时。现在正值冰冻肆虐，"冰雪铺就"的路面将有好一阵子无法承受大流量交通。

今天的工作从严肃"训斥"一名苏塞克斯团①的中尉开始。接着去查看了我设计的反坦克炮碉堡掩体，看起来进展很顺利。回来和第16军的法加尔德将军一起吃了午餐。饭后，会见了三军合作社的主管官员，他向我提出了不少意见，但没怎么说动我。最后，在接见了好几个工作人员，并完成许多工作后，我终于能开始支撑我坚持下去的美好时刻了，那就是读亲爱的你的来信，以及稍后与你在纸上的夜谈了。

1月13日

今天起了个大早，观摩贝希迪砖材防御机枪射击的试验，结果非常

---

① 皇家苏塞克斯团（Royal Sussex Regiment），该团由历史悠久的线列步兵团发展而来，参与了第二次布尔战争及一战、二战。二战开始后，该团的第2营、6营、7营等部队都曾加入英国远征军，参加了法国战役。——译者

成功。他发明了一种简单方法来封闭射击孔多余的暴露部分。接下来去拜访了里尔市长,为一名法国女子被第 4 师的人谋杀表达了深切歉意,他对此表现了宽宏大度。回来后发现亨利王子已经在 12 点半到我这儿来了,并一起吃了午饭。午餐后,我去探望了生病的蒙哥马利。然后及时赶回来,迎接加拿大军的麦克诺顿①和克里勒,并一起喝了下午茶。天气还是那么冷!

1 月 14 日

心理战继续上演!凌晨 3 点 30 分,我被里奇准将唤醒,告诉我,根据情报判断,比利时很快就将被入侵,要求启动相关预案及准备工作,以尽早前出应对德国人!这意味着我们马上就要启动复杂的运输程序,把各步兵旅从训练场输送到相应位置。早餐时分,我接到了中午 11 点半到总司令部参加指挥官会议的通知。会议的内容非常精彩。据通报,一架载有两名德国军官的飞机错误地降落在比利时境内,他们曾试图焚毁随身携带的一些军事计划,但被成功阻止。这些计划的内容是德国人将于最近实施的入侵荷兰与比利时的完整军事部署。我们分析了所有的证据并得出一个结论,整个事件看起来更像是德国人的"圈套"。这两名军官似乎根本没有必要带着这样重要的文件飞越比利时上空。整个事件很可能出于以下目的,即通过这样的威胁,诱使比利时向法国和英国寻求军事援助,从而给德国进犯比利时与荷兰提供借口。不管结论正确与否,为了确保万无一失,我们四小时内必须展开部署。在接下来大约二十四小时里,我们就能知道这个威胁究竟有多大了。

---

① 安德鲁·麦克诺顿(Andrew McNaughton, 1887—1966),昵称"安迪"(Andy)。加拿大陆军上将,科学家、政治家、外交家。一战爆发后加入加拿大远征军,1915 年 2 月赴法国参战,期间发明了提高火炮瞄准精度的技术,并将专利权以 10 块钱的象征性价格出售给加拿大政府。一战结束前夕,1918 年 11 月任加拿大重炮部队指挥官。译者推测可能在那时麦克诺顿就与同属于炮兵军官的作者有了交集。——译者

同时，戈特在司令部向我和迪尔介绍了 X 先生①，一个游历广阔、充满传奇色彩的人。午饭后，我去看望了约翰逊和蒙哥马利，向他们介绍了目前的情况，并想了解他们的腰痛和喉咙痛是否好些了。结果发现他们确实都有了好转，但却还没好到可以全负荷运转投入比利时行动的程度上。我真想知道接下来的二十四小时会给我们带来什么！

1月15日

二十四小时过去了，紧张的态势再次缓和！今天早晨，从总司令部来的一位联络官通知我，德国对比利时的入侵不再是迫在眉睫的威胁了，昨日的恐慌就如我们之前所猜测的，确实是德国人的圈套。然而，事件至此开始朝另一个方向发展了，X 先生的访问似乎带来了一些成果。很显然，比利时国王开始询问英、法政府，如果他的政府发出邀请，盟军是否会帮助他抵御来自德国的威胁。据说我们已经回复说，从道义到军事上已经做好了相应准备。这条答复已被送至比利时国王，现在正等

---

① 据译者考证，此处估计是卡尔·弗雷德里希·戈德勒（Carl Friedrich Goerdeler, 1884—1945），德国著名反纳粹人士、保皇保守派政治家、经济学家。纳粹掌权后，戈德勒起初抱支持态度，给希特勒提出过不少政治和经济上的建议，但拒绝加入纳粹党。随着与纳粹政权的经济政策、种族主义政策的冲突加剧，1937 年 3 月辞去莱比锡市市长职务。此后开始积极参与反纳粹密谋活动，1936 年起开始组建主要由公务员和企业管理人员构成的反纳粹团体。1937 年起，戈德勒利用德国博世集团海外销售主管的身份作掩护，遍访英法美加及中东、巴尔干诸国，警告纳粹政权的危险性；访问英国期间曾会晤外交部次长罗伯特·范西塔特，并与其间谍、英国企业家 A. P. 杨格建立了联系，英国人给戈德勒的代号为"X"。戈德勒向英国提供了德国入侵捷克斯洛伐克的"绿色计划"等情报，并与英国政府密谋在希特勒启动该入侵计划时发动政变；1939 年 3 月，戈德勒在瑞士乌契与法国军事情报局特工会面，透露了德国准备入侵波兰的情报；同年 5 月再次向英国透露了德国和苏联合谋瓜分东欧的情报。戈德勒提供给杨格的大量情报曾在 1974 年结集成册出版，被称为《X 档案》。戈德勒曾多次参与策划军方政变或刺杀希特勒的活动，包括 1944 年 7 月 20 日施陶芬贝格用炸弹刺杀希特勒的"女武神行动"，失败后被处决。——译者

着他的答案。

现在的形势非常耐人思忖：我们是不是在按照德国人通过坠机"圈套"所诱使的那样去行动？如果我们在比利时政府的要求下进入比利时，会不会正中德国人下怀？他们接下来就可以拿比利时与荷兰不再严守中立为借口，入侵这两个国家。还有，就是他们可以有更好的机会利用现有的优势兵力，以更精良的机动力量在一个广阔的战线上逞威。最后，如果我们的部队在比利时中部集结，那里将会成为德国军队梦寐以求的开战地点。从我们这方面来说，我们必须把防线至少再缩短100公里，以把更多的师保留为预备队。当然，我们也会因比利时加入再增加约十八个师。总而言之，我们现在应该把所有精力都投入到真正需要的防御工作中来。由于德国人的入侵，必然意味着我们进入比利时，我认为既然我们受到了邀请，就应该有所作为。

1月16日

依旧停留在六小时前通知的状态，想到下一步可能的计划，我不知道总司令部在忙乎什么，不过我希望能快点接到命令。和富兰克林到第5师的预备阵地看了看，整日下雪令人不快。接着去视察了印度骡马运输连，发现他们被安置得很差，营房没有完工，窗户没有玻璃，暖炉管子找不到了，连睡觉的草褥都没有。我调拨了一些食物，希望情况能尽快好转。

1月17日

狂风四起，漫天大雪，天气非常恶劣。今天早上，罗杰·埃文斯①

---

① 罗杰·埃文斯（Roger Evans，1886—1968），英国陆军少将，参加过一战。——译者

在去视察他的第 5 龙骑兵团①的路上顺道拜访了我。他对装甲师的建设进度感到非常沮丧。陆军部里似乎没有人在积极推动这件事,在我看来就好像罗杰"毫无建树",没人听他的一样。

应该努力推动戈特尽快行动,至少派一个旅出去。后来迪尔来了,在我这儿吃了午饭。我们聊了好久,对总司令部表现出来的各种毛病互相安慰了一番。他依旧很郁闷,但风采更胜往昔。

1 月 18 日

天气寒冷但清爽,阳光照耀下没有融冰和积雪。我们把随行物品放上车,沿着利斯河②从阿尔芒蒂耶尔步行到科米讷③。这是一次很有价值的侦察行动,这条河流尽管是一条难以逾越的天然反坦克障碍,但如果没有有效的防御力量,德国佬可以轻易凭借他们的架桥机械通过它。从目前看,由于各师承担的防线都十分宽广,我们的防御还非常薄弱。

1 月 19 日

天气再次变得十分寒冷。上午去察看了位于图尔宽至穆斯克龙④之间的第 12 步兵旅的防线,那是一片建筑物极为密集的区域。下午 1 点 30 分回来吃饭。2 点的时候戈特和波纳尔联袂来访。两人都仪表非凡,

---

① 第 5 皇家恩尼斯基林龙骑卫团(5th Royal Inniskilling Dragoon Guards),1922 年由两支骑兵团合并而成。1938 年,为应对第二次世界大战,该团被机械化整编,指挥官是罗杰·埃文斯。该部队是第 4 师直属骑兵部队。——译者
② 利斯河(Lys),总长约 202 公里,源起于加来海峡省,流经法国和比利时,流入比利时根特的斯海尔德河。——译者
③ 科米讷(Comines),位于法国北部,是北部-加来海峡大区诺尔省的一个市镇,恰好在法国和比利时边境,有一部分属于比利时。该镇距离阿尔芒蒂耶尔约 13 公里。——译者
④ 穆斯克龙(Mouscron),位于比利时西部,是埃诺省的一个城市,紧靠法国边境,与图尔宽相望。——译者

但是戈特谈及的事项都是(原文无法辨认)枪械、炮击策略、夜间射击以及许多诸如此类的小细节，与此同时我更希望他和我们讨论的是进入比利时的方案，或者远征军防线的扩张等更重要的事。他们走后，我召开了一个下辖师会议，讨论了第 2 军的防区变化和下步行动。晚饭后，波纳尔打电话告诉我近期的一些部署调整，影响了我前面会上作出的所有决定！！

1 月 20 日

霜冻在持续。9 点 30 分，我在阿尔芒蒂耶尔以北的利斯河桥上会见了法加尔德和他的第 53 师指挥官们。我们参观了接下来将由第 51 师接管的该师整条防线。接下来我和法加尔德在圣奥梅尔吃了午饭。现在我听说，所有的计划可能又要变化了，也许亚当和第 3 军会到我的左翼，接手第 51 师和第 5 师的阵地。

1 月 21 日

上午待在办公室工作。中午 12 点 30 分，戴维森①过来看我，他在我们桑德尔福德修道院②合影照片里出现过。他这次作为国王特使出访布鲁塞尔，并受命观察比利时的动向。于是我找到他，想让他帮忙从我们需要的角度评估下。午饭后，我去了第 5 师的皇家兵工厂，查看我为 25 毫米反坦克炮设计的碉堡掩体样品。然后马上赶回来，与曾在我手下

---

① 这里可能是指约翰·科林·坎贝尔·戴维森(John Colin Campbell Davidson，1889—1970)，英国政治家，四十岁不到就出任保守党主席，曾担任兰开斯特公爵郡大臣。二战爆发后，他曾和宣传部门合作，并出访过南美。——译者
② 桑德尔福德修道院(Sandleford Priory)，坐落在英国伯克郡的一个小村庄内，原是一座奥古斯丁修会样式的小教堂，历史比较悠久，后来几经转手，变为圣加布里埃尔学校的图书馆，因其宗教和建筑样式特点，成为当地一景。作者居住的哈特利温特尼距那里约半小时车程。——译者

指挥驻扎切斯特的第 5 防空师①的马丁②见面，他现在是英国远征军防空部队的总指挥官了。我俩就这个国家的防空力量部署作了一番长谈。今天大部分时间都在下雪，我不得不推迟了原定于明天开始的对第 8 步兵旅萨尔河防线的视察。

1 月 22 日

今天比以往都冷，晚上雪下得更大了。波纳尔上午来找我，商量组织新防线的事。我把对第 2 军所有的想法都摊开和他讨论了，取得了不错的结果。指挥第 51 山地师和第 50 师③的维克托·福琼④和绰号"Q"的马特尔⑤也来了。我得安排接收他们，尽管还不确定他们在我这儿留多久，是不是永久性的。不管怎样，我都希望第 50 师能留下来，因为上次大战结束后，我作为二等参谋和威尔金森将军⑥一起在这个师工作了

---

① 1938 年，为准备第二次世界大战，英国成立了防空军(防空司令部前身)，承担领土防空任务，筹建指挥官正是作者。该部队下辖十二个防空师，其中第 5 防空师的驻地为雷丁，师长为阿兰·坎宁安。驻地为切斯特的是第 4 防空师，该师师长恰为休·马丁(译者认为此处可能系原作者笔误)。——译者
② 休·格雷·马丁(Hugh Gray Martin, 1886—1968)，英国陆军中将。——译者
③ 第 50(诺森伯兰)步兵师，1920 年作为英国本土军的一部分重组，作者于 1921 年曾在该师任参谋。二战爆发前，该师被改编成摩托化步兵师，由当时的马特尔少将任师长。1940 年 1 月，该师被编入远征军，后在二战中参加了多场战役，屡立战功。——译者
④ 维克托·福琼(Victor Fortune, 1883—1949)，英国陆军少将。参加过一战，二战爆发后加入英国远征军，在敦刻尔克战役后仍留在法国第 10 军作战，因弹尽粮绝1940 年 6 月 12 日被迫投降。1945 年 4 月获释。——译者
⑤ 吉法德·勒·奎斯恩·马特尔(Giffard Le Quesne Martel, 1889—1958)，绰号"Q"，英国陆军中将，军事工程专家和坦克战先驱。一战中参加了索姆河战役，认为坦克战是战争的未来，并建议组建一支完全由装甲组成的部队。1939 年，他被任命为第 50(摩托化)步兵师师长。在敦刻尔克战役中，率军直击隆美尔部队，为撤退赢得了时间。——译者
⑥ 珀西瓦尔·斯皮尔曼·威尔金森(Percival Spearman Wilkinson, 1865—1953)，英国陆军少将。一战中，他被任命为第 50 师师长，直至 1923 年 7 月退役。作者也曾于 1920 至 1922 年在该师任职。——译者

近三年。

1月23日

  天气依然酷寒。我去视察了塞浦路斯骡马运输连。这是支很难指挥的部队，官兵里没人会说英语，交流只能用希腊语和土耳其语，其中希腊语只有一名军官会。还有一个问题，就是连里的大部分人从来没见过骡子。天知道他们什么时候能派上用场！和迪尔一起吃了午饭，花了很长时间讨论有关第3军到位后如何扩展我们的防线，以及把部队部署到进击比利时的最佳位置的紧迫性。由于在边境进行防御是两种情况里可能性最小的，所以只作为次要考虑。"Q"马特尔回到了他的部队，维克托·福琼还在这儿，我很怀疑后者是否能胜任。

1月24日

  天气依旧。晚上为了参加影片《飞翼雄狮》①的上映仪式，和帕热齐一起在里尔的"牡蛎场"吃了晚饭。一起吃饭的还有副官、军需处长和总工程师。帕热齐心情很好，一直在和我们说他怎么在刮脸时用留声机学英语的故事。当时留声机放出的内容是："为何你不与海伦共舞？因为这是危险的。为何这是危险的？因为海伦会点燃一支烟，而我正戴着纤维素领子！！！"在观影的时候，我坐在了省长和副省长的当中。午夜后才回来，路上惊讶地发现，积雪正在融化！

1月25日

  今天一如既往的冷，雪也不再融化。去视察了刚从本土过来的阿盖

---

① 《飞翼雄狮》是英国于1939年摄制的一部纪录片风格的黑白影片，宣传英国的战争和防空能力，取得了一定的效果，据说英国政府由此决定加大通过战争影片宣传的力度。——译者

尔郡及萨瑟兰郡高地团第 6 机枪营①。营长是一个叫肖·斯图尔特的，给我的印象就是不堪大用。一支好好的部队，被一个不称职的指挥官耽误了，我想把他换掉。

1月26日

下午 4 点突然下起细雨，一落地便被冻住，使路面变得难以通行。后来雪下得更厉害了，现在已经是天寒地冻。上午去视察了高地轻步兵团，下午在办公室工作。

1月27日

整个白天冰雪都在缓慢融化，但一到晚上又冻上了。上午 10 点，"大眼"索恩出现在我面前，经过一个小时的讨论后，我们动身到前线作了一番长途考察，直到下午 4 点才回来。根据作战方案，他的第 48 师承担着万一第 2 军防线有失即上来增援的任务。不过，我预感我们甚至都不可能在这条花费颇多功夫和心思的防线上进行防御。我们怎么才能避免被拖入比利时呢？其实，现在遇到的主要问题就是，如何才能不被拖到安特卫普至纳慕尔②一线。政治考量真的不应该压过军事上的战略安排。

1月28日

再次遇到严重霜冻，路面覆盖了一层冰。陆军部作战与情报局局长

---

① 阿盖尔郡及萨瑟兰郡高地团（Argyll and Sutherland Highlanders），由历史悠久的线列步兵团发展而来，参加过布尔战争、一战、二战等多次大战。二战中其第 6 营加入了英国远征军，后来被编入第 1 军。——译者
② 纳慕尔（Namur），位于比利时中南部的一个省，属于瓦隆大区。首府纳慕尔市位于桑布尔河和默兹河交汇处，布鲁塞尔东南，横跨三个地区，具有重要的战略意义。该市与安特卫普形成一条约 100 公里长、南北走向的连线，正好面对德国进攻的方向。——译者

德温①今天来对前线做了一次考察，我俩在外面待了一整天。我终于有机会探听陆军部对战争进程的看法。他们给我的感觉是，尽管他们专注于确保要在三年内赢得战争，却对今年就可能输掉战争的危险视若无睹！除非我们让空军部和陆军部意识到，他们正在打同一场战争，需要在相同地点、相同时间，对相同的目标作出共同的努力。尤其面对着一个信奉"在关键时间、关键节点，集中力量给予决定性一击"的敌人，我们现在这样定会招致大祸。当德国人展开强大的陆空一体化作战，试图摧毁英法联军以打开通往法国之路时，我方还在考虑轰炸鲁尔工业区，在我看来是绝对愚蠢的。在这里，两个"错误"之和是得不到"正确"结果的，我们滥用空军，不会让德国人也滥用空军，从目前该打击的目标转移到轰炸英国本土去。当且只有当德国陆空联合部队完成了当前的任务，将法国北部的盟军一扫而空，德国空军才会把目标转向英国。

1月29日

天寒如昨。上午在办公室工作，下午受翁霍将军之邀，观看了法国军方拍摄的纪录片，其中包括了国王陛下的视察，戈特和艾恩赛德的授勋仪式，以及有关法军的其他影片。其目的主要是为了宣传，但却因为暴露了法军尚未真正编练成型而不免令人沮丧。法军的表现真是非常业余，与战斗力极强的德军比起来相形见绌，甚至和法军手上的德军战俘相比也是如此。我但愿他们能保持与上次大战相近的军事水准。

---

① 理查德·亨利·德温（Richard Henry Dewing, 1891—1981），英国陆军少将。二战开始后，被任命为作战与情报局局长。后期曾负责驻美和驻澳军事联络工作。——译者

1月30日

上午在办公室工作的时候老是被来人打断,其中包括指挥第50师的马特尔和他的参谋。他很想知道,为什么我们不把更多的力量放在准备攻击齐格菲防线①上,同时也对我们不在今春发动攻势,而更像是眯着眼等着德国人进攻而感到好奇!

下午去卫生所看了牙医,拔了颗牙并调整了下牙床。回来的时候下雨了,雨滴刚落地便被冻住了,使道路几乎无法通行。

1月31日

1940年的第一个月马上要过去了,我真希望这是今年的最后一个月!一整天都在融雪,冰雪很快化去。上午视察了米德尔塞克斯郡机枪团的第7扩展一营②,决定让他们的指挥官"卷铺盖走人"。有相当部分的本土军指挥官到了这里以后被证明不配指挥他们的部队,这真是令人遗憾。下午去找了约翰逊,由于现在离不开他,所以商量调整安排他的休假。尼姆利用下午茶的机会来道别了,他之后要去埃及接手指挥一个

---

① 齐格菲防线(Siegfried Line),德国人又称之为"西墙"。在一战和二战中德国都修建过以此为名的防线。一战中,齐格菲防线属于兴登堡防线的一部分。二战开始前,为了应对法国的马其诺防线,德国在1930年代又开始修建齐格菲防线,位置在原防线以东,从德荷边境的克莱夫,沿着原德意志帝国的西部边界,直到德瑞边境的威尔莱茵镇,绵延约630公里,由德国著名的建筑工程组织托德机构负责建造,作为向西进攻的屯兵场以及支援进攻的重炮阵地。1936年德国占领莱茵兰之后开始构筑,至1939年基本建成。防线由障碍地带、主防御地带和后方阵地三部分组成,纵深35至75公里。障碍地带主要是地雷场、刺铁丝网、防坦克壕以及著名的"龙牙"(多列角锥形钢筋混凝土桩砦)系统。1944年9月,英、美盟军从西线向德国本土进攻时,德军依托这一防线阻滞了盟军五个月时间。齐格菲防线的宣传意义几乎和它的战略意义一样大,在相当长的时间里,它都被宣称为一条坚固的防线,一直影响到了1944年。——译者
② 米德尔塞克斯郡机枪团的7营和8营均被扩展成两个营,编入了英国远征军。其中,第7营扩展一营被编入第51(高地)步兵师。——译者

师。维尔茨①将接替尼姆担任远征军副总参谋长，他的思路更为开阔，应该也更为胜任吧！

2月1日

　　今天继续解冻，令人讨厌的潮湿有雾天气。去视察了北安普顿郡团第5营②。在目前进行的部队交流活动中，这个营将和我的牛津郡和白金汉郡团③的整编营进行互换。他们看起来好了很多。下午我去看了自己设计的25毫米反坦克炮碉堡掩体模型，实战效果应该不错。

　　晚上没有邮件来，当然就收不到你的来信了，这让一整天都黯然失色！你的来信已经成为时光流逝的枢纽。没有这些信，生活顿时变成了毫无意义的钟摆。

2月2日

　　当我在阿尔芒蒂耶尔附近视察炮兵部队的时候接到一个电话，说戈特下午4点要在第1军司令部见我。我当时想，是不是德国人这次又威胁要入侵荷兰与比利时了，于是立即驱车出发前往杜埃④。结果这次不是德国人在搅和，而是戈特想要告诉我们，他回家休假时了解到的上层会议的结果。他们可真不安生！显然，对次要战场的各种远

---

① 弗雷德里克·瓦瓦苏·布鲁姆·维尔茨（Frederick Vavasour Broome Witts，1889—1969），英国陆军中将。1939年曾任第45师师长，1940年曾短暂担任英国远征军副总参谋长。——译者
② 这里应该是指北安普顿郡团（Northamptonshire Regiment）的第5（亨廷顿郡自行车步兵）营。该团由线列步兵团发展而来，参加了一战和二战。其第5营属于本土部队，二战爆发后先是被编入英国远征军第1军第48师第143步兵旅，后与第2军第4师第11步兵旅的牛津郡和白金汉郡轻型步兵团第1营进行了互换。——译者
③ 这里应该是指牛津郡和白金汉郡轻型步兵团（Oxfordshire and Buckinghamshire Light Infantry）。该团参加了第二次布尔战争、一战和二战。——译者
④ 杜埃（Douai），位于法国北部，是北部-加来海峡大区诺尔省的城市，是该地区的交通和商业中心，距离阿尔芒蒂耶尔约60公里。二战中受到了一定的破坏。——译者

征计划①被提上了最高议事日程，其中大部分都会导致兵力分散，影响这里的备战，从而比任何时候都容易使我们输掉这场战争。历史正以惊人的方式在重演，和上次大战相似的拉锯战，政治家和军人之间相似的分歧，敌对行动一开始就更换关键岗位所犯的相似错误。现在则轮到了开辟边缘战场、考虑冒险计划的相似倾向！！我们实在是不应该再为下一场战争提供更多的教训了。

2月3日

感觉春天要来了。天气可爱宜人，让人更加难以意识到人性竟如此疯狂，让我们又一次踏入了战争。我去树林里散了步，希望自己能够从战争的噩梦中醒来，回到了你身边，回到了和平的世界！

2月4日

刚想安心过一个宁静的周日，下午再去看看汤姆，中午11点亚当出现了。见到他真是令人高兴，我们谈了好久，下午又一起去防线看了看。

---

① 这里可能是指英法出于与苏联和德国的博弈，曾考虑对挪威和芬兰的出兵计划。其中，由于德国缺少直接进入大西洋的出海口以及对瑞典铁矿砂资源的高度依赖（占进口的70%以上，运输路线基本在挪威领海），使得挪威成为重要的战略目标。二战爆发后，德国海军将领就不断建议希特勒拿下挪威，挪威国内的亲纳粹力量也希望借德国力量上台，但希特勒一度有所犹豫。英国方面，由于时任海军大臣的丘吉尔的极力主张，英国通过切断海上运输线、向挪威政府施压等手段，不断压缩德国的空间。而当时也正值苏芬战争末期(1939年11月30日至1940年3月12日)，英法一直有以军事援助芬兰为名进入挪威和瑞典切断德国铁矿石供应的计划。1939年12月，英法经过军事协调会商议，准备鼓动挪威和瑞典援助芬兰对抗苏联，盟军背后提供支持，但被挪威和瑞典拒绝。1940年1月29日，英法再次提出计划，在芬兰提出请求的前提下，由挪威和瑞典许可盟军"志愿军"通过其领土。这项行动约需要十万名英军和三万五千名法军，但最后由于芬兰与苏联和谈并未兑现。——译者

2月5日

到了梅斯。上午9点与里奇和副官罗尼①离开法朗潘镇,在兰斯吃了午饭,再经过一段有几分薄雾的车程后,于下午6点抵达。发现戈特还在那儿,于是和他一起吃了晚饭,就他对防线的看法做了一番长谈。他对在格林霍华德团②看到的情况不太满意,并给了我一张需要改进方面的清单。我感到他今晚有一种强烈的冲动想要熬夜自己去巡逻。他的眼睛仍在因激动而闪烁。他是我遇到过的最容易因为谈论和处理营级事务而起劲的人。明天,我得去看看第5师的第15步兵旅。

2月6日

早上6点半起床,7点45分出发,第一站去看了指挥殖民地军防御的弗雷登博格将军③。他是位非常友善的老绅士,给我的感觉非常干练。然后去会见了第22师④的师指挥官们,其间一位卷着大胡子的食火者不停地在表演,然而我觉得这些一点儿都没用,完全不靠谱!接着轮到了指挥第15步兵旅的巴内特·希克林,和他到防线的各据点去转了一圈,看上去和去年12月一样的不堪和低效。

整个乡间被白雪和烂泥铺满。我的车因为前轮刹车抱死抛锚了!由于下午2点30分要赶去参观马其诺防线上的哈肯堡要塞,也就是国王陛

---

① 罗纳德·托马斯·斯塔尼福斯(Ronald "Rony" Thomas Stanyforth,1892—1964),昵称"罗尼",英国陆军中校,参加过一战和二战。1939至1940年,曾担任作者的副官,1941年后至第21集团军担任一等参谋。此外,罗纳德还是一名著名板球运动员,曾入选英格兰队。——译者
② 这里可能是指格林霍华德团的一营。该团是一支历史悠久的部队,在17世纪末成军,由线列步兵团发展而来。二战爆发后,该团有多个营加入英国远征军。——译者
③ 亨利·弗雷登博格(Henry Freydenberg,1876—1975),法国陆军中将,是德裔家庭的后代,参加了一战和二战。——译者
④ 这里可能是指法军第22师,该师是一支预备役部队。——译者

下上次来参观过的那个，我只能扔下自己的车，借了巴内特·希克林的车赶过去。整个参观非常精彩，看到了可以容纳超过一千人的兵营，总长超过 7 公里的隧道，四台超大型柴油发电机，以及电气轨道、电气厨房、电气浴室和自动机枪。要塞从各方面来讲都是一项杰出工程。不过，我并不认为这是一项军事杰作。成千上万的资金为了纯粹的静态防御而被埋在土里，而且要塞提供的火力与建设所消耗的时间、精力和资金相比不值一提。其实最危险的地方是在心理方面，帮助法国人滋长了一种错误的安全感，以为身在坚不可摧的钢铁防线后；然而一旦防线被摧毁，法国人的战斗精神就会随之分崩离析！由于雾天和汽车故障的缘故，我们晚上 7 点才回到梅斯的旅馆。

2 月 7 日

上午 9 点坐里奇的车离开梅斯，他和罗尼轮流开。两个叫来的司机开着我的车跟在后面，开得要多慢有多慢。在兰斯吃了午饭，晚上 5 点回到这里，发现约翰逊还在这儿，新副官巴尼·查尔斯沃斯也来了。我的车后来也安全返回了。

2 月 8 日

以繁忙的办公室工作开始了一天，希望把拉下的三天工作补回来。接着，带着马特尔出去仔细察看了第 50 师准备接手的防线。下午 3 点，刚回到办公室就接到了戈特副官明斯特的电话，要求我下午 5 点到第 1 军总部参加会议。我到了之后发觉亚当和戈特一起来了，从陆军部飞抵这里的帝国副总参谋长马西[①]也来了。戈特休假回来后告诉我们的那项

[①] 休·罗伊斯·斯托克斯·马西（Hugh Royds Stokes Massy, 1884—1965），英国陆军中将，参加过一战和二战。二战爆发后，1939 年 10 月任帝国副总参谋长。1940 年，被任命为英国西北远征军司令，指挥挪威战役。——译者

远征计划开始成型了！第 42 师①、第 44 师②以及亚当的第 3 军直属部队都要被留在本土了。还有可能会要求我把第 5 师送回家。

这项远征计划让我感到很担忧，他们完全基于今年春天德国人不会发动进攻的假设上。我个人对此持完全相反的观点。德国人对这条防线的任何进攻，必然使其他次要战场的行动归于停滞；但很不幸的是，那时我们已经大幅削弱了这里的防御力量，变得更难抵御相应的进攻了。我们似乎重蹈了上次大战的覆辙，随意开辟次要战场，分散自身兵力。不过现在还有点儿希望，那就是我们想要帮助的对象继续选择中立，并拒绝我们的协助。但不管怎么说，我们这里还是会受到各种延误和混乱之苦。

2月9日

今天法国总统勒布伦先生③视察了英国远征军。我被叫到远征军总司令部去陪同共进午餐，一起的还有迪尔、亚当、里尔市长、阿拉斯市长、帕热齐将军、翁霍将军等众多其他宾客。饭后按惯例进行了合影和录像。接着总统先生视察了第 1 军防线，我们在那里向他介绍了所有的师级指挥官。结束后，在第 1 军军部喝了下午茶，接着前往杜埃火车站，送总统先生上车回巴黎，驻巴黎的英国大使罗纳德·坎贝尔④和新任武

---

① 英国第 42 步兵师（East Lancashire，也称东兰开夏师），参加过一战和二战。一战中首支被派往海外作战的本土师。二战爆发后，由于扩充部队的需要，许多骨干军官和士兵被送到其他部队，导致该师一段时间内无法正常训练，因此一直留在本土。直至 1940 年 4 月左右，该师才加入英国远征军。后来在法国战役中遭受了较严重的伤亡。——译者
② 英国第 44 步兵师（Home Counties，也称伦敦郡师），参加过一战和二战。1940 年 4 月加入英国远征军，编入第 3 军。——译者
③ 阿尔贝·勒布伦（AlbertLebrun，1871—1950），法国政治家，1932 至 1940 年任法国总统，也是法兰西第三共和国的最后一位总统。——译者
④ 罗纳德·休·坎贝尔（Ronald Hugh Campbell，1883—1953），英国外交家，1939 年 7 月至 1940 年 6 月任英国驻法国大使。——译者

官马利兹·格雷厄姆①亦一起陪同。北风呼啸，霜冻再起！

2月10日

　　一切迹象表明，另一场严重霜冻将要席卷而来。除了去里尔剪了下头发以外，一直待在办公室工作。有关第3军的去向问题依然处于搁置状态，他们到底是走是留悬而未决。与此同时，第2军现在下辖5个师，这让我们感到责任很大。

2月11日

　　又到了星期天，到了我们本应一同过的日子。下午我到树林里散步，想象你陪伴在我身边，与我进行一场想象中的谈话。没有你相伴的日子，就是一片空白。

　　各军的情形越发混乱。正如最近到来的那项分兵提议，把我们新建第3军的一切都刹停了。第5师正等待命令转入预备状态，第51师正在替换法军第53师的半当中，第50师则紧随其后。我现在指挥着5个师，进行到一半的轮换工作也许会被部分撤销，到现在也没个准信。我现在知道的最新进展是，甘末林压根儿就没被通知说英国政府计划撤回第5师，他正对此表示反对。这可能会导致艾恩赛德急匆匆赶来，更多的内阁会议，更多的讨价还价。同时，我们依旧难以确定部队轮换将如何进行，以及何时安排那些部队进入开拔前线的序列。这些不确定性和朝令夕改，迫使参谋们不得不准备多套备用方案，让他们饱受摧残和折磨。

---

① 道格拉斯·马利兹·格雷厄姆（Douglas Malise Graham，1883—1974），英国陆军准将。1936年曾退役，后又被重新征召，担任驻巴黎武官。——译者

2月12日

又是极为寒冷的一天，晚上再次降雪。视察了从第48师交换至第3师的皇家伯克郡营①。然后和蒙哥马利到前线去看了看，他想向我展示近期启动的几项新工作。

2月13日

今天上午整个乡村又被雪花覆盖！流感开始蔓延，亚当依然卧床不起，里奇和施莱伯双双感到喉咙不适。上午去看了第4兵工厂。晚上东部军区司令部②司令盖伊·威廉姆斯③来了，他将在这里进行为期三天的视察。

2月14日

今天比以往更冷。车子已经发动不起来了，不得不拆掉一根爆裂的水管！经历了诸多延误后，我去视察了第1骑炮团④和第4中型火炮团⑤。亚当依旧在床上发着高烧，里奇和施莱伯也一样。威廉姆斯今天由蒙哥马利负责接待。

2月15日

一整天都下着大雪，不过成不了积雪。带着威廉姆斯展开视察前线

---

① 这里可能是指皇家伯克郡团（Royal Berkshire Regiment）所辖第4营，该团是由历史悠久的线列步兵团发展而来，参加过第二次布尔战争、一战和二战。——译者
② 在英国陆军中，军区司令部是指为处理一个地区防务而设的军事机构，可以直接指挥大到几个军小到几个连的部队。英国本土曾设有奥尔德肖特军区司令部、东部军区司令部、北部军区司令部、苏格兰军区司令部、南部军区司令部和西部军区司令部。——译者
③ 盖伊·威廉姆斯（Guy Williams，1881—1959），英国陆军上将，1938至1941年担任东部军区司令部司令。——译者
④ 这里应该是指第1皇家骑炮团，当时被编入第51（高地）步兵师。——译者
⑤ 这里应该是指第4皇家中型火炮团，当时被编入第2军直属火炮部队。——译者

之旅。给亚当的命令下来了，要求他留在这里，但他的整个参谋班子又要回国了！有可能会让迪尔去新防线担任指挥，而让亚当接替他。第 50 师继续拉在（原文无法辨认）后面，第 51 师替换法军第 53 师的行动被叫停了。我们终将理出头绪。

2 月 16 日

新任陆军大臣斯坦利和陆军元帅米尔恩①前来视察。我在第 5 师师部所在地瓦布勒希②与他们会了面。先是向他们展示了骡车和骡马，然后是怎样占据德国人的碉堡并为我所用，以及利斯河的防御。接着在位于拉蒙塔尼的第 13 步兵旅旅部吃了午饭。饭后看了被第 13 步兵旅占据的一个德军（原文无法辨认）指挥所，然后去了第 15 和第 17 步兵旅，视察了阿吕安至图尔宽的多段防线。

最后拜访了帕热齐和市长。在车上我和陆军大臣做了一番长谈，向他阐述了此刻英国远征军如果因其他战场的任何冒险行动而被削弱会有多么危险。他看起来同意我的意见。我告诉他，如果我们漫不经心，那这条防线就是唯一一条会让我们在 1940 年就输掉战争的防线，同时如果足够幸运，我们也可能会赢在这条防线上。他则表示，他对德国人今年是否会在西线发动攻击保持怀疑。我告诉他，我对此确信无疑，非常肯定。接着我和米尔恩男爵聊了会儿，他的思路清晰如昔，和我的判断极为相近。他还认为，从纯军事角度来说，进入比利时殊为不智。

---

① 乔治·弗朗西斯·米尔恩（George Francis Milne，1866—1948），英国陆军元帅。米尔恩参加过第二次布尔战争、一战和二战，1926 至 1933 年曾任帝国总参谋长，总体上推动了英军的机械化进程。——译者
② 瓦布勒希（Wambrechies），位于法国北部，是北部-加来海峡大区诺尔省的一个市镇。——译者

2月17日

醒来后发觉暴风雪肆虐，积雪已达 6 英寸。到第 4 师对凯努瓦一线部分地区实施侦察，一定程度受到了风雪和恶劣道路条件的阻碍。晚上要赶到里尔，和帕热齐将军参加一个为里尔捐赠防空武器而举办的慈善演出，而且我还被指定为赞助人，不得不于晚上 6 点出发。帕热齐夫人在现场光彩照人，她丈夫在一旁也相得益彰！仪式于晚上 8 点开始，一直持续到 12 点半以后！！驾车回来的路上很冷，1 点半我才回到这里。举行演出的剧院也很冷，一整晚都很难过。上次我来到这个剧院还是在停战协议签订后的 1918 或 1919 年，那时我开车从瓦朗谢讷①过来看莱斯利·亨森出演的《阿拉丁和四十大盗》。他从那时起就开始经营第 2 军的演出服务公司了。

原书无 1940 年 2 月 18 日的记载

2月19日

醒来后发觉开始大面积解冻了。和亚当一起去我们的防线看看，但整个乡村都被雪水和浓雾所覆盖，实际上干不了什么。戈洛普主教和戴维森牧师过来一起吃了午饭。饭后，与总司令部的沃森和指挥第 51 师的维克托·福琼进行了面谈，接受了《新闻纪事报》记者的采访。最后，对某某(原文无法辨认)在家信中违反保密审查要求进行了批评。

2月20日

雪依然在融化。部分地区的积雪已然消融，解冻预警仍不时响起。

---

① 瓦朗谢讷(Valenciennes)，位于法国北部，是北部-加来海峡大区诺尔省的一个市镇，位于斯海尔德河畔，在法国战役中几乎被焚毁。1944 年 9 月 2 日美军经过血战解放了该镇。——译者

因为要来前线参观，西部军区司令部的"鲍勃"·海宁①午饭时到了我这里。很不巧的是，吃午饭的时候我把下半片假牙弄坏了，晚上不得不去医务站找牙医看能不能修好。

2月21日

暖阳照耀下春日宜人。带着亚当和海宁到第3师和第4师防线参观。现场视野极佳，部队正开足马力建设混凝土工事。晚上我从救护所拿到了修好的假牙，但愿不用再去了。

2月22日

又是气候宜人的一天，不过整个乡村都被融水浸没，简直变成了烂泥的海洋。上午待在办公室工作，下午去了第3师，他们正在实施一项情报侦察训练。送鲍勃·海宁去参观了第5师、第1军和总司令部。他明天上午就要返程回西部军区司令部了。

2月23日

今天陆军部军需总监温宁②来前线视察。他是又一个认为这条防线已经陷入某种僵局，不太可能再发生实际战事的人之一。我尽全力说服他其实情况正相反！我们视察了补给站、位于阿维翁③的补给中心、活

---

① 罗伯特·海顿·海宁（Robert Hadden Haining，1882—1959，罗伯特一般被昵称为鲍勃），英国陆军上将。二战爆发后，他被任命为西部军区司令部司令，后来曾担任帝国副总参谋长。——译者
② 沃尔特·金·温宁（Walter King Venning，1882—1964），英国陆军上将。参加过一战和二战，是优秀的军队管理者。1939至1942年在陆军部担任军需总监，直接组织船队参与了敦刻尔克撤退，表现十分突出。——译者
③ 阿维翁（Avion），位于法国北部，在朗斯以南约1.6公里处，是加来海峡大区的一个市镇。——译者

动营地、战地浴室、兵营，等等。最后在里尔的"牡蛎场"吃了午饭。饭后去第9近卫旅的旅部与惠特克见面，检查指导翰彭庞岭的防御计划。亚当一路随行。

2月24日

又是一个宜人的春日。带着亚当出发，去观看总司令部一场关于反坦克碉堡掩体的展示。戈特正好在那儿，昨天"小"艾恩赛德①来拜访他，不过没有带来什么新消息。谋划中的北部冒险行动仍无定论，不过3月5日至15日间应该就会有决定了。同时，由于未来第3军的存续与否存在不确定性，第2军的前景也变得稍许复杂。下午带着亚当和施莱伯登上乌伊镇羊毛厂的屋顶，极目远眺比利时，可以看到图尔奈②以及更远的地方。

2月25日

上午先是在办公室工作，接着去贝蒂讷镇看望了指挥第51师的维克托·福琼。一切迹象都表明，陆军部已经将这里视为僵局了。但他们很可能会对接下来就要发生的事情大吃一惊！今天是夏令时的第一天。

2月26日

伯德伍德③、雅各布④、蒙哥马利-马辛本特⑤、德弗雷尔⑥等4位陆

---

① 这里指的就是当时的帝国总参谋长艾恩赛德。他早年在皇家军事学院就学时热衷于拳击、橄榄球等运动，尽管他身高体壮，他的同学却昵称他为"小"艾恩赛德，这个绰号后来跟随他一生。——译者
② 图尔奈(Tournai)，位于斯海尔德河畔，是比利时瓦隆行政区埃诺省的一个城市，在布鲁塞尔西南约85公里处，距离乌伊镇约6公里，二战中遭到了严重破坏。——译者
③ 威廉·伯德伍德(William Birdwood, 1865—1951)，英国陆军元帅。——译者
④ 克劳德·雅各布(Claud Jacob, 1863—1948)，英国陆军元帅。——译者
⑤ 阿奇博尔德·蒙哥马利-马辛本特(Archibald Montgomery-Massingberd, 1871—1947)，英国陆军元帅。——译者
⑥ 西里尔·德弗雷尔(Cyril Deverell, 1874—1947)，英国陆军元帅。——译者

军元帅来访。从阿尔芒蒂耶尔出发，带着他们视察了第 5 师、第 4 师、第 3 师防线，最后在鲁汶战役遗址作了一个现场说明，并带他们参观了教堂的彩绘玻璃。看着上了年纪的蒙哥马利-马辛本特，不禁让人神伤，他竟然看上去是里面最显老的一个了。德弗雷尔风采如昔，伯德伍德则让我想起了老维克多、罗尼和道格拉斯①。我想这大概是视察的最后一站了，我得抓住机会，向他们四个阐述在这条防线加大投入的必要性。

2 月 27 日

阴雨天气又来了。视察了第 4 师炮兵部队，并和他们一起研究了炮位。晚上，南部军区司令部的伯蒂·费雪②带着一身重感冒到了我这儿。

2 月 28 日

上午，本土防卫军监察长科克③来做了一个简短的视察。结束后，我带着费雪到第 5 师和第 4 师防线看了看，亚当也一路随行。今天天气不错，视野极佳，整体来说极为宜人。看起来冬天最终过去，春天已然来临。希望好天气能一直持续下去！

2 月 29 日

又一个月过去了，战争爆发也已经半年了，看起来这还只是刚刚开始，我们离结束战争还很远！和帕热齐花了一上午，研究里尔部分地区的防空问题，最后在他的驻地一起吃了午饭。晚上参谋学院的同事加好

---

① 均为作者的哥哥。——译者
② 伯蒂·费雪(Bertie Fisher, 1878—1972)，英国陆军中将。——译者
③ 沃尔特·科克(Walter Kirke, 1877—1949)，英国陆军上将。——译者

友洛里·查林顿①来了，能再次见到他真是让人感到高兴。

3月1日

上午伯蒂·费雪走了。我带着洛里·查林顿看了第3师、第4师的防线。清冷的天气带来了极佳的视野。回来的路上去拜访了维尔茨，讨论了第5师参与挺进行动的可行性。

3月2日

足足忙了一天。上午8点45分开始，花了四十五分钟处理各种文牍，然后用半小时和维克托·福琼讨论他负责准备的军预备防线。10点出发，从阿蒂希②穿过塞克兰，沿着运河到了桑特③，朝阿尔芒蒂耶尔方向行进，其间基本靠步行踏勘了大部分防线。下午5点30分回来，和迪尔一起喝了下午茶，他前面刚和亚当一起视察了（原文无法辨认）。然后又继续文案和访谈工作，直到晚上7点半。最后，为庆祝第2军军部成立六个月，我们一大群人开了场雪莉酒会。回来后设晚宴款待洛里·查林顿，直到晚上11点。然后回来给你写了信，最终可以坐定下来熟悉一下明天的法语发言稿！

3月3日

上午10点，在两名军警和两名宪兵摩托车开道下抵达朗斯。当我下

---

① 哈罗德·文森特·斯班塞·查林顿（Harold Vincent Spencer Charrington，1886—1965），昵称"洛里"（Rollie），英国陆军准将。据译者推测，他可能曾在坎伯利参谋学院任教，与作者共事过。——译者
② 阿蒂希（Attichy），位于法国北部，是瓦兹省的一个市镇。二战中，美军曾在那里建过一个战俘营。——译者
③ 桑特（Santes），位于法国北部，是北部-加来海峡大区诺尔省的一个市镇，属于里尔大都市圈的城市部分，在塞克兰西北约8公里、阿尔芒蒂耶尔东南约15公里。——译者

车时,乐队奏响了《天佑国王》①,接着是《马赛曲》。然后我们走进矿工联合会大楼,大厅里的桌上排列着香槟酒,旁边簇拥着矿工、官员和市里的显要。七十六岁高龄的矿工联合会主席、市长卡多进行了开场讲话,我作了回应发言(一个法国联络官准备的稿子!)。接着一名矿工代表和一名英国士兵代表分别发了言。整个过程不时被香槟酒干杯所打断,最终记者们用闪光灯为此画上了句号。接下来我们集体行至战争纪念碑前,在《最后的岗位》②、《起床号》、《天佑国王》、《马赛曲》的演奏中,我向纪念碑敬献了花圈。当我站在大广场上的时候,思绪不禁又回到了二十年前,那个时候我正忙着签署命令,尽可能地集中最大火力炮轰这个广场!我们接下来行至市政厅,在那里参加宴会,然后是观看一场足球赛,并参加一个茶会(全是香槟!)。我在宴会开始前设法脱了身,与远征军总司令部的总工程师金③会面,讨论了碉堡掩体的建设问题。随后去找蒙哥马利讨论了他本周要进行的演习。

晚上吃晚饭的时候,我在夜间新闻里听到了一段我的法语发言录播,在无线电广播里听到自己的声音真是有意思,我不知道你是不是也听到了,希望是吧。明天我将出发再次视察萨尔河。今天上午洛里·查林顿已经去了第1军军部。

3月4日

上午9点在亚当、施莱伯和斯塔尼福斯的陪伴下离开法朗潘镇前往萨尔河。一路的视察工作非常顺利,当中在兰斯停留吃了午饭。打电话

---

① 《天佑国王》是当时的英国国歌,1952年伊丽莎白二世登基后改为《天佑女王》。——译者
② 这是一首著名的军号乐曲,起源是军营中每天最后一岗查岗完毕后奏响该曲,后来逐渐成为纪念阵亡士兵时演奏的乐曲。——译者
③ 查尔斯·约翰·斯图尔特·金(Charles John Stuart King, 1890—1967),英国陆军中将。——译者

想约孔德将军见面，可他出去了，不过收到消息说亚当要再次回本土了。路上花了点时间查看了1870年格拉韦洛特战役①的遗址。

3月5日

上午8点离开旅馆，去见了新的法国师指挥官，接着接见了指挥第18步兵旅的巴克。他告诉我们，就在几小时前，他有两个人在炮袭中阵亡。我们立刻上了前线，到驻守的(康沃尔公爵轻步兵团②)营查个明白。在营情报分析室里，我们了解到有两个哨所被袭，具体损失尚未统计出来。就在我们听汇报的时候，一名情报官拿来一件德军制式夹克，报告说是从哨所附近一具德军尸体上找到的。于是我们又前往哨所一探究竟。现场情况清楚地表明，在清晨6点10分左右，德军对这些哨所实施了密集弹幕炮击，并用轻机枪进行了纵向扫射，随后开始延伸弹幕并突袭哨所。驻守的排有一名少尉和一名下士在袭击中丧生，德军有一人丧生，十六(原文无法辨认，可能为被俘)!! 现场遗留了不少空弹夹，应该是发生了一场激烈的战斗，炮火也很猛烈，但两个哨所看起来并没有发挥出应有的防御作用。

我随后检查了其他几个哨所，并到格林多尔村③视察了防御情况。

---

① 格拉韦洛特(Gravelotte)，是法国东北部摩泽尔省的一个小村镇，在梅斯和前德法边境之间。1870年8月，普法战争中的一场重要战役在该村附近打响。8月18日，双方展开会战，从清晨开始，德军向法军阵地进行猛烈的攻击，法军凭借有利的地形和坚固的工事给德军大量杀伤。但普鲁士毛奇元帅率领的第1、第2集团军还是依靠火炮和兵力优势迫使法军撤退，并随之将莱茵军团包围在梅斯，最后迫使其投降。——译者

② 康沃尔公爵轻步兵团(Duke of Cornwall's Light Infantry)，是一支历史悠久的轻步兵团。二战爆发后，其2营被编入巴克指挥的第10步兵旅加入英国远征军。而第18步兵旅并无该团部队编入，译者认为，这也从另一个方面佐证了上文所述的第18步兵旅其实指的是第10步兵旅。——译者

③ 格林多尔村(Grindorf village)，位于法国东北部，在梅斯东北方向约50公里处，紧靠法德边境。——译者

那个地方位置很糟糕，易攻难守。又去看了几个哨所，然后到法国炮兵的阵地，从他们的位置观察遇袭的地方。然后带着巴克找到法军步兵师的指挥官，协调了具体工作。下午，亚当和施莱伯参观了马其诺防线。

3月6日

上午8点离开梅斯，在回来的路上参观了凡尔登附近的杜奥蒙要塞①。看上去极为壮观，没有比这个更能让人深刻感受到上次大战的极端毁灭性了。在兰斯吃了午饭，回到这里已经是下午4点了。在办公室花了一小时抓紧处理公事，然后喝了个下午茶，再赶往圣波尔，我将在那里观看第3师的夜间演习。我们从梅斯回来已经赶了250英里路，这下到圣波尔又是60英里，后面还要驾车夜行观看演习。直到半夜1点45分，我才结束出来，回到法国宾馆直接躺倒在一张极硬的床上，然后发觉整晚都是汽车轰鸣声，间或还传来隔壁那位先生的呼噜声！

3月7日

上午9点在费沃特村参加了蒙哥马利主持的会议，然后直到下午4点，用了大半天时间观看了模拟挺进比利时的演习，整个演习非常成功。当我出来的时候接到了戈特的命令，要我去为他参谋康沃尔公爵轻步兵团部队遇袭一事！我赶去总司令部，与他整整谈了一个小时。最后直到晚上8点才返回这里，感到已经精疲力竭。

---

① 杜奥蒙要塞（FortDouaumont），是保卫凡尔登的19个大型防御要塞之一，也是其中最巨大的一个。要塞于1885年开始建设，占地面积约3万平方米，呈五边形的外墙周长400余米。1915年，由于法国参谋处判定要塞无法承受德军420毫米巨型火炮的攻击，要塞逐渐被废弃，最后被德军兵不血刃地攻占。1916年10月，法军在付出巨大代价后才重新夺回。——译者

3月8日

上午 8 点 20 分出发，回到圣波勒①，继续观看第 3 师的演习，结果非常成功。然后赶回阿拉斯和戈特一起吃午饭，准备会见甘末林。迪尔也来了，我们坐在他两边。据他说，瑞典援引国联盟约第 16 条②，不准备让我们的部队借道前往支援芬兰，然而正相反的是，这样恰恰是在向芬兰施压，使其(也在德国的怂恿下)被迫与苏联媾和。这看起来是给了任何要在北方开辟其他战场的计划当头一棒。此外，意大利显然越来越不安分，当然在德国人还没有确定进攻方向前，他们也不会行动。回来干了些办公室工作，然后去指导约翰逊，确保安德森的第 11 步兵旅在防御突袭时能有效采取必要的措施。

3月9日

用了一上午赶了下工作进度，下午和维克托·福琼一起去看了他正在准备的我军预备防线。

3月10日

上午在里尔大教堂参加了一场纪念战争死难者的特别仪式，同时也是为市长夫人的织物慰问品基金募集善款。利埃纳尔教区枢机主教、里尔大主教主持了整场仪式。里尔一支专业唱诗班负责咏唱，水平很高。教堂监护、司铎蒂崔思做了一场很棒的布道。仪式过后，里尔市长、帕

---

① 这里可能指的是圣波勒(St-Pol)，位于法国北部的一个小镇，在阿拉斯以西约 36 公里处。——译者

② 《国际联盟盟约》第 16 条，其中第一款规定"联盟会员国如有不顾本约……所规定而从事战争者，则据此事实，应视为对于联盟所有其他会员国有战争行为。其他会员国应即与之断绝各种商业上或财政上之关系，禁止其人民与破坏盟约国人民之各种往来，并阻止其他任何……联盟会员国或非会员国之人民与该国人民之财政上、商业上或个人之往来"。——译者

热齐将军以及一些其他宾客被邀请到小礼拜堂与主教会面，他极富魅力。真希望你能和我一起参加那个仪式。傍晚去找汤姆，但发现他出勤演习去了。

3月11日

终于到了气候宜人的春日！我参加了蒙哥马利在塞克兰举行的演习总结会。会议由他主持，开得很不错。我在最后简短讲了话。下午去看了安置在碉堡内的思温顿型2磅炮，废铁利用企业的一件杰作！我们用它打了五轮速射，表现很抢眼。

3月12日

清晨去看了第4师组织的演习。他们还达不到第3师的水准，炮火组织很弱。应该着手把这里的皇家炮兵指挥官弗兰克林①换掉。

3月13日

花了一天时间，视察了第5师的炮兵部队，和富兰克林讨论了第5师移防去瑞典的可能性。但是早上我们都听到了苏芬签订和平协议的消息。我早就料到了这个结果，从一开始我就觉得去瑞典之类的远征十有八九成不了。在我看来，这项计划的泡汤简直就是上帝的旨意。如果我们牵扯进北方的战场，就很可能因为兵力不足而在西线战场陷入失败的危险境地。我不知道接下来会不会还有什么其他远征方案会生出来！

---

① 杰弗里·弗兰克林（Geoffrey Franklyn，1889—1967），英国陆军准将。——译者

3月14日

用点 50 口径机枪、博伊斯枪①、25 毫米反坦克炮进行穿透力实验，目标包括沙袋、砖墙以及从木板到水泥板等各种掩体。其中 25 毫米反坦克炮在试验中轻松洞穿了 2 英尺厚的加固混凝土，令我印象深刻！下午视察了军属侦察连，这支部队的任务是为军部侦察绘图。接下来去里尔剪了头发，然后到办公室工作。最后早早吃了晚饭，赶去里尔出席《四根羽毛》②法语版的上映仪式。我坐在了市长旁边，迪尔也来了。下午开始就下起了暴风雪！

3月15日

整个地方都几乎被一英寸厚的大雪所覆盖，直到晚上才化去。戈特来视察军属炮兵部队，小伙子们为他奉献了一场精彩演出。

3月16日

又是一番春天的气象。与第 3 师的皇家炮兵指挥官罗兰·托厄尔③检查了该师的炮兵部队。这一周我的风湿性腰痛和牙痛双双发作，让痛苦的生活雪上加霜，总算快到周末了。我觉得风湿性腰痛已经快顶过去了，至于牙痛，我决定于周一上午发动一次"进攻"，把剩下的三颗全拔了！

---

① 博伊斯反坦克步枪（boys gun），是英国生产的一种点 55 口径单兵反坦克武器，在二战早期可以击穿大部分轻型坦克装甲，但此后因对重型装甲无能为力而淡出舞台。——译者
② 《四根羽毛》原为英国著名作家梅森（A. E. W. Mason）1902 年创作的冒险小说，讲述了一名英国军官在英国远征埃及期间的恩怨情仇，后来多次被搬上银幕和舞台。——译者
③ 罗兰·托厄尔（Rowland Towell，1891—1973），英国陆军准将。——译者

3月17日

下起了倾盆大雨。我花了整个周日在办公室赶工，希望能补上一周来拉下的活儿。下午我去看了汤姆，尽管他前晚好像吃坏了肚子，但看起来还是不错。给第3军的命令下来了，现在要它去驻守的防线，其实就是我们筹划芬兰远征行动之前早就商定好的那条。这样的结果就是我们白白浪费了六个月时间，这本来应该可以为这个地方强化防守的！我们的下一次冒险远征会去哪里呢？

明天11点，我要去牙医那儿赴那个绝不令人愉快的约会了，把最后剩下的三颗牙全拔了！在被它们折腾了近十天后，我绝不会因为与他们诀别而感伤！

3月18日

上午去救护所拔那三颗牙！牙医让我吸了点麻醉气体，但拔的时候还是遇到点小麻烦。我们直接做了印模，我希望本周末能拿到新假牙。午饭后去观看了第4师的演习。与约翰逊在拉巴塞见面，然后赶在第5龙骑兵团前面到了阿拉斯。演习并不是很出色，但这是第4师目前为止举行的第一次演习。还有不少地方需要改进完善。晚上9点回到住地，洗了澡吃了晚饭，然后再次出发赶到里尔，观看第12步兵旅列队夜行军赶去参加攻击某某河（原文无法辨认）骑兵和机枪部队的演习。春天气候温暖宜人。

3月19日

看了第12步兵旅下辖的皇家燧发枪兵[1]和"黑色守望者"部队向北

---

[1] 皇家燧发枪兵团（Royal Fusiliers），也被称为伦敦城团，是英军一支历史较为悠久的步兵团，参加了包括美国独立战争、拿破仑战争、一战、二战等在内的许多重大战争。二战爆发后，该团二营被配属给第4师，后来还参加了在北非的战斗。——译者

（原文无法辨认）夜行的演习后，半夜 2 点才回来。后者还相当粗糙，需要进一步完善。8 点 15 分出发去看第 4 师剩下的演习项目，结果令人相当失望，看来还需要大量的训练。在蒙特勒伊①吃了午饭，并参观了法国艺术家制作的道格拉斯·黑格②的雕像。我只希望它能被放在白厅③，而不是暴露在现在这个危险的地方。午饭后赶往达讷④，就在勒图凯⑤的北面，我们在那里准备了一些迫击炮和射击靶场。第 51 师在那里进行了一些火力展示，令人遗憾的是靶场设施一流，结果惨不忍睹。晚上去了布洛涅，我们在那里过夜。

3 月 20 日

出发前往加来北部一个叫奥耶普拉日的地方，我们在那里有一个反坦克靶场。参加了由第 5 师举行的火力演示，组织得不错，也很精彩。午饭后踏上返程路，在圣奥梅尔停留的时候我住进了另一家法国宾馆，设施不好，但胭脂鱼不错。然后去了阿拉斯附近的急救所试我的新假牙，最后在下午 6 点的时候回到了这里，赶了一个半小时的办公室工作。我的休假已经被戈特和内阁批准了，卧铺车和宾馆也订好了，现在只需

---

① 蒙特勒伊（Montreuil），位于法国北部，是北部-加来海峡大区的小市镇。一战时，该地被黑格元帅选为英国远征军总司令部所在地。战后，法国人在镇上的广场上为远征军司令黑格元帅树了一座骑马雕像。——译者
② 道格拉斯·黑格（Douglas Haig，1861—1928），伯爵，英国陆军元帅。对黑格的评价褒贬不一。有观点认为他不善于运用新技术、新武器，漠视将士生命，导致了一些战役中大量人员伤亡，甚至称他为"屠夫黑格"；也有观点认为正是他的领导力和坚韧带领英国坚持到了胜利。——译者
③ 白厅（White Hall），是伦敦市中心威斯敏斯特区的一条道路。这条街周边有包括原陆军部、海军部及外交部、国防部、内阁办公室等众多政府机构，被公认为是英国政府的中心。因此，"白厅"一直被用作指代英国行政部门。——译者
④ 达讷（Dannes），位于法国北部，是北部-加来海峡大区加来海峡省的一个滨海市镇，在蒙特勒伊西北约 20 公里、布洛涅以南约 13 公里处。——译者
⑤ 勒图凯（Le Touquet），法国上法兰西大区加来海峡省的一个市镇，位于该省西南部，属于蒙特勒伊区。该市镇是距离巴黎较近的海滨城市，自 1912 年起被开发成为重要的旅游度假区。——译者

要祈祷德国人再安分一阵子了。

3月21日

去看了第4师的演习,内容是关于在坦克协同下的反击,比我之前看的那些好多了。回来的路上拿到了我的新假牙,确实看起来很有"军旅范",戴起来很服帖。不过,由于拔了牙,我的咀嚼还没有恢复,现在还不能确定是不是真的大功告成了。

3月22日

5点半起床,去看第4师演习的闭幕式。安斯蒂斯①指挥了第5龙骑兵团部队的收兵仪式,干得非常不错。向约翰逊指出了几个问题,发现他最后自己也意识到了。回去顺道去了牙医那里调整新假牙,下午1点半才回来吃了午饭。在办公室里飞快地干完了活,然后思考准备明天上午给第4师开会时的要点。水仙已然绽放,青草开始抽芽,春天的气息更浓了,这一切让战争变得更加格格不入。

不慎遗落了23日的记录

3月24日

参加了由里尔大主教主持的大弥撒。仪式庄严肃穆,好像把人送回到中世纪。在文明发展到时至今日,这类仪式依然能保留下来,实在是令人惊讶。整场仪式上除了美妙的音乐,几乎没什么能让人感到与主同在。大教堂从大约六十年前开始兴建以来,一直处于未完工的状态。仪式结束后,我受邀到小礼拜堂与主教会面。下午看了一场我

---

① 约翰·安斯蒂斯(John Anstice,1897—1970),英国陆军准将。——译者

们第 2 军和第 1 军的橄榄球比赛，主要是为了与法军比赛前的热身准备。回来之后见了第 4 师的一等参谋德文，聊了聊他最近以个人身份去比利时旅行考察的情况，并给他的夫人和孩子送了复活节彩蛋①，他们很喜欢。

3 月 25 日

上午九点后向梅斯进发，在到达拉昂前稍稍改了下道，以便能驶上"贵妇小径"②，给罗尼·斯塔尼福斯和巴尼·查尔斯沃斯看看 1914 年时英国远征军的防线。然后一路下去到兰斯吃了午饭。从凡尔登到梅斯的半路上停了下，研究了 1870 年马斯拉图尔与格拉韦洛特战役的古战场。亚当在住地为我们用很棒的图示介绍过这段战史。我这两天也正好详细研究过它们，现在能身临其境，感到非常有趣。真希望能有多点儿时间，让我把这地方彻彻底底看一看。我们晚上 6 点到达了目的地，发现旅馆很空。

3 月 26 日

上午 8 点 45 分离开梅斯，9 点 30 分与安德森会合。花了半小时听了过去几天第 11 步兵旅的工作，并从他那里了解了兰开夏火枪团③的赫德森在巡逻遭遇战中毙敌五人、俘虏一人的细节。那是场漂亮的战斗，

---

① 当天（1940 年 3 月 24 日）正好为复活节。——译者
② 贵妇小径（Le Chemin des Dames），位于法国埃纳省，在埃纳河和艾莱特河之间的山脊上，全长约 30 公里。18 世纪，这条道路为了法国国王路易十五的两个女儿而被修葺，因而得名。一战期间，因为其直通巴黎这一重要的战略属性，1914 至 1918 年围绕该地区打了第一至第三次埃纳河战役等三场大仗，其中都有英国远征军的参与。——译者
③ 兰开夏火枪团（Lancashire Fusiliers），由历史悠久的线列步兵团发展而来，在布尔战争和一战、二战中均有出色表现。二战爆发后，该团 2 营加入了第 11 步兵旅。——译者

当时赫德森手下只有五个人，而德军总共有十人，最后只有四个跑了。接下来我去了前沿哨所检查。在一个视野极佳的观察点，我们仔细察看了吕瓦吉村，安德森向我阐述了他把部队部署在村子周围，通过武装巡逻意图捕获德军的计划。战斗发生在周三晚上。我后来找赫德森谈了谈，是个棒小伙子，在射击和狩猎方面下过大功夫！他对那次行动作了一个全面而又精彩的描述。回来路上，造访了指挥这里步兵师的法军将领。就在我们出来的时候，一场空战就在我们头顶激烈打响。但是战斗发生在云间，我们只能听到机枪怒吼和引擎轰鸣声。最终一架飞机被击落，不过我们根本看不到也认不出是哪家的飞机。今天是一个相当和美宜人的春日，与之前出行时的冰雪满天大相径庭。就在我打算结束今天的日记时，梅斯的防空炮猛烈开火了，断断续续打了半个小时。尽管能听到德国飞机的声音，但我走到阳台上却什么也看不见。

3月27日

8点30分离开梅斯，在回去的路上，又花了一小时研究格拉韦洛特古战场在圣普利瓦的部分，真是非常有趣。由于德军几乎都是就地掩埋，因此很容易就能分辨当年他们的战线推进到哪里，以及在哪里伤亡最大。接下来我们驶过凡尔登，让查尔斯沃斯看看这片激战过的土地。中午在兰斯吃了午饭，下午5点半回到这里。今天要冷很多，与昨天如春天般的日子反差很大。

3月28日

"大眼"索恩上午9点过来了，商量萨尔防线的防御部署细节。9点45分，马特尔赶来商量第50师重新加入我军，并搬入第51师营房等一系列需要做的工作，而第51师刚刚接手法军到巴约勒的防线。到了10

点沃纳来了，总司令部派他来代替休·埃利斯①视察前线。带他看了营房等设施，然后去了桑甘要塞，在那里实验为25毫米反坦克炮和2磅炮设计的碉堡掩体。波纳尔、沃森、金、伍德都作为专家从总司令部赶来。之后又去了巴希结合部，向波纳尔介绍了布汶战役。结束后去看了洛斯的兵工厂和驻扎在维米的第5龙骑兵团。最后去看了牙医，并在办公室待了两小时，赶回来时刚好赶上饭点。一整天都是风雪肆虐！

3月29日

天气再次变得寒冷。整个上午都在赶办公室工作。下午去视察了我军的战俘营，那里有一百一十个战俘，看了一场非常不错的队列表演。在队列行进前，我检阅了他们。那里的工作人员主要是看守，整个营地一尘不染。战俘们要从早上6点30分一直工作到下午6点30分，在熄灯前只有半小时的读报时间。任何找麻烦的家伙都会被列上减餐名单，每天早晚各只有8盎司面包！表现正常的就能得到标准口粮。接着我去了军械堆场，多余车辆、大炮、枪支和引擎都堆放在那里以供替换。迪尔过来喝下午茶，我猜他就要指挥由第1军和第2军组成的第2集团军了，这意味着我将受他指挥。对此我喜出望外，但也担心还会受"科珀"芬利森②管辖。下午6点45分出发，去看蒙哥马利麾下第8步兵旅的演习，晚上10点回到这里。这是个寒风大雨的糟糕夜晚，演习很不好，车辆和车辆间实在靠得太紧。

---

① 休·埃利斯（Hugh Elles, 1880—1945），英国陆军中将。1916年，受黑格之命参与坦克的研发试用，后来成为坦克军指挥官。——译者
② 罗伯特·戈登-芬利森（Robert Gordon-Finlayson, 1881—1956），英国陆军上将，昵称"科珀"（Copper）。——译者

3月30日

第4军军长奥金莱克①今天和我一起去前线视察。他到这儿来进行几天的考察。我们从布汶到巴约勒作了一番长途跋涉！天依然很冷，但太阳会时不时出来！回来后发现亚当再次从总部返回，看上去状态相当不错，比之前好多了。防空部队指挥官马丁少将也过来了，和我商量第2军军部的防空问题，在给我们提供防空炮方面，他着实抠门。不过，我最终还是成功地从他手里额外多要来一些。

3月31日

上午11点，亚当过来了，由于他的第3军最终要接手巴约勒至阿吕安山的防线了，我们得一起商量下细节。我把第5师和第51师移交给他，不久后还会有另一个师加入他的第3军。我第2军继续下辖第3师、第4师和第50师。当第3军编组成型、发挥作用后，显然可以减轻我们军的负担。愚蠢的援助芬兰计划，让第2军的参谋们为了处理第3军留下的防御空档，没完没了地策划一会进一会退的作战方案，最终都是徒劳。亚当和沃森留下来吃了午饭，之后我带着尼尔·里奇出去了，向他介绍了布汶战役，让他能够在我不在的时候向戈特的客人讲述相关故事。接着克里弗顿②来了，他这次受命出来指挥第2军的两个装甲团。

---

① 克劳德·约翰·艾尔·奥金莱克（Claude John Eyre Auchinleck，1884—1981），英国陆军元帅，昵称"奥克"（Auk）。1941年1月任印度军总司令；7月在北非战局不利的情况下接任中东战区英军总司令，成功地攻入昔兰尼加，但后又被隆美尔击退，并丢了托布鲁克，退至阿拉曼组织防御作战。在第一次阿拉曼战役中，奥金莱克撤换掉第8集团军司令尼尔·里奇，自己亲自指挥该部队，先是顶住了隆美尔的进攻，接着把他击退。——译者

② 阿瑟·约翰·克里弗顿（Arthur John Clifton，1897—1956），英国陆军准将。——译者

4月1日

　　上午视察了我军设在里尔的预备军官教导学校,以及位于桑甘的驾驶和维护学校。前者坐落在一所女校内,条件很不错,每间卧室都有热水和冷水,训练场地是里尔的老会场。后者的条件没那么好,但是工作干得也很不错。

　　下午我再次去了牙医那儿,拿我的上半片新假牙。制作得相当成功,比下半片好多了,而且不管怎么说都是免费的,我不该那么吹毛求疵的!晚上,蒙哥马利和马特尔一起来和我商量部队训练事宜。我已经开始打包,憧憬明天开始的十天假期。不过,我现在还不敢为这想法表现得欢欣鼓舞。

4月2日,布洛涅

　　上午我在办公室工作,处理完各种杂事,然后去里尔理了发,并给孩子们买了点东西。午饭后打包完毕,和罗尼和巴尼一起离开法朗潘,两个半小时后抵达布洛涅。这与去年12月那次六个小时的夜车之旅大不一样!我现在已经吃完晚饭,准备躺下了。然而我现在依然不敢让自己沉浸在踏上回家路、甚至在接下来的二十四小时内就要与你相聚的狂喜中!

　　我生怕有什么情况会在11点突然发生,阻止我与你相见。这真是一种让人绝望的感觉,几乎让我不敢相信这是在回家的路上。我觉得,即使自己做好应对一切意外的心理准备,如果我不能现在回来与你相聚,我的世界也将会就此崩塌。

　　自从我开始给你写这些日记以来,已经超过六个月了。回顾过去,发现日记中充满了各种期盼,总是与现实相去甚远。这是一场奇怪的战争,但我也不禁想知道,要是这场战争按照现在这种样子持续更长时间,交战双方是不是能意识到,还有比诉诸战争更好的解决分歧的办法。不过我还是坚信,我们最终会消灭战争;只是我也很困惑,欧洲什么时候可以进化到这一高级阶段。

4月12日

上午 9 点 45 分,当我离开滑铁卢站①站台,与罗尼·斯塔尼福斯开车驶往多佛时,与你在一起度过的这周天堂般的假期画上了句号。我感到有东西犹如一股潮水涌入我的喉咙,让人哽咽,让我有一种绝望的感觉,似乎世界已然崩塌。我深知,经过与你分别的这六个月,我有多么渴望能回来与你相聚。当你不能在我身旁与我分享生活的快乐时,一切都变得不对劲了。想到又要再次与你分别,简直令人心碎。

当与你在一起时,我不愿浪费一分一秒的时间,让即将别离的思绪给当下的欢愉投下阴影。但是当别离真的来临,却又让人崩溃。如果不是你面对困难和考验时的过人勇气和冷静,我真的不知如何是好。你就是我的力量之源。

回程一切顺利。罗尼·斯塔尼福斯开车载我到了多佛,巴尼·查尔斯沃斯已在那里等候。我们在多佛吃了午饭,下午 1 点 15 分起航。在我们前面有两艘船离港,可能是运送部队去挪威。下午 3 点 15 分抵达了布洛涅,车已经在那儿等我们了。下午 5 点半的时候,我们已经回到这里了。

到目前为止还是只有谣传,说即将有针对比利时和荷兰的进攻。我个人认为,这件事可能性很小,因为德国人眼下把所有的精力都放在了挪威,这牵扯了他们绝大部分的空中力量。同时,我们又开始了谈判,试图引导比利时人向我们提出援助邀请。这些举措目前为止还没什么效果。同时我们也采取了必要的步骤收拢部队,以应对可能发

---

① 滑铁卢站(waterloo station),位于伦敦兰伯斯,是英国重要的铁路中转枢纽。——译者

生的情况。

4月13日

在办公室花了一整天,继续修改完善和发布一系列命令,就德国人一旦入侵比利时,我军将要开展的进击做准备。晚上总司令部通报说,法军和陆军部都做出了可能提早开始行动的指示。而另一方面,据说比利时在入境道路上增设了铁丝网和路障。这有可能是向德国人证明他们将严守中立的一种举动!尽管有传言说,有可能他们会在某种条件下允许我们挺进到阿尔伯特运河防线。但是眼下看起来,比利时人不太会在德国人进攻前向我们发出这种邀请。

4月14日

今天又是星期天,这与上周和你共同度过的那个完全不同。上午去找了蒙哥马利,商定在有需要时挺进比利时的各种安排。现在万事俱备,只要一声令下,他就能率部前进到鲁汶及其周边地区。接着我回来找到总司令秘书科林·贾丁①,商量了各项安排。他留下来吃了午饭。午饭后马特尔来了,我和他讨论了与第50师有关的各项事宜,包括换掉他的参谋长和两个旅长的想法。他对此不太同意,不过我确信换掉他们有好处。后来戈特来了,我们大概谈了一个小时,讨论了对军中多名军官的能力等方面的看法。

最终我溜出来到小树林里散了会儿步,那里现在铺满了野生银莲花。我只能在想象中陪着你,一起欣赏它们。

一整天都有消息说比利时人正在备战,应对德国人可能的入侵。我还是觉得,在挪威局势明朗之前,这种情况不太可能发生。

---

① 科林·阿瑟·贾丁(Colin Arthur Jardin, 1892—1957),英国陆军少将。——译者

上午"厌战号"①取得的战果(在纳尔维克湾击沉多艘德国驱逐舰),对他们是一种沉重的打击。然而他们还是有可能加剧冲突,对此我们将严阵以待。

4月15日

到目前为止我们还是按兵不动,所有关于德国人要入侵荷兰或者比利时的传言依旧虚无缥缈。今天应该是个最为关键的节点,今晚仍有可能会发起进攻。不过,我依旧对此表示怀疑,并倾向于认为这些传言和意大利人的磨刀霍霍应该是一种虚张声势,目的是为了确保德国人在取得关键的挪威控制权之前,把我们的陆军和海军分别限制在法国和地中海原地不动。

我花了一整天时间,和马特尔一起在瓢泼大雨中视察了第 50 师的第 150 步兵旅。现在,这个师已经明确归属于第 2 军,所以我军现在下辖第 3 师、第 4 师和第 50 师,以前配属的其他师最终都拨给了第 3 军。

4月16日

德国人这边依旧没有进攻荷兰或者比利时的迹象。也许今晚他们进攻卢森堡的可能性还大一点,尽管我看不出走这步有什么意义。另一方面,意大利再次变得咄咄逼人,看起来要和德国人共进退。

今天上午,我去看了第 4 师准备的一场诱杀陷阱的演示。远征军皇家空军指挥官布伦特过来吃了午饭,他看起来兴致不高。

下午,我去了附近的小树林散步,想象你就在我身边。我们谈论着这片可爱的银莲花,以及四周郁郁葱葱的花草树木。罗赛特在园子里找

---

① "厌战号"战列舰(HMS Warspite),是一艘伊丽莎白女王级战列舰,建于 1913 年,参加过一战和二战,是英国皇家海军在二战中斩获最多殊荣的战舰,因此也被坎宁安海军上将昵称为"老贵妇"。——译者

到了我正在观察的一只乌鸦的窝,我真想把它拍下来。

4月17日

天气更暖和了。和马特尔一起花了大半天,视察了我军的预备进驻位置。晚上沃纳(陆军部与远征军的联络官)来了,给我带来了有关挪威行动的最新情况,以及陆军部对战事的总体看法。很明显,他们认为德国人在结束挪威的战事后,很快就会入侵荷兰,尽管最近战事的失利会打乱德国人的计划。但他们还是认为德国人会很快入侵荷兰。没人真把意大利当回事儿。

4月18日

今天远征军遭受了开战以来最严重的损失。迪尔受命返回本土,担任帝国副总参谋长(严格来说,是常务副总参谋长)。我只希望这是他取代小艾恩赛德担任总参谋长的第一步。那将是开战以来我们走的最明智的一步棋。同时,他的离去也留下了巨大的空白,我知道他要走的消息后,产生了一种可怕的孤独感。在去年10月、11月早些时候那磨人的日子里,当时大战看起来迫在眉睫,大家都疲于应付,幸亏能和他聊聊,并且总能获取些有价值的建议,使我得到了莫大的宽慰。戈特要我参加了为迪尔举行的欢送午餐会。亚当也在那儿作陪。然后我们去了机场送机。他在一场大雨中起飞,并且很快消失在大块的乌云中。看着他离去令人很伤感。他是我认识的人里最出色的之一。

4月19日

上午9点30分与蒙哥马利在莱斯坎①碰头,花了一整天时间看他最

---

① 莱斯坎(Lesquin),位于法国北部,是北部-加来海峡大区诺尔省的一个市镇。——译者

新的防线布置。进步极为明显，在建的各式碉堡已达九十余座。下午 4 点回来，在办公室休息了一会儿，喝了杯茶，洗了个澡，然后与亨利王子和达德利·约翰逊一起出发去里尔大剧院，听格雷西·菲尔兹的演唱会。她的表演一如既往的精彩，博得了满堂彩。演出结束后，我们与亨利王子去里尔的"牡蛎场"美美大吃了一顿。

法军派驻我军部的联络官西里耶带来一个消息，德国人将在两星期内入侵荷兰！我对此深表怀疑。

4 月 20 日

今天是一个温暖宜人的春日。上午先视察了我部两家军工厂，然后去参观了英格兰国教和苏格兰长老会的教堂，还有基督教青年会和天主教会学校。所有的机构都设施精良，配备有茶室、阅览室、游戏室和告解室。下午研究了总司令部草拟的挺进比利时的新方案。我不太喜欢这套方案，感觉思路有问题。

4 月 21 日

又是一个阳光明媚的春日，以至于让人难以感觉到自己正处在战争中。尤其是今天还是星期天，所有的法国人民都穿着他们的节日盛装出行了。到贝蒂讷和亚当一起共进午餐，之后和他一起讨论了总司令部一些最新的命令，我们都觉得有必要找波纳尔开一个小范围会议，不然目前这些命令很难得到令人满意的执行。接着我们去涅普[①]森林散了会儿步，那里有成片的樱草、银莲花和野生紫罗兰，头上杜鹃鸣唱，地上狍子蹄印犹新。这样的景色似乎让战争变得很遥远。然后去总司令部找布朗里格，他正被米德尔塞克斯郡团邀请温莎公爵观摩足球比赛的那封邀

[①] 涅普(Nieppe)，位于法国北部、法比边界处，是北部-加来海峡大区诺尔省的一个市镇，在敦刻尔克东南约 42 公里。——译者

请函搞得焦头烂额，罗尼·斯塔尼福斯也为此联系了梅特卡夫①。可以想象这事儿搞得鸡飞狗跳，首先公爵已经不再担任米德尔塞克斯郡团的名誉团长，其次邀请的发起者其实应该是总司令！！不过，我想我们现在应该做的，还是大事化小为好。

4月23日

今天，战区总司令乔治将军前来视察远征军。第一站去看了第3军，到我这里已经是中午11点了。我在特雷斯迎接他，并向他介绍了一起陪同迎接的约翰逊和马特尔。然后我开车带着他穿过鲁克多和普格罗来到弗洛，向他展示了小型反坦克靶场。他表现得体而又风趣。接着我们一起去了里尔，总司令部为他设了招待午宴。接替迪尔指挥第1军的迈克尔·巴克②也在那里。午饭后，我去看了由约翰逊指挥的第4师演习。

下午5点，我回到驻地，去见了陆军部官方画师伊夫斯先生③。他这次来的任务和上次大战时奥彭④的类似，要为所有的军级指挥官画像，当然其中也包括戈特。他的肖像画开价达到1 500英镑一幅，所以应该水平不错。不过很不幸的是，这些肖像画都属于国家，所以在创作完毕后并不会给个人。

---

① 爱德华·达德利·梅特卡夫（Edward Dudley Metcalfe，1887—1957），曾在印度军服役，是英国国王爱德华八世的侍从武官和密友。此外，他是英国法西斯社团"1月俱乐部"的成员。——译者
② 迈克尔·巴克（Michael Barker，1884—1960），英国陆军中将。——译者
③ 雷金纳德·伊夫斯（Reginald Eves，1876—1941），英国画家。在两次世界大战期间曾为托马斯哈代、乔治六世等许多知名的政界、军界和文化界人士画过肖像。二战爆发后，他与战争艺术咨询委员会签订服务合同。1940年4月23日和29日，他曾为作者画肖像，但据说最后并未完工。——译者
④ 威廉姆·奥彭（William Orpen，1878—1931），爱尔兰画家。他是一战期间英国派到西方前线的官方艺术家中最多产的一位。在那里，他创作了包括士兵、战俘、将军及政治家在内的许多肖像。——译者

4月24日

我和杰克·惠特克一起，几乎花了一整天时间，视察了第9步兵旅的防线，并看了他们正在着手新建的混凝土工事。我们在第二近卫掷弹兵营部吃了午饭，在那里遇到了过来代替患病的康纳什指挥部队的劳埃德①。

晚上8点回到办公室，和波纳尔、亚当和其他一些人一起开会，大家都觉得，近期草拟的挺进比利时的作战方案很难执行。我指出，总司令部之前向法军第1集团军所作出的让步，即向他们开放我们防区内的道路设施，反倒使得我们无法按照他们之前的要求守住埃斯考河以北部分了，所以防务只能由他们来接手了。我也向他们表示，第2军无法按照该计划要求挺进比利时。会商的结果是，建议第2军按照第1军的路线进入比利时，而第3军则按照第2军原方案执行。这可能是目前最佳的解决办法了。

和波纳尔一同前来的还有陆军部联络官沃纳，他给我们带来了挪威战役的最新消息。我对事态发展很不满意，实在搞不懂为什么这场战役会以我们损兵折将、败退海上而告终。

4月25日

上午视察了第50步兵师，看了正在挖掘反坦克壕的达累姆轻步兵团第9营和诺桑伯兰第火枪团第2营，然后又去看了米德尔塞克斯郡团机枪营。

我刚回来，罗尼就告诉我，汤姆的上校麦凯留了张纸条，说汤姆因为急性阑尾炎被送进了位于鲁夫鲁瓦②的第8急救所。同时罗尼也已联

---

① 查尔斯·劳埃德（Charles Loyd，1891—1973），绰号"神算子"（Budget Loyd），英国陆军上将。——译者
② 鲁夫鲁瓦（Rouvroy），位于法国北部，是北部-加来海峡大区加来海峡省的市镇，距朗斯东南9.7公里。——译者

系到医院,得知汤姆早上3点被送进医院,上午8点动了手术。由于他的阑尾已经破裂、坏疽,并发展成了腹膜炎,症状还是非常严重的。由于我已经和画师伊夫斯约好下午3点在阿拉斯碰头,所以只能先坐下来画了肖像,之后再赶往鲁夫鲁瓦看汤姆。我找到了主刀医生,他说手术非常成功,但考虑到已经发展成腹膜炎,接下来的几天将极为关键。

4月26日

罗尼很早就打电话去了解汤姆的情况,值班医生说早晨不是很好。今天不得不去拉昂附近的锡索讷靶场,了解中型火炮的射击情况。路上抽空去第8急救所探望了汤姆。主刀医生对他的情况总体还是比较满意的,但他建议说,如果我愿意的话,他可以找其他外科医生来做会诊。汤姆看起来非常虚弱,只能喃喃细语,眼中生气寥寥。但医生说像他这种情况,实际上很多时候会昏迷两到三天。

晚上回来的时候,我们试着打电话再询问他的情况,但很不巧电话却出了问题。幸运的是,就在这个时候,明斯特代表总司令打电话来慰问汤姆的情况。由于总司令部离医院不远,他表示愿意骑摩托车去医院看看。真是个好人。他到那儿问了护士,说汤姆正在睡觉,情况没有恶化。

4月27日

我在军部召集会议,讨论在事态有需要时,从目前第1军的路线前出到比利时的方案。这个星期天,总司令部将开会讨论此事。

午饭后我去看了汤姆,医生确认他病情没有恶化,而且可能有所好转。上午他们给他输了血,昨晚他也休息得不错。

晚上,我去看了一场在防御作战中运用探照灯的示范演示,由第11

步兵旅的康沃尔公爵轻步兵营进行。总体上给人印象不深,我觉得用维利式照明弹效果也不差。

4月28日

去第50师师部和他们一起参加礼拜仪式。仪式很不错,在天主教堂举行,唱赞美诗的人也很棒。结束后我检阅了他们的队列,并检查了营房。最后去了马特尔的食堂,听听他的新师属乐队怎么样。亚当和巴克也一起过来吃午饭。饭后我和亚当去树林里散了会儿步,然后去看了汤姆。我发觉他好多了,陪了他半个小时。他看起来也舒服点儿了。但他的医生依然担心他胃部的肿胀问题,并准备给他洗胃。

4月29日

上午我接到报告,说汤姆的情况不太好。结束办公室工作后,我参加了在第1军军部举行的总司令部会议。我们仅仅花了半小时商讨与前出比利时有关的重要事项,以及其中可能的变化,之后却花了整整两个小时商量其实不怎么要紧的训练工作细节!!我们老是被拖入细枝末节,不能正确地处理这场战争的主要矛盾,真是令人抓狂。

接着我赶到阿拉斯,在那儿吃了午饭,第二次做到伊夫斯面前继续我的肖像画。在我看来,他已经画了一张非常好的油画像草图,成品要等他回家之后才能完工。接着我去看了汤姆,我发觉他极度疲惫、死气沉沉的。不过我从医生那儿得到保证,说不管怎么样,他比昨天下午好多了。我陪了他二十分钟,不过他看起来不怎么能说话。

4月30日

他们告诉我,汤姆有了明显的好转。晚上我去看他的时候,发觉他确实有了很大改观。碰巧的是,我遇到了咨询医师米奇纳,他认为从现在开始汤姆应该会持续好转。下午，我要陪加拿大国防部长罗杰斯①先生、加拿大高级专员梅西②先生以及哈利·克里勒参观第 1 军的防线。一切迹象都表明，意大利可能在很短时间内就会向我们开战。

5月1日

上午来消息说汤姆正在明显好转，晚上我去看他的时候，发觉情况确实大大改善。医生对他目前的恢复状态表示很乐观。一上午都由霍克斯沃思陪着视察第 12 步兵旅。晚上总司令部传来调整军一级部署的命令，给第 2 军的任务是在前出比利时的行动中扮演原来第 1 军的角色。这意味着包括研究和准备一条新战线等一大堆工作。

5月2日

视察了第 9 步兵旅，除了一些常规事务之外，还专门研究了勒藏讷地下工事。我想把它利用起来，肯定会对第 3 步兵师的预备防线有用。尼达姆③过来和我一起吃了午饭。他现在正在里尔候命，准备进入比利时建立一个联络代表团。上午去看了汤姆，他确实在好转中。刚才听了张伯伦有关从特隆赫姆④以南撤军的讲话。这真是当头一击，肯定会对地中海局势产生不良的影响，这是我们为了空中力量而削弱海上力量带来的结果。不过，在撤退和一系列行动的战略逻辑背后，我看到了迪尔

---

① 诺曼·麦克劳德·罗杰斯（Norman McLeod Rogers，1894—1940），加拿大律师和政治家。——译者

② 查尔斯·文森特·梅西（Charles Vincent Massey，1887—1967），加拿大律师、外交官，第一位在加拿大本土出生的总督。——译者

③ 亨利·尼达姆（Henry Needham，1876—1965），英国陆军少将。——译者

④ 特隆赫姆（Trondheim），挪威第三大城市，维京时期曾是挪威首都。位于特内赫德海峡南岸，是挪威重要的枢纽港市，连通瑞典和其他挪威城市。作为纳姆索斯战役（Namsos Campaign）的一部分，1940 年 4 月 14 日至 17 日，英法联军曾在特隆赫姆附近登陆，试图夺回该市，但没有成功。——译者

运筹帷幄的影子，这真要感谢上帝。

5月3日

上午参加了由马特尔的第50师举行的展开演习。效果非常不错，可以从中总结很多有用的经验。指挥加拿大第2师的奥德伦将军①来一起吃午饭。我觉得他就是个"政客将军"。下午赶到瓦布勒希，找到正在第4师师部的戈特，让他撤回总司令部发出的那些干扰我指挥备战的指令。最后去看了汤姆，他恢复得非常好。

5月4日

花了一上午和第7近卫旅的惠特克以及约翰逊一起视察防线。午饭后亚当过来了，和我商量前出比利时的D、E方案②。总司令部下达的命令没有操作性，我们不得不自己做些准备。茶歇后我去看了汤姆，他看上去很好。

5月5日

探望了汤姆，他恢复得很好，下周三就可以出院回基地了。在第1军军部和迈克尔·巴克一起吃了午饭，亚当也在那儿。我们讨论了最近总司令部的一些命令，以及一些行动提案。这个"军级指挥官周日午餐

---

① 维克多·温特沃斯·奥德伦（Victor Wentworth Odlum，1880—1971），加拿大陆军少将，同时还是一位成功的出版家、军人、政治家和外交官，并曾担任驻中华民国大使。——译者

② "D"方案即戴尔河方案，由法军总司令甘末林提出，意图由英、法、比三国军队在戴尔河一线建立防线，阻止德军从比利时侵入法国，但此方案需要深入比利时，因此有赖于比利时的全力协同。但随着德国崛起，莱茵地区重新军事化之后，比利时的态度逐渐转向严守中立。法国出于对比利时的疑虑，担心事态有变时无法在比军协助下及时赶到戴尔河的预设阵地，于是甘末林又选择了"E"方案，即斯海尔德河方案，更靠近法比边界，长度更短，同时也能有条件将防线从比法边界部署到敦刻尔克。——译者

会"是一个极佳的信息交流平台。晚上召开了一个师级指挥官会议,讨论一项新的前出计划的细节问题。

5月6日

上午出发去观看一场由我设计的、用高射炮进行反坦克作战的演习,结果极为成功。下午去里尔剪了头发。指挥第44师的"通信员"阿斯本①过来喝了下午茶。和上次相比,他已经发福了许多。

5月7日

上午8点半从这儿出发去斯特拉普拉日②,观摩第151步兵旅防空炮火射击训练。在勒图凯吃了午饭。回来的路上去看了汤姆,那时还心想,也许这是他回基地前我最后一次去看他了。没想到遇到了刚给他做完会诊的医疗中心副主任和其他两个医生。昨晚他突发剧烈疼痛,而且体温也上升了。医生不得不给他打了吗啡。今天也没有什么好转,医生诊断他是得了肠脓肿。我询问情况后也不得不离开。下午5点,他们来电话说必须得动手术了。6点的时候又来电话说,手术很顺利,达到了预期效果。

5月8日

上午去看了汤姆,发现他彻底倒下了,说话的声音很虚弱,像从远方飘过来,眼窝也陷了进去。但最让人担心的是,他对自己的情况竟有些灰心了。看完他之后,我不得不到里尔去吃午饭,接下来有一场参观

---

① 埃德蒙·阿斯本(Edmund Archibald Osborne,1885—1969),英国陆军中将,绰号"通信员"。1938年4月任第44步兵师师长,二战爆发后随远征军赴法国参战。1940年6月,他接替作者担任第2军军长。——译者
② 斯特拉普拉日(Stella-Plage),位于法国北部,是北部-加来海峡大区加来海峡省的一个市镇。二战中,该地几乎被夷为平地。

法利钢铁厂的活动。我一点儿都不想去,但参观活动确实挺有趣,让我的注意力能从可怜的汤姆身上稍稍转移下。晚上我又回去看了汤姆,发觉他们又从他的嘴里塞了一根管子伸进胃部,与此同时还有一根管子正从他的肠里往外抽吸。我和医生做了一番长谈,他认为汤姆康复的机会还是很大的。

5月9日

汤姆还是老样子。我去看了他两次,医生确认他的病情没有恶化,我感觉他晚上看起来比昨天上午稍好一点儿了,但还是非常非常的虚弱。上午视察了我军的收容营,看了一场非常棒的步操表演。接着去看了我的塞浦路斯骡马运输连,他们正在筹备接待殖民地事务大臣周六的来访。和我上次来相比,他们的进步很大。晚上大约10点的时候,德国人的飞机来了。我们的新式探照灯齐刷刷照射过去,防空炮火争相轰鸣,不过我觉得应该没有取得什么战果。

5月10日

凌晨三四点的时候,德国人的飞机又回来了,猛烈的防空炮火响了起来。又过了一会儿,里奇过来告诉我说,总司令部来电要求我们进入六小时紧急动员状态。不久后他折返回来,报告说德国人于凌晨3点入侵了比利时与荷兰,我们终于要开始实施那著名的"D"计划了。这意味着我们要快速前进至布鲁塞尔以东的戴尔河。第2军防线将呈一个以第3师突前、第4师和第50师支撑的态势。

真是令人难以置信,在这样一个绚烂的春日,所有的自然美景都以它最美的一面展现出来的时候,我们却踏出了这场史上最大规模战争的第一步!战机一整天都在头顶盘旋,其中许多被击落,有一架就落在离军部不远的地方。我全天都在反复研究前进的方案。到目前为止,一切都在紧锣密鼓地推进当中,轰炸的影响比我预期的要小得多。下午戈特过来看我们,研究进展情况。下午 2 点半,第 3 师出发了。按照预定计划,他们现在应该已经到达戴尔河了。不过,全军整装启程大概还需要八天左右的时间。

我明天出发。上午还有时间去看了一下汤姆,发觉他恢复的还不错,我对此比他本人还乐观。

在法朗潘七个月的战争生活到此结束。

5 月 11 日　佐特海姆[①]

吃了早中饭后,于中午 12 点离开法朗潘。上午,戈特和波纳尔来看了我们。出发前我把约翰逊叫来,做了一番最后的叮嘱。然后,穿过边界,到达了那片"承诺守护之地"。接着驱车来到我前线军部所在地佐特海姆。我在那儿扔下家当,立即去了由马西指挥的交通控制中心,研究如何更好地推进行军。刚刚获悉,在大规模的轰炸下已然产生了伤亡。很不幸,我的助理军需官帕金斯已经在对运输道路的侦察中遇到空袭丧生。赶到了设在布鲁塞尔前方的第 3 师师部,从蒙哥马利那里获悉,比利时第 10 师已经占据了划拨给他的阵地。他的人因为被比利时人当作了德国伞兵而遭到攻击,一名米德尔塞克斯郡团的士兵受了重伤!

接下来我告别了蒙哥马利,继续向布鲁塞尔进发,去找英国使团的尼达姆,但却遇到了远征军情报主任梅森-麦克法兰。他告诉我,比利时的局势很糟糕,德国人已经突破了马斯特里赫特[②]。我要求他向总司

[①] 佐特海姆(Zottegem),比利时佛兰德省的一个城市。——译者
[②] 马斯特里赫特(Maastricht),荷兰东南部林堡省省会,占据默兹河两岸。二战中,德军为占领比利时的埃本-埃美尔要塞,将盟军一切为二,发动了马斯特里赫特战役,将该市占领。——译者

令部报告第 3 师在前线遇到的问题，并派了个军官去比利时总司令部寻找尼达姆。我还获悉，比利时国王极力希望能够守住鲁汶一线，即划拨给第 3 师的防线。

回到佐特海姆，接到了总司令部要求接手比利时军和第 1 军之间防线的命令。这几乎是不可能完成的任务！好不容易到了总司令部，波纳尔告诉我，要么把比利时师夹在当中，形成双层防御。这可不是一个令人满意的解决方案。这样的话，比利时人必须向他们的左侧平移。一整天都流传着危言耸听的谣言，说比利时人要投降了！

5 月 12 日　佐特海姆东部

上午 7 点离开佐特海姆，驱车来到位于布鲁塞尔的英国领事馆。在那儿，值班武官告诉我，鲁汶已经被德国人占领了！幸好，这个消息不是真的。打电话给在比利时军总司令部的尼达姆，想要找他解决第 3 师防线被比利时军第 10 师占据的问题。从他那里得知，昨天情况动荡多变，他建议我们见面详谈。

*我很快就发现，他什么也没有做，而且也不准备做什么！他只是不停地对我说，大臣们对前线传来的消息有多么多么的失望。他表示，在这种情况下，很难让比利时人认识到第 10 师占据了一个错误的地方。我告诉他，我们肯定没有足够的部队能用于这样的双侧防御。由于我发现已经很难从他那里得到什么帮助了，于是决定亲自前往比利时军总司令部一试。*①

因此我驱车赶到安特卫普附近，在办公室里找到了罗杰·凯耶

---

① 书中整段楷体字部分为作者 1950 年代重读日记时补写的内容或所作的评论。——译者

斯①，他建议我最好和比利时国王谈谈这事。于是我决定就这样办，并找到国王进行了一次愉快的谈话，不过他的顾问范·奥韦尔施特雷滕可不会让他放弃鲁汶防线。

……就在我即将取得进展，让事态朝正确的方向前进的时候，突然听到有法语声从右后方传来。我转过身，发觉有一名军官走过来。他没有作自我介绍，却径直用法语和国王交谈起来，大意就是比利时师不能动，整个英国远征军应该驻停在更南边，不能进入布鲁塞尔。于是我转头面向他，用法语告诉他，他并没有将全部情况向国王和盘托出……他转过头来说："哎呀！你会说法语？"我说我会，而且我还恰好出生在法国。就在那个时候，他走过来，插在了我和国王当中。为此，我绕过他，继续用英语和国王谈话。然后这个人又走了过来，再次站在了我和国王当中。这时国王转过身，向窗户走去。我不太好再三进逼，于是只能转而和这位可能是参谋长的官员讨论阵地分配的事。我发觉和这人争论完全是在浪费时间，他既不熟悉英国远征军的部署，看上去也不准备熟悉这些情况，大部分提议也都是异想天开。最后，我离开了……

我接下来去找了法军代表团团长尚蓬将军②，向他全面解释了目前的状况。由于他下午要参加由乔治将军在蒙斯主持召开的与比利时国王

---

① 罗杰·约翰·布朗洛·凯耶斯（Roger John Brownlow Keyes，1872—1945），英国海军元帅，海陆协同作战的倡导者。1934年当选议员，反对裁军，与温斯顿·丘吉尔等一起，是议会中反对张伯伦与希特勒签订《慕尼黑协定》的少数议员之一。二战爆发后，1940年初曾主动找时任第一海务大臣的丘吉尔，推动并请缨领军参加了远征挪威特隆赫姆的"纳姆索斯战役"，后行动失败。1940年6月任联合作战司令部首任司令，负责特种突击部队的组建训练工作，主要对敌占区海岸实施袭扰作战。——译者

② 皮埃尔·尚蓬（PierreChampon，1882—1940），法国陆军中将。——译者

的碰面会，他表示会在会上提出这个问题。然后我去看了第3师，和蒙哥马利一起吃了午饭，并给他讲了目前的情况。

他(蒙哥马利)随即说，他已经解决这个问题了！我当即表示吃惊，问他是怎么解决的？他告诉我说，"我去见了比军师长，对他说'我的将军，建议进一步增援你的防线，全师自我之下将毫无保留地听从你的指挥'"。他说比利时人对这种关系表示极为满意。我于是问蒙哥马利，如果德国人开始进攻了，他怎么办？他回答说："噢！那就把那个师长抓起来，由我来指挥。"

同时，我接到远征军总司令部的建议，让我接管部分第1军的防线。考虑到比利时人摇摆的态度，我更加觉得应该让第3师按兵不动。接着和蒙哥马利一起穿过鲁汶到前线看了看。小镇被空袭严重损毁，车站那里还在燃着大火。难民们成群结队地沿着道路撤离，与周日去教堂照常礼拜的人群形成一个奇怪的对比。看到第15/19骑兵团①已经进入了他们的前沿阵地。之后返回大使馆，给戈特打了电话，汇报了上午的情况，并阐述了让第3师留在那儿的原因。他要求我将情况通报给第1军。于是我转而赶赴布鲁塞尔以南去找第1军。最后回到这里时已是晚上7点，发现约翰逊和克利夫顿也在这里。

就比利时人不合作的态度而言，今天的情况并不令人满意，不过惊慌失措的气氛已经大大减弱，而且我们的空军看来也发挥了很大作用。

---

① 第15/19皇家轻骑兵团(15th/19th The King's Royal Hussars)，二战爆发时作为第3师师属侦察部队投入战斗，损失惨重。后来先后被调派编入第28装甲旅、第9装甲师，大部分时间留在了本土。——译者

5月13日　布鲁塞尔以北

依旧是一个和高射炮火轰鸣相伴而眠的夜晚。里奇很早就进来告诉我，总司令部来电确认已经谈妥让第 3 师换下比利时军第 10 师！看来昨天的奔波已经奏效了！我受命与比利时军第 10 师师长会面商定换防的具体事宜。在去的路上顺便去大使馆打了个电话，得到了有关防区界限为向右回转至布鲁塞尔以南的指示，感到相当无语。打电话找蒙哥马利，不过正好碰到他外出，于是只能带上他的参谋长赶赴第 10 师师部，找到了那个矮胖的师长，和他敲定了换防的具体细节。接下来，我好不容易找到了比利时第 6 军军部。在这里，我发现比利时有一个整编军，即第 1 军在前线进行了重组，所处的位置就在我的第 4 师和军部将要进驻的地方！我又去找了蒙哥马利，确保换防在今晚就能够进行。接着去了大使馆，试着打电话联系参谋长波纳尔，但是既找不到他，也找不到总司令，他们都去了龙塞①。接着看到情报主任梅森-麦克法兰和大使在一起，于是又找了他，向他说明了当前的情况，以及立即让比利时第 1 军转移的紧迫性。他说他马上就去总司令部，并会设法解决此事。回来的路上造访了将部署在我们左翼的法国第 6 军军部，与他们建立了联络渠道。

回到驻地后，给波纳尔发了一封电报。晚饭后，找到了总司令部作战处参谋格雷格森-埃利斯②，告诉他让比利时第 1 军转移的必要性，并约好明天中午 12 点在大使馆与总司令和参谋长会面，商量下一步如何部署第 4 师和第 50 师。夜里，比利时军总司令部下达了让全军撤退至安特卫普、鲁汶、瓦夫尔一线的命令。因此，明天我们就将与德军遭遇。

我不觉得能指望比利时军什么，所以对左翼的防御很不放心。

---

① 龙塞(Renaix)，位于比利时东佛兰德省的一座城市。——译者
② 菲利普·格雷格森-埃利斯(Philip Gregson-Ellis, 1898—1956)，英国陆军少将。——译者

5月14日 布鲁塞尔北面

见了正准备开拔的约翰逊后,我于上午 7 点离开了这里,赶往新设在布鲁塞尔北面的军部。在那儿扔下行李后,对一条交通主干道和一条侧路进行了侦查。然后去了第 3 师师部,从那儿出发到大使馆与戈特会面。在那里我遇到了凯耶斯元帅,他让我试试说服戈特下午去见比利时国王。他还告诉我,他感到很难继续让国王与范·奥韦尔施特雷滕保持斗志了。接下来,他们把巴克从第 1 军叫回来一起开了会。如我所料,戈特对我在比利时人那里遇到的麻烦和困难还没什么概念,而且他也没意识到比利时军战斗力的贫弱。我不得不向他灌输,要坚持向比利时人争取足够的空间、以便我军在布鲁塞尔以北展开的重要性。我们草拟了一项以沿着沙勒罗伊运河穿过布鲁塞尔为主线的撤退方案,并商定了具体线路和措施。从法国那里传来了不好的消息,迪南和色当都已经被德国人突破。我们还是缺少战斗机,不过我获悉已经有三个以上的中队从本土赶来。就在我们开会的时候,大使来了,说他得到通知,比利时政府已经开始撤离,并询问他是否要一起离开。我建议他留下来,并告诉他,他的离去只能制造一种令人沮丧的坏印象。

下午勘察了沿着沙勒罗伊运河穿过布鲁塞尔的路线。第 4 师也赶到了,两个旅已经到位,还有一个旅明天上午 6 点左右到。第 50 师明天也到了。新的驻地是意大利人[①]早上撤离时留下的房子,非常舒适。

> 白天我接到一份电报,说我的孩子(汤姆)前一天"情况尚可";自那以后直到我从敦刻尔克撤退回家期间,再也没有收到只言片语。这是在那段黑暗的日子里,我的另一桩揪心事。

[①] 此处的意大利人,据推测是当时驻比利时的意大利外交人员。——译者

5月15日 布鲁塞尔以北

一整天都充斥着法国南部传来的令人沮丧的消息!一大早就有人告诉我,德国人已经逼近鲁汶第3师的防线。结果被证明是个假消息!事实上那是一队比利时人,其中有十个被掷弹兵部队击伤!!后来有人报告说,我原本指望用来防御从菲尔福尔德①以南穿越布鲁塞尔的沙勒罗伊运河段、与第4师一起形成预备防线的第50师,要被调派到其他地方去了。接下来我给迈克尔·贝克打了电话,和他约了在大使馆开会商量协调两军防线问题。后来与波纳尔通话时又请他和总司令也一起过来。戈特给我们带来了坏消息,科艾普(11月5日与我一起参加停战仪式的将军)的法国第9集团军在迪南防线被击溃了,同时德国人也突破了色当和梅奇埃尔②。同时,法国第1集团军在瓦夫尔至纳慕尔一线也遭到了猛烈攻击。远征军第1军估计已经投入战斗。

我左翼的比利时军看上去摇摆不定,我丝毫不信任他们。荷兰被征服后,肯定让德国人匀出了更多的力量来攻击安特卫普。

因此英国远征军很可能两个侧翼都要转向,并且要历经一番艰难才能脱离目前的位置!今天第3师的防线上打响了几处小遭遇战,而且都被突破,不过阵地最终都被夺回来了。但是冷溪团遭受了一些伤亡。我忙着制定在必要时从沙勒罗伊运河向登德尔河③撤退的方案。

这些已经够让人郁闷了。不过我必须得说,我依然坚信正义必将战胜邪恶。今晚你的来信对我来讲是一种巨大的鼓舞,现在我已经做好充分的准备,在接下来几天里迎接任何可能。不过不管发生什么,他们休想从我这里夺走我们的幸福生活。

---

① 菲尔福尔德(Vilvoorde),位于比利时佛兰芒州布拉班特省,是布鲁塞尔外的一个小城。——译者
② 梅奇埃尔(Mézières),位于法国北部,默兹河河畔,是阿登省的首府。——译者
③ 登德尔河(Dendre),斯海尔德河的一条支流,在比利时境内,长约65公里。——译者

5月16日 登德尔河以西

昨天下午，德军对法国第1集团军防线进行了猛烈攻击，包括第1军在内的一些部队被迫后撤。我接到命令，让我做好准备从鲁汶沿谐纳河①一线撤出布鲁塞尔。昨晚也过得很糟，不停地有事，到了上午又疲于参加第1军与戈特的会议。之后又去找了蒙哥马利，研究第3师撤退的细节问题。接着去拜访了在我左翼的比利时第6军，确保他们能与我们的行动协调一致。最后，与巴克和波纳尔又开了一个会。

现在我希望撤退能于晚上10点如期进行。

5月17日 特林登 [以后用铅笔补上]

5月18日 龙塞

昨晚实在太累了，所以没有动笔，到了现在几乎想不起昨晚的事了。事情一件接一件紧锣密鼓，时间匆匆流过，使生活变得模模糊糊，难以在记忆中留下印记。

第3师成功地从鲁汶撤出，在骑兵的掩护下沿着沙勒罗伊运河从布鲁塞尔撤退。这里的第4师已经在组织撤退。然后第3师迅速装车，驶向登德尔河，并在下午早些时候到达。当骑兵开始撤退的时候，我们正在炸毁布鲁塞尔各条运河上的桥梁，这时德国人也正在接近我们的防线。在炸毁最后一座桥梁后，我也沿着运河驶出，然后回到第1军军部参加会议，研究从沙勒罗伊运河沿登德尔河撤退的方案细节。最后回到了登德尔河后侧的新指挥所。上午轰炸机一度光顾了我们。早饭后回到位于龙塞附近的第1军军部参加另一个会议。

迈克尔·巴克的情况很糟糕，他在工作中本就已经精疲力竭，现在

---

① 谐纳河(Senne)，一条流经比利时布鲁塞尔的小河流，总长103公里，为戴尔河的左支流。——译者

几乎到了草木皆兵、惊恐不安的地步。现在很难与他协同作战。而且今天他比以往都严重,不管什么事刚定下,他很快又会改主意①。

不过,在经历了诸多反复之后,最后我终于能把师级指挥官们聚起来开会,明确明天早些时候从登德尔河向斯海尔德河撤退的细节。我现在接手了第 1 师和第 50 师,不过把第 4 师划给了第 3 军。很不幸,今天德国人杀进了第 15/19 骑兵团的阵地,我在军部得到确切战报,我们至少损失了一个中队。

5 月 19 日　瓦布勒希

晚上稍作休息,早上 5 点起床,审阅了一些报告,接着启程去检查我们在斯海尔德河上的新防线。由于路上有大批难民,所以行进很困难,不过最终走完了整条防线,并且还登上圣奥普特山(靠近图尔奈),纵览俯瞰这条防线。这将会是个棘手的地方。然后我驱车前往第 1 师的新师部,看看他们进展如何。就在去的路上,我们很不走运地被针对旁边机场的空袭正好殃及!我刚到,就接到了总司令部的通知,要求我去参加一个军级指挥官会议。会议的内容极为重要!

来自法国前线的消息空前严峻,他们正准备组织一次全面反击,以拯救危局。一旦失败,盟军将被从中部切为两半。英国远征军的右翼以及与大海的联系通道将会彻底暴露在敌前。为应对这样的事态,总司令部制定了一项向敦刻尔克转移的计划,内容是在该区域建立防御阵地的基础上,放弃一切辎重和装备,把远征军全体装船运走。我则倾向于沿着与比利时人相邻、相对安全的左翼回旋。把我们的右翼向后转到利斯河,沿着新运河到伊普尔②,接着从伊普尔运河进入大海。我觉得这样安排的话,不管怎么说能够让远征军整体行动,而不会被各个击破。如

---

① 巴克患有神经衰弱,就和同期的劳埃德一样。
② 伊普尔(Ieper),比利时西法兰德斯省的一座城市。——译者

果我们现在就放任比利时人，我可以断定他们将放弃抵抗，这样的话我们的两个侧翼都将暴露无遗，那样就真的没救了。如果总司令部有什么新的消息，我们晚上将继续碰面开会。

我整个下午都在极度焦虑中，想方设法打听第 3 师和第 1 师是否安全返回。晚上 7 点不到的时候，我终于得到了第一个报告，先发旅已经在下午的时候返回。不过直到晚饭后，我才得到最终确认，第 1 师和第 3 师都在他们的防线上。他们都非常疲惫，至少需要二十四个小时休整和安排车辆。我们第 2 军在九天里转战超过 150 英里，连续进行了四场防御作战。这些靠的是全体官兵的卓绝努力和高效投入。

5 月 20 日　瓦布勒希

上午去看了亚当，和他讨论了下一步行动，感到他同意我的想法。然后去找了蒙哥马利，和他讨论了昨天的撤退行动。他昨晚过得不容易，遇到了炮击，折损了司机，反坦克团里也有些伤亡。不过他现在看起来对防线信心百倍。接下来我又去看了第 1 师，与亚历山大①讨论了撤退计划。很明显由于第 1 军撤退过早，他在侧翼承受了巨大的压力。后来我发现他的第 3 旅损失了大量辎重，并且由于相关桥梁已被爆破，

---

① 哈罗德·亚历山大（Harold Alexander, 1891—1969），伯爵，英国陆军元帅。在一战中，他是一名极富天才和激情的基层指挥官，担任爱尔兰近卫团第 2 营营长，参加了西线作战并荣获战争十字勋章和杰出服务勋章。1926 年，亚历山大进入坎伯利参谋学院深造，与当时在那里任教的作者相遇，作者当时对他的第一印象是"难成大器"。1942 年 8 月，他受命接替奥金莱克出任英军中东战区总司令，与蒙哥马利及之后的艾森豪威尔配合默契，最终在北非击败了轴心国部队。但由于在掌控盟军各独立部队上的不足，他在进攻西西里和意大利本土的战役中的战果不如预期。他在智略上给人印象不深，尽管到底是真的愚钝还是出于爱德华七世式的韬光养晦令人怀疑。他的平易近人和一团和气总让人觉得他缺乏"掌控力"，但某种程度也让他成为统帅一支部队众多、难以调和的盟军部队指挥官的合适人选。如果他的性格影响了制胜，那同样也阻止了部队的分崩离析。同时，他的性格也让他成为庇护他部下免遭丘吉尔式电闪雷鸣的"避雷针"。——译者

他的后卫部队不得不抛弃车辆，从运河里游过去。

  下午，格雷格森-埃利斯给我带来了总司令部的最新消息，其中包括德军逼近阿拉斯！！尽管已经使出浑身解数来阻止坦克和装甲车辆从他们打开的缺口继续涌入，但形势依然非常严峻。总参谋长已经从伦敦飞过来商量下一步举措。魏刚①任命了新的高级指挥官。帕热齐离开了里尔。绝望的难民成为拥塞各条道路的累赘。

  如果阿拉斯已经受到了威胁，那意味着鲁夫鲁瓦有可能已经被德国人占领，我实在不知道我的儿子会怎么样。最近几天已经没有相关的电报打来，我不知道他是生是死，或是落到了德国人的手里。

  格雷格森-埃利斯离开后，我接到了帕热齐打来的电话，问我第2军的位置。我告诉了他，结果他告诉我这些情况都不对，而且德国人已经进入了鲁贝。我说情况不是这样，鲁贝附近没有任何德军。他接下来说，他是从市长那里得到的消息，他知道他们在哪儿，言下之意是我反倒不清楚自己防线的情况！他处于激动和亢奋之中，很明显情绪已经失控。我只能非常坦率地告诉他，我没有必要去鲁贝市长那里求证德国人的踪迹。帕热齐十二小时内就走了，自那天之后我就再也没有见过他，我也不想再见他。他已经草木皆兵，完全在胡言乱语。不过当时，在正需要他出力的时候，他却消失得无影无踪……

5月21日

  起了个大早，到前线视察我的部队。先去看了蒙哥马利，发觉第3

---

① 马克西姆·魏刚（Maxime Weygand，1867—1965），法国陆军上将。二战开始后，由于战况不利，魏刚1940年5月17日被召回代替被解职的甘末林，任法军总司令，但为时已晚，法军反而因为指挥官交替丧失了宝贵的2天时间阻止德军坦克部队深入；魏刚还试图建立一条"魏刚防线"，但大势已去。魏刚随即与贝当一起建议有条件投降。——译者

师已严阵以待，不过阵型却略显单薄，全部三个旅都已经摆在了防线上，其中两个旅都摆足了三个营。整个师实际上只留了一个营的预备队！然后深入前线，视察第 76 团的观察哨，接着去冷溪团第 1 营营部进行了慰问。这支部队在鲁汶打得很艰苦，损失了五位军官和一百六十名士兵。然后去慰问了第 7 近卫旅，与杰克·惠特克聊了聊他们战斗的经过。当我在那儿的时候，德国人对第 1 师南部派克桥附近的阵地进行了猛烈炮击。于是我去了第 1 师一探究竟，发觉德国人正从派克桥附近渡河逼近第 1 近卫旅的阵地。我于是命令亚历山大必须把他们打回去。

回到这里吃午饭的时候接到通知，戈特下午 4 点 15 分要在我的军部召开总司令部会议。他给我们介绍了当前的战况，形势极不乐观！德国人已经逼近了布洛涅，港口都被水雷封锁，还遭受了猛烈炮击，补给十分困难。到目前为止，填补缺口的努力都收效甚微！会议决定，明天晚上我们必须撤回到边境防线。也就是说，进入冬天精心准备的防线。不过很不幸的是部队过于单薄，而需要防御的防线却如此之宽。

5 月 22 日　阿尔芒蒂耶尔

昨天晚上，第 2 军四处应援，但德国人还是在第 1 军和第 3 军的防线上取得了多处突破。早上 7 点，我在第 1 师师部召开会议，明确了撤回边境防线的细节。午饭后，对穿过里尔的运河路线进行了侦察，如果有必要，下一步就从那里撤退。

难民问题非常严重。里尔、鲁贝和图尔宽的居民离开了他们的家乡，却发现在外缺衣少食，于是现在又开始蜂拥回来了！明天等我们完成撤退之后，他们又会一窝蜂地逃走。现在满目哀鸿，到处是蹒跚走路的跛腿妇女，因为缺衣少穿蜷缩成一团的孩子，还有那些在路旁独自挣扎的老人和残疾人。

希望今晚从前线撤下后可以向阿尔芒蒂耶尔转移。但麻烦的是，我们的后卫部队现在也已陷入了德军坦克的威胁！我为军部建立了一条由反坦克炮、高射炮和一个步兵排组成的防御阵地，由一名二等参谋指挥。我们从无线电里获悉，指挥法国第9集团军的吉罗将军已经被德国人俘虏。同时，指挥这个集团军群的比约特将军在一场车祸中严重受伤，现在正在伊普尔的医院抢救。

5月23日　阿尔芒蒂耶尔

现在除了发生一场奇迹，很难拯救英国远征军了，最终的结局也许很快就将来临。昨晚我们成功撤回到之前的边境防线，今晚我们就将在精心准备了一个冬天的地方设立防御阵地。不过，真正的危险来自右后方；德国的装甲师已经穿插至海岸边，已无法经阿布维尔、布洛涅和加来出海。由此，我们与大海的联系被切断，弹药开始紧缺，补给只够三日之用。据报今晚德国人就将推进到贝蒂讷，也就是说可以从圣奥梅尔直击我们的后方。如果我们现在手头有装甲师就好了，至少要有两支，可以让我们确保后方！

上午见了几名师指挥官之后，我去参加了总司令部的会议。到那儿才知道，我现在要把第1师拨还第1军，同时重新迎来第4师，终于又回到了原班人马。下午，我怀着重逢的心情去看了第4师，发现第11步兵旅昨日伤亡惨重，南安普顿团损失了两百五十人，还有两名团级指挥官阵亡。

自德国人入侵以来已经两周了，他们取得了超乎寻常的胜利。毫无疑问，德军是一支精锐之旅。

5月24日　阿尔芒蒂耶尔

上午9点，我参加了总司令部会议，讨论在南部发动攻击、呼应法军反攻的提案。随后戈特离开前往波珀灵厄①与迪尔会面,迪尔估计会搭乘飞机过去。我则继续和波纳尔、亚当讨论进攻计划,直到指挥法国第1集团军的布朗夏尔②将军走了进来。在比约特因车祸丧生后,目前已经没人能协调比利时军、英军和法国第1集团军的行动了。如果我们想从目前的位置出击,这是急需解决的问题。

他(布朗夏尔)站在那儿研究地图,我小心地看着他,很快有了一种感觉,他好像正盯着一堵空墙,想把里面所有的门道都看出来!他给我的感觉是大脑已经停转,只不过行尸走肉地站在那里,但对周围发生的事情已经失去了回应。突如其来的连续打击,让他变得晕头转向,无法应对。我严重怀疑,如果在这场风暴中由他来掌舵,我们大概很快就会触礁!

视察了第3师和第4师,他们都还很乐观。

当我在总司令部的时候,有报告说德国人已经开始攻击阿兹布鲁克③。后来无线电传来消息,法军开始进攻巴波姆④,如果情况属实的话,这是我在战争开始后听到的最好的消息了。

晚上亚当造访,讨论我们的进攻计划。他告诉我,德国人已停止进逼阿兹布鲁克。茶歇后,阿尔芒蒂耶尔遭到了空袭,两枚炸弹在离我们很近的地方落下。大火现在还在熊熊燃烧。晚上还接到报告说,德国人

---

① 波珀灵厄(Poperinghe),位于比利时西北部,在伊普尔以西约8英里处,是西弗兰德省的一座城市。——译者
② 乔治·莫里斯·让·布朗夏尔(Georges Maurice Jean Blanchard, 1877—1954),法国陆军上将。——译者
③ 阿兹布鲁克(Hazebrouck),位于法国北部,是北部-加来海峡大区诺尔省的一个市镇,1860年代成为一个铁路枢纽地区,连接了里尔、加来和敦刻尔克。——译者
④ 巴波姆(Bapaume),位于法国北部,在阿拉斯以南约23公里处,是北部-加来海峡大区加来海峡省的一个市镇,在二战中经过了激励争夺。——译者

已经突破了梅嫩①至科特赖克②之间的比利时军防线；我希望这是条假消息，不过确实对侧翼感到非常担心，由于我手里没有预备队，一旦如此侧翼就等于门户大开了。

5月25日　洛姆

半夜2点我收到消息，德国人突破比利时军防线后进展迅速，比利时人已经无力抵抗。我得出的结论是，德国人这次攻击意在汇合全力推进的装甲师，一口气突破我军左后方。前往总司令部去调一个旅增援伊普尔-科米讷运河的防御。之前我已经把第3师的机枪营派到那儿了。最后我好不容易抽调到了这个旅。接到通知说，代号"奔袭大海"的作战计划已经取消。真是上帝保佑，我一直不赞成这个计划。新的计划是，伺机在德军突破口以南地区突围与法军汇合。这也许能成功，不过我仍持怀疑态度。

接着我去了第4师和第3师，与他们讨论我们的突围计划。当我在第4师的时候，一名比利时军第1师的联络官出现了，浑身充满了比利时人的悲观丧气。我个人认为，比利时军已经完了，相信明天这个时候他们就会停止抵抗！这肯定会把我们的左侧翼完全暴露在德军面前。

今天晚上7点总司令部还开了另一个会，我发觉气氛已经完全变了，所以立即派第5师加强伊普尔-科米讷运河的防御。他们现在已经意识到了我今天上午就提示过的危险。突围计划暂时取消。阿尔芒蒂耶尔遭受了剧烈的空袭，包括疯人院在内的半个镇子已经被完全摧毁，疯人

---

① 梅嫩(Menin)，位于比利时西北部的法比边界处，是西佛兰德省的一个城镇。——译者

② 科特赖克(Courtrai)，位于比利时西北部，在布鲁塞尔以西约100公里，梅嫩以东约15公里，是西佛兰德省的一个城镇。二战中被德军占领后成为重要的部队调运枢纽，因此后期遭到了盟军的猛烈轰炸。——译者

院的住客们此刻正在乡间游荡，不过幸好我们已经全部撤离。

前景远谈不上光明，我记得在接下来的几天里很认真地考虑过销毁我的日记，因为不想让它落到德国人手里，在那时确实可能性很大。

那些逃出来的疯子当时简直成了压垮骆驼的最后一根稻草。灾难般的景象无处不在，形形色色的各种谣言，人潮汹涌的难民和士气低落的法军，肆无忌惮的低空轰炸。那个时候，所有的疯子正身着他们的灯芯绒外套站在路边，口鼻流涎、龇牙咧嘴，带着不正常的微笑盯着你，气氛简直已经到了登峰造极的地步！如果不是那时人们周围已经被数不清的惨景所包围，这样的情况简直令人难以忍受。

几年后，当有次与丘吉尔在首相官邸共进晚餐时，他告诉我，一个人精神上承受灾难的能力就好比是一条阴沟的 3 英寸排水管。在水压下这条水管会持续排水，但就算是洪水涌入阴沟，这条水管还是只能处理 3 英寸的排水量。同样的，一个人能处理的情感也有其"3 英寸极限"，其结果就是对多余的那些情感就只能弃之不顾了。

5月26日　洛姆

一早出发去找位于普洛斯特林地①的第 5 师，发觉他们已经在晚上进入了伊普尔-科米讷运河的防御阵地。驾车去伊普尔看看比利时人究竟还在不在防守，结果发现那里除了法军第 1 摩托化师的邮件部门外已空无一人！接着去运河和铁路检查防御情况。为了防御德国人来犯把桥炸断了，他们刚刚撤离。之后我们进入了德军的炮击范围，一开始我还以为是轰炸，结果找了半天没找到飞机。

---

① 普洛斯特林地(Ploegsteert Wood)，位于比利时西北部瓦隆地区的普洛斯特村，距离法国边界仅 2 公里。一战时，该地是许多协约军部队的休整地，丘吉尔曾在此服役。战后，该地成为军人公墓和纪念馆。——译者

回来时去了总司令部，想调集更多部队防御伊普尔，并从第50师抽调一个旅过来。接着参加了总司令部会议，接到了本土要远征军撤离的指示。我们讨论了这个行动计划，并用接下来的时间完善了撤退方案。这是一个危险性很大的行动，运气好的话，也许我们能够救出25%的远征军！我们肯定会在空袭中损失惨重。德国人对阿尔芒蒂耶尔及其周边城镇实施了不间断轰炸。今天为了躲避天上的炸弹，我已经三次被拖入战壕。

那天夜里晚些时候，在军部突然被两轮25磅炮速射连击给惊扰到了！由于这两炮都来自军部防线方向，我当时确实以为是那时在阿拉斯及其附近的德国坦克攻过来了。然而，经过了一番询问，我才知道开火的是一辆法国坦克，而且他们的重型坦克夏尔B。还好炮弹打在了外面，没有人受伤，大家在一番寒暄后，法国坦克继续上路了！

5月27日　勒阿鲁特（靠近普洛斯特）

上午8点召集第3师和第4师指挥官在邦迪埃开会，研究撤退行动的细节问题。找了第1师，确保他们不再挤占第3师的道路资源。为了我们的侧翼，我需要把第3师调到第5师后面，从伊普尔向北延展防线。然后继续前往普洛斯特找第5师指挥官，详细查看了他们遭到炮击的防线。然后从那里到伊普尔，找指挥第50师的马特尔安排伊普尔的防御。在他所辖两个旅的基础上，给他增拨了第4师机枪营，以及法军第1重摩托化师来协助他。伊普尔西边的交通主干道也遭到了炮击。

坐车回阿尔芒蒂耶尔南面的总司令部，得到消息说德国人已经突破了第5师的防线。一回到洛姆我的后方司令部，马上安排第4师撤下来的一个旅立即增援第5师。然后赶到第1军争取到第1师的协助，得到了已经撤退到普洛斯特后方的3个营。在总司令部，我还搞到了7辆步兵坦克，立即派去增援第 5 师。回到洛姆的军部后，从那里出发赶去位于瓦布勒西的第 1 师师部搞清他们第二天的行动，以便在有必要找他们帮忙的时候知道方位。回到位于邦迪埃的第 3 师师部，向指挥官通报目前的情况。回到洛姆的军部后，从那里出发去总司令部，发觉他们已经不告而别。

我回到尚在洛姆的军部取几份文件，车就停在门口，罗尼·斯塔尼福斯留在了车上。当我回到车上的时候，他指着对面路沟里横卧着的一具尸体说："他们刚刚射杀了这家伙！"我问："谁开的枪？"他回答说："就是这些撤下来的法军士兵，他们说他是个间谍，不过我觉得真实缘由是他拒绝给他们白兰地！"这让我想到了法军毫无秩序和纪律的撤退，其实在那个时候更像一场溃败！

晚上 8 点关闭了在洛姆的军部，然后来到勒阿鲁特的指挥点，从那儿前往第 5 师研究白天的战斗和第二天的撤退方案，确保到时路线的畅通。真是令人焦虑。由于法军挤满了原本为我们留出的道路，那天在路上真是拥堵为患。

比利时人实际上已经放弃了抵抗，因此撤退时东部的侧翼安全实际上全靠我们第 2 军了。

那天晚上根本没有时间休息，当时第 3 师正好在撤退中，我不断跑出去看他们的进度如何……整体转移速度看起来令人无法容忍地慢，而掩护我们的夜幕正飞逝而过；如果到了白天，路上拥挤的车辆一旦遭到空袭，损失将会是灾难性的。我们的火炮从凯姆山附近开火，德国人则予以回击。我们的部队在黑暗中沿着炮弹轨迹缓慢地前进，距离不超过 4 000 码远的前线阵地一整天里频繁易手，多少对我们有些不利。这样的景象感觉有些怪诞，让人难以忘记。在黎明到来前，最后一辆车朝北驶入了黑暗中，我躺了一会儿，却无法入眠……

5月28日　温歇姆（佛内①以北）

　　德国人正持续进攻。到第5师解决与第50师交界处的问题，并就今晚的撤退行动做了口头指示。接着去了第4师，指导他们就撤退行动与第5师开展协作，派一个旅掩护伊普尔至波珀灵厄铁路沿线站点，其余部队回到运河与第3师汇合。

　　接到了组织登船的指令，这事由亚当指挥。向北行进，找到正在组织伊普尔防御的马特尔，商量从伊普尔以南其右侧与第5师衔接的办法。遇到了指挥第150旅②的海登，他说他已经失去了与他右侧部队的联系，不得不把右翼向后收缩。我告诉马特尔，把他的皇家诺桑伯兰第火枪团第4营③派出去摸清情况。然后我向更北面前进，看看蒙哥马利有没有进入伊普尔以北的运河防线，结果发现他如以往一样又一次完成了几乎不可能完成的任务，在侧翼暴露在正面攻击的情况下，从鲁贝行进到伊普尔以北，与法军重摩托化师一起牢牢守住了向北的防线。

　　向南返回再次来到勒阿鲁特找里奇，他去参加了总司令部的会议，不过会上什么都没确定。继续南下再次来到第5师师部，了解白天的激烈战况。部队勉强守住了防线，第17旅和第13旅损失惨重，（第4师）第10旅和第11旅进行了增援。第1军留在后面的炮兵部队进行了火力支援，三十六小时内打了5 000轮中型炮弹！上帝保佑，防线没被攻破，

---

① 佛内（Furnes），位于比利时西北部，是西弗兰德省的一个城市。——译者
② 第150旅隶属于第50师，在二战中表现活跃。1942年5月29日至31日，该旅在北非战役中，在孤立无援的情况下遭受了隆美尔部队连续72小时攻击，最终被迫投降。——译者
③ 皇家诺桑伯兰第火枪团第4营是一支摩托化部队，属于第50师直属部队。——译者

战争日记（1939—1945）

不然第 5 师和第 4 师就完了，第 2 军也将被击溃！

把军部撤回佛内以北的温歇姆，解决了第 4 师和第 5 师关于撤退行动的最后一些细节问题，把第 50 师的侧翼转向波珀灵厄休整，同时，第 3 师稍稍向右后方转向运河。第 5 师要撤向伊瑟河防线，第 4 师撤向迪克斯梅德①以及附近其他交汇处。继续出发前往德帕内②找亚当，发觉德国人已经试图逼近尼乌波特③。因此不得不改变命令，让第 4 师对佛内到尼乌波特进行周界防御。回来晚上 11 点才吃的晚饭，结果到半夜 1 点才见到了重摩托化师的指挥官。

在交谈中，我并没对他留下很深的印象，估计他能发挥的作用也很有限。很显然，他的坦克已丧失殆尽，现在只剩下一些运输车和维修车，还有一定数量配备了枪支的士兵。这一切加起来还不如说是一群累赘，实际战斗力可以忽略不计，而这些大型车辆论起阻塞道路来却是危害难以估量。

5 月 29 日　阿丁伯克

接到了戈特的命令，让我交卸军指挥权，回本土接受改造新军的任务。我很想留下来继续指挥部队，因此去找戈特，想知道是不是还有转圜余地。他告诉我命令必须服从。不过我也征得他同意，让我把部队带进登船防御圈内再走。

然后我向南前进，找马特尔和蒙哥马利了解第 50 师和第 3 师的情况。一路上极为拥堵。法军完全丧失了纪律约束，已经成为一群暴徒。

---

① 迪克斯梅德(Dixmude)，位于比利时西北部，是西佛兰德省的一座城市。——译者
② 德帕内(La Panne)，位于比利时西北部，与法国接壤，在敦刻尔克东北约 20 公里，是西佛兰德省的一座北海沿岸城市。市内建有英国阵亡士兵公墓。——译者
③ 尼乌波特(Nieuwpoort)，位于比利时西北部，是西佛兰德省的一座城市，伊瑟河从那里入北海。——译者

部队士气低落，都不愿空出路面，每次德国飞机经过都是一片惊慌失措。了解到第 3 师和第 50 师已经成功撤回波珀灵厄。德国人已经攻击了他们之前撤出的一个村庄。发觉波珀灵厄的右翼门户大开，第 1 军竟然没有按照总司令部的指示据守防线！立即让马特尔把他的皇家诺桑伯兰第火枪团第 4 营投入侧翼，并用第 13/14 骑兵营保护右侧。再到艾森堡找第 5 师，看他们是不是逃出生天，发觉他们已经安全抵达伊瑟河，不过第 13 旅和第 19 旅损失惨重。回到德帕内了解登船行动如何进行，发现各种华而不实，组织非常不力。我找到了戈特，请求他找海军部派出更多的海军陆战队和登陆艇。又找了约翰逊，讨论了他的布置。最后找了蒙哥马利和马特尔，协调他们随第 5 师撤入防御圈的部署。安排第 2 重摩托化师掩护侧翼。

接着麻烦开始了。第 2 重摩托化师接到布朗夏尔的命令，让他们立即撤往德帕内登船！我告诉他们的联络官，如果他这么做就会暴露我军的左翼，并引发无可挽回的道路堵塞。我还告诉联络官，如果这位将军不按照我说的做，我就把他抓起来毙了！第 3 师通讯官进来报告说，德国人尾随着第 5 师攻入伊瑟河了！这时法军第 32 师从右侧抄近路直接插入了第 50 师、第 5 师和第 3 师的撤退路线，这下彻底麻烦了！！

路上极其混乱，彻底堵住了。不过问题最终自行消除了，经过了一个晚上，第 3 师占据了掩护佛内的中心位置，第 50 师占据了西部，第 5 师成为预备队。自布鲁塞尔以东戴尔河向德帕内防御圈撤退的行动至此全部完成！！

5 月 30 日　驱逐舰上

视察了全部四个师，确认各处防御已全部落实，并盘点了第 2 军现存的战力。

第 3 师还剩一万三千人。

第 4 师还剩一万两千人。

想到他们所经历的那些，我对此已经很满足了。

第 5 师只剩下两个旅，第 17 旅和第 13 旅，均严重减员，大概每个旅还剩下六百人吧。

第 50 师稍强一点，剩下的两个旅大概每个还有一千两百人。

毫无疑问，第 5 师在伊普尔-科米讷运河的苦战拯救了第 2 军乃至整个英国远征军。

简直让人不敢相信，在盟友弃侧翼防守而不顾的情况下，我竟然成功的把四个师拖出了泥潭。现在剩下的任务就是登船了，当然这也十分艰难。我去看了登船的进度，发觉由于缺少接驳船只，现场几乎处于停滞状态！！去找了戈特，却得不到满意的结果。然后找赛克斯电话联系第一海军大臣，再回到戈特那里，让他在电话里向第一海军大臣催要更多的陆战队、渡船和登陆艇。安排蒙哥马利接管第 2 军，安德森接替他指挥第 3 师，霍罗克斯①接替安德森指挥第 11 步兵旅。接着与所有的师指挥官道了别。又去见了戈特，参加了在总司令部举行的军事指挥官会议，讨论刚刚从陆军大臣那里收到的电报。我强烈建议缩小防御圈，把第 2 军全部撤出来。戈特却犹豫不决，王顾左右而言他。我告诉他，我一回去就马上找迪尔提出我的建议。

晚上 7 点 15 分到了海滩，与罗尼·斯塔尼福斯和巴尼·查尔斯沃斯上了一艘敞舱船，然后接驳到海上登上驱逐舰。很高兴在船上遇到了亚当。我们要在那里等到晚上 10 点才能出发，其间德国人的飞机不断盘旋扫射，让人胆战心惊。特别是当看到区区几枚炸弹就可以炸沉一艘驱逐舰后，越发令人感到后面绝不是一段令人省心的经历。

---

① 布莱恩·格温·霍罗克斯（Brian Gwynne Horrocks，1895—1985），英国陆军中将。——译者

晚些时候：

直到半夜12点15分我们才出发，到半夜3点的时候船突然一震后停住了。我当时确信我们也许撞上了一颗水雷或是被鱼雷击中了。不过船只还是维持住了平衡，在几经周折之后又缓慢地前进了。后来我听舰长讲，他当时有三条路线可以选择，第一条必须冒着岸炮轰击前行，第二条据侦察会遇到潜艇和水雷，第三条在退潮时水位很浅。结果他选择了最后一条路线，果然蹭到了船底，螺旋桨也略微损坏。最后于早上7点15分抵达了多佛，三周来第一次感到了和平的气息，感觉真不错！

经过三十六小时以上的长时间睡眠，我在家里醒来，感到精神焕发。6月2日，我去了陆军部，想看看究竟要我回来干什么。我依旧沉浸在从战争到和平的巨大转变中。千斤重担被放在一旁，噩梦般的焦虑已然远去，眼前的道路上已经不再充斥着难民，礼崩乐坏的景象也不再四处可见，今天是又一个灿烂的英伦春日。从任何角度看，生活又突然展现出光明的前景，我怀着轻松愉快的心情踏入了迪尔在陆军部的办公室。

我坐在后来非常熟悉的位置——总参谋长办公桌旁，问他现在需要我做些什么。他回答我说："组织一支新远征军重返法国！"当我回顾之前发生的这场战争，那一定是我生涯中最黑暗的时刻之一。我太清楚从现在开始怎样的事态会在法国蔓延。我亲眼所见对法国的信心在刚刚过去的寒冬岁月里逐渐破碎，我亲身体会了对法军战斗力和士气最深切的失望，现在我对其无法改变的命运坚信不疑。带着一支新部队重返那乱成一锅粥的地方，参与到法国最后的分崩离析中，前景绝不美妙。

我问迪尔，是不是能够重新整编第3师和第4师，以组织起一些有经验的部队。他告诉我，没有那么多时间这么做了，给我的部队是第51师、第52师、装甲师的余部、博蒙特军和加拿大军第1师。经过一番讨论，他答应加紧重新装备第 3 师，一旦完成就立即把他们配属给我。在我离开法国之前，第 51 高地师就已经在圣瓦勒利被打残了。我回来后清点所有，发现他们只有一个旅逃脱了覆灭的命运，而且还丢失了大部分装备，只剩下撤退时随身带的武器。从敦刻尔克回来后，我的军部机关也已经解散分配到英格兰各地。到处一片混乱，靠个人很难重整旗鼓。迪尔问我，对参谋长有什么中意的人选。我推荐了波纳尔，因为他比较有经验。不过我发现他很难抽身了，因为戈特要他来写报告！我最后选了伊斯特伍德①，他正好没任务，也要来了尼尔·里奇重新跟着我。在和迪尔就初期的一些细节问题作了一番长谈后，他告诉我，陆军大臣安东尼·艾登想要见我。

对于所有摆在我面前的困难，艾登表现得十分亲切而有魅力，在结束谈话时他问我，对他做的所有这些是否还满意。我想我"远不满意"的回答让他震惊了。从军事角度讲，我接手的这项任务没有任何价值，也达不到什么目的。而且我们刚刚从敦刻尔克逃离了这场大祸，而现在又要第二次甘冒大险！我反复提到这个行动可能有一定的政治价值，但这并不在我的考量范围，我想让他搞明白的是，我的这场远征注定不可能取得军事胜利，却很有可能会变成一场灾难。这需要他来衡量，为了获取那些所谓的政治利益，是不是值得冒这个险。我离开了他的办公室，心里非常清楚，我即将开始的任务完全建筑在政治需要上，而且就目前所见到的法国而言，我真的很怀疑会有什么政治利益值得我们去冒险……

他们告诉我，当我重返法兰西，我将统帅所有在法国的英军部队，同时，我将接受魏刚将军的领导。我的任务是支援法国。目前法国的形势，就英军的指挥协调而言，其实问题并不大。首先，有负责原英国远

---

① 托马斯·拉尔夫·伊斯特伍德(Thomas Ralph Eastwood, 1890—1959)，英国陆军中将，绰号"红脖子"。——译者

征军后方联络协调的德·方布兰克①将军在。再加上又派去了卡斯莱克将军和马希尔-康威尔②将军协助指挥。他们告诉我，在我抵达法国之后，可以视情将他们留下或撤回本土。

6月11日，我被国王召入白金汉宫，因在法国的表现而被授予爵级司令勋章③。

---

① 菲利普·德·方布兰克(Philip de Fonblanque, 1885—1940)，英国陆军少将。二战爆发后，他受命担任英国远征军后方联络协调司令部司令，实际承担了远征军补给的重任。特别是法国战役后，英军大量撤离任务使其心力交瘁，病情迅速恶化，结果在撤回本土不久后去世。丘吉尔在其回忆录中给予其高度肯定。——译者

② 詹姆士·马希尔-康威尔(James Marshall-Cornwall, 1887—1985)，昵称"吉米"，英国陆军上将。一战时加入军事情报部门，曾任军情三处处长。1941年4月任驻埃及军司令官，后曾出使土耳其劝说其参战，但未成功；11月任西部军区司令部司令，战争后期主要参与了特别行动处和军情六处的工作。——译者

③ 最尊贵的巴斯勋章(The Most Honourable Order of the Bath)，由英王乔治一世在1725年5月18日设立。巴斯(Bath)一词来自中世纪时代册封骑士的仪式(沐浴)，象征着净化。巴斯勋章分为三等：爵级大十字勋章(Knight Grand Cross)、爵级司令勋章(Knight Commander)、三等勋章(Companion)。获勋者通常是高级军官或高级公务员。——译者

1940年6月12日至1941年11月30日

1940年6月12日　瑟堡附近的城堡

在目送你消失在博蒙特军营的拐角后,我转回身在出发前做最后的准备。

我们于中午11点30分出发,"红脖子"伊斯特伍德跟着我。下午1点左右我们到达南安普顿,不过花了点儿时间找运送我们渡海的"执勤艇",结果找到时才发现,这是一艘又小又脏的荷兰蒸汽船,上面已经装了一百个法国人,而且速度只有12节!我们下午2点起航,船上没有安排任何吃食,因此对你给我准备的美味XXX(原文无法辨认)三明治真是感激之至。晚上9点半,我们抵达了瑟堡,被告知只能在海上抛锚,并且明早6点之前不许登陆!!这就是陆军部上周催促我越快赶来这里越好的安排!!这绝对是一种羞辱,我打算毫不掩饰地向他们表明这一点。

刚躺下就有人报告说,瑟堡指挥官维斯·索普带着一艘船来接我们了。因此我起了床,外面下着瓢泼大雨,伸手不见五指,岸上正遭遇一场空袭。这场糟心的旅程给我的重返法国之行添了堵!半夜2点我们抵达了索普的驻地。

6月13日　法军代表团驻地,奥尔良以东

上午8点出发前往勒芒,直到下午2点以后才抵达,一路上虽然危险重重，不过谢天谢地，总算是活着到地方了。又见难民四处蜂拥而来，发觉自己又身处其中真是让人心碎。在勒芒找到了德·方布兰克、卡斯莱克和斯韦恩（联络乔治将军的英军代表）。通知了卡斯莱克返回本土，询问了德·方布兰克关于补给基地组建工作的细节问题。

  当我一走进会客室，就立即嗅到了一股紧张的气氛。卡斯莱克和德·方布兰克的关系并不像他们应该有的那样和睦。与卡斯莱克打过招呼后，我通知他无需等待，随时可以离开。他告诉我已经有架飞机在等他了，然后立刻就走了！

  我吃了午饭，与德·方布兰克讨论补给基地的组建。让我大吃一惊的是，这里竟然还有十万人规模的远征军后勤部队！还加上堆积如山的被服、装备、车辆、补给、汽油，等等。我指示他，只要保留维持四个师作战的必要人员就可以了，要尽可能多地把这些非武装人员撤回本土。

  然后启程与斯韦恩一起去见魏刚。又是一段 170 英里的长途奔波，那天我们大概一共走了 340 英里。奥尔良到处都是绝望的难民。晚上和霍华德·维斯（联络魏刚的英军代表）待在一起，明天与魏刚会面。综合所有情况，我看不到法国还有什么希望，最多也就是再撑几天。

6月14日 后方联络司令部，勒芒

  早上 8 点 30 分出发去见魏刚，发觉他看上去干瘪消瘦、疲态尽显，脖子因昨晚的一场车祸而显得僵硬。他说他自己是坦诚相告，法军已经停止了有组织的抵抗，而且已经被割裂为互不关联的几个集团。巴黎方面已决定放弃，他的手上也没有任何预备队了。他接下来说，盟军委员

会已经作出一项决定，在雷恩①前方部署一条防线保护布列塔尼。那样的话，我得把加拿大师集中部署在那个地区周边，并且这项决定也授权第 10 集团军指挥官在撤离过程中将英军置于其指挥之下，这样我可以在勒芒附近集结他们。接着他建议我和他一起去乔治将军的司令部，共同拟定一项协议。

然后我们去找了乔治将军，最后起草了一份声明确认上述计划。

……在我们慢慢向前走的时候，魏刚转过头对我说："我陷入了一个可怕的窘境。"我刚准备回答他，想说十分能理解他在拯救法兰西于危难之际所肩负的千斤重担。结果出乎我的意料，他接着说："是的，我即将结束我极其成功的军事生涯。"这让我目瞪口呆，说不出话来。一个命中注定要给法兰西临终关怀的人，怎么能这么看待自己的军事生涯！

不过，不管是魏刚还是乔治都一致同意，要是缺少部队，"布列塔尼计划"几乎完全不可能成功。之后，我拍了一封电报给陆军部，并要求霍华德·维斯飞回本土向迪尔说明情况。

接下来穿过无数难民，驱车 170 英里返回勒芒。下午 4 点回到驻地，给迪尔打电话解释目前的情况，并要求立即停止向这里运送部队（比如加拿大师和军直属部队）。他告诉我，他已经这么做了。我接着告诉他，我认为"布列塔尼计划"极其冒险，根本不可能成功，目前我们唯一应该选择的方案就是把远征军装上船，而且越快越好。他说由于首相还不知道"布列塔尼计划"，他会去找首相说明，晚点儿再电话联系。后来他通知我"布列塔尼计划"已经作废，我可以继续把部队装船，无需再

---

① 雷恩（Rennes），位于法国西北部，是布列塔尼大区的首府。——译者

听从法国第 10 集团军的命令。我请他向魏刚说明我会继续服从其命令，他说他会的。

然后我立即安排已经登陆的加拿大部队向布雷斯特①撤退；第 52 师则继续尽快向瑟堡进发；由于装甲师无法投入战斗，安排他们向南特转移；后勤保障部队（勒芒有七千人，南特有六万五千人，雷恩有两万人等）被尽快分散到各个港口。接着我召马希尔-康威尔（时任法军第 10 集团军联络官）尽快过来，商议随法军一起行动的英军部队如何在脱离后第一时间展开撤退。

就在晚饭前（约晚上 8 点）接到了迪尔的电话，他当时正在唐宁街 10 号，让首相和我在电话里直接沟通。我们就第 52 师的两个旅的撤退问题展开了艰难的讨论。他认为那两个旅应该用来协助法军，或是用来填补第 10 集团军和他们右翼部队之间的真空地带（大约有 30 英里宽！）。最后他同意了我的想法。

……我以为自己和迪尔是在伦敦至勒芒的一条普通电话线路上通话。我想当然以为他是从陆军部打来的，不过事实上他正和丘吉尔一起在唐宁街 10 号。他问我怎么安排第 52 师，我向他报告了我的部署，其实这在之前的通话中已经向他作了汇报，并征得了他的同意。他回答说："首相不想你这么做。"我想我当时的回应是："他到底想干什么？"

---

① 布雷斯特（Brest），法国西部城市，位于布列塔尼半岛西端、布雷斯特湾的北岸。港阔水深，是法国最大的海军基地和重要的贸易港，战略地位十分重要。从罗马时期开始，布雷斯特就是著名的军事要塞，17 世纪起扩建为优良军港，建有兵工厂、飞机场及海军学校，以建造大型战舰著称。二战时德军在这里设有大型潜艇基地，为此经常遭到盟军轰炸机的猛烈轰炸。1944 年 8 月 7 日至 9 月 19 日，盟军在诺曼底成功登陆后，为夺取港口扩大补给能力，发起了布雷斯特战役；德军进行了顽强抵抗，很多战斗都是逐屋争夺，整个城市几乎尽毁于战火，仅有少数中世纪石材建筑未倒塌。战后，西德政府向布雷斯特支付了数十亿马克的赔款，用于赔偿无家可归的市民和城市重建。现布雷斯特港内的长岛（Ile Longue）是法国重要战备核潜艇基地，法国第一艘核动力航空母舰"戴高乐号"也是在这里建造的。——译者

不管怎么样，反正迪尔接下来的回应是："他想和你直接通话"，并且把话筒递给了丘吉尔！我和丘吉尔就是以这样一种非常糟糕的沟通方式开始了第一次对话。之前我和他素未谋面，也无交流，不过我对他的很多事早有耳闻！

他问我准备怎么部署第52师，听了我的报告之后，他告诉我这不是他想要的，安排我去法兰西是为了让法国人感觉我们还在支持他们。我回答说，不可能让一具尸体有这种感觉，而且现在的法军，不管从什么角度来讲，已经失去了生命力，当然也不可能记住有谁为他做过什么……

我们的通话持续了近半个小时。很多次，他的措辞都给我一种印象，即因为我没有遵从他的意愿，所以他认为我在临阵退缩。这真是令人气愤，我好几次都到了怒火爆发的边缘而强忍住。幸运的是当我和他通话时，我的目光正好穿过窗外看到德鲁①和肯尼迪②坐在花园的大树底下。他们的在场就好像是一种持续的提醒，让我从人性的角度考虑第52师，不能为了那些不着边际的目标而牺牲他们的生命。

最后，就在我已经筋疲力尽的时候，他说："好吧，我同意你的意见。"

有意思的是，这段经历被记载到了丘吉尔的《第二次世界大战》第二卷、第171页上，他是这么描述的：

"6月14日晚上，由于他(布鲁克将军)认为我是个固执的人，因此给我打了电话。幸运的是电话几经周折后接通了，他努力说服我同意他的观点。我认真听了，十分钟后同意了他的意见，我们是应该撤退了，

---

① 詹姆士·西梅·德鲁(James Syme Drew, 1883—1955), 英国陆军少将，昵称"杰米"，当时任第52师师长。——译者
② 约翰·诺布尔·肯尼迪(John Noble Kennedy, 1893—1970), 英国陆军少将。——译者

于是下达了相应的命令。"

以上对事情的解读非常有意思。首先他说是我打电话给他，这几乎是不可能的，因为我既不认识他，也从没和他通过话。我所有的联络都是和总参谋长进行的。他的记载没有点明的事实就是，他在那个时候惯常在不清楚战场态势的情况下干预前线指挥官的指挥。他一直致力于把他的意愿强加于一线指挥员的更佳判断之上……面对他的强大说服力，我一定要亲身体验一次，才能搞清楚自己需要拿出多大程度的抗拒力！

见了空军代表、法国代表团的翁霍、陆军部的华纳，等等。安排了撤退过程中的空中支援，并且组织了空军地勤人员的撤离。晚饭后，又与迪尔通话确认我采取的措施。他告知我已发出命令，我不再受魏刚指挥。最后终于在午夜上床休息。

6月15日　维特尔（拉瓦勒以西）

吉米·康威尔的来访让我在半夜3点醒来。我让原本隶属法国第10集团军的英军部队在脱离后就马上接受他的指挥，然后向瑟堡方向撤离。给了他授权指挥的书面命令，并要求他们尽可能地协助法国第10集团军也朝瑟堡方向撤退。由于鲍曼的部队和装甲师的剩余部队都是机械化部队，我给步兵旅留了一支机械化运输纵队以提高其行动力。吉米应该有机会撤回瑟堡并登船。晚上没怎么睡好，早上6点半起床，赶早吃了饭后，就把我和后勤联络司令部的总部从勒芒搬到了维特尔。我发觉前者的位置和德国人之间没有任何法国部队，显得过于暴露，而此时德国第4集团军的左翼兵锋已经抵达沙特尔[①]。

事实上我们在这里依然缺乏保护，仍在德军装甲车和坦克的突袭范

---

① 沙特尔（Chartres），法国厄尔-卢瓦尔省的首府，位于巴黎西南96公里处，以其大教堂而闻名。——译者

围之内。不久后我们可能还将向更后方转移。要把超过十五万人和大量的物资、军火、燃油、补给等等全部转移或处理掉，而在此过程中除了支离破碎的法军外又别无依靠，这简直是一项令人绝望的任务。

就在午饭前，总参谋长从一条通话效果非常糟糕的线路打电话过来，说瑟堡的两个旅在没有得到本土的命令之前不许登船撤离。这其实没什么意义，只能带来灾难！这就意味着吉米·康威尔在抵达后，还要等到没走的剩余部队撤离后才有时间登船。午饭后我和迪尔又通了一次电话，再次被告知出于政治原因，德鲁的第52师的两个旅目前不宜登船。晚上我得到通知，供德鲁在瑟堡的部队撤离的船只已经准备完毕，但却因为陆军部的命令而无法实施撤退！我们正在浪费宝贵的运力和时间；目前空袭并不厉害，但随时随地都可能加剧。从吉米·康威尔的联络官那里了解到他目前的情况，他说他尚未告知艾玛伊①英国远征军将登船撤离的决定。我让人带信给他，让他目前暂不要透露实际情况。

晚饭后再次和迪尔及安东尼·艾登通了电话，向他们指出，从军事角度看我们正犯下大错，即我们正在浪费宝贵的运力、时间，以及没有利用当前空中袭扰不厉害的有利时机。后来，迪尔终于打电话通知我，可以在保留两个旅步兵的情况下，先行把第52师的部分火炮及皇家工兵装船。因此，我把留在瑟堡的火炮等装上了其中一艘船。

诸如无线电报、电话等现代通讯技术的发展，如果给不熟悉战场环境和不了解即时态势的政客用来干扰指挥的话，可能会给前线指挥官带来严重的威胁。从这个角度讲，威灵顿②真是幸运！

---

① 罗伯特·艾玛伊(Robert Altmayer, 1875—1959)，法国陆军中将。——译者
② 这里应该是指阿瑟·韦尔斯利，第一代威灵顿公爵(Arthur Wellesley, 1st Duke of Wellington, 1769—1852)，英国陆军元帅、首相。他曾在1815年的滑铁卢战役中击败拿破仑，是英国首屈一指的英雄人物。——译者

后来指挥驻雷恩后勤联络部队的盖伊·拉克打电话来，说有两个法国将军询问在港口的这些活动是什么用意！！我给的答复是因为原先英国远征军十二个师的规模缩小了很多，所以现在正在缩减后勤保障部队的规模。我希望这个回答能让他们满意①。

6月16日　雷东②(圣纳泽尔③以北)

午夜后不久上了床，睡得很不错，直到早上6点被总参谋长一通通话质量糟糕的电话叫醒。让我做好把第52师在瑟堡的两个旅装船的准备，正式命令稍后就到，而且有可能也会带来给康威尔部队的命令。早上8点45分，迪尔打电话来传达了第二道命令，告诉我让第52师启动登船，不过康维尔的部队要再等等。我问他如果法国人有意愿的话，能不能让康威尔带上他们从瑟堡登船去英国，迪尔同意了。

打电话给在南特的巴勒特④(空军指挥官)，问他在运送地勤人员方面还有什么进一步需求。他说一切都好，并且与我看法一致，认为既然撤离就应该马上行动。告诉德·方布兰克保持与海军的联系，确保布雷斯特军港的扫雷任务不能完全操于法国海军之手，并且海军部也已经做好了准备，一旦停战协议使法国海军一方停止行动时就立即承担起扫雷

---

① 日记中有关在这段时间内误导法国人的内容不管是在《我的生涯记录》和亚瑟·布莱恩特的《力挽狂澜》(柯林斯出版社：伦敦，1957)中都没有提及。其中，《力挽狂澜》一书是英国历史学家亚瑟·布莱恩特于1957年编辑的删减版日记。据译者推测，由于作者一开始并不准备全文公开日记，以及可能涉及的政治原因，早期的版本中刻意未将有关内容纳入。——译者
② 雷东(Redon)，位于法国西北部，是布列塔尼大区伊勒-维莱讷省的一个市镇。——译者
③ 圣纳泽尔(Saint-Nazaire)，法国卢瓦尔河地区大区卢瓦尔-大西洋省的一个镇，下辖圣纳泽尔区。位于法国大西洋西海岸，法国卢瓦尔河口右岸，是法国第四大港——南特港的外港。——译者
④ 阿瑟·谢里丹·巴勒特(Arthur Sheridan Barratt，1891—1966)，英国皇家空军上将，绰号"丑鬼"。一战后曾任克伦威尔皇家空军学院副院长、驻上海英军空军参谋长。二战爆发后任驻法国空军首席联络官、英国远征军空军司令。——译者

任务。上午 10 点 15 分与海军指挥官面谈，让他与本土保持密切联系，准备好扫雷设施、适用于大港口的大型海轮，以及协助小型港口撤离的驱逐舰。指示伊斯特伍德起草实施最后撤离的命令，要求每个港口的指挥官持续不断地开展补给、装备和人员的撤离工作直至最后关头。在此期间，德·方布兰克作为后勤联络司令官负责全面抓总。

上午 11 点 15 分，与翁霍将军面谈，他意图与我就目前局势进行沟通，确保我与魏刚之间没有任何误解。他向我通报了第 10 集团军防线面临的局势，情况与我所料相差无几，但是他对局势的理解未免过于乐观。现在，他已经回到魏刚那里，向魏刚报告英国远征军的情况了。

12 点，打电话到陆军部，想了解让吉米·康威尔撤退的命令到底有没有下来，但迪尔仍在唐宁街开会。把罗尼派到镇上找点吃的权作午饭，这样可以节省时间，让我一得到迪尔的信儿就可以启程前往雷东（圣纳泽尔以北）。

下午 1 点 30 分，接到了迪尔的电话，再次确认可以让德鲁的两个旅转移，但是仍不能明确是否让吉米从第 10 集团军撤离。由于我刚从后者那里得到消息说，第 10 集团军依然在执行"布列塔尼计划"，并仍想获得英国远征军的协助，于是要求迪尔能确保让法国政府了解目前的情况。

坐车前往雷东并于下午 4 点 30 分抵达。发现搞错了要去的城堡，这耽搁了些时间。然后非常艰难地与陆军部取得了联系，最后发现总参谋长还在开会，无法与他取得联系。

下午 6 点 25 分，我再次打电话，终于联系到了迪尔。他通知我，现在的决定是隶属于第 10 集团军的英军部队依然不动，只要第 10 集团军不被打散，就要继续与他们一同战斗。只有第 10 集团军崩溃，他们才可以从瑟堡撤退。这个安排无法令人满意，但可能也别无选择。晚上 6 点 30 分，德鲁从瑟堡打电话过来说，他的部队有一半已经登船，剩下的部队明天可以完成登船。他问起了与第 10 集团军一起行动的那个旅，我告诉他无需等待，与现在的两个旅一起出发即可。

迪尔最后打来的电话说，魏刚对我未按约定行事感到不满。但我提醒迪尔，我曾经表明过，那个约定是基于同盟国政府对"布列塔尼计划"的认可之上的。迪尔曾就此事问过温斯顿·丘吉尔，他表示两国政府之间没有这样的约定。接下来我特地要求迪尔，要让魏刚知道，我会对我签署的文件承担义务。我明白我必须这么做，那道让我脱离魏刚指挥的命令其实就包含这样的用意。然而，我并不介意将来可能会针对我的指责。如果我再次遇到同样的情况，我还是会这么做。而且我还坚信，如果采取了其他办法，那只会导致赔了夫人又折兵。

晚上我让尼尔·里奇撤回本土，因为我觉得让他继续留在这儿意义不大。晚上巴勒特打电话来说，他认为我们撤离皇家空军人员的速度还不够快。我向他保证会公平分配船只舱位，其实我和他一样归心似箭，在这个地方连一个小时也不想多待。晚上，吉米·康威尔的参谋长布里格斯前来汇报部队的部署情况，并询问什么时候第157旅可以（原文无法辨认）食物配给、军火和燃油。

根据午夜的统计报告，目前登船进度良好。在之前二十四小时内，大约有四万五千人登船；再之前二十四小时则为一万两千人，四十八小时里总共登船近六万人。根据运输情况，接下来的二十四小时有望再运走六万人，从而完成我们的撤退任务。

6月17日　"剑桥郡号"渔船上

一大早接到报告说，法国第10集团军已经全线溃退，吉米·康威尔正率领部队向瑟堡转移。法国第10集团军（原文无法辨认，译者推测是"已经撤退至"后面两个地点）拉瓦勒和雷恩。巴勒特的侦察机报告说，德国人的坦克正从奥尔良向卢瓦尔河北岸挺进。

白天召开了好几个会议。会上商定，战斗机中队利用白天时间从迪昂向海峡群岛①转移，从那儿出发掩护瑟堡的登船行动。找来海军官员，让他在圣纳泽尔为我的整个司令部班子准备好驱逐舰，以便在必要时使用。通知海军准将和德·方布兰克，今天必须开足马力装运，这很可能是留给我们撤空各港口的最后 24 小时了。

上午 10 点打电话给迪尔，告诉他第 10 集团军的情况和吉米·康威尔向瑟堡转移的消息。迪尔的第一反应就是吉米应该留在第 10 集团军。然而，鉴于这支集团军已经全面溃退，吉米·康威尔也已经向瑟堡转移，再加上吉米说接下来德国人施加的任何压力，都有可能导致法国第 10 集团军土崩瓦解，我实在是找不出他还有什么其他路可以选择。迪尔接着说，他希望如果法国人愿意的话，能够给他们机会向这个方向撤离。我向他保证，已经让吉米这么做了。我接着向他报告了装运的数据，并问他还需要我在这儿做什么，因为我已经想不出让我继续留在这儿还能发挥什么其他作用。他似乎觉得从政治角度看，我留在法国十分重要。他认为我之所以难以理解他们的用意，是因为我既没有与什么法国势力接触，也不在任何一支法军部队指挥序列中。接着他建议我从海路去瑟堡，检查登船进度如何。最后他通知我，会在下午 3 点钟打电话给我，告知我下一步的行动方略。通往陆军部的电话线路非常差，时常被雷恩的空袭所打断。

上午 10 点半打电话给巴勒特，和他确认关于他最后阶段行动的细

---

① 海峡群岛（Channel Islands），为英皇领地，由泽西岛（Jersey）、根西岛（Guernsey）、奥尔德尼岛（Alderney）和萨克岛（Sark）等岛屿组成，面积 198 平方公里。法语称"诺曼底群岛"，在法国科唐坦半岛西北、圣马洛湾入口处的英吉利海峡中，北距大不列颠岛 130 公里。二战时期，海峡群岛是唯一被德军占领的英国领土。1940 年 6 月，英国政府宣布该群岛为不设防，德军随即占领了群岛。英国皇家海军对群岛进行了断断续续的封锁，尤其在 1944 年诺曼底战役期间，封锁十分严密，造成岛上居民遭受严重饥荒；经过谈判，1944 年 12 月通过红十字会进行了物资救济。1945 年 5 月 8 日欧洲胜利日后，泽西岛和根西岛于次日获得解放；奥尔德尼岛上的德军一直驻守到 5 月 16 日，是欧洲战场最后投降的德军之一。——译者

节，以及南特地区部分皇家空军防空部队的登船事宜。签发命令给后勤联络部队司令官德·方布兰克，让他继续留守，同时保持通讯联络，只要他的工作卓有成效，在敌情允许的情况下就可以设法返回英国。给瑟堡、圣马洛、布雷斯特、圣纳泽尔、南特、拉罗谢尔等港口的指挥官下了命令，让他们在最后阶段加紧装运人员和物资。

中午11点半，据法国人通报称，德国人已经挺进到雷东。我盼望这与往常一样是一条谣言。

下午1点15分。迪尔打电话来说，无线电报告称法国人已经停止抵抗。我和他一致认为，现在应该集中精力转移人员，今晚我和我的司令部就将动身。我们还商定，如果可能的话就再联络一次，如果无法取得联系，那我就直接出发。鉴于法国人停止了抵抗，我们得考虑加紧转移。基于上述通话，我指示德·方布兰克要确保以最快速度开展人员运输，同时后勤保障人员也要向布雷斯特转移。我还进一步询问了晚上在圣纳泽尔接我们的那艘驱逐舰的情况。

下午2点半。刚一碰到梅里克（法国联络官），他就告诉我听到贝当[1]在法国广播里要求法国军队在他与德国人谈判时停止敌对行动。这场谈判很可能会导致英军被扣押在法国，形势一下子变得非常严峻！尽快撤离对我们来说非常重要。

下午2点45分。打电话给皇家空军指挥官巴勒特，告诉他总司令部已停止运作，今晚就将开拔，同时就最后阶段的空中掩护做了最终的安排。

下午2点45分。打电话到陆军部，但迪尔还没回来。

---

[1] 亨利·菲利浦·贝当（Henri Philippe Pétain, 1856—1951），法国陆军元帅，维希法国总理。一战期间因领导1916年凡尔登战役而出名，成为当时的英雄。在法军索姆河惨败后，他在最黑暗的时候重振了法军士气。二战法国战败后，出任维希政府总理，1940年6月22日与德国签订《贡比涅森林停战协定》。1940年7月至1944年8月任维希政府元首，成为纳粹德国的傀儡。——译者

下午 3 点 30 分。再次拨打电话，结果获悉联系英国的线路已被切断，并且不再可能接通。于是决定下午 4 点出发前往圣纳泽尔。

下午 4 点 30 分。我们离开雷东前往圣纳泽尔附近，把车停在一条能避开德国飞机的道路上，等待驱逐舰的到来。派了海军军官艾伦到前面打听驱逐舰什么时候能到。大约一个小时后，他回来告诉我们说，装载了六千人的"兰开斯特里亚号"① 在航行中被炸弹击沉，约好来接我们的驱逐舰去抢救幸存者了，已经不可能来了！我们现在有两个选择，一个是搭乘"阿尔斯特君主号"，不过要明天才能出发；另一个是搭乘一条武装渔船，刚好装得下我的司令部班子，现在就可以出发。我们选了后者，这条船的速度只有 9 节，要花大约三十个小时才能抵达朴次茅斯！

当我们登船后才发觉，这艘船刚刚救了九百个"兰开斯特里亚号"上的幸存者。船上的脏乱难以言表，就好像泡在油污和海水中一样，到处都是丢弃的湿衣服。墙壁、椅子、家具等等，一切都沾满了可恶的黑色油污。我刚刚花了大约半小时清理分配给我的船舱。从各方面看，我们都将经历一段艰苦的旅程。不过我希望的是，我们看起来足够袖珍和无足轻重，以至于完全不值得纳粹空军在我们身上浪费炸弹！我带上了整个司令部班子，还有德·方布兰克和他的部分工作人员。这儿确实非常邋遢，不过我至少还是带出了我的整个班子！

6 月 18 日　在"剑桥郡号"渔船上

午夜过后，在我们出发前遇到了三波空袭。包括渔船上那门在内的所有防空炮猛烈射击，不过我没有听到任何炸弹落下。也许飞机投下的

---

① "兰开斯特里亚号"（Lancastria）是一艘英国游轮，二战后被英军征用为运输船。1940 年 6 月 17 日，在圣纳泽尔港口近海处停泊载运英军士兵和平民时，遭到德国空军的轰炸机攻击沉没。造成死亡人数估计在 3 000 至 5 800 人之间，这是英国航海史上死亡人数最多的事件，超过了"泰坦尼克号"和"卢西塔尼亚号"海难事件的总和。——译者

是磁性水雷。一直到次日凌晨4点我们才出发,并不像原先以为的那样是前一天晚上就走。由于各种噪音,晚上并没能睡多久。

我们睡在甲板上,"红脖子"伊斯特伍德的铺盖卷就在我旁边……突然我听到了"砰"的一声响,随之而来的是伊斯特伍德痛苦的咕哝声。我问他是不是被什么敲到了。他回答:"是的,舰桥上掉下来一只刘易斯机枪的弹鼓,正好落在我的肚子上!"令我高兴的是情况并不严重。

幸运的是,到目前为止,大海依然美丽而静谧。总体来说,船上的生活条件非常艰苦,不过伙食却出人意料的好。今天早晨一位船员有点儿发狂了,被控制在了甲板上。他因为之前协助救助"兰开斯特里亚号"上的溺水者而变得神经紧张,不停地叫喊要救人。直到"红脖子"伊斯特伍德给他喂了点阿司匹林后,才沉沉睡去。希望他再次醒来后能恢复正常。我忽然发觉,自己在一个如此可爱的日子行驶在安静的海面上,没有难民、没有军队、碰不到难题、无需决断,跟之前相比真是个巨大的反差。多么美妙的强制性休息。

上一周非常折磨人,但愿我再也不要接到类似的任务了。努力把遮遮掩掩的政治因素,与迫在眉睫的军事需要放在一起考虑,而且两者还背道相驰,真的是非常难做。从政治角度讲,可能更倾向于支持我们的盟友到最后一刻,而不管这可能会导致最后灾难性地被全歼。从军事角度讲,要扭转局势起码需要两个齐装满员的集团军,我们部署的这只小规模部队从一开始就注定无能为力。此外,很明显,任何增援的登陆部队以及留在那里的部队,一旦战斗到最后,结果将是不可避免地被全部歼灭。我们的难点就在于,在撤离现有部队的同时,还不能让我们的盟友有在危难之际被抛弃的感觉。贝当终止抵抗的命令最终化解了这个局面,不过,除非是在我们筹划时已经预料到这个局面,我怀疑我们还能不能救出这么多人。通过糟糕的通讯系统和模糊不清的通话试着向陆军部描述战场态势,也是一个令人绝望的过程。

6月19日

昨天傍晚,就在我们下午茶的时候,大海突然变得波涛汹涌。不过,我迅速拿开了黄油吐司和沙丁鱼,并成功地把他们安放好,比旁边的那些人表现得好的多!

从韦桑岛开始,我们为避开雷场向西面进行了大范围扫雷。由于船上的救生设施在救助"兰开斯特里亚号"的幸存者时已基本消耗殆尽,我们没有小船、救生艇、救生衣、救生圈或者其他救生器具,现在一旦被水雷、炸弹或者鱼雷击中,情况将非常糟糕。现在通知我们说,下午3点以前到不了朴次茅斯,可能要第二天早上9点才能到。不过,我们现在已经和一支由四艘运载着一万人的运输船组成的船队同行,护航的驱逐舰让我们也协助参与。能够亲身体验在一艘武装渔船上的生活,还真是挺有意思的。船员们都很不错,开朗风趣,尽可能地让我们感到生活舒适。他们分别来自刘易斯、林肯、伦敦,不过看起来相处融洽。昨天疯掉的那位依旧情况不妙,已经完全精神失常了,不停地叫喊着要救人。下午6点,我们终于靠近了朴次茅斯。朴次茅斯地区指挥官格林搭乘海军驳船来接我。我和伊斯特伍德以及罗尼上了这艘船,径直驶向朴次茅斯湾,那里充满了我们的回忆(1934至1935年,我们随第8步兵旅驻扎在那里),诸如找房子时暂住的旅馆、为美国海军毕业生准备的埃其克姆火山茶话会、在登上德拉克斯海军上将[①]的船去观摩大型赛艇比赛前走过的踏板,等等。

---

① 雷金纳德·德拉克斯(Reginald Drax, 1880—1967),英国海军上将。——译者

最后，我们终于踏上了英国的土地，再次感谢上帝能让我们回到家乡。我同时还要感谢上帝，那场我从一开始就不看好的远征终于画上了句号。

我们前往海军大楼。将军给我们准备了茶点，接下来还有洗漱和晚饭。在有了搭乘渔船那段经历后，豪华的海军部大楼自然给了我们一次完全不同的愉快体验！我打电话给迪尔，告诉他我已经到家了，并约定第二天上午9点去见他。晚饭后，将军带我们去西部海防区指挥部的调度室转了转。最后我们赶上了前往伦敦的晚班火车。

6月20日

火车误了点，我只得下车后直接赶往陆军部。我在那儿见到了迪尔，告诉他如果让我再来一次的话，还是会做出同样的选择。如果一开始按照政府的意愿行事，我们不仅会丢掉加拿大师和第52师，还得搭上所有的物资和后勤保障人员。很显然，现在我们没有从布雷斯特运出更多物资这件事，在他们看来已经远远盖过了以上情况。

迪尔告诉我，他们考虑让我重新接手南部军区司令部。我与吉米·康威尔见了面，聊了聊他撤离的细节。吃过早午饭后坐车返回，下午3点左右再次回到了费尔内街。

6月20日至26日

主要是休息、撰写近期行动报告和为接手南部军区司令部做准备。

有天我被邀请去唐宁街10号与温斯顿共进午餐。后来我们曾多次一起吃饭，不过那次是第一次，所以在我的脑海中留下了深刻的印象。我们坐在一张仅供两人吃饭的小桌旁，他开始对我刨根问底，询问我的法国之行、对法国人的印象以及最后撤离的细节。刚一吃完午饭，他就说要去咨询他的两位法国事务专家，所以必须得走了。我在出来的路上遇见了达夫·库珀①（新闻大臣）和斯皮尔斯②（首相联系法国总理的私人代表）。我很怀疑这两位是不是咨询法国事务的最佳人选。

6月26日

开车前往索尔兹伯里，在那儿我和伯蒂·费雪花了一天时间交接南部军区司令部。让我感受最深的就是，这里还是一副歌舞升平的样子，离真正进入战争状态还有很长的路要走。由于还要寻找一处合适的宿舍，我们先入住了白鹿酒店。目前我接管了第5军、第4师、第50师、第48师以及许多重型装备和部队。

6月27日

试着找出管理这个军区的头绪。必须有更多的部队，才能在这个地区设立有效的防御。

6月28日

前往巴尔福德③和泰德威尔察看索尔兹伯里平原，想看看这个地方能起到点什么作用。下午，巴特勒（雷丁地区专员）、第5防空师指挥官艾伦、高级军官学校校长罗伯，以及准备晚上赶回伦敦的第2军联络官西里耶来拜访了我。

---

① 阿尔弗雷德·达夫·库珀（Alfred Duff Cooper，1890—1954），英国保守党政治家，外交家。库珀是绥靖政策的强烈反对者，是德国宣传舆论中的"英国三大危险人物"之一。——译者
② 爱德华·路易·斯皮尔斯（Edward Louis Spears，1886—1974），英国陆军少将。斯皮尔斯在两次世界大战中均担任英法联络官，发挥了重要作用。——译者
③ 巴尔福德（Bulford），位于英国南部，是威尔特郡的一个村镇和民间教区，靠近索尔兹伯里平原。——译者

6月29日

上午去埃姆斯伯里修道院看望了澳大利亚步兵团。他们起码需要一个月才能完成行动准备。下午参加了一场地方志愿部队的会议，会议持续了近两小时。为什么我们这个国家在需要一支新的志愿部队的时候，竟会全部依靠老年人？老年人往往代表着迟缓和混乱！我真的怀疑在我到了这个年龄后能不能颐养天年，是不是会有年轻人能顶上来？

6月30日

昨天很晚接到电话，请我去契克斯庄园与首相共进午餐，并见见佩吉特①（本土军参谋长）！我则建议佩吉特到这儿来实地看看。我与他做了一番长谈，向他表明了防御南部军区的额外需求，即增加一个军、一个师，以及一些装甲部队与一个轰炸机中队的调动权。其中有些看来有希望能拿到。不管怎么说，我要借着讲述法国西部最新形势的机会，让他对南部军区几乎不设防的现状有所认识。午饭后回了趟家。

7月1日

现在我们把指挥部搬到威尔顿庄园。花了一整天时间和伊斯特伍德一起视察了第4师。对本土情况了解得越多，就越发困惑，战争开始以来这个国家到底在干什么！已经整整十个月了，依旧缺乏训练有素的士兵和装备，简直令人震惊！！到目前为止，我看不到任何在攻击下保全我们国家的办法。

报告说发现两个空降人员。其中被抓到的那个是一个英国囚犯，他

---

① 伯纳德·佩吉特（Bernard Charles Tolver Paget，1887—1961），英国陆军上将。——译者

为此花了 500 镑。

7 月 2 日

  白天和第 50 师一起，先后去了布兰福德①、波维顿②、布兰福德、多切斯特③、约维尔④，然后再折返。对我们防线的脆弱程度了解得越多，就越是让我感到震惊！士兵们缺乏训练，武器、装备、运输工具奇缺。尽管这里有大量士兵，不过大部分都缺乏训练。战争已经过去十个月了，这真是让人难以想象。最令人忧惧的是，现在离我估计的德国鬼子发动攻击的时间只剩下没几个周了！

7 月 3 日

  花了一整天时间在办公室赶工作进度。

7 月 4 日

  上午 9 点 30 分，德国人对波特兰和韦茅斯⑤进行了俯冲轰炸，造成了一些伤亡。下午布里斯托尔也被轰炸了。今天还接到报告，第 4 师出动了两个旅帮助法国人卸船。拜访了在舍伯恩的拉姆利。

---

① 布兰福德（Blandford），位于英国西南部，是多塞特郡北多塞特区的一个市镇。在它东北 2 英里处设有布兰福德基地，是皇家陆军通信部队的基地。——译者
② 这里应该是指波维顿基地（Bovington Camp），位于英国多塞特郡，在布兰福德以南约 22 公里处，是一处英国陆军军事基地，当时主要用于驻扎和训练坦克装甲部队。——译者
③ 多切斯特（Dorcheste），是英国多塞特郡一个历史悠久的市镇，在布兰福德西南约 28 公里处。——译者
④ 约维尔（Yovvil），位于英国西南部，是萨默塞特郡的一个市镇，靠近萨默塞特郡与多塞特郡的南部边界，距离多切斯特约 30 公里。它在当时是英国重要的飞机和国防工业中心。——译者
⑤ 韦茅斯（Weymouth），位于英国西南部英吉利海峡沿岸河口，是多塞特郡一个港口城市，在多切斯特南面约 11 公里，波特兰岛北面约 8 公里处。——译者

[没有 1940 年 7 月 5 日的日记]

7 月 6 日

白天视察了索尔兹伯里平原的机动部队。圣克莱尔组织了一次非常不错的行军演习。自下午 3 点到晚上 9 点半,我们从威尔顿①、(原文无法辨认)、列文顿②、史云顿③、莫尔伯勒④一直行军到泰德威尔。

7 月 7 日

下午参加了索尔兹伯里平原机动部队和地方志愿军在索尔兹伯里赛马场举行的比赛。德国人的空袭愈发密集,普利茅斯⑤、法尔茅斯和波贝克营地都遭到了空袭,后者有十六人丧生。

7 月 8 日

去牛津视察了麦克马伦负责的南米德兰地区指挥部。操练得不错,但兵力不够。

7 月 9 日

上午 10 点半召开了由师级指挥官和地区司令官参加的指挥官会议。视察了机枪和炮兵学校。

---

① 威尔顿(Wilton),位于英国西南部,是威尔特郡的一个城镇,威尔顿庄园就是该镇一著名景点。——译者
② 列文顿(Lavington),位于英国西南部、索尔兹伯里平原北部,是威尔特郡的一个大型村镇,在威尔顿以北约 30 公里处。——译者
③ 史云顿(Swindon),位于英国西南部,是威尔特郡的一个大型市镇,在列文顿以北约 40 公里处。——译者
④ 莫尔伯勒(Marlborough),位于英国西南部,是威尔特郡的一个大型市镇,在史云顿以南约 17 公里处。——译者
⑤ 普利茅斯(Plymouth),位于英国西南部,靠近英吉利海峡,是德文郡的港口城市,也是英国重要的海军基地。在二战中曾遭受严重轰炸破坏,战后重建。——译者

7月10日

上午 9 点 15 分从这里出发，开车前往富勒姆，视察了那里的第 144 步兵旅。然后和巴尼在霍尼顿①的布洛姆菲尔德饭店与以往一样大吃了一顿。下午两点半在艾克赛特②见了西南防区司令官格林③，并就艾克赛特分区的防务事宜面试了菲茨杰拉德，感觉不怎么样。接着驱车前往托特尼斯视察了第 90 步兵旅，看了滩头防御情况，看来他们还需要打起精神好好加把劲儿。最后在晚上 8 点抵达海军大楼，晚餐后与纳斯密斯海军上将④（普利茅斯海军基地与西部海防区指挥部司令官）讨论了防务问题。就我所见而言，目前的防御状况令人很不满意，人们至今尚未意识到遭受攻击的危险。

7月11日

上午 8 点 45 分，离开了海军大楼。在克朗希尔街与格林会面，商讨了普利茅斯港的防务，目前看起来工作还很粗糙。

7月12日

今天本来预计是德国人入侵的日子。白天待在办公室里，主要是写信给格林，劝他辞去西南防区司令官一职。他年龄太大，又缺乏斗志，已经难以胜任德文郡和康沃尔郡的防务组织工作⑤。

---

① 霍尼顿（Honiton），是德文郡的一个市镇，位于艾克塞特东北约 27 公里处，农业和织造业发达，每年 8 月左右都会举行农产品展览会。——译者
② 艾克塞特（Exeter），位于普利茅斯东北约 60 公里处，是德文郡首府和议会所在地。——译者
③ 威廉姆·格林（William Green，1882—1947），英国陆军少将。——译者
④ 马丁·邓巴·纳斯密斯（Martin Dunbar-Nasmith，1884—1965），英国皇家海军上将。他是一战时的王牌潜艇指挥员，多次承担在危险区域破袭和深入敌后的作战任务，曾获得维多利亚十字勋章。二战爆发后，他被任命为普利茅斯海军基地与西部海防区指挥部司令官，负责指挥大西洋水域的对德潜艇作战。——译者
⑤ 由于地理位置，德文郡和康沃尔郡当时被认为是防御德国人入侵的重点地区。——译者

7月13日

上午去了安多弗①附近的防毒气培训机构，为朴次茅斯地区北部分支机构的运营做准备。下午在办公室工作。

上午有一架德国飞机飞临泰德威尔和澳大利亚军营地，用机枪射伤了两人。之后没有进一步攻击的迹象。然而，我感到还需要大量时间来完善军区的防务。有好多工作要做，也有好多军官必须被撤换。

7月14日

下午请假，赶回费尔内街来见你。和你在一起度过那天堂般的几个小时，终于让我有了一个彻底的放松。

7月15日

花了不少功夫检查从博格诺里吉斯②到西威特灵③的滩头防御。我们的地面防御过于单薄，还需要做大量的工作。晚上7点才回来。波纳尔过来一起吃了晚饭，讨论了地方志愿军问题。

7月16日

在凯维夏与"小"艾恩赛德（时任本土军总司令）会面，和他讨论了防御工作，接着一起吃了午饭。饭后去看了澳大利亚军。

---

① 安多弗（Andover），是英国汉普郡的一个城镇，位于安东河上，在南安普敦市以北40公里处。——译者
② 博格诺里吉斯（Bognor Regis），位于英国南部海岸，是英国西萨塞克斯郡阿朗的一个民政教区和海边度假地。——译者
③ 西威特灵（West Wittering），是英国西苏塞克斯奇切斯特地区一个村庄和民政教区，靠近与汉普郡的边界，在博格诺里吉斯以西约20公里处。——译者

7月17日

温斯顿·丘吉尔前来视察第 5 军。我和奥金莱克在他的军部(梅尔切特庄园)吃了午饭。接着去戈斯波特①接首相,他刚和海军司令在那儿吃了午饭。第 5 军为迎接他的视察做了非常出色的准备,在沃尔镇的展示也非常成功,直到晚上 8 点左右才结束。他精神状态极佳,对明年夏天踌躇满志(丘吉尔,《第二次世界大战回忆录》第二卷,233—234 页)②。

早上听说奥尔弗里③将要接替格林出任西南防区司令官,这对推动工作十分有利。另外还听说富兰克林将要出任南部军区成立的第二个军的军长。

7月18日

白天我到第 50 师视察了从鲁沃斯峡谷、斯沃尼齐、斯塔德兰湾、桑德班克、伯恩茅斯直至索伦特海峡④的滩头防御阵地,发现防御很薄弱。回来路上遇到了蒙哥马利,与他约定组织演习。接着见到了过来吃饭的佩吉特。晚饭后与查尔斯·奥尔弗里谈了如何开展西南防区工作。

---

① 戈斯波特(Gosport),位于英格兰南部的海岸,是英国汉普郡的一座城市,同朴次茅斯隔海相望,也曾是英国一个重要的海军基地。——译者
② 对这段经历两人各有所感(丘吉尔,《第二次世界大战回忆录》第二卷。233—234 页)。此外,据作者查阅,丘吉尔曾在传记中透露,在视察南部军区时已经考虑让作者指挥本土军,并谈及了对作者战绩的欣赏以及与他两位兄长的友谊。——译者
③ 查尔斯·沃尔特·奥尔弗里(Charles Walter Allfrey, 1895—1964),英国陆军中将。——译者
④ 上述路线主要是从英国多赛特郡南部沿海地区的鲁沃斯沿着海岸线向东行进,到达东部沿海的斯沃尼齐后转而沿海岸线向北,穿过伯恩茅斯至南安普顿郡的索伦特海峡。——译者

7月19日

早上8点出发,接上奥金莱克前往怀特岛①视察。半路上接到通知,要我晚上7点半到伦敦见陆军大臣。午饭后我驱车离开怀特岛前往伦敦,路上还想回费尔内街②看看,不过很不凑巧的是你出去了。大约晚上7点抵达伦敦,大约等了二十分钟后见到了迪尔,他说在我见到陆军大臣前尚不能透露任何情况。最后我总算见到了陆军大臣,他告诉我,想让我接替"小"艾恩赛德担任本土军总司令,而后者将被晋升为陆军元帅。另外,戈特将被任命为训练总监。

我感到很难完全肩负起身上的重任。我只能向上帝祈求,能履行好自己的职责。战争到了这个阶段,光是脑海中出现失败这个念头就令人不寒而栗。我知道你会和我一起向上帝祈祷,祈求他赐予我力量和指引。

对失败的恐惧,让人感到简直难以承受身上的重任。也许其中最艰难的是必须把内心深处的情绪和想法隐藏起来,外表表现出自信满满。你会发觉周围同胞的安危就系于你一身,你会一遍又一遍地对自己的防御部署查漏补缺,你会不时地因为疑虑他人的防御部署是否完善而濒临崩溃,所有的一切都需要你在人前始终表现出沉着和自信,这是对心理素质的一种考验,其中苦楚要不是亲身经历是绝不会相信的!

7月20日

上午,我把继任者奥金莱克介绍给众人,并任命富兰克林为另一个军③的军长,从而结束了我在南部军区司令部的短暂经历。下午我和罗

---

① 怀特岛(Isle of Wight),位于英国南安普顿郡南面近海处,与本土隔索伦特海峡相望。——译者
② 费尔内街(Ferney Close),位于英格兰南安普顿乔顿镇(Chawton)的一个街区,邻近有著名作家简·奥斯汀故居,作者应该在此处有房产。——译者
③ 这里应该是指英国陆军第8军。——译者

尼一起前往费尔内街和你吃了午饭。然后前往哈默史密斯区的圣保罗中学①。我对司令部不太满意！又破又简陋。不过我们有法子来改善。由于我的房间里还没有家具，因此到海军和陆军俱乐部对付了一宿。

……当我到那儿的时候，艾恩赛德竟然已经走了！他留下了一张便条，说已经帮我约好了他以前用的那辆劳斯莱斯的主人谈转让事宜，以及祝工作顺利之类，就这些！没有只言片语涉及防务或是他的工作方针等等，完全没有！

7月21日

就任本土军司令官的第一天，熟悉了一下我的参谋班子。会见了好几拨人，与情报处长进行了一番长谈。还见了海军联络官和总工程师。上午经受了摄影师和摄像师的"狂轰滥炸"。下午研究了有关本土防御的几份文件，试图找出些头绪。晚上8点回到俱乐部，晚饭后到圣詹姆斯公园散了会儿步。周末他们要我去契克斯庄园，不过我设法避开了。

7月22日

上午我到豪恩斯洛与东部军区司令官威廉姆斯进行了一番长谈。我们讨论了他上次对防线情况的评估，现在我对他面临的问题有了更进一步的了解。

……大量的工作和精力花在了建设纵深防御上，包括大致沿着海

---

① 圣保罗中学(St Paul's School)是英国一所顶尖男子中学，坐落在泰晤士河畔。1939年9月二战开始后，该校师生被疏散到伯克郡。1940年7月，该校位于伦敦的校园成为本土军的总部。后来又成为蒙哥马利的第21集团军群司令部。——译者

岸线展开的反坦克壕和碉堡，把内陆包裹了起来。这种静态防御其实与我的国土防御理念并不相合……按照我的想法，我们的防御模式应当更为动态和富有攻击性。我设想沿着海岸布置一条轻型防线，用于最大限度地迟滞和阻碍登陆，在后方则训练和组织一支高度机动化的部队，用于在任何登陆部队站稳脚跟前对他们进行突袭。我也很倾向于在敌人登陆时进行猛烈空袭，并且有决心在滩头阻击作战中运用芥子气。

在圣保罗中学吃完午饭后，去皇家近卫骑兵团看望伯蒂①，和他讨论了伦敦地区的防御问题。然后前往内阁作战室，如果入侵开始，我就必须在那儿待在首相身边。那里设施精良，是个不错的指挥部，美中不足的是我只能带上几个部门负责人。回到圣保罗中学后，为了赶工作一直待到晚上7点。

然后我驾车回到俱乐部，步行前往唐宁街10号与首相共进晚餐。在漫长的一整天工作后，最后只有我们两个人吃饭有点儿尴尬！不过他表现得非常好，也得以让我能深入了解他的思维方式。考虑到他所肩负的重任，他说话异常风趣，而且充满了非凡的勇气。尽管我觉得他已经充分认识到所面临的巨大困难，不过他还是对未来充满了积极的想法！他说他觉得自无敌舰队时代以来，英格兰还没有面临过如此困境。他总是把希特勒称作"那家伙"！

我必须得说，现在还很难看清我们的路在何方。不过，我对上帝有充分的信仰，不管现在发生了什么，从长期（或者说长远）来看，人类还是会从中获得启示。

---

① 伯特兰·塞吉森-布鲁克（Bertram Sergison-Brooke，1880—1967），英国陆军中将，昵称"伯蒂"（Bertie），是作者的堂兄。1939至1942年任伦敦卫戍区司令。1943至1945年任英国红十字会会长。——译者

7月23日

上午 9 点 30 分，坐飞机离开亨登①——10 点 30 分抵达约克②。亚当带着霍姆斯③和亚历山大两位军长与我会面，就防御组织问题进行了大约一小时的讨论。然后坐车前往斯卡伯勒④，检查从那里到布里德灵顿的防御工作。当地已经修建了大量优良的工事。坐车返回约克与亚当喝了下午茶之后，坐飞机于下午 6 点 45 分返回亨登。希尔达⑤和伊夫林⑥到俱乐部和我一起吃了晚饭。

7月24日

9 点半出发飞往切斯特，10 点 40 分抵达。西部军区司令"科珀"芬利森在西兰机场接我。我俩商讨了利物浦、伯肯黑德⑦等地的防御工作。接着搭乘另一架飞机直抵黑潭和普雷斯顿⑧进行空中侦察，观测可能的滩头登陆点。午饭后驱车前往吉米·康威尔的第 3 军总部看他。最后搭机返航，晚上 9 点 45 分抵达亨登。

---

① 亨登(Hendon)，位于伦敦郊区，那里的亨登机场是英国皇家空军二战期间的驻扎点。——译者
② 约克(York)，是英格兰东北部自治市，隶属于约克郡，位于福斯河与乌斯河的交汇处，在将近 2000 年的时间里，约克一直是北英格兰的首府，地位相当于今天的伦敦。——译者
③ 威廉·乔治·霍姆斯(William George Holmes，1892—1969)，英国陆军中将。——译者
④ 斯卡伯勒(Scarborough)，是英国约克郡位于北海海岸的一座城镇，度假胜地，在约克郡另一个沿海城镇布里德灵顿以北约 30 公里处。——译者
⑤ 希尔达·亨丽埃塔·布鲁克(Hylda Henrietta Brooke，1879—1955)，作者的姐姐，伊夫林·伦奇之妻。——译者
⑥ 约翰·伊夫林·莱斯利·伦奇(John Evelyn Leslie Wrench，1882—1966)，英国作家，皇家海外联盟和英语国家联盟的创建者，作者的姐夫。——译者
⑦ 伯肯黑德(Birkenhead)，位于英格兰西北部的威勒尔半岛，是英国西部默西赛德都会区的海港城市，与利物浦隔河相对。——译者
⑧ 黑潭(Blackpool)和普雷斯顿(Preston)均位于英格兰西北部，是兰开夏郡的沿海市镇，其中，黑潭位于普雷斯顿西北约 24 公里处。——译者

7月25日

在办公室里待了一天。曾有意今晚启程前往爱丁堡，不过因为明天下午4点必须参加参谋长会议，不得不作了推迟。现在我已经到了海军和陆军俱乐部。

7月26日

上午在办公室工作。下午3点到陆军部见迪尔，然后去参加参谋长会议。会议主题是，商讨在遭遇入侵时战斗机部队的优先运用。我对手上的战力信心不足，因此没有过多参与议题。海军司令部代表的态度十分明确，他们已经充分意识到空军的出现对其冲击很大。制海权之说已经今非昔比，在重型轰炸机面前，光靠海军已经无法确保英伦三岛不遭入侵。这使得陆军的任务更加艰巨。

7月27日

搭乘午夜列车前往爱丁堡。与苏格兰军区司令官卡林顿①共进早餐后，前去视察了安德森②指挥的第46师。发觉训练程度极其落后，连以排为单位的操练都几乎无法进行，军官也很缺。后来在吃饭的宾馆遇到了指挥第9师的阿兰·坎宁安③和指挥第5师的巴奈特·希克林。很明显第9师的状态和第46师差不多。不过第5师温布利指挥的第152旅给我留下了深刻的印象。最后搭上午夜列车返回了伦敦。

---

① 哈罗德·卡林顿（Harold Carrington，1882—1964，昵称"弗雷迪"），英国陆军中将。——译者
② 戴斯蒙·安德森（Desmond Anderson，1885—1967），英国陆军中将。——译者
③ 阿兰·坎宁安（Alan Cunningham，1887—1983），英国陆军上将，是皇家海军元帅安德鲁·布朗·坎宁安（Andrew Browne Cunningham，1883—1963)的弟弟。——译者

7月28日

上午待在办公室。中午和你一起吃午饭，不过很不走运的是，要赶着去参加一场展示反坦克手段的现场会。首相也会出席。回来陪你一起吃了晚饭，然后开车回俱乐部。

7月29日

为了参加一场测试指挥系统的演习，我早上8点来到内阁作战室。德国人上午加大了对多佛的空袭力度，损失了大约二十架飞机，击沉了我方一艘驱逐舰，这一切使这场演习变得愈加真实。其间，温斯顿让我去参加了半场战时内阁会议，内容很有意思。之后他来到作战室，查看了演习的进行情况。我觉得我们已经成功建立了一套符合战时要求的指挥办公机制。这将使我们的工作大为改观，让日常运作更为流畅。

然而，我们的国土防卫面临的最大问题是，在我们的三军之上没有一个统筹指挥机构。同时，各军种的自身角色也极为固化。驱逐舰到底是执行反登陆作战，还是西部海防区指挥部的反潜护航任务，应该由谁来决定？轰炸机到底是满足陆军要求轰炸滩头，还是满足海军要求轰炸敌舰，又应该由谁来拍板？……现在的组织架构很不靠谱；要是入侵开始了，我认为丘吉尔很可能会以国防大臣的角色来协调各军种的行动。这样将是极其危险的，可能铸成大错，因为相对于按逻辑行事，他这个人个性冲动、喜欢按直觉行事。天知道他将会将我们带向何方！

7月30日

搭机前往沃什，我在那儿会见了第44师的阿斯本和德鲁，并向后者了解了第 52 师的训练状态。然后检查了从沃什到雅茅斯①的滩头防御，视察了第 18 师并看望了贝吉·史密斯②。很不走运的是遇到了坏天气，没法坐飞机，不得不从诺维奇开车回来，相比原来坐飞机只要四十分钟，回来足足花了三个小时！

7 月 31 日

在办公室里待了一天，当中被打断了几次。上午 10 点半时副官长来找我。11 点半时我奉命去见了国王陛下，他非常和蔼风趣，并要让格洛斯特公爵任我的参谋联络官。之后我去拜访了波兰总理、军队总司令西科尔斯基③，商量安排波兰军队的部署。午饭后，萨默赛特·毛姆④过来找我，他正筹备一场前往美国的访问之旅。之后，接待了一名由罗斯福派来的美国使者，他此行目的是为了了解英国现状，并商讨征兵事宜。

8 月 1 日

7 月已然过去，预想中德国人迫在眉睫的攻击并未来到。看他会不会在 8 月份进攻！9 点半从亨登出发前往诺维奇，第 11 军军长马希⑤将在那里与我会面。我们从雅茅斯出发一路向南，路上看了麦仁地⑥指挥的第 55 师。防御工事建得不错，如果训练还能再跟上些的话就更好了。回来路上看了诺曼的装甲旅，包括第 12 营、第 13/18 营、第 4/9 营，他

---

① 雅茅斯(Yarmouth)，是位于英国诺福克郡的一个港口小镇。——译者
② 默顿·贝克维斯-史密斯(Merton Beckwith-Smith，1890—1942，"贝吉"为昵称)，英国陆军少将。——译者
③ 瓦迪斯瓦夫·西科尔斯基(Władysław Eugeniusz Sikorski，1881—1943)，波兰陆军中将，流亡政府总理。——译者
④ 威廉·萨默塞特·毛姆(William Somerset Maugham，1874—1965)，英国著名小说家、剧作家，代表作有戏剧《圈子》、长篇小说《月亮和六便士》、短篇小说集《叶的震颤》等。——译者
⑤ 休·马希(Hugh Massy，1884—1965)，英国陆军中将。——译者
⑥ 维维安·麦仁地(Vivian Majendie，1886—1960)，英国陆军少将。——译者

们不久前刚装备了轻型装甲车"比弗雷特"(与之相关的情况见 1940 年 8 月 10 日日记)。

8 月 2 日

和马西一起待了一晚后,继续出发前往哈里奇①,视察了勒法努负责的第 15 师防线。觉得他不怎么样,怀疑他是不是真能胜任。这个师装备很不错,但需要更好的训练。在前往绍森德后驱车返回。

8 月 3 日

为了赶回前两天的工作进度,大部分时间都花在了办公室。与伊夫林·伦奇一起吃了饭,并见了《泰晤士报》的编辑杰弗里·道森②。下午去斯坦莫尔见了战斗机司令部司令道丁③,从他那里抽调了一批博福斯高射炮。

8 月 4 日

今天是上次大战的开战日,不过希特勒并没有在这天向英国开战!上午在办公室工作,下午赶回费尔内街陪你。现在我刚回来,下午与你在一起那天堂般的几个小时让我感到如获新生。

---

① 哈里奇(Harwich),位于英格兰东部,与北海相邻,是东部埃塞克斯郡最北端的一个小镇,重要的国际港口。——译者
② 杰弗里·道森(Geoffrey Dawson, 1874—1944),长期担任《泰晤士报》编辑。他与鲍德温和张伯伦关系密切,是绥靖政策的支持者,英德联谊会成员。在他的影响下,《泰晤士报》曾在战前禁止报道希特勒的反犹主义。——译者
③ 休·道丁(Hugh Caswall Tremenheere Dowding, 1882—1970),英国皇家空军上将。道丁重视空军装备研发工作,推动了雷达以及"喷火式"和"飓风式"战斗机的发展。在不列颠之战中以正确的战略战术指挥空战,保持了英伦上空的制空权,粉碎了德国的战略意图。——译者

8月5日

参加了参谋长委员会（原文无法辨认），就防御工作进展情况作了发言。中午和科克一起吃了饭，讨论了帝国化学工业公司①的防护问题。接着拜访了海军作战室。然后回到圣保罗中学把工作干完。最后于下午6点前往陆军部，与迪尔商量了一些事情，回到俱乐部已经是晚上8点15分了。剩下大部分时间都用来准备明天举行的司令官会议了。

8月6日

上午在办公室工作。中午迪尔邀请了全体集团军司令和军事委员会成员在高级军官餐厅用餐。饭后在陆军部召开会议，迪尔做了开场白，后面我发了言，会上敲定了不少重要事项。

8月7日

8点50分出发，准备花两天时间，和"大眼"索恩一起视察他的第12军。从驻扎在谢珀岛②的第1伦敦师开始，接着去看了驻扎在拉伊③的第45师。看来拉姆斯盖特④突出部的对海防御还需花更大功夫，我倾向于用线性防御替代主动反击。与"大眼"以及东南和西北地区民防专员奥克兰·格迪斯⑤、让·（原文无法辨认）一起吃了晚饭。

---

① 帝国化学工业有限公司（Imperial Chemical Industries, Ltd.），英国最大的化工企业，世界最大的化工垄断集团之一，总部设在伦敦。——译者
② 谢珀岛（The Isle of Sheppey），位于伦敦以东约74公里的泰晤士河口，是英国肯特郡北部海岸的一个岛屿。——译者
③ 这里应该是指英国东萨塞克斯郡的一个小镇，在英吉利海峡的入海口处，距离谢珀岛约70公里。——译者
④ 拉姆斯盖特（Ramsgate），是英国肯特郡萨内特地区的一个海滨小镇，距离伦敦约125公里，是英国的最东端点之一。——译者
⑤ 奥克兰·格迪斯（Auckland Geddes, 1879—1954），英国学者、军人、政治家和外交官。——译者

8月8日

与施莱伯在黑斯廷斯①的码头见面，（原文无法辨认）他的第45师，以及"罗宾"莫尼的第15师，并到伊斯特本看了汤姆。接着前往布赖顿看了布罗卡斯·波罗斯②的第9装甲师，以及延伸至肖勒姆的其他防线。同时观摩了在公路上试验反坦克地雷和汽油照明的演习。晚上8点返程。

8月9日

上午9点出发视察加拿大军。首先看了加拿大第1师，然后是第1陆军坦克旅，第1装甲师。商量准备让这支部队扮演预备队的角色，尽可能地迟滞敌军。中午他们组织了一场五十人规模的大型派对来欢迎我。午饭后观看了坦克攻击路障的演习和麦克诺顿神秘的反坦克路障。我准备将后者作为一种优秀的防御模式进行推广。

8月10日

上午陪陆军大臣参加了两个会议。第一个是关于地方志愿军的部署及其新的部署原则。刚从开罗回来不久的中东军司令官阿奇·韦维尔③参加了第二个会议，议题是立即将若干个坦克团经由地中海运送到亚历山大港增援他。在这样一个关键时刻，我赞成派出第1游骑兵团、第1轻型坦克团及第1陆军坦克团！

> 从后几年的视角看，这些兵力算不了什么。不过在战争早年，就算

---

① 黑斯廷斯(Hastings)，距伦敦东南约85公里，是英国东萨塞克斯郡东南沿海的城镇和自治市镇。——译者
② 蒙塔古·布罗卡斯·波罗斯(Montagu Brocas Burrows, 1894—1967)，英国陆军中将。——译者
③ 阿奇博尔德·珀西瓦尔·韦维尔(Archibald Percival Wavell, 1883—1950)，昵称"阿奇"，英国陆军元帅。——译者

是这支小部队也占据了我手头装甲力量的很大比重。这时候雪上加霜的是，飞机生产大臣比弗布鲁克①竟然想自己组建一支部队保护飞机制造工厂。他为了给护厂安保人员装备一种被称为"比弗雷特"的小型装甲车辆，占用了大量装甲钢板生产份额。而这时我正大声疾呼，要求把生产的每一辆装甲车辆都列装正规军。整件事简直不可思议。如果国战失败了，区区一个工厂如何支撑，他们又如何自处？

下午我去了轰炸机司令部，与波特尔②商量如何在战争中运用他的轰炸机，并与他商定了一项工作机制。与波普一起吃了午饭，与他商量装甲部队的组织问题，以明确将来哪些方面有必要做进一步变革。

8月11日

上午我的参谋长"神算子"劳埃德来了，我们交流了他掌握的各师训练情况，讨论了拾遗补缺的必要措施。下午则与你和孩子们度过了一

---

① 比弗布鲁克一世男爵（1st Baron Beaverbrook，1879—1964），原名威廉·马克斯韦尔·艾特肯（William Maxwell Aitken）。加拿大裔英国报业大亨和激进的帝国主义分子，两次大战期间均在英国内阁任职的三人之一（另两人是温斯顿·丘吉尔和约翰·西蒙），是丘吉尔的密友和坚定支持者。比弗布鲁克在政治上属于保守人士，主张保留大英帝国及其关税制度；1930年代后期支持张伯伦政府的绥靖政策和《慕尼黑协定》。1940年5月由丘吉尔延揽入阁任飞机生产大臣，大大提高了飞机生产能力，为赢得不列颠空战做出了重要贡献。比弗布鲁克还是一位比较高产的作家，出版了《政治家与战争》（Politicians and the War）等多部历史、政治题材的著作。——译者
② 查尔斯·波特尔（Charles Portal，1893—1971），子爵，英国皇家空军元帅，昵称"彼得"（Peter）。1919年11月任皇家空军学院飞行教官。1927年3月任第7中队指挥官，着力于提高"维克斯·弗吉尼亚"双翼重型轰炸机的轰炸精度。1934年2月任驻亚丁英军司令，他在那里尝试了一种以皇家空军维持帝国统治的模式。1940年4月任轰炸机司令部司令，主张对德国工业区实施战略轰炸。1940年10月任皇家空军参谋长，任职期间反对皇家海军接管空军的海岸司令部和陆军组建航空队，大胆任用阿瑟·哈里斯主持对德轰炸作战。波特尔极富智慧，而且堪称诚信楷模，他也许是参谋长委员会里最惜字如金的一个。——译者

段天堂般的时光。

8月12日

参加了参谋长委员会会议，讨论了给首相的本土各条防线受威胁程度的分析报告，以及军火供给情况报告。下午，亨利王子带着西里尔·福尔斯①来看我。

8月13日

斯韦恩一早打电话来通知我，说海军方面获得了确切情报，8月11日晚德国人在挪威集结登舰，预计会从北方入侵。

9点15分离开亨登，飞到老塞勒姆②捎上奥金莱克，然后飞向艾克赛特，在那儿与富兰克林和奥尔弗里会面。接下去视察了埃克斯茅斯至韦茅斯的防线，见了蒙哥马利和马特尔，以及丘吉尔和海登③。所有工作都进展顺利。当时空战正在韦茅斯上空展开，我们发现已有德国飞机被击落。飞行员都被烧死了，不过由于500磅炸弹还留在正在燃烧的残骸里，我们没做过多停留。最后从韦茅斯坐飞机返回，下午6点抵达亨登。在回家前，我先去圣保罗中学问了问情况。

8月14日

上午待在办公室。中午在俱乐部吃了饭、剪了头发。到伦敦分区指

---

① 西里尔·福尔斯（Cyril Falls，1888—1971），英国著名军事史学家，一战史专家。——译者
② 老塞勒姆（Old Sarum），是索尔兹伯里最早的定居点，在目前的索尔兹伯里市以北3公里，一战期间在那里建有一个军用机场。——译者
③ 约翰·丘吉尔（John Churchill，1887—1965）和塞西尔·海登（Cecil Haydon，1896—1942），两人当时分别是第151步兵旅和第150步兵旅旅长，当时均在指挥第50（摩托化）步兵师的马特尔麾下。——译者

挥部找伯蒂（塞吉森·布鲁克）商量地方志愿军问题。之后回到圣保罗中学，迈克尔·巴克过来找我，商量他在战争委员会的新工作，梳理那些数不清的、需要防护的脆弱目标。接着"丑鬼"巴勒特来找我，商量如何汲取法国战役的教训，更好地部署轰炸机。后面紧接着的是内政部调查部门的负责人，最后来的是加拿大记者团代表。

8月15日

上午8点半离开亨登，9点抵达了沃什的萨顿布里奇，在那里会见了北部军区司令亚当和（厄特森）凯尔索①。接着检查了沃什至斯凯格内斯的西部防线。接着和阿奇博尔德·蒙哥马利-马辛本特一起吃了午饭，一路经过亨伯河②上的格林姆斯比和伊敏赫特港。在格林姆斯比机场再次坐上飞机，飞往亨伯河口检查要塞和思伯恩角的防御工事。然后延河岸向霍恩锡③方向飞行，于晚上8点抵达约克郡内陆地区。晚上和亚当住在一起。

8月16日

上午8点半坐飞机离开约克郡，前往米德尔斯堡，到那里与第59师的维尔茨一起转乘汽车前往雷德卡，期间小心翼翼地通过吊桥穿过蒂斯河④，沿着河岸驶过几天前饱受轰炸的西顿和桑德兰。在南希尔兹吃了

---

① 这里可能是指约翰·厄特森-凯尔索（John Utterson-Kelso, 1893—1972），英国陆军少将。当时凯尔索在第131旅，后来历任第47、第76和第46师师长，1946年退役。——译者
② 亨伯河（Humber），位于英格兰东部，在约克郡和林肯郡的交界处，由乌斯河和特伦特河汇合而成并注入北海，那里从一战开始就建有防御要塞群，一直沿用至二战。亨伯港包括赫尔港、格林姆斯比港、伊敏赫特港等。——译者
③ 霍恩锡（Hornsea），是一个小型滨海度假胜地，位于约克郡的东雷丁地区。二战中，该地海岸及村镇被高度要塞化以抵御海上入侵。——译者
④ 蒂斯河（Tees），位于英格兰北部，发源于北奔宁山，向东绵延137公里，从米德尔斯堡附近的滨海小镇雷德卡流入北海。——译者

午饭后,坐渡船穿过泰恩河①来到北希尔兹,沿着河岸经布莱斯到达安布②。最后于下午 5 点 15 分在阿克林顿机场坐上飞机。在约克郡告别亚当,于晚上 7 时回到了亨登。在回家前去了趟办公室。

8 月 17 日

本土军监察长波纳尔上午过来,给了我一份他的工作记录,不过并不怎么样。紧接着肖尔托·道格拉斯③过来,和我敲定了轰炸机司令部在德军一旦入侵后的具体行动安排。下午茶的时候,迪尔过来找我作了一番长谈。

下午 6 点 45 分启程前往契克斯庄园,与首相一起共进晚餐,并在那儿待了一整晚。参加这次聚会的还有比弗布鲁克,轰炸机司令部司令波特尔,战时内阁副秘书长、人称"巴哥犬"的伊斯梅④和丘吉尔的女婿桑兹⑤。晚饭后,比弗布鲁克与波特尔就训练飞行员谈论了很长时间。在此期间,我受邀与首相在月光下散步,讨论了防御部署。直到凌晨 1 点 45 分才上床睡觉。

---

① 泰恩河(Tyne),位于英格兰东北部,长约 118 公里,流经纽卡斯尔,从靠近北海的城镇南希尔兹和北希尔兹之间穿过汇入北海。——译者
② 安布(Amble),临北海,是诺森伯兰郡的一个城镇。——译者
③ 威廉·肖尔托·道格拉斯(William Sholto Douglas,1893—1969),英国皇家空军元帅。在不列颠之战中,他反对战斗机司令部司令休·道丁和第 11 战斗机大队基斯·罗德尼·帕克的"小编队打了就跑"的战术,支持第 12 战斗机大队特拉福德·利-马洛里的"大编队"战术。1940 年 10 月,查尔斯·波特尔就任皇家空军参谋长,支持道格拉斯的观点,并于 11 月任命他接替休·道丁任战斗机司令部司令。——译者
④ 黑斯廷斯·莱昂内尔·伊斯梅(Hastings Lionel Ismay,1887—1965),男爵,外号"巴哥犬"(Pug),英国陆军上将。在他军事生涯的早期,就已经展现了一名出色参谋的能力。当丘吉尔成为国防大臣后,把他选为了参谋长,并让他进入参谋长委员会。伊斯梅总体上非常成功地在丘吉尔和参谋长们的严峻关系中扮演了润滑剂的角色。"巴哥犬"的外号其实来自他的外表;尽管他对上司有着忠犬一般的精神,但大部分其他特征可能表现得更类似于猫科动物。——译者
⑤ 邓肯·桑兹(Duncan Sandys,1908—1987),英国政治家。——译者

我说不出这些周末给我留下了什么快乐的回忆。回想起来,印象最深的就是那些漫长的夜晚和对睡眠的无比渴求,谁让这些夜生活都要一直拖到将近天明!不可否认当时气氛热烈,也有这样的精力无限的人存在,但在异常繁重的一周工作之后,还要强打精神撑到天明时分,说得婉转点儿,真的是一种煎熬。

这次我记得很清楚比弗布鲁克来了。晚饭后他坐在书桌旁,一杯接一杯地往下灌烈性威士忌。他伸出猴爪子般的手从碗里往外抓冰块的样子把我恶心到了。在整个战争期间我与他接触越多,就越是讨厌和不信任他。他就是一个带给丘吉尔最坏影响的魔鬼化身。

8月18日

上午9点半离开契克斯庄园,开车回到圣保罗中学,工作了大约两小时,然后终于回家和你一起吃了午饭。下午与你和两个小可爱共享天伦之乐。防空警报一直响个不停。

8月19日

上午待在办公室,中午与安东尼·艾登一起见了戴高乐,对他的印象不怎么好。

不管他有什么高贵的品质,一切都已经被他傲慢的态度、妄自尊大的性格以及缺乏合作精神所毁于一旦……不管讨论什么,他都把解放法国当作是我这里的问题,他则全神贯注于一旦法国解放如何大权在握、掌控全国!更不好的是,他的司令部完全没有任何保密意识,因此几乎不可能与他讨论任何下一步措施。

下午罗杰·埃文斯过来找我,质问为什么被调离装甲师,这个话题让会面很不愉快。下午 6 点半，参加了陆军部遴选委员会会议，商讨未来师级指挥官人选问题。会议把我拖到很晚才回家。

8 月 20 日

为了彻底检验本土防御的运作，又举行了一场演习。从中发现了一些小瑕疵。去办公大楼看了看我的新办公室。

8 月 21 日

上午 9 点从家里出发，驱车前往指挥部，在那里和诺斯沃兹①讨论了第 4 军的部署问题。然后去看了第 43 师营级部队的演习，还遇到了指挥步兵旅的杨。与波洛克一起吃了午饭，然后接着赶路去看第 2 装甲师。观摩了由洛里·查林顿的旅举行的演习，接着视察了由哈里·莱瑟姆指挥的后勤保障部队。还看了下辖"鹰"连②的皇家骑炮团。最后与指挥装甲旅的斯科特（原文无法辨认）一起喝了下午茶。晚上 8 点回到家。

8 月 22 日

视察了奥尔德肖特军区司令部。与军区司令官约翰逊讨论了防御组织，并检查了沿海防御工作。在政府办公大楼吃了午饭。后来回圣保罗中学处理了公务。

8 月 23 日

上午 10 点，威洛比·诺里③前来报道。我对他接掌第 1 装甲师后提

---

① 弗朗西斯·诺斯沃兹（Francis Nosworthy，1887—1971），英国陆军中将。——译者
② 这里应该是指第 3 皇家骑炮团的 N 连。这支骑炮部队 19 世纪成立于孟买，在 1843 年的米亚尼之战中，该部队承担炮火支援任务，成功迫使敌方溃散并投降，被印度总督埃伦伯勒誉为"堪比雄鹰"，因而得名。——译者
③ 威洛比·诺里（Willoughby Norrie，1893—1977），英国陆军中将。——译者

了点期望。11点去见了安东尼·艾登，他让我就本土军军官转职至常规军的数量比例给出参考意见。接着为了装甲车生产线的产量问题去见了凯夫。然后与科克一起陪帝国化学工业公司的代表在卡尔顿酒店吃午饭，谈论了陆军部的改革。下午4点，荷兰公主朱莉安娜的丈夫（伯恩哈德亲王①）来找我，他看起来人不错。下午5点，布赖斯海军上将过来通报海滩防御存在的薄弱环节。下午6点，波普过来讨论装甲部队的组织问题，以及冬天的作战计划。

8月24日

就在8点半我离开小镇的时候，空袭警报开始了。驱车穿过已是残垣断壁的伦敦，只有空袭预警员的身影还在闪现。抵达亨登机场后，发觉地面除了防空部队几乎空无一人。大约十一分钟后，战斗机司令部通报航路安全，我的"火烈鸟"客机②于是迅速起飞，从低空向安多弗飞去，并于9点45分抵达。这里明显遭受过轰炸。驱车前往泰沃斯，在那儿视察了第60步枪旅的部队，接着去西列文顿视察了第1集团军坦克旅。然后从那里出发去沃敏斯特视察了第3装甲旅，包括了海湾团、第9枪骑兵团、第10轻骑兵团的部队。最后来到奇斯尔顿看了维多利亚女王步枪团，他们在法国布伦的战斗后刚刚进行了重组。在附近坐飞机返回。

8月25日

星期天。在经历了一整晚的防空警报后，上午去了办公室，

---

① 伯恩哈德亲王（Prince Bernhard of the Netherlands，1911—2004），荷兰朱莉安娜女王的丈夫，威廉明娜女王的女婿。——译者
② DH-95型飞机，英文名de Havilland Flamingo，绰号"火烈鸟"，由英国德·哈维兰公司设计的第一种全金属结构运输机，采用上单翼结构。由于二战爆发，商业飞机的生产被停止，但英国军方订购了少量该机用于通讯飞行和皇室专机，共生产了十四架。——译者

战争日记（1939—1945）　163

下午待在家里。就在我写下这段文字的时候,四周又是防空警报声大作。

8月26日

晚上空袭更加频繁了。整个白天都待在办公室。晚上7点半从尤斯顿火车站出发,前往因弗内斯①。车上没有餐车,加上防空警报整整拉了两个小时,我只得在黑暗中上了床,这一切使得旅途艰难许多。

8月27日

晚点两个钟头抵达因弗内斯。见到了指挥第51师的阿兰·坎宁安和指挥地方部队的查尔莫斯。飞往威克②的时候,我检查了机场和邻近滩头的防御工作。接着坐车去了斯科特机场、瑟索③及旁边的海滩、卡斯尔敦机场。在商研了防御工作后,再飞回因弗格登④附近的埃文顿,在那儿与驻防的营长讨论了机场的防御工作。最后飞回了因弗内斯。拜访了步兵训练中心,会见了校长和副官,并在晚饭后和弗雷迪·卡林顿进行了商谈。

---

① 因弗内斯(Inverness),是苏格兰北部的一座城市,历史上一直被认为是苏格兰高地的首府。——译者
② 威克(Wick),位于苏格兰最北部,是凯思内斯郡的一个城镇。该镇北面约1.9公里处原建有一处草地机场,二战期间因地理位置重要被皇家空军征用,铺设并延长了硬地跑道,承担了侦察、反潜、护航、防空等任务。1941年5月21日,从威克机场起飞的侦察机成功发现欲驶入北大西洋进行破袭战的德国海军"俾斯麦号"战列舰,为英军击沉该舰建立了功勋。——译者
③ 瑟索(Thurso),位于苏格兰高地地区北部海岸,是凯思内斯郡的一个小镇,也是英国本土最北端的城镇。——译者
④ 因弗格登(Invergordon),是苏格兰高地伊斯特罗斯的一个港口和村镇,设有皇家海军补给基地。附近的村镇埃文顿设有皇家空军的机场,曾驻扎过B-17轰炸机。——译者

8月28日

在商讨洛西茅斯①机场防御并视察了附近的滩头阵地后,驱车前往肯顿机场。然后观摩了斯坦利·克拉克的部队演习。在格林饭店吃了午饭,厨师端上来十二道三文鱼大餐。在前往彼得黑德的半路上参观了格拉汉姆的旅部,还在那里遇到了乔克·伯内特-斯图尔特将军。接着前往戴斯②机场,并视察了滩头阵地,最后在阿伯丁视察了"黑色守望者"部队,并看了阿伯丁港及北面的滩头。搭上6点40分的火车返回伦敦。

8月29日

上午8点15分回到伦敦。在俱乐部吃了早饭,接下来一整天都待在办公室。

8月30日

上午9点离开亨登,于9点50分飞抵伍斯特市③。驱车前往第2伦敦师师部观摩通讯演习,在那儿遇到了"科珀"芬利森和吉米·康威尔。演习正好让我们得以沿着阿斯克河右侧的山谷向彭布罗克④进发。最后在彭威儿以西的机场再次搭上飞机。回程沿着布里斯托尔海峡穿过加迪夫、布里斯托尔、亨利镇、梅登黑德,一小时零五分钟的回程轻松愉快。一抵达亨登机场就有人告诉我,机场上空刚发生一场空战,几乎和我们擦肩而过!

---

① 洛西茅斯(Lossiemouth),是苏格兰莫瑞地区最北部的一个港口小镇,因位于洛西河出海口处得名。
② 戴斯(Dyce),苏格兰阿伯丁西北的一个小镇,旁边建有阿伯丁机场。——译者
③ 伍斯特(Worcester),位于英格兰中部,伯明翰西南约50公里处,二战时曾将该市选为德军大举登陆后战时内阁的临时疏散驻地。——译者
④ 彭布罗克(Pembroke),位于伍斯特市西侧约200公里处,是威尔士彭布罗克郡的首府。——译者

8月31日

前往奥尔德肖特检阅新西兰师,对受阅部队印象深刻。他们将开拔去中东战场,对那里大有裨益,但对本土军来说无疑却是一大损失。最后与新西兰远征军的弗赖伯格①在(原文无法辨认)一起共进午餐。回到圣保罗中学后约美军的(原文无法辨认)将军见了面。天气再次变得酷热。

9月1日

上午去圣保罗中学处理公文。下午给花园里的水盆灌满了水,给普克斯和泰洗澡,与你和孩子一起度过了一段如此欢乐的时光。想想我们在康桥大厦的幸福时光渐近尾声,真是令人沮丧。

9月2日

上午参加了参谋长会议,会上讨论了锡利群岛、多佛、康沃尔以及相关机场的防御问题。下午,迈克尔·巴克来看望了我,后面来访的还有情报处的负责人。

9月3日

战争迈入第二年的首日!就在一年前,我从索尔兹伯里驱车前往奥尔德肖特找迪尔,搞清了英国远征军的任务要求。我记得那天是中午11点前到的,还与他一起见证了战争的开端!今晚则是与他一起,花了一个半小时讨论如何应对第二年的战事,以及不久之后德国人可能的入侵。

回望过去的一年,在无尽的工作和沉重的试炼之外,最让人心碎的莫过于与你的分离。我深信,要不是因为生命中有了你,让我得以坚定

---

① 伯纳德·弗赖伯格(Bernard Freyberg,1889—1963),英国陆军中将,新西兰总督,二战时期的新西兰第2远征军司令,以作战英勇而闻名。——译者

对全知全能上帝的信仰，很难有直面磨难的勇气，更何谈能最终挺过来。与你在一起，从你身上散发开来的那神圣天堂之光让人无法忽视。我真心感谢上帝他安排我与你相遇，并因你的到来让我能更加接近他。

我受楚特男爵内森①之邀，到多切斯特酒店听了安东尼·艾登的演讲，位子正好在中国大使和加拿大政府派驻高级专员文森特·梅西当中。晚上与迪尔进行了一场长时间而有益的谈话。

9月4日

上午9点离开亨登，五十分钟后飞抵约维尔。会见了指挥第3师的甘默尔②。然后在第7近卫师见了嘉泽诺夫，观摩了冷溪团第1营的转场演习。接着去掷弹兵第1营见了普莱斯考特。再依次看了师属炮兵、第8步兵旅、第9步兵旅。国王御用苏格兰边民团展现了非常棒的实弹射击演习。从切尔滕纳姆附近坐飞机返回，在回俱乐部休息前去了下办公室。看来在9月15日前遭受攻击的可能性正在逐步加大。

9月5日

夏日炎炎。白天和伯蒂·布鲁克一起研究了伦敦防御工作。东北部、东部和东南部防御尚可，但是南部地区工作滞后。回来的路上顺便去了下办公室。

9月6日

9点出发视察第1装甲师。路上正好遇到拉响防空警报，一路空空荡荡，我们得以提早十分钟到达。与威洛比·诺里商量了部队编成，然

---

① 哈里·内森（Harry Nathan，1889—1963），英国政治家。——译者
② 詹姆斯·安德鲁·哈考特·甘默尔（James Andrew Harcourt Gammell，1892—1975），英国陆军中将。——译者

后视察了伊夫林·范肖指挥的由自耕民团组成的装甲步兵旅。演习很精彩。与罗迪克一起吃了午饭。饭后见了摩根①和他的团队(德文郡和康威尔郡师),以及克罗克②与他的旅(隶属第 6 装甲师)。下午 6 点回到办公室,花了半小时办公,然后回俱乐部换衣服,7 点出发去首相官邸赴宴。

8 点到了那里,在大厅看到了丘吉尔夫人和迪尔。她告诉我首相正在休息,晚饭安排在 8 点 45 分。最后 9 点才坐下来吃饭——丘吉尔夫人没到场。参加聚会的有迪尔、伊斯梅、陆军大臣、首相和我。首相精神焕发,在晚上接下来的时间里热情高涨。首先他把自己置于希特勒的角色部署怎么进攻英国,我则负责防御。接着对防空警报系统提出了批评建议,并调整了整个系统。直到凌晨 1 点 45 分,我们终于躺到了床上。

9 月 7 日

所有的报告都表明入侵即将临近。对面在征集船只、集中俯冲轰炸机,我们抓到了伞兵,并在海岸边抓到了四个荷兰人(间谍)。与迪尔一起从首相官邸开车出来。回到办公室后接到通知去参加参谋长会议,讨论最近截获的有关德国人计划驱散浓雾(海峡屏障)的消息。回到圣保罗中学研究装甲部队扩编工作。在与伯蒂·布鲁克一起吃晚饭前,下达了有关"克伦威尔"③的命令,当时正在东部和南部军区处于

---

① 弗雷德里克·埃奇沃思·摩根(Frederick Edgworth Morgan,1894—1967),英国陆军中将,昵称"弗雷迪"。——译者
② 约翰·特莱迪内科·克罗克(John Tredinnick Crocker,1896—1963),英国陆军上将。——译者
③ 这里可能是指英国"克伦威尔"(Cromwell)巡洋坦克。该坦克于 1940 年研发。当时英军总参谋处以取代"十字军"坦克为目标,意图获得一辆机动性、火力、装甲相平衡的产品。结果于 1943 年 1 月正式生产,采用航空发动机,在诺曼底登陆作战中,曾发挥重要作用。——译者

试验状态。

晚饭后我从奥尔良酒吧绕过圣詹姆士公园前往海军和陆军俱乐部。那天短短一段路堪称咫尺天涯，我头上连一顶帽子都没有，却遇到了地狱般的轰炸，连珠似咆哮而下的炸弹和高射炮火，当中还夹杂着轰炸机俯冲而下时令人厌恶的嗡嗡声。

9月8日

一整晚都是对伦敦的大轰炸，整个天空都好像被伦敦码头的熊熊火焰所点燃。上午我去了办公室，发现了更多德国人即将入侵的迹象。所有的线索都指向了肯特郡和东安格利亚①这两个主要威胁点。

回到费尔内街吃了午饭，下午和晚上与你和两个小可爱共享天伦之乐。能有机会略作休憩，暂时忘却战争及其所有的恐怖，当真是件幸事。8点30分伴随着空袭开车离去。探照灯光柱在四处搜索，整个伦敦的天空都逐渐染成了红色。想到又离开了你，离开了与你相伴的幸福和安宁，回到这里面对可能是大英帝国有史以来最焦头烂额的日子，感觉真是恍若隔世！

路上去了圣保罗中学，发觉所有的报告依然表明入侵可能发生在本月8日至10日。想到任何错误甚至是误判对帝国诸岛的未来都会产生巨大的影响，这种责任感时常让我感到犹豫不决。我多么希望麾下有更多训练有素的部队。不过就现在而言，除了向上帝祈求帮助和指引外，没有什么更多可以做的了。

---

① 东安格利亚（East Anglia），是对东英格兰一个地区的传统称呼，以一个古代盎格鲁-撒克逊王国——东安格尔王国命名，包括诺福克、萨福克、剑桥三个郡。由于该地区包含大面积的开阔、平坦地形，非常适合机场建设，且靠近欧洲大陆，使军用飞机执行欧洲任务时得以携带更大负荷，因此英国皇家空军在该地建有多个军用机场。——译者

把这种感觉形容为日夜煎熬显然也不为过！我不记得在我整个职业生涯中还有比这段日子更让我感到责任沉重的了。在充分认识到这一切取决于我的准备工作、组织实施、抵抗入侵的战斗情况，以及令人不安的装备短缺、部属训练不足等因素时，不禁让人对即将到来的战斗感到难以承受之重。更加雪上加霜的是，还要在外面维持一副充满自信的表情，因为一旦内心的焦虑公之于众，很难不造成信心不足、士气不振、迟疑不决等灾难性的后果，从而削弱我们抵抗的力量。

9月9日

上午先在办公室工作了一会儿，然后于10点30分参加了参谋长会议。回到圣保罗中学一直工作到午饭时间。然后在雅典娜饭店和一起吃饭的驻印度常务次长芬勒特·斯图尔特①爵士见了枢密院大臣约翰·安德森②。午饭后前往陆军部参加遴选委员会会议。后来回到圣保罗中学见了波纳尔，接着继续办公。晚上7点45分下班回到俱乐部。希望今晚能够清静些，不要像昨晚那样有连续不断的炸弹轰鸣。我数了下，一个小时内附近一共扔下了超过六十枚炸弹！其中，两枚砸在了圣詹姆士公园、1枚炸在白金汉宫，杜莎夫人蜡像馆以及南肯辛顿自然历史博物馆、多家发电厂和医院、车站等遭到严重损毁。

9月10日

上午10点离开亨登前往唐卡斯特。一路上非常颠簸。在机场会见了北部军区司令官亚当、南部军区司令官亚历山大和第44师

---

① 芬勒特·斯图尔特（Findlater Stewart，1879—1960），早年一直在印度工作，直至成为大英帝国派驻印度的常务次长。二战爆发后，他受命在本土军工作，曾负责美军在英国的设施建设。——译者
② 约翰·安德森（John Anderson，1882—1958），英国政治家，二战期间先后担任内政大臣、枢密院大臣和财政大臣，有"内政首相"之称。——译者

的白思华①。接下来看了第 42 师所辖两个旅组织的演习。最后于晚上 6 点 15 分起飞返回亨登，正好在 7 点一场空袭警报后降落。昨晚伦敦又遭受了无差别轰炸②。不过今天入侵仍未到来。我拿不准接下来几天他是否会有所行动？

9 月 11 日

一大早正在刮脸的时候有电话打来，通知说迪尔和安东尼·艾登想在 10 点钟见我。赶到陆军部后，听说是因为首相看到了海军有关多佛附近炮台存在安全问题的报告后觉得不安，准备明天去相关海岸区域巡视。回到办公室后继续工作至下班。诸如"更多的舰只正沿着海峡向西进发"、截获的密码电报等，各类有关入侵的情报进一步积累。当然这依然有可能是掩护某种更大行动的虚张声势。接下来的一两天注定极为关键。

9 月 12 日

上午 8 点刚过就离开拉格俱乐部，接上迪尔后赶往霍尔邦高架桥火车站。由于昨晚的轰炸，一路并不顺利。一到那儿我们就搭上首相的专

---

① 阿瑟·欧内斯特·白思华（Arthur Ernest Percival，1887—1966），英国陆军中将。1941 年 4 月，他受命担任驻马来西亚英军司令。1942 年初，日军在山下奉文率领下强攻新加坡，通过虚张声势，仅用十天即迫使白思华率部投降，这是英国历史上最大规模的投降事件，严重动摇了英国在远东地区的声望。1945 年 9 月 2 日，白思华出席了"密苏里号"战舰上的日本投降仪式。——译者
② 无差别轰炸，即战略轰炸，不分军事目标还是民用目标，通通轰炸。1937 年 9 月 19 日，日军第三舰队司令官长谷川清下令对南京等城市实行"无差别级"轰炸；11 月，日本陆军航空本部通过了《航空部队使用法》，其中第 103 条规定："战略攻击的实施，属于破坏要地内包括政治、经济、产业等中枢机关，并且重要的是直接空袭市民，给国民造成极大恐怖，挫败其意志。"这是人类战争史上第一次明文规定可以在战争中直接以平民和居民街道为目标实施空袭，突破了战争伦理的底线。1940 年德军对英国实施无差别轰炸，正是由于日本已经开了先河。——译者

车前往肖恩克里夫军营①。路上与首相就海峡防御进行了长谈。

在站台上遇到了来迎接的"大眼"索恩和马西，一起去看了9.2英寸列车炮、岸防炮，以及邓杰内斯②的防御工作。然后折返多佛与伯特伦·拉姆齐③一起共进午餐。饭后首相想看看有没有空战，但是当时天上空空如也。于是我们去看了12英寸榴弹炮和拉姆斯盖特南部海滩，并在那儿结束了一天的行程。参加晚上派对的有首相、第一海务大臣庞德④元帅、海军大臣亚历山大⑤、迪尔、"巴哥犬"伊斯梅以及在下。首相兴致很高，在这样的场合一如既往的放松和愉快。他的人气高得惊人，所到之处人头攒动、欢声震天，大家都在大呼"抵抗到底！"，为他加油打气。

9月13日

又是一个炸弹与高射炮火交织之夜。清晨下起了小雨，不过现在看

---

① 肖恩克里夫军营(Shorncliffe Army Camp)，位于肯特郡的切里顿附近，是英军设立的一座大型军营，一战期间曾用做西部前线部队的中转站，二战时被重新启用。——译者
② 邓杰内斯(Dungeness)，是英格兰肯特郡海岸的一个岬角，主要由一个尖顶沙滩形成。——译者
③ 伯特伦·霍姆·拉姆齐(Bertram Home Ramsay，1883—1945)，昵称"伯迪"，英国皇家海军上将。1939年8月应召重新服役，出任多佛港司令至1942年4月，任内成功指挥敦刻尔克撤退的"发电机行动"及不列颠之战的海峡防卫战斗。1942至1943年协助策划和实施盟军在北非和西西里岛的登陆作战。1944年任实施"霸王行动"的盟国远征军海军司令，负责海上输送和保障任务。——译者
④ 达德利·庞德(Dudley Pound，1877—1943)，爵士，英国海军元帅。曾在日德兰半岛服役，擅长鱼雷攻击。1917年他在海军部参与组建了第一个参谋部门。1936至1939年，他出任地中海舰队指挥官，并于1939年成为第一海务大臣。在任职的三年里他几乎是孤军奋战。在那样的逆境中，庞德称得上是一个成功的海军战略家，最关键的是他1943年10月21日病逝前准确地评估了潜艇战的威胁。——译者
⑤ 阿尔伯特·维克多·亚历山大(Albert Victor Alexander，1885—1965)，英国工党政治家。二战爆发后，支持丘吉尔取代张伯伦出任首相，1940年5月任海军大臣，为维护战时多党联合内阁的团结发挥了重要作用，也深得丘吉尔信任。——译者

起来有转晴的迹象。上午在办公室，看起来入侵的迹象越来越明显。与帝国化学工业公司的人一起在上议院吃了午饭。由于白金汉宫刚刚被一架俯冲轰炸机袭击了，那里的人全部躲进了防空洞。午饭后回到办公室，金贺[①]来找我商量飞机制造厂的防御问题。最后在晚上 8 点回到俱乐部。吃晚饭时空袭又开始了，防空火力全开。今天炸弹已经砸到了禁卫骑兵团部、上议院、陆军部等。一切看上去就像明天入侵就会从泰晤士河到普利茅斯全面袭来！我不知道明天的此时此刻我们会不会已经全力以赴投入反登陆了？

9 月 14 日

总体上昨晚还算相对太平，不过高射炮弹还是打了不少。去视察了斯迈思指挥的第 3 独立旅，大约下午 5 点回到办公室。德国人的海军和空军行动均大幅减少。一片令人感到不详的安静！！难道德国人已经完成了进攻准备？他们的战机已经都做好了最后的保养和整备？他到底是明天真的启动入侵，还是一切都是虚张声势，好把我们的主力都困在国内，以帮助意大利入侵埃及这些国家？？

9 月 15 日

德国人依然没有进一步行动！因为担心入侵很快就将到来，形势依然十分紧张，空中的鏖战有增无减。接下来的一周必定极为关键，很难想象希特勒会偃旗息鼓。这种悬而未决的情势很折磨人，尤其是对一个熟知我们防线弱点的人来说尤甚！我们暴露在敌前的海岸线刚好是法国战役时前线长度的两倍，那时我们手头差不多有八十个师和一条马其诺防线！而现在只有二十二个师，其中只有大约二分之一堪堪能适应机动

[①] 斯蒂芬·金贺（Stephen King-Hall，1893—1966），英国政治家、作家。——译者

作战！感谢上帝目前士气尚佳，敦刻尔克战役后暴露出的失败主义情绪已不再蔓延。不过我真心希望，我还能有六个月时间来完成麾下部队的装备和训练。

那种在现有条件下完成卫国使命的责任感似有千钧之重。尽管为了不让人们对最后的胜利产生任何疑问，必须要在他们面前保持自信满满，但有时真的很难做到。

……我认为入侵已经成为一种现实存在的威胁，而我掌握的陆军部队远未达到让我可以放心倚之守卫海岸的地步。这当然不是说，我认为面对入侵我方毫无胜算。绝不是这样。我们当然会经历一场艰苦卓绝的战斗，胜败犹未可知，但我觉得在战机差不多均等的情况下，我们最后能够胜利保卫我们的土地。毕竟，如果我的日记里偶尔透露出重压之下产生的些许动摇，那也是仅仅局限于日记中。

刚刚与你和两个可爱的小家伙幸福团聚后归来。现在这里被狂轰滥炸，高射炮火猛烈还击。今天月满云稀，白金汉宫再次被击中，真的很不走运。

9月16日

入侵之战依然没有打响！本来还有传言说就是今晚。他今天肯定安排了疯狂的空袭，炸弹雨点般落下，其中有六颗落点离拉格极近。上午在办公室工作。中午和东部军区司令官盖伊·威廉姆斯一起吃饭，讨论了冬季补助问题。下午3点半前往陆军部，与迪尔和戈特一起商量了各师重新编成问题。晚上和伯蒂一起在奥尔良街吃了晚饭。然后在一片火光映照的天空下，冒着狂轰滥炸，顺着查令十字路方向步行回家。

9月17日

还是没有等来入侵,而且今天刚好有一场弱风暴会在海峡上空形成!!昨晚依然是持续不断的夜袭和猛烈的防空炮火回击。炸弹落在了伯灵顿广场街、邦德大街、伯克利广场和公园巷等地方。视察了第42师驻扎在梅登黑德、纽伯里和牛津的旅。经过大量的训练后,他们应该能成为一支好部队。下午6点15分回到办公室,花了一个半小时工作。晚饭后回到了俱乐部,也一如往常回到了德机轰鸣、炸弹巨响、炮火齐奏的天地。真不敢相信这是在伦敦!

9月18日

又是没有发生入侵的一天。很不巧的是风停了,天气也正在变好。在办公室里不断被打断。先是波普过来商定装甲部队的下步安排。然后波纳尔来和我商量了本土防御。接着诺斯沃兹过来讨论第4军的反击模式。到了午餐时间,东部军区司令部(原文无法辨认)麦克休斯过来一起吃了饭。午饭后,利斯托维尔夫人[①]过来为她正在撰写的书对我做了一个专访。昨晚又是狂轰滥炸,牛津街损毁严重。一切迹象都表明入侵(好像)要上演了,可能随时都会爆发。我真希望天气能变坏!

9月19日

在伦敦西区的狂轰滥炸让整个夜晚变得不舒服。事实上,我们早上去亨登的时候发现,皮卡迪利大街、摄政街、邦德大街、奥德利北大街、公园巷、大理石拱门周边环行路等等,大部分道路都已经封闭了。

[①] 朱迪斯·利斯托维尔伯爵夫人(Judith, Countess of Listowel, 1903—2003),匈牙利裔著名女记者、作家。二战爆发后,利斯托维尔伯爵夫人曾敦促墨索里尼的女婿齐亚诺,以及她的族亲、匈牙利总理帕尔泰尔基不要与希特勒为伍。她写过一系列小说和传记,1943年出版《我的见闻》,描述了她1914至1942年的经历,译者推测可能作者指的是这本书。——译者

最后我们在上午10点离开亨登,在二十分钟内赶到了70英里外的米尔登霍尔①!一整天都与詹姆士·德鲁一起视察他的第52师,部队状态不错,不过还是缺乏机动性。晚上9点刚过回到了亨登,在圣保罗中学的办公室待了一小时。8点时防空警报再次响起,并持续不断。重型炸弹刚好落在附近,让整幢楼都感到了震颤。

9月20日

昨晚又是空袭之夜。去看了奥利弗·利斯②的第29独立旅,就两个营的表现来说还不错,不过还需要进一步训练。午饭后回到办公室,在那儿遇到了亨利亲王。晚上8点结束工作回到俱乐部。所有的情报依旧显示入侵即将来到,而且很不走运的是天气正在转晴!

9月21日

白天待在办公室。上午与军事训练处处长商定了连级军官培训课程。接着弗赖伯格在再次出征中东前过来与我道别。晚上找迪尔谈了许久。今晚依然是狂轰滥炸。首相派人给我送来了驻西班牙大使塞缪尔·霍尔③带来的报告,里面详细叙述了从在德国的可靠美国朋友带来的情报,按照本月7日的说法,他确认希特勒会在两周内发动进攻。今天正好是21日,正好是"两周"的最后一天!天气预报显示海上情况绝佳。

---

① 米尔登霍尔(Mildenhall),是英格兰萨福克郡的一个小镇。该镇以北建有一个知名的皇家空军基地。——译者
② 奥利弗·利斯(Oliver Leese, 1904—1978),英国陆军中将。——译者
③ 塞缪尔·霍尔(Samuel Hoare, 1st Viscount Templewood, 1880—1959),英国资深保守党政治家。1937至1939年任内政部长,1940年任空军大臣,是张伯伦内阁的绥靖主义骨干。1946年出版回忆录《大使的特殊使命》(*Ambassador on Special Mission*)。——译者

9月22日

晚上几乎空袭不断，不过却没有影响我的睡眠质量，我到了办公室很快完成了工作。然后回了家，发觉你们都在客厅唱赞美诗。今天是个雨天，不过回来与你相伴带来的快乐却让人感到如沐阳光。晚上让菲利普搭了便车。进入伦敦如同到了但丁笔下的地狱，地上炮火不停喷吐火舌，天上火花炸裂，探照灯的光柱直插云霄。

9月23日

还是没有入侵！今天一天都待在办公室里，从上午9点到晚上8点不停工作，当中都没怎么休息。当下则是一如平常的连续空袭。

9月24日

前往奥尔德肖特视察加拿大第2师。奥德伦陪了我一整天，看了那些毋庸置疑的精彩演出。安迪·麦克诺顿过来一起吃了午饭。返程路上回费尔内街和你一起喝了下午茶。最后在回俱乐部前去办公室工作了两小时。

9月25日

当真是比平时更糟糕的"惊天动地"之夜，其中好几颗就在附近炸响。萨维尔街、布林顿花园再次受到了重点关注。在办公室待了一天，除此之外还部署了一个加强旅和机枪营强化了北福兰—邓杰内斯防线。"他"征集的所有船只现在正好部署在这处狭窄突出部对面的法国海岸，使得这里成为当下的高位部位。"他"的想法很难捉摸，不知道"他"是否还在筹划入侵。各种条件对此极为有利，大海波平如镜，可恶至极！在下午茶后前往亨斯迈那里预定了一件新的冬季夹克制服，发觉萨维尔街上的大部分衣店都已经化为废墟！同时也看到了邦德大街上的巨大弹坑，我钟爱的多隆德&艾奇逊眼镜店就在其中，不过他们业已提前撤离了。

9月26日

上午8点离开俱乐部前往亨登。路上被耽搁了，起因是昨晚的大轰炸波及了亨登地铁站，一枚低空伞投炸弹将其彻底摧毁。飞到老塞勒姆的时候捎上了奥金莱克和里奇，然后继续飞往圣艾尔文①，并于10点后抵达。在那儿见了富兰克林和奥尔弗里，然后直趋兰兹角②，视察圣艾夫斯、彭赞斯海滩以及法尔茅斯防御工作。然后坐飞机返回圣艾尔文，下午5点半从那儿启程前往老塞勒姆放下里奇，7点刚过的时候回到了亨登，那时候天刚擦黑，地面上的雾正在升腾。大约7点半的时候回到了俱乐部，今天在十二小时里竟然奔波了大约600英里！

9月27日

上午8点半离开俱乐部，在越过昨晚大轰炸留下的许多残垣断壁后抵达了亨登，这时防空警报又再次响起。不过我们问询了战斗机司令部，回答说德国人的进攻目标是比金山，因此我们向北而行还是安全的。因为逆风的关系，我们花了一小时十分钟才抵达利物浦。在那儿接见了"科珀"芬利森和指挥坦克旅的曼沙，然后观摩了第38师第118旅阿尔斯通指挥的演习。接着去看了拉姆斯登③和他的装甲旅。之后乘飞机返回亨登，回到办公室一直工作到晚上8点。

---

① 圣埃尔文(St Ervan)，是康沃尔郡的一个民间教区和小村庄，位于帕德斯托西南约5公里处。——译者

② 兰兹角(Land's End)，是康沃尔郡西部的一处海角，也是英格兰大陆最西点，位于彭赞斯西南偏南约13公里处。——译者

③ 赫伯特·拉姆斯登(Herbert Lumsden, 1897—1945)，英国陆军中将，是二战时期英国陆军在作战中阵亡的最高将领。——译者

今天是我从索尔兹伯里出发远征法国、与你在郡县酒店洒泪分别的一周年纪念日。每当我闭上眼睛，脑海中依然会浮现起当时你驾车驶离的景象，也依然能感受到我们被迫别离时那种无边寂寥。

9月28日

在办公室待了一天，期间接待了几次来访。波纳尔因为要调往爱尔兰，过来和我道别。他在本土军的位置则由"红脖子"伊斯特伍德接手。"神算子"劳埃德过来找我商量训练问题。他的准将参谋长霍尔登告诉我，最近比弗布鲁克正着力训练一支自己的特种部队。目前各种迹象依然显示入侵即将来到。截至目前，也没有任何迹象表明德国人准备放弃入侵。事实上这都是显而易见的事。

9月29日

短暂的去了下办公室，其中大部分时间用来和迪尔谈事情，之后就过来陪你了。好一段如天堂般美好的静谧时光，沐浴在阳光下休憩，因你和宝宝们在身旁，幸福感油然而生。如此有你相伴的周日下午，正是一周辛劳工作后的绝佳犒劳。你在我身边，可以让我忘掉一切与战争有关的东西以及他们带来的烦恼，也让我可以振作精神面对又一周的重荷。我感到下周入侵是否到来应该会有个结果了。如果他真的打算这么做，应该不会再拖得更晚了。不过我希望届时天气能变得比目前更糟。

9月30日

上午10点15分参加了参谋长委员会会议。就当前战争状态而言，这个组织运作效率着实低下！我们看起来依然在闲庭信步，而且到现在也没有什么改变。我只希望迪尔能成为委员会主席。空军参谋长纽沃尔①比海军老帅庞德好，不过依然有很大的改进余地。

回到办公室。牧师长过来一起共进午餐。给人感觉还是很有人间烟火气的。接着新官上任的"红脖子"伊斯特伍德来讨论本土军工作。波普紧随其后，过来商量装甲部队的组建问题，事情进展顺利，我设想的编制已经得以通过。我们可以大力推进了。今晚9点15分，我应该是去参加安东尼·艾登召集的研究冬季营房保障的会议。

10月1日

上午9点离开亨登，飞往弗比奇机场（谢菲尔德附近），我在那儿见了亚当，并前往视察第4特种加强营，观摩了一场水准一流、振奋人心的演习。吃过了午餐三明治后，我们去看了第1军的预备军官教导团，接着是第1德比郡义勇骑兵队和弹药库。最后在晚上8点抵达约克，晚上就住在亚当那里。

10月2日

上午8点半离开约克，驱车前往哈罗盖特视察第24坦克旅。然后前往伊登机场，登机飞往阿克林顿。一路在迷雾中前行，到达后见了作战处处长赫尔姆斯与普林斯特曼。驱车前往伯威克视察第2摩托化机枪旅和海防部队。4点左右返回阿克林顿乘机返回，到了约克告别亚当，下午6点返回亨登。在约克时收到安东尼·艾登的通知，要我6点半到陆军部。在那里就增援阿奇·韦维尔（在中东）一事商量到8点，看来我的第1装甲师到11月1日就要没了！讨价还价中最糟的部分是，所有的

---

① 西里尔·纽沃尔（Cyril Newall，1886—1963），英国皇家空军元帅。1937年9月至1940年10月任皇家空军参谋长，积极推动提高飞机产量，研发和装备"喷火式"、"飓风式"等新型战斗机。二战初期，他力阻调派皇家空军战斗机部队前去援助即将战败的法国，为后来的不列颠空战保存了实力。——译者

"巡洋舰"坦克都要撤回大修。所以从现在开始,我手头就要少掉一百辆"巡洋舰"坦克了!最后与伯蒂·布鲁克一起在奥尔良俱乐部吃了晚饭。

10月3日

依然没有入侵!我开始觉得可能是德国人最终放弃了,不过我还是有个可怕的想法,他可能依然会给我们带来点儿出人意料的!

在办公室里度过了漫长的一天。首先就本土军将来的组织问题,与陆军部常务次长爱德华·格里格①和"红脖子"伊斯特伍德进行了长时间的面谈。接着与战争委员会主席芬奇(即将退休)见了面,这人比我想象的还要阴险毒辣!然后前往海防司令部与鲍希尔②一起共进午餐,并看看他的布置如何。回到办公室后遇到赛马会秘书,他准备一旦战争没有开打就继续举办赶新市纸牌大赛。最后在晚上8点半回到了俱乐部。

10月4日

很不巧的是,由于天气太坏无法飞行,所以只能通过陆路前往拉克希尔③。我在那儿与麦克诺顿汇合,一起观看了一场空炸射击修正演习。随意吃了午饭,视察了加拿大侦察团,然后驾车返回。天气阴郁多雾,而且没什么风。回到办公室后,与东部军区司令官盖伊·威廉姆斯进行

---

① 爱德华·格里格(Edward William Macleay Grigg, 1879—1955),英国殖民地官员,政治家。在纳粹势力在欧洲崛起的时候,他先后写了两本书呼吁民众警惕纳粹的威胁,但他没有公开反对过斯坦利·鲍德温和内维尔·张伯伦两届政府的绥靖政策。——译者
② 弗雷德里克·威廉·鲍希尔(Frederick William Bowhill, 1880—1960),英国皇家空军元帅。——译者
③ 拉克希尔(Larkhill),位于索尔兹伯里以北约16公里处,是英格兰威尔特郡杜灵顿的一个驻军村镇。——译者

了一番长谈，对他的冬季部署不太满意。他没有把几个师拉出去训练，同时对肯特角的防御安排也不够。现在我觉得好多了。

10 月 5 日

在办公室待了一天。上午奥金莱克来访，我和他商量了训练事宜。午饭前正好赶上商店开门，买了点东西。晚上与迪尔一起吃了饭。

10 月 6 日

在办公室工作了一小时，然后剩下的时间陪着你和两个小可爱，如同回到了天堂。

10 月 7 日

上午参加了参谋长会议，剩下的时间都在办公室工作。把波普叫来商量准备在冬季召开装甲部队会议。在昨晚相对平静之后，今晚又是狂轰滥炸。

10 月 8 日

上午 8 点离开亨登，发觉那里已经是满目疮痍，昨晚的轰炸摧毁了一个机库和里面约二十四架飞机！经过两小时飞行后，在法夫郡的卢赫斯（圣安德鲁斯附近）降落。我在那儿与卡林顿、安德森以及第 46 师某旅旅长赫德森一起视察了他的一支部队。最后与后者一起吃了午饭，然后飞往格兰杰莫斯，在那儿视察戴利的旅和部分义勇军炮兵部队①。回

---

① 18 世纪末英国政府召集志愿兵组建义勇军部队时以骑兵队为主。此后随着英国发动战争的需要，义勇军部队逐渐常规化，至一战时各类义勇军部队已经发展到五十五个团。一战后，由于感觉到骑兵部队开始不合时宜，义勇军中的大部分一线部队都开始转为骑炮团，后来又逐渐转成装甲旅和皇家野战炮旅。——译者

到卡林顿已经是大约晚上 7 点了。斯托普福德和罗尔斯顿也到了那儿，一起吃了晚餐。今晚十分平静，连一颗炸弹都没有。

10 月 9 日

上午 9 点出发，视察了福斯湾①的印治基思岛、印治康岛及其炮兵防御阵地。今天乌云密布、大雨狂风，在爱丁堡的俱乐部吃了午饭，看了安德森在北伯威克地区的最后一个旅。最后抵达德雷姆机场（靠近北伯威克），从那里启程返航。不过暴风雨正在肆虐，几乎看不到机场以外的东西。因此只能等到雨停了再登机，但这时右翼引擎又罢工了。原来是点火线圈被熔断了，这意味着为了更换又要延误更长时间，最后到了下午 4 点 10 分才起飞。顶风得厉害，飞行员驾机到了海上，沿着海岸线外约 2 英里处一直飞到哈特尔普尔才转而飞向内陆。我们回到亨登的时候是下午 6 点 45 分，天色却已变得黑沉沉。不过飞行员的着陆十分出色，我们都庆幸终于又回到了坚实的大地。有两颗炸弹刚刚落在了俱乐部附近！

10 月 10 日

为了赶前两天的工作，今天在办公室待了一整天。和空军助理参谋长朱伯特·德拉费尔泰②在伯克利一起吃晚饭的时候，德国人在皮卡迪利大街的鲁兹集团门外扔下了一颗延迟引信炸弹。我们被要求坐在里间

---

① 福斯湾（Firth of Forth），是苏格兰爱丁堡附近的一个峡湾，其中包含有印治基思岛、印治康岛等多个岛屿。二战中，在这些岛屿上部署了岸防炮和高射炮部队，作为对爱丁堡和海军港口的外圈防御。——译者
② 菲利普·朱伯特·德拉费尔泰（Philip Joubert de la Ferté，1887—1965），英国空军上将。1937 至 1939 年任印度空军司令。回国后担任了几个空军高级参谋职务，1941 年任空军海防司令，期间实施了战机维护计划和"英俊斗士"鱼雷机改版等多项创新。——译者

屋子，以防炸弹突然爆炸。

10月11日

一整晚都是猛烈轰炸，有一两颗炸弹还相当靠近拉格俱乐部。熬了一个晚上，启程前往亨登。不少街道都由于落下的哑弹而封路，路上耽搁得厉害。飞往老塞勒姆见了奥金莱克，他带我去了蒙哥马利的第5军总部。我参加了周会的部分议程，并做了讲话。在那儿接到通知，要我去首相官邸赴宴并留宿。于是飞回伦敦更衣打包，到办公室工作了一小时后赶往首相官邸。我在那儿见到了首相、丘吉尔夫人、伦道夫①、桑兹先生、丘吉尔小姐、"巴哥犬"伊斯梅、防空司令"蒂姆"派尔②和秘书。一直坐到了凌晨两点。首相谈兴甚高。我们讨论了战争的进程、德国人攻向地中海的可能性，以及上个月达喀尔远征行动③失败的原因。首相充满了活力，看来他对自己现在的重要岗位适应得很好。目前也找不到另外一个人能坐好这个位子了。

10月12日

早早起来，在首相官邸吃完早饭后驱车返回办公室，并在那里捎上了佩吉特和罗尼，一同前往霍普金森的通信部队，观摩了一场精彩的演示。午饭后前往陆军部，就几件事与迪尔谈了两小时。

---

① 伦道夫·弗雷德里克·爱德华·斯宾塞-丘吉尔（Randolph Frederick Edward Spencer-Churchill，1911—1968），丘吉尔首相之子，陆军少校，新闻记者，英国保守党议员。——译者

② 弗雷德里克·阿尔弗雷德·派尔（Frederick Alfred Pile，1884—1976，昵称"蒂姆"），英国陆军上将。二战开始后任防空司令，并一直持续到战争结束，也是二战期间英军中由始至终担任同一职务的唯一一人。——译者

③ 达喀尔战役，1940年9月，盟军在戴高乐的提议下意图夺取维希法国控制的法属西非（今日的塞内加尔）达喀尔的控制权，但由于行动拖延和保密不力，计划中的策反因德军对维希政权控制力的增强而变为激烈对抗，最终以盟军的撤退而告终。——译者

10月13日

上午在办公室工作。中午12点15分与巴尼一道前往温莎城堡，与国王陛下共进午餐。抵达后被引进了陛下的房间，他询问了我温莎城堡的防空工作及前往诺福克郡的安全性。接着我被引荐给王后和两位小公主。此后我们移步前往一个会客厅，其他参加派对的人也基本都到了，其中还包括凯蒂（就是汉密尔顿家的），真高兴能再次见到她，我们又能好好聊聊在科尔布鲁克①的往昔岁月了。午餐时我坐在王后的右侧，她极具风采且平易近人。事实上，午餐氛围极为轻松，感觉就像在家里一样。王后和公主们在用餐完毕后都离席了，我则继续和国王陛下讨论温莎城堡防御的细节。活动一结束我就抓紧坐车回到费尔内街，与你和孩子一起共享天伦。

在车上的时候我问司机帕克（他此前曾受雇于一位王室公主）午饭吃得好不好。"很好，"他回答说，"上次来的时候我就把这里摸清楚了。更棒的是，我还拿回来一块麂皮海绵，在其他地方可找不到这样的好货色"。我现在只希望不要有人把少了麂皮海绵的事与我的来访联系在一起。

刚从拉格俱乐部赶回来，在总部打电话。今晚的轰炸和炮击明显缓和了点。

10月14日

上午一开始在办公室工作，10点半去参加参谋长会议，讨论了军火储备短缺的问题。回到办公室后与斯图尔特、皇家装甲军总监"红脖子"伊斯特伍德进行了面谈。午饭后，到迪尔的办公室参加了遴选委员

---

① 科尔布鲁克（Colebrooke）是作者家族的封地。另据译者考证，作者外曾祖母来自汉密尔顿家族。——译者

会会议，大约下午 5 点回到圣保罗中学。晚上 8 点，在落弹如雨和火光映天中离开了办公室。到了俱乐部外围才发觉，整个街道都洒满了玻璃碎片，汽车简直难以开进蓓尔美尔街。卡尔顿俱乐部[①]被一枚炸弹击中，燃起了大火！现在依然烧得很厉害，我的房间里满是从那里飘来的烟雾！好几辆消防车正加紧灭火，看起来火势要得到控制了。今晚德国人的飞机在这里活动频繁，在附近扔了好多炸弹。而且很不幸的是，今晚的月亮极其明亮！

10 月 15 日

昨晚德国人在附近地区的轰炸极其猖獗。除了炸毁了卡尔顿俱乐部外，炸弹还击中了皮卡迪利大街上的摩纳哥珠宝店、伯顿服饰店以及教堂，另有一颗炸弹落在了圣詹姆斯广场、一颗掉在了摄政大街一端的台阶底部，竟然致使我的首席海军联络官托尔少将阵亡。在圣保罗中学召开部队司令官会议，一直从上午 10 点开到下午 1 点半。会议从入侵研判情报汇总开始，接着是副官长和军需总监的汇报。午饭后迪尔过来了，就世界形势作了一个很棒的报告。今晚德国人依然猖獗，不过到目前为止轰炸区域没有昨晚那么近！

10 月 16 日

这是至今为止最喧闹的一晚，我被持续不断的炸弹声吵得直到半夜 3 点才睡着。有好几颗炸点相当近，其中一颗掉在圣詹姆斯公园的伞投炸弹震碎了白金汉宫和公园周边大部分房屋的玻璃。今天到第 1 伦敦师的防区那里，看了拉姆斯盖特突出部、其南部的海湾，以及迪尔堡等等。我越看越对突出部的情况不满，我们在这里的部署太薄弱了，但我

---

① 卡尔顿俱乐部（Carlton Club），是英国高端会员制俱乐部，曾作为保守党总部。——译者

也抽调不出更多的力量了，否则会影响其他防线的安全。现在我也做好了将部队拉回来继续训练的准备，但还不敢真正实施。最新截获的情报显示入侵已是箭在弦上。最近的 7 天里，对方部队不断在斯海尔德河区域集结。情报可信度很高，不过依然很难相信，德国人真的会在这样一个时间节点展开入侵。走运的是现在正是阴雨天气，我们今晚应该可以比前两天少遭些罪了！

10 月 17 日

随着各种各样无线监听情报的积累，指向入侵即将开始的证据越来越多。鹿特丹挤满了各种船只，为此我要求加强对该地的轰炸并持续开展对斯海尔德河的侦察。上午待在办公室工作，然后去伊夫斯那里做最后一次坐姿模特。发觉他为戈特和奥金莱克完成的肖像画很棒。由于难以入眠，他现在已经不住在伦敦了。佩吉特正在休假，林塞尔也是，因此如果德国佬打过来的时候，他们应该正好精神饱满的归队。与此同时我只好先把所有重任先一力承担起来。晚上和伯蒂一起吃饭，好好放松和恢复了一下，我真希望他能成为某个军的军长。

10 月 18 日

早晨雾气弥漫，当我抵达亨登想要飞往布里斯托尔时，被告知必须过一小时左右再起飞，以等待布里斯托尔那里的雾气散去。等到 10 点半飞机才起飞，等我们穿过雾层才发觉已身处阳光明媚的世界，下方望去宛如广袤的白色棉海，一路都无法看到地面。就在即将抵达布里斯托尔时，无线电报告称大雾再次降临。我们只得转向布里斯托尔海峡，并沿着海岸线降到海平面高度，准备降落到滨海威斯顿①，那里距离我们本

---

① 滨海威斯顿（Weston-super-Mare），位于萨默塞特郡的一座滨海小镇，在布里斯托尔西南约 29 公里处，二战时在那里设有一个皇家空军基地。——译者

来应该抵达的惠特彻奇机场约 25 英里。借了皇家空军的车前往布莱登①，在那里与奥金莱克、甘默尔以及第 8 步兵旅的指挥官一起吃了午饭。接着观摩了步兵营的操练。从惠特彻奇机场坐飞机返程，4 点半回到了亨登，直到 8 点才回到办公室。

10 月 19 日

感谢上帝又一天安然度过！起码来说，现在过去的每一天都意味着战争的日子又少了一天。但有时想起战争的疯狂和愚蠢，还是不禁令人感到窒息！为什么人类已发展到如今的地步，却仍表现得犹如幼童一般，真的令人难以理解。不管怎么说，这也证明了，人类距离一个完美的种族还有很长的路要走。然而透过这所有的破坏、徒劳和灾难，我也找到了一些进步的地方。正是战争的动荡带来了这些进步。一些固有的结构和社会尊卑被战争所打破，为更多的现代化新生事物腾出了空间。从主流的利益出发，这些事物不会出现在承平的日子里，而只会因战争而出现。最终我希望，经历诸多磨难的人类能够变得更为明慧，能够从"爱别人胜于爱自己"中收获真正的大喜悦！

同时，从我的人生哲学来讲，我渴望和平，极为厌恶战争。有了和平，我们就可以伴着茅舍薄田、小桥流水安度终老，得悠然观鱼之乐！最重要的是，那里有你的相伴，让我能沐浴在极乐之中！不过，即使我现在还不能时刻陪在你身旁，我还是要感谢上帝，能让我与你相知以及每周能与你相会带来的欢乐。我现在正为明天倒计时，迫不及待地等着周日与你相会。

---

① 布莱登（Bleadon），位于萨默塞特郡的一个小村镇，在滨海威斯顿以南约 6.4 公里处。——译者

10月20日

　　星期天过去了，如以往一样，就像从一场美梦中醒来。你很难想象，在经历了一周的忧心忡忡，诸如有没有尽了全力之类的疑虑、整夜轰炸以及对与你相守的极度渴望后，跳出这一切，与你共享平安喜乐对我来说意味着什么。能够与两个可爱的小家伙在一起，进入他们那简单纯净、毫无战争污浊的世界，看着他们健康成长，逐渐显现出你完美的影子，亲爱的，我的感受简直难以言表，这就是人间天堂吧。真心感谢上帝和你的完美祝福。

　　我们抵达伦敦时，那里已是火光闪耀。当驶入西大道时我已经快打起了瞌睡。突然一声巨响，车子在剧烈摇晃后滑向了路边！我第一反应是遇到了一枚小型炸弹或是高射炮的哑弹，不过后来发觉是碰上了一辆关着灯停在路中间的车子。幸运的是，除了车挡板严重弯曲外没有什么大的损伤。因此我们继续上路，回来停在了圣保罗中学门口。其他没什么特别的消息。不过我们又跨入了新的一周，重又为了入侵的各种可能而紧张。这种恐慌很折磨人，如果我们能平安撑到下个周末，应该是件令人高兴的事吧。

10月21日

　　度过了相对平静的一晚，在办公室开始了一天的工作。10点15分参加了参谋长会议，我们讨论了轻武器储备情况、机场防御、情报紧缺等等议题。然后找来"红脖子"伊斯特伍德，就本土军重编、格里格委员会的发现谈了一个小时。孟席斯[①]来和我一起吃了午饭，说了情报战线一些最新的情况。紧接着在下午3点，波兰总理、军队总司令西科尔

---

① 斯图尔特·孟席斯（Stewart Menzies，1890—1968），英国陆军少将。1939年任军情六处负责人。二战期间，他坚持在密码破译方面投入力量，并取得了大量战果。——译者

斯基对我进行了一次正式拜会，缘由是波兰军队目前在我的指挥序列中。他对欧洲的情况非常感兴趣，并在会谈中透露了俄国人的情况。据他了解，斯大林认为德国人始终在苏德边界部署重兵，对未来局势感到很紧张。今天没有收到关于入侵的进一步消息。

10月22日

又过了一个相对平静的大雾之夜。早上7点吃了早饭，7点半出发前往亨登。到了那儿之后听说，所有前往纽卡斯尔的路线能见度都不足50码，而且看上去不大会放晴了。于是我放弃继续向北进发的念头，转而回到了办公室。因为那里没什么事，我去了俱乐部并买了点东西。皮卡迪利大街被封闭了，看上去惨不忍睹，水果店和教堂的残骸一直散落到地上！佩吉特度完假，晚上就回来了。没有更多的有关入侵的消息，不过满天飞的传言让一切又变得有鼻子有眼儿。

10月23日

因为有雾的关系，只有零星炸弹，我们又度过了一个安静平和的夜晚。上午8点半离开俱乐部，前往利特尔汉普顿，在那儿会见了"大眼"索恩、布罗卡斯·波罗斯、桑迪·劳伦斯。后者指挥第201步兵旅，下辖新编成的四个营，目前刚刚接手利特尔汉普顿至西威特灵①的滩头阵地。这几个营都不错，不过还需要更多的军官。下午6点回到伦敦，7点45分才回到办公室。

10月24日

又是个太平的夜晚，几乎没什么轰炸，而且白天也没什么事。这是

---

① 西威特灵（West Wittering），位于英格兰西苏塞克斯奇切斯特地区曼胡德半岛。——译者

暴风雨来临前的宁静吗？从月相和潮汐判断，明天是个很危险的日子。目前，我们还没有获得任何更有价值的情报，而且从天气状况看，不利于发动大规模攻击。然而，就此判断天下大吉显然是不明智的！在希特勒到法国西部边境访问、全世界的目光都关注于此的掩护下，一场针对英国的突袭可能就此展开！

白天，我在办公室里进行了几场面谈，并为将在参谋学院举行的空降演习作了些准备工作。

10月25日

亦是个安静的夜晚。8点45分离开这里，乘车前往弗林顿和克拉克顿视察第233旅。马西和莫尼也会在那里等我。部队的表现不如第201旅。下午5点半赶回圣保罗中学，工作两小时后回到了俱乐部。今晚德国人又开始变得活跃了。

10月26日

上午待在办公室，中午在圣保罗中心吃过午饭后回到家里，享受7天的假期！

10月31日

被要求前往伦敦，到战时内阁会议室参加由首相主持的司令官会议。参加会议的有诸位参谋长、第一海务大臣、空军大臣，以及全体海军司令官、本土军司令官、爱尔兰地区司令官、空军司令官。我们从上午11点一直坐到下午1点15分，接着又从下午3点一直到5点15分，但是就我看来收获甚微！讨论的主要议题是，是否需要组织更多驱逐舰前往西部海防区猎潜。海军目前看起来信心满满，认为部队的表现比我们陆军好得多！我个人倒是希望，他们能竭尽全力真正掌控好部队。

11月4日

晚上我从费尔内街前往参谋学院,观看了明天由我指挥的空降演习的彩排。

11月5日

上午9点半坐车前往参谋学院。10点演习正式开始,除了中间停下来吃午饭外,一直持续到下午4点。总的来说,我觉得这次演习还是有所裨益的。接着乘车回到司令部,主要是和迪尔聊了聊作战计划。到办公室工作了两个半小时,最后回到俱乐部。除了个别远处传来的炸弹声外,目前还算是个平和的夜晚。不过昨晚"他"的炸弹击中了可怜的老海军和陆军俱乐部,以及丽兹酒店和地铁格林公园站。

11月6日

整个上午都在忙着处理文件,当中被几次打断。12点半的时候,承担特别任务的驻印度常务次长芬勒特·斯图尔特爵士来访,讨论沃伦·费雪[1]有关减少伦敦破碎家庭的计划。结果我们一致认为,沃伦·费雪目前的计划不可能达到任何效果,孩子们会不可避免地被送回军队来抚养!而且这样的做法肯定会传到其他地方,带来更多的诉求,因此这个计划的前景不妙。内政大臣莫里森[2]前来与我共进午餐,他非常有趣,刚接手内政部不久,还在晕头转向呢。午饭后,外军首席联络官科艾普将军来找我,我们讨论了波兰和捷克部队的角色问题。最后威廉姆斯过来商量了防务安排。今天的高强度轰炸比平时来得更早,当我们晚上8

---

[1] 沃伦·费雪(Norman Fenwick Warren Fisher,1879—1948),曾任英国财政部常务次长、国内文官长,在推动文官制度改革上做出过重要贡献。——译者

[2] 赫伯特·斯坦利·莫里森(Herbert Stanley Morrison,1888—1965),英国政治家,工党领袖之一。——译者

点半驱车经过格林公园时，两枚炸弹在附近呼啸而下。我听说，海军和陆军俱乐部受到了波及，两人受伤。幸运的是我今天正好从那里转到了陆海军俱乐部①！

11月7日

经历了一个糟糕的夜晚，德国人的飞机一直在头上盘旋，从晚上11点到凌晨3点就没停过。办公室的一天也十分沉闷。上午道曼-史密斯②和"红脖子"伊斯特伍德先后来找我。晚上和伯蒂一起吃了晚饭，能和他一起完全放松地吃个饭，彻底地聊一下换换脑子，真是一种天赐。

11月8日

上午8点离开俱乐部，前往浓雾笼罩的亨登。在那儿，我们不得不等到10点45分雾气散尽后才得以起飞。我发现驻都柏林代表（原文无法辨认，可能是约翰·马菲爵士）也在那儿，等待启程前往爱尔兰。我们就目前爱尔兰的局势，以及上次温斯顿·丘吉尔在议会上就爱尔兰西海岸海军基地所作演讲取得的效果等问题，进行了一场有趣的谈话。也许是因为前阵子有两架"火烈鸟"运输机坠毁的缘故，这次我并没有搭乘这种飞机。他们派给我们一架速度稍慢的"洛克希德"。我们朝着诺维奇东北方的一个机场飞去，在那儿遇到了阿斯本和贝吉·史密斯。我视察了替换第18师那几个旅中的三个，然后在下午4点半飞回亨登。回到圣保罗中学后赶了三小时工作。

目前，德国佬似乎变得安分些了，这可能是因为法国被大雾笼罩的

---

① 即前文提到的拉格俱乐部。——译者
② 埃里克·道曼-史密斯（Eric Dorman-Smith, 1895—1969），英国陆军少将，军事理论家，绰号"瞪羚"。他的观点与德国的古德里安、法国的戴高乐等人十分相似，认为坦克技术的发展和机动性将改变战斗的形式。——译者

关系。然而刺耳的轰鸣声仍会偶尔出现,炸弹落地爆炸的声音不时传来。那种炸弹随时随地都会从天而降落到头上的感觉真是令人不快!最近,那种满目疮痍的景象时常浮现在我心头,必须感谢上帝对我们的庇护,让一切仍在掌握之中。

11月9日

今天正值市长就职日,上午在办公室工作,中午与市长大人在官邸共进午餐。在我右手边就座的是空军大臣辛克莱①,左手边则是圣保罗中学校长。温斯顿·丘吉尔就罗斯福总统的选举和当前美国的立场作了一个极为精彩和有趣的发言。接着,坎特伯雷大主教为新上任市长作了健康祈福。午饭后我返回办公室,一直工作到茶歇时分,然后回家度周末。

11月10日

与你度过了一个欢乐的周末,当中还去参观了马丁利教堂。

11月11日

上午8点离开费尔内街,在办公室从9点一直工作到下午1点。然后在拉格俱乐部与科克共进午餐,讨论本土军在工厂区域的保卫工作。饭后回到办公室,与目前主持拆弹部队和伦敦清理轰炸损失委员会的泰勒②进行了一番长谈。看来各方面都取得了较大进展。晚上和迪尔一起

---

① 阿奇博尔德·辛克莱(Archibald Henry Macdonald Sinclair,1890—1970),英国自由党领导人、政治家。参加过一战,温斯顿·丘吉尔因达达尼尔战役惨败而被免去第一海务大臣职务后,到西线担任皇家苏格兰燧发枪团第6营营长,辛克莱是他的副手,从那时起他们就建立了长久的友谊和政治盟友关系。——译者

② 乔治·布莱恩·奥格尔维·泰勒(George Brian Ogilvie Taylor,1887—1973),英国陆军少将。——译者

共进晚餐，安东尼·艾登也在，不过由于首相为了商讨希腊局势召开了参谋长会议，我不得不提前离席。我们是不是又会像上一场战争那样成了"萨洛尼卡支持者"①。为什么政治家们永远学不会"伤其十指，不如断一指"这样简单的道理？倾盆大雨下过，没有轰炸机的滋扰，今晚静谧迷人！！

11月12日

度过了安静的一晚，早上8点半出发前往伊普斯维奇，参加第15师的基础演练。光从看到那么多失误而言，这场演练就非常有价值！下午5点半回到办公室，在回俱乐部前又工作了两个半小时，看来晚上还有更多的活儿要做。今晚虽然月明风清，却令人讨厌，德国人的飞机相当活跃。

11月13日

就如此明亮的月色而言，晚上还不算太扰人！驱车前往泰晤士河口检阅第221旅。见到了"大眼"索恩、第43师的瓦尔·普洛克、金宝·戈申。后者为杰弗里在埃及获得了一枚十字勋章而感到高兴。指挥这个旅的是一个叫戈托的怪人，目前为止一直由他防御多佛防线。下午5点半回到办公室，干了两个小时活儿。夜里潮湿昏暗，目前还没轰炸机出没！

11月14日

很大程度是天气的缘故，晚上很太平。上午待在办公室，其间送走

---

① 萨洛尼卡是希腊第二大城市，也是希腊马其顿地区首府。一战时，协约国的远征军在此登陆，与亲德的保加利亚军队对峙。1940年10月28日，意大利向希腊发出最后通牒遭拒后开始入侵希腊；11月初，英国派出皇家空军和远征军支援希腊。译者估计作者指的就是这一事件。——译者

了古宾斯①，迎来新的本土军空军指挥官莫尔特比，并看了新研发的迫击炮。中午与芬勒特·斯图尔特一起吃饭，他找了劳工大臣贝文②和我们会面。我发现他非常风趣幽默，很显然非常喜欢开战时内阁里其他成员的玩笑。接着回到圣保罗中学，看到了利华公司的博福斯高射炮模型，作品非常棒。下午4点，前往陆军部参加陆军委员会会议。我们讨论了人力资源情况，以及通过增募陆军师满足调动需要的可能性。会议一直持续到了6点45分！和波普聊了几句后回到圣保罗中学，一直呆到晚上8点。又是可恶的明朗夜空，不过目前为止德国佬还没有太过嚣张。

11月15日

上午8点15分离开俱乐部，准备前往韦茅斯，不过发觉亨登被笼罩在一片浓稠大雾中。看来中午12点前是散不掉的。于是我打消了出去的念头，回到办公室开始一整天的工作。完成了目前的国防评估，并开始谋划在调动部队到其他战场情况下的夏季防御计划。晚上预报说会有暴风雨，在满月的日子里真是一件大好事！昨晚考文垂遭到了严重破坏，伤亡一千

---

① 科林·麦克文·古宾斯（Colin McVean Gubbins，1896—1976），英国陆军少将，二战时期特别行动处（SOE）主管行动的副处长。一战后，古宾斯参加了干涉苏俄和镇压爱尔兰独立运动的战争，逐步认识到非常规作战的重要性。1940年11月，应经济作战部部长休·道尔顿要求，古宾斯被任命为新组建的特别行动处（SOE）副处长，负责所有海外地下抵抗运动和秘密军事行动的组织、培训、支援等工作。1945年，他在伦敦发起成立了"特种部队俱乐部"（SFC），自愿加入的成员主要来自特别行动处、情报机构和特种部队的特工，以及欧洲各国地下抵抗组织的成员，至今仍在活动。——译者
② 欧内斯特·贝文（Ernest Bevin，1881—1951），英国政治家。1940年5月，当丘吉尔任命贝文为劳工和兵役大臣时，他已经是英国最大的工会组织运输和普通工人联合会的领袖。这项任命相当明智：联合工会所具有的强大力量和他在工会中的威望使得社会动员更有效。——译者

多人①。

11月16日

　　昨晚真是难挨，从半夜开始直到凌晨5点左右，炸弹几乎不间断地落在拉格俱乐部附近！150码开外的奥尔良俱乐部遭到了直击，有一颗炸弹落在了圣詹姆斯大街的尽头，还有两颗落在圣詹姆斯广场、一颗落在杜克大街、两颗落在劳埃德银行、一颗落在卡尔顿俱乐部、一颗落在汉普顿酒吧，除此之外还有几颗击中了圣詹姆斯公园！汉普顿酒吧燃起了熊熊大火，伴随着消防车来来往往的声音几乎烧了整晚。我起床望向窗外，东方街道尽头是一片火海，这种奇异的景象简直让人不敢相信这是1940年的伦敦。

　　早上起来仍感到十分困倦，白天待在办公室。下午5点出发前往位于恩斯通（靠近牛津）的迪奇雷庄园②。这座产业属于罗尼·特里。由于担心在满月之夜遭到轰炸，首相用这里取代官邸度周末。我在昏昏欲睡的状态下被首相一直留到了半夜2点！不过我出来的时候在车上就睡过了，这晚其实比我想象的要轻松些，2点左右我终于睡到了床上。今天参加聚会的还有首相的政务次官布莱登·布雷肯③。

---

① 11月14日，德国空军实施"月光奏鸣曲"计划，对英国工业重镇考文垂进行了猛烈轰炸，五百架德军战机投下500吨重的炸弹和900枚燃烧弹，整个考文垂几乎被夷为平地。不过另据称，英国事先已通过"图灵计划"破译了德军的密码，获悉了行动目标，但丘吉尔出于战略考量，未对考文垂设防，不过这种说法也没有确凿的证据。——译者

② 迪奇雷庄园（Ditchley Park），位于牛津郡的查尔伯里，原先是一座皇家狩猎场，1933年被英国国会议员罗纳德·特里收购。由于丘吉尔自己的乡间别墅无论是外形还是地理位置都较为显眼，容易成为德国轰炸机的目标，而迪奇雷庄园周边树木繁茂掩映，且出入路径隐蔽，于是特里将之提供给丘吉尔用于"月明风清"时的度假场所。——译者

③ 布莱登·布雷肯（Brendan Bracken，1901—1958），英国商人，《金融时报》创始人，保守党政治家。从1923年协助温斯顿·丘吉尔当选下议院议员起，两人便建立起长期的政治盟友关系，被称为丘吉尔的"门徒"。——译者

11月17日

上午 9 点离开迪奇雷庄园，直接驶回费尔内街，与你和孩子们又度过了天堂般的一个周日。

11月18日

早上 8 点离开家里，9 点刚过就到了圣保罗中学。今天没有开参谋长会议。11 点 15 分前往陆军部观看德国人的战争纪录片。然后中午在萨沃伊酒店与石油部长杰弗里-劳埃德①共进午餐。吃完饭去看了石油公司拍摄的演示喷火器等武器的影片。然后到俱乐部拿上包回到了我在圣保罗中学的房间，希望能在那儿图个清静吧！我的卧室就在校长办公室，再添点家具就能变得相当舒适。

11月19日

我在圣保罗中学度过的第一晚相当舒适安宁，几乎连炸弹的声音都没听到！早餐后坐车前往纽伯里检阅第 214 旅，他们最终被调到了怀特岛。操演很不错。在纽伯里赛马场的皇家包厢里举行的茶会为此行画上了句号。那里还驻扎着一个营！回来后干了几个小时活儿，晚上到伯蒂·布鲁克位于切斯特菲尔德的公寓房子里一起吃饭，我们都为奥尔良俱乐部不复存在而感到扼腕叹息，不过当晚的晚饭还是吃得不错！

11月20日

白天待在办公室，详细研究为明年春天本土防御准备的评估报告。中午到俱乐部吃了午饭并理了发。然后为小泰先生挑选了生日礼物。尽

---

① 杰弗里-劳埃德（Geoffrey-Lloyd，1902—1984），英国保守党政治家。——译者

管天气清朗，不过满月已逐渐过去，目前为止还相当太平。

11 月 21 日

上午"丑鬼"巴勒特和奥金莱克先后来找我，前者刚刚接手陆空联合作战司令部，后者则刚从迪尔那里受命担任驻印军司令。之后我前往里士满公园观摩用新方法处理哑弹的展示会。其中最令人感兴趣的就是铝热剂燃烧法，另外也有其他不引爆炸弹的燃烧法，以及用塑性炸药处理炸弹的方法。展示人是萨福克伯爵①，一个典型的怪咖。他曾周游四海，还为了各种矿藏到澳大利亚冒险。他向我介绍了所谓的"三位一体小组"其他两位成员，一位是他的女秘书（莫顿小姐），还有一位是他的机械师（司机哈茨先生）！下午坐车前往参谋学院，组织海运演习的彩排。晚上回到了费尔内街的家里。

11 月 22 日

上午 9 点半出发前往参谋学院，从 10 点开始到下午 5 点一直在指挥演习。参与人员众多，总体情况良好，这也为组织其他兵种演习奠定了良好的基础。结束后搭了迪尔的车回来。他告诉我他夫人患了中风，半边身体瘫痪，无法正常说话！真是太惨了，他看来迫切需要休息，可我也无法想象他如何面对一周的探亲假。如果去其他地方，他觉得自己一定会

---

① 查尔斯·亨利·乔治·霍华德（Charles Henry George Howard，1906—1941），第 20 任萨福克伯爵。二十岁出头，他就成为爱丁堡皇家学会会员。牛津大学那菲尔德医学研究所邀请他担任研究员。二战爆发后，他被英国科学和工业研究部选派前往法国担任联络官。不久后因为法国局势恶化，他和同事临危受命，前往波尔多救出了三十五位法国一流科学家以及他们携带的重水，其间还顺路带出价值 1 000 万美元的宝石和大量机床。伯爵因为这次危险的任务而被戏称为"疯狂的杰克"。回国后，他在供应部负责新型炸弹拆解的研究工作。德国空军开始轰炸伦敦后，萨福克伯爵带领一支小分队负责哑弹的清理和研究工作。他将他的核心团队称为"三位一体"，由他为主拆除炸弹，司机弗雷德·哈茨协助，秘书莫顿负责记录。——译者

选择下部队，因为他无法做到闲下来把脑子放空！他发现首相也很难相处。我觉得他的生活真是一团糟，真希望能想点什么办法为他减减压。

至于说到丘吉尔，他和迪尔就不可能合得来。这两个人的观点一直是南辕北辙。迪尔的性格太好，根本应付不了摆不上桌面的政治交易。这让他心烦意乱，把他逼到了墙角。此前他的职业生涯已经半毁于霍尔·贝利沙之手，现在他几乎预见到了"失宠"已经迫在眉睫。比弗布鲁克也让他充满了恐惧，这几乎都已经无法掩饰了。毫无疑问，比弗布鲁克向丘吉尔进了不少有关迪尔的"谗言"。事实上在第一次出访莫斯科回来的船上，他就和"巴哥犬"伊斯梅建议让丘吉尔拿掉迪尔，并强烈推荐由"蒂姆"派尔来接替。

如果那时迪尔家庭生活幸福的话，那还有可能承受住这些政治风浪。但事实却是，每次他去温莎看望夫人都是一场令人绝望的折磨。她无法表达自己，于是他只能不停地猜测她的意思，结果却通常是失败的，最终只能看到她带着失望的眼神把头重新埋向枕头。

11 月 23 日和 24 日

早早结束了工作，以便能及时赶回家参加小泰先生的生日晚会。与你在一起度过了一个天堂般的周末。每当与你在一起，我就能暂时忘却战争，这是一种真正的休息与放松。

11 月 25 日

一早出发前往索尔兹伯里，到蒙哥马利的司令部参加他的军部预备会议。他正准备举行一场大型军事演习，内容非常令人感兴趣，投入了一个装甲师、一个机械化师和一个装甲旅，还外加伞兵。

午饭后我对与会人员作了一个简短的讲话，然后坐车回来，在办公室工作了两个小时。回家前与佩吉特夫人一起喝了下午茶。

11月26日

花了一个上午在办公室赶周末和周一的工作。特伦查德子爵[①]过来与我共进午餐,他与我讨论了为在国人眼中恢复军队形象所采取的一系列措施。他说得很在理:现在媒体方面已经把贬低将领和军队变成了一种风气。午饭后到迪尔的办公室参加遴选委员会会议。现在则打点好了行装搭乘午夜列车前往纽卡斯尔,对亚当的北部军区司令部进行为期两天的视察。由于今年这段时期已经不太可能开展常规飞行活动,所以很难像我以前那样视察部队了。

11月27日

11点50分离开国王十字车站,在早饭时分顺利抵达纽卡斯尔。与亚当会面后,一路前往北希尔兹视察那里的本土军哨所。白天看了岸防炮和新组建的几个旅,回约克的路上还顺带看了北部军区指挥官学校。在亚当的办公室喝了下午茶,和他讨论了好几件事直到晚饭时分。晚上去他家过了一夜。

11月28日

早起出发前往斯珀恩角[②],视察了那里的岸防工作,接着一路向

[①] 休·蒙塔古·特伦查德(Hugh Montangue Trenchard,1873—1956),英国皇家空军元帅,子爵,绰号"响雷",被称为"皇家空军之父"。他的工作对美国陆军航空队创建人威廉·米切尔的空军理论有着重大影响,是最早认识到空军将对陆战产生巨大冲击的人之一。1915年任英国远征军皇家飞行队司令,一战期间指挥对德空军作战,极力促成空军成为独立军种。1927年成为英国历史上首位空军元帅。——译者

[②] 斯珀恩角(Spurn Head),是一个狭窄的沙滩潮汐岛,位于英格兰约克郡东部海岸的顶端。该岛长约5公里,深入河口,几乎达到了河口宽度的一半,而其宽度仅为46米。其最南端被称为斯珀恩角,一战时曾在该处设置大口径岸防炮。——译者

北，看了新建的旅和第 10 军学校。从布里德灵顿返回约克，视察了那里的汽车运输学校。接着我坐上 5 点 50 分的火车返回伦敦，不过抵达国王十字车站时已经是第二天凌晨 3 点 15 分了！！四小时的车程竟然晚点了五个钟头！！都是因为利物浦那儿的空袭，让火车只能以最低速度行驶。

11 月 29 日

白天在办公室工作。中午安东尼·艾登过来和我们一起吃午饭，他对飞往中东之行充满了兴趣。下午 4 点去找迪尔，和他聊了两个小时，6 点半才回到圣保罗中学。晚上下班回家前还有好几个人来找我。与伯蒂·费雪约好了第二天去打猎。

11 月 30 日

上午 8 点 10 分去伯蒂·费雪家汇合。一个令人愉悦的清寒之日，我们都非常尽兴，一共打到三十三只野鸡和两只啄木鸟。

12 月 1 日

在家里陪你。

12 月 2 日

早上 8 点离开费尔内街，在总司令部工作了一小时，然后去参加参谋长会议。之后伯蒂·布鲁克接上我去亨登机场吃了午饭，我在那儿视察了他的自动化防空探照灯学校。演示十分精彩，希望每个军区都能有这样一套系统。回来后迈克尔·巴克过来找我。最后回到费尔内街住了一晚。一大早还要去参加蒙哥马利的演习，早上佩吉特会开车来接我。

12 月 3 日

早上 7 点半，坐上佩吉特的车一起前往蒂尔希德①，在那里与蒙哥马利汇合。首先看了伞兵演习。三十二名士兵自 500 英尺的高度从四架飞机中跃出，只有一人因膝盖扭伤而受了轻微伤。我感到非常振奋，更加确信应该立即建立一支空降旅。目前考虑放在加拿大军。接着去看了正向莫尔伯勒②集结的装甲师，总体上表现不错。然后去找第 4 师，不过没有找到，他们正被困在拉克希尔山脉的沼泽里！最后在博比奇参加了蒙哥马利主持的会议。晚上住在了萨弗纳克的森林酒店。

12 月 4 日

一早与蒙哥马利会合去找斯韦恩，他昨晚为集结第 4 师费尽了力气。接着在演习结束前视察了第 10 步兵旅。返回后直接去了费尔内街，在那儿吃了午饭。接下来的时间都待在办公室，赶前几天拉下的工作。

12 月 5 日

白天待在办公室。上午，美军武官李将军③在返回美国前特意来看我。接着，诺斯沃兹过来与我讨论他制定的军官训练周计划，并请我届时为他们进行一个有关我们从海上撤退的讲座。晚上极为平静，指针已经指向 10 点 15 分了。这是个新纪录！

---

① 蒂尔希德(Tilshead)，是位于英格兰南部威尔特郡的村庄，靠近索尔兹伯里平原的地理中心。村庄东北面一公里不到处建有军营，是索尔兹伯里训练区的住宿中心。村庄西南部还建有皇家空军的基地。——译者
② 莫尔伯勒(Marlborough)，是位于英格兰南部威尔特郡的市镇，在索尔兹伯里市以北约 24 英里。——译者
③ 雷蒙德·埃利奥特·李（Raymond Eliot Lee, 1886—1958），美国陆军准将。——译者

12月6日

上午 8 点半，离开司令部前往佩文西城堡①，在那儿与指挥第 219 步兵旅（新建）的休斯碰头。我和他一起一直行进到了纽黑文以西，视察了他的四个营。中午和格温上校（前伊斯特本市市长）一起吃饭，他请我们吃了一顿大餐！下午 5 点左右回来，在办公室工作了两小时后回费尔内街，正好赶上了晚饭。

12月7日

前往温彻斯特参加蒙哥马利为第 5 军演习所开的总结大会。会议在欧典剧院举行，至少有八百名军官出席，几乎座无虚席！蒙哥马利做了一次极为精彩的讲话，我随后也讲了几句。回来后吃了午饭。

12月8日

周日待在家陪你。小泰先生的感冒稍微好转了些。可爱的艳阳天。

12月9日

上午 8 点离开费尔内街，路上把罗尼放在了（原文无法辨认）。上午非常忙碌。下午参加由安东尼·艾登召集的有关新的陆空联合作战司令部的会议。阿奇博尔德·辛克莱和空军部的弗里曼②参加了会议。所谓

---

① 佩文西城堡（Pevensey Castle），位于英国东萨塞克斯郡，是一座中世纪城堡，据传为抵御撒克逊海盗而建，是英国著名遗迹。二战开始后，佩文西城堡被重新武装起来，由本土军及加拿大军、美国陆军航空兵部队驻守，以控制佩文西周围的平坦土地，防范德国入侵。——译者
② 威尔弗里德·罗兹·弗里曼（Wilfrid Rhodes Freeman，1888—1953），英国皇家空军上将。弗里曼长期负责"飓风"、"喷火"、"蚊式"、"兰开斯特"、"哈利法克斯"、"暴风"等主战机型的生产采购，为皇家空军装备建设作出了重要贡献。——译者

的合作从总体上来说是令人遗憾的。没有形成任何工作机制，而且短期内看上去也不会有。关于轰炸机司令部训练中队的建议也不是很有说服力。回来后与"Q"马特尔进行了一次长时间的谈话，他刚被任命为装甲军军长。这项任命有助于推动我们的工作。

12月10日

主持陆军司令官会议，从10点一直持续到午饭时间。参加会议的有亚当、盖伊·威廉姆斯、芬利森、奥金莱克（以及从他手里接管南部军区司令部的亚历山大）、伯蒂·布鲁克、芬勒特·斯图尔特、"丑鬼"巴勒特和莫尔特比。我们讨论了为应对下一步从中东撤军而重新部署本土防御的事。中午迪尔招待包括军事委员会成员在内的所有人吃了午饭。饭后迪尔给我们做了一场关于当前世界形势的报告。接着我赶下午7点半的火车前往敦提。

12月11日

清晨6点45分抵达敦提，外面寒冷刺骨！在酒店里洗漱并吃了早饭，然后接待了波兰军的指挥官库凯尔①和西科尔斯基，并检阅了酒店外的波兰仪仗队。从上午9点到下午6点，连续不断地有各种仪仗队行进、敬礼、受阅、介绍！！在仪式间歇与西科尔斯基用法语不停交谈：很有意思，也很累人！当中吃了一顿波兰午餐，我不得不通过波兰语翻译作了一番简短的发言。这天很不幸的是，一支要去珀斯车站的仪仗队因为地面湿滑发生了交通事故，造成一人身亡、两人重伤。回到爱丁堡后在卡林顿那儿过了一夜。

---

① 马里安·弗拉基米尔·库凯尔（Marian Włodzimierz Kukiel，1885—1972），波兰陆军少将，波兰历史学家和社会活动家。——译者

12月12日

晚上出发，视察了一支新组建的步兵旅。同时，我还详细过问了兰开斯特①的案子，这位森林人团第9营的指挥官惹上了麻烦。接着视察了连级军官学校。与卡林顿共进晚餐，然后搭10点钟的火车返回伦敦。

12月13日

火车早上10点35分才抵达，也就是说晚了三小时！因为要赶去参加安东尼·艾登10点半召开的装甲部队会议，连早饭都来不及吃。会议结束后，回到办公室忙了一天。夜晚起了雾，非常安静。埃及传来的好消息②让大家都很振奋。

12月14日

在办公室待了一上午，然后到坎伯利参谋学院参加我们的加强型装甲师第一次演练。还有些地方需要完善。下午茶后赶回费尔内街。

12月15日

周日在家陪你。

12月16日

早上8点离开费尔内街，9点到达办公室。上午在办公室工作，然后出发参加陆军委员会为加拿大国防大臣所设的午宴。我坐在了安迪·

---

① 克劳德·兰开斯特（Claude Lancaster，1899—1977），保守党政治家、煤炭工业巨子，曾在军中服役。——译者
② 1940年12月至1941年2月，英国发动了"指南针行动"，攻击了侵入埃及西部的意军并向利比亚东部反击，结果大获全胜，俘虏意军超过十三万人。其中，1940年12月7日晚战役打响后，英军连战连捷，作者指的应该就是这时候的捷报。——译者

麦克诺顿和霍勒斯·威尔逊爵士（文官长）当中。回到办公室后一直工作到晚饭时分。

12月17日

上午8点半坐车出发前往（原文无法辨认），在那儿与克罗克一起，花了一天时间视察他的第6装甲师。部队已经开始成型，应该能渐入佳境。下午约4点时在沃敏斯特①结束，然后坐车返回，6点45分回到这里，趁晚饭前在办公室工作了一小时。

有关德国人准备在接下来的几天里发动入侵的传闻又起。

12月18日

上午待在办公室。然后前往多切斯特酒店，与加拿大高级专员和加拿大国防部长一起共进午餐。参加宴请的有：比弗布鲁克、亚历山大、辛克莱（空军大臣）、（原文无法辨认）、诺曼（英格兰银行）、迪尔、朱伯特·德拉费尔泰、达德利·庞德、麦克诺顿、克里勒，等等。我坐在了（原文无法辨认）与德文郡公爵当中。午饭后前往剧场，观看由查理·卓别林执导的一部非常棒的宣传片②。

12月19日

前往奥尔德肖特与第38师指挥官斯诺一起视察他的师。部队进步很大。然后在"白房子"的二楼大厅，原先是第1近卫旅总部，如今则是第38师师部吃了午饭。回到总司令部已经是大约下午4点了，然后一直工作到晚饭时分，去了伯蒂的公寓和他一起吃了饭。

---

① 沃敏斯特（Warminster），是英国英格兰南部威尔特郡西部的一座小镇。——译者
② 译者推测很可能是指《大独裁者》，该片由卓别林导演，1940年公映。——译者

12月20日

肖尔托·道格拉斯(战斗机司令部司令)上午过来,与我商议入侵发生后战斗机部队的协作问题。早早吃了午饭,驱车前往牛津的新学院①观摩诺斯沃兹的第4军最后一天演习。情况不太好,看上去需要就装甲部队的运用加强指导。在大厅与顿斯一起吃了饭,晚上睡在了本科生宿舍。

12月21日

就敦刻尔克战役前第2军在法国远征中所发挥的作用做了一次讲座,这也是诺斯沃兹举办的军官培训周的收官项目。接着我赶回了费尔内街,陪你匆匆吃了午饭,就和伯蒂一起去打猎了。下午收获颇丰,打到了13只野鸡。

12月22日

周日在家陪你。

12月23日

上午8点离开费尔内街。9点抵达办公室,全神贯注地工作了一小时,然后去参加参谋长会议。回到这里后见了指挥森林人团第9营的兰开斯特,由于他在第46师惹上了麻烦,我把他的部队从苏格兰调拨进入第1装甲师。接着见了金和马特尔。与荷兰国防大臣在萨沃伊酒店共进午餐,在场的还有伯恩哈德亲王,以及来自陆军部的安东尼·艾登、迪

---

① 牛津大学新学院(New College, Oxford),座落于牛津镇中部,是牛津大学历史最悠久的学院之一。1386年建成后,人们为区别于老的圣玛丽学院(现称奥里尔学院,又名国王学院),常称之为"新学院"。最初是为了培养更多的教士,来补足因黑死病流行而大量缺乏的教会人员。——译者

尔和海宁。午宴结束后，开车送安东尼·艾登回陆军部与众人告别，他已接受任命去当外交大臣。这对陆军部来说真是个巨大的遗憾与损失。接着到总参谋长办公室参加遴选委员会会议，会议一直开到了下午6点半，当中仅为欢迎新的陆军大臣（戴维·马杰森①，前党鞭）以及与艾登告别而中断了一会儿。最后回到办公室，一直工作到晚上8点。德国轰炸机再次飞临伦敦。

12月24日

在午饭前完成了办公室工作。圣诞节要到了，回家路上去哈姆利玩具百货商店和柯达商店转了转。准时到家和你一起喝了下午茶，晚上一起温馨地为孩子们准备礼物。

12月25日

与你一起欢度圣诞。

12月26日

上午9点半离开费尔内街。上午盖伊·威廉姆斯过来找我，商量东部军区的训练事宜。驻维希政府的加拿大特使杜普伊②过来找我一起共进午餐，我对他与贝当的会面和法国目前所持的总体立场极感兴趣。饭前他到我办公室谈了半小时，向我解释了法国人对其舰队遭遇③的态度。"丑鬼"巴勒特下午3点来找我，讨论陆空联合作战的装备要求。下午5点去找迪尔，我在他那儿一直呆到7点45分！！

---

① 戴维·马杰森（David Margesson, 1890—1965），英国保守党政治家。——译者
② 皮埃尔·杜普伊（Pierre Dupuy, 1896—1969），加拿大外交家。——译者
③ 投石机行动（Operation Catapult）。在法国战役中，作为欧洲第二大海上力量的法国舰队几乎没有参战，被基本完整保存下来，由维希政府接管。就吨位而言，其中40%驻泊在地中海沿岸的法国土伦港，40%驻泊在法属北非港口，另20%（转下页）

12月27日

上午前往坎伯利,花了一整天准备我将为部队指挥官讲授的装甲阵型课程。我感觉这门课不错,应该会让他们有所获益。今晚德国人在圣诞的短暂消停后又重启了对伦敦的轰炸。

12月28日

上午在办公室做完了所有的工作,一吃完午饭就启程返回费尔内街。这些周末绝对是上帝的恩赐!你简直不能想象短暂地抛下战争以及它带给我的各种焦虑,对我来讲意味着什么。

12月29日

星期天陪着你和孩子们,还把家里新的储煤柜加满了。

12月30日

上午8点从费尔内街出发,驱车前往圣保罗中学。上午在办公室接待了好几位来访者,最后一位是伊斯特伍德,过来讨论本土军及其工作方式中不尽如人意之处。克里勒过来找我一起吃午饭,我们谈论了未来的加拿大部队。很显然,第三支加拿大师和一支军直属坦克旅

(接上页)停泊在英国港口、英属埃及的亚历山大港和法属西印度群岛。英法德意各有盘算,在劝说法国海军并入英国皇家海军或解除武装未果的情况下,英国决定实施"投石机行动"。1940年7月3日凌晨,皇家海军突袭并控制了停泊在英国普利茅斯和朴次茅斯港的法国海军。7月3日下午5时54分,英国皇家海军中将詹姆斯·萨默维尔率领的"H"舰队,对米尔斯克比尔港内拒绝最后通牒的法国舰队发动了攻击,法军在马塞尔-布鲁诺·甘苏尔海军中将指挥下奋起还击,但损失惨重。7月8日,作为"投石机行动"最后一个阶段,皇家海军"竞技神号"航母舰队空袭了停靠在达喀尔的"黎塞留号"战列舰,造成其严重受损。作为报复,法国空军轰炸了英军直布罗陀要塞,维希政权宣布断绝与英国的外交关系,英法这对昔日盟友反目成仇。——译者

将在来年春天整装待发，到了年末还有一支装甲师紧随其后。午饭后，到陆军部参加遴选委员会会议，一直开到下午 6 点半！回来把办公室的工作做完。

12 月 31 日

上午 9 点离开这里前往贝德福德视察第 37 步兵旅。路上因为大雾和堵车，晚了大约二十分钟才到。在那儿会见了这个旅的指挥官洛瓦特和第 44 师的奥斯本①。下午 6 点左右回到这里，一直工作到晚饭时分。

还剩下四十五分钟就要过完 1940 年了！这注定是会载入史册的一年，德国人在意大利人的帮助下席卷欧洲，战事逐渐进入白热化，不过还远没有到结束的时候。敦刻尔克战役将会成为由于政治因素误导军事的灾难性案例之一。同时它也是死里逃生的最佳案例之一。不过我认为，英国挫败德国企图通过空战入侵英伦的图谋，极有可能成为英国军队最伟大的胜利之一，同时也将随着首相那句无与伦比的名言"人类战争史上从没有如此多人的命运寄托在如此少的人身上"而流芳百世！

我个人感觉，今年是我人生中任务最重、责任最大的一年。回首想来，对我来说有一个因素无比重要，就是你以及你所象征的这世上一切真善美，对我现在乃至今后人生的影响。你以及你内心对上帝的沉静笃信，无时无刻不在增强我对他的信仰。如果我能够顺利负重前进，90% 要归功于你以及你对我的影响。我必须感谢上帝特别垂青于我，让我能与你相会，得以一窥人间至美。

1941 年以入侵的忧惧稍稍消散为开端。在寒冬中，任何跨海登陆作战的可能性都不大，这种态势起码要延续到春天或初夏。然而，很难预

---

① 埃德蒙・阿奇博尔德・奥斯本（Edmund Archibald Osborne, 1885—1969），英国陆军中将。——译者

测战争下一步将走向何方。不过我作为本土军的最高指挥官,任务却很明确,那就是把本土军捏合成一支有效的作战力量,要么能抵御任何来犯之敌,要么能作为远征军派到任何战场展开反攻。

没有迫在眉睫的入侵之忧,给了我们宝贵的喘息之机。为了让部队能够充分履职,我们还有数不清的工作要做。部队的训练还不完整;装备依然紧缺,尤其是装甲部队;编成需要大量的测试;陆空协同基本上还看不到影子;最重要的是,高级指挥官还需要大量培训和优胜劣汰,否则很难形成真正的战斗力。

1941年1月1日

上午待在办公室。新西兰部队指挥官前来道别。培训主管莫德前来商量教育培训工作。新任陆军大臣马杰森过来吃午饭。他机敏、精力旺盛,充满了雄心壮志,对我们的所有工作都显得饶有兴趣。晚上给司令部的军官们讲授了第2军在法国的行动。天气变得很冷,我得了重感冒,头痛欲裂,感觉生活中的一切都黯然失色了。

1月2日

上午11点从亨登飞赴利物浦。天气十分寒冷,大地被白雪覆盖。会见了"科珀"芬利森,与他一起检阅了其中一支新组建的海防旅。然后又去看了他新建的战地司令部(西部军区),在他的办公室里一直呆到晚上8点半。接着他叫来安迪、邓肯和他的参谋长与我们一起吃晚饭。他的夫人与女儿也同时在座。我感冒流涕,感觉糟透了。

1月3日

上午9点出发,参观了第5师的初级军官学校、连级指挥官学校及国王属苏格兰边民团的一个营。天气依然寒冷,我感冒流涕的症状愈加严重。下午3点从克鲁郡坐火车出发，三个小时后抵达尤斯顿火车站，头痛欲裂。

1月4日

搬进了位于内阁作战室附近的新办公室（就在工程部办公室的楼下）。办公室很不错，在战时肯定能发挥出良好的作用，我们在楼上应该还有一层，不过还没交付使用。

司令部位于大楼地下室的深处，周围覆盖有加厚的钢筋混凝土。由于一部分位于大楼中央的地下井下面，这个部位覆盖了好几层反潜阻拦网，以防止炸弹钻入炸响。所有的办公室都配备了特制的换气扇、电话、电报机及地图室，等等。这个办公室从各方面来讲都很棒，除了有一个缺点，那就是离丘吉尔太近！

告别了通讯主管切特伦奇，并迎来新的继任者。加拿大国防部长拉尔斯顿[1]过来与我共进午餐，我们进行了富有成果的谈话。晚上回了家。

1月5日

上午待在费尔内街，晚上前往参谋学院参加由我组织的大型装甲部队演习。所有指挥主官、第4军指挥官以及装甲师师长、装甲旅旅长参加了演习。晚饭后作了开幕讲话。参加开幕仪式的人员众多，包括第5集团军全体指挥官、第6军指挥官和全体装甲师师长和装甲旅旅长。我的讲话结束后，陆军部军情部门为我们介绍了德军装甲师情况。

---

[1] 詹姆斯·莱顿·拉尔斯顿（James Layton Ralston, 1881—1948），加拿大政治家。——译者

1月6日

　　上午进行了有关装甲师组织、通信联络和指挥的授课。午饭后进行了伞兵、滑翔机、架桥车以及各种装甲车辆的展示。晚饭后迪尔从陆军部赶来，进行了一场极为精彩的授课。他的状态比我长久以来看到的都好。

1月7日

　　真是艰难的一天！一开始和里奇协调空地协同，接下来继续进行装甲师演习。我发觉在演习过程中不断地听到各种回答、提出批评、作出正面评价，真的挺累人。开始下雪了，十分寒冷。

1月8日

　　完成了装甲师演习的最终环节后，我作了闭幕发言。这让我得以向部队灌输更多的攻击精神，也让我有机会对当前缺乏高质量训练的现状表达了自己的看法。在俱乐部吃了午饭，下午待在办公室。因为天气的原因，晚上没有了轰炸，一晚平静。

1月9日

　　白天留在办公室赶拉下的工作。晚上是令人讨厌的月明风清，德国人又开始猖狂了。

1月10日

　　首相召开了三军指挥官季度例会。参加会议的有三个军种的内阁大臣、全体海军高级指挥官、全体皇家空军高级指挥官、北爱尔兰地区英军司令波纳尔、防空司令派尔和我，当然还有各位参谋长和"巴哥犬"伊斯梅。会议议题只有三个，但其中有两个是我的，所以我还是很忙。

我提出的意见是，地中海国家向轴心国倒戈会导致入侵风险的增加，以及从本土抽调过多部队外派的危险性。

在讨论过程中，我指出了一个令人扼腕的问题，战争已经打响一年半了，我们依然普遍缺乏步枪、子弹、曳光弹、博伊斯枪及相关弹药、反坦克炮、坦克、装甲车，等等。这导致了丘吉尔的不快。会后他向迪尔抱怨，他对我支撑这么大，我却还是在会上吐槽装备紧缺，真是忘恩负义！我认为现在是战争时期，我身上所肩负的责任赋予我权利和义务，要让大家认识到目前存在的问题。

会议一直开到午饭时间。接着我和托维①就如何在入侵时运用本土舰队防御展开了热烈讨论。午饭是在俱乐部吃的。下午在办公室工作，晚上和伯蒂一起吃了晚饭。

1月11日

上午结束办公室里的工作后，中午与吉米·哈里森②一起吃了午饭，然后在下午茶时分及时赶回了家里。

1月12日

在家里陪你。

1月13日

早上8点出发，一路上大雾相伴。中午和佩吉特、芬勒特·斯图尔

---

① 约翰·托维（John Tovey，1885—1971），英国皇家海军元帅。——译者
② 詹姆士·哈里森（James Harrison，1880—1957），昵称"吉米"，英国陆军少将。——译者

特以及《泰晤士报》的主编一起吃饭。截至目前还是一片平静，没有轰炸机的影子。

1月14日

伯蒂·布鲁克上午9点半来接我，我们花了一天时间视察了由弗雷泽①指挥的第24独立旅。大部分部署在伦敦南部的珀立-温布尔登地区。晚上回到办公室，在吃晚饭前又工作了几个小时。

1月15日

上午在办公室工作，为了方便出席明日在弥勒庄园②召开的装甲部队会议，下午回了费尔内街。又开始下雪了，路况很糟糕。

1月16日

上午9点来到汉普郡的弥勒庄园参加装甲部队演习。指挥的是"Q"马特尔。各支装甲师和坦克旅的指挥官都汇聚一堂。下午6点左右才回家。

1月17日

在弥勒庄园，和昨天的安排差不多。演习很有价值，应该会对装甲部队带来不小的帮助。

1月18日

装甲部队演习在下午1点多结束。我回到了费尔内街，一整个下午

---

① 威廉·弗雷泽（William Fraser，1890—1964），英国陆军准将。——译者
② 弥勒庄园（Mimley manor），坐落于伦敦西南部汉普郡的国家森林保护区，是维多利亚女王时代留存的文物保护庄园，占地38公顷。——译者

都在做木工活。雪下得更大了。

1月19日

大部分时间都在干木工活。雪停了。

1月20日

今天是潮湿阴暗的天气。上午8点从费尔内街出发，参加参谋长会议，讨论了遭遇入侵时候的难民安置、德国人一旦施放毒气时的应对、海军恢复航标设施，以及由我提出的重新掌控奥克尼群岛①和设得兰群岛②的议题。下午回到办公室工作。

1月21日

上午10点出发视察第55师，发现他们正在进行一场师级规模的沙盘推演，一直持续到午饭后。然后我们开车前往设置在巴斯福德公园（杜维尔顿男爵府邸）的第55师师部。杜维尔顿过来一起吃了晚饭。饭后我礼节性拜访了他。克茨沃尔德丘陵③地区整个被寒冷泥泞的雪地所覆盖。

1月22日

对第55师的视察工作一直持续到下午3点，接着驱车赶回伦敦，参

---

① 奥克尼群岛（Orkney），是苏格兰北部的一个群岛，位于英国北部海岸附近。该群岛是英国皇家海军在斯卡帕湾的重要基地，在一战和二战中均发挥了重要作用。二战开始后不久，德军潜艇就是在该基地击沉了"皇家橡树号"战列舰，并开始封锁那里。——译者
② 设得兰群岛（Shetlan），位于英国东北部，在奥克尼群岛东北约80公里处。——译者
③ 克茨沃尔德（Cotswold），位于英格兰西南部，属丘陵地带，范围从最南端的巴斯到最北端的奇平卡姆登。——译者

加今天开始的大规模本土防御演习。我们已经把司令部里所有重要的东西都搬入了战时指挥部。接下来的三个晚上，我都要睡在办公室旁边的战斗掩体里了。根据演习的设计，假设目前德军已经侵入了加那利群岛①、冰岛和爱尔兰。

1月23日

本土防御演习一整天都在如火如荼地开展，从苏格兰到德文郡的海岸线上入侵全面爆发。指挥部运行有条不紊。

1月24日

又是一整天的激烈战事！下午陆军大臣与帝国总参谋长过来观摩了演习的进展情况。

1月25日

下午1点结束演习后回家度周末。很高兴搬出了地下办公室和卧室，里面实在是太闷了。

1月26日

周日在家基本就在干木工活。因为感冒的缘故，不停地擤鼻涕。

1月27日

上午在办公室工作，之后为观摩第15师的演习去了第11军军部。

---

① 加那利群岛（Canary Islands），是非洲西北海域的岛屿群，面积7 273平方公里，是西班牙的一个自治区，1497年起沦为西班牙殖民地。地理位置重要，是西班牙至美洲海上航路不可缺少的基地，哥伦布四次西航的船队都在该群岛得到补给。1936年佛朗哥将军以此作为其举行民族主义政变的最早基地，由此前往西属摩洛哥。——译者

天气又干又冷。晚上和马西一起待在他的司令部。

1月28日

早晨6点半起床，观摩第15师的夜行军。因为感冒头痛，一整天都不舒服。

1月29日

感冒好多了。白天待在办公室，下午4点15分到陆军部参加会议，讨论切分东部军区与编组七个新本土师的细节问题。中午与吉米·哈里森夫妇一起吃了午饭。

一段时间以来，我一直为东部军区司令部发愁，这个军区大部分都是高危地区，而且范围实在太大，光靠一个司令部难以做到有效掌控。其覆盖范围包括从沃什湾至泰晤士河的整个东安格利亚地区，以及从泰晤士河至除朴次茅斯之外的南岸地区。泰晤士河与伦敦本身将其一分为二，并使之难以相连，从而阻碍了预备队的快速横向运动。盖伊·威廉姆斯从战争开始时就担任了军区司令官，但我对他的作为并不满意。作为一名工程部队出身的军官，他天然地倾向于构筑防线。如果我们有那么多部队填进去倒还情有可原，问题是我们没有。手头就那么点儿预备队，我可不想让他们钉死在防御工事里。我的想法是让他们以机动形式处于主动防御状态，时刻做好对任何踏上我方滩头敌军开展反击的准备。故此，我决定把东部军区沿着泰晤士河一分为二，目前让威廉姆斯继续执掌北半部，南半部则由我的参谋长佩吉特来指挥。我还选了"神算子"劳埃德接替佩吉特的职务。由于"神算子"在敦刻尔克大撤退时曾出现过精神崩溃的问题，不少人诟病我的决定。然而，我很清楚他那次崩溃的前因后果，深信他在我麾下决不会重蹈覆辙，一定能做出令人

战争日记（1939—1945） 219

满意的成绩。

1 月 30 日

在办公室待了一天。很快佩吉特就要走了，"神算子"劳埃德会接替他的职务担任我的参谋长。佩吉特的新任务是筹建东南军区司令部。他从一开始就和我的司令部一起风雨同舟，他的离去对我们来讲是一个重大损失。不过我坚信劳埃德能够不负所托。与（原文无法辨认）一起在伯克利共进午餐，主要是商讨战争善后事宜。在我看来，这些问题比战争本身更为复杂！今天是个大雾天，白天有过零星几架飞机出现在伦敦上空。

1 月 31 日

前去视察位于赫特福德郡摩尔公园①的东部军区连级指挥官学校。看上去表现不错，说明工作非常出色。午饭后，安迪·麦克诺顿过来找我，质问为什么在上周的演习里"滥用"加拿大军！！（因为演习过程中发生的状况，我被迫把加拿大军一分为二，并把一个师调拨给另一个军。）这并非出于"惯例"。不过经过一番沟通，我们还是妥善解决了这件事，现在一切都好了。然而，有"法"② 可依并没有让事情变得更简单，反而使调动自治领军队比调动盟军部队还难！

> 我引用这个事例，是为了充分说明麦克诺顿对待法案的教条态度。他那有限的战略眼光不足以让其明白，在生死攸关的情况下，

---

① 摩尔公园（Moor Park），英格兰赫特福德郡三河区的私人住宅区，位于伦敦市中心西北约 24.9 公里处。——译者
② 据译者推测，这里应该是指 1867 年通过的《英属北美法》（British North America Act），同意加拿大成为自治领，并在 1982 年前一直是加拿大宪法。——译者

任何法案都不应成为阻碍部队战略部署的理由。

2月1日

为了能及时下班回来吃午饭，我上午在办公室里忙得不可开交。最终得以在 12 点半出来。陪了你一下午，出去散了步，我还干了一会儿木工活。

2月2日

睡了一个懒觉，终于迎来了一个懒洋洋的周日上午！下午 6 点不得不赶往契克斯庄园，说好要在那儿过夜的。晚上 7 点 45 分抵达。参加派对的有首相及其夫人、女儿，安东尼·艾登及夫人，副首相艾德礼[1]，林德曼教授[2]（首相的科学顾问，人称"教授"）和秘书。晚饭过后架起了幻灯机，我就最近举行的本土防御演习作了一个汇报。他们对此都很感兴趣，首相对目前的防御措施表示了赞许。但他还是不愿相信，尽管有目前的海空反制措施，发生规模性入侵的可能性依然

---

[1] 克莱门特·理查·艾德礼（Clement Richard Attlee, 1883—1967），伯爵。他乐于帮助贫困人民，自 1907 年起就成为一个社会主义支持者。他的服役经历让他在工党同僚中鹤立鸡群。1922 年成为下议院议员，1935 年成为工党领袖。1940 年 5 月起加入丘吉尔的联合政府，先后担任掌玺大臣、自治领大臣、枢密院议长。他实际上一开始就扮演了副首相的角色，直到 1942 年 2 月正式担任该职务。除了性格和外貌迥异外，他和丘吉尔合作良好。1945 年工党大选获胜后他成为首相。——译者

[2] 弗雷德里克·亚历山大·林德曼，查韦尔子爵（Frederick Alexander Lindemann, 1st Viscount Cherwell, 1886—1957），英国牛津大学教授，物理学家，是 1940、1950 年代对英国政府颇有影响力的科学顾问。1940 年 5 月丘吉尔出任首相后，任命林德曼为政府科学顾问；1942 至 1945 年任主计大臣，1943 年兼枢密顾问官，深得丘吉尔器重。林德曼主张对德国城市实施大规模、区域性战略轰炸，以打击德国民众的士气。为应对英国本土的食品短缺，林德曼建议丘吉尔将印度洋上 56% 的商船转到大西洋，导致澳大利亚运往印度的粮食大幅减少，造成孟加拉饥荒中数百万人被饿死，而 1943 年底英国本土的粮食储备却增加到 1 850 万吨的历史最高值。战后 1951 至 1953 年，丘吉尔再次当选首相后，曾再次任命林德曼入阁任主计大臣。——译者

存在。

他甚至暗示，我们这么做的目的是为了让他过高估计可能面临的威胁。我向他保证绝不是那么回事，甚至没有一个演习相关人员知道他会详细听取汇报。我向他强调，从评估者的角度讲，有必要用最充分的威胁来测试防御的强度。不过我的话显然没起什么作用，他多疑的天性已然被唤醒！

2月3日

上午 9 点离开契克斯庄园，在办公室待了一天，最后到多切斯特酒店与伯蒂和他的副官伊万·科博尔德①，以及接替马杰森担任新党鞭的斯图尔特②一起吃了晚饭。

2月4日

上午 9 点出发去会见肯特郡和苏塞克斯郡的地方志愿军指挥官。首先与陪同会见的罗默将军碰头，接着与一大帮依旧热血忠勇的退役军官见了面。下午 6 点回到陆军部，我与迪尔约好在那儿见面。我们一直聊到了 8 点，商量了有关削减参与陆空联合作战的皇家空军中队的事儿。我对空军部把这事儿堂而皇之地拿出来讨论感到很不满意。同时，我们还讨论了军级指挥官的晋升问题，等等。最后，谈到了如何让首相进一步感受到入侵迫在眉睫的重要性。很显然，不管是庞德还是迪尔都告诉

---

① 伊万·穆里·科博尔德(Ivan Murray Cobbold, ? —1944)，英国陆军中校，出生于富裕的啤酒商家庭，伊普斯维奇足球俱乐部(Ipswich Town F.C)主席。科博尔德中校是作者堂弟、伦敦军区司令、昵称"伯蒂"的伯特伦·布鲁克中将的副官，与作者关系密切，经常陪着作者打猎钓鱼、接待宾客。——译者
② 詹姆斯·格雷·斯图尔特(James Gray Stuart, 1897—1971)，英国苏格兰统一党政治家。——译者

过他，他们认为发生入侵的可能性很大，不过他宁愿相信波特尔有关入侵可能性不大的判断。

2月5日

一整天都待在办公室，接见了若干来访者。首先，芬勒特·斯图尔特带着起草给赫伯特·莫里森的信过来找我，他想从沃伦·费雪仍在用来清理伦敦废墟的劳工中抽调人员。接着巴克就调用警察守卫脆弱部位的提议来找我。接下来是石油部长劳埃德来找我，提议把点燃海面作为防御入侵的一种手段。晚上，巴兹尔①（刚从爱尔兰过来）与我一起在拉格俱乐部共进晚餐。上午的时候又开始下雪了。

2月6日

因为天气不佳，不得不取消了威尔士之行。因此转而前往轰炸机司令部，讨论轰炸机在抵御入侵作战中的作用。与皇家空军上将、轰炸机司令部司令理查德·皮尔斯②进行了一场卓有成效的谈话，并与他共进午餐。剩下的时间一直待在办公室。本周起，"神算子"劳埃德接手了佩吉特的工作，他肯定会表现得很出色。

2月7日

又在办公室忙了一天，包括为下一次会议和下一个军级指挥官演习明确细节问题，对上一次演习的细节进行复盘，就疏散肯特郡和埃塞克斯郡海岸居民一事与芬勒特·斯图尔特进行面谈，等等。接到了通知，

---

① 巴兹尔·布鲁克（Basil Brooke, 1888—1973），作者的侄子。1929年当选北爱尔兰议员。1943至1963年担任北爱尔兰总理。三个儿子中有两个在二战中牺牲。——译者
② 理查德·皮尔斯（Richard Edmund Charles Peirse, 1892—1970），英国皇家空军上将。——译者

要求周一前往温莎就演习一事向陛下作汇报。

2月8日

上午在办公室工作，中午与西科尔斯基一起在鲁本斯饭店吃了饭。这顿饭最终演变成了一场讨价还价，波兰人想得到我们的装备，尤其是坦克！他们试图用最好的鱼子酱软化我的态度，结果是我既笑纳了鱼子酱也保住了我的坦克！不过，我还是给出了一些轻型武器，诸如机枪、汤普森式冲锋枪等。接着赶到陆军部与迪尔面谈，我的部队新建计划暂时因为财政因素被搁置了。

2月9日

星期天在家陪你。你的父亲也来了。

2月10日

从费尔内街直接赶往温莎城堡觐见国王陛下，向他详细汇报这次代号为"胜利"的本土防御演习。他依旧风度翩翩，对每个细节都表现出极大的兴趣。之后返回伦敦，在办公室一直工作到午饭时分，首相和"巴哥犬"伊斯梅过来一起吃午饭。他的兴致颇高，午饭后把我的总部逛了个遍。结束后还邀请我们去大楼里他的新单元看看，我们看了他的书房、客厅、餐厅、他夫人的卧室、他的房间、厨房、洗碗房等！！（他就像个正在秀新玩具及其各种玩法的小男孩一样！当然，他在战时内阁会议室、地图室以及内阁成员面前的时候，肯定是一副挥斥方遒的模样。）

下午剩下的时间都在办公室度过，现在正在候车室，准备赶午夜列车前往斯旺西，视察比利时军的第36旅、海防旅以及林尼角装甲部队训练营。

2月11日

火车一路上都很顺利，上午8点抵达了斯旺西。火车站在轰炸中遭到了严重破坏。在宾馆用完早饭后出发，沿着海滩依次视察了第224步兵旅、部分海防炮以及比利时部队。他们取得了很大的进步，但是还不够。在帝国酒店住了一晚，芬利森也过来了，带着厚厚一大本笔记。

2月12日

继续驱车前行，视察了第36步兵旅，在彭布罗克会见了那里的海防指挥官和民防营营长。与韦斯特·肯兹在那儿吃了午饭。接着在瓢泼大雨中穿越泥泞的田野，观摩了该营的演习。结束后前往当地部队总部，会见了阿瑟·梅因与马丁·格雷汉姆。最后于晚上8点半回到斯旺西，在酒店吃完晚饭后乘坐9点40分的午夜列车返回伦敦。

2月13日

上午8点返回，早饭后赶回办公室，迎接繁忙的一天。首先参加了参谋长会议，我就控制奥克尼群岛和设得兰群岛，以及在遭遇入侵时投入特种部队进行了一场激烈的辩论。午饭后不得不去参加由陆军大臣召开的会议，此前我曾提议由民兵师防守海滩，结果被陆军部搞得乱七八糟，这次不得不来收拾乱摊子。事情看起来有点棘手，陆军大臣对此还没有清晰的概念，而且还因为副官长和军需部长处理不当，尤其是鲍勃·海宁作为副总参谋长尸位素餐的缘故，他在陆军部常务次长的影响下对计划持否定态度。他对军事事务一无所知，把事情搞得一团糟。不过现在我已经让陆军大臣同意了计划，一切都走上了正轨，除了毫无必要地浪费了时间。计划是12月15日送呈陆军部的，现在已经是2月13日了，而且程序还没走完。

2月14日

上午 8 点半从这里出发，驱车前往伊斯特本附近，在那儿会见了"大眼"，并和他一起搭乘履带式装甲车穿过唐斯，观摩第 56（伦敦）师的突进演习。接着我们顺路找奥斯瓦尔德·伯利①一起吃了午饭，我第一次见到了他女儿。再次见到他真是太让人高兴了。吃过丰盛的午餐后，我又看了会演习，然后驱车返回，在办公室工作了两个小时，回到这里时已经是晚上 8 点 20 分了。真是漫长的一天。

2月15日

上午大部分时候都待在办公室，午饭后出发赶回费尔内街。

2月16日

陪你在家待了一天。

2月17日

早早来到办公室，待了大半天，下午去了遴选委员会。很不凑巧的是迪尔不在，他和安东尼·艾登去了中东，大概要出差三周左右。在此期间由鲍勃·海宁主持工作！这是位可怜的替补队员，很想吸引点儿注意，不过十有八九会栽跟头。幸好我的观点是入侵并非迫在眉睫。据我判断，德国人的进攻更有可能是以潜艇和远程轰炸机对西部海防区的猛烈攻击开始，再加上对港口的猛烈轰炸，即以"绞杀"而非直接进攻来取得胜利。这样的手段即便不能直接奏效，也能为下一步入侵

---

① 奥斯瓦尔德·伯利（Oswald Birley, 1880—1952），英国肖像画家，皇家肖像画师。伯利的肖像画为英国皇室所喜爱，先后为乔治五世、玛丽王后、乔治六世、伊丽莎白王后等多任国王、王后画像。伯利与丘吉尔是好友，给他上绘画课，并为丘吉尔画了多副颇受好评的肖像。伯利为印度圣雄甘地所画的肖像，被作为印度独立后使用的甘地标准画像。——译者

铺平道路。

> 我其实……从一开始就认为我们投入希腊的行动是一个明显的战略失误。我们在中东的摊子已经铺得够开了,希腊的行动只能导致最危险的兵力分散①。

2月18日

真是艰难的一天。上午10点召开了指挥官会议,一直开到下午4点半。当中陆军大臣过来与我们一起吃了午饭。在会议的最后阶段,大家不得不安慰一下老约翰逊,他因为年龄问题马上就要退役了。接下来从下午5点至6点半参加了一个讲座,然后工作到7点45分。晚饭后就下一次演习为各位军长讲解了两个小时。

2月19日

对我主持的下一场在参谋学院的演习作了最后的复查。然后与巴勒特进行了面谈,他和波特尔相处得不好。最后回家,开始休为期三天的

---

① 希腊战役(Battle of Greece),二战爆发时,希腊宣布保持中立。随着德国在1940年席卷西欧,墨索里尼因为希特勒没有就战争政策征询其意见而恼怒,希望建立独立性,并通过征服希腊配合德国在军事上的成功。1940年10月28日,意大利在最后通牒遭拒后开始入侵希腊。英国在1939年曾宣布"会动用一切力量援助希腊和罗马尼亚政府保持独立";截至1941年4月24日,共有超过六万两千名英联邦军队被派到希腊,包括澳大利亚第6师、新西兰第2师及英军第1装甲旅,组成"W军团",由亨利·梅特兰·威尔逊指挥。1941年3月意军反攻失败,德国于4月6日开始实施"玛莉塔行动"(Operation Marita),经保加利亚大举入侵希腊,4月27日雅典陷落,4月30日德军占领南部海岸,战役以德军取得决定性胜利而结束。希特勒曾将苏德战争失败归咎于援助意大利在希腊的军事行动,令德国推迟了入侵苏联的作战。也有历史学者认为,英国援助希腊是毫无胜利希望的行动,是"政治上感情用事的决定"。本书作者也批评其导致韦维尔缺少预备队夺取利比亚和抵御隆美尔的进攻,延迟了本来应当在1941年结束的北非战役,是"战略上的明显失误"。——译者

假期。

2 月 20 日

大部分时间在做木工活。

2 月 21 日

与"Q"马特尔一起上了海灵岛。我们在那儿与首相和陆军大臣汇合,同行的还有盖伊·威廉姆斯、佩吉特以及诺斯沃兹等。上午看了几场有意思的试验,测试如何破坏设置在海里和陆上的各种用于防御登陆的脚手架障碍。结果发现深水炸弹对设置在海里的障碍效果最好。在陆上,坦克通过近距离射击轻而易举通过了障碍。首相的精神不错。下午 2 点刚过就回来了。

2 月 22 日

忙着做木工活,把照相机和高倍望远镜连接起来。

2 月 23 日

上午去了教堂。下午试了试我的新望远镜,用柯达胶卷拍了些鸟类观测照片。

2 月 24 日

早早出发,在办公室待了一天。中午与石油部长劳埃德一起吃了饭,汉基[①]与"巴哥犬"伊斯梅也在。饭后前往壳牌公司麦克斯大厦观看影片,介绍通过用汽油点燃海面和沙滩来抵御入侵。

---

① 莫里斯·汉基(Maurice Hankey,1877—1963),英国政治家。——译者

这玩意听起来很不错，但由于过于依赖海况，其实没什么实战价值。即便是最轻微的海浪也会令其失效……很明显劳埃德为了捞取政绩，才急于推销他的点子！

2月25日

上午10点，从国王十字车站出发前往约克，下午1点40分抵达。与亚当会面后，直接赶往布里德灵顿观摩第2师组织的演习。天气非常冷，大地一片白雪皑皑。回到约克，和亚当一起凑合了一晚。

2月26日

8点45分出发，赶往利兹的另一侧视察第8装甲师。部队在迪克·麦克里利[1]的带领下渐入佳境。我们一路经过里彭[2]和卡特里克[3]，并视察了位于那里的北部军区武器训练学校防空火炮分校。返回约克的路上顺便造访了罗尼·斯塔尼福斯的家，拜见了他的母亲。天气依然十分寒冷。

2月27日

再次于8点45分出发赶往林肯郡，观摩驻扎在劳斯郡附近的第1师演习。天气非常糟糕！北风夹杂着冰雪掠过白雪皑皑的地面，寒冷刺骨。今天可不是个黄道吉日，我们想看的大部分部队连师长肯尼思·安德森自己都找不到了。最后我们按时赶到了唐卡斯特，想搭3点40分的火车。不过火车延误了半小时才到，我们赶回伦敦时，已经整整晚了一个半小时！

---

[1] 理查德·劳登·麦克里利（Richard Loudon McCreery，1898—1967），英国陆军上将，昵称"迪克"。——译者
[2] 里彭（Ripon），英国北约克郡的一座城市，在哈罗盖特以北约19公里处。——译者
[3] 卡特里克（Catterick），英格兰北约克郡的一个民事教区和选区，在里彭以北约30公里处。附近建有英国最大的军营。——译者

2月28日

在办公室里度过了繁忙的一天，中午和陆军部次长克罗夫特①一起吃了午饭。下午5点半左右出发前往坎伯利，检查由我组织的为期两天的装甲师演习。然后前往皇家军事学院赴晚宴并致开幕辞。全体集团军和军指挥官列席。

3月1日

演习第一天从上午9点开始，下午7点结束。

3月2日

演习于中午12点结束后，我返回了费尔内街。演习应该算十分成功，所有参演人员都觉得颇有收获。在冬季期间我组织的这一系列演习，将有助于各兵团指挥官提升应对入侵的处置能力。

3月3日

一早回到伦敦，在办公室工作了一天。上午举行了参谋长会议。达德利·庞德是你能想象的最迟钝麻木、无所作为的会议主席。天知道首相为什么还能容忍他。

3月4日

上午9点出发，与皇家炮兵少将奥托·隆德一起驱车视察多

---

① 亨利·佩奇·克罗夫特（Henry Page Croft，1881—1947），英国陆军准将，保守党政治家。1930年代，支持丘吉尔反对印度自治法案、呼吁重整军备应对德国威胁。但他曾支持《慕尼黑协定》，原因是认为苏台德地区并入德国难以避免、英国的重整军备工作也尚未完成。1940年5月，丘吉尔组阁时任命克罗夫特为陆军部次长，任职到二战结束。——译者

佛、迪尔①等地的岸防炮阵地，并见了佩吉特和"大眼"索恩。我们察看了9.2英寸、12英寸列车炮及新列装的5.5英寸岸防炮。我着重研究了海滩上的超级榴弹炮在遭遇入侵时如何集中火力。在多佛堡与伯迪·拉姆齐一起共进午餐，并第一次遇见了他的夫人。接着察看了9.2英寸大炮的炮位。当然还看了"维尼"和"小熊"②，这两门大炮可以打过海峡直击法国本土(这些炮可是温斯顿的心头爱，不过我个人认为用它们真的得不偿失。)

晚上回到坎特伯雷，正好在天黑前进了教堂。在半明半暗的灯火下，教堂依然十分辉煌。晚饭后，与"大眼"就防御任务探讨了不少问题。

3月5日

在视察各种火炮的过程中看到了18英寸列车榴弹炮。它被安置在我上次大战指挥过的一座14英寸炮的炮位上。炮长在炮位上贴了一张乔治五世国王的照片，那是1918年他在法国视察部队时的情景，我当时正好在场。我回来时听说，人称"野蛮比尔"的多诺万③上校(罗斯福的特使之一)想要见我。他这人非常有意思，刚刚从保加利亚、希腊、土耳其、南斯拉夫和西班牙兜了一圈儿回来。他向我表示了感谢，并在呈报

---

① 迪尔(Deal)，英格兰肯特郡的一个小镇，位于北海和英吉利海峡的边界处，在多佛东北约8英里。——译者
② 德国赢得法国战役后，为了给登陆英伦提供火力支援，在英吉利海峡一侧部署了多门大口径列车炮和岸基炮，并从1940年8月开始炮击多佛地区。对此，丘吉尔命令在多佛港两侧制高点上部署反击火力，并亲自将两门从乔治五世战列舰主炮备件移送过来用作岸基炮的14英寸巨炮命名为"维尼""小熊"(源自儿童故事书)。但这些炮与德军相比射速缓慢，效果不佳。——译者
③ 威廉·约瑟夫·多诺万(William Joseph Donovan, 1883—1959)，美国陆军少将，绰号"野蛮比尔"。二战时期任美国战略情报局(OSS)局长，被称为中央情报局(CIA)之父。——译者

罗斯福总统的报告中也提到了这一点。晚上和伯蒂一起吃了饭。

3月6日

在办公室与特伦查德一起吃了午饭。我现在已经搬进了新的套间，各方面条件挺完备。受邀下个周末去契克斯庄园。

3月7日

下部队待了一天。上午9点和"红脖子"伊斯特伍德一起出发，在迪兹将军的介绍下，视察了埃塞克斯郡和赫特福德郡的地方志愿军，于下午6时返回。就我所见而言，他们的情况很不错，工作效率也很高。回到办公室后与波特尔和弗里曼进行了长时间面谈，商量在本土军中由谁出面代表我与皇家空军进行协调。目前这方面工作情况不佳。

3月8日

在办公室度过了一个繁忙的上午，当中还参加了一场参谋长会议。今天的议题是关于奥克尼群岛和设得兰群岛的弹药库，由于之前我已经都部署好了，尽管达德利·庞德把会议主持得如此低效，还是没有花费太多时间。及时回到家里吃了一顿晚中饭。花了一下午的时间修理我的新望远镜与柯达摄影机的连接配件。

3月9日

上午待在家里。下午6点15分出发前往契克斯庄园，并于7点45分到达。参加聚会的有首相、澳大利亚总理孟席斯①先生、桑兹和他的夫人、首相的小女儿、林德曼教授，以及秘书等。患着支气管炎的首相

---

① 罗伯特·戈登·孟席斯（Robert Gordon Menzies，1894—1978），澳大利亚政治家，是在任时间最长的总理，前后任职达十八年半。——译者

穿着他的"连体外套"来到晚宴现场,这件一体式的外套看上去就像一件天蓝色的连体童装!他的兴致很高,晚饭后唤人取来他的步枪表演了"斜持式",想要以此取代现有的"托枪式"。紧接着他还表演了几招刺刀劈刺!我和孟席斯聊了一会,发觉他很好相处。幸运的是首相决定早些睡觉,在午夜时分我终于舒服地把自己埋进一张伊丽莎白时代的四柱大床,这件古董的年代可以追溯到1550年前后!在我进入梦乡前不禁在想,这张床在过去的四百多年里经历了各种各样的使用者,里面可有不少精彩的故事!

这晚在我脑海中留下了深刻的印象,因为这是我第一次真正看到温斯顿轻松放开的样子。当时看着他身着连体衣,站在别墅的门厅里舞刀弄枪,简直让我目瞪口呆。我记得当时我在想,要是希特勒看到这样的情景会作何感想。

3月10日

上午9点离开契克斯庄园,大地全都被几英寸厚的积雪所覆盖。白天待在办公室,其间来访的有科克将军、皇家空军上将巴勒特、皇家海军上将乔治·多伊利·莱昂,等等。获悉罗尼·斯塔尼福斯周六晚上大难不死,他正好身在遭受轰炸的巴黎咖啡馆里,当时大约有三十人遇难!布罗卡斯·波罗斯也和他在一起。

3月11日

上午9点离开亨登机场飞往巴恩斯特普尔,途中在老塞勒姆机场接上亚历山大。大雾弥漫,飞机不得不穿过布里斯托尔海峡向大海飞去。到那儿会见了第8军指挥官富兰克林,并前往视察第48师。感觉不怎么样,可以说是一支臃肿懒散的部队,明显缺少精气神。在我信马由缰地穿过西普沃什村①和托里奇河上的桥时,还把一条跳上岸的三文鱼放回了河里!在奥克汉普顿与一支反坦克团一起吃了午饭。我们在艾克斯茅斯结束了视察工作,晚上在当地旅馆过了夜。

3月12日

一早出发前去视察第50师。寒风凛冽,天气比昨天更恶劣。最后从西佐兰机场起飞返回伦敦。当时大雾弥漫,飞行员起初拒绝起飞,我们做好了开车回去的准备。回到伦敦时已经是下午5点30分了,我回了办公室。

3月13日

在办公室度过了一天。我原本上午要参加一场参谋长会议,不过后来推迟了。西南地区专员休·埃利斯午饭前来看我。午饭后我不得不为国家肖像美术馆和画报需要的照片摆了一系列姿势。到了谣言四起的时节。德国人下一步会向哪里去?如果他们闯入俄国我将毫不意外。从不少角度看,这都是最有可能的行动路线。不过,不管下一步他们攻向何方,对英国的"绞杀"都仍将继续,他们还会全力攻击商贸路线、西部海防区、西部的港口和工业区。如果这些手段能充分奏效的话,最终将开始入侵。同时,我们的准备工作也取得了明显进步。

3月14日

在办公室里工作了一小时,然后前往亨登,准备飞往盖特威克②视

---

① 西普沃什村(Sheepwash),英国德文郡托里奇区南部边界的一个小村镇,其南部边界紧邻托里奇河。——译者
② 盖特威克(Gatwick),英国西萨塞克斯郡克劳利附近一个大型机场,距离伦敦市中心大约45公里。——译者

察第 239 和第 26 飞行中队。在第 239 飞行中队那里吃了午饭后,接着飞往奥迪厄姆①视察第 400 侦察机中队。下午 4 点飞返亨登,并回到办公室又工作了几小时。今天天气不错,第一次真正感受到春天来临了。回来的时候我让飞机飞过费尔内街,不过尽管我们绕着房子盘旋了一圈儿,还是没有发现你和孩子们的影子。

3 月 15 日

　　参加了参谋长会议,讨论副总参谋长提交的有关入侵的报告。内容乏善可陈。午饭后启程返回费尔内街。

3 月 16 日

　　在家用高倍望远镜拍片子。

3 月 17 日

　　上午 8 点离开费尔内街驱车前往伦敦,在办公室工作了一小时后,坐车前往凯特林,观摩装甲军支援演习。我在那儿遇到了亨利王子,并由他安排观摩了为期两天的演习。我发觉他风度翩翩,不过不喜言辞。不过晚饭后他打开了话匣子,还算走运的是,我们在午夜前躺到了床上。我分到了一间皇家卧室,罗尼告诉我,这间房间是玛丽王后驾临时特别为她准备的房间,的确非常舒适。

3 月 18 日

　　上午 8 点半出发,观摩剩下的演习项目。这次的演习很有意义,有助于装甲部队的应用进一步形成章法。为了陪亨利王子,我大约下午 3

---

① 奥迪厄姆(Odiham),英格兰南部汉普郡的一个大型村镇,村南建有皇家空军基地。——译者

点 20 分出发。参观了马场、马厩，等等。喝完下午茶后开始研究报告，一直到将近晚饭时分。饭后亨利王子开始回忆他在法国最后的那段日子，我当时就感觉今晚肯定睡不了了！！还好罗尼在凌晨 1 点提醒我们该睡觉了，终于救了大家。我很想知道，他在法国的英国远征军总部的时候被戈特搞得有多惨。很显然直到最后那里还有不少倾轧。

我从戈特那里听到过不少有关内容，知道亨利王子一直很紧张。因此他才会要我带他去我的部队喘口气，并让他下到某个师部去积累实战经验。我送他去第 4 师跟着约翰逊，而且记得直到德国人打过来时他还在那里。那天晚上，令我惊讶的是他对各种细节有着极强的记忆力。在他对各种事件的描述中，总是会对最琐碎的细节进行大量的解释。当时他站或者坐在哪里，面向何方，家具是怎么摆的，门开得多大，酒放在哪里，是不是已经喝了一半，等等。所有这些大多数人可能早就遗忘的小细节，看来在他脑海里留下了深刻印象。

3 月 19 日

上午 9 点出发，花了一天时间视察布罗卡斯·波罗斯的第 9 装甲师。他们的进步很大，最终会成为一支强大的部队。晚上 7 点回到办公室，最后又工作了半小时。从"神算子"那儿得知，鲍勃·海宁把陆军部搞得前所未有的糟糕。我真希望迪尔能早点儿从埃及回来，把工作都拉回正轨。

3 月 20 日

白天待在办公室，期间不断有人造访。起先是林塞尔、"神算子"和莫克勒–费里曼①，然后是"红脖子"伊斯特伍德带着两位正在对地方

---

① 艾瑞克·爱德华–莫克勒–费里曼（Eric Edward Mockler-Ferryman, 1896—1978），英国陆军准将。——译者

志愿军进行考察的美国人。接着就拆弹部队工作与泰勒进行了面谈。午饭后，在我的办公室里接受有关我的新闻影片制作人的采访，讲了几句。下午茶的时候亨利王子来了，之后"丑鬼"巴勒特过来讨论空地协同作战问题。最后是陆军部发来的有关重组军队的文件，为了准备明天上午 10 点半陆军大臣会议上用的发言提示，我一直工作到晚上 11 点半。

3 月 21 日

上午 10 点半参加了陆军大臣召集的会议，讨论如何回应首相对军队未来功能发挥的关切。我昨晚 7 点才收到这份文件，整个报告空洞的无可救药，而且是基于对国防理念的错误认识。如果迪尔在的话，他会在起草初始阶段就和我商量透，这样情况就会简单许多。我不得不全盘否定这篇报告，并让陆军大臣同意重新再来。会后，他叫我留下来，商量威廉姆斯和卡林顿的接替人选。之后还问我，为什么与陆军部的协调沟通没有达到应有的效果。我不得不承认，如果迪尔在那里的话，事情不会走到今天这副田地。

3 月 22 日

在办公室度过了一个繁忙的上午，下午 4 点半参加了陆军部会议，讨论如何重新起草我昨天否定的那份报告。我感到按照新的框架来肯定会好很多。最后在晚饭前赶回了家，发觉小泰先生还赖在床上不开心。

3 月 23 日

前往桑德赫斯特参加教堂巡游，然后去了（原文无法辨认）威尔士的家。游行非常不错，不过被雨天稍稍破坏了些气氛。

3月24日

上午8点离开费尔内街。11点15分到陆军大臣那儿，和他商量了大约一个小时，讨论盖伊·威廉姆斯和弗雷迪·卡林顿的继任人选问题。我觉得现在有了最佳方案，准备本周和佩吉特谈一次，看怎样才能最好地满足他的要求，同时这个方案也涉及用蒙哥马利替换"大眼"。

一段时间以来，我认为有必要对高级指挥官做一些调整。盖伊·威廉姆斯从一开始就待在东部军区司令部；尽管他的组织管理能力出众，但战略和战术水平却不足以承担起岛上最具威胁的防线之防守重任。我决定让劳伦斯·卡尔①来接替他。我对此人抱以厚望，不过不幸的是他至今还没有拿出令人信服的成绩来。在苏格兰，换掉弗雷迪·卡林顿简直是众望所归。我决定让"大眼"索恩接手这个军区，并让蒙哥马利转而负责防御危险的英格兰东南部。

科克邀请我与他一起到拉格俱乐部共进午餐，一同受邀的还有梅尔切特勋爵②。后者在美国参与了军火生产，不久前刚回来。之后到陆军部参加了遴选委员会会议。

3月25日

早上9点出发前往亨登。到了那儿才有人告诉我，我准备前往的朗廷机场尚未完工，所以他们会把我送往相距6英里不到的另一个机场。我们起飞了，我既无法在地图上找到我们的线路，也搞不清楚到

---

① 劳伦斯·卡尔(Laurence Carr, 1886—1954)，英国陆军中将。——译者
② 亨利·蒙德，梅尔切特二世男爵(Henry Ludwig Mond, 2nd Baron Melchett, 1898—1949)，英国保守党政治家、工商业巨头。——译者

底会去哪儿。当我们降落的时候，我问"这地方离哪里近？"他们回答我说是诺丁汉！离我真正想去的诺福克海岸相距大约要150英里。这个错误究其原因就是有一个名字接近朗廷的机场正在建设中。现在别无他法，只能再次登机重新飞往朗廷，结果稍微迟到了些。在那儿会见了奥斯本和欧赞（诺福克师指挥官）。在他的陪伴下花了整整一天视察防线，最后到了下午5点半才结束诺福克之行，我准备从那儿坐飞机回来。不过很不走运的是，飞机的一台发动机坏了，我不得不留在诺维奇过夜了，欧赞帮我安排了住处。伦敦派来的车半夜1点到达了。

3月26日

上午8点45分离开诺维奇，驱车前往伊普斯维奇南部，在那儿会见了约翰·普里斯特曼，并与他一起视察了他的部队——埃塞克斯郡师。天气极为潮湿，整个地区都在下雨。和伯蒂一起吃了晚饭，他还邀请了美国《每日新闻报》的编辑。

3月27日

在办公室待了一整天，赶前两天的工作。

3月28日

一早把佩吉特找来，商量安排"大眼"索恩去苏格兰替换弗雷迪·卡林顿的事。之后国王陛下过来吃午饭。我在大门口迎接他，带他坐电梯到了我的办公室。在汇报了我的部署之后，带他下楼去了作战指挥部，然后从那里去食堂吃午饭。他一如既往地风度翩翩、平易近人，让人感觉如沐春风。送走他后，我去了加拿大军参谋学院，看了一场精彩的行军表演。

3月29日

上午在办公室工作,下午及时赶回家里吃了一顿晚中饭。

3月30日

在家休息。

3月31日

上午8点离开费尔内街,在办公室度过了忙碌的一天。上午参加了参谋长会议,下午与陆军大臣面谈。当中还进行了好几场谈话。

4月1日

上午8点出发前往朴次茅斯。天气极为恶劣,路上经历了两场暴风雪,彼德斯菲尔德①附近的山脊上积了1英寸厚的雪。视察了朴次茅斯的部队。那里遭受轰炸后的一片狼藉让我记忆深刻,整个地区像被夷为了平地。因为坐快艇上怀特岛动静太大,我改坐了渡船。把整个岛完整地看了一遍之后,坐雅茅斯港的渡轮返回。怀特岛上目前驻扎了五个营,防御部署看起来还不错。在本土陆地上又继续视察了两个营部,最后前往第5军军部,找蒙哥马利解决住宿问题,他帮我安排得不错。

4月2日

上午9点出发前往桑德班克斯②,到那儿视察索福克斯营。接着沿着海岸线飞往艾克塞特。天气又变得极为恶劣,上下颠簸,能见度很

---

① 彼得斯菲尔德(Petersfield),英格兰东汉普郡地区的村镇,位于朴次茅斯以北约27公里处,附近有国家公园和绿沙山脉。——译者
② 桑德班克斯(Sandbanks),英国多塞特郡普尔港的一个小型半岛地区,位于英吉利海峡沿岸,以海岸线与房地产著称。——译者

差，最后我们只得从接近艾克塞特的地方返回。回到办公室后又工作了几个小时。

4月3日

上午参加了参谋长会议，剩下来大部分时间都忙于办公室工作。伯蒂过来喝下午茶，我带他好好参观了下战时司令部。

4月4日

午夜时分听到了我们失去班加西的消息①！这绝不是一个好兆头，看上去我们以牺牲的黎波里②防线来增援希腊的做法，已经到了相当危险的地步。

离开亨登飞往内瑟拉文，我在那儿乘车前往蒂尔谢德③视察皇家空军的陆空联合作战中队。中午和他们一起在圣玛丽柯林顿镇吃午饭，那里不禁让我想起了老拉尔夫·哈里森，以及与他一起在那儿搞演习的往事。接着乘车回到内瑟拉文飞往西英格兰，视察另外一个中队。最后飞回亨登，回来前在办公室工作了一小时。刚才听说我又损失了另一个坦克旅。

4月5日

上午在办公室工作，下午回到家吃了顿晚中饭，然后帮着搭起了

---

① 班加西(Benghazi)，位于利比亚北部地中海锡德拉湾沿岸的一座港口城市，也是该国第二大城市。英军在"指南针行动"告捷后，丘吉尔即开始把兵力调往希腊。而韦维尔也未对前来增援的隆美尔引起足够重视，认为德军暂时不会发动进攻。隆美尔尽管兵力并不充足，但在经过一番侦察后断然发起了进攻，3月31日攻陷了利比亚北部重要港口卜雷加，4月2日占领了利比亚北部重要城市阿杰达比亚。4月3日，英军为避免遭到歼灭，放弃了班加西。——译者
② 的黎波里(Tripoli)，利比亚首都，全国政治、经济与文化中心，是利比亚最大的国际化大都市和地中海沿岸的重要港口。——译者
③ 蒂尔谢德(Tilshead)，英格兰南部威尔特郡的一个村庄，靠近索尔兹伯里平原的中心。村庄西南面建有皇家空军蒂尔谢德机场。——译者

鸡舍。

4月6日

今天是个寒冷的冬日，我用黄铜配件制作相机支架。

4月7日

上午 8 点赶回伦敦。中午和科克在拉格俱乐部吃午饭，他还邀请了帝国化学工业公司的董事长。午饭后繁忙的工作。巴兹尔晚上到拉格来和我一起吃了晚饭。

4月8日

乘车到卢顿附近参观威廉姆斯新组建的东部军区司令部。就他所面临的问题和困难做了一番长谈。乘车回来与罗尼一起在骑兵俱乐部吃了午饭。然后坐车前往温特沃斯营地参观我们的备用指挥部，看看我们今天的进驻演练情况如何。

这座深埋地下的防空掩体内设有办公室和宿舍，并连入了覆盖整个英格兰的通信系统。如果我在入侵中迫于轰炸威胁出了伦敦，倒是有可能搬入温特沃斯，在那里继续指挥战斗。

听说迪尔周四就回来了，真是非常期盼他能回来。

4月9日

在办公室待了一上午。在俱乐部吃过午饭后，参加了遴选委员会会议。下午茶后，与新闻大臣、卫生大臣、内政大臣和苏格兰事务大臣一起出席了约翰·安德森爵士召集的会议，讨论东海岸居民和度假旅游人员的疏散问题。晚上和伯蒂一起吃了晚饭。

4月10日

上午 9 点出发，前往刘易斯观摩加拿大军司令部会同加拿大第 1 师组织的一场演习。安迪·麦克诺顿正在卧床休息，因此由邓普西接手了指挥权。从师、旅级指挥官的效率来说颇令人失望。看到这样一支优秀的部队却被如此平庸的指挥官指挥，真是让人感到非常遗憾。晚上回到办公室，工作了两个小时。

4月11日

在办公室里工作了一天，下午 5 点下班回家，开始休为期三天的复活节假期。

4月12、13 和 14 日

在费尔内街度过了如天堂般快乐的日子，暂时忘却了战争带来的恐惧和焦虑。

4月15日

上午 8 点出发。9 点 45 分与盖伊·威廉姆斯进行了一场极为艰难的谈话，他不愿前往新西兰负责那里的防务。迪尔过来一起吃午饭，我和他聊了很长时间。他现在回来重新执掌陆军部，真让人感到如释重负。

4月16日

上午 8 点 45 分离开这里，从亨登起飞前往林肯郡，视察那里的林肯郡师。会见了指挥第 1 军的卡尔与指挥林肯郡师的海伊。用了一天时间视察了相关部队和防线。在格林姆斯比附近结束了视察工作，下午 5 点半从那里起飞返回，并于 6 点半降落在亨登机场。回到办公室工作了一小时。

4 月 17 日

上午 10 点主持召开了一场指挥官会议，一直开到下午 1 点半。大家一起吃了午饭，饭后迪尔花了一个半小时，给我们介绍了他和安东尼·艾登最近出访中东的经历。这段讲话极为精彩。我一回来就被陆军大臣叫去与军需总监一起开会，商讨汽油储备告急以及如何有效削减供给的方法。为了不让这事影响训练伤透了脑筋。

4 月 18 日

上午 8 点 15 分出发前往多佛，在那儿与"大眼"索恩与查尔斯·奥尔弗里会面，与他们一起视察第 43 师的防线，包括多佛到沃尔默、迪尔、拉姆斯盖特、马盖特、赫恩海湾和惠特斯特布尔等多个地方。最后于下午 6 点 45 分回到这里，在办公室工作了一个小时。

4 月 19 日

上午 9 点 15 分与农业大臣会商，如何处理地面防止敌方飞机降落、同时又要避免影响农业生产的问题。我发现，他对我们的计划具体如何实施有个很夸张的想法。之后吉米·哈里森过来与我一起吃午饭，晚上赶回家度周末。

4 月 20 日

又度过一个与你相伴的完美假日。

4 月 21 日

上午 8 点离开费尔内街，9 点 15 分到办公室，工作了一个小时。接着参加了由内政大臣赫伯特·莫里森召集的会议，参会的还有卫生大臣、教育大臣、食品大臣、运输大臣和苏格兰事务大臣，等等。不管是看上去还是听起来都是场无足轻重的会议！我们讨论了继续向游客开放东海岸的可行性。从一些发言很容易发觉，有人很可能还没有意识到战争已经打响了！蒙哥马利过来和我一起吃午饭，和我谈论了从"大眼"手里接受新部队的情况。午饭后参加了参谋长会议，会议一直开到了下午5点。之后，科里①过来找我讨论国内盟军部队的问题，莫尔特比过来和我讨论陆空联合作战中队的事，马特尔过来和我商量从国内抽调六十辆"巡洋舰"坦克增援中东的事！这对本土防御来说无疑是个重大打击。（这是迪尔的决定，后来事实证明他是对的，不过当时对我来讲真是有点儿难以接受。）

4月22日

上午9点15分从亨登出发前往普利茅斯。上午风和日丽，能见度很不错，一路景色壮阔，最后正好飞过达特姆尔高原②。昨晚遭到了空袭，普利茅斯依然在燃烧！我们降落在罗斯波勒机场，降落时我还看了一眼堡垒山庄。会见了第3军的富兰克林、德文郡和康威尔郡师的摩根、青年士兵营的指挥官、机场塔台指挥员及反坦克手！在罗斯波勒观摩了一场小型演习。然后驱车前往（原文无法辨认），观摩了另一场连级演习。从那儿出发，先后来到斯莱普顿沙滩、达特茅斯、佩恩顿、托基、廷茅斯，并返回艾克塞特机场，搭乘下午5点半的飞机于6点45分回到了亨登。然后在办公室里花了半个小时工夫，为明天的参谋长会议准备了些材料。

---

① 乔治·诺顿·科里(George Norton Cory，1874—1968)，英国陆军中将。——译者
② 达特姆尔高原(Dartmoor)，位于德文郡，建有一个国家公园。——译者

4月23日

上午参加了参谋长会议,会后在拉格俱乐部一起吃了午饭,正好威尔金森一家也过来了,再次见到他们真是让人感到高兴。然后在下午3点45分与陆军大臣进行了一次面谈,试图让他在战时内阁中,就可能遭受入侵持更加坚定的态度。最后在晚上驱车回到费尔内街。

4月24日

参加了林塞尔在桑德赫斯特皇家军事学院组织的后勤补给研讨会,很有价值。大约晚上7点回到费尔内街。

4月25日

上午8点从费尔内街出发前往伦敦。上午待在办公室,中午与澳新军团的将领们在海外俱乐部共进午餐。我坐在德莱尔旁边,本来还打算让伊安·汉密尔顿[①]坐在我左边,不过他在参加一次教堂活动后轻微中风了。午饭后来到陆军部与迪尔进行了一番长谈。下午茶时梅尔切特勋爵与科克过来讨论了新型炸药。最后与吉米和哈里森夫人在卡多根饭店共进晚餐。

4月26日

白天都待在办公室。下午5点的时候驱车赶往圣埃德蒙兹伯里,观摩东部军区第6装甲师、第42师、第45师开展的演习。在看过整个安排并吃完晚饭后,乘车前往第11军司令部,与马西商量他的计划。回到圣埃德蒙兹伯里时已经快到半夜12点半了。

---

① 伊安·汉密尔顿(Ian Hamilton,1853—1947),英国陆军上将。参加过布尔战争、日俄战争和一战,是加里波利战役的指挥官,1915年退役。——译者

4月27日

早早起床参加第6装甲师会议。克罗克指挥得不错，但率部出击太慢。又乘车相继去了第42师和第45师，午饭后才发觉第6装甲师稍微朝前移动了。由于晚上要在契克斯庄园过夜，我不得不提早离开。下午5点半启程返回，在换了衣服、喝了下午茶后出发，晚上7点到了契克斯庄园。

由于首相要在晚上9点发表广播讲话，我们不得不等到9点50分才开饭。他发表讲话后精神状态极好，一直和我们待到凌晨3点半！！参加晚会的有陆军大臣马杰森、作战计划处的肯尼迪、"巴哥犬"伊斯梅、林德曼教授、伦道夫·丘吉尔夫人与秘书。肯尼迪就他的中东战略进行了一番夸夸其谈，他想把埃及的力量都撤出来！这一下子把首相激怒了，我们费了好大劲儿才让他平静下来！不过这倒也让我有机会谈谈遇到的困难，诸如缺乏人力，向埃及转运坦克造成的损失，集中管理汽油带来的风险，在主力部队之外组建多支分遣部队、一旦交火可能遭遇的危险，还有清空房屋、平整农田等等这些都可以充分调用民力完成。同时，还谈及了目前令人失望的制空情况。

肯尼迪的遭遇其实很典型，老约翰只不过想说明还可能遇到比丢掉埃及更糟的情况。然而，这事立即被温斯顿拿来作为抨击失败主义情绪的典型，还说肯尼迪就是"那些迫不及待想要投降的将军们"中的一员，应该"与拜恩将军[①]同例处置！"肯尼迪越是解释，温斯顿的怒火就烧得越旺。谢天谢地我们最终离开了餐桌，走到大厅去讨论其他事情了。

4月28日

上午8点半离开契克斯庄园，在办公室待了一天。在"大眼"受命

[①] 约翰·拜恩（John Byng，1704—1757），英国海军将官，因未能救援被法军围困的地中海西部英国海军基地梅诺卡而被枪决。——译者

担任苏格兰军区司令前,与他进行了任前谈话。

4月29日

前往比斯利观看新型反坦克武器的演示。新武器主要得益于新型的"切割炸药",演示效果令人瞩目。我会全力推动他们尽快研发,不只是为了本土军和机场防御,也是对反坦克部队缺少2磅反坦克炮的一种补充。梅尔切特勋爵也来到了现场,我和他就炸药生产问题进行了一番令我颇感兴趣的谈话。回来路上接到了陆军大臣的通知,要我陪他一起出差。

4月30日

在办公室待了一整天后前往东南军区司令部,到佩吉特那里过了夜。

5月1日

早上5点15分起床,去看第1装甲师的演习,就是我冬天时构思的那场。下午6点钟回到办公室,工作一个半小时后,找伯蒂一起吃了晚饭。

5月2日

从奇切斯特到南安普顿,花了一整天时间视察了萨里郡和汉特郡的本土军,慰问了营级指挥官。之后召开座谈会,谈到了目前的情况、本土军的定位、遇到的问题,等等。下午6点半回来,在办公室工作了一小时。

5月3日

上午去了办公室,然后开车回家,吃了顿晚中饭。

5月4日

在家里过了一个阳光灿烂的休息日。

5月5日

上午8点离开费尔内街,在办公室工作了一会儿,然后直接赶往唐宁街10号,参加首相所谓的"坦克领导小组"会议。参加会议的有首相、比弗布鲁克、军需大臣邓肯[1]和其他两个人、克劳福德、布朗将军、林德曼教授、马杰森、海宁、麦克雷迪[2]、波普、波罗斯、诺里、霍巴特[3]、克罗克。我们讨论了坦克的产量、提高生产速度的可能性、扩大生产带来的问题,以及组织方式等议题。总的来说,我感觉会开得很有价值。下午待在了办公室。

这是一次卓有成效的会议,让负责生产坦克的人和负责实战中运用坦克的人坐到了一起。我借此机会强调了坦克备件和备用坦克的重要性,不过温斯顿总是这样,喜欢把所有东西都亮出来,不喜欢有备无患。比弗布鲁克更糟,他就想着提高产量数据。没有生产足够的坦克备件是导致我们北非装甲战前期陷入不利和困境的重要原因。

5月6日

上午9点离开这里,坐车前往威尔顿接上亚历山大,一起去观摩由

---

[1] 安德鲁·邓肯(Andrew Duncan,1884—1952),英国大商人,二战时两次入阁担任贸易委员会主席和军需大臣。——译者

[2] 戈登·内维尔·麦克雷迪(Gordon Nevil Macready,1891—1956),英国陆军中将。——译者

[3] 珀西·霍巴特(Percy Cleghorn Stanley Hobart,1885—1957),英国陆军少将,绰号"混混",军事工程师,二战时期以指挥装备特种坦克的第79装甲师参加诺曼底登陆而闻名。——译者

他组织的大型军事演习。参加的部队包括第 8 和第 9 装甲师，第 45 师、第 3 师和第 4 师的一部。第一站来到福丁布里治视察第 45 师，对新师长摩根的表现极为失望。我很怀疑他是否能胜任。回到威尔顿喝了下午茶，之后前往纳德河钓鱼一直到晚饭时分。晚上到亚历山大那里过了夜。

5 月 7 日

早早起床，7 点 15 分出发赶往马尔伯勒找第 8 装甲师。遇见了迪克·麦克里利，从他那里拿到了他的演习方案。回到（原文无法辨认）看第一场交火，然后再次回到迪克的司令部，从那里去鲁姆斯登位于（原文无法辨认）的营部，以及布罗卡斯·波罗斯位于索尔兹伯里赛马场的第 9 师师部。之后在威尔顿吃了午饭，在经过罗姆塞回去前又去看了第 45 师。在办公室工作了半小时后，晚上 7 点和迪尔开了个会，他想换掉副官长和副总参谋长，我们讨论了继任人选问题，会议一直开到晚上 8 点 15 分。

5 月 8 日

上午待在办公室，中午和吉米·哈里森一起在拉格俱乐部吃饭。回来的路上正好遇到了迪尔，他把我拉到办公室，继续商量接替爱尔兰军区司令波纳尔的人选。同时他也在考虑梅森-麦克法兰，关于这点我之前已经提醒过他了，此人最好还是在师里多历练历练，毕竟之前没什么指挥经验。下午 5 点回到办公室，与伊斯特伍德、巴雷特和马特尔分别进行了面谈。离开办公室时已经要接近晚上 8 点了。

5 月 9 日

有点感冒发烧。上午 9 点离开亨登飞往德里菲尔德机场，在那儿会见亚当和劳森，然后前去视察约克郡师。今天阳光不错，不过冷风刺骨。晚上 7 点降落在亨登机场，回办公室工作了半小时。然后草草换了衣服，去和伯蒂一起吃了晚饭。

5 月 10 日

今天一开始参加了陆军大臣有关人力资源的会议，这是根据我上报备忘录的提议而召开的。讨论了不少东西，但是还没有触及问题的核心。比如分配给军队的人力远远不够。中午和马特尔及全体装甲师指挥官在拉格俱乐部吃了午饭。接着和他一起前往卢顿检查已接近完工状态的新型重型坦克 A22（重约 35 吨）。这款坦克拥有双人控制系统，我从榴弹炮手的控制位上接过方向盘开了一圈（……发觉就这个大家伙的体型而言操纵很灵活，我甚至驾驶它在灌木丛中追逐了一只雄野鸡）。

接着参观了制造厂，观摩了以造车方式组装的坦克。这款坦克确实不错，我希望能装备个上百辆。最后坐车回了费尔内街。

5 月 11 日

与你度过了平和愉快的一天。整个下午都在拍摄乌鸫。

5 月 12 日

早上 8 点离开费尔内街。上午非常忙。先是和陆军大臣一起在丽兹饭店接待美国大使约翰·吉尔伯特·怀南特[1]。他给我的印象很不错。很明显他正竭尽所能地帮助我们，甚至还主动提议飞回美国把生产计划敲敲实。接着与迪尔和陆军大臣一起召开陆空协作会议，巴雷特参加了会议。我认为从现在开始我们的方向对了。然后开了遴选委员会会议，选拔了三名新的师级指挥官。回到办公室后，与马特尔、隆德和劳埃德进行了面谈。

---

[1] 约翰·吉尔伯特·怀南特（John Gilbert Winant，1889—1947），美国共和党政治家。——译者

5月13日

上午一直待在办公室，中午12点到唐宁街10号参加第二次"坦克领导小组"会议。比弗布鲁克主持会议，首先继续讨论上次遗留下的维护保养和配件问题。第二个议题是陆空协作，参会范围因此进一步扩大，包括首相、比弗布鲁克、飞机生产大臣布拉巴宗勋爵①、军需大臣邓肯、陆军大臣、迪尔、布朗将军、林德曼教授、马特尔，以及装甲部队全体师级指挥官，当然还有皇家空军参谋长波特尔与他那令人讨厌的跟班戈达德。我讲到后面时逐渐加重了语气，强烈批评了空军近来对军种协作的态度。首相对此很支持，会议效果很好！会议于下午1点半结束，我立即赶去亨登，从那里搭乘2点的飞机去奥克尼。由于要送一位乘客去格拉斯哥，我们走了西线，从靠近曼岛的地方飞越利物浦。经过四个半小时的飞行，在下午6点半抵达格拉斯哥。此时我们得知因为天气太差的缘故，飞机不得不朝着邓迪方向穿越东海岸，然后慢慢沿着海岸穿过阿伯丁，绕过洛西茅斯和奈恩。最后，我们在晚上7点45分降落在因弗内斯，五分钟后又再次起飞，经过一段顺利的飞行，终于在晚上8点50分降落在柯克沃尔，和坎普与汉考克见了面。接着坐车转乘海军交通艇前往霍伊岛与宾尼共进晚餐。在那儿我还遇到了本土舰队司令托维，与他相谈甚欢，晚餐也很棒。晚上与宾尼一起在霍伊岛上条件优越的海军宾馆过了一晚。

5月14日

与宾尼讨论了防卫计划，然后与坎普一起出发前往主岛，视察特瓦特附近的两个新机场及其防务工作。接着去了位于基奇纳纪念碑附近的一处悬崖，在那儿见到了一只归巢的游隼，还有海燕和海鸠。回到斯特罗姆内斯吃了午饭后，从柯克沃尔机场搭机前往设得兰群岛。一路上除

---

① 卡斯伯特·莫尔-布拉巴宗（Cuthbert Moore-Brabazon, 1884—1964），英国保守党政治家，航空界先驱。——译者

了偶遇几处暴风雪，飞行非常顺畅。一小时后降落在群岛南端，到"黑色守望者"驻地喝了下午茶，然后检查了那里的防务。接着启程前往坎宁安设在勒威克①的司令部。晚上9点吃完晚饭后，启程前往诺斯岛的鸟类保护基地。当晚寒风呼啸、飞雪连天，但我们依旧兴致盎然。我在600英尺高的悬崖上发现了塘鹅、海鸠、三趾鸥与一些鸬鹚。空中翱翔着海燕，一只贼鸥正向塘鹅俯冲而去。给我们带路的是一位工作人员，他可是这方面的行家，昔日曾与基尔顿兄弟②共事。11点后才动身返回勒威克。晚上真是冷，不过很有意思。

5月15日

上午9点离开坎宁安的司令部。整个大地已然银装素裹！检查了勒威克和新开通道路上的防务，最后于11点半到达机场，搭乘一架德·哈维兰③的"迅龙"飞往洛西茅斯。除了遇到些暴风雪，一切都很顺利，从威克穿过大海笔直飞向洛西茅斯，下午1点刚过就抵达了目的地。尼尔·里奇在那儿迎接我，再次见到他真是太让人高兴了。"大眼"索恩也来了。下午剩下的时间都在视察第51师各部。很不巧的是，一场持续整个下午的暴风雪多多少少给我们的工作添了堵。最后在下午

---

① 勒威克(lerwick)，是位于英国最北部的城镇，设得兰郡的首府，在设得兰群岛的梅恩兰岛东部。勒威克是皇家海军作战指挥机构的重要驻地，设在此地的部门常被统称为"奥克尼和设得兰司令部"，一般在战时组建，隶属本土舰队总司令，同时这里也是本土舰队和大舰队的主要锚地。——译者

② 英国著名动物摄影家彻里·基尔顿(Cherry Kearton，1871—1940)和博物学家理查德·基尔顿(Richard Kearton，1862—1928)，英国皇家地理学会为表彰前者的贡献，专门设置了"彻里·基尔顿"奖项和奖章。——译者

③ 杰弗里·德·哈维兰(Geoffrey de Havilland，1882—1965)，英国航空业重要的先驱人物之一，著名飞机设计师、飞行员和航空工业企业家。1920年创建德哈维兰飞机公司。他设计制造的系列型号飞机以其名字的缩写"DH"为代号。一战期间，德·哈维兰研制出DH-2和DH-4战斗机，在战争中得到了广泛使用。二战期间，其研发设计了"蚊式"轰炸机等多款著名战机。——译者

6 点左右到第 51 师师部用了下午茶。原本晚上想去钓鱼，但由于天气过于寒冷最终作罢。晚上在我驻足的高地旅馆遇到了里奇夫人。

5 月 16 日

上午 9 点离开第 51 师师部，前往其下属各部。尼尔·里奇带领全师展示了一流队伍的水平，我感到自上次视察以来部队已经有了长足的进步。最终在下午 4 点左右到达阿伯丁附近的戴斯机场。4 点 20 分，我们喝完茶后起飞前往亨登。路上遇到了一股强劲的北风，我们上升到 11 000 英尺，从蒙特罗斯一路向南飞往伯威克，从那里径直穿过切维厄特山脉。气温很低，飞机穿过云层时螺旋桨上竟然结起了冰，不过飞机里还算暖和。一路上花了两小时五分钟，6 点 25 分到达目的地！我直接回到办公室，工作了半个小时。

5 月 17 日

花了一整天在办公室赶拉下的工作。"丑鬼"巴勒特过来找我一起吃午饭，我们讨论了推广陆空协同作战的事。晚上回家度周末。

5 月 18 日

在家里陪你，从厨房窗口用相机拍摄了燕八哥和乌鸫。

5 月 19 日

上午 8 点从家里出发。白天待在办公室。中午与"神算子"和他夫人一起吃了午饭。蒙巴顿夫人也在那儿，她还很热情邀请我去布罗德兰兹庄园①的池塘里钓鱼。

---

① 布罗德兰兹庄园(Broadlands)是蒙巴顿的住所。——译者

5月20日

上午9点出发前往君王堡，第47师师部所在地，找厄特森-凯尔索。用了一天时间，我视察了他的防线，看了一两场很不错的实弹射击演习。看来防御水平提高很快。晚上诺斯沃兹和加拿大军的莫里森一起来共进晚餐，我与后者就加拿大军目前的情况聊了很长时间。

5月21日

上午8点15分出发，前往罗姆尼沼泽会见第56师的蒙蒂·斯托普福德①，并视察他的部分防线。在邓杰内斯角那里花了不少时间，我对那里的防线不太满意。在迪姆丘奇堡吃了午饭，然后观摩了一场内圈防御连队的演习。与蒙蒂一起喝了下午茶，接着回到办公室，赶在晚饭前工作了一个小时。

5月22日

前往圣尼茨观摩了一场架桥演习，感觉很有价值，看到了很多最新装备。午饭后坐车回来，与西里耶和刚从直布罗陀回来的训练总监里德尔②进行了面谈。

5月23日

飞往伊普斯威奇远端的马特尔舍姆机场③。这次的飞机是温莎公爵

---

① 指蒙塔古·斯托普福德，"蒙蒂"是昵称。——译者
② 克里夫·杰拉德·里德尔（Clive Gerard Liddell, 1883—1956），英国陆军上将。——译者
③ 马特尔舍姆（Martlesham），萨福克郡的一个村庄，位于伍德布里奇西南约3公里、伊普斯威奇以东约10公里处。皇家空军一战时在那里修建有一个实验性机场。二战开始后，该地成为皇家空军的重要机场。——译者

的"空速特使"①，感觉非常舒适。第 11 军军长马西和第 15 师师长奥利弗·利斯前来迎接。花了一天时间沿着海岸视察第 15 师的部队和防线，他们表现得不错。结束后于晚上 7 点从马特尔舍姆起飞返回，7 点半刚过就降落在了亨登。

5 月 24 日

上午待在办公室，巴勒特过来向我报告了有关空军支援作战的最新情况，我们谈了很长时间。接着和亚当一起吃了午饭，他对担任副官长踌躇满志。最后驱车回家。

5 月 25 日

驱车前往伯蒂·费雪的家里，看他照管的一只夜莺和一只篱雀的巢，还有一只杜鹃的蛋，都还尚未孵出来，只能等下周了。接着，我们去了格雷维尔的河边野餐，我钓了四条 5 磅半的鳟鱼。最后，还抓拍到几张五子雀的照片。

这些偶而得之的观鸟之旅成为一种奇妙的"休闲"方式，让我能有片刻之暇得以忘却战争和所有噩梦般的重负。在这短暂的休憩中，我可以步入大自然的殿堂，正如爱德华·格雷爵士②在他的《法罗顿文集》中所描述的那样，"一个不受战争阴影笼罩的避难所"。

---

① "空速特使"（Airspeed Envoy）是英国空速航空公司 1934 年投入市场的轻型双引擎运输机，型号 AS.6。——译者
② 爱德华·格雷（Edward Grey，1862—1933），英国自由党政治家、鸟类学家。1905 至 1916 年担任外交大臣，是任期最长的外交大臣。格雷在一战爆发时有一段著名讲话："整个欧洲的灯火正在熄灭。在我们的有生之年将不会再看到它们被重新点燃。"——译者

5月26日

瓢泼大雨。上午9点半观看了总司令部通讯部队组织的摩托车试车。中午12点半到了办公室。午饭后与伯蒂·布鲁克商定了装甲近卫师的构成细节问题。目前各类问题都已基本解决，工作正顺利推进。

5月27日

度过了忙碌的一天。上午先是待在办公室，然后参加了马特尔主持召开的指挥官会议，讨论装甲车辆在装甲师中的编成问题。中午你来与我共进午餐，顿时让这一天变得与众不同。午饭后我去找陆军大臣讨论本土军的空中支援问题。最后参加了首相召开的坦克领导小组会议，讨论了陆空协调、反坦克武器等议题。首相的状态很不错，会议总的来说极为成功。令人感到不可思议的是，尽管他背负了沉重的责任，但外表看上去依然轻松愉快。他是我见过的最了不起的人，永远不乏让人琢磨的地方，我终于知道世上终归还是有这样鹤立鸡群的人。

5月28日

早上8点出发，8点45分搭乘"空速使者"从亨登机场起飞。云很多，在3 000英尺的高度根本看不到地面。10点20分抵达纽卡斯尔，刚从亚当手里接手北部军区的伊斯特伍德来机场迎接，同行的还有罗宾·莫尼。然后我们沿着诺森伯兰海岸一路前行，视察了除班堡城堡外的所有地方。最后在下午6点45分从阿克林顿机场起飞，直到过了8点45分才抵达亨登机场。诺森伯兰防线固然单薄的惊人，但我越是沿着海岸线走，就越是感到我们的防线有多么脆弱。

5月29日

上午待在办公室。先是与伯蒂·布鲁克商谈关于近卫装甲师的换装问题。接着接待了彼得斯①海军上将和他的继任者。然后是亨利王子，他带着我和"神算子"去了克拉瑞芝酒店，我在那儿宴请了他们和西科尔斯基将军。西科尔斯基谈到了他拜访罗斯福的经历，以及欧洲的形势、德国进攻苏俄的可能性、赫斯②的来访，等等，都很精彩。

我一直觉得西科尔斯基在中欧动向方面的消息极其灵通。他的谍报组织以及与华沙抵抗组织的沟通联络极为出色。我记得这次他从口袋里掏出一条 5 码长的薄丝巾，上面密密麻麻地记录了有关华沙的情况。这就是由他的一个联络人，用缝在外衣内衬的办法带出来的。

后面又在办公室干了不少工作，并面谈了好几个人。最后与罗尼·斯塔尼福斯和他的未婚妻及岳母一起吃了晚饭。他的未婚妻美艳动人，肯定会让他感到非常幸福。

5 月 30 日

上午 8 点 45 分从亨登出发，前往约克郡视察第 11 装甲师。今天的云很低，非常不适合飞行。起飞的第一个小时里一直处于浓雾中，根本看不到地面。最后从低空进入卡特里克以南的机场。与"混混"霍巴特一

---

① 这里可能是指阿瑟·彼得斯（Arthur Peters，1888—1979），英国皇家海军上将。——译者

② 这里应该是指鲁道夫·沃尔特·理查德·赫斯（Rudolf Walter Richard Hess，1894—1987），德国纳粹党重要的首脑人物。1923 年 1 月，赫斯追随希特勒参加"慕尼黑暴动"，失败后与希特勒同在兰德斯堡监狱服刑，笔录了希特勒的成名之作《我的奋斗》。1925 年纳粹党重组之后，赫斯成为希特勒的私人秘书。1933 年 4 月任纳粹党副元首，统管除外交政策和武装部队以外的一切事务。1941 年 5 月 10 日，赫斯留给副官一封如果他离开四个小时之后仍未返回就尽快转交希特勒的信件，然后单独驾驶战斗机飞往英国，要求与英国政府高层谈判，共同讨论和平方案，但实际一直处于软禁状态。二战后在纽伦堡受审，被判无期徒刑，在西柏林军事监狱关押了四十一年。——译者

起视察他的部队,他的状态很不错,部队展现了很好的水平。坐车从利兹赶往惠特利回到了机场,飞机于下午 6 点起飞,7 点半左右降落在亨登。

5 月 31 日

上午办公室工作一结束就飞速赶回家,为亲爱的你欢庆生日!下午茶后去观察了杜鹃和夜莺的情况,并为柳林鹪鹩安置了能遮风避雨的巢。

6 月 1 日

上午去了教堂。然后给柳林鹪鹩拍了照片。夜莺尚未孵出,杜鹃虽然出世了,不过还很小。

6 月 2 日

8 点离开费尔内街,在办公室度过了繁忙的上午。伯蒂前来和我讨论准备实施的伦敦大演习(比如,伦敦遭受伞兵突击等)。午饭后,菲利普·盖姆①、高尔斯②和盖尔③再次过来讨论演习事宜。结束后出去和伯蒂一起吃了晚饭。

6 月 3 日

10 点 15 分离开亨登飞往伯明翰,我在那里会见了纳菲尔德子爵④,

---

① 菲利普·伍尔科特·盖姆(Philip Woolcott Game,1876—1961),英国皇家空军少将。——译者
② 欧内斯特·阿瑟·高尔斯(Ernest Arthur Gowers,1880—1966),英国语言学家、公务员,《简明词汇》一书作者。1940 至 1945 年,他担任了伦敦地区民防高级区域专员。——译者
③ 汉弗莱·盖尔(Humfrey Myddelton Gale,1890—1971),英国陆军中将。——译者
④ 威廉·理查德·莫里斯,纳菲尔德子爵(William Richard Morris, 1st Viscount Nuffield,1877—1963),英国工业家和慈善家。——译者

并参观了 MK VI 巡洋坦克的制造厂，以及 MK VII 巡洋坦克的实体模型。这真是个很有意思的上午。接着在女王宾馆吃了午饭，伯明翰看起来很明显刚刚遭受过空袭！午饭后参观了制造运输车和引信的工厂。下午 4 点 20 分降落在亨登机场。茶歇后与布里奇曼就本土军拆弹部队的事进行了面谈。接着接到了陆军大臣要我 6 点 45 分去见他的电话。我也打了电话邀请迪尔共进晚餐。在结束办公室工作后我赶到了陆军部，马杰森和我商量用"老古板"道丁换下巴勒特的可行性！这是个靠不住的建议。与迪尔一起吃了晚饭，并进行了一场有益的谈话。

6月4日

整个上午都与泰勒一起在里士满公园观摩炸弹处置方法和流程的展示。六个月来他已经在处理延时炸弹和哑弹方面取得了长足的进步。午饭后前往斯坦摩尔，与战斗机司令部的肖尔托·道格拉斯讨论了保护战斗机机场及战斗机掩护防御部队的事。我知道他正竭尽全力地支持我。这要归功于在帝国国防学院共事两年〔1932—1934〕的情分。

6月5日

上午在办公室进行了多场面谈，其中还包括有一场原定与艾德礼的谈话。中午与阿斯托在《泰晤士报》的印刷厂吃了午饭。地方在一间很不错的私人包房，墙上挂着油画，服务和饭菜也很棒。我坐在阿斯托和道森中间，参加宴请的还有军需大臣邓肯。随后与巴勒特就重组陆空协同作战中队进行了长谈，之后参加遴选委员会会议。

6月6日

原本准备飞往诺丁汉和利物浦，可由于天气过于糟糕而最终取消了行程。白天待在办公室。与亚当一起共进午餐,和他讨论了英国防空部队的未来,以及转属本土军的可能性。午餐后尼尔·里奇过来与我道别,他马上就要出发前往中东担任阿奇·韦维尔的副参谋长。

6月7日

下午1点左右才"逃"离办公室,回家吃了顿晚中饭。下午茶前去查德威克希利庄园看了灰尾燕窝。下午茶后和伯蒂·费雪家的管家一起去看夜莺和杜鹃。很不幸的是杜鹃已经夭折!管家还发现了雀鹰和斑点啄木鸟的巢。

6月8日

拍摄了夜莺、灰尾莺、画眉和五子雀的照片。

6月9日

上午8点离开费尔内街。11点参加了参谋长会议。下午和美国人商谈了一旦他们参战如何把第一个旅部署到位!同时和伞兵司令明确了一旦遭遇入侵他们如何应对。由于天气不佳,我决定不坐飞机前往苏格兰,而是搭乘午夜列车出发。

6月10日

一路顺利,大约上午8点45分左右抵达爱丁堡。和"大眼"一起吃了早饭,然后前往视察第52师直到晚上8点。罗斯玛丽[①]回来一起吃了晚饭。

---

① 罗斯玛丽(Rosemary),作者与前妻琼·理查德森(1925年因车祸死亡)所生的大女儿。——译者

6月11日

早早出发，赶在午饭前对第52师进行了视察。中午与汉密尔顿·达尔林普尔（"大眼"的妹妹）和贝司岩①的土地拥有者一起吃了午饭。饭后海军出动一艘扫雷艇和一艘救生船把我们送到了岛上！下午阳光明媚，大海一片静谧。我在岩石滩上拍了好一阵塘鹅，非常有意思。所见景象之精彩生平仅见，希望照片也能如此吧。晚上7点钟从靠近北伯威克的机场起飞，一小时四十五分钟后回到亨登。

6月12日

在办公室待了一整天。上午向约翰·安德森汇报了即将举行的伦敦空袭演习的细节。中午，与马特尔和装甲师的指挥官们一起吃了午饭。饭后会见了刚从克里特战场归来的英格利斯旅长。他提供的德国空袭方式的许多细节很有价值。

6月13日

白天待在了办公室，下午茶后就回家了。换了衣服后就出发去见伯蒂·费雪和米松，他找到了一个很不错的斑点啄木鸟巢。

6月14日

很糟糕的阴天，见不到阳光，自然对拍摄也很不利。先是在查德威克希利花园拍了一卷灰鹳鸽的彩色照片。午饭后到斑点啄木鸟那里忙活了好一会儿。由于鸟巢高达30英尺，我不得不使用了长焦镜头。尽管光线不佳，希望冲出来的照片里还能挑出几张令人满意

---

① 贝司岩（Bass Rock），位于苏格兰福斯，是世界上最大的北方塘鹅岩石栖息地。——译者

的作品。

6月15日

上午8点半离开费尔内街,在吉尔福德接了巴尼,然后去了霍舍姆,在那儿见了佩吉特。接下来的时间观摩了由加拿大军、第38师、第47师和第8装甲师参加的东南军区大型演习。重点关注了加拿大军的表现,对他们的部分高级军官很不满意。回来的路上就此与安迪·麦克诺顿交换了意见。

对加拿大军了解的越多,我就越是确信安迪·麦克诺顿并不具备指挥加拿大军的必备能力。尽管这个人具有非凡的科学才能,但却缺乏必要的指挥素质。他并不知人善任,也缺乏战术眼光。很明显,他应该离开指挥岗位,不过这难度很高,因为某种程度上他已经成为加拿大人的英雄。

6月16日

参加了由约翰·安德森主持的大范围会议,讨论由我提议的伦敦大规模演习可能带来的影响。参加会议的有赫伯特·莫里森、劳工大臣贝文、运输大臣卢埃林、邮政大臣莫里森[①]、陆军大臣马杰森、农业大臣伍尔顿、大都会警察局局长菲利普·盖姆、伦敦地区民防高级区域专员高尔斯、詹姆斯、陆军部常务次长格里格,等等。我在会议一开始通报了伦敦大型空降演习的范围,并介绍了可以从中汲取到哪些经验。接着各位大臣依次进行了提问,最终他们达成一致,认为有必要开展一次这

[①] 威廉·谢泼德·莫里森(William Shepherd Morrison, 1960—1961),英国政治家,曾在鲍德温、张伯伦和丘吉尔政府中担任过渔业、食品、邮政、城乡规划等多个大臣职务,1960年担任第14届澳大利亚总督。——译者

样的演习。芬勒特·斯图尔特将牵头成立一个常设委员会,解决工作推进中遇到的各种问题。

6月17日

上午在办公室工作。中午12点,首相召集他的指挥官们开了一个会。总体上这是一场老掉了牙的将军们的会议!开场时首相就世界形势做了一场精彩的通报。但让我感到不安的是,他告诉我们,目前正在进行的利比亚之战将会演变为一场更大规模的战役。在没有足够保障的情况下,我们如何能够承受在中东的两条战线上同时出击?在我们决定挺进叙利亚的时候就应该全力以赴,毫不拖泥带水地打赢战役①。如果没有速战速决,形势就可能变得更为复杂。首相讲话结束后,点了几个人的名要求发言,之后结束了会议。

中午伯迪·拉姆齐和我一起吃了午饭。晚上我和迪尔一起吃饭。斯塔福德·克里普斯②也一起来了,他刚从莫斯科回来,带回来一些有价值的消息,但总的来说,他并不清楚苏联在面临军事入侵时会采取些什么应对措施。

6月18日

上午10点离开亨登飞往内瑟拉文,然后从那儿坐车去拉克希尔观摩反坦克武器的展示。我对目前的进度并不满意,准备组织力量加以改善。下午2点半离开内瑟拉文返回伦敦,换了衣服后直奔萨沃伊礼拜堂,参加罗尼·斯塔尼福斯的婚礼,然后从那里前往萨沃伊酒店参加招待

---

① 法属叙利亚战役,二战时期英国为维护其在中东的利益,防止德国控制叙利亚而攻占法属叙利亚的军事行动。——译者
② 理查德·斯塔福德·克里普斯(Richard Stafford Cripps, 1889—1952),英国政治家。——译者

宴会。

6月19日

今天一开始和泰勒、芬勒特·斯图尔特讨论了本土军拆弹辅助人员志愿者组织的组建问题，取得了很不错的进展。接着，与奥利弗·利斯就近卫装甲师的指挥问题进行了面谈。然后你来了，很开心地一起吃了午饭。饭后，我与美国企业家格兰西先生进行了面谈，了解了在美国的坦克生产情况，提出了想进一步提升动力的想法。最后，参加了首相的坦克领导小组会议。会上，我提出要加强备件生产，每个车组有必要多配备20%的配件。首相对此不太赞成，他喜欢把所有的牌都摆在桌面上。

> 这是温斯顿一直以来的一个缺点。如果那时候他听了我的，就能很大程度上避免日后在埃及遇到的备件荒问题，这也是那时候导致战役进入僵局的原因。不幸的是，当时在比弗布鲁克的怂恿和蛊惑下，错误的备件规划被通过了。

6月20日

上午8点10分离开这里。8点45分从亨登起飞前往纽卡斯尔。一路上大雾弥漫。到机场迎接的有第59师师长斯蒂尔和刚接手第9军的帕克汉姆·沃尔什。

用了一整天时间视察第59师。看起来在斯蒂尔接手后，这个师在过去的一年里进步很大。在卡特里克结束视察后，下午6点半起飞返航。在巴纳德城堡的时候我看到了几幅伊夫斯的遗作，其中还包括我那幅画了四分之三的肖像画未完成品。要不是因为他瘫痪了，原本这幅画今年要送到皇家军事学院的。

6月21日

午饭前结束了办公室工作，驱车返回费尔内街。下午茶后悄悄地给小雀鹰拍照，还拍到了母雀鹰来喂食。

6月22日

朱利安来了。我又去看了一次雀鹰。

德国人开始进攻苏联了！这标志着战争进入了一个新阶段。

在我看来，这无疑是战争的一个新阶段。只要德国人还在入侵苏联，那就不可能对英伦本岛展开进攻。问题就取决于苏联还能够抵抗和坚持多久。我当时的观点和大多数人一样，俄国人扛不了多久，也许三到四个月，也许再稍长一些。如果是四个月的话，从6月份开始算起，看起来德国人起码到10月份才能腾出手来进攻英国。而到了那时，严冬气候将不利于任何行动。

综合上述情况，现在看来我们在1941年期间应该还是安全的。这样的话，我就能把全部精力放在把岛上的防御力量打造成一支精锐之师，以便能在可能的情况下遂行各种海外行动。

我们现在可以更多地从进攻角度思考问题了，可以审视重新进入法国的打算，尽管这个问题还比较遥远。不过现在的话，确实可以为推进非洲战役编组更多的军团了。

6月23日

上午8点半离开费尔内街，驱车前往奥迪厄姆机场，从那儿飞往诺维奇观摩东部军区的大型演习。花了一整天先后视察了第11军、第2军、第45师、第1师、第46师，参加了第6和第9装甲师的会议。最后坐飞机返航，晚上7点半回到了亨登。

6月24日

上午9点15分离开亨登前往切尔滕纳姆,"泡泡"巴克①前来迎接。花了一天时间与他一起视察了他手下的师。总体对他们满意。最后在下午6点45分离开班伯里,7点半抵达亨登。

6月25日

今天忙于不停地谈话!先是奥托·隆德,接着是"神算子"、里德尔。然后是蒙巴顿,详细了解了他在克里特战役中指挥"凯利号"驱逐舰作战的情况②。接下来到近卫骑兵部队检阅装甲部队防空武器使用情况。中午与你一起和哈里森一家在俱乐部吃了午饭。午饭后会见了负责联系波兰和比利时的联络官切里茨。然后是刘易斯,我们谈了有关消防队的事,或者更准确地说是缺乏消防队的问题。然后与长公主玛丽③一起喝了下午茶,她之前刚刚检阅了我们的通讯部队。之后"神算子"又来了,和他一起的还有杨和杰克·甘蒙。

6月26日

上午10点至下午1点半,我召开了一个大范围的指挥官会议。中午我们与迪尔一起吃了午饭,格里格和马杰森也来了。之后迪尔用了一个半小时,给我们做了一场精彩的世界形势报告。接着我分别与卡弗、伊斯特伍德、巴勒特和亚历山大进行了面谈。最后,我花了不少力气把昨

---

① 伊夫林·休·巴克(Evelyn Hugh Barker,1894—1983),英国陆军上将。绰号"泡泡"(Bubbles)。——译者
② 1939年6月,蒙巴顿被任命为新建的"凯利号"驱逐舰舰长。在1941年5月的克里特战役中,"凯利号"在5月23日上午遭大批德国飞机轰炸而沉没,一百二十八名舰员遇难,包括蒙巴顿在内的三十八人幸存。——译者
③ 维多利亚·亚历山德拉·爱丽丝·玛丽(Victoria Alexandra Alice Mary,1897—1965),英国国王乔治五世与玛丽王后唯一的女儿。——译者

天拉下的部分工作做完了。

6月27日

飞抵菲尔特维尔机场，指挥第2军的奥斯本和刚接手第46师的邓普西前来迎接。花了一天的时间视察了第46师，他们表现得很不错。这个师最初由安德森带的，现在依然能从中看到他的影子。晚上与伯蒂一起吃了饭。

6月28日

下午1点结束工作，驱车回家。晚上想拍些雀鹰的照片，不过没成功。

6月29日

在家待了一天，拍了鹬鸟、毛脚燕和雀鹰。

6月30日

上午8点离开哈特利温特尼①。在陆军部待了一天。晚饭后9点45分与迪尔和波特尔碰头，讨论陆空协同作战组织问题，会议一直开到了大半夜。为陆军争取到足够的空军支持，本身就是一场艰苦卓绝的战斗！

7月1日

上午8点45分出发，不过抵达亨登时却发现没有飞机，结果是罗尼的工作失误！尽管如此，经过一个半小时的延误后，机场方面提供了一

---

① 哈特利温特尼（Hartley Wintney），英格兰南部汉普郡的一个民政教区，作者的居住地。——译者

架通常驻扎在"贝尔福号"水上飞机母舰的"织女银鸥"客机。这架飞机和我的"火烈鸟"相比空间稍小，不过也总算把我们送达了目的地，尽管时间是赶不回来了。和迈尔斯一起在他的第42师待了一天。马西也来了。天气又热又闷。这个师倒是很不错。最后从伯里圣埃德蒙德返程。抵达机场的时候，发现我的飞行员换了，由空军准将、康沃尔公爵侍从赫伯特的儿子小赫伯特送我回去。我发现他的腿瘸了，于是问他怎么回事，他说这是从马上摔下来的缘故。直到我们降落在亨登机场的时候，我才发觉完全不是那么回事，他的腿已经被截肢，就凭着一条木腿驾机把我们送回来了！

7月2日

原计划今天视察第45师，不过迪尔指定要求我参加参谋长会议，讨论对欧洲大陆的突袭计划。不凑巧的是会议在最后一刻被取消了。不过我却因此在办公室度过了充实的一天，下午与劳伦斯·卡尔开会，商量从轰炸机司令部抽调飞行中队的计划。随后，麦克诺顿过来找我商议加拿大第3师不久之后来报到的事。

7月3日

在办公室待了一天，仔细审核各师推荐军官名单，把他们按照一定的顺序排了队。同时，制定计划用3英寸（20英担）高射炮对付70至90吨的德国坦克，防止这些巨兽登上陆地威胁我滩头阵地。

7月4日

上午8点半离开这里，前往坎特伯雷找第44师新任师长霍罗克斯。我们讨论了部队的部署，然后视察了工程兵架桥、滩头防御、曼森机场、拉姆斯盖特防线，以及尤利乌斯·凯撒当年攻略威尔士和苏格兰时用作司令部的要塞！还看了位于三明治镇以北的射击演习、迪尔以南的防线、多佛的新防线，最后是在基奇纳的老宅、布鲁姆公园举行的庆祝游行！就在目送游行队伍经过的时候，我的思绪又飘回到往日，我那时听人谈论过基奇纳和他改建布鲁姆公园的计划。我不禁感慨，基奇纳做梦都不会想到，维克多的弟弟会在布鲁姆公园这大气端庄的草坪上检阅部队。连续奔波十二小时后，最后在晚上 8 点 45 分回到这里。

7 月 5 日

上午在办公室待了一会儿后启程回到费尔内街。发现歪脖啄木鸟正在绿啄木鸟的巢盒里筑巢，连忙拍了它和雀鹰的照片。

7 月 6 日

忙着拍摄歪脖啄木鸟和雀鹰。

这是一个很重大的发现，我为此设置了一个隐蔽的拍摄位，开始摄制彩色影像。可以想象，诸如像歪脖啄木鸟在花园里筑巢等"重大"事项带来的快乐，让我把战争以及因此带来的一切烦扰抛诸脑后。我得以以焕然一新的面貌开始新的工作。

7 月 7 日

上午 8 点出发。在办公室一直工作到吃午饭。3 点至 5 点在迪尔那里。下午茶后看了战争纪录片，然后为去参谋学院开讲座作了备课。晚上与迪尔一起招待新西兰总理弗雷泽[①]。之后前往唐宁街 10 号参加战时内阁国防委员会会议，讨论机场防御事宜。会议一直开到了半夜 1 点！！

---

① 彼得·弗雷泽（Peter Fraser，1884—1950），新西兰政治家，出生于苏格兰。——译者

不过会议很富有成果，我们获得的人力配额有了进一步增长。

7月8日

今天天气比之前任何一天都好，不过过得很煎熬。先是在办公室工作了一小时，然后从亨登出发飞往靠近韦尔的第2陆空联合作战中队驻地视察。在他们那里一起吃过午饭后，启程飞往纽马基特视察另外一个中队。一路酷热难当。冒着雷暴雨从纽马基特飞往范堡罗，赶往参谋学院作主题为本土防御的演讲。在讲台上汗如雨下！晚上回到了费尔内街。

7月9日

上午8点出发，在办公室一直工作到中午12点。然后我去了下议院首相的会议室，参加战时内阁会议，讨论的议题是关于我提出的伦敦防空降演习。我应要求作了发言，阐述为什么要进行一场实兵演习，而不是理论推演的原因。支持我的有约翰·安德森、赫伯特·莫里森、马杰森、辛克莱和参谋长们。一开始一切顺利，直到比弗布鲁克开始鼓起他的毒舌。他之所以如此尖刻，纯粹是因为他刚接任供应大臣一职，不想让他的三把火受到其他影响！艾德礼支持他是因为担心公众对演习的反应。我见的政客越多，就越是不待见他们！他们很少问题导向、就事论事，而总是受一些见不得人的政治因素所左右！当敌人还在远方时，他们总是瞻前顾后、担心舆论，可一旦敌人逼近，他们又马上慌了阵脚，把责任都推到之前提出建议不被采纳的将军们的头上。我对我们的民主接触得越多，就越是怀疑我们对民主智慧的重视程度！我看不出目前我们的民主制度能培养出什么真正合格的领导人。

我写下上述内容的时候也许并没有多少政治家的经验，毫无疑问我对那天的会议结果感到不快。我们目前的民主制度确实造就了一位史上最为优秀的国家领导人之一——温斯顿·丘吉尔。然而，他的第一个动作就是把民主政治变为了独裁统治！即使他依然对议会负责，依然是内阁一员；然而他的个性，以及他所获得的权力，足以让他将议会和内阁都当作不痛不痒的小摆设，完全捏在他的手心，随心所欲地摆布。

7 月 10 日

早早地吃完早饭后，于 8 点出发前往亨登。从那儿飞往内瑟拉文，去拉克希尔观摩反坦克试验。距离上次看的已经有了些许进步，不过还是需要进一步提高。中午 12 点半再次从内瑟拉文起飞返回伦敦，正好赶上了晚中饭。在办公室处理文件和谈话一直到下午 6 点，接着参加了另一场战时内阁国防委员会会议。会议的主题是机场防御工作。下议院将进行一场秘密辩论会，战时内阁成员就此对我们的部署开展一系列诘问。可想而知有各种吹毛求疵和一知半解。艾德礼让我差点儿发了脾气。马杰森错以为他在拨乱反正。经过三十分钟激烈的唇枪舌战，最后我终于说服了他们。不过我估计他们还是不怎么懂。

我记得以前总认为亨利·威尔逊爵士对"肉食者们"的描述有点儿言过其实。现在才恍然大悟他的描述竟如此贴切！军人和政客根本就不可能在一起齐心协力地工作——他们自始至终就是两路人。议完机场防御的议题后，我们又开始讨论援助苏联的问题。此时安东尼·艾登让我大吃了一惊。作为一名前任陆军大臣，他应该对部队情况非常了解。然而，他提出的意见建议却完全基于对国防情况的茫然无知之上。如果这就是民主政治的成果的话，那我们还是趁早换一种政治制度吧！

7 月 11 日

上午 8 点 15 分从这里出发，飞往康沃尔的圣埃尔文。指挥第

8军的肯尼思·安德森与指挥德文郡和康沃尔郡师的弗雷德里克·摩根到那儿迎接我，指挥康沃尔郡本土军的克罗夫特也来了。然后我视察了那里的防御工作，尤其是机场防御工作。在彭赞斯市好好转了转，英格兰这块最边缘地方的防御实在是太单薄了，我再也承受不起另一次大撤退了。最后6点刚过就从圣埃尔文出发，晚上8点15分就回到了公寓。今天又是一场历时十二小时、距离达480英里的旅程！幸运的是康沃尔的天气不错，微风习习，清凉宜人。

7月12日

上午安排在办公室工作，然后驱车前往舰队街接小泰先生和你。下午雷暴雨下得很大，不过成功地拍摄到几张雀鹰的照片。

7月13日

瓢泼大雨。上午去舰队街医院看了小泰先生。晚上雨停了，雀鹰如往常一样6点45分来觅食，待了大概三十分钟，我拍了很多照片。

7月14日

8点出发，整个上午都待在办公室。美国武官雷蒙德·李和他的两名属下前来共进午餐。午饭后到遴选委员会参加会议，一直开到下午茶时分。之后回到办公室工作，约人面谈，一直工作到晚饭时分。

7月15日

本来想飞往纽卡斯尔，不过天气实在太糟，因此转而搭乘9点15分的火车前往约克。从那儿坐车前往雷德卡，视察了达拉莫郡师从那儿到斯卡伯勒的防线。结束后再坐车于晚上 8 点半返回约克。晚上和"红脖子"伊斯特伍德一起住。

7 月 16 日

上午 9 点出发,驱车前往第 1 师。我在那儿花了一天时间观摩了多场操演,结束后前往林肯附近的一个机场。我从那儿搭机起飞,于晚上 8 点 10 分回到伦敦。在亨登遇到了伦敦德里勋爵和夫人,他们刚好从爱尔兰回来,对巴兹尔赞不绝口。

7 月 17 日

上午 8 点半从这里出发,驱车前往亨登,到那儿与巴勒特一起飞往西雷纳姆机场。我们花了一上午时间观摩了某轰炸机中队与陆军开展的协同作战演习。一周的训练取得不小的进步,当天的演习展现出了训练以来的最高水平。不过我也更加确信,没法指望作为一个独立兵种的轰炸机部队,可以一下子与陆军形成什么真正的协同作战。我们在机场吃了午饭,然后飞往马卡姆机场视察第 2 军军部。结束后准时返回亨登,晚饭前在办公室工作了一小时。

7 月 18 日

上午 8 点 15 分从这里出发,乘飞机从亨登飞往克鲁附近的克拉尼奇。天气十分糟糕,我们只得在 200 至 300 英尺的高度飞行,尽管如此还是迷了路。还好最终还是成功降落了,脚踏实地的感觉真好。库珀和"贝吉"·史密斯前来迎接。我们视察了第 18 师的部分部队。午饭后飞往利物浦郊外的斯皮克机场。飞机回来时又在伦敦外围遭遇了恶劣天气,差点儿找不到亨登机场。回来后收到了迪尔要见我的消息,于是驱车前往他的公寓。他告诉我,要从国内抽调更多的坦克出来。接着与亚当到罗汉普顿①吃晚饭。回到这里后找"神算子"商量,准备把亚历山大从南部军区司令部抽调出来组织一次特别的远征。

7月19日

上午纳菲尔德工厂的托马斯先生来了,按照我当初的要求,带来了安装在坦克上的博福斯炮。我召集了一些专家对此进行评审。由于安装会干扰到巡洋坦克的生产,我于是决定在目前阶段先把炮安装到轮式车辆上。在办公室一直工作到下午6点半,然后出发前往契克斯庄园。我到那儿的时候是7点45分,正好碰到苏联大使麦斯基②先生坐车离去。他下午5点就到了,所以前面首相一直都没有休息,于是我感觉今天有希望早点上床睡觉!结果发觉还是失算了,活动直到凌晨2点才结束!!不过我还是颇有收获,成功地从首相手里要来了10万人力弥补我的缺口。只希望他在见过贝文后能继续兑现他的许诺!美国的哈里·霍普金斯③先生也来了,他十分有趣。第一海务大臣达德利·庞德也在,不过看起来并不比平时清醒多少。此外,参加活动的还有"巴哥犬"伊斯梅、另一个美国人、温斯顿夫人、伦道夫·丘吉尔夫人以及其他几个人。首相情绪不错,非常高兴。

---

① 罗汉普顿(Roehampton),位于英国伦敦西南部郊区,北部是巴尔内斯,东部是帕特尼,南部是温布尔登公地,西部是里奇蒙高尔夫球场。现建有罗汉普顿大学。——译者
② 伊万·米哈伊洛维奇·麦斯基(Ivan Mikhailovich Maisky, 1884—1975),苏联外交家、历史学家、政治家。二战爆发后,他为缓和英国由于苏芬冬季战争而对苏联的敌视做了大量工作。1941年德国入侵苏联后,他负责与西方盟国关系的正常化,7月30日在伦敦签署了恢复与波兰关系的《西科尔斯基-麦斯基协议》,并积极推动英国在法国北部开辟"第二战场"。——译者
③ 哈里·劳埃德·霍普金斯(Harry Lloyd Hopkins, 1890—1946),美国政治家。第二次世界大战期间,霍普金斯是罗斯福的首席外交顾问,并在《租借法案》的制订和实施中扮演了重要角色,有"影子总统"之称。——译者

7月20日

上午9点出发，开车回到费尔内街。晚上又去拍了些雀鹰的照片。

7月21日

8点离开费尔内街。上午与佩吉特和亚历山大等人进行了面谈。后者刚被从南部军区司令部抽调出来指挥"美洲狮行动"，准备调集部队实施大西洋战役。东英格兰地区专员威廉·斯宾斯爵士和芬勒特·斯图尔特爵士过来找我共进午餐。饭后我与他们讨论了有关撤离沿海城镇平民，避免他们卷入战火的事宜。接着波特尔过来找我，商量有关皇家空军在我的司令部派驻代表的细节问题。由于空军部至今仍坚持不让陆军指挥空军人员，而以派代表作为替代方案，因此工作推进远不能让人满意。然后我去找了比弗布鲁克，讨论用于3.7英寸和3英寸防空炮的反坦克炮弹生产事宜，它们将用来对付登陆的重型坦克。喝完下午茶后与巴勒特进行了面谈，商定在遭遇入侵时，轰炸机司令部第2航空兵群的中队如何进行编成的问题。然后与马特尔讨论了首相视察第1装甲师的细节问题。下午7点45分下班返回费尔内街，开始了七天的假期！！

7月22日

截至目前，我担任本土军最高指挥官已经一年零二天了。期间飞行里程将近1.4万英里，开车行驶里程约3.5万英里，坐车行驶里程则不会少于这个数字，因此总行驶里程应接近7万英里。

上午去拍摄了红腹灰雀。

7月22日至29日

除了7月25日（周二）和马特尔一起驱车前往蒂德沃思迎接首相外，其余日子都留在费尔内街休假。首相那天去是为了看望第1装甲师，他发表了简短讲话，对他们克服困难抽调约一百五十辆坦克支援中东战场表示理解和慰问。接着他前往谷仓海滩，第3师在那里为他准备了一场精彩的射击演习。最后驱车返回蒂德沃思，在步枪旅的食堂喝了下午茶。首相所到之处都受到了热烈欢迎。他开着我的车行驶在道路当中，士兵们夹道欢迎。所有人在他驶近时都大声欢呼"老维尼，好样的"，受爱戴程度之高令人惊讶。

7月29日

上午8点开车离开费尔内街返回伦敦，很明显带着一种"返校"的感觉。就是一想到身上所肩负的重任，以及由此带来的各种忧虑和疑惑，整颗心就不断地往下沉，情绪低落难以平复。那些可怕的问号似乎无时无处不在！我作出的整体防御部署是不是真的合适？东南部的防御力量足够吗？能冒着削弱北部防御的风险增强这里的防御吗？我是不是低估了空中威胁？我是不是应该进一步削弱海滩防御以保证机场？如果我这样做了，是不是就等于打开了海上大门？空中支援是不是会如空军部承诺的那样到位？海军还要花多长时间才能把力量集中到本土防御？这段时间里我们能不能在肯特郡挡住装甲师的进攻？

这些问题一着不慎就可能满盘皆输，大英帝国有可能就此走向末路！上次我去首相官邸时，他说过一句很睿智的话：一个人的神经就好比是一条阴沟的六英寸排水管，就算是洪水涌进来，它也只能承受一定的排水量。在过去的两年里，我就时常感到自己的精神不足以承受如此之多、如此之重的压力。还好大自然是如此造物的，否则我真的不知道一个人在如此重压之下可以支撑多久。

有时这种疑虑和不确定性会让所有的指挥官都背上沉重的负担。更加难以承受的是，这些内在的疑惑决不能在表面上流露出来。从外表上看，一个指挥官必须要激发出所有手下的自信，也要让他的上司感到信心满满。有好几次，我都发觉温斯顿在仔细地审视我，试图读出我内心的想法，寻找到任何隐藏在外表下的疑惑。

7月30日

上午9点出发前往奥尔德肖特，我在那儿花了一天时间视察第55师。下午6点半早早赶回伦敦去见迪尔，我在他那儿还见到了奥金莱克，他昨晚刚从埃及回来。我们在那儿一直谈到了8点15分，讨论了高级指挥官安排问题。接着匆匆赶往帕特尼与罗尼一起吃饭。

7月31日

上午待在办公室。午饭后和迪尔及其他相关人员一起开会商量人力资源问题。接着见了洛里·查林顿，对他能从希腊平安归来真心感到高兴。下午茶后与"丑鬼"巴勒特、"Q"马特尔等人进行了面谈，并完成了一些办公室工作，直到晚上8点才赶去和迪尔一起吃饭，刚从埃及回来的奥金莱克以及珀西·詹姆斯·格里格①也在。这真是一个很有意思的夜晚。

8月1日

上午8点半出发前往纽黑文，在那里会见加拿大第2师师长并视察该师防线，一直到下午6点才在拉伊结束行程，降落在这里的机场时已经晚上8点。我们对该师所表现出的训练有素感到惊喜，他们近期的进步很大，我认为已经超过了加拿大第1师。

---

① 珀西·詹姆斯·格里格（Percy James Grigg, 1890—1964），英国政治家，与丘吉尔关系密切。毕业于剑桥大学，参加过一战。1921年起长期从事财政税务管理工作。——译者

8月2日

上午待在办公室，然后回家度周末。

8月3日

待在家里。

8月4日

早上8点出发。我上午在办公室工作，下午到外交部找安东尼·艾登，他本周要在下议院发表演说，想就本土军的情况和我交流一下。

8月5日

上午9点出发前往亨登，风刮得很猛，预示着这次约克之行是一场颠簸之旅。果然如此！往常一小时的航程我们用了一小时五十五分钟。我在那儿视察了陆空协同作战中队，并吃了午饭。然后飞往唐卡斯特视察另一个中队，并喝了下午茶。随后我们启程回来，路上又是十分颠簸，莫尔特比派给我的这名年轻的皇家空军军官已经力不从心了，老巴尼差点儿挺不过去了！经过三个半小时要命的空中旅程后，我们终于降落在亨登机场了。

8月6日

花了一天的时间，和蒙哥马利一起观摩了他组织的一场演习，并去看了第25陆军坦克旅。我对后者的观感不太好，这支部队还不达标，需要更换指挥官。晚上和伯蒂一起吃饭，希尔达和洛里·查林顿也在。

8月7日

在办公室里度过了无聊的一天，进行了几次面谈，也被打断了好几次。天气依然有点儿凉。

8 月 8 日

本来想要飞往博斯库姆①机场的,但天气实在太糟糕了。于是坐车前往那里,花了一天时间看了多款新型飞机。其中包括斯特林、哈利法克斯、空中堡垒等四引擎轰炸机,等等。这天过得很有意思。下午 5 点半回到了办公室。

8 月 9 日

在办公室度过了一个繁忙的上午后,我吃过午饭便出发赶回费尔内街。到家后发觉你患了重感冒,急需休息和恢复。希望你能尽快地好起来。

8 月 10 日

上午去了教堂。晚上伯蒂·费雪来找我商量第 17 枪骑兵团的指挥官人选,以接替不久前在坠机事故中丧生的前任。

8 月 11 日

上午 8 点在一场瓢泼大雨中离开了家。与佩吉特、美军总工程师、伯蒂·布鲁克及其他相关人员谈了话。

8 月 12 日

上午 8 点半出发前往亨登,从那儿飞往韦茅斯。行程很棒,能见度

---

① 博斯库姆(Boscombe),英格兰威尔特郡的一个小村庄,附近有一个军用机场,是英国一个重要的试飞基地。——译者

极佳。詹姆斯·加内特到机场迎接。我与他用一天的时间视察了第 3 师，去了多切斯特、布兰福德、罗姆塞，最后到了位于拉德诺勋爵城堡的第 5 军军部。晚上和"泰迪"施莱伯一起去钓了一小时鱼，不过没什么收获。

8 月 13 日

晚上 9 点出发，途径罗姆塞、克赖斯特彻奇、温切斯特和纽伯里，前往视察第 4 师某部。杰克·斯韦恩①全程和我在一起。令人难受的阴冷天气，有种秋天的感觉。最后回到了费尔内街收拾去苏格兰的衣服。

8 月 14 日

白天待在办公室，晚上和特伦查德勋爵共进晚餐。他很亲切地邀我尽快吃完，要抓紧时间和我讨论希望在参谋长委员会中增设一名民防委员的事。他还和我谈到了公共关系部最近干的一件烂事，给我看了他们关于处理媒体公共关系的一则通告。我相信这事背后有马杰森的手笔，不过还需要证实。

8 月 15 日

原本想再飞到附近几个机场，看看新兵营的情况。不过天气又变得很糟，飞机根本无法接近。于是我只能视察了亨登的特种侦察飞行队，一位年轻飞行员展现了一流的水准。剩下的时间待在了办公室，研究下一步部队的编成问题。

8 月 16 日

在办公室一直工作到下午 3 点。与负责官兵福利的威廉姆斯以及负

---

① 这里应该是约翰·斯韦恩（John Swayne），当时正好担任第 4 师师长。——译者

责教育训练的马什进行了面谈，试图找到让部队在冬季保持专注和士气的办法。返回费尔内街的家里，因为你不在，那里就是一个没有生命的空壳。

8月17日

白天待在家里，晚上驱车赶回伦敦，准备明天一早出发。

8月18日

早上6点醒来，发觉整个大地已被瓢泼大雨所浸透。当时猜想航班肯定是取消了，不过还是决定起床碰碰运气。上午8点赶到亨登，雨还是很大，可是机场方面告诉我，这只不过是个"低气压现象"而已，现在北部天气很好。飞机于8点10分起飞，几乎就看不见机场的其他东西。不过，天气很快就开始转好，我们顺利地飞过了达拉谟、纽卡斯尔、贝威克和特威德，而后从那里右转穿过大海飞往阿伯丁，然后再到洛西茅斯、威克，最后于11点15分降落在卡斯尔敦①，整个行程只花了三小时零五分钟。"大眼"索恩、坎普和指挥第227旅负责防御凯思内斯的米勒前来迎接。花了一天时间视察了防线情况，中午在约翰欧格罗兹②吃了午饭。最后在下午5点半回到威克，飞回彼得黑德。指挥第51师的温伯利在那里迎接，他给了第二天行程安排的细节，晚饭后还带我一起去海钓鳟鱼。最后回到旅馆时已经是晚上10点了。当我正在喝茶的时候，彼得黑德监狱方向传来了炸弹爆炸的声音！今天真是行色匆匆的一天。

---

① 卡斯尔敦（Castletown），苏格兰高地议会区北海岸的一个村庄。——译者
② 约翰欧格罗兹（John o'Groats），苏格兰最北部的村庄之一，由于是英国大陆两个最长距离定居点的北端，因此受到游客的欢迎。——译者

8月19日

早早地离开彼得黑德，与温伯利一起花了一天时间观摩了重夺戴斯机场的演习。感觉这个师的行动黏黏糊糊，没有表现出应有的速度。

下午5点由阿伯丁飞往珀斯，波兰军的指挥官库凯尔到机场迎接，并告诉了我明天的安排。晚饭后和"大眼"一起去泰河钓三文鱼，据说那段水域属于格拉斯哥一位人称"哈迪上校"的百万富翁。尽管一条鱼都没钓上来，可这晚还是过得很开心。回到宾馆已经是晚上10点半了，感到非常疲劳！

8月20日

上午9点出发，与"大眼"和波兰指挥官一起观摩波军用他们的新坦克进行攻击演习。我觉得他们很棒，未来一定有很好的表现。演习结束后驱车前往米尔登找科博尔德打三天猎。到那儿的时候正好是下午茶时间，所有的人还在外面不停地射击。他们后来才进来喝茶，包括科博尔德和他的夫人及女儿和两个儿子，约翰·阿斯特①，伯蒂·布鲁克，汉弗莱·德·特拉福德②，以及阿斯特的儿子。

8月21日

今天收获喜人，我们打了281只松鸡、18只野兔和6只兔子。

8月22日

极为艰难地爬上了黑苔藓原，我发觉风吹到腿上都有点儿疼。那里

---

① 约翰·雅各布·阿斯特（John Jacob Astor，1886—1971），英国陆军中校，男爵，阿斯特家族成员，是著名报业主、政治家、运动员，曾在奥运会上为英国摘得壁球金牌。——译者

② 汉弗莱·埃德蒙·德·特拉福德（Humphrey Edmund de Trafford，1891—1971），男爵，英国著名赛马场主。——译者

的飞鸟不像预想的那么多，不过我们还是打到了 132 只松鸡和 4 只野兔。

8 月 23 日

在山上又度过了愉快的一天。袋子里装了 160 只松鸡、2 只沙锥鸟和 2 只野兔。

8 月 24 日

上午 10 点半出发，开车去蒙特罗斯赶我的飞机，由于天气原因飞机晚到了，下午 1 点才起飞，4 点降落在亨登机场。在办公室工作了几个小时，争取把头绪理清。

8 月 25 日

真是糟糕的一天。首先是参谋长会议没有达成任何决议，只是谈了一大堆烦心事和各种各样的问题。中午"弗雷迪"·卡林顿来找我吃午饭，他最近无事可干，感到很失落。之后召开了遴选委员会会议，迪尔逼着我同意让迪基·克莱格①指挥新组建的装甲师，即由步兵师改编成坦克师的第 42 师。我打赌他干不成。最后亚当来找我共进晚餐。

8 月 26 日

在办公室里又度过了繁忙的一天，其间不断被各种事打断。一开始是"神算子"，我们为确定下周指挥官会议的具体细节讨论了很长时间。然后亨利王子出现了，他带着从直布罗陀前往埃及的计划。然后是和一名美国将军一起吃午饭。吃完饭后迪尔来找我商量冬季穿过英吉利海峡

---

① 迈克尔·奥默尔·克莱格（Michael O'Moore Creagh，1892—1970），英国陆军少将，昵称"迪基"，参加过一战和二战，在二战中担任过著名的第 7 装甲师（沙漠之鼠）师长，在北非战役中发挥重要作用。——译者

进行突袭的可行性。接着国王陛下从陆军部那里过来讨论皇家工兵问题。随后巴勒特汇报了有关陆空联合作战中队的情况。最后，安迪·麦卡洛和我讨论了有关安装挡油板的问题。这时候已经是下午6点了，我那满满的文件盒动都没动过。

8月27日

上午8点半出发前往南威尔士，一路颠簸，先后经过埃克斯穆尔①和布里斯托海峡。在第31旅待了一天。就在下午6点准备飞返伦敦时，"科珀"芬利森出现在我面前。经过近三小时的飞行后回到了这里，刚好赶上了与伯蒂约好的8点半的晚饭。

8月28日

今天先是在办公室工作了一小时，接着到圣詹姆斯公园，检查了新的铁丝网工事，然后看了新型立体照片技术。中午12点时，与陆军部公共关系主任沃尔特·艾里奥特进行了一小时的面谈，他的工作毫无意义。尽管难以启齿，但我想给他的唯一建议是他可以辞职了！中午和西科尔斯基一起吃饭，讨论了波兰军队的编成问题。午饭后我和罗杰·凯耶斯谈了一个小时，想要用我们的部队进行突袭，而不是动用特种部队，不过却没什么进展。最后与迪尔和马杰森一起吃晚饭，讨论了人力资源状况。

8月29日

上午8点半出发，到肯特和苏塞克斯郡的游击部队待了一天。这些部队主要有两个功能，一个是情报，装备有无线电，另一个是破坏行

---

① 埃克斯穆尔(Exmoor)，英格兰西南部的丘陵地区。——译者

动，装备有武器和爆炸物。两者都是准备在遭遇入侵时在敌后发挥作用。因此它们都被编组成小股部队，并在树林里事先安排了一些藏身之处，可供休息和隐藏武器。这些隐蔽场所堪称完美，即使从旁边走过也难以察觉。部队里的士兵不管是来自常规军还是本土军，都让我印象深刻。特别是后者，看上去就是些最普通的乡下农民。回来后参加了西科尔斯基将军和波兰军队在克拉瑞芝酒店组织的雪莉酒会。我在那儿遇到一个很有意思的波兰军官（应该是安德斯将军[①]），他刚从苏联回来，对苏俄军队的情况了如指掌。

8月30日

前往比金山观看一场由东南军区司令部组织的机场防御战车展示。这是一场很糟糕的演示，所有的战车我以前都见过，其中没有一辆能够立即投入实战。我真想不通佩吉特为什么会组织这样一场演示，除了自我吹嘘没有任何意义！午饭后就往家赶，终于在下午茶时分及时赶回家里，发觉你正和汤姆、唐和（原文无法辨认）一起布置派对。

8月31日

早上去了教堂，下午在家休息。天气非常不错。

9月1日

上午8点出发，驱车赶回伦敦。与加罗德就在南部海岸设立皇家空军训练基地一事进行了面谈。接着与亚当商量了冬季分散部署部队的计划。午饭后与科里讨论了驻扎在英国的盟军部队情况。

[①] 瓦迪斯瓦夫·安德斯（Władysław Anders，1892—1970），波兰陆军中将，政治家，伦敦波兰流亡政府主要成员。1949年出版反映二战经历的回忆录《流放的军团》（*An Army in Exile*）。——译者

9月2日

上午9点离开亨登，飞往利兹视察第31陆军坦克旅。整个上午阴云密布，路上花了一小时四十五分钟。这个旅进步很大，我对他们印象非常好。下午6点半回到亨登，一直在办公室待到晚上8点，现在正在准备周四指挥官会议的提纲。

9月3日

上午8点45分离开亨登，飞往达克斯福德视察了有七十个威尔士年轻士兵的部队。这群小伙子虽然邋遢，但还不坏。接着飞往迪布顿视察第70皇家火枪团的一个连，这支部队非常不错，可以组建一个很好的营。接着坐车前往城堡营机场视察了第70皇家火枪团的B连。回到迪布顿机场与名叫丘吉尔的机场指挥官一起吃了午饭。下午2点15分出发前往马特尔舍姆，视察第70索福克斯营的A连和B连，相当棒的一个营。然后我又坐车去了绍森德，视察了第70埃塞克斯营的A连和B连，感到他们训练不足，令人失望。最后返回亨登，降落时已经是下午6点了，正好碰到戈特飞往直布罗陀。在办公室一直待到晚上8点，晚上的任务很重，得准备明天会议的事。

9月4日

上午10点至下午1点半，主持召开了一场指挥官会议，主要议题是讨论冬季部队组织和军力下降问题。总的来说，会议是有成果的。午饭后，迪尔给我们做了一场很棒的世界形势报告。喝下午茶的时候遇见了刚从香港回来的格拉塞特①，能再次见到他真是太好了。"神算子"去休假了，这几天都不在。

---

① 阿瑟·爱德华·格拉塞特（Arthur Edward Grasett，1888—1971），英国陆军中将。——译者

9月5日

因为大雾原因无法飞行,于是我驱车前往蒂尔希德视察加拿大军坦克旅。他们来的时间不长,因此还处于起步阶段,不过潜力不小。安迪·麦克诺顿和旅长沃辛格与我在蒂尔希德碰头,然后一起花了大半天时间坐在运兵车里开往因伯①丘陵。中午在因伯镇吃了午饭,饭后去参观了一个高级急救站,那个地方可不是个令人愉悦的地方,这点你肯定很清楚!!回忆如潮水般涌来,我恍惚间根本就没注意看那些绷带和包扎。② 下午茶后我离开了那里,晚饭时分回到了这里。

9月6日

上午待在办公室,午饭后回到费尔内街。

9月7日

上午去了教堂,下午在花园里度过。

9月8日

上午8点离开费尔内街前往办公室,路上看了关于参谋长会议的简报,发觉额外新增了一项重要议题。这项由联合作战司令部提出的疯狂计划是通过佯攻瑟堡,减轻俄国人的压力。

参谋长会议从10点半一直开到12点半。会议让我不禁想起了《爱丽丝梦游仙境》中"无聊的茶话会"的情节,迪尔就像爱丽丝,波特尔是帽匠,达德利·庞德自然就是睡鼠。我真想大喊一声"把那只睡鼠扔

---

① 因伯(Imber),是索尔兹伯里平原上的一个小村镇,在蒂尔希德以西约4公里处,地处偏僻。19世纪初陆军部即出于训练目的购置那里的地产。1943年,为准备登陆欧洲,英国政府动迁了那里所有的居民,将之作为美军演练巷战的训练场。——译者
② 作者的第一位妻子死于车祸,当时作者也在场。此处的急救站,译者推测是抢救过其亡妻的地方。——译者

进茶壶里"，好将他唤醒。

　　会后我急匆匆赶到亨登，搭乘班机前往纽瓦克，在飞机上吃了午饭。接着看到了新的掘进机，它们正以 3/4 英里的时速为坦克挖掘一条交通壕！多么神奇的机器。搭乘飞机回来，降落时已经是下午 6 点。赶到办公室见了布里奇曼，讨论本土军训练问题。晚上与班纳曼先生①一起吃了晚饭，给他看了拍摄的鸟类照片。

9 月 9 日

　　上午 8 点出发前往亨登。天气十分恶劣，只得先飞往内瑟拉文，然后坐车前往拉克希尔参加反坦克武器评测改进会。反坦克武器的研发开始有了进展。我们试了 2 磅、6 磅、25 磅、75 毫米、博福斯和 3.7 英寸高射炮。我很高兴地看到装配有凯瑞森火控系统②的博福斯炮达到了我的预期。12 点 45 分从内瑟拉文返回，在飞机上吃了午饭，下午 2 点在亨登降落。在办公室工作了一个半小时后，赶往陆军部参加陆军大臣会议，会商冬季安排。会议一直开到下午 5 点，不过成果斐然，我们为军官们争取到了用常规支付系统使用公共交通工具的额外优惠。回到办公室后找人谈话直到下午 7 点 45 分，晚饭后又继续谈了一小时，然后又花了两小时处理当天的急件。

9 月 10 日

　　早上 6 点半闹钟响了，8 点我已经从亨登起飞，坐两小时飞机前往

---

① 大卫·阿米蒂奇·班纳曼（David Armitage Bannerman，1886—1979），英国鸟类学家，1919 至 1952 年任英国自然历史博物馆长。——译者
② 凯瑞森火控系统（Kerrison Predictor），是英国发明的一套电子 & 机械混合型火控系统。由于德国俯冲轰炸机的威胁，英国把传统博福斯高射炮的机械火控系统进行了升级，射手在发射前只需设定射程、目标速度和射角，该系统便能自动完成对空中目标的瞄准和跟踪，并不断作出修正。——译者

康沃尔的圣埃尔万。多云天气让我有时间读了读新宣传材料"挺进的雄师"的草稿,对演习双方的部队运作都很赞赏。抵达圣埃尔万后,前往第 8 军的前线指挥部观摩第 48 师的演习。接着花了一整天时间和肯尼思·安德森四处看看他的部队。这大概是我去年以来见过的最差的师级部队之一了!我与安德森当场决定必须撤换师长皮特斯。下午 5 点半离开了那里,又坐了两小时飞机回到亨登。晚饭后又进行了多场面谈。真的感到很困!

9 月 11 日

在办公室度过了忙碌的一天。先是接待了新任陆军部总工程师金将军,接着与驻开罗部队参谋长阿瑟·史密斯①进行了面谈。然后,与担任陆军演习裁判长的蒙哥马利一起吃了午饭。饭后我去了陆军部,应马杰森的要求与哈利法克斯②进行了会谈。在一个半小时的谈话中,我向他抛出了各种与国防相关的问题。最后是在下午 7 点的时候,与沃尔特·艾里奥特讨论了公共关系问题。

9 月 12 日

闹钟 6 点半响起,7 点吃了早饭,然后出发参加第 6 装甲师为国王陛下准备的阅兵式。仪式在纽马克特的另一侧举行,整体上极为成功。先是视察了全师各部,午饭后国王陛下检阅了各部行军。我第一次对陛下感到有些失望,他把大部分精力都放在关心自己有没有被冻着,并未真正欣赏到将士们的精彩表现!仪式结束后驱车回到办公室,工作了几

---

① 阿瑟·史密斯(Arthur Francis Smith, 1890—1977),英国陆军中将。——译者
② 爱德华·弗雷德里克·林德利·伍德,哈利法克斯一世伯爵(Edward Frederick Lindley Wood, 1st Earl of Halifax, 1881—1959),英国保守党政治家。著有回忆录《充实的时代》(*Fulness of Days*)。——译者

小时，然后出发前往首相官邸。

到那儿的时候大约是晚上 8 点，其他客人只有情报处长戴维森①和首相的弟弟。晚饭后首相把我叫进了他的书房，我们在那儿一起待到了半夜 1 点半！讨论了削减七十七个营的提议，我很高兴他对此予以反对。另外还讨论了准备在挪威开展的行动。他的心情不错，即使在争论时也兴高采烈。

9 月 13 日

早早检查过契克斯庄园的警卫工作后启程返回。上午待在办公室。吃过午饭，在 3 点 15 分左右去了迪尔那里，向他汇报昨晚与首相的会面情况，亚当当时也在现场。我着重提醒了他们首相对削减军力计划的态度。最后回家度周末。

9 月 14 日

与你和两个小可爱在家里共享天伦之乐。

9 月 15 日

8 点出发，上午一直在接待约见。下午 3 点至 5 点参加了遴选委员会会议，接着与金贺进行了谈话。晚上到迪尔的公寓，与几天前刚从印度回来的阿奇·韦维尔一起吃饭，他一如既往地沉默寡言。

9 月 16 日

上周五的契克斯庄园之行开始开花结果了。我当时反复强调的事实是，新实施的"人力资源限制政策"将导致七十七个步兵营被削减，相

---

① 弗朗西斯·亨利·诺曼·戴维森（Francis Henry Norman Davidson，1892—1973），英国陆军少将。——译者

当于这个国家四分之一陆军兵力,而这些力量将用于空防、岸防、后勤、军需等领域。现在他终于开始着手避免实战部队被裁撤了。这样做有益无害,我们必须避免把大量人力都摆到纯粹被动防御的领域里。我想再次强调的是,我们队伍中的"非实战人员"存在尾大不掉的现象。上午 8 点半出发,前往纽马克特另一侧观摩第 6 装甲师的演习。其间最令人振奋的是看到了他们的高效和进步。下午 6 点半回到办公室,在吃晚饭前工作了一小时。

9 月 17 日

花了一整天时间视察了安置在多佛周边的 8 英寸、9.2 英寸和 15 英寸炮。同时也仔细查看了新安装的无线电定位装置。中午和伯迪·拉姆齐一起吃了午饭,肖尔托·道格拉斯也来了,所以我们等于又搞了场"帝国防务学院校友会"。午饭后视察了火炮指挥所。今天晴空万里,法国的海岸清晰可见,我们凭望远镜就找到了一个德军的炮位。

9 月 18 日

在办公室待了一天。先是和布里奇曼谈了话,讨论了本土军将来的训练,目的是更好地把野战部队从诸如海岸防御等角色中释放出来。之后格拉塞特过来找我一起吃午饭。饭后科里来找我商量盟军部队的事。接着波普在前往中东前过来和我道别。最后来找我的是鲍勃·杜比尼(西里耶上尉,我原来在第 2 军的联络官),现在是第 15/19 轻骑兵团的一名副中队长。

9 月 19 日

上午 8 点 45 分离开亨登,飞往莱明顿视察捷克部队。飞行员有些迷路,我们在朦朦胧胧中穿越了迷雾。麦克·休斯顿和捷克军队负责人普洛克在机场迎接。然后花了一天时间视察了两个营、两个火炮连、一个反坦克连、一支侦察兵部队，等等。我感觉他们干劲十足，就是军容军貌还不够严整。但我相信，一旦事有所需，他们一定会有优异的表现。令人感伤的是，他们是一支亡国之师，在美国募兵的时候遇到了巨大的困难。离开第2营的时候，营长赠送了我一副希区柯克为贝奈斯①所做的画像，以及一枚雕刻有捷克斯洛伐克国名文字的卍型小纪念章。下午6点坐飞机返回，晚饭前工作了一小时。

9月20日

上午很轻松，我参加了一场侦察部队指挥官会议。回家吃了顿晚中饭。

9月21日

在家里陪你，一起去了教堂，给普克斯和山羊拍了照，还砍了树。

9月22日

一早出发，11点半参加了参谋长会议。下午，蒙哥马利前来向我汇报了总司令部组织的"缓冲器"演习双方的计划细节。从中可以预见，肯定会有一场精彩的对抗。晚上和巴兹尔与辛西娅夫妇一起吃了晚饭。

9月23日

为了赶飞机前往苏格兰，早晨6点半起床。由于大雾天气，起飞时间从9点半推迟到了10点45分。在飞往格拉斯哥的一路上，除了在利物浦和曼岛附近，几乎看不到地上任何东西。在机场吃过午饭后，驱车

---

① 爱德华·贝奈斯（Edvard Beneš，1884—1948），捷克斯洛伐克政治家，开国三元勋之一。——译者

约 70 英里赶往因弗拉里参观联合作战训练中心。中心主任罗杰·凯耶斯以及他的助理德鲁，训练主管格里姆斯莱德在那里迎候。我们观摩了登陆行动，察看了运输工具。我感觉相关训练还是过于教条，无法适应可能发生的各类情况。当天在因弗拉里的酒店住了一晚。

9 月 24 日

上午与格里姆斯莱德一起视察了各式各样的海滩训练基础设施。看来取得了明显的进步，不过还需要努力。这与我们所有的谋划来比还是格局太小了。在一条改装成运输船的豪华游艇上吃了午饭。然后和罗杰·凯耶斯一起驱车前往特伦。我们下榻在那里的一座高尔夫宾馆。晚饭后出发观摩突击队员在夜幕掩护下乘坐敞篷小船向海滩渗透的演习。过程中动静太大，很容易让人发觉。

9 月 25 日

上午在罗杰·凯耶斯和海登的陪同下检阅突击队，观摩了一场很精彩的攀岩演习。

从罗杰·凯耶斯来讲，他安排的所有内容都是为了让我确信，单独组建突击队的决定是对的。不过他失败了，一直到战争结束我还是坚信，突击队不可能作为一支独立兵种存在。每个师确实有必要保留一支侦察兵部队，能够在有需要时作为突击队使用。

在宾馆里吃过午饭后驱车前往机场，我在那儿搭乘 2 点半的飞机返回伦敦，并于下午 5 点到达。回到办公室后发觉迪尔 6 点半要见我，马杰森则是要求 7 点碰头。我在那里一直待到 8 点半，结果 8 点 45 分才赶到金鸡餐厅和巴兹尔与辛西娅一起共进晚餐。为了处理前几天的文件，不得不一回来就干到半夜1点，感到非常的疲劳和困倦！

9月26日

上午8点半离开这里飞往诺维奇，与第15师师长会面，然后与他一起检阅了该部几支部队。这个师不错，不过需要调换几个高级军官。结束后从伊普斯维奇返回，吃晚饭前在办公室工作了一小时，有整整一箱的材料正等着我处理。

9月27日

一个繁忙的上午。先是皮埃尔·杜普伊过来找我，他刚作为加拿大政府代表访问了维希政权。他对法国的情况感到乐观，觉得那里的民心士气也越来越高，同时也认为德国部队对最终获胜的信心有所减弱。中午11点接受了采访，就下周开展的大规模演习（参加的有第3装甲师、第9步兵师以及两个直属装甲旅）向他们吹风。11点半时亚当来找我，这时迪尔也出现了。直到12点半温宁来找我的时候，我和亚当的谈话还没开始。不过之后迪尔很快就走了，我于是草草结束和温宁的谈话，带着亚当一起去吃晚饭。午饭后马特尔和"神算子"共同（原文无法辨认）。下午4点下班赶回费尔内街。

9月28日

下午3点半从家里出发来到牛津，在那里建立了我的演习控制指挥中心。我住在（原文无法辨认），办公室就在外面。

9月29日

一早出发从牛津的高里市飞往诺维奇。由于天气不佳，飞机直到9点才起飞。能见度很差，一路上大部分时间只能超低空飞行。我看了演习中的德军司令部，与卡尔谈了谈。接着从那里驱车前往第 2 军和第 11 军军部了解情况。之后从霍宁顿飞往雷丁，坐第二辆车前往南部军区司令部，与亚历山大讨论了他的计划。回到牛津后，我于 8 点召开会议分析白天的战斗。拉姆齐上将前来共进晚餐，饭后我向他介绍了相关情况。

9 月 30 日

伯迪·拉姆齐陪着我，用了一天的时间视察前线。我们坐飞机或乘车去了好几个司令部。晚饭后迪尔过来出席总结会议。演习相当成功，白天的表现很精彩。

10 月 1 日

从上午 8 点到下午 7 点，又是坐着飞机四处奔忙。晚饭后，一直开会到半夜。格拉塞特今天一直陪着我。一些高级指挥官对装甲部队的运用还是存在问题。

10 月 2 日

又是一整天的演习，我不是乘飞机就是坐车四处赶。现在我已颁下命令演习于明早 6 点结束，总体上取得了巨大的成功。我对装甲师的进步感到高兴，不过对高级指挥官们的指挥水平感到失望。他们还有很多东西要学，而且学得越快越好。

10 月 3 日

半夜里接到陆军部发来的紧急通知，要求就攻打特隆赫姆（挪威）的行动进行讨论审核，并制定作战方案。一切工作都要在下周五前完成！今晚，我就得去契克斯庄园吃饭，讨论方案。上午开车回了伦敦，下午大部分时间都在研究方案的细节。下午 6 点到陆军部捎上迪尔一起赶往契克斯庄园，路上还详细讨论了方案。参加这次会议的还有达德利·庞德、波特尔和艾德礼。我们一起坐到半夜2点15分，讨论了很多问题，我竭尽所能劝谏首相放弃这个计划。无法充分提供空军支援，这意味着我们又将重蹈覆辙。

10月4日

上午11点开始继续讨论，一直持续到下午1点。我觉得首相已经开始犹豫不决了。

当时我还不够了解他，没意识到他正在犹豫不决。从那时起，我就开始不断为阻止他各种"杀回挪威"的疯狂计划而烦恼不已。真搞不懂他为什么要打回去，即使真的打下了特隆赫姆，之后又怎么办，我们不得而知。他给出的唯一理由是，希特勒是从挪威那里开始席卷欧洲的，所以他也要从那里开始打回去。要知道之前攻占挪威的计划已经因缺乏空中支援、操作性不够，而被参谋长委员会否决了。

现在，就在契克斯庄园，我作为本土军负责人，刚刚受命准备一份详细的攻占特隆赫姆的计划，然后报给他拍板定调。计划要成熟完备，只要我选好指挥官，一声令下就可以立即进军。他给了我一周时间准备。我说如果由我来负责这项工作，那我就必须能协调本土军舰队司令、战斗机司令部司令、轰炸机司令部司令、运输大臣等等高官，要在这周内反复开会研究。结果我的要求得到了同意。这不是一项令人愉快的工作。迪尔告诉了我参谋长们对其中问题的评估结果，我觉得我也会得出相同的结论。这到头来会让许多本来就忙得不可开交的人白白浪费精力。就我来讲，我当时正好在做代号"缓冲器"演习的收尾工作，时间已经占得满满当当。

回到伦敦安排周一开会讨论方案的事。

最终准时回家吃了晚饭。一周奔波辛劳，睡眠不足，让我感到极为疲倦。

10月5日

静静地待在家里休养生息，恢复上一周带来的疲劳。与普克斯和泰一起做了架小羊车。

10月6日

上午8点从家里出发，天雾蒙蒙的。上午11点在内阁作战室主持召开会议，出席会议的有：本土舰队、战斗机司令部、轰炸机司令部、海岸司令部、陆军司令部的负责人，军需总监、交通大臣，以及我的参谋班子，等等。我们越是仔细审阅特隆赫姆方案中的问题，我越是确信我们正在做一件蠢事。下午进行了一系列会见，晚饭后，花了两小时为周五的演习总结会准备讲稿。

10月7日

我本来打算飞去视察荷兰军，但因为整个上午大雾弥漫，只得推迟了行程。于是我转而花了一天时间，为周五上午在参谋学院举行的大型演习总结会准备讲稿。

10月8日

上午为周五的会议准备讲稿。接着去参加了迪尔的婚礼。真心希望他幸福，没有人比他更应该得到这场幸福了。中午和"神算子"在赛马俱乐部吃了午饭，然后回去参加研究攻打特隆赫姆方案的会议。最后和蒙哥马利会商上周演习的事。令我们都感到遗憾的是，我们在集团军和军一级指挥官方面是何等的人才凋零，不撤换几个是不行了，可天知道去哪里找更好一点儿的。

缺少真正的好将领，是这场战争中始终让我感到焦虑的事。我觉得这是因为在一战中耗去了我们太多的敢战精英。大量的排长、连长、营长在那场战争中阵亡，其中不乏真正的带兵人。这些人正是我们现在所急需的。我当时认为三军都缺乏真正的高素质指挥官，后来才发觉其实在政界和外交领域同样如此。①

10月9日

今天你和小泰先生一起来吃午饭，一下子把无聊沉闷的一天变成了欢乐时光！饭后我们还一起去挑了地毯，然后我回了办公室。

整个上午都在开另一场特隆赫姆行动准备会。我叫了本土舰队司令，战斗机、轰炸机和海岸司令部司令，运输大臣，军需总监，等等。对行动的最后推演，比以往任何一次都更让我确信这场行动毫无可操作性。现在我又接到了周日去契克斯庄园的通知！具体时间是下午6点，当晚我还要赶去纽卡斯尔。

10月10日

上午8点出发参加"缓冲器"大型演习的总结会。会议地点安排在

---

① 英国贵族向来有尚武精神和骑士传统，去战场搏杀，就像是贵族子弟的成年礼。当时，许多英国贵族都幼稚地相信这场战争仍是传统的"绅士战争"，8月开始，到圣诞节就会结束。战争伊始，贵族子弟生怕自己赶不上趟，还没到前线，战争就结束了。虽然许多平民子弟也战死前线，但相比之下，贵族家庭付出了更多的生命代价。因为与一般平民百姓的孩子们相比，贵族子弟是更为专业的战士，他们第一批踊跃入伍，基本上担任低级军官，大多数是中校以下的官衔，负责带领手下的士兵冲锋陷阵，直接上前线进战壕。而且，英雄主义的武士传统又让他们冲在最前面。在一战的第一年里，每七位贵族军官中就有一位在前线丧命，而普通士兵的死亡率是每十七位里有一位。在整个一战中，入伍的英国贵族及贵族子弟五分之一死在战场上。——译者

参谋学院，参加会议的有约两百七十名军官。我让蒙哥马利先回顾整个过程，然后由我来点评。开掉这个会让我如释重负。过去的两周真是艰难，又要举行大型演习，首相又要我们把研究制定特隆赫姆行动作为首要任务。

10月11日

为首相作特隆赫姆作战方案的最终评估，度过了一个令人苦恼的上午。午饭后，本土舰队司令托维和他的参谋长布兰德①来访，我们又一起再次作了评估。我不喜欢现在这个方案最终的模式，准备做一个彻底的修改。不过不管怎样，我还是持与以前一样的观点——这项作战计划毫无可操作性。回家吃了晚饭。

10月12日

做好了去契克斯庄园的所有安排，准备凌晨1点45分在温多弗车站搭乘专列前往。下午突然接到通知，首相换在唐宁街10号召见我们了！下午6点半赶到那里，参加会议的有各位参谋长、托维、肖尔托·道格拉斯、佩吉特和我。首相对我们的评估报告极为不满！他说他想要的是一份详细的行动计划，而不是一篇强词夺理摆出各种困难的论文！接着他用了两个小时质问我各种问题，试图证明我毫无必要地夸大了困难！然而，我应对得力，最终还是证明了我唯一得出的结论。

我一再努力，试图把他拉回到最关键的问题上——缺乏空中支援。他回避这个问题，转而用其他事来质问我，比如，"你说会受到霜冻和化冰的影响，影响部队的机动力。这个结论是怎么得来的？"我回答说，

---

① 帕特里克·布兰德(Patrick Brind, 1892—1963)，英国皇家海军上将。——译者

其实这个问题相对关系不大，结论也是来自《气象报告》。他立即就叫人拿来了这本材料，很快证明这段文字就是直接引用了报告里的内容。他接下来又质问，"你说你需要二十四小时攻占从 A 到 B 的区域。凭什么要花那么长时间，你要向我详细解释二十四小时里每个小时都在干什么！"其实在这段时间里，可能需要粉碎路上敌人的抵抗，可能需要移除路障、修复被破坏的桥梁和涵洞，所以很难对二十四小时里的每个小时作出详尽地描绘。于是这带来了更多的诘难，夹杂着讽刺和批评。在满屋子人面前经受了一场令人难受的煎熬，不过这对于我后面几年在许多场合所要经受地事来说，算是一场很好的适应性训练吧！

会议最终在晚上 8 点半结束了，在俱乐部吃了晚饭，11 点登上了火车。

10 月 13 日

上午 9 点抵达纽卡斯尔，在那儿见到了"红脖子"伊斯特伍德。用过早餐后来到费纳姆军营的报告中心，然后视察了前线。我对这些指挥官的无能感到极为失望，帕克汉姆·沃尔什和威尔考克斯都不太会指挥部队！在艾伦代尔勋爵安排下住了一晚，非常舒服。

10 月 14 日

上午 9 点出发，继续看接下来的操演，也继续对装甲部队被胡乱运用而感到心碎。从纽卡斯尔返回，因为天气原因没有坐飞机，上了 12 点 53 分的火车，下午 7 点半抵达伦敦。

10 月 15 日

驱车前往（原文无法辨认）岛观看法国海岸突击部队的训练。过程非常精彩，为了模拟黑暗环境，每名士兵都带着深色护目镜。中午和负责训练的钱伯斯一起吃了饭。午饭后观看了炮火支援演练，通信兵运用 18 号无线设备可以直接联系到步兵部队。几天前发生了一桩可怕的事故，第 55 师师长孟克·摩根被一枚爆炸物炸伤了腹部，诺斯沃兹伤了脸部，他的副官失去了下巴，绘图员奥斯瓦尔德·伯利失去了一只眼睛！

晚上和佩吉特住在一起。

10 月 16 日

上午 8 点从佩吉特的司令部出发，在办公室花了一天时间进行了多场面谈。上午先是见了麦克诺顿，然后是哈利·克里勒。我最近想着力促成他担任目前仍然空缺的加拿大第 2 师师长，为此，已经约了加拿大国防部长周一吃饭，准备把相关事项都敲定。中午与挪威国防大臣在萨沃伊酒店吃饭，哈康国王①与王储也在。由于正好坐在桑兹旁边，这顿饭对我来说味同嚼蜡。下午继续工作直到晚上 8 点。

麦克诺顿上午告诉我说，他被邀请周末前往契克斯庄园，商议有关挪威的事！我告诉了他事情的来龙去脉，以及已经为丘吉尔做了两次行动计划评估，每次都因为缺乏可操作性而被否决的事实。我提醒他，现在要做好由加拿大军队接手的准备。他向我保证，让他的部队接下这么个任务等于做梦。我请求他，不管怎么样都要在会面结束后于周一与我碰头，告诉我谈话的结果。

到了下周一，麦克诺顿蹒跚着走进了我的办公室，简直一头栽进了我的椅子！我问他情况如何。他告诉我，他度过了一个可怕的周末，彻夜未眠，到现在都不知道该何去何从。丘吉尔强大的语言掌控能力和律

---

① 哈康七世(Haakon VII，1872—1957)，丹麦国王弗雷德里克八世(Frederick VIII)的次子，第一任挪威国王，1905 至 1957 年在位。——译者

师般的雄辩技巧简直让他目瞪口呆。当我追问他究竟应允了什么时，他开始王顾左右而言他，语焉不详。尽管如此，我最终还是从他的只言片语中了解到，他已经同意评估特隆赫姆行动计划了。当他看到我的表情之后，他又急忙补充说，之前他已经发电报给麦肯齐·金①总理，要求他决不可同意让加拿大军队参与任何有关挪威的行动！这是推卸拒绝责任的一种办法，不过就我看来，也没什么大区别。我知道加拿大军目前还没法投入到这种冒险行动中去。

这是第三次终结丘吉尔的一意孤行了！这并不意味着他已经放弃了这个想法——而且远非如此，他对这个计划还是极为心热，以至于只要一看到挪威地图，心中就会死灰复燃。

10月17日

上午待在办公室研究突袭法国海岸的相关情报，这项任务已经交给了我。吃了早午餐后，与布里奇曼一起去多尔金②附近视察本土军学校。下午6点15分去见了迪尔，商量奥斯本和马西的去留问题，准备把他们从军长的位子上换下来。

10月18日

用最快速度完成了上午的工作，得以在12点半下班。在车上吃了点儿三明治，快速地换了衣服，一路疾驰到伯蒂·费雪家里，准备与他一起下午去打野鸡。一路行来收获不错，两个人打到了十三只野鸡。

---

① 威廉·莱昂·麦肯齐·金（William Lyon Mackenzie King，1874—1950），加拿大政治家。曾三度担任加拿大总理，在位时间长达二十一年，是英联邦国家历史上在位时间最长的总理之一。——译者
② 多尔金（Dorking），是英格兰萨里郡的小镇，距离伦敦约34公里。——译者

10月19日

上午去了教堂，下午大部分时间都用来做小羊车。

10月20日

上午8点离开费尔内街，开始了忙碌的一天。先是空军上将巴勒特来商量空降兵部队的架构问题。接着我请到了加拿大国防部长到俱乐部共进午餐，讨论了加拿大军未来的组成，以及加拿大第2师下任师长人选。之后去了陆军部，参加遴选委员会会议，一直开到了下午茶时分。最后波纳尔过来找我，告诉我比弗布鲁克正在谋划让"蒂姆"派尔接替迪尔成为下一任总参谋长！谁都不知道他正在我们背后搞什么阴谋！

我认识"蒂姆"派尔很长时间了，他有不少令人称道的地方，但肯定还不足以担任总参谋长。事实上，特别是有比弗布鲁克的影子，我想象不出还有更糟的选择了。我听说派尔周末经常混迹在比弗布鲁克那里，作为一个"攀附者"，他毫无疑问没有浪费时间。

就在那个时候，我也听到传言，比弗布鲁克正在丘吉尔面前中伤迪尔。这其实用不着花太多心思，因为丘吉尔本身就不太喜欢迪尔。这两个人性格迥异，根本不可能在工作中和谐相处。迪尔是那种严谨正直的典型代表，拥有极强的原则性和无可争议的诚实品质。我绝不相信这些品质能打动温斯顿，相反，我认为他讨厌这些，因为这些品质恰恰映照出他这方面的短板。不管怎么说，我确信迪尔无法容忍某些政客翻云覆雨式的道德标准，丘吉尔的行事方式时常使他反感。我对迪尔的未来感到忧虑。他毫无疑问是当时我军担任总参谋长的最佳人选，任何改变只会招致更坏的结果。

回到本部后，乔治·舒斯特①爵士来找我商量本土军的事。在办公室完成一些工作后，我和汉弗莱·盖尔一起到拉尔夫·格林②爵士那里吃晚饭，回来后感到很疲劳，准备上床睡觉。

10月21日

在办公室工作一小时后，驱车前往因伯观摩战斗机攻击卡车、步兵和炮兵等地面部队的演示。整个过程令人印象深刻！毫无疑问，单座战斗机注定要在对地攻击中扮演重要角色。即使车与车之间间隔长达150码，靠着它们现有的装备也足以摧毁一长列车队。我有必要采取措施，为它们的发展提供更多保障。攻击机以后可能会装备口径更大的机炮，成为坦克杀手。"杰弗里斯"小型炸弹也有很好的应用前景。回到办公室换了衣服，待了一小时后去俱乐部请哈利·克里勒吃晚饭。我和他就加拿大军的未来进行了长时间而有益的交谈。真心希望他们能把加拿大第2师交给他。

10月22日

去伯蒂·布鲁克的公寓接上他，一起去第24近卫旅观摩由布朗宁③指挥的攻击坦克演练。整体水平一流，提供了很多有益的借鉴。我准备将之拍摄成一部教学片，应该会有很好的效果。同时告诉布朗宁，他已被遴选为空降师师长，并向他提出了我的要求。下午要去陆军部，因此坐车准时赶了回来。晚上请芙蕾达·福里斯在俱乐部吃饭，说到了她有

---

① 乔治·欧内斯特·舒斯特(George Ernest Schuster, 1881—1982)，英国银行家、金融家，自由党政治家。曾参加过一战。——译者
② 拉尔夫·格林(Ralph Glyn, 1884—1960)，英国保守党政治家。——译者
③ 弗雷德里克·阿瑟·蒙塔古·布朗宁(Frederick Arthur Montague Browning, 1896—1965)，绰号"男孩"(Boy)，故而也有历史资料上称其为"博伊"·布朗宁，英国皇家空军中将，英国空降兵的创始人之一。——译者

几位本土辅助服务团的朋友受到不公正待遇，以及她准备周日开张的新建盟军军官高级俱乐部。

10月23日

在办公室里工作了一天。上午大部分时间都在梳理和调整高级指挥官人选，以适应形势带来的各种变化。至少有三名军长需要调整，也可能是四名！除此之外，因为地中海作战行动需要调走了亚历山大，使得集团军指挥官里又多了一个空缺。缺乏合适的高级指挥官令人感到扼腕。我也不是很确定背后的原因究竟是什么。感觉唯一可以用来解释的是，我们的武勇之气大约在二十年前就被消耗殆尽了，现在迫切需要的正是当年所失去的这些。

你和小泰先生到哈罗德百货吃午饭，能在周中见到你真是令人高兴。

10月24日

上午9点出发，到奥尔德肖特的加拿大第3师那里待了一整天。师长普莱斯①给我看了不少他说的"精选节目"！包括迫击炮射击，营级部队打靶，炮兵反坦克，皇家通信部队摩托化演练，步兵操场训练，步兵旅阅兵式，皇家陆军军医队包扎演示，侦察兵部队非正式阅兵，两个连占据阵地演示，皇家工程兵部队搭桥，最后在许多军乐队演奏中"撤离"！只要下一步的训练更到位，这个师就有成为一支一流部队的潜质。

10月25日

上午在办公室偷得浮生半日闲，中午得以及时回费尔内街吃午饭。

---

① 查尔斯·巴兹尔·普莱斯（Charles Bacil Price，1889—1975），加拿大陆军少将。——译者

下午在家铺新地毯。

10月26日

上午完成了新地毯的铺设,然后继续做小羊车。

下午6点启程前往契克斯庄园,大约7点45分到达。我发现唯一一位其他客人是林德曼。晚餐一直吃到晚上大约11点,在我们吸完鼻烟之类的东西后结束!晚饭后,首相让人取来了他的睡袍,罩在了他的"连体外套"上。这件睡袍极为炫目,就像"约瑟的彩衣"①!接着我们去了楼上,他在那里设置了一个电影放映室。我们在那儿看苏联和德国的电影直到半夜。然后我们下了楼,从半夜到凌晨1点不停地谈论解释"缓冲器"演习,这事只能我来了。然后首相遣开了林德曼,告诉我他想和我谈谈。他接着说到了准备在北非和地中海展开的行动,以及他对此寄予的种种希望。从这儿开始,他开始谈论抵御入侵的国防工作,以及需要投入的力量。我告诉他,我担心按计划继续向苏联运送坦克的话,我们就会遇到坦克不足的问题。他向我保证到了春天,国内大概就能有四千辆坦克了。到凌晨2点15分,他提出一起去客厅吃点儿三明治,我巴望这代表着马上可以上床睡觉了!不过我错了!!我们一直磨叽到3点缺10分,他才开始有了睡觉的意思!!他打开了留声机,穿着他那件彩色睡袍,一手拿着三明治,一手端着西洋菜,在客厅里转悠,不时随着留声机里的音乐节拍跳上几下。每次转到壁炉附近,他都会停下来,蹦出几句金玉之言或是奇思妙想。比如,他引用一句谚语,人生就像走过一条两边窗户紧闭的长廊,每当走近一扇窗户,都有一双未知的手将之打开,让光线透洒进来,而那,只是让长廊的尽头更显黑暗。

---

① 来自《圣经》中的典故,约瑟的几件衣服象征了他的一生,其中一件就是彩衣。——译者

10月27日

上午9点吃了早饭,10点半陪着首相观摩一场"炮击"演示。举行这次演示的起因是比弗布鲁克的研究主任卢卡斯(卢卡斯汽车照明系统发明人)质疑迫击炮的作用,建议停止其生产。我认为有可能整件事情背后的主谋是皇家炮兵总长!无论如何,我是被首相搞晕了,这事背后或多或少有点儿卑鄙勾当在。

回到城里与马特尔和刚担任第42装甲师师长的邓普西共进午餐。下午晚些时候,我见到了刚从中东回来接手第6装甲师的盖尔德纳①。今晚,通过从第6装甲师抽走一个旅,又从国内抽调走了一支装甲部队。陆军部什么时候能学会不要把花了好几个月才组建好的部队打散!

10月28日

上午8点40分从尤斯顿②车站出发,前往伍尔弗汉普顿③视察荷兰部队。库珀和诺特文·范·古尔中将在火车站迎候。我们先是到司令部食堂吃了午饭,然后视察了装甲车营和教导营。最后于4点15分离开伍尔弗汉普顿。并于晚上8点回到尤斯顿站。总的来说,在荷兰部队中看到的士兵状态令人惊喜,稍加训练一定能够打造出一支相当派用场的部队。肯尼迪过来吃晚饭,他告诉我说,原本提出由亚历山大率领地中海远征军去攻打西西里岛的建议被取消了!这真是个好消息。

---

① 查尔斯·亨利·盖尔德纳(Charles Henry Gairdner, 1898—1983),英国陆军上将。——译者
② 尤斯顿(Euston)火车站位于伦敦北部,摄政公园东部,靠近国王十字火车站和圣潘克拉斯车站,是伦敦北部的交通枢纽,主要以长途运营为主。——译者
③ 伍尔弗汉普顿(wolverhampton),是英国英格兰中部城市,位于伯明翰西北19公里处。——译者

10月29日

上午9点出发前往新奥尔斯福德,在那儿碰到了施莱伯、斯韦恩和(原文无法辨认)。我花了一上午在(原文无法辨认)观看侦察部队的演习。这唤起了许多我与弗雷迪和贝蒂·佩利在一起的回忆,让我无比渴望回到那些平静的岁月。回伦敦的路上带上了你一起去戈林奇旅馆,观看当晚上映的《北纬49度》①。

10月30日

进行了一系列会见,先是和利亚德②讨论了机场防御工作,然后是刚从南方军区司令部返回的亚历山大,接着是马特尔。下午4点15分去见了总参谋长,讨论未来军长人选。最后回来带上你,与查尔斯沃斯一起去看莱斯利·亨森的演出,结束后去克拉瑞芝酒店吃了晚饭。

10月31日

与巴勒特一起从亨登出发,飞往曼彻斯特附近的灵韦机场,视察由盖尔③领导的空降兵部队。花了一天时间,饶有兴致地看了空降兵训练设施、滑翔机,等等。最后看了一场很不错的展示,两架滑翔机满载着普通的机场防御部队飞过。回到伦敦,我对空降部队的能力留下了深刻的印象。晚上,我俩看了一场不怎么样的电影。

---

① 英国拍摄的一部宣传电影,讲述几名德国潜艇士兵在潜艇被炸沉后,从加拿大登陆逃往当时尚中立的美国的故事。英国政府拍摄这部电影的意图是向美国人民宣传纳粹的愚蠢残忍等恶行,最终获得第15届奥斯卡最佳原创故事奖。电影于1941年10月在伦敦首映,1942年3月开始在纽约上映,片名改为《魔影袭人》。北纬49度指的是美国与加拿大之间互不设防的平行边境线。——译者
② 克劳德·弗朗西斯·利亚德(Claude Francis Liardet),英国陆军少将。——译者
③ 理查德·尼尔森·盖尔(Richard Nelson Gale,1896—1982),英国陆军上将,绰号"温迪"(Windy,意为"大风")。——译者

11月1日

上午开了陆军委员会会议,并进行了一系列谈话。首先开会讨论了装甲部队的编成,接着和麦克诺顿商量了在他病假期间加拿大军的指挥问题,最后和波纳尔谈了训练场地问题。下午1点刚过,接上你一起回费尔内街,度过我们安宁的假日。

11月2日

上午去了教堂,下午继续赶造山羊车。

11月3日

白天在桑德赫斯特召开装甲军会议,晚上回了费尔内街。

11月4日

上午继续在桑德赫斯特开装甲军会议,下午回到办公室,一直工作到晚饭时分。

11月5日

度过了忙碌的一天。上午10点,我召开了一场有蒙巴顿参加的会议。他刚接替罗杰·凯耶斯担任联合作战司令部司令。我们讨论了突击队的未来以及对法国南部海岸的突袭行动,并对突击队的运用达成了一致。接着奥斯本前来道别,他退役了。之后我与科伯特·桑希尔[①]在巴斯教堂吃了午饭。下午进行了一系列会见。晚上又到了餐厅,请拉尔夫·格林吃了晚饭。

晚饭后赶到了内阁作战室,参加首相召开的会议,商议从本土军抽

---

① 科伯特·桑希尔(Cudbert Thornhill,1883—1952),英国陆军上校。——译者

调坦克去中东。这意味着要从本土军再抽调出一百七十辆"瓦伦丁"步兵坦克①！而此举主要是为了弥补支援苏联造成的不足！首相情绪不错，但就是无法认识到坦克其实有不同类型，或者更确切地说，不同的战术要求需要特定类型的坦克来贯彻实施。比弗布鲁克参加了会议，在对总参谋长的备忘录作出极具侮辱性的回应后，露出了满脸笑容。比弗布鲁克与他的生产代表合作进行了一番精彩的表演，表示要在接下来的三个月里把坦克产量从两千四百辆提升到三千辆！

11月6日

10点召开指挥官会议，一直开到下午1点半。然后大家一起吃了午饭，迪尔、亚当和蒙巴顿也来了。午饭后，迪尔就世界形势给我们作了1小时15分钟的报告，一如既往地展现了一流水准。

> 在我看来，没人能比他更好地掌握分析战略形势。他有一种天赋，能够恰如其分地运用各种素材，在清晰描绘世界大势的同时，绝不受各类细枝末节所累。

我还接到通知，佩吉特将接替布鲁克·波帕姆②出任远东地区司令，"科珀"将从西部军区离任，奥斯本、马希和帕克汉姆·沃尔什将卸任军长。这很明显是为年轻干部腾地方。最后与迪尔共进晚餐，商量陆空

---

① "瓦伦丁型"坦克，亦称"马克-3型坦克"，英国轻型坦克。因其最初的设计方案在1938年2月14日圣瓦伦丁节（St Valentine's Day）提交陆军部，故名。重17吨，装甲厚43至65毫米，装备1门40毫米（后改为75毫米）火炮、1挺7.92毫米机枪和1挺7.69毫米高射机枪，最大时速25公里，最大行程143至225公里，乘员二至四人。曾以其底盘改装为自行火炮以及用于排雷、侦察和水陆两栖坦克。——译者
② 罗伯特·布鲁克·波帕姆（Robert Brooke-Popham，1878—1953），英国皇家空军上将。——译者

联合作战和师级干部人选问题等，一直谈到晚上 11 点。

11 月 7 日

上午在办公室进行了一系列会见。午饭后出发去参观科里森最近的发明，以及将防空武器运用在反坦克领域的尝试。我感觉在改进各类反坦克武器的射击方面还有很长的路要走。

11 月 8 日

上午待在办公室，下午回家吃了顿晚中饭。

11 月 9 日

上午在教堂参加一战停战纪念活动，下午继续造小羊车。

11 月 10 日

上午驱车前往索尔兹伯里平原继续观摩反坦克演示。我认为我们在过去的六个月里有了明显的进步。午饭设在拉克希尔的新食堂，这打开了我记忆的闸门，以前在拉尔希尔以及食堂里筹谋的岁月点滴又涌上心头。参加了皇家炮兵军官会议的开幕式，作了简短的发言。我与亚当一起坐车回到哈特利温特尼，在那里喝了下午茶。晚上和伯蒂一起吃了晚饭。

11 月 11 日

上午先是在办公室工作，然后与你和普克斯在哈罗德百货公司碰头，我们一起吃了午饭，然后去买东西。之后去寇松剧院看了一部有关拆弹的电影——真是部好片子。结束后我前往陆军影印处，所有军事照片都是在那里处理和印制的。接着去了德文郡庄园的无线电侦察总部。

这是个很有意思的地方，非常期待能看到他们的成绩。不过我觉得目前整个部门还远未达到预期。我们根本就没有发现过德国人的间谍组织，也没有拿到哪怕一半的信息。

11月12日

今天是我第一次坐专列出行！这是首相的圣诞礼物！上午8点15分离开帕丁顿火车站，在车上吃了早饭，10点半抵达列文顿。列车极为舒适，自带餐车，分为了客厅和饭厅两部分，里面还设置有写字台、沙发、椅子。如果需要，还可以加挂设有起居室的车厢。花了一天时间视察了近卫装甲师，这支部队的可塑性相当好，进步很大，假以时日能够成为一支一流部队。在怀利坐上了专列，经过了一天舒适的行程后，下午7点抵达艾迪生路。

11月13日

上午在办公室进行了一系列面谈。先是诺斯沃兹因为要离开所在部队过来和我道别。然后与安德森和欧文①进行履新前谈话。接着约翰逊找我历数他对霍巴特的各种看不惯，对此我也深表同情。中午我与科克在俱乐部吃饭，同桌的还有加洛韦②勋爵。午饭后与迪尔聊了一个半小时，讨论各种各样的问题，比如空军部应我们的呼求新增的飞机配额，尽管让情况有所改善，但实质上还是短缺。我们还讨论了各种小道消息，比如关于他的继任者，比弗布鲁克选的"蒂姆"派尔之流！他告诉我马杰森打算把派尔调到远东去！看来佩吉特调去中东的事又开始没影了。他们坚持要把他先送去莫斯科。现在莫斯科之行已然告吹，他们依

---

① 诺埃尔·欧文（Noel Irwin, 1892—1972），英国陆军中将。——译者
② 亚历山大·加洛韦（Alexander Galloway, 1895—1977），英国陆军中将，昵称"桑迪（Sandy）"。——译者

然想把他留在这里。看起来他们想让他成为迪尔的继任者。这真是一个悲剧，也注定将成为我们输掉战争的一步！

同时，阿奇·奈①也是人选之一，迪尔说过他甚得首相欢心。作为一名智慧出众、品性优良、勇气过人、信念坚定、效率高超、视野开阔的将领，从很多方面来讲，他能够成为一名优秀的总参谋长。然而，如果要当总参谋长，他最大的问题在于资历不足，在驾驭韦维尔、奥金莱克、亚历山大、蒙哥马利和佩吉特等相对资深的将领时会有困难。我们在讨论中，迪尔很明确地告诉我，就他本人而言，如果他要走了，只想把这副担子交给我。

又收到了下周日前往契克斯庄园的通知，我还以为还有好几个星期才要去呢！

11月14日

我原本准备飞往埃克塞特视察青年士兵营，但由于大雾天气不适合出行，于是留在了办公室。晚上坐车回到了费尔内街，憧憬明天和伯蒂·费雪的狩猎之旅。

11月15日

天气很不错，但可惜从打猎的角度来讲却不怎么好。伯蒂本来想打到一百只鸟的，不过我们实际上只打到二十七只！那里还有鸟，但就是

---

① 阿奇博尔德·奈（Archibald Nye，1895—1967），英国陆军中将。一战期间，1914年他作为士官来到法国参战，次年被编入伦斯特团。他两次负伤，被授予战争十字勋章。二战爆发后，他被召回陆军部担任参谋勤务处处长，晋升少将。1941年，他成为帝国副总参谋长，晋升中将。战后，奈返回印度担任马德拉斯市市长，由于表现非常出色，印度总理尼赫鲁后来要求他留下担任高级专员。——译者

打不到更多的了。天气如此之好，对我们来讲却没什么用。

11 月 16 日

上午把油漆后的羊车部件再次拼接到了一起，下午 5 点半出发前往契克斯庄园。参加这次聚会的有蒙巴顿、教授（查韦尔①）、"巴哥犬"伊斯梅与我。丘吉尔夫人也参加了晚宴。晚宴结束后，首相把我叫进了他的书房，告诉我迪尔的日子过得很艰难，已经心力交瘁，他想让他解脱出来，晋升他为帝国陆军元帅和孟买总督。接着他说他想让我接替迪尔的位子，问我是否准备好了。

这一下子让我百感交集，花了好一会儿才做出回答。一想到老迪尔就要走了，我们的默契配合从此不再，就感到不舒服。一想到这对他意味着什么，也让我感到不舒服。一想到这个岗位的工作量，不禁让我心生踌躇。事实上，额外的工作和应酬势必让我们夫妻俩更加聚少离多，这让我心里更加难过。最后让我感到伤感的是，在本土军干得正有起色的时候，不得不离开他们。

首相误解了我的沉默，问我："你难道觉得不能和我共事吗？目前为止我们相处地不错啊！"我不得不向他保证，绝没有那种想法，虽然我心知肚明前路绝非花团锦簇！尽管如此，我对他确实怀有最深的敬意和真挚的感情，为此我希望自己能够忍受得住将来三天两头就会遇到的狂风暴雨般的辱骂。接着他进一步解释此项任命所寄予的重要性，以及参谋长委员会必将承担起指挥全球军事行动职能这一事实。他还说，他和我的关系就类似于首相和其阁臣，没有人会比他更和善了。最后到了半夜 2 点我们准备睡觉时，他送我到了卧室前，并支走了其他人，握着我的手，以异乎寻常的亲和目光注视着我说，"衷心祝你工作顺利"。

---

① 这里是指弗雷德里克·亚历山大·林德曼教授（Frederick Alexander Lindemann），他的爵位为查韦尔子爵。——译者

我躺在床上，脑海中依旧一片混乱，努力想要理清自己到底承担了多大担子。我对工作量的大小有着清醒的认识，心存疑虑的是自己是否能承担起它。如果是在和平时期，我其实很想接受这一挑战，但现在是战争时期，责任之重超乎一切。一旦犯错或者失败，就可能导致噩梦般的结果。我从心底深处向上帝祈祷，希望他能给我指引，在我经历难关时总能在我身边。然后我还有你，亲爱的，你就是我穿越风暴海洋中的长明灯塔，感谢你对我的所有帮助。许许多多的想法一直在我脑海中盘旋，直到凌晨4点，我依然辗转反侧难以入眠。

毫无疑问，一时间我被身上的重担压得有些不知所措。大家得知道当时我们所处的境地，在与德国的战斗中几乎孤立无援。大家得知道在一战中我们击败德国人时处于什么境地，当时我们身边有强大的法国与意大利、俄国，最后还有美国的帮助。现在我们直接面临来自英吉利海峡对面的入侵威胁，我们在中东逐渐举步维艰，我们进不了地中海，就连远东地区也是风雨欲来，身边却连一个盟友都没有。地平线的这头到那头都是漆黑一片，如果有一丝光明尚存，那就是美国可能会参战。在这种时刻担负起陆军部的战略指挥总责，怎么可能不让人产生最深切的焦虑。

再加上要与丘吉尔携手并肩把握战争走向带来的考验。我已经对他有了足够的了解，深知他那冲动的天性、赌徒般的性格，以及认准一条道走到黑的执拗，这些接下来都会摆到我眼前。我清楚地记得当他把我带到书房，向我提出这项任命后，他先回到众人中，让我一个人暂时待了会儿。我并不是个特别笃信宗教的人，但说实话，当他一走出房间，我的第一反应就是跪下来祈求上帝给我以指引和帮助。

11月17日

上午8点45分离开契克斯庄园，驱车来到贝辛斯托克视察新兵营。

去了斯托克布里奇、奈瑟洛浦、温彻斯特和南安普顿，看了汉普郡团的第 70 营、沃里克郡团的第 70 营。回到（原文无法辨认）拿了行李，喝了点儿下午茶。一回来就得去陆军部找马杰森。他极为和气，满是恭喜和合作的态度。我们讨论了很长时间，商量如何安抚助理总参谋长麦克雷迪。原因是阿奇·奈被首相钦点担任副总参谋长，一下越居麦克雷迪之上，这使得事情变得更加复杂。晚上 9 点半回来吃了晚饭。

11 月 18 日

上午见了迪尔，他看上去还行，正如人们所预料的那样，他正在自己消化这一切。这真是个骇人的悲剧。他告诉我，有两个参谋长委员会的成员去找了温斯顿，想让他改变任命。他还告诉我，首相本来的第一选择是用阿奇·奈替换他！！迪尔设法使他打消了这个念头。

下午我参加了参谋长会议，并留下来召开了我的第一次军事委员会成员会议，逐渐开始进入角色。现在是晚上 9 点半，我刚刚下了我的专列。

11 月 19 日

昨晚 9 点半下了专列，这次的行程非常舒适，参加的人有军需总监温宁、陆军部装备处处长威克斯①、军用物资管理处处长威廉姆斯、亚历山大·罗杰爵士、"神算子"和汉弗莱·盖尔。在火车上吃过早饭后直接来到唐宁顿的中央军械库。我在那儿花了两个小时，饶有兴趣地检查了整个接收、存储体系及相关设施。11 点 15 分乘火车前往奇尔维尔，在车上吃了午饭，下午 2 点抵达，在那儿也看到了一些很有意思的东西。下午 4 点 15 分启程返回伦敦，在车上喝了下午茶，7 点抵达。毫无疑问

---

① 罗纳德·莫尔斯·威克斯（Ronald Morce Weeks，1890—1960），英国陆军中将，昵称"罗尼"。——译者

这列火车是一大收获。

今天报纸上宣布了迪尔的离任和我的接任，以及相关的一系列任命。登上了职业的巅峰，貌似我应该感到非常感激和高兴。但事实上并非如此，自从一开战我就和迪尔建立了密切的联系，他的离去让我着实感到情绪低落。我从来没有指望或渴望达到现在这样令人炫目的位置，现在真的是高处不胜寒，重任如山、黑云压城。今天有可能是我活动不足，总感到有些心虚胆寒！

11月20日

上午在办公室，开始交接本土军的工作。与布朗宁进行了面谈，过问了他关于空降师的进度情况。我感觉，经历了多方波折后，工作开始有了起色。然后见了安全主管，谈起"小个子"富勒[1]有亲纳粹嫌疑的事。我是绝不相信他会有什么不爱国行动的。最后与佩吉特商量了他接手本土军的事。

晚上阿奇·奈来找我，向我解释说他本人没有利用任何关系来获得副总参谋长的职务。我相信他是完全诚实的。

11月21日

带着"神算子"劳埃德上午8点45分出发。我们去了霍尼顿、沃提夏姆和马特哈姆机场，视察了新兵营、皇家步枪兵团和萨福克郡团。

---

[1] 约翰·弗雷德里克·查尔斯·富勒（John Frederick Charles Fuller, 1878—1966），英国陆军少将，军事学家，机械化战争理论的奠基人之一。1935至1939年，任伦敦《每日邮报》记者，一直从事军事历史研究和军事理论著述。对第一次世界大战中守旧的军事思想及传统展开了猛烈抨击，创造性地提出了以装甲部队纵深突破造成敌人战略瘫痪为核心的一整套在机械工业时代准备和进行战争的理论，并深刻地影响和作用于第二次世界大战。他的许多观点，同英、法军界当时的保守主义思潮和消极防御思想相抵触，因而未被采纳。然而，对德国"闪击战"思想的形成产生过重要影响，古德里安曾将其奉为上宾。——译者

尤其是后者表现不错，进步很快。结束后去了伊万·科博尔德家，准备周六去打猎。

11月22日

和科博尔德一起去打猎，狩猎团里有伯蒂、科博尔德、叔叔、汉弗莱·德·特拉福德、"神算子"劳埃德和我。今天阳光明媚，鸟儿成群。真是令人放松的一天，我总算可以抛开即将到来的总参谋长的重担！喝过下午茶后开车回城里，晚上9点抵达。看到通知说陆军大臣想和我谈谈。很明显首相对佩吉特和我下周准备同时去度假表示了不满！结果佩吉特的休假被驳回了。此外，我得准备好参加周一或周二晚上召开的战时内阁会议。

11月23日

给巴尼留下几条指示后，9点刚过就回家了。很高兴能在接手总参谋长之前度过平静的一周。不过，在此期间也存在被叫回去参加战时内阁会议的可能。

毫无疑问，离开本土军让我感到有些不舍。在敦刻尔克战役结束不久接手时，这支部队真的是组织涣散、缺乏武器和训练有素的军官，甚至士气也堪忧。迫在眉睫的入侵威胁，让我们共同度过了一段令人焦虑的日子。我在重组部队方面下了不少功夫，进行了反反复复地训练，其中不少时候都是在冬天最恶劣的天气里。每个军官和士兵都全身心投入，眼看着这支部队变得更富效率和更有战斗力，让我感到最是欢欣鼓舞。新的战术思想已经被运用到装甲部队中，这些理论被传授给高级军官，并得到了很好的贯彻落实。反坦克装备和技术得到了切实地掌握，并且进步很快。空降部队的基础已经打下，在布朗宁的操持下有了很大进步。各类军事学院和培训学校开始对军官和士兵进行高强度训练,有效锻造了他们刻苦耐劳的品质。这支部队还没有经历入侵这一严峻考验,一旦有了这样的经历,我相信本土军完全能够继承和发扬英国陆军的优良传统。

11月24日至30日

度假。

1941 年 12 月 1 日至 1942 年 12 月 31 日

尽管迪尔 12 月 25 日才算正式卸任总参谋长，但他已经出发前往苏格兰和北爱尔兰进行巡回告别视察，在此期间不再履行总参谋长的职务。因此实际上我从 12 月 1 日起就接替他开始新岗位的工作。

就当时的远东局势而言，我属于临危受命。战争阴云在地平线的另一端不断汇聚，一切迹象都预示着日本很快就会参战。另一方面，如果没有美国的加入，很显然我们不应该采取任何引发日本参战的措施。如果那时能知道珍珠港之战会改变局势，把美国拖入战争，那我们后面的工作就可以大大简化。我和迪尔讨论过日本参战的可能性。他很坦率地告诉我，对此还没有采取任何实际的措施。他说我们在各条战线上的力量均捉襟见肘，不可能再为了一个可能的威胁而分散力量。我觉得就他的立场而言做得很对，他不可能因为日本可能参战而采取更多的应对。为了避免因可能的威胁而导致真正的战线上漏洞百出，这样做毫无疑问是对的，不过这确实使我们在日本参战后处于令人遗憾的危险境地。

12 月 1 日

第一天作为总参谋长工作，上午 8 点离开了费尔内街。9 点 15 分抵达陆军部，看了电报，听了作战处和情报处有关参谋长会议的简报。10 点半召开参谋长会议，开到 12 点 15 分的时候首相把我们叫去唐宁街 10

号,在那里商量能否赶在日本动手之前进入泰国半岛。结论是等到我们确定美国参战再做决定。高级专员布鲁斯①和特使佩吉也代表澳大利亚出席会议并作了发言。(原文无法辨认)令人不快,澳军将从叙利亚撤出军队,并从地中海撤出巡洋舰。会议于下午1点半结束。6点将召开内阁会议,我在会上将概要汇报本周利比亚、阿比西尼亚②和苏联的作战情况。我下午的时候为此做了些准备。会议一直持续到7点半。晚上9点半继续召开参谋长会议,继续上午未完成的议题,一直商量到半夜12点半。达德利·庞德是我遇到过的效率最低的会议主持人了。

12月2日

上午10点半至下午1点半召开了参谋长会议,讨论了突袭意大利海岸的可能性。考虑到远东的局势,结果放弃了这个提案。下午5点召开了另一场参谋长会议,安东尼·艾登参加了会议,讨论他下一步的俄罗斯之行,以及可以向斯大林提供何种支援。比如向苏联南部派遣部队之类。由于在利比亚的进攻很不顺利,此举的可行性看来不大了!接着我们研究了最近罗斯福发来的电报,或者更准确地说是哈利法克斯与罗斯福的会谈内容。这可以说是目前英美合作对日作战方面最鼓舞人心的一份材料了。远东的形势更趋恶化,报告说今晚有潜艇正从西贡向南运动。在俱乐部吃了晚饭,回到办公室后工作到晚上11点半。

---

① 斯坦利·墨尔本·布鲁斯(Stanley Melbourne Bruce,1883—1967),澳大利亚政治家。——译者

② 阿比西尼亚(Abyssinia),埃塞俄比亚的旧称。1935年10月,意大利入侵埃塞俄比亚,次年秋天埃塞俄比亚皇帝海尔·塞拉西被迫流亡英国伦敦,埃塞俄比亚遭意大利吞并。第二次世界大战期间,盟军和埃抵抗力量曾对驻埃意军进行作战。1941年6月,塞拉西皇帝回到首都亚的斯亚贝巴,亲自领导抵抗运动。同年11月,意军投降。——译者

12月3日

上午10点半召开参谋长会议,会上"巴哥犬"伊斯梅带来了首相的一份备忘录,大意是准备把第18师和第50师投入到俄国人的南部防线去!艾登将在莫斯科之行中向斯大林提出这个意向!这有可能意味着终止利比亚战役,然而我很确信我们的作战总方针应该是从政治上、军事上倾尽全力,尽快赢得北非之战。在此基础上,可以重新打开地中海,并对意大利发起进攻。

有意思的是那天是12月3日,我上任的第三天,我已经有了一个清晰的总体思路。那时美国都没参战,也压根不可能预见到后面在阿尔及利亚和摩洛哥的联合登陆。不过我心中已经下定主意要扫清北非,打开通往地中海之路,否则在此之前不可能有足够运力支持一场大规模作战。令人欣慰的是回首过去,这项思路在经历众多波折和反对之后被付诸实施了。

中午12点必须赶到白金汉宫觐见国王陛下。之后在唐宁街10号与首相及首相夫人一起共进午餐,她一如既往的迷人。

回到陆军部为将于5点半召开的战时内阁国防委员会会议准备发言,会上我们讨论了确保美国在日本进攻时介入远东的各项措施,同时也商量了艾登是否要向斯大林提供第50师和第18师。幸运的是在比弗布鲁克的建议下,我们成功地使首相放弃了这个提议,转而只向苏联提供五百辆坦克。无论如何,大多数与会者,包括马杰森、印度和缅甸事务大臣艾默里[①]、艾登、空军大臣辛克莱和艾德礼都反对把两个师派到

[①] 利奥波德·查尔斯·莫里斯·斯蒂内特·艾默里(Leopold Charles Maurice Stennett Amery,1873—1955),常被人简称为"利奥·艾默里"(Leo Amery),英国保守党政治家。——译者

苏联去。有必要努力让他们明白，我们对战争应有一个明确的方针。我必须让首相意识到进攻北非计划的真正优势所在。

我记得很清楚，在刚刚担任总参谋长的时候，在发现我们没有明确的战争策略时心中的震惊。我们就是做一天和尚撞一天钟，靠撞大运混日子。每阵风吹来，我们都会像风向标一样随之摇摆。我发觉，整体谋划绝不是温斯顿的强项。他喜欢凭直觉和冲动行事。

12月4日

上午10点半召开了参谋长会议，会上我们讨论了"脚链行动"和"权杖行动"。前者意图在挪威占据一个临时基地，后者打算攻击意大利海岸。因为老达德利·庞德的缘故，会议一如既往地进展缓慢。

下午6点参加了战时内阁会议，再次讨论了安东尼·艾登出访莫斯科的事。根据会议要求，我阐述了能否把坦克提供给斯大林的评估结果。我说我们目前最快能在6月30日前提供三百辆"丘吉尔"坦克①，而且即使苏联人同意这点，我也不建议这么做。我们应该尽可能地削弱这个国家，况且这样也会使一款新型坦克过早暴露。接着我描绘了一番这个国家可能会发生的坦克大战的情景，就如在利比亚发生的那样。这

---

① "丘吉尔"步兵坦克，是为取代"马蒂尔达"步兵坦克而研制的。1939年9月由哈兰德和沃尔夫公司开始研制。其间，德军正进攻西欧，大败英法联军。英军从实战中认识到要发展一种新型坦克以对付德军，而A20样车又不能满足要求。于是，1940年7月，沃克斯豪尔汽车公司接受了研制A22步兵坦克的合同。1941年6月第一批14辆生产型坦克驶出生产线，接着开始大批量生产。该坦克以英国首相温斯顿·丘吉尔的名字命名，称为"丘吉尔"（Churchill）步兵坦克，是二战中英国生产量最多的坦克，总生产量达5460辆。1944年开始生产的"丘吉尔"Ⅶ型，与以前的6种型号区别很大，不仅改装了75毫米加农炮，而且加厚了装甲，车体由铆接结构改为焊接结构，从而加强了车体的坚固性，重量也有所增加，行动装置的减振器也有所改进，因此该车型曾大量生产。"丘吉尔"步兵坦克的变型车约有60种型号，包括喷火坦克、装甲工程车、装甲架桥车、装甲扫雷车、自行火炮、装甲输送车等。——译者

使得金斯利·伍德①大臣不寒而栗，他向首相呼吁不要完全削弱这个国家。争论变得无休无止。安东尼·艾登变成了个闹脾气的孩子，抱怨他马上要去见斯大林叔叔了，手头却没有趁手的"礼物"。丘吉尔奶奶则不停地安抚他，教授他各种漂亮的辞藻来代替礼物。最后，艾登成功地说服了丘吉尔，"礼物"变成了大约三百辆坦克和三百架飞机。在这个过程中，战争似乎被推到了一旁，个人利益占据了主导地位。

吃过晚饭后，于10点钟召开参谋长会议，会议由首相主持，艾德礼和安东尼·艾登参加。在前面晚宴间隙，首相又改了主意，送出坦克和飞机的建议被放到了一边，现在的"礼物"变成了十个中队的飞机，利比亚战役一结束就提供。波特尔同意了，但指出这个承诺过于明确。这一下子点燃了炸药桶，我们都被指责为啥事不干就会阻挠他的想法。他说我们都没有自己的思路，每当他有了一个思路，我们除了反对什么都不会干，等等，等等！艾德礼一度安抚住了他，不过他又再次爆发，接着安东尼·艾登暂时让他平静了下来，但也没什么用。最后他盯着文件看了五分钟，砰地一声把它们合上，宣布结束会议，然后走出了会议室！这件事很没意思，也毫无必要。我们只不过想避免让他许下将来无法践行的明确承诺。这都是过度加班和熬夜带来的后果。真是可怜。只有上帝知道没有他我们会是什么样子，不过上帝也知道他会把我们引向何方！

12月5日

上午10点半召开了参谋长会议，会上我们见到了首相写给我们的备

---

① 霍华德·金斯利·伍德（Howard Kingsley Wood，1881—1943），时任英国财政大臣，保守党政治家。1940年5月至1943年9月任财政大臣，他积极采纳著名经济学家凯恩斯提出的建议，将英国财政部从政府收支的监管人改造成为整个国家经济运行的总舵手。——译者

忘录，上面的条目几乎与我们昨晚向他建议的一模一样！同时，昨晚引起诸多非议的"脚链行动"修改后也获得了通过。会上没什么值得讨论的东西，所以回陆军部的路上去看了佩吉特。午饭后接见了全体外国驻英国的武官。日本人看上去愈发阴郁了，我不知道他们还要等待多久才加入战局！之后与马杰森和飞机生产大臣莫尔·布拉巴宗开了个会，讨论装备 40 毫米机炮的战斗机生产事宜。在召开一个军事委员会会议和完成些许办公室工作后，结束了一天工作。

12 月 6 日

因为没有安排参谋长会议，上午相对平静，因此我处理了不少公文，想下午四五点钟的时候可以溜回家度周末。然而，就在我准备走的时候接到了一份来自新加坡的电报，说有两支日本运输舰队在巡洋舰和驱逐舰的护卫下，从西贡西南部地区向西驶去。为此，第一海务大臣立即提请召开参谋长会议。外交部常务次官卡多根①也来了，我们仔细研究了目前的情况，但是从舰队的位置来说，很难判断他们到底是去曼谷，还是去克拉半岛，或只是在海上虚张声势。首相从别墅打来电话，要我们在电话里汇报讨论的结果。就在那个时候第二封电报来了，但是对理清情况没什么帮助，只知道他们已经失去了运输舰队的位置，而且再也跟不上了。

只能推迟回家了，在俱乐部吃了晚饭后回了陆军部。回家的路上还以为又会被叫回去，结果并没有。

---

① 亚历山大·卡多根（Alexander Montagu George Cadogan，1884—1968），英国外交官。在慕尼黑会议中，支持绥靖政策，赞成同希特勒德国妥协，但也反对过分软弱。在长期的外交生涯中，以处事干练、注重实际、善于应顺上级的政策倾向，深得历任首相和外交大臣的赏识，积极参与外交决策活动。1946 年任常驻联合国代表。他的日记《The Diaries of Sir Alexander Cadogan: 1938—1945》在 1971 年出版，对研究英国二战时期的外交政策具有重要历史价值。——译者

12月7日

出发前往陆军部，依然希望能早点儿回家。但很快梦想就破灭了，我接到通知 11 点 30 分参加参谋长会议。与来自外交部的代表一直开会商量到下午 2 点半，讨论了开战面临的各种情形，以及如何确保在各种情况下都能把美国拉进来。

在俱乐部匆匆吃完午饭后，绕着詹姆士公园快跑一圈。然后用了半小时向陆军大臣介绍了背景情况，商量如何尽可能妥善地让阿兰·坎宁安将军从中东回来后卸下职务。首相有意让他的这次解职成为一个前车之鉴①。

下午 5 点：召开了另一场由外交部代表参加的参谋长会议。大约于下午 7 点结束，在听取了作战处长和情报处长汇报后回家吃晚饭。饭后从无线电广播中得知，日本已经对美国发动了进攻！！我们过去四十八小时所有的工作都白费了！日本人自己把美国拖入了战争。

明天我就要搬走了，今天最后一次到拉蒂默饭店吃饭。晚饭后与作战处长和情报处长研究当前的形势，看看是否有必要召开一个参谋长会议。幸运的是没有！因此马上上床休息一会儿，迎接明天更艰巨繁重的任务。

就在美国参战后不久召开的一次会议上，有人依然持美国参战前我们那种谨慎的态度，而那时是为了确保我们不会在没有美国盟友的情况下单独面对日本人所必须采取的态度。温斯顿把头转过来，睥睨着他说："噢！这是我们在追求她时用的态度，现在已经得手了，当然大不一样了！"

---

① 1941 年 9 月阿兰·坎宁安接任中东战区第 8 集团军司令，因与中东战区总司令奥金莱克在战术思想上不合拍，同年 11 月就被免职。此后一年阿兰·坎宁安没有安排职务，直至 1942 年 11 月任坎伯利参谋学院院长。——译者

12月8日

先是召开了参谋长会议，主要是研究了新的形势。12点半召开内阁会议。首相通报了他采取的措施，与罗斯福进行了交流，拍电报给德·瓦勒拉①要求爱尔兰参战，下午3点召集议会，等等。同时他向内阁提交了他的计划，打算本周前往美国会见罗斯福，确保美国人持续不断地对这个国家给予援助。内阁对此予以同意。下午的时候接到通知，第一海务大臣和皇家空军参谋长将陪同首相一道出访，但总参谋长却必须留在家里挑担子，这就是我的命！真是伤心，不过也只能说说。还好首相决定带上迪尔，这会让迪尔很开心，而且也没有人比他更合适这趟差使了，为此我也觉得很高兴。

12月9日

上午10点半到午饭前，参加了一个沉闷的参谋长会议。下午进行了一系列面谈。先是接待了荷兰的伯恩哈德亲王，然后是即将离职的装甲军的斯图尔特，接着还有为远东油料储备问题而担心的总工程师金、请示本土军事项的佩吉特，等等。回到宾馆后接到电话，首相要求晚上10点在战时内阁会议室召开由他主持的参谋长会议！我邀请了"Q"马特尔一起吃晚饭，聊了聊他的远东之行。饭后回了次陆军部，然后赶去参加会议。首相主要关心了太平洋地区的海上局势，日本在檀香山对美军舰队进行了攻击，导致八艘战列舰中三艘被击沉、三艘遭重创！！这彻底打破了太平洋上的平衡，在我们重新部署力量之前，日本人掌握了海上的主动权。为此，我们研究了派遣英国战舰去那里恢复局势的可行性。最终在半夜里结束了会议，决定以后再议。

---

① 埃蒙·德·瓦勒拉(Éamon De Valera，1882—1975)，20世纪爱尔兰的重要政治家、独立运动领袖。——译者

12月10日

到陆军部后得知"威尔士亲王号"①和"反击号"被日本人击沉了！这起檀香山引发的最大悲剧使我们在战争进程中处于极为严峻的境地。意味着自非洲以东到美洲之间的印度洋、太平洋掌控权操于敌手。这将影响到对中东、印度、缅甸、远东、澳大利亚和新西兰战线的巩固！中午12点转到唐宁街10号召开参谋长会议，当我们和首相谈论到海上形势时，他震惊地站了起来。同时他也收到了罗斯福的回复，出于安全的考虑，罗斯福不赞成他此时来访，而且由于他1月5日之前都走不开，建议把会面推迟到1月——首相对此感到有些不安。

下午在办公室接待了几位客人。首先是掌控澳大利亚报业集团的基思·默多克爵士②。接着是戴高乐，他提醒我在目前的形势下，应该注意到马达加斯加基地的价值。然后梅尔切特再次为了大轰炸的事来找我。

12月11日

在上午的参谋长会议上得知，首相的美国之行又提上了日程，他计划明晚出发。同时，"巴哥犬"伊斯梅还告诉我们，首相想把第18师派到仰光攻击克拉地峡的日本人，他现在坚信我们有足够的兵力在北非作战！

下午去唐宁街10号面见首相，讨论将迪尔派往美国担任驻美代

---

① "威尔士亲王号"是英国新乔治V级战列舰的2号舰，也是二战开始时英国最先进的战列舰。1941年3月完工，在调试阶段就参与了对德国"俾斯麦号"战列舰的围剿行动，并被击伤。同年8月，丘吉尔搭乘该舰与罗斯福会面，并在该舰上签署了著名的《大西洋宪章》。此后，因为远东局势恶化，英国部署该舰和"无敌号"航空母舰、"反击号"战列巡洋舰等组成Z舰队前往远东。太平洋战争爆发后，12月10日，该舰与"反击号"因为缺乏空中掩护，被日军海军航空兵击沉，舰上327人丧生，包括远东舰队司令菲利普斯中将和舰长里奇。——译者

② 基思·阿瑟·默多克（Keith Arthur Murdoch，1885—1952），澳大利亚媒体巨头，鲁伯特·默多克的父亲。——译者

表——也就是说迪尔这次随首相出访后就留在那里。首相同意了这一安排。

这项安排真的是来之不易。首相对迪尔的嫌恶差一点儿就推翻了我的安排……谢天谢地，我成功地说服了温斯顿，告诉他几乎没有人能比迪尔更好地帮助我们把事业推向最终胜利。从一开始迪尔就和马歇尔建立了深厚的友谊，成为英美参谋长之间宝贵的联系纽带。不幸的是这些都没有得到温斯顿应有的认可。我几乎把12月11日在唐宁街10号的这场谈话，视为我在战争中最重要的成就之一，或者不管怎么说也是其中取得最满意结果的一次。

与伯蒂一起吃了晚饭，但也是争分夺秒，因为晚上10点要参加首相主持的参谋长会议。会议开局很糟糕，波特尔为了从中东抽调力量到远东而绞尽脑汁。我们花了一番功夫才让他冷静下来，最后达成一致：把缅甸交给印度战区司令，把伊拉克和波斯交给中东战区司令。第18师将派往缅甸支援印度战区，由阿奇·韦维尔来决定如何最好地增援缅甸以及加强对克拉地峡日军的攻势。如果有迹象表明德国人将经土耳其开展进攻，那也有可能把第18师从波斯湾转移到伊拉克保护石油通路。上午12点半结束了会议。

12月12日

上午参加参谋长会议，讨论首相起草的昨晚会议要点。没什么需要调整的。"巴哥犬"伊斯梅说首相感到很疲惫，抱怨身体里疼。向上帝祈祷他没什么事。下午召开了另一场参谋长会议，讨论对准备向利比亚等处进行补给的敌方地中海舰队进行大轰炸的细节问题，但愿我们会有所斩获。刚从利比亚回来的阿兰·坎宁安来见我，他看上去非常沮丧，很难得到安慰。

晚上迪尔来向我道别,他今晚就要出发前往美国——和首相一起坐火车走。在他们出访期间,我将作为参谋长会议主席,与海军和空军的副参谋长一起留守。"巴哥犬"伊斯梅也留下。艾德礼代理首相职务。我的副总参谋长与艾登一起去了莫斯科,助理参谋长也在首相的出访团里,办公室主任则还在中东,看来我得忙上一阵子了!!

12月13日

首相和他的访问团昨晚出发了。上午迪尔在上船前还打来电话,与我确认最后的细节。上午10点半,第一次作为参谋长会议主席召开会议,12点半结束会议。如果换成老达德利·庞德主持,估计得开到下午1点半!中午和亚当一起吃了饭,然后在办公室度过了一个安静的下午。最后看了一些情报。两艘意大利巡洋舰被击沉,马来亚依旧在我们手中,香港驻军已经退回到了岛上!

12月14日

上午去了陆军部,然后回家了——在两周的忙碌后终于得到了像样的休息!

12月15日

上午8点离开费尔内街,9点15分到达陆军部,翻阅了电报。10点半给参谋长会议做了一个简报。下午5点开了内阁会议,6点是国防委员会会议,一直开到了晚上8点。首相不在,会议在艾德礼的主持下高效、快速地进行。远东局势不容乐观!我怀疑香港可能撑不了两周,马来亚撑不过一个月!

12月16日

上午照例是参谋长会议。首相决定前往百慕大，然后再坐飞机。远东传来的消息不妙。中午和戴高乐一起共进午餐，他是一个典型的毫无吸引力的人。当我们想借助于他时，才发现犯了一个可怕的错误！莱根蒂霍姆①也在场，不过我几乎没有机会和他说话。老将军比约特的儿子②坐在我的右手边，他的父亲在敦刻尔克战役前曾指挥北方集团军，后因车祸身亡。下午5点，召开了第二场参谋长会议，讨论遭遇入侵时沿海城镇的疏散问题，以及机场防御部队的编成。晚饭后回了陆军部。

12月17日

为商量增援缅甸和马来亚的事开了一场很长的参谋长会议。这个问题很棘手，既要打牢补丁，又不能因此影响中东的攻势。我个人感觉挽救新加坡的希望不大，但确实应该极力确保缅甸。下午5点召开了另一个参谋长会议。晚上在新闻部和布莱登·布雷肯一起共进晚餐。为了招待基思·默多克爵士，当晚组成了一个奇怪的阵容，包括西特林③、约翰·雅各布·阿斯特、罗杰·凯耶斯、肖尔托·道格拉斯以及一些其他怪客。

12月18日

上午就策划夺取马达加斯加岛北部以阻止日本人占领的行

---

① 此处日记中原文的人名拼写是"Gentilhomme"，据译者考证，这里应该是指保罗·路易·莱根蒂霍姆（Paul Louis Legentilhomme，1884—1975），法国陆军上将。——译者
② 皮埃尔·阿尔芒·加斯顿·比约特（Pierre Armand Gaston Billotte，1906—1992），法国陆军少将。在1940年5月22日、5月24日的日记中，作者曾记录过老比约特将军遇车祸抢救无效身亡的情况。——译者
③ 这里可能是指沃尔特·西特林（Walter Citrine，1887—983），英国著名工会运动家。1941年10月，作为丘吉尔外交尝试的一部分，他曾带领代表团出访苏联。——译者

动①，召开了一场很长的参谋长会议。此事充满了复杂性，除非让美国人来承担这项任务，否则一旦直布罗陀有失，我们就得放弃目前占领大西洋岛屿的临时计划。由于戴高乐想参与攻占马达加斯加的行动，事情变得更加复杂。他的支持更像是一种累赘。与（原文无法辨认）一起共进午餐，就新加坡防御工作进行了一番长谈。晚上和马杰森讨论了达夫·库珀对白思华主持新加坡防御工作的抨击，他已经将之通过无线电广播报告给了首相，我不得不为此准备一些应对的口径。

12月19日

上午召开了一个长时间的参谋长会议，为我们的远东政策商拟备忘录。这个材料可不简单。午饭后找阿诺德·劳森检查了我的眼睛，最近看的各种各样材料使它们过度紧张。我估计可能需要换一副度数更深的眼镜了，然而他建议我还是坚持用目前的这副。3点半的时候希腊国王②来访。他个性鲜明，对之前遇到的外交部门评价不高。给我感觉他的打扮有点像德国人。下午6点召开军事委员会成员会议。晚上9点半在艾德礼的支持下召开国防委员会会议，讨论我们上午准备的材料。会议开得不容易，澳大利亚代表厄尔·佩吉以一种菜场小贩的做派浪费了

---

① 马达加斯加登陆战：太平洋战争爆发后，日军不仅在太平洋节节胜利，而且还图谋向印度洋发展。日本远洋潜艇开始在印度洋出没，威胁着盟国的航运。1942年4月日本联合舰队机动部队对印度洋进行了突袭以后，英国皇家海军不得不将东方舰队的基地从锡兰的亭可马里和科伦坡迁往肯尼亚蒙巴萨岛的启林迪尼港。大部分支援北非战场和印度洋战场的物资都要经过马达加斯加附近航线，而马达加斯加处于法国维希傀儡政府的统治下。如果日本占领了马达加斯加，或者维希政府为日本潜艇提供基地，都会对该地区的盟国航运产生毁灭性打击，进而恶化印度洋乃至北非的局势。另外德国潜艇如果利用该处进行补给也会造成不小的麻烦。当日本人还在权衡计划的可行性时，英国情报机构已经获知了日军的企图。为防止日本人捷足先登，英军抢先发起了代号"装甲"的马达加斯加登陆战，于1942年5月6日攻占了位于马达加斯加北部迪耶果苏亚雷斯城的维希法国海军基地。——译者
② 乔治二世（George Ⅱ，1890—1947）。希腊国王，是英国维多利亚女王众多曾孙之一。——译者

我们大量时间,不过艾德礼主持得不错,最终材料得以通过。午夜12点半会议结束。

12月20日

参谋长会议耗时很长,主要是商讨应对远东地区日益增长的威胁所应采取的各种措施。有报告说香港已有一半地区沦陷,但是抵抗仍在继续。我发了电报给指挥官鼓舞他们的防御工作。邀请亚当一起到卡尔顿烤肉店共进午餐,好好地聊了聊。下午余下的时间都花在了清理本周遗留工作上。

越是对当前形势有更多了解,就越是让人不快!远征北非稳定局势的希望变得日益渺茫。从现在开始,远东问题将越来越多地挤占我们的资源。美国战舰和"威尔士亲王号"、"反击号"的损失需要很长时间才能弥补。而与此同时,我们在远东将遭受更多的损失。

12月21日

在办公室里看了会儿电报,后面的时间溜回了家。

12月22日

上午8点从家里出发。在陆军部马不停蹄地为参谋长会议忙碌,一直开到了下午1点半。吃饭的时候我被陆军大臣叫到殖民地部,与莫伊内①勋爵商量去电香港了解抵抗情况和决心的事。莫伊内看起来灰心丧气,他确实需要点儿鼓舞。艾德礼加入进来,表现得很不错。下午5点召开了内阁会议,没什么重要事项需要讨论。晚上继续

---

① 沃尔特·爱德华·吉尼斯(Walter Edward Guinness,1880—1944),第一任莫伊内男爵(1st Baron Moyne),英国爱尔兰裔政治家、商人。——译者

忙碌。

12月23日

参谋长会议主要聚焦于如何夺取马达加斯加岛北部的行动,以防止日军的任何进犯企图,同时也讨论了在西班牙和葡萄牙入侵时由美军出手夺取大西洋岛屿的可行性。午饭后召开了军事委员会会议和遴选委员会会议,然后与莱根蒂霍姆作了谈话,他着实让我吃了一惊,看起来比戴高乐好多了。接着是西班牙的武官,然后就中东的问题会见了布里格。之后前往印度事务部找艾默里,就任命赫顿①为新的缅甸军指挥官,以及为阿奇·韦维尔选一位新的参谋长接替赫顿征询意见。晚上与吉米·哈里森和他的太太一起吃了晚饭。

12月24日

又是一个繁忙的日子。上午开了参谋长会议。形势开始变得复杂。温斯顿抵达了华盛顿,一个远离战火的地方,开始努力推动美国与我们在北非并肩作战,争取在中东针对的黎波里的战役中取得进一步胜利。另一方面,根据正在新加坡的达夫·库珀的要求,澳大利亚正在为远东局势索要越来越多的资源。在中东,奥金莱克正在率部奋战,并以个人名义向首相发出了形势喜人的信息,但他不知道的是,因为需要将海军和空军力量从中东转移到远东,他的行动很快就会被叫停。下午3点钟召开国防委员会会议,明确了机场防御事宜和在马来半岛实行"焦土"政策。之后,接待了训练总监里德尔和军事训练处处长。原本打算回家过圣诞节,但是因为明天上午的参谋长会议非常紧要,于是只得作罢。晚上和巴尼沉闷地吃了一顿饭,现在已经早早躺在床上。

---

① 托马斯·雅各布·赫顿(Thomas Jacomb Hutton,1890—1981),英国陆军中将。——译者

12月25日

今天是圣诞节,也是我正式担任总参谋长的第一天!上午9点半到达陆军部,在那里用了两个小时研究联合作战委员会制定的有关远东的事项报告,这些与中东密切相关。11点半参加参谋长会议,依然是讨论这份报告,并准备拍电报给首相,根据他的要求落实"体操家计划"①(比如在法国有需要时增援法属北非)。事实上问题很复杂,首先看起来并不太可能发生这样的事,其次首相自己也在上述计划和扶持抵抗间游移不定,最后航运能力不足,无法同时满足根据法国的需要占据北非,以及充分确保远东的新加坡、缅甸及印度洋之间的安全和联通。我们主张:当前的首要任务是确保这个国家的安全及与外界的联通,其次就是新加坡及印度洋这条联通渠道。毫无疑问,如果失去了后者,中东或者印度就有可能步其后尘。会议一直开到下午6点!晚上收到信息称香港已在圣诞夜沦陷②。

局势显然充满了很多危险,在这个节骨眼上,一步踏错就可能导致最具灾难性的后果。很明显北非的行动依赖很多因素,在我们没有更清楚地搞明白自己的处境之前,当时无法再采取进一步的行动。温斯顿从来就不善于理解自己所推行的计划可能带来的各种影响!事实上,他通

---

① 体操家计划(Gymnast),是"火炬计划"(Torch)在筹划阶段使用的名字,即第二次世界大战中的北非登陆战役,美国、英国和加拿大在1942年11月8日至10日间登陆法属北非的军事行动。——译者

② 香港战役:1941年11月6日,日本中国派遣军第23军奉命制定攻占香港的计划,准备一俟南方军在马来亚登陆,即自陆上攻占九龙和香港,并在该月底完成作战准备。日军兵力为第38师团、第51师团(一个联队和一个炮兵队),以第1飞行师团和第2遣华舰队作海空支援。英国守军约一万余人。12月8日凌晨4时,日军发起攻击,空军轰炸启德机场的英机,夺得制空权。第2遣华舰队在海上封锁香港。9日进攻英军各据点,12日突破守军主要防线。14日占领九龙,并炮击香港。18至19日登陆并占领香港岛东北部。21日切断水源。25日下午7时30分英军投降,日军占领香港。——译者

常对此不屑一顾。因此，当时我心里满是恐惧，担心他远在美国期间可能做出的一些决定，会在这个关键时刻带给我们一个新的负担。

12月26日

如往常一样开了参谋长会议，大家讨论了关于增援远东、斐济群岛等处的各种建议。下午艾德礼打电话给我，询问是否已经准备好召开国防委员会会议，目的是打消澳大利亚人因为增援新加坡而产生的焦虑。我告诉他，在得到首相回复前最好继续等待。稍后布鲁斯先生上门求见，我只得向他解释了我们在远东所做的各项工作。他满意而归。就在晚饭前，首相打给奥金莱克的电报发过来了，迫使我们饭后立即召开了参谋长会议。最后还与陆军大臣进行了商量，半夜才睡觉。感觉累极了！

12月27日

这是一场漫长而又伤神的参谋长会议，处理了一堆难题，其中主要是为了首相和他的幕僚团队在美国酝酿了一系列与我们事先准备不符的东西。下午召开了战时内阁国防委员会会议，意图安抚布鲁斯，让他们保持镇定。会议一直开到7点半。之后我溜回了家，希望能度过一个平静的周末，以从过去三周的奋战中恢复过来！晚上十分平静。

12月28日

与你一起在费尔内街度过了愉快而平静的一天。这样的时光真是令人心旷神怡，让我得以能承受新一周的辛劳。

12月29日

上午8点离开费尔内街，半路放下罗尼，9点10分到了陆军部。在那儿看到了早上5点首相发来的新电报，建议在远东设置联合作战司令部，由韦维尔负责，下辖美国的副司令和海军。在华盛顿建立专班，在首相和美国总统的领导下掌控战局。整个框架设计大胆而不成熟，只适用于所谓西太平洋地区的行动，针对的也只是日本人一个敌人，没有从大局整体考虑。

10点半召开了内阁会议，问及了我对此的意见，我说需要时间召开参谋长会议研究一下。主持会议的艾德礼允许我们最晚在下午2点半前反馈意见。为此我们立即召开了一个参谋长会议，一直讨论到下午1点半，最终形成了我们的意见。研究得越深，我们就越不喜欢这个计划。匆匆忙忙吃过午饭后，下午2点半再次召开内阁会议，根据要求我介绍了目前的战争形势，汇报了上午研究的意见。最终内阁还是被迫同意了首相的新计划，因为这几乎就是一个既成事实！会议开到了4点半，接着5点我们又再次召开参谋长会议，简单讨论了准备派去美国的代表。之后在陆军部又是好一阵忙碌。晚上和伯蒂一起吃饭，同桌的客人还有切斯特·比蒂①、（原文无法辨认）和（原文无法辨认）。

我记得很清楚，当时这份电报有两个地方让我感到很困扰。第一，我们建立的是一个地区性架构，应对的是一个特定的战场和单个敌人，而与此同时我们真正需要的是一个能够执掌全局的国际性架构，以覆盖所有的战线和面对各个敌人。第二，我感到毫无理由的是，为什么都到了这个节骨眼上了，美国军队还没有做好挑大梁的准备，我们应该同意在华盛顿设立一个指挥控制中心。

12月30日

参谋长会议从上午10点半开到中午12点，会上没有什么特别重要

---

① 这里可能是指阿尔弗雷德·切斯特·比蒂（Alfred Chester Beatty，1875—1968），美国矿业巨头，绰号"铜王"，同时也是著名慈善家、收藏家。——译者

的事项。不过到了下午，远东战区最高指挥官（阿奇·韦维尔）的方案报上来后立即引发了议论。为此我们不得不在晚上9点半召开参谋长会议。这份初步方案远不能让人满意。首先，缅甸纳入了远东战区司令部，而中国却没有。这其实是不应该的，因为缅甸必须成为中国的大后方，通过滇缅公路源源不断地向中国输血，这样才能让他们从背后咬住日本人。第二，澳大利亚和新西兰没有纳入战区司令部，而这两个地方必须成为发挥补给、增援等作用的基地。最后，从适应战争需要的角度出发，报告中把推动部队机械化的节奏放得过慢。下午与刚从马耳他回来的奥特利进行了面谈。

12月31日

今天先是开了一场参谋长会议，我成功地在中午12点结束了会议。接着在陆军部努力工作了一个半小时，然后与陆军大臣在赛马公会吃了午饭，讨论了接替阿奇·韦维尔担任印度战区司令的人选。我个人认为亚当是唯一的选择，不过恐怕最终戈特会成为推荐人选！我很清楚他不合适。另外的候选人有亚历山大，不过就是个没脑子的，以及佩吉特，他得留在本土军。下午4点钟召开内阁国防委员会会议，我在会上提出建议，把伊拉克和波斯从印度战区司令部划到中东司令部。艾默里理所当然地想把它们保留在印度战区，不过在其他事项上对我表示支持。晚上收到了韦维尔发来的电报，他完全同意我有关将缅甸留在印度战区而不是他的新战区的想法。

1942年1月1日

新的一年开始了，不知道它将给我们带来些什么。不过有一点我已经充分认识到了，它肯定为我带来了足够多的工作让我忙碌。我向上帝祈祷，能赋予我足够的精力和动力投入其中。我已经清楚地看到将来与首相共事的各种艰难，因此也再次祈求上帝能给我以指引，让我能明晰如何应对前路遇到的各种困难。

因为要召开内阁会议，参谋长会议在我的主持下于中午 12 点结束。接下来主要是由安东尼·艾登介绍他的莫斯科之行。他觉得斯大林很有意思，晚宴也很精彩，从 10 点开始，一直吃到凌晨 5 点。铁木辛哥①醉醺醺地赶到现场，继续不停地喝酒，直到早上才清醒过来。另一方面，伏罗希洛夫②元帅出现的时候倒是清醒的，不过晚上就被抬着出去了！

我没有把有些内容写入日记，但我记得，当伏罗希洛夫瘫倒在桌子底下的时候，斯大林转过头来问艾登，"你们的将军们也是这么没酒量吗？"作为一个纯粹的外交家，艾登回答说："他们也许酒量好点儿，不过他们打胜仗的能力可没那么强！"。我说不准这段情节是不是真的。

下午在办公室里没有受到太多打扰，下午 5 点左右就完成了工作，晚饭后就没必要一定回陆军部了，希望晚上能睡个好觉。

---

① 谢苗·康斯坦丁诺维奇·铁木辛哥（Semyon Konstantinovich Timoshenko，1895—1970），苏联陆军元帅。十月革命爆发后加入红军。在察里津保卫战中，他担任骑兵团团长，与负责守卫工作的斯大林结下了友谊。由于在苏波和苏芬战争中表现出色，1940 年 5 月，铁木辛哥成为人民国防委员会委员，并晋升为陆军元帅。苏德战争爆发后，他担任西部战区指挥官。1942 年 5 月，铁木辛哥指挥了第二次哈尔科夫战役，曾一度进展顺利，但最终失败。随着朱可夫崭露头角，逐渐取代了铁木辛哥在一线的指挥作用，斯大林转而让他担任斯大林格勒、西北、高加索、波罗的海等方面军的总司令。——译者
② 克里门特·叶弗列莫维奇·伏罗希洛夫（Kliment Voroshilov，1881—1969），苏联军事家、政治家。1917 年参加二月革命和十月革命。1935 年 11 月首批晋升苏联元帅军衔。1941 年 6 月 22 日苏德战争爆发后，苏联武装力量统帅部成立，伏罗希洛夫成为大本营成员。二战后担任苏联部长会议副主席。1953 至 1960 年任苏联最高苏维埃主席团主席，即苏联名义上的国家元首。——译者

1月2日

如往常一样,我成功地在中午12点前结束了参谋长会议,现在开始着手推进一些工作了!不知道当达德利·庞德从美国回来重新主持会议后我该怎么办?面对那样的拖沓真是可怕,我得想出点儿办法解决这个问题。今天没什么很重要的事情,除了讨论外交部在解决有关帝汶岛争端时遇到的困难外。葡萄牙对澳大利亚人占据该岛表现得很愤怒。下午3点召开内阁国防委员会会议,讨论了请求美国出兵福克兰群岛(即马尔维纳斯群岛)的可行性。外交部担心美国人会把它们移交给阿根廷,而我们则认为日本人正虎视眈眈。

晚上第一次住到了新分配给我的公寓。巴尼创造了个奇迹,房间布置得极为舒适。

我搬进威斯敏斯特花园7号,一直在那儿住到了战争结束。这套公寓以前是迪尔住的,他因为轰炸从同幢楼里的另一套公寓搬出来后就一直住在这里。我的副官巴尼把房间弄得意想不到的舒适,包括还带了自己的一些家具来装点它。他是一名很棒的副官,表现得很不错,不管听到什么都能守口如瓶,让我能放心地向他倾诉烦恼,这对我助益良多。

1月3日

艾德礼通知我10点半与他和陆军大臣、艾默里一起商量将来的印度战区司令官人选。提出的候选人包括:迪尔、普拉特①、亚历山大、哈特利②、亚当和佩吉特。艾默里和总督都倾向于让奥金莱克回到印度。这明显是不可能的。最后决定把哈特利推荐给总督。之后召开了参谋长

---

① 威廉·普拉特(William Platt, 1885—1975),英国陆军上将。——译者
② 阿兰·弗莱明·哈特利(Alan Fleming Hartley, 1882—1954),英国陆军上将。——译者

会议。晚上我溜回家吃了晚饭。

1月4日

在家里度过了平静的一天。

1月5日

上午 8 点出发,上午 10 点半至中午 12 点召开参谋长会议。12 点半与艾德礼、艾默里和陆军大臣召开另一场讨论印度战区司令官人选的会议。艾默里和总督依旧倾向于让奥金莱克回归。首相从美国拍来电报否决了这种可能性。奥金莱克推荐了哈特利,并建议让特德·莫里斯当他的参谋长。如此一来事情就定下来了。晚上老"科珀"芬利森过来露露脸,看看有没有机会被推举为印度战区司令官!! 真是忙碌的一天,回到陆军部已经是晚上 11 点半了。

1月6日

如往常一样召开了参谋长会议,其中包括了对"反击号"舰长坦南特的长时间问询,他的船与"威尔士亲王号"一起被击沉在新加坡。总的来说,从他的陈述看,问询还是极有价值的,持续了差不多一个半小时! 当时,他们在早上 6 点被日军侦察机发现,第一波攻击中午 11 点刚过就到了,下午 1 点不到就被击沉了! 下午就空降师的问题与布朗宁进行了面谈。我还就坦克发展问题主持召开了一个参谋长委员会特别会议,取得了一些进展。

晚上与负责特别行动处的道尔顿博士[①]一起吃晚饭,讨论了古宾斯

[①] 休·道尔顿(Hugh Dalton,1887—1962),英国工党政治家,经济学家。他在 1930 年代强烈反对绥靖政策,主张加强武装应对德国的威胁。二战爆发后,道尔顿加入了丘吉尔的战时内阁。敦刻尔克战役结束后,他成为经济作战部部长,并一手创立了特别行动处(整合了包括军情六处在内的多个情报部门)。——译者

指挥下在欧洲的各种破袭活动，以及培植欧洲地方抵抗力量并最终把他们武装起来的问题。目前在这方面还有很多工作要做，我觉得我们做的还远不到位。在陆军部工作了一个半小时后收工。半夜回到家里，又累又困。

1月7日

按照常规召开了参谋长会议，讨论了不少细枝末节的问题，没一个重要的。中午哈利·克里勒前来共进午餐，这是一个与他讨论加拿大军未来架构问题的好机会。现在这支部队已经发展到了一定规模，需要设立一个总部指挥后方梯队、兵工厂，等等。我们谈了一整个下午，必须得晚上才能回到陆军部了。

1月8日

今天的参谋长会议主要商量了关于特种无线电侦听部队的架构问题，以确保他们能在远东完成新的任务，同时也提升他们完成现有任务的效率。下午我在陆军部研究熟悉工作。晚饭后回到陆军部，与奈就空降师的编成进行了一番长谈，要求倾斜资源全力推进。

1月9日

上午开了参谋长会议，我们与来自中东的代表研究了在远东出现新情况、不得不延后攻占昔兰尼加[①]的情况下，施行"杂技家行动"（进攻的黎波里）的可行性。鉴于这项行动在六周内无法实施，在此

[①] 昔兰尼加（Cyrenaica），在阿拉伯语中称为"拜尔盖"，是利比亚东部的一个地区，得名于古希腊城市昔兰尼，古称"五城地区"，在罗马帝国统治时期是克里特和昔兰尼加行省的一部分。从1927年到1963年，昔兰尼加是意属利比亚和后来的利比亚王国一个行政区域的名称，现在已被划分为利比亚的几个省。——译者

期间敌方的援军可以源源不断地从意大利涌入非洲,我开始怀疑这项行动是否可行。无论如何,我感到只要有可能,就应该将此与应法国要求攻占北非的行动联系起来。不过,首先得确保我们得到"邀请"!

下午召开的国防委员会会议研究了美国进驻北爱尔兰带来的各种影响。北爱尔兰首相安德鲁斯也在场,我不得不把所有的影响都摊开来和他解释一遍。他对此表现得很大度。会议从3点45分开到了5点半。接着开了军事委员会会议。

1月10日

上午开了参谋长例会,中午请了亚当到我的公寓一起吃午饭。下午6点左右顺利下班回家。

1月11日

在家里度过了平静的一天。

1月12日

上午8点出发,半路放下了罗尼。今天的参谋长会议相当沉闷,主要讨论了些鸡毛蒜皮的小事。由于一开始就错误地把缅甸纳入其中,而没有包括澳大利亚和新西兰,韦维尔负责的这片区域(即美国、英国、荷兰、澳大利亚联军战区)不断地带来麻烦。我希望迫于形势能逐渐拨乱反正。那样韦维尔很快就能大显身手了。同时,马来亚的形势日趋严峻,希望增援不会被截断。

1月13日

参谋长会议主要讨论了开始进攻的黎波里的可行性。午饭后,比利时军司令多弗雷内·德·拉·舍瓦里将军①来访。很有意思的一个人，曾经参加过奥运会，从比利时逃离后经法国抵达美国，然后又来到英国。接着从埃及归来的波特尔来了。之后找艾德礼讨论新加坡总督和民政、军事官员的任命，情报组织的构建，以及当前形势。最后，与总参谋长助理和人事处处长进行了面谈。结束后与巴兹尔和马杰森一起吃了晚饭。

1月14日

在参谋长会议上我们终止了对占据苏门答腊岛北部港口计划的调研，该计划原本目的是防止日本人占领该地。同时，从美国人那里听说，占领北非的"杂技家行动"被推迟了。邀请麦克诺顿来共进午餐，商定有关加拿大军未来的一些细节问题。接着与古宾斯商量了在法国北部和北非培植武装力量的问题，"阿奇"·奈和威克斯也在场。最后与伯蒂、肖尔托·道格拉斯和巴兹尔一起吃了晚饭。

1月15日

上午召开参谋长例会，并早早结束了。之后邀请了杜普伊来共进午餐，交流了法国的情况。他马上又要回到维希政府那里去了。午饭后佩吉特来找我，商量了好几件事。紧接着美国的钱尼将军②来访，我们商量了美军进驻爱尔兰一事。然后军需总监来找我，研究了将澳大利亚后勤部队从中东调往远东，以减少航运量。最后听取了军事情报处处长有关近期情报的汇报。回到公寓已经是晚上8点了，晚饭后工作

---

① 多弗雷内·德·拉·舍瓦里（Daufresne de la Chevalerie, 1881—1967），比利时陆军中将。——译者
② 詹姆斯·尤金·钱尼（James Eugene Chaney, 1885—1967），美国陆军少将。——译者

更多。

1月16日

今天的参谋长会议有不少议题，不过我三下五除二很快就处理完了。然后匆匆赶回办公室完成一些工作，到本土军那里吃了午饭。之后在指挥官会议上作了一个当前世界形势的报告，从苏联开始，绕着地球讲了一圈。用了大约一小时十五分钟，讲完后接受了提问。

回到陆军部与富兰克林和空军的代表进行了会商，讨论遭遇入侵时阿尔斯特军进驻爱尔兰的新计划。根据要求，下午5点半向内阁国防委员会汇报了近期国防事项，讨论了拟组建的远东防务委员会，准备给予自治领和荷兰在相关事项上一定的发言权，最后研究了从叙利亚撤军可能带来的影响。

1月17日

按常规召开了参谋长会议，会上得知首相飞越百慕大后，上午9点降落在普利茅斯的巴腾山机场。午饭后前往帕丁顿迎候拟于3点抵达的专列。一群内阁成员，戴着黑色低腰宽边礼帽，系着黑羊皮的领结一起迎候他！他于下午3点15分抵达，受到了热烈的欢迎。回到陆军部得知他已经召开了战时内阁会议，要求参谋长们下午6点出席。会议一直开到7点半，内容包括了他的整个美国之行及相关感受，非常有趣。晚上9点回到了家。

1月18日

好好地睡了一觉，吃了一顿早餐。首相来电话说想和我一起吃晚饭！于是5点半从家里出发，从白雪皑皑的大地上一路驶回陆军部，了解了最近的一些电报，然后一路穿过楼层的大门到了附楼。一起吃饭的只有丘吉尔夫人和她的小女儿。这是一场温馨、静谧的家宴,他表现得再好也没有了。晚饭后去了他的书房,我在那儿一直待到半夜,讨论新加坡是否能继续坚持下去,同时我也提醒他注意仰光受到的威胁。现在他已经改变了对迪尔的安排,不再想让他担任驻美副国防大臣,而是要他取代英军驻美联合参谋团团长威姆斯[①]。

对于迪尔所承担的任务而言,这只是个头衔的差别:即并非副国防大臣,而是驻华盛顿的联合参谋团团长了。前者对迪尔来说更合适一些,手上可以有更多资源。但对于迪尔这样的人,根本不在乎你称呼他什么,他会把他认为该做的事做得漂漂亮亮。现在事实就是,他把副大使和副国防大臣两个角色成功地汇集于一身。

1月19日

庞德回来主持参谋长会议了,结果就是极其拖拉!会议一直开到下午1点15分,结果也没通过什么议题。下午6点召开了内阁会议,一直开到晚上9点半!!!主要是因为首相就战略形势进行了一段很长的讲话,当中还夹杂了几个参谋长的发言。我们还讨论了在交战国之间集中装备、运力、补给等物资的计划。澳大利亚代表厄尔·佩吉[②]爵士像往常一样浪费了我们大部分时间!

1月20日

因为达德利·庞德又回来主持了,参谋长会议再次变得很难熬。他

[①] 科威尔·巴克莱·威姆斯(Colville Barclay Wemyss, 1891—1959),英国陆军上将。——译者
[②] 厄尔·佩吉(Earle Christmas Grafton Page, 1880—1961),澳大利亚政治家。——译者

迟钝得要命,丝毫没有效率!中午和亚当在卡尔顿烤肉店吃饭,然后一路踏雪穿过圣詹姆斯公园走了回来,积雪已深达2英寸。下午很平静,基本没什么人打扰,我得以在3点至8点以及晚饭后的两小时里,完成了一大堆工作。今天很冷,来自远东的消息不太好,我怀疑新加坡撑不了多久了。

1月21日

今天过得很艰难,因为重感冒的关系,人不太舒服。先是参加了一场参谋长会议,一直持续到下午1点,会议目的主要是为了讨论新加坡和仰光哪个更危急,以及如何最好地部署下一步增援行动。之后与西科尔斯基一起吃了午饭,他的访苏之行以及与斯大林的会面很有意思,我们讨论了很多事:包括在苏联重新武装波兰师、把波兰军官从苏格兰送到苏联、把波军调出苏格兰,等等。接着回到陆军部,与好几个人进行了会谈,其中包括与陆军大臣谈了半小时。

下午5点钟,召开了议题为如何增援新加坡的参谋长会议。接着首相于6点主持召开另一场参谋长会议。最后于晚上10点召开了内阁国防委员会会议,一直开到半夜。后者在结束时因为一份来自澳大利亚来的电报掀起了高潮,他们不同意首相与美国达成的所有关于战争的重大安排!!

1月22日

在上午的参谋长会议上,我们研究了因为澳大利亚坚持参加华盛顿而非伦敦的防御委员会所引起的事态变化!首相发回给他们一份很棒的电报。他同意他们在战时内阁中派出一名代表,但要他们自己去向华盛顿的委员会提出申请!这明显是他们做不到的。

中午和陆军大臣在丽兹饭店吃饭,他有点儿不舒服。回到办公室,在下午 6 点的内阁会议前进行了几场面谈。首相尽管感冒了，精神还是不错。那天晚上他忍不住不停地发电报给韦维尔指手画脚，并说，"如果你还得花时间教一个最高指挥官如何指挥，那任命他还有什么用，我只不过是想确保万无一失。"晚饭后又谈了两小时。

1 月 23 日

上午召开了参谋长会议，主要研究了缅甸和新加坡的局势。我们现在已经集中了手头所能调动的所有增援部队，剩下的问题就是决定到底是把这些部队派去新加坡还是缅甸。两者都岌岌可危，而且互相影响。

这个问题很难，保住新加坡显然对战争的未来走向和确保我们在印度洋上的交通极其重要。但另一方面，增援新加坡可能已经为时已晚，第 18 师的情况就足以证明。而如果增援缅甸，那就仍事有可为，有可能挽救那里的局势并保住通往印度的通道。现在回过头来再审示我们将 18 师派往新加坡的决策，鉴于后面发生的情况，我认识到我们当时把它派往新加坡是错误的，如果能派去仰光，则发挥的作用将大不相同。

卢卡斯和威克斯前来共进午餐，我们讨论了马克 VII 型坦克的生产问题，以及如何运用战斗机机炮进行反坦克作战。下午与佩吉特及魏刚在北非部队的参谋长奥迪奇①将军进行了长谈。他与戴高乐不对付，对此也直言不讳。

1 月 24 日

上午按惯例参加参谋长会议。午饭后梅尔切特为了新型火炮的事来

---

① 罗伯特-让-克劳德-罗杰·奥迪奇（Robert-Jean-Claude-Roger Odic，1887—1958），法国空军中将。——译者

找我。接着与军事情报处处长就德军情报研究了很长时间。就在我刚想回家时又接到通知,要参加另一个参谋长会议,澳大利亚因为新几内亚受到威胁向我们求援,我们得为首相起草一份回复。下午 7 点终于能启程回家了。

1月25日

在家里享受宁静的生活,慢慢从感冒中恢复了过来,还与孩子们一起去玩了玻璃吹制①!

1月26日

上午参加了一场冗长的参谋长会议。中午和马特尔一起吃午饭,听他讲述了中东之行的细节。下午 6 点向内阁作了简报,一直到晚上 8 点半,迫使我晚饭后只能回了陆军部。

1月27日

在去参加参谋长会议的路上接到去见首相的通知。发现他躺在床上,穿着那身红金龙袍子,嘴上叼着一支长雪茄。他正忙着准备重要演讲,想找我商量有关从叙利亚撤出澳大利亚部队的一句话应该如何表述,之前我曾建议删去,另外还商量了一句与继续向苏联提供坦克援助有关的话。

这次谈话展现的是未来许多次谈话中经典的一幕。他卧室里的场景始终如一,我很希望能有位画家可以将之表现在画布上。这件红金相间的睡袍本身就值得跋涉数里来看,也只有温斯顿想得出穿它!他看起来

---

① 玻璃吹制(Glassblowing),是一种玻璃成型技术,借助于吹管将熔融玻璃充气成气泡等形状。——译者

就像一位中国的大官！通常，他谢顶的头上摆着几簇稀疏的头发，一支大雪茄从脸颊旁斜伸出来，床上到处都是文件和材料，有时吃剩的早饭和托盘依旧放在床头柜上。呼唤秘书、打字员、速记员或者他忠实仆人索耶斯的铃声不断地摁响。

参加了一个耗时很长的参谋长会议，主要是为了调整美英荷澳联军与澳新军团的作战区域划分问题。我觉得除非把他们合为一体，否则永远无法协调运作。中午格拉塞特过来一起吃饭。很高兴能再次见到他。下午召开了遴选委员会会议，晚饭后在陆军部好好地工作了两个小时。

1月28日

上午参加了参谋长会议，详细讨论了美英补给的分配问题。会上没有议定任何事，很多东西都需要进一步理清。

会议开到一半时，比弗布鲁克勋爵打电话找我，询问给中东战区调拨2磅炮的事。我不知道他打的什么主意，反正我对他丝毫没有信任感。

中午在丘尔特镇的内森勋爵那里吃了一顿很棒的午饭。下午在办公室写信，晚上与米尔恩勋爵一起吃了晚饭，他人相当好，给了我各种建议，让我得闻许多政治事件的秘辛。比弗布鲁克在温斯顿面前得宠的原因，以及前者如何开始失势。如果可能的话，保守党很想把他送走，因此看到他从美国回来就很失望。同时他也告诉我，议会很想把马杰森弄走。老米尔恩能在晚年保持如此清晰和敏锐的头脑真是太棒了！

至今我仍对米尔恩那晚给我的真知灼见怀有深深的感谢。之前他对我说，由于在总参谋长岗位上工作多年（1926至1933年），因此也许可以给我些帮助，问我要不要一起吃顿饭。我还记得在我们谈话的最后，他说等我在这个位置上再继续干一段时间，肯定又会想和他谈谈的，他对此十分乐意。他一方面与上议院保持着密切的关系，另一方面也关注着社会动向，各种情况几乎都逃不过他的法眼，因此他的论断也十分精辟。

1月29日

在参谋长会议上，我力主将美英荷澳联军与澳新军团的战区合为一体。达德利·庞德是不会明白其中蕴含的意义的，不过波特尔懂，然而我担心的是能否说服首相！他今天在议会中取得了一场巨大的胜利，在一场不信任动议中得到了465比1的支持。中午与阿兰·坎宁安一起吃饭，他对沙漠之战和阿比西尼亚表示了极大的兴趣。接着与刚卸任驻印军参谋长的特德·莫里斯谈了一小时。之后与副总参谋长、作战处处长及波特尔往回赶，准备与常务次长的会面。晚饭一吃完就开始看奥金莱克有关指挥系统重组的长信。有些意见很中肯，但有一些我不太赞成。

从那时起，我对奥金莱克办公室传出的一些信息感到不安。我开始怀疑他的一名参谋，"瞪羚"道曼-史密斯对他施加了过多的影响。道曼-史密斯的奇思妙想极多，不过除了少数还不错，其余的都没用。阿奇·韦维尔在用这个人时就很明智，做到了去其糟粕、取其精华。这点奥金莱克就没能做到，因此受到了"瞪羚"过多的影响。这可能也是他遭遇失败的主要原因之一。

1月30日

铺天盖地的坏消息。班加西再次失守，新加坡的情况也很糟糕。守军今晚正退守岛上①，我怀疑撑不了多久了。班加西的形势也很糟，其中最糟的莫过于奥金莱克的指挥了。他过于自信，对他那个乐观过头的情报处长席勒②深信不疑。这一切导致的结果就是，他现在处于了无力还手的境地。

我曾质问过他几次，为什么他的评估报告中有关隆美尔③的军力明显比陆军部的估计低许多。最后我才发觉，席勒的评估是基于他对德、意军队过重伤亡的基础上做出的。我现在已经记不清具体数字了，但我记得很清楚，敌人每场战斗的伤亡比都明显超过了我们。鉴于总体上是我攻敌守，不太可能他们的伤亡会比我们大的。

---

① 新加坡战役，英军在马来亚战役失败后，迅速撤过柔佛海峡，并于1942年1月31日炸毁了连接马来半岛和新加坡岛的长堤，指望能在岛上喘息一段时间。当时，英军总司令白思华拥有英军、印军和澳军总共四万五千人，其中战斗部队约五万人，部署在面积为550多平方公里的新加坡岛上。2月5日，日军开始用重炮轰击新加坡岛。2月8日和9日夜间，日军五千人在炮火掩护下，修复被破坏的堤道。日军两万五千人和多辆轻型坦克随后通过堤道，其先头部队迅即向内地推进，并控制了该岛中心的许多蓄水池。英军虽收缩防线，仍被日军分割包围。由于缺少弹药、粮食和饮水，白思华被迫于2月15日率英军投降。日军在这次战役中伤亡九千八百人。此次战役中被俘的英军约有一半死于集中营。丘吉尔称此次失败为英国历史上最大的灾难。——译者

② 埃里克·席勒(Eric Shearer，1892—1980)，英国陆军少将。1929年曾退役，二战爆发后被重新征召，1940至1942年任中东司令部军事情报处处长。——译者

③ 埃尔温·约翰内斯·尤根·隆美尔(Erwin Johannes Eugen Rommel，1891—1944)，德国陆军元帅，是德国极少数以中产阶级出身以及未进入过参谋学院而获此头衔的军人，史称"沙漠之狐"。1919年起历任步兵连长、德累斯顿步兵学校战术教员、戈斯拉尔市猎骑兵营营长、波茨坦军事学校教员、维也纳新城军事学校校长等职。在当战术教官时写的《步兵攻击》一书被希特勒看中，1939年调任其大本营卫队长。1940年2月任第7装甲师师长。1942年1月任非洲军团司令，5月被授予元帅军衔。1943年8月任驻意大利北部集团军司令。1943年12月任驻法国B集团军群司令，并负责沿海要塞工事的构筑。1944年7月17日，乘车视察前线返回途中遭盟军飞机袭击负重伤。"7·20事件"后被指控为同案犯，10月14日服毒自尽。希特勒为其举行国葬并亲自送葬。英国首相丘吉尔对其评价："我们面对的是一位大胆与熟练的对手，一位伟大的将军。"——译者

低估的结果给了奥金莱克一种错误的安全感，结果演变成一场巨大的悲剧。在我看来，奥金莱克具备成为一名优秀指挥官的大部分条件，但除了一条最重要的——知人善任。选择科贝特①担任参谋长、道曼-史密斯担任首席顾问、席勒担任情报处处长，皆是导致他失败的主要原因。

上午国防委员会讨论了向远东提供坦克的事。尽管很明显我们继续向苏联提供坦克变得愈来愈危险，比弗布鲁克还是坚持要继续这么做，在这些事情上他能左右首相的决定。上午的会议首相不在，由艾德礼主持，不过在会前早已明确了不会停止向苏联供应坦克！！

罗尼·斯塔尼福斯和他太太一起来吃午饭。下午办公室里很清静，得以完成了大量工作。

1月31日

上午开了参谋长例会，接着在办公室工作，之后匆匆赶回家。我担任总参谋长两个月了，感觉上像过去了十年！！

2月1日

醒来时发现整个大地被白雪覆盖！大雪下了一整天，实在是太大了，以至于我无法确信是否能驾驭可能严重冰冻的道路，于是决定晚上回去。下午6点半返回陆军部，晚饭前工作了两个小时，睡觉前又工作了两个多小时，也许像这样早点儿回来也好。

2月2日

参加了参谋长例会，没有什么很重要的议题。下午5点参加内阁会议。如同往常一样，各位大臣对我们的败退给予了最让人难堪的抨

---

① 托马斯·科贝特（Thomas Corbett，1888—1981），英国陆军中将。——译者

击！由于我们退到了新加坡岛，丢了（原文无法辨认），加上被赶回了利比亚，这一大堆事都需要我来辩解！我感到很难控制自己对一些批评的情绪。然而，当我们最终讨论到租借法案里有关帝国的贸易自由和相关税务问题时，整个会场顿时变成了一个鹦鹉笼！原本首相要在晚上10点主持召开参谋长会议的，现在很走运要推迟二十四小时了。

那段时间里我在内阁处境艰难，温斯顿是里面最刻薄的一个。他会不停地说类似于"你在那个部队就找不出一个能打胜仗的将军？就没人能出个主意？我们就得照这个样子继续输下去？"等等之类的话。这些话语降低了其他大臣对军队的信心，除了加深危机外别无益处。他私下里可以对我说任何话，但不应该在整个内阁前这么做。这种行为通常还会引导其他大臣也以军队为目标大肆抨击。在这种情况下，当我四面楚歌时，温斯顿还会雪上加霜。当我被一连串攻击包围时，贝文突然问了我一些问题。我当时以为这些话是一种质问，一下子火往上撞，于是转向他，给了他一句简短而有些粗鲁的回应。他当时没多说什么，但当我们向外走的时候又走近我，极其有风度地向我解释说他刚刚不是在针对我，而是真的想打听些情况。这是他典型的处事方式，没有比这更得体的了。我为刚才的粗鲁回答向他道歉，并邀请他单独和我吃饭，欢迎他向我提任何想问的问题。他答应了，我们一起吃了一顿愉快的晚饭。在后来的岁月里我与他相处越多，就越是欣赏他。他确实是一个非常伟大的人。

2月3日

按常规参加了参谋长会议，讨论船只紧缺问题。蒙巴顿也参加了会议。在大部分讨论中，我们的第一海务大臣都在酣睡，看上去就像一只在栖木上昏睡的老鹦鹉!

我发觉在我的日记里,有好多对达德利·庞德在工作中嗜睡和迟钝的厌恶之词。如果那时我知道他可能已经患上后来置他于死地的那种疾病,我肯定不会有那些评论。如果不是因此导致了嗜睡和迟钝,他绝对是个最受人欢迎的同僚。

中午邀请了盟军全体指挥官在克拉瑞芝酒店吃饭。西科尔斯基坐在我的右手边,显得兴高采烈。我越和他打交道,就越是欣赏他。在我左边就座的是美军司令官钱尼,他刚视察进驻爱尔兰的美军部队回来。戴高乐看上去比平时更讨厌,真是个毫无魅力的家伙。

下午非常繁忙,库珀来找我,主要是来向我抱怨,在去年的表彰奖励中没有获得一枚巴斯大十字勋章!原本晚上10点首相要召开参谋长会议,不过很幸运推迟了!

2月4日

上午开了一个简短的参谋长会议,午饭后散了会儿步,让我感觉良好。下午与"鲍勃"·海宁就中东局势进行了一番长谈。从各方面了解的情况越多,我就越是对那里的局势感到不安。我不喜欢席勒和奥金莱克的组合。这不是个好搭配!接着与阿奇·奈、作战处处长及运输部讨论了航运问题。这个问题极为棘手,而且首相是不会过问这类事的,然而这却会影响到我们未来一年的整体战略。

在我们打通地中海之前,将继续面临100万吨的航运缺口,这将钳制我们所有的战略。而就目前而言,随着日本的参战以及北非形势的逆转,我一直坚持的基本战略——扫平北非、打通地中海、剑指南欧,已经束之高阁了。

最后与伯蒂一起吃了晚饭，与"大眼"谈了好久。

2月5日

参加了一个简短而又相当无聊的参谋长会议。午饭后与陆军大臣谈了大约一小时，剩下的时间都在办公室工作。最后给奥金莱克写了一封长信，就他准备推行的重编计划以及对装甲部队的平庸指挥发表了看法。

2月6日

像往常一样参加了参谋长会议，讨论了很多鸡毛蒜皮的事。午饭后散了会儿步，下午都在办公室工作。与美国大使怀南特、新闻大臣布莱登·布雷肯及阿奇·奈一起参加了个小宴会。怀南特特别有意思，我很喜欢这样的人。

2月7日

参加了一个简短的参谋长会议，在办公室工作了一会后，与你和你的父亲，以及玛丽一起吃了午饭。之后又在办公室工作了一会，接着驾车回家看孩子们。和平时相比，真是个令人愉快的调剂！

2月8日

与你一起在家度过了快乐的一天。

2月9日

上午8点从费尔内街出发，一路绵绵细雨洒在冰冻的路面上，极为难行。参谋长会议开得很长，主要是关于如何执行"联合参谋长委员会"的指示。波特尔和庞德从美国一回来,我就说过,他们在那里"崽卖爷田心不疼"。他们之前还完全不相信。不过今天上午让他们开始意识到,美国人正在迅速地抓取更多的权力,目的是最终把战争的主动权抓到华盛顿手中!他们现在同意了我的看法。

参加了一个令人不快的内阁会议。刚刚收到信息,日本人已经登陆新加坡岛,我们的部队因此受到了虐待。奥金莱克也从昔兰尼加撤退,让局势变得更糟糕!最后,在晚上 10 点 45 分的时候,我接到了首相的通知,要帮他起草一份发给韦维尔的电报,内容是关于新加坡的防御工作,要求指战员们尽忠职守。

2 月 10 日

上午是参谋长例会。午饭后与副总参谋长和办公室主任一起商量有关空中力量需求的报告,难度很高。接着与军事作战处处长和波特尔商量给海军参谋长的航运需求。我现在越来越担心航运问题,以及未来一年对我们整体战略的影响。这有可能会导致我们的失败!!然后花了一个小时,协助陆军大臣完成他在下议院的评估报告。下午 6 点钟,参加了新组建的太平洋战争委员会的第一次会议。会议由首相主持,参加的有艾德礼、安东尼·艾登、荷兰首相和大使、澳大利亚的厄尔·佩奇、新西兰的戈登、印度和缅甸事务大臣艾默里。会议主要内容是由首相讲话解释组织架构问题。最后在晚上与经济作战部的道尔顿和本土军的芬勒特·斯图尔特,以及罗纳德·威克斯一起吃饭,大家相谈甚欢、各有所得。

2 月 11 日

新加坡的消息变得更糟了。可怜的阿奇·韦维尔背部受了伤!首相要求我今晚和他一起讨论韦维尔有关新加坡的最后一份电报,他刚从那里返回。这份有关新加坡部队战斗力的电报,满是悲观和沮丧,很难看出来为什么没能组织起更好的防御,不过我认为背后肯定有一些说得过去的原因。我看这地方大概连一天也撑不了了。这个岛沦陷导致的损失将会是巨大的,不光是兵力方面的,还有物资上的。

过去的十年里我有一种很不好的感觉,大英帝国正在衰败,走在了下坡路上!!我不知道我的感觉是不是对?我当然从来没想到过我们会这么快崩溃,但看到香港和新加坡不到三个月就陷落了,加上西非沙漠的失败,确实让人无法感到安心!过去我们拥有一种绝处逢生的神奇力量,现在不知道我们还能不能再次崛起?

2月12日

前往参谋学院给学员们分批上课。接着与你一起吃了午饭后回到陆军部,准备参加下午4点的军事委员会会议。之后在办公室工作。

新加坡的消息更加糟糕了,而且缅甸的情况也迅速恶化了。我们不久后肯定就会丢了前者,对后者我也开始越来越揪心!我们失去了确保帝国安全的关键屏障,这让我们损失惨重!这也是以前一个帝国灭亡的主要原因。

2月13日

新加坡的形势进一步恶化,缅甸也不妙了!加上"格奈森瑙号"战斗巡洋舰①、"沙恩霍斯特号"战斗巡洋舰和"欧根亲王号"重型巡洋

---

① "格奈森瑙号"战斗巡洋舰与"沙恩霍斯特号"是同级战舰,被盟军称为"丑陋的姐妹"。这种舰型设计基于当时特殊的历史条件和德国的技术水平,可以称得上是一种非对称对抗的产物,它们吨位和大炮口径相对战列舰小,但比巡洋舰大,而且航速快,因此导致普通战列舰追不上它们,但巡洋舰又打不过它们,成为德国开展破袭战的一把好手。"格奈森瑙号"参加了大西洋破袭战和入侵挪威的海战,穿越英吉利海峡后触雷受损,被拖回基尔港大修,随后又遇到基尔港空袭,(转下页)

舰昨日突破层层火网，成功穿越了英吉利海峡①，而我们相较敌方被打下的二十架飞机，足足损失了大约四十架！即使苏联也被削弱得今非昔比，这段日子也足以堪称黑色岁月！

亚当过来一起吃了午饭，然后结伴步行回陆军部。今天一天在办公室里，相当安静，只是最后在晚上接到了首相的电话。

2月14日

上午开了一个极其沉闷的参谋长会议，之后直到下午4点还相对太平。就在我憧憬能够早点溜回家的时候，一大批有关新加坡的电报纷至沓来，那里的情况变得极其糟糕，看来是守不了多久了。首相从官邸给我打来电话，要我给韦维尔发份电报，明确"由他自己判断什么时候放弃抵抗"。我和其他参谋长又讨论了一会，然后发出了电报。终于能及时回家，赶上了晚饭。

2月15日

在家度过了平静的一天。（与此同时，新加坡陷落了）

（接上页）船头受损，于是被卸下火炮后转入后备役，最终于1945年被德国自己凿沉用作阻塞。"沙恩霍斯特号"1943年再次出动参与对盟军海上补给线的破袭，在12月26日遭遇了英国"约克公爵号"战列舰，经过殊死战斗，"沙恩霍斯特号"被数百发炮弹及17条鱼雷命中，成为二战中最后被击沉的德国大型军舰。——译者

① 1941年5月27日，德国海军"俾斯麦号"战列舰被英国皇家海军击沉于布雷斯特以西400海里水域。之后"沙恩霍斯特号"、"格奈森瑙号"等大型军舰就成了盟军重点关注的对象，一直被困在法国的港口。同时，希特勒从战略上判断美国参战后将加大对苏联的援助，因此有必要加强北极航线的破袭。为此，他召集德国海军和空军，亲自制定了利用英国麻痹松懈心理冒险穿越英吉利海峡的方案，调遣了大批护航的军舰和飞机。编队预定于1942年2月11日离开布雷斯特，2月13日抵达德国。德军的行动完全出乎英国人意料，因为他们自认为英吉利海峡的防备很完善，以致德国舰队在夜幕的掩护下通过了海峡。英国人直到2月12日中午才侦察到德国舰队。在行动就要获得成功的时候，"沙恩霍斯特号"和"格奈森瑙号"却相继被水雷炸伤。而"欧根亲王号"却幸运的再次全身而退，安全抵达德国。——译者

2月16日

上午8点离开费尔内街，9点15分到达陆军部。为了参谋长会议研究了所有的电报和简报，然后10点半参加会议，一直开到了下午1点半。吃完午饭后2点半回来，下午忙于研究新加坡的沦陷对援助路线的影响。下午5点召开内阁会议，到了7点才脱身。考虑到我们丢了新加坡，缅甸也危在旦夕，还让"格奈森瑙号"和"沙恩霍斯特号"穿过了海峡，另外还丢了3艘增援马耳他的运输舰，我之前估计会上军方会听到不少冷嘲热讽！不过事实上比我想象的要轻得多。

7点到8点完成出席国防委员会会议的准备工作。晚上9点到10点又开了参谋长会议。在首相的主持下，半夜里又召开了国防委员会会议，主要是为了讨论是否应该增强爪哇的防御。从战略上来说，目前这么做肯定是不明智的。但从政治上讲，又很难不这么做。临时决定把澳大利亚师调回澳大利亚，把第70师派去缅甸和锡兰①。首相总体来说心情不错。

这就是温斯顿的特点，在真正的危机之下，总能展现出最佳的状态，可以说是重压之下毫无惧色。

2月17日

又是忙碌的一天。先是参加了参谋长会议，会上还迎来了荷兰海军上将。我们不得不向他做解释，不建议由澳大利亚军队来增援爪哇。接着奉命赶往唐宁街10号，与首相一起研究韦维尔的最后一份电报。我发现他十分沮丧，他说他刚刚处理完一大堆麻烦事。我估计恐怕会有更多

---

① 锡兰（Ceylon），斯里兰卡的旧称，印度洋热带岛国。16世纪起先后被葡萄牙和荷兰统治。18世纪末成为英国殖民地，二战期间是盟军在南亚对抗日军的海军基地。——译者

的麻烦等着他。午饭后与辛克莱①和威克斯花了一个半小时讨论了他们部门的工作。接着又与陆军大臣谈了半小时,主要是讨论政治局势,以及设置一名独立于首相之外的国防大臣的必要性。按照他的性格来讲,这是绝对不可能的。

通常当局势恶化的时候,就会有人建议在参谋长委员会设置一名独立的主席,或者在首相和参谋长委员会之间设立一名副国防大臣。这些建议既不可行,也没有必要。在我看来,战时首相应该直接和参谋长委员会打交道,参谋长委员会的成员也应该以他们的主席作为发言人,当面在内阁中接受质询。引入一个外部的主席,将无助于消除成员间可能存在的分歧。一旦有了这样的分歧,那只有一条路可走:调整参谋长委员会的部分或全部成员。但至关重要的是,这三个人理应作为一个完美的整体工作。

在6点的时候又和荷兰海军上将谈了半个小时,接着我们开了第二次太平洋战争委员会会议,一直开到了晚上8点。正如我所料,这次会议比第一次困难得多!但总的来说,荷兰人很好地接受了他们目前的处境,不再指望澳大利亚人的增援。晚饭后回到陆军部,又工作了三个小时。

对老庞德担任第一海务大臣感到越来越担心,像他这样一个老态龙钟的人放在这里,很难指望参谋长委员会在面对帝国有史以来最大的战争时能发挥应有的作用!他在工作时大概有75%的时间是在睡觉。

---

① 约翰·亚历山大·辛克莱(John Alexander Sinclair, 1897—1977),英国陆军少将。1944年3月任陆军部军事情报处处长。1946年起开始为秘密情报局工作。1952年退役。1953至1956年任秘密情报局(SIS)局长,领导英国情报机关完成从战争环境向冷战时期的转型。——译者

2月18日

一场乏善可陈的参谋长会议,几乎毫无重点,一半时间里达德利·庞德都在睡觉!然后去找佩吉特,看了他组织的"胜利者"本土军演习。回到陆军部拿起三明治又赶往近卫骑兵部队,会见了"胜利者"演习的指挥员。然后从那儿前往东部军区司令部,看看蒙哥马利的情况。下午5点回到陆军部,与马特尔研究中东装甲战车部队指挥官的合适人选,调整人选这件事奥金莱克直到最后才答应!接着和助理总参谋长坐了好长时间,晚饭后回到陆军部,一直待到晚上11点45分。

缅甸方面传来的消息很糟糕。我真是弄不明白,部队为什么一直打不好。如果部队还是像现在这个样子表现的话,帝国注定会输掉这场战争!

2月19日

收到了韦维尔的回复,他同意让亚历山大替换赫顿担任缅甸方面的指挥官。事实已经证明,后者作为指挥官并不令人满意。午饭后接到首相的通知,他同意派出亚历山大。于是立即安排好了一切,我当晚与他进行了谈话,并定好让他明天直飞开罗。准备先让赫顿留任参谋长,如果这也不行,那就只能来一次撤换了。缅甸局势岌岌可危,我只希望亚历山大能及时赶到那里。那里的部队似乎打得也不好,这是最让人沮丧的。

首相给我看了他新组建的战时内阁。有一个很小却很有效的变动,比弗布鲁克被调整了!!他被派去了美国,这是天大的好事。克兰伯恩[①]和莫伊内也被调整出了战时内阁,斯塔福德·克里普斯(任飞机生产大

[①] 罗伯特·阿瑟·詹姆斯·加斯科因-塞西尔(Robert Arthur James Gascoyne-Cecil, 1893—1972),英国保守党政治家,第五世索尔兹伯里侯爵,1903至1947年被称为克兰伯恩(Cranborne)子爵,是丘吉尔的好友。——译者

臣)和奥利弗·利特尔顿①(任生产大臣)被引入。金斯利·伍德和格林伍德②出了内阁,显然劳工大臣也应该不在了,不过我还不能确认。有了个规模更小的战时内阁,我们应该能运作得更有效率。不过最大的收获还是比弗布鲁克滚蛋了!

2月20日

上午没有参加参谋长会议,取而代之的是去了舒伯里内斯观看战斗机发射火箭攻击坦克的实验。但看来这种攻击方式的价值依然存疑,可能在对船攻击时更有效。中午和亚当一起吃饭,缅甸方面的消息更加糟糕了,我很怀疑我们是否还能守住仰光。明天到达那里的坦克部队可能有助于缓解局势。下午十分繁忙,参加了军事委员会成员会议,与挪威军司令进行了会面,还有其他一些事。斯塔福德·克里普斯过来一起共进晚餐,同桌的还有格里格和伯蒂。后面还有更多的工作要完成。新内阁已经宣布了,比弗布鲁克的正式出局让人真正松了口气!!

2月21日

糟糕的一天!参谋长会议从上午10点半开到下午1点半,然后又从下午4点开到7点,最后太平洋战争委员会会议从晚上9点半开到了11点半,所有的会加起来的事一个人一小时就可以完成!更可恶的是,这些工作还不如用来记载的纸更有价值!

今天的事都是关于在爪哇调用荷兰船只用于最后关头的撤离。讨论

---

① 奥利弗·利特尔顿(Oliver Lyttelton, 1893—1972),英国商人,二战时期内阁成员。——译者

② 阿瑟·格林伍德(Arthur Greenwood, 1880—1954),英国工党著名政治家。1935年成为艾德礼之下的工党二号人物。丘吉尔后来任命他为战时内阁的不管大臣,是丘吉尔在内阁中坚定的支持者,没有他和艾德礼,丘吉尔很难获得内阁中的微弱优势。——译者

是在调用它们的必要性，与由于缺乏充分保护可能遭受日军轰炸的危险性之间展开的。从我的个人经验而言，很清楚，不管我们在这里商量的如何，最终只有在现场的人才有资格做出决断。这么多工作的结果就是，我晚上回不了家了。

2月22日

夜晚和白天一样令人折磨！就在我快睡着的时候，第一海务大臣1点45分打来电话，询问我澳大利亚第7师登陆的地点。目前由于没有得到澳大利亚方面进军缅甸的许可，运输这支部队的船队正在科伦坡和仰光之间停步不前。尽管首相和美国总统都为此进行了呼吁，但看起来澳大利亚人同意的可能性不大，由此造成的结果就是我们可能丢掉缅甸！

缅甸局势恶化的时候，这个师正从中东调回澳大利亚。由于这支部队是离缅甸最近的一支可支援部队，为此我们向澳大利亚当局提出调其支援缅甸的请求。同时为了节约时间，我们把运输船队航向从锡兰转向了仰光。但澳大利亚人坚持己见，要求按照早前安排把部队调回去。必须承认，这是澳大利亚第一次受到威胁，一定程度上可以理解由此造成的某种紧张。

回顾这件事，我依然认为如果当时这个师能够调往仰光，很可能可以扭转局势，挽救缅甸。另一方面来说，这支部队对确保澳大利亚安全来说也并非是必不可少的。当时澳大利亚的主流思潮显然非常狭隘，完全以其自身安全为中心。外交部长埃瓦特博士[①]无疑是这一糟糕政策的最大鼓吹者！

[①] 赫伯特·维尔·埃瓦特（Herbert Vere Evatt，1894—1965），澳大利亚政治家、作家，拥有法学博士学位，故人们常称之为"埃瓦特博士"。1948至1949年任联合国大会第3任主席，协助起草了《世界人权宣言》。——译者

3点30分就在我刚睡着时,电话又再次响起,告诉我机要车带来了韦维尔的消息,除了爪哇的局势急速恶化之外,没什么特别的。就在我准备在周日早晨的床上再躺半小时的时候,第三个电话来了,通知我10点半将召开参谋长会议讨论韦维尔的电报。现在已经很明显,我们终于能够解散美英荷澳司令部,把作战指挥带回到一个合理的范畴上来了!目前为止,在这个机制下由华盛顿定下的事几乎都没成。缅甸回到了印度战区,美英荷澳司令部与澳新军团司令部合二为一,太平洋战争委员会向西扩展,为此联合参谋长委员会也作了相应变动——感谢上帝!我们现在由两个主要的利益圈子推进这场战争:美国人从太平洋向亚洲,包括澳大利亚和新西兰推进;英国人则从地球相反的方向推进,包括了中东、印度、缅甸和印度洋。开完参谋长会议后马上赶回家,下午和晚上休息。

2月23日

上午8点从费尔内街出发,9点05分抵达陆军部。看了参谋长会议要讨论的电报和简报。然后去和马杰森道别,常务次长詹姆斯·格里格马上就要接替他担任陆军大臣了。这是一个有益的调整,会让工作更有效率。不过也很遗憾看到他走了,尽管他接受了这一调整,但看上去是那么沮丧。参谋长会议开得很长,午饭后才结束。4点半参加了苏联大使馆举办的"红军纪念日"招待会。最后在下午6时参加了战时内阁会议,所有的新成员都出席了。

2月24日

召开了参谋长例会,主要是商议马耳他未来的安全问题。我们对其目前所处的严峻局面还没有充分的认识!除非我们再次进军昔兰尼加,否则我认为马耳他不可能坚持下去,也不可能继续向东方或者西方派送运输船队。前者是因为日益增加的空中威胁，后者是缺乏海上力量。下午3点15分至5点15分召开了遴选委员会会议。

2月25日

在参谋长会议上讨论了另两项攻击行动方案，以及安达曼群岛①的防御工作。接着前往下议院参加内阁会议，讨论临时划拨72架"飓风"战斗机给苏联的可能性。如以往一样，没有什么讨价还价的余地，还有人说遵守对苏承诺的政治考量压过任何战略考虑！我个人认为这完全是疯了。我们甚至从来没有向俄国人打听过这些援助真正的紧急程度。

打从比弗布鲁克就援俄事宜出访莫斯科以来，我们的路子就被带歪了。他的政策是不问所需、不求回报地把所有的东西都给他们。这样做导致的结果就是，我们源源不断地把本可以省下的坦克和飞机给了出去，还要冒着向苏联北极地区运送时遭受的极大损失。我们除了落下个航运效率低下的结果外，一无所得！我们完全没有任何有关苏联获得装备援助后的反馈信息。俄国人甚至拒绝让我们知道他们的部队部署情况。我们得到这些信息的唯一渠道是来自被截获的德国情报。我从来也没有否认过苏联在战争中发挥的重大作用，以及在陆战中承受的巨大压力。我完全赞成援助苏联以让其继续在战争中发挥作用，但这与我们想让自己做的事更有价值没有丝毫矛盾之处。

---

① 安达曼群岛（Andaman Islands），是孟加拉湾与缅甸海之间、十度海峡之北的一组岛屿。1789年被英国占领，为英属印度统治。1942年3月日军侵占安达曼群岛，后交给自由印度临时政府管辖，以此拉拢印度激进独立运动家钱德拉·鲍斯与日本政府合作，对抗盟军。二战后英国政府将其收回，印度独立后将其在行政区划上与尼科巴群岛共同组成中央直辖区，统称为安达曼-尼科巴群岛，主要城市和海港是布莱尔港，也是直辖区首府。——译者

下午去看了纪录片《韦维尔的两万勇士》，非常不错。晚上安东尼·艾登和夫人一起来共进晚餐，同桌的还有巴尼的太太。

2月26日

上午开了一个简短的参谋长会议，由于对马耳他的持续增援和防御，已经和下一步进军昔兰尼加密切相关，我越来越想把马耳他的指挥权转移到中东司令部。回来后与军需总监进行了面谈，商量不久之后麦克雷迪的访美之行，以及暂时让威克斯代替他的可行性。会谈后我又去拜访了陆军大臣。午饭后先是与新任美国武官进行了会谈，然后与斯皮尔斯进行了一番长谈。我从他那里获悉了大量有关戴高乐和黎凡特的有价值信息，不过他却不是我特别喜欢的那类人！最后与伯蒂一起吃了晚饭，昨天我不得不给他写了封信，通知他因为年龄原因不得不退下来了。我很少像现在那样讨厌写信，也很少收到这么好的回应。

2月27日

午饭前开了一个简短的参谋长会议，并会见了几个人。午饭后看了军事宣传片，确实很棒，马上就要公映了。在我出来的时候接到通知，到首相那里和他谈了半小时。发现他非常疲劳，但很高兴。他和我讨论了缅甸的局势，锡兰、印度的防御工作，黎凡特攻击作战的危险性，马耳他及中东情况等等。然后回到办公室，在晚饭前完成了工作。缅甸的局势有了一些起色，但也有可能是暴风雨前的片刻宁静！我还看不出有什么办法可以坚守仰光更久的时间。

2月28日

开了一个简短的参谋长会议后，我找佩吉特讨论了首相视察部队，以及处理卡尔与欧文之间问题的事，后者关系两人的去向。下午茶后回了费尔内街。

3月1日

在家里度过了舒适和平静的一天。克里勒来喝了下午茶。

3月2日

又是一个糟糕的星期一。8点钟从费尔内街出发,9点05分到了陆军部,发觉首相起草了一份给奥金莱克的糟糕电报,他在里面指责奥金莱克没能尽快发起攻击,而奥金莱克在发给我们的一份报告中表示在6月前不准备发动进攻!!参谋长会议很长,一直开到下午1点半,主要是讨论以参谋长会议的名义,取代首相要发的电报。5点半参加了内阁会议,讨论仰光和爪哇的局势,目前两者都前景晦暗。会议一直开到7点,回陆军部工作一小时后匆匆吃了晚饭,晚上9点一刻又要参加参谋长会议,接着10点参加国防委员会会议,首相在会上反复询问了最近在开罗的奥利弗·利特尔顿有关奥金莱克在中东的情况。在一片言过其实中浪费了不少时间,不过他最终同意了由我们起草电报取代他原先的那份。半夜回到了我的公寓,又工作了一个小时。

> 这件事是温斯顿干涉战场指挥官的又一例证。他不可能完全了解摆在奥金莱克面前的所有形势,然而却试图迫使他在最恰当的日期前开始进攻,更有甚者,他还试图通过一通咄咄逼人的电报来达到目的。谢天谢地,我们终于把电报截了下来,重新组织了措辞。

3月3日

参谋长会议主要讨论了将马耳他部队转移到中东,以及任命锡兰地区军事长官的事。布鲁克·波帕姆和"巴哥犬"伊斯梅过来一起吃了午饭，前者对新加坡以及在他被波纳尔接替前日军的先期攻击情况很在意。午饭后就提拔麦克里利协助奥金莱克，与他进行了任命前谈话。

有一阵因为奥金莱克对"瞪羚"道曼-史密斯言听计从，我对他运用装甲部队的方式感到了担忧。于是我通知他，我将派出手头上最好的装甲部队指挥官担任他司令部的装甲部队顾问。我料到迪克·麦克里利会与奥金莱克有一段不太对付的日子，因此也坦率地提醒他，他面前摆着一道深沟需要跨越。但我必须承认，没想到情况比我想象的还糟，他几乎就被忽视了，奥金莱克在指挥装甲部队的事上从来不提到他。

接下来参加了太平洋战争委员会会议，那里几乎大部分美英荷澳战区都沦陷了，爪哇也几乎是奄奄一息，真是令人难过。会后与中国大使顾维钧进行了长谈，与他讨论了滇缅公路，以及一旦仰光沦陷后从阿萨姆邦通行的可能线路。

3月4日

开了一场旷日持久的参谋长会议，主要是为了到底是设置一名独立指挥官（或者说总司令）还是按惯例设置一个三军指挥官的组合而激烈辩论。我支持前者，但遭到了海军和空军参谋长的强烈反对！眼前的例子就是锡兰，我们想设置一名军事指挥官，而不是像以前那样设置一名总督。这场争论持续了两小时，最终没有达成任何共识，这使我更加坚信我是对的！

你来一起吃了午饭，很高兴能让你看看我的公寓。午饭后我们一起去杜莎夫人蜡像馆看了我的蜡像！（我俩对蜡像都不怎么满意，不过我记得一名工作人员希望我们能坐一会儿，让他们有机会能改进下！）

晚上余下的时间，我在办公室与陆军部财政秘书邓肯·桑兹进行了谈话，内容是有关阿兰·坎宁安将来的任职，以及他将在国会答复的问题。

3月5日

参谋长会议不长，不过下午是连场的谈话。晚上与艾登一起吃了晚饭。同席的有首相夫妇、奥利弗·利特尔顿。当晚早些时候，我们主要讨论了新提出的印度法案①所引发的危机。形势很严峻，首相已经决定，一旦有必要的话就于周一辞职。如果那样的话，就由艾登组织新一届政府。晚饭后讨论了对法国发动攻势以缓解苏联的压力。同时温斯顿也准备跑一趟，找斯大林讨论战后边界问题。显然艾登还是很紧张，唯恐苏联与德国单独媾和。我们还谈了德国人经由土耳其发动进攻的传闻。

首相通知我，将由我接替达德利·庞德担任参谋长会议主席，同时蒙巴顿将作为新成员加入参谋长会议！真的不知道该怎么办了！只得半夜2点半回了家！

蒙巴顿进入参谋长会议是个问题。这样做毫无意义。他作为联合作战司令部的司令是出色的，在组织发动和形成合力上发挥了重要的作用。要是没有他的大力投入，是达不到目前这么高的水平的。然而，他的职务并不足以成为他进入参谋长会议的理由，他之前就经常在会议中浪费我们和他自己的时间。而且事实上，原先只要议题涉及到他的分管领域，我们随时随地都能请他来参会。我的这些观点并非出于个人成见，相反，尽管他在参谋长会议上有时喜欢管闲事，我还是欣赏他在会上的表现的。此外，"联合作战司令"这个头衔选得也不好，因为每个

---

① 1942年3月，斯塔福德·克里普斯率团出使印度解决战时危机，为换取印度在二战中的合作，他承诺战后给予印度自治领地位并进行选举，但印度政府拒绝了他的建议。——译者

行动都是"联合"行动。他的工作显然不是指在战略上指挥联合行动，而是为三军联合作战改进技术、政策和装备，使它们能拧成一股绳有效地与敌作战。

3月6日

参谋长会议主要讨论了锡兰防御及其上层指挥的组织架构，接着与佩吉特讨论了5月或者6月对法国发动大规模进攻的准备工作。亚当和哈迪过来一起吃了午饭。下午5点先是与陆军大臣商量了陆军的空中支援需求报告，然后参加了军事委员会成员会议。

3月7日

到了参谋长委员会后发现首相发来一封信，说未来将由我担任参谋长委员会主席！同时蒙巴顿将作为联合作战司令成为参谋长委员会成员！不过他只参与讨论重大军事问题，每周大约只来两天。现在老庞德仍在位子上，按惯例接替人选应该是波特尔，这时候接替主席的位子确实很尴尬！不过我希望能够加速推动工作。现在进度这么拖沓，非常令人绝望！在首相那通令人紧张的电话后，终于能5点半顺利下班回家了！！

3月8日

在家度过了幸福祥和的一天，与可爱的孩子们一起玩，完全忘记了战争。

3月9日

上午8点出发，9点05分到达陆军部。赶得很急，有许多重要的电报来了。这是我主持的第一场参谋长会议，庞德和波特尔都很配合，进展得很顺利。

说得比较客气一点儿！由于达德利·庞德总是迟到，我的确很担心在他还没到的时候就坐上了他的位子。但出乎我意料的是，今天上午亲爱的老庞德竟然稍微提早了些到，而且坐到了我以前的位子上，把主席的位子空了出来。这是他的一贯作风，我相当明白他做出这一姿态，目的就是能让我这里更方便些，并且让我知道他是多么配合我的主持工作。我对他非常感激。

根据罗斯福总统给首相的电报，我们热烈地讨论了美国最新的援助建议。看起来很有希望从不少方面增强中东地区的实力。

下午 5 点半召开了内阁会议，一直持续到 7 点半。然后匆匆赶到克拉瑞芝酒店与布莱登·布雷肯一起吃晚饭，见了美国《生活》杂志编辑等人。发现和他对话很有意思。晚上 11 点半才回来，用了整整一个半小时处理我公文柜里的文件。

3月10日

第一次由蒙巴顿参加的参谋长会议开得十分漫长，我们讨论了通过在法国开展大型突击或攻占沿海地区来支援苏联的问题。大家一致认为，此举的唯一期望就是或许可以将德国人的一部分空中力量从苏联吸引过来。为了实现这一目标，这次突袭的地点选择在加来一线。现在可以开始进一步的调研了。中午和休·埃利斯一起吃了饭。之后是漫长痛苦的一系列会谈工作，先后见了阿兰·坎宁安、两位中国大使、施莱伯、马特尔和陆军大臣。

在下午 6 点的太平洋战争委员会会议上，首相宣读了罗斯福总统有关战区职责分工的新建议：美国负责太平洋，伦敦负责缅甸、印度和中东、地中海，同时联合参谋长委员会负责大西洋和对非洲的陆地作战。方案有可取之处，不过其中也打着小算盘，把澳大利亚、新西兰和加拿大拉进美国的怀抱，这会使帝国分崩离析！

3月11日

  召开了一场很长的参谋长会议，讨论了海军和陆军对空中支援的需求。这引起了激烈辩论，但最终没有更多的结论！我估计在后几周里会遇到几场"暴风雨"。

  果然如我所料！空军此时正在全力以赴对德国开展进攻，可以说投入了每一分力量。他们大部分人都认为，只要有足够的重型轰炸机，仅靠空中打击就足以让德国人俯首称臣。在这样的背景下，空军部急迫地想发展最适合攻击德国的那类轰炸机就不足为奇了。如此一来，陆军自然就会缺乏能够直接支援地面攻击的空中力量。战争开始时，我们就用着那架过时的"莱桑德"联络机①，直到现在还是这个样子。似乎所有的资源都被投入到那种根本不适合紧密支援陆军的四引擎轰炸机上。空

---

① "莱桑德"联络机（Westland Lysander），英国威斯特兰航空公司研制，1938年6月交付皇家空军，主要用于支援陆军作战，因此英国陆军按其使用古代著名将领命名飞机的传统将其命名为"莱桑德"。莱桑德是古代斯巴达海军名将，在公元前405年率领斯巴达舰队一举击败了实力强于己方的希腊舰队。在1940年5月法国战役中，首批生产的"莱桑德"MkI型全部随同英国远征军参战，由于英法联军损失了大量作战飞机，"莱桑德"被充当轻型轰炸机使用，由于飞行速度较慢，而且缺乏装甲防护、自卫武器不足，面对性能先进的德军Me-109战斗机毫无招架之力，至敦刻尔克撤退时，首批一百六十九架"莱桑德"仅撤回五十架。法国沦陷后，英国皇家空军禁止"莱桑德"参加任何一线作战，不列颠空战中主要执行海上搜救任务。此时，英国特别行动处（SOE）对"莱桑德"表示出极大兴趣，因为当时大批英国谍报人员需要潜入德军占领区，并在任务完成后尽快撤离，一般飞机需要在机场跑道起降，而"莱桑德"能够在短距离起降，加上良好的低空低速飞行性能，可以躲过雷达搜索，在深夜里潜入德军占领区上空。1941年，特别行动处成立了第138、161、357三个装备"莱桑德"MkIII型的特别飞行中队，专门在夜间飞行到德占区执行特殊任务，包括向地下抵抗组织和游击队空投枪支弹药、无线电设备和炸药，以及接送盟国谍报人员，后来又逐渐担负起营救在德占区跳伞的盟军飞行员的任务。——译者

军所有人的眼睛都盯着德国,自然飞行员的训练也是远距离空袭,自然没人有兴趣搞空中支援陆军。

许多人质疑陆军在欧洲的大型战役中再也没有用武之地了——那样的话还费这事干嘛?他们总是振振有词:靠空军就可以狠狠打击德国人,为什么还要抽出人力物力,浪费在可能用不上、用了也没什么效益的陆空协同作战上!虽然这是一件苦差事,但就我所知,如果我们还想取得最终胜利,那它在战争后期将是必不可少的!

海军也为了他们的反潜战,想极力争取更多的空中支援,目的是为了确保我们的本土安全。有必要再次重申,海军的作战看起来纯粹是防御性的,对于取胜没有决定性作用——那样的话是否还要为了这事从对德空袭中抽出资源?毕竟那才是对胜利有决定性作用的。

下午忙于开展谈话,6点半时前往唐宁街10号参加参谋长会议,我们迅速地讨论了世界形势,主要聚焦于马达加斯加及在短时间内攻占它的可能性。蒙巴顿参加了会议。准备在明天上午的参谋长会议上具体研究。

3月12日

参谋长会议主要讨论了马达加斯加远征行动。蒙巴顿提交了一份由四个营参加的攻击方案。这些兵力显然是不够的,这点蒙巴顿自己也同意,因此只得回到了原来由两个旅参加的老方案,尽管这个方案还有各种缺点和延误。

晚上参加了太平洋战争委员会会议,首相看起来非常累。我们再次讨论了总统有关将世界划分为几大战区的新建议,太平洋地区是美国的,新加坡、缅甸、印度、中东、地中海地区是英国的,大西洋地区则由双方共同负责。澳大利亚和新西兰发现他们由美国负责后感到不太高兴!

与特伦查德一起吃了晚饭，尽管我们就陆军的空中支援问题进行了激烈讨论，他还是一如既往地展现了自己的魅力。

3月13日

考虑到上午参谋长会议上得知奥金莱克(征询过他本人意见)拒绝回来，于是准备写封信报告首相。不料他正好从别墅打电话给我，我只得向他报告了此事。他勃然大怒，立即再次建议我解除其指挥权！同时拒绝了奥金莱克要求我和空军参谋长一起去视察的建议。

中午12点半，我奉命前往白金汉宫觐见陛下，主要是为了伯蒂被阿瑟·史密斯取代的事。我在那儿待到了下午1点一刻。就在我匆匆赶回去吃午饭时，戴高乐过来找我。他最近越来越讨人厌了，我一度担心会面情况会很紧张！不过结果倒还顺利。下午契克斯庄园又打来电话，首相说他现在就要给奥金莱克拍电报！明天上午我们会校核这个稿子，我一想起他会在里面说些什么就感觉不寒而栗！下午6点召开另一个参谋长会议，决定实施马达加斯加远征行动。晚饭后还有许多工作要处理！

3月14日

午饭时首相打来电话，他要求派助理总参谋长前往中东与斯塔福德·克里普斯见面，研究奥金莱克进攻行动的前景。整个下午都在研究此事的细节。带着一身的重感冒回了家。

3月15日

整个上午都躺在床上休息，下午散了会儿步。

3月16日

8点出发，整个上午都是参谋长会议。下午5点半参加内阁会议，晚上 10 点 45 分召开另一场参谋长会议，研究校核首相准备发给罗斯福的电报。

3月17日

上午的参谋长会议开得很艰难，我们讨论在来年冬天苏联遭受德国进攻时如何援助他们。在吸引陆上攻势方面，其实我们起不到多大作用，不过我们或许可以通过进攻加来角吸引一部分兵力过来。

接到首相有关对缅甸的电话指令后赶回了陆军部，见了亨利王子，对他的中东之行表示了期待。到本土军吃了午饭，然后花了一刻钟谈了世界形势。回到陆军部后继续当日的工作。最后与美国将军钱尼、拉尔夫·格林和佩吉特一起共进晚餐，当晚气氛不错、颇为有趣。

3月18日

参谋长会议上用了较长时间明确了马达加斯加远征行动的一些细节问题，然后与一些指挥官谈了话。到俱乐部吃了午饭，然后找欧文谈了话，通知他将被派往印度。

巴希尔过来一起吃了晚饭，之后我去参加了国防委员会会议，一直开到了半夜1点！

3月19日

在召开了一个简短的参谋长会议后，我与"巴哥犬"伊斯梅就如何最好地解决空中支援问题作了商量。就首相目前的态度，以及他对保持对德轰炸的执着，不管是陆军还是海军都不太可能得到足够的空中支援。

晚上和米尔恩勋爵一起共进晚餐，我们谈了很长时间，他身体不错，和以前一样风趣。他提出的所有建议都很有价值。他认为温斯顿快走到头了，当不了几天首相了，还预言斯塔福德·克里普斯将在不久后接替他的位子。

3月20日

参谋长会议讨论了中东局势,很有帮助。首相在会议快结束时来了,和我们讨论了缅甸局势。

在市长官邸吃了午饭。金斯利·伍德和阿尔伯特·维克多·亚历山大做了发言,后者讲得不错。下午在办公室,工作非常繁忙,进行了一系列面谈。晚上和库珀在高级军官俱乐部吃了晚饭。

3月21日

参谋长会议很沉闷,我不得不一直催促老达德利·庞德加快进度。中午和亚当在卡尔顿烤肉店吃饭。下午茶后回了家。

3月22日

在家里度过了安静的一天。

3月23日

参谋长会议开得不长,达德利·庞德老是拖拖拉拉的!之后进行了几场面谈,下午6点参加了内阁会议。总的来说,今天过得很沉闷,外面春日明媚,使得这场战争更加令人不快。

3月24日

在参加参谋长会议前被首相叫走了,到了那儿发现他正穿着那件绣龙的袍子躺在床上。显然他依旧对奥金莱克迟迟不发动进攻而感到不快。尽管我已经努力做到没让他起意用戈特来替换奥金莱克了,他还是抛出了阿奇·奈!对奥金莱克的不断维护真是让我筋疲力尽了,尤其是我其实并不怎么看好他！后来参谋长会议一直开到午饭时分，大部分时间达德利·庞德都在打瞌睡。中午我和以前的联络官西里耶一起吃了饭，听他谈起了戴高乐。他对他的印象很差。下午 3 点一刻至 5 点开了遴选委员会会议，之后 6 点至 7 点半是太平洋战争委员会开会。晚上与"吉米"·哈里森及其夫人，还有斯特拉思科纳男爵夫人一起共进晚餐。

  不停地冲动想要换掉奥金莱克，就是典型的温斯顿风格。戈特在法国就不太成功，很难相信他在北非能做得更好。至于阿奇·奈，尽管在许多方面很聪明，但没有在战役指挥官岗位上经受过任何考验。让他指挥我们的主战场，无疑是拿我们的命运在赌博。我对奥金莱克的信心也在不断减弱，不过还没有达到非要把他撤换掉的地步。

3 月 25 日

  参谋长会议开得不长，没什么特别重要的事项。午饭后从 3 点至 5 点，主持参谋长委员会会议，部署步兵师和装甲师的编成工作。之后与约翰逊谈了话，通知他将不再担任步兵总监的职务。6 点半在首相的主持下召开参谋长会议。正当我们对如何为中东和远东地区配备足够的空中力量而束手无策时，空军参谋长建议从中东调遣 6 个战斗机中队到苏联去，我对此予以了强烈反对。首相最终同意把昔兰尼加攻势推迟到 5 月中旬。

3 月 26 日

  这场参谋长会议开得很及时，我们详细讨论了中东的局势。下午进行了一系列面谈，还开会商量了表彰奖励名单。晚上 10 点参加了国防委员会会议，讨论了破袭波兰铁路、攻击德国石油设施、为苏联提供飓风战斗机备件等事宜,并就进攻利比亚的时间推迟到 5 月 15 日达成了一致。由此自然引发了对奥金莱克的不满之声,都想撤换他。会议在晚上 11 点半结束,主要原因是汉基勋爵问起会议为什么开得这么晚!

3月27日

最终决定不开参谋长会议了!!我前往奥尔德肖特观看火焰喷射器的展示。场面很精彩,不过除了安装在"丘吉尔"坦克上面之外,似乎没什么其他前景。下午 2 点半赶回来后,听说首相正要接见第一海务大臣和空军参谋长,于是决定也赶到唐宁街 10 号参会。幸好我去了,成功地说服了首相不要把中东的战斗机调往印度。理由是他准备在 5 月份对利比亚发动进攻,但不管加尔各答可能遇到什么风险,现在把战斗机从中东调往印度都是在发疯。

晚上与奥利弗·利特尔顿、珀西·詹姆斯·格里格、威克斯一起吃了饭。收获不小,我掌握了许多有关中东的情况,其中不少印证了我对阿瑟·史密斯、奥金莱克、海宁和军需总监里德尔-韦伯斯特[①]的看法。

3月28日

参谋长会议开得很艰难。佩吉特、肖尔托·道格拉斯和"迪基"·蒙巴顿都在,主要是商量如何开辟新的西方战线。我坚持的理论是,西方战线的作用就是迫使德国把军事力量撤出苏联,但是靠我们手头掌握的这点儿陆军,是不可能让德国人从苏联撤出陆军的,只不过是有可能诱使他们调出一部分空军。要实现这个目标,登陆地点必须在我们的制空范围之内,即在加来或布洛涅附近。蒙巴顿则依然倾向于选择在尚不具备足够空中掩护的瑟堡附近。最终我感觉我们完全说服他了,应该足

---

① 托马斯·谢里登·里德尔-韦伯斯特(Thomas Sheridan Riddell–Webster, 1886—1974),英国陆军上将。——译者

以让他应对晚上的契克斯庄园之行了。下午茶后回了家。

  迪基的到来总是意味着麻烦临头了,而且谁都不知道他会带来什么议题,也不知道他会把我们带向何方!他还是很实诚的,那时经常会问我晚上该怎么向首相汇报。由于很难预测他会被问到些什么,因此也不可能防范到所有的意外。不过到了周一上午,他总是会把当时的情况原原本本地告诉我们。

3月29日

  在家里,平静的一天。

3月30日

  上午的参谋长会议讨论了突袭巴约讷①的提议。中午与马杰森一起吃了饭,他被封为贵族,现在心情大好。下午非常繁忙,进行了多场谈话,6点参加了内阁会议。晚饭后,10点半出发去见首相。

晚些时候:

  我们一直谈到凌晨1点,商量一旦德军在苏联进展顺利,是不是能在法国北部开展一些进攻分担它的压力。目前看德军占优的可能性很大。这是摆在我们面前的一道难题,各方都呼吁我们建立一条西方战线,然而这很难做到,在德军的庞大兵力面前,我们的十几个师又算得了什么?很不幸的是,整个国家都没有意识到我们所处的境地。

  我们的处境越来越艰难:比弗布鲁克之流对普罗大众施以影响,

---

① 巴约讷(Bayonne),位于法国阿基坦大区大西洋沿岸比利牛斯省阿杜尔河与尼夫河交汇处的一座城市。——译者

要求开辟西方战线。在艾伯特音乐厅、特拉法尔加广场的聚会上，人们大声呼喊要求立即救援苏联！许多人貌似认为，苏联就是为了我们的利益才加入战争的！很显然，只有极少的人才真正了解，一条不成熟的西方战线只会引发极大的混乱，不可避免地把我们的获胜几率降到最低。

3月31日

今天是1942年一季度的最后一天。今年是决定命运的一年，我们已经失去了大英帝国的大片土地，而且正在失去更多！

在过去的两周里，我从开战以来第一次有了一种确信，如果我们不换一种方式来把控这场战争，不投入更大的决心去战斗，那就将面临失败。不过首先，就战争而言，民主政治面对独裁统治具有先天的劣势。其次，对于只有一个大人物的政府，这个人对很多方面的危险都是无能为力的。党派政治、政党利益凌驾于战争事务之上。小心眼儿的猜忌和鸡毛蒜皮的争论影响了大局。政客们依然对军事业务知之甚少，却盲目地自信自己是一个天生的政治家！这导致了他们混淆是非、影响决策，把简单的问题和方案搞成一团乱麻。

这一切都让人沮丧而绝望。更糟糕的是，我们还缺乏优秀的军事指挥官。我们有一半的军长和师长完全不能胜任，然而我却不能撤换他们，因为找不到更好的！他们缺乏个性、想象力、驱动力和领导力。造成这种情况的原因是，我们在上一次大战中损失了大量最优秀的军官，这些人如果能活到现在，就应该是我们的中坚力量。我不知道，这次我们还能不能像以前那样走出这个泥潭？好几次我都向上帝祈祷，别让我掌舵一艘注定撞向礁石的船只。临危受命是一种巨大的荣誉，给这艘船带来获救的希望是最让人鼓舞的，压倒了其他的一切。但愿上帝保佑我完成任务。

4月1日

回过头看看昨晚的日记，不禁感到自己是不是胆怯了！生活有时会让人望而却步，但只要能避免思想和行为受到过多影响，那就一切还好!! 我们可以沉沦，也可以奋起，所有都在一念间!! 所以为了避免陷入不必要的困惑，何必过多地看到生活的黑暗面呢。

参谋长会议开得很有效，我们评估了印度遭受攻击的危险性，准备将之与中东一并考量，以便让资源运用达到最佳状态。中午与挪威人一起吃饭，正好坐在哈康国王的旁边，他谈吐风趣、平易近人。午饭后不得不与劳伦斯·卡尔谈了话，要求他辞去东部军区司令部的工作，这场谈话注定不会让人愉快，不过总体上他还是接受了。接下来是戈德温-奥斯丁将军①，准备通知他可能要退役了。接着波特尔勋爵过来找我，告诉我为了节约橡胶资源，将减少车辆生产——真是说起来轻巧做起来难！最后与海军上将哈伍德②进行了面谈，他马上就要接手地中海舰队了。回家后哈里·克里勒过来吃晚饭，他今天情绪不错，谈笑风生。

4月2日

开了一个简短的参谋长会议，波澜不惊，不过我一度差点儿对老达德利·庞德发了脾气。我感觉几乎没什么办法让他有所行动，即使他没在打盹，也总是比其他人慢好几拍。上午我还是没能让他意识到，在海军行动方面与美国人达成一个步调一致的计划有多么重要。没有这样的计划，我们就很可能因为细节问题遭遇重大风险。下午风平浪静，我抓紧时间赶了些拉下的工作。

---

① 阿尔弗雷德·里德·戈德温-奥斯丁（Alfred Reade Godwin-Austen，1889—1963），英国陆军上将。——译者
② 亨利·哈伍德（Henry Harwood，1888—1950），英国海军上将。——译者

春天终于到了。

4月3日

在上午的参谋长会议上得知，第一海务大臣昨晚与首相商定发出指示，一旦法国战列舰"黎塞留号"① 如预判的那样进入地中海，就将其击沉！我们感觉这样会带来后遗症，于是命令联合作战参谋们评估可能产生的后果。下午3点我们拿到了评估结果，召开了第二场参谋长会议，会上决定向首相建议撤销攻击"黎赛留号"的命令。晚上和伯蒂一起吃了饭。

4月4日

上午开了一个简短的参谋长会议后，匆匆吃过午饭，迅速结束了工作，成功地在下午4点半赶回了家里。上午我们发觉首相拒绝了撤销击沉"黎塞留号"的命令！不过很幸运没有发出去。

4月5日

在家里与你一起度过了一个温馨的复活节。

4月6日

上午8点出发，9点抵达陆军部。在参加参谋长会议的时候，我发

---

① "黎塞留号"（Richelieu），是二战中法国海军建造的黎塞留级战列舰的一号舰，战斗足迹遍及三大洋，是法国参战地域最广、航行里程最长的战列舰，也是法国海军史上最著名的战列舰。1940年法国沦陷后，尚未完工的"黎塞留号"带着零件转移到了塞内加尔的达喀尔。1940年7月，在英国的"投石机行动"中，依托岸防炮单独对抗英国三艘战列舰并将其逼退。1943年，按照美国的调解方案，前往美国接受现代化改装，随后划归英国远东舰队指挥，直至1946年"黎塞留号"才回归法国的怀抱。——译者

觉大部分日本战舰都出现在了印度洋，而我们的东方舰队①则在向西撤退，至今为止没有增援的迹象。我对我们在印度洋的孱弱状态感到很不满意，试图让第一海务大臣协调美军针对日本人展开一些反击行动，以扭转我们目前的局势，不过截至目前还是无所作为。不过不管怎么说，昨晚在锡兰的空战还是很成功的，我们击落了二十七架日机！

4月7日

我们在参谋长会议上讨论了由于日本舰队进入印度洋造成的恶劣局面。这正是我最近所担心的事，为这事已经努力让第一海务大臣忙了一个礼拜了。同时，韦维尔疯狂地要求空中支援，但根据波特尔的反映，机会很渺茫。我估计这个帝国在历史上还从没陷入如此危险的境地！我不喜欢现在的局面。不过，既然在敦刻尔克有奇迹拯救了我们，也许这次我们也能挺过去。我祈祷能看到更多的曙光，照亮我们1942年前进的道路！

参加了一场非常郁闷的内阁会议！贝文和亚历山大报告了因战争导致的用工荒，以及难以给工人全额报酬的事。

4月8日

参谋长会议开得很艰难，参加会议的有佩吉特、肖尔托·道格拉斯

---

① 东方舰队（Eastern Fleet），英国海军战略战役编队，以新加坡为基地。二战初期仅有少量巡洋舰和驱逐舰。太平洋战争爆发前夕，菲利普斯出任司令，率旗舰"威尔斯亲王号"战列舰等前往增援，拥有两艘战列舰、八艘巡洋舰和十三艘驱逐舰。1941年12月在马来海战中受重创，菲利普斯阵亡。1942年3月，调H舰队司令萨默维尔继任司令，重新加强，辖三艘航空母舰、五艘战列舰、七艘巡洋舰、十六艘驱逐舰，以科伦坡、亭可马里和T港为基地。1942年夏秋，太平洋战局稳定后，所辖主要舰艇被抽回大西洋与地中海。1943年意大利投降后，又陆续从地中海获得舰艇加强。1944年4月辖两艘航空母舰和三艘战列舰。同年秋，弗雷泽接任司令，进一步从英国本土舰队获得舰艇加强。同年11月22日正式改编为英国太平洋舰队。——译者

和蒙巴顿。会议主题：试图通过在法国开展行动支援俄国人。他们为此提交的方案简直一塌糊涂！！

前往亨登会见刚从美国赶来的马歇尔（美国陆军参谋长）和哈里·霍普金斯（罗斯福的特使兼"好友"）。3点至4点与刚从西非回来的吉法德将军①进行了面谈。5点至5点半与印度事务办公室的艾默里讨论了印度空降兵部队。6点至7点与从中东回来的阿瑟·史密斯（开罗司令部参谋长）讨论了中东战场的相关问题。7点至7点半见了陆军大臣。最后在8点半与首相在唐宁街10号和马歇尔、哈里·霍普金斯一起吃了晚饭，在座的还有艾德礼。晚餐结束后，安东尼·艾登也赶来了。不管是马歇尔还是霍普金斯都没有透露他们此行提出的方案，不过今晚还是很有意思的，也是熟悉马歇尔的一个好机会。直到凌晨1点半才回家！！

4月9日

上午9点召开参谋长会议，10点半马歇尔到了，与我们长谈到12点半，涉及9月份开始西线作战的迫切性和美军将参战等内容。然而，到那时他们能投入的所有力量也只不过是两个半师！！杯水车薪。更何况他们还尚未意识到自己提出的计划所带来的全部影响。我们在萨沃伊酒店请他和他的代表团吃了午饭。午饭后我找来了外交部的卡多根，问他什么时候可以把梅森-麦克法兰从苏联召回来。之后又找了从华盛顿驻美代表团回来的威姆斯。后面又找阿瑟·史密斯谈了一个小时，收获颇丰。

后来我们再次召开参谋长会议，解决上午还没来得及做的事。大家花了些功夫研究中东和印度战区的相对侧重，以确保手头有限兵力的最佳配属。情况极其不乐观！大量日本海军舰艇和航空母舰在印度洋出没，前两天我们获知那里又多了两艘巡洋舰和一艘航空母舰。

---

① 乔治·詹姆斯·吉法德（George James Giffard，1886—1964），英国陆军上将。——译者

我欣赏眼前的马歇尔，和蔼可亲、易于相处，或多或少的还有点儿自高自大。不过我觉得他还说不上是个伟人。

我对马歇尔的第一印象还是挺有意思的，当然算不上完整。这些印象还是基于当天的会谈，不过其中的内容还是很清晰地表明了，至今为止马歇尔还只是接触了一点儿光复法国方案的皮毛。就目前的情况而言，他提出的1942年9月的反攻计划几乎是天方夜谭！马歇尔距离完全掌握我们所要面对的情况还有很长的路要走。从我的日记里可以看到，在接下来的几天里，我着力评估马歇尔的性格和业务水平。很明显我们接下来要同心协力、密切合作，为此必须对对方有一个详尽的了解。

4月10日

繁忙的一天从惯例的参谋长会议开始，主要讨论了如何从日本人手中挽救印度战区。目前海空主动权已失，前景晦暗。中午和亚当一起吃了饭。晚上举行了另一场参谋长会议，讨论联合作战参谋处有关马歇尔反攻欧洲大陆的报告。然后去契克斯庄园吃晚饭并过了夜，哈里·霍普金斯、马歇尔以及三位参谋长都在。我们一直谈到半夜2点，对世界大势都做了盘点，不过却没什么实际意义。

我记得马歇尔对温斯顿熬夜的反应令人捧腹。他显然根本不习惯别人让他熬夜到凌晨，也不怎么喜欢这种方式！他在罗斯福手下工作的时候自然轻松多了。他告诉我，通常一个月或者六个星期都见不到罗斯福。而我如果能六个小时不见温斯顿就要谢天谢地了。

4月11日

从契克斯庄园回来，上午忙着参谋长会议和办公室工作。最后下午

5 点抓紧赶回家。

4 月 12 日

星期天，在家里修剪玫瑰花，和可爱的普克斯一起玩耍。

4 月 13 日

参谋长会议开得不太成功，浪费了不少时间，为了草拟给马歇尔的答复，当中费了不少周折。之后与波特尔和弗里曼一起吃午饭，商议解决陆军和空军的"非正式"分歧。很显然，达成某种一致的希望比较渺茫。

这依然与那时空军不愿向陆军提供空中支援和开展陆空协同作战有关。他们把全部精力和期望都用于对德实施空中打击上了，认为单纯依托这种方式就可以取得胜利，而让陆军反攻欧洲大陆没什么希望，不应因此影响到空军的进攻。那时候这种论调很有市场。

下午 5 点半召开内阁会议，列席的还有哈里·霍普金斯、马歇尔以及凯西[1]。接着召开参谋长会议，解决回复马歇尔的相关细节问题。我直到 8 点才脱身，邀请了马歇尔一起共进晚餐。我和他相处时间越长，就越是喜欢他。

> 马歇尔仪表端庄、极有魅力，谁都难以忽视他的吸引力。他是个正人君子，一个伟大的绅士，让人感到值得信赖，但是并没有给我很有智慧的感觉。

---

[1] 理查德·加文·加德纳·凯西（Richard Gavin Gardiner Casey，1890—1976），澳大利亚政治家，时任英国驻中东公使。——译者

4月14日

又是一个繁忙的上午。马歇尔参加了我们的参谋长会议,会上我向他递交了对备忘录的正式书面回复。接着我们举行了一个内阁会议,商定援助苏联武器装备的新方案。之后我马上赶回家看你,发觉你很不幸地感染了耳疾!真是令人痛心。

这个病是从我儿子那里得来的,他差点转化成乳突炎,那时看起来我太太也要去医院了。这也是当时让我一度感到焦虑的事。

下午与奥利弗·利特尔顿一起开了个会,商量战略需求和生产的协调问题。之后回到陆军部与阿奇·奈谈了话,然后立即赶回家换衣服,准备去萨沃伊饭店与安东尼·艾登、戴高乐、驻法国民族解放委员会代表皮克一起共进晚餐。这顿饭吃得很别扭,很大程度上是因为不知道戴高乐葫芦里卖什么药。

之后回到了唐宁街参加国防委员会会议,马歇尔和哈里·霍普金斯也应邀参会。这次会议具有里程碑意义,我们在会上同意了他们在1942年或1943年反攻欧洲的提议。他们尚未认识到这个方案背后带来的影响,以及摆在我们面前的诸多困难!我担心的是,他们会把这次反攻看得比其他任务都重要!那样的话,我就必须不断地向他们强调增援印度洋和中东的重要性。

就当时的形势而言,不可能会把马歇尔的"空中楼阁"太当真!必须知道,那时我们真的是命悬一线!澳大利亚和印度受到了日本人的威胁,我们暂时失去了对印度洋的控制权;波斯和我们的石油命脉受到了德国人的威胁,奥金莱克在沙漠里危如累卵;潜艇战让我们损失惨重。在这样的情况下,我们只能暂时处于守势。一旦当我们转守为攻,相关步骤自然会一一施行。

我们极度缺乏航运能力。如果没有新增运力，就无法开展大规模行动。要增加运力，唯一的方法是打通地中海，这样就可以不绕道好望角航线而节省下百万吨运力。而要打通地中海，则必须先扫平北非。我们当然要为了反攻欧洲计划做准备，但这样的准备工作不应打断为了最终落实计划而正在环环相扣实施的步骤。

4月15日

上午按惯例召开参谋长会议。午饭后我把马歇尔请到办公室，花了近两个小时向他阐述我们的立场。我认为，他在发展军队和处理军政关系方面称得上是一把好手，但在战略能力上却让人不敢恭维！！实际上比起他的迷人风度，他在很多方面堪称厉害角色。马歇尔已经发觉，美国海军上将金①不断地要求陆军帮他夺取和守御太平洋上的基地，在越来越多地挤占军事资源。另一方面，1942年起成为西南太平洋战区最高司令的麦克阿瑟要求从澳大利亚发起反攻，于是构成了对马歇尔战略的另一大威胁。为了应对这些威胁，他发起了反攻欧洲的计划，并对此全力投入！这是一着妙棋，很契合当前援助苏联的主流政治氛围。同时，这也很对所有秉持进攻思想的军人胃口。但是，我想要强调的是，他的计划仅止于在遥远的海岸登陆！！我们到底是去勒图凯玩百家乐或是十一点，还是去巴黎普拉日酒店泡个澡，都还没个说法！今天下午我问他，登陆后我到底是向东、向南还是向西运动？可他对这事还想都没

---

① 欧内斯特·约瑟夫·金（Ernest Joseph King，1878—1956），美国海军五星上将。1942年3月至第二次世界大战结束，担任海军作战部部长，是唯一一位曾经兼任海军舰队总司令和海军作战部长这两个职务的将军，是美军参谋长联席会议和英美参谋长联合委员会成员。在他的影响下，美国在二战中改变了对战列舰的看法，不再把它看成是海战中起决定作用的舰种，而主张加速建造航空母舰。他还是"太平洋优先"战略的倡导者。1944年12月晋升海军五星上将。——译者

想过！！

下午晚些时候，我在克拉瑞芝酒店美国人举行的雪莉酒派对上又碰到了马歇尔。最后在唐宁街 10 号，国王陛下邀请了马歇尔和哈里·霍普金斯共进晚餐，陪同的还有庞德、波特尔、蒙巴顿、伊斯梅、陛下的私人秘书哈丁①和我。晚饭后，大家就对德作战计划的下步实施展开了热烈讨论。我提出，德国人可能会通过海上和空降兵穿越地中海东部攻击塞浦路斯和叙利亚。我判断，如果德国人意识到他们无法占领苏联，这可能会成为他们的另一选择。国王陛下对此很感兴趣，为此与温斯顿好好讨论了一番。

那天下午我和马歇尔的对话真是令人大开眼界！我发觉他对横渡海峡行动的战略影响还没有什么概念。他说最主要的困难在于登陆环节。我承认这个环节会遇到诸多困难，但其实真正的麻烦是在登陆之后。在最初阶段我们可用的兵力将少于敌方，而且对方增援的速率大概要比我们快两倍。加上对方的部队训练有素、久经沙场，而相比之下我们的则是一群菜鸟、缺乏经验。

我请他设想下，如果他的登陆行动成功实施了，下一步计划如何，到底是朝德国东进暴露他的南翼？还是南下解放法国却暴露左翼？或是向东运动巩固滩头占领区？我发觉他还没开始考虑登陆之后的任何行动计划，甚至还没开始意识到一支部队登陆后会遇到的种种问题。

通过之后的战争岁月我对他也了解颇多。越是了解他，我也就越清楚他的战略能力是何等薄弱。他是个伟大的人，一个伟大的绅士，一个伟大的组织者，但绝对不是个战略家。他的战略眼光是如此狭窄，对战略规划知之甚少，只知道复述参谋们制定的简报，以至于很难与他真正

---

① 亚历山大·亨利·路易斯·哈丁（Alexander Henry Louis Hardinge，1894—1960），英国陆军少校，国王私人秘书，主要负责与政府部门的联络工作。——译者

探讨战略。

4月16日

  这是一次重要的参谋长会议,我们在会上讨论了英美联合反攻欧洲大陆的方案,以及1943年的作战计划。这个方案充满了巨大的危险。社会舆论都叫嚣让军队开辟西方战线来帮助苏联。但他们对其中蕴含的困难和危险都毫无概念!成功的希望很小,而且都建立在一大堆未知数之上,相对而言,以当前确知的军事形势来看,发生灾难性后果的可能性却很大。如果德国人在进攻苏联的行动中占了上风,我们反攻法国的压力将达到极点,这将把我们至于最危险的境地。

  在车里匆匆吃了午饭,赶去布莱切利庄园①看密码破解小组,这是一群了不起的教授和天才!我对他们的成就感到惊讶。

4月17日

  参加了一个简短的参谋长会议后,我赶往唐宁街10号,与即将返美的马歇尔将军道别。他一如既往地风度翩翩,对我发出了回访的邀请。

  接着我邀请西科尔斯基共进午餐,他还是像以前一样那么有意思。我们谈论了他的美国之行以及他的同胞从巴勒斯坦返回一事。根据他的秘密情报,德国人的进攻已经基本结束了。我不知道他的情报准不准,我们这里没有任何相关信息。3点半参加了国防委员会会议,这场会议毫无必要地因为艾登和杰弗里·劳埃德争论石油问题而被拖延了!他们的

---

① 布莱切利庄园(Bletchley Park),又称X电台(Station X),是一座位于英格兰米尔顿凯恩斯布莱切利镇内的宅第。二战期间,该处曾是英国政府进行密码破译的主要场所,轴心国的密码与密码文件,如恩尼格玛密码机等,一般都会送到那里进行解码。自恩尼格玛密码机被破译后,布莱切利园所收集到的军事情报一概被代号为ULTRA,意为"超级机密"。尽管现今有部分人对这些情报的功用提出质疑,但普遍认为,ULTRA除帮助了盟军外,还提早结束了战争。——译者

个人恩怨似乎已经超越了议题本身！接着林塞尔在前往中东前来找我道别，之后参加了军事委员会成员会议，然后是陆军大臣，最后凯西找我谈了很长时间。他把握事物的能力令我印象深刻，肯定能在中东表现出色。

4月18日

这场参谋长会议真是让人厌烦，浪费了好多时间。"巴哥犬"伊斯梅一脸兴奋地拿着总统给首相的电报赶来，里面暗示说由于赖伐尔①的新政府，法属北非的效忠立场可能会动摇！"巴哥犬"甚至还认为贝当会飞过来巩固统治。为此我们受命要研究各种可能情况（我认为都是完全不可能的）下应采取的对策。最后，我们要求联合参谋处在下午5点半前完成研究计划。

午饭后与空军参谋长前往诺索尔特②，视察了多款拖曳机和新款二十五座滑翔机。后者的实用性给我留下了深刻印象。我们本来是打算坐飞机试试的，可惜时间不允许了。下午5点15分赶回来开参谋长会议，6点结束会议。之后连忙赶回家，看看你的耳朵疼得怎么样了。

4月19日

主要是帮你把一切都安排好，把你照顾好，能感觉舒服些。

---

① 皮埃尔·赖伐尔（Pierre Laval，1883—1945），法国政治家，社会党人，1914至1919年和1924至1926年，两度任职于国民议会。1931至1932年和1935至1936年两度担任法国总理，积极推行绥靖政策，曾签订《法意罗马协议》（又称《赖伐尔-墨索里尼罗马协议》）和《赖伐尔-霍尔协定》，出卖埃塞俄比亚利益。二战期间，1940年6月法国战败后，支持菲利普·贝当上台，同月出任副总理和国务部长，促成将政府迁至维希，并诱使议会授全权予贝当；任内奉行亲德政策，深得希特勒信任；后因与贝当矛盾，1940年12月被逮捕，在德方庇护下旋即获释。1942年4月，由于德国人出面干涉，贝当被迫重新召回赖伐尔任政府总理，贝当成为"傀儡元首"。赖伐尔大权独揽，兼任外交部长、内政部长和情报部长，进一步纵容了纳粹德国当局对法国人民的凌辱并动用法国的经济力量支持德国的侵略战争。——译者
② 诺索尔特（Northolt），位于伦敦西北部的城镇，建有皇家空军基地。——译者

4月20日

像往常一样离开家,9点到了陆军部。参谋长会议主要讨论了印度洋的海空局势。午饭后与阿奇·奈和沃森①一起修改空军的报告。下午5点半参加了内阁会议,最后又与奈一起商量了陆军部参谋部门的重组问题。

4月21日

在参谋长会议上我们讨论了如何在法国发动一场有效的空中攻势,目的是削弱德军的空中优势,迫使他们从苏联前线回撤。接着前往首相的办公室参加内阁会议,讨论了毒气的情况和应用性,或者准备发表一个声明,一旦德国人在苏联使用毒气,我们也将运用。晚上待在陆军部,晚饭后接到通知前往唐宁街10号,讨论马耳他总督杜比②的接任人选,那里的压力明显增大了。我们也有可能会派遣舰队进入马耳他。

4月22日

上午我们继续讨论向马耳他派遣舰队的问题。中午12点,参加国防委员会会议,接着讨论该议题,但没有什么进展。也有人建议应该换掉杜比,但首相不同意。鉴于三军参谋长都持这种观点,我强烈建议应该派戈特去马耳他担任总司令。起先首相也不同意,不过午饭后给我打来电话说,经他再三考虑还是同意了这一建议。

---

① 达里尔·杰拉德·沃森(Daril Gerard Watson,1888—1967),英国陆军上将。——译者

② 威廉·杜比(William Dobbie,1879—1964),英国陆军中将。二战爆发后,由于受到总参谋长艾恩赛德的推荐,本来因年龄问题即将退役的杜比受命担任马耳他总督和驻军司令。他刚到任时,马耳他只有四架老式的飞机,防御能力普遍受疑,而且只有丘吉尔认为那里具有战略价值。意大利对马耳他宣战后,杜比作了一次比较出色的动员。在此后的两年里,马耳他成为地中海战区的一个重要支点,有力制约了德国对北非的补给。但随着对马耳他的两次增援补给失败,议会开始对杜比不满。1942年5月,丘吉尔用戈特换下了精疲力尽的杜比。——译者

午饭后戴高乐的参谋之一比约特来找我，商谈为配合开展反攻在法国组织地下抵抗人员和袭扰破坏活动的事宜。接着西里尔·福尔斯代表《泰晤士报》来采访我目前的总体局势。下午5点半，参加了另一场国防委员会会议，会上就增援马耳他做出了最终决定。首相草拟了指导方针，决定待昔兰尼加战役的结果而定。

4月23日

开了场艰苦的参谋长会议，讨论针对马达加斯加的军事行动。最初坚决支持开展这场行动的海军部现在竟然质疑其必要性！依我看实施行动的想法（如果有的话）其实没有什么改变，只是法国政府的更迭和赖伐尔的上台给整个事件平添了变数。后续情况极可能变得更糟，我们必须做好比塞大①，或者法国舰队，或是达喀尔落入轴心国之手，或者直布罗陀遭到猛烈轰炸，空中行动遭到剧烈影响的准备。上述任何情况的发生，都会对我们的战争造成极其负面的影响。

午饭后参加了西科尔斯基为安德斯准备的欢迎会，这位从莫斯科回来的波兰将军准备飞回老家，协商把波兰军从苏联调往中东一事。对此，波兰方面现在有两种不同的意见。西科尔斯基和流亡英国的那派希望把大部队调过来在这里组建军团，其他人则希望在中东组建军团。我个人倾向于后者。对于这个夏天来讲，任何一支在中东的盟军力量都是我们梦寐以求的。

4月24日

10点召开了一场简短的参谋长会议，商量实施马达加斯加作战行动

---

① 比塞大（Bizerta），突尼斯北部地中海海滨城市，比塞大省首府。位处非洲大陆最北端，是扼地中海东西航运要冲的港口，战略位置重要。比塞大是突尼斯历史最悠久的城市，也是该国最欧洲化的城市。——译者

的方案。11 点首相、外交大臣会和我一起继续讨论这个议题,最后国防委员会将在 12 点听取情况。这件事主要的焦灼点在于,评估这场行动在赖伐尔新政府的大背景下可能会带来什么影响。我个人认为实施这次作战行动对我们没什么好处。其主要目的是防止日本人占领并使用迪耶果苏亚雷斯①,可是我并不认为他们会去那里!行动带来的风险是,赖伐尔会让德国人自由使用达喀尔、比塞大,或是轰炸直布罗陀,或是把舰队拱手送给德国人。因此我感觉这场行动完全不值得。可是温斯顿现在决定这么做。

午饭后和可怜的阿兰·坎宁安谈了话,他希望自己的事能够得到一个明确的说法。接着与从苏联归来的波兰将军安德斯进行了一番长谈,他是个很有意思的人。幸运的是,他强烈支持将尽可能多的波兰军队留在中东。之后与古宾斯讨论了法国的地下破坏活动,以及他与比约特的协作问题。接着去找斯塔福德·克里普斯爵士商量了他的中东及接下来的印度之行。他对印度之行抱有很大兴趣,不过不喜言谈的韦维尔恐怕会让他失望。他对奥金莱克评价颇高。很明显他的气质给他留下了深刻的印象。毫无疑问,在让自己的处境更好一点儿方面,奥金莱克比韦维尔努力得多!

4 月 25 日

参加在圣马丁大教堂举行的澳新军团纪念日②活动,遇到了伯德伍德元帅。伊安·汉密尔顿也参加了,他看起来老态龙钟。接着马上召开参谋长会议,并赶在中午前结束。午饭后我早早出发赶回费尔内街,迫

---

① 迪耶果苏亚雷斯(Diego Suarez),马达加斯加北部港口城市,海军基地,东临印度洋,1980 年后改名为"安采拉纳纳"(Antsiranana)。——译者
② 澳新军团纪念日(ANZAC Day),每年的 4 月 25 日,澳大利亚和新西兰政府为纪念"在所有战争、冲突和维和行动中服役并丧生的所有澳大利亚人和新西兰人"而设立的国家纪念日。——译者

不及待地想要知道你恢复得如何了。

4月26日

待在家里，为了你康复了些许而感到高兴。带着孩子们去安德鲁的小屋看翠鸟的巢。

4月27日

非常欣慰地看到你比我回来时好多了，烧也退了点儿。今天还比较顺利。第一海务大臣已从美国回来，参加了参谋长会议，前几天他一直在美国奔波，刚回来不久。接着与汤姆·温特林厄姆①进行了谈话，他想去印度训练游击队员。斯塔福德·克里普斯曾和我提到过他。5点20分召开了内阁会议，一直开到7点半。

4月28日

这是一次重要的参谋长会议，会上我召集了海陆空三军的军需总监，准备组成一个联合管理委员会，以确保在实施1943年的作战方案时有密切的协作。下午进行了多场谈话，包括从爱尔兰回来的柯蒂斯；安迪·麦卡洛克，他毛遂自荐要接任杜比；佩吉特告诉我施莱伯快不行了。遴选委员会确定了表彰奖励事宜。

晚饭后首相要求我10点过去，然后一直待到了半夜。他精神很不错，我们讨论了很多问题：夺取马达加斯加并在未来驻军，在叙利亚的波兰人，韦维尔和锡兰局势，把亚历山大从本土调去指挥远征军，增援

---

① 托马斯·亨利·温特林厄姆（Thomas Henry Wintringham，1898—1949），英国军人、军事历史学家、记者、政治家，共同财富党的创始人之一，也是一名马克思主义者。——译者

马耳他,轰炸"提尔皮茨号"①,以及新的师级部队编成。

4 月 29 日

一天都忙于参加参谋长会议。上午又开始忙着讨论马达加斯加远征行动。午饭后,刚从印度回来的前总司令卡塞尔②来看我。6 点 15 分参加内阁会议,原本是准备讨论未来的反攻欧洲计划的,不过却演变成了一场有关空军支援陆军的激烈争论。我与陆军大臣就此展开了激烈辩论,我真的应该更直白地告诉他,他根本就是在故意胡说八道!不过,首相是支持我的,还告诉辛克莱,有必要为那些划拨参与陆空协同的空军部队给予更多地关心和保障。

4 月 30 日

在上午的参谋长会议上,我们讨论了在西非建立更大的联合司令部的可能性。为此我们请来吉法德总司令和殖民地办公室的盖特③,会议也取得了一些进展。接着在克拉瑞芝酒店请西科尔斯基与从苏联归来的安德斯将军吃午饭。我们谈到了苏联军队的现状和对希特勒讲话的看法,这两个人很有意思。之后赶回公寓看你和小泰先生。下午 4 点回到陆军部,与吉法德见了面,接着与阿奇·奈进行了长谈。最后回到公寓,请了伯迪·拉姆齐共进晚餐,我们聊了很久。

---

① "提尔皮茨号"战列舰(Tirpitz),系德国俾斯麦级战列舰的 2 号舰,1941 年 2 月 25 日正式服役。1942 年初,希特勒为截断英美援苏的北极航线,派出包括"提尔皮茨号"在内的舰队前往挪威猎杀盟国船队。3 月 9 日,英国航空母舰"胜利号"发现并攻击了该舰,但没有成功,"提尔皮茨号"随后返回特隆赫姆。为了避免该舰像"俾斯麦号"那样杀入大西洋,丘吉尔派人不惜代价地把承担修理任务的法国圣纳泽尔的船坞炸毁。1944 年 11 月 12 日,"提尔皮茨号"被英国皇家空军炸沉在挪威林根峡湾海域。——译者

② 罗伯特·卡塞尔(Robert Cassels,1876—1959),英国陆军上将。——译者

③ 乔治·盖特(George Gater,1886—1963),英国陆军准将和政府工作人员。——译者

5月1日

参谋长会议开得不长，会上明确了下周二上午宣布开展马达加斯加登陆行动的最终细节。下午风平浪静，让我能有时间做一些辅助性工作。

晚上被首相叫去讨论韦维尔刚发来的电报。他对陆海空三军没有尽快投入力量建立起印度防区表达了强烈不满。这里面有部分原因是由于实施马达加斯加登陆作战。从个人来讲，我不想开展这个行动。我们从中所得不多，日本人究竟会不会去那里也值得怀疑。另一方面，有了赖伐尔的新政府，我们有可能会为此付出惨重代价。当然，我已经把所有情况都向首相和安东尼·艾登挑明了，不过他们声称并不担心赖伐尔会有什么特别的反应。他们才是为这个决定负责的人！

5月2日

飞往什鲁顿①观看了在拉克希尔山脉的演习。在食堂匆匆吃了午饭后飞回奥迪厄姆，安排了车在那里接我回家。我看到你起来了，正在阳台上晒太阳。

5月3日

到了春暖花开的日子，你大部分时间都在阳台上晒太阳。温度明显回升了，我有点儿担心你会太热。

5月4日

上午8点出发，急匆匆赶去陆军部。今天的参谋长会议主要是为明天一早实施的马达加斯加登陆行动做最后准备。同时首相也收到了凯西的确认电报，赞同由戈特接替马耳他的杜比。接着首相邀请了全体参谋

---

① 什鲁顿(Shrewton)，英格兰威尔特郡索尔兹伯里平原的一个村庄和民用教区，索尔兹伯里以北14英里，距离著名旅游景点"巨石阵"不远。——译者

长到唐宁街 10 号吃午饭，他从契克斯庄园赶过来，稍微迟到了一会儿。他看起来状态不错，说感到很高兴。我觉得也许主要是因为马达加斯加登陆行动正式开始而感到激动吧！午饭过后艾德礼来了，直到下午 3 点 45 分才散会。5 点 30 分召开了战时内阁会议，一直开到了 7 点半。新任澳大利亚外交部长埃瓦特出席了会议，给人的第一印象平平无奇！

5 月 5 日

度过了繁忙的一天，会议一直开到下午 5 点，紧接着赶上去彭里斯的火车，到劳瑟城堡①看探照灯坦克②培训学校，以及他们在进攻和防御中的表现。我们抵达那里时已经是半夜了，大约凌晨 4 点才爬上了火车卧铺，第二天上午 10 点 45 分回到了伦敦。不过我们看到的演习还是很有意思的，应该也很有发展前景。

5 月 6 日

早上准时赶上了参谋长会议，否决了由近卫旅突袭奥尔德尼岛③的计划。下午进行了一系列谈话，其中包括了我们的新科学家达尔文④。下午 6 点与首相见面，讨论了空降师问题并取得了很大的进展。会后首相邀我在

---

① 劳瑟城堡 (Lowther Castle)，位于当时的威斯特摩兰郡，是一栋历史悠久的乡间别墅。——译者
② 由于探照灯既可以为己方战场照明，又可以干扰敌方视线，因此早在一战时英国就开始构思将探照灯应用于坦克作战与防御。二战时美、英、苏、德都不同程度地对此进行了探索与应用，其中英军还专门成立了 CDL 坦克部队，主要是将探照灯应用在"玛蒂尔德"坦克和"丘吉尔"坦克上。——译者
③ 奥尔德尼岛 (Alderney)，为英皇领地海峡群岛 (Channel Islands)、法语称"诺曼底群岛"的组成部分，在法国科唐坦半岛西北、圣马洛湾入口处的英吉利海峡中，北距大不列颠岛 130 公里。二战时期，海峡群岛是唯一被德军占领的英国领土。——译者
④ 查尔斯·加尔顿·达尔文 (Charles Galton Darwin, 1887—1962)，英国物理学家，生物学家达尔文之孙。他曾在二战期间担任国家物理实验室主任，其间致力于研发原子弹的"曼哈顿"计划，为协调美、英、加科学资源做了很大贡献。——译者

花园中小坐，聊到了马达加斯加行动，在过去的二十四小时里他对此极为关注！晚上请了肯尼斯·麦克劳德①共进晚餐，与他讨论了缅甸的情况。

5月7日

我在去参谋长会议的路上接到了通知，要我赶去见还没起床的首相，讨论奥金莱克有关再次把进攻日期延后到7月或8月前的电报。首相总体上不太满意，想把亚历山大调回来接手负责半个中东战区！幸运的是从马达加斯加再次传来捷报，起到了力挽狂澜的效果！

参谋长会议后，前往下议院参加内阁会议，讨论向苏联提供三百万套防毒面具的事！这是苏联人要求的！下午1点出发，坐车去观看加拿大部队用"管道作业法"清除雷区的演习，他们表现得很不错。7点45分回到了陆军部。今天请了军需总监、威克斯、辛克莱和阿奇·奈到公寓一起吃晚饭，讨论陆军部的参谋架构。我感觉收获不小。

5月8日

真是令人不快的一天！参谋长会议开得很艰难，先是商量了奥金莱克有关把进攻从5月15日推迟到6月15日的电报。我对他的电报很不满——他仅仅是从坦克数量，而不是出于战略形势就作出了这样的决定，这很不好。他从来没想过，就是因为他的不断拖延而使马耳他陷入险境。接下来我们研究了"大锤行动"②，即在1942年通过英吉利海峡建立桥头堡。经过研究，本土军和联合作战司令部司令蒙巴顿得出了登陆舰艇不足的结论。

---

① 唐纳德·肯尼斯·麦克劳德（Donald Kenneth McLeod，1885—1958），英国陆军中将。——译者

② "大锤行动"（Operation Sledgehammer），是诺曼底登陆作战在策划阶段的代号，随后计划被重新命名，称为"霸王行动"（Operation Overlord）。——译者

与亚当共进午餐,然后去圣詹姆斯公园走了一会儿,看了郁金香。接着 3 点开始的内阁会议研究了奥金莱克的电报。我不得不开门见山,声明我不认为我们有办法让奥金莱克改变主意转而在 5 月 15 日左右展开进攻。我认为,我们应该帮他把时间放宽到 6 月 15 日,并让他配合增援马耳他的运输舰队展开攻击,同时对敌人可能在 5 月底展开的任何有限度攻击做好应对准备。首相征求了会上每个人的意见,最后自己起草了回电。他写道,参谋长委员会、国防委员会和内阁一致认为,如果可能的话,进攻应在 5 月底前展开。内阁会议后去找了殖民地大臣克兰伯恩,询问他有关西非和殖民地军总司令的任命问题。他不同意把这个职务给吉法德。

5 月 9 日

召开了参谋长例会,之后在公寓吃了午饭,4 点半前完成了手上的工作。接着我接上玛丽,与你父亲一起喝了下午茶,然后来舰队街医院接你。

5 月 10 日

早饭后接到作战处处长的电话,通知我参加下午 6 点钟的内阁会议。之前召开了参谋长会议,商量了奥金莱克最新发来的电报。他再次钻了牛角尖,不到最后时刻不愿进攻。他的电报很糟糕,完全没有意识到马耳他的重要性,同时也高估了一旦他战败后埃及的危险性。我们在会上明确了意见,认为他忽视了马耳他的重要性,反对马上进攻的理由也站不住脚。最后,我们建议可以允许他稍等一下,以待利用德国人可能展开的有限攻势,发起对托布鲁克[①]的反击。不过最迟只允许他延后

[①] 托布鲁克,位于利比亚东北部,临近埃及,是地中海沿岸港口城市,具有重要的战略意义。在第二次世界大战的北非战役中,德意军队与英美盟军反复争夺该地。1942 年 6 月 21 日,第 2 南非师等 3.4 万名托布鲁克守军向德意军队投降,当时丘吉尔正出访美国,让他受到重大打击。——译者

到6月份，因为那时候应该是马耳他增援舰队的最后机会了。

内阁会议上我谈了我们的观点。首相随即询问了每位大臣的个人意见，他们几乎都认可我们的建议。于是首相出去亲自草拟了一份回电，并在回来后宣读了。我们并不是很同意，因此他要求参谋长们下去商议并重新拟一份电报。于是我们拟了一份，并得到了认可。

5月11日

两年前的此时，我还在布鲁塞尔，殚精竭虑地想要守住鲁汶！打那以后真是发生了好多事！参谋长会议上主要讨论了联合作战司令蒙巴顿谋划的几个联合作战行动，也商量了与马达加斯加登陆行动有关的下步工作，即夺取马任加①和塔马塔夫②，并向印度增派一个旅。中午12点首相和我们开了一个会，讨论把对奥尔德尼岛的进攻改为突袭行动。

之后在萨沃伊酒店与帝国化学工业公司董事长麦高恩勋爵③共进午餐，同席的还有卡姆罗斯勋爵④、文森特·梅西、阿什菲尔德勋爵⑤、亚历山大、亚当和科克！内阁会议从5点半一直开到了7点半。会后格里格与我再次就坎宁安和戈德温-奥斯丁的事与首相作了沟通，但还是无果！我摸不清他的态度——一提起这两个人的名字似乎就是罪大恶极的代表。

---

① 马任加(Majunga)，马达加斯加港口城市，位于西北部贝齐布卡河口，濒莫桑比克海峡，系该国距离非洲大陆最近的港口。——译者
② 塔马塔夫(Tamatave)，马达加斯加最大的商业港口，位于该国东海岸，在东北部一个小半岛上，濒印度洋。——译者
③ 哈里·麦高恩(Harry Mcgowan, 1874—1961)，男爵，英国著名企业家。——译者
④ 威廉·贝里(William Berry, 1879—1954)，卡姆罗斯一世子爵，英国著名报业家。——译者
⑤ 阿尔伯特·斯坦利(Albert Stanley, 1874—1948)，阿什菲尔德一世男爵，英国著名企业家。——译者

5月12日

上午从澳大利亚来访的埃瓦特来了，我们开了一个很艰难的参谋长会议。他打出了手上的三张好牌，近乎勒索地要求调动更多的美国空中力量到澳大利亚。但事实上，如果我们无法确保麦克阿瑟的要求得到满足，就不得不把在中东的澳大利亚第9师，或是在英国的第2步兵师一部，或是第8装甲师调往澳大利亚！他真是个非常令人讨厌的家伙，眼里除了澳大利亚毫无大局意识。

我尽力想向他简单介绍下世界形势和当前的主要威胁，可他拒绝了。他给我的印象就是，只要澳大利亚人安全就可以了，他不会在乎世界上其他人会怎么样。让他认识到澳大利亚的安全其实并不取决于自身几乎是不可能的。他不懂得中东、印度和印度洋的失败，将必然导致澳大利亚被入侵，这和现在调拨多少援军没什么关系。

罗尼·斯塔尼福斯夫妻俩过来吃了午饭。之后我陪着首相到近卫骑兵部队看新型美国坦克。过后佩吉特来找了我。晚上和伯蒂一起吃了饭。

5月13日

上午的参谋长会议主要研究了对迪耶普附近的大规模突袭计划[1]。

---

[1] 迪耶普突袭战，是英国海军上将蒙巴顿勋爵的联合作战司令部在法国沿海实施的作战行动，以吸引德军注意力，缓解东线压力；同时通过实战试验新装备，获取两栖登陆作战经验；还有一个重要目的就是窃取当时德国的四转子恩尼格玛密码机或相关资料，以便英国谍报部门破解。迪耶普奇袭对登陆作战带来了很多启示，对北非（火炬行动）和诺曼底（霸王行动）登陆作战的筹备工作有很大帮助。迪耶普奇袭还使希特勒误以为盟军在两年后仍会选择在英吉利海峡较窄处的加来登陆，并将德军主力错误地部署到该地区，使盟军在诺曼底的登陆得以顺利进行。——译者

回想起我在纽黑文——迪耶普往返的昔日时光，怎么都想不到有朝一日会像今天上午这样策划这样一场行动！中午在萨沃伊酒店吃饭，再次与埃瓦特相遇。他在之后的会谈中丝毫没有长进。午饭前老杜比来看我，我觉得他在马耳他的艰难岁月使他精疲力竭。午饭后从美国过来的斯塔克海军上将①找了我，他是位和善的老绅士。

5月14日

开了一场简短却乏味的参谋长会议。中午在本土军司令部吃了饭，然后给全体指挥官做了一场关于世界形势的讲座。接下来与加德纳谈了话，他正准备前往中东为奥金莱克筹备一个高级指挥官培训班。还与汉布罗②见了面，他现在接手了特别行动处，这次过来向古宾斯讨教，后者不久后就要去苏联了。

5月15日

开了一个简短的参谋长会议，之后度过了相对平静的一天，直到我不得不通知麦克雷迪到华盛顿接替威姆斯，后者将回来接替弗洛耶-阿克兰③担任陆军大臣军务秘书，而且在我们找到他负责的事务前实际上他无所事事。

马达加斯加行动遇到了些麻烦。原因是艾登迫不及待地想要宣布"自由法国"已经控制了该地区，而实际情况却根本不是这样。

---

① 哈罗德·雷恩斯福德·斯塔克（Harold Raynsford Stark，1880—1972），美国海军四星上将，第8任美国海军作战部长。他极力促成美国国会批准建立两洋舰队，加强海军军备，最先提出"先欧后亚"战略思想。——译者

② 查尔斯·乔斯林·汉布罗（Charles Jocelyn Hambro，1897—1963），时任英国经济战争部特别行动处处长。——译者

③ 阿瑟·弗洛耶-阿克兰（Arthur Floyer-Acland，1885—1980），英国陆军中将。——译者

5月16日

开了一个简短的参谋长会议,我在下午 4 点半完成办公室工作后启程回家。

5月17日

在家里试图拍摄乌鸦和小狐狸,不过并不怎么顺利。

5月18日

早上 8 点出发。召开了一个简短的参谋长会议,讨论马达加斯加行动、美国人失败的空中支援以及援苏工作。中午和辛克莱、格里格、波特尔一起吃饭,讨论了陆军的空中支援需求。我们基本上还在原地打转,没有取得任何进展。这事看起来毫无希望,我感觉除了建立一支陆军直属空军部队,其他毫无解决办法。下午 5 点半召开内阁会议,首相拒绝了内阁建议,决定派出援助舰队前往苏联。同时,他拒绝了征召坎宁安和戈德温-奥斯丁。

5月19日

召开了一个很艰难的参谋长会议,我们讨论了陆军和海军的空中需求。这先是引发了我和波特尔的激烈争论,接着是庞德和波特尔!我们在一些方面取得了一致,不过有些还需要提请国防委员会明确。令人沮丧的是,空军部的认识与陆军的需求有着很大的脱节,我看除了成立陆军直属空军部队之外别无他法了。

下午与斯科比[①]进行了面谈,他刚从中东回来。就我听闻的中东战区司令部情况而言,一点儿都不让人乐观。奥金莱克的参谋长科贝特完

---

① 罗纳德·麦肯齐·斯科比(Ronald MacKenzie Scobie,1893—1969),英国陆军中将。——译者

全不胜任，然而他还是坚持用他。另一方面，我也不认为尼尔·里奇有足够的能力指挥第 8 集团军，而且我担心奥金莱克也对他失去了信心！随着进攻时间的临近，这一切都让人揪心。

5 月 20 日

上午 8 点半赶到亨登，准备坐飞机前往爱尔兰，不过延误了一个小时。经过一段极佳的飞行后来到贝尔法斯特①。富兰克林来机场接我，然后一起前往麦仁地的司令部。赶在和富兰克林一起吃午饭前又去了美军司令部。午饭后去看了第 59 师和战术指挥培训班，观看步兵操演和反坦克射击演习。最后回到贝尔法斯特，与巴兹尔与辛西娅在斯托布鲁克碰头。爱尔兰首相举办了盛大的雪莉酒会，参加的还有海军和空军军官，等等。希拉、哈里和罗斯玛丽过来一起吃了晚饭。

5 月 21 日

驱车前往勒根视察第 3 军军部，然后从那里前往位于克洛赫附近的第 61 师师部。之后路过科尔布鲁克②！我感到自己宛若在梦中！马不停蹄地穿过这里，发觉阿什布鲁克遍布兵营。不禁回首望去，心想如果那时我能够窥见未来，不知道会多么惊讶！在靠近恩尼斯基伦的营指挥部吃了午饭，然后前往贝伦山观看演习。我在那里见到了亨利·理查德森③，他打扮得就像个民兵。在看了这个营的另一场演习后，赶往伊利洛奇看美军部队，他们展示的武器很有趣。接着穿过尼斯湖来到基勒迪斯，看了美军工程兵部队。由于飞机无法起飞，最后坐车回到贝尔法

---

① 贝尔法斯特(Belfast)，位于爱尔兰岛东北沿海的拉干河口、贝尔法斯特湾西南侧，是英国北爱尔兰的最大海港及爱尔兰岛最大城市。始建于 1888 年，1922 年起成为北爱尔兰首府，政治、文化中心和最大的工业城市。——译者
② 科尔布鲁克(Colebrooke)是作者家族的封地，童年故里。——译者
③ 估计是作者前妻琼·理查德森(1925 年因车祸死亡)的兄弟。——译者

斯特。

5月22日

上午9点半离开贝尔法斯特，经过一段舒适的空中旅程，于11点半降落在亨登。我发觉自己正好逃过了昨晚被叫去研究与苏联外长莫洛托夫会面事宜的筹备会，据悉那个会一直开到半夜2点钟！中午赶往唐宁街10号与莫洛托夫共进午餐，麦斯基也在场。战时内阁的大部分成员都出席了，包括贝文、安德森、克里普斯、艾德礼、辛克莱、格里格，以及各位参谋长，当然还有首相。晚上忙着把这两天拉下的工作补上。

我对第一次与莫洛托夫的会面充满了兴趣。他看上去平平无奇，说话还稍有点儿结巴，不过还是给人一种干练精明的感觉。

5月23日

开过参谋长会议后，于中午12点半来到唐宁街10号，蒙巴顿、我及首相就反攻欧洲大陆的可能性进行了一番长时间商议。他当时对此极为乐观，从加来到波尔多①列出一大批登陆点，但对兵力与登陆设施却考虑甚少。我俩中午与首相一起吃了饭，然后一直讨论到3点半才结束。大约4点半到了家，欣喜地发觉你好多了。

---

① 波尔多（Bordeaux），法国西南部城市、港口，位于加龙河（Garonne）下游，距大西洋98公里。法国第四大城市，位列巴黎、里昂、马赛之后，欧洲大西洋沿岸战略要地。波尔多港是法国连接西非和美洲大陆最近的港口，是西南欧的铁路枢纽。1870、1914和1940年曾三次作为法国临时政府所在地。1870年普法战争期间，由于德军迫近图尔，法国政府第一次迁都波尔多。一战爆发后，1914年8月德军迫近巴黎，法国政府第二次迁都波尔多。二战期间，1940年6月德军占领巴黎，法国政府先迁往图尔，继而第三次迁往波尔多。法国战败后，波尔多成为德军潜艇和空军基地，遭受盟军频繁轰炸。1944年8月，该城主要由法国军队解放。现在波尔多还是欧洲军事、空间和航空的研究与制造中心，2007年6月被联合国教科文组织评为世界文化遗产。——译者

5月24日

在家里陪着你,因为你好多了,我的心情也随之轻松了许多。

5月25日

上午9点回到陆军部。召开了参谋长例会。今天一天都相对平静,除了接到一个首相的电话,讨论基于奥斯特里茨战役①而起草的电报。他想把这封电报发给奥金莱克,为此征求我的意见。我建议他不要发,不过我很怀疑他是不是采纳了我的建议,因为他有意与我进一步讨论此事!

5月26日

今天的参谋长会议我们请来了威尔金森少校,他曾在菲律宾担任过麦克阿瑟的参谋。这个人很有意思。

之后前往苏联大使馆赴午宴,再次与莫洛托夫会面。他们在签署新的《英苏条约》②前举行了一个盛大的午餐会。出席午餐会的有首相、艾登、艾德礼、斯塔福德·克里普斯、奥利弗·利特尔顿、埃瓦特、贝文、约翰·安德森,以及参谋长们。席间有很多祝酒词和讲话。不知怎

---

① 奥斯特里茨战役(Battle of Austerlitz),发生在1805年12月2日,第三次反法同盟战争期间。因参战方为法兰西帝国皇帝拿破仑·波拿巴、俄罗斯帝国沙皇亚历山大一世、奥地利帝国皇帝弗朗茨二世,所以又称"三皇之战"。当时法国军队在拿破仑的指挥下以少胜多,取得了对俄奥联军的决定性胜利,也成为战争史上一次著名战役。——译者

② 《英苏条约》(Anglo-Russian Treaty),1941年7月12日,即苏德战争爆发后第二十天,英国和苏联在莫斯科签署了《英苏为对德作战采取联合行动的协定》。该协定规定英苏两国政府在对希特勒德国的作战中"彼此给予各种援助和支持",在这一战争中,"除经彼此同意外,既不谈判,亦不缔结停战协定或和约"。面对严重的战争形势,双方规定该协定从签字之日起便立即生效,而无需批准。1942年5月,在苏联红军取得莫斯科保卫战胜利之后,英苏两国政府又在伦敦签署了《英苏条约》。条约重申了协定的主要原则,同时在条约第二部分中载明了战后合作与互助等问题,根据一系列政府间的协定和条约,苏联从英国得到了各种援助。——译者

么的，整个活动让我感觉毛骨悚然，我感到人类可能还要花上好几个世纪的时间才能获得普遍的和平。（很显然，我还没有对政治家和掌权者们在这种场合中的各种虚伪套路麻木不仁!!）

首相让我开他的车送他，路上又讨论了他准备发给奥金莱克的电报。幸运的是我成功阻止了他。

下午 6 点 45 分召开战时内阁会议，一直开到 8 点半。接着赶去萨沃伊酒店与波特尔一起吃晚饭，他设宴招待美国陆军航空队总司令阿诺德①与海军航空兵的托尔斯少将②。罗斯福总统最近提出建议，要中断向我们提供飞机，以满足他们国内的需要，他们刚从美国赶来，来商量如何解开这个死结！双方的沟通并不是很顺利。

5 月 27 日

召开了一个漫长而艰难的参谋长会议，参会的有佩吉特、肖尔托·道格拉斯和伯迪·拉姆齐，充分讨论了 1943 年反攻欧洲大陆的组织架构事宜，包括是不是要设立掌控各兵种的总司令，以及是否有必要在美国和我们之间设立指挥海陆空三军的联合指挥部。只是为此耽误了午餐时间，到你们这里吃午饭时已经错过了一些人。之后我们一起去逛了陆海

---

① 亨利·哈利·阿诺德（Henry Harley Arnold，1886—1950），美国空军五星上将，绰号 "Hap"（快乐的阿诺德），被称为 "美国空军之父"。阿诺德认为：由于空军的出现，战争已变得立体化，空军可以大规模袭击敌人地面部队和水面舰艇，可以深入敌人的战略后方，破坏敌人的后方补给、工业经济、交通枢纽、甚至人口密集的中心城市，从整体上摧毁敌人的抵抗意志；因此，根本无须入侵和占领敌国的领土，仅用空军就可以迫使敌人投降，从而结束战争，这种作战方式就叫 "战略轰炸"，即具有战略意义的飞机轰炸作战。阿诺德的思想对盟国军事战略产生了重要影响。1947 年，美国国会通过《国家安全法》，正式批准陆军航空队脱离陆军，组建独立的美国空军。1949 年 5 月，在美国空军成立两年后，阿诺德被改授为空军五星上将。著有回忆录《全球使命》。——译者
② 约翰·亨利·托尔斯（John Henry Towers，1885—1955），美国海军上将，海军航空先驱人物之一，为美国海军航空技术和机构的发展做出了重要贡献。——译者

军商店，给小泰先生买辆自行车。

接着回到陆军部见坎宁安，告诉他在首相那里我和格里格关于他未来任用的游说都失败了。之后与加洛韦就他下步担任陆军部参谋处长一事进行了谈话。最后与佩吉特商量了反攻欧洲行动的事。

5点半前往唐宁街10号，商量开辟西线战场的事。首相精神不错，也承认光靠第一波仅仅四千人的兵力投放，根本不可能建立起一条战线。他看起来很通情达理，不过已经开始倾向于把战场转移到挪威北部了！我们现在也正讨论这个。回到公寓后，我请了美国海军上将斯塔克、伯迪·拉姆齐和伯蒂一起吃饭。

5月28日

开了一场很充实的参谋长会议。首先我们邀请了刚过来不久的美军总参谋处作战计划处处长艾森豪威尔①和军需总监参会，商量1943年欧洲战场的高层指挥架构。然后再次邀请埃瓦特博士过来，花了四十五分钟请求澳大利亚全力以赴投入力量到各条战线上去，可是他始终不为所动！接着我匆匆吃了个三明治当作午餐，驱车前往坦布里奇韦尔斯②，

---

① 德怀特·戴维·艾森豪威尔（Dwight David Eisenhower，1890—1969），美国第34任总统。1915年毕业于西点军校，当时在班上排第61名，只得到军士长的军衔。1925年先后在参谋学校、陆军军事学院学习。1929年被派到陆军部助理部长办公室工作。1933年2月调到陆军参谋长道格拉斯·麦克阿瑟手下，1935年麦克阿瑟到菲律宾任军事顾问，他继续担任其助手。由于艾森豪威尔熟悉菲律宾和太平洋地区的军事情况，更有丰富的参谋工作经验，在"珍珠港事件"发生后第五天，陆军参谋长马歇尔即电召他速回华盛顿，先后在参谋处任作战计划处副处长、处长。1942年起先后任欧洲战场美军司令、北非战场盟军司令，晋升中将、上将。1944年任欧洲盟军最高司令，成功策划指挥了盟军开辟欧洲第二战场的诺曼底登陆战役，晋升为五星上将。1945年继乔治·马歇尔任陆军参谋长。1948年2月退役，任哥伦比亚大学校长至1953年。1952年作为共和党总统候选人参加竞选总统获胜，成为美国第34任总统，1956年再次竞选获胜，连任总统。——译者
② 坦布里奇韦尔斯（Tunbridge Wells），英国肯特郡的一座城镇，位于伦敦东南约60公里处。——译者

观看蒙哥马利组织的大型演习。他组织了第 12 师和加拿大军尝试了新的编成。回到这里已经是下午 7 点钟了,晚饭前又工作了一个小时。

隆美尔已经开始发动预料中的进攻了,中东大地战火重燃。此事关系甚大。奥金莱克应该把握这个契机,有很大机会打回老家去。

5 月 29 日

在参谋长会议上,我们不得不再次讨论马达加斯加战役。外交部再次发疯似地支持戴高乐,从而将我们陷入困境,即为了在这座岛上确保安全的局面而被迫投入更多兵力。之后我们与莫顿①进行了会谈,研究进一步加强秘密情报局与特别行动处协作的可能性。我依然认为他们应该由一个部门管理,而不是像现在的两个。

你过来一起吃午饭了,真开心看到你好多了。

之后与从华盛顿回来的戴克思②和美军作战计划处处长艾森豪威尔进行了面谈。接着谈话的是刚从俄罗斯回来的梅森-麦克法兰,我还不得不带他去见了陆军大臣。然后开了遴选委员会会议,一直持续到 7 点 45 分。最后匆匆赶往多切斯特酒店,与海军上将斯塔克一起参加一个

---

① 德斯蒙德·莫顿(Desmond Morton, 1891—1971),英国二战时期的情报官员。二战爆发之前,莫顿在反对绥靖政策上发挥了重要作用。在丘吉尔还未上台之前,莫顿就开始为他提供德国重整军备的情报,他住的地方离丘吉尔的家查特韦尔庄园只有 1 英里远,经常步行过去给丘吉尔送情报资料。1939 年莫顿担任经济战争部首席助理秘书。1940 年丘吉尔上台组阁后担任其私人助理,负责处理布莱切利庄园破译的代号为"Ultra"的最高等级情报。——译者
② 维维安·戴克思(Vivian Dykes, 1898—1943),英国陆军准将。1940 到 1941 年之交的冬季,当时美国尚未参战,戴克思曾受命护送美国陆军情报机关首脑威廉姆·约瑟夫·多诺万上校到地中海地区进行秘密考察。1942 年 1 月任英国驻英美联合参谋长委员会高级秘书、英军驻华盛顿联合参谋团首任团长,被称为"在盟军心脏工作的人"。1990 年,他的战争日记由英国著名历史学家亚历克斯·丹切夫(Alex Danchev)整理编辑出版《打造盎格鲁-美利坚联盟:维维安·戴克思准将二战日记》(*Establishing the Anglo-American Alliance: The Second World War Diaries of Brigadier Vivian Dykes*)。——译者

为美国人准备的大型晚宴。回来后发现从中东发来的电报，为此我立即打电话想要向首相汇报最新形势，不过得知他正在契克斯庄园看电影，估计不到半夜1点钟是不会出来的！于是我只能等到他回电才能睡觉！

5月30日

按惯例开了参谋长会议。午饭后与佩吉特进行了面谈。4点半左右完成了工作，与你和你父亲一起喝了下午茶，然后开车和你一起回家。

5月31日

今天是你的生日，充满了美好，包括那些飞舞的蜜蜂和蜇人的蜂刺！！

这个蜂群真的是令人刻骨难忘！我的夫人从来没养过这么一群蜜蜂，但是从书上读到有关养蜂的内容后，立即变得信心满满。反正肯定是比我多！任何借口都没有用了，我被征召为助手，拿到一顶面纱和一副满是洞眼的园艺手套。我的夫人爬上了楼梯，嘱咐我把蜂箱倒过来放在蜂群下方，等她摇动梨树时好接住飞下来的蜜蜂。可事情并不像书上所写得那样！只有一半蜜蜂进入了蜂箱，其余的全朝着我们飞舞过来。它们很快就突破了我们的防线，疯狂地攻击我夫人的脖子和我的手腕。突然她大叫一声，"我再也受不了了"，飞也似地跑回了家。我感到已然尽忠职守，于是随后逃之夭夭，把手里的蜜蜂也洒得四处都是。

当我们抵达卧室这一安全地带后，我在她的脖子上拔出了二十二根刺！从我自己的手上也拔出了十几根。我身上迅速地肿了起来，整个周末都没过好。她在下午茶后才感到了不舒服，说了声就上床休息了。我发觉她的体温一度达到华氏103度，不过第二天早上并没有任何恶化，也没有任何肿胀之处!

6月1日

参谋长会议上确定了夏季支援苏联的各项作战行动。下午的内阁会议上,我详细介绍了隆美尔的攻势,以及在昔兰尼加后续的作战情况。

6月2日

参谋长会议上,我们讨论了联合作战参谋处制定的下一步对日作战计划。

在俱乐部吃午餐,然后完成了重组总参谋处最后的细节安排。和陆军大臣会面。6点半去唐宁街10号与首相和艾登开会,讨论马达加斯加接下来的部署。温斯顿支持维希法国,而不是在马达加斯加占主导地位的"自由法国",让人觉得新鲜。艾登对戴高乐的支持,如果我们不加以关注的话,可能会让我们输掉这场战争。

6月3日

在11点半之前开了一个简短的参谋长会议!奥斯瓦尔德·伯利夫妇和巴尼的妻子来吃午饭。然后去了伯利的工作室,坐下来让他为我画像。一直到下午5点45分,我想他开了个好头。这是他失去一只眼睛之后我第一次见到他。他告诉我,现在已经不影响作画了,他的作品和之前一样出色。

6月4日

一次相当沉闷的会议。然后请西里尔·福尔斯一起吃午饭,接着又去奥斯瓦尔德·伯利那里坐了两个小时。他无疑是一个非常勤奋的人,始终专注于画作上,不曾休息片刻。

6月5日

　　上午的参谋长会议上，我们再次讨论了通过进攻法国来援助苏联的各种可能性，无论是占领一块地方还是搞突袭。希望渺茫。我们转而研究了首相热衷的攻击挪威北部的行动，这看起来更不可能，除了与苏联人联手实施局部作战，确保佩察莫①的安全还有些可能。蒙蒂②来吃午饭，和他讨论了他刚刚完成的大型演习，以及对师部组织机构进行革新的尝试。

6月6日

　　简短的参谋长会议，在公寓里吃了午餐，下午4点半结束工作后出发回家。天气非常热！

6月7日

　　花了一下午的时间拍摄画眉。

6月8日

　　今天的参谋长会议要讨论的议题很多，从马达加斯加到斯匹茨卑尔根岛③。在5点半的内阁会议上，我们再次讨论了马达加斯加问题和中

---

① 佩琴加（Petsamo），俄罗斯摩尔曼斯克州的一个区。根据1920年签订的《塔尔图和约》，苏俄在1921年2月14将其佩琴加区转让给芬兰。芬兰称之为"佩察莫"，1944年苏芬战争后又全数归还了苏联。——译者
② 蒙哥马利的昵称，下同。
③ 斯匹茨卑尔根岛（Spitsbergen），是挪威斯瓦尔巴德（Svalbard）群岛中最大的岛屿，靠近北极。荷兰探险家巴伦支于1596年6月19日首先发现。1920年2月9日，英国、美国、丹麦、挪威、瑞典、法国、意大利、荷兰及日本等十八个国家在巴黎签订《斯匹茨卑尔根条约》，也称为《斯瓦尔巴德条约》。1925年，中国、苏联、德国、芬兰、西班牙等三十三个国家也参加了该条约。该条约使整个斯瓦尔德群岛成为北极地区第一个，也是唯一的一个非军事区。条约承认挪威"具有充分和完全的主权"，该地区"永远不得为战争的目的所利用"。——译者

东的南斯拉夫军队。晚上 10 点半与首相召开参谋长会议，一直持续到凌晨 1 点，讨论了今年在欧洲大陆的作战行动，收复缅甸，马达加斯加，是增兵印度还是中东，即第 8 装甲师和第 44 师是去中东还是去印度，夺取挪威北部的行动，以及向斯匹茨卑尔根群岛派兵以免它落入德国人之手。

6 月 9 日

上午的参谋长会议上，我们回顾了昨晚和首相一起达成的成果，并向联合作战参谋处下达了进一步的工作命令，制定进攻仰光、佩察莫和斯匹茨卑尔根群岛的作战计划。

你来了，我们安静地吃了顿午饭。

午饭后是一系列的会谈，首先是美国的李将军①，他从萨默维尔②将军那里给我带来了一把卡宾枪。然后和盖尔讨论印度伞兵旅的指挥官人选，接着是奈，亚当，最后是陆军大臣。离开前的最后一件事是"巴哥犬"给我送来的备忘录，明天我们与莫洛托夫会谈时要用到，关于我们向苏联提供援助的事宜。

6 月 10 日

参谋长会议讨论了我与莫洛托夫会谈准备的一份声明，他正在从美国回莫斯科的路上。不过首相昨晚已经敲定了所有的会谈要点。午餐后参加陆军委员会会议，枯燥无聊的走过场，我们讨论的内容与战争基本上没有直接关系。一系列的会谈之后，晚上加班为明天的内阁会议做

---

① 约翰·克利福德·霍奇斯·李（John Clifford Hodges Lee，1887—1958），美国陆军中将，长期在后勤工程部队服役。——译者
② 布里恩·伯克·萨默维尔（Brehon Burke Somervell，1892—1955），美国陆军上将，二战时期任美军供应部长，五角大楼的建造者。——译者

准备。

6月11日

上午10点召开参谋长会议,接着参加在众议院召开的内阁会议,讨论开辟西线战场、夺回仰光、攻占挪威北部和斯匹茨卑尔根群岛的可能性!首相心情不错,内阁同意他提出的战略考虑,除非我们的兵力能够足以站稳脚跟,除非德国人出现溃败,否则我们不会去登陆法国。内阁会议结束后匆匆赶往亨登,飞往卡特里克附近视察第42师。然后飞到诺森伯兰,在艾伦代尔①过夜。晚饭后出去钓了三条鳟鱼。

6月12日

几个月来一直期待的一天,那就是游览法恩群岛。不走运的是,天气恶劣,海上风浪汹涌。当"红脖子"伊斯特伍德走出船舱往小艇上装东西的时候,小艇翻了,船长、两名水手和我所有的摄影装备都掉进了海里!还好船长在相机沉下去之前抓住了它。在他被拉上岸之前,几乎已经耗尽了力气,另一名水手也在这个过程中掉进了海里。最后,从锡豪西斯来的大船代替了小艇,再重新登船。但是照相机、胶卷、镜头和所有的摄影装备都在海水中游过泳了!我的一项糟心任务就是把海水弄干。相机不能用了,错过了一次好机会,深感沮丧。不过天气也不好,还下着毛毛雨。大约晚上8点15分,从阿克灵顿飞回亨登。

这一天真是个悲剧!二十年来,我一直盼望着有一天能重回法恩群岛拍照!

---

① 艾伦代尔(Allendale)和后面的锡豪西斯(Seahouses)、阿克灵顿(Acklington),都是英格兰北部诺森伯兰郡(Northumberland)的城市和村镇。——译者

6月13日

因为与梅森-麦克法兰讨论有关苏联的问题，以及他作为直布罗陀驻军总司令的新工作而延长了参谋长会议的时间。蒙巴顿也参加了，他刚刚从美国回来，满脑子都是关于华盛顿的新闻。首相也打电话给我，说他正在考虑下周四动身去华盛顿，并希望我和他一起去。他认为罗斯福有点儿偏离轨道，需要好好谈谈关于西线战场的问题。下午4点45分左右逃回家。

6月14日

星期天，首相打了很多电话，中东战事的糟糕局面让他感到非常不安。看来隆美尔无疑是占了上风，而且能力水平也在里奇之上。

6月15日

真是个郁闷的星期一！早上8点离开费尔内街。直接开车去亨茨曼那里，为华盛顿之行订购了薄衣服。然后去陆军部，在给参谋长会议做简报的时候，首相打电话给我，耽误了很长时间。会议开到下午1点。然后吃午饭，再去亨茨曼那里订购薄衬衫，试穿薄西装。

下午3点和阿克兰道别，他退役了。

下午3点半到4点半与威克斯、沃森和奈开会，讨论明年作战行动的兵力部署。

下午5点半出席内阁会议，由于来自利比亚和马耳他护航船队的坏消息，气氛非常阴郁。会议一直持续到晚上7点半。

吃过晚饭，忙碌了一个小时之后，10点半去唐宁街10号与首相开会，凌晨1点20分刚刚回来！！我们什么收获也没有，除了从缅甸到法国绕圈子。还讨论了即将召开的华盛顿会议，差点决定明天上午11点就出发！！现在至少要推迟到星期三！

6月16日

上午的参谋长会议开得很累人，困难重重。先是联合情报委员会全体会议，然后是来自美国的多诺万，对他们的特工机构进行了说明。接着讨论了"围捕行动"①的指挥问题，以及蒙巴顿和他的团队将要扮演的角色。下午，又试穿了一次去华盛顿的衣服，然后和伯蒂一起去吃饭，就在那时接到电话，被告知首相考虑明天就动身！我的薄衣服都没准备好，所有的钱和优惠券都被浪费了！但最糟糕的是，我将错过明天晚上与你共进晚餐的机会。

制服是个严重的问题，因为华盛顿在六月的温度就像在洗土耳其浴，我没有薄制服，除了刚刚订购的。

6月17日

一直到上午10点半才最终决定，我们是否在中午12点15分就出发去美国。匆匆赶去把做好的几件薄衣服取回来。在开参谋长会议的时候，接到通知，最终决定出发！回陆军部和公寓拿行李，巴尼带着两件半成品薄西装在尤斯顿火车站和我会合！乘坐首相的专列到斯特兰拉尔②——车上

---

① 围捕行动(Operation Roundup)，二战中盟军打算在1943年春季登陆法国的作战计划，是后来诺曼底登陆"霸王行动"的最早方案。1941年9月，英国联合作战司令部司令蒙巴顿海军上将，开始研究在欧洲战场实施两栖登陆并开辟西线第二战场的可行性；同年12月美国参战后，美军正式与英军参谋人员一起工作，提出了一个横渡英吉利海峡登陆法国的计划草案，代号"围捕"。1943年1月卡萨布兰卡会议后，英国总参谋处任命摩根中将出任盟国远征军最高司令部参谋长，授权他制订入侵法国的计划，代号"铁砧"(Anvil)；同年12月，艾森豪威尔被任命为盟国远征军最高司令，史密斯任参谋长，摩根改任副参谋长，英美双方组成联合委员会，在原有作战方案的基础上，组织制订了在法国诺曼底登陆的计划，代号"霸王"(Overlord)。——译者

② 斯特兰拉尔(stranraer)，位于苏格兰南部丹佛里斯-盖洛威西部的一个港口城镇，临爱尔兰海。——译者

真是非常舒适。我独自一人陪首相用餐,以便商量要和罗斯福磋商的诸多问题。晚上 10 点半左右到达斯特兰拉尔,伦敦的消息通过电话传给首相。然后乘坐摩托艇登上波音"飞剪船"①。一架巨大的飞行船,舒适豪华,配有可供睡觉的铺位、餐厅、乘务员和洗手间等等。

此行团队包括首相、他的医生查尔斯·威尔逊爵士、副官、秘书、文员、管家、特工,"巴哥犬"伊斯梅,我和我的参谋斯图尔特。晚上 11 点半,我们起飞了。刚刚看到一点儿爱尔兰海岸线,飞机便飞到了 5 000 英尺高空的云层之上。12 点半,刚刚落到地平线之下的太阳将天空映出一片美丽的红色。参观了飞行员的驾驶舱之后,美美地睡了一觉。

6 月 18 日

早晨在床上待了很长时间,因为时钟又调回来了,要到上午 11 点才能吃早餐(当地时间上午 8 点左右)。我们一直在云层上空飞行,直到大概 12 点半的时候才再次看到海面,不久之后,我们从一支大约三十五艘船组成的大型护航船队上空飞过。首相激动不已,开心得像个小学生!在我们等待登机的时候,他就喃喃哼唱着一首小曲:"我们在这里是因为我们在这里"。就在我写下这些文字的时候,我们已经飞到了大西洋上空,再过不到一个小时的飞行后将抵达纽芬兰。

晚些时候——经过十四个半小时的飞行之后,现在抵达纽芬兰。清澈晴朗的天空,美丽的乡村景色一览无余。我们直接飞往新建的甘德机

---

① 波音"飞剪船"(Boeing Clipper),是波音飞机公司应泛美航空公司要求建造的四引擎长航程飞船。"飞剪船"是当时最大型的"珍宝飞机"(Jumbo Jet,空中巨无霸)之一,于 1939 年首航横越大西洋,并提供定期航班服务来往旧金山和香港,单程需时六天。"飞剪船"配备齐全的机舱预示了机舱服务的正式诞生。——译者

场，在机场上空盘旋了一会儿，仔细看了看机场，然后便沿着更靠南的航线继续飞行。

晚些时候——飞到布雷顿角岛①，然后接着飞向新斯科舍省。遗憾的是云层很厚，无法看到地面。飞行高度大约 5 000 英尺，不过在纽芬兰的时候降到了 1 500 英尺高，以便更好地欣赏那里的乡村风光。

晚些时候——在离开布雷顿角岛后，我们遇到了浓雾和颠簸，直到抵达科德角。那时我们发现，恶劣的天气耽误了航程，我们没有时间转道纽约去看看了。因此，我们直接飞往华盛顿，在连续飞行了二十六个半小时之后，降落在波托马克河上。驻美大使哈利法克斯、李②、迪尔等人前来迎接。热情的迪尔让我住在他那里。哈利法克斯邀请我参加晚宴，因此只能匆匆地赶到迪尔的住处，洗澡更衣然后去大使馆，首相在那里下榻。直到凌晨 1 点 45 分才返回，这相当于英国时间的早上 7 点 45 分，这个时候本来已经要开始工作了！！

我们抵达华盛顿时的场景，仍然令我记忆犹新，仿佛就在昨日。这座美丽的城市掩映在朦胧的夜色之下，波托马克河看上去像一条银色的小丝带从中穿过，从空中俯瞰，它是那么小，似乎都没有足够的空间来容纳巨大的"飞剪船"。不过，当降落的时候，"飞剪船"就像一只大天鹅一样滑落在水面上，接着我们总算又回到了陆地上。这次飞行让我直接从斯特兰拉尔到了波托马克，几乎有些难以置信。

---

① 布雷顿角岛（Cape Breton Island），北美洲大西洋上的岛屿，位于加拿大新斯科舍省东部，以狭窄的坎索海峡与大陆分开，现在建有通行火车的堤道与大陆通连。面积约 1 万平方公里。——译者
② 此处估计是埃里克·威尔弗雷德·李（Alec Wilfred Lee，1896—1973），英国陆军少将。——译者

6月19日

上午10点离开这里，驱车前往参谋长委员会的办公室，在那里见到迪尔并和他谈了很长时间。中午12时半，参加英美联合参谋长委员会会议，在会上，我说明了我们此行的原因，与总统向蒙巴顿表示的一些担忧①有关。之后是联合参谋长委员会安排的午宴。午宴结束之后，与马歇尔和他的参谋人员进行另一场会谈，进一步明确了1942年到1943年的战略规划。发现我们的看法相当一致。回到迪尔的住所，然后去购物。晚上和迪尔在他家里吃晚饭。总的来说，今天取得了不错的进展，但我有点怀疑首相和总统会在一起酝酿些什么。

6月20日

酷热的一天！早上去办公室看了昨天的会议记录。然后在上午11点参加了另一次联合参谋长委员会会议。在这里，第一次见到了海军上将金。我认为这次会议是成功的，至少作为一名军人，他同意我们应该采取的战略。但我们也充分认识到，当首相和总统在海德公园②一起酝酿的计划出炉时，我们可能还会面对诸多新问题！我们担心的最坏情况，就是他们会要求在1942年发动攻占北非或挪威北部的作战行动，而我们坚信这是不可能的！

参谋长会议结束之后，与海军上将利特尔③谈了大概半个小时，讨

---

① 这里的担忧应该是指——美国参战之后，英美盟军的地面部队，尤其是美军，一直没有与德国大规模作战的计划，这让罗斯福政府在国内面临着民众的质疑。美国希望尽早实施反攻欧洲大陆的登陆行动，但英国对此一直表示时机不成熟。——译者
② 美国海德公园，是富兰克林·罗斯福总统的故居，坐落在纽约州哈德逊河岸边。公园占地180余英亩，原是罗斯福家的产业，1944年1月罗斯福总统把它献给了国家。罗斯福于1945年4月12日去世，三天后，他的遗体运回故里，安葬在玫瑰园内。今天，这里辟有罗斯福纪念馆和以他名字命名的图书馆，总统的旧居对外开放供人们参观。——译者
③ 查尔斯·詹姆斯·科尔布鲁克·利特尔（Charles James Colebrooke Little, 1882—1973），英国皇家海军上将。——译者

论夺取仰光作战的可能性。然后，迪尔和我去了大使馆见哈利法克斯。我想他最关心的是对利比亚的局势分析。接着我们去与马歇尔将军共进午餐。在一栋雅致的房子里，坐落在绿树成荫之中，享用了一顿安静、愉快的午餐。午餐结束后，我们去参观了李将军①的纪念馆，他的故居完全保持着他居住时的样子。这让我激动不已，仿佛置身于那段时光之中。我几乎能看到他正在经历人生中的紧要关头，做出为哪一方而战的决定！奴隶的住所也很有意思。

然后回到办公室。参加迪尔为我们举办的雪莉酒派对，会见所有在华盛顿工作的自治领和英国官员。最后和战争部副部长共进晚餐，部长史汀生②也在那里用餐。期间接到电报，告诉我威洛比·诺里被召回国内了。

---

① 罗伯特·爱德华·李（Robert Edward Lee，1807—1870），美国著名将领。南北战争时期担任南方联盟军总司令，在内战中他率军以寡击众、以少胜多，在公牛溪战役、腓特烈斯堡战役和钱瑟勒斯维尔战役中多次大胜北方联邦军。1865 年在联盟军弹尽粮绝的情况下向联邦军的格兰特将军投降，结束了内战。——译者

② 亨利·刘易斯·史汀生（Henry Lewis Stimson，1867—1950），美国共和党政治家。1890 年毕业于哈佛法学院，早年在华尔街从事律师工作。在史汀生漫长的政治职业生涯中，先后在多届政府中担任重要职务，对国家的外交和战争政策均发挥过重要影响。1911 至 1913 年，史汀生担任威廉·霍华德·塔夫脱总统时期的战争部长，一战期间曾作为炮兵军官赴法国参战。1928 至 1929 年担任卡尔文·柯立芝总统时期的菲律宾总督。1929 至 1933 年担任赫伯特·胡佛总统时期的国务卿，期间致力于限制世界范围内的海军扩张，推动了《伦敦海军条约》的签订。日本发动"九一八"事变占领中国东北后，史汀生宣布美国不承认远东由武力引起的损害中国独立与行政完整的变化，史称"不承认主义"，也称为"史汀生主义"。胡佛总统任期结束后，史汀生也暂时离开了政坛，随着日、德成为战争策源地，虽然美国国内仍然孤立主义盛行，但史汀生始终是坚决反对日本侵略、支持中国抗战的强硬派，积极呼吁美国放弃孤立主义。1939 年二战爆发后，史汀生主张支援反法西斯国家。1940 年 7 月 10 日，他以七十三岁高龄再次担任战争部长，一直到 1945 年 9 月 21 日战争结束。二战期间，史汀生负责征募和培训了一千三百万士兵和飞行员，动员美国工业转入战时轨道，使国内生产总值（GDP）的三分之一用于陆军和空军建设，协助制定军事战略，主张尽早开辟欧洲第二战场，负责监督原子弹研制，主张对日本实施核打击。在选择对日原子弹轰炸目标时，由于史汀生曾与妻子去京都度蜜月，他深知京都的历史和文化价值，而力排众议令京都免于受原爆毁灭。——译者

这次晚餐是我第一次有机会见到战争部长史汀生。我发现他是一个非常有魅力的男人，当然也有非常出色的头脑，不过战略眼光有限。他是尽早启动横渡英吉利海峡行动的坚定拥护者之一。因此极力支持马歇尔。

6月21日

本来打算和迪尔一起度过一个宁静美好的早晨，但是没有实现！我们顺道去了办公室，却接到通知要在白宫与总统共进午餐。没过多长时间，"巴哥犬"伊斯梅打电话来说，首相要见我，他对我们在英美联合参谋长委员会会议上所做出的决定很生气。发现他有点儿怒气冲冲，但还不算太坏，经过一个小时的谈话，他又安静下来了。

然后和他一起去见总统。他给我留下了深刻印象——一个极具人格魅力的人。哈里·霍普金斯和马歇尔也在，我们就所有可能在法国、非洲和中东发动的攻势进行了大致讨论。

与罗斯福的这次会面给我留下了非常深刻的印象。我穿着一套很旧的西装，准备和迪尔出去一日游，在得知要去见总统时，我恳求温斯顿让我溜回去换上制服，但他不让，说罗斯福想见我。当走进总统的办公室时，我为自己穿着这么邋遢的衣服而感到非常不自在。他坐在办公桌前，温斯顿介绍过我之后，我为自己的衣着不整向他道歉，并解释了原因。他回答说："你没事吧？为什么不像我一样把外套脱掉呢？你会觉得舒服得多！"这句话立刻让我感到轻松起来，打消了我所有的担忧。

下午1点，我们休会吃了午饭，在那里我见到了罗斯福夫人。在吃午饭的时候总统问我："在我还是个孩子的时候，有位叫维克多·布鲁克爵士的人来过海德公园，他是你的亲戚吗？"我这才发现，父亲和道格拉斯①曾经在海德公园住过一段时间，他还清楚地记得他们。我忍不住想，如果父亲那时知道罗斯福和他最小的儿子将来有一天会相遇，不知会作何感想！

午饭后，我们又开了很长时间的会，一直持续到下午4点半。会议期间，传来了托布鲁克失守的悲惨消息！

丘吉尔和我当时正站在总统的办公桌旁与他交谈，这时马歇尔走了进来，拿着一张粉红色的纸，上面写着托布鲁克沦陷的消息！无论是温斯顿还是我都没有预料到这种结果，这是一个令人难以置信的打击。我不记得总统表达同情的具体措辞是什么了，但这些话语背后恰如其分的得体和感同身受的同情让我记忆深刻。多一个字太多，少一个字太少。

马歇尔立即行动起来，看看他能做些什么，以提供积极的援助来表达他们的同情……他一开始提出将美国第1装甲师派到中东。这个师只接受了部分训练，而且这需要在中东为美国人专门开辟一条战线。最终决定立即向中东调派三百辆"谢尔曼"坦克②和一百门自行火炮。这些坦克已经配发给了装甲师，为此必须先从他们那里收回来。任何人只要知道战斗部队刚刚得到期待已久的武器却被马上收走可能引起的后果，就会明白这种动作背后所蕴含的深厚善意。

---

① 作者艾伦·布鲁克的哥哥。——译者
② M4中型坦克（M4 Sherman Medium Tank），第二次世界大战中的美军主力坦克，1940年8月开始研制，1941年9月定型并被命名为M4"谢尔曼"中型坦克，1942年批量生产装备美军。M4中型坦克是在M3中型坦克基础上研制的，各种改型的车身、引擎、炮塔、坦克炮、悬挂、履带等都可以选用不同的装备配置，构成车身的零件具有高度的兼容性。"谢尔曼"坦克是二战中产量最大的坦克之一，不论在欧洲战场还是在太平洋战场，随处可见"谢尔曼"的身影。反攻欧洲最先登陆诺曼底的就是数百辆"谢尔曼" DD水陆两栖坦克，成为盟军迈向胜利的先锋。"谢尔曼"虽不是二战中性能最佳的中型坦克，但性能可靠，故障极少，巨大的装备数量加上蒙哥马利、巴顿等名将精明的运用，使它在盟军的武器装备序列中占有重要地位。——译者

我一直觉得，总统和马歇尔与丘吉尔和我之间，在战争期间建立起来的友谊和相互理解，正是总统书房里的这段"托布鲁克插曲"奠定的基础。

会议结束后，我和哈里·霍普金斯谈了四十五分钟时间，然后经过办公室回到迪尔的住所。

当我走出总统的房间时，霍普金斯说："您愿意到我的房间来聊一会儿吗？我可以告诉你一些与总统刚才的发言和观点有关的背景情况。"我随他一起去了，本以为他会带我去他的办公室。结果，我们去了他的卧室，坐在他的床边，看着他的剃须刷和牙刷，在他告诉我一些总统内心想法的时候！

我之所以提到这次会面，是因为这位大神一贯如此，他没有官方身份，在白宫甚至连一个办公室都没有，但却是对总统最有影响力的人物之一。他是总统的得力助手，在战争中扮演了重要却不显山露水的角色。考虑到他的健康状况不佳，这一点更加值得称道。

早早吃了晚饭，晚上9点到白宫开会，出席会议的有总统、首相、迪尔、马歇尔、金、哈里·霍普金斯、利特尔、伊斯梅和我，讨论了潜艇战的成果和采取更大规模防御行动的必要性。然后是关于太平洋的作战计划。最后是中东局势，并接受了向中东派遣美国装甲师的提议。这会导致美国在中东战场开辟战线，但在欧洲就不再可能了。会议直到凌晨1点钟才结束。今天晚上稍微凉快一点儿，谢天谢地，因为一整天都酷热难耐。

6月22日

上午召开了一场会议，讨论动用美国"突击者号"航母为苏联、马耳他运输船队护航，以及通过塔科拉迪港①向中东运送飞机。还讨论了派遣美国装甲师到中东对"波莱罗"（即西线战场计划）②可能产生的影响。然后去买了些东西，和迪尔共进午餐，之后我们去弗农山庄参观华盛顿故居。非常有趣。它被保存得很完好，仿佛他就在那里生活，随时可能出现在人们眼前一样。我现在想了解关于他的一切！喝完茶后回到办公室。晚上在大使馆参加晚宴，见到了温斯顿和驻华盛顿联合参谋团的各位海、陆、空军官。温斯顿让我和他一起坐总统的车回白宫，讨论是否有必要将尼尔·里奇解职。我觉得这是必然的，我已经做好了准备。我非常器重尼尔，不愿意去想这样的失望对他意味着什么。

6月23日

上午去办公室，下午2点半去白宫参加会议，出席的有总统、首相、哈里·霍普金斯、马歇尔、阿诺德、"巴哥犬"伊斯梅和我。我们讨论了将印度的美国空军部队调配到中东，以迅速增强中东地区的兵力，以及从印度走海路调运一个装甲师的细节问题。之后和迪尔参观了博物馆。7点40分我们去了白宫，准备参加明天的阅兵。但是在等了一会儿之后，我们被告知专列遭遇了意外事故，大约两个小时之后才能出发。因此，我们都被邀请去和总统共进晚餐，他心情很好。晚饭后，我

---

① 塞康第-塔科拉迪（Sekondi-Takoradi），西非国家加纳第四大城市，也是西部地区的首府，临几内亚湾，是该国的工商业中心和重要港口。——译者
② "波莱罗"计划：第二次世界大战时期，英美在1942年春季制订的一旦苏德战场苏军处于战略性失败时，立即紧急出兵挽救苏德战场局势的计划。英文为"Bolero"，也译作"波利乐"。1942年春起，苏军在苏德战场发动数次反攻，均未取得大的战略性成果。英美政府得知德军即将在苏德战场上发动强大夏季攻势，鉴于对当时苏军综合情况的分析，两国制定了以西班牙的一种双人舞的名称"波莱罗"为代号的计划，即一旦德军在苏德战场出现有摧毁苏联抵抗能力的态势时，立即出动十余师的部队在法国紧急登陆，减弱德军对苏德战场的压力，避免一旦苏联彻底失利，德军将无东线压力，盟军在西线更难登陆法国击败德军的情况。后由于苏军在苏德战场顽强作战，该计划在1942年和1943年都没有实施。——译者

们坐上了火车,上面有空调、凉爽宜人。

6月24日

在火车上睡得很好,吃了一顿丰盛的早餐。然后在首相的主持下与马歇尔开了一个短会。上午11点钟,我们抵达南卡罗莱纳州的杰克逊军营。车站里有仪仗队、乐队和大批的摄影师、新闻记者在等着我们。

下了火车之后,安排有一列车队带我们参加当天的活动,由于后面的车里有一个空座位,马歇尔非常友好地建议让索耶斯(首相的管家)陪同我们。从那之后,索耶斯便成为团队的一员,不论是观看演习还是品尝茶歇。后面一件事他做得相当有效率,在那天剩下的时间里,他明显受到了所吃东西的影响。当我们晚些时候回到火车上时,一位官员问他前面的行李是不是首相的,他瓮声瓮气地回答:"我怎么知道!"

然后驱车前往检阅场,在那里我们看到分别来自第8、第30和第77师三支部队的表演。都是帅气的硬汉。接下来我们观看了六百多名伞兵表演跳伞。只有三人伤亡,一人摔断了腿,一人扭伤,一人疑似颅骨骨折。然后我们又单独观看了第77师的训练演习,之后在火车上吃了午饭。午饭之后,我们去了一个野外射击场,看了一场令人失望的演习。最后从哥伦比亚的欧文机场回来,飞了大约350英里,晚上7点多一点儿到达华盛顿。

在这里,索耶斯再次脱颖而出。温斯顿在抵达之前,已经在飞机上换上了他的拉链套装,戴上他的巴拿马草帽。巴拿马草帽的边缘全都卷起来了,让他看起来就像一个穿着连体裤的小男孩,正要去海滩上挖沙子!索耶斯站在飞机中间,拒绝让他通过!温斯顿问他:"怎么了,索耶斯?你为什么要挡我的路?"索耶斯又瓮声瓮气地回答说:"你帽子的边缘翘起来了,看起来不太好,把它放下来,把它放下来!",一边说着他的手还做出波浪一样的手势。温斯顿满脸通红,怒气冲冲地把帽檐压了下来。站在一旁的索耶斯自言自语地说着:"这样好多了,好多了。"

非常有趣的一天。我和战争部长史汀生先生同乘一辆车,一位年近七十二岁的绅士!美国的单兵和基础训练体系看起来非常好,但我不确定他们更高层次的训练是否足够好,或者他们是否已经达到了所需要的训练标准。

他们当然没有——而且有很多东西要学!接下来我还会在北爱尔兰遇到他们,他们仍然有很多东西要学,但他们似乎更喜欢在艰苦的战争中学习。所以,他们在北非学到了更多!对待战争这门艺术,就像在马球、草地网球和高尔夫球等运动中一样,他们一旦涉足其中,就下定决心要取得成功。

6月25日

早上8点45分去办公室,在那里联合参谋团召开会议,讨论美国增援中东的问题。坎宁安刚刚抵达,接替海军上将利特尔。9点半,我们召开了英美联合参谋长委员会会议,研究为中东地区提供一支美国装甲部队的各种备选方案。这是首相和总统都十分热衷的一项计划。马歇尔提出了一个新的建议,提供三百辆"谢尔曼"坦克和一百门105毫米自行火炮,用两列火车轮渡运送到中东。

马歇尔与迪尔和我共进午餐，我和他之间的谈话十分愉快，我向他解释说，在仔细考虑之后，我完全同意他的建议，但我可能很难让首相接受这一点，因为温斯顿希望按照总统的意愿，即增援战斗部队，而不仅仅是支援武器装备。马歇尔表示同意，但情况可能有点儿复杂，希望我能尽力。

下午 2 点 45 分来到白宫，向首相提出了这个建议。迪尔、利特尔、埃瓦特、坎宁安和"巴哥犬"伊斯梅也在场。事情比我预想的要好，我成功地说服了首相，在这个问题上军事因素比政治考量更为重要。然后我打电话给马歇尔，他对这个结果很满意。

然后急匆匆赶去看一场新型美式火箭炮演示。令我印象深刻，并认为它应该尽快大批量生产。随后回到迪尔的住所，收拾行李，吃晚饭。8 点 15 分在大使馆集合，在特勤部门的安排下，我们驱车前往巴尔的摩，在那里看到我们的"飞剪船"像船一样停靠在码头上。晚上 11 点，我们出发了，在沉沉夜色中起飞，飞越巴尔的摩的夜空，飞往纽芬兰。

6 月 26 日

晚上睡得很好，早上 6 点半就起床了，因为我们预计将在早上 8 点左右到达博特利，要先吃早饭。从纽芬兰的沼泽和湖泊上空飞过，最后降落在博特利，一个都是木制房屋和木制教堂的小村庄。平稳降落，在"飞剪船"加油的时候上岸待了两个小时。我们的团队和来的时候差不多——首相，他的医生查尔斯·威尔逊爵士，秘书马丁，副官汤普森，他的管家，文员，特工和"巴哥犬"伊斯梅。另外还有我的参谋斯图尔特，伊恩·雅各布[1]，我们要把他带回去，还有罗斯福的特使埃夫里

---

[1] 伊恩·雅各布（Ian Jacob，1899—1993），英国陆军中将，陆军元帅克劳德·雅各布的儿子。——译者

尔·哈里曼①，也与我们同行。我们现在正平稳地飞翔在云端之上，飞向大西洋。

这是一次相当愉快的旅行，并且非常有价值。现在，我感觉与马歇尔和他的参谋人员的联系更加密切了，知道了他在为什么而工作，他的困难是什么。也见到了金海军上将，让我们更清楚地了解到美国陆、海军在达成密切合作方面的困难。尤其是金首先关注的是太平洋，而马歇尔则把目光投向欧洲。与总统的见面是最让人印象深刻的，他身上有一种奇特的魅力，但我不认为他在军事方面的见地和政治方面是同等水平的。他的概念和计划并不是建立在对事情本质充分理解的基础上，因此他会出于政治因素的考虑，支持那些不可能实现的计划。所以，马歇尔时有苦衷，难免与总统的意见相左。在最初几次的会议上，我发现对于总统提出的军事方面的建议，很难把握其重要程度，而且我不知道马歇尔会如何反应，首相和总统他们自己在白宫商议的计划，使我和马歇尔最初的沟通交流也困难重重。不过，我最终与他建立了足够密切的关系，可以和他开诚布公地进行讨论，包括总统和首相可能会对我们讨论的内容做出何种反应。毫无疑问，迪尔所做的工作非常出色，我们欠他一个深深的感谢！

总统对军事知识一无所知并且他也清楚这个事实，因此他依赖马歇

---

① 威廉·埃夫里尔·哈里曼（William Averell Harriman，1891—1986），美国商人、外交家、政治家。罗斯福当选总统后，哈里曼加入国家复兴署，积极参与推行"新政"。二战爆发后，1941年春担任罗斯福总统派驻欧洲的特使，协调租借物资发放事务，先后出席了大西洋会议、莫斯科会议、德黑兰会议、雅尔塔会议和波兹坦会议等一系列盟国重要会议。1946年10月至1948年4月任商务部长，主持实施"马歇尔计划"。1963年4月任分管政治事务的副国务卿，8月协调美苏英多国谈判签订了《部分禁止核试验条约》。哈里曼是美国被称为"智者"的资深外交政策人员团体的核心人物，也是乔治·凯南"遏制战略"的积极倡导者，推动了美国冷战政策的形成和实施，在国际外交舞台上发挥了重要作用。——译者

尔，听从马歇尔的建议。在反对总统可能提出的野心勃勃的计划方面，马歇尔似乎从来没有遇到任何困难。我的情况则完全不同。温斯顿从来没有丝毫怀疑过自己继承了伟大祖先马尔伯勒①的全部军事天赋！他的军事计划和想法变化多端，从最英明睿智的到最疯狂和最危险的都有。要让他摆脱这些疯狂计划，需要超人的努力，而且从来都难以彻底成功，因为他往往一次又一次地绕回到自己那些想法上。我相信，在许多情况下，马歇尔都认为我同意温斯顿的一些荒谬想法，要把事情解释清楚的同时又不背叛温斯顿，对我来说并非易事。有好几次，我相信马歇尔认为我是在欺骗他。正是迪尔在这方面，还有其他方面，提供了至关重要的帮助。马歇尔非常尊敬他，我也非常尊敬他，因此他的独特地位有效地减少了我们之间的摩擦。遗憾的是，温斯顿从来没有喜欢过迪尔，而且已经中了比弗布鲁克的毒。他对迪尔在华盛顿所扮演的重要角色从未给予过肯定。

晚些时候——仍然在云层之上，接近爱尔兰。现在天已经黑了，虽然我的表只有晚上10点，但英国时间已经是凌晨4点了。此时此刻，很容易体会到跨大西洋飞行的先驱们在这样的时刻是怎样的一种感受！

晚些时候——在写完上面的文章不久，我坐到了副驾驶座位上，在那里看到了首相。此时皓月当空，皎洁的月光照耀在云海之上，那种景象无法用语言形容。不久之后，云层开始散去，海面又变得清晰可见，

---

① 约翰·丘吉尔，马尔伯勒一世公爵（John Churchill, 1st Duke of Marlborough, 1650—1722），英国军事家、政治家。他在西班牙王位继承战争中名利双收，与奥地利的欧根亲王共同成为法国国王路易十四的两大克星，使英国上升为一级的海陆强权国家，促成了英国18世纪的繁荣兴盛。在英国军事史上，约翰·丘吉尔与纳尔逊及威灵顿鼎足齐名，被看作是伟大的民族英雄。温斯顿·丘吉尔首相是约翰·丘吉尔的直系后裔。——译者

只有零星的几片云朵散落在四周。然后在黑暗中,地平线上隐约出现了一片片黑色的斑块,原来是梅奥①的北部海岸!我们很快就飞到海岸上空,只有在月光下才能看清楚。首相和我一样兴奋!我们沿着梅奥北部海岸,飞到厄恩河口的南端,正好从厄恩湖②中间飞过,到达北部海岸大概是基勒迪斯一带。继续飞过阿尔马,内伊湖北角,贝尔法斯特北部。然后穿过英吉利海峡回到斯特兰拉尔,在美国时间晚上 11 点 10 分完美着陆,不过英国时间是凌晨 5 点 10 分。从巴尔的摩回来的航程只用了二十四小时。

我记得仿佛就像是在昨天,飞行员走过来对我说:"我们已经越过了航线临界点③。"我立刻想到了那些先驱者,想到他们在飞越大西洋陆地界标时的那种感受。我还清楚地记得,和飞行员在一起的时候,温斯顿盯着漆黑的窗外,想要弄清楚我们是否能看到陆地,飞行员说,如果我们的降落地点正确的话,很快就会看到一座灯塔。然后,一片微弱的亮光突然从黑暗中闪现!我们已经穿过了那片辽阔水域,准确抵达了我们的目的地。在月光下从爱尔兰上空飞过,我的感受是可想而知的。我出神地看着下面的厄恩湖,回忆着在那里钓梭子鱼的那段时光,接着飞过了科尔布鲁克,关于那里的所有记忆都浮现在脑海之中,当看到贝尔法斯特在清晨的薄雾中若隐若现,几缕烟柱氤氲而上时,我的喉头哽咽起来,萌生出对和平生活的强烈渴望。

---

① 梅奥(Mayo),爱尔兰的一个郡,位于爱尔兰岛西北海岸。爱尔兰语的地名为 Contae Mhaigh Eo,意思是"长浆果紫杉的平原"。——译者
② 厄恩湖(Lough Erne),北爱尔兰费曼纳郡两个相连的湖泊的名称。它是北爱尔兰和阿尔斯特的第二大湖泊系统,也是爱尔兰的第四大湖泊系统。湖泊是厄恩河的加宽部分,该河向北流,然后向西弯曲汇入大西洋。南部较小的湖泊被称为上湖,因为它在河上较高。北部较大的湖泊称为下湖或阔湖。——译者
③ 航线临界点(Point of no return),航空术语,是指飞行器燃料不足以返回出发机场时的航线位置。——译者

6月27日

我们下了飞机，登上首相的专列，在车上一觉睡到中午12点（英国时间），起床吃了午饭，翻阅为我们送到车上来的一大堆文件。下午4点45分，我们到达尤斯顿火车站，丘吉尔夫人和女儿来迎接我们，还有内阁的一大帮人！然后开车回到公寓，放下行李。从那里直接去参加下午5点半的内阁会议，在会议上，首相介绍了此行的情况，我也被要求发言。会后去了陆军部，拿了更多的文件，开车回家，得到你和两个孩子热烈地迎接。能回到你身边真是太高兴了。

6月28日

好好地睡了一觉，度过安静的一天。下周将是艰难的一周，重拾工作的同时还要处理中东的问题，形势已经到了千钧一发的关头。我不知道结果会怎样。根据我的判断，问题出在我们的坦克与德军相比火力不够。我们在为国外使用的坦克配备6磅炮和3英寸高射炮方面的动作太慢了。

6月29日

早上8点离开费尔内街。参谋长例会上，我说明了美国之行的成果。内阁会议上，贝文怒气冲冲地提了一堆关于中东战事的无知问题，不断地问我刚刚已经解释过的问题。花了大半天时间整理工作思路。晚上，收到了罗斯福带有热情洋溢题词的精美照片。

6月30日

在参谋长会议上，我们讨论了明年在欧洲大陆的作战行动。然后和奥斯瓦尔德·伯利在赛马俱乐部共进午餐，之后我们开车去他的工作室继续画像。但是刚到那里就接到通知要我去唐宁街10号。下午3点到了那里，与首相和蒙巴顿商量下周六上午将对迪耶普发起的大规模突袭行动。讨论结束之后，他把我叫到花园里，告诉我他打算星期天乘飞机去开罗，希望我和他一起去！我对他说，除非局势稍微稳定一点儿，否则突然造访奥金莱克不大合适。我想象不出，还有什么比温斯顿在一场激烈的战斗中突然到访更令人难受的了！不过，我认为他接受了这个建议，那就是等战局稳定一些再出行。就我个人而言，我很想去，但不是与首相一起，也不是在眼下这个尼罗河三角洲和开罗命悬一线的紧要关头。

赶回伯利那里完成画像，他对这张画像很满意。在罗汉普顿和亚当共进晚餐。晚餐期间雷电交加，闪电击中了100码外的房子！鸽子蛋大小的冰雹倾泻而下。

7月1日

参谋长会议上，关于开辟西线战场可能性的讨论进行得相当艰难。苏联人、美国人和新闻界都嚷嚷着"西线战场"，却没想过它意味着什么，或者可能会产生的影响。大概有人觉得我们横渡海峡是去勒图凯玩巴加拉纸牌，或者是去巴黎海滩游泳！没有人认真想过，用大约六个师的兵力与对方二十到三十个师作战，可能会是个什么结果！尽管首相对所有问题心知肚明，有可能我们还是不得不排除万难，拿出一定的运力，牺牲部队急需的培训，为了一个我们确信是不切实际的行动做准备。

下午6点我本来要去白金汉宫，首相却在5点40分的时候派人来找我！不过我及时逃掉了，到达王宫的时候刚好6点钟！国王和我的谈话一直持续到6点45分，讨论了出访美国、利比亚和视察本土军，以及他出访爱尔兰等等。他像往常一样魅力非凡。勒温①来吃晚饭，他还没离

---

① 欧内斯特·奥德·勒温(Ernest Ord Lewin, 1879—1950)，英国陆军少将。——译者

开，首相就再次派人来找我，商议明天他的演讲稿。我担心可能会被拖到很晚，不过在凌晨1点钟前成功逃离。

7月2日

没有出席参谋长会议，去参谋学院为学生们做了毕业前的最后一次讲座，花了一小时十五分钟。回到费尔内街和你共进午餐之后，返回伦敦，去试穿了短裤，为星期天可能出发去中东做准备。回到陆军部，在下午5点半召开的参谋长会议上，我们讨论了万一奥金莱克抵挡不住德国人的攻势，可能会发生的最坏情况。然后和珀西·詹姆斯·格里格谈了很长时间，关于我们今天参谋长会上的讨论情况，以及首相在下议院演讲的反响，显然获得了巨大成功。在多切斯特酒店参加为艾森豪威尔举办的晚宴，新到任的美国将军，接替钱尼。

对于可能安排的出访，我并没有写太多是有些奇怪的。当时对于开罗的局势，我感觉已经到了非去一趟不可的地步。这次出访虽然一直在我脑海里思来想去，反而从没想过在日记里提起它。另外有意思的一点是我提到了艾森豪威尔。显然我们的首次会面，他并没有给我留下太深印象，如果那时有人告诉我他未来的际遇，我恐怕不会相信。

7月3日

先是召开参谋长例会，接着是中午12点的内阁会议。首相询问，如果隆美尔把亚历山大打得一路退到开罗，对中东局势可能产生的最坏影响是什么情况。所幸我们昨天在参谋长会议上已经研究过这个问题，我将我们的初步研究结果进行了说明，以及可能需要对开罗的基础设施实施必要的破坏行动。

蒙蒂来吃午饭。下午,新任缅甸总督道曼-史密斯①来访,我和他就缅甸战役的情况谈了很长时间。他是个很风趣的人。后来首相派人来找我。在大厅里,布莱登·布雷肯抓住我,说艾默里的儿子马上要来劝说首相去中东,他要我劝阻首相不要在这个时候去那里。我进去之后不久,一个让人厌恶至极的年轻人出现了,他就是艾默里的儿子朱利安,刚从开罗回来。他说自己早上刚刚着陆,要保证中东安全必须做两件事,一是提供更多的武器装备,二是提振士气。武器装备已经在路上了,但在到达之前肯定会延误。因此,他认为当前鼓舞士气是至关重要的,并且只有首相飞去埃及才能做到!! 这个小畜生的厚脸皮几乎让我无法忍受。我反复询问他这番推论的依据是什么,得到的结论是来自他和几名军官的谈话,在开罗谢菲尔德酒店的酒吧里!

他离开之后,我和温斯顿谈了大约四十五分钟,首先竭力说服他,不应该乘坐"解放者"轰炸机②飞越直布罗陀和地中海。其次,他应该等到埃及局势稍微稳定一点儿后再成行。因此,我们肯定不会在星期天出发,我希望这次出行最早能推迟到星期三。这能留给我们更多时间观察局势的进展。

我觉得在那天晚上写日记的时候,对小艾默里有些不太厚道。但他那天试图要让温斯顿出访中东,而且就在我们正劝阻他不要去的时候,

---

① 雷金纳德·休·道曼-史密斯(Reginald Hugh Dorman-Smith,1899—1977),英国政治家、外交官,缅甸第二任总督,是绰号"瞪羚"的陆军少将埃里克·道曼-史密斯的弟弟。——译者
② B-24"解放者"轰炸机,是美国联合飞机公司设计制造的四引擎远程重型轰炸机。采用肩带式高宽比戴维斯机翼和双尾翼设计,巡航速度快,载弹量大,但其低速性能和坚固度不如波音飞机公司的B-17"空中堡垒",因而空军机组人员更喜欢选择B-17。B-24在二战期间的各个战场都得到了广泛运用,和B-17一起成为对德国实施战略轰炸的主力,在太平洋战场、对日轰炸和大西洋反潜作战中都发挥了重要作用。——译者

确实把我给惹毛了。另外他夸夸其谈的样子也令我讨厌，坐在那儿向温斯顿和我对中东部队的士气说三道四，而他所有的依据都不过是来自开罗谢菲尔德酒店酒吧里的几次谈话。他绝对没有任何确凿的证据来支持他的推论。可是他给温斯顿留下了深刻印象，因为他的奉承！他离开房间后，温斯顿转过身来对我说："这位年轻人从中东带给我的信息很重要。"我回答说："是的，如果你准备听一个酒吧闲人的话。"他问道："一个什么？"我又说了一遍："一个酒吧闲人。"他回答说："哦，酒吧闲人，或许吧。"然后，我费了好大劲才说服温斯顿，让他最好再等一阵子再出访，小艾默里的一通闲话给我的工作增加了不少难度。

7月4日

简短的参谋长会议，下午4点前结束了工作，急着赶回家。

7月5日

清净的星期天，和你一起待在家里。但是因为明天早上要早起去爱尔兰，所以晚上9点就离开了家。

7月6日

提前吃了早餐，9点刚过，便从亨登机场起飞前往贝尔法斯特。我们乘坐的是洛克希德的"伊莱克特拉"① 4座飞机，彼得上校和我一起。两个小时的飞行很舒适。富兰克林来接我们，然后直接带我们去看他们

---

① "伊莱克特拉"系列客机（Lockheed Electra），美国洛克希德飞机公司在1930年代制造的系列轻型客机，有6乘客座的L-12、10乘客座的L-10、12乘客座的L-14等多个型号，并在此基础上陆续研发了更大型的98乘客座L-188客机和郝德逊（Hudson）海上巡逻轰炸机等军用机型。——译者

的大规模演习。首先是麦仁地指挥的北路军，然后是赖德①指挥的美军第 34 师。结束之后在总指挥部吃午餐，爱尔兰自由邦的陆军总司令麦肯纳坐在我旁边。一个典型的外粗内秀的人，显然对军事非常内行。午餐之后去第 59 师，见到了帕特·布拉德肖②，然后是指挥南路军的美国将军哈特尔③。他令人失望，控制不住局面。最后由第 61 师的富布鲁克-莱格特④和他的两名准将陪同返回。然后回到布鲁克庄园，在巴兹尔和辛西娅家里住了一宿。

7月7日

又是早起的一天。8 点 15 分出发去看美国装甲师的攻击演习，就在贝尔法斯特以西。真是个寒冷的早晨，部队的表现很生疏。一直等到 10 点半之后才离开去机场。很明显，美国军队的装备精良，但他们需要更多的训练。下午 1 点半，回到亨登机场。

下午 5 点半参加内阁会议。内阁大臣们在战略上表现出的业余水平简直就是一种折磨！贝文的水平最差，却还摆出一副权威的姿态！艾登和克里普斯指手画脚，好像他们才是战略主导者！很可惜，首相状态不佳，也管不住他们。一次令人沮丧至极的会议。

7月8日

又一次艰难的参谋长会议，讨论昨天内阁会议的结果，试图理清今

---

① 查尔斯·沃尔科特·赖德(Charles Wolcott Ryder, 1892—1960)，美国陆军少将，在一战、二战中均有突出表现。——译者
② 帕特·布拉德肖(William Pat Arthur Bradshaw, 1897—1966)，英国陆军少将。——译者
③ 拉塞尔·皮特·哈特尔(Russell Peter Hartle, 1889—1961)，美国陆军少将。——译者
④ 查尔斯·富布鲁克-莱格特(Charles Fullbrook-Leggatt, 1889—1972)，英国陆军少将。——译者

年可能会发动的攻势。第一海务大臣与空军参谋长关于海军空中支援的争论也十分激烈。中午 12 点半,在唐宁街 10 号举行的内阁会议上,首相严厉斥责了中东部队,言辞激烈令人震惊,他批评奥金莱克没有表现出更强的斗志。我为他辩护,指出他当前所处的困境,这是一项艰巨的任务。事实上,他目前任何的轻举妄动都会让我们迅速失去埃及。然而,首相正处在火头上,他又回到了老地方,询问中东部队的七十五万人在哪里,他们在做什么,为什么不打仗。整个内阁会议上他都心情不佳。然后,他走到我面前,带着他那令人难以抵挡的咄咄逼人,对我说:"要是奥金莱克和中东让我感到不高兴,我就对不住了,布鲁克!"内阁会议结束后,贝文找我谈了很长时间。我想他是出于好意,想帮忙,但是不得要领!

你来吃午饭,让我忘记了所有的烦恼。

之后艾森豪威尔来访,向他介绍了情况。最后和你一起去奥斯瓦尔德·伯利那里看我的画像,还在那儿喝了茶。温赖特[1]来吃晚饭。

7月9日

在今天早上的参谋长会议上,我们邀请了安迪·麦克诺顿,给他一项任务,分析加拿大军团占领挪威北部的可能性!这是遵照首相的命令,都是艾德礼的馊主意,奉承他说凭借他那更灵活、更具创造力的大脑,一定会找到办法,哪怕在参谋长们也无能为力的问题上!午饭后,我派人把麦克诺顿请到办公室,私下告诉他具体情况,因为我不希望他事后认为我们建议加拿大人承担的作战行动,是连我们自己都认为不切实际的。

下午,亚历山大回来了,在经历了缅甸的艰苦战斗之后,他看起来

---

① 此处估计是查尔斯·布莱恩·温赖特(Charles Brian Wainwright, 1893—1968),英国陆军少将,应该是作者过去炮兵部队的老部下。——译者

好像需要休息一段时间。

更令人烦心的是，就在我们差不多与马达加斯加当地的维希政权完成谈判的时候，外交部却在那里节外生枝，坚持委派"自由法国"的代表潘奇科夫前往马达加斯加！外交部对戴高乐的热爱非得让我们输掉这场战争！

7月10日

亚历山大参加了参谋长会议，并带来了韦维尔关于进攻缅甸的想法。在克拉瑞芝酒店参加招待戴高乐的午宴。他心情不错，但是我看不出他对我们有什么用！

下午5点和首相开会，一直持续到晚上7点半。他心情很糟，会议气氛也不愉快，因为我们讨论的是他起劲的话题之一，那就是为什么中东有七十五万兵力，却只有十万人来对抗隆美尔！！迪尔过去也曾因此遭受指责，而且他永远不会被那些论据说服的！然后我们讨论了在遭受了最后一支护航队的损失之后，是否有向苏联再派遣一支护航船队的可能性。

中东的配置兵力与战斗力始终是一个令人不快的话题。在一次内阁会议上，他转过身来对我说："帝国总参谋长，请你解释一下，为什么在中东领取军饷和补给的时候总是有七十五万人出现，但是到了战斗的时候却只来了十万人！现在请告诉我们，剩下的六十五万人是怎么用的！"在内阁会议上，这个问题是很难回答的。他永远搞不清楚，或者是不想搞清楚，中东是一个庞大的基地，为除了西部沙漠以外的各个战场提供保障和服务。索马里、埃塞俄比亚、巴勒斯坦、黎巴嫩、希腊、克里特岛、伊拉克和波斯，都曾是它的服务范围。他提到的数字看上去令人震惊，但是考虑到现代机械化作战的需求，具体分解之后，其实并不算过分。

晚上，陆军部在丽兹酒店为艾森豪威尔、怀南特、哈里曼和其他几位美国将军们举行了晚宴。

7月11日

今天的参谋长会议结束得比较早。但是午饭之后，麻烦来了，首相坚持要发一份惹人不快的电报给奥金莱克，而这不会有任何好处。"巴哥犬"伊斯梅花了一早上时间劝阻他不要发这份电报，但没有成功！最后在晚饭前回到家中。

7月12日

早饭之后，和首相谈了谈，至少他同意对电报内容进行修改，并把它分成两份，一半给奥克，一半给科贝特！

7月13日

典型的周一！参谋长会议上，我们讨论了再派一支护航船队到苏联的可能性，在上一支护航船队损失了75%之后！下午5点半的内阁会议上，由于中东报告部分"瓦伦丁"坦克在运抵的时候就已经坏了，首相又把陆军部骂了一通。晚上10点的国防委员会会议上，对有关苏联护航船队的问题做出了最终决定。花了这么长时间才达成的决定！不过最终所有人的意见达成了一致，首相决定目前不再向苏联派出护航船队了。然后他又谈到援助斯大林的替代方案，再次回到他那发动挪威攻势的想法上。指出发动这场攻势将是多么的容易！这让会议气氛一度火药味十足！！

就在我准备离开的时候，又被叫了回去，因为刚刚收到史末资①发

---

① 扬·克里斯蒂安·史末资(Jan Christian Smuts，1870—1950)，南非著名政治家。他是英联邦这一概念的创始者，对国际联盟和联合国的成立均做出很大贡献。——译者

来的电报，对军事法庭有关托布鲁克投降的调查感到十分不安，因为谣言已经四处传开，说南非军队指挥官是个内奸！！艾登建议我，应该致电威尔逊①，让他安排他的军事法庭确保这位南非指挥官无罪！我的建议是，军事法庭必须如实禀报情况，内容可以保密，并交由政府来处理，以他们认为最好的方式。我的建议被采纳了。

7月14日

又一次艰难的参谋长会议，第一海务大臣大部分时间都在睡觉！下午的遴选委员会会议，"蒂姆"派尔也参加了。随着年龄的增长，他的面相越发的奸诈！他是个让人讨厌的人！在怀特俱乐部和伊万·科博尔德共进晚餐。

7月15日

参谋长会议上，我大部分精力都用来调和空军参谋长和海军参谋长之间的争执。奥斯瓦尔德·伯利夫妇和波特尔夫妇一起来吃午饭，介绍他们互相认识，因为伯利希望为波特尔画像。下午5点，尼尔·里奇来见我。这是一次伤感的会面，因为我很清楚，他被从第8集团军免职是个什么感觉。不过，聊了一会儿之后，他开始兴奋起来，津津有味地谈起他的那些经历。

尼尔·里奇在法国敦刻尔克作战期间的表现，让我非常满意，并且我越来越喜欢他，我不愿看到他受到如此严厉的处分。我告诉他，我认为他被奥金莱克提拔得太快了，他甚至没有指挥过一个师作战就被推到了第8集团军司令的位置上。我告诉他，对自己必须重拾信心。要做到

---

① 亨利·梅特兰·威尔逊（Henry Maitland Wilson，1881—1964），男爵，绰号"巨人"，英国陆军元帅。——译者

这一点，他必须回到之前曾经得心应手的岗位上，也就是说在国内担任一个师级指挥官。我对他说，什么时候他对自己有信心了，我会给他一个集团军。事实果真如此。

晚上7点，不得不去唐宁街10号，和首相讨论如果德国人进一步深入高加索地区，从印度调遣兵力去中东的必要性。我们坐在花园里，他的心情很好。我对他说，如果他不能去中东，我应该自己去一趟，到直布罗陀、马耳他和中东。他同意了。

今天接到消息，马歇尔、金和哈里·霍普金斯在路上了，他们要来商讨下一步的行动计划。这真是个奇怪的组合，因为哈里·霍普金斯主张在非洲发动攻势，马歇尔希望在欧洲，而金决心在太平洋发起进攻！我相信下个周末我们全体都得去契克斯庄园，讨论各种方案。

那个时候我已经知道，如果想要温斯顿同意某件事，你必须等上几天，寻找有利时机。如果在错误的时间提出要求，将会导致灾难！一旦你得到否定的答复，就几乎不可能再让他改主意！为了向他提出让我独自去中东，我已经等了好几天，非常珍贵的几天时间。我知道被他否决的可能性很大，他可能会说离不开我，而他心里真实的原因是恼恨我一个人去，没有带他。同时，中东的局势并没有好转，奥金莱克建议把第8集团军交给科贝特。因此，我必须亲自去看看究竟是哪里出了问题，这期间我可不想让温斯顿跟着我！幸运的是，坐在唐宁街10号花园里的那个可爱夜晚，我发现他正处于心平气和、通情达理的状态，于是立刻采取行动并得到了他的批准，令我十分欣喜。唯一的问题是，我不能立刻启程，因为不得不等待哈里·霍普金斯一行的到来，在这期间，温斯顿改变主意要和我一起去的风险是随时存在的。

7月16日

一整天都很安静。沉闷的参谋长会议，下午没有太多工作，晚上尼尔·里奇来吃饭。他一直待到凌晨1点15分，与他的再次会面收获巨大，听到了他们在中东作战的许多详细情况。

7月17日

参谋长会议的大部分时间在为哈里·霍普金斯、马歇尔和金的来访做准备，他们现在已经在路上了，明天一早到。他们此行的原因是因为不满我们坚持把登陆法国的行动推迟到1943年，如果可能的话他们想在1942年就实施。按照我的想法，在1942年发起登陆行动的话就死定了，一点儿胜算都没有。1943年也必须要看苏联的情况如何。如果苏联被打败并占领的话，就不能登陆法国，应该以进攻北非的行动取而代之。但是马歇尔似乎想要一个确定的计划，无论发生任何情况都要执行！

我觉得马歇尔那种死板的策略很难成功。他从未充分理解在法国的行动意味着什么——美军部队都是新兵，我们的队伍大多数也是新兵，德国部队的训练标准与我们相比是完全不同的。他不了解，德国人能以比我们快三到四倍的速度增援被攻击点；他也不了解，地中海航道不通，我们始终要面临航运短缺的严重影响。

很明显，如果苏联被打败了，德国人就可以集中他们的大部分兵力在法国，登陆行动根本不可能实施。在这种情况下，我们唯一的希望就是在非洲展开行动。无论如何，从我接手帝国总参谋长工作的那一刻起，我就确信事情的顺序应该是：

1. 解放北非。
2. 打通地中海，得到100万吨的运力。

3. 通过消灭意大利对欧洲南部形成威胁。

4. 那时，只有到那时，如果苏联仍然能掌控局势，解放法国，入侵德国。

渴望直接登陆法国的马歇尔没有认识到，过早地采取这种行动只会导致最严重的灾难。

在萨沃伊酒店与纳菲尔德勋爵共进午餐，了解他用浮动卡车实施两栖登陆的研究成果。他的工程师们取得了很大的进步。

7月18日

早上7点50分，去尤斯顿车站迎接哈里·霍普金斯、马歇尔、金和其他几个人。参谋长会议开了很长时间，与美军参谋长进行讨论。下午4点，工作快要结束的时候，想着很快就能回家了，却接到了通知：所有参谋长都要去契克斯庄园过夜！！到那里刚好赶上吃晚饭。有庞德、波特尔、蒙巴顿、伊斯梅、查韦尔和我。晚饭后，我们坐了很长时间，回顾整个战局和各条战线的相对优势。一直持续到凌晨2点，我们又被带去看了一场电影！最后在凌晨2点45分上床睡觉。

7月19日

早上9点离开契克斯，直奔费尔内街，和你度过了清静的一天。

7月20日

早上9点到达陆军部。发现有一大堆电报。让参谋长会议头痛的是，蒙巴顿又一次自作主张了！12点30分，我们到唐宁街12号去见美军参谋长和首相！原本打算上午10点和他们进行一次非正式会谈，但首相很不放心，并告诉我，马歇尔想要获得美国军队总司令的权力，但这是宪法赋予总统的专有权力！

午饭后，下午 3 点，我们与马歇尔和金开会，并和他们争论了很长时间。发现他们两人仍然渴望在今年发动横渡英吉利海峡的行动，以缓解苏联的压力。他们意识不到这样的行动只会导致损失六个师的兵力而没有任何结果！另一个争论的问题是，他们认为我们应该利用德国人全力对付苏联的机会，为 1943 年的登陆行动建立桥头堡。不得不说服他们，这样的桥头堡是没有希望熬过冬天的。接下来讨论了在北非发起登陆行动的替代方案，他们不太喜欢我们多谈论太平洋。

匆匆赶回陆军部，与国防大臣参谋长、帝国常务副总参谋长、副总参谋长、作战处长、情报处长和秘书长开会。晚饭后，辛苦工作了两个小时，又被叫到唐宁街 11 号。在那里见到了霍普金斯、哈里曼和比弗布鲁克，还有首相。在别人离开后，他把我单独留下来一直待到凌晨 1 点，告诉我与马歇尔和金谈话的结果。

7 月 21 日

从上午 10 点开始，开了一个简短的参谋长会议，紧接着在 11 点与美军参谋长召开会议。

令人失望的开局！基本上又回到我们昨天早上开始的地方！除了马歇尔承认，他认为没有机会在 9 月份之前对欧洲发动进攻，以帮助苏联。他忽略了一点，那就是到了 9 月，苏联人可能已经不再需要援助，而且那个季节的天气状况使得跨海峡作战几乎不可能！我们继续争论了两个小时，在这期间，金的脸板得就像狮身人面像一样，他只有一个想法，就是把作战重心转移到太平洋。会议最后在下午 1 点结束，我觉得我们略微取得了一点儿进展。说好明天上午 11 点钟再开一次会。

下午，从中东回来的诺里来看我，我们谈了一个小时。又和常务副总参谋长、副总参谋长和参谋处长开了很长时间的会,解决未来在资源极其有限的情况下,如何最大限度地利用人力的问题。贝文和亚当来吃晚饭,我们的谈话收获良多。我喜欢贝文,觉得他在全力以赴要帮助我们赢得这场战争。他向我们活灵活现地描述了他与温斯顿和比弗布鲁克周末在契克斯的情形,当时他们试图让他继续担任劳工部长,在拟定担任生产部长的比弗布鲁克的领导下!贝文直截了当地拒绝了,并说他愿意做任何工作,只要不在比弗布鲁克手下。

晚上 11 点,不得不回到唐宁街 10 号。艾登和霍普金斯都在那儿,我没能参加他们的会谈,因为担心被马歇尔和金知道了,让他们觉得是霍普金斯根据总统的意思挑动我反对他们!因此,首相来到内阁会议室见我,了解我们上午会议的结果。凌晨 12 点 30 分回到家。

7月22日

上午 10 点开始参谋长会议,10 点 45 分被首相叫去,讨论督促奥金莱克尽快发动攻势的电报草稿。为了节省时间,我让速记员帮我读了一遍电报,并要求看了打印稿,力劝首相没有发出去。

上午 11 点钟,再次与美军参谋长会谈。他们递交了一份书面备忘录,坚持进攻瑟堡突出部,作为 1943 年攻势的初步行动。备忘录里提到了所有的有利因素,却忽略了最主要的不利条件,那就是我们不可能在瑟堡捱到明年春天!我向他们指出了所有的不利因素。他们没有再接下去讨论进攻行动,但表示他们现在必须把这个问题提交给总统,并希望首先见到首相。我约好下午 3 点和首相见面,向他汇报情况,并讨论最有利的行动方针。

然后你来吃午饭,和你在一起的几个小时,对于忙碌的我来说,是如此的快乐和放松。

下午 3 点,我们都去了唐宁街,一直待到下午 4 点。首相告知美军参谋长们，他与他的参谋长们意见一致，并将在下午 5 点半将所有问题提交到战时内阁讨论。在内阁会议上，作为开场我先汇报了我们所有会议讨论的结果，然后逐一说明反对 1942 年进攻瑟堡的理由。很容易就说服了内阁全体一致反对它。因此，现在美军参谋长们正忙着给美国发电报，我们在等待下一阶段的会议。我希望他们不会像上次那样持续讨论七个小时，让人筋疲力尽！晚上，参谋长委员会在克拉瑞芝酒店为美国人举行晚宴。总的来说进展顺利。

7月23日

我的生日！五十九岁！我不想过！

艰难的参谋长会议，讨论采取一些必要措施，以防止德国通过波斯攻击阿巴丹①油田，万一苏联抵抗不住的话。然后在丽兹酒店与土耳其大使共进午餐，大部分时间他都在向我解释，为什么土耳其在任何情况下都不能与德国人同流合污！他并没有令我信服！就在午餐时接到消息，首相希望参谋长们在下午 3 点与他会面。到了那里，首相告诉我们与美国人谈判的最新进展。罗斯福已经回电，接受了 1942 年不能发动西线作战的事实。他还赞成在北非发动进攻，正在说服他的参谋长们朝这个方向努力。他们应该和他们的参谋们将各个方面的问题考虑周全，我们明天可能会再次会面。温斯顿觉得，我不应该提到 1943 年的中东危机，这会拖延马歇尔进入非洲的时间。我告诉他，我必须把整个战略局势摆在美国人面前，预见前面所面临的困难！！

奥金莱克前天发起了新的攻势，他对自己的进展并不满意。晚上，和马歇尔共进晚餐，还有珀西·詹姆斯·格里格、温宁和威克斯。马歇尔心情愉快，十分友好。

---

① 阿巴丹（Abadan），伊朗胡齐斯坦省港口城市，距波斯湾约 50 公里，伊朗石油输出的集散地，伊朗国营石油公司总部所在地，世界最大炼油中心之一。——译者

7月24日

在我们正开参谋长会议的时候,接到了马歇尔的通知,说美军参谋长准备好在中午 12 点与我们会面。我有点儿紧张,不知道自从我们上次会面以后,他们又在谋划些什么!不知道又要面对什么新的困难和麻烦!还好,他们草拟了一份文件,里面几乎包含了我们在一开始要求他们同意的所有内容。我们的会议一直持续到下午 1 点半,只对他们的草稿做了一些小的改动。然后散会,到下午 3 点,我们再次会面,对修改过的文稿进行审议。然后我们决定,在双方联合签署这份"英美联合参谋长委员会文件"之前,先由英军参谋长将文件提交给首相和内阁批准。他们一致同意放弃立即进攻欧洲大陆的计划,准备在明年不可能重返欧洲的情况下,实施对北非的进攻计划。为了达到这个目的,我们准备接收美国部署在波斯的一个装甲师,并为此削减一定数量的空运配额。

下午 4 点半,我们和首相开会,我把报告交给他,他很高兴,立刻就批准了。下午 5 点的内阁会议上,首先讨论斯大林的答复,关于停止北方护航船队以及暂时不可能开辟西线战场的暗示,他的回复很不客气!然后,首相让我把我们的报告提交给内阁。从一开始就不顺利!安东尼·艾登和克里普斯认为他们看出了其中的一个缺陷,开始为他们并不清楚的事情争论起来,其他人也加入进来,很快我们就陷入了在内阁中经常能看到的情形之中,为一些被错误引用和曲解的细节而争论不休,将真正的问题弃之不顾。为了把事情讲清楚,急得我大汗淋漓,在大多数内阁成员的支持下,和艾登和克里普斯展开了激烈的争论。贝文、约翰·安德森、布鲁斯和首相支持我,艾德礼、奥利弗·利特尔顿和亚历山大反对。最后,我胜利了,报告一字不动地通过了。任何改动都将是致命的,美国人大老远地来见我们,否则我就把价码开得高一些了。

这是十分煎熬的一周,不过想到我们已经从美军参谋长那里得到了我们想要的,还是很满意的。刚刚得知明晚要去契克斯庄园!

7月25日

参谋长会议上,鉴于马达加斯加的谈判已经失败,我们审议了向那里派遣远征军的可能性,在尽可能减少对缅甸和北非行动影响的情况下。午饭后,会见了佩吉特,告诉他上周的工作成果。接着会见了安迪·麦克诺顿,了解他远征挪威北部的计划进展如何。他提出要五个师,二十个飞行中队和一支大型舰队!

然后被首相叫去了,他想知道我们早上与马歇尔和金会面的结果。我告诉他,我们已经解决了北非的问题。美国人担任总指挥,英国人担任副总指挥。总指挥官麾下有两位特遣部队指挥官,一名美国人负责卡萨布兰卡①战线,一名英国人负责奥兰②战线。我想让亚历山大做特遣部队的指挥官。他想让他兼任副总指挥和特遣部队指挥官!和他为此争论了一个小时,从下午6点吵到7点,最后不得不停下来,因为是时候动身去契克斯了!!

晚上8点到了那里。参加的人有首相和夫人、马歇尔、金、霍普金斯、哈里曼、三位参谋长、"巴哥犬"、马丁和汤米。晚餐之后,美军参谋长欣赏了克伦威尔的面具和伊丽莎白女王的戒指。然后他们乘专列前往苏格兰,再飞回美国。他们离开之后,我们看了一部好看的电影《小

---

① 卡萨布兰卡(Casablanca),摩洛哥西部的一座城市,位于大西洋岸边,距离东北方向的首都拉巴特90公里,是摩洛哥的最大城市和主要港口,也是商业金融中心。1943年1月14日至24日,美国总统罗斯福和英国首相丘吉尔在该市召开了"卡萨布兰卡会议"。——译者

② 奥兰(Oran),位于阿尔及利亚西北部地中海沿岸的港口城市,是该国第二大城市,也是奥兰省省会。——译者

皮特》，然后又聊了两个小时，在凌晨 2 点 45 分上床睡觉！累坏了，谢天谢地这一周终于结束了。

7 月 26 日

早上 7 点半被叫醒，9 点钟离开，回到费尔内街。在家里度过了一个美好宁静的星期天，只是想到一点便坏了心情——那就是我们将要有三到四个星期不能见面了，因为你要去康沃尔旅行，而我要出访埃及、印度等地。

7 月 27 日

在参谋长会议上，我们审定了下一步的作战方案，开始积极筹划北非登陆行动和必要的欺骗诈敌措施。下午开始，为我下周四或周五去埃及的行程做准备。5 点半出席内阁会议。就在会议开始之前，收到来自奥金莱克的电报，他已经发起了新的攻势。

7 月 28 日

由于登陆艇难以及时返回投入北非登陆行动，大家在考虑是否有必要放弃马达加斯加行动。午饭后，为出访接种了黄热病疫苗。接下来是一系列的会谈，阿兰·坎宁安、陆军大臣、常务副总参谋长、陆军部秘书长、副总参谋长，陆军大臣开完内阁会议之后，又回来找我谈话。他回来的时候怒不可遏，因为由艾德礼、克里普斯和艾登组成的一个特别委员会，在审查削减陆军后勤服务的可能性！！

晚餐后 10 点钟和首相开会，我们再次讨论了马达加斯加问题和对仰光的行动，以及为苏联派遣护航船队的事情。由于奥金莱克的第二次进攻被击退，首相的情绪极其低落。不停地问奥克为什么不能这样做或那样做，让他一点儿信心都没有。真是令人伤心。为了维护奥克我不得不与他争辩，这并不容易，因为我自己有时也怀疑奥克到底在干什么。我告诉首相，我打算从伊拉克前往印度。他不赞成，建议应该让韦维尔来巴士拉和我会面。去印度可能会有困难，但应当尽力而为。

7月29日

简短的参谋长会议，我们再次回顾了中东局势，埃及相对于阿巴丹油田的重要性等等。忙了一下午，在启程去中东之前把手头上的琐事处理完毕。下午6点半，首相叫我到唐宁街10号，我们在花园里聊了一个小时，讨论他希望我在中东、波斯、伊拉克和印度等地考察的问题。很明显，如果可能的话，他很想和我一起去，他希望我为他汇报旅行的情况。

7月30日

参谋长会议只开了很短的时间，波特尔爆料说温斯顿已经决定立刻跟我一起去中东！中午12点他把我叫去，说昨天我离开之后，他在吃晚饭的时候，决定了星期五出行！在晚饭之后他立即召集了战时内阁会议，并获得他们的批准。此后又收到驻莫斯科大使的电报，建议温斯顿去访问斯大林！因此他正在考虑去一趟苏联，想让我和他一起去！！我所有的计划都被打乱了。

早早地吃了午饭，匆匆赶到法恩伯勒①去看新的"克伦威尔"坦克试验。非常出色的设计，只要我们能得到足够的流星发动机。开着它转了一会儿，非常喜欢。6点半返回。和佩吉特谈了很长时间。然后在萨沃伊酒店与卢卡斯、罗茨和威尔勋爵、陆军大臣、格林、威克斯、奈、

---

① 法恩伯勒(Farnborough)，英国著名的航空城，皇家空军研发中心及专用机场所在地，位于汉普郡东北部的拉什莫尔境内。自1948年起，该地每两年举办一次的航空展是世界上仅次于巴黎航空展的第二大航空业盛事。——译者

邦德等人共进晚餐。期间首相打电话要我 11 点半到唐宁街 10 号，和他商量旅行的细节一直到凌晨 1 点。他现在打算星期六出发，在我之后的第二天抵达直布罗陀，化装成一个灰白胡子的老头！然后他直接飞往开罗，因此我们在同一天到达那里。目前的建议是我们在阿斯特拉罕①与斯大林会面。现在我得把克兰伯恩带上我的飞机，然后把他留在马耳他。

明天开始用一个新的笔记本，因为我不敢把老本子带在身边，冒着万一被抓住或坠机的风险。

7 月 31 日，波特里斯，300 英里，一小时四十五分钟

参加了一个简短的参谋长会议，然后回陆军部吃午饭，收拾行李。下午 5 点 30 分，与亚当和彼得前往亨登。在那里见到了克兰伯恩和艾特肯。他们将和我们一起去马耳他。我们乘坐的是一架"火烈鸟"②，一路非常舒适，大约晚上 7 点 45 分抵达康沃尔郡的波特里斯。吃了一顿丰盛的晚餐之后，现在我要上床睡上几个小时，然后明天凌晨 2 点出发去直布罗陀。一个非常美好的夜晚，我不想睡觉！

8 月 1 日，直布罗陀，1 500 英里，七小时

迷迷糊糊睡了两个小时，凌晨 1 点半被叫醒吃早餐！！然后我们上了飞机，在黑暗中启程出发。一路上没有睡好，因为飞机噪声太大。差几分钟 9 点的时候，我们看到山顶在云海中若隐若现，云层消散后不久，

---

① 阿斯特拉罕（Astrakhan），位于俄罗斯伏尔加河三角洲地区，伏尔加河流经的最后一个大城市。阿斯特拉罕州首府，东南距里海约 100 公里。建于 13 世纪，1460 至 1556 年为阿斯特拉罕汗国都城。——译者
② DH-95 型飞机，英文全称为 de Havilland Flamingo，绰号"火烈鸟"或者"红鹤"，它是由英国德·哈维兰公司设计的第一种全金属结构运输机，采用上单翼结构，于 1938 年 12 月 28 日首飞，1939 年 5 月开始在赫斯顿到南安普顿的航线使用，由于二战爆发，商业飞机的生产被停止，但英国军方订购了少量该机用于通讯飞行和皇室专机。共生产了十六架。——译者

直布罗陀的"巨岩"① 在我们面前清晰可见。我们在着陆前绕着它飞了一圈，很有意思。梅森-麦克法兰和他的参谋在机场迎接我们。

洗了澡，吃完早饭之后，在梅森-麦克法兰的陪同下，参观了防御工事和隧道。盛大的午宴，海军司令、空军司令等人均有出席。之后又去参观防御工事，直到喝下午茶。然后我们乘坐汽艇出海，在海上欣赏直布罗陀"巨岩"。自从战争开始以来，这里已经完成了大量的隧道工程。几乎所有的商店，医院，蒸馏室，卫戍部队的装备、弹药和住所，都建在从山体挖出的隧道中。此外，还有一条足规格的货车道路从东到西贯穿山体。晚餐后，我们观看了防空炮火和探照灯演习。最后在晚上11点登上飞机，再次飞入沉沉夜色之中。

由于这次飞行必须在黎明前到达马耳他，否则有可能被意大利的战机击落。迪尔和艾登在去希腊的路上错过了这个岛，飞过了，不得不掉头回去找，好在及时到达了。我特别想去马耳他看望戈特，因为我知道他现在很沮丧，觉得自己被排挤到角落里，远离了真正的战争，而且整个岛上的部队都有被全部消灭的危险。无论他在体力和脑力上的消耗，都比岛上其他人多一倍，但他仍然和他们一样，坚持按照降低的配给标准生活，这令他的抑郁症状更加严重。由于汽油短缺，在闷热的酷暑天气里他骑着自行车来回穿梭，经常不得不扛着自行车穿过那些被炸毁的房屋。

我想告诉他关于在中东建立新的司令部的计划，向西推进，协同英

---

① 直布罗陀巨岩（Rock of Gibraltar），位于直布罗陀境内的巨型石灰岩，高达426米，北端邻近西班牙边境。该岩石是联合王国的皇家财产，其主权随同直布罗陀，在西班牙王位继承战争后的1713年，根据《乌得勒支和约》，自西班牙交到英国手上。直布罗陀巨岩被认为是海格力斯之柱之一，另一柱在北非，受腓尼基传说的影响，这两支柱在古代被认为是已知世界的极限。——译者

美盟军在西非登陆后的向东推进，最终会师。我想让他知道，如果这一切都成功了，他会发现自己正处在一个进攻的前哨站，而不是他自己认为的与世隔绝之地。我确信，有了明确的期望目标，对驱散他的阴郁会有很大帮助。

8月2日，马耳他，1 250英里，六小时

一次非常平稳舒适的飞行。从梅森-麦克法兰那儿借来了耳塞，用来消除引擎的噪声，在前一次飞行中发现这种噪声影响了我的听力。断断续续地睡了一会儿，睡得正香的时候被惊醒，发现飞机颠簸得很厉害，以为出了什么问题，直到意识到我们正在黑暗中降落在马耳他！刚好在黎明之前。戈特派他的副官明斯特来接我们，空军司令帕克①也在那里。我们开车去了戈特的住所，喝了点茶，然后上床睡了四个小时，一直睡到上午10点。之后和戈特商量事情直到午饭时间，告诉他未来在非洲的计划，这令他十分感兴趣。吃午饭的时候，帕克和海军司令利瑟姆②也来了，还有皇家炮兵司令贝克特③。午饭后去了码头和瓦莱塔。看到了令人难以想象的破坏，让人想起上次战争中伊普尔、阿拉斯和朗斯被严重损毁的样子。我们乘坐海军上将的驳船去看了上支护航船队的残骸。最后又视察了新的船坞车间，在山体挖掘的隧道中。和负责码头的海军将领一起喝了茶。白天有5次空袭警报，但没有严重的轰炸。最后在晚上10点45分，我们准备出发之前，一架德国飞机飞了过来，但没有停留。

---

① 基斯·罗德尼·帕克(Keith Rodney Park, 1892—1975)，英国皇家空军上将。——译者
② 拉尔夫·利瑟姆(Ralph Leatham, 1888—1954)，英国皇家海军上将。——译者
③ 克利福德·托马森·贝克特(Clifford Thomason Beckett, 1891—1972)，英国陆军少将。——译者

这是非常炎热和累人的一天，尤其是在直布罗陀度过了艰难的一天之后，再加上两个晚上没怎么睡觉的飞行，坐着的时候两腿之间还夹着一个木箱子。但这次访问是值得的，我认为给戈特带来了新的希望。马耳他当时的整体情况无疑令人沮丧，这还是说得好听的！口粮短缺，汽油短缺，当戈特经过的时候饥饿的人们揉着肚子看着他，码头损毁，航运队刚靠近岛就被击沉了，而且敌人仍有可能入侵这个岛，而他们没有太多希望能够得到增援。

8月3日，开罗，1 250英里，七小时

晚上11点，我们起飞进入一片黑暗之中。旅途非常平静，尽管我们恰好飞行在克里特和昔兰尼加之间的"轰炸机通道"上。和前几天一样，我们的飞行高度在8 000到10 000英尺之间。就在天快亮的时候，我们到达了亚历山大港以东的三角洲入海口，然后飞向内陆寻找位于亚历山大到开罗公路上的一个机场。倒霉的是，我们遇到了一片低云层，一个小时里都无法降落。在这期间，我们在清晨的阳光下，在云海上空飞行。我睡得不多，腿也发麻了。最后，我们在早上6点30分左右降落，发现机场上聚集了一大群人，等待着不久就将抵达的首相。驻埃及大使迈尔斯·兰普森[1]、凯西、地中海战区空军司令特德[2]、海军司令、参谋长和里德尔。我们没有等首相，而是驱车25英里前往开罗的大使馆，在那里我刮了胡子，洗了澡，吃了早餐。然后首相出现了，他的旅程很愉快，看起来相当的神清气爽。他带着他的医生威尔逊一起，威尔逊告诉我有点儿担心首相的脉搏。

---

[1] 迈尔斯·韦德伯恩·兰普森（Miles Wedderburn Lampson，1880—1964），英国外交官，时任英国驻埃及大使、苏丹事务高级专员。——译者
[2] 阿瑟·威廉·特德（Arthur William Tedder，1890—1967），英国皇家空军元帅。——译者

早饭后去了司令部，和参谋长科贝特谈了很长时间。我见他的次数越多，就越少想起他——他是个格局非常小的人。

与他的一次面谈就足以评价他了。他是一个格局非常非常小的人，不适合参谋长的工作，也根本无法胜任奥金莱克提议的第 8 集团军指挥工作。因此，对科贝特的选择反映了奥金莱克在用人方面的眼光之差，也证实了我在这方面的担心。

也和梅瑟威①进行了一次长谈，他谈起最近的战斗兴致很高。中午，南非总理史末资从比勒陀利亚乘飞机抵达。在回应首相的观点时，他表现出的睿智令人惊叹。

午饭后，去见奥金莱克之前，我们抓紧时间睡了四十五分钟，他正从前线往回赶。在我们参加他的司令部会议之前，先和他简单谈了谈。下午 5 点半，他来到大使馆，我们和首相谈了很长时间，之后他又找我进一步谈话。一想到在 9 月 15 日之前都无法发起进攻，他就一筹莫展。我已经意识到后面一段时间要有麻烦了。

晚饭后，正当我睡意蒙眬的时候，首相又把我叫过去，一直待到凌晨 1 点半。我们再次讨论了奥金莱克必须回到整个中东战区的指挥岗位上并放手第 8 集团军的话题。而这正是我从一开始就告诉他的！然后为了高特②接手的问题进行了激烈的争论，可是我知道高特的状态不佳。

---

① 弗兰克·沃尔特·梅瑟威（Frank Walter Messervy，1893—1974），英国陆军上将，作战中经常不刮胡子，人送绰号"胡子男"（Bearded Man）。——译者

② 威廉·亨利·埃瓦尔特·高特（William Henry Ewart Gott，1897—1942），英国陆军中将，绰号"惩罚者"（Strafer），来自一战时期的德语宣传口号"Gott strafe England"（上帝惩罚英格兰）。高特的进攻精神是很对丘吉尔路子的，1942 年 8 月，丘吉尔对中东战区进行"大换血"，在一战时的战友、外交大臣安东尼·艾登的强烈推荐下，丘吉尔不顾本书作者、总参谋长布鲁克和中东战区总司令奥金莱克的保留意见，任命高特为第 8 集团军司令。——译者

最后他干脆提议由我来接手！！我又要说服他相信我并不适合这份工作，因为我从未在沙漠中受过训练。

值得一提的是，温斯顿在没有见过高特的情况下就已经选择了他。就我个人而言，我确实很了解高特，对他评价很高。当我在1938年指挥第一机动化师的时候，他已经是奥尔德肖特装甲旅第60皇家步枪队"泡泡"巴克那个营的副营长。他是个出色的指挥官，在战争爆发之前就已经身处沙漠地带了，沙漠对他的影响那时已经开始显现。他不再像以前那样精神饱满了。我偶然得知他在写给妻子的一封信中，表示他感到有些厌倦。因此我认为，以高特现在的状态，不是那个能够让第8集团军重拾信心的人。我们需要像蒙哥马利这样的人，自信满满，并能够将这种自信感染他手下的人。无论如何，我想亲自去见见高特，看看他的状态到底如何，以确定他是否适合指挥第8集团军。

温斯顿建议我接手第8集团军的时候，唤起了我心中最强烈的渴望！在法国指挥第二军的时候，我已经体会到了带兵作战的兴奋，那是一种纯粹的刺激和兴奋，与参谋工作不可同日而语。即便是作为帝国总参谋长，在为温斯顿这样的人工作，为了达到最后的目标，你仍然需要不断面对挫败、冲突和无以言述的困难。

8月4日

上午9点会见了奥金莱克，与他进行了简短的交谈，然后与他、特德和海军司令一起参加战区司令官联合会议。我们讨论了埃及相对于阿巴丹的重要性，并一致认为后者更为重要。

因为整个中东、印度洋和印度的海陆空军的所有动力都完全依赖阿巴丹的石油，如果我们失去了这一供给源，由于油轮的短缺加上现有船只不断遭受潜艇攻击的损失，美国的资源是无法完全弥补的。因此，如果我们失去了波斯石油，就不可避免地将失去埃及，失去对印度洋的控制权，进而危及整个印缅局势。

中午 12 点回到大使馆，与史末资进行了一个小时的会谈，我们讨论了尽快将南非在马达加斯加一个旅的兵力解放出来，为他们改造装甲师，以及中东局势等问题。他对奥金莱克的评价很好，但认为他选的下属很差劲，并提出几点应当改革之处。他所提的大部分建议与我的观点一致。他是一位相处起来最能令人愉悦的老人，头脑非常的清醒。

然后我和奥金莱克、特德和海军司令在穆罕默德·阿里俱乐部吃午饭。结束后，我们回到司令部和奥克谈了很长时间。收获最大的一次谈话。令我欣喜的是他同意做一些必要的调整，即：

1. 任命蒙哥马利担任第 8 集团军司令。
2. 选择新的参谋长取代科贝特。
3. "巨人"威尔逊太老了，由戈特接替。
4. 奎南[①]不适合指挥第 10 集团军，由安德森接替。

这些变动应该能够带来一些改善，但我仍然必须获得首相的批准，而这并不容易。

我很惊讶奥克居然同意接受蒙蒂指挥第 8 集团军。我预料到会有一些反对的声音，不过就连我自己也非常担心，那就是奥克和蒙蒂的组合是否能合作融洽。我觉得奥克会过多地干扰蒙蒂，把他的缰绳拴得太紧，影响他大步前进的速度。我急于让蒙蒂接手第 8 集团军，因此考虑

---

① 爱德华·奎南（Edward Pellew Quinan，1884—1960），英国陆军上将。长期在印度军服役。——译者

有必要将奥克调任其他指挥岗位……我和"巨人"威尔逊很熟悉。1919年在参谋学院的时候,我们俩是邻桌。我很清楚他的出色能力,但是来自各个方面的消息都说他已经显现出衰老的迹象,没了干劲儿。我被误导了,不应该如此轻信谣言。所幸我及时发现了自己的错误,并在接下来的战争中充分发挥了他的作用。

下午5点45分回到大使馆,参加由首相主持的一场大型会议。出席会议的有史末资、奥金莱克、韦维尔、海军司令、特德、凯西、雅各布和我。首相回顾了整体形势,并说明了在北非与美国人联合发起进攻的计划,以及如何与中东战区向西推进协同作战。总体来说,他讲的大部分内容都是对的。最后,他反问奥金莱克可能发起进攻的时间,我看得出他对奥克的回答并不满意!他再次施压要求进攻,在奥金莱克有能力做好准备之前!在这一点上,我觉得他简直是不可理喻。会议持续了两小时四十五分钟!!刚刚赶上在9点的晚餐之前洗个澡!

晚饭后,又被首相拖到花园里汇报我一天的工作成果,如我所料,我的这些工作他并不认可!蒙哥马利不可能在他要求的进攻时间赶到!我告诉他没人能做到。他又催促高特的事,我说我已经和奥金莱克谈过这个问题了,奥克认为他不能胜任这个工作,并且他太累了。然后我又告诉他我们计划把威尔逊调走,因为他年纪太大了。他说我没有利用好两个最出色的人:高特和威尔逊。然后他说,这两个人他一个都不认识,但是艾登是这么对他说的!!这次我向他实话实说,我说艾登挑选老"绿夹克"① 军官并不令人惊讶!这下说到点子上了,他明白了其中玄机。但他把我一直留到凌晨1点钟!我们明天早上4点45分就得起

---

① 绿夹克(Green Jacket)指步枪旅,前身是皇家第95步兵团,这支队伍的特点是使用绿色制服代替传统的红色外套,并配备了贝克步枪,是英国陆军第一支使用英制步枪取代滑膛火枪的部队,也是英国陆军第一支正规步兵部队。——译者

床！！前往莫斯科的队伍正在壮大——韦维尔即将抵达，哈里曼也可能来。

8月5日，250英里，一小时三十分钟

凌晨4点45分被叫醒，提早吃了早饭，以便5点45分和首相与他的医生一起出发去赫利奥波利斯机场。从那里我们飞往博格阿拉伯机场（位于亚历山大以西约20英里）。尽管起得很早，但首相的状态很好。奥金莱克、特德和皇家空军中将康宁安①在机场迎接我们。首相乘坐奥克的车，我和特德与康宁安一起。我们直接驱车前往阿拉曼，在那里见到了澳大利亚和南非军团的指挥官。然后又沿着公路往回开，澳大利亚士兵们聚在路旁迎接首相。他们似乎都很高兴见到他。我们开到第8集团军的司令部，奥克为我们提供了一顿简单的早餐，我们还见到了高特、第5印度师师长布里格斯②和指挥新西兰师的英格利斯，因为弗赖伯格受伤还未恢复。早餐后，首相启程回国，我留下来继续我的考察行程。

我和拉姆斯登进行了一次长谈，他曾经担任过本土军第50师师长，现在指挥一个军。然后，我在他麾下皇家炮兵指挥官马丁的陪同下，继续接下来的旅程。我们沿着著名的中央山脊出发，那里最近刚刚发生过激烈的战斗。在第5印度师司令部和布里格斯一起吃了午饭。从班加西突出重围的那个旅正是在他的指挥之下。从那里我驱车向南到高特的司令部，与他的谈话有些收获。毫无疑问，回国休养对他很有好处，我觉得他还没有准备好接管第8集团军。他需要更多的经验。不过，我不知

---

① 阿瑟·康宁安（Arthur Coningham，1895—1948），英国皇家空军中将，绰号"玛丽"。——译者
② 哈罗德·拉登·布里格斯（Harold Rawdon Briggs，1894—1952），英国陆军中将，昵称"布里戈"（Briggo）。——译者

道首相对他有什么看法，会为他而不是蒙蒂施加多大压力。

直到我们坐在一起喝茶的时候，他才开始对我敞开心扉。他说："我认为这里需要一些新鲜血液。在德国佬身上我已经招数使尽了。我们需要的是一个有新想法并且充满自信的人。"我非常了解高特，知道要不是他累了，一时萎靡不振，否则他不会说什么"招数使尽"。这证实了我的看法，即他不大可能是那个能够领导第8集团军在战争中力挽狂澜的人。

然后我开车回到第8集团军司令部，和奥克一起喝茶。这是很有收获的一天。令我印象深刻的是，陆军对空军力量的分散使用，在保养和指挥方面都造成了很糟糕的影响。这里的地形没有明显起伏的特征令我感到惊讶。就连那些山脊也没有我想象得那么清晰可辨。这支部队在沙漠里的生活并不舒适，但他们看起来健壮而坚强。地中海沿岸美丽的蔚蓝色也给我留下了极为深刻的印象。这种颜色是由海岸沿线特殊的白沙映衬而形成的。下午5点左右离开了奥克，开车返回博格阿拉伯机场，再搭乘飞机前往赫利奥波利斯。在机场见到了先行抵达的亚当，一起商议明天的计划。又熬到凌晨1点才上床睡觉。

8月6日

我一生中最困难的时刻之一，要做出至关重要的决定，关乎我自己的前途命运和战争的走势。

当我正在穿衣服，几乎还是赤身裸体的时候，首相突然闯进了我的房间。十分兴奋地告诉我，他的想法已经形成，很快就会写下来！我很是惊恐，不知道他在干什么！十分钟后，他再次闯进我的房间，邀请我和他共进早餐。然而，就在我正在吃早饭的时候，他又催我一吃完饭就赶快过来。到了他那儿，他让我坐在沙发上，而他自己则走来走去。首先，他说他决定把中东司令部一分为二。一个近东①司令部负责运河，一个中东司令部负责叙利亚、巴勒斯坦、波斯和伊拉克。我和他争辩说，不可能以运河为分界线，因为巴勒斯坦和叙利亚都依赖埃及提供后勤补给。他部分同意，然后继续说，他打算把奥金莱克调去波斯伊拉克司令部，因为他对奥克已经失去了信心。他要我接管近东司令部，蒙哥马利担任我的第8集团军司令！这让我心跳加速！！他说不需要马上回答，如果我愿意的话，可以考虑一下。不过，我毫不迟疑地告诉他，我很肯定这样的调整是错误的。我对沙漠战一无所知，在眼下的当务之急是必须发起进攻的情况下，我没有足够的时间来适应。

我没有提到的另一点是，在与首相合作了九个月之后，我终于感觉到我可以对他的一些行为有所控制，他终于开始听取我的建议。因此，我觉得，尽管接受这个提议很有诱惑力，但我必须要做出对整个大局有利的选择。最后，我无法忍受奥金莱克可能会认为我是故意来这里抢他职位的想法！首相对这个答复不满意，但还是全部接受了。

10点30分，我们与他、林塞尔、亚当和科贝特开了一次会，具体审议有关缩减军队后勤部门的问题。会议开得并不愉快，他在会议结束之前向科贝特发火。史末资也参加了会议。会议结束后，我带亚当、林塞尔和科贝特来到草坪上，商量要怎么做才能满足首相的要求。

午饭后，史末资问能不能和我谈一会儿，我们便找了一个安静的房间。然后他开始讲和首相早上一样的想法。说他认为我接受这次调整有多么的重要，如果我成功击败隆美尔，它会给我带来多么美好的未来。我把对首相说的话又原封不动地讲给他听，感谢他的好意，并告诉他，他如此确信我能成功，说明他还不是很了解我。不过，他回答说，他知

---

① 近东，是欧洲人指亚洲西南部和非洲东北部地区，但伊朗、阿富汗除外，通常指地中海东部沿岸地区，有时还包括巴尔干。——译者

道我在拯救法国的远征军时发挥了主导作用。最后，我说服他认可亚历山大是比我更好的人选。我一整天都在思考这个问题，我确信我的决定是正确的，继续担任帝国总参谋长能够让我发挥更大作用。

然后去了司令部，会见了拉姆斯登、弗赖伯格和"巨人"威尔逊。接着开了一次集团军指挥官会议，宣布了由于缺乏后续增援而合并部队编制的方案。首相又派人请我去见他和史末资，并宣读他们的最终决定。电报是发给战时内阁的，建议把中东司令部拆分成近东和中东两部分。奥金莱克不再担任原中东司令部总司令职务，接手新的中东战区。亚历山大接管近东，高特接手第8集团军。拉姆斯登调离，第10集团军的奎南调离，科贝特和道曼-史密斯也要走。综合各方面考虑，这或许是最佳解决方案。我接受了。因为亚历山大要立刻出发接手近东战区，我们在离开之前去见了他。我们回到司令部，讨论了世界整体的形势。此后和凯西谈了半小时。然后回去洗澡，又去见了一次首相，看他电报的最终稿。

这是我一生中最艰难的时刻之一，撕心裂肺的痛苦时刻！我得到了能够想到的最好的任命，我把它拒绝了！……我无法把真正的原因告诉温斯顿，暂且不论对错，这与我觉得我可以对他施加某种控制有关。无论如何，不管我控制与否，至少我现在知道需要防范的危险了。我已经发现了他性情急躁可能导致的风险。熟悉了他突然做出某种决定的行事风格，这种决定是凭直觉作出的，没有对问题进行任何逻辑上的检验。经过多次失败之后，我已经找到了与他相处的最佳方法。我知道，任何接替我的继任者至少需要六个月的时间才能像我一样熟悉他和他的行为方式。而在这六个月里，一切都可能发生。我并不是表示我能够真的控制他，我还没见过有谁能够控制他，但他已经对我逐渐建立了信任，我发现他正在越来越多地听取我给他的建议……

抵挡温斯顿的压力是困难的，但抵挡史末资的压力更是加倍困难的！我是他的崇拜者，他说的每一句话都对我有很大的影响……我必须承认，在听他说了一会儿之后，我早上下定的决心就动摇了！我犹豫了一会儿，然后，感谢上帝，我保持了坚定。回首往事，我确信我的抉择是正确的，虽然很艰难，但比起那个更具有吸引力的职位，留在帝国总参谋长的位置上，我能够为我的国家发挥更大的作用。我有许多痛彻心扉的遗憾，但无论如何，我认为自己选择了正确的道路……

我对在高特很疲惫的状态下对他的任命始终有着很重的顾虑，但是当时还没有充分认识到这个问题的严重性，因此没有提出反对。

8月7日

上午的大部分时间，都在和韦维尔讨论与印度有关的各种问题，并征求了他对目前中东局势的意见。中午12点，首相找我去看内阁给他的回电。他们对拆分司令部表示怀疑。但他们的论据不是很有说服力，他能够很容易地摆平他们。下午与亚当和韦维尔在一起，还会见了科贝特和道曼-史密斯。

就在我准备回去吃晚饭的时候，接到消息，今天下午高特从博格阿拉伯返回时飞机被击落身亡！这对我们所有的计划来说是个沉重的打击，最重要的是他是我们这次换将的核心人选之一！我真的为高特太太感到难过。晚饭后，首相、史末资和我就如何处理这件事开了个会。有点困难。首相比较喜欢威尔逊。不过，史末资助了我一臂之力，现在电报已经发给内阁，任命蒙哥马利接手第8集团军。我希望亚历山大和蒙哥马利能尽快到位，这样我就可以和他们一起解决军级指挥官和参谋长的人选问题。

哈里曼今天抵达，和几名苏联人一起。他们将陪同我们去莫斯科。

美国的马克斯韦尔①将军也和我们一起。吃午餐的时候戴高乐出现了，一如既往地傲慢自大。我盼着尽快完成这片战区的整顿工作，而不是陪着首相跑来跑去。

高特的死是一个非常沉重的打击，是最令人意想不到的一次。他当时正飞在从博格阿拉伯到赫利奥波利斯的航线上，这条航线被认为是非常安全的，我们飞的时候甚至都没有为温斯顿提供必要的护航。这是一次偶然事件，一架单独的德国飞机，在战斗中飞出了正常高度，在较低的高度往回飞。它在途中遇到一架速度缓慢的运输机，便将它击落了。上帝之手仿佛突然出现了，把我们做错的地方纠正过来。回想起来，在了解到阿拉曼的情况之后，我便认为，如果由高特指挥第8集团军，整个战争进程很可能已经改变。在他疲惫不堪的状态下，我不认为他会有蒙蒂那样的精力和活力来组织和指挥这场战斗……不要因为我的这些话而认为我对高特的评价不高。恰恰相反，我对他极为器重，认为他有能力做大事，但他不在最佳状态，在沙漠里待了太久，需要休息一下。

8月8日

很早就被叫去首相的卧室，因为他收到了内阁的答复。他们很不情愿地同意了拆分指挥权，但不喜欢命名！！！中东司令部仍然保留原有名称，新分出去的司令部将被称为"波斯-伊拉克司令部"。也许他们是对的。无论如何，蒙哥马利的任命已经被确定下来了，他的继任者也确定了，是第1军军长肯尼思·安德森。随后，雅各布将首相的信送给奥金莱克，并负责带回回信。首相、我和哈里曼在迪克·麦克里利的陪同下，参观了第8、第9和第24装甲旅。他们都在等着补充坦克。士兵们

---

① 罗素·拉蒙特·马克斯韦尔(Russell Lamonte Maxwell, 1890—1968)，美国陆军少将。——译者

大多看起来很健康。见到了很多老朋友，包括查尔斯·诺曼、柯里等人。下午 2 点半回到这里，参加了一场大型午宴，我们迟到了，即将陪同我们去莫斯科的三位苏联朋友也参加了。午宴结束后，我和奥金莱克谈了很长时间。然后回到办公室，告诉韦维尔最新的进展，接着去了美军司令部，在那里见到了马克斯韦尔将军，他们为我播放了影片，详细说明了最近对穿越非洲进军路线的调查情况。

回大使馆去见雅各布和首相。结果奥金莱克拒绝新的任命，宁愿退休。我敢肯定，他错了，伊朗-波斯战区是能让他重振威名的地方，因为那里是非常有可能成为主战场的。

我仍然认为，他不接受"伊拉克-波斯司令部"总司令的职务是错误的，尽管德国人后来没有打到这个战区，但这里在当时是至关重要的战略要点。对他来说，坦然接受才更具有"军人"的风范，而不是表现得像一个愤愤不平的电影明星。

不过，我觉得没有他有可能会更好。这意味着现在我们要寻找一位新的指挥官，并可能把这条战线置于印度之下。回到总司令部去见韦维尔，告诉他这些情况，他同意了。然后去见凯西，和他谈了很久。显然他和奥克相处得也很艰难，他向我倾诉了心声。再返回到大使馆，首相正在发表长篇大论，关于亚历山大指挥中东战区和第 8 集团军有多么重要。我又不得不再给他讲讲军队的指挥系统！恐怕他并没有比过去听进去更多！

8 月 9 日

早上 8 点半，在首相的露台上和他共进早餐。早上 7 点 15 分的时候，他的侍者叫醒我，告诉我首相已经醒了，想知道我什么时候吃早饭。我回答说早上8点半。侍者吓坏了，说："但是艾伦爵士，首相喜欢在他醒来的时候就吃早餐！"我回答说，如果是这样的话，我很遗憾他要独自吃早餐，因为我打算在8点半吃早餐，然后翻身继续睡觉！八点半我到那儿的时候，他已经吃完了，不过并没有对我表现出不快。我们在等亚历山大，我非常想在首相逮到他并给他下指示之前，先把他带到我的房间。不走运的是，我还在阳台上吃早餐的时候他就来了。首相的副官在我耳边低声说他已经到了，但却被首相听到了，然后不得不告诉他亚历山大去了厕所！最后，我逮住一个机会，冲出去找他。我想提醒他注意首相对于中东战区和第8集团军指挥权的概念，他把两者混在一起了。然后，我带着他去见首相，我们谈了很长时间，之后我和亚历山大又单独谈了很久。

中午12点，我接到奥克的消息，他已经到了总司令部，想在我们去见首相之前先跟我见面，因为他已经晚了一个多小时！我偷偷溜去了司令部，在那里见到了他，看到他情绪激动，很是气恼。他想知道这个决定的依据是什么，而我不得不解释主要是对他缺乏信心。然后，我带他去见首相说个明白。他们一直谈到下午1点半，午饭也推迟了。首相特地要求奥克一离开就要见我，告诉我他们谈话的结果。很显然，关于是否接受"波斯-伊拉克司令部"的指挥权，奥克仍然在磨叽，首相给了他几天时间来考虑。午饭后，我又见了奥克，发现他仍然心情不好。后来亚历山大来了，我把他们两人留在一起，去见韦维尔了。他和我还有特德一起谈了四十五分钟，讨论准备新设司令部里有关空军方面的问题。特德的固执令人吃惊，他在我心中的形象已经下降了。恐怕他只是个小聪明的人。最后，我花了半个小时和马克斯韦尔了解炮兵的情况。

8月10日

和亚历山大一起在露台上吃早餐，首相和我们一起。然后，奥克打电话到司令部。不得不压压他的火气让他安静下来,因为他几乎是在咆哮。11点钟的时候,回来接首相去司令部参观地图室。与韦维尔会谈,然后回来吃午饭。下午3点半,盖特豪斯来看望我。然后派人去请迪克·麦克里利,祝贺他成为参谋长,并给了他一些建议。接下来叫来科贝特,告诉他将被解职。他要求退役,因为感到累了,而他只有五十四岁!一个可怜虫。

回到大使馆,与首相和林塞尔讨论交通问题,从5点谈到6点。然后,韦维尔与首相和我讨论组建新的伊拉克-波斯司令部,以及将其置于印度司令部之下的可能性。现在,我刚刚收拾好行李,我们今晚就要开始新的冒险之旅——前往莫斯科,在午夜过后不久启程。

8月11日,德黑兰,1 300英里,六小时三十分钟

我们大约在午夜时分离开住所,驱车前往机场,然后分别登上三架"解放者"。首相与他的医生和随从一架,我和卡多根、韦维尔、特德、雅各布和另一个人同乘一架。我们一直等到凌晨2点以后才起飞,原因我也不清楚。

我们的队伍本来没必要这么庞大,因为温斯顿喜欢在这些场合有一大群陆海空的将军们陪着,但他们与手头的工作并没有太大关系,或许他觉得这样能够增加他的威严。这次出行,根本没有让韦维尔或特德去的必要。

我有一张像样的床,安装在炸弹架上,因此睡得很好。不过遗憾的是,旁边没有窗户,即使白天也看不到外面。我本来想看看那些波斯山脉的。上午8点半左右降落,然后驱车前往住所,在那里洗了澡,吃了早饭。我们本来一个小时后就要出发的,但由于昨晚出发晚了,显然今晚只能到达古比雪夫①，到不了莫斯科。因此，我们决定在这里待一天，明天一早动身去莫斯科。于是首相前去与波斯国王共进午餐，而我们留在使馆吃午饭。午饭后，我们来到公使馆工作人员居住的小山丘上，一个相当宜人的地方，绿树成荫，还有一条流过花园的清澈小溪。在花园的中央，有一个极为精美的老式波斯帐篷，里面有一个蓝色瓷砖砌成的小池塘，清澈的池水里还有金鱼！与周围干旱的乡村相比，这里真是天堂。这块土地最初是由一位前波斯国王送给维多利亚女王的，建造了不少异域风情的房屋，为公使馆的各色人等提供了极好的住宿条件。我们居住的那栋房子本来是公使（布拉德）住的，但他更喜欢住在德黑兰，把这里交给了他的副手居住，一个叫霍尔曼的人。

下午又回到了德黑兰，6点钟与首相开会，哈里曼和几名美国人参加了会议，讨论是否应该把波斯铁路和公路交通的开发交给美国人负责。总的来说，这似乎是明智的，但我们在返回开罗前要做出最后的决定。霍尔曼一家为我们提供了一顿美味至极的晚餐，使用了一整套精美绝伦的东方式餐具，我们坐在一顶很古老的波斯帐篷里，里面有一个漂亮的蓝色瓷砖水池，四周围绕着玫瑰，金鱼在里面游来游去。我们先吃了鱼子酱，然后是新鲜的褐鳟。早早上床睡觉，明天早起。

8月12日，德黑兰，两小时三十分钟，400英里

4点45分被叫醒，5点15分吃早饭，5点30分离开住所，6点之前登上飞机。实际上，由于机场起降经常延误，我们直到6点45分才起飞。飞机升空后，我爬到这架"解放者"的尾部，从那里可以看到外面，好好

---

① 古比雪夫（Kuibyshev），俄罗斯伏尔加河中游城市，萨马拉州首府。在二战期间曾被作为苏联的"战时首都"，如果莫斯科被攻下就迁都于此。在萨马拉河注入伏尔加河处，市区沿古比雪夫水库延伸35公里以上，为水陆交通枢纽和工业、文化中心。——译者

欣赏一下这个国家的美丽景色。在我们起飞一小时后,被告知四个引擎中有一个坏了,并且可调螺旋桨的叶片也卡住了。我们不得不掉头回去,并花了很长一段时间在附近转圈,以便在着陆前降低燃油量。飞机经过检查后,我们被告知明早之前都不能起飞!!所以我们又回到了使馆。总的来说我们算是幸运的,因为问题很严重,有导致飞机起火的可能。

午饭后美美睡了一觉,洗了个澡,喝了下午茶,然后和卡多根和阿奇·韦维尔在德黑兰走了走。现在,我们已经吃过晚饭,准备早早睡觉,因为明天早上5点要乘坐一架苏联飞机出发。飞行员是一名苏联人,曾经途经北极从苏联飞到美国!

这是令人失望的一天。眼看着温斯顿的飞机消失在远处,朝莫斯科飞去,而我们却要返回德黑兰!我不喜欢看着他离开我的视线,接下来不知道如何才能追上他。

8月13日,莫斯科,十三小时,1 800英里

凌晨3点半被叫醒,4点吃早餐,4点半出发去机场。在那里我们看到一架非常漂亮的"道格拉斯"飞机,里面配有八个扶手椅和两个沙发,还有一张大桌子。热情友好的苏联飞行员、翻译和机组人员。5点30分,我们出发飞往加兹温,荒凉贫瘠的沙漠平原,北面是高山。到了加兹温然后向北,穿过群山,在靠近巴列维的地方飞向里海。当我们接近里海时,景色发生了奇妙的变化。不再是光秃秃的沙漠和小山,郁郁苍苍的山丘和绿色的田野突然映入眼帘。从飞机上看下去,景色十分秀美。然后我们一直沿着里海海岸飞行,直到早上8点到达巴库①。飞机

---

① 巴库(Baku),位于里海西岸中部、阿普舍隆半岛南岸,是阿塞拜疆首都、经济文化中心,同时也是里海最大港口,外高加索最大城市,苏联最大的石油基地之一。——译者

降落加油，8点45分重新起飞。这里比我想象的更大，到处都是油井。（我在飞机上写作，飞机颠簸了一下，所以写得不好！）我们沿着西海岸一直飞到伏尔加河口的沼泽地带，小型湖泊和湿地星罗棋布，绵延数英里。然后到达阿斯特拉罕上空，从它的北边飞过伏尔加河。然后又是数英里的湿地，接着是沙漠。这个时候开始颠簸得有些令人难受！下午3点15分，我们降落在古比雪夫（陪都）。机场的迎接人员已经等待了一段时间，招待我们吃了午餐，有大量的开胃小吃，包括鱼子酱！还有伏特加！4点15分再度起飞，飞过这座城市，又穿过伏尔加河，飞到了莽莽林海的上空，在那里我看到一只鹰在下面盘旋，我们现在是在一片开阔地带上空，但是飞机颠簸了好多次。写字必须停下来了。

晚上8点半，终于抵达莫斯科，整个旅程耗时十五个小时，在空中飞行了大约十三个小时。在机场一大群人来迎接我们，包括我们的大使、苏联总参谋长沙波什尼科夫[1]、莫斯科驻军总司令和大批新闻记者。安德斯也在那里。我们不得不先拍照合影，然后乘车去旅馆匆匆换了衣服，到住在莫斯科郊外的首相那里和他共进晚餐。发现他状态很好，对他昨天和斯大林的会晤总体很满意。

晚上11点，我们要去克里姆林宫见斯大林。和他的会面真是令人难忘，他的机敏和狡黠给我留下了深刻的印象。他是一个现实主义者，很少说奉承话，也不想听到太多奉承。参加会议的包括斯大林、莫洛托夫、首相、卡多根、韦维尔、特德、雅各布、我和两名翻译。我们在那儿一直待到凌晨1点45分左右。凌晨3点半就起床的我已经开始昏昏欲睡了！讨论主要围绕着我们还不能开辟第二战场，以及他们不能理解我们为什么不能这样做的问题。明天下午3点，我将与他们的参谋长举行

---

[1] 鲍里斯·沙波什尼科夫（Boris Shaposhnikov，1882—1945），苏联陆军元帅。他对苏联的军事理论和策划有着重要的影响，在撰写的《军队的头脑》一书中探讨了党和军队领导的整合问题。——译者

一次军事会议,与他们进一步探讨这个问题。下午 6 点,去参观他们的新迫击炮。我认为今天晚上的会议总体上并不成功,在拉近我们之间的距离上也没有多少帮助。两位领导人,丘吉尔和斯大林,是两个截然不同的人,我看不到他们之间存在像罗斯福和丘吉尔之间的那种友谊。斯大林是一个不折不扣的现实主义者,对他来说,只有事实才有意义,什么计划、假设、未来的可能性都没有意义,但他始终准备面对事实,即使是不愉快的。温斯顿,正好相反,似乎从不愿意面对不愉快的事情,除非迫不得已。他希望与斯大林建立的友谊,我认为根本就不存在。总的来说,我觉得我们没有取得什么进展,被指责食言,没有勇气开辟第二条战线,认识不到苏联战线的重要性,只把我们自己不想要的装备给了他们等等,等等。

我个人认为,我们对苏联人的政策从一开始就错了,从比弗布鲁克开始。我们向他们卑躬屈膝,尽我们所能为他们提供帮助,却从不要求他们提供任何有关他们的生产、实力、部署等方面的情况。结果换来的却是他们对我们的鄙视,除了从我们这里得到东西以外,他们对我们毫无帮助。

在巴库的时候,我们的飞行员奉命在 200 英尺以下的低空飞行,挨着海岸线,以避开可能出现的德国战斗机,因为他们的部队现在正在高加索中间地带。这正合我意,因为我们可以清晰地看到高加索和里海之间一条宽 10 到 20 英里的平缓地带,这是从苏联进入波斯的主要通道之一。我很想看看苏联人正在建造什么防御工事。我的期望不高……然而,我看到的比我预想的还要少,只有一个挖了一半的反坦克壕沟,草草地遮盖起来,没有任何掩护防御!事实上,后门似乎向德国人敞开着,他们可以从中穿过,向苏联南部的补给线发起攻击,而更为重要的是,中东波斯和伊拉克至关重要的石油供应!

我很想去一趟伏尔加三角洲的湿地看看，为了拍照片！当我们掠过低空飞行时，我可以看到白鹭、苍鹭和野鸭在四周飞翔。一到古比雪夫，就令我印象深刻，我们在空中盘旋的时候，看到工厂建设正如火如荼，到处都有新工程拔地而起。着陆以后，发现有一个奇怪的招待会正等着我们！在机场的一栋楼里，显然是为温斯顿准备的午餐，他应该在前一天就到了。剩下的食物，希望第二天出现的我们能来把它们吃光！三明治的角已经开始蜷缩起来，已经打开的沙丁鱼罐头也失去了光泽，所有食物看上去都不大新鲜了！不过，鱼子酱很好，还得喝点伏特加，考虑到旅途的颠簸，吃这些东西风险可不小！

8月14日

睡了一会儿，早上9点起来吃早餐，有鱼子酱和其他各种各样的食物！早餐后在城里转了转，参观了克里姆林宫、列宁墓、红场等。还买了点东西。上午11点，波兰的安德斯将军来看我，我们讨论了波兰军队从苏联后撤到波斯的问题。现在正在进行。他对昨晚的成果不太满意，上次护航船队在马耳他遭遇重大损失也令他颇为沮丧。中午和首相一起参加午宴，坐在美国大使旁边。下午2点半，出发去观看新型火箭炮的演示。沙波什尼科夫和伏罗希洛夫都在那里。威力十足的武器，我们可以很好地利用。晚上7点左右返回，接到通知斯大林在克里姆林宫举行的晚宴要到晚上9点钟才开始。

晚上9点，我们前往克里姆林宫，宴会在其中一间国宴厅举行。我不断地回想历史，想知道在沙皇统治时期，这个房间里曾经见证过什么样不同的场景。这是一场盛大的宴会，我们全体人员、斯大林、莫洛托夫和大多数主要文职和军方官员都出席了。从一开始，伏特加就自由地流淌，人们的酒杯不停地斟满。餐桌上摆满了各式各样的开胃菜和鱼等。斯大林坐在中间的桌子，首相坐在他的右边，哈里曼坐在他的左

战争日记（1939—1945）　475

边,旁边是一名翻译,然后是我,伏罗希洛夫坐在我的左边,再过去是一位外交部官员。莫洛托夫坐在斯大林的对面,在我们坐下不到 5 分钟便开始敬酒。敬酒轮番不断。轮到我大概是第三或第四个,我的回应是祝愿红军发展壮大,然后我这里就消停了。阿奇·韦维尔用俄语回应敬酒,大获成功。

这个晚上如此拖沓漫长,许多人都有些醉醺醺的了!我感到如此无聊,看着那些食物我就觉得反胃,几乎要吐了!一共有十九道菜,我们直到凌晨 12 点 15 分才起身离开,在餐桌旁坐了三小时十五分钟!所幸首相说他感到太疲倦了,不能去看为他准备的电影了,这个夜晚才算画上句号。

晚宴结束时,斯大林非常活跃,他围着桌子走来走去,与各种各样的人敬酒干杯。他是一个杰出的人,这一点毋庸置疑,但不是一个有魅力的人。他有一张令人不快的冷酷、狡猾、死气沉沉的脸,每当我看到他时,都能想象他将人置于死地时连眼都不眨一下的样子。另一方面,也毋庸置疑,他有一个思维敏捷的头脑和对战争本质的透彻领悟。但我突然感觉他老了,开始显现出明显的衰老迹象。凌晨 2 点 15 分,我躺在床上,非常庆幸轻松逃过一劫,本来估计要被拖到凌晨 4 点!

我们在莫斯科的生活从某种角度来看就像是囚犯。每个人都有一名佩戴左轮手枪的警卫时刻跟随左右。他们站在每个人旅馆房间的外面,你走到哪儿就跟到哪儿,如影随形。

安德斯的到访肯定引起了某些关注。我上次见到他是在西科尔斯基在克拉瑞芝酒店举行的雪莉酒会上。他被派回苏联,去解救那些在苏联与德国联合入侵波兰时被俘房的波兰战俘。当他走进我旅馆房间的客厅时,招手示意让我过去和他一起坐在一张小桌旁边。然后他拿出烟盒,开始轻轻敲打桌子,并压低声音说话。他说:"只要我一直敲这张桌子,像这样说话，我们就不会被这个房间里所有的麦克风窃听到!"我必须承认，直到那时我才意识到，我的起居室里到处都是窃听器。我这时才明白，在莫斯科所有的房间里都有耳朵! 安德斯接着说，尽管他四处打探，但还是没能找到大批波兰囚犯的下落，他们大多数是各行各业中的精英。他曾跟着一条线索穿越了半个西伯利亚，但最终却消失不见。他说，他可以肯定，他们要么在西伯利亚的一个囚犯集中营被处决了，要么被谋杀了。事实证明他是正确的。这批囚犯被苏联人杀害了，后来被德国人发现，戈培尔利用这个事情大做文章①。安德斯希望我能安排他和温斯顿会谈一次，请温斯顿帮助他从斯大林那里得到授权，将其他波兰战俘集中起来，并将他们送往波斯。他告诉我，他们的处境很糟糕，大多数人都饿得半死。后来在德黑兰，我得到机会证实了这个事实。

火箭炮的演示相当精彩，这些武器对于大面积轰炸非常有效，仿佛一个炮兵连在齐射。它们由安装在卡车上倾斜一定角度的滑轨组成，从这些滑轨上可以成组发射火箭。分量较重的火箭实际上是从装它们的木箱子里直接发射出来的。木箱子被放在一个45度倾斜的架子上，箱盖被移走后，火箭通过电子点火方式发射。从莫斯科回来后，我让陆军部通过苏联大使馆索要这些火箭的详细资料和图表，但没有收到任何回复。

我从安东尼·艾登那里听到了很多关于克里姆林宫宴会的奇闻趣事，他在莫斯科访问期间参加的一次宴会上，伏罗希洛夫瘫倒在桌子下面。斯大林请教艾登，问他英国的将军们是否更善于控制酒量。艾登，作为一名经验老到的外交官，回答说:"他们也许能更好地控制酒量，但是在赢得战争方面就没有那么成功了!"考虑到伏罗希洛夫是一个既

---

① 1939年，大批波兰军官被苏联人俘虏。1941年波兰与苏联恢复外交关系后，波兰人开始寻找这些失踪的人。事实上，这些人大多数都被苏联内务部队屠杀，埋葬在卡廷、哈尔科夫和加里宁附近。1943年4月，德国宣布在卡廷发现约四千四百具尸体。

打不赢仗，能力也有限的、典型的政治将领，这属于双重侮辱。如果他不是政治头脑多过军事头脑的话，现在就不会成为国防委员会主席了。

我一整天都在为这个宴会感到恐惧，一想到一整晚都要为了躲过伏特加酒而推脱搪塞，我就不寒而栗。正如我在日记中所描述的那样，这是一场彻头彻尾的狂欢。整个晚宴过程中大家都不断地在敬酒，餐桌上摆放着各种食物，大部分都带有鱼腥和油腻的味道。在最初的一个小时里，我们至少干了十几杯。幸运的是，我面前有一壶水，趁人不注意的时候我把水倒进我的酒杯里，代替伏特加。就在这时伏罗希洛夫通过翻译说："这种白伏特加不好。我叫人去拿黄色伏特加了。"！！我想他一定是发现了我用水壶耍的花招，但他并没有，他真的喜欢黄色伏特加。新的伏特加拿来了，里面有一个大红辣椒，大概有一个大胡萝卜那么大，漂浮在酒壶里！伏罗希洛夫给我斟满酒，说道："干了"，我回答说："哦不，你知道你的黄色伏特加，我从来没喝过，所以这第一杯得慢慢喝。"我尝试着喝了几口之后，发现自己再也咽不下去了，这东西就像喝辣椒汁子一样，喉咙完全窒息了。我跟伏罗希洛夫说，我更适应喝白的，但他说他现在要喝黄的，接着快速地连喝了两杯！很快结果就显现出来了。他的额头上冒出了汗珠，然后沿着脸颊流淌。他变得目光呆滞，安静地坐着，眼睛直直地盯着前面，我很好奇他是不是就要钻到桌子底下去了。不——他留在了座位上，但对宴会的进行已经没有多大感觉了。

这个夜晚格外漫长，我越来越感到没劲儿。在我面前的众多鱼盘子当中，有一只小乳猪，上面盖着一层白色的酱汁。它有一对黑松露眼睛和一张橘子皮做的嘴。没有人吃它，一整晚它都用黑色的眼睛盯着我，橘皮做的嘴巴露出了嘲讽的微笑！如果我闭上眼睛，现在还能看见那头猪。快要结束的时候，斯大林取代莫洛托夫主持晚宴，开始一轮又一轮敬酒。他给自己的酒杯斟满了伏特加，一定是注意到了伏罗希洛夫的糗态,他径直向他走过来,站在他旁边,高高地举起酒杯,开始说祝酒词,咧嘴大笑。在他致辞的时候,伏罗希洛夫不得不站起来,这是他唯一能做到的。他双手紧紧地抓住桌子,轻轻地前后摇晃着,眼睛茫然地看着远方。关键时刻来了——斯大林举起他的酒杯,要和伏罗希洛夫碰杯。伏罗希洛夫眼睛里肯定至少看见有半打杯子,他的脸上露出为难的表情,他试图集中思想,发现自己做不到,于是决定靠运气,猛地碰向他看到的诸多杯子中的一个。运气不错,他撞了个正着!斯大林走开去又斟了十几杯酒,继续敬酒,伏罗希洛夫深深地叹了口气,瘫坐在椅子上。

终于结束了,我从桌旁站了起来,感谢上帝,我的腿和头脑仍然完全听我使唤。

8月15日

熬了一夜之后,在床上度过了一个轻松的早晨。然后和阿奇出去在红场附近走走。上午11点,我们去了首相住处,在中午12点的军事会议之前最后碰碰头。伏罗希洛夫、沙波什尼科夫与另一名将军和翻译人员参加了会议。我们这边参加会议的有阿奇·韦维尔、特德、马克斯韦尔(美国)、美国空军的人、雅各布和我。会议一直持续到下午2点半,两个半小时里我一直在反驳1942年开辟西线战场的可能性。这是非常困难的工作,因为他们无意被说服,并且希望说服我们,我们是错误的。因为他们既对法国和英国的现状一无所知,也对两栖作战的概念一无所知,这是一项从一开始就没有希望成功的任务。我们仍然十分友好,但是完全互不信任。

然后他们请我们吃午餐,期间我和沙波什尼科夫谈了一会儿,他看上去病得很厉害,精疲力尽。他在战争伊始就担任总参谋长,一直饱受心脏病还是什么病的折磨。但是他的谈吐很有魅力,我认为他是一个相当出色的参谋人员。伏罗希洛夫的性格讨人喜欢,但是一个典型的政客将军,他现在的生活要归功于他过去的智慧。

会议结束后,去向首相做了汇报,然后回到宾馆,希望能召集另一次会议讨论高加索局势,因为今天下午我提到这个问题的时候,伏罗希洛夫告诉我,他无权讨论这一问题。他说,他将努力争取得到政府的授权,在下午5点与我们开会讨论这方面的问题。毫无疑问,他们渴望得到能从我们这里获得的一切,却无意给予我们任何形式的帮助,哪怕是一丁点儿。他们是一群极为多疑的人,在战争中很难与他们达成密切的合作关系,而这是至关重要的。这次访问也许有助于我们之间建立起更多的信任,但总体令人很不满意。我们从来没有坐下来认真地讨论过这场战争的主要问题,也没有讨论过怎样才能更好地克服共同面临的困难。我们一致认同这些困难的存在并且必须克服,但是由于我们对待问题的观点截然相反,因此很难找到解决办法!

下午6点,去拜访了迈尔斯①海军少将率队的英国驻莫斯科军事代表团,然后继续与伏罗希洛夫举行第二次会谈,讨论高加索防御问题。他现在已经得到了斯大林的许可来讨论这一问题,但仍然想尽办法遮遮掩掩,避实就轻。于是我说,我已经坦诚地告诉他有关英国军队的实力情况,希望他也有同等的信任。他表示同意,然后说在高加索地区有二十五个苏联师,并配属了相应的坦克和空军部队。这和斯大林讲得一样,但我相信这不是事实。我们随后讨论了向高加索地区派遣空军增援部队的可能性。他对此的兴趣要大得多,但显然还在"挑三拣四",直到我再次发火,他的态度才好一些。最后,我们达成了一项协议,关于接收增援空军所需准备的机械设备,如果真能够抽调出空军转到这一战线上的话。

---

① 杰弗里·奥德利·迈尔斯(Geoffrey Audley Miles, 1890—1986),英国海军上将。——译者

与伏罗希洛夫和沙波什尼科夫分手后匆匆赶回来，在迈尔斯少将的公寓里与他共进晚餐。现在回来了，准备早睡，期待明天一早动身。离开莫斯科，没有丝毫留恋！如果莫斯科代表着布尔什维克主义，那我们一定要追寻更好的东西。即便考虑到战争的影响，这里充满压抑的氛围和单调、毫无生活乐趣也是显而易见的。

我发现与伏罗希洛夫和沙波什尼科夫的讨论非常累人，伏罗希洛夫对于要讨论的问题显然一无所知，军事知识也极其有限，他提出的问题就是证明，完全是幼儿园水准的。解决这些问题本身并不困难，但从来得不到答复，同一个问题被无休止地重复。我猜测伏罗希洛夫之所以能得到斯大林身边的位置，更多的是建立在个人友谊和早就相识的基础上。我知道，在早年伏罗希洛夫还是营长的时候，斯大林是他的政治委员，毫无疑问，他们之间相互了解的基础就是在那段时间里建立起来的，并在"大清洗"期间得到了巩固，而伏罗希洛夫无疑在选择清洗对象方面发挥了相当大的作用！不管他们之间的关系如何，肯定不是基于他作为军事顾问的价值。在我们所有的会谈中，我不记得斯大林有哪一次征求过他的意见。沙波什尼科夫则是一个完全不同的类型。我知道他曾经是沙皇军队的一名军官，并且毕业于他们的参谋学院。如果是这样的话，他显然已经转而投入共产党的怀抱，与他们同生共死了。一个悲剧人物，显然是因为牢骚太多而死得很快，因为他在我们会谈之后的几个月就下台了。他有一个训练有素的军事头脑，提出的问题比伏罗希洛夫要切题的多。

整个讨论过程中，韦维尔对我的帮助最大；因为他能听懂俄语，甚至在翻译还来不及工作之前，他就写下一些纸条并把它们推给我。我因此可以多几秒钟时间来构思回复。经过了两个半小时的讨论，我清楚地明白我们的争论可以继续下去，但是不会有任何进展。因此我说，有关开辟第二战场的讨论继续下去是没有用的，我已经充分说明了在1942年不可能开展这一行动的原因,而且已经没有什么可以补充的了。我继续说,我现在想讨论他们对高加索地区的防御部署,以抵御德国的渗透。我提请他们注意,事实上西方给他们提供援助的南部线路存在威胁,我们的石油供应也面临着危险,因此我们双方都有义务保卫这一地区。显然,他们对这些防御措施的讨论是有兴趣的。伏罗希洛夫说,斯大林没有授权他讨论高加索问题。我回答说,考虑到它们的重要性,这是非常令人遗憾的,并请他获得必要的授权。

从日记中可以看出,他在和斯大林讨论了能披露的内容之后得到了授权。在得到他高加索地区有二十五个师的答复之后,我怀疑这个数字有些夸大其词,决定测试一下真实性。我知道他不会意识到我是沿着里海西海岸飞过来的,而不是像温斯顿那样沿着东海岸飞行。因此我开始问他关于中部通道的问题,不过他的答案我无法证实。然后我转向高加索和里海之间的主要通道。在这时,他给我描述了他们坚固防线的详细情况,包括反坦克壕沟以及配备反坦克炮和机枪的混凝土碉堡。简直就是谎话连篇,那里的情况我亲眼看到了,就是我日记中描述的那样!!因此,他所说的话能相信多少便可想而知了。

谢天谢地,这是希特勒的诸多失误之一,他错失了一个千载难逢的机会,他坚持不顾一切夺取斯大林格勒,而不是下令让冯·保卢斯[①]转向波斯和中东石油。他本可以发现这条路,收获最大的战略奖品之一,而不是损失被苏联人俘虏的六万大军,并且那里实际上因缺少防卫而门户大开。

[①] 弗雷德里希·威廉·恩斯特·保卢斯(Friedrich Wilhelm Ernst Paulus,1890—1957),德国陆军元帅。1941年12月任第6集团军司令,参与斯大林格勒战役;被包围后曾向上级请求投降,遭希特勒拒绝,下令死守到底,并将保卢斯提升为陆军元帅。但保卢斯还是率第6集团军残部投降,此前一天希特勒刚给其空投了元帅军衔。保卢斯被俘后参与了反对希特勒侵略战争的工作,1944年8月8日,他通过电台号召德国人民离开元首,行动起来拯救祖国,为此必须立即停止已经遭到失败的战争。后来在纽伦堡审判庭上也扮演了特殊的角色。——译者

我们对莫斯科的访问现在接近尾声了。真是耐人寻味，回想起来，我觉得它实现了一个非常有用的目的，那就是在温斯顿和斯大林之间开始建立起一种奇怪的相互理解。

8月16日，德黑兰　九小时三十分钟，2 000英里

钢笔墨水用完了，但我不敢等到明天，因为事情接踵而至，很难记住，只好用铅笔写。凌晨3点15分被叫醒，4点15分离开酒店，雨下得很大。不过，当我们到达机场时，已经变成了毛毛细雨，但是一个阴暗、灰蒙蒙的黎明。机场有一大群人——仪仗队、新闻摄影机、新闻记者以及许多官员等着。

首相来得有点晚了，这也不足为奇！他晚上7点钟去见斯大林最后一面，和他一直谈到凌晨3点！！他没有时间睡觉，洗完澡就直奔机场。莫洛托夫陪他一起来的。乐队演奏了《国际歌》《天佑国王》和《星条旗永不落》，演奏期间，我们全体都立正致敬！然后是一系列的告别再见，莫洛托夫、沙波什尼科夫、安德斯等等。最后，在凌晨5点半的时候，我们乘坐四架"解放者"，依次飞离机场。

"解放者"没有我们来时乘坐的那架"道格拉斯"苏联飞机那么舒适，但速度更快，时速能达到200英里。我们从古比雪夫上空飞过，然后到了乌拉尔河上，在那里我坐到了副驾驶的座位上，壮美景色一览无遗。我们沿着乌拉尔河向南穿过沙漠和沼泽，飞到里海，然后沿着东海岸飞行，景色发生了奇妙的变化。我们穿越里海南部到达巴列维，再翻过山脉到达加兹温，最后在德黑兰降落，整个行程不间断飞了九个半小时。我们所有人都去了公使馆，然后享用了一顿美味的晚餐，在那个有蓝色池塘和金鱼的漂亮的波斯帐篷里。现在上床睡觉，明天一大早又要出发了。

温斯顿最后一次与斯大林的会谈，根据口译员的笔记来看，是颇有

成效的。那天晚上，他们变得十分友好，并开始互相询问他们过去的所作所为是出自什么原因。温斯顿问斯大林，为什么在战争开始前，我们的代表团在莫斯科谈判中明显取得良好进展的时候，他出卖了我们，突然转而与里宾特洛甫签署协议①？斯大林回答说，他觉得英国一定是在虚张声势，他知道我们能够立即动员的只有两个师，而且他认为我们肯定清楚法国军队有多糟糕，根本指望不上。他想不到我们会在如此劣势的情况下参战。另一方面，他说他知道德国最终肯定会进攻苏联。那时他还没有做好准备抵抗他们的进攻；与德国一起入侵波兰，他可以得到更多的地盘，地盘就等于时间，因此他可以有更长的时间来做准备。我认为对于他做出那些决定的原因，这可能是一个比较真实的说法。

然后，斯大林问温斯顿，为什么要在他把莫洛托夫派往柏林的时候轰炸他②。温斯顿回答说，在战争中，不能错过任何有利时机。斯大林说，当时莫洛托夫正在与里宾特洛甫进行会谈，后者说大英帝国已经完蛋了，现在是德国和苏联瓜分这些土地的时候了。就在这时，轰炸机来了，里宾特洛甫决定在防空洞里继续会谈。安全抵达地下之后，里宾特洛甫继续说，正如他刚刚已经提到的，大英帝国已经不足为虑了。莫洛托夫打断了他的话，提出了一个令人尴尬的问题："那我们现在为什么

---

① 《苏德互不侵犯条约》，又称《莫洛托夫-里宾特洛甫条约》。1939年8月23日，苏联与纳粹德国在莫斯科签订《苏德互不侵犯条约》秘密协议，划分了苏德双方在东欧地区的势力范围。——译者

② 莫洛托夫出访柏林：1940年11月12日，斯大林派莫洛托夫出访德国，商谈苏联加入轴心国集团的条件及如何分享二战初期的战果。莫洛托夫会见了希特勒和德国外交部长里宾特洛甫，斯大林通过电报操控谈判进程，部分电文至今没有公开。12日下午，希特勒在总理府接见莫洛托夫，两人均认为美国不会干涉欧洲、非洲和亚洲事务；在13日上午的会谈中，希特勒承认芬兰属于苏联的势力范围，并称德国出兵芬兰是为了借道进攻挪威；会谈中还就苏德两国在东欧、巴尔干、黑海等地区的利益分配进行了协商。德国人认为英国不久就会承认战败，主张德、苏、意、日四大强国都应当向南扩张，并鼓励苏联夺取南方波斯湾和阿拉伯海的出海口。——译者

在这里?"这让斯大林乐不可支,他告诉温斯顿,他的莫洛托夫很有幽默感。就我个人而言,我可从来不认为他有什么幽默感!

温斯顿与斯大林最后一次见面,造成的唯一悲剧与可怜的安德斯有关。我成功地为他安排了会谈,时间安排在当天晚上8点半,等温斯顿从斯大林那里回来之后。结果安德斯一直等到凌晨3点,当温斯顿回来的时候,他说:"啊,我可怜的安德斯。我被斯大林耽搁了一段时间,现在我必须飞走了,不过你一起到开罗,我们就可以谈谈了!!"安德斯已经从塔什干飞到莫斯科去见他,现在又被要求到开罗来,轻松地就好像在下一条街上一样。令人敬佩的安德斯,他登上了他的飞机,费力地跟在我们后面,在我们离开开罗之前抵达那里,进行了他期待已久的会谈!

当我们飞离莫斯科的时候,我和阿奇·韦维尔在"解放者"机舱后面的小舱室里安顿下来。我们躺在地板上,因为没有座位。我在看书,阿奇忙着在他的角落里写笔记。我想知道他在写些什么,想知道他是否在忙着写我们莫斯科会谈的笔记,想知道我是否没有以他为榜样而忽略了自己的记录责任。他突然停下来,把他的工作成果扔给我。这是一篇标题为《第二战场叙事诗》的文章。内容是这样的:

最私人和最秘密的

第二战场叙事诗

开篇

1. 我真不喜欢我必须做的工作。我认为我的想法不会如愿。

我能让他们相信我们的既定主张吗?斯大林会用高加索人的誓言和喊叫吗?

或者我可以用我的午夜咒语把他捆起来吗?我真的觉得很烦。

1942年没有第二战场,这不是一件有销路的热门货。

2. 我想是的,事情比胶水还要粘手,他们只是讨厌我不得不讲的故事。

斯大林和莫洛托夫看起来是蓝色的,如果他们让步一寸,他们就会得到一尺。

我不知道他们会不会把我关起来,像对待希特勒和犹太人一样对待我。

1942年没有第二战场,这不是一件有销路的热门货。

3. 来吧,大家都变得脸色红润,感觉有了更好的氛围。

我想我们应该可以这么说,虽然不如结婚的钟声那么欢乐。

但至少现在也不像丧钟了,再来杯伏特加?祝好运——唷!

要兜售的东西终于脱手了;1942年没有第二战场。

结尾

4. 克里姆林宫的王子,这里有一个美好的告别,

我不得不面对许多比你更糟糕的人。

尽管你痛恨它,但还是接受了。

1942年没有第二战场。

8月17日,开罗,五小时,1 300英里

又是早上4点半起床,6点出发。我们以平均每小时200英里的速度飞回开罗。起飞之后,我坐在副驾驶的座位上,直到准备降落之前。我们稳稳地上升到15 000英尺(勃朗峰的高度)的高空,以避开航线上的山峰,并保持在14 000到15 000英尺之间,以避免沙漠和山丘产生的热浪造成颠簸。然后进入了荒无人烟、巍峨壮丽的山川地带,我一直高度关注的为了保卫波斯石油,防止德国人从高加索入侵的正是这片地区。穿过山地之后,我们飞越底格里斯河和幼发拉底河山谷,在巴格达以南上空飞行。在到达安曼之前,经过了一片十分荒凉的沙漠地带,期间唯一有趣的部分是我们沿着输油管道飞行了一段时间。我们从靠近死海北

端的地方飞入死海上空,飞行高度14 000英尺,能见度很好。整个死海、耶路撒冷、伯利恒和希伯伦同时映入眼帘。这番景象令人激动不已。当我从空中俯视死海的时候,想象着上帝在水面上行走的情景,从我们所处的高度看下去,这似乎是一件很自然的事情,水面看起来像是一片静止不动的固体。然后我们飞过贝尔谢巴,可以看到加沙和远处的大海。最后,我们越过西奈半岛的顶端,在伊斯梅利亚飞入运河上空,从那里降落到开罗的赫利奥波利斯机场。迈尔斯·兰普森和凯西在机场迎接我们。亚当和亚历山大也来了。

午饭之后,首相、亚历山大和我开了很长时间的会,讨论他的作战计划和他提出的军队重组问题。凯西也和我谈了,告诉我奥金莱克拒绝了伊拉格-波斯总司令的任命。我从亚历山大那里听说,他最近一直很难相处,情绪非常糟糕,看什么都不顺眼。我听说蒙蒂已经上任并且进展顺利。我向上帝祈祷,新的"亚历山大-蒙蒂"组合会取得成功,我想不出比这更好的了。越是回想我们摆脱奥金莱克的决定,就越坚信我们是正确的。

8月18日,开罗

终于下定决心好好睡一觉。从半夜一直昏睡到早上8点半。正在穿衣服的时候,首相穿着睡衣突然闯进来,说他一直在考虑对隆美尔发动攻势的紧迫性。然后他开始抛出那些我一直反对的论点,希望提前这个日期。我不得不指出,亚历山大接掌中东战区和蒙蒂抵达这里仅仅只有两天!!还有一堆乱七八糟的事情要处理等等。我知道从现在起,为了控制他的不耐烦我将度过一段难熬的时间。然后我去司令部找阿奇·韦维尔,向他解释我的最新计划。也就是说:将伊拉克和波斯司令部立即从中东移交给印度,让亚历山大摆脱这一责任。阿奇·韦维尔扮演一个养父母的角色,做好让这个司令部尽早独立生存的准备。我认为,我们不能把至关重要的阿巴丹石油中心，放在一个类似中东或者印度战区"可怜小妹"的位置。它必须有自己的地位和实体机构，并配备一位精干得力的指挥官，一旦高加索被突破，为在这个地区可能发生的生死攸关的战斗做好准备。阿奇·韦维尔同意我的想法。然后和皮尔斯（阿奇的空军司令）谈话，他为奥克求情。

回到大使馆见到奥金莱克，他中午 12 点的时候已经和首相道过别。对这次会面没什么期待，不过他的心情非常愉快，谈话进行得很顺利。我们友好地分别了。

午餐的时候，亚历山大和南非师师长皮纳尔①也在。吃完饭后，皮纳尔绘声绘色地向我们讲述了最近发生的一场战斗。

下午 5 点召开了一次大型会议，参加的有首相、迈尔斯·兰普森、驻伊拉克大使、韦维尔、亚历山大、特德、皮尔斯、海军上将、林塞尔和雅各布，会议讨论决定伊拉克-波斯司令部到底何去何从。首相喜欢我的计划，会议也通过了。我非常满意。任命了一个委员会去研究细节问题，并在后天报告结果。会议结束之后，我发现首相显然又打起要在这里待到 30 号的主意！！这是因为，有迹象表明隆美尔可能会在 26 号发动进攻，他希望能留在这里！！我不得不以最坚决的态度对他说，如果他留下来，会被指责插手指挥，会把自己逼到一个难以应付的境地。（这将比他在上次战争中去安特卫普还要糟糕得多，但我没有这么说，只是暗示了一下！）我告诉他，我们最迟要安排在下星期六或星期天动身。我想我已经把他说服了，希望他不会再变卦！

在我的日记里，我说我们有一个"迹象"表明隆美尔会进攻。毫无疑问，我使用这个词是出于安全的考虑，因为我们掌握的远不止是一个

---

① 丹尼尔·赫曼努斯·皮纳尔（Daniel Hermanus Pienaar, 1893—1942），南非陆军少将。——译者

"迹象"。我们截获了最可靠的无线电报,有关于这次进攻意图和可能日期的详细信息。事实上,除了攻击地点的细节以外,一切都在我们掌握之中。

和肖恩(一等秘书)共进晚餐,亚历山大、阿奇和亚当也在那里吃饭。韦维尔的女儿帕梅拉也在那里——自从我们战前搬到索尔兹伯里,她带我们参观市政厅以后,我就没再见过她。

8月19日,沙漠

和首相在露台共进早餐。然后去司令部,在亚当启程回家之前和他进行最后的谈话。从那里去见了韦维尔,为了伊拉克-波斯司令部的安排,以及向这个战区调配空军的困难,与他和皮尔斯争论了很长时间。

回到大使馆,看了最新的关于突袭迪耶普的电报,收拾行李准备在午饭后动身前往沙漠。亚历山大和我们一起。我们下午3点15分离开大使馆,一路开车,大约7点30分才到达第8集团军司令部。蒙蒂表现出色,他为我们介绍了形势,以及如果隆美尔在他准备就绪之前发动进攻,他将采取什么行动和他发动进攻时的计划。他斗志昂扬,很高兴被派到这里来,这让我对把他安排到这里来甚感宽慰。我们在他们的餐厅里吃了晚餐,我睡在一辆用救护车为亚历山大改装的宿营车里。非常舒适,可爱的夜晚,伴随着近在咫尺的海浪的声音。在去睡觉的路上,首相带着我去了海滩,在那里他简直变成了一个小男孩,想要把手伸进海里!结果弄了一身水!

8月20日,开罗,四十分钟,100英里

早上6点被叫醒。首相在早餐前洗了个海水澡。然后我们前往前线,视察了第44师、第22装甲旅、第4轻骑兵旅、第7机动旅和新西

兰师，最后在第 13 军军部和霍罗克斯一起吃午餐。午饭后，首相视察了他曾经服役过的第 4 轻骑兵团的一个中队。之后我们驱车返回第 8 集团军司令部，在那里洗了个海水澡，喝了下午茶。接着去看了亚历山大，从那里飞回开罗，大约下午 6 点 15 分抵达。

下午 7 点，开会讨论伊拉克-波斯司令部的问题。委员会已经完成了将其转隶印度司令部的报告。但首相那里还是不肯拍板！！还是空军方面的困难，而且他还不肯正视问题。我指出，就在我们谈话的时候，德国人正在穿越高加索地区。他却仍然坚持要写一份材料让我们明天进行讨论！晚饭之后，他突然说他认为我们星期一以前不能动身！我又和他争论了许久，才把他扳回到星期天，但明天很可能又有麻烦了！

8 月 21 日，开罗

在露台上与首相和戈特共进早餐。首相昨晚就波斯-伊拉克战区的组织架构问题写了一份新的材料，使其成为一个独立的司令部，不过是又回到了最初的计划而已。他仍然没有解决主要的问题，即空军的控制权。不过，这或许是一个开始，只要我们为此启用"巨人"威尔逊，这个司令部就可以组建起来。他的年纪太大有些不太理想，但是有开展工作的能力。然后去司令部与韦维尔和麦克里利商量向新司令部调配部队的问题。之后，去见了海军上将，又和安德斯谈了很长时间，他已经从莫斯科经塔什干返回，已转移到巴勒斯坦的波兰部队整编问题让他感到非常烦恼，显然他和西科尔斯基的意见并不一致。

午餐时，希腊政府副总理也在场。一个不太善于鼓动人的人。午饭后，和戈特谈了很长时间，向他介绍了最近的情况。下午 5 点，与大使夫妇一起去商店购买礼物。在开罗很热闹的一片地方，我以前没去过。

下午 7 点，不得不赶回大使馆，因为首相要开会解决把波斯铁路交给美国运营开发的问题。根据哈里曼的建议，最后决定由首相直接发电报询问总统是否乐意接管。之后我留下来，和首相讨论解决组建伊拉克-波斯司令部最后的细节问题。我们决定将启动工作交给"巨人"威尔逊。我已经派人去找"巨人"，特意征求他的意见，看他是否有意接手。他表示很高兴这样做。对于这项工作来说，他的年纪真的太大了，但我认为除了他之外找不到更合适的人选。眼下德国人正在高加索地区迅速推进，尽快采取行动是当务之急。我们在伊拉克和波斯的防御力量少得可怜。"巨人"威尔逊面临的是一项艰巨的任务！他和迪克·麦克里利一起来吃晚饭。迪克在参谋长的岗位上表现不错，我认为对他的任用应该是成功的。我们到这里之后所做的大刀阔斧的调整，我相信会让情况变得更好，希望事实能证明这一点。

回顾我对"巨人"威尔逊的评论，值得注意的是，我当时是如何错误地判断了年龄对他的影响。他变得壮硕肥胖，让我认为年龄对他的影响很大，使他行动迟缓，降低了他作为指挥官的价值。我完全大错特错了，因为我很快就发现，他依然能力出众，头脑特别清醒，性格坚强，沉着冷静。

8月22日，三十五分钟，100英里

6点15分吃了早餐，6点45分和首相出发，去参观图拉的洞穴。这些洞穴是在开采金字塔石块的过程中形成的，现在被英国皇家空军用作维修飞机发动机和检修的大型车间。从那里我们驱车前往赫利奥波利斯机场，乘飞机去轰炸机中队所在的阿布苏威尔。我们在那里吃过早餐，然后驱车前往位于卡西萨辛的第51师视察，他们刚刚抵达这里，之前驻扎在英格兰的奥尔德肖特、坎伯利和哈特利温特尼一带！士兵们在他们的海上旅行后看起来很健康，但并没有被太阳晒黑。我们和他们在一起待了大约一个半小时，然后开车回来，赶上吃一顿迟到的午餐。

午饭后,首相把亚历山大和我叫进书房,就隆美尔 25 日可能发动进攻的可能性进行了一个小时的讨论。我建议减少汽油库里的储备,以防开罗被突破。迈尔斯·兰普森被叫了进来,要求其配合亚历山大处理这个问题。我很惊讶没有人早点研究这个问题。然后去理发洗头,这两样都是不得不收拾一下了。和"巨人"威尔逊从 5 点谈到 6 点 15 分,讨论他的新司令部后续细节安排。他已经行动起来,初步取得了良好进展。然后去看望生病的凯西,告诉他最近的进展情况。我不认为他有足够的能力胜任这项工作,更何况还有他的健康状况能否撑得住的问题。普拉特(东非司令部总司令)今晚抵达。亚历山大也来一起共进晚餐。

这应该是我在这里的最后一个晚上了,我觉得在过去的三个星期里过得非常充实!首先对这里进行了必要的调整,免掉奥金莱克、科贝特和道曼-史密斯并安排他们的继任者。然后把中东司令部改组为两个司令部,并讨论安排了所有相关的工作。我们在选中高特指挥第 8 集团军的关键时刻失去了他。把波斯铁路移交给美国人。与苏联人讨论了西线战场的问题。与一些杰出人物进行了会面,如史末资、斯大林、莫洛托夫、伏罗希洛夫、沙波什尼科夫等。这一切都非常有意义,但考虑到一路上都在不停地与温斯顿打交道,跑这一趟还是挺辛苦的!不过,他在这次旅行中表现出前所未有的友善与亲和。

8 月 23 日

在露台上与首相和戈特共进早餐。然后与普拉特(东非总司令)谈了很长时间,商量有关在马达加斯加的行动和东非部队的集结。接着我们一起去见首相,又和他进行了长时间的讨论。随后,"巨人"威尔逊来进一步讨论伊拉克-波斯的指挥机构问题,以及决定如何处理奎南。在他之后,亚历山大和迪克·麦克里利来商讨他们提议的装甲师和常规师的编制架构问题。除了一些细微的差异外,与本土军是保持一致的,比奥金莱克那不着边际的方案更为合理。凯西和他的妻子，斯皮尔斯和斯通①来吃午饭。首相对斯通担任开罗城防司令有些担忧，并决定让"巨人"威尔逊做好准备接手这项工作，如果在接下来的几天里隆美尔发动进攻的话。斯皮尔斯一肚子关于戴高乐的苦水。

  我们秘密出发的所有准备工作都做好了。首相假装去看望凯西，然后溜到机场。卡多根和我在下午5点15分离开这里。飞机大约是在晚上7点起飞。很高兴要回家了，因为我想要尽快回去工作，那里有很多事情要做。不过，我很高兴能有这次出访，因为远距离操控是不可能把这里的事情理顺的。与史末资和斯大林这样的人会面也很有意思。对比如此鲜明！我认为史末资是我见过的最伟大的绅士之一。对所有事物的精准把握，对任何事物都兴致勃勃，具有洞悉一切的禀赋，再加上非凡的魅力。另一面的斯大林，头脑聪明，诡计多端，现实主义，没有任何人类的怜悯和仁慈。在他面前会有一种难以言述的感觉。但毫无疑问，他有一个精明的头脑，十分清楚他想要得到的是什么。

  5点15分，卡多根和我离开大使馆，前往机场。首相已经按计划提前出发，假装去看望凯西。机场的情况有些糟糕，不断有小型的沙尘暴。最后在7点半的时候我们起飞了，首相乘坐他的专机在十五分钟之前已经起飞，头顶上有十二架战斗机为我们护航。我们稳稳地拉升然后向西南方向飞去。

8月24日，直布罗陀，十三小时四十五分钟，2 500英里

  我们的队伍由卡多根、雅各布、彼得·邓菲、金纳先生（丘吉尔的随员）和飞行员组成。我们向西南方向飞，然后转向西，从班加西以南200到250英里经过！从那里经的黎波里南部、阿尔及利亚，最后经西

---

① 罗伯特·格拉汉姆·斯通（Robert Graham Stone, 1890—1974），英国陆军中将。——译者

属摩洛哥进入直布罗陀海峡的西部。为了安全起见,我们向北飞了一会儿,然后向东,靠近"巨岩",就像我们来的时候一样。参差不齐的岩峰透过低低的云层凸显出来。透过云层几乎看不到多少跑道。不过,飞行员完成了一次完美的着陆,我们在上午 9 点 15 分降落。我睡在硬地板上,上面只铺了一张薄薄的床垫(1 英寸厚),这让我感觉不太舒服,就像被蒸汽压路机压过一样。我们的航程有很多时间是在 15 000 英尺的高空,在那样的高度躺着会让人喘不过气来。飞机起飞之后,氧气供应系统打开,我们戴上牙医那样的面罩来吸氧,这让人在睡觉的时候感觉并不舒服。

我们直接去了总督府,刮胡子,洗澡,吃早餐。就在我们到达前十五分钟,首相和哈里曼以及查尔斯·威尔逊爵士也乘坐飞机抵达。天气预报英国的天气情况不佳,清晨有雾,并可能持续一段时间。目前正在考虑在几个小时之内再次出发,在白天飞行而不是夜间的可能性。梅森-麦克法兰不在,回国内商讨作战计划去了,所以现在由科林·贾丁主持工作。出于安全考虑,无论如何首相都要待在室内。他正琢磨着把自己乔装打扮成一个埃及流浪汉,或者一个患牙痛的亚美尼亚人,以便能够出去!我认为无论他装扮成哪个,都不会被允许出去。能让他昨晚从埃及出发,对我来说是一个巨大的胜利。如果可能的话,他会想尽一切办法逃脱!他觉得内阁已经允许他到 30 号再回去,就应该让他待到那个时候。另一方面,我知道如果隆美尔在 8 月 25 日发动进攻的话,他会不惜一切代价要求在这个星期留下来。

晚些时候:

下午 1 点钟,就在我们要去吃午饭的时候,突然接到通知,伦敦已经批准了白天飞行的计划,我们将在 1 点半出发!!这让大家手忙脚乱,在三十分钟内换衣服、打包行李、吃午饭,然后赶到机场。

伦敦，八小时，1 600 英里

下午1点45分，我们起飞了，沿着西班牙海岸一直到特拉法尔加角，从那里我们不再看得到陆地，飞到了大海上。当我们飞到比斯开湾的时候，我坐到了副驾驶座位上，航程的大部分时间都坐在那里。我们一直密切关注着那些漂亮的云层，以防从布雷斯特起飞的德国飞机盯上我们。不过我们什么也没看见，旅途很愉快，直到接近英国。在这里遭遇了恶劣的天气，乌云密布，电闪雷鸣。无线电失灵，我们因此无法确定方位，在海上飞行了大约7个小时后，我连我们到哪儿了都有些搞不清楚。不过，当天色渐暗时，我们到达了彭布罗克北部的威尔士海岸。我们当中的大多数人都以为我们在康沃尔上空，把威尔士山误认为是达特穆尔！最后，就在天快黑了的时候，飞行员在莱纳姆①（斯温顿附近）成功着陆。在那里我们发现首相在十分钟前刚刚降落。丘吉尔夫人、伦道夫和空军参谋长以及哈里曼的女儿前来迎接。我们开车去乘坐专列返回伦敦，在路上吃了晚餐。晚上11点15分抵达，车站一大群人在迎接，欣喜万分地看到你也在其中。

我离开的这三个多星期里，去了很多地方。视察了直布罗陀、马耳他和开罗司令部，包括详细考察了第8集团军。会见了印度总司令韦维尔和东非总司令普拉特。还见到了史末资，有机会和他讨论了南非军队的情况。此外，我还从空中看到了大片的波斯山地，还瞥见了伊拉克。除此之外，对莫斯科的访问引起了我极大的兴趣，使我能够更好地了解苏联的局势。但最重要的是，重组中东司令部，重振官兵们对指挥官的信心。将伊拉克-波斯从中东分离出去，我认为也是非常重要的一步。

我向上帝祈祷：我们所做的决定是正确的，

---

① 莱纳姆（Lyneham），位于英国威尔特郡斯温顿西南方向10.3英里。皇家空军1939年在该地建造了机场，拆除了原地的庄园、农场和网球场，起初的着陆场是草地，机库和其他设施均分散在四周，以避免成为敌机空袭的目标。——译者

并且能产生效果。

在事后回顾过往时，往往会忽略那些曾经犹豫不决的时刻——那些怀疑自己是否正确权衡局势、是否判断正确、采取的行动是否适当的时刻。这短短的两行祷文，不仅仅是一种形式，它更是一种非常真实和深刻的感受，是在结束了最令人难忘的三个星期旅程，精神和身体都相当疲惫的时候写下的虔诚祈祷！！

在这三个星期内，我已经飞行了 15 650 英里，在空中停留了大约八十四个小时，相当于飞了三天半的时间。

8月25日

早餐吃的很晚，和你讲述了旅程的见闻和收获。

吃完早餐，我们又聊了一会儿，然后我把你送回你住的旅馆，接着去了办公室。这一天中的大部分时间都用来重新整理思路，看看我不在的时候都发生了什么。内阁会议上，首相说明了此次出访的成果。迪尔晚上住在这儿，和他一起吃了晚餐。很难再安下心来做日常工作，刚刚听说肯特公爵①在一次空难中丧生。

8月26日

艰难的参谋长会议，讨论我们要在哪里实施"火炬行动"，事情最近出了问题，在这个时间出问题让我很不开心！不知道出于什么考虑，

---

① 肯特公爵，即乔治王子（Prince George, Duke of Kent, 1902—1942），全名：乔治·爱德华·亚历山大·埃德蒙（George Edward Alexander Edmund），英王乔治五世和玛丽王后的第四个儿子，英王爱德华八世和乔治六世的弟弟，1934 年被封为肯特公爵。——译者

在卡萨布兰卡登陆的方案被放弃了，提出来在菲利普维尔①和波尼②等一些莫名其妙的地方，等等。现在，首相也介入了，并发电报给总统，确定10月14日为登陆日期，在没有知会参谋长委员会的情况下。我们不得不在6点半召开第二次参谋长会议，恐怕我对会议的所有成员态度都很粗鲁，包括可怜的老达德利·庞德——但他着实令人生气，早就该退休了。

8月27日

美国人提出将北非登陆计划从目前的奥兰、阿尔及尔和波尼一带缩减到卡萨布兰卡和奥兰，上午10点召开参谋长会议，讨论该如何回应。11点与首相就此事进行商讨，12点半再次讨论了首相和参谋长会议关于此事的回电草稿。

下午，格洛斯特公爵和佩吉特来访。前者建议我应该给他一个能和我一起工作的职位！！伯蒂和威克斯来吃晚饭，迪尔还住在这里。

格洛斯特公爵提议要加入我的团队，让我处于一个尴尬的境地，我不得不支吾其词。从我在法国对他的了解来看，我知道他会跟不上我的节奏，而且他要是当了我的私人助理，就会成为一个拖后腿的角色，这是不能容忍的。幸好他没有再催促此事！

8月28日

简短的参谋长会议。12点半去拜访国王，和他汇报了我们的莫斯科

---

① 菲利普维尔（Philippeville），现名斯基克达（Skikda），阿尔及利亚东北部港市，位于地中海斯托拉湾南岸，罗马时代古城鲁西喀达的旧址，留有该时代的剧场遗迹。——译者

② 波尼（Bone），现名安纳巴（Annaba），阿尔及利亚东北部的主要港口之一。早在12世纪开始就有腓尼基人、罗马人以及阿拉伯人先后在此建城。——译者

之行等等。我们还谈到了肯特公爵的死，他希望我为格洛斯特公爵找份差事！这可不是很容易，不过他没有再坚持。他还是一如既往地富有人格魅力。晚上乘车去契克斯庄园。一行人包括艾森豪威尔、克拉克①、蒙巴顿、"巴哥犬"伊斯梅、安东尼·艾登和我。晚饭后我们看了几部电影，包括一部华特迪士尼的片子！直到凌晨2点钟以后才上床睡觉。

8月29日

上午11点首相召开会议，讨论美国人关于北非登陆计划的电报。最后一致认为，我们应该考虑在卡萨布兰卡、奥兰和阿尔及尔实施登陆的可能性，取代奥兰、阿尔及尔和波尼。我认为这是一个更明智的方案，更符合美国人的观点。困难在于我们需要增加额外的兵力，而这些兵力只能从太平洋战场调拨。这不合海军上将金的意。我们将再次提醒美国人，德国必须是我们的首要目标，其次才是击败日本。在契克斯庄园吃了午饭，下午4点钟回到了陆军部，一直工作到晚上8点，努力把我离开期间累积的一些工作处理完。

8月30日

在陆军部办公室里，花了整个上午抓紧处理拉下的工作。下午出去散了会儿步，再回到办公室把剩下的快速补完。现在可以开始准备下周的工作了。晚上首相打电话给我，确认隆美尔今晚会发动进攻，因为今天白天他已经动用战斗机清扫了进攻路线。

8月31日

糟糕的一天！

---

① 马克·韦恩·克拉克（Mark Wayne Clark，1896—1984），美国陆军四星上将。——译者

参谋长会议很不开心，会上我把第一海务大臣数落了一通，余下的一天都感觉没劲，简直是在和行尸走肉打交道！

今天日记的前三行永远都不要公开。如果我知道达德利·庞德的病情有多严重，肯定不会那样去写他。我能做出的唯一解释就是，当写这些日记的时候，已经是漫长而疲惫的一天的最后时分了。

午餐的时候接到电话，首相让我下午 2 点半过去喝咖啡，商量给罗斯福的回电。我说去不了，因为预约了下午 2 点半去米尔班克①治疗肘部关节炎。改为 3 点半去唐宁街 12 号讨论给总统的电报，意思基本上没有表达清楚。最后决定主要突出两点。首先，卡萨布兰卡应当是进入北非的一个港口。第二点，美国人应该打头阵，英国人一个月之后再跟进！我们和首相一直讨论到下午 5 点钟，然后再和艾森豪威尔开参谋长会议，克拉克也参加了。会议持续到晚上 7 点半。我们商定，美军必须在卡萨布兰卡、奥兰和阿尔及尔同时登陆。英军随后跟进。也就是说，我们将接受总统提出来的建议。勒温过来吃晚饭。晚餐后首相主持召开另一场会议，艾德礼、艾登和利特尔顿出席了。首相倾向于接受我们的方案，艾登也赞成，利特尔顿反对，艾德礼没有明确意见。最终首相决定，按照我们的建议起草给罗斯福的回电。与此同时让飞机做好准备，可能要去华盛顿跑一趟！中东来的消息证实，隆美尔已经开始进攻!! 具体战况还没有。

9 月 1 日

开了个简短的参谋长会，到上午 11 点钟结束，然后去和首相开会，

---

① 米尔班克(Millbank)，伦敦中部威斯敏斯特市(City of Westminster)的一个地区，位于泰晤士河沿岸，东侧是皮姆利科(Pimlico)，南侧是威斯敏斯特(Westminster)，这里集中了众多政府机构。——译者

讨论他给罗斯福的回电。在进会场之前,首相的医生查尔斯·威尔逊爵士要求见我一下。他告诉我,他已经听说了首相正在考虑去趟美国,促成攻打北非的军事行动。他说上次在华盛顿的时候首相的心脏就有问题,他认为这次再去是不太明智的。他问我是否能够代他去。我当然愿意效劳,但是需要解决的问题主要是政治方面的,至少要有一位内阁大臣和我一起去。

从 11 点到中午 12 点 45 分,我们讨论了首相的回电,做了几处小的改动。艾德礼、奥利弗·利特尔顿和艾登也在那里。首相的回电向罗斯福总统表明了,由他们决定是进行远征,还是通过政治谈判以重新进入北非而不动用武力。不过他还指出了所有的危险,特别阿尔及尔是关键。首相看上去既疲惫又沮丧。

中午和斯塔克海军上将共进午餐。迪尔、达德利·庞德和蒙巴顿也在。然后参加遴选委员会会议,随后与佩吉特见面,商量了给西部司令部司令马希尔-康威尔调整岗位的事。接着塞缪尔·霍尔爵士来访,谈了西班牙的情况,以及我们重新进入北非可能采取的行动。他描绘了一幅阴暗的前景。当一个人听到的困难太多了,就很难让他下定决心付诸行动。只有远超常人的勇气,才能让他始终坚守初心,坚定不移。

克里勒过来吃晚饭,就突袭迪耶普的行动及其存在的问题给我做了非常好的汇报。伤亡无疑太过于惨重了——五千人的部队损失两千七百人,代价太高了。

9月2日

迪尔出席了参谋长会议,商量在印度使用美军飞机的问题。你和孩子们过来吃午饭,还有下午茶,真是开心。下午我不得不去拜访艾默里,是关于奥金莱克的事,他想知道自己接下来如何安排。米尔恩勋爵、亚当和波特尔来一起吃晚饭。

9月3日

　　开参谋长会议的时候发现首相已经收到总统的回电！他要求我们上午 11 点钟去唐宁街 10 号开会。总统的电文没什么内容，只是要求专家们在实施之前再审核一遍方案。首相一直让我们等到 11 点 15 分，然后就这个问题谈到 11 点 45 分，艾德礼、艾登和奥利弗·利特尔顿都出席了。大家讨论得很热烈，最后让我带回参谋长会议上研究，下午 5 点钟再汇报。我们立刻去请来艾森豪威尔、克拉克和拉姆齐。新的作战方案打算在卡萨布兰卡投入大约三万四千人的攻击部队，那里的海浪不大，有可能实施登陆；在阿尔及尔只投入一万人，而这里才是整个战线的关键。我们认为，卡萨布兰卡的登陆部队必须减少一万到一万两千人，增援到阿尔及尔，这里的登陆才可能成功。首相和各位大臣都同意，然后他让我和艾森豪威尔留下来起草给总统的回电，建议这一调整。他派艾森豪威尔、拉姆齐和蒙巴顿去华盛顿，并问我是否认为自己应该去。我说，我觉得主要问题存在于航运、攻击舰艇和制海权方面，我感觉自己去了帮助不大，特别是考虑到迪尔这次也回去了，大多数问题都可以应付。

　　温斯顿总是欲速而不达，反而更容易浪费时间，这天是个很好的例子。如果他在开会之前给我们留时间研究回电内容，就不会浪费半个上午的时间了，他自己的，还有艾登、艾德礼和利特尔顿的时间也都浪费了。等我们做好准备再开始，会更加容易，避免很多争论，时间就节约下来了。可惜他总是在馅饼还没有烤熟的时候就伸手去拿了！

9月4日

　　上午我们收到小道消息，说罗斯福总统可能会同意我们的建议，只不过进攻卡萨布兰卡的部队被减少五千人，而不是一万到一万两千人。

到了晚上看起来好像我也被拉上了，周六之行逃不掉了！据说总统的回电将在夜里晚些时候到。最后我还是先溜回去了，回到家已是非常疲惫！

9月5日

在家里休息。奈打电话给我，速递员送来了总统电报的副本。"火炬"又开始熊熊燃烧了，到目前为止，大部分困难都已经被扫除了。与此同时，亚历山大那边继续传回捷报。隆美尔还在撤退。

9月6日

上午去了教堂。又是懒洋洋的一天。

9月7日

上午的参谋长会议没有什么重要的事情。内阁下午5点半开会，会后格里格过来告诉我，他与财政秘书邓肯·桑兹和副部长亨德森①之间有些麻烦。这两个人，显然是联起手来，认为他们自己手上没有实权。与此同时桑兹还在打探消息给首相汇报！格里格显得很不安。迪尔回来了，过来吃晚饭。饭后不得不去唐宁街10号和首相商量他明天的演讲稿。快凌晨1点钟了才回来！

可怜的格里格当时很不开心，但我却一点儿都不担心！要知道邓肯·桑兹是温斯顿的女婿，而且还特别野心勃勃。不管是对还是错，他留给格里格的印象就是一只布谷鸟，打算把格里格推出鸟巢去而取代他！我不承认自己对桑兹早有个人成见。反正我是不会太信任他！

---

① 阿瑟·亨德森（Arthur Henderson，1893—1968），英国工党政治家。1942年任陆军部副部长，1943年任陆军部财政秘书。二战后曾任印缅事务部副部长、英联邦事务大臣、航空大臣。——译者

9月8日

相当平静的一天。参谋长会议上研究了给土耳其援助武器的可能性。这件事可没有那么容易,考虑到我们进入波斯才这么短时间①。你过来吃午饭,饭菜很不错。午餐后去了米尔班克,然后送你去滑铁卢车站。回到陆军部会见了里德尔,商量结束他训练总监任期的事情。他同意再干到10月21日。

中东没有更多的消息来。此时隆美尔其实已经退回到他出发的地方了。我的下一个麻烦应该是想办法劝阻温斯顿,让他不要去盯着亚历山大和蒙蒂在还没有做好准备之前就发起进攻。这是他一直要犯的老毛病,总是不耐烦地催促进攻!

9月9日

参谋长会议上讨论了如何给马耳他运送更多的燃油,支撑它在未来的攻势中发挥更大作用。用"威尔士人号"快速布雷舰看样子是唯一的办法。中午12点前往教堂,参加肯特公爵的悼念仪式。从那儿去了多切斯特酒店,与西科尔斯基碰面。他的风度一如往常,对德国下一步的动向很感兴趣。按照他的说法,德国人能在1942年里占领斯大林格勒和格

---

① 英苏入侵伊朗:伊朗在传统上是英俄博弈的主要角逐地,由于饱受英俄干涉之苦,伊朗的亲德情绪甚为强烈。1924年建立的巴列维王朝国王礼萨汗(Reza Shah)与德国建立了密切的合作关系,希特勒上台后也大力宣传德意志人和伊朗人同属雅利安民族,两国都要反对英国的奴役,都要反对共产主义的扩张。德国利用伊朗来威胁英属印度和苏联的南部腹地,伊朗则用德国来防备宿敌英苏,更想利用德国援助来推进伊朗的现代化。1939年9月二战爆发,伊朗宣布中立。1941年6月德国人侵苏联,7月英苏达成合作协议,英国向苏联提供军火武器和药品援助,而当时从波斯湾港口出发,经纵贯伊朗的铁路抵达巴库和里海,是援助苏联的主要战略通道。1941年8月25日至9月17日,英国和苏联为了确保对伊朗的油田和援苏物资通道安全,实施"支持行动"(Operation Countenance),联合出兵入侵伊朗,礼萨国王被迫退位,其子穆罕默德·礼萨·巴列维(Mohammad Reza Pahlavi)继位,纳粹德国在伊朗的势力被全部肃清。——译者

罗兹尼①就会很满意了，不会再攻打巴库。他们会组建一支庞大的劳工大军去开发乌克兰，好让他们自己在粮食和石油上实现自给自足。他们会利用冬季的夜晚，将进攻苏联的空军主力撤回来。还有，他的一位刚刚从法国回来的特工，从吉罗（法国将军，在接下来北非登陆作战中预计将出任法军司令）那里搞到一些情报，他将邀请我一起去和这位特工会面。

晚上迪尔和我一起去斯塔克海军上将公寓里吃晚饭。他相当热情，对自己刚刚搬进来的公寓显然颇为满意。迪尔明天就要回美国了。我肯定会十分想念他。

下午6点钟首相叫我去唐宁街10号。他心情非常好。一开始大家讨论了已在弦上的北非作战行动的风险和前景，否则就再派出一支护航船队去俄罗斯北部港口了。然后接着讨论陆军部的政务官员，克罗夫特、桑兹和亨德森。他认为格里格对他们的授权不够。果然来了，我心里想，桑兹肯定在背地里给岳父大人打了小报告。这种局面是令人很不开心的，格里格的手下竟然可以把他晾在一边。我感到非常失望，如果桑兹真的把格里格顶下去了，那真是没救了！！！

这两个人根本就没法比。P. J. 格里格的能力强出10倍，还有更重要的是他的正直，这也是他们所看重的。假如桑兹真把格里格顶掉了，我也是没有选择，只能辞职了。

然后我们商量首相想把霍巴特外派的事，接掌第11师，到北非去，尽管他已经57岁高龄了，医生和医疗委员会都提出强烈质疑。

---

① 格罗兹尼（Grozny），俄罗斯车臣共和国首府，位于高加索山北麓。格罗兹尼由沙皇俄国军队建城于1818年，其名俄文意为"威胁"，是俄军控制北高加索的主要要塞之一，战略位置重要。——译者

504　WAR DIARIES（1939—1945）

9月10日

对马达加斯加马任加的进攻今天早上开始了，看起来已经取得成功。在参谋长会议上，就伊拉克-波斯司令部的空军指挥问题争论了很长时间。伯利和夫人过来吃午饭，然后对我的坐姿画像进行最后一次修补。我想他一定完善了不少。西里埃斯来吃晚饭，我与他就戴高乐的问题进行了长时间商谈，"自由法国"和那些法国人不想与他合作，但希望继续为法国而战。

9月11日

繁忙的一天，结束之后去了契克斯庄园①。出席晚宴的有艾森豪威尔、克拉克、蒙巴顿、莱瑟斯、霍利斯②、秘书罗文和我。晚宴之后看电影，从晚上11点看到凌晨1点，然后又从1点坐到凌晨3点钟！！讨论北非登陆行动的前景，以及美国人在那里可能会受到怎样的接待。

9月12日

上午10点钟开会。达德利·庞德从苏格兰回来了，负责运输的霍姆斯也参加了会议。我们讨论了在11月15日之前对北非发起进攻的可能性，如果可行，就能够在这之前再往苏联多派出一支运输船队。有许多因素需要考虑，如果护航的海军舰队遇到危险，可能会导致无法再给北

---

① 契克斯庄园(Chequers)，位于英国白金汉郡艾尔斯伯里镇东南方的奇尔顿山脚下，距离伦敦约60公里，建成于16世纪，是一幢具有都铎风格的庄园宅第。1917年，英国议会通过《契克斯庄园法案》，正式指定契克斯供在任首相度假使用，从此，契克斯成为英国首相的乡间别墅并接待外国政要嘉宾的场所，而劳合·乔治则是第一位入住这里的英国首相。——译者

② 莱斯利·查塞莫尔·霍利斯(Leslie Chasemore Hollis, 1897—1963)，英国陆军上将，绰号"甜心"(Jo)。1939至1946年任战时内阁高级助理秘书长，先后出席了华盛顿、开罗、德黑兰、雅尔塔和波兹坦等一系列盟国首脑会议，并在内阁作战室(也被称为丘吉尔作战室)的建立和运作上发挥了关键作用。——译者

非登陆行动提供支持。其次，还会导致大约八十艘船在整个冬季都被困在阿尔汉格尔斯克①，等等，等等。首相一直是尽量把海军的一兵一卒都派上用场，所以想看看是否有可能多派一个护航船队。回去和亚当共进午餐，我们商量了如何化解那个"搅屎棍"邓肯·桑兹和P.J.格里格之间存在的问题。矛盾正在逐步激化。桑兹已经给首相汇报了格里格没有充分授权给他。然后首相出面给格里格施加压力，但格里格又不打算向桑兹妥协，我们觉得格里格的做法也没有错。

午饭后，与佩吉特就本土空军的组织架构问题进行了长时间商谈。肖尔托·道格拉斯已经找过他了，佩吉特准备牺牲掉我们最近做的所有工作，以确保空军愿意配合本土军！接着陆军部副部长博芬申②也来商量解决桑兹和格里格之间的麻烦！希望我能和陆军委员会研究一次，看看能给桑兹分配什么任务，再给陆军大臣格里格提出建议。我拒绝了，因为我认为这事只能由陆军大臣自己来做。晚上回家了。

9月13日

在家里，安静的一天。洛里、斯特拉带着孩子来喝下午茶。罗斯玛丽也回家了。

9月14日

半路上把罗斯玛丽放下。参谋长会议内容无聊，没想到内阁会议也

---

① 阿尔汉格尔斯克(Archangelsk)，位于俄罗斯欧洲部分北端的港口城市，是阿尔汉格尔斯克州首府，临白海。1613年之前称为新霍里莫哥尔，位于北德维纳河河口附近。市名来源于12世纪诺夫哥罗德人在北德维纳河畔建立的大天使米迦勒修道院。历史上曾是俄罗斯重要的港口，18世纪后因圣彼得堡开埠而衰落。二战时期是苏联接收援助物资的重要港口。——译者
② 弗雷德里克·卡尔·博芬申(Frederick Carl Bovenschen, 1884—1977)，1939至1942年任陆军部副部长。——译者

一样。就空军的问题与陆军大臣进行了激烈争论。他显然已经被佩吉特说服了！

9月15日

繁忙的一天！先是开了参谋长会，关于空降部队的问题，会上我和空军参谋长的观点不一样。中午12点半我们去见首相，讨论明年1月份攻占挪威北部的可能性！在他最近一次与斯大林的会面中，他竟然已经答应过了！现在他正努力把我们都拖下水。在我看来，在北非登陆行动展开的同一时期，这根本就不可能。单单船运问题就让它不可能。他不愿意接受，大家就这样屏了一个小时，一直到下午1点半。

午餐后去米尔班克治疗手臂关节炎。下午3点半格洛斯特公爵来看我，他想来陆军部找个活儿干！还不能是轻松的活儿！！然后接待了美国报业大腕儿李普曼①先生，他可远不仅仅是一位记者这么简单。我们聊了半个小时。然后我去见安东尼·艾登，商量解决陆军大臣和首相女婿之间的麻烦。我告诉他，我担心桑兹在设法顶掉陆军大臣，这会把事情搞得一团糟。还告诉他，眼下的情况如果我们不管，将会导致陆军大臣辞职，这样一来我们就有第五位陆军大臣了！！自从开战以来，陆军大臣走马灯一样地换，不能再换了。他非常热心，答应帮忙。

最后出席了卢卡斯夫妇的晚宴，尼尔森夫妇、邓肯、供给大臣和斯

---

① 沃尔特·李普曼（Walter Lippmann，1889—1974），美国作家、记者、政治评论家，最早使用"冷战"概念的人。1931年《世界报》停刊后，在《纽约先驱论坛报》上开设"今日与明日"专栏，所写评论文章被国内外两百五十家报刊转载。"今日与明日"是美国言论史上历时最久、影响最大的专栏，专栏文章后汇编为八十一卷出版，为李普曼赢得了世界声誉，他也因此获于1958年、1962年两次获得普利策奖。——译者

塔克海军上将都参加了。

格里格和桑兹之间的矛盾已经变得如此尖锐,所以我觉得必须为此做些什么。考虑到首相与桑兹的密切关系,我不想直接去找首相,因此决定找艾登商量。他非常通情达理,完全理解我们所处的困境。他眨着眼睛说,会尽其所能说服温斯顿,尽快把桑兹搞到外交部去!我不知道他做了什么,但这次会面之后局面很快有所缓和,而且没过多久桑兹就调离了陆军部,让我们大家都松了口气。

9月16日

参谋长会议开得很艰难,商量如何对付首相的新想法,在北非登陆行动开打的同时还要去攻打挪威!我们已经吩咐联合作战参谋们去准备一个方案。然后去克拉瑞芝酒店参加接待印度纳瓦纳加尔邦大公和拉马斯瓦米·马达利尔①爵士的官方午宴。一顿沉闷无聊的午宴。我坐在德文郡公爵旁边,他不是很热情。晚上7点钟首相叫我去唐宁街10号,发现艾登、克兰伯恩、海军大臣和第一海务大臣都在。大家讨论了法国提出的关于马达加斯加的和平建议,他们想派全权代表来谈判。这花了比较长的时间,一直到晚上8点半才逃回来!糟糕的是我已经邀请了约翰·安德森夫妇和P.J.格里格夫妇过来吃晚饭!他们刚刚离开,现在我要准备明天在塞尔福里奇②举办的摄影展开幕式发言稿了!!

---

① 拉马斯瓦米·马达利尔(Ramasamy Mudaliar,1887—1976),印度律师、外交官和政治家。1942至1945年是丘吉尔战时内阁成员,并担任太平洋战争委员会的印度代表。1945年代表印度参加筹建联合国的旧金山会议,并担任联合国经济及社会理事会第一任主席。——译者

② 塞尔福里奇百货公司(Selfridges),位于英国伦敦牛津街,是伦敦最著名的百货公司之一,始创于1909年,汇聚了数量众多的大众流行品牌及设计师专柜,营业面积5万平方米,是英国第二大零售商店。——译者

9月17日

参谋长会议上主要研究了，如何打消最近温斯顿那想去挪威北部冒险的想法！然后去了蒙巴顿指挥迪耶普突袭战的司令部，再赶回公寓，我邀请了西科尔斯基和克莱伯过来吃午饭。后者刚刚从法国回来，与吉罗、贝当和赖伐尔等人都进行了接触。他的兴致很高，或许有些作用吧。下午2点半赶往塞尔福里奇百货大楼参加摄影展开幕式，我要做个讲话。然后和马里波恩①的女市长吃了一顿很有意思的午餐！回到陆军部处理了一些工作，然后去肯辛顿公园18号出席了波兰总统举行的招待会。然后再回到陆军部，最后回到公寓请美军的克拉克将军、克兰伯恩和财政部副部长司碧德一起吃晚饭。我喜欢克拉克，他很有人格魅力。司碧德总给人耳目一新的感觉，克兰伯恩是个很容易相处的人。刚刚在为几天的出行收拾行李。

9月18日

参谋长会议结束后，我和巴尼开车前往亨登，然后飞往卡特里克机场。从那里再前往伯纳德城堡视察步兵学校，在那里喝了下午茶。下午6点半离开那里，开车去了巴尼·查尔斯沃斯家里打松鸡的山间小屋。

9月19日

打猎跑了很远的路。罗尼·斯塔尼福斯也来了。一共打了六十只。在回去的路上接到首相的口信，让我到最近的通讯站接电话！最近的一个在卡特里克机场里，大约15英里远。等我到了那里发现线路坏了，我只能听到首相讲话。他就是想知道我对亚历山大发给他的一封推迟进攻

---

① 马里波恩(Marylebone)，位于伦敦西部城区一个乡村风格的住宅区，区域中心是马里波恩大街上的独立精品店和精致的餐厅，杜莎夫人蜡像馆和福尔摩斯博物馆也在这个区。——译者

日期的电报的意见。由于我没有看到过这份电报，只好辛苦联络官跑一趟送个副本来。

上面的内容需要略微展开解释一下。那天，当我打了一天猎，疲惫不堪地回到小屋，发现有张便条，要求我在晚上8点钟之后，到最近的通讯站打个电话给他。这就意味着为了给他打个电话，我要跑30英里的路。等电话打通了，他问我对亚历山大最新的电报是什么想法，我回答说："没有看到过。"这让他严重不满意，说道："你还没有看到过？你的意思是说你对那边的战局还不掌握？"我又回答："我今天出来打松鸡了，在狩猎棚屋里我没有办法随时掌握战局。""好吧，那接下来你打算怎么办？"他又问道，我继续回答："如果您想知道我对亚历山大电报的意见，我只好让人今晚送过来，明天给您答复。""怎么答复？你拍电报来吗？你身边带着密码军官吗？"我的脾气开始上来了，回答道："没有，我打松鸡的时候不可能带着密码军官！等我看到了亚历山大的电报，明天晚上再回到这里来，用这里的电话和您通话。"就这样结束了通话，然后我只好接通陆军部，安排一位倒霉的通讯官，骑摩托车将电报副本送到达灵顿①来。

整件事情最气人的部分是，亚历山大的电报里根本就没有什么重要的事情不能等到我回来。这就是他的典型风格，他不喜欢让我离开。他总是东一个理由、西一个理由地不停打电话找你，确保你一直待在他能够找到的地方。我周末在家里的时候，也是一整天都在不停地接电话，又一次我和伊万·科博尔德在格伦汉姆打猎，他因为一点点小事凌晨1点钟打电话给我。因为电话是安装在伊万房间里，他爱人不得不半夜起来叫我，我就这样在半梦半醒之间，坐在伊万的床沿上，一边冷得打哆

---

① 达灵顿（Darlington），是英国达勒姆郡达灵顿区的中心镇，南部与北约克郡相接。在伦敦以北352公里。——译者

嚷一边和温斯顿通电话!

9月20日

星期天。有薄雾和小雨。再次开车前往卡特里克机场给首相打电话。我已经拿到了亚历山大电报的副本,认为他理由充分,考虑周全。我就这样在电话里告诉首相,感觉他是同意我的意见。但我后来才发现,其实他发了一封电报给亚历山大,催促他尽快进攻!中午在里士满①吃饭,晚上出去走了走。

9月21日

风大了,雾散了,天气非常好,打了一百五十只松鸡。

9月22日

天气还是不错,但风很大。一共打了六十六只。晚餐后离开前往达灵顿,乘夜间航班返回。

9月23日

又要开始工作了,真是不情愿。发现有一堆麻烦事儿正等着我!首相对发起挪威北部战役更加坚持了,现在已决定派安迪·麦克诺顿去莫斯科!去和斯大林商量作战方案!

午餐后首相叫我过去讨论他准备发给亚历山大的回电。我努力阻止他,告诉他这样做只会让亚历山大感觉到失去了他的信任,这对一场战役来说是最要不得的事情。然后他说了一通最蹩脚的理由,说前线将领只知道考虑自己和面子,除非万事俱备,否则就按兵不动,从来不肯担

---

① 里士满(Richmond),英格兰北约克郡集镇,位于斯韦尔河畔,为里士满区的行政中心所在地。美、加等国众多以里士满命名的地名皆源于此地。——译者

风险，等等，等等。他还说，这次推迟将导致隆美尔构建起一个20英里纵深、40英里宽的防御带，这是一条"马其诺防线"①，我们将无法突破，等等！我这四十五分钟时间真是强忍怒火！吃好晚饭10点钟，我又被叫去了，这一次是研究给土耳其援助坦克。我们又大吵了一通，不过最后还是和气地达成了一致意见。

9月24日

参谋长会议上研究了派遣使团去莫斯科商量如何攻打挪威北部！麦克诺顿现在又不赞成了！显然是他派自己的参谋军官回加拿大汇报过这一行动的细节了！我们也看到了联合作战参谋们拟定的具体方案，在明年2月份之前根本不可能实施这一作战。因此我们就该问题形成了一份备忘录给首相，把麦克诺顿的信件也附在后面。午餐后我召开了遴选委员会会议，然后就被首相叫去了。他刚刚收到加拿大总理发来的电报，认为派麦克诺顿去莫斯科的做法是不明智的，讲了一大堆理由！我问他是否看过麦克诺顿的信了。他说还没有，我就把信的内容告诉他。然后他对这整件事情火冒三丈，发完火最后又变得十分感伤。他说，一边是俄国人，一边是美国人，这台战争机器也太难驾驭了。什么都不干当然最轻松！他完全可以舒舒服服坐在那里，等着事情找上门来。没有什么比想干点儿事情更难的了，所有的人都无所事事，而且还帮倒忙。他真是个神奇的混合体，谁也不知道下一回他又是个什么心情！

然后我们发现，他感觉好像只有他自己在努力打赢这场战争，只有

---

① 马其诺防线（Maqinot defences），第二次世界大战前，法国为防德国入侵，在其东北与德国、卢森堡和比利时毗邻的边境地区建筑的防御阵地体系。以法国陆军部长马奇诺的名字命名。该防线是在消极防御思想指导下设置的，1940年德国军队从比利时绕过这条防线攻入法境，该防线没有发挥防御作用。——译者

他自己在出主意、想办法，只有他自己在拼尽全力，而没有人支持他。而且，我们不但不支持他，还在不停地给他惹麻烦，等等，等等。他沉浸在自己描绘的一副悲惨世界当中，竟然眼泪沿着脸颊流下来！在这样的时刻，当你想到他肩负的责任和担子有多么沉重，就很难不对他报以同情。不过话又说回来，如果我们不拦住一些他的疯狂想法，天知道他现在把我们拉到什么地方去了！

巴兹尔和辛西娅夫妇过来吃晚饭。

9月25日

本来以为首相上午会找我，结果一直等到下午4点钟。安东尼·艾登也被叫过去了。为了支撑一把俄国人，他找我们商量还有什么措施可以采取，我想他应该已经放弃了攻打挪威北部的想法！这正是我们所希望的，但他还有可能倒退回去。中午和亚当在卡尔顿烤肉店一起吃饭，吃完又一起去圣詹姆斯公园走了走。

9月26日

开了个简短的参谋长会，早早回了家，伤心的是发现你们三个都因为昨晚吃的东西而不舒服。

9月27日

也开始不舒服了，看样子吃的那些剩下的东西也不好！

9月28日

冬季的第一场大雾。参谋长会议时间很长，殖民地办公室的盖特和马耳他总督顾问朗特里先生也出席了。他讲述了马耳他岛上严峻的粮食供给状况！多少有点儿危言耸听。我想他没有从战时的角度来考虑问题。他显然没有把屠宰牛和马的情况一并考虑进去。不管怎样，我们需要一份总督自己对局势的明确评估意见。

下午 5 点半参加内阁会议，首相的心情相当好。针对麦斯基关于我们海军舰队的批评意见，最后他采取了比较强硬的态度。

9 月 29 日

参谋长会议上我们会见了从莫斯科回来的迈尔斯海军上将，研究需要克服哪些困难，才能做到既给波斯提供足够防御，与此同时又能维持给苏联的援助。会上还接到一条预警消息，称一架"卡特琳娜"飞艇①在里斯本飞往直布罗陀途中坠毁，机上人员的尸体在加的斯②被冲上海滩，包里有北非登陆的具体作战方案！马达加斯加的作战行动基本上结束了。下午在办公室研究波特尔有关战争后续指导意见的最新想法。简单来说，就是不惜一切代价轰炸德国。

9 月 30 日

今天的参谋长会议主要集中在，研究是否批准韦维尔在今年进攻缅甸阿恰布③的作战计划。我不喜欢单独攻打阿恰布的想法，而没有整体

---

① "卡特琳娜"水上飞机（PBYCatalina），美国联合飞机公司研制的水上飞机，二战期间广泛装备于美军各个兵种，其他盟国也大量使用，是历史上产量最大、用途最广的水上飞机，被用于反潜、轰炸、侦察、运输、海上救援等，尤其是经常用于搜救跳伞逃生的飞行员，为二战胜利立下了汗马功劳，在有些国家一直服役到 1980 年代。——译者

② 加的斯（Cadiz），西班牙西南部的一座滨海城市，安达卢西亚加的斯省省会，位于一个伸入加的斯湾的半岛上。——译者

③ 实兑（Sittwe），缅甸第三大港，若开邦首府。英国统治时期名"阿恰布"（Akyab），1826 年，英国占领若开邦，将其首府迁来实兑。缅甸独立后恢复原名。临孟加拉湾北岸，是缅甸孟加拉湾沿岸的最大城市和海港。——译者

考虑解放仰光、毛淡棉等地①的问题，但我们实施这一作战的兵力还不够强大。

下午军情五处的霍克斯和伦诺克斯过来找我，带来了他们通过隐藏在房间里的窃听器截听到的肯尼斯·德·库西②和雷克斯之间的对话。显示他们可能已经知晓了进攻北非行动的全部情况，而且很明显是从掌握作战方案的人那里搞到的。他们还不敢将情况告诉自己公开的老板——新闻大臣达夫·库珀，因为他们也不确定他对这个作战行动知道多少。我把这个情况与"巴哥犬"伊斯梅进行了商量，认为告诉达夫·库珀是安全的，但他应该让首相看到前面对话的内容。

晚上7点钟去了唐宁街10号。到的时候正好碰上戴高乐走出来，他刚刚与首相和外交大臣开了一次令大家都难忘的会议，会上他态度蛮横霸道，会议几乎因混乱而中断！！然后我们发现，他要在晚上8点15分发表广播讲话！！这让首相不得不亲自打电话给BBC电台，指示他们，如果戴高乐脱开稿子乱讲，就把广播切断！然后大家讨论了，是否能够将亚历山大发起进攻的时间提前个一到两天，以便留出时间了解这次行动对西班牙政府立场的影响，使其能更容易接受我们为北非登陆行动所做的准备工作。首相很通情达理，把他手上的电报稿递给我们进行了修改。

10月1日

正坐着开参谋长会的时候，被首相叫去了。发现他还在床上，还有

---

① 毛淡棉(Moulmein)，旧称"摩棉"，位于缅甸首都仰光东南300公里的萨尔温江入海口，全国第四大城市，缅甸东南部的贸易和航运中心，也是孟邦的首府和最大城市。——译者
② 肯尼斯·德·库西(Kenneth Hugh de Courcy, 1909—1999)，1934年成为右翼保守议员团体"帝国政策小组"成员，主张发展与美国的友好关系，支持绥靖政策。1934年他组建了"库西情报服务社"，为政府和企业提供情报信息研判服务。——译者

达夫·库珀(当然不是都在床上!!),他刚刚把之前窃听到的肯尼斯·德·库西和雷克斯之间的对话内容交给首相了。达夫·库珀说,因为德·库西提到是从一位"计划处处长"那里搞到的情报,他怀疑是我的作战计划处处长肯尼迪私下里提供的,这让我听得惊恐万分。首相让我尽快调查清楚。于是中午我和尼尔森、处长委员会成员一起吃饭,商量如何调查肯尼迪,眼下他正在自己的公寓里养病。让我松口气的是,他说只和德·库西见过一面,在6月23日莫克西举行的晚宴上,而且他记得当时没有和德·库西讲过话。在6月23日之前,作战方案已经在进行讨论了,一切都符合保密要求,肯尼迪完全解释得清楚。不过我们还要继续追查谁是罪魁祸首——但这就是达夫·库珀和他手下特工们的活儿了。

晚上和佩吉特进行了长谈,商量削减本土部队的规模,以及评估我们是否做好了应对明年春天入侵登陆的充分准备,尽管眼下看起来没有什么迹象。

10月2日

在参谋长会议上,我们再次主要讨论了为马耳他运送食品的计划。现有的供给到10月中旬前后就要断档了。未来的补给要看中东战区的攻势和北非的登陆行动是否能够取得成功。假使都不成功,那只有上帝知道我们该如何保住马耳他了。但即便取得成功,在新的补给运抵之前,马耳他也只能维持非常低的食物配给。下午在陆军部,从3点一直工作到晚上8点。然后接上辛西娅和她的儿子亨利到公寓吃晚饭。

10月3日

开了一个短时间的参谋长会议,抓紧处理完下午的工作,赶着回家。

10月4日

在家里摘苹果,美好的一天。

10月5日

梅森-麦克法兰再次出席了参谋长会议,大家商量了在北非登陆作战期间,将直布罗陀置于艾森豪威尔的指挥之下。还讨论了联合作战参谋们起草的1943年作战方案,一份很长的文件,但他们完全忽视了明年的战略重点。

下午5点半参加内阁会议。晚上10点钟参加首相主持的会议,波特尔、辛克莱、P.J.格里格和我一起讨论了我们陆军对空中协同作战的要求有什么不同。空军部又说回到他们的老一套上去了。本来已经同意提供一个支援陆军作战的空军大队,现在他们又建议撤回去!!这次会议一无所获,因为温斯顿根本搞不清楚我们在争什么。

10月6日

又是累人的一天。一上来参谋长会议就开得很艰难,研究了一系列涉及北非登陆作战的问题。然后和文森特·梅西一起设午餐会见加拿大国防部长拉尔斯顿。再从那儿去克拉瑞芝酒店会见希腊国王,是他说想和我见一面。我发现他所有的要求就是,想把中东战区派给希腊部队的联络官的军衔从中校提升到准将,以提高希腊部队的地位!!!返回陆军部,就肯尼斯·德·库西的问题与军情五处的哈克进行了面谈。他现在发现泄密源头是特别行动处一个叫汉农的人,是讲话太随便了。然后会见加拿大军参谋长斯图尔特,他迫切希望加拿大部队能发挥更重要的作用。下午6点参加内阁会议,就援助苏联问题起草给罗斯福的回电。会议很拖沓，收获却不多。上床睡觉已经凌晨1点钟了。

10月7日

参谋长会议还是主要研究北非登陆和马耳他协同作战的问题。还有明年春天伊拉克和波斯的防御。

12点半内阁在下议院开会，温斯顿因为感冒没有出席，由艾德礼主持。讨论了给斯大林的电报草稿，告诉他北非登陆作战可能会影响到北大西洋的援助船队，建议靠高加索的空运线路支撑一下。在轿车里吃了午饭，和情报处长一起去参观一个机构，它负责协助我们的战俘脱逃以及给他们使用的密码。还通过特殊的窃听和"卧底"等手段来了解德国战俘的想法。一个管理得很好也很有意思的机构，非常有活力。

10月8日

参谋长会议上我们再次研究了给斯大林电报的最终稿。还花时间听取了德国人最近处置迪耶普战俘的情况，他们给战俘的手戴上了镣铐。下午会见了刚从中东战区回来的拉姆斯登，接着是哈丁，来商量国王赴海外视察的安排。接到通知，我已经被任命为国王的总副官①。

10月9日

11点半之前就结束了参谋长会议！！简直破了纪录。出去和蒙巴顿一家共进午餐。布利特②也来了，他是大战爆发时候的美国驻法大使。我对他相当不信任！晚上艾森豪威尔、里德尔-韦伯斯特和肯尼迪一起

---

① 国王副官（Personal aide-de-camp to the King），是英国王室授予高级将领的一种荣誉职务。总副官（General ADC to King）一般由总参谋长兼任。——译者
② 小威廉·克里斯蒂安·布利特（WilliamChristian BullittJr., 1891—1967），美国外交官、记者和小说家。——译者

过来吃晚饭。

10月10日

参谋长会议的议题很多。午餐后处理了一些办公室的工作,然后去参谋学院给本土军的集团军、军和师级指挥官做了一场世界局势的讲座。讲了大约一个半小时,大多数人一直到最后都在听!然后和"混混"霍巴特谈了一次,考虑到他的年龄因素,就不让他随他的师去北非了。

10月11日

安静的一天,和你待在家里。

10月12日

和往常一样早早出发,过了一个平静的周一,参谋长会议和下午的内阁会议时间都很短,可能主要是由于首相不在!

10月13日

上午11点钟,我们的参谋长会议开到一半,首相来了,浪费了差不多一个小时,因为他就没有什么特别的事情要商量,只是想过来打个招呼!然后从华盛顿回来的海军上将坎宁安也来到会议室,他要参与对北非登陆作战海军部队的指挥,给我们讲了最近关于美国人的传闻和他们多变的想法。

下午会见了我们刚刚从东京回来的武官。他对日本及其如何一步步走向战争的这段历史颇有研究。晚上和首相在官邸附楼共进晚餐。艾森豪威尔、克拉克、史密斯和坎宁安也都在。史末资从开罗过来,晚宴结束了才刚刚到。他带来了埃及的最新消息。然后大家从各个方面讨论了北非作战行动的各种可能性和局限性。现在已经过了午夜,刚刚回到公寓，还得准备明天参谋长会议上关于空降师议题的发言提纲。

10 月 14 日

奥利弗·利特尔顿出席了我们的参谋长会议，大家商量了他即将成行的访美日期，以及他前去协商的主要问题。所有问题的关键在于，我们要在利特尔顿出发之前给他提供必需的信息，让他带过去，在美国人的飞机生产计划具体敲定之前交给他们。中午 12 点史末资来陆军部看我，讨论了北非登陆的作战方案。下午科里过来商量同盟国部队的事情，然后是波特，带来了蒙哥马利对隆美尔发起反攻的作战计划。下午 5 点半的内阁会议上，大家对史末资回来表示欢迎。晚上肖尔托·道格拉斯、拉姆齐和伯蒂过来一起吃饭。

这是一个很重要的日子，因为我收到了蒙蒂实施反攻的具体作战方案，还有大致的进攻日期。他请求我尽可能不要透露任何细节出去。因为我对温斯顿保守秘密的能力一点儿都不放心，所以决定不把这份作战方案告诉他。不过，我知道这有点儿困难，因为温斯顿在不停地催促提前进攻的时间，一直在问我为什么还没有接到反攻日期的报告。我不得不权衡一下利弊，是告诉他，还是不让他知道，以防他拍电报给亚历山大和蒙哥马利，因为他的没耐心而打乱了他们的既定计划。

10 月 15 日

在今天上午的参谋长会议上，我们要求坎宁安、安德森和韦尔士一起出席，他们是参加北非登陆的三军指挥官。我们与他们就此次远征作战的各种细节问题进行了讨论。午餐后，加拿大国防部长拉尔斯顿和文森特·梅西、斯图尔特一起来找我，了解加拿大部队在 1943 年可能承担的任务！在接下来预定的进攻行动中，到底该如何部署他们，可不是一件三言两语就能说明白的事情。然后艾森豪威尔来了，我找他商量下达给安德森的命令，这让他有些无所适从。还商量了在艾森豪威尔出发前往直布罗陀之后，驻扎在英格兰的美军部队该如何安排。他告诉我由哈特尔负责接替指挥，对此我不太满意，因为我知道哈特尔不行！

那份让艾克有些发窘的命令，其实就是一份盟军最高司令应该下达给其麾下任何一位英军指挥官的常规命令。就像道格拉斯·黑格在1914至1918年大战中曾做过的一样，戈特也是这样做的，我自己也一样①。因此就其中他反对使用的措辞，大家很容易就解释清楚了，我想我们应当作出适当调整以适应他。

晚上斯特拉科纳、科博尔德、彼得·弗莱明、莫克勒-费里曼一起过来吃饭。我发现彼得·弗莱明对俄罗斯人和日本人都很有研究，和他聊了很长时间。

10月16日

我们再次讨论了如果西班牙在北非登陆作战中的立场变卦了，可能会遇到哪些问题，决定准备好特种部队以防不测。然后和秘密行动部门商量了在法国组建特种部队，以满足将来的不时之需。接着去唐宁街10号吃午饭，首相的心情非常好。午餐后，我给他详细汇报了中东反攻作战的日期和计划，就是波特带回来那份。进攻的时间已经提前了，为此他看上去很高兴。

我觉得自己不可能瞒得住温斯顿，按照他的急性子，他一定会发电报给中东司令部，在这个节骨眼上给亚历山大和蒙哥马利添乱。那一天

---

① 此处应该是指二战初期戈特担任英国远征军总司令和作者担任第二远征军总司令的时候，都会遇到向同盟国联军中外军指挥官下达命令的情况。——译者

战争日记（1939—1945） 521

他的心情很好，我想如果抓住这个机会告诉了他，就可以给他强调绝对保密的重要性。

10 月 17 日

在我走进参谋长会议室的时候，发现难得发飙的"巴哥犬"伊斯梅正在慷慨激昂！艾森豪威尔给他打过电话，称收到马歇尔发来的三封电报，对北非登陆作战的整个方案有重大影响。伊斯梅正草拟一份回电，考虑应该将电文内容与首相和参谋长委员会商量一下。大家又处理了一些日常工作，中午 12 点钟我不得不赶回去会见佩吉特和麦克诺顿，商量一旦形势所迫，就要增派部队夺取加那利群岛和西属摩洛哥①。12 点半回到陆军部，看到了艾森豪威尔的电报。这与墨菲②最近在北非的活动有关，他已经开始与吉罗和达尔朗③建立联系！！墨菲建议我们应当派代表过去就相关事宜进行商议。我们发给克拉克的建议是，让吉罗担任北非总督，达尔朗担任艾森豪威尔的副总司令。但美国人这些报告的真实性如何很难判断。鉴于形势难辨，我们绝对不能过早地放弃作战方案。首相、史末资和艾登从契克斯庄园回来了，下午 4 点半与参谋长委员会一起开会，批准了给艾森豪威尔的回电，敲定了发给克拉克的作战方案。下午 6 点钟左右下班回家。

10 月 18 日

在家里，安静的一天。

---

① 西属摩洛哥，1912 年 3 月 30 日签订的《费兹条约》把摩洛哥大部分变为法国的被保护国，即法属摩洛哥。同样根据该条约，1912 年 11 月 27 日西班牙得到了摩洛哥北部和南部地区保护者的地位，即西属摩洛哥。1956 年 3 月 2 日，法国同意废止《费兹条约》，承认摩洛哥独立；西班牙也在 4 月 7 日跟进，废止该条约。——译者
② 罗伯特·丹尼尔·墨菲(Robert Daniel Murphy，1894—1978)，美国外交官，时任美国驻法属北非公使。——译者
③ 弗朗索瓦·达尔朗(François Darlan，1881—1942)，法国海军元帅。——译者

10月19日

早上8点钟离开家,9点刚过回到陆军部。在参谋长会议上,波特尔打算以牺牲配合其他军种作战的空军力量为代价,扩充轰炸机司令部,大家展开了争论,和平时一样激烈,这次海军参谋长醒过来了,开始支持我的意见!

下午5点半的内阁会议上,我再次找了史末资,请他帮我一起设法起用阿兰·坎宁安和戈德温-奥斯丁。我想我们最终可能会说服温斯顿,重新起用这两位将领。

在温斯顿看来,那些吃败仗的军官,都是缺乏进攻精神,应当永不叙用,没有把他们像拜恩海军上将[①]一样示众已经是他们的运气了!

10月20日

开了一个长时间的参谋长会,就空降部队的议题,我和波特尔又进行了激烈争论。

下午与佩吉特、拉尔夫·格林开会。晚上与奥利弗·利特尔顿吃饭。相当有趣的一顿饭,我们讨论了战后欧洲的未来!

10月21日

在上午的参谋长会议上,我们请来了艾森豪威尔和史密斯,一起商定北非登陆战役的最终安排。看起来已是万事俱备。克拉克昨天安全抵达直布罗陀,继续试图通过潜艇与北非的墨菲建立联系。今天晚上放松

[①] 约翰·拜恩(John·Byng,1704—1757),英国皇家海军上将。在"七年战争"初期的梅诺卡岛战役中,他未能解救被包围的英国驻军,回国后遭军事法庭审判,并因未能"竭尽全力"阻止梅诺卡落入法国而被判处死刑,1757年3月14日被枪决。——译者

一下，和巴尼一起去看了场舞台剧！名字叫《安静的周末》，十分好笑。

10月22日

我本来以为蒙蒂的攻势是在昨天晚上发起。现在看来可能是今天晚上。

一次白热化的参谋长会议，会上我和波特尔就今后战争的指导原则进行了唇枪舌剑的争论。他想把所有力量均集中在对德空袭上，以此赢得决定性胜利。我只是把空袭看作是我们迫使德国人屈服的多种方法之一。

中午12点大家去见首相，讨论在年底前组建五十个轰炸机中队，代价是取消其他机型的中队。然后我发现，尽管之前他曾信誓旦旦地保证不把中东反攻作战的细节透露给任何人，温斯顿还是已经告诉了艾森豪威尔和史密斯！！我抱怨他犯了大错，他表现还不错，也觉得后悔了，说会立刻把艾森豪威尔找来，给他强调保守秘密的必要性。然后我回到陆军部，发现P.J.格里格，除了首相我唯一透露消息的人，又把情况告诉了情报处副处长和公共关系处处长！！把任何秘密告诉任何政治人物都是绝对错误的，他们就做不到自己守口如瓶。

中午和圣克莱尔夫妇一起在高级军官餐厅吃饭。他们有个儿子在德国沦为战俘。

晚上最好能够睡个囫囵觉，不会被首相打电话叫起来，问中东的进攻为什么还没有开始！

我早就严重怀疑首相是否能受得住秘密，我的担心果然没错！他就是个小报记者，好消息可不能坐等，必须现炒现卖，哪怕是不重要的。他根本就没有理由告诉艾森豪威尔，至少在当时，这次进攻作战跟艾森豪威尔还没有任何关系，更为重要的是，艾克的司令部在当时明显存在着泄密问题。

10月23日

又是一个又长又累人的参谋长会议，试图就未来战争的指导原则达成一致意见。我们正在向共识接近，但是波特尔和我之间的分歧依然很大。他确信光靠轰炸就能把德国人打败，而我认为轰炸只是达成最终目标的重要因素之一。蒙巴顿的想法一知半解，对讨论根本没有帮助。

下午3点半去见布鲁斯，他已经接到澳大利亚发来的电报，要求第9澳大利亚师从中东撤回国。这可真不是时候，因为进攻已经开始了！！晚饭后接到陆军部电话，说进攻已经开始了！① 我们太渴望打一场胜仗了。但也是巨大的机会与巨大的危险同时并存！这有可能是这场战争的转折点，在北非反攻的基础上乘胜追击，也有可能一无所获。假如失败了，我真不知道自己能不能承受得住，我对这两场攻势寄予了太多的希望。

你或许还记得吧，我在刚刚就任总参谋长的时候，是如何规划打这场战争的。我想先扫清北非，打开地中海，剑指南欧，稍晚一些再解放法国。然后从那时开始，我们就遭受了一个接一个的打击。日本人开战了，我们失去了"威尔士亲王号"和"反击号"战列舰，丢了香港、新

---

① 第二次阿拉曼战役(Second Battle of El Alamein)，1942年7月第一次阿拉曼战役结束后，隆美尔的非洲军团已经深入埃及，威胁着英联邦军队重要的跨苏伊士运河补给线。10月23日夜，英军向德意军阵地南北两翼发起进攻。25日，英军在战线北部突破敌军防御阵地。28日，英军调集主力在北部战线继续猛攻，迫使南线德军增援。德军北上增援后，英军立即集中兵力于1942年11月2日凌晨在南线发动代号为"增压"的战斗，攻击德意军结合部，并突破敌方防区，向西挺进。11月4日，隆美尔在战局不利的情况命令向西撤退，四个师的意大利军队随即向英军投降。阿拉曼战役是北非战局的转折点，此后德意法西斯军队开始在北非节节败退，直至1943年5月被完全逐出非洲。——译者

加坡、仰光、整个缅甸和大半个中东，开罗危在旦夕，我们的油田危在旦夕，印度和澳大利亚也受到威胁。但最终我们还是回到了我最初的计划上，现在又得到了美国人参战以及他们加入北非登陆行动的极大帮助。经历了一系列的磨难，眼下局势已经稳定了，战争的风向可能要变了。

从开罗回来之后，我就满心盼望着这次攻势的结果。但这种热盼只能憋在自己心里，以免给他们带来过多压力。现在等待终于结束了，我们很快就应该知道结果。寄托在这一战上面的东西太多了，我是如此深切希望能够成功，以至于担心自己是否能够面对失败，如果它真会发生的话。我明白后面几天就是一种等待的煎熬。身隔万里观战的那种焦灼，比身临战火、现场指挥还要难受。

10月24日

上午9点15分离开亨登，飞到什鲁顿着陆场，观看反坦克和防空火炮射击演示。天气怡人，演习也不错。中午在拉克希尔皇家空军食堂吃了饭，然后飞回奥迪厄姆，正好赶上家里吃下午茶。关于反攻的战报不多。

10月25日

在家里，安静的一天。首相打来三个电话，都是问中东的战况如何。

10月26日

早早就出发回伦敦，先忙了一个小时，听了半个小时简报，参谋长会议时间比较长，一直到下午1点15分，想把未来战略安排的文本大致敲定下来。最终看上去总算好点儿了。

然后中午和首相共进午餐，并听克拉克讲述自己在北非的历险记。艾森豪威尔、史密斯和庞德也在。克拉克先飞去直布罗陀；但是没有收到碰头的地点，他继续乘坐潜艇前往北非海岸，对方将碰头地点发电报给他。会面地点由灯光信号指示，透出灯光的窗户上还挂着白色毯子作为暗号。然后换乘帆布舟，在上岸的时候还被海浪打翻了。先是会见了墨菲和法军的参谋军官，后面是法军总司令。所有的接触都很顺利，但这个时候警察来了。克拉克和他的随从藏进了葡萄酒窖里，其中一名英国上尉却不停地咳嗽！克拉克告诉他嚼口香糖可以止咳，并从自己的嘴巴里扯出来一半给他！！过了一会儿上尉还要，克拉克让他不要吞下去。上尉说："没有吞，但你给我的没什么味道！"克拉克回答说："这不奇怪，因为我已经嚼了两个小时了！！！"在回去的时候，小船不停地被海浪淹没，一帮人几乎淹死。不过，此行还是取得了极大成功。

下午 5 点半参加内阁会议，会后参加了格林威治海军食堂招待史末资的晚宴，席上他发表了非常精彩的讲话。

10 月 27 日

又开了一个长时间的参谋长会议，议题很多。第一海务大臣睡得比哪一次都香！中午和休·埃利斯一起吃饭，听取了过去六个月埃克塞特和巴斯遭受轰炸的情况以及他的工作。下午美国财政部长摩根索[①]在回国之前来见我。我发现他是一个很有个性魅力的人。他好像感觉战争的进展比他来这儿之前预想的要好。和陆军部秘书长谈了很长时间，讨论

[①] 小亨利·摩根索（Henry Morgenthau Jr., 1891—1967），美国政治家，富兰克林·罗斯福总统时期的财政部长，负责监督为美国摆脱经济大萧条的新政实施所需 3 700 亿美元拨款的使用。二战期间，他主张积极援助英、法，对抗法西斯德国；同情中国抗战，曾对华商订一系列贷款协议；极力要求对日本实行经济制裁，尤其是石油和战略物资的禁运。1944 年 9 月在第二次魁北克会议上提出消灭德国工业潜力的《摩根索计划》，当时曾为罗斯福和丘吉尔所赞同。——译者

了明天遴选委员会的一系列职务任命。

晚上参加了宴会,出席的有丘吉尔一家人、罗斯福夫人和她的秘书、利默里克夫人、桑希尔女爵士、还有一位不认识的女士,布莱登·布雷肯和我。晚宴结束后首相把我留下来,商量中东战局和他发给戈特的一封电报,告诉戈特他打算在明年1月份将其晋升为陆军元帅。他还给我看了写给P.J.格里格的回信,并告诉我,假如格里格提出辞职,他就准备接受。这是他对格里格最近一封信的回信。所有的麻烦都是邓肯·桑兹惹出来的。我最担心的就是格里格在对付这种事情上的手腕儿不够。让他出局绝对是一个重大错误。我认为,他是我们到目前为止最好的陆军大臣。

10月28日

不开心的一天。先是开了一个长时间的参谋长会,会上大家审查了未来有关地中海战区的政策。然后会见了克雷吉①,我们最后一位驻东京的大使。他对日本人及其抵抗能力等问题的看法很有意思。一直聊到下午1点15分。

下午3点钟,开了一个很无聊的陆军委员会会议,会上大家讨论了敬礼、勋章和军官补贴等一堆琐事。5点结束后又接着开遴选委员会会议,一直到6点半。再赶往唐宁街10号参加一个首相主持的会议,我们研究了奥利弗·利特尔顿提交的下周要去和美国人协商的文件。最后在晚上8点钟开完会,一天的工作只有留待晚饭后做了。

10月29日

早上还没有起床,就有人给我送来一封电报,那是首相准备发给亚

---

① 罗伯特·克雷吉(Robert Leslie Craigie,1883—1959),英国外交官,1937至1941年任驻日本大使。——译者

历山大的！内容令人不开心，这就是因为昨天晚上安东尼·艾登去找他喝了顿酒，不知道说了什么，动摇了他对蒙哥马利和亚历山大的信心，给了他一种感觉中东的攻势正在逐步减弱！！

参谋长会议上，我们正在与艾森豪威尔进行最后一次会谈的时候，首相把我叫去了。我相当坦率地告诉他，我不认为安东尼·艾登有这个能力，隔着如此远的距离，对那边的战局做出什么判断！

然后在中午12点半，首相主持召开了一个参谋长会议，史末资、艾德礼、艾登和奥利弗·利特尔顿也出席了。中东战局的问题又一次被提起。艾登做了最担心的预估。我对此进行了反驳，然后首相把脸转向史末资听取意见，他说："您很清楚，首相先生，我没有机会和总参谋长讨论这个问题，但是我完全赞成他的所有看法！！"真是感谢上帝！我非常感激他。

下午我先后会见了马耳他总督杜比，希腊副总理，还有即将踏上新征程的安德森①。在下午5点半的内阁会议上，讨论了奥利弗·利特尔顿的美国之行。晚上和伯蒂一起吃饭，伊万·科博尔德也在。结束后晚上11点半还不得不到首相那里跑一趟。他刚刚拿到一份截听到的非常重要的电报，想让我也看看，的确是非常好的情报。至于中东的战局，他说："你不想接受我任命的其他指挥岗位？现在也不想到那里去？"我回答"是的"，的确如此。他又接着说："史末资告诉了我你的理由，你觉得和我待在一起才是为这个国家最好的服务，我很感激你这么想。"！这将让他与我之间的关系更加紧密！他是我接触过的最难服侍的人，不过在这个国家值此磨难的时候，让我有机会服务这么个人，还真是要感谢上帝。

当我的参谋长会议开到一半被叫去见温斯顿的时候，正好遇上他大

---

① 安德森在1942年11月8日登陆北非的"火炬行动"中担任英国第1军军长。——译者

骂蒙蒂。"你的蒙蒂到底在干嘛？怎么能让攻势减弱呢？"当他对蒙蒂不爽的时候，蒙蒂就变成"我"的蒙蒂了！"在过去的三天里他什么都没干，现在他正在把部队从前线撤下来。如果他打仗就是这样半途而废，那他为什么告诉我们说七天之内就能突破敌人的防线？难道我们就找不出一个打哪怕一场胜仗的将军了吗？"等等，等等。等他停下来喘口气的时候，我问他是什么让他突然得出上面这些结论。他说昨天晚上安东尼·艾登和他在一起，艾登非常担心作战的进展，不管是蒙蒂还是亚历山大，都没能把握住战局，也没有显示出真正的进攻精神。这场战役本来就已经让我感觉到了压力，焦虑正与日俱增，我的火气也到了临界点。我对艾登感到非常气愤，就问温斯顿，关于战略和战术方面的问题，他为什么去问自己的外交大臣。他大发雷霆，说他想咨询谁就咨询谁！对此我回答说，他这样做只会让那些不懂军事的人给自己添堵。他继续说，他就是对战役进展不满意，中午12点半他要主持召开一次参谋长会议，还要邀请自己的一帮同盟一起出席。

到了中午12点半，大家一起坐下来，他转向艾登，让他谈谈看法。安东尼说他认为蒙蒂正在让攻势减弱下来，此前三天按兵不动，并正将部队撤向后方。然后温斯顿又问我是什么看法。我回答说，如果外交大臣前面所讲的就是他的结论，那他对于作战的看法就是十分肤浅的。他说前面三天蒙蒂什么都没干，但他显然没有注意到，在这段时间里蒙蒂粉碎了隆美尔的一系列决定性的反攻，而没有后退一步。在这段时间里隆美尔遭受了非常惨重的伤亡，这对确保战役最终取胜至关重要。我再一次讲到，既然外交大臣在上次大战中做过上尉参谋，他一定熟悉后勤补给方面的事务（温斯顿经常提醒我注意，艾登做过上尉参谋，因此对军事问题是熟悉的！）。难道他没有注意到，蒙蒂的进攻已经将战线推进了数千码；难道他不记得了，这将导致炮兵阵地必须往前移动，建立新的弹药储存点，这样才能发起下一场攻势？最后外交大臣又指责蒙蒂把部队后撤。难道他忘记了,在所有的战略和战术问题中,尽早组建发起下一次进攻的预备队是最基本的原则?然后我继续说,到目前为止,我对战役的进展是满意的,我看到的一切都让我确信,蒙蒂正在准备下一场攻势。

大家在日记中已经看到了,我的运气真好,得到了史末资的全力支持。这位老资格政治家的一席话,就像是在沸腾的锅里加了一瓢冷水!喜怒无常的"电影明星们"又回到了自己的角色当中——就像鸽子笼又恢复了平静!

不过我自己却久久无法平静下来。对战局我有着自己的疑虑和担忧,但这些都只能埋在心底。等回到自己的办公室里,我来来回回地踱步,忍受着那无助的孤独。在上午的争论中,我尽量保持着充分的自信。这很管用,信心就来了。我告诉他们,蒙蒂一定是在准备进攻。虽然我非常了解蒙蒂,但也可能是我错了,蒙蒂被打败了。当你满心焦虑,但又孤自一人、无人倾诉的时候,那种苦处只有自己能够体会。

10月30日

在今天上午的参谋长会议上,我们最终敲定了指导1943年战争的政策。你和孩子们过来吃午饭,我们去参谋学院看了伯利给我画的肖像。我担心这对普克斯小姐和小泰先生来说是个枯燥的下午。当我们穿过房间的时候,我感觉有两只微微出汗的小手紧紧抓住我的手,微微加速的脉搏可能是他们觉得这里的整体氛围不太友好!

下午先后会见了驻土耳其武官阿诺德①,接着是阿兰·坎宁安,给他安排新的职务,然后和医务处长商量各个战场的疟疾防治工作,治疗

---

① 艾伦·乔蒙德利·阿诺德(Allan Cholmondeley Arnold, 1893—1962),英国陆军少将。——译者

用的奎宁①出现了短缺。最后参加了巴尼举办的宴会派对,效果很不错。

10月31日

亚当过来吃午饭,哈丁和他一起来的。已经有一阵子没一起吃过饭了,大家聊了很多事情。我早早结束工作,回到家里吃下午茶,还给普克斯和小泰带回了小兔子!

11月1日

一整天都是大雨,大部分时间都待在家里。

11月2日

一个大冷天,早早出门。参谋长会议上我们接到通知,说墨菲建议北非登陆行动的时间可能需要推迟两个星期。这可能是应吉罗的要求,我们不清楚,但无论如何这都不太可能。第一批运输机这时都已经出发了,没办法再回来了。中午在唐宁街10号吃了一顿带有仪式感的午餐,首相、史末资、艾森豪威尔、克拉克、史密斯、庞德、波特尔、蒙巴顿和我出席。大家和艾森豪威尔、克拉克道别,他们今晚出发。

下午电报到了,称蒙蒂用新西兰部队和第151、152步兵旅再一次发起了进攻。下午5点半出席了内阁例会。

11月3日

一早出门,开车去安多弗慰问空降师。一开始先视察了边防团,军

---

① 奎宁(法语:quinine),又称金鸡纳霜,化学上称为金鸡纳碱,是一种用于治疗与预防疟疾且可治疗焦虫症的药物。——译者

容严整，然后是一个整装满员的空降营。中午在师部所在的塞伦科特豪斯村吃饭。这勾起了我人生中那三年快乐时光的许多回忆。午餐后又视察了一个空降营，接着会见了各个连队的代表。同时还看了各式滑翔机、救护车等。下午茶后观看了从滑翔机上快速跳伞。还乘坐"韦尔斯利"轰炸机①去兜了一圈儿，机上安装了被称为"丽贝卡"的新型导航雷达②，有助于找到目标。然后我又乘坐"霍莎"滑翔机③，由一架"阿尔伯马尔"运输机④牵引着从内塔拉冯飞到了什鲁顿。这是一次轻松而又很鼓舞人的飞行。最后又观看了一场夜间着陆。整个视察给了我们更充分的信心，空降部队有着很大的应用前景。

吃午饭的时候情报处处长打电话给我，告诉我两份截听到的隆美尔发给陆军总司令部和希特勒的电报，在电文中他称自己的部队损失惨重，因此准备将残部后撤！午夜之后才开车回到费尔内街。

---

① "韦尔斯利"轰炸机（Vickers Wellesley），是英国维克斯-阿姆斯特朗斯飞机公司（Vickers-Armstrongs）1930 年代为皇家空军制造的中型轰炸机。该型轰炸机在第二次世界大战开始时就已经过时了，不适合欧洲空战，二战爆发后大多在东非、埃及和中东战场上使用，本土只保留了四架样机。——译者
② 丽贝卡/尤里卡应答雷达（Rebecca/Eureka transponding radar），是一种短程无线电导航系统，用于空投伞兵部队及其物资。它由 "Rebecca" 机载收发器和天线系统以及 "Eureka" 地面应答器两部分组成。丽贝卡根据回波信号的时间及其使用高度定向天线的相对位置，计算出到尤里卡的距离。"Rebecca" 的名称来自短语 "信标的识别"。"Eureka" 的名称来自希腊语，意思是 "我找到了！"。——译者
③ "霍莎"滑翔机（Horsa），二战期间盟军常用滑翔机，由英国空速公司（Airspeed Limited）设计制造，代号 "AS 51"。"霍莎"属于大型滑翔机，最多可容纳三十个装备齐全的伞兵，也可运输吉普车或 6 磅反坦克炮，在袭击挪威重水工厂、西西里登陆、诺曼底登陆、龙骑兵行动、市场花园行动和大学校园行动等一系列空降作战中，"霍莎"滑翔机在英美空降部队中均得到广泛运用。主要由木头组成，被称为"有史以来最木制的飞机"。——译者
④ "阿尔伯马尔"运输机（Albemarle），二战期间英国空军使用的双引擎运输机，由英国阿姆斯特朗·惠特沃斯飞机公司（Armstrong Whitworth Aircraft）设计制造，代号"A.W.41"。起初被设计为中型轰炸机，但后来一般用于执行运输任务、运送伞兵和滑翔机牵引，经常与"霍莎"滑翔机组合使用。——译者

11 月 4 日

在大雾中开车回伦敦。花了一个小时又四十五分钟！上午 10 点 20 分被首相叫去了，给我看截听到的希特勒发给隆美尔的电报，要求他坚守到底，他手下的人应当在"死亡和胜利"之间做出抉择。首相很高兴。下午 3 点半的时候首相又把我叫去了，商量是不是让教堂敲响钟声以庆祝胜利。我恳求他再稍微等等，等我们有了十分确定的理由再通知教堂敲钟也不迟。下午收到亚历山大的消息更是大捷。到了晚上 11 点又被首相叫去了，他正在忙着给罗斯福、斯大林、自治领首脑、各战区司令等等一众人等口述电报。他简直是兴奋不已。后来安东尼·艾登也来了，还有布莱登·布雷肯，他主要是来讲美国大选结果的，对罗斯福不太有利。但首相认为不应当为此丧失信心！

中东的战报，终于让我拿到了梦寐以求的巨大成功！有很多事都要以此为基础，包括今年冬天在北非展开的战役。在利比亚的胜利，应该可以让西班牙人和法国人更加坚定信心，有助于"火炬行动"① 取得成功。只要"火炬行动"能够取得成功，我们就在这场战争中开始扭败为胜！不过，在我专门跑了一趟开罗，把有些问题理顺之后，如果还是失败，我也只有让贤给更有活力和想法的人了！辛苦了一年，最终看到的

---

① 北非登陆战役：1942 年 11 月，盟军在维希政府控制的法属阿尔及利亚和摩洛哥实施的登陆战役，代号为"火炬"（Torch）。盟军总司令为美军将领艾森豪威尔，海军司令为英军将领坎宁安，西路为巴顿指挥的美军，于 10 月 23 日起分批从美国出发，在航渡中依次会合，于 11 月 7 日夜抵达法属摩洛哥西海岸，8 日凌晨突击上陆。中路为弗雷登多尔(Lloyd Ralston Fredendall)少将指挥的美军，东路为美国赖德(Charles Ryder)少将指挥的英美军，此两路于 10 月 22、26 日分别从英国出发，11 月 5 日会合后通过直布罗陀海峡，向东航渡至登陆地域北部时突然转向南，8 日凌晨分别于法属阿尔及利亚的奥兰和阿尔及尔突击上陆。东路阿尔及尔的维希法军于当天停止抵抗；中路和西路经过战斗，维希法军于 10、11 日停止抵抗。盟军迅速巩固登陆场后，开始东进插向隆美尔所部背后。此役是二战中首次使用专门的登陆舰艇实施大规模渡海登陆，为尔后组织西西里岛和诺曼底的登陆战提供了经验。——译者

结果还是挺鼓舞人的。

11月5日

继续捷报频传，蒙蒂现在已经迫使隆美尔的部队全线撤退，但他们既缺乏运输工具，也缺少燃油，运输量却大得惊人。如果命运之神一直眷顾我们就好了！

北非登陆行动的准备也一切顺利，目前为止还没有引起西班牙人、法国人和德国人的太多关注！我真没有想到会如此平静。

艾森豪威尔今天早上已经出发，晚上潜艇将接上吉罗，把他送到直布罗陀。下一周，无论是好是坏，历史都会写上浓墨重彩的一笔！

11月6日

参谋长会议上，大家主要讨论了北非登陆行动的最后安排。再一次着重研究了西班牙可能的反应。中午12点半，我们被叫去参加了首相主持的会议，讨论了塞缪尔·霍尔最近发来的电报，称由于我们未来可能的军事行动，有一种不安的情绪在马德里蔓延开来。他们知道大锤要砸下来了，但问题是哪里？如果是落在法属摩洛哥，这可能会引起西属摩洛哥当地人的连锁反抗。因此他们希望不要发生这样的军事行动。我们也不确定这样的连锁反应是否有助于我们进入到法属摩洛哥的塞布河①！

中东传来的战报还是非常好，有很大机会把隆美尔赶出非洲。中午和劳伦斯老将军一起吃饭，回来中途接上了伯蒂。晚上开车去了格伦汉姆，把伯蒂送过去，以便周六和伊万·科博尔德一起打猎。

---

① 塞布河(Sebou River)，摩洛哥北部的河流，河道全长458公里，是摩洛哥最大流量的河流和第二长河流，发源自阿特拉斯山脉中部，流经非斯注入大西洋。——译者

11月7日

上午大雨倾盆，打乱了我们的狩猎安排，但傍晚天气转好还是去了。伯蒂、伊万、巴尼和我玩得很开心。晚上9点钟开车回到这里，晚饭后一直在处理白天的文件。北非登陆行动的所有准备工作都在按计划进行，只遇到极少的干扰。截至目前，事情进展之顺利简直令人难以置信。这是一场豪赌，我祈祷上帝保佑我们成功！！

中东的胜利应当对改善公众舆论有极大帮助。据报吉罗今晚已经乘坐潜艇抵达直布罗陀。他在这次行动中应当会发挥很大作用，或许最终也有助于我们解决戴高乐这个"鸡肋"。

11月8日

今日凌晨在卡萨布兰卡、奥兰和阿尔及尔及其附近的登陆行动，几乎像钟表一样如期实施。不过，他们还是遭到了比较激烈的抵抗，虽然想了不少办法，但这些抵抗还是未能避免。吉罗也搞得很不开心，除非授予他所有法军部队的最高指挥权，按照他自己的意愿调遣使用，否则他就不肯出面。其中有一个想法就是要用他们打回法国去，这样的计划眼下是根本不可能的。而且，我还担心他个人的虚荣心可能会打乱我们的部署！！

与此同时蒙蒂继续乘胜追击，赶着隆美尔一路后撤。今天还留在这里，没有回家过礼拜天。接下来肯定是繁忙的一周。

11月9日

中东传回来的消息还是非常好。北非战局整体向好，但是作战进程中仍有一些危急时刻。未来很大程度上要看吉罗是否能够成功说服北非法军转变立场。还好西班牙一直相当平静。今天晚上的内阁会议时间很长，一直到晚上8点半，会上温斯顿因为我们的胜利欣喜若狂！但却没有给将士们应得的奖赏。不过他最后还是建议内阁,可以为部队的出色表现而向总参谋长和陆军大臣表示祝贺。

在我为他工作的这么长时间里,我记得这是他唯一一次对我的工作公开表示肯定和感谢。

11月10日

北非的战报令人喜出望外!吉罗、克拉克和安德森已经全部进入北非的阿尔及尔。看起来昨天吉罗并没有凭借自己的声望争取到更多的认同。奥兰的战斗整个上午都在继续。今天晚上我们接到消息,达尔朗已经和克拉克单独签署了一份和平协议,他正在发出命令,要求整个非洲的法军停止抵抗!与此同时,德国已经空运了增援部队到突尼斯。我们最终扫清北非德军的可能性应该非常大。晚上首相叫我过去,他正在更衣准备出席晚宴,想确定一下我们是否最大限度利用了当前的有利形势。

中午在市政厅吃的午饭。在谈到北非捷报频传的时候,首相讲了一段非常精彩的话:"这不能被看成是结束,或许是结束的开始,但我们的第一仗肯定是完美落幕"!!

11月11日

上午浓雾笼罩。9点50分,我代表陆军委员会去纪念碑敬献了花圈①。然后首相把我叫去了。我不是很清楚他叫我去的目的,但有一点很清楚,就是想确保我们在北非以尽可能快的速度推进,还有就是提醒我们要记得马耳他仍处在危难之中。中午和亚当在卡尔顿烤肉店吃饭。晚上的雾更加浓重了,让所有的交通工具都无法移动!因此只好走着

---

① 11月11日是第一次世界大战停战纪念日。——译者

回去。

局势变化很快。德国人这时已经侵入法国非占领区，舰队从土伦港开出来了，奥兰和卡萨布兰卡已经被攻占。但德国人在突尼斯空投了空降部队。我们已经推进到贝贾亚①，并做好了尽早通过陆海空三路全力东进的所有准备。与此同时政治局势也比较稳定。吉罗还没有采取行动，达尔朗也是一个未知数。

11月12日

白天的情况变化不大。隆美尔的情况无疑非常糟糕，正在尽可能快地后撤。与此同时墨索里尼还在指责他抛弃了意大利部队！另一方面，德国人正在加快占领法国和科西嘉岛，并尽力在突尼斯构建桥头堡。我们正催促部队尽快把他们赶出去。

中午和约翰·安德森爵士夫妇一起吃饭。我喜欢他，一直认为他是内阁成员中最优秀的一位。

11月13日

我们请比德尔·史密斯将军参加了参谋长会议，商量接下来如何组织对撒丁岛的进攻，并预测一下航运能力有限所造成的负面影响。中午和《星期日时报》的编辑凯姆斯利勋爵共进午餐。晚上出席了陆军委员会会议。

11月14日

早上7点45分和巴尼一起出发。半路接上你，然后继续开到普雷肖森林打猎。风和日丽，能逃离陆军部的工作不知道有多么开心！晚上开

---

① 贝贾亚(Bougie)，位于阿尔及利亚东北部地中海沿岸的港口城市，贝贾亚省的首府。1942年11月11日，英军皇家西肯特团的一个营在这里登陆。——译者

车回费尔内街。

11月15日

早上9点离开费尔内街，开车去契克斯庄园，参加上午11点钟在那里召开的有关地中海未来战略的会议。首相主持，出席人员有史末资、艾登、莱瑟斯、海军参谋长、空军参谋长、联合作战司令部司令、"巴哥犬"和我。中午大家在那儿吃饭，然后开第二场会议，史密斯和汉弗莱·盖尔也参加了。大部分讨论都集中在是否可能让达尔朗接掌北非的法军部队。艾登表示反对。首相赞成。不管怎么说，眼下也没有其他选择。会后开车回费尔内街，路上轮胎破了，5点半才回到家。

11月16日

和平时一样早早出门，9点10分到陆军部。参谋长会议前有很多材料要看。然后是个累人的参谋长会，一直开到下午1点钟，修改完善首相有关战略问题的指示意见。中午和西科尔斯基两个人在多切斯特酒店吃饭，他对我们最近取得的胜利给予了衷心祝贺。走路回到陆军部，从3点到6点处理了一堆工作。然后出席6点到8点的内阁会议，会上我花大量时间报告了当前的军事形势。晚饭后，9点半到10点再次召开了参谋长会议，接着10点到凌晨12点15分开了国防委员会会议，仍然讨论地中海战略问题，现在已经理得相当清楚了。

11月17日

今天的参谋长会议相当短，下午开了遴选委员会会议，今天主要就这些事。早上7点钟就接到消息，我因北非战役的成功而被授予巴斯骑士十字勋章。来自其他战线的消息不多。

11月18日

参谋长会议上讨论了波特尔提出的空袭德国的计划。然后接上威尔金森一家一起吃午饭，你正好到家门口来接。晚上和库珀在高级军官俱乐部吃饭。各个战线传回来的消息仍然不多。突尼斯的进展相当慢，蒙蒂被后勤补给问题给拖住了。另外根据秘密渠道获得的消息，隆美尔眼下的处境显然非常糟糕，增援兵力、坦克、弹药、运输工具和燃油都十分缺乏。可惜我们未能充分利用他的这种劣势。截至目前蒙蒂已经解决了补给上的困难，隆美尔的太平日子就要到头了。

11月19日

参谋长会议上主要讨论了支援马耳他的问题，使其能够配合进攻突尼斯的作战。一切都基于船队能够将物资安全地运抵马耳他并卸下来。午饭后去海德公园酒店看望史末资陆军元帅，商量对中东战区的南非部队进行机械化整编。接着是麦克诺顿来商量加拿大部队的编制架构，以更好地适应他们在1943年承担的任务。突尼斯传回的消息称战斗相当艰苦，只希望安德森的推进速度能足够快。看起来班加西有望在未来二十四小时内拿下来。

11月20日

有四艘运输船安全抵达马耳他，感谢上帝。能让这个岛屿再次安稳一段时间。班加西也被隆美尔放弃了。对突尼斯和比塞大的进攻没有我预计的那么快，因为德国和意大利的增援部队可以随时赶到。和军需总监商量美军驻英格兰的部队正在逐步增加的情况，在第一批5个师完成之后，是否可以暂停一下！亚当找我一起吃午饭。晚上很安静，几乎没有人打扰。

11月21日

先开了参谋长例会，接着12点钟开内阁会议，讨论艾森豪威尔与达尔朗即将达成的协议。在我看来，眼下我们没有别的选择，只有接受达尔朗对法军的指挥，继续把德国人赶出突尼斯。不过安东尼·艾登还是拖了不少时间，最终温斯顿总体上同意了这个协议。晚上回了家。

11月22日

在家里，和你过了个很开心、放松的礼拜天。

11月23日

一路上开车都非常冷，8点钟刚过就回到了陆军部。一桌子战报、地图和简报，10点半之前才处理完。然后开参谋长会议，一直到午饭时间。午饭后是一系列的会见，让我没时间为内阁会议上介绍一周战况做准备。5点半到7点半的内阁会议上我只好讲了很长时间。为了处理白天的文件，晚饭前花了半个小时，晚饭后又用了一个小时。最后晚上10点到凌晨12点45分，和首相开会商量了关于澳大利亚第9师和新西兰师回国的电报、往苏联派出运输船队、派航空母舰去太平洋等事项。突尼斯的推进速度没有预计的快，另一方面蒙蒂对隆美尔的追击也由于天气因素而严重滞后。结果隆美尔获得了更多的时间重建防线，这可是我不想看到的。

11月24日

参谋长会议结束得相当早。午餐后理了发，然后去地图绘制部门看了看。庞德、克罗夫特和肯尼迪过来吃晚饭。尽管艾森豪威尔发回来长篇战报，我依然对突尼斯推进速度的缓慢而感到非常担忧。

大家要记得，艾森豪威尔在北非指挥几个集团军之前，从来没有在实战中指挥过一个营！不管最终他的真正表现如何，起用他都是出于政治上的考虑，而牺牲了军事上的因素。我对他掌控当前军事局势的能力没有多少信心，他令我感到忧心忡忡。

11月25日

今天的参谋长会议又长又累，会上我们想理清未来地中海的作战行动。首先要定下来的事情是组建作战的指挥机构，即最高司令部。这是我遇到的最棘手的问题之一。然后你来吃午饭。之后会见了莱根蒂霍姆将军，他对战争的看法目光短浅，令我失望。然后和雷纳尔勋爵①讨论了马达加斯加的政治局势，他刚刚从那里回来。他印证了我的想法，戴高乐分子在那边吃不开。下午5点半去了唐宁街10号，和亚历山大讨论他的作战计划。然后去参加晚宴，还有蒙巴顿一家、斯特拉科纳男爵和戴安娜·查尔斯沃思。最后和首相开会，刚刚从突尼斯回来的比德尔·史密斯也出席了，商量接下来如何肃清北非以及所需的军事行动。

11月26日

上午逃过一场参谋长会，去参谋学院做了一个讲座。然后陪你吃午饭，从那里直接去白金汉宫出席欢迎美国官员的招待会。突尼斯没有正式消息，但是从截听的电报来看，作战还是非常成功。凯塞林②称自己没有足够的部队同时守住突尼斯③和比塞大，正在考虑守哪一个，否则可能都守不住。如果情况属实，应该有机会把他赶到海里去，时间不会太久。

---

① 弗朗西斯·罗德，雷纳尔二世男爵（Francis Rodd, 2nd Baron Rennell, 1895—1978），英国陆军少将。——译者
② 艾伯特·凯塞林（Albert Kesselring, 1885—1960），德国空军元帅。——译者
③ 突尼斯（Tunis），北非国家突尼斯的首都，全国最大城市，也是突尼斯省的省会。——译者

11月27日

在参谋长会议上,就组建地中海司令部的问题又进行了长时间讨论。我感觉,除了在北非组建一个盟军司令部,让艾森豪威尔担任最高司令,没有其他办法。目前的战场已经分成了三块,分别是地中海东部、的黎波里至突尼斯一线,还有科孚岛①到马耳他岛的海域。伤脑筋的是,波特尔希望把直布罗陀到印度战场的空军实行统一指挥!!这根本就不可能。下午3点半会见了戴高乐,聊得相当不错,他很高兴,还好没有提到达尔朗!他只关心勒克莱尔②的协同作战问题,勒克莱尔正率军从乍得湖地区北上,进抵的黎波里南部。晚上召开了陆军委员会会议。

11月28日

参谋长会议时间不长,让我在午饭前处理了大量工作。中午和亚当在卡尔顿烤肉店吃饭,穿过公园走回来,然后抓紧完成余下的工作,以便赶回家吃下午茶。

11月29日

和你一起过了个非常开心、安静的礼拜天。

11月30日

一到单位就忙着听简报,然后审阅最新的电报。
参谋长会议上我们研究了首相最近关于在1943年反攻欧洲大陆

---

① 科孚岛(Corfu),属希腊克基拉州,是爱奥尼亚群岛中第二大岛,隔科孚海峡与希腊大陆相望。2007年,岛上的克基拉市老城区被列入世界文化遗产。——译者
② 菲利普·勒克莱尔(Philippe Leclerc de Hautecloque,1902—1947),二战时期法国著名将领。——译者

的提议，他再次想让我们拿出一个具体的作战计划。午餐后和陆军大臣会面，商量首相新提出的削减兵力的建议。他从来不面对现实，我们一会儿在削减军队，过一阵子又要派出庞大的军队反攻欧洲大陆，却根本找不到足够的船只。他真是无药可救了，我已经受够了！

内阁会议从下午 5 点半开到 8 点，现在我们出发去参加他召集的另一场会议，从晚上 10 点半到天知道什么时候，讨论更加雄心勃勃但不可能实现的收复缅甸计划！

现在是凌晨 1 点，刚刚结束会议回来。到今天我担任帝国总参谋长整整一年了，我觉得我不会干完第二个年头！年龄的增长还有精力的耗尽，会迫使我在下一年结束之前放弃这份工作——这是我一生中最艰难的一年，但在某种程度上，也是我曾经度过的最精彩的一年！在日本开战的时候，我上任仅仅一个星期，到第三个星期结束时，我已经觉得自己要到头了，再也干不下去了！然后灾难接踵而至，在这种形势下，政客们向来都是咄咄逼人的，可不好对付。生活时常会有烦恼苦闷的时刻。首相有时让人觉得讨厌至极，不过他的魅力很容易让人原谅他所有的一切。他是个严厉的工头儿，也是我见过的最难伺候的人。但能有幸与这样的人共事，值得我们付出一切代价。而现在，形势终于开始有所转变，可能只是暂时的平静，可能会有更多的麻烦。不过最近的成功令人无比振奋，我满怀憧憬地开始新的一年。

12 月 1 日

新一年任期的第一天！参谋长会议开了很长时间，在地中海战区空军的指挥问题上，我与空军参谋长存在分歧。午餐后与苏联武官会谈，接着是表彰委员会会议。再后面是两个小时的内阁会议，讨论人力资源问题和必要的削减。然后是一场周年庆晚宴，庆祝我担任帝国总参谋长一周年。

12月2日

参谋长会议结束之后，12点15分去王宫参加"巴斯大十字勋章"的授勋仪式。国王一如既往地魅力十足，非常关注战争的进展情况。我在那里待了大约四十五分钟，向他详细汇报了战局形势。

午餐后，卡特鲁将军①前来拜访，与他的谈话很有启发，并且他对法国各派系之间的合作充满期待。我现在觉得，法国各个派系之间的合作或许能给击败德国和解放法国带来一些希望。晚上与肯尼迪和他的新婚妻子共进晚餐，一对可爱的夫妇。

12月3日

参谋长会议上，我们面前摆着一份首相新写的文章，又转到了1943年开辟西线战场的问题上！！在反复强调北非必须成为下一步行动的"跳板"而不是"沙发"之后！在催促着进攻撒丁岛和西西里岛之后，他现在又摇摆不定了，准备在1943年登陆法国！中午和戴高乐共进午餐，他总体心情不错，但是对达尔朗强烈不满。卡特鲁和莱根蒂霍姆等人也一起参加了午宴。

下午5点半，参谋长委员会与首相、艾德礼、艾登和莱瑟斯召开会议。首相长篇大论，慷慨陈词，宣称必须在1943年与德国军队进行决战！不过，在向他证明了我们可以调动的部队数量之后，他也同意我们在地中海能做得或许更多，除非德国出现了大溃败的迹象。晚上，伯蒂、巴兹尔和伊万·科博尔德来吃晚饭。

---

① 乔治斯·卡特鲁（Georges Albert Julien Catroux，1877—1969），法国陆军上将、外交家。——译者

在那天下午的会议上，他在说完1943年要与德国军队决战之后，说道"你们别想着在1943年捞几条'沙丁鱼'（指西西里岛和撒丁岛）就算完了，不——我们必须开辟西线战场，我们在莫斯科也答应斯大林要这么做。"对此我回应说："不，我们没有答应！"然后他停下来，盯着我看了几秒钟，我想那一会儿他是在回想，如果有什么承诺的话，那就是在他去和斯大林告别的那个晚上，当时我不在场！他不再说话了……

12月4日

参谋长会议上，我们再次讨论了首相最近摇摆不定的想法，即想要登陆法国而不是展开地中海作战行动。午饭后，不得不去见艾默里，他收到了印度总督的一封信，关于奥金莱克和他未来的安排。他显然有些心烦意乱。晚上召开了陆军委员会的军事成员会议。今天从突尼斯传来的消息不太好，那里的形势让我感觉不妙。

12月5日

参谋长会议很短，我们费了很大力气才与布瓦松①就达喀尔的问题达成和解，在不用戴高乐交出维希战俘来交换我们被达喀尔关押的战俘的情况下。晚上回家。

12月6日

在家里，安静快乐的星期天。

12月7日

比平时安静的星期一。北非的局势并不太好，艾森豪威尔忙于达喀

---

① 皮埃尔·布瓦松（Pierre François Boisson），二战时期法国海外殖民地官员。——译者

尔和布瓦松的政治事务，对德国人的关注不够，他们正在取得迅速进展，现在要把他们赶出突尼斯和比塞大就没那么容易了！5点半参加内阁会议。

12月8日

参谋长会议结束得很早。我们正忙着确定采取何种行动，以便说服首相放弃1943年登陆法国的想法，更多地关注地中海局势。

你来吃午饭，我们还去看了一场电影，然后在公寓吃晚饭。非常快乐的一天。

12月9日

克拉克·克尔[1]，驻莫斯科大使，晚上来访，和他谈了很长时间。

他证实了我最担心的事，那就是，我们将很难摆脱温斯顿对斯大林的承诺，即1943年开辟西线战场！斯大林似乎就指望着它，克拉克·克尔担心，如果我们让斯大林失望，希特勒和斯大林之间可能会达成和平。就我个人而言，认为这种可能性不大。斯大林刚刚开始在德国佬那里占了上风，他只会接受一个解决方案，即恢复旧的边界，再加上波罗的海国家，再加上巴尔干地区的份额，再加上德国无法给予的许多保证。在德国方面，没有乌克兰的粮食，没有高加索和罗马尼亚的石油，德国就难以为继。因此，我觉得，苏德达成和平的危险主要是双方为了各自目的所做的宣传！

12月10日

简短的参谋长会议。我们讨论了温斯顿用冰制造战舰和航空母舰的

---

[1] 阿奇博尔德·克拉克·克尔（Archibald Clark Kerr，1882—1951），英国外交官。——译者

新计划①!! 午饭后，佩吉特来谈了很长时间，关于本土部队的角色如何由防守转变为进攻，还有在登陆时使用坦克探照灯的问题。接着海军上将斯塔克来访，商讨世界形势，他即将返回美国面见总统。在过去的两天里，北非没有什么消息。

12月11日

参谋长会议很短，接着在11点半召开内阁会议，讨论裁军问题。会议气氛比我想象的要平和得多。未来削减四个师兵力的计划也很容易地通过了，出乎我的意料。会后，首相叫住我讨论撤销陆军委员会训令中的一条内容，与肩章有关。他在这方面一直表现得像个小孩，浪费了我们很多时间。

晚上收到迪尔的电报，告知我们马歇尔的想法：显然他认为一旦我们把德国人赶出北非，就应该结束在地中海的作战行动，然后集中精力准备登陆法国，结合实施穿越土耳其的行动。我认为他错了，地中海在消耗德国的兵力，包括陆军和空军，以及迫使其从苏联撤军方面发挥的作用更大。

12月12日

早早离开伦敦。接了你，然后我们和罗尼一起去打猎。美好的一天。

12月13日

在家中，清静的一天。

---

① 哈巴谷工程(Project Habakkuk)，二战前期，大西洋中部超出了陆基飞机的反潜作战范围。1942年，英军联合作战司令部的发明家杰弗里·派克(Geoffrey Pyke)提出用木屑和冰的混合物"派克力特"(pykrete)来建造超级航空母舰，用于大西洋中部反潜作战，得到该司令部司令蒙巴顿勋爵的支持。1944年在加拿大阿尔伯塔省贾斯珀附近的湖中建造了小型样品。但随着工程经费增加、远程飞机投入实战和护航航母的增加，"中大西洋缝隙"不复存在，项目被中止。——译者

12月14日

让洛里搭便车去伦敦。参谋长会议上讨论确定了有关未来战略的文件,我们准备报给首相,其中表明了我们不同意他观点的地方。明天晚上,我们将与他开会讨论此事。

与约翰·安德森、阿尔巴公爵(西班牙驻英大使)、波特尔勋爵和另外两个人共进午餐。5点半的内阁会议上,温斯顿对突尼斯后方部队的兵力感到担忧。和克兰伯恩一起用餐,他还邀请了两位美国人,约翰·西蒙爵士①,布莱登·布雷肯和另外一个人。

12月15日

我们的报告完成了,反驳了首相关于在法国开辟西线战场的意见,敦促制定在地中海的作战计划,旨在将意大利踢出战争,同时将土耳其拖入战争。我们的目的是通过这些手段,最大限度地减轻苏联的压力。克拉克·克尔,我们的驻莫斯科大使,花了一个小时向我们说明,如果我们不在法国开辟西线战场,他认为斯大林会有何种反应。他认为,我们的做法很可能会导致斯大林与希特勒单独媾和。我认为这样的事情是不可能发生的,也不相信他们之间会达成任何共同协议,那将使他们自己在各自人民心目中的威望一落千丈,不可挽回。

伯蒂·布鲁克在动身去开罗前(担任红十字会专员)过来一起吃午饭。看着他离开,我很难过。午饭后,凯西来了,我和他就中东局势进行了长谈。向他了解有关蒙蒂在工作中如何固执己见的那些传闻。内阁秘书长斯特林晚上来访,他刚从阿尔及利亚回来,带来了艾森豪威尔和安德森的最新消息。

---

① 约翰·奥尔斯布鲁克·西蒙,西蒙一世子爵(John Allsebrook Simon, 1st Viscount Simon, 1873—1954),英国政治家。——译者

我向凯西询问有关蒙蒂的事，是由于当时传言四起，说他只考虑自己的名声，从不冒险，四平八稳等等。我发现这些传言都是从皇家空军的两个人，康宁安和特德那里传出来的，他们负责空中支援。我确信他们是不公正的，想要听听凯西的意见。我已经发现在好几次的作战行动中，飞行员与为他们提供服务的后勤保障系统完全脱节，而且对于地面战术需求的概念认识非常模糊，反而随意地批评陆军，指责他们行动太慢。

12月16日

参谋长例会。然后与奥斯瓦尔德·伯利一起和布兰德共进午餐，在他的工作室里。他的妻子也在那里。午餐之后，和他一起去看一位女子正在制作的温斯顿半身像。

下午6点，我们和首相召开参谋长会议。安东尼·艾登也参加了。关于1943年的作战计划。因为我们提交的方案直接反驳了温斯顿的意见，我们是急于推进地中海的两栖登陆行动，而他却催促着在法国开辟西线战场，所以我才非常担心！不过，会议从一开始就进行得很顺利，我成功地把他说服了。我认为他现在应该是相当太平了，但是我还要先说服美国人，然后是斯大林！！

12月17日

艰难的参谋长会议，关于使用新的无线电定位装置，我无法使海军参谋长和空军参谋长的意见达成一致。空军参谋长很清楚他想要什么，但海军参谋长却在东拉西扯，把所有问题都留给了我。下午6点的内阁会议上，讨论了中东两个师的重组问题。本来已经做好了花一个小时和温斯顿吵架的准备，却发现根本没有争议！这不是第一次了。

12 月 18 日

非常简短的参谋长会议,之后处理了一些办公室工作。亚当与我共进午餐。然后和老(原文无法辨认)会面,告诉他对于这份工作来说他的年纪太大了,他欣然接受了,但是在让他们离开之前,这样的会面还是让我觉得难过!下午 5 点前往科博尔德的住所,大雨倾盆,视线模糊,直到将近晚上 9 点才到达。凌晨 1 点,首相打电话给我,想和我谈谈把第 46 师缩编成旅的问题。我们曾经向第 1 集团军提起过,但艾森豪威尔的司令部说他们不能接收。我早上已经处理了这件事,没有什么可做的了,所以我不知道他究竟为什么非要把人半夜叫起来,除非是在找乐子!

12 月 19 日

和伊万·科博尔德一起打猎。非常愉快的一天。晚上回到公寓,看完了白天的电报。

12 月 20 日

在陆军部待了两个小时之后,溜回家休息了一天。

12 月 21 日

像平常一样早上 8 点离开家。参谋长会议讨论了坎宁安发来的关于安德森的报告,指责他缺乏与空军指挥官的合作。处理结果是给安德森写了一封信。下午 5 点半出席内阁会议,晚饭后又工作了一个半小时左右。苏联传来了好消息。

12 月 22 日

参谋长会议上,进行了一个小时的激烈讨论,关于蒙巴顿联合作战司令部司令的角色和权限。建议是由他指挥登陆法国的海军部队。波特尔和"巴哥犬"伊斯梅支持他,达德利·庞德和我坚决反对,理由是他的工作是一名顾问,而不是指挥官。我们最终说服了另外俩人,为达到这个目的费了好大的劲。

午饭后,漫长的遴选委员会会议一直开到下午 5 点。然后与佩吉特讨论如果实施登陆法国的行动,还有空军的指挥权问题。罗斯福已向温斯顿发来了电报,建议 1 月 15 日左右在北非卡萨布兰卡附近召开一次会议。我们很快就要再次踏上旅程了。

12 月 23 日

很无奈地否决了艾森豪威尔为夺取撒丁岛而制定的一个糟糕计划。它只局限在海滩登陆上,却没有考虑登陆完成后进一步的行动。这就是蒙巴顿联合作战司令部的工作水平。只好指示联合作战参谋处再制定一份完整的作战方案。

接着讨论哪里是总统和首相会面的合适地点。看来我们一月初就得出发了。午饭后,挪威将军来访,想要实施从瑞典营救更多挪威人的行动计划。下午 5 点半的内阁会议上,邓肯·桑兹讲述了他的中东和北非之旅。

12 月 24 日

本来希望能早点下班回家,却收到了温斯顿的便条,说他想在下午 3 点见陆军大臣和我,讨论给第 11 装甲师增配若干数量的 6 磅主炮坦克,以开赴北非战区。成功地把会议时间改到 12 点半。他火气很大,非常难搞,但最终增加了一辆 6 磅主炮的坦克,多少让他感到满意一些。然后就回家了。

12 月 25 日

在家中度过平静快乐的一天。

12 月 26 日

在普伦肖度过。

12 月 27 日

在家中,又是平静的一天。

12 月 28 日

又开始工作了,郁闷的一天!早上 8 点离开家,9 点 10 分到达陆军部。然后一直忙到 10 点半,研究各条战线的情况,阅读所有的电报,浏览参谋长会议简报。艰难的参谋长会议,从上午 10 点半一直开到下午 1 点半,讨论未来的战略,起草能说服美国人接受我们观点的文件。从 2 点 45 分到 5 点半是一系列的会谈,然后是内阁会议,一直开到晚上 7 点,接下来又与首相谈了四十五分钟,他现在想把亚历山大从中东调离,以安德森取而代之!同时任命"巨人"威尔逊担任中东战区总司令!匆匆赶回陆军部收拾文件,回家吃晚饭,然后抓紧工作了一个小时,再去参加晚上 10 点钟召开的国防委员会会议。一直持续到午夜,主要是研究艾森豪威尔的情况和他打算将攻势推迟两个月的考虑!恐怕艾森豪威尔作为一个将军是不合格的!他沉溺于政治,忽视了自己的军事职责,部分原因恐怕是由于他对军事问题的一无所知。我一点儿都不满意突尼斯目前的局势!!

这些关于艾森豪威尔的评论是相当激烈的!不过,对于他的战术水平和指挥能力,我的看法从来没有多大改变。在最初的那段时间里,他根本不懂要怎么指挥战斗……他的闪光之处在于他处理盟国军队之间关系的能力,对所有人一视同仁、不偏不倚,并让这支多国部队达到最佳状态……作为最高指挥官,他的人格魅力在很大程度上弥补了他在军事能力上的不足。

12月29日

又一次冗长的参谋长会议。在会上我们考虑，就突尼斯的局势发电报给艾森豪威尔和华盛顿。考虑到两国即将召开的首脑会议，我们准备将昨晚已获国防委员会批准的有关后续战略的文件，也发送给华盛顿。

午餐后，与克罗克谈话，商量他离开突尼斯军部之后的安排。然后是刚从西非回来的吉法德，接着是秘书长，陆军大臣，帝国副总参谋长和空军处处长，最后是情报处处长。吃完晚饭后一直在处理文件，正准备去参加晚上10点半的国防委员会会议。

12月30日

相当平静的一天。比较简短的参谋长会议。与亚当共进午餐，在圣詹姆斯公园散步，看看鸭子。之后会见格拉塞特，请他负责盟军之间的协调联络事务，我能看出他很失望，作为我最好的朋友之一，这自然是一次痛苦的会面。然后和刚刚从中东回来的盖特豪斯谈了谈。和邓肯·桑兹共进晚餐，聊了聊他出国考察的情况。现在准备早点儿睡觉了。

12月31日

非常郁闷的一天，接连不断的麻烦事儿。首先是艾森豪威尔提出的在突尼斯发起进攻的荒谬计划。然后，在参谋长会议上，就空投意大利战俘的邮件问题争论了很长时间。下午，首先会见了诺斯沃兹，他想知道自己为什么还没有被安排新的职务。对自我价值的错误认识，使他很难意识到自己已经到达了"天花板"。接着是从马耳他回来的贝克特，就为什么最好给戈特调整职务谈了很长时间。然后安迪·麦克诺顿来讨论加拿大军队的部署问题。接着和军需总监、帝国副总参谋长讨论，如何让尽可能多的美国军队以最快的速度抵达,以及坦克旅动身前往突尼斯的日期。然后去见陆军大臣,最后和首相开会,从6点半到晚上8点15分。晚饭后又带着一大堆工作回到公寓。狗一样的生活!!

1943年1月1日至1943年12月31日

1943年1月1日

新的一年开始了。我忍不住回望去年的1月1号,当时真是前景惨淡,看不到丝毫的希望;香港没了,新加坡也快守不住了,爪哇和其他一些地方前途未卜,就连缅甸也不安全,我们还能够保住印度和澳大利亚吗?谁也不知道。可怕的忧虑,可怕的噩梦,随着时间的推移越来越重地压在我的心头,感觉仿佛整个帝国正在自己头上塌下来。放眼望去,到处都是烂摊子。中东的防御开始崩溃,埃及危在旦夕。我当时觉得俄国人也守不住,高加索防线一定会被德国人突破,阿巴丹(这是我们的阿喀琉斯之踵①)也会随着中东、印度的陷落而落入敌手。

如果俄国人被打败了,我们又该如何对付那些被腾出来的德国地面部队和空军?英格兰将再一次遭到轰炸,重新面对遭入侵的威胁。内阁成员们的神经都到了崩溃的边缘,越来越难以冷静地思考问题。

但是现在好了!1943年来到了,眼下的形势之好是我过去连想都不敢想的。俄国人挺住了,埃及至少目前是安全的。近期还有望把德国人从北非赶出去。地中海海域也可以局部开放。马耳他目前也是安全的。我们现在可以放手来对付意大利了,俄国人也在其南线战场取得了巨大的成功。未来我们肯定还会迎面遇上很多挫折和麻烦,还会有很多希望会破灭,但不管怎样,地平线上的曙光越来越亮了。

对我个人而言,日子现在也可以稍许轻松一些了。经过了此前十三个月的工作,特别是在刚开始那些心惊肉跳的日子里,我觉得自己是完全没有方向、无所适从,现在我感觉有了更多的自信。我祈求上帝,能像过去的一年那样给予我帮助。

新开年的第一天,还是比较轻松的。参谋长们开了个长会。下午接待了来访的驻葡萄牙武官巴特②和刚刚从北非战场上回来的空降师师长布朗宁。最后陆军委员会在5点开了个会。

1月2日

周六的上午,相当平静。参谋处的大多数人都在忙着准备下周去参加卡萨布兰卡会议。下午回家喝茶。

1月3日

一天在家闲着。

1月4日

才从北非回来不久的雅各布来到总参谋处,带来了最新的消息。克拉克显然在搞事儿。吉罗真是野心膨胀、寡廉鲜耻,竟然提出来法国军队不能在英国人的指挥下作战!所以要把整个突尼斯防线都交给他!考虑到艾森豪威尔司令部及其参谋部门的工作是相当琐碎繁重的,应该是

---

① 阿喀琉斯之踵(Achilles' Heel),《荷马史诗》记载,传说中的阿喀琉斯是凡人珀琉斯和仙女忒提斯之子。忒提斯为了让儿子炼成不坏之身,在他刚出生时就将其倒提着浸进冥河,但其被母亲捏住的脚后跟却不慎露在水外,留下了全身唯一一处"死穴"。——译者

② 阿瑟·雷金纳德·巴特(Arthur Reginald Barter,1900—1978),英国陆军准将。——译者

时候去跑一趟了，看看那边的情况。

有关克拉克的消息有点儿让人意外，真是没有想到。不过根据我掌握的情况，毫无疑问是他在挑拨英法之间的关系，以便他自己掌控突尼斯防线。艾森豪威尔显然识破了这个伎俩，处理还是相当公正的，把克拉克提任为自己的副总司令，派到后方统领驻摩洛哥的预备部队。这个做法，让艾克在我心中得分不少。

午饭后戈特来了，看上去很疲惫，他才从严重烧伤中康复不久。下午6点开了内阁会议。

1月5日

上午召开了一次很短的参谋长会议，主要是关于北非战局和我们即将出发的行程。下午比较安静，7点15分温斯顿打来一个电话，叫我去商定准备发给驻华盛顿联合参谋代表团的电报，其中对艾森豪威尔的战略方针提出了批评。不过我们最后决定先不发电报给艾森豪威尔，将有关问题带到卡萨布兰卡讨论了以后再说。

1月6日

今天的参谋长会议开得很费劲，争论了蒙巴顿①和达德利·庞德提

---

① 路易斯·蒙巴顿（Louis Mountbatten, 1900—1979），伯爵，英国海军元帅，昵称"迪基"（Dickie）。蒙巴顿的父亲是巴腾堡亲王、第一海务大臣，但在第一次世界大战开始时爆发的反德浪潮中深受影响（原系德国王室成员），被迫从海军部的岗位上退下来。蒙巴顿作为维多利亚女王的曾外孙，以海军士官生身份入伍，在一战结束后的一段时间里，蒙巴顿的所作所为为其赢得了"花花公子"之名，甚至在选择了喜爱的海军通信专业后变本加厉。1934年任"达令号"驱逐舰舰长。二战爆发后任"凯利号"驱逐舰舰长，在十八个月的指挥生涯中，他的船曾差点（转下页）

出来的登陆舰艇数量问题。前者和平时一样，对自己提出的数字和实际情况都搞不清楚；后者也和往常一样，昏昏欲睡！主持会议的人真是难啊！！

还好你过来一起吃午饭，让这个阴云沉沉的天空出现了一丝明媚的阳光。

下午接待了来访的新任挪威武官。预备下周一启程的准备工作进展顺利。我估计接下来一段日子会不太好过。

1月7日

关于我们如何去非洲，参谋长会议讨论了很长时间！气象预报说天气恶劣多变，下周一（1月11号）无法成行。首相建议乘巡洋舰过去，达德利·庞德考虑到纳粹潜艇的威胁，表示反对。最后首相决定，我们必须做好周日出发的准备。后来又取消了——因为准备工作周一才能完成。中午在拉蒂默餐厅和本土部队军官共进午餐，接着谈论了一个半小时的国际局势。然后回陆军部处理完日常公务。

（接上页）在公海上倾覆，还曾与其他驱逐舰相撞，还有一次触雷、两次被鱼雷击中，到了最后还是被敌机击沉。这些波折大都缘于蒙巴顿的鲁莽或者是冒失。1941年5月英国海军在克里特岛损失惨重，蒙巴顿死里逃生，后被任命为"光辉号"航母舰长。由于该舰在美国整修，尚不能马上投入战斗，蒙巴顿被任命为丘吉尔在联合作战司令部的顾问，并于1942年暂时担任司令。丘吉尔告诉他"你无需考虑防守，一门心思进攻就行了"。这无疑正合他的胃口。由于必须要为迪耶普登陆战的灾难性后果负责，他的联合作战司令部司令生涯走到了头。不过从另一方面来讲，他从年轻时代做海军军官时就显现出的对器材装备的狂热兴趣和乐于资助小发明创造的喜好还是有所助益的，他鼓励研制了一系列用于两栖作战的专用装备。1943年魁北克会议后他被任命为东南亚战区盟军总司令。在那里，全靠他那些优秀的下属，才得以获得最终的胜利。马来亚半岛反击战本该成为他军事生涯的一次高峰，但登陆部队被湿沙地所陷，后来因为战争结束而草草收场。他职业生涯的下半场，包括担任最后一任印度总督、回到海军任海军上将、担任北约部队司令官、担任第一海务大臣及国防参谋长，与上半场相比争议性和戏剧性毫不逊色。——译者

1月8日

今天的参谋长会议真是烦人，蒙巴顿和达德利·庞德让我彻底绝望了。前者太不靠谱了，脑子里一盆浆糊，老是东拉西扯；后者90%的时间都在睡觉，剩下的10%时间里也是不知所云。到下午1点钟会议才结束。吃过午饭，先后会见了吉法德和刚刚从北非回来的金斯利·伍德。然后参加了陆军委员会军方成员的会议。最后，也是一天当中最最开心的，就是把你叫来和我一起吃晚饭。

1月9日

参谋长会议结束的相对比较早，午饭前就完成了办公室的工作。你来和我共进午餐，然后一起开车去费尔内街，一路上真是开心。

1月10日

在家闲了一天，大部分时间在草草翻看新买来的亨利·德雷瑟关于欧洲鸟类的书。

1月11日

和往常一样早出门。9点钟到陆军部，忙了一个半小时阅读电报、分析战局。10点半到中午12点出席参谋长会议。接着战时内阁开会到1点半。午饭后打包，做好一切准备，下午5点半乘飞机前往卡萨布兰卡。但4点45分接到通知说天气不适合起飞，行程延后。所有的参谋长、作战参谋、丘吉尔首相、莱瑟斯①勋爵和哈里曼都等着前去会见美军的各位参谋长、罗斯福总统和迪尔。我们将一道商议1943年的战略安排，但我觉得没有那么容易。

---

① 弗雷德里克·詹姆斯·莱瑟斯(Frederick James Leathers，1883—1965)，时任英国军事运输大臣。一战期间曾任航运大臣顾问。——译者

1月12日

晚上7点半，我启程前往卡萨布兰卡，先坐轿车离开伦敦，凌晨2点在莱纳姆登机。接下来的这段旅程我单独记了一本日记，时间从1月12号到2月7号。

1月12日，1 400英里

我们很高兴地吃完午饭，购完物，然后在滑铁卢地铁站和你分了手，我回到陆军部。他们告诉我原定计划都变了，我们不再乘船前往，因为直布罗陀海峡的海浪很大，取而代之的是"解放者"轰炸机。我们先坐轿车，晚上7点半离开伦敦，在黑夜里开了大约90英里，抵达斯温顿附近的一处机场。我们在凌晨2点钟起飞，一路上相当轻松。天太冷了，我们不得不穿上飞行服，这套毛皮里子的制服让我们又暖和又舒服。

我们的行程在伦敦被作为高度机密，就连我们自己都不知道要去的是哪个机场。我们被告知了一个集合点，轿车接到我们直奔机场，我猜那个地方应该是莱纳姆。在那儿我们等了很长时间，发放了飞行服，有人给我们讲解，万一飞机迫降在海面上我们应该怎么应对。最后我们登上了一架改装的不太舒服的"解放者"。我睡在飞机尾部那个小机舱的地板上，迪基·蒙巴顿睡在我旁边。我发现他可不是一个好搭子，每一次翻身都压在我身上，我不得不用膝盖和胳膊肘重新讨回那块分配给我的地盘儿！我虽记不太清楚了，但我觉得我们是先在拉巴特降落的，然后再继续飞往卡萨布兰卡。

1月13日，卡萨布兰卡

最后一段沿海岸线的飞行相当美妙，上午11点我们抵达了卡萨布兰卡。住进了一家非常舒服的现代化酒店,就在城镇的边上,紧挨着有两栋新式别墅,分别给温斯顿和罗斯福住下。丘吉尔是和我们同时抵达的,罗斯福要明天才到。我们的代表团很庞大——首相,莱瑟斯勋爵,三位参谋长,"巴哥犬"伊斯梅,蒙巴顿,雅各布,肯尼迪,斯莱塞①,三位联合作战参谋和其他很多人。美国一方有总统,马歇尔,金,阿诺德,库克②,萨默维尔,克拉克,艾森豪威尔,莱希③,迪尔,哈里曼,等等。另外还有亚历山大和特德明天抵达。下午4点半,我们召开了参谋长会议,迪尔给大家介绍美国的大概情况。6点首相召集开会,讨论进攻撒丁岛和西西里岛的利弊。然后和马歇尔共进晚餐,餐后进行了长

---

① 约翰·斯莱塞(John Slessor,1897—1979),英国皇家空军元帅。——译者
② 小查尔斯·梅纳德·库克(Charles Maynard Cooke Jr,1886—1970),美国海军上将。1942年任海军总司令欧内斯特·约瑟夫·金的负责制订作战计划的助理,并随其参加了卡萨布兰卡、魁北克、开罗、德黑兰、雅尔塔和波茨坦等一系列盟国重大会议,曾协助制订欧洲战场、北非战场和太平洋战场的一系列作战方略,以思维敏捷、筹划缜密著称,有"精灵"之称。——译者
③ 威廉·丹尼尔·莱希(William Daniel Leahy,1875—1959),美国海军五星上将。1897年毕业于安纳波利斯美国海军学院,先后在亚洲舰队、菲律宾服役,参加过美西战争、美菲战争、八国联军入侵中国、占领海地的军事行动。1912年美国侵占尼加拉瓜时任舰队参谋长。一战期间任"海豚号"调度舰舰长,与经常乘坐此舰的海军部助理部长富兰克林·罗斯福总统建立了深厚友谊。一战后历任"新墨西哥号"战列舰舰长、军械局局长、航行局局长。1935年任战列舰作战部队司令,1936年晋升海军四星上将。1937年1月任海军作战部长,至1939年8月因年迈退休。1939年9月,罗斯福总统又任命莱希为波多黎各总督。二战法国战败后,罗斯福考虑选派一位具备较深海军任职资历的将领到法国维希政权任大使,牵制其进一步倒向纳粹阵营,并防止依然强大的法国海军被纳粹利用,莱希在1941年1月至1942年5月担任驻法国大使期间,较好地完成了上述使命,其妻子在回国前夕病逝在法国。美国加入二战后,罗斯福总统认为需要设置一位首席参谋长,既作为总统的军事顾问,也负责联络陆海空三军参谋长。1942年7月,莱希就任新设置的美国总统暨武装部队总司令参谋长职务,并主持美国参谋长联席会议,一直到1949年3月参谋长联席会议获得正式编制,奥马尔·布拉德利接任他成为首任参谋长联席会议主席。1944年12月,莱希成为美国历史上首位获五星上将军衔的海军军官。二战期间,莱希陪同罗斯福和杜鲁门两位总统,出席了开罗会议、德黑兰会议、雅尔塔会议、波兹坦会议等一系列重大国际会议,直接参与了盟军重大战略决策。1950年出版回忆录《身历其境》(*I Was There*)。——译者

谈。现在是又累又困,但还要准备明天联合参谋长委员会会议上的发言稿,分析世界局势并提出下一步建议。

为了确定地中海战区的下一步政策,我们已经讨论了很久,肃清北非残敌之后,到底是该进攻西西里还是撒丁岛。如果选择撒丁岛,我觉得捞不到什么好处,所以我坚决支持进攻西西里。距离更短,登陆也更容易,而且是通往意大利的最近路线。我与联合作战参谋之间存在一些分歧,他们更倾向于撒丁岛。根据我的回忆,他们的主要理由是,在海滩上遭遇的抵抗会更弱一些,撒丁岛上的机场更有利于对意大利本土发动空袭。最终他们还是同意进攻西西里,我们下一步的目标就是要争取美国人的支持。不过,关于这个问题,在提交计划委员会讨论的时候,我估计还是会遇到一些麻烦。

1月14日,凌晨2点

漫长而辛苦的一天。8点半吃早饭,接着忙了一个半小时准备在与美军参谋长首次联席会议上的开幕发言。10点半会议开始。我讲了大约一个小时,论述了我们对当前战局的总体看法和未来应当采取什么样的政策。马歇尔接着发言,讲了他们对我们政策的不同意见。吃完午饭,下午2点半继续开会。我请他们讲一下对太平洋战争的考虑。这次是海军上将金发言,大家很快就听明白了他的想法,对日本人发起"全面进攻",而不是防御作战。接着他建议,应该把30%的战斗力投放到太平洋战场,还有70%给其他战区。我们指出来,就实现战争总体战略而言,这样做很难称得上科学合理!经过好一番争论,美国人才同意让联合参谋长委员会的参谋人员制定细化方案,在太平洋战场上采取最小规模的防御作战,并基于此来配置所需的部队。下午大概5点钟散会,大家吃了茶点,接着我们和自己的联合作战参谋继续开会,指导他们制定作战计划。

然后我和约翰·肯尼迪去海滩散步，看了看当地的鸟类。

回去以后看到了邀请参加罗斯福总统晚宴的请柬，他已于当日下午抵达。出席宴会的有：首相，总统，哈里·霍普金斯，哈里曼，埃利奥特·罗斯福，马歇尔，金，阿诺德，达德利·庞德，波特尔，蒙巴顿和我。晚上结束的时候金喝高了。他越来越夸夸其谈，扯着个大嗓门，还不停地用手势比划，向总统解释控制北非的最好办法就是扶植法国人自己的政治团体！这引发了与丘吉尔首相之间的争论，他对金的腔调不太满意！那场面真是好笑。大约凌晨1点半响起了空袭警报，大家关了灯，围坐在桌子旁，点起来6根蜡烛。烛光映照着首相、总统和每个人的脸庞，很有画面感。

1月15日，又到了凌晨1点15分！

又是辛苦的一天。很早起床，8点45分和肯尼迪出去散了个步，看看当地鸟的种类。一个半小时的时间相当轻松，我们找到了金翅雀、黑喉石、各种莺鸟、白鹡鸰，海边上还有几种禽鸟，比如三趾鹬、环鸻、灰鸻和翻石鹬！

接着参谋长会议一直开到中午12点钟，首相这个时候来了，我向他汇报了此前一天的情况。午饭后英美联合参谋长委员会召开会议，首先讨论了通讯安全问题，然后分析了在法国开辟西线战场和在地中海实施两栖作战的利弊。我赞成后一方案，做了长时间发言，效果不错，留待明天作进一步讨论。艾森豪威尔也出席了会议，介绍了突尼斯战役的情况。我不得不批评他在斯法克斯[①]的作战，第1集团军和第8集团军之间完全没有协同配合。下午5点半，英美联合参谋长委员会成员、艾森

[①] 斯法克斯(Sfax)，突尼斯东部港口城市，位于地中海加斯湾西岸，是突尼斯第二大城市。建于9世纪，自古以来就是著名商港。——译者

豪威尔、亚历山大、特德一起会见了总统和首相,总统对地中海的作战计划表示赞同,除此之外没有什么实质性内容。艾森豪威尔和亚历山大都汇报了他们的作战情况。最后首相、亚历山大、特德、波特尔和我一起吃了晚饭。之后霍普金斯和哈里曼来了,前者的心情不太好,此前我从来没有看到过他这样。

毫无疑问,我们和美国人的命运紧紧地绑在了一起,今后的合作应该会更容易一些。

1月16日

前面熬了两个晚上,早上起床有些费劲了。9点半吃完早餐,和艾森豪威尔、亚历山大开会到10点半,协调对突尼斯的进攻行动。艾森豪威尔先前的作战计划真是差劲,很多细节上都经不起推敲。根据我们讨论的结果,又重新制定了一份更加完备周密的方案。

从上午10点半到下午1点,联合参谋长委员会开会,会上我重申了下一步展开地中海战役的优势,反驳了开辟法国战线的观点。这是一件又慢又累人的活儿,必须要有足够的耐心。不能强迫、催促他们,只能逐步灌输我们的政策设想。午饭后和亚历山大一起去散步,讨论了很长时间中东战局、指挥官的表现情况和他希望展开的作战行动等等。下午3点半到5点15分,联合参谋长委员会继续开会。我觉得我们取得了一些进展,他们开始对我们的建议感兴趣了。5点半,我们不得不去首相那里,我要向他汇报会议进展情况。他的心情非常好,一天的大部分时间都在准备一份戴高乐和吉罗(现任法属西北非高级专员)之间的妥协方案。回来以后和巴顿将军一起吃晚饭,他是美军负责指挥摩洛哥登陆作战的司令官。典型的火爆脾气,个性鲜明。他现在住的房子过去是德军停战谈判代表团的驻地,归一位犹太报纸出版商所有。一个小型的大理石宫殿,各种现代的家具设施一应俱全。

今天我早点儿上床了，经过最近几天的工作，感觉累惨了！整个过程真是漫长而枯燥，在美国人能接受之前，所有的问题都要做详细的解释、再解释。到最后他们往往还是提出一堆反对意见，说明他们根本就没有抓住要领，整件事儿只好再重新说一遍。

整个进程之所以艰难，事实上的原因在马歇尔，尽管他很多方面都胜人一筹，但还称不上一位战略家。几乎无法让他真正理解目前的战略形势。但他对战局又没有新的看法，总是不正面回答问题，不拿意见，直到不得不咨询他的助手们。可悲的是，他的助手也跟不上趟，库克（海军作战计划的负责人）的水平真是差劲。

我和巴顿的会谈很有意思。我过去听说过他，但必须承认，他那神气活现的个性超出我的想象。我对他的评价并不高，这种看法在以后的日子里也没有改变。这个人精力充沛，血性十足，甚至还有些神经质，冲冲杀杀是把好手，但打仗更重要的还是技巧和判断。

1月17日

令人绝望的一天！分歧从来没有像今天这么大！联合参谋长委员会的会议一开始，马歇尔就告诉大家，联合作战参谋对缅甸作战方案有不同意见。接着马歇尔又对太平洋战场的问题展开了长篇大论，最后还扯到了冰岛！！大家决定让联合作战参谋们再做进一步研究，否则这样讨论下去也没有意义。接下来我们参谋长召集自己的联合作战参谋又开会，发现主要的问题在于，美军的联合作战参谋其实就不同意把德国人作为首要的敌人，还想着先打败日本人！！！为此我们准备了一份新的文件明天讨论，在这份文件里，我们必须首先解决最基本的原则性问题。

下午出去散步，发现了一种新的白鹭鸟，与普通的白鹭不太一样，还有一种我们叫不上名字的小个头猫头鹰。晚饭后继续和联合作战参谋开会，一直到晚上 11 点钟。

1 月 18 日

一早就出门了，和约翰·肯尼迪一起去看鸟。在海滩上有各种各样的涉禽，回去的路上看到了一只黑喉石。

10 点半到下午 1 点钟，联合参谋长委员会的会场热火朝天，但实际上没有一丝进展。金显然还沉浸在太平洋大战之中，不惜一切代价！不过午饭后我赶紧去找迪尔，不得不承认，我心里其实觉得希望并不大，我们一定要设法阐明英美之间达成的总体路线。谈到一半波特尔也加入进来，带着一份修改后的文件。所以我当场决定，因为已经没有机会再和第一海务大臣商量，就用这个策略帮助我们渡过难关。

下午 3 点继续开会，我把我们新的方案拿出来，竟然基本没改就通过了！！！我真是不敢相信我们有这么好的运气。很快我们就接到通知，罗斯福总统将和首相共同召集一次联合参谋长委员会的全体会议，听取我们达成的结果。5 点半我们在总统的别墅碰头。我被邀请坐在他的旁边，他问我谁是我们会议的主席，我告诉他是马歇尔应我们大家之邀担当这一角色。然后他转向马歇尔，马歇尔又立刻要求我详细报告一下我们会议的结果。这可不是个好差事，我们才刚刚说服美军的参谋长们同意我们的方案。不过，我的汇报还算顺利，美军参谋长、总统和首相全都赞成，圆满通过。我们总算取得了一些成果。

然后大家围在一起合影留念！

晚饭是和吉罗一起吃的。他请我 7 点 15 分过去，我和他单独聊了三刻钟时间。他从来没有像现在这样令人肃然起敬。我们聊起了过去在法国的岁月，当年他受到英国国王接见并共进午餐的情形，他领军进攻荷兰布雷达的战斗，他如何从德国人手上逃出来，他和赖伐尔的会面，等等。8 点钟我们才去吃晚饭，在餐厅还碰到了哈里曼、墨菲、麦克米伦①（地中海常驻公使，也是一个很喜欢写日记的人），还有两位法国军官。这是一顿让人很开心的便餐，充满了真诚的友谊，没有装腔作势。吉罗不是一个政客，而是一位标准的军人，绝对的绅士，一心想打败德国人。

事实上，我们能在这一天和美国人达成一致意见，主要归功于迪尔。我想不起来为什么，在当天的日记里没有表达对他的敬意，但令人欣慰的是，还好当时的细节依然记忆犹新，让我可以弥补自己的疏忽，还他一个公平。那天上午，当大家走出联合参谋长会议会场的时候，我的心情糟透了，真感到绝望。上楼时我对迪尔说："这样下去不行，我们永远不可能和他们达成一致意见！"他回答我："恰恰相反，你已经就大部分内容达成了一致，只要把剩下的搞定。吃过午饭我们到你房间，商量一下。"午饭后，我们坐在我的床上，他先回顾了一遍已经达成的共识，然后再转向那些陷入僵局的问题，并问我为了达成一致，我对这些问题的底线是什么。当我回答，我不会让步的，哪怕是1英寸也不行，他说："哦，好吧，你会的。你心里清楚，你必须和美国人达成共识，你不能带着一堆没解决的问题去见首相和总统。你应该也知道，不管我惹多大的麻烦，最终他们都会收场的！"接着他提出了一些建议，只要我同意，他愿意先去和马歇尔谈谈。我当然同意，我充分相信他的真诚和能力。

就在这个时候，波特尔来了，带着他为了寻求共识而提出的新方案，和迪尔的某些建议差不多，所以我们决定就采用这套方案。紧接着迪尔就去找马歇尔，以便在会前先讨论一下这些建议。我确信，最终能够达成共识，首先应该归功于迪尔，他是我和马歇尔之间的最佳协调

---

① 莫里斯·哈罗德·麦克米伦（Maurice Harold Macmillan，1894—1986），英国保守党政治家，1957至1963年出任英国首相。——译者

人。像这次一样，还有多次遇到类似麻烦的时候，他总乐于伸出援手，我觉得自己真是欠他很多。

吉罗逃出生天的故事相当引人入胜。他先是通过一名遣返官和自己的妻子取得了联系。然后她把一米长的钢丝绳藏在黄油罐头里，给吉罗送了进去。还有巧克力，他可以卖给看守，拿到钱以后再买其他东西。他搞到了护目镜、汉堡帽、风衣、便服裤子等等。在约好的日子，他利用钢丝绳从墙上垂下去，藏在一个小树林里，刮了胡子，换了衣服。然后在火车站外面找到了他妻子安排的联络人，接头暗号是"晚上好，海因里希"。他们走进候车室，联络人交给吉罗一个手提箱，里面有衣物和一张商人的身份证件，还有一张火车票。几天之后，他来到了瑞士边境，最后他急着冲过边界线，结果被逮捕了，关进了牢房。但幸运的是，他想起来一个在伯尔尼的瑞士校友，要求官员们把这个人找来，还好认出了他！回到法国之后，他又差一点儿被赖伐尔交还给德国人！他还详细地给我介绍了，他如何从土伦附近乘潜艇和水上飞机去了直布罗陀。也是一段相当隐秘的旅程。

可怜的吉罗。他是一个很有人格魅力的人，但是打仗的时候有些不着边际。在搞政治上，他不是戴高乐的对手。但我觉得，他是打心底里瞧不上戴高乐的。他是一个异类，命运弄人，把他推上了肩挑重任的岗位，其实他根本就不适合。

我们当时所在的北非的格局有些奇怪。艾森豪威尔虽然担任总司令，但经验不足，能力有限；三位将来可能的法国领导人，达尔朗有才无德，吉罗有魅力但没有能力，戴高乐身上则兼具了独裁者和造反派的性格！

1月19日

一早便和约翰·肯尼迪出去观察鸟类，我想自己认出了一对儿黑胸距翅麦鸡。

10 点到 12 点，联合参谋长委员会研究了总体战略所涉及的具体问题。下午 2 点到 3 点英军参谋长开会，为紧接着 3 点到 5 点的英美联合参谋长会议做准备。5 点钟，吉罗将军来了，与联合参谋长委员会的成员见了面，讲了北非法军的情况，希望能够给他们改善装备。这支法军总共有三个装甲师和十个摩托化步兵师！

会后，我和约翰·肯尼迪又出去散了一次步，这回一只鸟也没有看到。

就在晚饭前，首相来到酒店，告诉我周六打算去马拉喀什①。要我陪他一起去，从那儿我们再前往开罗。他希望经开罗去塞浦路斯，在那里会晤土耳其人，为他们的参战做准备。然后我们再去的黎波里，他希望到时候我们已经拿下了这座城市，最后从那里回国。这真是一段有趣的旅程，但愿一路顺利。

在讨论这趟行程的时候他告诉我，总统要从马拉喀什的机场离开，他要去送行，然后在马拉喀什待上两天，休息一下，找地方画画写生。他说自己上一次在马拉喀什画画已经是七年之前的事了，这次他特意带来了画笔，就想着能再去一次——我觉得这个安排相当不错。经过最近一段时间的工作，我也感到有些累了，随即打算花一天时间到阿特拉斯山里转转，还有一天和当地的酋长一起去打松鸡。不过我们要等着看看，这么美好的计划是否有变化那么快！谋事在人，成事在天！

1 月 20 日

起床比较早，和约翰·肯尼迪一起去散步。但运气比较差，一路上

---

① 马拉喀什（Marrakech），位于摩洛哥西南部，坐落在阿特拉斯山脚下，有"南方的珍珠"之称。名字源自柏柏尔语，意思是"上帝的故乡"。马拉喀什是摩洛哥的古都，四大皇城之一，摩洛哥的国名也是源自此都，是著名旅游胜地。——译者

除了两只小猫头鹰和几只云雀,其他什么鸟也没看到。上午 10 点,联合参谋长委员会开会,请来了莱瑟斯勋爵,第一项议程是讨论船舶运输问题。接着我们研究确定了英军抵达以后突尼斯战场上的指挥体系,决定将其纳入艾森豪威尔的统一指挥之下。为了加强突尼斯战场上第 1 集团军、第 8 集团军和法军、美军之间的协作配合,让亚历山大担任艾森豪威尔的副手。空军司令部的人事也一并研究确定下来,让特德担任地中海战区盟国空军的最高指挥官。

后面美军的参谋长们就退场了,去总统那里汇报情况;我们继续开参谋长会议,一直到 12 点 45 分,会上我们讨论了登陆西西里岛的作战行动。12 点 45 分我们去了首相下榻的别墅,和他一起合影。下午 2 点,联合参谋长委员会再次开会,敲定了攻占西西里岛的作战计划。会议比我预想的还要顺利,4 点钟就结束了。会后我去了首相的房间,具体商量我们到开罗的行程。

最后我和肯尼迪又出去散步,这次发现了三种新的鸟:杓鹬、矶鹬和黄鹡鸰。

这里的工作总算是完事儿了,感谢上帝!这是我有史以来遇到的最艰巨的任务之一,我曾一度怀疑我们大家是否能够达成共识。现在,我们实际上已经实现了全部预期目标!能人越多,共事越难。马歇尔实际上没有战略眼光,他的想法围绕在组建军队上,而不是如何运用他们。他没有拿出一个真正的战略构想,没有提出指导未来战争的政策层面的建议。他的同事也只会对我们提出的方案挑毛病,显得有些笨手笨脚。金还算精明,但有些傲慢自大。他的目光主要集中在太平洋上,凡是从太平洋战场抽调部队的作战方案,他都不会同意。他没有从世界战争的角度来考虑问题,始终偏袒太平洋战场的利益。尽管他口头上赞成我们"先德后日"的基本原则,但一碰到战争中的具体问题,他就走样了。阿诺德只是关心空军的问题,很少掺和其他事。但作为一个合作共事的团队,他们还是很友好的,尽管有时候我们的讨论相当激烈,可我们之间的关系从来没有紧张过。我希望此行能够进一步统一我们对于战争的认识。

晚上散步回来,我去喝了两杯,正准备去洗澡,麦克(外交部负责联系艾森豪威尔的代表)突然带着吉罗来找我。一讨论就是半个小时,我想走也走不了,只好洗耳恭听各种我们此前没有想到的、赢得这场战争的"捷径"。

在这一天,我们还取得了另外一项重大成果。我们就组建北非战区最高司令部达成了共识。在此前我们自己的参谋长会议上,大家对这个问题的争议比较大,但对统一思想很有帮助。大家认识到,要协调好英国第1集团军和第8集团军与美军、法军的行动,统一指挥是必须的;但谁来担此重任呢?从很多角度来看,这个总司令的位子是应该交给美国人来坐,但可惜的是,直到现在艾森豪威尔显然还不具备这个总司令的基本素养。他缺乏完成这一任务所需的实战经验,无论是战术方面的,还是战略方面的。我们只好把亚历山大从中东战场上调过来,任命他担任艾森豪威尔的副总司令,这样做是为了把我们富有实战经验的高级指挥官置于他们没有经验的总司令之下,支撑一把。我们这么做其实就是在讨好美国人。这种安排他们是很乐于接受的,但当时他们还不是太明白我们的一番苦心。是我们把艾森豪威尔推上了历史的巅峰,帮他搭好了"最高司令官"的舞台,让他有时间放手协调处理政治方面和盟国之间的问题,因为我们把自己的司令官置于他之下,负责应对战局、恢复士气,以及当时最缺乏的协调作战等方面的问题。我不得不承认,我都有些怀疑亚历山大是否有能力挑起这副重担。不过,我对他的参谋长"迪克"·麦克里利很有信心,我希望有他们俩在,一切都会好起来。突尼斯战役证明,我的预见还是很准的,我一直认为,根据麦克里利在这些作战中发挥的作用，我们对他的褒奖是不够的。

看看第一次联合参谋长会议之后，我对美军参谋长写的评价，也是相当准确的，尽管此后我们又开了很多次会，但那第一印象基本没有改变。

1月21日

早上9点到10点半开了英军参谋长会议。接着继续开英美联合参谋长会议，直到中午12点，会上我们讨论了1943年增加驻英格兰美军和他们的部署问题。12点钟我们去见首相，和他一起待到下午1点15分，讨论了加快地中海作战行动的可能性。下午2点，再次召开联合参谋长会议，进行到4点钟结束。然后我们去了卡萨布兰卡，参观蒙巴顿为大家准备的一艘指挥舰。在那里我们还看到了法国海军的"让—巴尔号"战列舰，在美军空袭港口的时候吃了三枚1 000磅的炸弹。舰首和舰尾几乎完全断裂下来。回来以后，利用傍晚时间为晚餐后的英军参谋长会议做准备，会一直从晚上9点开到半夜12点。

会上，我们对进攻目标选择撒丁岛还是西西里岛的利弊进行了长时间争论。关于这个问题，需要考量的不同因素有上千个。在我自己看来，毫无疑问应该选择西西里，但大多数人都坚决反对我。等仗真的打完了，一切都看起来那么容易，但有谁知道，坚持一个既定的目标或计划而不受其他人左右有多难，哪怕他们有一千个好听的理由！再完美的计划如果一直在变，就不如把一个比较好的坚持到底。用不着承担责任的建议总是很容易说出口。

无论遇到什么方向的风，都要努力把战争这艘大船保持在正确的航线上，这才是最最累人的地方！

我对那个疲惫的夜晚的记忆，依然历历在目！从一大早开始，我已经工作了很长时间，没想到他们大部分人还如此坚决的反对我！在离开英格兰之前，关于撒丁岛和西西里岛的利弊关系，我们已经争论过很多次了，经过大量艰苦的工作，最终总算基本上达成共识，目标是西西里。我和马歇尔之间所有的争论，都是以西西里登陆作战行动为基础的，也赢得了他的支持。没想到最后的节骨眼上，联合作战参谋突然跳出来，重新提出进攻撒丁岛，还声称对我们展开西西里作战行动的能力表示严重怀疑！他们有蒙巴顿的支持，这个从来就没有过自己主见的家伙。彼得·波特尔和"巴哥犬"伊斯梅都开始动摇了，老不死的达德利·庞德像往常一样睡着了，什么意见都没有！

我花了三个小时，唇枪舌剑，尽力保持整个团队不分裂，立场不再动摇。我告诉他们，我肯定不会再回到美军的参谋长们那里去，说我们自己前面没有想明白，现在不打西西里了，改打撒丁岛了。我还告诉他们，这样做将不可避免地动摇美国人对我们判断力的信心。我更进一步坦言，我完全不赞成他们的想法，并坚持我们起初进攻西西里的决定，在这一点上我是不会回头的。

就像我日记里写的，这只是那些经常发生的场景中的一个例子，要坚持一项计划不动摇有多难。等我们知道了结果，再回头看看很容易，但在当时真的是非常艰难！

1月22日

上午10点钟，英美联合参谋长委员会召开会议，走进会场的时候，我的心里有些担忧！前一天晚上的情况无疑在发出一个明确的信号，连我们自己的联合作战参谋都想推翻西西里登陆行动，而转向撒丁岛！到了最后关头，还要进行如此之大的调整，是很不慎重的。我知道美国人是看不上撒丁岛的，很可能会指责我们没有考虑成熟，并希望就此终止在地中海的军事行动。他们原本打算登陆法国，我们费了好大劲才成功说服他们,同意我们继续在地中海作战。不过,会议开得远比我预想的要顺利,大家决定继续执行我们进攻西西里岛的作战计划,以后再对所需的资源和训练作进一步完善。不枉我付出的全部努力,总算画上了一个圆满的句号。首先,我希望能把德国继续作为我们首要的敌人,必须在击败德国之后再对付日本。其次,目前来看,在地中海借道意大利进攻德国是最佳选择。第三,直接进攻西西里岛,是实现这一目标的最佳路径。所有这些都已经敲定下来,同时还解决了一些次要问题,比如土耳其的问题、突尼斯战场和英国本土部队的指挥问题等等。经过十天相当艰苦的工作,我们总算没有白忙活。

中午 12 点,我们都去了总统下榻的别墅,总统、首相和联合参谋长委员会成员一起合影留念。我和首相、伦道夫、伊斯梅留在那里吃了午饭,下午 2 点半联合参谋长委员会继续开会,一直到 4 点半。

下午茶之后,我和约翰·肯尼迪出去散步。一路上看到五只小猫头鹰和一只沼泽鹞。

会议就要结束了,有一种说不出的轻松。收获是巨大的,我敢肯定,现在我们对彼此都有了更深的了解,也更清楚大家各自的困难。

刚刚从首相那里回来,他竟然想让亚历山大星期天回马拉喀什,和他见一面!在这个紧要关头,亚历山大已经离开指挥岗位一个星期了,我觉得跑这一趟没有必要,就没有告诉他。戴高乐和吉罗那场具有历史意义的会见结束之后,亚历山大已经见过戴高乐。显然会见进行得不是很顺,我怀疑是否真的可以把这对冤家撮合在一起。

1 月 23 日

上午 10 点,我们再次开会,商定最后一些问题,并讨论了如何向总统和首相汇报会议成果。吃过午饭,我们开车去了穆罕默迪耶,是美军的一个登陆场。我们请来了一位叫雷特耶的上校做向导,他参加了这次登陆行动。很有意思的是，非常明显，如果法国人真的进行抵抗，这次登陆是实现不了的。在回去的路上，我看到三只鹳鸟就站在路边上，是比较常见的那种。返程途中我们还到拉法耶特街区买了些东西。

下午5点半，我们参加了总统和首相共同召集的会议，一直开到7点半。他们俩都对我们取得的成果表示了祝贺，称赞我们为一场前所未有的世界战争制定了最为完备的战略计划，这场战争远远超过了上次大战的规模。然后他们开始讨论细节问题，希望把西西里岛登陆行动的时间提前，并坚持要求我们下更大力气援助中国，还有其他一些次要问题。晚上9点半，我们又开了最后一次会议，按照总统和首相提出的意见，起草最终的文件。会议结束的时候，大家都发表了简短的表示感谢的讲话，为着大家都充分体谅了对方的难处。

我觉得这次会议的成果是巨大的。这次会议，以一种如果我们身隔千里根本不可能实现的方式，让我们的盟友关系更加紧密，帮助我们了解了各自的困难。这十天时间是非常累人的，我很高兴总算过去了，结果也相当令人满意。

我觉得那天晚上写的日记还是很准确的。这次会议更加拉近了我们之间的关系，但很快我们就发现，随着大家的分开，我们又开始渐行渐远了，分歧与日俱增。我们发现，有必要经常性召开英美联合参谋长会议，以巩固我们之间达成的共识。

1月24日，马拉喀什（行程150英里）

把行李打完包，大家就各奔东西了。马歇尔经阿尔及尔回美国，迪尔经阿尔及尔前往德里，阿诺德也去德里，再从那里转往重庆。波特尔经阿尔及尔、马耳他回国。达德利·庞德从阿尔及尔直接回国。我和雅各布、内阁秘书长斯特林、助理秘书博伊尔①一起乘"解放者"轰炸机来到这里,真是一段美妙的飞行,一路上风光无限好。特别是飞近阿特拉斯山脉的时候,可以看到一座接一座白雪覆盖的山峰,景色真迷人。总统和首相是从陆路乘车过来的。

我们到地方正好赶上吃中饭,美国驻摩洛哥领事彭德带我们去泰勒夫人家的房子里用午餐。总统和首相就住在这里。一座典型的摩洛哥风格建筑,坐落在一个过去是橄榄种植园的中心位置。现在四周是美丽的花园,装修非常华丽。吃过午饭,我们爬到塔楼上看风光。不远处是阿拉伯人生活的小镇,点缀着一棵棵棕榈树,映衬在远处的雪山背景下面,美得令人称奇!从我宾馆房间的窗户看出去,正好是个橘子果园,树上已经挂满了果实,透过果园周边种着的一圈儿棕榈树,也能够看到远处闪光的雪山。绝对是个好地方。

真是一个安静的下午,我在宾馆的花园里观察鸟类,发现了几个很有意思的品种。能够辨识出一些欧洲鸟类发生些许变化的亚种分支,让我感到非常开心。比如,我找到一种常见的苍头燕雀,但这里雄鸟的头是蓝灰色的,不像家里的品种是赤褐色的。还有一点也很有意思,卡萨布兰卡与马拉喀什的鸟类也有很大的差异,尽管两地相距只有大约130英里。

1月25日

我们已经制定了在这里休两天假的计划,本来打算明天出去打松鸡的!现在泡汤了!一早首相就把我叫去,告诉我今天晚上就出发去开罗。

我过去经常看到他在床上,但从没有看见过眼前这副腔调!我能做

---

① 德莫特·亚历山大·博伊尔(Dermot Alexander Boyle,1904—1993),英国皇家空军元帅,时任帝国防务委员会助理秘书。——译者

的只有保持一脸严肃。这个房间一定是泰勒夫人的卧室,被装修成摩尔人的风格,天花板是一副绿、蓝、金色相间的奇妙壁画。床头被嵌在一个摩洛哥风格的壁龛里,两边各亮着一盏神灯,床上盖着一条蓝丝绸的宽花边薄被子,整个房间和阿拉伯风格的天花板很搭配。温斯顿就坐在床上,穿着他的绿睡袍,上面绣着红色和金色的飞龙,仅有的几根头发都竖在脑门子上,那神灯的光亮映照着他的脸庞,嘴上还咬着个大雪茄!!我真应该给他拍上一张彩色照片。

他向我问好,告诉我下午6点出发!我回答他,我记得他说过六年来一直盼着再来这里画油画的。他说下午会去画上两个小时,然后6点出发。我想转移他的注意力,说他两个小时里面不可能画得好这里的棕榈树和雪山。他又回了一句:"我要在6点钟离开",没有商量的余地。我说:"好吧,如果6点钟出发,我们去哪里?"下面是典型的丘吉尔式的回答:"我还没想好呢!"当我再问他有没有备选的地方,他回答:"如果不是去议会回答提问,就去开罗。"离开之后我进一步了解发生了什么事,有人告诉我,他正在等一封安东尼·艾登的电报,是关于他提出的前往土耳其访问的回复。如果内阁同意了,我们就去开罗。

我们叫来了飞行员,他说天气状况非常好。所以我们分别拍发了一封电报给迈尔斯·兰普森和绰号"巨人"的威尔逊(地中海战区总司令),说我们就要来开罗了。我们现在的计划是明天一早抵达开罗,如果内阁不再反对首相与土耳其人会晤,我们就去塞浦路斯,但看样子内阁并不打算撤回自己的意见。然后再去的黎波里会见蒙哥马利和安德森,从那里回国。

吃过午饭,我们开车进入阿特拉斯山脉,一路上很舒服。我们开到大山深处,停下来打猎。同一时候,温斯顿应该爬上了泰勒夫人家里的塔楼,摊开画架和油彩,忙着画风景呢。六年前他曾经来过马拉喀什,画了一些油画。所以这一趟他把上次的油画都带来了，决定故地重游再画一回。我本来希望他能够在马拉喀什待上一两天，但失算了！下午5点半，在和马尼什领事及夫人用过茶点之后，我们离开马穆尼亚酒店前往机场。我们有两架"解放者"，一架给首相、伦道夫、医生、秘书、副官、保镖和随从。另一架给我、雅各布、博伊尔和其他的秘书和随行人员。我们在下午6点半起飞，绕飞了一圈后，就逐步爬升穿越阿特拉斯山脉的雪峰。我们一直升高到14 500英尺才穿越过去，飞机里变得很冷，但景色却非常壮观。正好遇到日落，晴空万里无云，整个地平线都被照亮了，闪着粉红色的光，映照在雪山之巅。飞机飞越群山的时候，太阳下山了，身外恢弘的美景逐渐隐入黑暗之中，直到我们自己也都没入黑夜，一头扎进前面2 300英里未知的沙漠。大家开始吃晚饭，有煮鸡蛋和三明治。然后大家把一层层毯子盖在自己身上保暖。等飞机再次下降到9 000英尺的时候，稍微舒服了一些，但依然很冷。

1月26日，开罗（2 300英里）

这一个晚上有些不太舒服，起来的时候正好看到沙漠里的日出。我们已经飞行了大约十一个小时。我们降落之后没几分钟，首相的飞机也到了。凯西、莫因（驻开罗的副国务大臣）、亚历山大和肖尔托·道格拉斯都来机场迎接我们。我们乘车直奔大使馆，在那里又见到了迈尔斯·兰普森和杰奎琳。吃了一顿丰盛的早餐，然后我才洗澡、刮胡子。

刚进使馆的大门，迈尔斯·兰普森就迎了上来，温斯顿对着我说："我们是不是该吃早饭了？"我觉得他这个问题应该去问杰奎琳，于是回答说："我想最好还是先洗一把，刮刮胡子。"这个答案不合他意，他继续说道："不，我们应该先吃早饭。"接着把脸转向杰奎琳，问早餐是否准备好了。她说当然好了，就带他去了餐厅，沏了一杯茶。这也不太对他路子，于是他自己要了一杯白葡萄酒！平底玻璃杯端上来以后，他一饮而尽，舔了舔嘴唇，转向杰奎琳说："啊，太好了，你知道吗，今天早上我已经喝了两杯威士忌，还抽了两根雪茄。"！！时间才刚刚过7点半。一个晚上旅途劳顿，飞了十一个小时、2 300英里，其中一段还是在14 000英尺的高空，但他依然精力充沛，两杯威士忌、两根雪茄下去了，还能喝白葡萄酒！！

我叫亚历山大10点半过来，就肃清突尼斯和西西里作战行动，与他进行了一次长谈。

时隔五个月再回到这里，感觉上非常奇怪，这期间竟然发生了那么多的事情！上次来这儿的时候，我整天担心着不知道德国人那一天会打到尼罗河，现在他们只剩下的黎波里，也很快就要被赶出去！午饭后，我和亚历山大去了他的地图室，察看的黎波里的战场态势，预估港口重开的时间。这个时候首相也来了，我们和海军上将哈伍德（黎凡特①和东地中海英军总司令），讨论了很长时间驻扎在亚历山大港的法国海军的情况，他们的指挥官是戈弗罗伊②。首相的态度和此前一样，引导他们加入"自由法国"运动。不管吉罗领导还是戴高乐领导。一直到快凌晨1点了才上床睡觉。与前一天晚上在飞机上相比，真是好睡多了。

1月27日

美美地睡了一觉，对前一天晚上是个补偿。上午10点半，出席了亚

---

① 黎凡特(Levant)，是一个历史上的不精确的地理概念，泛指东地中海沿岸的大片地区。狭义概念仅指历史上的叙利亚地区，即地中海东岸地区。广义历史概念的黎凡特包括东部地中海沿岸国家和岛屿，从希腊一直延伸到昔兰尼加(利比亚)。此处应是狭义概念。——译者
② 雷诺-埃米尔·戈弗罗伊(René-Émile Godfroy, 1885—1981)，法国海军中将。——译者

历山大的参谋会议，会上汇总了所有情报。会后会见了莫斯海德（澳大利亚第 9 师师长），跟他道别，他就要带着部队回澳大利亚了。接着"巨人"威尔逊就从巴格达赶过来了，我向他介绍了这里的具体情况，他将接替亚历山大统辖第 8 集团军，备战西西里岛登陆行动，还要帮着土耳其组建、训练军队。

土耳其的回音来了，称很高兴我们来访问，但建议我们去安卡拉。不过，出于安全考虑，我们还是决定把会议地点放在靠近边境的地方，并以此为基础制定了相关计划。午餐搞了一个常规的宴会，出席人员有凯西夫妇、"巨人"威尔逊、迪尔（他和阿诺德要去印度，途经这里）、亚历山大。餐后大家一起合影留念，首相和凯西去开会，威尔逊和我商量接下来如何组建"伊拉克-波斯司令部"。他本来希望与中东司令部合并，但我成功说服他同意单独设立，可能会让吉法德担任司令官。回来以后，我又回想起去年 8 月份第一个星期来到这里的情形，就是一场噩梦，所有的不满都落在了奥金莱克头上，只好赶他出局，重组中东的司令部和参谋处。感谢上帝，一切都过去了，这次行程开心多了。

晚饭之前，溜出去给孩子们买了些土耳其软糖。伯蒂·布鲁克过来吃晚饭——再次看到他真是高兴。正准备吃饭的时候，我收到一封蒙哥马利的信，报告说肃清的黎波里港口的战斗进展不够快。吃过晚饭，我把这个情况告诉了首相，并建议我们应该采取一些措施。他打电话让哈伍德海军上将立刻来一趟。我们才刚刚和他以及他手下的参谋军官们碰过面。再次研究之后，我们认为是组织混乱和缺乏士气导致了眼下战局的延误。我觉得现在他们的劲头应该被调上来了。又到了凌晨 1 点半，我真是太困了！

1 月 28 日，800 英里

9 点半离开大使馆，10 点钟从赫利奥波利斯机场起飞前往锡瓦绿洲。飞机遇上了很强劲的顶风,400英里的路程花了我们两小时三刻钟。这是一个很有意思的地方,四周环绕着砂岩峭壁,低矮的沙丘由于风和雨水的侵蚀,形成了奇特的梯田状。绿洲里的大多数水源都含有不同程度的盐分,只有两三口泉水清澈可口,是从很深的地下直接打上来的。我们就在其中一口最大的深井旁边吃午饭,当地两位主要部落的酋长送来了新鲜的海枣和甜柠檬,装在棕榈树叶编成的、样子很抢眼的篮子里。午饭后,我们去参观了两个主要村落中的一个,村民最近刚刚被疏散,因为一场大暴雨把村里的大部分房子都冲走了。在房子的废墟当中,矗立着一座用石材精心建造的清真寺,这是锡瓦绿洲著名的圣地,据说亚历山大大帝也来朝拜过。整个绿洲的居民大约有四千人,以种植海枣和橄榄为生,此外也播种少量的谷物。

接着我们去了下一个村子,酋长们开了一个正式的欢迎会,他们都穿上了最好的衣服,还带着佩剑。当地的乐队也来了,一个小型的女子合唱团唱着欢迎客人的歌。我们坐在一棵遮阴的大棕榈树下,地上铺着棕榈树叶编织的垫子,吃着海枣,用小玻璃杯喝一种味道很香的茶。尽管意大利人、英国人和德国人的部队在利比亚来回厮杀,这块地方也数易其手,但他们看起来还是一个完全没有烦恼的小社会。他们对意大利人的评价不高,因为意大利人的补给不足,结果把他们的驴子偷去吃掉了。不过,当地居民中还是有一些意大利的支持者。家里有人支持英国人,有人支持意大利人,以至于造成了一些家庭的分裂。我们在下午3点20分离开,一路都是很强的顺风,返程只用了两个小时。

在来回的路上,我们都有机会从空中俯瞰著名的盖塔拉洼地。今天过得很有意思,此前真的没有想到。我本来想看看这里的鸟类,但是本地的鸟很少,迁徙路途中歇脚的鸟类倒有不少。我看到一只白林雀,过去没有见到过这个品种,还看到两只乌鸦和一只灰鸦。晚上一起吃饭的有美国大使、阿诺德将军(美国)、安德鲁斯将军①(美国)、斯帕茨②将军(美国)。首相一直把大家留到凌晨1点钟,一个晚上他都在谈论如何对付那个法国的海军中将戈弗罗伊。

1月29日

9点15分,在司令部参加了情报会议。我花半个小时向指挥官们阐述了我们在地中海战区的作战计划。然后和亚历山大商量如何搭建西西里岛登陆作战行动的参谋班子。回到大使馆准备土耳其之行所需的便装,到了那边我们就不能穿制服了。伯蒂也过来帮忙。已经定下来明天出发。

我准备了几套不同的衣服。不过有的腰身偏紧,有的裤腿偏长,有的料子又差了些,我希望穿上它们站在土耳其总统的旁边不至于太寒酸。

我一直担心土耳其人看到我们身上的衣服都穿得奇奇怪怪的,肯定会有想法。"巨人"威尔逊从迈尔斯·兰普森那里借了一套便装,就连兰普森自己穿着都有些偏小,那夹克穿在威尔逊身上,就像一件孕妇装!我借了兰普森副官的衣服,他比我高8英寸,腿很长,这裤子可成了我的麻烦。我把它提到自己的腋窝这里,再也提不上去了,但我发现裤裆的顶扣已经露到马甲上面去了,遮住了半根领带!我们看上去就像一个三流的巡回演出剧团!

今天的午餐是和莫斯海德、刚从英格兰来的亚历山大·卡多根、肖

---

① 弗兰克·马克斯韦尔·安德鲁斯(Frank Maxwell Andrews,1884—1943),绰号"安迪",美国陆军中将,美国空军的创始人之一。——译者
② 卡尔·安德鲁·斯帕茨(Karl Andrew Spaatz,1891—1974),昵称"图伊"(Tooey),美国空军发展的重要人物,美国陆军航空兵司令,接替阿诺德任第一任美国空军参谋长。——译者

尔托·道格拉斯、特德一起吃的。莫斯海德是澳大利亚第 9 师的指挥官，就要返回澳大利亚了。下午 3 点钟在司令部开会，商定明天与土耳其人会晤的细节。晚上又花了一个小时，和首相讨论他准备好的讲话稿。一起吃晚饭的有肖尔托·道格拉斯，还有大部分是美国人，包括安德鲁斯将军、某人（原文无法辨识）、斯帕茨，等等。明天一早就要出发了，现在要去打包了。

1 月 30 日，阿达纳，700 英里

我们早上 9 点离开大使馆去机场，10 点钟起飞前往土耳其的阿达纳①。我们沿着巴勒斯坦、叙利亚的海岸线往北飞，一路上看到海法、贝鲁特、加沙、的黎波里等城市。天气不太好，一路上都很颠簸。我们在空中看到两个水龙卷，看上去很好玩。下午 1 点抵达阿达纳，飞了三个小时。土耳其总理萨克鲁·萨拉科格卢和外交部长努曼·买内曼康格鲁到机场迎接。这里刚刚下过雨，到处都是湿漉漉的。接我们的火车还没有到，不知道被什么耽误了。最后终于上了火车，向西开了大约 20 英里，再转到土耳其总统的专列，才吃午饭。我们会见了总统伊斯麦特·伊诺努②将军（后来被称为伊斯麦特"老帕夏"③）和陆军元帅费维齐·卡克曼克④。会议刚开始的时候气氛非常尴尬，礼节性的客套话说了很长时间。不过最后我们还是切入了主题，开场的讲话是丘吉尔首相用法语

---

① 阿达纳（Adana），土耳其南部城市，阿达纳省省会，位于地中海东北角。有 3 400 年历史的古城，罗马帝国军事要地。1870 年设市。1918 年为法国所占，1922 年归还土耳其。阿达纳平原农业区的中心，土耳其通往叙利亚、伊拉克铁路上的重要工商业城市。——译者
② 穆斯塔法·伊斯麦特·伊诺努（Mustafa İsmet İnönü, 1884—1973），土耳其军事家、政治家，土耳其第二任总统（1938—1950），并多次出任土耳其总理。——译者
③ 帕夏（Pasha），又译"巴夏""帕沙"，系突厥语音译，伊斯兰教国家高级官吏称谓，其义与阿拉伯语"埃米尔"略同。——译者
④ 穆斯塔法·费维齐·卡克曼克（Mustafa Fevzi Çakmak, 1876—1950），土耳其陆军元帅、政治家。——译者

说的。

搞政治的人开了个头,接着就是我们搞军事的人忙活了。卡克曼克和我各代表一方。我很快就发现卡克曼克对自己部队的情况并不熟悉,也没有做好准备,需要不停地和自己的顾问们商量,我们只好耐着性子。一直到大约6点钟,我们讨论了许多问题,我觉得他们是否能达到我们的预期将取决于我们的援助。但他们要真正成为一支有战斗力的部队,还有很长的路要走。我们该如何为他们提供必要的装备,还没有考虑他们那可怜的交通设施到底是个什么样子!

最后大家和总统一起吃了晚饭,餐桌上首相的表现相当成功,一天下来还是很有成果的。我们的代表团是由以下人员组成:首相、卡多根、莫兰·威尔逊勋爵(随行医生)、亚历山大、"巨人"威尔逊、雅各布、德拉蒙德、马丁、汤普森,还有两位特工和一位随从。火车停在一大片棉花地旁边,我们就吃住在火车上。

我们抵达阿达纳的时候,土耳其的外交部长在问候我之后对我说,对丘吉尔首相的到访,整个土耳其都感到非常高兴。我问他为什么会这样,因为首相的来访是作为最高机密的,应该没有人知道他的到来。外交部长回答说:"这样的事情还能保得住密吗?当然是尽人皆知了!"这让我十分不安,因为首相是相当重视保密工作的。局势可远称不上安全;有一家治理沼泽地的德国公司就在阿达纳附近施工。他们肯定也得知了这次访问,而土耳其方面的保卫工作也安排的不是非常严密。

我们的两列火车首尾相连停在一片开阔地的中央,周围有土耳其士兵站岗。我想最好去看看那些卫兵,看到的果然是我所担心的情况。天正好在下雨,所有的卫兵都蹲在地上,把毯子顶在自己头上。他们首先关心的是如何保持身上不被淋湿,要人们的安全显然是第二位的。我回到火车上,赶紧去找保护首相的特工,他们正在餐车里吃饭,也是关心自己的饥饱比首相的安全更多。我告诉他，安保措施很差，他和助手必须整个晚上在首相休息的车厢周围巡逻。他以一种无礼的态度回答道："我是不是整个晚上连着白天都要工作？"我告诉他，一路上他和代表团里的其他人一样舒服，我不知道他白天是不是在工作，但我相信他晚上一定会想方设法确保首相的安全。

在和卡克曼克会谈的时候，我们俩面对面坐在车厢当中的一个长条桌子上。对他讲话的时候，我可以看到他身后的窗户外面，突然之间，我觉得自己看到一只白色的猎鹰正急着在空地上落脚。我过去从来没有看到过白猎鹰，我也不敢确定自己刚刚看到的是否真的就是，还是一只白尾鹞。我很想再朝窗户外面看看，这让卡克曼克不安起来，他也不停地回头看，可能以为我看到了某人正准备朝他开枪！我又不可能通过翻译向他解释，我只是在"看鸟"！！

晚宴的气氛非常好，温斯顿发挥出了最佳水平，整个宴会过程中一直都充满了欢声笑语。他用自己那让人跌落眼镜的法语，夹杂着夸张华丽的法语词汇和法语发音的英语词汇，给大家讲了一个情节曲折的故事，即便全部用英语来讲也算是困难的。离开餐桌回车厢的时候，他让我和他一起走。然后他告诉我打算多停留一天，他还有很多事情和伊诺努商量，至少还需要一天时间。他还说，他觉得我也需要更多时间。我告诉他，留下来会让大家很不高兴，因为所有的准备工作都已经做好了，明天中午12点钟前往塞浦路斯。我对他讲了安全保卫措施有多差劲，指着他的床铺对他说，当他睡觉的时候，任何人想把他炸上天都是相当容易的一件事！他不安地看了床铺一眼，说"哦！你觉得会吗？"我告诉他，我已经命令他的特工采取一切预防措施，以防不测，他或许才能睡个好觉。我再一次坚持自己的意见，必须遵照我们的计划，准备明天出发。他也是再一次重复各种理由，说明有必要留下来。我对他道了晚安，就走了，希望这样对他有用。

1月31日，塞浦路斯，150英里

卧铺车厢的卫生状况很差，热水系统的噪声吵个不停，但睡得还算舒服。上午11点钟，我们和卡克曼克又开了一次军事会议。不过有些问题卡克曼克没有考虑到，他们没有做好准备。11点45分，我们再次碰头，就前面会议达成的决定形成了一份草案。一切进展都非常顺利，但我觉得会议过程还是挺累人的，我只好自己担任英方的会议主席，所有的谈判还都得用法语。除了语言上的麻烦，卡克曼克对现代战争的认识还是比较初级的，很难让他理解部队在机械化条件下所需要的训练、保养、维修，等等。还有一个很大的困难就是薄弱的交通设施造成的，包括整个国家的公路和铁路。装备补给自然也受运输能力所限，这很大程度取决于国内的民用物资需求，比如谷物、煤炭和汽油之类。

总体而言，这次访问取得了巨大的成功。首相很是开心。土耳其虽然是个中立国家，但从现在开始，他们应该是更加倾向于盟国的利益，我曾希望美国在加入战争之前也能够像这样。

最后，在火车返回阿达纳的时候，我们所有人又一起和总统共进了午餐。按照原定计划，我们一到地方就要立即赶往机场，然后直接返回开罗。但前一个晚上首相把计划改了，他决定和土耳其人再多待一个晚上！考虑到安保措施不到位和大多数土耳其人已经知道他来了，我已经恳求过他不要留下来。今天早上我继续做工作，卡多根也过来帮忙，想说服首相不要在土耳其停留。其实当时首相已经拿定主意了，不再直接回开罗，而是去塞浦路斯。等我们都已经登上了以为是回开罗的飞机，他发现机组人员仍然认为他要去塞浦路斯！这真是突如其来的变化！首相当场决定，我们应该坚持最初的计划，去塞浦路斯！我们的飞机开始在跑道上滑行，但转弯的时候一个轮子偏离了跑道，连轮轴都陷没在泥土里。我们大家只好又下了飞机，来了一群叽叽喳喳话说个不停的土耳其人，想把飞机轮子从土里拽出来，搞了大约一个小时，始终没有进展。于是我们决定再换一架"解放者",把机组人员和我们所有人的行李也都卸装好。等我们都坐好了,热好了引擎,朝跑道滑行的时候,塔台通知说我们自己的飞机从土里拖出来了!不过我们决定不再换了,起飞前往塞浦路斯。

  飞机在离开阿达纳爬升的过程中,我们正好可以看到一个完整的托鲁斯山脉,从一头绵延到另一头,覆盖着茫茫白雪,在冬日的阳光下闪闪发光,景色十分壮观。飞行了大约半个小时后,我们在塞浦路斯岛的东端着陆,看着一路的美景,大家都很开心。总督前来迎接我们,现在我们都被安顿在总督府,非常舒服。房子质量很好,是在一幢战乱中被烧毁的老建筑遗迹上造起来的。我们代表团的人数比此前减少了,有首相、卡多根、伦道夫、马丁、汤普森、秘书、特工和随从。晚上在总督府搞了一顿大场面的晚宴。我坐在总督夫人伍利太太和驻塞浦路斯英军司令休斯的旁边。宴会结束后和一位对鸟类颇有研究的政府官员聊了很长时间。最后等首相去休息了,伍利太太又在钢琴上弹了两首曲子,真是好听。现在我也要去睡觉了,因为感觉太累了。这个房间设计的很有意思,在会客厅里有两面奇特的移动墙,移开之后,三间会客厅就变成了一间大会客厅。

  丘吉尔很喜欢计划的突然变化。不幸的是,他有时候在战略问题上也搞类似的突然调整!这是一件让我最头疼的事,要让他明白战略问题是一个长期的过程,不能老是改变想法。他很不喜欢我这样提醒他,经常在我面前挥着拳头说:"我不想听你的什么长远计划,那都是好高骛远。"我同意那可能就是好高骛远,我其实就是想知道他右脚落地后什么时候放左脚,况且我也不认为那是长远计划。

2月1日,开罗,600英里

  美美地睡了一觉,9点钟的早饭也吃得很舒服。早餐后参加了一个塞浦路斯要人代表的大型集会，他们是来看英国首相的。一直到最后丘吉尔才出现，对他们发表了简短的讲话。然后我就随塞浦路斯驻军司令休斯（后来的第 44 师师长）离开了。我们去了他的司令部，爬到了房顶上，从那儿可以对整个岛一览无余。他给我介绍了防御部署和迎敌计划。接着我们开车去了首都尼科西亚通向北部沿海城镇凯里尼亚的公路山口，察看可能的登陆地点和进攻首都的路线。然后又和休斯一起开车去他的食堂吃午饭，从那儿直接去了机场。在这段时间里首相去视察了第 4 女王私人轻骑兵队。我们在下午 2 点左右集合启程。天空晴朗无云，我们返回开罗的航程一路美景。我爬到副驾驶的位子上，好好享受眼前的景色。从塞浦路斯我们直飞海法，然后沿着海岸线往南一直到埃及、巴勒斯坦边境。从那里再往伊斯梅利亚，飞越苏伊士运河，从开罗的北部进入，降落在我们通常起降的机场。

这趟旅程是令人非常满意的，我从来没有想过我们会和土耳其人取得如此大的进展。我那把土耳其人拉到我们一边的狂想，看样子不再是天方夜谭！

吃过下午茶，亚历山大和迪克·麦克里利来找我，一起商量组建西西里战役的参谋班子。然后我和伯蒂一起出去吃晚饭，在默罕默德·阿里俱乐部，和他聊了相当长时间。

不幸的是，我对土耳其人的"狂想"终究还是一场空！冯·帕彭[①]忽悠土耳其人，称德国军队将在保加利亚大批集结，其实根本就没有。但这个消息足以让他们继续置身事外。其实土耳其人本身参战的意义并不大，他们的军队需要重新装备和训练，否则派不上多大用场。真

[①] 弗朗茨·冯·帕彭（Franz von Papen，1879—1969），德国政治家、外交家，时任驻土耳其大使，1932 年曾任德国总理，1933 至 1934 年任希特勒的副总理，对纳粹党和希特勒上台起到过重要作用。——译者

正的价值在于土耳其可以被作为空军基地，同时也是下一步行动的跳板。

2月2日

9点15分参加司令部召开的会议，听取最新局势的汇报。然后和"巨人"威尔逊花了一个小时，研究他接下来要面对的问题，如何掌控第8集团军，如何装备土耳其军队，同时还要确保未来参加两栖作战的部队接受充分的训练。回到大使馆后，核校了丘吉尔首相发给罗斯福总统的电报。我觉得电文中对1943年的展望有些过于乐观了，只好再去找丘吉尔，把行文的调门放低一些。然后是凯西招待大家午餐，首相带来了莫因、兰普森、斯皮尔斯、卡多根、肖尔托·道格拉斯等一大帮人。午餐后大家先去购物，接着去美国大使馆看了场电影，为了庆祝我们成功出访土耳其和收复的黎波里。现在一切都安排好了，只要天气允许，明天一大早我们就启程前往的黎波里。我只盼着他不要在最后一刻又变花样！是时候该回家了，但一想到回家之后又要面对的那些工作，真是让我心惊胆战。

2月3日，的黎波里，1 200英里

早上8点半我们和大使道别，出发前往机场，9点45分飞机起飞。一路上的飞行相当平稳。吃完午餐后，我走到前面副驾驶的位子上。当时我们正好飞过艾尔-阿拉曼上空，从那里开始，一路上我都能看到各处战场的遗迹，先是布埃拉特，接着又看到了米苏拉塔，那后面的航程我们就有战斗机护航了。前面一路飞来都是一望无际的沙漠，后面开始看到一些农业的影子了。墨索里尼建设的殖民定居点里面有白色的小农舍、水井，还种着一些棕榈树。下午4点半，我们在的黎波里附近的本尼托堡机场降落，蒙哥马利和亚历山大前来迎接我们。大家乘车去了蒙

哥马利的军营,他把战场态势向首相和我做了长时间汇报。接着他让司令部全体人员列队,首相用大喇叭发表了讲话。然后我们和蒙哥马利继续聊,并留在他的食堂里吃晚饭,用餐的那顶帐篷还是我们和他在艾尔-阿拉曼战役之前吃饭的同一个!!

这会儿我已经回到了自己的篷车里。冷得像地狱,只好尽快钻进被窝里取暖。在几个月之后再次来到第 8 集团军和蒙哥马利的司令部,我的心情非常好,时间虽短,但北非战场的总体态势已经得到了根本扭转。

2月4日,的黎波里

首相和我住在了蒙哥马利的军营里,代表团的其他人跟亚历山大去住了。

上午 9 点半,所有人集合,乘轿车前往的黎波里。第一次来这个地方,感觉还是蛮有意思的。街道两旁和房顶上都站着哨兵,把当地居民拦在外面。当我们抵达主广场和海岸边的时候,发现第 51 师的主力部队已经在那里列队等着我们。上次看到他们是在埃及的伊斯梅利亚附近,当时他们刚刚抵达中东战场。那个时候他们还都是新兵蛋子,现在历经了战火洗礼,已经成长为钢铁勇士。我很少看到如此的军容雄壮、士气高涨。我们的车开得很慢,围着队伍绕了一圈,一路上小伙子们都在朝着首相欢呼致意。然后我们走上搭建好的主席台,整个师在风笛乐队的伴奏下列队通过。这一幕是给我留下最深刻印象的场景之一。整个师军容严整,可能是在兵营里休整了三个月的缘故,再之前他们已经驰骋沙场 1 200 英里,打了不少恶仗。检阅完部队之后,我们又开车到野外,看望集团军直属部队:中程炮兵、野战炮兵、反坦克炮兵和工程兵等。我们沿途经过的很多地方,当地人都在欢呼、鼓掌。在参观了德军使用的各式各样的地雷和破解它们的方法之后,第 30 军军长奥利弗·利斯招待大家吃了一顿丰盛的露天午餐。

从那儿我们又去了新西兰第2步兵师，他们全部列队站好，师长伯纳德·弗赖伯格领头站在最前面！他用麦克风和扩音喇叭致了欢迎词。接着我们开车检阅了队列，最后整个师的部队从我们面前列队走过。我们喝了点儿茶，然后继续开车去本尼托堡机场，首相要去慰问空军部队。从那里我们去了港口，乘汽艇好好转了一圈儿，他们正在忙着清理阻塞船。他们已经成功领进来一艘2 900吨的货轮，这是开进港口的第一艘船。离开港区的时候，我们看了看被德国人破坏的码头和泊位，以及我们修复工作进展的情况。德国人实施的破坏非常彻底，修复的工作量相当大。

回到军营，发现国内打来的一封电报，试图劝阻首相前往阿尔及尔，因为根据一份拦截的电报，有人将在阿尔及尔刺杀他。但他还是决定照原计划进行。因此我们准备明天早上5点出发前往阿尔及尔，剩下睡觉的时间已经不多了。就在我写日记这会儿，的黎波里遭到了猛烈空袭，从这里都能看到爆炸的亮光。

当我站在温斯顿身旁看着部队列队行进接受检阅的时候，悠扬的风笛声一在耳边响起，我感到一股暖流涌上我的咽喉，眼泪一下子流了下来。我看了看温斯顿，他的脸上也挂着泪滴，我知道他此刻的心里也和我一样澎湃不息。这其中部分是由于看到眼前这些小伙子的可喜变化，从伊斯梅利亚初生牛犊的满脸稚气，到现在古铜色脸庞上刻画着战火中历练出来的坚毅，从他们的脸上你就可以直观地感觉到战争的形势变了天。这种重大变化的意义又一次让我深切地感受到。这也是我第一次体会到胜利的喜悦。这种情感的强烈只有和当初那身陷无底深渊的感觉相比较，你才能真切地体味。早先的那段日子真是一场灾难，看不到一丝希望的光芒。一个人只有经历过彻底的绝望，才能感受到那种意识到成功即将实现所带来的放松感有多爽。任由眼泪流下来,我丝毫没有感到不好意思,只有完全的放松。

2月5日,阿尔及尔,900英里

凌晨3点就被叫了起来,3点半简单吃了早饭,4点出发前往本尼托堡机场。我们在大约5点钟抵达,5点半飞机冲进了黑夜中。我们必须先往西南方向飞,绕开突尼斯,最后再朝北飞往阿尔及尔。整个航程大约900英里。前面三个小时我都在睡觉,最后一个小时从飞机上观察了阿尔及利亚南部地区的情况。10点钟我们抵达白宫机场。艾森豪威尔正在那里等我。他告诉我,首相的专机已在大约十分钟前降落,他用自己的"半装甲"轿车把首相送走了,之所以叫"半装甲",是因为车子的窗户是用油纸和泥巴糊起来的。轿车走的是一条迂回的路线。我能看出来艾森豪威尔对自己承担的责任感到有些焦虑。接着我也上了艾森豪威尔的车,这次走的是直线,驾驶员边上的人带着一支汤米冲锋枪,艾森豪威尔拿着把左轮手枪。我们并没有看到什么可疑的人物。到了以后,我在艾森豪威尔的房间里吃早餐、洗澡、刮胡子。安德森从第1集团军赶过来了,我和他进行了长时间会谈,讨论他那边战线上遇到的问题。这次会谈很有成果,我很快就搞清楚了,他那边需要步兵支援。我立刻叫来了艾森豪威尔,以我的名义给陆军部拍了封电报,命令他们增援一个步兵师过来。然后安德森和我一起去找首相。我们发现他还睡在床上,一睁开眼就说他想再多待上一天!我告诉他,如果天气良好,他应该决定当晚就走。最终好说歹说他才同意。

中午出席了艾森豪威尔举办的盛大宴会,到场的还有首相、吉罗、诺盖①、布瓦松、贝鲁东(阿尔及利亚总督)、亚历山大·卡多

---

① 夏尔·诺盖(Charles Noguès,1876—1971),法国陆军上将。——译者

根和坎宁安①。我对认识诺盖（法属摩洛哥驻节长官和法军司令）和布瓦松（法属西非总督）很感兴趣，但前者给我留下的印象不深，后者给我的印象相当不错。午宴结束后，我和坎宁安谈了很长时间，然后到花园里看看当地的鸟类，找到一种我曾经在马拉喀什也看到过的蓝山雀。

和艾森豪威尔一起用了下午茶，也聊了很长时间，一直到去坎宁安海军上将的别墅里吃晚饭。首相、坎宁安、伦道夫、医生、比德尔·史密斯②等人都已经等在那边了。晚餐后大家组成了一个护卫车队，出发前往机场。登机以后，我赶紧穿上皮裤子、飞行服和带毛里的靴子，做

---

① 安德鲁·布朗·坎宁安（Andrew Browne Cunningham，1883—1963），子爵，英国皇家海军元帅。这位海军参谋长并不是指约翰·坎宁安，后者接替他担任了地中海舰队司令和海军部第一次官。安德鲁·布朗·坎宁安被朋友和下属昵称为"ABC"。他是陆军上将阿兰·坎宁安爵士的哥哥。1898 年毕业于达特茅斯皇家海军学院，参加过布尔战争，一战期间曾任驱逐舰舰长，参加了加里波利（土耳其）和泽布吕赫（比利时）等战役。1922 年起历任第 6、第 1 驱逐舰队司令。1926 年任北美和西印度群岛舰队参谋长。1928 年进入帝国国防学院学习。1930 年毕业后任"罗德尼号"战列舰舰长。1931 年任查塔姆海军基地司令。1932 年 9 月任国王侍从武官。1937 年任地中海舰队副司令。1938 年 9 月任皇家海军副参谋长。1939 年 6 月任地中海舰队司令。在二战初期，他在地中海面对敌军强大的现代化舰队和空中力量，以勇敢无畏的攻击精神建立了优势。尽管困难和问题越来越大，敌军的增援力量也越来越多，他还是在那里维持了一支令人瞩目的海军力量。1940 年 6 月法国沦陷后，坎宁安主导了与法国海军中将勒内·埃米尔·戈德弗鲁瓦（René-Emile Godfroy）的谈判，解除了驻埃及亚历山大港的法国舰队武装。1940 年 11 月指挥空袭意大利塔兰托军港，重创意大利海军，首开舰载机袭击军舰的先河。1941 年指挥了马塔潘角海战和克里特岛战役。在克里特大撤退中，他发出了"海军建造一艘战列舰需要三年，但改造一种传统需要三百年"的名言。1942 年底任北非盟国远征军海军总司令，参与指挥盟军在北非登陆的"火炬行动"。1943 年 1 月晋升海军元帅，10 月任第一海务大臣兼海军参谋长，此后出席了开罗、德黑兰、雅尔塔、波兹坦等会议，参与了盟军一系列重大战略决策。1946 年 5 月退役。就个人而言，他综合了温暖、同情，绝不容忍愚蠢和懒散的性格，以及追求卓越的精神，成为作者推崇的理想同僚。——译者
② 沃尔特·比德尔·史密斯（Walter Bedell "Beetle" Smith，1895—1961），美国陆军上将，绰号"甲壳虫"。1942 年 9 月起，先后任北非盟军司令部参谋长、欧洲盟军最高司令部参谋长，协助艾森豪威尔将军指挥了北非战役、意大利战役和诺曼底登陆等重大战役。——译者

好起飞的准备。引擎不停地转着，已经预热好了，但我们却始终没有飞起来！最后飞行员只好让我们下飞机，一个接一个地出去，当心不要被螺旋桨打到。原来是首相专机1号引擎的两个磁发电机坏了一个，只能进行调换！我们很快发现，这样的延误让大家当晚不可能再动身了，所以只好把身上的飞行服再脱下来，返回艾森豪威尔的住处过夜。最后我爬到床上已经是凌晨2点钟，累惨了。

那天的日记里我没有记，我睡的那张床是艾森豪威尔的副官布彻的，爬上去的时候还暖和着呢，因为不幸的布彻出去帮我准备房间去了！

2月6日，直布罗陀，500英里

我一觉睡到9点，美美地吃了顿早餐，然后去找首相商量下面的行程安排。我刚刚从自己的飞行员那里得知，首相不太想从阿尔及尔直接飞回英格兰。因而我们商定，我去直布罗陀，他晚些起飞，还直飞英格兰，这样我们能差不多时间到家。于是我和艾森豪威尔提前吃了午饭，下午2点赶到白宫机场。就在我们的飞机滑行进入起飞位置的时候，有两架战斗机同时抵达，它们显然没有彼此注意到对方，在跑道上撞在了一起，其中一架连同飞行员立刻变成了一团火球！另外一名飞行员幸运些，没有被烧到，但不知道有没有受伤。我们的飞机只好又移动了位置，绕开撞机点30码以上，以便跑道上有足够的距离起飞。

我们在下午2点半起飞，5点钟抵达直布罗陀，一路航程非常顺利。飞机沿着非洲海岸线，经过了奥兰和梅利利亚。我们降落的时候，这座建在石头上的城市已经是满城灯火了。梅森-麦克法兰来机场迎接，带我们去总督府吃了下午茶。然后我到花园里散步，看到一只游隼高高地飞在天上。晚饭后，梅森-麦克法兰为我们安排了一次实弹防御演习。大约晚上11点钟，我们开车去了山顶，从那儿可以很清楚地看到机枪子弹的弹道，齐刷刷地射向海面上被探照灯照亮的区域。同时，探照灯和高射机枪还朝着天空中假想的目标开火。那一幕真是非常壮观。

凌晨 1 点 15 分，我们回到机场。2 点 15 分，飞机再次钻进夜幕中，开始了最后一段航程。

2月7日，费尔内街，1 500 英里

夜里很冷，相当不舒服。早上 9 点，我们飞越了英格兰西南方向的锡利群岛，十分钟后就看到了陆地最西南端的海角。云层很低，飞机颠簸得非常厉害。不过 10 点钟刚过，我们就顺利抵达莱纳姆机场，安全着陆。我们比从阿尔及尔直接飞回来的首相专机早了大概三十分钟落地。卡多根和我赶紧去吃了个早餐，冲了把澡，再出来等了几分钟迎接首相。下午 1 点前我们回到了伦敦，最让我开心的是看到你来接我。

总算顺利完成了长达 10 200 英里的旅程，一路上充满了趣事，我们还与美国人、土耳其人达成了协议，这远超出我的预期。而在过去的两年中，我一共才飞了不超过 55 000 英里！！

此刻我能预见到，要想把最近三个礼拜形成的文件付诸行动与现实，有大量艰苦的工作在前面等着我们。

2月8日

渡过了一个平静的周日晚上和周一清晨，我离开费尔内街前往伦敦。下午 1 点回到我住的公寓，午饭后走着去陆军部，再次开始那里的工作。想想真是有意思，一个人回到老路子上总是那么快。再次坐下来，感觉好像从来没有离开过这里，无法想象在前面的三个礼拜我跑了 10 000 多英里，去了卡萨布兰卡、马拉喀什、开罗、阿达纳、塞浦路斯、又回到开罗、的黎波里、阿尔及尔和直布罗陀。

2月9日

又回到了正常轨道!!整个上午都是参谋长会议,下午3点半到4点半会见麦克诺顿和史都华,4点半到5点半会见佩吉特。5点半到7点半接着会见陆军大臣!时间所剩无几,作战处处长还等在外面。最后和巴兹尔一起吃晚饭,到了晚上11点才坐下来,处理一天堆积下来的文件。

2月10日

在上午的参谋长会议上,我们大家都极力反对将西西里岛登陆行动提前到6月份的建议。罗斯福总统和丘吉尔首相都希望提前,我个人觉得,如果勉强提前,有可能破坏整个作战行动。午饭后约谈了戈德温-奥斯丁,确定他是否对蒙哥马利在的黎波里会议上提出的排雷工作给予了足够重视。接着处理了一堆文件,包括核改首相明天的演讲稿。最后和哈利·克里勒一起吃晚饭,他慷慨激昂说了很长时间,要求尽快给加拿大部队分配一些战斗任务,这既是帝国的需要,也有政治上的考虑。我完全理解他的想法和困难——我希望他也能理解我手上要安排的排雷工作和它们的复杂性。

2月11日

一早就被首相叫去了,对他在议会发表的演讲稿商量着做了一两处小的修改。接着开了一个相当短的参谋长会议。尼尔·里奇来找我吃午饭,下午会见了陆军大臣和罗尼·威克斯。

2月12日

今天的参谋长会议结束得很快。接着会晤陆军大臣,后面是接待新到任的西班牙武官。中午在布朗酒店和玛德琳(贝妮塔的妹妹)、杰克

（利斯）一起吃饭，下午3点钟走到艾尼克斯酒店拜见首相，听听他是否同意让奥金莱克接掌伊拉克-波斯司令部。首相躺在床上，发烧了，我希望他不会再加重。他不同意奥金莱克担任这个职务。我本来想再和他讨论一些关于这个司令部的其他问题，但看着他发烧的样子，实在不愿再打扰他。

下午5点半，陆军委员会开会，并没有什么重要的议题。然后和科博尔德一起在多切斯特酒店设宴招待安德鲁斯，新到任的欧洲战区美军总司令。

2月13日

今天的参谋长会议时间非常短，使得我在午饭前就完成了办公室的大部分工作。亚当来找我吃午饭，一起聊了很长时间。午饭后和罗尼·威克斯、桑迪·加洛韦走了很长一段路，然后就直接回家了。

2月14日

在家陪你过了一个安静的星期天。

2月15日

今天参谋长会议的大部分时间都在研究，将进攻西西里岛的时间从7月份提前到6月份的可能性，所有假设都要看一个前提条件，就是突尼斯的残敌必须在5月1日之前肃清。美国人和英国人的想法都要考虑进去，要拿出个意见没那么容易。戈特过来吃中饭，他的唇色看上去不太好，但气色看起来比过去好多了。下午6点参加了内阁会议。温斯顿也出席了，但感冒得很重，嗓子也哑了。和哈里曼一起吃了晚饭，然后去会见安德鲁斯。晚上搞了个大型派对，前陆军部常务次长爱德华·格里格、本土军副参谋长辛克莱、亚历山大、飞机生产大臣克里普斯、莱瑟斯、庞德、蒙巴顿、斯塔克、"巴哥犬"伊斯梅都出席了，还有几位美国人。

2月16日

参谋长会议结束得相当早。除了军官遴选委员会开了个会，一个下午都很安静。

2月17日

安德鲁斯，新到任的欧洲战区美军总司令，以及手下的主要军官来参加了上午的参谋长会议，讨论了美军后续增援部队的问题，他们将进一步加强驻英格兰的美国远征军。我们在卡萨布兰卡会议上达成的协议在执行中出了一些岔子，后续美军部队根本就没有启程。

午饭后我见了几位客人。第一位是美国战争记者瓦格先生，伊夫林·伦奇派来采访我的。他对某某（原文无法辨认）感到很恼火，气恼于他对美国的不以为然，以及在印度扩大英美矛盾的所作所为。接下来一位是阿斯蒂耶·德·拉·维热里①将军，戴高乐的替补队员。他希望得到更多的飞机，向法国空投武器装备。我告诉他，我认为法国人对眼下的形势缺乏真正的认识，没能团结一致和德国人抗争，而是忙着搞内讧。在他后面一位是珀西·汉布罗②，说他听说"大眼"·索恩即将离开苏格兰，希望能跟着索恩做一些敌后工作。我告诉他这个消息是我第一次听到。然后是刚刚从莫斯科回来的埃克斯汉姆，我不得不为最近形

---

① 弗朗索瓦·阿斯蒂耶·德·拉·维热里（François d'Astier de La Vigerie，1886—1956），法国空军将领。——译者
② 这里应该是指查尔斯·乔斯林·汉布罗（Charles Jocelyn Hambro，1897—1963），时任英国经济战争部特别行动处处长，译者推测，此处的名字"珀西"（Percy）应该是掩护他情报特工部门首脑身份的化名或绰号。——译者

势的变化而给他加油鼓劲。他进一步印证了此前我掌握的俄国人的情况，他们总是想办法尽可能多捞一些而付出少一些。

2月18日

伯迪·拉姆齐刚刚从北非回来，出席了我们的参谋长会议，报告了西西里岛登陆行动的最新准备情况。尽管我们已经给艾森豪威尔施加压力将行动提前到6月份，但他显然不认为登陆行动可以在7月份的月圆之夜前展开。不管怎样，最近他在突尼斯经历了挫败之后，我非常怀疑他是否可以在5月份之前肃清突尼斯的德军，就算到时候能完成已经算是很早了！

6点钟出席了昏昏欲睡的内阁会议，研究蒂泽德①率团出访莫斯科的相关事项，但愿他能收集到一些情况。今天晚上和陆军大臣大吵了一通，力争阻止让各部队的司令官去为BBC的"周末军事"专栏制作愚蠢至极的广播节目。他的态度像个耍脾气的孩子，简直没有办法打交道。

日后读到最后一段，让我感到很奇怪！应该没有大吵过吧，因为我一点儿都不记得了！当时的情况一定很特殊，以至于让詹姆斯·格里格"耍了孩子脾气"，因为在我的记忆中，他从来都没有那样过。看起来更有可能是我自己耍了孩子脾气。

2月19日

今天的参谋长会议时间很长，迪基·蒙巴顿给我带来个大麻烦。他提议对海峡群岛发动进攻，这从战略角度来说是不太合适的，战术层面

---

① 亨利·蒂泽德(Henry Thomas Tizard, 1885—1959)，英国科学家，帝国学院院长，建立战时雷达防御系统的关键人物。——译者

上的考虑也是相当不靠谱。和亚当一起吃了午饭，在圣詹姆斯公园①散了会儿步，那里的番红花正在争相怒放。下午接待了负责处理盟军事务的格拉塞特和在突尼斯作战的第9军军长克罗克，一起讨论了对波兰军队的下一步安排。

2月20日

成功地把参谋长会议早点儿结束了。然后去泰晤士河堤岸参观某某（原文无法辨认）登陆艇的样艇。中午在公寓里一个人吃了午饭，快速处理完陆军部的工作。然后开车把巴尼送到坎伯利，再回到费尔内街家中。

2月21日

本想在家里静享安闲，不料最后还是被来自突尼斯的坏消息给搅和了。我担心美军部队在真正派上用场之前，还得进行大量的训练，还有统领第1集团军的安德森表现也不怎么样！② 拍了封电报给亚历山大，告诉他如果他觉得安德森不满意就撤了他。

我记得那段时间听到不少关于安德森的小报告和传闻，搞得心里很烦。在敦刻尔克撤退之前的法国战役中，我对他的作战能力评价还是不错的，现在我觉得他根本就不配。由于遥隔千里，很难做出准确的判断。不过，就算有必要撤换掉安德森，我还有些怀疑亚历山大是否有足

---

① 圣詹姆斯公园（St James's Park），位于白金汉宫对面，原本是圣詹姆斯宫的鹿园，17世纪时查理二世聘请法国景观设计师重新造景，19世纪初在英国著名建筑师纳许进一步美化之下，至今成为伦敦市中心最美丽的公园。——译者
② 此处是指北非战场上突尼斯战役中，发生在1943年2月18至23日的凯塞林山口之战（Battle of Kasserine Pass）。初次登上北非战场的美军第一次与德军真正交手，由于实战经验的不足，再加上美军第2军所隶属的第1集团军司令、英国陆军中将肯尼思·安德森分散使用装甲力量的指挥失误，致使美军损失惨重。——译者

够的决心。

2月22日

今天的参谋长会议，主要是和梅森-麦克法兰商量有关直布罗陀的一些具体问题。中午你带着普克斯来吃饭了。

等我回到陆军部，发现一张很急的留言条，是首相打电话来，要求我立刻过去。他想在睡觉前见到我，因为他刚刚收到了国王写来的信，称对北非局势甚为忧虑，无论是政治上的还是军事上的。我抓紧赶过去，读了国王的信，心里真是替首相难受，他还在病中，却得不到片刻清净。我建议他对回信中的两段进行了修改。尽管他说自己好多了，体温已经降到100华氏度，可以开始开玩笑了，但我觉得他看上去病的仍旧不轻。

6点钟内阁开会，都是突尼斯的问题，开的火气很大。勒温过来吃晚饭。我被突尼斯搞得心情很差，十分怀疑亚历山大是否有这个本事把那边搞定！

截至目前的情况已经相当清楚地表明，艾森豪威尔的能力是不够的，不足以带领这个战区走向胜利。亚历山大，他的副总司令，具有很多优秀的品格，但战略眼光又不行。在应对北非的战局上，无论是战略层面还是战术层面，他都被蒙哥马利牵着鼻子走。蒙蒂现在已经远超过他了，而安德森显然不能让亚历山大满意，他是否还适合继续指挥第1集团军都值得严重怀疑。唯一能让人宽心的就是迪克·麦克里利还是亚历山大的参谋长，我对他的能力是非常有信心的。

2月23日

参谋长会议一直开到中午快12点才结束。然后去参加内阁会议，商量限制游客前往南部海岸的问题。

午饭后，和负责联合作战训练工作的詹姆斯·德鲁进行了一番长谈。接着威尔逊来了，他前面陪同迪尔去了重庆和德里，刚刚回来。下午5点去参加了苏联大使馆举办的文艺演出和晚宴，结束后再去参加晚上10点钟召开的国防委员会会议，这会儿才回来。真希望我们以后能不再搞这么晚。

2月24日

今天的参谋长会议很短，没有什么特别的。玛格丽特·亚历山大夫人来吃午饭，主要是想听听亚历山大的最新情况。午饭后，接待了从华盛顿来访的一位中国将领。然后本土军的富兰克林来了，谈了关于本土军部署和恢复组建大不列颠防空司令部的想法。接着和陆军大臣开会研究加强空降兵和陆军空中支援力量建设的问题。然后又接待了马特尔，他希望知道自己将来的命运如何，我们没有马上给他安排指挥岗位到底是什么原因。接下来是佩吉特，刚刚从的黎波里回来，带来了一些新消息，我们还讨论了拟于下周进行的军事演习，假想敌军一方由麦克诺顿负责指挥。

中午在公园里锻炼的时候，竟然碰到了霍尔·贝利沙！他看起来比过去还要滑头和讨人厌，我不太想和他讲话，只想着看看湖里的斑背潜鸭，我已经很久没瞧见它们了，他却坚持和我一次走，真是不胜其烦。

2月25日

参谋长会议开得相当短，中午去罗尼·威克斯的公寓一起吃午饭。走回陆军部的路上又在公园里碰到了霍尔·贝利沙，又开始和我唠叨突尼斯的问题。下午3点半去BBC的"周末军事"专栏做了档短波节目。4点半去白金汉宫，国王在那里会见了我一个小时。他问了有关军事形势的各方面问题,对所有细节都尤为感兴趣。回到陆军部看了部记录电影,内容是我们到北非战场视察的,拍得相当不错。有一个问题我非常担心,就是美国人会不遵守我们在卡萨布兰卡达成的协议。里面关于增派美军到英国的承诺,他们根本就没有执行。

2月26日

上午我不得不去找了一趟波特尔,他在突尼斯战场上投放的轰炸机中队不够,无法很好地配合第1集团军作战。但结果是和往常一样没用!西科尔斯基过来和我一起吃午饭。他的情绪相当低落。我觉得他的工作压力太大了。他和驻苏格兰、伊拉克的波兰军队指挥官相处都不好,还有俄国人,英国外交部也在找他麻烦。不过他还是像以往一样相当有涵养,我们一起商量解决了不少问题。午饭后会见了第1空降师师长布朗宁,才知道他刚在一次滑翔机的蹩脚着陆中把自己摔惨了!看上去病快快的,需要休息。我告诉他,必须至少休满两个礼拜的假才能回来。然后我才告诉他,他给议员们写信惹出了麻烦,但他却很不以为然。下午还出席了陆军委员会的会议,与斯塔克吃完晚饭,一起去看望生感冒的安德鲁斯,看起来每个人的状态都不太好。

2月27日

这个周六真是平静,早早处理完工作,4点钟刚过就溜回了家。

2月28日

和你一起在家度过了一个安静和美的周末。

3月1日

8点钟离开家。9点10分到陆军部。周末来了一堆电报,陆军大臣也想在参谋长会议之前和我碰个面。参谋长会议主要讨论了航运情况和美国人没有遵守卡萨布兰卡协议的问题。马歇尔一点儿都指望不上，根本就没有战略概念。他现在提出来装备法国军队，而他们在1943年不可能发挥战略层面的作用，白白浪费运输资源。

下午3点半，和帝国副总参谋长、军需署署长、作战处处长又开了个会，还是讨论海上运输问题。接着5点半内阁开会，但很快就结束了，温斯顿仍然没有出席。晚上和美国人一起在纳菲尔德俱乐部吃饭，坐在了安德鲁斯和哈特尔当中。晚上10点钟又被首相叫去了，花了一个小时，讨论了好几桩人事任命。波纳尔任驻波斯-伊拉克英军总司令，马特尔去莫斯科任军事代表团团长，奥金莱克去当印度总督，吉法德或普拉特去缅甸司令部。首相的身体好多了。我还没走的时候，安东尼·艾登也来了。在如何处理和土耳其人关系的问题上，温斯顿有一个很妙的说法。他说："一开始我们必须像爱抚宠物猫一样，以后我们就应该强硬起来！"

3月2日

今天研究海上运输问题的参谋长会议又长又辛苦，莱瑟斯和查韦尔两位爵士也出席了。美国人正在拖我们的后腿，我们也找不到足够的船。有必要成立一个集中掌控运输问题的委员会，处理全球性的海上运输。中午和卡拉上校一起吃饭，然后去会见了贝奈斯总统。他很关心德国人倒台之后捷克斯洛伐克和苏联的未来，还有国际联盟①的命运，等等。回到陆军部，会见了从法国过来的法军将领，他正在法国内陆组建

---

① 国际联盟，简称国联，是《凡尔赛和约》签订后建立的国际组织，宗旨是减少武器数量、平息国际纠纷及维持民众的生活水平，最高峰时期曾拥有58个会员国。在其存在的26年中，曾协助调解某些国际争端。但国联缺乏执行决议的强制力，而且美国也没有加入国联，限制了其作用发挥。随着二战爆发，各国矛盾激化，国联走向破产的境地，战后被联合国取代。——译者

秘密武装力量。然后会见了戈特，他就要回马耳他去了，我们商量了他去斯大林格勒颁授"荣誉宝剑"的可能性。最后出席了6点钟召开的国防委员会会议。

3月3日

戈特参加了今天上午的参谋长会议，关于如何表述下达给他的命令，我们讨论了很长时间，确实不太好写，因为地中海战区的指挥体系实在是太复杂了。我们还花了较长时间研究了无线电拦截破译机构的组建问题。中午和阿斯蒂耶·德·拉·维热里、比约特、阿奇代尔一起吃饭，主要商量了给法国地下抵抗武装提供武器和炸药的事。下午大约4点钟，回到陆军部接你去吃茶点，再把你送到滑铁卢地铁站回家。晚上斯特拉思科纳男爵一家和珍·兰金夫人来家里吃饭，饭后我们放了场电影。远处传来猛烈的空袭轰炸声，那是德国人在对我们空袭柏林进行报复，但他们没能瞄准伦敦市中心，炸弹不知道投到哪里去了。

3月4日

我估计就在今天，隆美尔会对蒙哥马利发动进攻。但一直没有听到消息。参谋长会议主要研究了如何对付颠覆破坏活动。午饭后去印度办公室找艾默里，商量了奥金莱克任职和空运司令部的事。随后通知了马特尔去莫斯科担任军事代表团团长的事，但他对这一任命不太感冒！

3月5日

今天的参谋长会议开得又长又累，先是和空军参谋长争论了一通，由于海上运输能力有限，他希望让美军飞行员优先于加拿大部队乘上船。然后在空降兵部队的补给问题上，他搞得更厉害。最后研究了首相发给斯大林的电报，是关于停止运送援助物资的护航船队的，我们不得不重新起草，一直忙到下午1点半。我们三个人只好放弃去参加伦敦市政厅举办的"胜利之翼"① 午宴。下午马特尔又一次来找我，显然对自己被派到苏联去感到不高兴。6点半去看了有关的黎波里战况的纪录片，然后出席了陆军委员会在多彻斯特酒店给安德鲁斯准备的晚宴。

3月6日

参谋长会议相当短。中午和洛里·查林顿一起吃饭，然后开车送他回家。下午，费尔内街的家里新出生了两只小白山羊，真是喜出望外。

3月7日

早上9点和亚当一起出发，去观看代号"斯巴达人"的本土军演习。开车先到戈德尔明，察看了安迪·麦克诺顿指挥的加拿大军队，果然是我最担心的情况，他根本就不适合带兵打仗！他完全不知道该如何下手，把自己的部队搞得一团糟。接着去了克里勒设在纽波利的军部，看起来真是不错。加拿大第1军在他手上有了很大进步，超出了所有人的想象。从那儿又去了牛津，察看了演习指挥中心。在那里遇到了陆军大臣、佩吉特和"神算子"劳埃德。很显然，佩吉特没有意识到安迪·麦克诺顿有多糟糕！接下来我们经过比斯特村，去看了赫伯特·拉姆斯登和他的第8军。但我与甘默尔错开了。晚上8点才回到家。

---

① 胜利之翼（Wings for Victory），是二战时期英国民众为购买轰炸机而发起的节约募捐活动，政府对这一活动也进行了引导。最早发起于捐助海军购买军舰的"军舰周"（Warship Weeks）活动，一般城市市民的目标是战列舰和航空母舰，乡镇居民的目标是巡洋舰和驱逐舰。当地的慈善团体、教会和学校会组织给海军官兵邮寄手套、羊毛袜等礼物，孩子们会写信。一旦实现捐助目标，该军舰的海军官兵会被邀请到当地参加巡游庆祝活动。其他还有捐助购买战斗机和坦克的"喷火周"（Spitfire Week）、"坦克进攻"（Tanks For Attack）等活动。——译者

3月8日

上班的路上顺道接上洛里·查林顿。中午和戈特一起在跑马场俱乐部吃饭。下午5点半参加内阁会议，首相没有出席，会上很没气氛。晚上平静无事。

3月9日

今天的参谋长会议开得又很艰苦，还是和莱瑟斯、查韦尔两位爵士讨论海上运输问题。中午你过来吃饭，然后去哈罗德百货公司买了个书架，用来放禽鸟类的书籍。下午相当平静。

3月10日

今天参谋长会议上和蒙巴顿的争论十分激烈，他又提出一堆漫无边际的建议，和他的本职工作没有丝毫关系。他总是在做一线部队指挥官的事情，而且还搞得一团糟！波特尔和我都不胜其烦。午饭后秘密情报部门的某某（原文无法辨认）来找我。汇报的内容很吸引人，但我对意大利、西西里和撒丁岛情报部门的表现并不满意，无论从哪个角度来说，他们都没有存在的必要。

3月11日

安德鲁斯参加了我们上午的参谋长会议，讨论了苏格兰的防御问题。下午和霍巴特谈了很长时间，向他解释了我希望他组织研发的水上坦克、探照灯坦克、扫雷坦克和自行火炮。晚上在克拉瑞芝酒店，和中国使馆临时代办一起接待从美国飞来的宋将军。

3月12日

今天的参谋长会议相当短，干完办公室的工作，到公园里好好兜了一圈儿，仔细地观察了一下那里的斑背潜鸭。在陆军委员会开会之前，又处理掉一些办公室的事情。然后和阿奇·奈夫妇一起参加了一个晚宴，女子辅助勤务团的负责人诺克斯小姐也在，她是一个令人生畏的女人！！我觉得她完全不适合现在的岗位。肤浅、固执、自负，或许比较能干，但对世界的了解太少了，让她与现在的职务相当不匹配！

3月13日

今天收工很早，吃好午饭就回家了。

3月14日

喝完茶之后有些感冒，去床上休息，结果一躺下就是整整一个礼拜，都是你照顾我，直到你自己也感冒了。

3月15日至23日没有写日记

3月24日

中午回去上班。发现一大堆麻烦事在等着我。蒙哥马利的攻势不太顺利，被赶回到海边上①。西西里登陆作战计划被改得全变了样。更麻烦的是组建指挥海外作战的最高司令部，等等。在回公寓的路上，首相把我叫去，态度好极了，告诉我不要太辛苦，后面几天都悠着点儿。

---

① 这里是指马雷斯防线战役（Battle of the Mareth Line）中的"拳击手行动"（Operation Pugilist）。1943年3月19日，蒙哥马利指挥第8集团军进攻马雷斯防线。英军第30军下属第50（诺森伯兰）步兵师在萨拉特（Zarat）附近成功突破意军的防线，但地形和大雨阻碍了坦克和反坦克火炮的部署展开，孤立无援的步兵在德军第15装甲师3月22日发动的反击中被击溃。但随后第二阶段的"增压行动"取得成功，德意联军被击退约60公里。——译者

3月25日

今天的参谋长会议可真是长，我们讨论了如何组建反攻欧洲的筹划机构，最高司令的人选一时还定不下来，于是我们就先任命了参谋长。午饭后亚历山大·哈丁来找我，商量一旦突尼斯战役结束，国王就去北非视察的事情。国王显然很想出去走走，而看起来这是一次非常好的机会。接着 5 点 15 分首相召集我们开会，讨论艾森豪威尔对西西里作战计划新提出来的修改意见，并起草了一份电报，告诉他我们不同意他的建议。晚饭前处理完办公室的工作，晚上相当安静，在读禽鸟类的书籍。

3月26日

美国的安德鲁斯将军参加了参谋长会议，我们一起讨论了如何搭建将来反攻法国的参谋班子。会还没有开完，首相就把我叫去了。我告辞了安德鲁斯，来到首相下榻的艾尼克斯酒店，他还泡在浴缸里！不过他一听到我来了，就马上出来了，除了裹着个大浴巾，什么也没穿，活像一个古罗马兵团的百夫长！他热情地和我握手，让我先坐下，等着他穿衣服。那穿衣的程序才是最有意思的，他先套上一件白色丝绸马甲，然后是白色丝绸内裤，穿成这样就在房间里走来走去，看起来就像童谣《汉普蒂邓普蒂》里面的鸡蛋胖娃娃，大胖身子、小细腿！然后是一件白色的衬衫，但脖子那儿却没办法舒服地扣上，只好让衣领敞开着，用一个领结把它们系起来。接下来，真正花功夫的是头发，他把一块手绢喷上香水，然后放在头上抹，稀稀聊聊的几根头发很快就刷齐了，最后又直接在上面喷了香水！再接着穿上裤子、背心和外套。在这个过程中，他一刻不停地说着蒙哥马利的战况和我们即将去北非战区的视察。不过，他主要想告诉我的是，在昨天晚上我们召开的会议上我看起来很疲劳，他希望我周末好好休息两天！

晚上陆军委员会开会。晚饭以后，伯蒂突然过来了，他刚刚从开罗回来。

3月27日

午饭前就把活儿干完了。伯蒂·布鲁克过来一起吃午饭。听到了朱利安·布鲁克（巴兹尔的儿子）在马雷斯防线附近战死的消息。吃好午饭就回家了。

3月28日

一天在家，平静无事。只可惜你因感冒躺在床上。

3月29日

和往常一样一早出门。9点15分到办公室，发现我的桌子上堆满了电报和信件，还有一封来自首相的消息，说想找我谈谈。亚历山大没有发电报给他，而是蒙哥马利直接发给他的，我觉得他对此有些困惑不安。他怀疑艾森豪威尔在干涉亚历山大和他进行沟通联络的渠道！我后来才知道，他收到一封麦克米伦的电报，里面说艾森豪威尔对国王把电报直接发给蒙哥马利感到不满！

中午和西科尔斯基一起吃饭，他还是和往常一样有风度。下午5点半内阁开会，会后我只好去陪着温斯顿吃晚饭，我们俩面对面坐在会客室的圈椅里，边吃边聊。晚餐包括鸽子蛋、鸡汤、鸡肉馅饼、巧克力蛋奶酥，当中摆着一瓶掺了白兰地的香槟。我们讨论了战后欧洲的重组问题，他赞成罗斯福抬高中国、打压法国的主张，等等。但最主要的话题还是他对艾森豪威尔的失望，还有我们再次去北非考察的计划。晚上10点半，我们召集联合作战参谋开会，听取攻占西西里岛作战计划的汇报。他觉得计划相当好,但和平常一样,认为我们投入的兵力太多了,应该同时把意大利南部和希腊一起拿下来。这时候爬上床已经是凌晨 1 点了,真是累瘫了!!

3 月 30 日

今天的参谋长会议很短。下午 3 点,人事遴选委员会开会,结束以后又把军方成员留下,讨论首相提出设立战争纪念章的初步设想。接着马特尔来辞行,他就要出发去莫斯科了。然后是美国空降部队的李将军,来讨论他此次英国考察访问的成果。

3 月 31 日

上午 10 点 15 分,首相把我叫去,商量发给亚历山大的电报,指出他前线情况汇报不够的问题。电报的措辞还算恰当,所以我俩商量起来也是波澜不惊。接着午饭后在伦敦市政厅开了个很短的参谋长会议,然后会见了荷兰的威廉明娜女王[1],伯恩哈德亲王陪同她一道来的。我坐在她的正对面,我的右边是纳菲尔德子爵,左边是罗斯柴尔德。下午珀西·汉布罗来找我讨论,外交部对他特别行动处的行动到底要干预到什

---

[1] 威廉明娜女王(Wilhelmina Helena Pauline Marie,1880—1962),荷兰女王(1890—1948)和王太后(1948—1962)。十岁继位,其母埃玛公主摄政至她 18 岁生日;1898 年 9 月 6 日正式登基,统治荷兰长达五十年。她尊重君主立宪制和议会制度,在位时看到荷兰和世界历史的很多转折点:一战和二战、"大萧条"经济危机,以及荷兰丧失主要的殖民帝国地位。在一战中努力维持国家中立。二战时,1940 年德军入侵荷兰后,她向全国发表题为《火红的抗议》宣言,希望自己的臣民们能最大限度地保持发自良知的警惕和镇定;数日后即率王室和内阁迁往英格兰,并成立流亡政府。在整个二战期间,威廉明娜坚持在伦敦通过无线电广播,号召全国人民拿起武器,保持旺盛的斗志,直到全国解放。1945 年德军撤出荷兰后,她回到祖国,受到热烈欢迎,被誉为"抵抗之母"。1948 年 4 月,在女王加冕五十周年的时候,宣布让位给女儿朱莉安娜。晚年著有回忆录《寂寞但不孤单》。——译者

么程度。然后会见陆军大臣,接着开会研究步兵营编制架构的重组问题。最后克里勒来吃晚饭,我和他商量了很长时间,怎么样用一种最体面的方式,把麦克诺顿召回加拿大去,不要让他再指挥加拿大部队了,他真的是干不好!

4月1日

参谋长会议开得相当短,主要是为这个岛上部队的未来最高司令搭建一个参谋班子。(前去解放法国。)午饭后会见了拉德洛·休伊特①,商量组建配合陆军作战的空军力量。接着霍巴特来了,商量如何为他的师装配各式特种装甲车辆,包括水陆两栖坦克、探照灯坦克、扫雷坦克、喷火坦克等等。然后会见了巴特勒②,他刚刚从阿比西尼亚回来。晚上在家举办了一个宴会,前来赴宴的有艾登夫人、巴尼的妹妹、约翰·肯尼迪、珍·兰金夫人③和她的丈夫。宴会上我们放映了有关鸟类的纪录片。

4月2日

下午阿奇博尔德·辛克莱来了,他刚刚从华盛顿回国。然后是威尔金森,他现在某种意义上是麦克阿瑟的联络官,对麦克阿瑟是如何虚荣自大的描述,听起来真有意思!

---

① 埃德加·雷尼·拉德洛-休伊特(Edgar Rainey Ludlow-Hewitt, 1886—1973),英国皇家空军上将。——译者
② 斯蒂芬·西摩·巴特勒(Stephen Seymour Butler, 1880—1964),英国陆军少将。参加过一战。战后历任驻西非英军总监、驻苏丹英军司令、第48步兵师师长。1939年6月退役,8月又被召回现役,任驻土耳其军事代表团团长。1941年7月任驻埃塞俄比亚(旧称"阿比西尼亚")军事代表团团长。1943年8月退役。——译者
③ 珍妮特·皮克林·兰金(Jeannette Pickering Rankin, 1880—1973),美国女政治家、女权主义活动家,第一位担任美国联邦职务的女性,1916年、1940年两次当选众议员。——译者

5点钟陆军委员会开会，讨论首相建议设立的勋章。

4月3日

亚当来吃午饭，他即将启程前往印度。然后就回家了，我发现你起来了，但感冒初愈，依然显得有气无力。

4月4日

一天在家，相当平静，修剪了院里的玫瑰。

4月5日

一早召开参谋长会议，时间拖得很长。晚上出席了内阁会议。蒙巴顿生病了。

4月6日

晚上与陆军大臣开会，研究按照远征军的编制架构来重组本土军，会议当中被首相叫去了，听取蒙哥马利在突尼斯成功展开的加贝斯湾攻势。首相希望马上发布消息，我颇费口舌地劝他，要考虑到他收到的仅仅是蒙哥马利越级发上来的简短战报，而不是从艾森豪威尔或亚历山大那里收到的正式报告。还好说服他同意再等等。中午和戈柏、伯蒂一起吃饭，还有不少美国军官。下午被艾默里找去，商量如何将指挥缅甸战场的司令官从印度司令部剥离出去。他讲了很多，确实有方方面面的问题要考虑。

4月7日

参谋长会议结束后，和西班牙大使（阿尔巴）共进午餐。首相也在那里，还有农业大臣、克罗夫特、葡萄牙大使、卡多根等人。晚上和伯利夫妇一起吃饭,海军部次长维克多·沃伦德也在。

4月8日

今天的参谋长会议开得很艰难。我们让联合参谋处一起参加会议,讨论占领西西里岛之后的下一步地中海战略。我和波特尔、庞德的意见都不一致,他们的想法总是漫无边际,很少脚踏实地!午饭后与佩吉特就加拿大部队的未来部署问题进行了长时间会谈。晚上很安静,读了会儿禽鸟类的书。

4月9日

参谋长会议开到中午12点。然后又出席中午12点召开的内阁会议,研究援助苏联物资和武器的问题。下午3点到5点钟,首相又召集了一次研究海上运输的参谋长会议,内容很多,包括英伦诸岛的物资最低保障线、印度所需物资的运输以及尽早启用地中海补给线路的可能性。接着5点到6点钟,和加德纳①研究进攻西西里岛的"爱斯基摩人计划",以及如何对付蒙哥马利那张自负的面孔,协调好各方的行动。

下午6点半,和陆军大臣商量组建西非司令部、安排接待即将来访的马歇尔和霍普金斯以及召回韦维尔,接着和皮尔斯、萨默维尔②商量未来反攻缅甸的作战行动。最后与伯蒂、陆军大臣、莱瑟斯勋爵和哈里曼一起吃了晚餐,大家都聊得很开心。

4月10日

开了一个很短的参谋长会议,早早就回家了。

---

① 此处应该是指理查德·加文·加德纳·凯西,时任英国驻中东公使。——译者
② 詹姆斯·萨默维尔(James Fownes Somerville, 1882—1949),英国皇家海军元帅。——译者

4月11日

重新摆布了古尔德①的书,和你一起给迈耶②的书贴了垫纸,还帮你搭手挪了黑色的碗柜。

4月12日

一大早离开家,去陆军部的路上车胎被扎破了。忙了一整天,下午6点去参加内阁会议,做了有关突尼斯战局的长篇发言,蒙蒂已经解放了苏塞③。

4月13日

突尼斯传来的好消息不断。在参谋长会议上,我们讨论了占领西西里岛之后的下一步行动。晚上的会议首相也一起参加了,一开始上来气氛比较火爆,后面平静了些。大家讨论了在1943年把所有登陆舰船都从英国转移到地中海的可行性,以及倾全力投入地中海战区的问题。还好首相最终同意了,但我们还要将文件提交国防委员会审议。巴兹尔过来吃了晚饭。

4月14日

大家又开始忙地中海战区下一步的作战行动,仔细推敲每一份作战

---

① 约翰·古尔德(John Gould, 1804—1881),英国鸟类学家,因撰写和出版了大量绘有精美插图的世界各地鸟类的书籍而闻名,尤其是关于澳大利亚鸟类的研究,其学术成果曾在达尔文的《物种起源》中被引用。——译者
② 阿道夫·伯恩哈德·迈耶(Adolf Bernhard Meyer, 1840—1911),德国人类学家、鸟类学家、昆虫学家。担任了近30年的德累斯顿皇家动物学和人类学人种学博物馆馆长,赞成进化论,翻译了大量达尔文的著作。——译者
③ 苏塞(Sousse),是突尼斯第三大城市,位于地中海哈马迈特湾,被誉为"地中海的花园港"。始建于公元前9世纪,重要的贸易枢纽和军事港口,名胜古迹众多,1988年被联合国教科文组织列入世界遗产名录。——译者

计划。

你过来一起去唐宁街 10 号吃午餐，遇到了葡萄牙大使和夫人、哈勒赫夫人、奥利弗·利特尔顿、伦道夫·丘吉尔夫人。午餐后我们俩一起去购物。

4月15日

今天的参谋长会议令人丧气，刚接到美国发来的电报显示，我们之间的共识又退回到卡萨布兰卡会议之前去了！他们的心思就在太平洋上，根据眼下有限的航运资源，我们想同时打两场战争是根本不可能的。我们唯一的希望就是集中力量打败意大利，这样就可以最大限度地分散德军兵力，让俄国人的压力更轻一些。哪怕我们知道这正中俄国人下怀！！但我们别无选择。

中午在克拉瑞芝酒店遇到了琼斯，新西兰的国防部长。给人感觉很一般。午餐后会见了斯特朗①，澳大利亚前总理布鲁斯派他来商量，如何分享从印度到澳大利亚的热带丛林中作战的情报。

---

① 肯尼斯·威廉·杜布森·斯特朗（Kenneth William Dobson Strong，1900—1982），英国陆军少将。1920年毕业于桑德赫斯特皇家军事学院，曾长年在驻德国莱茵区的英国占领军服役，后调进陆军部从事德国情报工作。1937年任驻柏林助理武官，因此对威廉·凯特尔等一批德国高级军官均比较熟悉；和当时的驻柏林武官梅森-麦克法兰均认为与德国之间的战争不可避免，而且很快即将到来。二战爆发前夕，1939年8月，斯特朗任陆军部军情14处德国科科长。1942年3月任本土军司令部情报主管。1943年3月任盟军司令部分管情报工作的助理参谋长，与艾森豪威尔、比德尔·史密斯的合作十分融洽；同年8月，与比德尔·史密斯一起前往葡萄牙里斯本会晤意大利准将朱塞佩·卡斯特利亚诺（Giuseppe Castellano），达成了接受意大利投降的和平谈判。1944年5月任盟国远征军最高司令部情报主管，在"市场花园行动"和"阿登战役"之前，均根据情报研判发出过比较准确的预警；欧战胜利前夕，斯特朗在组织德国投降谈判中发挥了重要作用。1945年9月任外交部政治情报处处长。1947年以少将军衔退役，转为公务员身份，仍旧担任外交部政治情报部门主管。1948年任国防部联合情报局局长，1964任国防部情报工作首席主管，一直到1966年退休。——译者

4月16日

参谋长会议开得很简短。午饭后，会见了美军作战部门的负责人汉迪①将军。接着参加了陆军委员会的会议。下午被首相叫去了唐宁街10号，首相在那里请琼斯一起吃了午饭，大家讨论了在西西里岛作战行动中如何部署新西兰军队的问题，以及是否可以提拔弗赖伯格指挥一个兵团。晚上和安德鲁斯、佩吉特、麦克诺顿几位将军一起吃饭。

4月17日

在参谋长会议上接到首相的指示，让我去见艾德礼，商量调用新西兰师参加西西里岛行动的可行性。弗雷泽已经拍来了电报，说必须等到5月19日议会开会才能下决定！还不太愿意为此召集议会开会。和新西兰国防部长一起找艾德礼研究这个问题，我的意见，如果弗雷泽确定召集议会讨论，时间晚一点儿没关系。

回到家，刚刚吃完下午茶，首相打来电话，说他收到一封马歇尔发来的荒唐电报，建议在突尼斯战役结束之前就发起对西西里岛的进攻！！真是疯了，也根本不可能，但首相对此很高兴，认为这意味着美国人接受了他的"大战略"。我和他电话里聊了有半个小时。

4月18日

在家闲了一天。

4月19日

直接去了哈特菲尔德飞机场，看了所有最新机型的试飞，这次

---

① 托马斯·特洛伊·汉迪（Thomas Troy Handy，1892—1982），美国陆军上将。——译者

是专门为首相安排的。我们还看到了最新型的无螺旋桨飞机，靠前面吸气、后面喷气来推动！显然是未来的战斗机。和首相一起开车回到伦敦，他已经原谅了我周六（4月17日）在电话里和他坦诚相争。下午一直在办公室忙，接着内阁开会，从5点半到晚上8点15分。晚餐后继续干活儿，到晚上10点。然后去拜见首相，汇报突尼斯战场下一步的进攻计划，攻势将于今夜发起！会见完首相回来，又审查了一遍反攻缅甸的作战计划，一直到凌晨1点钟。上床睡觉的时候感觉非常累！

温斯顿不喜欢反攻缅甸的计划，很精辟地说了一句："你这是想一口吃下一头豪猪！"

4月20日

还没有突尼斯攻势的消息传来。在参谋长会议上，大家就拿下西西里岛之后的下一步行动进行了长时间讨论。很难预估到了哪一步意大利会倒台，以及真的倒台了对我们又意味着什么。你和泰过来吃午饭，我真是开心，然后我们去了哈罗德百货公司。3点15分和管人事的秘书长、遴选委员会开会，商定国王生日庆祝仪式上授勋和表彰的人选。

4月21日

真是平静的一天！参谋长会议开得很短，没有来访，办公室的工作也不多。下午大部分时间都在盘算德国人在1943年里还可能会采取的行动。这可不是一个简单的问题。我认为，他们应该会集中最大力量攻击我们的海上运输，而在其他所有地面和空中战线上都会采取守势。如果不是为了准备迎接即将来访的韦维尔，本来今天是和伊万·科博尔德一起去迪伊河上钓鲑鱼的！！！

4月22日

早上8点15分，我还坐在床上品茶，突然有人告诉我，阿奇·韦维尔8点45分就要到亨登了！！我快速穿好衣服、吃了早饭。9点15分赶到亨登，被告知他换到埃尔斯特里机场降落了。连忙再赶去那里，发现又换到汉德利·佩季机场了！最后找到阿奇和皮尔斯的时候，他们正端着杯子喝茶呢！把阿奇送到公寓，再匆匆忙忙赶去参加参谋长会议，一直开到吃午饭时间。接着赶回公寓陪阿奇用午餐，之后一起去参加在唐宁街10号召开的会议，讨论进攻缅甸的作战计划。皮尔斯和萨默维尔也出席了。首相谈了他的看法，为什么他认为这次作战是"一口吃成大胖子"。他觉得我们应该耐心等待，直到俄国人加入对日作战。到时候我们就可以在符拉迪沃斯托克①附近建设空军基地，从那里起飞去轰炸日本。按照首相的说法，到那个时候就该我们朝着日本人唱那首民谣《瓢虫之歌》了，"瓢虫啊瓢虫，赶紧飞回家吧，房子正在着火啊，娃娃们还在家里呢！"

之后回到陆军部完成常规工作，下午6点会见了艾默里。他又在大谈印度总督的那套理论，要求在印度之外为缅甸开辟一个独立战区。

4月23日

一个很累人的上午。参谋长会议上开始和美军将领讨论，在今年要组织几次大规模的佯攻行动，以混淆即将展开的主攻。美国人

---

① 符拉迪沃斯托克（Vladivostok），原名海参崴，清朝时为中国领土，1860年《中俄北京条约》将包括海参崴在内的乌苏里江以东地域割让给俄罗斯，俄罗斯将其命名为符拉迪沃斯托克，意为"镇东府"。1871年俄罗斯在此建设军港，将太平洋舰队驻地从尼古拉耶夫斯克迁于此。1875年设镇，1880年升格为市，1888年成为俄国滨海省行政中心。1903年直达莫斯科的铁路线建成后，城市发展迅速，成为俄罗斯在远东的重要城市和港口，苏联解体前是俄罗斯联邦滨海边疆区首府。现为俄罗斯海军第二大舰队太平洋舰队司令部所在地。——译者

有些为难摩根，认为这些事情可能分散了他在准备 1944 年作战计划上的精力！！① 本来 15 分钟就能够解决的问题，安德鲁斯又搞了一个小时，到最后我变得有些不耐烦了。接着到了 11 点半，阿奇·韦维尔、皮尔斯和萨默维尔来商讨缅甸战役的问题，一直到下午 1 点 15 分。阿奇谈了一大堆困难，但解决问题的办法却没多少。皮尔斯和萨默维尔显然也没有什么想法，心思根本就没在解决问题上！举一个很典型的例子，一谈到统一指挥的话题，海军和空军既没有任何表态，也不愿承担丁点儿责任！只要提到把控制权交给陆军，他们就知道跳起来呛呛！

午饭后去找了佩吉特和麦克诺顿，在接下来进攻西西里岛的作战中，安排用加拿大师把第 3 师替换下来。尽管加拿大人一直都被当作替补的角色，我却从未收到过麦克诺顿为此表示出任何感谢！阿奇·韦维尔还住在这里没走。

4 月 24 日

一个上午都很忙。送韦维尔去了他姐姐家里，然后回家过复活节！

4 月 25 日、26 日

在家里安静地过复活节和银行假日②。

---

① 弗雷德里克·E·摩根最近被任命为盟军最高司令部参谋长，负责制定反攻欧洲的计划。在给他交代任务的时候，本书作者说，"好吧，就是这样。虽然这做不到，但你还是必须拼着老命去做。"
② 银行假日（Bank Holiday），是英国（包括各英属地）公共假日的统称。顾名思义，银行在假日中会关闭，大部分公司和零售业都会休假。过去英国的公共假日相对较少，银行家约翰·拉伯克爵士（Sir John Lubbock）于 1871 年提出《银行假日法案》（Bank Holiday Act）并获得通过，为全英国工人阶级谋求合理的带薪假日，受到公众欢迎。——译者

4月27日

和往常一样一早出门。出席了澳新军团在圣马丁教堂的纪念日活动。中午和阿奇一起吃饭。下午3点15分召开参谋长会议。蒙巴顿回来了，前段日子生病卧床休息。6点15分内阁开会，一直到晚上8点15分。格里格和艾默里来吃晚饭，商量组建缅甸战区司令部的事。韦维尔很是失望，像往常一样沉默不语，拒绝说出自己的意见！！

4月28日

参谋长会议开得又长又累人，驻印度英军总司令和全体作战参谋都出席了。大家详细、公开地讨论了以印度为基地出发，直接进攻缅甸或苏门答腊岛等目标的各种可能性。得出的结论是，在1943、1944年间发起的攻势，规模只能是非常小的。主要是看从阿萨姆到中国的空中航线能得到多大改善。中午和本土军的军官们一起吃饭，然后就世界局势发表了讲话。回到办公室会见了陆军大臣、准备去西非赴任的诺斯沃兹、即将前往北美的威克斯、陆军部秘书长、帝国副总参谋长等人。回到公寓吃晚饭。阿奇·韦维尔去和首相共进晚餐了。

4月29日

令人烦恼的一天！参谋长会议上，波特尔一上来就通知我，首相昨天晚上决定下周三率领参谋长们去华盛顿！接着达德利·庞德说，他刚刚还和首相在一起，周日我们就要出发！！（当天已经是星期四了。）中午召开了内阁会议，会上韦维尔、皮尔斯和萨默维尔分别谈了对缅甸战役的看法。会一直开到下午1点10分，而我本来和斯塔克说好了1点15分在多切斯特酒店吃午饭的，他还邀请了挪威的奥拉夫王储①！等我到那儿已经是1点45分了！！除了王储，还有怀南特、安德鲁斯等人，还有布林。下午5点与首相开会，努力说服他推迟出发日期。我告诉他，我们还远没有做好去会谈下步作战计划的准备。他说我们在"玛丽王后号"邮轮②上还有的是时间！还好运输官员说"玛丽王后号"上有很多臭虫！！于是臭虫帮了我们的大忙，现在出发时间被推迟到下周三了。晚上，韦维尔和我一起与本土军的将领们吃饭。

4月30日

临行前有很多准备工作。但目前尚未收到美国人的回复。下午4点首相召集了一次会议，研究行程上的安保工作。要把"玛丽王后号"上做的准备工作保密显然是不可能的，很可能消息已经传到了都柏林。那里的德国大使可能已经拍电报回德国报告了情况。我们都知道，就算信件可以被拦截，但无线电是拦不住的。不过我们还可以换乘飞机去。

---

① 奥拉夫五世(Olav V，1903—1991)，1957年继挪威王位。出生于丹麦，是哈康七世和威尔士莫德的独生子，其父1905年当选挪威国王后，他成为挪威王位的继承人。年轻时接受了大量军事训练，二战期间，其军事素养和领导能力深得盟国领导人认可。他坚决支持父亲抵抗德国侵略，战败后在英国建立流亡政府。为了表示与人民同甘共苦，挪威沦陷期间他没有吃过甜点。1944年任挪威国防部长。奥拉夫亲民务实，颇受人民爱戴。——译者

② "玛丽王后号"皇家邮轮(RMS Queen Mary)，隶属英国卡纳德轮船公司，是二战前欧洲最奢华的邮轮之一。1934年9月26日，英王乔治五世遗孀玛丽王后亲自出席这艘以其名字命名巨轮的下水典礼。1936年7月1日首开南安普敦港至纽约的处女航，曾数次夺得象征横渡大西洋航速最快的蓝飘带奖。1939年9月二战爆发，英国人不想失去这艘大英帝国商船队的王冠，命其滞留在纽约港。1940年3月被英国政府征召，为盟军运送士兵和战争物资，二战期间总计航行约60万海里，运送超过160万以上部队到达世界各地。1943年7月一次载载16 683人(15 740名士兵，943名船员)，创下有史以来最多人同船的记录，至今未被打破。丘吉尔也曾化名"瓦尔登上校"数次搭乘该船参加盟国会议。欧洲战争结束后又参加运送美军回国。1947年7月恢复客运航行，1967年退役，被美国人购买停靠在加利福尼亚长滩，改建为旅馆和博物馆，至今仍是南加州最著名的旅游景点之一。——译者

庞德补充说，会安排一艘航空母舰，在纳粹空军可能活动的海域负责护航。当然整个航程中都还有巡洋舰护航。会议决定还是按照原计划进行，准备下周三出发。不过，在大洋的另一边，我们很可能不太受欢迎。

今天晚报的新闻上说，巴兹尔已被任命为北爱尔兰总理。真是个好消息。

5月1日

是否在星期三动身去美国还是没有定下来！不管怎样，所有的准备工作依然在继续进行。我开车回到家之后，勒温前来吃午饭。

5月2日

在家中度过了一个清静的星期天。

5月3日

漫长的一天！一大早从费尔内街出发，9点15分到了陆军部，看到自己的办公桌上堆满了电报、情况报告和地图。在参谋长会议上先简单讲了讲就出来了，与陆军大臣进行了会谈，然后再回去继续开参谋长会，一直到12点半。花半个小时集中处理了文件，接着吃午饭。饭后会见了布斯卡①将军，吉罗将军曾经派他和戴高乐联系。这个人看起来不错。

下午5点半，与陆军大臣和内阁成员召开了一次会议。还有更多的工作和简报要为晚上的会议准备。

晚上10点半，与国防委员会讨论有关坦克生产和装备的问题，会议

---

① 勒内·布斯卡（Rene Bouscat，1891—1970），法国空军上将。——译者

一直持续到凌晨12点半。整个会议完全就是爱丽丝梦游仙境。装甲部队的克拉克所提的意见就是个普通技师的水准，完全脱离了战术和作战要求。邓肯·桑兹发表的观点，更像个自以为是的外行人，根本不靠谱。查韦尔勋爵尽说些不可能实现的事。

今天早晨得到确切消息，我们将前往华盛顿，明晚乘火车出发。

5月4日

本来应该是再平常不过的一天，却因为即将启程的远行而变得不再平常。在参谋长例会上，我们为这次出行做了最后的准备工作。中午和亚历山大·卡多根夫妇在萨沃伊酒店共进午餐。一同参加的还有约翰·安德森夫妇，比利时大使奥利芬特夫妇和其他几个我不太熟悉的人。然后返回陆军部，参加一个遴选委员会会议，以及一系列的会谈。一直到晚上8点才回到公寓吃晚餐和收拾行李。现在就要出发去车站，开启我的华盛顿之旅了。前面等待着我的注定会是一段紧张忙碌的日子，然而在出发之前，我就已疲惫到极点了，所幸这段海上旅行应该能够在连轴转的会议开始之前，让我恢复元气。对于这次会议的结果，我并不抱太大希望。卡萨布兰卡已经让我领教的太多了。一个接一个的协议，都是空头支票，如果他们的心思不在这里，很快就会移情别恋！

5月5日

昨天晚上，用完晚餐之后，于11点15分动身前往奥林匹亚附近（爱迪生路）的车站，我们的专列正在那儿等候。巴尼和我一起去了车站，虽然他要到第二天凌晨5点半才上车。在火车上美美地睡了一觉，早餐和午餐也吃得很舒服。我们的团队成员包括首相，埃夫里尔·哈里曼，比弗布鲁克，莱瑟斯，查尔斯·威尔逊①，查韦尔，韦维尔，皮尔斯，萨默维尔，三位参谋长，所有联合作战参谋处成员和其他船运、行政和情报人员等，来自海军部、陆军部和空军部的参谋人员，以及众多的文职人员和特工等等。下午3点40分，我们抵达了格里诺克，然后乘坐一艘小艇前往"玛丽王后号"。当我们靠近时，发现这艘巨轮真是巍峨高大，着实令人叹为观止！登上船后，更是感觉大得找不着北。此前，这艘船上的豪华装饰已经被全部拆除，变身为一艘运兵船，如今又费了很大劲儿进行修复，以便为首相和我们提供一个舒适的环境。他们在短短的时间里创造了一个奇迹，我住的客舱几乎达到了战前的标准。一间极为宽敞的卧室，带有客厅、两间浴室和储物间，还配备了许多柜子、扶手椅和沙发等家具。船上有大约三千名士兵和我们一起，不过它能装下一万五千人，因此船上显得空荡荡的。5点30分，我们起航出发了。达德利·庞德带着我和波特尔来到舰桥，给我们介绍了船长。我们在那儿待了好几个小时，一直到船沿着海岸线驶过埃尔港，将我带回了我们来这里度假的那许多回忆之中，和你一起游泳，还有伴你左右的"雷克斯先生"（宠物狗，原文注释）。

刚刚吃过晚餐，和韦维尔聊了一会儿，现在准备上床睡觉了。就在天黑之前，我们看到了爱尔兰北部海岸和巨人堤道②。明天将会有一艘

---

① 此处应该是查尔斯·爱德华·威尔逊（Charles Edward Wilson，1886—1972），美国企业家。十二岁从学徒工干起，1939年任通用电气集团总裁。二战爆发后，为加强战事生产管理，1942年9月威尔逊被任命为战争生产委员会执行副主席。1944年8月因战争部与海军部之间的矛盾而辞职。二战后还担任过杜鲁门政府的民权事务委员会主席、国防动员办公室主任。译者从出访团中有罗斯福总统派驻欧洲的特使、负责协调租借物资分配事务的埃夫里尔·哈里曼来判断，此处应该就是当时美国主抓战时生产的查尔斯·威尔逊。——译者
② 巨人堤道（Giant's Causeway），位于北爱尔兰贝尔法斯特西北约80公里处大西洋海岸。总计约4万根六角形石柱组成了8公里的海岸。石柱连绵有序，呈阶梯状延伸入海。巨人堤道被认为是6000万年前太古时代以来火山喷发后熔岩冷却凝固而成的。巨人堤道及堤道海岸在1986年被列为世界自然遗产。——译者

航空母舰和一艘巡洋舰来为我们护航。

5月6日

　　一场救生艇演练拉开了这一天的序幕。我们被带去观看救生艇应当如何使用，在船被潜艇击沉的情况下。10点半，开了一次参谋长会议，驻印度英军的几位司令官也参加了（韦维尔、皮尔斯和萨默维尔）。我们还邀请莱瑟斯（运输大臣）和霍姆斯（陆军部运输处处长）仔细讨论了航运情况。毫无疑问，如果美国人不打算从太平洋撤回更多的船只，我们在欧洲的战略就会大受影响。直到现在，美国海军主力仍然在太平洋战区，并且投入这一战区的陆军和空军力量也超过了欧洲战场，尽管我们所有人都一直在谈论首先打败德国的必要性！

　　吃午饭之前，我与庞德和波特尔一起登上舰桥，看着随行的巡洋舰在波涛汹涌的大海中破浪前进。天空中，一艘"桑德兰"飞艇①正紧紧跟随着我们，同时前方还有一艘航空母舰在保驾护航。海上风急浪高，我们的船有些颠簸，但还不至于令人难以忍受。午饭之后，在甲板上四处走走，遇到了查韦尔，听他聊天说了将近一个小时。喝过下午茶，又着手为即将召开的会议做准备。晚上与首相共进晚餐，他邀请了比弗布鲁克、莱瑟斯、哈里曼、韦维尔、"巴哥犬"伊斯梅和我。首相看起来兴致勃勃，十分享受这次旅行。今晚，我们将穿越此行之中最为危险的一段海域，在我们的四周散布着数艘潜艇，不过它们主要是在从比斯开湾到北大西洋的护航船队往返航线上活动。晚宴中我找了个理由早早地开溜，得以在午夜之前上床睡觉。

---

① "桑德兰"飞艇（Short S.25 Sunderland），英国皇家空军装备的水上飞机，以英格兰桑德兰市命名，主要用于远程巡逻、侦查和反潜，装配有机枪、炸弹、空投水雷、深水炸弹等多种自卫和攻击武器，还装配了雷达，是二战中战斗力最强和应用最广泛的飞艇之一，法加澳新葡等多国空军都有配备，在大西洋反潜作战中发挥了重要作用。——译者

5月7日

我们安全穿越了潜艇区。清晨时分,到达距离菲尼斯特雷角①以西大约 500 英里的地方,中午 12 点左右改变航向,径直驶向纽约。我们得到消息,在纽芬兰到格陵兰一带海域,一支护航船队被击沉了十三艘船,不过德国人付出的代价是五艘潜艇!10 点半,开了一次参谋长会议,讨论在即将与澳大利亚的埃瓦特博士召开的会议上,要采取什么样的方针,他会在华盛顿等我们,想尽力为澳大利亚的安全防御多争取一些兵力。

午餐之后,处理完一大堆文件,然后到甲板上散了会儿步。喝完下午茶又召开了一次参谋长会议,讨论要如何告诉我们的美国朋友,在 1943、1944 年夺回缅甸是不可能的。就在晚饭之前,传来了好消息,亚历山大在突尼斯最新发起的一场攻势中取得了重大进展。我们再次改变航向,更加向南一点,气候也变得更加温暖了。船上的生活非常舒适,食物也精美可口。这艘满员可装一万五千人的大船仅载了三千人,因此我们完全感觉不到拥挤。大海平静了下来,几乎没有一丝动静。

5月8日

又是满满的一天会。一早先是讨论我在华盛顿会议上的开场发言,然后与莱瑟斯和查韦尔两位勋爵开会研究航运问题,这次会的效果不错,朝着消除分歧的方向前进了一大步。下午仔细审阅了一份文件,关于在意大利政权崩溃情况下我们要采取的应对措施,然后在 5 点半又开会对此进行了讨论。

---

① 菲尼斯特雷角(Cape Finisterre),是西班牙加利西亚西海岸的一个多岩石半岛,距加利西亚大区首府、基督教三大圣地之一的圣地亚哥城约 90 公里。名字源自拉丁语,意思是"大地的尽头",在古罗马时代,人们认为菲尼斯特雷角是地球的最西端。地处地中海通往北欧航道的要冲,历史上英法海军曾在附近海域进行过数次大规模海战。——译者

与此同时，首相已经写就了一篇长篇大论，关于我们未来对付日本人的作战方案，但是其中他忘了考虑我们在战略层面的根本性制约因素，那就是航运。另外，文中他对刚刚结束的缅甸战役的犀利批评，令韦维尔大为光火，以至于我不得不出面安抚。说到打仗，好像应该是事先做好运筹帷幄，然后确保所有预定目标得以执行，和敌人针锋相对而不是和自己人争吵。攻占突尼斯和比塞大看来已经是指日可待。今天我们的航向更偏向南方，气候也变得更加温暖。

5月9日

真是麻烦！我正在刮胡子的时候，阿奇·韦维尔的随身助理送来阿奇的一张便条。上面说他一整晚都没睡着，温斯顿关于缅甸战役的言论令他心烦意乱、深感沮丧，他已经写好一封信打算交给温斯顿。在信里，他说由于温斯顿已经对他丧失了信心，所以对他来说递交辞职报告是最好的选择！！我立即过去，劝说阿奇不要送出这封信。后来他去见了温斯顿，两个人进行了交谈，现在一切都搞定了，明天我应该可以安安心心地刮胡子了！！

我记得我和韦维尔讨论这件事并劝他不要递交辞职报告的时候，我对他说，如果因为温斯顿的责骂以及不信任的感觉而生气的话，那我每天至少要辞职一次！但是，我从来不认为，哪个人的辞职对改变温斯顿的坏脾气有半点儿作用！我想这次谈话成功地使他相信，这么做并非明智之举。

今天，我们自己的护航舰离开了，美国的两艘巡洋舰和四艘驱逐舰接替了它们。开了两次参谋长会议，上午从10点半开到午餐时间，下午从5点开到晚餐时间，中间看了大量的文件材料。这些工作真是让我烦透了，有时候真是觉得多一天都不想干了！

5月10日

凭我们舰队现在的阵势，对战德国潜艇绰绰有余，明天早上我们就可以抵达纽约了，今天应该是我们在海上的最后一天。眼下，在北大西洋有大约一百艘潜艇在活动，但是其中大部分都集中在更北边。在我们到纽约剩下的航程中，据说只有两艘潜艇。不过现在除了两艘巡洋舰和四艘驱逐舰之外，还有一艘"卡特琳娜"飞艇为我们护航，我们应该很安全。突尼斯一直在传来好消息。

上午10点半到11点半，我们开了最后一次参谋长会议，讨论准备在华盛顿会议上提出的地中海战略。然后又继续与首相开会，讨论远东战略问题，一直到下午1点半。会议开得很失败，他把握不住各个战区之间关系的问题再一次显露出来。他总是顾此失彼，往往考虑了他当前关心的某个战区，却牺牲了其他大多数战区。在我和他共事的一年半时间里，一直努力试图让他将这场战争作为一个整体来审视、将各个战区的重要性相互关联起来，但从来就没有成功过。下午5点半，我们和首相又开了一次会，会议一直持续到晚上7点才结束。我们本来是打算讨论地中海战略问题，但是没多久就被再次拖到他最喜欢的话题上，攻打北苏门答腊或者槟城①！！这完全是另一个战区的事，不仅如此，对于我们必须放在首位的欧洲来说，这根本不是当务之急！

会后，庞德为船上负责指挥的海军军官们举行了一个小型雪莉酒

---

① 槟城（Penang），亦称槟榔屿、槟州，马来西亚十三个联邦州之一，地处西马来西亚西北部。位于马六甲海峡的整个槟城被槟城海峡分成两部分：槟岛和威省。威省东部和北部与吉打州为邻，南部与霹雳州为邻；槟岛西部隔马六甲海峡与印尼苏门答腊岛相对。1786年被英国殖民政府开发为远东最早的商业中心，首府乔治市是槟城重要港口、全国第三大城市，古迹保留完整，2008年7月被联合国教科文组织列为世界文化遗产。——译者

会，我们也受邀参加。现在我要上床睡觉了，如果我们不遇到潜艇的话，明天一早应该就到纽约了。虽然我们花了大量时间忙于工作，但这仍是一段非常舒适的海上旅程，现在我们得准备与美军参谋长们的会议了。对这些会议我并不期待，事实上我讨厌他们的想法。我们需要经过长时间的辩论和艰苦斗争，才能使他们相信必须把击败德国放在第一位。经过喋喋不休的讨论之后，他们会假装理解，会签署一大堆协议……然后继续像现在一样，把他们的主要力量放在击败日本的目标上！！事实上，卡萨布兰卡会议上的一幕会再次重演。这一切真令人恼火，因为从当前的形势并不难看出，除非我们在遏制住日本的同时，先联手打败德国，否则战争结束遥遥无期。然而，只有自己看清楚是不够的。事实就摆在那里，但有太多的人并不想接受，你还得尝试着去说服他们相信。这其中的过程真是令人抓狂，我感到非常非常的厌倦，想想即将要做的那些无谓的斗争，就要浑身发抖。

重读这部分日记时，我认为当时我虽然刚从流感中康复，但仍然还有一些后遗症……必须首先击败德国的理念很容易就被接受了。不过，接下来的问题是应当投入多少力量牵制日本。牵制日本为他们继续转移实际并不需要的力量，提供了一切必要借口。我仍然认为，如果在这个阶段能够更坚决地执行我们的基本战略的话，战争应该可以早几个月结束。

5月11日

为了不错过欣赏沿途纽约的景色，特意很早起床。然而运气不好，再一次与美景失之交臂！海上不但有大雾而且后来还下起了雨，一路上甚至连海岸也看不清楚。为了安全起见，我们中间还停了很长一段时间，然后乘坐一艘小船上了岸，前往某个码头上的车站。我们在火车上吃了午餐，路上依然没能看见纽约的任何景观。下午6点半抵达了华盛顿，罗斯福、马歇尔、金和迪尔等人前来迎接我们。我们不得不直接去参加特意为我们在大酒店里举办的鸡尾酒会，一直到晚上8点15分才得以脱身。然后去了迪尔的住处，我和阿奇·韦维尔在这里的住宿安排得很舒适。迪尔刚刚做过疝气手术，看起来气色很不好。

潮湿闷热的夜晚。现在，我必须准备明天在联合参谋长会议上的开场讲话稿了，搜集整理我们所有的论点。未来将是异常繁忙的一周在等着我们！

5月12日

这一天的开头是9点半的一场会议，与联合参谋代表团和迪尔一起讨论，美国人对于我们提出的建议会有何种反应。中午和莱希、马歇尔、金等人共进午餐。下午2点半，我们前往白宫参加与总统的会议，会上美国人将会提出他们对于未来的战略设想。我禁不住回想起十一个月前的情景，首相和我与总统也是在那间房间里，马歇尔走进来报告了托布鲁克投降的消息！！我们当时站在那儿，被这个消息所震动的场景依然历历在目。还有这十一个月来我们所有的焦虑与不安、希望与失望，都一股脑儿涌上心头。现在！至少我所设想的战略的第一步已经实现，尽管遭遇了各种艰难险阻。随着第一步目标的达成，接下来我们将要规划未来的两个步骤，这一切多少令我有些恍如梦境。

首相做了非常精彩的开场演讲，然后是总统，他看上去对战略有些把握不足。

下午5点，和美军参谋长联席会议成员召开了另一场会议，我们尽可能地向他们介绍了当前的基本情况。

5月13日

上午10点半，我们召开了第一次联合会议。莱希首先发言，他再

次重申了美国的全球战略设想,他们的构想与我们主要分歧在两个方面:

首先是允许向太平洋战区转移兵力的范围过大。其次是以为在法国开辟西线战场,就能够更快结束战争。从我们的讨论中,可以很明显地看出,他们甚至对欧洲的战略需求和苏联应当扮演的角色都没搞清楚。恐怕我们接下来的时间会非常难熬,并且在离开的时候无功而返,根本无法转变他们已经深植心底的观念。我对这次出访的前景深感沮丧!

中午我们和美军参谋长们共进午餐,之后马歇尔带我在新的战争部大楼——相当于美国的陆军部兜了兜。这座巨大的建筑刚刚完工。下午5点半,我们自己召开了一次参谋长会议,迪尔也参加了,一起讨论明天采取的策略方案。然后和迪尔一起清净地吃了个晚餐。

5月14日

10点半,召开了联合参谋长会议,我们表示不能认同他们的全球战略。接下来我不得不对"安纳吉姆行动"①(即收复缅甸的作战行动)和各种备选方案进行说明。随后是史迪威②发言,他对韦维尔所说的大部分意见都表示反对,当会议结束时,情况反而比开始时更加

---

① 安纳吉姆行动(Anakim),1942年4月,中国战区参谋长史迪威将军提出反攻缅甸的作战计划,起初代号为"人猿泰山"(Ravenous),5月份上报美国战争部后,批准这个计划的代号为"安纳吉姆",即南北夹击、两栖作战,收复缅甸的作战计划。之后随着二战局势的发展和英国政府的反对,该计划没有得到执行。——译者

② 约瑟夫·史迪威(Joseph Stilwell,1883—1946),美国陆军上将。1904年毕业于西点军校,曾参加第一次世界大战,担任过美国驻华大使馆武官。1926至1929年任美军驻天津的第15步兵团营长、代理参谋长。乔治·马歇尔当时任该团副团长、代理团长。因史迪威曾多次来华,会讲中文,美国参战之后,史迪威被派到中国,先后担任中国战区参谋长、中缅印战区美军总司令、东南亚盟军司令部副总司令、中国驻印军司令,美国援华物资分配负责人等职务。1944年10月,因为与蒋介石、陈纳德和英军将领关系不和,被罗斯福总统调回美国。——译者

混乱。

中午与美方的参谋长们共进午餐。下午2点半，我们继续去白宫与总统和首相讨论缅甸问题。总统首先发言，然后是首相。接下来是韦维尔，随后萨默维尔①的意见与他竟然完全相左！史迪威对他们两人的观点都不赞同，在我看来他自己的观点也是自相矛盾！他的格局太小，完全没有战略观念。所有问题似乎都取决于必须拖住蒋介石继续抗战。陈纳德②发言之后史迪威又讲了一大堆，越说越乱！最后，总统和首相对这一问题又谈了许多，当我们离开的时候，原本不那么复杂的问题已经变成了一团乱麻。

下午5点半，我们自己又开了一次参谋长会议，对两国会议的走向进行讨论，这是迄今为止令人最灰心丧气、最糟糕的一次英美会晤！晚

---

① 此处是指英国东方舰队司令詹姆斯·萨默维尔（James Fownes Somerville），而不是美国后勤部队司令布里恩·萨默维尔（Brehon Burke Somervell）。——译者
② 克莱尔·李·陈纳德（Claire Lee Chennault，1893—1958），美国陆军中将，曾任第二次世界大战时在中国作战的美国志愿航空队"飞虎队"的指挥官，有"飞虎将军"之称。1919年从飞行学校毕业，1923年任夏威夷第19驱逐机中队中队长，编写了《战斗机飞行技巧手册》。1930年被保送到弗吉尼亚州兰利航空队战术学校学习，毕业后在亚拉巴马州马克斯韦尔基地的航空兵战术学校任战斗机战术教官。1930年代，世界空军界流行意大利军事理论家杜黑"轰炸至上"的空战理论，战斗机受到漠视。陈纳德对该理论持怀疑态度，他坚信现代空战不能没有战斗机，于1935年出版《防御性追击的作用》，阐述自己的观点，其战术理论在美国陆军航空兵中有着一定的影响，但未引起军界上层的注意。1937年，四十六岁的陈纳德以上尉军衔退役。后经好友推荐，来华帮助建立中国空军，任中国空军顾问。抗日战争爆发后，他先后参加了淞沪会战、南京保卫战和武汉会战，与中国和苏联空军司令官共同指挥战斗；还在湖南芷江组建了航空学校，后任昆明航校飞行教官室主任。1941年8月，中国空军美国航空志愿队成立，陈纳德任上校队长。1942年7月，美国航空志愿队整编为美国驻华空军特遣队，陈纳德任准将司令。1943年3月，美国驻华空军特遣队改编为美国陆军第14航空队，陈纳德任少将司令；同年7月任中国空军参谋长。1943年10月中美空军混合联队组成，陈纳德任指挥官。1945年8月8日离开中国。1958年7月18日，艾森豪威尔总统和国会批准晋升陈纳德为中将。1958年7月27日，陈纳德逝世。美国国防部以最隆重的军礼将其安葬于华盛顿阿灵顿军人公墓，其墓碑正面是英文墓志铭，背面是用中文写的"陈纳德将军之墓"，这是阿灵顿公墓中唯一的中文文字。——译者

上迪尔安排了晚宴。

我对总统的书桌一直很感兴趣，因为它上面总是摆得满满当当。我试图记住那些稀奇古怪的收藏。蓝色的花瓶灯，两个相框，罗斯福夫人的青铜半身雕像，一个船舵造型的青铜时钟，四头布偶驴子，一辆镀锡的玩具汽车，用两个榛果做成的一头小驴子，一个冰水壶，药盒，一堆书，大号的圆形火柴架和墨水瓶，还有许多其他我记不大清楚的物件儿。我去年7月份在华盛顿的时候，那些驴子大部分就已经摆在那儿了！

有人可能会说，当时我应该想办法改善会议的混乱状况，而不是去记住总统桌子上的物件儿！我又回想起当时那种彻底绝望的感觉。美国人试图让我们在缺少足够资源的情况下，从阿萨姆邦发动向缅甸的进攻。事实上，只有通过空运提供后勤补给，才有可能发动这样的进攻。除了韦维尔，其他人的那些言论对于认清形势无疑没有任何帮助。萨默维尔从来没去过那个国家，对后勤管理方面的问题也完全没有概念。史迪威脾气古怪，人称"醋乔"，这个绰号真是太适合他了。他是马歇尔选的人，马歇尔对他的评价很高。除了他确实是个坚定勇敢的战士，很适合领导中国的那些酒囊饭袋之外，我看不出他身上还有什么优点。他通晓中文，但却几乎没什么军事素养，更没有半点儿战略才能。不过，无论是对于英国人，还是与英国有关的任何事物都怀有根深蒂固的敌意，才是他最大的缺点！事实上，不管是与他，还是与他所领导的军队建立起任何友好关系都是不可能的。他破坏了在缅、印两国的美国人和英国人之间的关系，造成了极大的伤害。陈纳德，一位非常勇敢的飞行员，原先曾指挥一支美国志愿航空队支援中国。一位优秀的军人，但是水平有限，对于我们那天的讨论几乎没有什么帮助。

5月15日　威廉斯堡①

今天先是开了一次联合参谋长会议，总体上来说，是令人最不满意的一次。我们双方在欧洲战场的战略上有着巨大分歧，我极为怀疑，到下周末结束的时候，我们的想法是否会更为接近！

午饭之后，乘车前往机场，然后坐飞机前往离威廉斯堡20多英里的一个机场，再坐汽车到威廉斯堡。到了之后我们首先参观了议会大厦，然后去了已经按照最初的样子完全复原的客栈。显然，为了将整个小镇恢复成当初弗吉尼亚首府的样貌，洛克菲勒花了一大笔钱。复原工作完成得非常出色。我们在附近的一家酒店吃了晚餐，然后又参观了总督府。点点烛光辉映下的总督府，给我留下了最为深刻的印象。我总觉得自己已经穿越时光回到了从前，总督随时就会出现。摆设在各个房间里的鲜花也是令人印象深刻的景观之一，布置它们的女士，在大学里对那一时期的鲜花装饰进行过专门研究。这些鲜花十分美丽，是整个布景的点睛之笔。此外房间里还零星放置了些衣服之类的物品，仿佛有人居住的样子。在起居室里，棋盘上摆着棋子，总督夫人的房间里，她的裙子就扔在沙发上，椅子背上还搭着一个假领。桌上摆着手套，还有几本从书橱里拿出来的书，仿佛正在等着人阅读。

5月16日

睡到自然醒，在宾馆的露台上吃了早餐。然后我们去殖民时期的老

---

① 威廉斯堡(Williamsburg)，位于美国弗吉尼亚州的维吉尼亚半岛，美国历史最悠久的城市之一，现为独立市。1632年，英国移民者在此建立名为"中央种植园"的要塞居民点。1699年，为了向当时的英国国王威廉三世表示敬意改称为威廉斯堡，成为全美十三个殖民地(即独立后最初十三个州)中最富裕发达的弗吉尼亚的首府，同波士顿、纽约和费城并列为当时全美的政治、社会和文化中心。1776至1780年又为弗吉尼亚联邦首府。美国一些立国原则首先在此提出。1780年弗吉尼亚首府迁往里士满，威廉斯堡才逐渐失去其重要地位。——译者

教堂做早礼拜。教堂里挤满了人，唱诗班的歌声优美动人，礼拜和布道也很精彩。这里教众的素质之高令我印象深刻。所有参加仪式的女性都盛装打扮，美丽动人，看上去都受过良好的教育，没有出身贫寒的人。达德利·庞德朗读了第二篇日课。然后，威廉斯堡的市长出席了我们的午宴，这顿饭吃了很长时间。之后我们便打道回府，飞回160英里之外的华盛顿，下午5点半又开了一次参谋长会议，安排准备明天的工作。

晚上在大使馆用晚餐。韦维尔和我一起。美国分管战争事务的副国务卿和夫人，外交事务办公室主任劳和吉布斯夫人作为客人出席。哈利法克斯夫人的遭遇令人深感同情，过去一年经历的悲伤在她身上留下了明显的印记(她的一个儿子于1942年阵亡，另一个于1943年重伤。)天气越来越热，现在已经换上了薄衣裳。我希望会议下周能够结束，不过不抱什么希望!! 还有许多工作在等着我们。

5月17日

又是令人极度沮丧的一天。早上10点半开始与联合参谋长委员会开会，会议开了很长时间，还是讨论"全球战略"这个让我们一无所获的问题。我们的麻烦在于，美国人的思维喜欢先从普遍原则再到具体问题，但是对于我们必须解决的问题，除非先把每个问题的具体细节都仔细研究清楚，否则是不可能形成任何普遍适用原则的。而背后的真正原因实际上就是，金希望寻找一切机会，使他能够将部队调往太平洋!

午饭是和美军参谋长们一起吃的，下午2点半去见了温斯顿，讨论关于国内部队整编的问题。由于对佩吉特的厌恶，搞得他心情不好，我们的谈话也没什么进展。从5点半开始的参谋长会议，一直开到7点半，为明天会议讨论未来对德作战做准备。然后与英国陆军参谋处的麦克雷迪一起吃晚餐，在那里碰上了英国驻美武官雷克斯·本森夫妇和吉布斯夫人等人。

5月18日

上午10点半与美军参谋长们开会,但是他们关于欧洲战场的资料却还没准备好!而且他们对我们的意见也没有完全消化。我们又白忙活了!!!

现在,很明显我们之间有着巨大的分歧。并且美国人认为攻打北非是被我们忽悠了!而在卡萨布兰卡,我们再次误导了他们,诱导他们进攻西西里!!现在他们不会再次误入歧途了。另外,他们向太平洋战区转移重心的想法比以往更加强烈,估计很快就会要求我们应该首先打败日本了!

最后总算是收到他们的资料了,明天会进行讨论。但是我一想到结果就感到不寒而栗。

晚上和比德尔·史密斯私下里聊了聊。他认为接下来提出的方案,可能会限制欧洲战场,无论是横跨海峡行动还是地中海的作战,而应该有利于太平洋战场!晚上,金上将邀请我们到他船上共进晚餐,餐后还放映了电影。

从这篇日记可以明显看出,这段时间我正陷入深深的沮丧情绪之中。我认为,无论是我在卡萨布兰卡所付出的艰巨努力,还是迄今为止我们的战略决策所取得的丰硕成果,都没能让美国人明白,我们是怎样通过在地中海的行动来为重新攻入法国做准备的,而这就是令我深感沮丧的原因。现在,我们已经打通了地中海,并且恢复了相当于百万吨位的航运能力,我们曾经损失的战略机动能力也因此得以大大回升。我们已经俘获了二十五万名俘虏,在海上和空中都令敌人损失惨重。现在,我们已经打开了进攻西西里和意大利的通道,敌人不得不耗费兵力来防守南欧,而且这一地区的交通极为不便,所牵制的兵力可能比正常布防的还要多。事实上,我们现在的战略,是解放法国、彻底击败德国的最佳之选，眼下它正遭受着不间断的持续轰炸。

尽管我认为我们的战略有如此多的优势，但是在一次去开会的途中，我与马歇尔和迪尔同行，马歇尔对我说："即便是现在，我发现也很难不带偏见地去看待你的北非战略!!"我回道："那么你认为什么样的战略更好呢?"他回答说："横渡海峡，解放法国，直击德国，我们应该能更快结束战争。"我记得我的回复是："或许是吧，但这不是我们希望的方式。"

十分明显，马歇尔既没能理解我们的战略目标，也没有领悟与横渡海峡战略相关联的那些作战行动的重要性。最重要的是，金的想法近来已经占了上风，他们的兵力正在越来越多地向太平洋转移。如果在试图说服马歇尔的时候稍有不慎，就极有可能使他倒向金的阵营。有一次还是两次，他甚至表示，如果我们的战略是在地中海浪费时间的话，美国军队在太平洋或许能够更好地发挥作用！

于我而言，我从很早就提出的、并最终得以成型的战略构想，现在更是日趋清晰。因此，无法说服美国人认同我的观点，令我一度非常沮丧，有时几乎产生绝望的感觉，也就不足为奇了！

5月19日

本次会议中最艰难的一天。上午8点半就到办公室再次研究美国人的报告。然后9点钟召开参谋长会议，商定我将要采取的应对策略。10点半，我们与美军参谋长开会，一开始先互相听取对方提出的欧洲战略的意见。然后，马歇尔建议会议室应当清场，让参谋长们单独进行一次"不记录在案"的会议。接下来，在一番开诚布公、推心置腹的对话之后，我们终于发现，我们找到了能够彼此沟通的桥梁！虽然还不能令人完全满意，但比谈崩了要好得多！下午4点，我们先开了一次参谋长会议，审议会谈结论的草案。4点半召开联合参谋长会议通过草案，6点钟去白宫向总统和首相汇报我们工作的成果。

我们的决定是，在 1944 年初调集 29 个师的兵力反攻法国，与此同时，继续向地中海战区的意大利施压。后一条算是我们的胜利，因为美国人想要在攻占西西里之后停止在地中海的所有作战行动。

我记得，这是我们首次"不记录在案"的会议，当我们的会谈陷入僵局的情况下迫不得已而采取的一种措施。这个办法总是能帮助我们消除隔阂，尽释前嫌。我们的会议参与的人员太多、范围太大，常常是个问题。美国人总是让越来越多的参谋人员参加会议，我们亦是如此。这就导致除了参谋长之外还有大约二三十人参会。我们面对面坐着，在我们的身后，各有大约十五名参谋人员坐成一排。我感觉到，马歇尔经常不愿对某些下属们了解的决策做出改变，唯恐他们认为他不够坚决。"不记录在案"的会议只有参谋长们和一名秘书参加。当然还有作为美军总司令参谋长的莱希，和英国驻华盛顿联合参谋团团长的迪尔。

晚上和英国海军驻华盛顿代表团的诺布尔上将共进晚餐，阿奇·韦维尔和我一起。现在，外面雷电交加，滂沱大雨使温度降了下来，感谢上帝，傍晚实在是太闷热了。

5 月 20 日

满满当当的一天：

8 点半至 9 点在办公室，想把昨天晚上为今天会议准备的一大堆材料看一看。

9 点到 11 点半的参谋长会议上，我们不得不下定决心要顶住美国人的压力，他们为了满足中国人和公众的意愿，而要求我们在缅甸发起不切实际的作战行动。

11 点半到 1 点半，在联合参谋长会议上，莱希提出我们应当单独提交报告的建议使会议彻底陷入了僵局。尽管完全没有实施的可能性，他们依然坚持施加压力，要求从阿萨姆向缅甸发起全面进攻。后来，我们决定下午再开一次"不记录在案"的会议，争取解决我们之间的分歧。

1 点半到 2 点半吃午餐。

2 点半到 3 点半又开了一次参谋长会议，讨论决定采纳和拟定协议的策略。

3 点半到 5 点，联合参谋长的"不记录在案"会议最终达成了一致意见，事实上最后的结论正是我们最初在船上所提出的设想！

5 点到 5 点 45 分，白宫举行花园派对，海军乐队在现场演奏。

5 点 45 分到 7 点半，与首相召集自治领代表进行会谈，包括麦肯齐·金（加拿大总理）和埃瓦特博士（讨厌的澳大利亚人！）。首相对世界局势作了一番评述。

7 点半到 8 点，奔回办公室，会见美国战争部长史汀生。

8 点到 11 点半在宾馆吃晚餐，是我们宴请美军的参谋长！现在，终于可以上床休息了！

5 月 21 日

相对轻松的一天，早上 9 点开了参谋长会议，10 点半接着开联合参谋长会议。会议进行得比较顺利，争议不多。我们讨论了太平洋战区的问题，接受了美国人提出的意见。

傍晚 5 点钟的时候，我们和总统、首相在白宫又开了一次会，汇报工作成果。总统和首相对我们提出的意见没有任何异议，并对我们的工作赞赏有加。但是我认为他们根本不会想到，我们差点儿就谈崩了！总统和首相滔滔不绝地讲了一个半小时，我们提心吊胆地听着，唯恐他们中的一个突然把事情搞砸了，令我们费了九牛二虎之力才得以弥合的分歧再现！重提这些麻烦事本来也没什么意义。感谢上帝，我们安全通过了！

会后，首相召集我们所有人讨论阿奇·韦维尔是否还有足够的能力和动力继续他的工作，以及他提出的战区调整计划。他希望驻印英军总司令能够专注于指挥印度，不再涉及所有外围作战行动，并且由奥金莱克替代哈特利，任命一名年轻将领指挥印度外围的作战行动。但是，想任命一名最高指挥官协调英美在这一战区的作战行动，不是一个很容易解决的问题。整个调整计划实施起来可谓困难重重。

在晚餐之前遇到了斯塔克夫人，然后和多诺万上校一起出去吃饭，他掌管着美国的特工机构，组织颠覆活动和政治战争。饭后他为我们放映了电影，居然是恐怖片！

5月22日

非常轻松的一天。我们取消了早上自己的参谋长会议，直接在10点半开了联合参谋长会议。会上讨论了潜艇战，金和庞德为此还发生了点儿口角。除了在会议上拍拍照片，其他没有什么太多事情。中午12点会议结束，我在午饭前去理了个发。吃完午饭后，不慎从十四级的石头台阶上摔了下来，浑身上下严重擦伤，所幸没有伤到筋骨。傍晚的时候，我们去了梅隆画廊①，气势恢宏的建筑和那些珍贵的画作令我深感震撼。画廊的负责人，风度翩翩的芬利先生，带着我们进行了参观。马歇尔夫人和马里奥特夫人（奥托·卡恩②的女儿）一同参加了晚宴。今天的天气

---

① 梅隆画廊（Mellon Picture Gallery），即华盛顿国立美术馆，位于国会大厦附近。筹建于1937年，当时，A·W·梅隆捐赠大量世界名画和雕塑给国家，并且出资兴建馆舍，制订建馆计划。所以也有人习惯称之为"梅隆画廊"。1941年正式接纳观众，被命名为国立美术馆。1968年进行扩建，1978年竣工，是现代建筑代表作。——译者

② 奥托·赫尔曼·卡恩（Otto Hermann Kahn, 1867—1934），德裔美国银行家、收藏家、慈善家，艺术方面活动的赞助商。——译者

非常凉爽。

5月23日

星期天。今天的参谋长会议我们邀莱瑟斯和查韦尔两位勋爵一起参加，讨论现有作战方案所涉及的航运保障问题，幸运的是船运情况整体令人满意，能够满足我们所有的计划需要。下午2点，我们召开了一次联合参谋长会议，美方参谋长对我们提出的观点没有提出太多反对意见。在经历了剑拔弩张的艰难时刻之后，这算是个令人相当满意的结果了。会议结束之后，我和迪尔一起散了会儿步，晚上和雷克斯·本森共进晚餐。

我们在这次会议中取得的所有进展和共识，很大程度上要再次归功于迪尔和他的帮助。他病魔缠身，在疝气手术之后并发了感染，持续发着低烧，晚上常常大汗淋漓，整个人看起来非常虚弱。尽管如此，他仍然时刻准备着充当我和马歇尔之间的调停人。

5月24日

今天是此次会议的最后一步了，制订我们的《全球战略报告》。早上9点开了一次参谋长会议审议提案，然后是联合参谋长会议，会议开了很长时间，我们依然有许多不同意见难以解决！

我们的分歧主要还是基于对太平洋战场的不同看法。我仍然认为，写再多的提案都没用，对大家各自的基本观点几乎都不会产生什么影响，这些分歧主要包括：

1) 金认为，只有以牺牲其他战场为代价，在太平洋战场发起进攻才能赢得战争。

2) 马歇尔主张，先不用考虑苏联前线的局势，制胜之道是投入二十到三十个师的兵力横渡英吉利海峡，先解放欧洲，才能赢得战争。

3）波特尔认为，应当在英国最大限度地部署空军力量，然后，然后只有通过轰炸欧洲才能确保取得胜利。

4）深受反潜艇战困扰的达德利·庞德，则认为只有消除潜艇威胁才能保证成功。

5）我自己则主张，只有继续实施在地中海战区的作战行动，迫使德国人分散兵力，帮一把俄国人，并最终为实施横渡海峡行动创造条件才是取胜之道。

6）那么温斯顿呢？？？他考虑问题总是东一榔头西一棒槌。一会儿说只有靠轰炸才能取胜，所有人都得为它让路。一会儿又说我们必须在欧洲大陆上浴血奋战，流尽最后一滴血，因为俄国人正在这么做。又或者我们的主力必须放在地中海，针对意大利或者巴尔干地区，时不时还冒出登陆挪威和"在希特勒想不到的地方突然一击"的念头！但是他说得最多的，是想要同时发起所有行动，却不考虑航运能力不足的问题！

午饭之后，和玛丽·温宁①、普拉特②、圣克莱尔开会讨论坦克生产问题。

下午4点45分，我们前往白宫，先拍了照，然后与总统和首相开会。我们在前次会议上获得通过的、被一致认可的、被赞许有加的提案，在这次会议中被首相全盘否决！！他想要改变地中海战区的通盘决策！他对我们遇到的困难全然不知，只想着一意孤行、贸然行事。他这么做的结果，直接导致了美军参谋长怀疑我们在背后另搞一套，使我们今后的工作变得更加困难！！有时候他真是令我绝望！现在，我们面临

---

① 此处应该是指沃尔特·金·温宁（Walter King Venning），时任英国驻华盛顿补给采购使团团长，译者估计"玛丽"是他的绰号，详见前文注释。——译者
② 道格拉斯·亨利·普拉特（Douglas Henry Pratt，1892—1958），英国陆军少将。——译者

着要推倒重来的可能，明天又会变得困难重重！

离开白宫的时候，我顺便去见了公共关系主任巴特勒，他正在参加一个为参谋长们会见新闻记者举办的鸡尾酒会。我在那儿从 7 点半待到 8 点半，结果错过了本打算去看的一场棒球比赛。感谢上帝，此次出访就要结束了！

温斯顿在白宫会议上的表现真是场悲剧。他本来已经完全赞同我们的提案，还和罗斯福一起对我们表示了祝贺。结果过了十一个小时之后，就对其中一半的内容都表示否定。而他提出的某些观点，正是我们先前为了丢车保帅而向美国人做出妥协的地方。因为他的这种态度，美军参谋长很可能会认为我们在他们背后搞小动作，试图通过温斯顿来获得支持。而在美国人那边，他们清楚罗斯福是不会这么做的，除非他的参谋长们在简报中作了如是汇报，而我们也不可能向他们解释，温斯顿是多么的特立独行。

……在后来的会议中，他一直担心我们会和美军参谋长们联手给他"挖坑"（他确实在某天这样指责过我）！他知道美国人能够说服他们的总统，因此他担心英美两军参谋长联合美国总统一起反对他。事实上，这些天来我非但没有和马歇尔联手，更多的时候都是和他在关于太平洋和横渡海峡的战略选择上针锋相对。在这样的环境下，你可以想象事情会变得多么错综复杂！

5 月 25 日

一早就去了办公室，看看首相究竟会如何修改我们的提案。从伊斯梅那里获悉，首相本来已经给我们的提案增加了一个不可能实现的附加条款，这足以毁掉整个谈判，因为那项内容我们此前从来没能得到美军参谋长的认同。所幸哈里·霍普金斯成功说服他在最后一刻取消了，所以他最终只是对一些细枝末节做了修改，没有涉及任何原则性问题。因此，就我们提交给总统和首相的提案而言，和最初并无不同，但是对于我此前一直竭力压制的巴尔干问题，首相由此所引起的猜疑已经产生了无法言述的影响。不过，他成功说服总统同意，让马歇尔和我们一起去一趟北非。在首相发表了那样一通言论之后，这一点变得非常必要，否则我认为首相和我的北非之行一定会引起严重怀疑，美国人可能会认为我们企图以牺牲在华盛顿达成的决议为代价，迫使艾森豪威尔屈从于我们。

上午 8 点 45 分开了一次参谋长会议，商量首相的修改意见。10 点半召开了"三叉戟会议"（此次英美首脑会议的代号）的最后一次联合参谋长会议。会议很快就结束了，我们接着又去了白宫，在 11 点半的时候再次向总统和首相做了汇报。会议持续到下午 1 点，并没有什么出乎意料的结果，最后以一场鸡尾酒会结束。

吃午饭前，我找机会向哈里·霍普金斯给予的帮助表示了感谢。然后我们齐聚白宫，参加一场规模宏大的午宴，参谋长们、参谋人员和航运专家等悉数到场。我坐在战争部长史汀生和一位美国海军上将之间。国务卿科德尔·赫尔①、（字迹模糊无法辨认）等人也在座。总统和首相在结束时发表了讲话。

然后我赶在返程之前最后一次去购物，但是经过了两个星期的斗智斗勇、费心耗神之后，完全提不起劲头儿来了。回去之后和迪尔吃了个清净的晚餐，然后把明天一早返程的事情都安排妥当。又一次英美联合

---

① 科德尔·赫尔（Cordell Hull，1871—1955），先后担任美国国务卿近二十年，是美国历史上在任时间最长的国务卿。全力支持罗斯福"新政"，使世界经济危机在美国造成的损失减少到最低限度。在英、法和轴心国两大集团之外，推动建立了以美国为首的、包括中南美洲许多国家在内的第三集团，在二战初期超然于战争之外，使美国在经济上和政治上均获得巨大利益。支持加强英美合作和援助苏联。1941 年日美谈判时，拒绝承认日本通过侵略获取的利益，要求日军撤离中国和越南。二战后期为建立联合国付出巨大努力，并因此荣获 1945 年诺贝尔和平奖。——译者

会议结束了。至此，我已经参加了四次联合会议，与马歇尔和金在伦敦的两次小规模会议，以及卡萨布兰卡和这一次的两次大型会议。它们耗费精力的程度是令人难以想象的。我相信，这些会议对增进我们之间的了解帮助良多，然而，只要我们还是各持己见，结果就会功亏一篑。马歇尔希望以牺牲地中海的利益为代价，确保横渡海峡行动。我自己仍然认为地中海战役会大大增加最终成功的希望。波特尔心里想的则是，如果放手让他去轰炸，就可能赢得战争。而亲爱的老达德利·庞德则希望我们把潜艇战放在第一位。只要大家互不妥协，战争就会拖延下去，而我们这帮人也日趋苍老，越来越疲于应对。

鉴于此后的结果再回顾此次会议，可以看出当时达成的妥协几乎都是我所希望的！以把意大利踢出战争为目标的战役得以继续。在战略条件恶劣的欧洲南部迫使德军分散兵力。

5月26日，博特伍德（纽芬兰），2 300英里

上午7点半，一辆秘密专车前来迪尔的住处接我，然后将我送到停泊在华盛顿南部波托马克河里的"布里斯托尔号"帆船上。总统亲自和首相一起过来，让我到他车上坐了几分钟。他一如既往地充满着人格的魅力，并对我说下次一定要到海德公园①来，看看我父亲和道格拉斯曾经寻找鸟类的地方。哈利法克斯也前来送行，迪尔则是和我一起来的，哈里曼和哈里·霍普金斯也在那儿。上午8点半，我们在倾盆大雨中出发，很快就进入了一片大雾之中。途经加拿大新斯科舍省时只能影影绰

---

① 美国海德公园，是富兰克林·罗斯福总统的故居，坐落在哈德逊河岸边。公园占地180余英亩，原是罗斯福家的产业，1944年1月罗斯福总统把它献给了国家。罗斯福于1945年4月12日去世，三天后，他的遗体运回故里，安葬在玫瑰园内。今天，这里辟有罗斯福纪念馆和以他名字命名的图书馆，总统的旧居对外开放供人们参观。——译者

绰地看到一点儿岸边，但当我们抵达纽芬兰南部海岸时天已经完全放晴了。看到这里仍然覆盖着厚厚的积雪，尤其是在沿岸一带，令我感到颇为诧异。这个岛的南部几乎荒无人烟，至少在我们所到之处是如此。华盛顿时间下午5点左右，非常顺利地登陆，然后到空军餐厅吃晚饭，按照他们的时间大概是在下午7点半。首相一直都在忙着在"长长短短"①上签名！晚上9点，就在天空中风云突变、乌云集聚的时候，我们再度出发了。首相和我们坐着聊了会儿天，所幸我们成功地在合适的时间打发他上床睡觉。

我所提到的"长长短短"在那段时间非常流行。最初的范围只是在那些飞越大西洋的人当中。你花上5英镑，然后由某个已经在这个圈子里的人拉你进来。把你的名字写在一张纸币上，然后你再收集其他人在"长长短短"上的签名，并把几张钞票黏在一起。我的纸币包括一张苏联的、一张土耳其的和一张美国的，上面有总统、首相、霍普金斯、哈里曼、安东尼·艾登、艾德礼、伊诺努等人的签名。

5月27日，大西洋中，3 260英里

昨晚睡得很好，早上8点钟起床，按照华盛顿时间大概是凌晨三四点钟！我们现在在亚速尔群岛北部的某个地方，朝着直布罗陀方向前行，根据估计应该在下午4点左右抵达那里。现在是顺风，能让我们的速度再快一点。从华盛顿到直布罗陀的距离应该在3 260英里左右。温度的变化让人有些吃不消。华盛顿异常闷热，博特伍德（北大西洋的空军巡航基地）则是冰天雪地，当我们飞在7 000英尺高度的时候，外面的

---

① 长长短短（Short Snorter），二战期间，美国的飞行员们会搜集他们所到之处的纸币作为纪念物，并请朋友签名。这些纸币粘成一串，被形象地称为"长长短短"。通常，他们聚在一起喝酒时，最短或最少签名的人要来付酒水钱。——译者

温度是零度。晚上我的一项重要工作就是保暖。现在，一望无际的大海上风平浪静，波光粼粼，天空中飘浮着朵朵白云。

到直布罗陀之后

昨晚，听到两声巨响然后一道光闪过，好像有什么东西击中了机身。早晨听说，这是类似闪电的东西击中了机头产生放电的结果。

下午 3 点半，我们在圣文森特角附近完美着陆，然后沿着葡萄牙的南部海岸，穿过加的斯湾抵达特拉法尔加角，绕着那里转了一圈，在一片云雾缭绕之处，直布罗陀巨岩的顶峰若隐若现。起先看上去整个海湾似乎都笼罩在一片迷雾之中，后来发现只是在港口外有一片云雾带而已。飞艇顺利降落在海面上，然后被拖进一处有浮标的地方，梅森-麦克法兰在那儿将我们接到他的快艇上。我们已经飞行了十七个小时，不走运的是现在去阿尔及尔已经太晚了，我们不得不在直布罗陀住上一宿。晚饭之后，我们从巨岩顶上观看了梅森-麦克法兰为首相安排的一场防御射击表演。

5 月 28 日，阿尔及尔，450 英里

睡了一个香甜舒适的好觉。早餐的时候，见到了从英格兰到阿尔及尔的卡特鲁将军和麦克米伦，他们在为明天戴高乐的到来做准备。吃饭的时候我和卡特鲁聊了一会儿。看起来他为在吉罗和戴高乐之间的斡旋即将有所结果而深感宽慰。我却极为怀疑在吉罗和戴高乐之间有什么协议能够维持长久，他们两个都不是那种打算与人结盟的主儿。直布罗陀的天气比我想象的要冷。

上午 11 点半，首相、马歇尔和我与梅森-麦克法兰一起游览了巨岩。我们游览的时间不长，因为下午 1 点半要乘飞机离开。这是我们第一次

乘坐首相的新飞机,这是一架改装过的"兰开斯特"① 飞机,起名为"约克"。飞机改造得非常舒适,首相有专门的舱位、会客间,除了首相舱位和洗漱间之外,还有四个卧铺舱位。我们于1点40分起飞,这段旅途很是轻松愉快。我们飞越梅利利亚以东的非洲海岸线,在海岸线以南大约10到15英里的上空飞行。天空湛蓝清澈,一路上的景色美不胜收。下午4点半我们到达阿尔及尔。艾森豪威尔、安德鲁·坎宁安、亚历山大和康宁安全都前来梅森·布兰奇机场迎接。乘车抵达艾森豪威尔的住所之后,发现我住的房间和上次的一样。晚上,马歇尔和我、坎宁安在首相那里共进晚餐,出席晚宴的有首相、坎宁安、马歇尔、艾森豪威尔、特德、比德尔·史密斯、伊斯梅、亚历山大和坎宁安的一些参谋人员。晚宴结束之后,我们就地中海战区的下一步行动商讨了很长时间。首相和我都极力想要使艾森豪威尔明白,把意大利踢出战争将会带来的好处。但我还是觉得,马歇尔依然没有认识到这一点,并且我也十分肯定,对于我们未来在这一战区所面临的可能性,艾森豪威尔也还是没搞清楚。亚历山大也有些令人失望,他对局势只能说是一知半解。

5月29日

睡了个好觉,在温暖舒适中醒来。早饭之后,艾森豪威尔来到我房间,他佩戴着法国荣誉军团指挥官的绶带勋章,这是吉罗在今早的一个仪式上挂在他脖子上的。吉罗说,没有人能够对他获得这一荣誉的资格说三道四,因为它是属于他的,是靠战场上打出来的!艾森豪威尔说,

---

① "兰开斯特"(Lancaster)重型轰炸机,是英国最大的战略轰炸机,根据重型轰炸机使用主要城镇名的传统而得名。阿弗罗飞机公司研发,原型机为四引擎"曼彻斯特"3型,1940年1月9日首飞,随后安装了更大功率的"梅林"发动机,机首、机尾、背部和机腹都安装了炮塔,增大了载油量,配置了自动充气救生筏,于1940年10月31日再次试飞成功。总产量为7 734架(也有8 095架之说,含加拿大生产的430架),1940年底服役,二战期间共出击156 000架次。——译者

基于这是盟国间坚固友谊的象征,他接受了这一荣誉,但是就他而言,除非到他们在梅斯胜利会师之时,否则他不会佩戴它!

后来——我刚听说,戴高乐因为吉罗没有同他商量就做了这件事而大发雷霆。

亚历山大早上来见我,我和他谈了很长时间,直到首相叫我。

中午在坎宁安的别墅里吃午饭,见到了吉罗和乔治,他们也在那里吃饭,等着会见首相。我们刚刚把乔治从法国解救出来。自从与他和魏刚开过那次具有纪念意义的会议之后,我就再没有见过他,当时我正奉他们的命令"守住布列塔尼",那是在敦刻尔克大撤退之后,第二次远征法国的最后几天。他苍老了许多,但是对法国的局势、德意军队的士气等问题依然兴趣十足。

吃完午饭,汉弗莱·盖尔来见我。他是艾森豪威尔的英方首席行政官。我和他从3点聊到4点,谈到他所面临的方方面面的困难,亚历山大回来之后,我们又聊了一些另外的话题,一直到5点。然后我们和首相开会,讨论华盛顿会议的结论以及艾森豪威尔对此的反应。此次英美首脑会议很有价值,我认为,这是西西里战役之后,向着我们所期待的方向前进了一大步。之后我和首相又单独聊了一会儿,我建议应当任命韦维尔为澳大利亚总督。首相认可了这个提议,并向国内发了电报。晚餐是与艾森豪威尔和马歇尔一起吃的。

5月30日

上午10点半,汉弗莱·盖尔派车来接我到司令部,我花了大概一个小时在司令部办公室四处走走,见到了许多军官。这里的大部分办公室都是属于英美联合参谋处的,这是一个体现盟军之间如何进行紧密合作的绝佳示范。11点半的时候,亚历山大派车来接我,先经过他的指挥部,前往他设在丛林中的营地,位于阿尔及尔以西大约10英里。这个地方位于一片松树林间，可以俯瞰大海，景色十分宜人。我们在这儿吃了午饭，然后去阿尔及尔的西部海岸看了看，这里是美国人最初登陆的地方。我们沿着海滩漫步，并且惬意地游了个泳。回去喝了下午茶之后返回我的住所，在和汉弗莱·盖尔一起在高级军官餐厅吃晚餐之前，我在花园里四处寻找鸟儿，消磨了一个小时辰光。回来之后，发现了困得死去活来的艾森豪威尔，他正在等候首相，首相之前打电话说，希望在和亚历山大吃完晚餐之后与他见面！！我对他已经"享受"了数次这样的待遇而报以同情的微笑。

5月31日，400英里

上午大约9点半，亚历山大过来接我，驱车前往梅森·布兰奇机场，乘坐他的飞机去视察第51师。我们的第一站是塞提夫，但是飞机却降落在错误的机场，因此不得不重新起飞去寻找正确的机场降落。等我们终于找到地方的时候，时间已经不够再开车去吉耶利了，我们原本打算去看看那里美丽的乡村景色。因此我们再度登上飞机飞到吉耶利，从那儿再去51师。我们发现，他们驻扎在贝贾亚以东的一个景色优美的乡间小镇里。以前我从来没想到北非会有如此的宜人美景。茂密的黄波罗[①]丛林中繁花似锦，田野中盛开的金盏花像一片片金色地毯，围篱上爬满了田旋花，生机勃勃的绿色田野尽头，一边是绿荫如盖的绵延山丘，另一边则是湛蓝深邃的地中海。对于一支饱受战火硝烟的部队来说，这里真是一个绝佳的休养之地。

下午3点15分，我们乘飞机返回，并于5点半抵达。一个半小时之后，与首相召开会议，会议讨论的议题和前两天的一样。首相发电报召来了安东尼·艾登，以便他能够和这里戴高乐方面的人熟悉起来。会议

---

① 黄波罗属芸香科黄柏属落叶乔木，全身是宝，综合利用价值较高，是珍贵树种中的精品。——译者

没有太多进展,形势大体上和我们在华盛顿估计的一样。会后,坎宁安突然告诉我,首相最新的打算是从这儿去莫斯科!!

随后,艾森豪威尔安排了一场盛大的晚宴,出席的有首相、安东尼·艾登、麦克米伦、墨菲、美国分管航空事务的副国务卿、马歇尔、坎宁安、特德、一位美国海军上将、伊斯梅等等。晚宴开始之前,安东尼·艾登把我拽到一边,问我对去莫斯科的想法。我告诉他,我认为基于首相的健康状况,我们应当全力阻止首相。我说,我非常需要尽快回家,如果能和艾登一起去阻止首相去莫斯科的话,我十分乐意效劳!我真是恨这个主意,我无比渴望回家,那里还有一大堆事儿在等着我做。艾登就华盛顿会议的成果向我表示祝贺,他说他已经看过会议记录,认为我的处理方式再好不过了。这一点倒是令我很欣慰。

6月1日

早上8点半,我们动身前往梅森·布兰奇机场,乘坐首相的"约克号"飞机飞往沙托丹机场。在那里,我们出席了一支美国飞行中队简短的检阅仪式,他们即将出发轰炸潘泰莱里亚岛的防御工事。然后我们看着那些轰炸机腾空而起,飞向他们的目标。上午11点,我们飞往紧邻突尼斯的艾纳林机场,再从那儿乘车前往迦太基。迦太基的古罗马竞技场里已经聚集了大批民众,首相在这里发表演讲真是再合适不过了,圆形的剧场甚至不需要扩音器。很难想象就是在同一个地方,古罗马时代的迦太基女孩会被扔进去任由狮子撕扯!

然后我们去第1集团军司令部吃午饭,就在附近一栋非常舒适的建筑里。在那儿我见到了第5军的查尔斯·奥尔弗里,第78师的伊夫利,安德森以及其他许多人。饭后,我们乘车前往泰布尔拜,视察了进攻突尼斯的主要路线,以及军团司令部、第46师和美军第34师(自从爱尔兰之后我就没再见过)的情况。这是令我最为兴致盎然的一趟旅程,坦克战之后所形成的奇特地貌尤其令我印象深刻。这次行程的终点是艾森豪威尔的"费尔菲尔德营地",我们在这里度过了轻松愉快的一晚。首相、安东尼·艾登、"巴哥犬"伊斯梅、伦道夫、海军的汤米和我一起出席了晚餐,聚会谈笑风生,气氛十分活跃。我们就如何解决"戴高乐-吉罗"之间的麻烦进行了激烈讨论。首相对于能够有机会在迦太基的古竞技场里发表演讲显然喜形于色,"哦,基督徒处女撕心裂肺的惨叫声划破天空,狮子咆哮着吞食了她们,我就在这样的地方发表演讲,不过我既不是狮子,当然也不是处女!!"晚上,乘着习习凉风,我们在非常舒适的帐篷里睡去。

6月2日,900英里

早上9点离开营地,前去视察美军第34步兵师。从那儿到突尼斯的途中,我们还参观了一辆德国马克-6型(虎式)坦克。非常有趣。从那儿我们继续视察了第46师,然后是第4师,最后是第6装甲师和第201近卫旅。凯特利①向我们介绍了他的第6装甲师在哈马姆-利夫的作战行动,包括敌军阵地的具体细节以及打败他们所用的战术。中午我们和康宁安在一栋豪华别墅里共进午餐,别墅的主人是一位叫作杰曼先生的西班牙人。据说辛普森夫人②过去曾陪着辛普森先生来过这儿!从很多方面来看,这栋房子都显得极为丑陋,比如黑色大理石的浴室之类。我们在吃完一顿十分丰盛的午餐之后,前往格罗姆巴里亚机场,从那里乘飞机去阿尔及尔。首相亲自开起了飞机,我们走在通道上都有些摇

---

① 查尔斯·弗雷德里克·凯特利(Charles Frederic Keightley,1901—1974),英国陆军上将。——译者
② 这里应该是指沃利斯·辛普森(Wallis Simpson,1896—1986),温莎公爵夫人。1936年,英王爱德华八世继位后不久,提出要与曾两次离婚的辛普森夫人结婚,时任英国首相斯坦利·鲍德温和英联邦各自治领均表示反对,引发了宪政危机,爱德华被迫选择退位,他的弟弟乔治六世继位。爱德华退位后被封为温莎公爵,1937年6月与辛普森夫人结婚。——译者

摇晃晃的！晚上8点返回营地，和艾森豪威尔吃过晚餐之后早早上床休息。

最近两天的兴致很高。在经年累月对着地图想象那里是什么样子之后，终于看到了实地的感觉令人倍感兴奋。经过实地考察，并与最近参加过战斗的大部分指挥官交谈之后，我更加肯定我们未来的战略规划方向是正确的。我们显然已经将德国人逼入困境之中。他们一定会在苏联前线采取动作，不过他们已经没有能力发起大规模的进攻。与此同时，意大利的局势也不可能不让他们感到忧心忡忡。因此，我们现在可以通过打击意大利来帮助苏联。

尽管遇到了重重阻碍，我从一开始就认定了以下三点：

1）保住整个北非（我们现在已经完成了）

2）除掉意大利（有望在不久之后实现）

3）让土耳其参战（还要依苏联的战局而定）

一旦我们成功做到了这三点，重新打回法国、然后结束战争的那一天就指日可待了，所有一切都取决于苏联的局势。无论如何，胜利的曙光比之前更加明亮了。

6月3日

早餐的时候，首相派人来叫我，并告诉我他正在考虑明天出发！就在昨天我们刚刚确定，亚历山大和我与安东尼·艾登一起于星期五（4号）回国，首相留下等候下一位访客（国王）的到来。然而，就在我们正在讨论这个问题的时候，他又冒出改成星期六离开的念头了！他还谈到指挥方面的一系列问题，并给我看了写给澳大利亚总理柯廷[①]的电报，他建议由韦维尔担任未来的澳大利亚总督。但是，关于战区指挥官方

---

① 约翰·柯廷（John Curtin, 1885—1945），澳大利亚政治家，第14任总理。——译者

面，我没有得到任何明确的指示。

蒙哥马利于昨晚抵达，我和他谈了很长时间，直到首相派人来找他。他距离看清整个局势、跳出第 8 集团军的格局来看待整个战争还差得很远。这是一个性格复杂多变、难以掌控驾驭的人，他既是战场上运筹帷幄、训兵有方的指挥官，但又常常因不够圆滑而犯莫名其妙的错误，缺少包容别人不同意见的气度。最糟糕的是美国人不喜欢他，这使得他们之间的配合一直都是个难题。他需要不断地给予指导和监督，我不认为亚历山大有足够的强势能镇得住他。从首相那里回来之后，我们又进行了一番长谈，直到中午 12 点半。

然后我开车前往亚历山大的司令部，并在他的营地里共进午餐。吃完饭后，我在他营地四周的松树林里走了走，找找鸟儿。我发现了一只交喙鸟、几只金翅雀，还有一些鸽子，除此之外就没有看到其他的鸟儿了。然后我带着亚历山大一起返回，因为我告诉蒙蒂在下午 4 点钟碰面。我们在我的卧室里喝着茶，讨论指挥官们的表现。然后，下午 5 点我们和首相召开会议，会议没有太多新的进展，但是我们对过去几天里达成的一致意见做了一番回顾。我认为，总的来说，从确保华盛顿的决议在这里得到正确解读的角度来说，这次出访是成功的。

晚上，应首相的邀请，参加了在海军上将别墅里举办的晚宴。出席晚宴的有首相、坎宁安、马歇尔、艾森豪威尔、特德和蒙哥马利。晚宴结束之后，顺道来访的安东尼·艾登和麦克米伦带来了有关吉罗-戴高乐谈判的最新消息，在过去的二十四小时里谈判取得了巨大进展。因此，明天将会举办一场盛大的午宴，作为对他们双方能在我们打道回府之前握手言和的庆祝。

蒙蒂常常由于他的不讲策略和自以为是、不顾及别人感受而闯祸，我不得不为此责骂他，早上和他的谈话就是一个例子。当我们抵达阿尔及尔时，他在结束了从阿拉曼到突尼斯的战役之后，正在英格兰休养。我本不想叫他回来，但是发现在离开北非之前必须见他一面，并且这样也只是将他的假期缩短了几天而已。

在我和艾森豪威尔的第一次谈话中，我发现他正一肚子火，因为蒙蒂坚持要安排一架"空中堡垒"作为自己的专机。这件事源于比德尔·史密斯在拜访蒙蒂时说的一句玩笑话。他说，如果蒙蒂能在指定日期之前消灭苏塞敌军的话，他就能赢得一架"空中堡垒"。这句话本就是随口一说，更多的是开玩笑而非真的许诺。但是，蒙蒂在指定日期前拿下了苏塞之后，立即发电报给比德尔·史密斯，索要他的"空中堡垒"！比德尔·史密斯仍然觉得这件事只不过是个玩笑，试图在答复中一笑置之。这显然没能让蒙蒂满意，他回复电报称，他仍在盼望着得到他的飞机。然后，比德尔·史密斯只能把事情告诉艾森豪威尔，艾森豪威尔暴跳如雷，认为他应该因此被免职！但是，作为调和盟军关系的高手，艾森豪威尔下令蒙蒂应该得到那架"空中堡垒"，连同驾驶飞机的美国飞行班组一起。于是，蒙蒂得到了他的飞机，但他的这种做法深深触怒了艾森豪威尔，也为日后艾森豪威尔对他的不信任和厌恶之情埋下了伏笔。

以上详情是由艾克和比德尔·史密斯告诉我的。我尽了最大努力去缓和已经造成的伤害，但是却发现效果并不理想。当我斥责蒙蒂的愚蠢透顶，因为一架本可以由我们自己提供的飞机而伤害了他和艾森豪威尔的关系时，他告诉我说，他原本以为艾森豪威尔会把这件事当成个绝妙的玩笑！我跟他说，如果他听了艾克对我表达的看法的话，他肯定不会有这种错觉了。像往常一样，他对我指出他的缺点表示十分感激。我相信，这种感激之情是发自内心的，并非虚情假意。我也确信，他在感知判断他人情绪方面真的很低能，因为他的过于自我，使他真的以为坚持要那架飞机会被艾克当作一个玩笑!

6月4日，500英里

现在正在从奥兰飞往直布罗陀的空中。早晨收拾好行李之后，与艾森豪威尔进行了一番长谈。后来蒙蒂过来，我们就下一步的作战行动又做了最后的讨论。中午12点45分，去海军上将的住所参加午宴，庆祝吉罗和戴高乐的握手言和。参加午宴的有：首相、安东尼·艾登、海军上将坎宁安、吉罗、戴高乐、卡特鲁、乔治、菲利普（内政专员）、莫内①（吉罗的经济顾问）、马尔热里（前内阁大臣首席顾问）和麦克米伦。我坐在戴高乐和马尔热里中间。戴高乐满脸不快、表情僵硬，吉罗笑容满面，老乔治喜气洋洋。我和乔治曾有过几次愉快的交谈，他向我描述了在战争伊始时自己的感受，以及他是如何意识到法国军队的不足的。晚宴结束时，首相用法语做了一番精彩演讲，随后是吉罗和戴高乐。然后是安东尼·艾登，最后老乔治也说了几句。照完相后他们就离开了。

我们随后立即动身前往梅森·布兰奇机场，3点30分乘坐首相的"约克号"飞往直布罗陀。飞机上的乘客包括首相、安东尼·艾登、亚历山大、罗恩、汤米和我。下午6点，我们快接近直布罗陀了。

晚些时候：

到了直布罗陀之后，我们被告知由于天气原因不能继续飞了!!首相极为郁闷。

但是，在快吃完晚餐的时候，我们又突然接到通知可以走了，在晚上10点钟起飞。这下搞得手忙脚乱，不过我们还是在10点半的时候出

---

① 让·莫内（Jean Monnet，1888—1979），法国政治家、外交家。——译者

发了，乘坐"约克号"，而不是原先计划的波音"飞剪船"。

6月5日，伦敦，1 400 英里

一段舒适的旅程之后，早上6点抵达诺索尔特。沐浴更衣之后，接你到哥陵酒店，一起回费尔内街的家中共度清净周末。

6月6日

睡了个懒觉，温馨宁静的一天。

6月7日

像平常一样早早起床，在陆军部度过了忙碌的一天。上午会见了陆军大臣、陆军部情报处处长和作战处处长。午饭之后，和帝国副总参谋长谈了很长时间。下午5点是内阁会议，最后在晚上10点，还和首相开会讨论关于亚速尔的问题。令人绝望的会议，我们坐了两个小时，却一无所获！！首相的情绪很糟，与外交大臣争论不休，并拒绝做出任何决定。

6月8日

上午，又是以参谋长会议作为一天的开始。中午，你和岳父大人来一起吃午餐。下午5点，应艾默里的要求前去见他。我们就未来从印度向日本发起军事行动进行了长时间讨论。晚上参加了布莱登·布雷肯招待三四个澳大利亚报业巨头的晚宴。艾德礼、布鲁斯、塞尔伯恩[1]、沃尔特·莱顿[2]、达德利·庞德以及其他许多人都出席了晚宴。

---

[1] 朗德尔·塞西尔·帕尔默，塞尔伯恩伯爵三世（Roundell Cecil Palmer, 3rd Earl of Selborne, 1887—1971），绰号"高个子沃尔默"，1941年前被称为沃尔默子爵，英国保守党政治家、情报机构首脑。——译者

[2] 沃尔特·莱顿（Walter Thomas Layton, 1884—1966），英国经济学家、报商和自由党政治家。——译者

6月9日

上午的参谋长会议是有史以来最为简短的一次。中午12点前去拜会国王，一直持续到下午一点，主要与他出访北非的计划有关。然后与亚当在卡尔顿烤肉店共进午餐，并听他讲述了他的印度之行。3点半到4点半，与帝国副总参谋长讨论最新的战局进展情况以及他的北非之行。从那儿又去见了陆军大臣，在他与国王动身之前，最后处理几件要务。晚餐与伊万·科博尔德一起，会见了几名美国官员，作为一天的结束。

6月10日

参谋长会议一结束，就返回公寓，更衣，然后和巴尼一起乘车前往亨登。下午1点半，我们乘飞机飞往诺森伯兰郡的阿克灵顿，并于3点半抵达。途中，享受了一顿海鸥蛋和蟹肉三明治的美味午餐。很幸运，天气不错！花了一下午时间察看探照灯坦克。晚上住在艾伦代尔。与斯特罗恩一家一起吃晚饭，打算饭后去钓鳟鱼，但是由于雷暴天气未能成行。

6月11日

早上9点，启程前往锡豪西斯，海军上将在那儿用船接我们去法恩群岛①。同行的还是去年海军的那些人，还有上岛观鸟的游客。罗尼·斯塔尼福斯也在。今天真是开心，我拍了许多鸟儿的照片，棉凫、管鼻鹱、三趾鸥、海鸽、刀嘴海雀、角嘴海雀还有长鼻鸬鹚。天气也相当给

---

① 法恩群岛（Farne Islands），英格兰诺森伯兰郡海岸外的一群小岛，分内外两组，距大陆2.4至7.6公里。1773年起，群岛上建造了多处灯塔，其中长石岛上的灯塔是维多利亚时代以海上救险闻名的女英雄达林（Grace Darling）的故居。群岛上野生动物资源丰富，是著名的鸟类和灰海豹栖息地，发现有记录的鸟类就达290余种。——译者

力。在我们返回布莱斯①的两个小时海上航程中,经历了狂风暴雨。

6月12日

飞回奥迪厄姆,在中午12点前到家。

6月13日—14日

重感冒,在家过了个清净的降临节周末。拍了霸鹟的照片。

6月15日

乘车返回伦敦,感冒仍然没好,鼻涕不止。参谋长会议一直开到中午12点。午饭之后,又是一系列会谈,持续到下午5点的内阁会议。就在会议之前,首相对我说,在过去几天里他一直想要告诉我,他希望由我担任从英国发起的横渡海峡行动的总指挥,在合适的时候他会提出来。他还说了许多对我充满信心之类的好听话。现在准备去参加他在晚上10点召开的一个会议,有关坦克装备的。

这是首相第一次明确告诉我,当重返法国成为可能的时候,他希望由我来担任解放军队的最高指挥官(此段为1943年7月7日重读日记时所写)。此前他曾经暗示有这种可能性,但是没有明确说过。这是战争期间最令我激动的消息之一。我觉得,如果能够最终达成重返法国的战略目标,并由我亲自指挥盟军部队实施这一行动,那么我所有的努力就算划上了一个完美的句号。温斯顿要我发誓保守这个秘密,因此我甚至连妻子都没有告诉。后来当他遇到我妻子的时候,立即问她是否喜欢任

---

① 阿克灵顿(Acklington)、艾伦代尔(Allendale)、锡豪西斯(Seahouses)、布莱斯(Blyth),都是英格兰北部诺森伯兰郡(Northumberland)的城市和村镇。——译者

命我为解放军队总司令的想法。当他发现我并没有告诉过她此事时，显得非常吃惊。

晚些时候：

和首相的会议一直持续到凌晨1点半，却没能达成任何决定！真是令人绝望。参加会议的人员有：奥利弗·利特尔顿、邓肯·桑兹、查韦尔、米克勒姆（坦克生产委员会）、杰弗里·劳埃德、唐纳德·班克斯、罗尼·威克斯、邦德和我。按照议程，讨论的内容本应与坦克装备有关，但实际却主要围绕着首相十分渴望从美国得到两千辆坦克的话题展开，这是他与哈里曼会谈的结果，以减少国内的坦克产量作为代价。

6月16日

就在昨晚会议开始之前，首相给我一份拟发给韦维尔总督的电报副本，任命奥金莱克为驻印英军总司令，作为韦维尔被任命为印度总督之后的继任者。早晨的参谋长会议很短。下午5点召开的内阁会议，讨论了拟与德国人停战谈判的条款。现在，晚上10点半，首相正在召开会议，讨论进攻西西里的作战计划。

印度问题在经历了诸多混乱之后，总算是安定下来。韦维尔担任澳大利亚总督的提议被否决了，他接受了印度总督的任命。这就使得驻印英军总司令的位置出现了空缺。到目前为止，缅甸战役在防守和小规模反攻阶段，都是由驻印英军总司令负责指挥。现在，我们决定将缅甸的问题从印度司令部里剥离出来，单独任命一名指挥官负责反攻行动，同时印度继续作为发起进攻的基地。奥金莱克目前没有职务，加上他对印度军队的熟悉程度，显然是新架构下驻印英军总司令的最佳人选。

6月17日

参谋长会议结束之后,波特尔告诉我,首相刚刚对他说,他已经选择了肖尔托·道格拉斯担任东南亚战区总司令。我很高兴,他应该能够胜任。

有关东南亚战区总司令的人选问题,我们和首相曾经讨论过数次,也向他推荐过肖尔托·道格拉斯。但是,我们发现美国人出于某种不为人知的原因反对他。最后,这项任命落在了迪基·蒙巴顿的肩上,但是我认为,肖尔托·道格拉斯本应更胜任这个职位,只要他一直保持运动,不要长得太胖!

下午,与克罗克和霍巴特的谈话中,后者对他研发两栖坦克、探照灯坦克和火焰喷射器的新工作兴奋不已。摩根(横渡海峡行动的参谋长)也过来找我,讨论他遇到的几个小麻烦。

6月18日

早晨的参谋长会议,主要是与新闻大臣(布雷肯)的代表会谈,希望能让新闻界规矩一点儿,他们总是在讨论我们下一步将要执行什么作战计划之类的事。到目前为止,这种做法倒是发挥了很好的"双面间谍"作用,因为德国人无法想象,我们怎么会愚蠢到给予新闻界如此自由的地步!但是我们不能指望继续以这种方式糊弄他们。

午饭之后,格洛斯特公爵来访,之后是阿瑟·史密斯和加斯科因[①],我们花很长时间讨论了加强近卫部队兵力的情况,以及撤销第201近卫旅编制的想法。不过,我不同意现在对北非的部队进行裁撤,也做好了

---

① 朱利安·艾利·加斯科因(Julian Alvery Gascoigne, 1903—1990),英国陆军少将。——译者

应对国内兵力短缺的准备。晚上，克里勒来一起吃晚饭，与我推心置腹，吐露了他对加拿大军队的种种担忧。他对安迪·麦克诺顿十分不满，因为他情绪焦躁、心神不宁，完全不适合指挥一支军队。我只希望我能够找到一个适合他的工作，但是这并不容易。

6月19日

亚当来和我一起吃午饭，我们就他在阿尔及利亚、中东和印度的访问又聊了很长时间。他告诉我，艾森豪威尔曾经说，尽管他非常喜欢亚历山大，也很欣赏他，但是不认为他能成大器，觉得他并不适合担任总司令的职务，这令我感到非常惊讶。我没有想到他会这样评价亚历山大。艾森豪威尔还对亚当说，他认为只有两个人能够担得起总司令的重任，一个是马歇尔，另一个就是我。这也令我颇为惊讶，因为我以为他并不是很了解我。

6月20日

今天在家里清闲自在，除了被你花园里的蜜蜂追着跑！

6月21日

如常的参谋长会议，然后在克拉瑞芝酒店和帝国化学工业公司的麦高恩勋爵一起吃午餐。一起出席的还有：怀南特、德弗斯①（安德鲁斯的继任者）、波特尔、莱瑟斯、贝文以及其他许多人。午餐结束之后，会见了刚从突尼斯回来的肯尼思·安德森。下午5点半召开内阁会议，主要讨论了未来戴高乐的地位问题。我个人认为，接下来只有一条路可走，那就是尽可能早地甩掉他。现在，我不得不出发去参加首相在晚上

---

① 雅各布·卢克斯·德弗斯（Jacob Loucks Devers，1887—1979），美国陆军上将。——译者

10点半召开的参谋长会议，讨论如果攻占亚速尔群岛①的话，为葡萄牙提供保护措施的问题。我觉得，我们不能够确保葡萄牙的安全。

6月22日

今天的参谋长会议比较平静。会后去理了发，去了趟银行，吃好午饭之后，去买了一套古尔德的鸟类图谱作为收藏投资。我对这笔投资增值的预测是否正确，只有等到将来再看了！

购买古尔德的鸟类图谱是个大冒险！买这四十五卷书的时候我只花了1 500英镑，不过我的预测是对的，战争结束的时候我把这些书卖了两倍的价钱。同时，作为战争和丘吉尔的一剂解药，它们也具有神奇的疗效！看着古尔德那些精美的图片，与战争有关的一切都被我忘到九霄云外了。

然后，陆续有客人到访，迪克·麦克里利，德弗斯，最后是阿瑟·史密斯和加斯科因。我与后者确定了保留第201近卫旅，以及向他们提供必要增援力量的细节问题。据说国王已经从马耳他平安返回。

6月23日

今天的参谋长会议斯科比也参加了，他从中东回来，与我们就从中

---

① 亚速尔群岛（Azores），位于北大西洋东中部的火山群岛，由9个火山岛成，陆地面积2 344平方公里，为葡萄牙海外领地，是欧洲、美洲、非洲之间的海、空航线中继站，战略和交通位置极其重要。第二次世界大战期间，建在特塞拉岛上的拉日什和圣玛丽亚岛上的圣玛丽亚两座空军基地，是连接美国与欧洲战场的交通中心。气象卫星问世之前，从亚速尔群岛收集和传送的气象资料对欧洲的气象预报至关重要。1943年8月17日，英国和葡萄牙签订英葡协定；同年10月12日，英军在亚速尔群岛登陆。——译者

东调派兵力协助艾森豪威尔进攻意大利的作战行动进行了讨论。中午 12 点半，我和巴尼一起出发，应邀参观位于哈罗镇的柯达工厂。我们在那里吃了午饭，然后度过了一个趣味盎然的下午，最后还得到了 200 英尺的柯达胶卷作为礼物。

按时返回陆军部，参加下午 5 点半首相召集的会议，关于使用特殊手段对付德国的空袭防御。由于这种武器是把双刃剑，可能会影响到我们自己，因此仍有争议。不过，由于损失惨重，轰炸机司令部决定使用它。我希望我们做出了正确的选择。

这种新式武器代号"窗户"；它将金属条从空中投下，可以对雷达形成干扰。德国人果然很快也用同样的方法来干扰我们的雷达。

6 月 24 日

和你、巴兹尔、辛西娅，还有德弗斯共进晚餐，真是美好的一天。

6 月 25 日

和亚历山大·卡多根在萨沃伊酒店一起吃午餐；这次午宴主要是为了迎接挪威的哈康国王，一同出席的还有阿尔巴公爵和其他几个人。晚上，和你一起去看《毒药与老妇》，格拉塞特也去了。真是妙趣横生的演出。

6 月 26 日

午饭后，和你一起开车去雷丁的学校里看看小儿子泰，然后从那儿回家。

6 月 27 日

家中，清净的一天。

6月28日

一如往常地早起,匆匆赶到陆军部,召开参谋长会议。傍晚的内阁会议主要是首相在长篇大论,他不希望因为戴高乐影响他和总统的关系,如果其制造麻烦,首相做好了踢开戴高乐的准备。艾德礼和艾默里仍然支持戴高乐。另一方面,艾登终于学聪明了,我认为他现在已经看透了戴高乐。至少是从去年的这个时候开始,他就有了不同看法。

6月29日

今天的参谋长会议比较短。午饭后去哈罗德百货大楼转了转,想要买个书橱。然后和富兰克林聊了一个小时,他将要接管新整编后的本土军。随后,应麦斯基先生之邀,和你一起去观看一出苏联戏剧。表演很精彩,生动地表现了当下苏联人民的生活景象。和你在公寓里共进晚餐之后,去参加首相召集的会议,一同参加的还有艾登、利特尔顿、莫里森、克里普斯、参谋长会议成员、桑兹、克罗[①](火箭专家)、林德曼教授等人。我们讨论了德国人应该正在研发的新型火箭武器,桑兹一直在对此进行调查。会议达成了结论,这种武器存在明确威胁,我们应当尽可能早地轰炸佩纳明德[②](位于德国波罗的海沿岸的实验站)。

---

① 阿尔文·道格拉斯·克罗(Alwyn Douglas Crow, 1894—1965),英国弹道学、火箭和导弹技术专家。——译者
② 佩纳明德(Peenemunde),位于德国乌瑟多姆半岛、佩纳河口。德国陆军火箭研究所所在地,是纳粹德国在第二次世界大战期间的重要火箭武器研究基地。德国陆军火箭研究所成立于1936年,集中了德国主要的火箭研制设备、物理学家和工程技术人员。战争期间,研究所在佩纳明德研制成功了V-1、V-2型飞弹。1941年9月,德国最高军事当局将火箭研制计划列为"特急发展项目",致使佩纳明德的地位更为重要。由于该地逐渐为西方情报部门所察觉,德国军方对佩纳明德的防卫日益严密。1943年8月17日夜,英国皇家空军派出597架轰炸机对佩纳明德实施空袭,投掷爆破弹1 593吨,燃烧弹281吨。空袭导致研究所研制和生产车间遭到严重破坏,735人(包括在该地被迫劳动的犯人)丧生。但英国轰炸机也有40架被击落。1944年8月,美国空军第8航空队又对佩纳明德实施了两次空袭,分别投弹466吨和328吨。——译者

这是最初召开的与 V-2 导弹①威胁有关的会议当中的一次。在佩纳明德拍摄的照片上，巨大的雪茄状物体清晰可见，但是我们仍然没有掌握有关这些导弹是如何发射的信息，科学家之间也存在着很大的意见分歧。他们所说的解决方案都不靠谱。非常幸运的是，这种武器当时还没有成形，直到战争末期才现身。

6月30日

今天早晨的参谋长会议不得不匆匆结束，以便赶得上参加在市政厅

---

① 德国 V 系列导弹，纳粹德国的导弹工程起始于 A 系列火箭研究，由冯·布劳恩主持，是 1936 年后在佩内明德新建火箭研究中心的重点项目。"V"来源于德文 Vergeltung，意即报复手段。V-1 导弹是飞航式导弹，也是世界上最早出现并在战争中使用的导弹，1944 年 6 月 13 日首次向英国本土发射，由于其脉冲喷气发动机发出独特的嗡嗡声，又被叫作"嗡嗡炸弹"。V-2 导弹是世界上第一种弹道导弹，在工程技术上实现了宇航先驱的技术设想，对现代大型火箭的发展起了承上启下的作用，成为航天发展史上一个重要的里程碑。1942 年 10 月 3 日 V-2 试验成功，年底定型投产。1943 年初，盟国情报人员发现这一计划，并由对佩内明德的空中侦查得到证实。1943 年 8 月 17 日夜，英国皇家空军对佩内明德进行了大规模空袭，炸毁了地面设施。随后纳粹将 V-2 工厂迁到德国山区的山洞工厂，这个过程耽误了预期的火箭攻势。1944 年 9 月，第一枚 V-2 落到伦敦，火箭攻击造成了严重的平民伤亡和财产损失。盟军 9 月 4 日占领安特卫普港后，纳粹向安特卫普进行了大规模导弹攻击。A-9/A-10 导弹是德国在二战后期研制的洲际弹道导弹，计划用它袭击美国本土，项目被称为"美国计划"，1945 年 1 月完成全部设计任务并进入试验阶段。导弹重 85 吨，弹头装 1 吨高爆炸药，设定弹道最大射高 338 公里，最大射程 5 000 公里，可以覆盖整个美国东海岸地区。A-9/A-10 是人类历史上的第一种多(两)级大型火箭，后世各种大型运载火箭和远程弹道导弹都采用类似结构；同时，由于设计用活人驾驶导弹，需要保证驾驶员在火箭飞出、返回大气层和太空弹道飞行阶段的安全，冯·布劳恩和设计人员进行了最早的载人航天飞行探索，第二级火箭驾驶舱被设计为全密封式，铺设了专门研制的特种绝热材料和全套供氧设施等生命保障系统和抗负荷系统，研制了全新的驾驶服。A-9/A-10 对后世人类宇航事业产生了划时代的影响，战后冯·布劳恩曾经表示，他本来就是要借此计划来实现载人航天飞行。1945 年德国投降前夕，冯·布劳恩和 120 名火箭专家向美军投降，后到美国，成为美国火箭技术和空间技术的奠基人之一。苏联也缴获了大量 V-2 的成品和部件，并俘虏了一些火箭专家，以此为起点开始火箭和空间计划。——译者

举行的向温斯顿授予城市自由勋章的仪式。这种仪式以前我从未参加过，留下了非常深刻的印象。我在礼台上的位置极佳，紧挨着查韦尔勋爵，在温斯顿和市长背后不远的地方。温斯顿发表了精彩的演说，获得了热烈反响。授勋仪式之后，我们在市长官邸用午餐。席间，我的左侧是塞缪尔勋爵，右侧是本尼特勋爵，再往左是韦维尔，再往右是伦敦主教。前面是坎特伯雷大主教夫妇、马尔伯勒公爵夫妇和安东尼·艾登夫妇。市长做了简短致辞之后，温斯顿又发表了简短精辟的讲话。

傍晚，凯西与我就中东局势谈了一个半小时，叙利亚和无赖的（原文无法辨认），巴勒斯坦和犹太人，波斯和极地地区的问题等等。最后总算回到家，和你一起安安静静地吃了顿晚餐，然后看了会儿古尔德的鸟类图谱。

7月1日

今天早晨，我们为了亚速尔群岛作战计划对葡萄牙的影响而大伤脑筋，我们希望葡萄牙能够把这些岛屿交给我们，以帮助我们击败德国人的潜艇。午饭之后，我会见了远征缅甸的温盖特[①]旅（缅甸远征军特种部队）的两名军官。他们非常风趣。然后和阿奇·奈就陆军部方方面面的情况谈了很长时间。晚上和亚当一家人小聚，你也参加了，之后看了几部鸟类的影片。傍晚的时候，我们接到了总统发给首相的电报，关于东南亚战区司令部和葡萄牙问题的，很是棘手。

7月2日

艰难的一天。先是开了很长时间的参谋长会议，讨论总统的那两封

---

① 奥德·温盖特（Orde Wingate，1903—1944），英国陆军上将，特种作战的先驱。——译者

电报。首先我们建议，如果萨拉查①(葡萄牙总理)同意我们在亚速尔群岛上部署猎潜飞机的话，我们将派出一个整编师，外加四百门防空炮和大约十四个战斗机中队为葡萄牙提供支援。以我看来，这样的动作将会不可避免地恶化我们和西班牙的关系，并导致德国人进入西班牙，对其所认为的半岛威胁的第一步予以反击。整个局势十分凶险，我们很可能会发现自己将被迫卷入半岛战争，而这并非我们所愿！总统的另一封电报是关于组建新的东南亚司令部的。这些建议还是与我们的想法不太一致。

和勒温一起吃了午餐，下午3点去唐宁街10号与首相开了两个小时的会。我们一一排除了眼下即刻会发生的危险，但是我不确定，对于亚速尔问题可能会导致的危险他是否都想清楚了。回到陆军部正好赶上参加陆军委员会会议，一直开到下午6点半，然后我继续处理日常事务。阿奇·奈夫妇过来一起吃晚餐。

7月3日

早早结束了参谋长会议，然后去了苏利文家，花了半个小时聊古尔德的书。和亚当在卡尔顿烤肉店吃完午餐后，就开车回家了。

7月4日

安安静静地待在家里。

---

① 安东尼奥·德·奥利维拉·萨拉查(António de Oliveira Salazar，1889—1970)，葡萄牙总理。天主教徒，早年学习神学，毕业后在家乡作神甫。1921年当选议员。1926年任财政部长。1932年任葡萄牙总理，次年修改宪法，建立带法西斯性质的新国家体制(Estado Novo)，又称"合作和权威国家"。西班牙内战时支持佛朗哥政权。二战中保持中立，一方面提供亚速尔群岛作为同盟国的基地并与英国维持传统友好关系，另一方面又亲近轴心国集团。作为葡萄牙的独裁领导者，他统治葡萄牙达三十六年之久。萨拉查所建立的带法西斯性质的温和官僚独裁在独裁政体中是较为特别的，被称为"没有独裁者的独裁制国家"。2007年被评选为"最伟大的葡萄牙人"。——译者

7月5日

像平常一样早早离开家，今天的参谋长会议讨论了未来的东南亚司令部最高指挥官人选问题。首相中意的人选是奥利弗·利斯，他还相当嫩，在成为最高指挥官之前应该先指挥一个集团军。肖尔托·道格拉斯，是我们希望的人选，但不被罗斯福总统认可，我们觉得必须促使首相再次去说服总统。午饭之后，加拿大军参谋长斯图尔特[1]来见我。很明显，他也意识到麦克诺顿不适合指挥加拿大军队！我们讨论了撤换他的可能方式，但并非易事！最佳方案是通过地中海和欧洲战区将加拿大军队分成两块，不过这也是说起来容易做起来难！现在看来，在拿下西西里岛之后，美国人似乎想要结束地中海的战事，如果他们能做到的话。我们必须等待，看看西西里战役的走向如何，以及在下一次联合参谋长会议上我能做些什么。在下午6点的内阁会议，和晚上10点半与首相召开的参谋长会议上，我们力劝首相再试一次，说服总统接受肖尔托。今天接到了西科尔斯基在直布罗陀死于飞机失事的噩耗。他的离世是个巨大损失，我觉得自己失去了一位好朋友。

7月6日

参谋长会议很快就结束了。和安东尼·艾登在外交部共进午餐。在场的还有葡萄牙、美国、挪威、中国和波兰的大使们，以及克兰伯恩和邮政大臣莫里森。

午饭后参加了遴选委员会会议，会后和印度事务办公室一起会见了印度军的新旧将领们。麦克雷迪前脚刚出发去美国，德温就从澳大利亚回来了，陆军大臣也从阿尔及利亚回来了。晚上和阿瑟·史密斯、国王侍卫一起在圣詹姆斯宫吃饭。韦维尔也出席了。

---

[1] 詹姆斯·克罗斯利·斯图尔特（James Crossley Stewart，1891—1972），加拿大陆军准将。——译者

7月7日

在简短的参谋长会议上,我们不得不重新审视了攻占西西里行动的某些最终部署。午饭之后,我和德温就澳大利亚、麦克阿瑟的战略、布莱梅①(澳军总司令)、柯廷等话题进行了交流。我们相谈甚欢,我也获益匪浅,但最令我感到新鲜的是,澳大利亚人仍然渴望留在英联邦里。下午6点,我们观看了一部记录电影,关于首相最近一次出访和国王的北非之行。之后和首相一起参加迎接国王的晚宴,出席的还有格里格、亚历山大、辛克莱、庞德、波特尔、"巴哥犬"伊斯梅。国王像往常一样亲和迷人。他注意到伊斯梅和我仍佩戴着"山姆·布朗"武装带,十分贴心地建议我们吃饭时可以把它们卸下来。首相把他拉入"长长短短",他亲切地为我们所有人都签了名。他一直待到午夜时分才离开。庞德的情绪很好,故事段子不断。国王离开之后,首相让我们一直待到凌晨1点半。最后当我们互道再见的时候,他把我拉到唐宁街10号的花园里,站在黑夜中再次告诉我,他希望由我担任海外战场的总指挥,但是要等到1、2月份我才可以卸任帝国总参谋长一职,并且只有当横渡海峡行动十分确定的情况下,才调整我的职务。他的态度再诚恳不过了,说我是他唯一充分信任的人选。

这是温斯顿第二次许诺我担任欧洲解放军的总指挥(参见1943年6月15日的日记)!这一次他提到了我上任的具体日期,再等半年多时间就到了!当我回到家,激动地难以入眠,脑海中翻来覆去地思考着这个问题。命运之神会准许由我来指挥这支军队,实施我一直以来为之奋斗的战略计划的最后篇章吗?我们的战略规划能够按照我的想法成功实现,并且还由我本人来亲自指挥这支实施最后一击的部队,这看起来似

---

① 托马斯·布莱梅(Thomas Albert Blamey,1884—1951),澳大利亚唯一的陆军元帅。——译者

乎太过奢望了。所幸我对于影响最终决定的各方面因素有着清楚的认识，没有被这种乐观情绪冲昏头脑。

7月8日

10点45分从参谋长会议离开，去坎伯利参谋学院向毕业生发表致辞。然后和你共进午餐。

下午4点返回伦敦，会见从叙利亚回来的斯皮尔斯，他想要告诉我，在我们目前重返法国的计划中，对法国军队的部署使用是完全错误的。但是，我觉得他的建议也没有更好。晚餐后，在10点半首相召集的会议上，艾登和卡多根详细说明了来自里斯本的最新消息，是关于亚速尔群岛的使用。但是，从10点半一直到11点20分，我们都在听首相和艾登之间关于重组驻阿尔及尔的法国民族委员会的激烈辩论，以及温斯顿对戴高乐喋喋不休的指责，不过对他所说的我完全认同。可惜的是，他对戴高乐的厌恶来得太晚了，早在一年前就应该将戴高乐赶出英国，并且有很多机会可以这么做！但是每一次安东尼一求情，温斯顿就原谅了。然后我们才花了十分钟，讨论里斯本传来的意见，之后又回答了一系列关于即将发起的西西里战役的问题。最后，在午夜时分，我们终于得到了解放，浪费了一晚上时间，就工作了十分钟！

7月9日

匆匆开完了参谋长会议，因为我们要赶去参加10点45分召开的内阁会议，讨论人力资源的问题。目前我们所有的军队和相关军需补给产业的人数都超出了人力资源的承载能力，人员精简势在必行。可惜，虽然已经认识到必须进行精简，但温斯顿却不愿意缩减部队的编制。继续养着那些我们已无力维持的弱旅没有任何价值，我反对这么做，因而导致了与温斯顿极为严重的意见分歧！不过，今天早晨的会议开得还算太平。

即便是人力资源状况不允许保留如此多军队的事实已经非常清楚，温斯顿还是希望长期保留这些部队的编制。他对于削减自己麾下部队和机构的反感，几乎是一种孩子气般的执念。当美国人的编制超过我们的时候，他的这种执念愈甚。我无法让他认识到，保留住那些弱旅其实是一件自欺欺人的事。我一再尽力向他解释，当这些机构无法维持应有的人员数量时，他们的效率就会一落千丈。但我说的完全没有用。他变得越来越固执，而这正是我在这件事上取得成功的最大阻力。

午饭后，欧文来见我，他被免去缅甸前线的指挥职务而调回国内。这是一次令我很不满意的谈话。光谈缅甸战役的经验教训了，对于未来的作战计划却根本无从谈起，因为关于前线的战报一份都没有。当我听到他谈及军队士气的状况，以及他们对于日本人的自卑丧气情绪时，深感震惊。看来我们必须采取某些强有力的措施来改善这种状况。

今天晚上，西西里战役打响了，谢天谢地，心里悬着的石头终于要落地了！等待这场仗开打的过程，真是令人越来越难以忍受了。据报告说，天气状况极佳。

7月10日

随着西西里的消息传来，度过了令人兴奋的一天。很少有人，如果有的话，能够认识到这次战役的意义有多么重大！我的体会尤甚。首先，我必须说服参谋长们，这并不容易——他们更倾向于进攻撒丁岛。然后我还要和首相作斗争，劝服他留在地中海，而不是回到英吉利海峡！最后，在忙于和美军参谋长唇枪舌剑的同时，联合计划参谋处也反对我，想要转回到撒丁岛！！真是需要极强的意志力才能保住西西里岛这个目标。现在，我的坚持是对是错，尚待分晓!?! 但无论如何，已经有了一个好的开始。

7月11日

太太平平待在家里，把书柜挪了个地方，又花很大力气修好了小女儿普克斯的羊角车，不让自己闲下来，免得总是想着西西里。所幸传来的都是好消息。

7月12日

回归正常工作。西西里持续传来好消息。下午6点的内阁会议上，我对整个战况做了说明。晚上和科博尔德一起，在纳菲尔德俱乐部招待美国军官。后面还参加了为韦维尔举办的晚宴。

7月13日

今天的参谋长会议开得异常艰难。我们讨论的是东南亚战区最高司令部总司令的人选问题。美国人拒绝了肖尔托·道格拉斯，我们认为他们没有任何理由或者权利这么做。首相希望任命一名"来自北非的、有冲劲的年轻军团指挥官"，而这令事情变得更加复杂。奥利弗·利斯可能会成为一流的军团指挥官，但作为战区总司令仍显经验不足。

7月14日

仍然为东南亚战区总司令的人选问题烦恼不已！温斯顿不会向总统施加压力，使其接受不符合他们意愿的肖尔托·道格拉斯。我现在在考虑"巨人"威尔逊，吉法德，普拉特和波纳尔作为可能的人选。前者的可能性最大。中午参加了"30俱乐部"成员招待巴兹尔的午宴。他做了一番精彩演说，之后赫伯特·莫里森也发了言。回到陆军部会见了杰米·德鲁，然后你和普克斯来了，一家人在这儿喝下午茶。送普克斯和克罗（女家庭教师）去车站之后，我们去唐宁街10号参加雪莉酒会。在那儿首相问你，是否喜欢让我担任登陆法国军队总司令这个主意！而我还没有告诉过你有关此事的任何信息，因为这一切还都太遥远，而且没有定论。我们遇到了许多人，包括韦维尔和奎妮夫妇，克兰伯恩，马尔伯勒，贝文一家子，伊斯梅，格里格一家子，布雷肯等人。

这是温斯顿第三次提到由我担任解放法国军队总司令的想法（参见1943年6月15日和7月7日）。现在他询问我妻子对这一任命的反应，由此可见，他在心里已经打定主意了。我之所以没向她提起过这件事，是因为温斯顿曾经告诉过我要保密，并且这项任命离石头落地还遥遥无期呢。

7月15日

极为漫长的一天。在10点钟召开参谋长会议之前便开始工作。从9点到10点处理了一堆日常事务电报和参谋长会议的简报。随后的参谋长会议上，我们和联合作战参谋们一起讨论了地中海战役之后的作战计划。

11点10分，我们结束会议，所有人都前往威斯敏斯特大教堂，参加可怜的西科尔斯基的葬礼。葬礼仪式略显夸张做作，难以让人产生情绪的共鸣。直到最后一刻，我看到灵柩放在空荡荡的台子上，四周围插着6根燃烧的蜡烛，在另一侧，悬挂着军官们带来的军团旗帜，这一幕景象正如同波兰目前所面临的悲惨境遇，令我为之深深动容：当黎明的曙光即将出现之际，它却同时失去了自己国家和军队的领导者。我个人非常喜欢西科尔斯基，会十分怀念他的。

从教堂出来之后，直接去了亨登机场，飞往诺福克。对于要乘坐飞机的人来说,最好不要参加空难遇难者的葬礼,否则神经会承受不住的!霍巴特来接我,然后带我去参观他的两栖坦克。看到这些坦克,令人倍感振奋。最后我还乘坐其中一辆在海中航行了一会儿。看着老"混混"如此开心,成就感十足,我也十分欣慰。

飞回亨登机场。回到陆军部后忙得不可开交,之后在公寓与巴兹尔、卡多根一家和伯利一家共聚晚餐。

晚上10点半,又去了唐宁街10号,与首相、赫伯特·莫里森、查韦尔勋爵共同召开参谋长会议,讨论使用轰炸机投掷铝片来干扰德国人的无线电定位,他们会做何反应。我们还讨论了莫里森提出的增加掩体以应对德国火箭威胁的要求。然后又商议了八月初在魁北克与美国人召开的下一次会议。最后,再次回到东南亚战区司令部的问题上。我们决定召肖尔托·道格拉斯回国,要他对美国人提出的某些指责作出解释。会议结束后,我走出门外,感到疲惫至极,首相见状说道:"总参谋长,你看起来很疲倦,是不是太劳累了?别飞得太多。"从他嘴里说出这样的话,意味深长,而不仅仅是一句安慰之词。凌晨1点半,我终于能上床睡觉了!

7月16日

今天的参谋长会议很快就结束了,因为我们要参加11点15分在下议院召开的内阁会议。

一直到下午1点半,整个会议都在围绕着人力资源问题展开讨论。我们已经到了必须要削减机构的地步,尽管这一点十分明显,但却没有一个人愿意接受裁撤!!首相希望分别处理军队和工厂的问题,然而这是一个必须做整体考虑才能够解决的问题。我们必须把人力与我们的战略相结合,人力动员的规模必须依军队的战略需求而定。

下午忙于处理办公室事务,最后还参加了一个陆军委员会的会议。

西西里传来的依然是好消息，感谢上帝！如果事情不顺利的话，我真不知道应该怎么办，因为这次行动从一开始就不断遭到反对，是我一直坚持才得以实施的！我永远不会忘记在卡萨布兰卡，在最后的关键时刻，联合作战参谋和参谋长会议成员都试图转向的时候，我与他们之间那激烈的斗争！

7月17日

简短的参谋长会议之后，与亚当共进午餐，匆匆赶回家，正好赶上帮忙晒干草。

7月18日

在家中，清净的一天，忙着拍摄金翅雀。

7月19日

今天的参谋长会议开了很长时间，想要讨论确定在西西里战役之后，我们下一步作战行动的最佳方案。我们考虑攻打那不勒斯。空中掩护力量严重不足，主要依靠运输机，能够用来发起进攻的也只有三个师的兵力——兵力实在是匮乏。增援速度也比德国人慢。糟糕的是，在判断敌人可能动向的问题上，情报部门也一筹莫展。晚上8点半，收到了新的攻打那不勒斯评估报告，我一直研究到9点半。又是一份糟糕的报告！首相、艾登、艾德礼和奥利弗·利特尔顿过来讨论后续作战计划，于是我们召开了一次类似于参谋长会议的会议，一直开到10点半。就后三位而言，这真是一次业余战略家会议！这一次温斯顿总体上是乐于听取别人意见的，思路也没有跑偏。把这些内容敲成电报发给艾森豪威尔，再说服马歇尔同意我们的观点，不要把他吓得逃出地中海，这可够我们忙上一阵子了！！

7月20日

昨天晚上与首相开会定下来的下一步作战计划，在今天的参谋长会议上进行了讨论修订。我们草拟了一份发给华盛顿的电报，支持马歇尔想要进攻那不勒斯的强烈愿望，但同时指出，这么做意味着必须要做出某些调整，并且以牺牲缅甸和横渡海峡行动为代价而留在地中海。他们肯定没那么容易接受！！

下午，先是和摩根讨论横渡海峡行动计划，然后和从印度回来的作战处处长马拉比①商讨东南亚司令部和对日作战的问题。随后又与陆军大臣商量后续的人事任免，接着与伯利一家去参加雪莉酒会。晚上参加了在克拉瑞芝酒店为吉罗举办的晚宴，我就坐在他旁边，发现自从访问美国之后，他的情绪高涨，精神焕发。驱车送格拉塞特回家时，和他聊了一会儿，与他的谈话真是令人耳目一新。

7月21日

上午11点，吉罗将军出现在我们的参谋长会议上，并参加了随后一个半小时的会议，直到结束。他的心情很好，认为开辟意大利战场是正确的，除了在后勤保障问题上要稍加注意，他的话很是合乎情理！吃完午饭之后，于下午4点前去拜访艾默里先生，在印度事务办公室里和他一起喝茶聊天，讨论如何组织足够的山地作战部队，应对在多山地形的意大利的战斗。他非常和气，提供了很大的帮助。

回到陆军部办公室，会见了怒气冲冲的麦克诺顿将军，他大老远跑到马耳他，想要去西西里岛看看加拿大的部队，亚历山大却不允许他参观（显然是蒙蒂的意思）！！他怒不可遏，已经将此事报告了加拿大政府！我花了一个小时十五分钟来安抚他！尽管我很想告诉他，他和他的政府在关

---

① 乌伯汀·沃尔特·索森·马拉比（Aubertin Walter Sothern Mallaby，1899—1945），英国陆军少将。——译者

于自治领军队的使用问题上，比整个英联邦的其他国家制造的麻烦都要多！

麦克诺顿这件事，是由于不同人的性格缺陷所引起的不必要冲突的最佳例证。首先，在没有正当理由的情况下试图阻止麦克诺顿视察部队，是蒙蒂的典型行事风格，但他却没有意识到，从英联邦的角度来看，他所指挥的首次参加作战行动的加拿大军队，让麦克诺顿参观一下本是无可厚非。其次，亚历山大的特点是性格不够强硬，阻止不了蒙蒂的愚蠢行为。第三，麦克诺顿作为加拿大政府官员，总是在吹毛求疵，这是他喜欢从政治角度做文章的典型表现。我们的这些麻烦，我确信，不是来自加拿大政府，而是麦克诺顿自己想出来的。他没有一点儿大局观念，宁愿冒着输掉战争的风险，也不同意将自治领军队拆分。如果不是请加拿大政府向他施加了相当的压力，想要调他的一个师去地中海是不可能的。因此，蒙蒂愚蠢地阻止他去参观加拿大师就更是火上浇油了！

晚上与约翰·肯尼迪一起共进晚餐，他还邀请了德文郡公爵夫妇和班纳曼。后者正忙着写一本关于鸟的新书，由洛奇[①]负责书中的插画，他这次还带来了部分洛奇已经完成的精美作品。

7月22日

紧张忙碌的一天。早晨和联合作战参谋照常开了参谋长会议，讨论了那不勒斯行动和有多少胜算。得出的结论是，这是一场赌博，但值得一试。然后德弗斯和摩根过来商量一旦德国政权突然崩溃，我们重回法国的事宜。接着又去下院参加内阁会议，讨论人力资源问题，会议一直开到下午1点15分，连参加吉罗在丽兹酒店举行的午宴也迟到了。席

[①] 乔治·爱德华·洛奇（George Edward Lodge，1860—1954），英国鸟类插图画家和猎鹰驯养方面的权威。——译者

间，我坐在吉罗和瓦尼埃（加拿大代表）中间。吉罗容光焕发，心情很好。午宴结束之后，匆匆赶回陆军部会见西科尔斯基的继任者，新的波兰军总司令索松科夫斯基①。他显然达不到前任的水准，但我们的会面还是相当愉快的。在他之后，与印度司令部作战处处长马拉比就下一步建立新的东南亚司令部，以及所有的困难和障碍商讨了一个小时。然后又花了一个小时和情报处长处理公务。7点15分，匆忙去"巴哥犬"伊斯梅的雪莉酒会上露个面之后，又在8点钟返回参加为P.J.格里格夫妇以及威克斯夫妇举办的晚宴。晚宴结束之后，从美国返回的迪尔大约在晚上10点半抵达，他看上去十分消瘦，但据他自己说他现在已经恢复了健康。

在我们正深陷于战争之中，看上去我似乎参加了太多的晚宴、午宴和雪莉酒会！不过，也要记住，有大量的工作是在这些非正式的会面中进行的。有很多机会就在那些私人间的谈话过程中，并且能够捕捉到在其他场合可能被忽略的重要细节。

7月23日

我的六十岁生日，也是我退出现役军人编制的日子！

今天的参谋长会议略长，讨论了奥金莱克的缅甸战役计划，马拉比也参与了。然后与斯塔克海军上将共进午餐，迪尔陪我一起，还有德弗斯。斯塔克显然知道今天是我的生日，为我准备了一份插着蜡烛的精美生日蛋糕，他还建议我应该把它带回家！从多切斯特酒店出来后，我们直接去圣米迦勒切斯特广场参加庞德夫人的葬礼。之后返回陆军部，会见了阿兰·坎宁安，告诉他我打算派他去指挥北爱尔兰的部队。

---

① 卡齐米日·索松科夫斯基（Kazimierz Sosnkowski, 1885—1969），波兰陆军上将、独立运动领袖、艺术家、外交家、政治家，是波兰近代史上的重要人物，懂拉丁、意、法、德、英、俄等多国语言。——译者

7月24日

收到来自美军参谋长的一封电报，令人极其失望——马歇尔完全没有认识到我们在地中海战区的战略价值是什么，只是一心想着横渡海峡作战。他承认我们的目标是必须消灭意大利，但却总是害怕面对这么做的后果。他的目光短浅，真是能把人气疯。

和亚当一起吃午餐，迪尔也在。午餐后回到家，度过了一个美妙的生日茶歇！

7月25日

上午在家里清闲无事，下午4点和你一起动身前往契克斯庄园。我们发现，温斯顿、克莱米、玛丽、莎拉（温斯顿在皇家空军服役的女儿），查韦尔和马丁等人都在那儿。晚餐开始之前，温斯顿带我去果园坐了一会儿，在那儿他再次提到希望任命奥利弗·利斯作为东南亚战区总司令。我也再次劝他打消了这个念头。然后他又说想让温盖特当东南亚战区的陆军总指挥，我也没同意。接着我们讨论了下一步的地中海战略。在这个问题上我们的意见完全一致，但我们都充分认识到我们和美国人之间的问题。晚餐之后，我们观看了一部电影《巴黎屋檐下》。看到一半时，传来了墨索里尼下台①的消息！！！温斯顿匆匆离开找艾登商量去了。这是一个值得铭记的时刻，至少是从"开始的结束"向"结束

---

① 七月政变：意大利上层分子推翻墨索里尼独裁统治的政变。意大利北部大罢工和1943年7月10日盟军在西西里岛登陆后，意大利政局动荡，国家法西斯党内部上层集团矛盾激化。16日法西斯四巨头之一、陆军元帅德博诺等人提出召开法西斯大委员会，19日墨索里尼被迫表示同意。24日下午5时法西斯大委员会举行会议，墨索里尼首先作长篇发言，为意大利战败辩护，引起与会者激烈辩论。会上前司法大臣格兰迪提议恢复政府、议会和法西斯大委员的权力，并由国王伊曼纽尔三世重新统率三军，得到墨索里尼的女婿、外交大臣齐亚诺等人的支持。法西斯党总书记斯科尔扎试图中断会议未成后，25日凌晨3时，格兰迪动议付诸表决时，以19票赞成、8票反对、1票弃权，获得通过。同日下午5时国王召见和下令逮捕了墨索里尼。晚上10时正式发布墨索里尼辞职和巴多格里奥出任首相的消息，政变成功。——译者

的开始"的转折点！上床睡觉已是凌晨 1 点 30 分了。

7 月 26 日

忙碌的一天。开了很长时间的参谋长会议，下午 4 点半，又开了一次参谋长会议，讨论意大利局势和停战协议条款等问题。5 点半召开战时内阁会议，6 点半召开内阁例会，直到 7 点 45 分。最后还参加了一个为艾伦代尔子爵一家和凯蒂·西摩举办的晚宴，并看了几部鸟类影片。

7 月 27 日

今天的参谋长会议开得很是艰难，处理关于人力资源短缺的问题，想要做出应该裁撤哪些部门的决定。午饭之后，加拿大军参谋长斯图尔特来找我。他建议将英国本土和地中海的加拿大军队拆分成两个部分，这样就可以让麦克诺顿只担任其中一支军队的总司令！他是对的。这是拯救这支队伍的唯一办法。之后，佩吉特过来聊了一会儿，还有威克斯和肯尼迪。最后又和陆军大臣会谈，然后才回家。

7 月 28 日

漫长的参谋长会议，讨论停战协定的条款，艾森豪威尔建议在意大利还没做出任何反应之前，就将停战协定通过广播向意大利民众播出。所有人都不赞成这么做。查林顿过来一起吃午餐，还有南希和杰克·迪尔。午餐之后，会见了土耳其的军事武官，还有返回美国途中的魏德迈①。晚上

---

① 阿尔伯特·科蒂·魏德迈（Albert Coady Wedemeyer，1897—1989），美国陆军上将，盟军中国战区第二任参谋长。1919 年毕业于西点军校。1921 至 1923 年在本宁堡第 29 步兵团服役。1923 至 1925 年、1932 至 1934 年，在驻菲律宾美军部队服役。1925 至 1927 年，在驻中国天津美军第 15 步兵团服役。马歇尔时任副团长，史迪威任营长。在华期间，与其夫人勤习中文，并结识中国政商领袖，与林语堂、顾维钧及清废帝溥仪等人均有所接触，对中国风土人情了解颇深。1927 至 1932 年，（转下页）

战争日记（1939—1945） 683

和迪尔一家、亚当、斯特朗和斯塔克一起共进晚餐。晚餐之后，韦维尔顺道来访。最后和首相开会讨论意大利停战协定，还有东南亚战区未来的行动计划。首相现在打算起用阿兰·坎宁安，尽管每次我一提起他，就被他顶回去了！

7月29日

今天的参谋长会议还是讨论停战协定，关于向意大利人广播的问题给艾森豪威尔的回电等等，等等。下午会见了一名军需中士，是空降师的一名厨师，他在突尼斯与德国人进行了激烈的战斗，被俘虏之后带到意大利，挖地道逃跑，又被抓住，被单独关押并遭到毒打，转送到医院之后再次逃跑，跑到梵蒂冈，最终被遣返回国！之后花了些时间，与威克斯商量有关东南亚司令部陆军部分的组织架构设置。迪尔也顺道过来，商量就下一步的缅甸战役，他应该对中国的外交部长宋子文[①]说些什么。

（接上页）在美国本土部队服役。1936年毕业于指挥参谋学院。1936至1938年在德国军事学院留学，回国后任美国陆军步兵学校教官。马歇尔十分欣赏他的策略、才智和准确的战略判断能力，为做好美国加入二战的准备，1941年5月将其调入陆军参谋处作战计划处任职，负责国家战争规划书《胜利计划》的编制工作，是美国参战后一系列战争计划的主要制定者，并作为马歇尔的代表参加联席作战会议。1942年6月任陆军参谋处作战计划处副处长。1943年10月调任东南亚战区总司令路易斯·蒙巴顿的副参谋长。1944年10月至1946年5月，任中国战区美军司令兼中国战区总司令蒋介石的参谋长，对弥补史迪威造成的与蒋介石的隔阂发挥了重要作用。1946年9月任美国第2集团军司令。1947年7月作为美国总统特使率团出使中国、朝鲜，考察评估两国的政治、军事和经济状况。他在回国后写给杜鲁门总统的报告中，如实揭露了国民党政府的种种弊端，正确判断出两年之内中共军队将取得最终胜利。1947年10月任美国陆军参谋处作战计划处处长。1949年10月任美国第6集团军司令。1951年8月退役。1954年根据美国国会通过的法案晋升为上将军衔。1958年出版回忆录《魏德迈报告》。——译者

① 宋子文（英文名Tse-ven Soong，1894—1971），父亲宋嘉澍是美南监理会的牧师及富商，孙中山革命支持者。宋子文是民国宋氏家族的一员，与大姐宋霭龄的丈夫孔祥熙，二姐宋庆龄的丈夫孙中山，妹妹宋美龄的丈夫蒋介石关系都很密切。毕业于上海圣约翰大学，继入美国哈佛大学经济系，博士毕业于哥伦比亚大学。（转下页）

7月30日

我们昨晚的运气真好！凌晨1点半，艾森豪威尔发了一封关于意大利停战协定的电报。首相觉得这件事情十分紧急，便把全体战时内阁成员都从床上拽了起来，一直到凌晨4点！！感谢上帝，我们逃了过去，没有被叫去。

德弗斯和埃克①参加了今天的参谋长会议，讨论运送美国轰炸机中队到地中海协助艾森豪威尔的必要性。鉴于目前美国"空中堡垒"和德国战机之间的空战形势，我们决定不这么做。傍晚，召开了陆军委员会会议。

7月31日

今天天气酷热。所幸参谋长会议很快就结束了。吃完午饭，和巴尼一起开车回去，他在桑德赫斯特下了车。琼斯为我带了些古尔德的书。

8月1日

家中，清净的星期天。

（接上页）曾任广东革命政府中央银行行长、财政部长、商务部长等职，为蒋介石夺取国民党的党政军大权积极提供财政支持。后又历任南京国民政府财政部长、中央银行总裁、行政院副院长兼财政部长、代理行政院长。1933年10月后辞去政府职务，专门从事财政金融活动，次年4月兼任中国银行董事长。1936年12月参与和平解决"西安事变"。太平洋战争爆发后出任外交部长，常驻美国，频繁活动于欧美各大国寻求支持和帮助。1942年与美国签署租借协定，获得美援超过8亿美元。同年，与英美等国就取消外国在华治外法权等特权签署新约。1945年7月出席旧金山联合国制宪会议，宋子文是四位主席之一。1946年1月任国民党最高经济委员会委员长。10月再任国民党政府行政院长，劝说美国杜鲁门政府支持蒋介石发动内战。1949年1月去香港，随后侨居美国纽约。1971年4月25日病逝于美国旧金山。宋子文是国民党内部的务实开明派，比较西化，对建立近代中国较完整意义上的财政金融制度，对遏止日本对华侵略、寻求国际援助、提升中国国际地位，作出了重要贡献。——译者

① 艾拉·克拉伦斯·埃克（Ira Clarence Eaker, 1896—1987），美国陆军中将。——译者

8月2日

早早起来，发现桌上堆满了电报，都是关于多德卡尼斯群岛、克里特岛和巴尔干等地的意大利军队准备投降的消息。开了很长时间的参谋长会议，想要确定如何处理亚速尔群岛的问题。我们还是倾向于向葡萄牙承诺给他们提供援助。会议一直持续到下午1点半。下午和作战处长、帝国副总参谋长以及军需总监的会议又开了很长时间，讨论我们在意大利能做些什么，感觉有些疲劳。下午6点是内阁会议，一直开到8点20分，然后我又匆匆赶到多切斯特酒店，和德弗斯以及国会议员们共进晚餐。从那儿及时脱身，参加晚上10点半召开的国防委员会会议，一直开到凌晨1点半。首相情绪很差，十分烦躁。塞尔伯恩（主管特别行动处）在会上要求为他的行动提供更多飞机。他请首相与总统接触，以便拿到更多的"解放者"。首相的答复是："你要我做的是把奶牛的乳头扯下来！！！"然后再次讨论葡萄牙和亚速尔的问题，这导致艾登和温斯顿之间起了意见冲突。最后，来自美国的电报声称，总统正在考虑同意罗马为"不设防城市"（以免遭受破坏），将这个夜晚的不愉快推向了高潮！

8月3日

又是艰难的一天。漫长的参谋长会议，讨论棘手的人力资源问题，试图在地面和空军部队之间实现等比例裁减！像往常一样，在这种情况下达成决议是不可能的！然后，宋子文博士来找我们，代表蒋介石询问有关我们为收复缅甸战役的准备情况。微妙的是，由于宋博士十分好打听，因此有许多事情要瞒着他。他待了一个多小时，一直到下午1点45分会议结束。下午3点，加拿大国防部长拉尔斯顿来见我，待了将近两个小时，商量我们应当如何革掉安迪·麦克诺顿的加拿大陆军总司令职务！这事儿没那么容易。然后，刚从西西里岛回来的布朗宁，带回许多关于空降部队着陆和作战的细节情况。经过诸多艰苦努力，他们相信未来会更好。之后和陆军部秘书长谈了半个小时。最后与威克斯和奈又讨论了许多问题。已经到了晚上8点，我的文件盒还没有一个是空的！所以今晚又要面对一大堆工作了。

动身去魁北克的准备工作正在进行之中。我痛恨去那儿，对即将召开的会议心怀恐惧，那将是无休无止、令人厌烦的工作！

8月4日

继续忙碌的一天。摩根参加了参谋长会议，讨论他关于横渡海峡行动的计划——在某些地方过于乐观了。在有关陆军和空军哪些地方人手不足的问题上，和空军参谋长发生了激烈争论。我们的讨论没取得什么进展。

下午一点的内阁会议，讨论总统坚持宣布罗马为"不设防城市"的问题。参谋长会议和内阁全都强烈反对。

下午：和拉姆齐的长谈十分有趣，他向我讲述了许多西西里战役中的各种插曲。然后是从缅甸回来的温盖特来访，讨论了他的运动战术。和陆军大臣就人力资源问题进行了长谈，还有其他几个约见。最后和情报处长、副总参谋长、常务副总参谋长研究所有等着拍板的问题。7点吃晚饭，8点20分乘上开往北方的火车，再转乘"玛丽王后号"皇家邮轮前往加拿大。前路艰难，我不太看好我们与美军参谋长之间的会议！！

我对与温盖特的会面充满好奇，过去听到过很多他的传说。他从前曾在阿比西尼亚（埃塞俄比亚的旧称）打仗，战后得了精神崩溃，曾试图割喉自杀。获救之后经过一段时间的康复，又重新开始工作。那个时候艾默里来问我，是否可以把他派到缅甸去，或许会证明是他的用武之地。我给韦维尔发电报，问他是否愿意接受温盖特，韦维尔回电愿意招之于麾下。事实证明，温盖特取得了巨大成功，他创建了远程渗透部队深入敌后，在日占区屡建奇功。在我们的会谈中，他认为自己运用小股部队的实践，也可以被运用到更大规模的部队上。不过他要求这种部队的装备必须一应俱全：最优质的兵员、最优秀的基层指挥员、最能干的军官、最精良的装备和充足的空运补给。我觉得他的战果充分证明，他的打法应该得到支持。我为他提供了英格兰所有能给他想要东西的联系人，并告诉他等我从加拿大回来，会和他一起全部再理一遍，看看他想要的东西到底拿到了多少。

等到了艾迪生路火车站，让我跌落眼镜的是有人告诉我，温斯顿已邀请了温盖特夫妇陪他一起去加拿大！这就是想把一件老古董带去给美国人看看！想不出这么做还有其他什么原因。这对于温盖特和他要在国内做的事情而言，纯粹是浪费时间。

8月5日

昨天晚上吃好晚饭，9点钟刚过，就从艾迪生路火车站离开了伦敦。早上醒来，我们发现自己已经身处克莱德班克①的码头上了。早餐后登上一艘老式的"多佛到加来"横渡海峡用的汽船，载我们去"玛丽王后号"。邮轮刚刚重新油漆过，看上去比前一次亮堂多了。我们在午餐前登上船，首相的火车午餐后不久也到了。代表团成员有：首相，丘吉尔夫人和小女儿玛丽，埃夫里尔·哈里曼和他的女儿，参谋长会议全体成员，莱瑟斯勋爵，莫兰勋爵，军需总监里德尔-韦伯斯特，温盖特（首相还准许他带着自己的夫人！！！），还有作战计划、情报和运输等等各部门的参谋人员。下午茶后我们开了参谋长会议，温斯顿叫我去参加晚宴。出席的人有：温斯顿和夫人克莱米、女儿玛丽，哈里曼和女儿，莱瑟斯，（原文无法辨认）和本人。宴会结束后，温斯顿开始拖着哈里曼和莱

---

① 克莱德班克（Clydebank），苏格兰西邓巴顿郡的一座城市，位于克莱德河北岸，著名造船基地和港口。——译者

瑟斯打扑克，我赶紧开溜了。风很大，而且未来三十六小时的天气预报都糟糕得很！还好"玛丽王后号"摇晃得不是很厉害！

距这下一次的英美会晤时间越近，我越是感到不喜欢。我知道，我们和美国朋友之间将有一场激烈的交锋！！我现在就能想象得出会场里的样子和他们的表现。

在今晚的宴会上，倒香槟之前，服务生想先在平底酒杯里倒满水。温斯顿阻止了他，说"不要倒水，看着多扫兴！"

8月6日

昨晚的风真大，但也只是让"玛丽王后号"有些轻轻摇摆。10点半开参谋长会议，大家研究在美国人面前，如何才能最好解决地中海战局的问题。决定将继续地中海战区的作战，与同意实施法国北部的登陆作战捆在一起考虑。在我看来，彻底解决掉意大利，是我们必须坚持的政策。一旦拿下意大利，我们就可以加强对德国南部工业设施的轰炸，迫使德军从苏联、巴尔干和法国抽调兵力。只要我们把德国人钉死在意大利，他们就会发现自己的兵力根本不够用。白天剩下的时间都在研读摩根拟订的横渡海峡作战计划。相当不错，但对预期的推进速度有些太乐观了。

下午茶后被首相叫去了，商量削减陆军兵力和东南亚司令部的问题。让他同意了由吉法德指挥地面部队，温盖特统辖热带雨林中的远程突袭部队。首相还告诉我，正考虑任命迪基·蒙巴顿为东南亚战区最高司令！！他会需要一个非常能干的参谋长才能做得下来！

今天过后，我们就将得到严密护航，包括一艘航空母舰、一艘巡洋舰和三艘驱逐舰，还有从北爱尔兰过来的飞艇。

8月7日

整个上午都在开参谋长会议，讨论横渡海峡作战行动，审视这一方案的可行性，以及如何减少德国在法国的驻军，这对行动付诸实施是十分必要的。午餐后与温盖特会谈，商量他下一步在缅甸打算怎么干。接着又和马拉比谈东南亚战区司令部的问题。下午6点半和温斯顿开会，我和他就组建东南亚战区司令部进行了激烈地争论。他坚持认为在阿萨姆地区没有必要再安排陆军的指挥官，东南亚战区的地面部队指挥官由最高司令官兼任，同时也负责指挥马来亚的所有军事行动，应该可以身兼两职并在德里进行指挥！经过有一个小时的苦苦争辩，我已经部分说服了他，但是明天很有可能又从头来过！今天的天气又很糟糕。

8月8日

西西里岛捷报频传。埃特纳火山的德军阵地被突破，继续北进。一场艰难的参谋长会议，大家讨论了有关缅甸战役的大政方针。我们叫来了温盖特，商量远程渗透部队要发挥什么作用，最后达成了作战方针，打算拿给美军参谋长们一起研究，也让他们知道，我们从来没有忽视过缅甸的军事行动。

午餐后首相叫我过去，和他谈了大约一个小时。一开始，他还是和我商量如何组建东南亚战区司令部，对昨天自己坚决反对的问题，这会儿全部都同意了。接着他告诉我有关苏门答腊岛的想法，他打算在这个岛的北端发起一场进攻，但是不去碰海峡对岸大陆上的槟城。我也告诉他，自己从莱瑟斯那里听到一些传言，说有一条动议正在美国酝酿，用萨默维尔取代马歇尔。说萨默维尔正在策划此事，还拉着海军上将金做同伙儿！

参加了达德利·庞德为船上军官举办的雪莉酒会。晚餐后，去看关于二战起因的美国纪录片的下半集。两艘美国巡洋舰和四艘驱逐舰已经接手了护航工作。从收到的华盛顿电报来看，这一次会议的日子应该相当不好过。美国人决定启动重返法国和缅甸战役的准备工作，不惜以抛开意大利为代价。看起来他们真是不明白"一鸟在手胜过双鸟在林"这句格言的真谛!

我不知道莱瑟斯是什么时候开始传那则关于萨默维尔的谣言的。我当然不会把它加在萨默维尔和金的头上,认为它毫不可信,没有一个字是真的。

我觉得,今天是温斯顿第一次开始形成他关于苏门答腊岛北端作战行动的概念。就像我们将来能看到的,他在这件事情上中了邪,有点儿像大战初期挪威的特隆赫姆一样,关于他的这个想法,我们将来还有得争呢!

8月9日

10点半开参谋长例会,讨论了各种各样的小问题,包括用冰制造航空母舰的计划!迪基·蒙巴顿的馊主意之一!

下午开始能隐隐约约看到陆地了,我们越来越靠近哈利法克斯①。从舰桥上看去,首相、丘吉尔夫人、玛丽、庞德、波特尔和蒙巴顿都在上面了,我加入他们,整个海港一览无余,领航员引着"玛丽王后号"这样一艘巨轮靠港停泊可不是件容易的事儿。等我们靠上去,我发现唐尼·怀特也站在码头上。在上次大战的时候他是加拿大炮兵部队的副旅长,当时我在加拿大军团任职,他是我很好的朋友。自从1919年之后就再也没有见过他!我们被安排乘坐一列很舒服的火车,卧车包房都是最豪华的。我的卧铺有两张床。乘务员告诉我,上一次睡在这里的"贵

---

① 哈利法克斯(Halifax),加拿大新斯科舍省的首府,大西洋沿岸诸省中最大港市,是世界第二大自然深水港。1749年英国苏格兰移民在此定居,1841年建市。1905年之前为英国陆、海军基地,战略位置重要,有"北方卫士"之称,军事设施众多,二战期间是盟国在北大西洋的舰艇集结和护航基地。现为加拿大大西洋舰队司令部所在地和重要海军基地。——译者

战争日记(1939—1945)　　691

宾"是温德尔·威尔基①,在1940年的总统大选中,他是富兰克林·罗斯福的共和党对手,《天下一家》的作者。

8月10日

美美地睡了一觉醒来,我看向窗外,感觉很像苏格兰。有很多迷人的大河和湖泊,应该是钓鱼的好地方!这段旅程真有味道,我完全沉浸其中,是观察一个全新国家的好机会。就在跨过圣劳伦斯河之前,火车靠站,加拿大总理麦肯齐·金来迎接首相一家人,也上了火车。我们的火车继续前行,大概5点半抵达魁北克车站。在那儿,我们受到了英国驻华盛顿联合参谋代表团的欢迎,一起乘车去芳缇娜城堡酒店②,我分到一套非常舒服的卧房和起居室,可以直接眺望圣劳伦斯河。为了开会,我们包下了整座酒店。美国人要周五才能到,这种安排美中不足,意味着要等上好几天。

8月11日

上午10点半,和驻华盛顿联合参谋代表团一起开会,讨论和即将举行的会晤相关的背景情况,从他们那里了解最近我们在美国人面前碰壁背后的深层次原因。据此我可以判定,大部分麻烦事儿的背后都是海军上将金,因为他关于太平洋战场的主张,总是与欧洲战场的大部分军事行动相矛盾。此外,我们去年否决了马歇尔关于横渡海峡的作战计划,他依旧耿耿于怀。我真是不看好这次会晤,感觉接下来我们的日子一定

---

① 温德尔·威尔基(Wendell Lewis Willkie, 1892—1944),美国政治家、律师。——译者
② 芳缇娜城堡酒店(Château Frontenac),坐落在加拿大魁北克市圣劳伦斯河北岸,是加拿大太平洋铁路公司建于1893年的古堡酒店,以法国新法兰西殖民地总督芳缇娜伯爵命名。二战期间的魁北克会议在此酒店召开。——译者

非常难熬。

吃好午饭，我们和加拿大的参谋长们开会，给他们解读战局的总体趋势。会后我开始研读美国人起草的关于战局的评估报告，一直到晚上8点，还审阅了温盖特关于缅甸战役的建议。

今天的大部分时间都是大雨倾盆、狂风怒号。温斯顿启程前往海德公园，去和罗斯福一起小住几天。

8月12日

大家都放假一天！庞德、波特尔、里德尔-韦伯斯特、蒙巴顿和我早上9点一起出发，开车往北跑了40英里，又沿着灌木丛小径步行了三刻钟，来到了一个湖边。我们乘汽艇穿过湖，来到一位法裔加拿大人的钓鱼小屋。这个国家太可爱了。满山的松树一直长到湖边，驼鹿可以从林子里一直跑到湖边来喝水，树林里还有熊出没，河狸把自己的窝儿建在湖面上。但鱼很少，只有小鳟鱼，数量还不多，但丝毫没有减少大家的乐趣。所有的东西都准备好了：鱼竿、鱼线、鱼饵，还有一顿丰盛的午餐。（我们去的那两个湖，我认为应该叫圣文森特和圣纪尧姆。）回去的路上，我看到了一只花栗鼠，就在几码远的地方，吸引了我的注意，真是个古灵精怪的小生命。就快回到酒店了，还看到一只臭鼬在车前灯的光柱下穿马路而过。我们都下车去找，但它跑得不见了。

等回到酒店，已经快晚上10点了，大家难得从事务堆里抽出身来，整整玩了十二个小时！我更是只想逃进这里的乡野，不想面对会场里的美国朋友，他们根本就没有战略观念，目光短浅，以为签上一揽子法律合同仗就打赢了，而且还是提前六个月凭空签好的！我真是懒得和他们争！

在这天我们第一次意识到达德利·庞德的身体状况恶化了。在出去的路上他站立不稳，险些跌落到小沟里去，幸亏被迪基·蒙巴顿一把抓住了。回来的时候，我们费了好大劲儿才把他搞到车上去。他看起来完全虚脱了。

8月13日

辛苦又漫长的一天。刚吃完早饭就与迪尔会谈，告诉他我们所持的立场。然后赶着在三十分钟里看完两天的往来电报！接着10点半到下午1点开参谋长会议，驻华盛顿联合参谋代表团也出席了。午饭前和加拿大军参谋长们一起合影留念。吃好午饭抓紧处理了三个小时文件，到下午5点半开了第二次参谋长会议，一直到7点半。晚餐和马歇尔、阿诺德、萨默维尔一起吃的，后面是麦肯齐·金和魁北克省长举办的招待会，一直搞到半夜。

都这个时候了，我还必须坐下来，在今天拿到的美国人关于欧洲战略的文件上加好自己的批注。看到美国人的文件，我还是挺高兴的，在此前和我们起冲突的一些问题上，感觉他们开始开窍了。但我们依然有几个难点问题要解决，前路可不是玫瑰花瓣铺成的鲜花小径！

当英美联合参谋长委员会在英国的领土上召开时，按照我们的惯例，应当由我主持会议。这一下子给我增加了很多工作，不仅要准备好应对方方面面的战略问题，整理所有人的观点以支持我们的政策，但为了主持好会议，又不能过分受到自己人观点的影响。不管怎么说，这些会议带来的工作压力还是很大的，首先要求我们自己对讨论的话题要完全熟悉，这就要看大量的资料；其次我们自己要先召开参谋长会议，确保一个声音对外；然后才去和我们的美国同僚开会；最后再和温斯顿开会，报告我们已经解决的问题和依然

存在的分歧。

8月14日

10点半，我们召开了第一次英美联合参谋长委员会会议。比较轻松。我们的第一个任务是确定会议议程，第二是通过一份我们对于战争的总体评估。午餐前，我们就欧洲战场达成完全一致的意见。吃好午饭，我们继续讨论太平洋战场至下午4点，这个时候我们收到了奥金莱克发来的电报，详细介绍了加尔各答以西爆发洪灾的情况。这些洪水看起来对缅甸战役造成了严重影响，但我们的美国朋友又盯着我们要展开缅甸战役，这让我们陷入了进退两难。

在城堡里和丘吉尔夫人一起吃了午餐。莱希和伊斯梅也在。这天晚上晚餐以后，在加拿大军参谋长斯图尔特的陪同下，去观看了完全由加拿大军人自己组织的文艺演出。我和麦肯齐·金、丘吉尔夫人、迪尔、马歇尔和金一间包厢。真是一流的演出。

8月15日

令人郁闷不快的一天。早上的参谋长会议开得很累人，阵容庞大，驻华盛顿联合参谋代表团成员、迪尔和军需总监都出席了。接着温斯顿叫我过去，说是午餐前要和我谈一刻钟。他刚刚去见了总统和哈里·霍普金斯回来。显然是后者给他施加压力，要求任命马歇尔为横渡海峡作战行动的最高司令官。我能感觉到温斯顿让步了，尽管此前他曾把这个位子许给了我！！他问我怎么看，我告诉他，除了失望没有其他的想法。他接着又说，人选是艾森豪威尔而不是马歇尔，然后亚历山大再去接艾森豪威尔的位子，与此同时将蒙蒂召回本土，接掌佩吉特的司令部。此外，还给总统推荐了迪基·蒙巴顿担任东南亚战区最高司令官，总统接受了。他问我对这些任命还有什么意见吗，我告诉他，我还是觉得他在人事任命上摆得不够平。

我记得好像就是前一天,我和温斯顿都来到古堡客厅外面的阳台上。远眺圣劳伦斯河的美景,还有沃尔夫将军在魁北克高岸上浴血厮杀的战场①。这个时候温斯顿说,眼前是旷世美景,身后是黑云压城。在1942年艾尔-阿拉曼战役的前夕,我曾自愿放弃接掌北非战区司令部的机会,推荐了亚历山大。我之所以这么做,就像我过去曾经说过的,是因为当时我觉得自己留在温斯顿身边或许能发挥更大的作用。但是眼下大政方针已定,战争已到了最后阶段,最终的胜利即将到来,我感觉没有必要继续捆在温斯顿身边了,乐于接受这个盟国远征军最高司令官的职务,此前他已经在三个不同场合对我许诺过。现在,从他这里听到将要把这个岗位拱手相让给美国人,仅仅是为了换取总统同意任命蒙巴顿担任东南亚战区最高司令,对我来说真是个令人心碎的打击!

他一直都知道这对我意味着什么。他没有表达任何安慰,对自己不得不改变主意也没有丝毫歉疚,对这件事感觉就是小事一桩!在他的官方历史中只有一处提到我的感受,战争回忆录第五卷第76页,称我"感到非常失望,但保持了军人的尊严"。在同一页他描述了这一变化背后的原因,称在横渡海峡的军事行动中,参战美军的比例显然要远远超过我们自己的。因此,最高司令官最好是个美国人。但在当时,这个事

---

① 亚伯拉罕平原战役(Battle of the Plains of Abraham),是1759年决定"七年战争"胜负的一场战役。1756年,英法之间为争夺殖民地和海上霸权爆发"七年战争"。1759年9月12日夜,詹姆斯·沃尔夫少将率领英军在魁北克城南、法国人认为无法攀登的险峻山崖强行登陆,奇袭获得成功。9月13日,英法两军在亚伯拉罕平原展开激战,战斗仅持续三十分钟,法军大败。激战中沃尔夫将军被三颗子弹击中身亡,年仅三十二岁。1860年9月法军投降,法国从此丧失了在加拿大的所有殖民地。1763年英法两国签署《巴黎和约》,结束"七年战争",并正式把新法兰西割让给英国。——译者

实却无法缓解对我的打击，让我好几个月才缓过劲儿来。

全体参谋长会议成员和首相一起吃了午饭，然后抓紧赶去和美军参谋长开2点半的会。这是最平淡的一次会，什么问题都没解决。我想让马歇尔搞明白横渡海峡行动与意大利战役的关系以及相互间的影响，结果彻底碰了钉子。他根本就没开始考虑战略层面的问题，和他说什么都没用！他甚至都没看摩根起草的横渡海峡作战方案，因而根本就没法评估其困难和需求。他只提出了一个有用的观点，就是如果我们决定加强英格兰的兵力，就要重新评估对日作战。我们在5点半散会，已经非常难熬地坐了三个小时。

我又处理了一些公务，然后出去走走呼吸一下新鲜空气。晚饭一个人吃的，因为我只想一个人待会儿！晚饭后和迪尔一直商量到半夜，下一步到底该怎么办。迪尔已经私下里和马歇尔聊过了，发现他非常难搞，没法商量，如果我们坚持自己的立场，他甚至威胁要辞职。

那天我和马歇尔之间的麻烦在于，他打算从那个时候起，就给予横渡海峡行动绝对的优先权，如果有必要，不惜牺牲掉意大利战场。我的观点是，意大利战场对于横渡海峡行动真正付诸实施是十分必要的，因而这两个作战行动是相互依存的。如果给予横渡海峡行动全部优先权，可能会严重削弱意大利战场，它就没有办法吸引足够多的德军，进而保障横渡海峡行动成功实施。

8月16日

在上午的参谋长会议上，我们刚刚坐下来，打算研究联合参谋长会议上采取的措施，温斯顿就把我们叫去了！他想商量安东尼·艾登发来的一封电报，事情是塞缪尔·霍尔引出来的。在电文里他汇报了与意大利总理巴多格里奥①派来的一位将军会面商讨和平条款的情况,他们提出让意大利军队与盟军协同作战,将德军赶出意大利。眼下我们要考虑的就是如何最好地把握住这次机会。温斯顿还坐在床上没有起来,我们就这样开会,他把就此事件发给罗斯福的电文读给我们听。

完了我们回去继续开会,苦思冥想如何才能弥合与美国人之间的分歧。一直开到下午1点半。2点半,我们和他们又小范围碰头,所有的秘书和参谋人员都不参加。大家讲话相当坦率,我上来就告诉他们,问题的根源出在我们彼此不够信任。他们怀疑我们在明年春天全力以赴筹备横渡海峡行动的决心,同时我们对无论战局发生多大变化他们都能够坚定不移地执行既定协议也没有信心。然后,我不得不再重新介绍一遍我们的整个地中海战略,阐明他们从来没有真正吃透过的战役目标到底是什么。最后,我又讲了无数个理由,来证明横渡海峡行动与意大利战役之间的紧密关系。最终我觉得,我们的据理力争真的对马歇尔产生了一些影响。不幸的是,马歇尔根本就没有什么战略眼光,而金也只有一个心思,就是打好太平洋的仗。下午5点半会议结束,又开了三个小时!

晚饭后出去散步,呼吸呼吸新鲜空气,让我感觉好多了,但是想想接下来还要过的这一个礼拜日子,真是一点儿都高兴不起来!后面我还要主持六次与美军参谋长的联席会议,再多我都感觉自己要撑不下来了!

8月17日

上午参谋长会议的大部分时间,都在研究如何应对巴多格里奥的最新和平提议带来的局势变化。我们起草了一份给艾森豪威尔的电报,要求他派参谋军官到里斯本会见那名意大利将军。局势还是很难驾驭的,

---

① 佩特罗·巴多格里奥(Pietro Badoglio, 1871—1956),意大利陆军元帅。——译者

在我们有足够的力量抵达之前，如果巴多格里奥操之过急，就会被德国人扶植的卖国贼搞下去。

下午2点半和美国人开会，一开始先是小范围，只有参谋长们参加。让我大感松口气的是，他们接受了我们关于欧洲战场的建议，我们所有的苦苦相争总算有了一个好结果，相当令人满意。接着我们继续讨论太平洋战场和缅甸战役。这是我推出温盖特的最佳机会，他把自己关于缅甸战役的想法和主张，做了一流水平的介绍。美中不足的是，加尔各答以西的严重洪灾，对我们所有的作战计划和方案都产生了重大影响。

下午6点，我和迪尔去古堡参加总督阿斯隆①勋爵举办的鸡尾酒会，庆祝罗斯福总统的到来。刚刚到那儿就被首相抓去了，和他、总统、海军上将莱希一起商量发给艾森豪威尔的电报，就是关于巴多格里奥那和平提议的。总统修改了涉及空袭的一句话，其余全部同意，我们就发出去了。

和往常一样，迪尔在整个会议进程中都发挥了巨大作用。如果没有他，我真不知道该怎么办。他对马歇尔是如此知根知底，所以他可以给我解读马歇尔到底在想些什么。而且马歇尔和我都毫无保留地信任他，让他成了最佳中间人。当我们都脑子犯浑的时候，他一次次地把我们说合在一起。

8月18日

参谋长会议相当轻松，主要的难题是关于登陆舰艇的。然后我们去出席阿斯隆勋爵一家举办的大型午宴，招待总统的。午餐后拍了很多合影。大家不得不赶回去参加下午的联合参谋长会议。会上我们认真讨论

---

① 亚历山大·坎布里奇，阿斯隆一世伯爵（Alexander Cambridge, 1st Earl of Athlone, 1874—1957），英国陆军少将、政治家，乔治五世妻子玛丽王后的弟弟。——译者

了史迪威的问题,他身上被指派了一堆职务,不知道是怎么趟下来的!会议气氛友好,进展相当顺利。

会后大家去了亚伯拉罕平原,研究魁北克战役期间沃尔夫将军是如何进攻法国人的。晚上我们都出席了麦肯齐·金举办的大型晚宴。结束的时候他和总统、首相都发表了简短讲话。后面放了一些淡然无味的电影。

8月19日

又是折腾人的一天!上午9点到10点半,我抓紧处理完文件。然后开参谋长会议到中午12点钟,接着去城堡酒店会见首相,讨论东南亚战区的军事行动。我又和他争了起来。他坚持要夺取苏门答腊岛的北部沿海地带,却不考虑我们的对日战争整体方案!他认为眼下整体方案是没有必要的,采用的纯粹就是机会主义的政策,就像一个被宠坏的孩子,在商店里吵着闹着要玩具,尽管父母已经告诉他这样做是不好的!真是拿他没有办法,最终什么都没有谈成!让我几乎没办法再和美国人谈下去了!

回到酒店匆匆吃了午饭,接着下午2点半和美国人继续开会,然后5点半和总统、首相开会。给他们报告我们截至目前取得的成果,他们相当爽快地就同意了。

及时赶回酒店,和军需总监一起吃晚饭,商量缅甸战役的后勤补给问题。吃好晚饭直接去了马歇尔的房间,就缅甸战役和对日作战聊了一个小时。等我回到房间,印度司令部作战处处长马拉比已经在等我了,研究印度的兵力是否足以在缅甸和苏门答腊岛同时展开作战。迪尔也加入我们,他们一直待到午夜。然后我再坐下来为明天做准备,看了一个小时资料。

我感觉自己已经泄气了,无法面对明天的会议。像眼下这样首相还在背后打横炮，会议根本就没有办法主持！

　　就像过去在特隆赫姆的问题上一样，到目前为止温斯顿还在苏门答腊岛北端的事情上纠缠不清！他是用圆规量出来的，发现从那里起飞可以轰炸新加坡，于是就铁了心要去那儿。就未来针对马来亚的军事行动而言，那个地方并不是一个合适的基地，把那个地方打下来到底想干什么，他始终就没有讲出个所以然来。我提醒他注意，当他迈出自己的左脚之后，要想想右脚该放在哪里。他在我面前晃着自己的拳头，大喊："我不管你们的什么远期目标，一点儿主观能动性都没有！"我承认这可能妨碍了主动进攻，但在没有想清楚远期目标之前，我也不可能提前知道下一步该去向何方！我告诉他，他必须要知道自己想去向哪里，他竟然回答说不想知道！这让争论已经变得没有意义，而且想让他在这个紧要关头不打横炮都难。就算不再冒出苏门答腊的问题，我们和美国人就缅甸战役达成一致意见所面对的难题已经足够多了。

　　今天的英美联合参谋长委员会会议，我就知道和马歇尔之间会有麻烦。就在开会之前，迪基来问我，他是否可以向美国人介绍一下"哈巴谷工程"的进展情况。我直言相告，"今天估计是我们和美国朋友之间最难搞的日子，应该没有时间给你介绍你的冰航母。"不过，他还是继续求情，如果有时间，拜托我记着。

　　正如我所料，会场气氛很火爆，开到一半，我建议马歇尔，让其他与会的六十多名军官退场，进行"不记录在案"的磋商，解决我们之间的分歧。他同意了。在我们的闭门会议中，经过更为激烈的争论，最终大家达成了一致意见，刚要休会，迪基跑过来提醒我"哈巴谷"！于是我问马歇尔，他和美军参谋长是否让迪基汇报一下"哈巴谷工程"的最新进展。他客气地同意了，大家又都坐下来。

　　这时迪基松了口气，打了个手势，几个服务生抬进来几个大冰方块，事先放在末尾一个房间里的。然后迪基开始介绍，左边一块是普通的纯冰，右边一块添加了很多成分，让它更有弹性，不容易碎裂，因而更适合于作为建造航空母舰的材料。接着他告诉大家，为了证明他所讲的，他带了一把左轮手枪来，打算朝冰块开几枪，看看它们的质量如何！说着他从自己的夹克上衣里套出一把左轮来，大家都连忙站起来，小心翼翼地躲到他身后。然后他提醒大家，他先朝着普通冰块开枪，看看它是怎么碎开的，还让大家当心碎屑。他就开枪，我们就盯着一堆碎冰块看！"看那儿"，迪基说："我刚刚给你们怎么说的；现在我再打右边这一块，看看有什么不同。"他又开枪，结果当然是不同；子弹在冰块上弹了出来，像一只被激怒的蜜蜂，嗡嗡地绕着我们的腿飞来飞去！

这出在芳缇娜酒店客厅里上演的射击展示结束了，但故事可没有就此结束。

是否还记得，刚开始的时候会上吵得太激烈了，我们就让那些与会的参谋军官们都退场了。他们在旁边的一个房间里等着，当听到左轮枪声，里面的饶舌鬼就开始嚷嚷："天哪，他们开始打起来了！！"

8月20日

在上午的参谋长会议上，我们就对日战争的问题一直吵到下午1点，也没有一个明确的结果。这个问题本来就很难，再加上首相那盯着一个要、其他都不管的孩子气态度，让事情变得愈加复杂！2点半与美军参谋长开会，我想方设法不让会议形成什么明确的意见，直到我们自己先和首相拿出个最终说法。

然后我出去散散步，这真是太需要了，连轴转的工作和缺乏锻炼，让我的脾气糟透了。

晚饭后，作战参谋们来到我的房间，后面迪尔和波特尔也来了。在他们的帮助下，我们最终形成了一份比较稳妥的方案，明天继续讨论。

我建议先在自己的参谋长会议上通过，然后拿给温斯顿，最后争取让我们的美国朋友也能同意。

8月21日

又是辛苦的一天！我们的参谋长会议上，先是讨论波特尔、迪尔和我昨天晚上在作战参谋的帮助下起草的方案。略作修改就通过了。然后中午12点钟去找温斯顿讨论。他理性多了，同意接受作为对日战争的总体方案，但仍在为苏门答腊作战行动而叫喊，像个宠坏的孩子！不过，他接受了我们的方案。下午2点半，我们和美国人会面，提交了方案，建议我们先退场，好让他们自己商量一下。为此他们整整花了一个小时，等我们回来，发现他们提出的几点修改意见，都是温斯顿根本不可能接受的！这引发了更多的讨论，让他们同意达成一个大致框架，让温斯顿和我们大家都能够接受。搞定此次会议的最后一个难题，真是让人松了口气，事实上，我们的活儿干完了。

后面我们登上了加拿大政府提供的一艘船，游览了萨格奈河。

8月22日

出席这次会议的代表团，大约有三百名美国人、加拿大人和英国人。我们整个晚上都沿着圣劳伦斯河顺流而下，然后再溯萨格奈河而上。黎明时分掉头返航。风光非常优美，游船也十分舒适。经过刚刚结束的紧张的一周，真是莫大的放松。早上8点半，我们回到了酒店。

我收到了你的来信，信中讲述了泰遭遇的事故。感谢上帝，结果不算太坏！

他在议会大厦附近被轿车撞到了，人事不省，被救护车送进了医院。对我妻子来说真是惊魂一刻，还好结果不是很严重。

8 月 23 日

最后一天,但这只是我们的一次会议——不过还是要感谢上帝!我觉得自己再多熬一天都受不了。美国人总是想着靠一系列像律师一样签的法律文书就能指挥打仗了,而且一旦签了还不能反悔,和他们研究问题可是费劲。再加上一个爱发脾气、使性子的首相,还疑神疑鬼,老是担心军方会联合起来反对政府,整个局面就变得愈发不可收拾!这一次他比过去更加不讲道理和难搞。在海上那几天,有些闲暇时光,他就憋出这么个想法来,认准了只有拿下苏门答腊岛北部地区,才能打败日本人!他变得像个爱哭闹的孩子,吵着要没有给他玩的玩具。我们都没有好好研究过这项行动的优劣和可行性,他就要求我们迫使美国人执行!我们天天疲于奔命,忙着开参谋长会、联合参谋长会和首相、总统召集的首脑会议。最终,我们总算克服了重重难关,所有提议均获通过,这应该是感动了全能的上帝!我其实对结果不是太满意,我们未能实现最佳战略,但我认为这也在所难免,一旦有了盟友,各自心怀鬼胎,只能折中妥协。

8 月 24 日

会议结束了。经过一阵子连续不断地和各种偏见、谬误、固执、小聪明、死脑筋作斗争,我觉得自己接下来将无法躲闪地被无聊和无趣所包围。斗智斗勇一下子停了下来,参会人员四散而去,随之而来是空虚、沮丧、寂寞和不满!就像在卡萨布兰卡会议之后,我一个人漫步在马拉喀什马穆尼亚酒店的花园里,如果不是他们安排了随从人员,还有花园里的鸟儿,我几乎要独自哭泣起来。今天晚上也是同样的感觉袭上心头,但这里却连一只鸟的影子都没有!

9 点 45 分先开参谋长会议,接着 10 点半开联合参谋长会议,收尾少数几个仍需讨论的问题。这次会议宋子文博士也参加了,问了很多不该问的问题，无法回答他，主要是因为日本人其实已经破译了宋博士的密码，拦截了他所有的电报！

下午1点，我们和美军参谋长一起宴请加拿大军参谋长。午餐后就散伙了，大家各奔东西。美国人回华盛顿，迪尔陪着马歇尔一起走的，酒店一下子空了。波特尔和我要待到礼拜六，再飞回去。这中间儿我们打算去钓两天鱼。所以我们去买了鱼线、鱼饵和钓鱼时候穿的裤子、袜子。我还与马拉比、温盖特最后谈了一次，解决远程渗透部队与日军交战中的细节问题。

就在吃午饭前，温斯顿要和我谈话。他正在火头上。这都是联合参谋长会议上的演讲稿引起的。稿子里提到，亚历山大的一位参谋称12月1日之前无法在那不勒斯完成六个师的部署。这种妄自推测把他气疯了，聊了二十分钟，我都无法让他平静下来。只好明天上午10点钟再来找他，进一步商量这个问题！

8月25日

看着自己昨天晚上写的东西，感觉自己的情绪也不太正常！我是否应该把这几页都撕掉，等心情好一些的时候再重新写。

上午先是和温斯顿开会，时间从10点推迟到11点钟。他依然十分生气，对我们在意大利战场增援兵力的速度很不满意，已经在准备给亚历山大发电报。

会后我赶回来，提前吃了午饭，换上便装和波特尔一起出发，在坎贝尔先生的陪同下去雪湖钓两天鱼！！坎贝尔去那里是为了照顾我们，我们去的地方是克拉克上校拥有的一个营地，他随后也会陪着首相一家人过来。他们先到南边的一个营地，然后再到湖区与我们会合。跑了60多英里路，大部分都是在灌木丛中穿行，我们抵达了湖区，再换乘汽艇，前往湖北边大约两英里的营地。在那里我们找到了营房，有起居室、餐厅和宿舍、导游指南、独木舟等等，真是很不错。波特尔和我立马开始钓鱼。我选的位置非常好，等温斯顿和克拉克来了，我却不得不让给他们，真是令人气愤。不过，在吃晚饭之前，我还是钓了十条鳟鱼，平均都有 1 磅半重。

8 月 26 日

波特尔和我早上 6 点钟就爬起来了。外面下着瓢泼似的大雨，冷得要命！我们一整天都在钓鱼，我一共钓了四十条鳟鱼，大多数也差不多 1 磅半重，最大的有约 3 磅重。还看到一只鹗，很近的距离，就蹲在离我大约 50 码的地方。还有一只大个头的北方潜水鸟，一只云杉鹬鸪和一只黑背野鸭。我还看到一只猎鹰，一开始还以为是游隼，但不是很确定。此间湖水涟涟，四周原始森林环绕，一直延伸到湖边，真是野生动物的天堂，当地人也采伐这里的树木用于造纸。经常有熊出没，前不久，这里的厨娘露易丝走到营地后面倒剩饭，可是被一只熊给吓坏了！

8 月 27 日

还是清晨 6 点钟起床，天已经大亮了，但湖区却笼罩在雾气之中。不过持续的时间并不长。前一天晚上，波特尔和我已经掷硬币决定了谁去湖水的上游。他赢了，一个上午钓了五十条鳟鱼，而我只有九条！！不过吃午饭的时候我们就换过来了，我去了他上午去的位置，又钓了四十五条！所以我全天一共钓了五十四条鳟鱼，全都超过了 1.25 磅，有几条在 2 磅半到 3 磅之间！差不多两天时间，整个袋子里装满了我钓的九十四条鳟鱼！我还从没有这样的湖钓经历！傍晚 7 点我们离开湖区，开车前往首相住的营地，晚上 8 点半到了那里，一起吃晚饭的有克莱米、玛丽、安东尼·艾登、卡多根、莫兰、马丁和汤普逊，当然还有招待我们的主人克拉克和坎贝尔。晚饭后我们开车回到这里，抵达时已经午夜时分了，虽然感觉累坏了，但这两天时间还是很开心。明天我们就要离开了。

8月28日

上午在打包行李，去看了下老达德利·庞德，然后逛着去书店，拿上此前预定的关于加拿大鸟类研究的书籍。11点钟大家离开酒店，走到码头上，登上一条大舢板，载我们去一艘停在魁北克城堡下方圣劳伦斯河面上的快速帆船。我们这一行人有安东尼·艾登、波特尔、蒙巴顿、雅各布、博伊尔、巴尼和其他三个人。11点45分，我们开始了一段美好的沿河观光，先逆流而上，然后在魁北克城掉头沿圣劳伦斯河而下。沿途大部分地方都是景色宜人。我们在离开后不久简单吃了午饭，然后等到了纽芬兰岛的博特伍德吃晚饭，大家的手表都要拨快几个小时了。

吃好晚饭，我们迎着落日来了次迷人的起飞，很快就没入黑夜之中。我们现在应该在纽芬兰岛东岸，马上就要飞进大西洋。这是我第三次沿着这个航线飞行，但我依然像第一次那样紧张。如果没有经历过去飞越大西洋航程中遇到的困难，现在可能也不会感觉到紧张了。

我去和老达德利·庞德说再见的时候，真没有想到以后再也见不到他了！他正坐在扶手椅里，脚还翘在上面，看起来一点儿都不好。此后不久，他一到华盛顿就第一次脑溢血。他是作为病号被送回来的，回到伦敦是救护车去接的，之后很快就去世了，在10月21日。一位非常勇敢的人，可以说一直工作到倒下去的那一刻。我敢肯定，他已经忍受病痛折磨有一段时间了。与过去相比，他在会上睡着的次数越来越多，而且睡得越来越沉。由于他经常睡着，我常常担心海军方面的问题没有说清楚。他是一个伟大的伙伴，最近我才明白他的病情有多么严重，真想把自己过去日记中对他的那些不良评论都收回来。

8月29日

一个又静又冷的夜晚。我在英国时间早上9点钟起来,大约相当于加拿大时间凌晨4点,美美地吃了顿早饭,来到飞机舷窗,希望能看到我们着陆的爱尔兰海岸。不幸的是,整个爱尔兰和英格兰都被云层覆盖。我们正好飞越恩尼斯基林湖和贝尔法斯特上空,但什么也看不见。我们只偶尔看到一眼爱尔兰海峡、威尔士的舒兹伯利一带、部分索尔兹伯里平原,我觉得自己透过云层的缝隙看到了索尔兹伯里大教堂,最后抵达普尔港,下午2点,我们开始下降穿过云层,平稳降落,从魁北克起算,已经飞了十八到十九个小时。在那儿有大巴士接我们,再换乘专列,差不多下午5点回到伦敦。轿车直接把我送回家,见到了你,回到平和的家中,真是莫大的开心和放松。

8月30日

按正常时间赶到陆军部,忙着安排了一系列会见,有陆军大臣、情报处长、作战处长、马拉比、副总参谋长、常务副总参谋长和秘书长。我只好先把魁北克带回来的最新决定告诉每一个人,再听他们讲陆军部里的新近情况。

下午5点半你来接上我,去跑马场剧院和斯塔克海军上将、南希·迪尔碰面。名为《里斯本故事》的演出很精彩。散场后我们和斯塔克到多切斯特酒店吃晚饭,然后开车回费尔内街的家,接下来几天的休假真是令人感到舒服。

不过,一想到很快我还是要回到折磨人的工作中,就连现在的放松也大打折扣。魁北克会议让我彻底身心俱疲。温斯顿把事情搞得几乎不可收拾,像个电影明星一样喜怒无常,乖张任性的又像个被宠坏的孩子。他有个很要命的毛病,就是常常关注一些零零星星的作战行动,又没有静下心来进行深入研究。一旦被他看中的事情,他又觉得所有人都在反对他，设置障碍。然后他就变得越来越钻牛角尖，其他什么都不顾，如果作战参谋证明这个行动是无法实现的，他就会任命新的参谋人员，期望他们能证明他的作战计划是可行的。能暂时躲开他一段时间，真是说不出有多轻松。

我怀疑未来的历史学家是否能够按照温斯顿的本色给他画像。这是一个丰富多彩的角色——聪明绝顶而又时而头脑发昏，狂野不羁而又难免一次次撞得头破血流。或许他最大的弱点就在于，他从来没有一眼看透战略全局问题。他总是一叶障目而不见泰山。你很难给他说清楚一个战区对另一个战区的影响。德国人在欧洲的预备部队是整体掌握运用的，占尽内线作战的优势，这一点他始终都没有真正悟透。这方面的不足又被他的拗脾气加重了，情况经常是他自己不愿意去"见泰山"，尤其是当视野放宽了就会影响到他看中的军事行动的时候。他是我碰到的人中最难共事的，但我也只能和他一起工作！

9月3日

飞往卡特里克布里奇，和巴尼一起在那里待到7号星期四，然后再飞往奥迪厄姆。

9月4日至7日没有日记

9月8日

早上回到陆军部，发现一揽子方案都拟定好了，当晚与意大利宣布停火，次日上午进攻那不勒斯，同时在罗马附近实施空降登陆。但刚到中午就收到了艾森豪威尔发来的电报，称巴多格里奥变卦了，认为自己掌控不了德国人。不过我们决定，除了罗马外围的空降行动，其他行动照旧进行。我参加了安东尼·艾登在多切斯特酒店宴请麦斯基夫妇的午宴，他们就要回苏联了。哈利法克斯、劳合·乔治、贝文、克里普斯、金斯利·伍德、约翰·安德森、格里格和其他很多人都出席了。我坐在驻新西兰高级专员乔丹的夫人和一位俄国人旁边。晚上出席了陆军委员会招待韦维尔的晚宴。波纳尔也在，我告诉他已经推荐他担任迪基·蒙巴顿的参谋长。

我选亨利·波纳尔担任蒙巴顿的参谋长是最合适的。我完全信任他的能力，并认为对于迪基容易头脑发热、缺乏统领地面部队经验来说，他正好是个弥补。我们在魁北克开会的时候，当蒙巴顿得知自己被选中担任东南亚战区最高司令之后，马上就来找到我，问我是否能够把上衣的纽扣给他一个！他告诉我，还会去跟波特尔再要一个，原因是他想把它们都缝在自己的上衣上。这样他的夹克上就有三个军种的扣子了，如此一来才感觉是个最高司令。我引用这个故事只是举个例子，有时候迪基脑子里想的就是这些无关大局、鸡毛蒜皮的事儿，真正需要面对的核心问题却没有引起他的注意。

后面几天是意大利战役的紧要关头。我们是在赌博，在冒险，但我觉得值得一拼。

9月9日至12日没有日记

9月13日

今天这个日子，是我就任大英帝国总参谋长职务以来的真正的分水岭。我怀着一种毫无激情和极不情愿的心态重新投入到工作中来！我觉得至少需要六个月才能恢复必要的动力再挑起这副担子！我希望自己明天能够感觉好一些。阿奇·奈主持了参谋长会议，因为我发现自己很难再跟上节奏。这段时间发生了很多事情,有不少都是我不想看到的。萨勒诺登陆行动①在我看来是注定要失败的。增援部队的动作也不够迅速,同时在塔兰托和布林迪西的登陆行动也没有被充分利用好。我担心无论是艾森豪威尔还是亚历山大都没有这个本事指挥这么大的仗。在这紧要关头,恐怕我们真的要被赶出萨勒诺了!这个挫折对我们可没有任何好处。

我们搞了个家庭午餐会,吃好开车带你去了泰的医生那里,再回去工作,下午5点半参加了内阁会议。这次内阁会议是由艾德礼主持的,和那些温斯顿主持的真是大有不同!很多方面效率高多了,更加切中要领,但内阁也显得群龙无首。

9月14日

从萨勒诺登陆场传来的消息更加糟糕了,我感觉我们肯定会被赶回到海里去!根本没有办法让美国人认识到他们是在玩火自焚,真能把人急疯了。上午还是照旧开参谋长会议,但一想到这样的会议就让我感到讨厌。下午出席了艾德礼召集的国防委员会会议,开了两个小时,比平时大约缩短了三十分钟。最后韦维尔过来吃晚饭,我们进行了长谈,一直到11点半。我给他讲了魁北克会议的具体细节,以及组建东南亚司令部的最新进展。他和平常一样温文尔雅,不过我觉得他一个晚上说的话都不超过一百个字。

9月15日

感谢上帝,萨勒诺传来的消息有所好转,战机仍存,现在看来更有

---

① 萨勒诺登陆战(Salerno Landings),1943年9月3日,盟军发起意大利战役。9月9日,马克·克拉克中将率领的美国第5集团军和英国第10军在萨勒诺海滩实施主登陆行动,在登陆之初即遭到德国第16装甲师的激烈抵抗。——译者

希望了。一整天都是参谋长会和会见。下午佩吉特来访,他正如我担心的,状态不太好。接着是普拉特,他刚从东非回来,看上去老了很多,也让我感觉自己更加老!晚上我请哈利·克里勒来吃饭,也聊了很长时间,他一直待到凌晨 12 点半!尽管备受关注,但加拿大人的表现却很一般,让我们俩都感到非常失望,其实美国人参加战争的时间更晚,却显然挑起了大梁。他的一些吹毛求疵的批评和评论让我相当生气,不过分手的时候大家依旧还是最好的朋友。

9 月 16 日

萨勒诺的战报更加好了。今天的参谋长会议时间非常长,一直持续到午饭,内容都是明年反攻欧洲大陆的方案计划。午饭后阿瑟·史密斯来商量组建近卫装甲师的条件。接着波纳尔来讨论东南亚司令部的问题,之后我去了印度事务办公室,和艾默里商谈如何扩编山地战部队。

9 月 17 日

萨勒诺的战况继续好转。上午的参谋长会议主要是接待来访的德弗斯和东非回来的普拉特。午饭后我和卡尔东·德维亚尔[1]谈了很长时间,巴多格里奥送他回来和英国建立联系。他兴致勃勃地谈了自己是如何从战俘营逃跑的,还有意大利的总体立场。接着是陆军委员会会议,会后见了从中东战场回来的军需总监,最后参加了怀南特招待美国海军部长

---

[1] 阿德里安·卡尔东·德维亚尔(Adrian Carton de Wiart,1880—1963),英国陆军中将,传奇式人物,参加过布尔战争、一战和二战,脸、头、腹、踝、腿、臀部和耳朵都曾负伤,一战中因作战英勇荣获维多利亚十字勋章,他经历过两次坠机,做过两年多战俘,曾坦言自己很享受战争。——译者

诺克斯①的晚宴。结束的时候诺克斯和亚历山大都发表了很精彩的演讲。我坐在艾德礼旁边，他非常开心。

9月18日

萨勒诺登陆场的战局现在看起来安全了。开了个短的参谋长会，中午和亚当一起吃饭，然后回家度周末。

9月19日

"红脖子"伊斯特伍德夫妇来家里喝茶，还看了关于鸟类的书籍。

不得不提早离家，晚上9点要赶到尤斯顿和从美国回来的温斯顿会面。等火车的有一大群人。后面威克斯来到我的公寓，就他前往北非考察的情况讨论了一个小时。接着处理一大堆电报，大部分是关于对待巴多格里奥政府的未来政策，给予他多大程度的承认。这带来了一些难题！撒丁岛已经解放了，看起来把科西嘉岛从德国人手上解放出来的时间也不会太久了。

9月20日

我成功地把参谋长会议结束得相当早。然后和索松科夫斯基（西科尔斯基的继任者）在丽兹酒店吃午饭。他十分高兴，但和西科尔斯基不是一个水准。午餐后为5点半召开的内阁会议做准备，会一直开到晚上8点半！！开完会温斯顿又叫住我，问我是否读过他的演讲稿，我根本就

---

① 弗兰克·诺克斯（Frank Knox，1874—1944），美国出版商，1936年共和党副总统候选人。二战爆发后，他积极支持英国。1940年7月，罗斯福总统改组内阁，延揽共和党中的主战派加入内阁，诺克斯成为美国第46任海军部长，大力发展美国海军装备，使之成为具备两洋作战能力的强大战略力量。珍珠港事变后，他积极推荐欧内斯特·约瑟夫·金担任美国海军总司令和海军作战部长，并大幅改组海军指挥机构，扭转了太平洋战争的战局。——译者

没看！他说希望我看看，晚饭后可能会找我一起讨论稿子。因为我已经约了伊万·科博尔德一起吃晚饭，就没有多少时间读稿子！刚刚吃好晚饭电话就来了，只好再去唐宁街10号，讨论、修改演讲稿，一直待到凌晨2点钟。他花在这上面的功夫真是没完没了，对待细节一丝不苟。

有好几次我都被拖着参加温斯顿为了演讲所做的最后准备工作。内阁的整个桌子上经常摊满了演讲用的小卡片，因为有很多人轮换着上去发表过评论或意见了。在这些时候他面对的压力是巨大的，天亮之前没几个小时了，他需要把思路理理清楚。

9月21日

参谋长会议又很短。午饭后会见了珀西·汉布罗爵士，他不再负责特别行动处的工作了。然后又见了阿斯蒂耶·德·拉·维热里将军，他就要返回北非了。接着"巴哥犬"伊斯梅来了，他想把阿奇·奈换下来，自己和安东尼·艾登去莫斯科。最后和P.J.格里格会谈，就把佩吉特从远征军中调走、为蒙哥马利让路的想法，他觉得很是不妥。回到公寓，伯迪·拉姆齐和勒温过来一起吃午饭。新的第一海务大臣迟迟没有任命，让拉姆齐非常担心。

让蒙哥马利取代佩吉特来指挥解放法国的作战，也让我感到很是担忧。自从本土遭受入侵的威胁消除之后，佩吉特就一直在统领国内的部队，最终就是要用于横渡海峡作战行动的。在这些部队的训练和战斗力的整体提升方面，他的工作非常出色，我本来也希望他能留下来指挥D日[①]的作

[①] D日，在军事术语中，D日经常用作表示一次作战或行动发起的那天。二战中，诺曼底登陆的D日被定为1944年6月6日，这天也被广泛得由D日这个缩写来代替。——译者

战。我个人对他是很赞赏的，私交也很好，这让我更难以决定临阵换将。不过，在这场战争中，他没有指挥大部队实际作战的经历，在我看来，他的能力更适合做个参谋长而不是司令官。最终，我还是觉得有必要挑选一些经历过实战考验的将领，足以让大家都信服。把这个活儿交给蒙蒂是我自己的主意，但我觉得可能过不了温斯顿和艾森豪威尔（还有马歇尔）这一关，他们可能会倾向于亚历山大。还有P.J.格里格，他也很欣赏佩吉特，还坚持保留自己的意见，尽管我完全理解他的感受，但我知道自己必须力主换上蒙蒂。

9月22日

在上午的参谋长会议上，抓紧敲定了组建东南亚司令部的细节问题。然后中午去蒙巴顿家里吃饭，温斯顿和克莱米也在，还有波特尔夫妇。首相很想任命弗雷泽①担任第一海务大臣。晚上在为明天去参谋学院给各军区司令官讲座做准备，内容是关于世界局势。

还好首相没有决定任命弗雷泽为第一海务大臣，他的能力不及安德鲁·坎宁安的四分之一②。

9月23日

一早出发前往坎伯利，给参谋学院学员做最后一次讲座。然后开车去特丁顿，在那儿和富兰克林、本土军司令部的军官们一起吃午饭，给指挥官们上了另一次讲座，下午5点左右回到陆军部。

---

① 布鲁斯·奥斯丁·弗雷泽（Bruce Austin Fraser，1888—1981），英国皇家海军元帅。——译者
② 其实，丘吉尔给弗雷泽提供了这个岗位，但被他拒绝并推荐了坎宁安，后者于1943年10月就任第一海务大臣。弗雷泽作为本土舰队司令，1943年12月指挥舰队在北角海战中击沉德国海军战列巡洋舰"沙恩霍斯特号"。

9月24日

今天很忙。先开参谋长例会，午饭前剩下大概三刻钟时间处理完办公室的工作。午饭后下午 3 点钟内阁开会，讨论印度粮食问题，接着下午 4 点去拜见国王陛下，他留我讨论了一个小时战争局势。然后去尼泊尔公使馆出席鸡尾酒会，会见了第 4 印度师的廓尔喀军官们。回到陆军部完成办公室工作，去副总参谋长、秘书长和情报处长那里兜了一圈。赶回家换了衣服，晚上 8 点去克拉瑞芝酒店赴宴，接待美国来的战时生产委员会主席尼尔森①。他竟然读了三十分钟演讲稿!!回到公寓过夜，继续做完办公室的工作。

9月25日

参谋长会议很短，赶回家里吃午饭。

9月26日

在家，安静的礼拜天。

9月27日

参谋长会议时间很长。午饭后先是摩根和巴克来了，汇报马歇尔关于组建盟军最高司令部的想法。然后是军情五处的哈克，详细汇报了马特尔在最近与《每日电讯报》前军事记者、老酒鬼马凯西的通信中是如何不慎重。接着马塞涅特②来聊了很长时间，吉罗和戴高乐派他来我这里担任联络官。最后参加了蒙巴顿在多切斯特酒店举办的雪莉酒会，这

---

① 唐纳德·马尔·尼尔森（Donald Marr Nelson，1888—1959），美国企业家。——译者
② 莫里斯-诺埃尔-尤金·马塞涅特（Maurice-Noël-Eugène Mathenet，1889—1961），法国陆军中将。——译者

是他临出发去印度之前的告别酒会。晚上亚历山大的副官来了，带着下一步意大利战场的行动计划。

马特尔当时在莫斯科，在写给马凯西的信中对自己到莫斯科工作的任命大为抱怨，言外之意我没有认识到他的长处。说他自己在运用装甲部队上是最大的权威，应当在横渡海峡行动中被委以重任，而不是来和俄国人搞关系等等。由于马凯西与肯尼斯·德·库尔西是好朋友，后面这个家伙在北非登陆之前就让我们盯上了，所有与马凯西的通信都能被看到。众所周知马凯西很喜欢白兰地，稍微喝高一点儿就容易话多。在日记里我把他叫酒鬼，又觉得这个词用在他身上有些过分了。军情五处来让我提醒马特尔给马凯西写信的时候当心些，但如果不挑明通信被拦截，整件事还不太能说明白。

9月28日

整个参谋长会议都在讨论首相建议在印度洋展开作战的突发奇想。现在，除了那个不可能实现的苏门答腊行动之外，他又想在1944年之内完成夺取阿恰布、兰里①和仰光的军事行动！！如果德国人能够在今年底之前被打败，或许还有一些希望，但德国人还没有被打败呢，他的疯狂计划只会导致一个结果，就是从主攻战线分兵。5点半内阁开会，到7点45分结束。然后9点到10点半又开了一次参谋长会，为10点半首相召集的会议做准备，首相的会一直开到凌晨1点钟。我们其实毫无成果，或者说所有的问题本来在一个小时之内就能全部搞定。他的情绪很差，

---

① 兰里岛（Ramree Island），又称延别岛，隶属缅甸，位于孟加拉湾东岸，面积约2 300平方公里，是缅甸第一大岛，距大陆最近处约30公里。1945年2月19日，英国舰队截击了一支企图撤回日本的侵缅日军舰队，将一千多名日军围困在兰里岛，次日发现其中九百多名日军被岛上的鳄鱼吃掉，据说是历史上鳄鱼食人事件中人数最多的一次。——译者

认为我们是在寻找一切理由回避苏门答腊岛的军事行动。

9月29日

早上的参谋长会议结束后,我就被首相叫过去,发现他开心、和气多了。他开始说,他和我一样担心我们的地中海战略,不能做任何有可能从地中海抽调兵力的事情。我觉得他是感觉到自己前一天晚上的脾气太臭了,此刻想做一些弥补。他告诉我,将在10月底前往德黑兰会晤斯大林,他建议途径阿尔及尔,然后再顺道去意大利看看亚历山大。他希望到时候我们或许已经拿下了罗马。他还说,他希望我陪同他走完前半段的行程,但可能没必要去德黑兰,到那里可能只讨论政治问题而与军事不相干。

晚上和马塞涅特在丽兹酒店吃饭。他对未来很是担忧,在戴高乐主义者和其他法国人之间,不应该有什么区别。

9月30日

我们再次就苏门答腊岛北端作战行动展开激烈讨论,看看是否可以在不影响地中海战场的情况下付诸实施。情报收集不够充分,因而很难把握真实情况。中午在丽兹酒店接待了土耳其大使。他脸色苍白,还没有从最近的肺炎中恢复过来。晚上参加了安东尼·艾登和利特尔约翰·库克在俱乐部为盟军军官们举办的雪莉酒会。和即将返回东非司令部的普拉特道别。

10月1日

抓紧在中午12点钟之前开完参谋长例会,然后参谋长会议成员再与首相、迪基·蒙巴顿和波纳尔开会。结果我和首相因为从地中海抽调部队用于在印度洋发动攻势的问题吵了一个小时。我不同意为了蒙巴顿在苏门答腊冒险而削弱地中海战区的两栖作战兵力。换句话说他这是打算毁掉我们先德后日的基本战略。不过最后我还是把他的大部分坏点子都怼回去了！下午赶着处理公务，5点10分出发去格列姆庄园的科博尔德家里，正好赶上吃晚饭。

10月2日

阳光灿烂的日子，打猎收获满满，有大约八十对鹧鸪和三十只野鸡。

10月3日

上午还是打猎，打到大约三十五对鹧鸪和二十五只野鸡。晚上开车回伦敦。

10月4日

发现首相正为进攻爱琴海上科斯岛的行动①而焦躁不安。晚上的内阁会议上，对科斯岛战局进行了长时间讨论。

10月5日

不得不抓紧结束参谋长会议，我下午1点要赶到斯坦莫尔，与波

---

① 科斯岛战役（Battle of Kos），1943年9月意大利投降后，德军迅速进占巴尔干和地中海原意占区。丘吉尔力图夺回在南爱琴海具有重要战略地位的多德卡尼斯岛链，既作为下步对德作战的基地，也想促使土耳其加入盟国阵营。9月中旬英军在科斯岛等岛屿登陆，但同时德军也抢占了多德卡尼斯群岛中最大的罗德岛。10月3日德军进攻科斯岛，次日英意联军停止抵抗，1 388名英军和3 145名意军沦为战俘，其中有约100名意军军官被德军处决。科斯岛沦陷给多德卡尼斯群岛战役造成灾难性影响，一个月后德军占领莱罗斯岛，11月底前德军占领了整个多德卡尼斯群岛，一直到二战结束。德军占领科斯岛后，建立了犹太人灭绝营，被关押人员无人活到战后。——译者

兰共和国总统共进午餐,他要亲自授予我一枚"波兰复兴勋章"①。奈、格拉塞特、"巴哥犬"伊斯梅、蒂姆·派尔和卡尔东·德维亚尔也受邀出席,波兰方面出席的还有索松科夫斯基、库凯尔和其他五个人。总统在授勋之前发表了简短讲话,我也致辞答谢,然后与所有出席仪式的波兰军官一一握手。丰盛的午餐结束后,大家合影留念。

赶回去参加了遴选委员会会议和 5 点半召开的内阁会议,一直到晚上 7 点半。我们讨论了外交大臣提交的文件,是关于他即将出访莫斯科期间准备采取的大致方针,内容全都和战后如何处置德国相关。可惜首相心情又不好,我们最终什么都没有解决,让安东尼·艾登很是生气。史末资也出席了会议,他是早上到的,会上他提出一个很有意思的观点,眼下我们是否真的要肢解德国,还是将来仍保留一个强大的德国才有助于维持欧洲的力量以抗衡苏联。他说自己去年还毫不犹豫地想把德国拆分掉,但现在他怀疑这样做是否正确。

10 月 6 日

在参谋长会议上,我们评估了德军攻占科斯岛之后造成的局面;首相想再把它夺回来,以及它的丢失对下步进攻罗德岛的影响。在我看来这是明摆着的,如果不是对意大利有过许诺,我们就不应该在爱琴海展开一系列军事行动。下午 3 点 15 分,首相召集参谋会议。安德鲁·坎宁安和肖尔托·道格拉斯也出席了。到现在了首相还决定进攻罗德岛,也不看看战局变化的影响。我和他进行了激烈争论,波特尔一点儿都不帮腔,事实上还帮倒忙!

---

① 波兰复兴勋章(Order Odrodzenia Polski),根据议会法令于 1921 年 2 月 4 日设立,授予在艺术、科学、工业、农业、政治、慈善事业等方面为波兰国家和人民作出贡献的波兰公民和外国公民,也授予表现英勇或做出自我牺牲的平民。——译者

10月7日

又是一天,罗德岛要把我们逼疯了。还是下午3点钟开会,和首相又交锋了一个半小时,我坚持认为自己的想法是对的。相同的理由说了一遍又一遍!最后到了晚上10点半,首相又叫我过去,要两个人面对面坐下来谈,还想说服我同意。不过等我到的时候正好发生了空袭。我往里走,正碰上温斯顿拉着玛丽往外跑,打算去她部队所在海德公园防空阵地,她正好轮休[①]。我只好和他们一起跑!等我们跑到阵地上空袭也结束了,结果在阵地上闲荡了半个小时。温斯顿开始追忆往昔,告诉我就是在这个地方,当他还是个小孩子的时候,他的保姆埃佛勒斯小姐常常带他出来玩!现在却变成了他女儿服役的炮兵阵地!接着他才把消息透露给我,让我星期六陪着他去突尼斯开会,而这会儿已经是星期四晚上11点钟了!!去那里就是为了敲定是否还要拿下罗德岛,而他心里早就想好了!他的健康状况非常危险,情绪也很不稳定,万一有个闪失,天知道这仗还怎么打下去。

10月8日

我慢慢地开始相信,温斯顿到老了精神会越来越不正常!我再也把控不住他了。关于进攻罗德岛的作战,他已经陷入了一种疯狂的兴奋之中,放大了它的重要性,其他事情都不放在眼睛里了,下定决心非得要拿下这座岛屿,甚至不惜影响到和罗斯福总统以及美国人的关系,还有整个意大利战役的未来。他拒绝听任何不同意见,也看不到任何危险!他发电报给总统,要求马歇尔来地中海参加突尼斯会议,研究解决这个问题,心里想着凭他的个人魅力可以左右会议的进程。然而,总统给了

---

① 丘吉尔的小女儿玛丽(Mary Spencer-Churchill,1922—2014)二战后先是参加红十字会和妇女志愿服务队的工作,1941年加入本土防卫妇女辅助队,先后在伦敦、比利时和德国境内的混编防空部队工作。欧战胜利后还陪同父亲出席了波兹坦会议。——译者

他一个冷冰冰的回复，让他不要去影响地中海的军事行动。这无法让他感到满意，又再次发电报要求总统重新考虑这个问题。这整件事情都纯粹是在发疯，他让自己显得不按规矩行事，实在是没有必要！美国人已经对他起疑心了，这样一来让事情变得更糟。

一直快到星期五午夜时分了，我们还没有一个人知道明天到底还去不去突尼斯！真能把人气疯了，更糟糕的是我担心局面还会更加恶化而不是好转。如果真这样，我是真的无法忍受了！

大家要知道，美国人一直都怀疑温斯顿私下里想在巴尔干扩张势力。这些担心并非完全没有根据！他们已经想好了，无论发生什么，他们都不会插足巴尔干。有时候我在想，他们可能认为是我在支持温斯顿打巴尔干的主意，事实远不是这样。不管怎样，巴尔干的问题就是阴魂不散，让我在意大利战场上拉着美国人一起干变得步履维艰！

10月9日

参谋长会议很短，亚当过来吃饭，然后回家陪你。

10月10日

能不能让我在家清净一天！！！电话一个接一个打来，都是关于罗斯福对首相电报的最新答复。我和他电话里说了半个小时，他在电话里称所有人都和他作对，意大利局势已经发生如此大之变化，我们必须调整我们的想法！！如果他真认识到有什么变化，也是因为我前面一个星期对他的苦苦相劝！真受不了这种耍滑头的伎俩！！

10月11日

和你一起开车上班，原定的国防委员会会议没有开，后面参加了周一的内阁例会。出去和第 21 集团军的梅德科特一起吃饭，结果错过了与你共进晚餐的快乐。

10 月 12 日

没有什么重要的事情，就把参谋长会议抓紧结束了。我们眼下最大的麻烦是外交部惹出来的，他们要支持希腊国王，以牺牲民族解放阵线①为代价，这个秘密组织是目前对德战争中给予我们最大支持的。下午比较安静，我完成了许多工作。

10 月 13 日

轰炸机司令部的哈里斯②在上午的参谋长会议中来拜访我们。按照他的说法，苏联红军成功推进的唯一原因就是轰炸机开路的结果!! 我

---

① 民族解放阵线（希腊语 Ethniko Apeleftherotiko Metopo，简称"EAM"），轴心国占领时希腊规模最大的地下抵抗组织。二战前希腊共产党是非法组织，遭到政府打击镇压，被逮捕关押超过两千人。1941 年 4 月德国入侵希腊，部分希共党员从监狱逃脱转入地下，进行党组织恢复重建；6 月苏德战争爆发，7 月初希共召开六大，呼吁建立反法西斯统一战线；9 月 27 日希共与其他四大左翼政党组成"民族解放阵线"。1942 年 12 月组建"希腊人民解放军"，逐步壮大成为唯一遍布全国的游击武装力量，解放了大片国土。但自 1943 年起，该阵线与中右翼抵抗组织之间的斗争日趋激烈，形同内战，与英国及其支持的希腊流亡政府关系也开始恶化，致使该阵线于 1944 年 3 月建立了自己的政府组织"民族解放政治委员会"，并进行选举。1944 年 5 月，英国驻希腊大使雷吉纳德·利珀召集"黎巴嫩会议"，暂时缓和了希腊流亡政府和各政党、地下抵抗组织之间的矛盾，9 月该阵线也加入总理乔治·帕潘德里欧为首的流亡政府，获得六名部长席位。1944 年 10 月希腊解放后，该阵线与反共产主义武装之间的矛盾迅速升级；12 月因不同意解散人民解放军而退出政府，并在雅典组织示威反对英国干涉，引发人民解放军与英军、希腊政府军之间长达一个月的武装冲突，政府军获胜，史称"十二月事件"。1945 年 2 月，希共与政府签订《瓦尔基扎条约》，人民解放军被解散，希共党员开始遭到迫害，并最终导致 1946 年 3 月内战爆发，希腊政府军在英美支持下击败了希共武装。——译者
② 阿瑟·特拉弗斯·哈里斯（Arthur Trayes Harris, 1892—1984）。英国皇家空军元帅，是"轰炸机制胜论"的倡导者，绰号"轰炸机"，也因主张对平民无差别轰炸被称为"屠夫"。——译者

敢肯定，在他看来，我们都在挡他的道去赢得战争。如果让轰炸机司令部自己做主，仗早就打完了！

玛德琳·利斯和你一起过来吃午饭，吃完我把你留在伊顿广场。自己去找一位加拿大照相师拍照，然后和汤米·林塞尔聊了很长时间，他即将前往德里担任军需主任。最后会见了加拿大军副官长。

10月14日

参谋长会议时间不长，主要是研究设法集中地中海战区的指挥权。下午接待了来访的南非军参谋长范·雷恩维尔德。他待了大约一个小时，我们商量了南非军的部署问题。晚饭前我参加了波兰军总司令索松科夫斯基在萨沃伊酒店举办的雪莉酒会。晚上哈利·克里勒过来找我吃晚饭，商量调遣加拿大部队去北非的细节问题。

10月15日

在今天上午的参谋长会议上，我们会晤了南非军参谋长范·雷恩维尔德。在我们看来，他和其他人一样全心地投入这场战争。下午会见了埃及武官和佩吉特。伯蒂和希尔达过来吃晚饭。他们能回来真让人高兴。

10月16日

忙完一个上午后，赶去圣詹姆斯教堂西班牙厅找你，一起参加萝丝的婚礼。仪式结束后，我们又一起参加了萝丝和芬利森一家举办的招待酒会。最后开车带你回家，帕特丽夏和普克斯坐在后排。

10月17日

在家，安静的星期天，但晚饭前不得不到镇上跑了一趟。

10 月 18 日

今天的参谋长会议枯燥无味,我自己都很难集中精力。一系列的会见,内阁例会,还有一些办公室的工作,一个周一就这样过去了。

10 月 19 日

在参谋长会上我们收到首相写的条子,希望再次考虑地中海战略,哪怕影响到横渡海峡的作战。我对这个问题的想法和他基本上是一致的,但天知道和美国人会冲突到什么程度。

晚上 10 点半,和首相又开了一次会,史末资、艾德礼、卡多根、利特尔顿、莱瑟斯等人都出席了。会上首相再次提出这个话题,并提议下个月再召开一次英美联合参谋长会议,最好是月初。但他建议的 11 月份第一周基本不可能。一提到又要和美军参谋长开会我就害怕,真不知道自己是否还能面对那种压力。

10 月 20 日

一个人总会遇到连阳光都驱不散阴云的时候。生活上的一切、事业上的一切看起来都是前景黯淡。所有的问题都困难重重,似乎难逃失败的命运。失败、无助的感觉令人绝望,觉得自己难以再担此重任!

与拉尔夫·格林和其他三位议员吃晚饭,他们都是议会削减战争开支委员会的成员。晚饭是在尤斯顿火车站酒店吃的,我被狂轰滥炸提问了差不多两个小时。搞得我一点儿胃口都没有了。

10 月 21 日

听到了可怜的老达德利·庞德去世的消息,从他的角度来看,瘫痪在床,了无生机,倒也不失为一种解脱。坎宁安,新任第一海务大臣,开始出席参谋长会议。现在说他能发挥多大作用还为时尚早。

安德鲁·坎宁安能位列参谋长会议，对我来说是件很开心的事。首先他是我最好的朋友之一，其次是一个很好共事的同僚，还有，对于我们自己达成的政策，不管遇到什么狂风暴雨，他都会坚定不移地支持。回想起来，我和他打交道都是很开心的。他的个性、迷人的笑容和爽朗的笑声，应该足以驱散不时笼罩在参谋长会议上的阴云。

格洛斯特公爵下午来了，和平时一样很是客气，还好没有待太长时间。

我依旧受到情绪低落的影响，对工作尤其如此！

10月22日

我们收到莫斯科发来的电报，讲了艾登会谈的最新结果，以及俄国人对于争取土耳其和瑞典参战的态度。然后我到公寓接上你，去西班牙大使馆吃午饭。在那儿见到了首相和克莱米、卡多根夫妇、约翰·安德森和艾娃、阿尔巴公爵的女儿和她的表弟，还有各国海军和陆军的武官。西班牙大餐和往常一样，美味妙不可言！午餐后，下午4点15分和首相开会，一直到5点10分。然后我和巴尼去找科博尔德打猎，到了发现伯蒂和希尔达已经在那里了。

10月23日

非常开心的狩猎，打了一百三十二只鹧鸪和六十四只野鸡。上午要下雨的样子，下午就转好了。

10月24日

上午继续打猎，收获四十一只鹧鸪和两只野鸡。阳光明媚。吃好午饭开车回伦敦，5点半左右抵达。因为厨师在忙着准备自己的婚礼，我和巴尼去草地俱乐部吃了晚饭。

10月25日

情况越来越明显，我们在意大利的作战正在陷入僵局，由于缺少资源，等着我们的应该不仅仅是僵局，还会发现自己陷入非常危险的境地，除非俄国人能够不停打胜仗。我们在意大利投放兵力的速度比德国慢得多，远比我预计的要慢。我们真该和美国人大吵一架，就是他们坚持为了那个很成问题的横渡海峡行动而放弃了地中海战区，让我们落得如此境地。我们现在倒要看看马歇尔能有什么完美战略！！如果我们的战略安排没有被美国人搅乱，今年我们应该可以拿下意大利，一想到这儿就令人心碎。

10月26日

上午10点温斯顿叫我过去，讨论亚历山大最新发来的电报，称意大利的作战正在陷入僵持。商量下来，最好的办法就是让美国人认识到，眼下我们必须集中力量对付地中海。然后召开参谋长会议，起草发给华盛顿的电报，并在中午12点15分与温斯顿进行了再次讨论。

午饭后参加了可怜的、亲爱的老达德利·庞德的葬礼，我觉得自己就坐在他的棺材旁边，在三位参谋长中，他真是选了一条终止世界纷争、通向太平安宁的路，我还有些羡慕他。

伯蒂和希尔达过来吃晚饭，他很快就要返回中东和北非了。

10月27日

本来受邀去参加捷克斯洛伐克部队的建军节阅兵式的，可惜雾太大了，根本去不成。下午和雷内尔勋爵会谈了很长时间，他刚刚从亚历山大的司令部回来。他把开罗那边乱糟糟的情况与艾森豪威尔司令部的氛围一比较,感到非常沮丧!!

下午 6 点内阁开会,会上首相和史末资花了很长时间,将地中海战场与横渡海峡行动的优劣进行了比较分析。我认为他们这么做的目的就是为了给比弗布鲁克上一课!最后首相转向他,问他有什么想法。他回答说,他一直都是横渡海峡行动的坚定支持者,但其实现在我们想要的是地中海。

我们的作战陷入胶着僵持在当时是很让人揪心的。冬季的天气无疑会增加我们的困难,但最大的麻烦还是美国人坚持要把军需补给优先权转到横渡海峡行动上来,致使我们眼下的战局不可能圆满实现其战果。我们在意大利"这条腿"的下半部现在已经牢牢站稳了脚跟。我们也已经掌握了制空权和制海权。因此,对于狭长的意大利半岛而言,敌人的侧翼就暴露在我们眼前,在半岛的两侧我们都可以发起联合作战行动。岛上的铁路交通主动脉,包括一条双线铁路,都遭到了全线空袭。意大利部队现在只剩下一个想法,就是尽快结束这场战争。所以,战机是非常理想的,应当给予敌人痛击,迫使他将预备部队投入意大利的防御。

艾森豪威尔司令部的立场令人不太乐观。我知道他从来就没有真正认识到意大利战略的好处,不如美国人忽悠的横渡海峡行动更有吸引力,也更容易理解。

为了下一年的横渡海峡行动,在当时我们已经开始积极筹划和准备,但这种筹划准备工作绝对不能拖意大利战役的后腿,因为它本身就是准备工作中最重要的组成部分之一。但可惜美国人的观点一直是:"我们已经在地中海浪费了太多太多时间,一无所获,在开辟第二战场这件事上我们不能再浪费时间了。我们要调集一切可利用的资源,转到主要战场,尽快结束对德战争。"

10月28日

今天的参谋长会议开得艰难,大家在讨论是否需要撤出莱罗斯岛。一个非常棘手的问题。中东战区司令部既不明智也不够狡猾,现在把自己搞到了进退两难的境地,既守不住莱罗斯岛,部队也撤不出来。我们唯一的希望是能够得到土耳其的帮助,利用他们的机场提供空中支援。

中午在市政厅吃饭,为了接待新任苏联大使F.T.古谢夫①,过去是个屠夫,绰号"青蛙脸"。但他肯定不会像无法无天的麦斯基那样令人难忘!下午和绰号"男孩"的布朗宁谈了很长时间,讨论了他对印度的访问以及在那里投放空降师的计划。苏联不断传来好消息!

说来真是奇怪,我越来越不那么关注苏联传来的消息。其实这对于我们整个战略的实施一直都是至关重要的。如果俄国人垮了,我们所有的战略计划都会完蛋。如果德军从苏联战场上腾出手来,横渡海峡行动根本不可能实施,而且会让我们在意大利和中东的处境变得危险。更长远来看,印度和澳大利亚也将再次面临着威胁。因此,苏联在那段令人心焦的日子里一直发挥着极为重要的作用,幸运的是,大势得以扭转的迹象越来越明显了。

10月29日

又长又累的一天,而且我还得了重感冒!参谋长会开得很长,一直到12点半。然后下午3点会见首相,商量东南亚的作战行动,感谢上帝,总算是敲定了一些事情。接着讨论如何掌控地中海的局势,发现首相又和平常一样搞不清楚真实状况了,不知道真正需要把控的到底是什么。

---

① 费多尔·塔拉索维奇·古谢夫(Fedor Tarasovich Gusev,1905—1987),苏联外交官。——译者

会后我问他，是否愿意把迪尔放进新年表彰的贵族封号名单中。一开始我还很担心他会做出什么反应，令人奇怪的是他很爽快就答应了。他只是问，他可能倾向于给迪尔一个"功绩勋章"①！现在我必须盯着他落实。

这是我第一次设法给迪尔搞一个贵族头衔。后面一次我推荐了P.J.格里格。结果一样，都同意了。然后却是个空头支票！我认为他从来就没有想过给迪尔贵族封号（另见1944年11月5日的日记）。考虑到迪尔与马歇尔所建立起的不一般关系，没有什么人比他更合适获得表彰授勋。

赶回陆军部参加了5点到6点15分的陆军委员会会议，花长时间讨论了本土军的士气问题。然后又和你匆匆忙忙地赶往土耳其大使馆参加鸡尾酒会。最后还招待索松科夫斯基夫妇吃了晚餐，一天总算结束了。

10月30日

真是奇闻，今天上午竟然没有开参谋长会议！！因为重感冒，11点半就下班了，和你一起在午饭前回到费尔内街。下午剩下的时间都捧着我那些禽鸟类的书，吃了感冒药。

10月31日

在床上躺了大半晌午，安静地待在家里，治疗我的感冒。

---

① 功绩勋章（Order of Merit），一种英联邦勋章，由英国君主所颁赠。1902年由英王爱德华七世所创设，以嘉奖在军事、科学、艺术、文学或推广文化方面有显著成就的人士。勋章分文武两种，后者较罕有，而且勋章背后更额外附有一对打交叉的剑。本勋章的获勋人士不必由官员提名，君主本人可以自由决定获勋者。功绩勋章是一项很高的荣誉，虽然它有别于传统的勋章，并不附带任何头衔，但不少人仍认为它是英国现今地位最崇高且尚未废除的勋章。——译者

11月1日

一早就赶回来了。发现我的办公桌快要被电报压塌了！抓紧处理完，接着开了一个相当长的参谋长会议。下午会见了安迪·麦克诺顿，5点半参加内阁会议。现在准备去参加另一个10点半的会，我真是"极度讨厌"这些半夜里开的会议！我们讨论了召开新的一次英美联合参谋长委员会会议的方案，我觉得自己鼻孔里上次会议留下的臭味儿到现在还没有散尽呢！上帝啊！我真是讨论这些会，真是累人！不幸的是，我现在已经知道了马歇尔那脑袋瓜子的局限性，想让他搞明白战略上的局势及其需求是不可能的。在战略问题上，我真是怀疑他能否看得比自己的鼻尖更远一点儿。

当我回望过去两年的地中海战区，只有自己心里明白这任务完成得有多么失败！假如我能有足够的个人魅力，让美军的参谋长们能改变想法，让他们看到光明的一面，这场战争该会是多么的不同。本来我们应该可以拿下克里特岛和罗德岛并进而控制达达尼尔海峡，本来我们现在应该已经点燃了整个巴尔干的抵抗之火，战争也可能在1943年结束！！然而，为了取悦目光短浅的美国人，我们却不得不从地中海战区撤出部队，去开辟什么不靠谱的第二战线，废掉了自己的进攻战略！！想起来就让人心碎。我责问自己尽力了吗？同时我也怀疑，是否真有人能改变美国人的观点？

写上面这段文字的时候，我显然受到了重感冒的影响，而且还没有从魁北克会议的压力中完全恢复过来。现在来读那个时候自己写的这几行文字，我想当时自己的精神状态可能离崩溃已经不远了。但我在11月1日那个晚上写下的这段文字，还是很有深意的。假如美国人能够全心配合地中海战略，认识到它的好处，目标可能已经实现了。只可惜，就在我们的努力刚刚有一些收获的时候，美国人偏偏选了这个当口儿来拖我们的后腿；部队、登陆舰艇和运输保障被转移并重新分配。本来以为不会影响到意大利的作战，花很小的代价就能够拿下克里特岛和罗德岛，然而事实却是，只有牺牲意大利的军事行动，另外两场仗才能够打下来，结果真的如此。假如我们能够成功拿下克里特岛和罗德岛，最好的结果可能就是激发土耳其和巴尔干国家奋起抵抗，我们在巴尔干地区可能就不需要再投入一兵一卒；只要这些国家起来抵抗，我们就能够比过去获益更多。

11月2日

参谋长会议时间很长，一开始是与联合情报委员会的每周例会。我不得不否决了他们提交的一份报告，内容是能够在意大利北部集中投放的师的数量。他们不想这么做，现在我已经很不受他们待见了。然后我到滑铁卢与你、普克斯和帕特丽夏碰面，带你们回家吃午饭，后面去看了电影。然后会见了莫斯科回来的巴林顿，还有副官长，他就要启程去北非和印度了。首相还叫我去商量任命蒙塔古·斯托普福德为东南亚海外远征军的司令官。他的心情不错，所以没有什么麻烦。还讨论了麦克诺顿的事情，如何才能给他找一个新头衔。P.J.格里格和夫人来找我们一起吃晚饭，然后我们去看电影《沙漠胜利》①的续集。只好从那里去参加国防委员会会议，首相一直把我们留到半夜。主要是讨论接下来地中海之行的安排。

11月3日

在今天上午的参谋长会议上，皇家空军参谋长波特尔和新任第一海务大臣坎宁安进行了长时间争论，关系搞得很僵!!!双方都不肯让步，

---

① 《沙漠胜利》(*Desert Victory*)，英国新闻部1943年拍摄的反映北非战役的纪录片，荣获当年度奥斯卡最佳纪录片奖。——译者

让我十分为难，我担心这仅仅是开了个头！午饭后会见了鲍勃·莱科克①，他接替迪基·蒙巴顿担任联合作战司令部司令。最后和首相在唐宁街10号陪国王一起吃晚饭。波特尔、坎宁安、霍利斯和我都是客人。首相的状态非常好，妙语连珠，我本来想连夜记下来，回来发现都忘光了，除了下面这件事：他想给从莫斯科返程的艾登发个电报，要求艾登去逼着土耳其加入战争，记得"提醒土耳其人圣诞节快到了"！国王还和往常一样颇有风度，一直待到12点半。我们又被首相多留了一个小时，回到家快要凌晨2点了。

11月4日

和作战参谋们研究了很长时间，如何才能最好地把地中海战区的僵局给联合参谋长委员会讲明白。中午和巴特勒一家人吃饭，接着被首相叫去参加下午3点钟的会议，商量艾森豪威尔最新发来的电报，并起草发给华盛顿的新电文，试图直接挑明眼下的局势。最后内阁下午6点开会，讨论近来的形势和首相发给罗斯福总统的电报，得到了支持。晚上为雷恩维尔德和马塞涅特举办了晚宴派对。

---

① 罗伯特·爱德华·莱科克（Robert Edward Laycock，1907—1968），爵士，昵称"鲍勃"，英国陆军少将。毕业于伊顿公学和桑德赫斯特皇家军事学院，1927年加入皇家骑兵近卫团。很大程度上由于他表现出了对科学事务的兴趣，1939年受命担任英国远征军二等参谋，主要负责化学武器。后来他的新任务成为训练和领导特种部队，敦刻尔克大撤退后回到本土。1941年间，他带领突击队在地中海战区屡屡出击，其中包括参与了克里特大撤退（当时著名作家伊夫林·沃任其情报官）。在对隆美尔司令部的突袭行动失败后，他被迫在敌后的沙漠里藏了2个月。事后他声称，之所以能够活下来全在于他对狐狸习性的了解。回来后，他从此不再猎狐。1942年，他回到本土训练了更多的突击队员，并带领他们成为攻占意大利西西里和萨勒诺的先锋，为此他荣获杰出服务勋章。1943年，他接替出发去东南亚任职的蒙巴顿担任联合作战司令部司令。伊夫林·沃的小说《荣誉之剑》的第二卷"军官与绅士"就是献给莱科克的，其中写他是"任何战士都向往成为的人"。——译者

11月5日

一个上午都在研究"人力资源"的问题！先是在参谋长会议上讨论，接着在 11 点半到下午 1 点半的内阁会议上又继续讨论。我们研究了旨在 1944 年内击败德国的政策，除了对日战争和占领区驻军以外，争取结束其他敌对行动，但同时还要最大限度地维持战争能力。中午和维维安、温莱特两家人一起吃饭。午饭后会见了伯迪·拉姆齐，最后陪格拉塞特去了剧院，晚上在丽兹酒店吃饭。我的感冒还没有完全好，过去一个礼拜都感觉不舒服。没精神，没动力，一点儿都不想工作！

11月6日

午饭后开车去了泰的学校，找到你和泰。我们和珀泽一家一起喝茶，然后把泰送回学校，再开车回哈特利温特尼。

11月7日

安静的星期天，在家里等感冒康复。阳光明媚。

11月8日

和往常一样早早出门，到了陆军部发现桌子上堆满了莫斯科和华盛顿发来的电报。在其中一封来自华盛顿的电报里面，莱希提了一个荒唐的建议，说马歇尔应该担任欧洲战场最高司令，包括北非战区和横渡海峡行动！还好首相的意见和我们完全一致，回了一封措辞强硬的电报给迪尔！麻烦的是，我们自己关于整合地中海战区控制和指挥权的建议就没有办法再提出来了。

和史末资在海德公园酒店吃了午饭，他做东宴请首相和三军参谋长，约翰·安德森和克兰伯恩也在场。我坐在南非驻瑞典高级专员边上。然后回到陆军部抓紧处理工作，包括会见加拿大来的拉尔斯顿和斯图尔特，商量解除安迪·麦克诺顿的加拿大军队指挥官职务。5 点 15 分出发赶往苏联大使馆，出席纪念苏联政权上台的招待会。到处都挤满了人，被迫喝了太多的伏特加。回去参加下午 6 点的内阁会议，一直到晚上 8 点 15 分。首相的心情很不错，又创造了几句名言。在谈到打算废黜意大利国王的时候，他说："在我们开进罗马之前，我们为什么要打破水壶的把手呢，还得再装一个新的！"

晚上和班纳曼出去吃饭，整个晚上聊的都是鸟的话题，真是让我开心。

11 月 9 日

在参谋长会议上我们就未来的地中海战略进行了长时间讨论。对作战参谋们提出的方案我不是完全赞同。在会晤美军参谋长之前，起码我们自己要想明白。有些事情已经很清楚了。首先，我们必须在意大利继续打下去，直到比萨—里米尼一线。这将导致横渡海峡行动延后两个月左右。其次，我们必须集中地中海战区的指挥权。第三，必须以比目前更快的速度抓紧武装巴尔干国家的游击队。第四，必须拖土耳其加入战争，达达尼尔海峡重新开放。第五，必须让巴尔干国家参与战后和平规划。以上似乎是应当把握的大方向。

中午在市政厅吃饭，庆祝伦敦市长就职。首相的演讲没有达到他通常该有的水平。

晚上到格林酒店接你，回公寓吃了晚饭。

11 月 10 日

又开了一个时间很长的参谋长会。我们忙着制定地中海战区的政策，为即将召开的英美联合参谋长会议，这次会上我们肯定会有相当激烈的交锋！

然后去接你吃午饭，再把你送到斯奎勒尔先生那里，赶回陆军部，下午安排了一系列会见。先是和副总参谋长商量在意大利战场增加车辆投放。接着是佩吉特,他之前见过麦克诺顿,据称拉尔斯顿认为麦克诺顿不适合指挥加拿大第 1 集团军。接着马塞涅特来看我,他很为自己的前途命运担心,因为法国国民议会已经把吉罗和乔治都赶出去了!!

最后接上你去白金汉宫出席晚宴,国王和王后、格洛斯特公爵和夫人、肯特公爵夫人、菲利普·切特沃德①夫妇、首相夫妇等出席了宴会。晚餐真是太丰盛了!我坐在国王私人秘书拉斯切尔斯和切特沃德夫人当中。女士们离席之后被叫去坐在国王和格洛斯特公爵中间。和国王聊了很多有关近卫旅的情况以及需要进行的调整。他好像很赞成最好把伦敦军区司令阿瑟·史密斯换成"神算子"劳埃德。然后大家都移到客厅,我又陪着王后、肯特公爵夫人聊天,发现后者比格洛斯特公爵夫人好说话得多。

11 月 11 日

整个上午忙得快要奔起来了!先是为了开罗之行打点行装。然后赶到陆军部,上午 9 点 55 分我必须去为一战胜利纪念碑敬献花圈。接着陆军大臣叫我过去,要求在参谋长会议之前和他碰个头,说他帮忙给伯蒂在伦敦警察局安排了职位,因为菲利普·盖姆要离职了。我告诉他自己有多么感激他。然后和联合情报委员会、邓肯·桑兹开了个时间很长的参谋长会,研究为了对付德国人的火箭,如何重组研究机构以及采取哪些必要行动。后面会见了圣克莱尔,商量 1944、1945、1946 三年的坦克产量。这并不是很容易预测的。然后接你去吃午饭,我们还在圣詹姆斯公园散了会儿步,在白金汉宫的留言簿上签上了我们的名字,把你送回酒店以后我去理发。下午富兰克林来看我,最后去接上你和肯尼迪一家去吃晚饭,看了一些鸟类的纪录片。

---

① 菲利普·沃尔豪斯·切特沃德(Philip Walhouse Chetwode,1869—1950),英国陆军元帅。——译者

我们就要出发去开罗了。我觉得我们面临的问题挺严重的，可能会让我们和美国人的关系变得紧张，但是我已经不愿意让我们自己的战略安排因为他们的短视和无能再遭到折腾！

11月12日

繁忙的一天。先是开了一个很长的参谋长会，主要是听取刚刚从华盛顿回来的年轻作战参谋们讲述太平洋战事中存在的问题。美国人曾经提出，制定一个在两年内打败日本人的计划，在我看来，尽管他们已经尽了最大努力，但拿出来的方案实在是烂得几乎没有成功希望！

抓紧赶回陆军部，从那里再去接你回公寓吃午饭，然后送你到车站搭1点54分的火车去温奇菲尔德。后面我去了伯利家，他们专门请求我去一趟。到了那儿我发现他们夫妻俩都非常伤心，因为他们的女儿玛克辛自愿去法国和地下抵抗组织一起执行特别任务！罗达是偷偷发现的，并尽力劝阻她，但没有成功。奥斯瓦尔德也试过了，都没有用。夫妻俩问我是否能够救救她，又不能和她说穿了他们曾经找过我！赶紧回到陆军部，让情报处长去和特别行动处的相关部门交涉一下。然后去参加下午3点半召开的内阁会议，研究由于戴高乐独断专行在黎巴嫩引发的危机①。

---

① 黎巴嫩独立：16世纪初黎巴嫩被并入奥斯曼帝国。一战后沦为法国的"委任统治地"。黎巴嫩人民为反对法国殖民统治、争取民族独立进行了长期的斗争。二战初期，1940年6月法国战败后，贝当、赖伐尔政府采取与德国合作的方式，允许德国利用叙利亚和黎巴嫩进行反英活动，目的就是希望德国承认法国对叙利亚和黎巴嫩仍然有委任统治权。1941年6月，英国和"自由法国"军队占领了黎巴嫩；由于黎巴嫩人民要求独立的呼声日益强烈，英国政府也支持其独立，11月26日，"自由法国"军队总司令贾德鲁将军以他的政府和盟国的名义宣布结束对黎巴嫩的委任统治，但仍然保留着在黎巴嫩的军事、政治、经济特权。1943年9月21日，黎巴嫩成立第一届议会，选举谢赫·贝沙拉·扈利（SheikhBishara al-Khoury）为总统，并决定修改宪法，取消法国在黎巴嫩的特权，戴高乐当局于11月11日凌晨逮捕了扈利及其政府成员，激起黎巴嫩人民的强烈抗议，造成流血冲突；11月22日，戴高乐当局被迫释放扈利及其政府成员，这一天于是被定为黎巴嫩的独立日。——译者

回到陆军部参加 5 点钟的陆军委员会会议，然后会见了加拿大国防部长拉尔斯顿和参谋长斯图尔特。前者显然已经告诉麦克诺顿了，我和佩吉特对他担任一名实战部队指挥官都没有信心。

麦克诺顿已经找过佩吉特了，然后拍了电报给麦肯齐·金，说拉尔斯顿和斯图尔特联合起来搞他，佩吉特也一点儿都不支持他，还把与佩吉特的会谈进行了彻底歪曲抹黑。在我看来，麦克诺顿好像丧失了理智！不管说什么，我还是被拉尔斯顿纠缠了一个多小时。

最后，在我临行之前，先后会见了 P.J.格里格、常务副总参谋长、陆军部常务次长、情报处长和副总参谋长等人。剩下的事就是明天和阿尔温去打猎，后天在家陪你一天，再后面就要开始那漫长的旅程，陪着美国朋友们开那累人的会议。一想起来就觉得讨厌，真是不想去。

11 月 13 日

巴尼和我一早 7 点 45 分离开这里。8 点 45 分之前到费尔内街接上你，还有普克斯和"喷嚏虫"帕特丽夏·佩丽。9 点 45 分我们到了普雷肖，贝妮塔的哥哥阿尔温家里打猎。上午很潮湿，但下午就放晴了，天公还算作美。树林里有很多鸟，我们玩得非常开心。晚上开车回费尔内街。

11 月 14 日

安静的待在家里，一天都是大雨倾盆。本来夜里就要出发前往直布罗陀的，但下午 4 点半接到通知，因为冰冻将行程推迟四十八小时。

11 月 15 日

一早离开家，去参加上午的参谋长会议，然后到滑铁卢车站接你吃午饭。晚上的内阁会议由艾德礼主持，因为温斯顿已经在"声望号"战列巡洋舰上驶往直布罗陀、马耳他了。我们的行程被再次延后二十四小时，这一次就不太好了，温斯顿要去意大利看望亚历山大和蒙蒂，而我本来是想陪着他一起去的！

11月16日

参谋长会议是和联合情报委员会一起开的。下午5点半内阁开会，讨论了支援希腊游击队的问题。我和安东尼·艾登之间存在着很大的意见分歧，他想切断对那些游击队的援助，他们已经做出了很多贡献，只因为他们的思想是共产主义的，并且反对我们外交部支持的希腊未来政府。最后成功地说服内阁支持我的观点。

据报天气现在转好了，凌晨1点我们将从诺索尔特飞往直布罗陀。我可不看好这趟航程，因为天气极冷，我们还不得不飞得非常高！倒霉的是，我们已经晚到两天了，首相还丢下我一个人跑大利去了！

我们就这样出发前往参加又一次英美联合参谋长委员会会议。不过，这一次的准备工作很差劲，而面对的问题却严峻得多。我们告诉美国人，此次会晤是为了和他们统一思想、达成共识。然后再去和俄国人敲定打败德国的相关事宜，最后去会晤蒋介石商量对日作战。都是美国人施加压力，我们才不计前嫌开始和蒋介石接触的！

11月17日，直布罗陀和马耳他

我在写这篇日记的此时此刻，正飞过西地中海上空，此前大约一个小时离开的直布罗陀。昨晚11点半我离开公寓前往诺索尔特。走出没多远我想起来睡衣裤忘记打包了！再回去带上。凌晨12点半抵达机场，发现波特尔、空运司令部司令鲍希尔、南非军参谋长范·雷恩维尔德和联合作战司令部司令莱科克都在那里。鲍希尔是唯一一位去为我们送行的。凌晨1点钟引擎开始轰鸣，我们冲进无边无尽的黑夜之中。我们乘坐首相的

"约克号"专机，我坐在他舱位上，所以非常舒服。铺着床单，还有小桌子、椅子和盥洗室，真是一应俱全！！早上7点钟机组人员叫醒我，还送上一杯茶。洗漱更衣之后走出来，我看到晴空万里无云，一轮红日冉冉升起，西班牙和非洲的海岸线都被抹上了一层红色光晕。晨光柔美无限。

早上8点之前（离开伦敦才七个小时！），我们已经在"巨岩"上空盘旋准备降落了。"巨岩"在太阳下闪闪发光，看起来真是它最美的时刻。顺利着陆后，梅森-麦克法兰前来迎接我们，带大家去政府大楼吃早餐。他兴致勃勃地讲述了最近他与巴多格里奥和意大利国王接触的情况。从重庆回来的大使也在餐桌上，他回国途经这里，因为天气耽误了几天。花了一个半小时把油箱注满，上午10点钟我们再次出发前往马耳他，希望天黑前能够抵达。还好海面上风平浪静，碧空万里，飘浮着一团团白绒绒的云朵。

晚些时候：

我们沿着北非海岸线平稳飞行，一路上看到了奥兰、阿尔及尔、贝贾亚、菲利普维尔和崩尼等城市。在擦着突尼斯以南飞过的时候，刚好看到远方的潘泰莱尼亚岛。中午我们吃了顿美味的热饭，飞机上竟然有汤、牛排和水果馅饼！最后我们在下午3点钟抵达，我们是当天凌晨1点才从诺索尔特出发的！十二个小时飞了2 500英里！！机场里有仪仗队迎接我，还有帕克、空军司令特德、马耳他驻军司令奥克斯利。随后开车去大团长宫①，发现戈特、亚历山大和艾森豪威尔都在那里了。首相

---

① 大团长宫（Grandmaster's Palace），位于马耳他瓦莱塔岛，建于1571年，曾经是马耳他骑士团大团长的宫殿。马耳他虽几度易手，但它一直是权力中心，英国占领期间为总督府，现为马耳他总统府和国会所在地。宫中的军械库里珍藏着中世纪及文艺复兴时代欧洲最精美的武器；此外宫中还装饰着各种著名挂毯和壁画。宫殿部分场地除政府活动时间外，免费对游客开放，其中军械库则因其丰富的藏品成为圣骑士团研究者们的必去之地。——译者

还没有到,正从海路过来,我们的飞机曾飞越周边有驱逐舰护航的战列巡洋舰,他应该就在上面。我禁不住在想,这与上一次来马耳他比变化太大了,那是去年8月份,我是夜里偷偷地潜进来,白天拉响了十八次空袭警报,晚上再悄悄地溜出去!当时整个岛上都出现了补给短缺,戈特的情绪非常低落,我还尽力用即将到来的北非战役来激励他!

感谢上帝,那样的日子一去不复返了!

首相下午7点半左右抵达,陪同他的还有怀南特、二女儿维克·奥利弗夫人(莎拉·丘吉尔)、"巴哥犬"、马丁和坎宁安。晚上8点半吃饭,然后聊了很长时间,搞得大家午夜以后才去睡觉。上床的时候感觉自己累坏了,过去二十三个小时可以说是千里迢迢、马不停蹄!

11月18日,马耳他

本来昨天晚上和首相商定,上午11点钟和他一起开会,下午2点钟亚历山大和我陪同他出发前往意大利。到了今天早上计划全变了!首先,首相感冒了,意大利去不成了;第二,下午他要找亚历山大谈话,所以亚历山大和我也不能去意大利了;第三,罗斯福总统发来电报,德国人已经公开发布消息,掌握了我们大家在开罗会晤的情况,考虑到安全因素,我们不得不换个地方。他建议到喀土穆!首相建议马耳他,戈特可被这个想法吓坏了,而我觉得最终我们还是得去开罗!在花园里和亚历山大聊了大概一个小时,相当有收获。

然后我们去和卧病在床的首相开会,还有各位参谋长、地中海舰队总司令约翰·坎宁安①和地中海战区空军司令特德。首相就美国人有多

---

① 约翰·亨利·戴克斯·坎宁安(John Henry Dacres Cunningham,1885—1962),英国皇家海军元帅。——译者

么可恶以及我们在爱琴海和达尔马提亚①海岸一带遭受的损失发表了长篇大论。他的状态不是最好,我对他在这次会晤期间可能采用的路线感到不安。他很有可能会对美国人说,好吧,既然你们不跟我们在地中海玩儿,我们就不跟你们在英吉利海峡玩儿了。如果他们也说好吧,就会把主要精力转向太平洋战场,他们会回答你,只要你们愿意,他们巴不得这样!我不认为这种伎俩能够奏效。午餐后亚历山大、莫兰和我开车去马耳他岛上逛了一圈,跑到了北边的最远处,从那里可以看到戈佐岛和科米诺岛。首相一整天都躺在床上,但准备起来吃晚饭。

晚些时候:

首相起来吃了晚饭,说自己好多了。他差不多把我们留到午夜。本来亚历山大和我准备明天早上9点钟乘坐他的专机去巴里②,首相说他可能在晚上赶过来。在餐桌上以及晚餐后,都讨论了很长时间军事上的问题,让我感到前景堪忧!有好几次我都感觉自己好像刚刚从可怕的噩梦中惊醒。整个一团乱麻,没有清晰的观点,甚至没有观点!首相对各战场的作战态势进行了逐个点评,但对前景没有展望,对各战场之间的相互影响也没有评估!然后他又评价了各战区司令部和指挥官的情况,但是又没能把握住更高层面指挥机构的要求和真正意义。

另一方面,亚历山大的能力也让我满心失望,他是一个格局非常非常小的人,看不到大的方面。不幸的是他还没有认识到这一点,对自己的短处浑然不知!或许这样更好些,免得他会自卑。但一想到他位居战区最高司令官,我就禁不住打冷战!他真的是把握不住要领,所以给他

---

① 达尔马提亚(Dalmatia),是克罗地亚的一个地区,首府斯普利特,包括亚得里亚海沿岸的达尔马提亚群岛和附近1 000多个小岛,战略位置重要。——译者
② 巴里(Bari),是意大利南部第二大城市,普利亚区首府,位处亚得里亚海,也是巴里省的首府。——译者

提什么建议很难。

随着美军的增兵速度超过了我们,最近温斯顿对美国人明显又增添了新的厌恶。他一点儿都不喜欢被迫放弃那一开始由我们占据着的主导地位。结果他开始变得时不时地提出一些自己明知道不太成熟的战略方案,纯粹就是为了刁难一下美国人。实际上他这是"自己和自己过不去"。不过,劝他抛开任性、回到正确轨道上来一般还是比较容易的。不过,有一个想法一直都深藏在他的脑海里,就是建立一个纯英国人的战区,将来胜利的桂冠可以戴在我们自己头上……奥地利或者巴尔干看起来好像就是他中意的地方。

在整个战争期间,温斯顿关于作战指挥的观念一直都是稀里糊涂的。他搞不清楚或者是不愿意搞清楚指挥链条是如何运作的。他常常想把一位总司令突然调开,去集中精力处理所辖司令部的某一件事,其他一切都不顾了。对各战场随时都要应对新变化的指挥系统来说,这是一件相当困难的事情。

尽管在这天日记的最后一段,我或许对亚历山大有些过分苛刻了,但等我再一次读到它,还是觉得没有什么需要修改的!毫无疑问,他具备一些高级司令官的素养:英勇无畏,临危不惧,能够感染、激励身边的人。但如果到了更高层面的工作,需要决定更高要求的战术和战略问题,立马就超出他的能力水平了,缺乏主见,总喜欢找个靠山。截至目前,对于我分派给他的工作,亚历山大还是相当称职的,但我预计前面的航程就是暴风骤雨、怪石险滩,凭亚历山大的能力是否能够把握好航向,我真是严重怀疑。天佑我也,我还继续把他留在了意大利。

11月19日,马耳他

一觉醒来,发现外面大雨倾盆。机场报告说能否起飞还不确定。我们还是决定出发前往机场，走到半路上被人拦下，说今天不能飞了，可能明天也不行！这等于彻底取消了我的意大利之行。同时总统那边也没有进一步的消息，他到底准备选哪里作为我们的会场来取代开罗。

上午亚历山大和我去参观了大团长宫，还有圣约翰教堂、老的圣殿骑士教堂，非常有意思。下午我和美国大使怀南特、波特尔、亚历山大一起去图书馆参观古代书籍和文献藏品。收藏的很多书信非常珍贵，包括亨利八世、安妮皇后、几代乔治国王、玛丽·安托瓦内特等人的。还有一些旧版的圣经和精心绘制、插图精美的书籍，也是非常珍贵的收藏。首相现在决定通过海路去亚历山大港。所以我希望如果天气允许，明早9点左右我能够乘坐他的"约克号"专机飞往开罗。

晚些时候：

我下楼吃饭的时候有人告诉我，首相已经决定，如果晚上10点钟之前罗斯福还没有回音（他认为这种可能性只有千分之一！），他就再多逗留一晚，他的"约克号"专机也要留在马耳他备用！所以我们只能再安排一架"达科塔"① 给我用。不过，就在吃晚饭的时候电报到了，称总统准备前来开罗，因此首相决定晚上11点半乘坐"声望号"战列巡洋舰出发，"约克号"又重新归我用了。晚餐席间他的心情很不错，结束之前就战后重建发表了长篇大论，他提出的口号是"每个人都有面包、住房和工作"。还指示和奥利弗·利特尔顿一起工作的伍尔顿去落实这些要求。晚餐后他前去登船，戈特陪他一起过去。

对这一天的事情我一直记得非常清楚，因为在这一天我第一次真正认识和理解了怀南特这个人。我先是邀请他和我们一起去图书馆，然后

---

① 达科塔（Dakota），是美国产 C-47 运输机在英联邦国家的代号。——译者

又一起开车游览了整个岛。我和他过去经常碰到,但是直到这个时候,我才得以透过他屏蔽外部世界的"铁幕",发现幕后那颇为迷人的天地。他是一个对人生有很深思考的人,而且不会轻易放弃求索。他把所思所得娓娓道来,很值得一听。我们俩都觉得,亲近自然就是最美好的身心放松,尤其是在战争期间。他问我一定读过格雷子爵在《法罗顿文集》里写的东西吧?我不得不承认还真没有读过!他立刻说一定要给他个机会弥补自己的唐突,回去以后就送一套给我。他信守了诺言,这本书是我最宝贵的收藏之一。后来他还送了一套奥特朋①的《美国鸟类》,是印制精美的12卷对开本书。我一直把他的友谊看成是战争年代可遇不可求的、最珍贵的事物之一,对于种种恐怖恶行而言,无疑是最好的安慰剂。

11月20日,开罗

早上9点钟,大家纷纷前来和戈特道别。亚历山大要去巴里,波特尔去突尼斯,联合作战司令部司令鲍勃·莱科克陪同我去开罗。我这会儿正在飞机上写日记,我们沿着的黎波里以东的非洲海岸线飞行。离开马耳他岛我们往南飞,绕开克里特岛,避免与岛上的德国人有任何接触。一开始有些颠簸,但现在已经平稳了。我们沿着海边飞,下面黄褐色的沙漠和深蓝色的地中海显得泾渭分明,越往远处海水的颜色越淡,在天际线上水天融为一色。我们下面沙漠里的柏油公路看上去就像一根黑色的鞋带。上一次我飞过这里是在去的黎波里的路上,当时每隔数百码就有一辆蚂蚁大小的卡车,忙着运送进攻突尼斯的部队。现在看下去荒无人烟,没有一丝生命的迹象!

我真希望会已经开完了。这将是一场不开心的会晤,可能是截至目

---

① 约翰·詹姆斯·奥特朋(John James Audubon, 1785—1851),美国鸟类学家、博物学家和画家,擅长描绘鸟类在其自然栖息地中的详细插图。他编写的彩绘本《美国鸟类》,被认为是有史以来最完美的鸟类作品之一。——译者

前我们最不开心的一次，要好好较量一番了。如何才能让我们的美国朋友增长一些战略眼光，我已经绝望了。他们的掣肘已经严重影响了我们的地中海战略和整个战争的指导方针。假如他们能够和我们一起全心投入地中海，现在我们肯定已经拿下了罗马，巴尔干地区应该也打起来了，达达尼尔海峡应该打通了，我们应该已经大踏步转向罗马尼亚和保加利亚，迫使他们也退出战争。虽然我能预见到这些可能性，但却说服不了美国人的短视，甚至连自己的判断也受到了他们的影响，为此我感到自责。我哪怕辞职，可能也比做出妥协要更好些。不过我也担心这样做会有什么用。我相当怀疑。然而越是临近会期我越是不安，接下来还是我们做出妥协的可能性更大。

晚些时候：

3点半我们抵达中东北非的机场。地中海战区总司令"巨人"威尔逊和亚当来机场接我，把我带到一幢别墅，和迪尔、波特尔、坎宁安住在一起，还有博伊尔和巴尼。别墅位于开罗城外，去往中东的路上，属于埃及的一位公主。条件相当舒服，除了管道不太好，水有时候太烫。我到之后不久迪尔也到了，我们和"巨人"威尔逊一起吃了晚餐。

现在说条件不成熟，劝马歇尔放弃横渡海峡的作战行动，已经是太晚了。我们忽悠他们来到北非，再从那儿进入西西里。打通地中海航线以后，我们增加了100万吨的航运能力，就意大利停战达成部分协议并在这个国家继续挺进。在此期间俄国人也挺住了，并开始展现出一些进攻的势头。对德国人的空袭逐步形成常态，在海上他们的潜艇也正在被围追堵截，德国人的末日要到了。实际上解放法国筹备阶段的条件都已经成熟了。

眼下，我们已经走进了果园，接下来只要摇一摇果树，就等着捡苹果了。南欧地区现在已是危机四伏；意大利已经摇摇欲坠，正在找出路摆脱战争；巴尔干国家所有的游击队都深受我们胜利的鼓舞，纷纷投入新的战斗；土耳其，已经骑墙观火有一段时间了，开始显示出倾向于加入我们的阵营。可谓一路凯歌，而且球仍在我们脚下。意大利很快就能摆平，下一步兵锋可直指达达尼尔海峡，包括拿下克里特岛和罗德岛，战果说不定还会再扩大。用不着去解放巴尔干那些国家。没有必要，而且会占用太多的部队。我们要做的就是把德国人的帮凶全部搞掉，让德国人独自承担防御地中海的重担。由于我们在地中海投入的兵力不够，无奈已经错失了一些机会。

欧洲其实就是一个大的战场，德国人是根据环绕其四周的不同方向战线出现的威胁而调兵遣将的。法国境内的德军防备海峡对岸的攻击，挪威和丹麦的德军是占领军，苏联的西部和南部均部署了大量军队，南欧有少量部队为了提防土耳其和维持巴尔干国家的治安，最后还有相当一部分兵力被用在防守意大利和法国南部。所有这些部队都是集中掌控的，可以利用现有非常发达的、横贯东西的铁路网络随时调遣。这套铁路交通系统在第一次世界大战的时候就已经建好了，后来又通过高速公路网得到了加强。德国人把部队从苏联前线运送到法国前线，比我们把同样规模的部队从意大利前线通过海路运到法国前线要容易。不过，南北方向的交通就没有那么方便了，连接意大利这条"腿"的只有一条双线铁路，另外还有一条单线铁路从巴尔干通向希腊。

现在我们的战略变成了一种此消彼长的微妙平衡。我们的目标是，把尽可能多的德军从法国的英吉利海峡沿岸吸引到南欧，并尽可能长时间地拖住他们。只要我们目前的战线无法取得足够的战果，就不可能从海峡沿岸调出足够多的德军预备队。同样的道理，只要我们削弱在地中海战区的兵力，马上就会导致德军转移到海峡地区。

在和马歇尔的争论过程中，我从来没能让他真正明白德国人不同战线之间存在的密切联系。对他来说,各个战场好像都是孤立的,一边是苏联战场,一边是地中海战场,现在要尽早开辟横渡海峡的战场。我经常琢磨,如果从战争一开始就和麦克阿瑟而不是马歇尔打交道,事情会有什么不一样。根据我对麦克阿瑟的观察,我认为他是这场战争中最伟大的将军。他的战略意识比马歇尔要强得多。而且,我不得不承认,温斯顿在对付马歇尔上没有什么帮助,实际上还帮倒忙。对温斯顿在巴尔干和达达尼尔的冒险①,马歇尔是铭记在心,一直在提防这样的悲剧重演,尽管这种危险其实是不存在的。

11 月 21 日

去战区总司令部参加了情报会议。然后就各个方面的问题和"巨人"威尔逊聊了很长时间。他过来找我吃午饭,下午 2 点半我们一起去迎候从亚历山大港飞来的首相。然后我去米娜宫酒店②,这里被征用为我们的办公地点和会场。接下来我浏览了美军参谋长提交的一系列文件。最后和首相共进晚餐,一起的还有迪尔、波特尔、威尔逊、肖尔托·道格拉斯、蒙巴顿和凯西。首相把我们留到凌晨 1 点钟。他的情绪非常兴奋。我对他建议在会议上采取的策略不太满意。我们商定了议

---

① 达达尼尔战役(Dardanelles Campaign),又称加里波利战役,第一次世界大战中发生在土耳其加里波利半岛的一场战役,是当时最大的海上登陆作战,也是首次具有现代意义的登陆作战。英法两军为控制达达尼尔海峡和博斯普卢斯海峡,占领土耳其首都君士坦丁堡,迫使土耳其退出参与德国方面的战争而进行的。温斯顿·丘吉尔是当时的海军大臣,这次战役的倡议者。丘吉尔曾建议沙皇俄国参加协约国两条战线的陆海攻势,从黑海进攻土耳其。但俄国最终谢绝了丘吉尔的提议,因为这同他们蓄谋已久吞并君士坦丁堡和达达尼尔的意图有矛盾。协约国方面先后有 50 万士兵远渡重洋来到加里波利半岛,经过十一个月战斗,英国伤亡 21.4 万人,法国伤亡 4.8 万人,部队伤亡过半,仍未能实现作战目标。由于战役的失利,赫伯特·阿斯奎斯首相把丘吉尔调离了内阁。——译者
② 米娜宫酒店(Marriott Mena House Hotel),建于 1869 年,是奥斯曼帝国统治时期埃及省赫迪夫(相当于总督)伊斯迈尔打猎待客的行宫,紧邻吉萨金字塔。1887 年由英国富商改建成酒店,也是 1943 年开罗会议的举办地。——译者

程，决定先讨论蒋介石的事情，他已经携夫人抵达开罗。后面再讨论我们地中海的问题。整个议程受到斯大林造访德黑兰的影响，我们要在规定的日期结束开罗会议，赶到那边与斯大林会晤。

蒋介石来得太早了，把整个会议议程都打乱了。我们从来没有和蒋一起开过会；他一来，我们只好把有些事情本末倒置了。他对打败德国人没有任何贡献，对打败日本人的贡献也不大。美国人为什么把蒋介石摆在这么重要的位置，我一直没搞明白。他干的事儿就是领着美国人沿着花园小径走进了共产主义中国！这次会议的一开始我们就应该拖着美国人先敲定打败德国人的事情。然后再拉着斯大林搞搞统一战线。最后，如果时间允许的话，再会见蒋介石和夫人。

11月22日

上午10点钟开了参谋长会议，讨论了后续的会议议程。午饭后召开了英美联合参谋长会议，再次敲定了议程。会后马特尔来看望我。接着迪尔和我去拜访了迈尔斯·兰普森、凯西。晚饭后和总统、首相、全体参谋长、蒙巴顿、史迪威、陈纳德、哈里·霍普金斯开会，讨论迪基·蒙巴顿提交的东南亚作战计划，为蒋介石参加的会议做准备。会后首相叫上迪尔、波特尔和我去了他的别墅。他对与总统会谈的结果颇为满意，认为接下来我们应该不会遇到太多麻烦。我个人有些怀疑。午夜之后才回来。

11月23日

一早开了个参谋长会议，时间赶得相当紧，因为11点钟要去总统的别墅和蒋介石会晤。这是一次历史性的会议，出席人员有总统、首相、哈里·霍普金斯、蒋介石、蒋夫人、全体参谋长、迪基·蒙巴顿、史迪威、陈纳德、卡尔东·德维亚尔和一屋子的中国将军[1]！

我对这对中国夫妇很感兴趣。委员长让我想起了松貂和雪貂之类的，没有比他更像的了。长着一张狡猾的、狐狸似的脸。对这场战争显然没有很深的理解，但又想捞到最多的好处。委员长夫人也是个典型的刁钻角色，看起来惯会利用性别优势和政治手腕，两种手段或用其一，或双管齐下，不达目的不罢休。长得不是很好看，一张蒙古人的平脸，高颧骨，扁平而外翻的鼻子，两个鼻孔看起来像深入脑袋里的黑洞洞。乌黑的头发，面色蜡黄。虽然不是天生丽质，但她已经是尽力装扮自己，展现给人最美的一面。一件黑色绸缎的裙子，上面有黄色菊花的图案，亮黑色的夹克衫，头后面扎着一个大的黑纱蝴蝶结，面孔上方罩着黑纱，淡色的袜子，装饰有大号铜钉的黑色鞋子穿在一双小脚上。尖细的手指把玩着一个长长的烟嘴，她用它一支接着一支不停地抽烟。会议的进度很慢，所有内容都要经过一名中国将军[2]翻译，有时候还要蒋夫

---

[1] 开罗会议中国代表团：1943 年 10 月 20 日，美国总统罗斯福给蒋介石发电报，邀请他在埃及与美英领导人会晤，11 月 1 日及 9 日又两度致函蒋介石，邀请他出席开罗会议。11 月 21 日，中国代表团抵达开罗，这是中国第一次以世界大国的身份登上国际外交舞台。除蒋介石携夫人宋美龄出席外，代表团其他成员及分工是：王宠惠、郭斌佳负责政治，商震、林蔚、周至柔、杨宣诚、朱世明、蔡文治负责军事，董显光负责新闻，郭斌佳负责国际要闻，朱世明、陈平阶负责交际，俞济时、陈平阶负责警卫，黄仁霖、陈希曾负责庶务。——译者

[2] 此处的中国将军，经译者考证，应该是指朱世明(1898—1965)，湖南双峰人，国民党陆军中将，时任驻美武官。18 岁考入清华大学，毕业后被选拔留学美国，先后在麻省理工学院、弗吉尼亚军事学院、哥伦比亚大学就读，获博士学位。1926 年归国后得到蒋介石赏识，历任侍从室副官、浙江省保安处处长、军事委员会参谋本部处长、国防二厅厅长等职，还时常充任蒋介石的翻译和特使。朱世明通晓多国语言文字，1936 年任驻苏联大使馆武官，1939 年调回外交部任情报司司长，不久后调任驻美国大使馆武官。1943 年 12 月回国，任国民政府参军处参军，晋升中将。1945 年 9 月 2 日，出席"密苏里号"战列舰上举行的日本投降签字仪式，朱世明是中国代表团成员并兼任受降主官徐永昌的翻译。1946 年任驻日本军事代表团团长，为东京审判做了大量幕后支持保障工作。1947 任驻美军事使节团团长。1949 年 4 月再回日本，仍任军事代表团团长，期间曾与中共秘密协商起义，暴露后被免去团长职务，军职也被解除。著名历史学家黄仁宇 1949 年曾在驻日代表团任朱世明随从副官，在回忆录《黄河青山》中记录了朱世明将军的往事。——译者

人帮助一把！迪基·蒙巴顿讲解了他的整个作战计划，然后蒋介石问了几个问题。最后进行了长时间的讨论，蒋介石似乎将实施整个作战行动都建立在印度洋海军是否参战的基础上。

午餐后召开英美联合参谋长会议，气氛有些激烈，关于是否可以从安达曼群岛登陆行动中抽调一些登陆艇去爱琴海，和金上将争了起来。3点半中国人进来了，让他们开口说句话可真快难死我了。他们只是想听，但我们除了希望和他们讨论、回答他们的问题之外，已经没有什么再要说的了，这样会议就开不下去了！！我们只好建议他们再深入研究一下方案，明天回来继续开。浪费了我们不少宝贵的时间！会后我和迪基·蒙巴顿聊了一个小时。然后处理完办公室的工作，7点钟之前回到这里。

接下来与莱希、金和阿诺德共进晚餐。遗憾的是马歇尔没来。厨师为我们呈上了一桌精美的菜肴。金是尽其所能的一脸和气，与下午的态度大相径庭。

这个中国味儿很浓的一天在我的记忆里依然清晰如昨。我无从知道今天上午的会议蒋夫人是不是不请自来的，是否真的接到过邀请。这实际上也没有多大区别，我敢肯定，不管是否接到邀请，她都一定会来的。在一大群男人当中，她是唯一的女性，而且下定决心要一展那上天赐予她的全部魅力。尽管长得不是很好看，但身材肯定是好的，她也知道如何把它展现到极致。而且她有着天生的优雅和魅力，一举手一投足，都在吸引和愉悦着大家的眼球。比如，在某个气氛紧张的时刻，她贴身紧穿的那件黄菊花、黑绸缎的裙子，从盆骨的位置往下就会裂开一条缝，露出一条线条极美的腿。这立马就会在与会者当中引起一股骚动，我甚至都觉得自己听到了那帮年轻军官压着嗓子喊出声来。

这一切背后暗藏的麻烦是，我们真不知道该拿蒋先生和夫人怎么办。每一次蒋介石讲完话，坐在他右侧的中国将军就会替他翻译，但刚翻译完蒋夫人就会接着说："请原谅，先生们，我想将军没有完整转达委员长的意思！"蒋介石对他手下将军的讲话，当需要翻译的时候，情况也差不多，蒋夫人会跳出来用最标准的英文说："很抱歉，先生们，将军没能为你们转达委员长希望表达的全部意思。请允许我为您再解释一下他的真实想法。"大家就搞不清楚到底该和谁打交道了。我感觉她肯定是两个人的主心骨，但我却不太信得过她。

至于蒋介石，我想我对他的评价还是恰如其分的：一个精明而小气的男人。他显然非常成功地牵住了美国人的鼻子。他和他的国军部队在对日战争中并没有出多大力，战后也没能保住国家落入共产党之手。然而美国人就是没能看清他的短处，对他寄予厚望，还想拉着我们一起下水。我常常纳闷，为什么马歇尔在打败日本后不久的中国之行中，就没有看穿蒋介石其实就是个自身难保的泥菩萨。马歇尔的顾问们很差劲。史迪威就是个没有眼光、没有前途的"怪胎"。陈纳德是位非常英勇的飞行员，但头脑简单。

不管怎么说，在1943年11月23日这一天，总统、首相、蒋介石和夫人还是齐聚一堂，召开了一次全体会议，研究如何在印度洋展开军事行动，才能支援重庆附近的国军部队。我们还要再多预备些什么东西，才能既满足蒋介石的胃口，也能保障我们在爱琴海与头号敌人作战！

这天中国人闹的第二个笑话发生在下午，中国的三军参谋长参加讨论缅甸作战行动的会议上。前面已经把我们在缅甸的作战方案和目标给了他们，请他们读一遍，以便在我们的英美联合参谋长会议上进行讨论。因为这次会议是在大英帝国的领地上举行，所以会议由我来主持，他们进来的时候，我首先表示了欢迎。我讲到，我们非常期盼这次和他们一起共同研究对日作战计划的机会。我们觉得，他们和日本人有着亦邻亦敌的长久历史渊源，故而应该最了解如何最终击败对手。我告诉他们，前面提交他们审阅的作战方案，是我们花了很长时间精心准备的，现在希望得到他们的帮助，对方案进一步完善。最后我问他们有什么想法和批评意见。等来的却是最尴尬的所有人都一言不发！

会议室里挤满了大约有六七十位英美两军的参谋军官，会议桌的头上还坐着十几位中国的参谋人员，全都开始兴奋地交头接耳。最后，一位中国发言人站起来说道："我们想先听听你们的高见！"接下来又是一片寂静，连根针掉地上都能听到，与此同时我却在绞尽脑汁想下一步该怎么办！然后我向他们解释，在提交给他们的方案上，我们已经花了很多心思。我们的想法都已经包含在方案当中了，接下来应该听听他们的意见。最后，我再一次请他们提出宝贵意见。接着又是一段可怕的沉默，只有中国人偶尔在交头接耳。当那位中国发言人再次站起来，又说了一遍"我们想听听你们的高见！"的时候，我就再也忍不住了。

我能感觉到，在场所有人都以一种幸灾乐祸的眼光看着我，揣摩着我下一步该怎么办。有那么几秒钟我确实不知道该怎么办才好。然后我站起身来，告诉他们，或许是他们还没有足够的时间来研究方案，也可能是没能完整的理解方案。我建议，我们应当再多给他们二十四个小时去研究方案，并专门指派一些参谋军官给他们解释方案内容。我的建议刚一翻译完，就像"捅了鸽笼子"一样，还没等我们缓过神来，他们就涌出门去不见了！我擦擦额头上的汗，转脸对马歇尔说："纯粹是浪费时间！"没想到他对此的回答是："我早就知道是如此！"考虑到我们遭遇这样令人扫兴的插曲，主要是因为马歇尔和美国人的主张，我本来以为他可能会对此表达一些歉意。

一天当中发生两次这样的事情，让我确信，蒋介石领导下的中国已经没多大希望了。

11 月 24 日

一早开参谋长例会,直到 11 点钟,大家都前去总统的别墅,参加他和首相召集的会议。上来总统先讲话,谈了他对于战争总体方针的看法。时间不算太长,然后是首相讲话,他巧妙地表达了自己对于欧洲战略的担忧,最好在冬季继续保持对德国人的压力,以及把"霸王计划"(横渡海峡作战行动的代号)叫成"暴君计划"的危害。前者是个褒义词,应该能够帮着传达我们的意思。

午餐后,我们在下午 2 点半会见美军参谋长。马歇尔因为和蒋介石吃午饭而来晚了,蒋突然提出来,如果不答应几个条件,他就拒绝参战!没过多大会儿中国的参谋长们也来了,花了一个小时,问的都是一些根本没有用的问题。最后,充当蒋介石发言人角色的史迪威,重述了马歇尔刚刚讲过的意见。我们决定委派蒙巴顿去和他商量,争取达成一致意见。

晚上和伯蒂·布鲁克、驻莫斯科大使克拉克·克尔、美国负责战争事务的副国务卿一起吃饭。我们的进展很慢,尽管我们精心准备了好几天,但还是毫无进展!

中国人再一次返回联合参谋长会议的表现依旧是可怜的惨败!当我再次召集他们开会的时候,仍然问他们是否有意见和建议要提出来。又是一段令人心焦的安静,只有中国人在窃窃私语,然后那位发言人站起来问:"在未来的作战行动中,相对于英军,印度军队占多大比例?"我提醒他,像这样的问题,我们已经给他们指派了参谋军官可以咨询,然后我也告诉了他问的数字。费了很大的劲,我又逼出来几个同样没有价值的问题,也就不再为难他们了,真是令人失望。很明显,他们对战略问题或略高层面的战术问题根本就不理解,一点儿都不配讨论这些问题。

蒋介石最新讨价还价采用的策略倒是挺有男子汉风范的。

11月25日

早上先开了参谋长例会,商定下午英美联合参谋长会议上我们打算采取的行动方针。中午12点钟我们去了总统的别墅,拍了一套照片,还有纪录影片。先是首脑们合影:总统、首相和蒋委员长。然后是他们和英美两军的参谋长、中国将军们合影。最后再是大家和其他政府官员、外交官们一起合影。场面可不是很吸引人!毫无疑问我们在这帮军人当中算不上最帅的,但我祈求上帝我们不管是个人还是集体,心眼儿都不是最有弯弯绕的。

下午2点半,我们召开了一次不做记录的联合参谋长会议,取得了相当大的进展。我提出了我们的不同意见,建议以推迟"霸王行动"为代价,继续推进在地中海的作战行动。我们遇到的反驳,连我们预计的一半都没到。另一方面,与中国人的谈判却不太顺利,蒋介石不停地讨价还价,以尽可能多地从我们身上捞取好处。

下午6点钟,为了庆祝美国人的感恩节,我们在教堂里进行了祷告。从座席的布置到主教的布道,整个活动都组织得一塌糊涂。让人一直冒冷汗。

11月26日

参谋长会议时间很长,商量下午的会上怎么办。我们让中东战区总司令来汇报有关爱琴海军事行动的想法。约翰·坎宁安海军上将和威尔逊过来吃午饭。

下午2点半和美国人开会。没过多久马歇尔和我就大吵起来!大家只好都退一步,继续开一次"不记录在案"的会议,同样也取得了不小的进展。最后大部分观点都达成了一致。

下午5点钟参加了蒋介石和夫人举办的茶会——令人乏味的作秀。房间里又闷又热。通过翻译和他聊了大概十五分钟。给我留的印象很一般，但又不能那样告诉他。不过蒋夫人倒是有了一堆仰慕者。但我是越看越不喜欢她！

晚上和伯蒂在穆罕默德·阿里俱乐部吃饭。发现艾森豪威尔和多诺万也在那里，还有希腊国王和他那迷人的女友。

11月27日，德黑兰，1 300英里

大家都不太情愿地起了个大早，凌晨4点半就被叫起来了！5点45分之前天还没亮就要离开我们的别墅，在蒙蒙薄雾中赶往机场。等到了那里却被告知，雾天将使我们延迟出发。不过，在7点前大家还是起身往"跑道"走了，准备飞往德黑兰。我们的代表团包括：迪尔、坎宁安、波特尔、"巴哥犬"伊斯梅和博伊尔，还有其他一些秘书人员。我们乘坐为参谋长们改装过的新"约克号"专机，非常舒服。我们在苏伊士附近飞越运河，从飞机上能够看到苦湖里停泊的意大利军舰。接着横穿西奈半岛，在贝尔谢巴经停。然后再飞经死海北岸，一路上可以很清楚地看到耶路撒冷、伯利恒、希伯仑和杰里科。之后飞往巴格达附近的哈巴尼亚机场①，我们在那里降落，花了一个小时在机场附近逛了一圈，有人给我们讲述了战争初期机场遭到攻击的情况。然后再次起飞，在飞机上吃了一顿非常丰盛的午餐，并为需要的人提供了氧气。我们要在14 000英尺高度飞相当长的一段路，但我发现对自己没什么影响，根本不需要吸氧。

我们在首相抵达之后没多久也到了德黑兰，他比我们晚出发一个小

---

① 哈巴尼亚空军基地（Royal Air Force Station Habbaniya），位于巴格达以西55英里，1936年10月至1959年5月为英国皇家空军在中东地区最重要的基地之一，现为伊拉克的主要空军基地。二战初期，该机场是英国重要的飞行培训学校和物资运输基地。1941年4月，德国支持伊拉克首相拉希德·阿里（Rashid Ali）发动反英政变，该机场遭到伊拉克军队围困和攻击，机场驻军和飞行培训学员进行了英勇抵抗，后在援军帮助下平定了叛乱。——译者

时,但是直飞过来的。当地驻军指挥官塞尔比来迎接我们,把我们带到英国公使馆。为了能让我们大家都住下,他们做了大量艰苦的准备工作,效果真不错。我们还不知道斯大林来了没有。有消息说他已经到这里了。对未来这几天我是不看好的。会议将是艰难的,他们想把我们引到哪里去还很难说!开罗和这里的温差可真大!

有一个很有趣的传言,当时我显然是忘记写在日记里了,德黑兰一下子聚集了这么多大人物,当地人的说法真是奇葩。我们到访的时间,正好当地在举行选举。所以当地人就说,所有这些"大人物"的到来,都是为了保证波斯人的选举能够公正进行!!

安保措施搞得不是最好,再加上美国大使馆距离市中心有一段路,所以他们决定让罗斯福总统住在苏联大使馆里,在那里准备了房间,我们的会议也将在大使馆里召开。因为英国使馆驻地就在俄国人的旁边,我们去开会只要穿过一条马路就到了,安排首相的安保措施也更容易些。

11月28日,德黑兰

上午很清静,补了一下昨晚缺的觉。然后在办公室待了一个小时,接着主持召开了参谋长会议,一直到吃午饭。我们对整个会谈很是担心。我们和美国人在需要讨论的主要问题上都没有达成一致,接下来等着我们的显然又是一片乱哄哄的局面。首相的咽喉发炎了,几乎发不出声音来。身体上的不适造成他的心情也不太好。我们尽力说服他同意展开安达曼群岛作战行动,以换取美国人同意地中海的仗能继续打下去。他却不肯这么做。

下午4点钟,我们去苏联大使馆参加第一次全体会议。出席人员如下:斯大林、罗斯福、温斯顿、安东尼·艾登、哈里·霍普金斯、莫洛托夫、伏罗希洛夫、迪尔、波特尔、坎宁安、莱希和金,还有伊斯梅、博伊尔、迪恩①和三位翻译。斯大林是穿着他的陆军元帅制服出场的，但在我看来，并没有比我上次看到他增添更多吸引力。莫洛托夫看上去几乎总是阴沉着脸！我们都围坐在一张大圆桌旁。罗斯福总统先开了个头，然后简要介绍了太平洋战场的情况。对此斯大林回答说，他十分感激我们在太平洋战场上的贡献，只是因为德国人正在全力对付他，使他无法抽身和我们并肩作战！俄国人暗示着一旦打败德国人就会施以援手，这是一个好消息。然后总统转向西线战场，读了一份内容空洞、不是很有用的稿子。从这之后，会议的氛围就越来越糟了！

对此斯大林主张不惜一切代价实施横渡海峡的作战行动。温斯顿进行了答复，但讲的不是最清楚。罗斯福再插进来解释，结果把事情搞得更加复杂。当会议结束的时候，我们形成了一个建议方案，主要是罗斯福提出来的，我们应该放弃攻占罗马，结束意大利的战事；1944年4月初我们将在法国南部登陆大概六个师，5月1日实施"霸王行动"。根据斯大林的说法，土耳其还是靠不上，没有什么能够把她拖到战阵当中来。因此打开达达尼尔海峡的意义显然不大。

事实上，在抱怨了一通我们没有把足够的德军从苏联战线引开之后，斯大林建议在冬季最好什么行动也不要采取！大家坐了三个半小时，会议结束的时候，方案计划比会前更加乱糟糟！

不过，这次会议显然意义深远，而且使很多事情变得明朗清晰，这是我当时没有意识到的。这是这场我们一起打的大战当中，斯大林、罗斯福和温斯顿头一次坐在一张桌子上商量战事。我发现他们脸上的笑容都相当迷人，但大家都在尽力琢磨那张笑脸后面还隐藏着什么。因为我

---

① 约翰·拉塞尔·迪恩（John Russell Deane，1896—1982），美国陆军少将。1942年2月任美国战争部总参谋处秘书。1943年10月任美国驻莫斯科军事代表团团长。1946年9月退役。——译者

对丘吉尔是相当了解的,所以我也能猜得出来罗斯福的脑子里是怎么想的,我们已经和他开过好几次会了,但斯大林在很大程度上依然是个谜。我对他能力、人格魅力和谋略的评价是很高的,但当时还不清楚他是不是一位战略家。我知道伏罗希洛夫在战略问题上对他是提供不了任何帮助的,我上一次访问莫斯科的时候对这一点已经非常清楚了,我和伏罗希洛夫曾就开辟第二战场的问题讨论了好几个小时。

在这次和随后几次与斯大林一起开的会议当中,我很快就认识到他有着很高水平的军事头脑。在他所有的发言当中,从来没有犯过战略性的错误,而且他总是能够根据形势变化、凭借敏锐而精准的眼力做出临机决断。

在这个方面,他要比另外两位首脑人物胜出一筹。罗斯福在军事问题上从来不充大头假装自己是战略家,而是留给马歇尔或莱希替他讲。温斯顿就不一样了,路子怪得很,有时候英明,但大多数时候都很冲动,还没有经过哪怕是初步的深入思考,就提出一些相当不靠谱的方案……

当时斯大林显然对东线的防御态势感到满意多了。他开始认为,德国人已经竭尽所能了;从西线施加压力变得不再那么迫切。而且,在他看来让土耳其参战也没有那么重要了。他已经不再(如果他曾经有过的话)急着要求打开达达尼尔海峡。这会让英美两国势力进入他的左翼以及更西边一些的巴尔干地区。当时他应该已经有了相当明确的想法,就是要在战后掌控巴尔干诸国,更进一步如果有可能,将来把它们完全并入苏维埃共和国联盟。因此英美两国在东地中海地区的行动变得不再受欢迎。

他对意大利的新想法也很有意思。这个时候他已经没有什么必要再让我们的部队沿着意大利半岛向北推进。因为这样做只会让我们下一步直指南斯拉夫和奥地利,而他无疑已经开始对这两个国家垂涎三尺了。

对于罗斯福的愚蠢建议，他真是求之不得，正好结束意大利的战事，抽调六个师在 4 月 1 日对法国南部发起进攻，而横渡海峡的主攻行动也将在 5 月 1 日展开。我敢肯定，他之所以同意这样的作战计划，并不是出于军事战略上的考虑，而是符合他未来的政治安排。他是如此精明的战略家，不可能看不出美国人计划的弱点。放弃罗马并停止意大利战事，立马就省掉了把六个师投到这一战场所带来的一系列问题，比如登陆的条件还不成熟，还有随后把这支部队维续在新战线所需要的全部后勤补给问题。而且，这一计划还让这六个师在整个 4 月份都不能发挥任何作用，尽管此刻意大利战场正深陷僵局，而"霸王行动"还没有开始。我觉得，斯大林肯定看到了这些战略上的缺陷，但是对他来说无所谓；把英美部队最大限度地耗在法国战场上，这个时候反而最符合他的政治和军事需要。

斯大林的精明，再加上美国人的短视，正在把我们引上一条非常危险的歧路。

11 月 29 日

开了七个小时的会，其中有六个小时是通过翻译！！上午 10 点半我们先开了个参谋长会议，出席的有莱希、马歇尔、伏罗希洛夫、波特尔和我。花了我们三个小时，最后没有取得任何进展。伏罗希洛夫的主要意见是，横渡海峡的军事行动必须优先于其他所有事情，而且日子必须定在 5 月 1 日。我争辩说，停止在意大利的作战，将会使德军腾出手来支援其他战场，但没有用！伏罗希洛夫根本就不听，显然斯大林已经给他作过指示了，而且毫无疑问埃夫里尔·哈里曼也鼓动斯大林这么做。还有莱希一言不发，马歇尔只是强调说美国人一直都赞同横渡海峡的军事行动。到了 1 点半，我宣布休会。

当中休息的一个小时，我们出席了特罗特为卡多根和克拉克·克尔举办的午餐会。上的是波斯菜,不太受欢迎。2点45分,我们自己开了个参谋长短会,准备发言提纲和下一步行动方针。下午3点半,我们前往苏联大使馆,见证丘吉尔授予斯大林"斯大林格勒之剑"。又是乐队又是仪仗队,国歌连着奏,好不热闹。在以国王的名义将荣誉之剑交给斯大林之后,温斯顿发表了演讲。斯大林亲吻了剑柄,然后交给伏罗希洛夫,他立马把剑从剑鞘里拔了出来!不过最后剑还是交到了苏联仪仗队指挥官手上,小心翼翼地端走了。接着是大家一起合影。①

下午4点钟我们再次坐下来,又开了一场长达三个小时的会!从头到尾都很糟糕。温斯顿的状态不好,罗斯福更差劲。斯大林就死盯住两件事。5月1日启动横渡海峡的作战行动,对法国南部的攻势也要同步展开!美国人支持这一观点,但却没有认清现实,这根本就是不可能的。会议最后决定,我们和美国人明天先开个会,拿出解决方案,下午4点钟再召开全体会议。

我认为讨论达成一致意见的希望很小。在听了最近两天的争吵之后,我更加感觉像是进了一家疯人院或者说是老人院,真是熬不下去了。我真是恶心用政客们的方式来打一场战争!!真搞不懂他们为什么对一件自己一窍不通的事情,还把自己真的当成专家了!不得不坐在那里听他们讲话真是一种悲哀!在这场战争接下来的进程中,我们完全有可能搞得一团糟,并输掉这场战争,惟愿上帝能保佑我们!

就像我此前讲过的,美国人逼着我们在和他们谈妥之前就会晤蒋介石,是一种本末倒置的做法。现在,同样的一幕又出现在和俄国人打交

---

① 剑刃上用英文和俄文镌刻着以下文字:"英王乔治六世,谨代表英国人民的诚挚敬意,将此礼物赠送给具有钢铁般意志的斯大林格勒市民"。该剑现为斯大林格勒保卫战博物馆永久展品。

道的时候。等我们好不容易扳回来,把马牵到车前面了,却又搞不清楚该往什么方向跑了。

我注意到在这一天的日记里,我指责了埃夫里尔·哈里曼,好像完全没有事实根据。但我在整个会议期间的感觉是很准的,哈里曼这家伙一直在损我们的利益,而想方设法改善美国同斯大林的关系。是他提出来美国人从一开始就主张尽早开辟第二战场,而英国人不同意这么做。如果他点名说我是最强烈反对开辟西线战场的人之一,我是不会感到惊讶的。

11月30日

今天是首相的六十九岁生日。一起床就有一种感觉,今天肯定不会开心的,但一天下来还不算太糟糕!上午 8 点 45 分我们先开了个参谋长例会。接着 9 点半开了英美联合参谋长会议。为了拿出一套下午能提交给俄国朋友的方案,我们颇费了一些口舌。经过一番争论,大家决定把横渡海峡行动推迟到 6 月 1 日。我们的要求没有得到全部满足,但这样安排仍可以配合俄国人准备发起的春季攻势。同时还明确了我们如何参与法国南部的作战行动。是我再一次坚持取消了对安达曼群岛的进攻作战,以便腾出更多的登陆舰艇给地中海战区使用。这同样会让罗斯福总统在政治上搞得很被动①。

---

① 德黑兰会议结束后,罗斯福、丘吉尔重返开罗,历史上也称为"第二次开罗会议",美英间对于缅甸作战问题发生激烈争论。1943 年 12 月 4 日会议开始以后,丘吉尔要求把反攻缅甸的力量抽调用于加强欧洲战场,其实是不愿看到美国在东南亚和远东的地位得到加强。罗斯福自称"倔强地像一头骡子似的"同丘吉尔发生争执,指出美、英对中国负有道义上的义务,没有理由放弃在缅甸的两栖作战,但"英国人根本不愿进行这场战役,我没有办法使他们点头"。罗斯福为了保持英美间的一致,不得不收回对蒋介石的保证。12 月 7 日,罗斯福致电蒋介石,说明由于准备 1944 年夏在欧洲开辟第二战场,需要大量登陆艇,就难以在孟加拉湾发动两栖作战了。这实际上意味着,仅仅不到两周前在第一次开罗会议上制定的三国联合作战计划已告失败。——译者

中午 12 点半休会，我们去见首相，报告会议结果。然后在英国驻伊朗大使馆和布拉德大使共进午餐。餐后花了一刻钟出去，在使馆大门附近的古董店里逛逛。在参加后面的全体会议、报告上午会议结果之前，和温斯顿又商量了一次。这次的全体会议开得相当短，我报告了会商结果，总统、首相和斯大林都发表了精彩的讲话。起草完公报的军事部分之后，会议就结束了。

我们与俄国人的第一次三方会晤就此结束。至少有一点是相当清楚的，就是你把越多的政治家凑在一起研究战争的问题，那么结束战争的时间就会拖得越久！

我们在大使馆举办了庆祝首相六十九岁生日的宴会，一天才算过去！

来的客人有总统、斯大林、莫洛托夫、安东尼·艾登、哈里·霍普金斯、哈里曼、克拉克·克尔、布拉德、霍尔曼、伏罗希洛夫、美军各位参谋长、英军各位参谋长、怀南特、萨默维尔、伦道夫和莎拉·丘吉尔，还有罗斯福的儿子和女婿。温斯顿坐在我们这一侧，总统在他右边，左边是安东尼，再过去是莫洛托夫和哈里·霍普金斯。桌子当中是一个大蛋糕，真的插着六十九根蜡烛！！

坐下没多久，首相就说我们吃饭应该按照俄国人的习俗，所有人在任何时候都可以敬酒。然后他就开始敬酒，祝大英国王、美国总统和苏联主席身体健康。没过多久总统来给我敬酒，说他和我都还是小孩子的时候，我们的父亲相互认识，并祝我身体健康。这个时候斯大林插话进来说，这次会议的成果表明，大家达成了如此高度的一致，他希望我以后看待俄国人的疑心不要再那么重了，假如我真的了解了他们，会发现他们都是非常好的人！！这样的个人攻击实在是出乎意料，我敢肯定是美国新任驻苏联大使埃夫里尔·哈里曼搞的鬼，这阵子他正急于用英国的利益来讨好俄国人。

对这样的指责我是无法接受的，所以就等着合适的机会反击。还是挺让人紧张的，要考虑到在座都是些什么人啊！我先感谢了罗斯福总统的诚恳善意，对此我表示深怀感激。然后我转向斯大林，提醒他就在下午的会议上，丘吉尔首相还说过"在战争中，真相往往需要谎言的保护"。我提醒他自己也曾经讲述过，在所有的攻势作战中，他是如何在不打算进攻的前线摆放大量的充气坦克和飞机，同时把部队在黑夜的掩护下悄悄转移到攻击地点。经过了四年的战争，不断给敌人精心编织的假象，会否有可能把自己的朋友也骗过了？我敢肯定，他一定是看惯了那些仿制的飞机大炮，却对包裹在同志般友谊外衣下的抨击之意浑然不觉，而这才是我对他和所有苏联军队的真实感受！效果不错，取得了一定成功。晚餐之后，我又恢复了攻击状态，尽管结束的时候我们又是紧紧握手、又是热情拥抱，几乎是勾着脖子不肯放！他说他就喜欢我这种粗鲁生硬、军人风格的表达方式，还有我说话声音中带有的武力味道！这才是他真正喜欢和敬佩的军事风格，我们俩都是这方面最棒的；而且一定要记住，这个世界上最宝贵的友谊一开始往往都是不打不相识！

真是个美好的夜晚，充满了温斯顿、罗斯福和斯大林最富有智慧的讲话。有一节，温斯顿在谈论英国国内的政治倾向时说，如果给整个世界的政治都染上颜色，那么英国现在应该说是颇为"粉红"了。斯大林没有丝毫迟疑地回了一句"身体健康的象征"！罗斯福总统又回到颜色的话题上，说这场战争的影响可能会把多种色彩融合成一条彩虹，而它们各自本身的颜色在其中却难以分辨，这样的大融合正是希望的象征！真是个良好的愿望。最后一直到凌晨1点半，我才得以开溜回去睡觉。

从很多角度来看，11月30日这天都是一个重要的日子。滴水终究会穿石。同样的道理，不停的反复争论，最终在美军参谋长身上起到了差不多的效果！我们最终将"霸王行动"的时间从5月1日延后到6月

1日。就如何参与法国南部的登陆行动,现在也改成了"尽我们所能"。如此一来,维持眼下意大利战场的基础就更为扎实了。不要忘记,把一个步兵师从意大利前线撤下来、装船、通过地中海和比斯开湾的海路运到英格兰卸下,重新编成、投放到新的训练场,最后展开最困难的战斗训练——一种遭遇激烈抵抗条件下的联合登陆作战——一定需要长达很多个月的时间。所以大家将会看到,每个从意大利撤到英格兰参加"霸王行动"的师都会销声匿迹一段时间。

我发现参加这些会议非常吃力,随着会议的进程,我也变得越来越暴躁,这从我日记里时不时出现的过激的批评态度中也能够看得出来。在我看来,有些事情是如此的显而易见,但就是没办法让他们也像我一样看清楚,着实令人恼火。如果不是我天生超有耐心,对眼下进展的看法还要悲观……

在那样一批观众面前回复斯大林的祝酒词,我觉得倒真是一场对神经的考验!我花了大概一刻钟时间,一动不动地坐着,绞尽脑汁考虑如何回应。在访问莫斯科期间,我对斯大林有足够的了解,我知道,我如果在他的冒犯指责之后仍然坐在那里无动于衷,他就会认为我没有骨气,就再也不会看得上我这种人。还好,当我讲完之后,他倒了满满一杯香槟,而不是像前面一样喝伏特加!……

时至今日,当时的整个场景依然在我脑海里记忆犹新,此刻回想起来,感觉仍像坐在大使馆的餐厅里。我认为那餐厅最初一定是波斯人的皇家工匠建造的,你会感觉自己就像身处一个波斯神庙之中。整个墙面都被亮面的小块马赛克覆盖,每一块镶嵌的角度都各不相同。窗户上罩着厚重的大红窗帘,墙上挂着皇室成员的照片,这在大使馆或公使馆里并不少见。波斯侍者穿着蓝红色条纹相间的制服,戴着白色棉手套,指尖部分有些松软地垂着,递盘子的时候都能飘起来。

等到上甜点的时候,公使馆的主厨使出了拿手绝活。这道甜品的底座是个一英尺见方的冰块,大约四英寸厚。当中掏了一个直径约三英寸的圆孔,孔里摆着一盏神灯。在神灯和圆孔之上竖立着一根约十英寸高的带孔钢管。管子的顶端托着一个用冰糖加固的大盘子。盘子里盛着一大块冰激凌,盘子边上还装饰着冰糖雕出来的图案!当神灯点起来,被长长指尖的白手套端上来的一瞬间,真是妙不可言。这样的小塔楼一共送进来两个,当绕着桌子转到每位客人那里取冰激凌的时候,大家都有些小心翼翼。我仔细观察一点点靠近的塔楼,发现神灯散发的热量已经影响到它的底座冰块。带孔钢管又受到底座融化的影响,使得整个塔楼不再是垂直的,而是看上去像比萨斜塔!顶端的盘子这时也变成了一个斜坡!一场事故在所难免了,必须马上采取安全应对措施。此刻冰塔正悬在马丁的头上,但眼看着快速朝我的方向倒过来。我抓住右边邻座的萨默维尔,喊他快躲开。我们俩都把脸埋在面前的空盘子上,刚刚好躲过去。只听见稀里哗啦一片响声,整座"建筑"从我们头顶上划过去,在我和别列戈夫之间摔成了碎片。可怜的别列戈夫当时正站着替讲话的斯大林做翻译,被从头到脚淋了一身,但我估计就算多给他一个胆子,他也不敢停止翻译!不管怎么说,在我叫波斯侍者拿来毛巾替他擦拭的时候,别列戈夫还是不慌不乱地继续翻译。时至今日,我似乎仍然能够看见,一大块白色的冰激凌就掉在他的皮鞋上,融化的汁水顺着边往下流,还有的透过穿鞋带的小孔往里渗!

12月1日,耶路撒冷

今天我们起了个大早,和特罗特先生道别,他最近一直在为我们提供食宿。他是外交和殖民办公室的东方事务秘书,也是一个对鸟类研究非常感兴趣的人,所以我和他很熟,给我看过他收集的所有禽鸟的羽毛。我们在早上7点半离开公使馆,8点前我们就已经在跑道上腾空而起,飞往耶路撒冷。一路上相当顺利,我们降落在一个距离耶路撒冷大约35英里的机场。在那里我们和马歇尔、金、萨默维尔、阿诺德汇合。然后大家乘车去大卫王酒店,受到了盛情款待。感觉像那次在美国威廉斯堡受到的接待。

午餐后我们去游览了耶路撒冷,有个教士做向导,讲解了所有的名胜景点。我对这些历史名胜都非常感兴趣,但还是感觉它们距现实是如此之遥远,自己的思绪不得不很快从那些传说中抽回来。不过,从历史的角度来纵观耶稣蒙难以来的纷纭世事,以及它们对欧洲命运的巨大影响,还是相当引人入胜的。回来喝了下午茶,然后我们去拜访总督,但他坚持称自己为"高级专员"。晚上我们为美军参谋长举办了宴会,在一座大厅里,有乐队,还有舞会。总的来看效果不错。我们给每位参谋长都赠送了一个橄榄木制作的小雪茄盒,还配着雕刻了他们名字的银盘。

12月2日,开罗

我们8点半离开酒店,再回到耶路撒冷城去参观圣岩清真寺,也叫作奥马尔清真寺。我为之深深吸引,认为这是我们看到过的最迷人的景点之一。然后又去了客西马尼花园,在那儿结束了观光。我们回到酒店,和充当我们向导的圣芳济会教士道别,乘车回到卢德机场。然后起飞前往开罗,正好赶上吃了个中饭。刚到机场就得知首相和总统也将在几分钟后抵达,他们改变了行程计划。现在大家都已经平安返回,包括首相和总统。下午去理了发,看了看文件。晚上和"巨人"威尔逊、肖尔托·道格拉斯和魏德迈一起吃饭。

12月3日,开罗

上午开了参谋长会议,把手头的事情理一理。然后12点半去参加首相召集的会议。发现他的情绪很差,前面刚刚视察完第4女王私人轻骑兵团。同时还发现他又搅乱了我们的计划,竟然建议莱希,即便我们不再进攻罗德岛，无论如何也要把它困死。接着我们和首相共进午餐，2点半回来继续开英美联合参谋长会议。当我们得知会议还要开到星期天（四十八小时之后）、总统走了才能结束，简直要呆住了！没有丝毫的解释，一点儿歉意都没有。美国人彻底搅乱了整个会议进程，在我们和他们达成一致意见之前就去会见蒋介石和斯大林，真是浪费我们的时间。现在什么问题都没有解决，他们却想拍拍屁股飞走了，留下地中海一个烂摊子给我们！这好像是我最近一段日子遇到过的最糟糕的不择手段。会议剩下的时间已经没有什么希望了，解决不了什么问题。晚上参加了"巨人"威尔逊举办的鸡尾酒会，为即将去第3军赴任的斯科比送行。

恐怕当时我对美军的参谋长们有些过于苛刻了，但显然也是忍无可忍了！我要收回"不择手段"的说法，我敢肯定马歇尔一定无法接受这样的说法。感谢上帝，我这辈子几乎没有碰到过比他更正直、靠得住的人。他就是缺乏战略眼光，才让我对他的耐心消耗殆尽。

12月4日

累人的一天！9点45分到10点15分先开了个参谋长会议，研究如何才能搞定我们的美国朋友，会后去了首相那里。他的心情不太好，正在为迪基·蒙巴顿新发来的电报而烦恼，电报里要求增援部队夺取安达曼群岛！可怜的蒙蒂·斯托普福德（刚刚去缅甸当第33军军长）走了进来，听到的是坏消息①。

然后上午11点钟和罗斯福总统、美国人会面。首相做了很长时间的发言，接着问我有什么意见。我说这次会议是令人最不满意的。通常在这样的会议上我们都会达成一项政策建议，提交给首相和总统审议或修

---

① 此处是指夺取安达曼群岛的行动（代号"海盗行动"）最终因缺乏兵力和登陆舰艇而被取消，当时蒙巴顿和斯托普福德均在开罗参与研究这一作战行动。——译者

改，之后我们再研究如何将这一政策推行实施。最后提交批准形成一份书面文件，成为对未来战争的指导意见。但在这次会议上，这样的程序已经不可能做到了。我们很仓促地直接与中国人进行了高层会晤。刚刚开完又赶往德黑兰会见斯大林，匆忙的程度也差不多。现在我们又赶回来，只剩下两天时间去达成什么一致意见。然后我们只好放弃夺取安达曼群岛的军事行动，以便集中力量对付欧洲战场。这立刻就让我们陷入了政治上的被动。罗斯福总统已经答应了蒋委员长展开一次两栖作战，不愿意食言。搞得我们一筹莫展！！中午急冲冲赶回住处，因为我邀请了索松科夫斯基和安德斯吃饭。然后再赶回去参加下午2点半和美国人共同召开的会议，也没有取得多大进展。

最后温斯顿叫我去吃晚饭，讨论指挥体系的问题。总统今天做出决定，让艾森豪威尔指挥"霸王行动"，马歇尔继续留任美军参谋总长。我和首相争论了一个问题，认为亚历山大没有足够的能力担负地中海战区最高司令一职。我建议让"巨人"威尔逊担任地中海战区最高司令，亚历山大担任意大利地面部队总司令，佩吉特接掌中东司令部，蒙哥马利担任佩吉特的副手，奥利弗·利斯担任蒙哥马利的副手。他基本上同意。他说他曾经想过让我担任地中海战区最高司令，威尔逊接任帝国参谋总长，但后来觉得还是我继续留任比较好。如果威尔逊担任帝国参谋总长，将会发挥很大作用，因为他对半个地中海了如指掌。我真希望首相没有改变主意！

我发现那天晚上他非常疲倦，很难让他把复杂的问题考虑周全。为此我费了不少心思，但效果不大，反而让我自己想的更明白了。首先选择艾森豪威尔而弃用马歇尔是件好事。艾森豪威尔现在已经有了一名司令官的足够阅历，开始站稳了脚跟。艾森豪威尔和他的参谋长比德尔·史密斯这对搭档是珠联璧合、可圈可点。而马歇尔除了在一战时候当过连长，就没有了实战指挥经验。

把艾森豪威尔从地中海调走，留下来一个很难补的缺。我既不想让亚历山大、也不想让蒙蒂接这个活儿，因为意大利战役和"霸王行动"中的英军部队都需要他们。假如让我来选，我会让蒙蒂指挥"霸王行动"，让亚历山大统领意大利战场，但我知道自己的想法很难实现，主要因为温斯顿，其次还有艾森豪威尔。因此我力荐"巨人"威尔逊担任地中海战区最高司令，接替艾森豪威尔。这样我才能把亚历山大放到意大利，蒙蒂参加"霸王行动"，换下佩吉特接掌中东，奥利弗·利斯接替蒙蒂担任第8集团军司令。

12月5日

又是很苦的一天，开了一连串的会，从参谋长例会到全体会议，但在取消安达曼群岛作战计划上还是深陷僵局，因为总统已经对蒋介石做出承诺，不愿意取消。这恰恰证明此前我们坚持蒋介石应该在会议结束的时候再来是完全正确的，而不是会议一开始就来参加。

我们在大使馆吃了午饭，是一个大型午餐会，参加的有默罕默德·阿里、埃及首相、温斯顿、艾登、美军参谋长，等等。下午又开了一次英美联合参谋长会议，会上我们请来了斯托普福德和进攻安达曼群岛的部队指挥官特鲁布里奇，研究安达曼群岛的情况，以及是否可以改成一个小规模的作战行动，以便给蒋介石"留点面子"。最后和美军参谋长们共进晚餐。

12月6日

今天的会议令我们很开心，总统最终同意取消夺取安达曼群岛的作战行动！会前他已经给蒋介石发了一封电报，不过这可能会导致蒋介石拒绝执行缅甸战役中他承担的作战任务。就算他真这么做也不会有多大损失！不管怎么说，我们现在总算可以集中所有资源到欧洲战场上了。接着又是一系列会议，最后在下午 6 点钟开了全体会议，我们向总统和首相提交了最终报告，他们都很满意。老史末资出席了最后一次会议。伯蒂来找我吃晚饭。今晚应该能睡个好觉了，对这次会议的最终成果我还是非常满意的。

12 月 7 日

上午开了参谋长会议，接下来又开了英美联合参谋长会议，研究解决一些追加的议题。总统一早就离开了，接着土耳其总统伊诺努也走了。午饭后我们去了首相住的别墅，听取麦克阿瑟的参谋长萨瑟兰[1]的情况介绍，讲了麦克阿瑟将军的想法和下一步作战计划。

然后和巴尼一起出去买东西。晚上 7 点半我们在住处开了一个参谋长的短会，研究首相手写的一份备忘录，是关于预计土耳其将加入战争，我们需采取什么样的行动。最后与首相、史末资、迪尔、波特尔、坎宁安、马歇尔、金、阿诺德、莱希和霍利斯共进晚餐。艾登到晚宴快结束的时候才进来。金一个人喝了超过一瓶香槟酒，有些高了。我坐在阿诺德和晚到的安东尼·艾登当中。首相的兴致极高，史末资还像往常一样风度翩翩。宴会上首相让我们每个人都猜一下德国人什么时候会被打败。马歇尔预计是 1944 年 3 月，如果实现不了可能是 11 月份。迪尔打赌是 3 月份。我认为有 60% 的可能是 3 月份，其他人预测 3 月和 11 月的都有。

12 月 8 日

波特尔和坎宁安一早就离开了，迪尔早饭一吃完也走了。我和"巨

---

[1] 理查德·克恩斯·萨瑟兰（Richard Kerens Sutherland, 1893—1966），美国陆军中将。——译者

人"威尔逊在他的司令部里进行了长谈,阐明下一步的走势。然后他和我在史末资的陪同下一起去检阅南非师,场面相当不错。在那里吃好午饭开车回来,我去中东和北非事务办公室工作了一个小时。接着去看望"巴哥犬"伊斯梅,他身体不太舒服。回到自己的住处后会见了索松科夫斯基。再去大使馆吃晚饭。出席的有首相、史末资、艾登、卡多根、凯西和夫人、小杰利科、从南斯拉夫回来的麦克莱恩①(英国军事代表团准将团长)、伦道夫、莎拉、"巨人"威尔逊。

一直搞到很晚,最后不得不和首相一起开车回来。晚上和他吃饭时候的好心情一下子全没了!现在他的想法又倒回去了,还是希望亚历山大担任地中海战区的最高司令,把老"巨人"威尔逊晾在一边!看来我后面遇到的问题也不会少。所有的麻烦都是麦克米伦惹出来的,他和首相长谈了一次,建议说亚历山大是担当此任的不二人选,他自己可以帮着亚历山大分担一些政治方面的事务。晚上麦克米伦来我这里待了一个小时,他显然连最高司令这个岗位的职责都没有搞清楚。真不明白为什么首相谁的话都听,就是不听那些真正替他着想的人!!

麦克米伦的横插一杠子让我非常恼火。首相已经提前告诉我,说麦克米伦有个关于地中海战区最高司令人选的绝佳方案,让我和他商量。我立马感到事有蹊跷,想不明白他为什么插手这档子事。我把他请来,就像前面日记中写的,很快就发现,他对最高司令一职所肩负职责的认识是非常模糊的。因此他的方案是相当不靠谱的。我还告诉他,如果他对军事上的安排有什么好的想法,在拜见首相之前要先和我商量一下。通过与麦克米伦讨论指挥官的问题,我很快就搞明白了,他之所以这么

---

① 菲茨罗伊·麦克莱恩(Fitzroy Maclean,1911—1996),英国陆军少将。一生富有传奇色彩,当过外交官、议员、历史学家、旅行家、军人和作家,被认为是电影007特工邦德的原型之一。——译者

做是因为他认为自己可以掌控亚历山大,就像手心里的泥人一样;而"巨人"威尔逊是个硬骨头,不大买账,也不太好掌控。只要麦克米伦还担任地中海公使一职,他显然很容易对亚历山大施加影响和控制。

12月9日

一大早去接上伯蒂,一起去送史末资老头子,因为此前老头子告诉我他想见伯蒂一面。机场上已经聚了一批人,有驻埃及大使兰普森和夫人杰奎琳、"巨人"威尔逊,还有希腊国王的弟弟在送夫人,等等。史末资一如往常风度翩翩。在昨晚大使馆的晚宴上,他把我拉到一边,告诉我他对首相的状况一点儿都不满意。他觉得首相的表现很糟糕,显得精疲力竭,只有靠喝酒才能提劲儿。他还说自己开始怀疑,首相是不是能够撑到底,也注意到首相身上有一些变化。然后还说,他完全了解我和首相相处将会越来越难,但我必须坚持下去,并尽力让他待在正确的轨道上。他说他已经给首相说过了,要尽可能支持我的工作。在他和首相想让我撤换奥金莱克这件事上,他认为我坚守自己的立场是完全正确的,他也充分理解我肩上挑的担子有多重、工作有多辛苦。看着他乘坐的银色飞机消失在天际,我感到非常伤感。然后开车送伯蒂回去,再和"巨人"继续讨论南斯拉夫和希腊的局势。

从那里接到通知,首相让我去陪他吃午饭,就我们俩。我们坐在花园里,他看起来非常疲倦,说感觉很无聊、很累,还腰疼。尽管如此,在整个午餐过程中他都在挥着苍蝇拍打苍蝇,还数死苍蝇的个数。我们讨论了地中海战区的指挥问题。他还是反复唠叨此前的意见,我觉得在他这种很疲劳的状态下讨论如此重大的问题,不会有什么结果。吃到一半的时候,他忽然问我,考虑到我所肩负的全部责任,是不是觉得应该搞个陆军元帅当当。我告诉他,这是他的想法,我从来没有想过。然后他又说,波特尔已经晋升为空军上将,他觉得我应该晋升陆军元帅。他说他会给国王去讲这件事。

吃好午饭我去观光，埃及政府科研考古部门一位名叫埃默里的人陪着我。他相当开心，兴致很高。我们去了埃及的旧都，参观了一个法老墓，还有最近从金字塔周边发掘出来的文物。晚上和伯蒂在默罕默德·阿里酒吧吃饭。

前一天和史末资的谈话，让我又一次见识了这老头子惊人的洞察力。他远比其他人看得清楚，哪怕是首相的医生莫兰，温斯顿差不多就要崩溃了！当时他已经到了生肺炎的边缘，一到突尼斯就发出来了，在最后的几天里和罗斯福、斯大林、蒋介石和伊诺努开了一系列的高级别会议，把他累垮了。他疲劳的程度很容易感觉到，因为那天中午的午餐上根本就没办法商量任何事情。我一直记得那顿午餐就像一场噩梦。他穿着自己的灰色拉链外套，还有拉链鞋子和宽大的墨西哥帽。我们坐在花坛里一张打扑克牌的小桌子上，午餐非常丰盛，有两位穿制服的埃及侍者伺候着。他手上拿着一把苍蝇拍。喝了两勺汤之后，他开始谈地中海战区的指挥问题，说道："其实事情很简单……"然后苍蝇拍挥下去，一只苍蝇的尸体被收起来，放在餐桌角落的苍蝇盘里。然后又喝了两勺汤，说"这真是最美味的汤"，接着又喝了一勺。然后又开始说："就像我说的，其实事情很简单，这里只有三个战区……"苍蝇拍又打下去，又一只苍蝇被收到了盘子里！整个午餐的大部分时间都是这个套路，在送另一只苍蝇去盘子里之前，我们就没有真正开始讨论"三个战区"的问题！

真正有意思的是，在关于指挥的问题上，可没有什么"三个战区"，我知道在他当时那种精力严重透支的状态下，根本不可能再要求他搞清楚事实情况！于是我就由着他一边拍苍蝇，一边聊聊食物有多么"美味"，心里明白要想谈正事是不可能了。在那顿午餐上，我真是担心死他了。就在前一天晚上,我还听了史末资对他的担忧,我开始怀疑他会不会就要倒下了,以及会严重到什么程度。我敢肯定,他不太会记得那顿午餐了,还有我对晋升元帅一事的回应,这事儿很可能是前一天晚上史末资和他谈话的时候提出来的。

12月10日,650英里

早上5点15分起床,6点15分前出发前往卢克索。我借用了肖尔托·道格拉斯的飞机,埃默里继续陪同我。我们在去赫里奥波里斯机场的路上接上他,飞机于7点钟起飞。一路顺利,9点钟抵达卢克索附近的一个小机场。一辆又破又摇的轿车来接我们,带我们到了一处办公楼里等船票,然后过河去西岸。又是一辆破得快要散架的老"福特"来接我们,摇摇晃晃地开着去游览帝王谷。

车子一边开,一位副驾驶一边把头埋在引擎盖里修,就这车子一路上还开开停停!埃默里可帮了大忙,他知道在这非常有限的时间里应该带我们去看什么。我们一开始先看了法老图坦卡蒙的坟墓,就令人感到震撼。然后又看了两位国王的墓,接着埃默里带我们去看了一座他自己发现的墓穴。这是某位法老的宰相的墓,是一个很特殊的样本,能够显示出墓穴的收尾工程,位置就在墓穴的入口处,整个施工的进程一目了然。

然后我们去参观西岸的大神庙和宫殿,最后开车回去的路上还看到了两座巨型雕像。那老爷车终于撑不住了,一只前轮胎爆掉了!没有备胎,只有一个千斤顶也不够把车子顶起来,但没有什么能够难住我们的驾驶员!大家用手把轿车抬起来,把轮胎换好,我们就继续在老爷车上摇啊摇了!我们再次渡过尼罗河,赶到沙漠皇宫酒店吃午饭。餐后去参观卢克索神庙,这座古老、巨大的神庙就在回机场的路的北端。我们于下午4点半起飞,伴着月光回程。一轮圆月悬在茫茫大漠上空,映照在

战争日记(1939—1945) 775

尼罗河上。美不胜收。

"巨人"威尔逊和肖尔托·道格拉斯过来吃午饭，餐后我们讨论了进攻罗德岛的时间和前景。晚上11点钟我们开车去大使馆，首相在那里吃晚饭。一直到午夜才和大使、杰奎琳、凯西、"巨人"、肖尔托等人道别。我开车和首相一起去机场，一路上他都在说重组司令部的事。最后，凌晨1点我们乘"约克号"起飞。成员有：首相、莫兰勋爵、莎拉、伦道夫、马丁、汤米和我。

12月11日，突尼斯，1 550英里

早上9点半我们抵达突尼斯，一路顺利，但飞机里面太热，没有睡好。由于判断错误，我们一开始着陆的机场不对，只好再次起飞。最后我们飞到了正确的地方，发现艾森豪威尔和特德已经在等我们了。首相很疲倦，情绪不高，他看起来不太好。会议把他累垮了，但他还不肯休息，仍要坚持工作。我觉得这个样子去意大利，对他来说不太明智。吃好早饭他去休息了，一直到午饭时间。

与此同时，我和艾森豪威尔、特德开了一个很有价值的会，讨论了有关地中海作战的很多问题，但主要还是集中在选择谁来接替艾森豪威尔和如何重组司令部。我提醒他首相是什么态度，让他协助我一起给首相讲清楚我们关于重组的想法。我告诉他，我已经在首相身上花了不少时间，让他理解我们的想法，但他总是倒回去自己的错误主意上。艾克的建议是让威尔逊担任最高司令，用蒙哥马利取代亚历山大，把亚历山大带回英国去统领"霸王行动"的地面部队。这基本上对我的路子，只是我想把蒙哥马利和亚历山大对调一下，但我也不是很在意。艾克和特德留下来吃午饭，在说服首相的时候表现极佳，但我担心他可能还是会倒回去。

然后我们出去参观迦太基遗址。吃午饭的时候，我们坐在上次安德

森来的那同一个房间。最近为了接待罗斯福总统刚刚刷新过，然后就留着等候接待首相。午餐的时候首相显得相当安静。我想办法劝他不要去意大利了，但还是没有成功。下午的大部分时间他都在休息。

我发现自己和艾克的这次谈话很有好处，因为我知道了，他想要亚历山大和他一起指挥"霸王行动"，而不是蒙蒂。他也知道，自己能够驾驭亚历山大，但不喜欢蒙蒂，当然也不知道该如何掌控他。在选择亚历山大还是蒙蒂的问题上，我很奇怪自己竟然会在日记里写"我也不是很在意"！我当然在意得很，对亚历山大参与"霸王行动"，我几乎没有什么信心。

我对温斯顿的健康越来越担心。他看起来越来越糟。最倒霉的是，我们还飞错了机场，他们让他下了飞机，吹着很冷的晨风，他就那样坐在自己的行李箱上，看上去好像一文不名。再次起飞之前，我们在那儿待了差不多一个小时，他冷得浑身直哆嗦。

我觉得，在12月份去意大利，到处都是积雪和烂泥，住在冰冷的大篷车里，一定会要了他的命。我和莫兰讨论这个问题，他完全赞成我的想法。因此当晚我设法劝说温斯顿，告诉他去意大利是个错误的决定。我肯定那里的部队一定很高兴见到他，他的旅程也一定会很开心，但我觉得他没有权利拿自己的健康去冒险，关于这场战争还有重要得多的事情在等着他。我刚开始有一点儿进展，却愚蠢地说了一句："而且，莫兰也完全同意我的意见。"他忽然起身，用胳膊肘撑在床上，在我面前晃着拳头，说道："你休想和那个糟老头子联合起来骗我！！！"

打那以后，就再也没有什么招儿了，只能走一步看一步了……感谢上帝帮了忙，第二天他开始发烧了！

12月12日

昨天晚上累坏了，睡得像木头一样，一直到凌晨4点钟，我被一个沙哑嗓子的一连串近乎凄惨的呼喊声吵醒了:"喂,喂,喂!"等我醒透了,一边开灯一边问:"到底是谁啊?"让我大吃一惊的是,看到首相穿着睡袍、头上包着棕色头巾,正在我的房间里来回踱步!他说他在找莫兰勋爵,他的头很疼。我带着他去了莫兰的房间,继续回来睡觉。但后面一个小时不停地传来有人起床和走动的声音。到了早上,起床之后,我发现首相已经烧到了差不多 102 华氏度,情况不太好。莫兰不太清楚病因是什么,但急着想尽快把他搞回家。他念念不忘的意大利之行肯定还是要去的,我现在也吃不准了,到底应该去,还是陪他回家。

晚些时候:

上午亚历山大来了,在我们长谈之后,他又去找首相谈。就像此前预见到的,无论吩咐他什么事情,亚历山大都乐于去做,对于没有被任命为最高司令官,他没有显露出一点儿的失望。白天首相的热度下降很快,但莫兰认为晚上还会不好的。艾森豪威尔下午来了,我们和他、亚历山大聊了很长时间。特德过来吃晚饭。商定亚历山大明天返回意大利,我要陪他一起去。

在温斯顿折腾了一个晚上后,根据他发烧的情况,我问莫兰诊断下来是什么病。他说眼下判断可能是肺炎再次发作,也可能就是一次感冒。我再问他如果是肺炎怎么办,他回答如果真是肺炎,那就必须增加一名病理学医生、两名护士和一台便携式 X 光机。我问他这些去哪里找,他说前两者可以去开罗找,后面一样可能要去阿尔及尔。我告诉他这要花一些时间,我们会即刻给他们拍电报。让我意外的是,他让我先不要发电报,说诊断可能不准。我告诉他即便诊断不准也没有关系。如果那样倒是感谢上帝了,最好用不上他们,再送他们回去就是了。话说回来,万一是肺炎,再浪费二十四小时就是不可原谅的了。还好电报发给了开罗。我想当时也应该给克莱米拍了电报。

在我和亚历山大聊重组司令部的时候,我发现他和往常一样好说话,无论要求他做什么他都答应,从来不算计或当面一套、背后一套。他是一位最坚守原则的军人。

12月13日,巴里,600英里

上半夜首相的情况不太好,莫兰陪了他很长时间。我们昨天拍电报要的一名病理学医生和两名护士下午2点半到。我和亚历山大打算11点半出发前往意大利,但在首相目前状况下离开他,心里还是相当放不下。不过,我觉得即便自己留在这里也帮不上什么忙。刚刚给阿尔及尔拍电报要便携式X光机,莫兰想用它给首相的肺部做透视,以确定它们是否感染了。

晚些时候:

我去看望首相,发现他看上去开心多了,完全赞成我去意大利。因此我关照特德与莫兰保持联系,以便随时协助他解决所需。我和亚历山大11点半出发前往机场,中午12点钟乘坐他的专机飞往巴里。一路很轻松,先是飞越卡本半岛,接着紧贴潘泰莱里亚岛飞过,然后飞到西西里岛南海岸的中部。我的视野很好,能够看到美军、加拿大军、英军的登陆地点。我们接着飞越岛的东南角,来到卡塔尼亚平原上空,绕着飞了一圈,好好看了看。埃特纳火山看上去巍峨雄伟,覆盖着皑皑白雪的山顶冲破了环绕在半山腰的云层。然后我们沿着岛的东海岸飞往墨西拿。阳光照耀在海岸线上,风光宜人。接着飞到意大利海岸,沿着"前脚掌",飞越"脚背"下面的海湾,抵达塔兰托港上空。从那儿飞越"脚后跟",在巴里降落,这是一段最有意思的、耗时四个小时的航程。

再次踏足欧洲的土地让我感到很激动；在我从圣纳泽尔撤离的整整四年之后。我怎么会想到，在圣纳泽尔离开四年之后，会在巴里这个地方再次踏足欧洲！

和亚历山大一起去了他的办公室，听了最新的战况。然后回到我的房间，整理自己的装备，打算明天去蒙哥马利的司令部。正在我忙着的时候，德国人的飞机对巴里港实施了空袭，所有的防空炮火都打响了，我花半个小时看了一场最美丽的"烟花"。我住在距巴里大约5英里远的地方，相当安全，所以我才能看得那么轻松！这已经是对这里的第二轮猛烈空袭了。上一次他们炸毁了大约十七艘舰船，主要是一艘军火船被击中爆炸造成的。

挑选地中海战区最高司令官的问题，是我经过了这么多的折腾之后最想解决的心病。我觉得现在首相基本上确定让威尔逊担任最高司令官，亚历山大指挥意大利战场的部队，蒙蒂回国去指挥"霸王行动"中的地面部队。我暗自祈祷，希望他再也不要改变主意了！

12月14日，桑格罗河畔，蒙蒂的作战司令部，150和50英里

这一天的开始是在亚历山大的司令部参加他召集的情报分析会。然后中午12点刚过，我们吃了个早中饭，下午1点半之前离开巴里机场，乘坐亚历山大的座机去泰尔莫利，位于东海岸的一座城市，要北上大约130英里。途中我们飞越了坎尼[①]古战场，环绕着低飞了一圈儿以便细细察看。第8集团军的空军指挥官在机场迎接我们，带我们上了一架德国造的"鹳式"侦察机，是从南斯拉夫搞过来的。这真是一架非常

[①] 坎尼（Cannae），是古代意大利东南部阿普利亚地区的一个村镇。坎尼在奥非都斯河附近，坐落于奥非都斯河右岸的山坡上，奥非都斯河河口西南9.6公里，巴列塔西南9公里。坎尼主要因坎尼会战而得名，在这场发生在公元前216年的会战中，罗马人被汉尼拔所率军队打败。关于会战是在河的左岸还是右岸进行的存在着较大争论。——译者

完美的飞机，载着我们在树冠和烟囱之间滑翔穿行，对途径乡村的美景一览无遗。此前我们都是使用美国史汀生公司生产的飞机来执行这类低空飞行任务，但"鹳式"的视野是最好的，起降也非常稳。这款飞机被人称为"池塘舞者""空中离心机"。我们一路上对各个战场都进行了很好的观察，最后对桑格罗河也进行了侦察，包括所有渡河比较困难的河段。我们在靠近河口的一条小跑道上降落，蒙哥马利在那儿迎接。他用自己的敞篷车载着我们，一边沿着桑格罗河开，一边解释他的全部计划，以及渡河作战的相关困难。接着我们回到他的营地，就在河南边的一块高地上，去看了看晚上我睡的宿营车。我们吃了下午茶，然后和蒙蒂谈了很长时间。晚餐的时候邓普西、查尔斯·奥尔弗里都来了。

早早上床睡觉。天气不像我想象中的那么冷。蒙蒂的一脸倦容让我感到很吃惊，显然想休整一下或者换个岗位。我能看得出来，他认为克拉克不配统率美军的第5集团军，亚历山大也难以驾驭局面。就在晚饭之前，他叫我到他的宿营车里，问我，我们到底把早日拿下罗马这件事看的有多重要，在他看来，3月份之前基本没有希望！！我的想法也是亚历山大显然拢不住这里的场面。至于夺取罗马，还没有切实可行的计划，而蒙蒂的任务就是继续沿着东海岸北上，根本不可能调他的部队去左路打罗马。山地道路行军之艰难，也不允许实施这样大跨度的部队调遣。我只有在接下来的几天里，看看第5集团军有没有像样的计划。坦率地说，我对今天的所见所闻都相当失望。蒙蒂疲惫不堪，而亚历山大还没有进入状态！！

12月15日，瓦斯托附近，亚历山大的前线指挥部，50英里

上午9点钟离开蒙蒂的司令部，下到桑格罗河谷，先沿着河走，然后渡过桑格罗河和它的支流，来到弗赖伯格的师指挥部。他还在赶来见

我们的路上，师部为了迎接我们的视察，已经把昨晚抓的大约三十名俘虏集合起来了。他们看上去非常可怜，老少、高矮、胖瘦的都有。我和弗赖伯格聊了很长时间，然后开车赶往第 8 印度师的指挥部，去见师长拉塞尔①。途中经过桑格罗河北岸的一个村庄，德国人曾经据守过那里，整个村子被炸得七零八落。和拉塞尔聊了一阵子，继续赶往加拿大师的指挥部，与（原文无法辨认）进行了交谈。然后回到桑格罗河口吃午饭，之后第 8 集团军空军指挥官布罗德赫斯特又让我们搭乘"空中离心机"飞到这里，亚历山大在这里设有一个前线指挥部，就在第 8 集团军总部旁边。我们去和第 8 集团军的军官们一起吃了下午茶，然后再回到这里吃晚饭。

我今天的感觉是，我们在此地的攻势已经处于停滞状态，在地面变干之前，应该不会有什么进展，除非我们进一步动用两栖作战部队。我还觉得，蒙蒂很疲劳，亚历山大还没有从肝炎病中完全康复。攻势正在陷入严重的僵局，等我一回去就必须采取些措施了。

12 月 16 日，卡塞塔，第 5 集团军司令部的亚历山大指挥部驻地，150 英里

早上 8 点离开驻地，开车到紧靠瓦斯托以南、贴近海滩的一个新建着陆跑道。9 点钟我们从那里出发，在战斗机的护航下飞往那不勒斯。这是一个宜人的清晨，航程也很顺利。我们先是朝着福贾飞，然后折向西飞越群山。景色相当美。过了三刻钟我们开始下降，维苏威火山映入眼帘，山顶正有很大股的烟冒出来。10 点钟我们降落在那不勒斯着陆

---

① 达德利·拉塞尔（Dudley Russell，1896—1978），英国陆军中将。1940 年 10 月任驻厄立特里亚第 14 印度师参谋长。1941 年 9 月任第 5 印度旅旅长，参加北非战役。1943 年 1 月任第 8 印度师师长，参加意大利战役。1948 年任英国派驻印度陆军总顾问。1954 年退役。——译者

场,前往城里的美军司令部。罗伯特森①(老陆军元帅的儿子)也和我们一起。然后我们仔细察看了港口的情况,他们如此之快就清理完德军蓄意破坏留下的全部废墟瓦砾,真是个奇迹。很多船已经被从海底打捞上来,还有一些被留着用作新的码头,因为沉船的甲板以上建筑仍然可以被用作登陆和装载的平台。这真是好主意。然后我们和罗伯特森去那不勒斯北郊一栋豪华别墅里吃午饭。

午餐后我们去参观庞贝古城,渡过了一个很有意义的下午,在古城遗址里待了差不多两个小时。我真想再多待一会儿。然后我们开车去美国陆军第5集团军司令部驻地,亚历山大在那里也设有一个小的指挥部。晚上我们和克拉克一起在他的食堂里吃饭。我和他就他这边战线的攻势问题谈了很长时间,根据他对作战前景的说法,我感到非常不乐观。除了一些微不足道的小规模进攻,他好像一点儿打算都没有,没有提出任何实质性的建议。

12月17日,卡塞塔

一早起床,8点钟之前就乘坐吉普车离开驻地。这是一个非常寒冷的清晨,坐在吉普车里可真是不够暖和!昨天我没能看到驻地的样子,因为到的时候已经天黑了。我发现它就设在卡塞塔城堡②的花园里,这

---

① 布莱恩·休伯特·罗伯特森(Brian Hubert Robertson,1896—1974),英国陆军上将,陆军元帅威廉·罗伯特森的儿子,在二战的东非战役、北非战役和意大利战役中发挥过重要作用。——译者
② 卡塞塔王宫(Royal Palace of Caserta),是意大利著名建筑师卢吉·范维特利为那不勒斯国王查理七世建造的,1752年开始动工,到1774年最后建成,前后共花费22年时间,被称为"欧洲18世纪的最大宫殿"。皇宫长247米,宽184米,高41米,共五层,分为1 200个房间,收藏了许多艺术品,装潢华美无比,王宫后面的御花园占地120公顷。二战期间曾作为盟军指挥部,被称为"最舒服的驻军场所"。1945年4月29日在王宫里举行了驻意大利德军投降签字仪式。1997年成为联合国教科文组织世界遗产,被誉为"气势恢宏的巴洛克建筑风格的绝唱"。——译者

里是仿照凡尔赛宫建造的。我们开车经过卡普阿去迪克·麦克里利的第10军指挥部。在那里我和他指挥部的很多人都谈了话，然后乘坐他的吉普车去前线看看。路上我们遇到了第201近卫旅的指挥官哈里·阿克赖特和科尔文。最后见到了第46师师长霍克斯沃思，给我们汇报了他战线的情况。然后我们继续乘自己的吉普车，去看2 500码以外的德国佬，又要十分当心被他们开枪击中。接着霍克斯沃思又给我们介绍了从此前一轮的老阵地攻打卡米诺山的情况。然后我们开着吉普车上山，一直到开不动为止，然后换骑马，沿着一条陡峭的骡马小道继续上山，来到修道院山下的一个小高地上。在这儿莱恩准将给我们生动地讲述了，他的女王步枪旅是如何拿下这片令人望而生畏的高地的。感觉真是身临其境，因为德国佬留下的战壕和装备依然都在，就当我们站在那里的时候，他们还在掩埋德国佬的尸体。然后我们再冒着摔断脖子的危险骑马下山，在山脚下吃了午饭。后面再坐吉普车视察了前线的其他阵地，和麦克里利吃好下午茶后返回，晚上8点抵达营地。连续奔波了十二个小时，还是非常累的。在返程之前，我们去探望了住在医院里的第56师师长坦普勒[1]。还专门去和克拉克道了别。

这一天虽然很累，但收获很大。我发现迪克·麦克里利那个军的战线比意大利战场的其他战线更加有活力，我对他带兵的方法也印象深刻。当天最大的收获就是听到关于那场刚刚发生的战斗的讲解。我能够很清晰地想象出那是一场怎样的血战，回到伦敦之后自己也经常向别人描述那场战斗。从卡米诺山顶，我能相当清楚地看

---

[1] 杰拉德·沃尔特·罗伯特·坦普勒（Gerald Walter Robert Templer，1898—1978），英国陆军元帅。——译者

到卡西诺山顶①和周围的乡村,还和亚历山大讨论了那一定是块非常难啃的硬骨头。日后证明,在我和温斯顿就亚历山大攻打卡西诺山问题上意见不合的时候,所有这些经历都有着无法估量的价值。

我记得被困在病床上的坦普勒很不高兴。我依稀想起来好像是他的轿车和一辆卡车相撞,一架钢琴砸在了他车上,但也可能是我记错了。

12月18日,突尼斯,650英里

早上8点钟离开卡塞塔,乘车前往那不勒斯机场。从那儿乘飞机前往巴里。途中我们飞越维苏威火山,近得距离火山口大约只有100码,还正往外喷着烟、火和热灰!场面真是壮观。然后我们飞过萨勒诺海湾,仔细看了看实施登陆作战的地方。上午10点半抵达巴里,在那儿与亚历山大道别,10点45分再次乘坐他的专机飞往突尼斯。我们再往回飞横穿意大利,在靠近萨勒诺海湾南端的地方飞出来,然后穿越大海,直飞巴勒莫以西的西西里岛西北角。一路上非常颠簸。下午1点45分我们降落在突尼斯。我先和莫兰就首相的健康状况进行了长谈,接着就去看望他。

一上来温斯顿就告诉我,国王很高兴晋升我为陆军元帅,将会在1月1日宣布。接着才对我说,他的体温已经恢复正常了,但心脏又出了问题。我大致给他讲了意大利之行的情况,但是他还想听所有的细节。

---

① 意大利战役中,德军建立了一条横贯意大利中部的古斯塔夫防线,也被称为冬季防线。该防线的中枢和制高点就是卡西诺山,山脚下有一座小镇卡西诺镇,山峰顶部筑有一个始建于中世纪的古老修道院,是意大利著名的古迹之一。卡西诺山地扼守着通向罗马的6号高速公路和铁路,是进攻者和防御者争夺的焦点。由于本笃会修道院的历史意义,1943年12月,德军指挥官阿尔伯特·凯塞林陆军元帅下令,不可以将该修道院纳入防御阵地内,并相告知盟军。但美军担心修道院被德军用作哨站,1944年2月15日,美军轰炸机投下1 400吨炸弹,将修道院炸毁。两天后,德军伞兵涌进废墟,轰炸造成的破砾和瓦砾反而为他们躲避美国空军及炮兵攻击提供了更好的掩护。从1944年1月17日至5月18日,盟军部队向古斯塔夫防线发起4次大规模进攻。在最后一次攻势中,盟军沿20英里长的战线集中二十个师发起进攻,击退了德国守军,但同时付出了高昂的代价。——译者

我们最终敲定了重组司令部的具体问题。他现在明确让"巨人"威尔逊担任地中海战区最高司令官。他指示我让马丁起草一份电报，把相关人事调整告诉罗斯福总统。当我告诉他明天一早我就要走了，他显得相当不安，建议我再多留几天，我只好狠狠心坚持要走了！

晚些时候：

在他午休起来之后，我又回去看望他，讨论马丁先生起草的、发给罗斯福总统的关于重组司令部的电报。最终决定是：威尔逊任地中海战区最高司令官，亚历山大留在意大利，蒙蒂回国指挥"霸王行动"的地面部队，而奥利弗·利斯接掌第8集团军，佩吉特接掌"巨人"的中东司令部。一连串问题都解决了，真是大松一口气。晚饭后，我再次去和首相道别。克莱米陪着他坐在床上，伦道夫也在。他的心情非常好，但还是需要卧床休息一个礼拜，然后再去马拉喀什疗养两周。

在和温斯顿的交谈中，我当然没有说意大利之行留下的糟糕印象。根据以往的经验，我知道，如果把他的注意力吸引到这个问题上来就完了。他会一门心思尽快找到解决方案，反而可能会把事情搞得更糟。不能说，我只能把所有这些糟心事先藏在肚子里，想想化解之道。

在日记里我没有提，我的私人秘书博伊尔在那天搞了一只火鸡，活的，还能跑，是为了回家里过圣诞节准备的。从那天起这只火鸡就变成了飞机上的一名乘客，还在机舱里踱来踱去，有时候还会伸头透过窗户往外看。

12月19日，直布罗陀，1 000英里

我睡在艾森豪威尔的别墅里，去首相房间吃了早饭。在那里碰到莫兰勋爵，说昨晚首相睡得很好，一切都正常，可以说已经摆脱肺炎的威

胁了，但他的心脏还是很危险。在最近几天，他有两次心率过速达130次，这可能会导致血管堵塞并影响到他的大脑。所以他必须保持平静，但做到这一点太难了！

早上9点钟去机场乘坐"解放者"，丘吉尔夫人很匆忙地钻进飞机。10点钟我们起飞。赶上个大风天，但起飞之后就相当平稳了。我们飞过比塞大之后，就沿着非洲海岸线飞。我们遇到很强的逆风，结果花了我们五个半小时，下午3点半才飞到这里。我们去总督府吃晚饭，边等着确认天气状况是否允许我们连夜飞回英格兰。运气不太好，晚些时候英格兰上空的天气将变得更加糟糕。此时梅森-麦克法兰正待在英格兰，他不在这里的时候海兰①负责指挥。

很难想象我居然已经离开国内长达五个礼拜了，感觉好像超过了五年！在这期间了解了那么多事情，跑了那么多地方，开了那么多会，做出了那么多决定，接待了那么多来访，产生了那么多感悟。我的脑子里感到既疲劳又困惑，非常渴望能好好休息一阵子。我知道这和想要摘下月亮来差不多！

晚些时候：

晚餐后有人通知说天气条件好转了，足以满足我们飞行，于是我们在凌晨12点到1点之间登机，1点钟之前做好起飞准备。12点刚过大家就来到机场，在飞机里尽量把自己安顿的舒服一些。可怜的博伊尔正在发黄疸病，所以我们把唯一的床留给了他。凌晨1点半我们起飞。

12月20日，伦敦，1500英里

一路很顺利，着陆也很平稳，早晨9点半我们降落在诺索尔特机场

---

① 弗雷德里克·戈登·海兰（Frederick Gordon Hyland，1888—1962），英国陆军少将。——译者

的跑道上。10点半回到了伦敦。

这段时间正好离开五个星期，飞行超过13 000英里！这是一段颇有收获并且很有意思的旅程，我觉得我们完成了一些有意义的事情。洗了个澡，吃过早饭去陆军部上班，先和陆军部长聊了一个小时。然后去滑铁卢车站接你和普克斯，陪你们俩吃午饭。下午还是一些会见，有副总参谋长、军需总监、汉弗莱·盖尔、情报处长和秘书长，并处理了近期的文件。昨天晚上在飞机上睡得不够，今天感觉很困、很疲劳。

我之所以说对这段旅程的结果比较满意，是因为我达到了自己的主要目的。首先，我将"霸王行动"的时间推迟到6月1日，这样一来就不会掣肘意大利战役；然后我还把登陆法国南部的行动搞成了一种可调整的备选方案，让它不至于对意大利战役造成过多影响。其次，进攻安达曼群岛的作战行动被推迟了，以便将登陆装备集中投放到地中海战区，避免资源在德国被击败之前被分散用于对日战争。最后，我排除各种困难，解决了地中海战区司令部重组这个棘手的问题。还有，意大利之行让我认识到在这个战区投入两栖作战部队的重要性，必须在罗马附近开辟桥头堡。

可怜的博伊尔被黄疸病击倒了，被直接送进了医院。我发现只能由我陪着他的火鸡下飞机了，大家给它起了个名字叫"玛卡洛尼"。早晨我只好把它留在公寓的一个篮子里。直到晚上回到公寓我才忽然想起这只可怜的家伙。我让勤务兵去把它放出来。勤务兵是个毛头小伙子，回答我说，"这里没有鸡，先生，只有一些鱼！"我只好自己过去，我的老朋友马上叽叽地叫着欢迎我，还老老实实待在篮子里！我马上把它解放出来，给了它吃的和水，继续把它留在公寓里，直到带着它一起回到费尔内街。在那儿它过了一段开心的日子，还下了十一个蛋，贴补了我们可怜的伙食。

12月21日

上午参加了参谋长会议,讨论无人机空袭伦敦的可能性。然后就意大利之行和在这一战场实施两栖作战的必要性,我做了一个正式发言。下午3点15分去拜见国王,他把我留了一个小时一刻钟。他心情非常好,对前阶段召开的会议和我的意大利之行都很感兴趣。他其实对正在发生的情况尽在掌握中。然后会见了加拿大国防部长拉尔斯顿,商量由谁来替换眼下病重的麦克诺顿。还接待了从直布罗陀回来的梅森-麦克法兰。

12月22至29日

继续在家里陪你和孩子过圣诞假期。

12月30日

早上8点半离开家,9点半到陆军部。上午处理文件,接待约见。我提出的在罗马附近实施两栖登陆作战的建议正在起作用。下午会见了刚刚从意大利战俘营逃回来的菲利普·尼姆①。他高度称赞了意大利人给他提供的协助。然后"巨人"威尔逊来谈了很长时间,讨论他就任地中海战区最高司令官之后的新工作。后面又接待了哈丁,他即将去接任亚历山大的参谋长。然后又会见了副总参谋长、军需总监和常务副总参谋长。

12月31日

好多个星期以来,我第一次召集参谋长例会!会开的不是很费劲。主要是处理首相发回来的电报,他现在又变得充满活力啦!下午会见了

---

① 菲利普·尼姆(Philip Neame,1888—1978),英国陆军中将。——译者

达夫·库珀，然后是莱科克和皇家海军的鲍尔①将军来研究罗马两栖登陆作战行动。接着陆军委员会开会，结束后会见比德尔·史密斯，研究组建横渡海峡行动的司令部。他和艾森豪威尔急于把参谋部门的全体主官都从地中海战区带走！！这也太离谱了吧！我觉得比德尔·史密斯变了很多，开始昏头了。晚上还是陆军委员会的会议。

比德尔·史密斯和艾克一起调回英国，开始着手组建"霸王行动"的司令部。他显然在自说自话，以为可以把地中海司令部所有的拔尖军官都抢走，用于组建新的司令部。我不得不让比德尔·史密斯摆正位置，告诉他是我在负责分配各个战线的人员，会充分考虑他们的各方面需要。我告诉他，我是不会在背后做手脚的。

---

① 阿瑟·约翰·鲍尔（Arthur John Power，1889—1960），英国皇家海军元帅。——译者

1944年1月1日至1944年12月31日

1944年1月1日

在早上8点的无线电广播里听到,我被晋升为陆军元帅了!我感觉心情有一种很奇特的平静,没有想到自己最终能够成功晋升到军衔的最高等级!!哪怕在我最满怀雄心壮志的时候,也从来没有想过自己会到今天这个位置。回望自己的一生,竟然走到了今天,真没有人会比我更感觉到奇怪!!

早早离开了陆军部,换上猎装,开车去了费雪家里,打了一下午猎。再从那里回家。

1月2日

在家里和你、普克斯、泰一起,过了很开心很开心的一天。

1月3日

早早起来,为军装夹克换上陆军元帅的军衔,然后去陆军部参加参谋长会议。午饭后和蒙蒂开会,讨论他关于反攻欧洲的想法。接着内阁开会,对我和波特尔的晋升表达了祝贺。晚饭与科博尔德一起给德弗斯送行,他就要回到北非去,担任威尔逊的副总司令。路上看到圣詹姆斯公园湖里的斑背潜鸭又飞回来了。

圣詹姆斯公园湖里的斑背潜鸭回归可是件喜事！去年一整个冬天它们都在那里，但繁殖季节就离开了，一直等到今年冬天才回来。

1月4日

今天的参谋长会议时间很长，会上进行了每周一次对火箭和无人驾驶飞弹袭击威胁的评估。这方面的证据越来越多。还和"巨人"威尔逊聊了一会儿，讨论了对罗马的进攻。下午，刚刚从意大利战俘营放回来的奥康纳①来看望我。他的身体状况不错，马上就能再搞个军长干干。接着是佩吉特来道别。他显然心情不好，为自己被蒙蒂取代而伤心，但这会儿他感觉都好了。现在我要继续找其他职务调整的人谈话了。

1月5日

在参谋长会议上，我们试图理一下当前地中海战区的复杂局势。很多麻烦都是首相引起的，他正在马拉喀什疗休养，竟然以为从那儿可以指挥打仗！！今天晚上刚到的电报里竟然建议我也要飞到马拉喀什去，参加周末和亚历山大、比德尔·史密斯等人召开的会议，研究地中海战区的作战行动！！真是不知道怎么想的！中午和富兰克林一起在本土军司令部吃饭，并就世界局势发表了讲话。晚上班纳曼、肯尼迪和毕梵来吃饭，聊了一个晚上的鸟儿！

我们必须记住，艾森豪威尔作为盟军最高司令，是直接服从联合参谋长委员会的命令，发给他的命令都要经过总统和首相双方的同意。所以我们要明白，首相直接插手亚历山大和比德尔·史密斯的工作，只会引起美国人的恼火和猜疑。

---

① 理查德·纽金特·奥康纳（Richard Nugent O'Connor，1889—1981），英国陆军上将，昵称"迪克"（Dick）。——译者

1月6日

在参谋长会议上讨论了飞往马拉喀什的可能性。波特尔和坎宁安都不赞成,除非马歇尔也能在场,否则美国人可能会指责我们试图单方面控制地中海战局。米尔恩男爵来吃午饭,谈了他对皇家炮兵部队的担心,称他们的定位不太符合陆军部的要求。他从旁观者角度提出的意见总是很有帮助,这是我所想不到的。我觉得自己可以做不少事情加以改进。下午会见了诺斯沃兹,他刚刚从西非回来;还有诺埃尔·欧文,仍在对自己的岗位安排感到不开心;"巨人"威尔逊在赴任地中海战区总司令之前,也来聊了两句。然后和奥斯瓦尔德·伯利一起吃午饭。

1月7日

参谋长会议开得好难,因为温斯顿正坐在马拉喀什火力全开,打算在那儿打赢战争!结果一连发过来三封电报,各种指示,搞得我们彻底乱作一团!我祈求上帝让他赶快回家,回到正常轨道上来。

午饭后去拜访艾默里,他刚刚被任命为阿尔派登山俱乐部主席,开始比过去任何时候都更加操心山地战!他恨不得把在意大利作战的所有部队都变成登山运动员!不过,他讲的很多东西还是很派用场的,我觉得亚历山大对前线搞登山培训必要性的认识,连这一半都没有。然后去参加了陆军委员会会议,结束后和列文一起去吃了晚饭。

1月8日

参谋长会议很短,快速处理完文件,赶着吃过午饭就开车回家,下午又看了不少文件,接着晚上就清静了!

1月9日

待在家里,安静地过了一个星期天。

1月10日

和往常一样早早出门。发现了一堆电报,那是首相在马拉喀什开会的成果。

对罗马南部的进攻确定在本月 22 日发起。祈求上帝到时候天气状况良好,否则结果很可能是一场灾难。倒霉的是,一年里这段日子的天气是捉摸不定的。首相还有一封电报,是关于移交意大利舰船给俄国人的。我看不出这样做在军事上有什么好处,就是个政治上的动作,却可能在军事上造成严重影响。战时内阁在下午 5 点召开了很小范围的会议,会上我大致介绍了对意大利罗马展开的两栖作战行动。5 点半继续开常规的内阁会议。研究了让首相回国的安排。

1月11日

参谋长会议上,我们对无人飞机的威胁进行了每周例行评估,研究了反制措施。对法国北部发射基地的轰炸进展不太顺利,投弹很不准确。接着我们研究了向俄国人移交意大利军舰的问题。在军事上这样做一点儿好处都没有。很无奈,"三巨头"在德黑兰开会的时候,在酒精熏出来的特殊友谊面前,已经向斯大林做过承诺了。午饭后遴选委员会开了一个长会,这是蒙蒂第一次参加。我认为,为了准备好横渡海峡的作战,我们所有的重大人事调整都已经完成了。

1月12日

今天的会很沉闷。午饭后莱顿来找我,他前不久去澳大利亚拜会了柯廷(澳大利亚总理)、麦克阿瑟、布莱梅等人,谈了很多趣事。很显然,麦克阿瑟就像个袋鼠妈妈,而柯廷在育儿袋里是再也待不住了!早上凯西来辞行,他即将前往印度就任孟加拉总督,从眼下的形势来说,这可不是一件很开心的活儿!!

1月13日

早上主持了参谋长例会，午饭后下午3点离开陆军部，前往桑德林汉姆①。我带上了勤务兵洛克伍德和司机帕克一起去，两个人都很开心，有机会和他们过去共事过的皇室随从人员叙叙旧。我们一路上都很顺利，下午6点左右天刚黑的时候到了桑德林汉姆。不过我们发现庄园里空荡荡的，因为国王也只用了一套小点儿的房子，把旁边的房子留给了挪威王后。在大门口我们被一位警察拦下了，检查了我们的证件之后，打开了两排发出奇幻色彩的小蓝灯，把通向我们房子的小路照亮。到了以后发现皮尔斯·利（国王的侍从武官）正在等我，带着我去会客厅。我看到只有王后和两位公主在。王后说为我准备了一些茶，去拿过来并倒了一杯给我。年龄大一点儿的公主也过来帮着招待我，小公主坐在沙发上看《笨拙》漫画周刊，被里面的笑话逗得不时咯咯发笑。

没多久国王走进来了，也坐在我喝茶的小桌子旁。喝完茶后国王让我一起去了书房，待了大约一个小时，讨论了战争形势、人事任命，还聊起了首相、新设计的勋章等等。对所有的话题，国王都表现出极大的兴趣，但显然他很难让自己掌握所有的事情。然后我去换衣服出席晚宴，一直到8点45分才开始。大家在会客厅集中，有侍女迪莉娅·皮尔夫人、秘书拉斯切尔斯和管家皮尔斯·利，还有晚餐前刚刚赶到的王后私人秘书阿瑟·佩恩。很快国王、王后和大公主就走进来了，大家或鞠躬或行屈膝礼致敬，然后进餐厅吃饭，我坐在王后右边。我发现在我来访的整个过程中，王后一直都很有魅力，也非常好相处。一种超凡的天生丽质，再加上很好的幽默感，没有丝毫的傲慢，让她有着格外的吸引力。王后走了以后，国王又叫我坐到他旁边，大约有半个小时。等我们回到会客厅，王后已经为大家备好了茶，并给每一位都倒好了。大家一

---

① 桑德林汉姆（Sandringham），英格兰诺福克郡北部的一个行政区，由于桑德林汉姆庄园而闻名，这里是英国皇室的度假地之一，附近还有皇室养马场。——译者

直聊到晚上 11 点半才回去休息。

1月14日

  9 点钟吃早饭，皇室成员都没有参加。早餐过后，哈里·凯特（王后的妹夫）和奥利弗·伯贝克（当地饲养猎犬的主人）带了两支枪来，除了拉斯切尔斯不会打枪，我们其他六个人出去打猎。10 点钟出发，大家都步行。国王当了一整天指挥，亲自指派每一位枪手的位置。一直都很放松，也很开心。王后和家人上午也过来了，大部分时间都陪着国王。一家子真是快活，充满了欢声笑语。大家一天的收获很不错，打了三百四十八只野鸡（和其他野禽）、六十五只鹧鸪等等。天气也非常棒，风和日丽，气温刚好，真是一个美好的星期天。我们下午 4 点半左右回来，换好衣服，大家都围坐在会客厅的一个长桌子边，美美地喝口茶，只有辛苦王后在桌子的一头为大家倒茶。茶点过后，我去处理陆军部送来的一信封文件，没多久国王就来找我去他书房进行第二次谈话。接着去吃晚饭，除了我坐在了王后的左边，其他人的座次都和前晚一样。

  一大早是洛克伍德把我叫醒的……洛克伍德跟着肯特公爵当过十七年随从，直到他去世前数月才离开。假使他没有离开，可能会和肯特公爵一起死于空难。洛克伍德对桑德林汉姆庄园的生活起居相当熟悉。他还知道我喜欢看《每日镜报》上"巴克·赖安"专栏的连载漫画，因而在给我送茶的时候带来了一份《镜报》，并说道："我必须提醒您，先生，其实这种小报在这座皇家庄园里不太受欢迎，所以我不能带着它到处走。而且这里只有这一份，还有人排队等着看呢，请您一看完就还给我！"他帮我收拾房间，做得真是仔细，突然停下来问我："您喜欢吃考克斯橘苹吗？这里果农栽培的品种非常好。如果您喜欢，我们可以带一些回家！"当我告诉他千万不要拿时，他说："哦！我可没有想过白拿！

果农从这里发往市场的时候，我可以付钱给他们。"这我才同意，只要合法购买，带一些回去也没问题。

1月15日

今天出去打猎的两名枪手是库克伯爵和一位当地农民阿瑟·基思。一开始天气不太好，早晨有雾，但很快就放晴了，剩下的时间里又是阳光灿烂。王后和国王家人还是上午才出来的。午饭我们是在教会学校里吃的。今天又是一个大丰收，打了三百十二只野禽和二十三只鹧鸪。下午我们看到一群丘鹬，打了九只。晚上大家像昨天一样坐下来聚餐。休息之前王后说了再见，但国王说我走的时候他会下来送我。

1月16日

上午10点，车子已经装好行李等在下面。国王来送行，和我谈了大约一刻钟。然后他很客气地说再和帕克谈两句，因为国王到法国战场会见戈特的时候，帕克为他开过车。帕克真是感觉皇恩浩荡。在我们打猎的时候，国王也和洛克伍德简单聊过两句，也让他很开心。洛克伍德和帕克都像是飞到了快乐天堂。最后我和国王道别，表达了诚挚的感谢，乘车返程。

当我看到整个汽车后备厢里都堆满了考克斯橘苹时，着实吃了一惊。不过洛克伍德还是个老实人，说这里的果子太多了，都储存得很好，而且全都付了钱的。

这是一段很有意义的经历，令我记忆深刻。其中最重要的一点就是国王、王后和他们的两个女儿，为英国人的家庭生活提供了最好的典范。亲密快乐无间的一家子。第二个深刻的印象是，那里的美好氛围让你丝毫感觉不到傲慢、刻板和尴尬。他们都有一种天生的禀赋，令你感到宾至如归。我觉得尤其是王后，你见到她的次数越多，就越会被她身上拥有的那种气质所折服。

返程的时候遇上大雾，车很难开，当我们快要抵达伦敦的时候，雾变得愈加浓厚了。我本来想直接回费尔内街，但雾太大了，根本就走不了。反正我还有一大堆的工作等着要做，一大袋子文件，让我忙了整整一个下午。此外还有不少信要回复，一些事情也要提前考虑。

前面我忘记写了一件事，在桑德林汉姆还有一条规矩，就是不允许给任何人小费。还有一件开心的事情，我拿到了过去皇家摄影师给我拍的大多数照片的胶卷底片！！

1月17日

今天上午的参谋长会议处理了一堆电报，涉及很多事情，比如：给东南亚战区增派伞兵；讨论将东南亚战区的登陆艇撤回地中海；蒋介石拒绝动用他在云南的部队；关于德国无人飞机的最新报告；调派"喷火式"战斗机进驻土耳其的可能性；与葡萄牙谈判美国人和我们共用亚速尔[1]基地中遇到的困难；等等。

---

[1] 由于二战中葡萄牙是中立国，当时的首相萨拉查在与美国合作问题上犹豫不决，对美国提出在圣玛利亚岛建造一个空军基地的建议，萨拉查在经过相当迟疑之后，才同意泛美航空公司选择一个地点。但直到1944年7月22日，萨拉查才允许建筑材料在该处起卸，仍不准其开工。经过艰苦谈判，1944年11月28日，美国和葡萄牙达成秘密协议，商定空军基地应即开始施工，美国使用该基地将不受限制。在某些情况下，英联邦成员国的飞机也可以使用这个基地。这些便利将在战争结束后六个月之内，或者在同日本签订停战协定后终止。如果这些时间还不够用来从远东撤离人员和物资，允许再延长三个月。在建设基地的费用中，葡萄牙应负担的份额不超过298.5万美元，同时规定一切建筑物一旦可付使用时，将被看作是葡萄牙政府的财产。二战结束后，驻亚速尔群岛的英美人员就逐步撤退。1946年5月30日，英葡和美葡互换照会，规定6月2日把拉日什和圣玛利亚空军基地移交给葡萄牙接管，并允许盟国使用拉日什机场十八个月，以便转移在德国和日本的占领军中服役的飞机。——译者

午饭后，艾森豪威尔来看望我，他气色看起来很不错。他显然已经准备好了接受法国南部登陆作战行动①的规模被缩减这一事实。接着参加了内阁会议，这是温斯顿不在开的最后一次会议，他明天就回来了。

我能想象，他一回来日子就难过了。一方面他还是不希望亚当继续当副官长了，打算把他撑到直布罗陀去!② 还好陆军大臣准备好了和我站在一边，为此斗争一下。他还想把吉法德（第11集团军群总司令）也免掉，又没有任何合适的理由。

1月18日

早上10点，首相回到了帕丁顿火车站，引起了一点儿小骚动，我们大家都前往迎接他。查韦尔出席了随后的参谋长会议，研究了德国人研制无人飞机进展情况的最新报告，还有我们对法国的发射基地实施空袭的情况。12点15分内阁开会，听首相作报告，他一直啰嗦到下午1点半。他看起来神采飞扬，但是我觉得他脑子里的想法却不怎么样！扯东扯西，话题之间的关联性都不强。午饭后和阿兰·哈特利聊了一个小时，他刚刚从印度回来，我听了所有最新的情况。然后约见肯尼思·安德森，告诉他一个不好的消息，在接下来的进攻行动中，他不能再指挥

---

① 铁砧行动（Operation Anvil），第二次世界大战中的重要战役。在策划阶段该行动是代号"大锤行动"（Operation Sledgehammer）的诺曼底登陆作战的补充。随后这两个计划被重新命名，后者成为"霸王行动"（Operation Overlord），前者则改名为"龙骑兵行动"（Operation Dragoon）。1943年德黑兰会议确定，在实施诺曼底登陆的同时，将在法国南部进行登陆作为配合。但英国力图取消此行动，抽走部分登陆舰艇用于南欧作战，美国被迫同意推迟，直至1944年7月才重新确定实施。丘吉尔认为该行动浪费资源，主张将兵力投入到石油产区巴尔干，然后可以向其他东欧国家推进，除了进一步限制德国获得急需的石油外，也可以使西方国家在战后获得更好的战略地位及防范苏联红军。这是当时英美两国的重大战略分歧之一。——译者

② 这是一系列不受欢迎的人员被排挤出或试图调整出丘吉尔核心圈子的动作的延续：迪尔被安排到"一个充满荣耀的岗位，身边的警卫员都穿着花边儿裙子"（孟买总督）；哈利法克斯担任了"去美国的光荣使命"（驻华盛顿大使）；韦维尔坐上了"菩提树下的宝座"（驻印度军总司令）。

第 2 军了，邓普西将取代他。他倒是觉得挺好。

1 月 19 日

首相又恢复了往日的节奏！！下午 5 点半开参谋长会议，两个小时；晚上 10 点半开国防委员会会议，又是两个小时。什么成果都没有达成！！我觉得再开下去就受不了了。我们闲扯的要么是老话题，要么是形势乐观的作战，没有远期的规划，也没有解决任何问题。他的全部计划都是过一天算一天。他从来没有一个完整的计划，既没有宽度（着眼于所有战线），也没有深度（着眼于长远目标）。他的行事方式完全是机会主义的，东一锤子西一榔头！上帝啊，和他共事真是太累人了！如果不是我当中休息了一段时间再重新陷入其中，我可能还无法完全意识到这里究竟有多烦人！中午和索松科夫斯基在克拉瑞芝酒店吃饭，他看起来气色很不错。

1 月 20 日

意大利战役进展顺利。上帝啊！我是多么希望罗马的两栖作战行动（在安齐奥）①能够取得成功啊！我感觉自己对它负有特殊的责任，因为这是我视察意大利战区回来之后新启动的作战行动，那边本来一直停滞不前。也可能会失败，但我知道这是需要我们去做的正确的事情。我将登陆作战的兵力增加了一倍，投入到这一侧翼进攻行动。你过来吃午

---

① 安齐奥战役（Battle of Anzio），是二战意大利战场的重要战役，从 1944 年 1 月 22 日盟军在安齐奥海滩登陆的"鹅卵石行动"开始，到 1944 年 6 月 5 日罗马解放结束。1943 年末，进攻意大利的盟军受阻于德军古斯塔夫防线，于是决定在其北侧的安奇奥海滩登陆，目的是从侧翼突破德军冬季防线，为进攻罗马扫清障碍。起初的两栖登陆取得了奇袭效果，基本未遇到抵抗。但德国陆军元帅阿尔伯特·凯塞林迅速组织反击，盟军在安齐奥和聂图诺地区遭到顽强抵抗，一直到 5 月份才取得突破，6 月 4 日攻占罗马。德国守军主动撤退到北部的哥特防线。——译者

饭。下午克兰伯恩来找我,告诉我说,麦克诺顿回到加拿大之后打算做一些对我们不利的事情。他显然对自己被从加拿大军司令部调离而感到非常气愤。晚上和巴兹尔、奥拉夫一起吃饭。

1月21日

先开了参谋长会议,当中离席去参加12点15分开始的内阁会议。会开到下午1点半。然后赶到陆军部和亚当一起吃午饭,大概吃了一个小时,接着和伊万·科博尔德开车去格林汉姆打猎。

1月22日

很棒的狩猎,只有4名猎手:科博尔德、菲利普叔叔、巴尼和我。风刮得很响,几乎是暴风了。打了一百七十二只野鸡。吃中饭的时候陆军部打来电话,称罗马南部的登陆作战完全做到了出其不意。这才是最美妙的放松!

1月23日

上午10点离开格林汉姆,中午12点前回到了公寓。重新收拾一下,把陆军部文件装进我的棕色公文包里,12点15分再次离开。在回家的路上我一直在工作,下午1点15分到家。

1月24日

早上8点离开家。今天的参谋长会议时间很长,艾森豪威尔也出席了,讨论他提交的作战方案,扩大横渡英吉利海峡的作战规模,缩减法国南部的登陆行动。我完全赞成这一建议,但这显然不是他的主意,是蒙蒂提出来的。艾森豪威尔根本没有战略眼光,从作战的角度而言,他实在不适合担当现在的岗位。不过,他的处事方式有助于盟军之间的友好协作。午饭后蒙蒂过来看望我,我不得不提醒他,在短短的时间里,他把国王和陆军大臣都得罪了。他还和过去一样,觉得没什么。

内阁会议也很长,从下午 6 点开到晚上 8 点 15 分,会上温斯顿慷慨激昂。他在讲述斯大林最近的一次使坏动作,让《真理报》发布假消息,称英国正在与德国进行和平谈判。他说道:"试图和共产党搞好关系,就像去找鳄鱼求爱,你根本不知道是应该戳它的下巴还是该拍它的脑袋。当它张开大嘴的时候,你也不知道它是在微笑,还是正打算把你一口吃掉。"晚饭后是另外一个会,从 10 点开到午夜 12 点,研究为登陆行动建造人工港的问题。会上他更是兴致高昂。

1 月 25 日

上午的会又长又乏味。一开始,查韦尔和邓肯·桑兹出席了会议,讨论德国无人飞机和火箭的最新情况。接着外交部和特别行动处[①]的人来了,讨论特别行动处在希腊、南斯拉夫、波兰和捷克斯洛伐克策划的各种行动。午饭后吉本前来看我,聊聊汤姆的情况,他现在适应部队生活比过去好多了。罗马登陆行动传来的仍然是好消息,但我对我们在意大利投入的兵力不太满意。我们没有足够的预备队,去确保我们的进攻取得成功,而且不走运的是,那里的地形又有助于防守。

1 月 26 日

我很早就把参谋长会议结束了,在午饭前挤出来差不多一个小时在办公室工作。你中午过来了,我们和赫顿·克罗夫特一起吃了饭。午饭

---

① 特别行动处(Special Operations Executive),简称"SOE"。1940 年 7 月 22 日,英国政府将当时的三个秘密情报部门合并设立特别行动处,由经济战争部部长休·道尔顿领导,负责欧洲、亚洲敌占区的情报、破坏和侦察行动,以及援助当地的地下抵抗运动。——译者

后，格洛斯特公爵来探访，没有坐多大会儿，聊得很开心。这会儿刚刚吃好晚饭，正准备乘火车出发，花一天时间，去看看"混混"霍巴特研制的游泳坦克和扫雷坦克。

1月27日

昨天晚上艾森豪威尔和我在车站碰头，我们一起乘坐夜班专列前往。早上9点，霍巴特接到我们，先带大家去了他的司令部，向我们介绍他研发的各式特种坦克模型，以及他建议如何使用它们组织进攻。然后我们去看各式各样的坦克展示，比如用于扫除反坦克地雷的"谢尔曼"坦克，在一个鼓状的转轮上安装了很多铁链，靠引擎转动击打墙面或地面，可以破除雷区或墙体；还有会喷出火焰的"丘吉尔"坦克，拆毁建筑物的工程坦克，浮在水面上的坦克；还演示了如何教人们从沉水的坦克中逃生，等等。这真是最有意思的一天，艾森豪威尔也看起来一整天都很开心。霍巴特在现在的工作中已经创造了奇迹，我很高兴我们把他放在了正确的岗位上。

1月28日

今天上午的参谋长会议没有什么内容，我在一小时里面就把它结束了。我必须赶去参加军事联络官协会的午宴，规模可够大的，大约有五十个人，来自十八个不同的国家。捷克斯洛伐克联络官卡利亚上校担任召集人，发表了一番相当不错的演讲，结束的时候他们对我晋升陆军元帅表示祝贺，送给我一本书作为礼物，上面有他们每个人的签名。作为回应，我表示感谢，并在午餐后尽可能多的和他们每一位进行交谈。

下午4点30分，温斯顿突然召集紧急会议，原来是他误读了一些破译的秘密情报，以为德国人又增派了一个师去反击罗马登陆盟军。他也十分怀疑，卢卡斯①是否有能力掌控得了这次登陆行动。我费了一些劲儿才让首相再次平静下来！但这一次我感觉有不祥之兆，意大利那边估计要出乱子了！

1月29日

今天上午没有开参谋长会议，所以我早早就开溜了，赶回家吃午饭。后半夜被温斯顿的电话叫起来了。

1月30日

待在家里，过了个平静的星期天，除了和首相通了个时间很长的电话。

1月31日

和往常一样早早出门，一个忙碌的周一。上午开了参谋长会议。然后下午开内阁会议，晚饭之后又和首相开了一个参谋会议，讨论为横渡海峡的作战准备临时港口。意大利传来了坏消息，在罗马南部（安齐奥）的登陆行动几乎没有进展，主要原因是在初始阶段缺乏主动进攻精神。我现在开始相当担心，如何才能扭转眼下的局势。希特勒的反应很强烈，正在快速调集增援部队。

2月1日

意大利传来的战报越来越糟。参谋长会议上，大家都担心德国的火箭和无人飞机会袭击伦敦，研究了应对措施。下午3点15分，开了一个比较长的遴选会议。最后在市政厅设晚宴招待美国人。

---

① 约翰·波特·卢卡斯（John Porter Lucas，1890—1949），美国陆军少将。——译者

2月2日

忙碌的一天。先开了参谋长例会，有一些麻烦事。然后在办公室工作，中午设宴招待中国人。接着会见"神算子"劳埃德，告诉他调到伦敦军区任职；还有阿瑟·史密斯，他就要出发前往伊拉克-波斯司令部。最后到唐宁街10号参加晚宴，出席的客人有国王、艾森豪威尔、比德尔·史密斯、蒙蒂、拉斯切尔斯和三军参谋长。首相的兴致很高，妙语连珠。我真希望自己能够记住它们。下面有几句：

"政治就像战争，有时候我们可能不得不用点儿毒气。"

"搞政治，如果你有好处，每次就给一点儿就行了；但如果你要摆脱麻烦，最好一次甩干净，再找个下家接盘。"

国王一直待到凌晨1点！！艾克待的时间还要长，我回到家已经1点半了，累惨了！临走前听到温斯顿的最后一番高论，是关于美国人打算废掉意大利国王①和巴多格里奥的："在眼下这个时候，为什么要打碎咖啡壶的把手呢？再去拿只会烫伤自己的手指，为什么不等到我们拿下罗马，等着它凉下来嘛。"

2月3日

今天的参谋长会议时间很长，我们讨论了回复给美军参谋长们的电报稿，鉴于地中海的仗已经打起来了，现在也只有把意大利的仗继续打下去，只好放弃法国南部的小规模登陆行动了。美国记者威戈来吃晚饭，他很有趣。然后又去中国大使馆出席晚宴，再赶去参加首相的会，

---

① 维托里奥·伊曼纽尔三世（Vittorio Emanuele，1869—1947），意大利国王（1900年至1946年），期间还兼过埃塞俄比亚皇帝（1936年至1941年）和阿尔巴尼亚国王（1939年至1943年），绰号"小钢刀"，因为他身高只有1.53米。1900年父亲翁贝托一世遇刺后继位，在位近半个世纪，经历了两次世界大战和意大利法西斯主义的诞生、兴起、败落。1946年退位后流亡埃及，希望保留君主制但未成功。1947年病死在埃及。——译者

从 10 点钟开到午夜，研究应对无人飞机的措施，以及在波兰和捷克斯洛伐克实施的地下抵抗活动。

2月4日

参谋长会议上，"巴哥犬"浪费了我们很多时间。他站在首相的立场上，抵制我们昨天提交的一份文件。温斯顿要求我们考虑向德·瓦勒拉施压的可行性，让他以安全为由驱逐德国驻都柏林大使。我们发现，由于我们已经破译了德国人的密码，我们能够掌握他们所有的电报内容。一旦无线电台被移动，明枪易躲暗箭难防，与其把他们赶走，还不如由其在掌心里跳舞。温斯顿显然希望听到别的回答，而且会很生气，因为他无法理解。

中午和索松科夫斯基吃饭，你也在场。快要吃完的时候被叫走参加下午 3 点首相召集的会议，商量回复给美国人的电报，他通过了。在电文中我们提出集中力量打好意大利战役，放弃在法国南部实施配合性登陆行动的考虑。5 点钟陆军委员会开会，之后陪你去看话剧，亚当和斯塔克海军上将来我们公寓吃了晚餐。

2月5日

上午开了参谋长会议，吃好午饭我们一起开车回费尔内街。

2月6日

在家过了一个平静的星期天。

2月7日

和往日一样早早出门，发现办公桌上堆满了电报，其中包括一部分美军参谋长们不同意我们取消法国南部登陆行动的回电。这就没办法了，只有邀请他们什么时候过来，再研究讨论。但时间已经所剩无几了。

午饭后参谋学院的杰克·柯林斯来了，是我请他来的，探讨他写给爱尔兰的麦克纳马拉的一封信，被邮件审查人员扣下来了。他对我们选用蒙哥马利取代佩吉特进行批评，我不得不告诉他我们是怎么考虑的。他还没走，首相就来叫我过去，花了大约三刻钟讨论意大利战局。首相甚为忧虑，我费了好大劲儿给他打气。下午5点半召开内阁会议的时候，他的情绪就好多了。

2月8日

一整天基本上都和首相在一起！9点15分就打电话叫我过去见他！结果一直拖到12点钟才见我，然后把我留到下午1点15分。下午6点再次碰面，直到7点45分，最后一次是晚上10点到午夜12点！大部分时间都是在讨论他提出的一项疯狂而冒险的计划，他打算在横渡海峡行动二十天之后，投放两个装甲师在波尔多登陆。我觉得我们已经让他放弃这个想法了，至少目前是这样。后面还有一个同样疯狂的想法，在运输机上安装升降机。

下午加拿大陆军准将斯图尔特来看望我。我认为到现在加拿大部队的问题总算是解决了。接着美国陆军的多诺万来了。他很有意思：刚刚去过罗马南部的登陆战区，所以能够非常清晰地指出他们未能发起足够猛烈攻势的原因所在。恐怕温斯顿要开始看到亚历山大的一些弱点了！这一天迟早要来的，后面的日子就难熬了。我都不知道自己是如何帮他打掩护到现在的！

2月9日

又是辛苦的一天。早上的参谋长会议时间很短，然后回陆军部的办公室工作，接着中午去唐宁街10号吃饭，你也去了。后面荷兰大使过来看我。

下午 5 点 15 分，我和首相研究他起草的一份五页纸的电报，是发给罗斯福总统的，关于战争的总体战略问题，其中大部分观点都是错的！但 5 点半有内阁会议，首相要求我晚上 10 点半再和他商量。在内阁会议上我又和他斗争了一回，关于强行颁布对南部海岸的旅游禁令，主要是考虑到我们筹备中的作战行动。不知道什么原因，他反对颁布禁令，支持莫里森。其他内阁成员大部分都支持我，包括斯塔福德·克里普斯、贝文、奥利弗·利特尔顿等人。下午 7 点半我们出来，召开了一次参谋长紧急会议，研究首相起草的电报，需要作重大修改。8 点 15 分，我邀请了艾森豪威尔、格里格和安德鲁·坎宁安过来吃晚餐。10 点半再回去和首相开会，劝他改电文。本来估计又是一通大吵！还好罗斯福又发来一份电报，回应了我们正在讨论的那份电报内容，省了大部分麻烦。现在已是午夜了，我深感疲惫。

2 月 10 日

上午开了一个很长的参谋长会议，一直到中午 12 点，艾森豪威尔和比德尔·史密斯也出席了。他们准备了一份文件，列举了横渡海峡行动需要注意的事项，和我们的想法基本一致。马歇尔也已经发电报给艾森豪威尔，授权他做最后决定。因此，截至目前似乎一切进展都很顺利。我们只剩下等着专家在一些技术问题上的决定，他们正在赶过来的路上。首相坚持要在会后接见我们和艾克。他已经躺在床上了，看上去又病又老。他还想从战术层面再提出一些意见，我们不得不劝说他作罢。

中午和《每日电讯报》的卡姆罗斯勋爵在他市中心的商务楼里吃饭。回去处理完陆军部的工作，下午 4 点半出发前往拉克希尔。在那里和中层、基层军官们一起吃大食堂，晚上为美军大兵们开了个招待会。我不得不给客人们献上祝酒词。我们安排了皇家号手演奏、乐队表演、来自伦敦伍尔维奇区的美食,还有涂脂抹粉的女服务生。我觉得整个晚上的安排还是挺成功的。晚宴后乘汽车回哈特利温特尼。

2月11日

上午11点离开费尔内街前往参谋学院,就世界局势做了一个小时的讲座。然后回伦敦处理日常工作。正和班纳曼吃晚饭的时候,洛奇也过来了,大家一起吃,他正在为班纳曼即将出版的禽鸟专著画全部插图。洛奇已经八十二岁了,颇有魅力的老先生,和沃尔夫很熟,正在为他画肖像。洛奇画的插图非常精美,应该能让班纳曼的书更有历史价值。

2月12日

今天真是感谢上帝,参谋长会议上没有太多事情。所以,我在午饭前就把事情处理完回家了。

2月13日

在家,平静的星期天。

2月14日

今天的参谋长会议时间很长,莱瑟斯也参加了,讨论了很长时间的海上运输问题。意大利传来的消息依旧不妙,但是我感觉守住罗马南边的桥头堡应该没有问题,尽管没有那么轻松,而最终我们能赢得胜利。希特勒已经决心为守住罗马而战,在这种新形势下,我们可能有了更好的机会在其他地方实施重大打击。

下午拉姆斯登(英国派给麦克阿瑟的联络官)来看望我,我对太平洋战区的形势极为关注。很显然,尽管尼米兹和麦克阿瑟在并肩战斗,但好像从来就没有对过路子！金和麦克阿瑟的作战思路也完全相反。马歇尔和金担心麦克阿瑟会坚持大权独揽，马歇尔希望陆海军联合指挥，这样就不会和金闹僵。大家都认为，金作为美国海军参谋长的任期已经要结束了，等等。所有的作战方案都充斥着政治背景。天晓得他们这一团乱麻该如何扯清楚！

下午 5 点 45 分，内阁召开例会，一直到 7 点 50 分。接着晚上 10 点与首相开会，听取魏德迈从东南亚盟军总司令迪基·蒙巴顿那里带回来的作战方案。我和首相进行了又长又累的争论。他又回到自己那进攻苏门答腊岛北端的老方案上去了，就不会考虑任何对日作战的长远目标和实际方案。只好再次向他说明，他的战略视角在广度和深度上存在多么可怕的缺陷。他是活在冲动和当下之中的，看不到横向的影响和将来的后果。我太了解他了，决不会让安特卫普[①]和达达尼尔这样的事情再次重演！但我还是经常会怀疑，是自己快要变疯了，还是他真的精神不正常。这一次争论很困难，因为魏德迈和他的参谋班子当然希望把自己的产品推销出去，称通过马六甲海峡的作战行动一定能把首相想要的苏门答腊岛拿下来。但他又拒绝讨论打通马六甲海峡与经澳大利亚进行反攻两套作战方案的优劣。在颇费了一番口舌之后，我才开始让他明白，我们必须制订一套对日作战的整体计划，然后再敲定细节。

2 月 15 日

参谋长例会开到差不多中午 12 点，然后赶去听美国海军中将库克关

---

① 安特卫普围城战（Siege of Antwerp），1914 年 8 月，一战爆发，比利时拒绝德国军队过境进攻法国，德军遂入侵比利时。9 月 28 日至 10 月 14 日，德军对防守安特卫普的比英联军发动进攻并夺取了该市。10 月初，时任海军大臣的丘吉尔曾到安特卫普视察；比利时提出 10 月 3 日撤出安特卫普，于是丘吉尔向比利时首相承诺英国将提供增援，但很快就在德军的猛攻下被迫命令英军撤退，为此丘吉尔遭到媒体广泛批评。但丘吉尔坚持认为，他的行动让抵抗延长了一周，为联军加固加来、敦刻尔克的防守赢得了时间。此处所指应该是这一事件。——译者

于马绍尔群岛战役①的报告,他讲了一个小时。这个话题本来是很吸引人的,结果库克几乎把我讲得睡着了!午饭后哈里森来看望我,他是蒙巴顿手下的参谋军官。我们讨论了迪基的作战方案,以及他发动进攻所需要的条件。接着,从意大利回来的查尔斯·奥尔弗里来找我,他是专门回来看眼睛的,下周就要回去了。最后是阿瑟·史密斯来道别,他就要前往伊拉克-波斯司令部上任了。毋庸置疑,他是一个非常好的人,大公无私,唯一的想法就是为国效忠。上面的会见结束后就收到了亚历山大的电报,他对罗马南边桥头堡阵地的军团指挥官卢卡斯不满意,请求我和艾森豪威尔商量怎么办。这让我给艾森豪威尔和首相打了一长串电话,上床睡觉已经快1点钟了。

2月16日

刚刚到办公室,首相就叫我过去,他想把亚历山大派到桥头堡阵地去指挥,让威尔逊指挥正面主战线!我担心在这件事上,我是不是在他面前显得情绪失控了,我问他能不能哪怕相信一次自己手下的司令官们,让他们自己组建司令部,包括总司令部和下级司令部,我们不要去横加干涉。他现在应该放弃了自己的想法,不过可能又回到如何作战上去了!!

今天的参谋长会议时间相当长,讨论了海上航运和特别行动处的问

---

① 马绍尔群岛战役,美军于1944年2月在马绍尔群岛对日军进行的登陆战役。马绍尔群岛位于夏威夷群岛西南、马里亚纳和加罗林群岛以东,是日军中太平洋外围防御圈的主要岛屿,美军进攻加罗林群岛和马里亚纳群岛的必经之地。1943年12月初,美军开始对马绍尔群岛实施大规模空袭。1944年2月1日,美军绕过外围岛屿直接在主岛夸贾林环礁南北两端登陆;同日美军占领马朱罗环礁,未遇抵抗;随后又相继占领沃托、纳穆和乌贾等岛礁;2月7日占领夸贾林环礁,24日占领埃尼威托克环礁。为减少伤亡,美军对日军重点设防的米利、沃杰、马洛埃拉普和贾卢伊特环礁围而不攻,仅以海空军实施压制和封锁,直至太平洋战争结束。——译者

题。圣·克拉丽丝和斯塔尼福斯过来一起吃午饭。本来他们邀请我去看新型喷气式飞机试飞的，但天气太糟糕了。"神算子"看我来了，他刚刚接任伦敦军区司令，正打算削减近卫旅的驻地。

2月17日

天气更冷了，感觉要下雪。参谋长会议的时间很长，大多数时候都在讨论战后的问题，现在谁有心思考虑战后的问题！我们从10点半研究到下午1点15分，很难，也只是讨论了一点儿皮毛。午饭后会见了布罗卡斯·波罗斯，他要去莫斯科替换马特尔，得知外交部已经给他简要介绍过情况，劝他不要幻想着能从俄国人嘴里套出任何东西来！这就是外交部的典型风格——对他们的了解越多，我对他们的低效无能就越感到不可思议。

2月18日

今天的参谋长会议主要讨论希腊局势，利珀大使和外交部已经成功平息了那里所有的游击队活动，努力达成某些最终解决方案，以便战争状态结束后的政治形势能够允许国王重新返回国内。实际上，在寻求达成最终政治协议的过程中，我们根本就没有考虑眼下的军事需要！下午参加了陆军委员会会议，后面蒙蒂来吃晚饭，谈了不少颇有价值和帮助的情况。

2月19日

我们开了一个很长的参谋长会议。艾森豪威尔、比德尔·史密斯、特德和库克等一班人都来了，代表美军参谋长讨论在法国南部实施两栖登陆作战的可行性，以配合横渡英吉利海峡的行动。还好昨天晚上我已经从蒙蒂那里知道了，他和拉姆齐竟然愚蠢地答应了缩小横渡海峡行动的规模,以便实施法国南部的登陆行动。如果他们还有一点儿常识,就应该明白,目前意大利的战局已经使得这样一次登陆行动变得不再可能。他们竟然为取悦艾森豪威尔就同意了,他正巴不得促成它再去讨好马歇尔!!!这仗打得到底是什么套路啊!艾森豪威尔在支持马歇尔的愚蠢想法上表现得很积极,我并没有费多大劲儿就把他点醒了,再回过头去好好看看眼下的方案是不是他自己真正想要的,对他就是要给这么一点儿压力。我觉得现在问题基本解决了。

然后我们接待了新西兰来的纳什,讨论是否能够削减新西兰部队的兵力部署,因为他们国家的农业生产需要更多的男劳力。吃好午饭我就回家了。

2月20日

在家过星期天。

2月21日

回到伦敦以后发现,前一天晚上轰炸造成的破坏相当严重。一枚炸弹落在白厅和财政部当中,带来的破坏很厉害,陆军部所有的窗玻璃都炸飞了,只有我的那扇躲过一劫!两枚炸弹落在了皇家骑兵阅兵广场中心,把唐宁街10号、海军部和广场周边的玻璃窗全都震坏了。还有一枚落在了圣詹姆斯大街那头儿。近卫军纪念碑也被炸弹损坏得厉害。

与作战参谋们开了很长时间的会,讨论太平洋战略,商量如何说服首相,眼下我们是没办法帮他拿下苏门答腊岛北端的。在这个问题上,我们可能会和他之间发生很大的麻烦。但我们已经下定决心,我们的战略是协同美国人从澳大利亚展开攻势,而不是从印度通过马六甲海峡。下午6点内阁开会。

2 月 22 日

今天的参谋长会议开得又长又累。艾森豪威尔再次代表美军参谋长出席会议，阐明他们关于地中海的意见。我很清楚是马歇尔发电报来了，他根本就没有考虑意大利战役的问题！他无法理解，在一场攻势作战中，预备队是必须要保留的。他认为这些预备队可以被抽调出来，在法国南部发起新的进攻，而且意大利的攻势仍然可以维持。艾森豪威尔对形势的认识更清楚一点儿了，但他又害怕惹马歇尔不高兴，不敢直说自己的想法。艾森豪威尔离开后，魏德迈进来解读缅甸作战方案。我对这份最终方案不太满意，没有明确的目标，大量部队被用于远距离穿插，但作战目的不明确。如果说有哪个战役的方案没搞好，那就是缅甸这个，主要原因是蒋介石通过罗斯福总统对美军参谋长们施加了影响。下午麦克劳德[①]和斯图尔特来找我，研究如何把克里勒的加拿大第 1 军从意大利战场上撤回来。我感觉自己又老又累，祈求上帝尽早把战争结束！

2 月 23 日

又是一个长会。先是和联合情报委员会商谈，然后是邓肯·桑兹，讨论德国火箭和无人飞机的进展情况，以及我们对他们实施空袭的效果。接着审核回复给美军参谋长联席会议的电报，是关于我们昨天和艾森豪威尔会谈结果的。我们想要的全都达到了，但在回电中要尽可能让美国人"保住面子"！最后是外交部的奥梅·萨金特[②]爵士，研究希腊局势，想为外交部目前在希腊问题上的僵局找个出路！因为他们的政策主

[①] 查尔斯·威廉·麦克劳德（Charles William MacLeod, 1881—1944），英国陆军少将。——译者

[②] 哈罗德·奥梅·加顿·萨金特（Harold Orme Garton Sargent, 1884—1962），英国外交官。——译者

要是建立在希腊战后政权的基础之上的，基本上没有考虑当前游击战的需要！这是典型的外交本位主义。

你过来吃午饭，还有彭戈和莉莲·佩利。晚上俄国人招待雪莉酒会，庆祝红军建军节。回到陆军部才发现，俄国人竟然授予我一枚"苏沃洛夫勋章①"，还是一级的！

2月24日

今天的参谋长会议很短，议题都很简单，但等到明天和首相讨论太平洋战略的时候就没这么容易了，他一定会在夺取苏门答腊岛北端的问题上纠缠不休。下午出去走了一圈，察看昨晚空袭造成的破坏。圣詹姆斯大街和帕尔摩街的转角被一枚炸弹严重损毁。圣詹姆斯宫②所有的玻璃和大钟都不见了。哈迪渔具店和相邻的店铺，还有保守党俱乐部的窗户都被吹到房子里面去了。斯平克斯商店，连同破旧的奥尔良俱乐部旁边的照相馆，都被彻底炸飞了！德国人炸弹的威力似乎比过去更厉害了。晚上去研究了建造人工港的计划。晚餐后，又是一次德国人的空袭，持续了一个半小时，响声震翻了天！

2月25日

今天和温斯顿一起待了七个半小时，相当疲惫，大部分时间都吵得不可开交。首先，我们在参谋长会议上发现，情报部门竟然从来没有告

---

① 苏沃洛夫勋章（Order of Suvorov），分一、二、三级，是根据1942年7月29日命令，以俄国伟大的统帅苏沃洛夫大元帅的名字命名设立的，授予在进攻中歼灭敌人优势兵力的军事首长和指挥员，以表彰他们组织进攻与追击的功劳。在"胜利"勋章没设立前，一级苏沃洛夫勋章是苏联的最高级军功勋章。——译者
② 圣詹姆斯宫（St James's Palace），是英国君主的正式王宫，正式名称为"the Senior Palace of the Sovereign"。外国派驻英国的大使和专员呈递国书时，按礼节和传统都是呈递到圣詹姆斯宫的。位于伦敦市中心的圣詹姆斯公园旁边，距离白金汉宫不远，原址是一家称为圣詹姆斯的麻风病院，后来兴建的王宫就以此为名。——译者

诉过首相,日本人的主力舰队已经移驻新加坡,尽管这一情况是我们几天前才知晓的!这必须立即纠正,把孟席斯给气坏了。中午12点,参谋长们与首相开会,一直到下午1点45分。他还是坚持要发起"北苏门答腊战役",其他什么都不肯讨论,脾气非常差。我和他进行了一连串激烈的争论。

然后匆匆吃了午饭,下午3点继续开会。这一回他找来了一屋子人来和我们交锋,有安东尼·艾登、奥利弗·利特尔顿、艾德礼,再加上迪基·蒙巴顿的整个参谋班子,包括魏德迈、宾尼、麦克劳德、德温,还有海军和空军的军官。这整个一帮子人竟然都是来反对参谋长的!感谢上帝,还算有个安德鲁·坎宁安支持我!这和可怜的老达德利·庞德在的时候完全不可同日而语了。我们从下午3点争到5点半。我有几次火气很大,特别是安东尼·艾登对太平洋战略一无所知还瞎掺和!温斯顿自认为我们是串通好了,一起反对他所钟爱的苏门答腊行动,几乎把它看成了一个事关他个人尊严的问题。更有甚者,他对柯廷和澳大利亚人的不喜,立马就殃及到了对协同澳大利亚军队、通过新几内亚进攻菲律宾行动的讨论。德温进来插话,纯粹是一派胡言,我差一点儿就开口骂他了。这真是一场令人绝望的会议,根本没有机会讨论任何战略上的问题。

会后匆匆赶回陆军部,在魏德迈返回美国之前和他有个谈话。接着再找斯韦恩谈话,向他宣布去印度担任参谋长的消息。然后是斯特朗,他刚刚从澳大利亚回来,再后面是秘书长、作战处长和情报处长。

这个时候首相打电话来叫我去吃饭。我想他这是要告诉我,再也无法容忍我的不合作,打算把我开掉了!事与愿违,就我们俩面对面地坐着吃晚饭,他相当客气,好像在弥补白天发生的一些摩擦。他的性格当中还是有着令人吃惊的一面。我们聊起了他的儿子伦道夫,管教儿子这件事让他感到很头大,和我管教自己的儿子汤姆一样。还聊了他的女儿、我的女儿。以及最近罗斯福总统那令人不快的姿态。我们可能有必要尽早到美国跑一趟,商量意大利战场的问题、空袭的问题,等等。

晚上10点又开了一次参谋长会议,到午夜12点钟。首相的情绪平和多了,我觉得我们前面所做的大量工作已经在潜移默化地发挥作用了。至少我希望如此,我可不想让明天过得再像今天这样!

我当时还无法知道,苏门答腊岛北端军事行动惹出来的麻烦还在后头呢!那种认为自己的努力已经"潜移默化"发挥作用的想法,实在是一种幻想!这仅仅是我和温斯顿在整个战争期间相处最艰难的一段日子的开始。一切都与未来的对日作战政策相关,当时谁也想不到日本会垮台得如此之快。没有人能占卜未来,一旦对德战争结束,我们还是要尽早制定英国人参加最后对日作战的战略,以便在太平洋战场部署兵力。有两个大的战略选择摆在我们面前:

一个是以印度为作战基地,由东南亚司令部指挥,沿印度洋展开攻势,目标是解放缅甸、新加坡,并尽可能拿下爪哇、苏门答腊和婆罗洲。第二个选择是以澳大利亚为作战基地,与美国、澳大利亚驻太平洋战区的海、陆、空部队密切协同作战。第一个选择是最容易实现的,但缺陷在于,就是重新夺回了大英帝国的地盘,没有直接参与美、澳军队的对日作战。我觉得,战争已经打到眼下这个阶段,让英国军队直接参与太平洋上的对日作战是至关重要的。首先,从英联邦的角度来看,可以向澳大利亚人展示我们的诚意和愿望,只要一打败德国人,我们就会和他们并肩作战,共同保卫澳大利亚。其次,我认为在战争的最后阶段,应该让我们的三军部队与太平洋上的美军并肩对抗日军,这是很重要的。因此,我主张我们的战略考虑是,让东南亚司令部以印度为基地攻下缅甸,其他海、陆、空军部队以澳大利亚为基地,协同太平洋上的盟军作战。

兹事体大，波及甚广，必须方方面面都考虑周全，才能够达成一个总体战略。问题是，温斯顿眼下就一门心思盯着苏门答腊岛北端的那块地方，就像大战早期他盯着特隆赫姆一样。他拒绝讨论任何与苏门答腊岛无关的战略方案和作战行动；即便是先拿下苏门答腊，我也没有问出来他下一步想要干什么。这是典型的"闷头拉车不看路"。情况还复杂在东南亚司令部一直都准备着进攻苏门答腊，这将影响到分配给他们司令部的兵力。还有一个方面，就是仗已经到了收尾阶段，美国人也不希望我们去太平洋瓜分他们的胜利果实，他们开始觉得自己就可以打败日本人。他们更希望我们协同蒋介石解放缅甸。

2月26日

今天的参谋长会议，感觉就像暴风雨之后的平静，不过时间还是开得相当长。会后和亚当一起吃了午饭，之后回家过周末。

2月27日

在家，安静的星期天。

2月28日

和往常一样，黑色星期一！参谋长会议时间很长。本土军司令富兰克林来了，接着为下午6点的内阁会议准备例行通报，会上温斯顿的情绪很坏，莫名其妙，把陆军正在做的一切都全盘否定！所有的指挥官，从"巨人"威尔逊到基层军官都无能，相关机构部门也都没用，连美国人也令人失望，等等。我能够做的，就是强忍住自己别发火。

随后伊斯梅过来吃晚饭，给我聊了一些眼下蒙蒂的趣事传闻。他到处视察部队，四处瞎转悠，但没有把握住要害。看来又要把他叫回来踢屁股了！

看着苏联政府授予的苏沃洛夫一级勋章，我还真没有想到斯大林元帅会为此签发特别命令！！看来我在德黑兰会议上的讲话，效果比我想象的要好。

就在上床睡觉之前接到了亚历山大的电报，令人心焦。他对桥头堡阵地的战事非常不满意，建议用第5师替换下第56师，另外再增派一个师。这立刻就会影响到为横渡海峡行动储备的登陆舰艇的数量，如果我们把那些本来就应该停在本土的舰船开回来，桥头堡阵地也会受到影响！他还建议重组防御部署，将第8集团军调往卡西诺山前线，我觉得他这个想法是对的。

2月29日

把亚历山大的电报给首相送去了，我就知道这会给今天惹出不少麻烦事儿。接着去参加参谋长会议，然后去看人工港的模型。午饭后首相叫我过去，讨论了一阵子，他建议下午4点开会研究。一直到5点半。晚上和伊万·科博尔德一起吃饭，10点和首相开了另外一个会。艾森豪威尔和比德尔·史密斯也出席了。我们起草了一份发给美军参谋长们的电报。其中对于安奇奥海滩的战况，温斯顿是这么说的："我们本来希望送只野猫上去，把德国人的肠子扯出来。结果却弄了头巨鲸在那里，尾巴现在还拖在水里面！"

3月1日

今天的参谋长会相当短。吃午饭的时候你过来了，餐后一起去拜见国王，接受他颁授的元帅权杖，接着参加了国王举办的酒会。然后抓紧赶回陆军部，参加晚上6点的内阁会议，一直开到8点。我们再次讨论了准备采取的安全保密措施，包括希望颁布海岸游览的禁令。温斯顿满嘴跑火车！我根本搞不清楚他真正的意图是什么。我感觉这一定又是比弗布鲁克挑起来的！我想不出还能有什么其他原因会让他这么做。

在接受元帅权杖的时候，国王说，他感觉我们太平洋上的仗应该从澳大利亚打下去，而不是印度。我真是不知道该说些什么好。我告诉他我们正在进行评估。他说希望能看看我们的评估报告。这时我发现自己陷入了一个尴尬的境地，再继续下去，就会被人看作是在争取国王的支持来反对首相！！当我出门的时候，国王再一次提出来，要看看我们评估报告的副本！

3月2日

开了个短会，会后去拜见首相，约好了 12 点 45 分。我想去商量一下国王提出来的要求。我告诉他想听听他的建议，他却一上来就开始谈完全不相干的话题！我只好再扯回自己的话题上，告诉他，对国王提出的要求，我感觉有些麻烦，在这件事上，我不想在他背后搞小动作。这时他说他已经重新起草了一份作战方案，打电话让人送进来，开始读了起来！！我继续回到自己的话题上，提醒他，我来是想听取他的建议的！他回答说，他必须把新方案中的那一部分读给我听！！于是我们俩就继续绕圈子！最后我告诉他，他的方案稍后肯定会提交参谋长会议研究，但现在我要的是一个明确答复，接下去我该怎么做。我说，我建议报告国王，就说：首相还没有来得及看我们的文件，我觉得，由于我们之间的意见有分歧，应该给他一些时间来考虑，提出他的意见。首相同意就这样做。

时间就到下午 1 点半了，我连忙往回赶，但午餐会还是迟到了 15 分钟，马塞涅特将军、拉科夫斯基[①]将军和巴兹尔、玛格丽特·亚历山大夫人和巴尼都来了。午饭后工作了一会儿，会见了哈里。晚上为巴兹尔

---

① 斯坦尼斯瓦·布罗尼斯瓦·拉科夫斯基（Bronisław Stanisław Rakowski，1895—1950），波兰陆军准将。——译者

办了个酒会,"巴哥犬"伊斯梅夫妇、斯特拉思科纳男爵夫人、巴尼和你都参加了。现在去睡觉,累了。

3月3日

参谋长会议时间很长,一讨论完常规议程,波特尔就要求秘书人员退场,说起他在指挥艾森豪威尔麾下空军部队时遇到的困难。而且还"屋漏偏逢连夜雨",首相已经掺和进来了,把局面搞得更加糟糕!显然是特德,盟国远征军副总司令,现在更多地想要进行直接指挥,在我看来,唯一的解决办法就是让利-马洛里①(盟国远征军空军司令)出局了。我不知道这样做的最终结果会如何。

接下来我不得不和大家讨论一个正在发酵的、很棘手的问题,首相眼下正在煽动战时内阁对付参谋长委员会。这都是由于未来的太平洋战略引发的,形势看起来很严重,有可能导致参谋长委员会成员集体辞职。我真是被现在的首相搞得焦头烂额。他已经完全没了分寸,火气也是一点就着。后面是陆军委员会会议。晚上威克斯和班纳曼两家人来吃饭。

3月4日

参谋长会议结束后,我回到公寓和你一起吃午饭,然后开车回家。

3月5日

在家一起过了一个安静的星期天。

3月6日

早早出门。参谋长会议上我们商量了如何对付首相的坏脾气,他对

---

① 特拉福德·利-马洛里(Trafford Leigh-Mallory,1892—1944),英国皇家空军上将。——译者

未来的对日作战计划颇为操心。关于他的那份最终方案，我们正在准备一份答复口径，周三晚饭后我们要和他一起开会。他会带上自己的"好好先生"啦啦队（艾登、艾德礼、奥利弗·利特尔顿和莱瑟斯）。那一定是个灰暗沮丧的夜晚，让人很难忍住不发火。晚上7点开内阁会议，还好时间短。

我之所以称上面四位官员为"好好先生"，是出于他们对太平洋战略的看法。他们对这个问题都没有做过深入研究，事实上只是了解了问题的皮毛，这从他们的发言中能够感觉到。比如莱瑟斯，不管他对这个问题了解多少，也无论温斯顿吹什么风，他都会顺风倒。只要是温斯顿的这四位"同仁"参加讨论，经常把我惹得火冒三丈，而且是一上来我的情绪就很差。这也太明显了，他们跟着来就是为他摇旗呐喊的，不管温斯顿的有些想法是多么疯狂愚蠢，他们都跟在后面。要知道仗已经打了好几年了，我这脾气也被熬得明显容易上火。

3月7日

参谋长会议的大部分时间都在准备明天晚上与首相开会研究的东南亚战略问题。他的那份方案，是我有史以来看到过他写得最差劲的。就是试图为进攻苏门答腊岛北端的作战行动找出理由！他把自己的方案与我们击败日本的总体方案进行了比较，我们的想法是协同美澳军队并肩作战，从澳大利亚沿新几内亚到菲律宾，再到台湾。他现在拖上了艾登、艾德礼和奥利弗·利特尔顿，这些人对这件事根本就不懂，但都能派用场，因为他们时刻准备着和他站在一起！所以我觉得，在这件事情上我们也应该争取王室的支持。

下午我主持了每月一次的遴选委员会例会。会后麦克米伦来看望我，我们商量着如何才能把"巨人"威尔逊从首相的暴怒之下救出来！

首相对他非常生气，觉得驾驭不了他，不再想让他担任战区盟军司令的职务。我隐隐觉得这事儿后续还有麻烦。

其实，真正的原因就是"巨人"威尔逊这个老家伙，在温斯顿手下不像亚历山大那么乖。威尔逊是典型的硬骨头、老资格，对他来说，温斯顿的批评责骂就像浇在鸭子背上的水一样！唯一让我担心的是，在护着威尔逊这件事上，我不确定麦克米伦能和我配合多久。我感觉他很有可能和温斯顿联手，把威尔逊踢出局。

3月8日

又气又累的一天！先是在参谋长会议上，我们准备了反驳首相太平洋战略的文件材料。接着和陆军部秘书长开了很长时间的会，然后再和陆军大臣开会商量任命劳克①担任印度军军需主任的事。回家来吃午饭，在斯韦恩走马上任印度军参谋长之前见了个面，最后一次谈个话。下午3点半会见莫兰勋爵，他很担心最近温斯顿又开始作息无度了，根本不考虑自己的健康，希望我能帮忙劝阻他。下午4点会见希腊国王，他希望希腊旅能尽早开进意大利战场，同时也为希腊境内的各路游击队伍感到担忧。然后再赶回陆军部与军需总监和作战处长开会，讨论对于南太平洋的作战，从后勤补给的角度来看，如果不以澳大利亚为基地，而是改为印度相对有什么好处。

下午6点的内阁会议上，讨论了"霸王行动"（横渡海峡作战）的保密措施。温斯顿的情绪很差，没有办法做出什么真正的决定。会议结束的时候仍留下两个大难题没解决，外交口径和海岸游览禁令的问题。回来吃了晚饭，立即又开始工作，最后到10点我们与首相研究太平洋战略

---

① 肯尼思·摩尔利·劳克（Kenneth Morley Loch，1890—1961），英国陆军中将。——译者

的会议才开始。

出席会议的，首相一方还有他带来给自己撑腰的艾德礼、艾登、奥利弗·利特尔顿和莱瑟斯！我们一方就是三军参谋长。波特尔和往常一样，不太与首相争辩；亲爱的坎宁安老先生脾气是如此之好，几乎都不敢讲话！！所以大部分时间只能是我来吵，两个半小时，从 10 点到凌晨 12 点半，我苦撑着对付首相和四位内阁部长。到后面的争论就变得很孩子气了，都让我替身为内阁部长的他们感到羞愧！这只能清楚地表明，他们根本就不了解自己谈论的话题，与其相关的文件材料也没有看，就是跟着来为温斯顿撑腰的！而且还表演得如此之拙劣！在应对他们提出的理由上，我几乎没费什么劲儿。最后，我们终于成功地让首相同意，对澳大利亚是否适合作为未来作战行动的基地进行考察，同时也让他意识到，要想击败日本人，可远不止拿下苏门答腊岛北端这么简单。

3 月 9 日

参谋长会议相当短，接着会见了陆军大臣，告诉他前一天工作的结果和与希腊国王会谈的情况。在锅炉商俱乐部吃过午饭后，会见了拉姆斯登，他打算启程前往澳大利亚了，还有即将前往莫斯科的波罗斯。然后去尼泊尔大使馆参加了雪莉酒会。

3 月 10 日

在参谋长会议前，我就被首相叫去了，他想商量一下最新破译的凯塞林对战局评估的电报！这是一份很有价值的情报，谈了对意大利整个战局的总体看法。接着首相告诉我，他已经决定强行实施"海岸游览禁令"！！我和他较劲了这么长时间，总算是个胜利。午饭后到放映室看了"向士兵致敬"活动的纪录片，用于存档的。晚上蒙蒂来看我，带来很多有用的信息，给我讲了他是如何在做大战前的准备工作。在运筹帷幄上，他还是远胜人一筹，在判断敌情上也很成功，我也不过如此！但我不得不花大量的时间去处理一大堆麻烦事。

3月11日

参谋长会议后，亚当过来吃午饭，一起聊了很长时间。然后开车回家过周末。

3月12日

在家，安静的礼拜天。

3月13日

又要面对首相的瞎折腾了！现在他又要本月25日去百慕大会见罗斯福总统！作为三军参谋长，我们觉得没有什么特别的需要去协商。事实上，就太平洋战略问题与首相达成一致意见之前，我们并不想见到美军参谋长。出于治疗的需要，他也根本不能去，但莫兰却没有这个胆子阻止他！下午6点半内阁开会。这会儿首相正召集联合作战参谋和他一起讨论太平洋战略，天晓得他到底想干什么，明天会给我们搞出什么样的麻烦！！

3月14日

首相打算把出发日期推迟到3月31日，但还是想去百慕大。我昨天又见了莫兰一面，想以身体治疗原因阻止首相成行。他说他正在书面写给首相，阐明不应该去的三点理由：

a) 他可能会落下永久性后遗症；
b) 由于他新近患过肺炎，如果加上旅途劳顿，很可能会复发；

c）有突发心脏病的可能性。

不过，为了远离议会里的吵闹等诸般烦恼，他很可能冒着所有风险去求得一时安宁。

苏联战局继续转好。刚刚收到亚历山大的消息，弗赖伯格将在今晚发起攻势。刚刚响了一次空袭警报，但没有听到防空炮火打响。

3月15日

德国人在苏联南部战线遭到惨败。我一直说，他们在苏联南部战线实施的战略，从军事角度来讲没有任何道理，我只能说他们是盲目服从希特勒的命令，或是涉及罗马尼亚方面的政治因素。这下好了，看起来现在该轮到德国人为他们的错误战略而遭受惩罚了！

皇家骑炮兵部队的指挥官戈申上校过来吃午饭，再次见到他真是开心，他看待生活是个乐天派，让我有空总是想和他聊聊。"向士兵致敬"活动要在特拉法尔加广场举行启动仪式，我花了一下午的时间对演讲稿进行了最后润色。

3月16日

上午的会议让作战参谋们也一起参加了，讨论周一晚上首相给他们下达的指示，是关于制订夺取苏门答腊岛作战计划的。我相信温斯顿很快就撑不住了。在今天早上他发给我和情报处长的情报简报中，有几处细节引起了我们的注意，他把弗赖伯格的名字 Freyberg 错写成了 Freyburg！晚上去看了新拍摄的英美联军打突尼斯战役的纪录片，真是令人失望，完全可以拍得更好些。

3月17日

我们开完参谋长会议就被首相叫去了，讨论美国人最近在太平洋上的作战行动，考虑到他们不久前在马绍尔群岛和阿德默勒尔蒂群岛取得的成功，美国人这几个月的进展还是很快的。接着他告诉我们，就在苏门答腊岛的西边不远，他发现了一个新的岛屿，我记得好像是叫锡默卢岛。他已经制订了夺取这个岛的计划，一旦实施，就可以替代攻占苏门答腊岛北端的作战，而且所需兵力要少得多！！不过，当他问波特尔从空军的角度怎么看时，波特尔说在那里建立空军基地和支援力量的希望很小，等不到建好就被干掉了。坎宁安说，在海军看来，考虑到日本人驻扎在新加坡的舰队，那将是一场灾难！！！波特尔和坎宁安的意见都完全正确，我开始怀疑自己是不是爱丽丝梦游仙境，还是我真的在精神病院里待习惯了！我真是十分怀疑他现在的心智状态，这想法让我禁不住打了个寒战。一想到我们的战略，我真是不知道现在该怎么办，下一步又该如何，我就是没有办法让他面对真正的现实！情况真是糟透了。

下午我尽量安抚一下尼姆，因为没有安排工作给他。然后去参加陆军委员会会议。勒温过来吃晚饭。

3月18日

刚刚开完参谋长会议，就被告知首相要见我们。他是告诉我们，要给罗斯福总统发电报，大家应该去百慕大过复活节，并在那里召开联合参谋长会议！对我们来说，没有什么要去商量的，在太平洋战略问题上我们至今还没有和首相达成任何一致意见，我真不知道要去干什么！但是他坚持要去，还建议从那里飞直布罗陀，然后再去意大利，这一路折腾可能会要了他的老命！中午和亚当一起吃饭，然后回家度周末。

3月19日

安静的礼拜天，待在家里。

3月20日

今天的内阁会议是开得最糟糕的之一，温斯顿的情绪也是最差劲的！陆军被说得一无是处，他除了在整个内阁班子面前挖苦贬低军队付出的努力外，一句好话也没说。像这样的会我是再也忍不下去了！他这个时候才拿出来一套关于太平洋战略的方案，根本就不可能实现，而且完全不顾我们的意见和建议！

3月21日

我们在参谋长会议上商量，如何应对温斯顿提出来的那不切实际的最终方案。通篇都是错误的事实、错误的推理和残缺的规划。我们根本无法接受，假使这也能通过，那还是我们三个人都辞职得好，也比接受他的方案强。我们打算告诉他，我们有必要写一份书面的答复给他，但在书面答复之前，如果他愿意，我们还可以再讨论一下他的方案。我不知道他在这件事上到底有多坚持。有可能他会变得理智一些，但也可能让我们面对的局面更加严峻。

下午去法恩伯勒观看实验中的飞机样机，包括一些新型的喷气式飞机。

3月22日

今天非常辛苦。先开参谋长会议，从10点半开到下午1点15分，和作战参谋们一起讨论了很长时间威尔逊新近提交的评估报告，他建议取消"铁砧行动"（在法国南部实施登陆的作战行动）。接着艾森豪威尔和比德尔·史密斯来商量他们的打算，与我们的想法完全相符。我真希望美军参谋长们能够一直这样明智，后面也能一切顺利！

午饭后安排了一系列会谈，最后去见首相，告诉他我们达成的意见。他的心情不错，总体进展顺利，就是在不停冒出来的其他话题上浪费了一个小时。看到发给斯大林的最新电报了吗？眼下匈牙利的局势如何？文中我们为什么用了个形容词"紧张的"，这里应该用名词"紧张"？昨天晚上，他站在屋顶上看空袭的角度非常好。礼拜天晚上他打算发表广播讲话。过去三年我们的日子过得多不容易。为什么威尔逊就不能变得更聪明点儿？等等，等等，等等。每看完一段他都能扯出另外一个话题来！真是感谢上帝，罗斯福没办法在百慕大与他会晤，所以下周的行程取消了！

3月23日

东南亚司令部的情况愈加糟糕，温盖特现在开始跳开蒙巴顿直接给首相发电报了，对温盖特提出的建议蒙巴顿也没有明确意见。感觉好像是作战的压力已经让温盖特神经错乱了。同时也接到美国人发来的电报，称我们应该加大缅甸的攻势，放弃所有在苏门答腊岛作战的想法。首相的做法是直接给蒙巴顿发电报，称：如果你答应美国人对缅甸战役的要求，我就支持你在苏门答腊岛的行动，并帮助你获得批准！！！我们阻止发出这封电报，但天晓得接下来会如何。我感觉自己好像被锁在了一个疯子驾驭的战车上！！要控制住他却超越了我的权力范围。

下午马特尔来找我，认为有必要任命一位高级将领统领装甲集团军，在他看来只有两个人胜任这一工作，而他自己显然是其中之一！晚上肯尼迪和贝文都过来吃饭。

3月24日

出席了市政厅的午宴，宣布"向士兵致敬"活动周开幕。P.J.格里格和蒙蒂都发表了精彩的讲话。午宴结束后回圣约翰伍德区，和金德斯利勋爵一起进行演讲录音，是为了"向士兵致敬"的另外一次活动的。晚上和里德尔-韦伯斯特一起吃饭。明天要去特拉法尔加广场发表演讲，其实我一点儿都不喜欢！

3月25日

又是艰难的一天！一早是参谋长例会，接着赶回陆军部，11点45分出发前往特拉法尔加广场，他们竟然派了六十名摩托车通讯兵护送！到了那儿，威斯敏斯特市长将我引见给伦敦市长。仪式开始的时候，威斯敏斯特市长先介绍伦敦市长，然后再由他介绍我。接着我就开始发表"向士兵致敬"主题演讲。中午和两位市长一起在萨沃伊酒店吃饭，后面是更多的演讲。下午3点钟总算逃出来了，接上你和普克斯去动物园逛了一圈。从那里回家。

特拉法尔加广场显然是个不太适合演讲的地方！我们搭了个大台子，看下去面前有三、四百人，但周围伦敦的市井生活是一切照常的。公交巴士轰隆隆地开着，出租车和轿车喇叭声响着，孩子们满地追逐玩耍，女士们忙于拉着家常，等等，等等。我实在难以相信，就凭我那演讲和那六十名摩托车通讯兵，能给这个国家的经济激发出更多的活力！

3月26日

安静的礼拜天，在家。

3月27日

一早出门。办公桌上堆满了电报。消息不太好。温盖特死了。日本人迫近曼尼普尔①。亚历山大陷在了卡西诺。马歇尔坚持要实施"铁砧行动",等等,等等!中午12点前往布希庄园,艾森豪威尔在那里宴请战时内阁成员。饭后与艾克一起研究马歇尔最新发来的电报。回到伦敦再赶去参加内阁会议,一直到晚上8点半。然后蒙蒂来吃晚饭。他的状态非常好,把他的进攻计划和盘托出——我喜欢他的计划。

3月28日

早上的参谋长会议结束后,我们被首相叫去,讨论美国人最新发来的关于地中海作战行动的电报,以及我们的回电。我们发现他疲惫不堪。我担心他很快就要熬不住了。他看上去很难集中精力,而且一直令人不安地走来走去。还不停地打哈欠,说自己累坏了。

如果当时有人告诉我,温斯顿在1955年还能再次当选这个国家的首相,我是绝对不会相信的!实际上从战争一开打,我就在他身边工作,近距离地观察他。我能看得出来,最近六个月他的健康状况在明显走下坡路,尤其是上次患肺炎之后更是加速恶化。当时我开始担心,在整个战争期间,他勇于挑起的那副异常繁重的担子,会不会一点点把他压垮。他凭着惊人的毅力,令人难以置信地坚持着,但和他共事却变得越来越难了。平心而论,我自己也是变得越来越糟糕,在战争结束之前我们没有彻底吵翻掉就已经是个奇迹了!

---

① 曼尼普尔(Manipur),印度东北的一个邦,过去曾是阿萨姆邦的一部分,成立于1972年,东与缅甸接壤。在曼尼普尔语中,该邦名称意为"珍珠城"。印度开国总理尼赫鲁称其为印之珍宝。1947年8月11日,曼尼普尔从英国占领下独立。1949年9月21日,曼尼普尔国王巴格亚昌德拉被迫将曼尼普尔并入印度。——译者

3月29日

今天的参谋长会议开得又很艰苦,我们讨论了1945年太平洋战场所需的登陆舰艇产量。第三海务大臣、战时运输部长胡尔科姆①和辛克莱都参加了。这是最难搞的问题之一,很难满足各方的需求。

然后我和杰克·柯林斯、克里勒一起回去吃午饭。克里勒刚刚从意大利战场回来,他负责接掌加拿大集团军。这项困难的人事调整总算是完成了!!我是迫不得已才换下安迪·麦克诺顿的,让克里勒先到意大利战场获得足够的实战历练,再说服蒙蒂接受实战经验仍不算丰富的克里勒。尽管经历了不少烦恼和困难,但这个调整现在终于完成了,我充分相信克里勒是不会让我失望的。不过,我还是担心,恐怕已经失去了安迪·麦克诺顿这样一位好朋友。我只希望他能够理解真实状况,海涵我的做法,不至于失去他的友谊。

3月30日

迪尔拍来了电报,说美军参谋长们还是没能搞清楚意大利的战略形势。下午和晚上都比较轻松。

3月31日

美军参谋长的电报到了,根本就没办法接受。他们再次提出来,在安齐奥桥头堡阵地和主战线打通之后,我们在意大利战场上就应该转入防御,以便在法国南部开辟一条新的战线。他们就没有搞清楚,地中海

---

① 西里尔·威廉·胡尔科姆(Cyril William Hurcomb,1883—1975),英国政府高层官员。1927至1937年任军事运输部常务副部长。1939年任战时航运部常务副部长,1941年该部并入战时运输部,胡尔科姆任部长,直到1947年。1948至1953年担任英国运输委员会首任主席。他还是一个鸟类学家和环保主义者,在《1954年鸟类保护法》立法中发挥了关键作用,1960至1975年曾担任过皇家鸟类保护协会主席。——译者

战区堪供调遣的部队，根本就不允许开辟两条战线！我担心我们派驻在华盛顿的联合参谋使团，眼下只是起到了通讯员的作用，而没有充分表达他们自己的想法和意见。

下午我收到一封威尔逊和亚历山大写来的很有意思的信。果然，就像我此前猜测的，弗赖伯格已经开始为伤亡数字纠结。他开始惜用新西兰步兵师，希望多用重型轰炸机和装甲兵去攻城掠地，不让步兵冒太多的险。结果是他不可能做得到。晚上会见了刚刚从意大利战场回来的肯尼思·安德森，他讲的东西很有趣，印证了我所有的感觉，比如弗赖伯格的弱点，还有克拉克就不胜任集团军司令官的岗位，等等。晚上肯尼迪一家、波罗斯和戴安娜·查尔斯沃思来吃晚饭。

看到上面关于弗赖伯格的评价，有一点必须说明，这丝毫不影响他本人的勇猛和指挥能力。在北非战役中，他已经充分证明过他的这些品质。现在形势有些变化了。对新西兰这么小的一个国家，伤亡率已经到了她能够承受的极限。最近新西兰政府在不断地给弗赖伯格施加压力，接下来要尽最大努力避免不必要的重大伤亡。战争显然在临近尾声了，有些人就不愿意再拿那些曾经枪林弹雨的勇士的生命去冒险。所有这些都给弗赖伯格带来了巨大压力，让他不肯再冒重大损失的风险。不幸的是，战争往往是残酷的，舍不了孩子套不来狼，而且我们往往还牺牲了最多的孩子！

4月1日

本来想不开参谋长会了，但为了拟定回复美国人关于法国南部登陆行动的电报，还是有必要碰个头。马歇尔真是无可救药。我真没见过比他更糟的战略家！他就看不到比自己鼻子尖更远的地方。他提出的战略安排，只会导致地中海战区在接下来的两个月当中无法展开任何作战。

但考虑到横渡海峡行动的日期日益临近,这段时间我们恰恰又最需要这些作战行动来分散敌人的兵力。开车回家路上顺道把戴安娜和巴尼送回他们家,正好赶上了家里的晚午饭。

4月2日

在家里安静地过礼拜天。

4月3日

一到陆军部先急着处理电报。然后开参谋长会,审定我们给美国人的回电。下午5点半到8点开内阁会议,会上温斯顿净瞎扯,滔滔不绝而又言之无物,还自我感觉良好!晚餐后又是一个会,开到晚上10点半!我们讨论了建造"坦克登陆舰",让海军的一个舰队开始展开对日作战训练。出席会议的有首相、利特尔顿、查韦尔、莱瑟斯、辛克莱、亚历山大、三军参谋长、"巴哥犬"和"巨人"。我们又开始扯东扯西绕圈子了。查韦尔只有一个想法,就是要满足本土进口的航运量!莱瑟斯一如既往的滑头,随时准备着随风倒。利特尔顿脑子里的想法显然不多,但总是陪个笑脸。首相老了,累了,总是抓不住问题的要害。看着他逐渐老去真是令人伤心。我怀疑他到底还能撑多久,恐怕都看不到战争结束。

4月4日

本来安排飞去尼瑟拉文,观看4.2英寸迫击炮和95毫米炮的对比试射,但天气太糟糕了。因此还是去参加了参谋长会议,审查空军对无人机发射地点实施轰炸的进展情况。下午加拿大部队的斯图尔特过来看我,然后是从意大利回来的"神算子"劳埃德,他到那里巡视慰问近卫部队去了。他在为近卫部队的增援问题担心,认为需要增补一些兵力。

4月5日

又和我们的美国朋友搞上了,他们还是坚持要终止意大利的军事行动,开辟法国南部的新战线,就在这个最关键的节骨眼上。我真不相信他们如此既没有战术眼光也没有战略眼光。伯迪·拉姆齐过来吃晚餐,很关心海军为横渡海峡行动的准备工作。晚上10点半,不得不去参加那首相总是在三更半夜召开的烦人的会。一直待到凌晨12点45分,讨论了如何使用重型轰炸机对反攻法国进行支援。他反对特德将重型轰炸机用于轰炸铁路线的计划,因为他认为轰炸的效果不太好,其次还会造成法国平民的伤亡。

4月6日

今天总体上不忙。下午去见了艾默里,再次讨论了意大利的山地战。然后会见了刚刚从新加坡回来的莱昂,他非常大胆地潜入那里,炸毁了日本人的7艘军舰。他正准备出发去完成一项更大规模的新任务。

4月7日

和蒙蒂待了漫长的一天!早上9点我就到了圣保罗学校,参加蒙蒂主持的会议,打算把接下来进攻作战的计划全都过一遍。他以一段非常精彩的开场白开头,然后拉姆齐开始解读海军的作战计划,利-马洛里解读了空军的计划。午餐后是布拉德利①和他的两位军长,再后面是第2集团军司令邓普西、第30军军长巴克纳尔②和第1军军长克罗克。巴克纳尔能力很差,我敢肯定不太适合统率一个军。在蒙蒂做了简要介绍

---

① 奥马尔·尼尔森·布拉德利(Omar Nelson Bradley,1893—1981),美国陆军五星上将。——译者

② 杰拉尔德·科菲尔德·巴克纳尔(Gerard Corfield Bucknall,1894—1980),英国陆军中将。——译者

后，首相也来了，在会上发表了几通新的讲话。他的状态很差，看上去苍老，远没有了往日的活力。

会见完P.J.格里格后，蒙蒂和我去拜见了首相，商量削减近卫师的编制，因为他们再也抽不出增援力量了。我们遇到了老问题，因为这将涉及裁撤近卫旅（装甲部队）。议员们已经找过他，引发了各种空洞无聊的争论，都说近卫旅是不可或缺的。

希腊国王来找我，就俩人面对面坐下来吃晚饭。我感觉对不住他。他的希腊军队正在叛变，整个希腊也在被政治纷争所分裂。希腊他已经回不去了，这次来找我是为了寻求建议和帮助。他很友好，早早的就离开了。

4月8日

又是一场艰难的参谋长会议，研究美军参谋长就地中海战略发来的最新答复。他们最终同意了我们的政策，但是不再从太平洋战区抽调支援登陆舰艇！！这是他们典型的处事方式。虽然大家都同意欧洲战场要优先于太平洋战场，但他们还是把登陆舰艇作为讨价还价的筹码，还想着后面继续提出他们的错误战略。午饭后就回家了。

4月9日、10日

在家里安静地过复活节和银行假日。

4月11日

回去工作。先处理首相发来的一系列电报。他想拍电报给马歇尔，再争取一次，看看是否能从太平洋战区搞一些登陆舰艇！下午亚历山大过来看我，他刚刚从意大利回来。当我再一次见到他，第一印象是这个人的能力怎么会如此之差！他云里雾里、不知所云，简直让我崩溃。而到目前首相还不知道他的水平有多差。我和亚历山大讨论了他的进攻方案。不够理想。但他受天资所限，根本把握不住要领。晚上10点钟和首相一起开了个会，亚历山大也参加了，持续到凌晨1点。时间都花在讨论他准备发给马歇尔的电报上。真是浪费时间，我敢确定收到的回复是拒绝。

我那天晚上对亚历山大的评价可能不太厚道，但他实在是把我惹烦了，他脑子里真是没有一点儿自己的想法。在整个北非战役中，一直到现在，都是蒙蒂和麦克里利在撑着他。现在这两个人都走了，他又得靠奥利弗·利斯和约翰·哈丁①（第15集团军群参谋长）撑着。这两位不像前面两个人，都是一顶一的高手。我一直认为亚历山大是个奇迹：在那么多优良品质后面，感觉却是如此空洞无物。

4月12日

开了个参谋长短会。下午是一系列会见。魏德迈在回到蒙巴顿那里之前，来汇报了他华盛顿之行的结果。然后陆军部科学顾问来商量，如何用雷达控制的火箭对付飞在平流层的喷气式飞机。接着是东南亚战区盟军司令部副参谋长朱伯特·德拉费尔泰来讨论印度和迪基·蒙巴顿的作战方案。最后威洛比·诺里在启程前往阿尔及尔之前来道别，他去那里担任军事代表团团长，与达夫·库珀一起协同戴高乐作战。

4月13日

累人的一天。先是开了一个很长的参谋长会议，莱斯布里奇②代表

---

① 艾伦·弗朗西斯·哈丁（Allan Francis Harding, 1896—1989），英国陆军元帅，常被称为"约翰·哈丁"（John Harding）。——译者
② 约翰·悉尼·莱斯布里奇（John Sydney Lethbrigde, 1897—1961），英国陆军少将。——译者

团也出席了。他们刚刚去环游了世界：华盛顿、加拿大、檀香山、斐济、新西兰、澳大利亚、新几内亚、印度、缅甸等地方，考察对日战争需要做的准备。他们的报告很有质量，提供了不少有价值的参考。

午饭后是一系列会见。首先是从缅甸回来的赛姆斯①，他是温盖特的副司令，我们充分讨论了缅甸的有关问题。然后是印度民政部的A·罗兰兹爵士，总督派他回来的。就印度的内政、粮食产量和运输等问题，和他谈了很长时间，这个小时花的真是很有价值。他后面是麦克纳尼②(马歇尔的副手)和麦克罗伊(美国分管战争事务的副国务卿)。和他们花了一个小时讨论了所有战线的局势以及英美两军参谋长在地中海战略问题上的主要分歧。下午6点半内阁开会讨论在打败德国人之后，如何在工业发展和本土建设、占领德国、对日战争之间分配使用人力资源，一直到晚上8点15分。和洛里·查林顿一起在布多士酒店吃了晚饭。10点半继续和国防委员会讨论在进攻发起之前，如何对法国的铁路线实施轰炸。在最终日期还远未到来之前，我们最好不要动用正对德国航空工业实施空袭的力量。首相担心这一行动对法国百姓造成的伤亡。会议一直开到午夜，然后首相又叫我留下私下里聊了聊，直到12点半。走运的是，我让他准许我休假一个礼拜！！我真是太想了，自从干了这份差事我头一回感觉厌倦透了，简直被这工作搞得精疲力竭！

4月14日

我们开了个长时间的参谋长会议，作战参谋们一起参加，会上讨

---

① 乔治·威廉·赛姆斯(George William Symes，1896—1980)，英国陆军少将。——译者
② 约瑟夫·塔格特·麦克纳尼(Joseph Taggart McNarney，1893—1972)，美国陆军上将。——译者

论了未来的太平洋战略，研究了沿达尔文①向北婆罗洲②轴线进攻的可能性和利弊。这样或许能够给我们一个机会，打一场纯粹的大英帝国的战役，而不只是给美国人的作战提供支援。不过，我们的最大问题是，我们的结论是建立在对美国人推进速度最乐观估计的基础之上的。

午饭后情报处长戴维森来了，在启程去华盛顿任军事代表团团长之前来见个面。还有刚刚从南斯拉夫回来的威尔金森少校，一个很有趣的人。可惜正聊着的时候我被首相叫去了。他收到一封马歇尔发来的有关地中海战略的电报，首相正在草拟回电。真是一封恼人的电报！必须放弃此前六个星期我们为之浴血奋战的一切。我打定主意，希望能说服他相信这是一个致命的错误。他同意按照我们建议的方针重新起草电文。我只希望他真的会照着去做！我发现和他的这些交锋相当耗神。出来的时候我感觉自己累惨了。

4月15日

早早结束参谋长会议，赶回家吃个晚午饭。我很少感觉如此之累，如此需要休息。

---

① 达尔文（Darwin），澳大利亚西北海岸城市，澳大利亚北领地的首府，因英国生物学家查尔斯·罗伯特·达尔文于1839年到此考察而得名。它距离亚洲最近，是重要的出口港口和军事基地。达尔文也是唯一经受过战争洗礼的澳大利亚城市，第二次世界大战期间这里曾为盟军重要的军事基地，1942年2月19日，242架日本飞机对达尔文进行了两轮轰炸，整个二战中达尔文港一共经受了63次轰炸。——译者
② 北婆罗洲（North Borneo）：处于婆罗洲岛的东北部，即如今的东马来西亚沙巴州。在1882年至1946年期间由英国北婆罗洲特许公司控制的保护领土。1942至1945年被日本人侵占。日军投降时再度被英军占领，1946年英属北婆罗洲特许公司将统治权交给英国，北婆罗洲正式成为英国海外属土，被称为英属北婆罗洲。1963年8月31日，北婆罗洲摆脱英国统治独立，9月16日和砂拉越一起联合马来亚及新加坡组成马来西亚联邦。——译者

4月16日

在家安静地过礼拜天。

4月17日

一早赶回办公室,发现自己快要被电报纸淹了。开完参谋长例会,中午和首相在唐宁街10号吃午饭。艾森豪威尔、比德尔·史密斯和亚历山大也在那儿。大家的交谈很快又转到地中海战略上去了,美军参谋长们不同意我们在不影响法国南部登陆行动准备工作的前提下,继续展开意大利战役。艾森豪威尔把我们已经听到过的理由全都又说了一遍,亚历山大大部分时间说的东西都文不对题,今天的午饭吃了一包气!午餐后带着亚历山大去陆军部继续谈话。对他的能力水平我是越来越心寒,这离要求也差得太远了吧!

内阁在下午6点半开会,直到晚上8点半。得到消息说汤姆这个月26号要开拔北非战场。

4月18日

今天参谋长们开了个长会,首先我们召集联合情报委员会,讨论欧洲德军的情况,他们在应对我们的攻势时可以调动哪些资源。第二项议程是查韦尔勋爵和邓肯·桑兹来研究火箭和无人机对我们国家的威胁。然后在12点15分,我们和首相一起开会研究军火生产问题,亚历山大、奥利弗·利特尔顿、邓肯·桑兹、P·J·格里格和威克斯都出席了。午餐后是遴选委员会会议。然后会见比勒特,他是美军的情报处长。我发现他说事情切中要害,对自己的工作很尽心。最后设宴招待伯利和克兰伯恩两家人。

4月19日

到了最后,我们有关"铁砧行动"(法国南部登陆行动)的所有麻烦终于都解决了。我们让美国人同意了，不过还是没有拿到他们原本打算支援的登陆舰艇。历史不会原谅他们拿装备上的讨价还价来影响战略上的安排，还以撤回登陆舰艇恐吓我们，就像拿着枪顶着我们的脑袋！

下午会见了刚刚从南斯拉夫铁托①部队里回来的威尔金森，然后是印度空降师师长道恩②，研究从空中进攻缅甸的计划。现在准备去参加首相非要晚上开的那些烦人的会。我们要研究最近在埃及发生的危机③，以及轰炸法国的铁路系统，为进攻做准备。首相担心会炸死太多的法国老百姓。

晚些时候：

讨厌的会从10点半开到凌晨1点!! 首先，讨论轰炸法国铁路系统的议题被延后到一周之后再考虑，那时候距发起进攻已经不到五周时间，一定要有个明确说法了。第二个议题，埃及。决定再观望一个礼拜以搞清楚希腊的局势。但晚上首相最经典的评论是这样说的："法鲁克

---

① 约瑟普·布罗兹·铁托（Josip Broz Tito，1892—1980），南斯拉夫政治家、军事家、外交家。曾任南斯拉夫社会主义联邦共和国总统、共产主义者联盟总书记、人民军元帅。在二战中为反抗德国法西斯侵略、赢得国家独立做出突出贡献。战后推行"不结盟运动"，反对苏联的干涉，反对霸权主义，致力于提高第三世界国家地位。——译者
② 欧内斯特·爱德华·道恩（Ernest Edward Down，1902—1980），英国陆军中将。——译者
③ 1941年5月，希腊沦陷后，国王乔治二世和他的内阁成员逃到了埃及开罗，成立了一个得到盟军承认的流亡政府。德国在雅典扶持了一个傀儡政权，控制着由德国人武装起来的军队。但希腊国内涌现出许多抵抗力量，其中规模最大的是希腊共产党组建的"民族解放阵线"及其武装力量"希腊人民解放军"。1944年3月，控制了全国大部分领土的"民族解放阵线"成立了民族解放政治委员会，和雅典傀儡政府、开罗流亡政府形成"三足鼎立"之势。1944年4月，埃及希腊流亡政府的武装力量发动起义，要求按照民族解放政治委员会的原则和号召成立民族团结政府，起义被英军镇压。通过对军官的政治审查，开罗流亡政府又重新组建了自己的反法西斯武装力量。——译者

国王①就像是一只贪吃的猪，不过那槽子是黄金做的！"这是整个晚上唯一的闪光点——尽管首相显得疲惫不堪、犹豫不决。

4月20日

和作战参谋们一起开了个很长时间的参谋长会。大家再次讨论了埃及的危机，我们从中东得到的报告非常有限。汤姆过来吃午饭，在出发去北非之前来城里采购一些装备。晚上6点半至8点半又开了一个内阁会议，主要还是研究埃及的局势！

4月21日

今天的参谋长会主要研究了如何部署匈牙利的地下抵抗运动，以及加快建造登陆法国行动所需的港口设备。亚当过来吃午饭，我们一起聊了很长时间。下午开了陆军委员会会议，在我和伊万·科博尔德出发前往苏格兰的凯恩顿②钓鱼休假之前，最后敲定一些细节问题。

4月30日

4月22日上午一早我就飞往邓迪③，还有罗尼·威克斯和我一起。当天我们视察了第52师（打山地战的），最后我在凯恩顿与伊万·科博尔德会合。我在那里天天钓鱼，像在天堂里过了一个礼拜，每天上午9点半离开住地，一直到晚上11点才回去，除了当中花一个小时吃午饭和

---

① 法鲁克一世，全名穆罕默德·法鲁克（Muhammad Fārūq，1920—1965），埃及国王，1936至1952年在位。——译者
② 凯恩顿（Cairnton Cottage），位于苏格兰阿伯丁市西南的迪河（Dee River）南岸的钓鱼度假村。——译者
③ 邓迪（Dundee），是英国苏格兰东部北海沿岸泰河入海口城市，是苏格兰行政区划里的三十二个议会区之一，排在格拉斯哥、爱丁堡和阿伯丁之后的苏格兰第四大城市。年均日照时间是1 523小时，是苏格兰日照最充足的城市之一，这在阴雨天频繁的不列颠岛上尤为难得。——译者

晚饭。我钓了十二条鲑鱼,但跑了九条,水平真是差劲。不过我感觉自己状态还是好多了。

今天上午 10 点钟从阿伯丁的戴斯机场起飞,中午 12 点 15 分降落在亨登。顺风让我们飞得很快。和伊万在怀特家里吃了午饭,然后回到公寓工作,这样明天就开始恢复常态了。

5 月 1 日

又要开始工作,真是不情愿!10 点半先开了个参谋长会议。然后中午 12 点出席大英帝国首脑会议的开幕式。在会场门口遇到了新西兰总理弗雷泽,他非常友好、热情。然后又被引见给澳大利亚总理柯廷,简直分辨不出他到底在用哪一只眼睛看着我!加拿大总理麦肯齐·金也很客气。但魅力远无人能及的还是亲爱的老史末资,给人感觉青春永驻。会上是各种礼节性的发言,然后到唐宁街 10 号的花园里拍照,接着大家喝了杯雪莉酒就结束了。

午餐后我和威尔逊聊了一个小时,他刚刚飞回国来商量地中海战区下一步的战略安排。下午 5 点半是另一场帝国自治领首脑会议。温斯顿就欧洲战略形势讲了一个半小时。他远没有达到最佳状态,只是讲了一些概况。枯燥,没有活力,也没有把握住重点。他看起来又老又疲倦,我感觉好像衰老得很快。我怀疑他是否还能再撑三个月?

5 月 2 日

令人绝望的一天!10 点半开了参谋长会议,赶在 11 点半之前开完,因为还要再次会见自治领首脑。我要给他们讲一下欧洲战场的总体情况。大概花了我一个小时,但还要回答他们提出的问题。会议一直开到下午 1 点半。匆匆忙忙吃了午饭,然后步行回办公室,和副官长聊了半个小时。后面准备给内阁的简报,下午 4 点钟"巨人"威尔逊来提交他的一系列作战方案，一直待到5点半，我要赶去参加内阁会议了。自治领首脑们也出席了。我关于军事局势的例行发言被拖长到一个小时，因为不停地有人打断！会上对轰炸法国铁路系统和误伤法国平民的话题又进行了长时间讨论，然后才结束。总是扯东扯西、瞻前顾后的政治家们无法接受战争的结果。内阁会议一直开到晚上8点半。再赶回家和"巨人"威尔逊一起吃饭，然后带他去拜见首相，解释他的几种不同作战方案。讨论完又扯到空袭法国铁路的话题上，一直被留到凌晨1点半。2点钟之前是上不了床了！

5月3日

又是累人的一天！10点半开参谋长会议，"巨人"威尔逊与会讨论地中海的下步作战计划。然后出席帝国自治领首脑会议。开场史末资发表了长篇讲话，提出了质疑，认为我们没有把地中海战略与横渡海峡行动进行统筹考虑。新西兰总理弗雷泽的发言被温斯顿打断了，有点儿出洋相。下午1点15分休会吃午饭，再赶到富兰克林的本土军司令部，就世界局势作了讲座。回到陆军部抓紧把工作处理完，接着5点半到晚上7点半又是一场帝国首脑会议。然后巴兹尔、辛西娅、亚当、多萝希、博伊尔和巴尼都来家里吃饭，开饭之前你正好赶到。晚上10点半又和首相开了个会，还是研究轰炸铁路系统的事，一直到凌晨1点15分!!温斯顿正在一步步地修订这个方案。

5月4日

参谋长会议时间很长，与作战参谋们研究了一系列议题。然后和布鲁斯（澳大利亚驻英国高级专员）一起在克拉瑞芝酒店招待柯廷。我坐在卡姆罗斯勋爵和爱德华·皮科克爵士之间。下午我到公寓接上你去唐宁街参加雪莉酒会。不走运的是天下雨了，大家没有办法到花园里。

晚饭后又是温斯顿那讨厌的会。这一次是研究安装人工港的准备工作和如何清除水下障碍物。首相显得相当疲惫，会开得磨磨蹭蹭，一直到午夜之后，本来应该在半个小时内就结束的。真是浪费时间！

5月5日

布莱梅（澳军总司令）参加了参谋长会议，我们讨论了将来从澳大利亚展开反攻的可能性，以及澳大利亚能够给予支撑的力度。布莱梅不是那种相貌出众的人。他看起来像个老酒鬼，带着几分惹人厌。中午和你一起在唐宁街10号吃饭，招待弗雷泽（新西兰总理）。下午参加了澳大利亚人举办的雪莉酒会。结束一天的工作，和你去看了场舞台剧。

5月6日

今天设法处理了一些本周没能搞定的事情。晚上和你开车去契克斯庄园度周末。出席晚宴的有加拿大总理麦肯齐·金、南罗德西亚总理戈弗雷·哈金斯①、查韦尔勋爵、温斯顿的哥哥、玛丽和莎拉。晚宴前我们和克莱米一起走了走，吃好饭还看了场电影。午夜前总算上床睡觉了。

5月7日

上午我们和克莱米、玛丽一起去教堂。午餐后处理了一些公务，吃完下午茶我们出去散步。晚餐后还是看电影，电影完了温斯顿把我叫到一个秘书人员工作的小书房。他坐在书房的火炉旁，喝着汤，看起来又老又疲惫。他说，罗斯福身体不太好，已经大不如前了，这好像也是在说他自己。他说他还是睡得好，吃得香，尤其是老酒喝得下！！但他已

---

① 戈弗雷·哈金斯（Godfrey Martin Huggins，1883—1971），罗德西亚与尼亚萨兰联邦（又称英属中非联邦）首任总理。——译者

经不像过去那样能从床上跳下来，而更多的是在床上待一整天。我从来没有听他说过什么身体开始不行了。然后他就开始说好听的了，称整个国防委员会和战时内阁都对我赞誉有加，说他们不可能再找到比我更合适的总参谋长了。凌晨1点钟前回到床上睡觉。

考虑到最近一段时间我和温斯顿之间的磕磕碰碰，我非常感激他的好意，在我们结束谈话之前能把那些评价告诉我。对于我的工作，他一般都是什么评价都没有，所以这一次就显得弥足珍贵。他真是一个难以理喻的混合体，既能让你彻底崩溃，一连数周就像待在绝望的悬崖边上，然后又叫你来一起单独待上两个小时，感觉就像是家人。一直绷紧的紧张关系就暂时缓解了，这样他就可以避免把自己搞成一个暴君，当你离开他的时候，又愿意倾尽所能帮他一起挑起千钧重担了。

5月8日

一大早出发，9点半之前回到陆军部。波特尔和坎宁安都有事，没有参加参谋长会。赶着忙了一个下午，然后去参加在格林威治举行的晚宴，出席的有柯廷、弗雷泽、史末资、艾德礼、艾默里、布鲁斯、莱瑟斯、格里格等人。坎宁安和我不得不赶回去参加首相晚上11点钟召集的会议，讨论我们准备发给蒙巴顿的命令。温斯顿显得异常疲惫，也十分暴躁，对付他需要极大的耐心，但我们还是达到了自己的目的。现在已经是凌晨1点半了，困了，上床睡觉。

5月9日

我们今天的参谋长会议主要研究打败德国人之后，需要在澳大利亚部署多少兵力。晚上出席在唐宁街10号为自治领总理们举办的宴会，又听了一系列的演说，从首相开始，依次是麦肯齐·金、柯廷、弗雷泽、史末资、马利克·菲罗兹·汗·努恩①爵士(印度驻英国战时内阁代表)、哈金斯(南罗德西亚总理)。史末资和平时一样,发表了一流水平的演说。从现场的氛围来看,大英帝国的团结目前还是挺紧密的。

5月10日

又是忙碌的一天。10点45分到11点半开参谋长会,然后赶去伦敦市政厅,还好及时赶到,出席为柯廷和弗雷泽授予荣誉市民称号的仪式。接着出席在市长官邸举办的午宴,弗雷泽和柯廷又发表了演讲。柯廷的两次演讲都很精彩,但弗雷泽讲的时间都偏长了。回到陆军部会见了索松科夫斯基,他想知道为什么波兰的流亡人员被滞留在直布罗陀,为什么我们不肯在英国军队中接纳离开波兰军的波兰裔犹太人,意大利战场上的阵亡将士名单为什么不能再快一些报告给他们的家人,为什么他不能离开英国去意大利视察,尽管有特别命令取消了登陆法国之前的一切出访,等等。他后面是澳军总司令布莱梅,足足待了一个半小时!我们讨论了太平洋战场的很多问题。我发现他很好相处,但不是很有趣!

晚饭后在丽兹酒店招待自治领来的陆海空军代表们。我希望这些招待能够增进帝国的团结,但连我自己也时常怀疑。所有的演说都是空话连篇,然后就是酒气熏天,感觉所有人都对帝国的美好前景信心满满。但明天早上一觉醒来,所有这些在冷酷的现实面前又能剩下多少呢?

5月11日

今天的参谋长会议没有重要议程。中午和约翰爵士、安德森夫人一起吃饭。客人还有史末资、诺森伯兰公爵夫人、卡姆罗斯勋爵和夫人。

---

① 马利克·菲罗兹·汗·努恩(Malik Firoz Khan Noon, 1893—1970),巴基斯坦政治家。——译者

下午和新西兰军参谋长帕蒂克①进行了会谈,花了一个小时讨论新西兰军队的下步运用、新西兰和澳大利亚周边的太平洋岛屿驻防和调派新西兰军官充实英国军队等问题。他后面是布里格·索尔兹伯里·琼斯,我们派驻南非的联络官。洛里·查林顿过来吃晚饭,看上去完全恢复了,身体状态很好。

今天晚上 11 点钟,意大利将发起新的攻势(亚历山大的春季攻势,代号"王冠",包括对古斯塔夫防线和卡西诺山的进攻)。我祈求上帝能够成功。这太重要了。

5 月 12 日

进攻准时发起,但一整天都没有音信!现在已经是晚上 11 点半了,还在等着,有封电报已经在译了。等这份东西真是备受煎熬。

在上午的参谋长会议上,澳军总司令布莱梅和新西兰军参谋长帕蒂克来商量未来从澳大利亚发起的作战行动。布莱梅看上去就像是刚刚渡过一个放荡的夜晚而依然宿醉未醒!两只眼睛仍泡在酒精里!不过我们还是取得了很大进展,对可供调遣的英军、澳军和新西兰军队有了一个总体的预估。然后我跟着洛里·查林顿去他家的啤酒厂吃午饭,还参观了整个厂区。回到陆军部会见了凯尼格②,戴高乐派驻在这里的特使。北非战役期间他曾参加防御比尔哈凯姆③的战斗,看上去非常乐

---

① 爱德华·帕蒂克(Edward Puttick,1890—1976),新西兰陆军中将。——译者
② 玛丽-约瑟夫-皮埃尔-弗朗索瓦·凯尼格(Marie-Joseph-Pierre-François Koenig,1898—1970),法国陆军元帅。——译者
③ 比尔哈凯姆(Bir Hachim),是二战北非战役中加扎拉会战的英军防线最南端。加扎拉防线位于托布鲁克以西 75 公里的地域,是英军利比亚防线的最前沿。它北起海岸附近的加扎拉南至沙漠中的比尔哈凯姆,绵亘 80 公里,由一系列要塞、大量野战工事、大片布雷区组成,具有相当的防御纵深。1942 年 5、6 月间,德意联军与英法联军曾在该地进行过激烈的争夺战,6 月 10 日德意联军攻占比尔哈凯姆,并乘势夺取托布鲁克,英法联军退守阿拉曼防线。——译者

于合作。横渡海峡行动的准备工作已经全面开足马力,时间也是日益临近了!

5月13日

今天的参谋长会议时间很短,一结束我就开溜了,回到家里吃午饭。

5月14日

在家里安静地过礼拜天,给沼泽山雀拍了照。

我在靠近沼泽山雀的窝旁边藏了两个小时,将温斯顿和战争抛至九霄云外。感觉就像点起了阿拉丁神灯,置身于仙境,回到现实中就是获得重生。

5月15日

从家里直接去了圣保罗学校,出席艾森豪威尔对横渡海峡作战计划的最后一次审议。国王、首相、史末资和全体参谋长都在。给我留下的最大印象是,艾森豪威尔就是个墙头草,自己根本就没有什么想法、计划和原则!就是个协调人——和稀泥最拿手,促成盟国内部的协作,在这些方面很少人能比得上他。但这就够了吗?我们真可能在一个人身上发现一名司令官需要具备的全部素养吗?或许是我过于吹毛求疵了,但我仍然表示怀疑。蒙蒂做了很好的发言。伯迪·拉姆齐讲得不好,只谈他自己的困难。美国第8陆军航空队司令斯帕茨,一个字一个字地读他那可怜巴巴的稿子。轰炸机司令部司令伯特·哈里斯告诉我们,如果没有另外两个军种拖后腿,他或许已经打赢这场战争了!!战斗机司令部司令肖尔托·道格拉斯好像因分配给他的任务太少而感到失望,我的感觉也一样。然后汉弗莱·盖尔和格雷厄姆①汇报了部队管理上的事务，接着格拉塞特汇报了法国光复地区民政管理的问题。

这次审议很有用。国王挑重点谈了一些意见。午餐后他还出席了布拉德利和其他两个人的授勋仪式。回到陆军部，蒙蒂和我一起吃晚饭。他心情很不错，履职也很出色。

5月16日

忙碌的一天。参谋长会议议程排得满满的，会上我们集中评估了对德国火箭炸弹和无人飞机反制措施的效果。中午12点45分召开了最后一次帝国首脑会议，听取各个自治领总理的发言，见证最终文件的签署。你过来吃午饭，匆匆忙忙地去看了一下牙医，然后一起去苏联大使馆领受苏沃洛夫勋章。皇家海军上将托维和皇家空军少将哈里斯也被授予了勋章。古谢夫大使发表了简短的讲话，托维代表我们大家答谢。仪式结束后招待了伏特加和鱼子酱。

然后赶回陆军部，准备5点半内阁会议上的简要发言，自治领的总理们都要出席的。还好意大利的战报接连都是好消息。最后克里勒过来吃晚饭，聊了一个晚上过去炮兵的事儿。

5月17日

一早开参谋长例会，然后被首相叫去了。他还窝在床上，看起来明显很疲倦，昨天晚上和安东尼·艾登一直吃到凌晨3点钟！周一会上汉弗莱·盖尔和格雷厄姆汇报了一千名三等文员的安排，以及在登陆行动中需要为每五个人提供一辆卡车备用的情况，他正在为这些事操心。我花了三刻钟说服他放心，心中暗暗在骂汉弗莱·盖尔和格雷厄姆给我惹

---

① 迈尔斯·格雷厄姆（Miles William Arthur Peel Graham，1895—1976），英国陆军少将。——译者

麻烦！彭戈过来吃午饭。然后会见了澳大利亚报业巨头基思·默多克，接着和"混混"霍巴特谈他那些特种装甲车辆。最后和比德尔·史密斯、西班牙大使馆的卢纳公爵、伊万·科博尔德一起聚餐，大部分时间都在聊钓鱼。

5月18日

一天事情不断。先是开了一个长时间的参谋长会议，试图和作战参谋们一起商定一个最终的太平洋战略方案，以便提交给首相。尽管战略态势是相当清晰的，但这个问题还是困难重重，为指挥官个人因素、利益纷争、盟国内部猜疑等等因素所困扰。柯廷和麦克阿瑟立场坚定地站在一起，相互力挺不允许外部力量插手。温斯顿坚持必须给蒙巴顿分配一些作战任务，安德鲁·坎宁安却不肯让蒙巴顿控制东方舰队。美国人想把太平洋战争的所有荣耀光环都戴在自己头上，温斯顿也不想让我们拴在美国人的围裙带上！！我们驾的这条船到底该如何开才能绕过这重重障碍？

中午在多切斯特酒店和澳大利亚俱乐部的人吃饭，格洛斯特公爵、温斯顿、柯廷和布鲁斯都讲了话，但都讲的不太好。下午3点到4点，和首相、艾登、比德尔·史密斯、诸位参谋长一起开会，商定在登陆行动之前、事情仍然处在保密状态的情况下，如何应对戴高乐。艾登和过去一样倾向于怀柔政策，希望让戴高乐新组建的"共和国委员会"知道。回到办公室会见了美国记者，还和麦克莱恩一起会见了南斯拉夫的将领。然后又开了一次内阁会议，从晚上7点开到8点半！！最后约翰·肯尼迪夫妇来吃晚饭，还看了一些鸟类的书。

5月19日

感谢上帝，意大利的攻势进展顺利，古斯塔夫防线已经被突破，卡西诺山也拿下来了，现在要维持住意大利战场上部队的阵型，不用他们参加横渡海峡行动。不管怎么说，我们已经证明了马歇尔和美军的参谋长们都是错的，说什么不用等到我们发动进攻，意大利人就会退出战争，只需要留下六个师守住后方就可以了，留下再多也不会有仗可打！这样的撤退后面他们可能还会提出来，但我希望我们能够说服他们。

今天上午加拿大军的参谋长们参加了我们的会议，大家讨论了击败德国人之后，加拿大人在这场战争中还需要发挥什么作用。然后中午和梅纳茨哈根[①]一起吃饭，他很客气，给了我几本他自己不再打算收藏的鸟类书籍。我发现他真是一个很有意思的人。下午陆军委员会开会，然后过了一个安静的夜晚，对我来说实在难得！

在这天晚上的日记里我写到了马歇尔的立场，此前都没有提起过。他从地中海战区撤兵的其中一个理由就是，既然敌人已经开始从这个战线撤兵，只留下了殿后的部队，这样一来我们留在意大利的兵力就会显得多出来了。这是一个相当有说服力的理由，但他完全错了，因为没有把希特勒的想法考虑进去。希特勒是不会心甘情愿地从任何一条战线上撤退的，只有不断地给他施以沉重的决定性打击，才能彻底将其击败。第一次是斯大林格勒，让冯·保卢斯集团军九万人被俘，死伤无数；第二次是突尼斯，损失了二十五万人和很多装备、舰船和物资；第三次是第聂

[①] 理查德·梅纳茨哈根（Richard Henry Meinertzhagen，1878—1967），英国陆军上校，出色的情报军官、鸟类学家和狩猎专家，陆军中的传奇人物之一。梅纳茨哈根担任过英国鸟类学家俱乐部（British Ornithologists' Club）主席，1951 年获英国鸟类学会（British Ornithologists' Union）颁发的鸟类学领域最高荣誉之一的"戈德曼—萨尔文奖章"（Godman-Salvin Medal），他与著名鸟类学家恩斯特·迈尔（Ernst Mayr，1904—2005）是好朋友，还与丘吉尔等政要有着良好的私人关系。——译者

伯河①，他本来可以通过收缩战线以加强兵力储备的。后退不是希特勒的性格，他当然不会放弃意大利，除非被赶出去，而且他肯定会为之一战。因此，在说服马歇尔接受希特勒不会从意大利撤兵这一点上，我还是相当有把握的，除非我们自己打算保持守势并调整部署，以加强内线调动应对新出现的威胁。令人满意的是，亚历山大的攻势说明我的判断是正确的。

5月20日

亚历山大发来的意大利战报都是好消息。真是感谢上帝！在和美国人的整个争论过程中，我一直对意大利战役寄予厚望。我始终感觉我们机会难得，可以让德国人真正尝尝失败的滋味，就算动用一些横渡海峡行动的资源也是值得的。唯一的风险就是美国人有着自己的想法，打算在这个节骨眼上从意大利撤兵。他们差一点儿就推翻了我们的战略安排，现在真是感谢上帝，我们的原定战略有可能会实现完美收官！溜回家吃午饭。

5月21日

在家安静地过礼拜天。

5月22日

回来工作，参谋长会议上我们和澳大利亚人（布莱梅和他的海军、

---

① 第聂伯河会战：第二次世界大战中，苏军为解放第聂伯河左岸乌克兰、顿巴斯、基辅，夺取第聂伯河右岸各战略登陆场，于1943年8至12月进行的战略性进攻战役。苏军参战兵力为五个方面军，约两百六十三万人。德军参战兵力为五个集团军，约一百二十四万人。整个会战期间，苏军连续实施了顿巴斯进攻战役、第聂伯河空降战役、基辅进攻战役、基辅防御战役、梅利托波尔战役，重创了德军南方集团军群主力和中央集团军群一部，收复了重要的经济区，并在第聂伯河右岸夺取了若干登陆场，为解放全部白俄罗斯、右岸乌克兰、克里木，并把德军逐出苏联国境，创造了有利条件。——译者

空军将领)讨论了向澳大利亚派出考察团的事。布莱梅完全赞成，但这样温斯顿一定会指责我们在他背后、未经他同意而自作主张！晚上6点到8点内阁开了一个长会，结束了一天工作。然后和洛里·查林顿一起吃晚饭。

5月23日

和联合情报委员会开会，花了很长时间讨论法国的局势，为了反登陆，德国人增加了兵力。加起来有接近六十个师！

亚历山大从安齐奥桥头堡阵地发起的进攻今天早上开始了，一同展开的还有对利里河谷的攻势。我很担心他的桥头堡攻势有些操之过急了，根据目前他面对的阵势，可能无法取得最大战果。不过对此我还是让他自己拿主意。下午1点半从亨登起飞，途中吃了午饭，去牛津视察由我兼任荣誉上校的滑翔机飞行员团。他们是一批很棒的小伙子。他们搞了一场演示，在十四分钟里面二十架"汉萨"滑翔机全部飞上了天空，接着又在八分钟之内全部着陆！然后飞回伦敦，完成办公室的工作。

5月24日

一天安排得很满。参谋长会议时间很长，一直持续到午饭时分。然后参谋学院的杰克·柯林斯和查塔姆防区的"大象"高辰①过来吃午饭，吃好我赶去看牙医。回到陆军部观看了莱斯布里奇去太平洋考察拍摄的纪录片。片子拍得不错，对海洋作战条件的分析也很到位。然后驻西班牙大使塞缪尔·霍尔来了，给我介绍了那边的整体局势。接着赶去参加内阁会议，研究调动皇家空军人员去陆军部队的问题。首相让阿奇·辛克莱(空军部长)卸了担子，指定约翰·安德森组建一个委员会处理这件

---

① 阿瑟·亚历克·高辰（Arthur Alec Goschen，1880—1975），英国陆军少将，绰号"大象"。——译者

事情。

然后单独陪温斯顿吃晚饭。他对罗斯福总统提出为配合登陆行动而对德国人发表广播讲话的建议感到非常不安。我们还讨论了太平洋战略，我发现他的心情相当好。晚上10点钟，我们又和他开了一个参谋长会议，继续商量太平洋战略，以及"凤凰"的建设进度（具体看明天日记）。我想，我们终于把他转到以澳大利亚为基地的战略方案上来了，不用再提他的旧爱"苏门答腊岛"了！

5月25日

参谋长会议开得很长，和作战参谋们一起，还有莱瑟斯勋爵和亨利·波纳尔。然后匆匆吃了午饭，赶去朴次茅斯，有汽艇带我去怀特岛附近看"鲸鱼"——登陆用的新型码头。看起来非常棒。从那儿再去塞尔西角看"凤凰"，一种大型水泥潜水箱，用于建造人工港的防波堤。真是一件完美的工程作品。再从那里去了蒙蒂的司令部，一起吃了晚饭。我不得不提醒他，让他集中精力做好自己的工作，少管其他人的闲事。比如说，教亚历山大怎么打仗，教新西兰总理如何管教弗赖伯格，还有教陆军部该怎样搞到援兵！他和过去一样不当回事。然后他和我一起坐车回伦敦了。

刚刚接到消息，安齐奥桥头堡阵地和主战线打通连成一片了。真是感谢上帝！！

5月26日

意大利的攻势进展顺利，吸引了敌人的后备兵力，这正中我们下怀，为横渡海峡行动创造了有利条件。

今天又是满满的一天，上午10点半到11点半先开参谋长会。然后和首相、艾登、艾德礼、奥利弗·利特尔顿、莱瑟斯、柯廷、布莱梅，以及全体参谋长一起研究我们下一步的战略。会议一开头就不好，因为柯廷完全和麦克阿瑟穿一条裤子，担心我们会取代麦克阿瑟！故而他很不情愿让英军从澳大利亚发起作战行动。不过，我知道其他澳大利亚人不是这样的想法。随着会议进程还是出现了很大转机，最终我们达到了我们目前的所有目标。即，达尔文和弗里曼特尔两个地方将由我们建设成为未来的作战基地，我们总参谋处派出的代表也被允许和澳大利亚总参谋处一起工作。会议开到下午1点半。

然后和《每日电讯报》的马丁一起赶回家里吃午饭。午饭后和布莱梅会谈，取得很大进展。之后是刚刚回来的特德·莫里斯，他在德里担任参谋长，我听到了不少情况。再接着是华盛顿回来的诺布尔海军上将[1]，告诉我迪尔已显老态，也很累。然后和波纳尔进行了长谈，他刚刚从锡兰的蒙巴顿司令部回来，说迪基准备炒掉乔治·吉法德（第11集团军群司令）。对此我感到很遗憾。最后威克斯来了，让我回答首相写在便签纸上的一系列问题。

有关迪尔的消息越来越糟。自从上次他骑着阿奇·韦维尔的马去德里的路上发了疝气，做手术并引发了感染，他就没有真正恢复过来。同时他还一直受到贫血的困扰。每一次看到他，我的心都越来越难受。尽管这样，他还是继续在华盛顿发挥着最重要的作用。

迪基·蒙巴顿赶走吉法德，那是犯了个要命的错误。吉法德将会证明自己的价值，比接替他的奥利弗·利斯还要出色。

温斯顿有个习惯，喜欢给陆军部的几位参谋长写便条。我曾经指示他们，凡是收到这样的便条，准备的回复要经过我签字。所有的答复，都必须经过我审核，并由我本人签名。有一天他拦住我问："为什么我

---

[1] 珀西·诺布尔（Percy Noble，1880—1955），英国皇家海军上将。——译者

给陆军部总参谋处其他人写的便条，全都是你给的答复？"我告诉他，因为是我对总参谋处负责，所以我认为回答他的便条是自己的职责所在，我觉得他应该把便条都直接写给我。不过，即便他跳开逐级负责，他收到的答复依然会是我这里出去的！

5月27日

今天的参谋长会议议程排得很满，所有的事情都进展顺利。中午12点钟前回去过圣灵降临节①的周末和周一假期，一直盼着有机会休息两天，躲开这连轴转的战争担子。挑这副担子最难的就是，在你被怀疑和不安搞得焦头烂额的时候，还要假装出一副对胜利的信心满满！但一旦决定做出，也就不再犹豫，同时还需要让身边的人也坚定对胜利的信心。可是，受制于那些胡言乱语、爱发脾气的政客们，让一切都变得难上加难，因为他们对自己做出的决定都没有信心！

我再也不想过眼下这样的日子了。横渡海峡行动（D日）让我操碎了心。我祈求上帝能早日开始、早日结束！！

回家过周末。

5月28日

在家安静地过礼拜天。

5月29日

在家安静地过圣灵降临节周一假日。

---

① 圣灵降临节（Pentecost），基督教会规定每年复活节后第50日为"圣灵降临节"，又称"五旬节"（犹太人叫法）。圣灵降临节为复活节后第七个星期日，次日星期一放假。从宗教上说这个节日为期一周，但实际的公众假日则只有降灵节的星期一这一天。英国规定，每年降临节的假日为5月份最后一个星期一。法国此节一般放假两天。——译者

5月30日

参谋长会议时间很长。然后和你一起去艾默里家吃午饭。午餐后华盛顿来的库克和汉迪来了，商量美军参谋长来访的事。然后是内阁会议。温斯顿的情绪很差。尽管亚历山大的攻势取得了重大进展，但一句表扬他的话都没有，就是凭着主观偏见把他看成个麻烦，好像一点儿正事都办不成！我包不住火发了脾气。内阁会议一直开到晚上8点半。然后赶到西班牙大使馆和阿尔巴公爵吃晚饭。艾默里、农业大臣伍尔顿、郝德逊、温伯恩和比利时大使也都在。和过去一样，晚宴很丰盛，有一位男管家和三名穿制服的男仆伺候着。我已经很久没有看到过这样的场景了。

5月31日

参谋长会开得很长，波纳尔也出席了，会上我们想尽量把东南亚司令部、蒋介石、美国远程轰炸机司令部之间乱糟糟的关系理一理。整个情况是一团糟，必须要理一理了。蒙巴顿是相当不负责任的，只想和所有人都搞好关系，这根本就不管用！他必须直面现实，史迪威是没有这个本事像现在这样身兼三职的，这一点必须尽早给美国人说清楚（见1944年6月15日的日记）。而且我还担心，蒙巴顿本身就是一个不停给我们惹麻烦的根源，根本就不可能胜任一名最高司令官。

意大利传回来的战报还是非常好，我真希望亚历山大能够成功突破韦莱特里-瓦尔蒙托内防线[①]！

[①] 韦莱特里-瓦尔蒙托内（Vilitri-Valtone），据译者考证，原书中这个词组估计是现意大利的韦莱特里（Velletri）和瓦尔蒙托内（Valmontone），位于卡西诺山西北方向、安奇奥海滩东北方向的两个市镇。其中瓦尔蒙托内是德军防守重地，被称为古斯塔夫和希特勒防线的铰链，1944年5月底，美加第1特勤队第2团在附近的阿尔泰纳村与德国人进行了数日拉锯战。——译者

6月1日

我们开了个很长的参谋长会，讨论有关东南亚和太平洋战略的文件，准备提交给下周因为登陆行动来访的美军参谋长。起草这份文件可不容易，方向必须把握清楚，既要躲开温斯顿魂牵梦绕的苏门答腊，也不能招惹柯廷和麦克阿瑟这对串通好的搭档，麦克阿瑟喜欢出风头，金希望把所有的光环都戴在自己头上，要怎样才能搞个周全的方案！就像比赛一上场就分到个极差的站位！！上帝啊，这对打仗来说也太难了，在军事问题中还有扯不清的利益纷争和政治把戏！！

我们还讨论了希腊的未来，发现外交部的想法还是和过去一样不切实际，他们设想的未来政府完全不被当地人民接受，而且也根本没有足够的军队作为保障！！

我对我们这套打仗的路子真是烦透了，实在是令人绝望。

下午，和波纳尔开了很长的会，讨论缅甸那令人心碎的局势。我已经看到要大难临头了，但蒙巴顿却浑然不觉；波纳尔虽然足够明白，却懒得去道破危险；至于吉法德，我担心他恐怕没有那个眼光看清楚自己正走向何方。天哪！我真希望我们能够多一些站高望远的人。还是我自己太疲惫了，开始变得悲观沮丧了？如果真是这样，是时候让我离开眼下这个岗位了！

晚上和梅纳茨哈根、班纳曼、贝文、肯尼迪一起吃饭，对我来说真是非常好的放松。我们聊了鸟类研究和其他话题。梅纳茨哈根最有趣了。

6月2日

参谋长会上没有什么重要事项，但被安德鲁·坎宁安这可爱的老头儿拖延了，就为了争一个关于海军部与盟军最高司令部关系的用词是"协调"而不是"指挥"！！这真是几代人也说不清楚的话题。亚当过来吃午饭，晚上我们去看了新上映的电影，还带了琼·勒温一起去。电影是为"陆海空三军家属联合会"放的。

6月3日

处理完办公室工作，到公寓接上你，一起开车回费尔内街。

6月4日

横渡海峡行动（D日）本来定于4日夜、5日凌晨展开，但天气太糟糕了，风劲云低。因此行动不得不推迟，让人感到非常遗憾。我打算周日晚上赶回去，但行动推迟了，也就作罢。此时温斯顿已经登上了他的专列，正开往朴次茅斯地区，这个时候去添乱，一定是讨所有人的厌！

读过他《第二次世界大战回忆录》（第5卷第546页）的人应该会记得，那天晚上他想尽办法一定要登上一艘巡洋舰，说要参加行动。这个事情他一个字也没有给我提起过，如果知道了我也肯定不会赞成！感谢上帝，还好国王亲自出面阻止了他。

行动延迟带来的这段等候时间是折磨人的。我记得当时的感觉就像是准备上场参加一场激烈的比赛——但人却肚子空空，还不停地想打哈欠！

6月5日

一早离开家，前一天晚上已经收到战报，我们进入了罗马。温斯顿在礼拜天晚上回来了，心情差到了极点。他邀请参谋长们吃午饭，这个时候对我们来说是个烦心事。我发现他对横渡海峡行动的前景过于乐观了，想办法给他泼点儿冷水。对意大利的感觉也差不多，他现在认为亚历山大可以把整个德军部队全部扫地出门！

内阁会议时间很长，我们说明了戴高乐的情况，他从阿尔及尔被请回来以后，正变得越来越麻烦！现在他拒绝发表广播讲话，除非艾森豪威尔把自己的广播讲话稿改了！！我就知道他会生事的，曾强烈建议把他留在非洲，但安东尼·艾登坚持请他回来！

　　再过几个小时横渡海峡行动就要开始了，真是令人难以置信！对整个行动我感到非常不安。往好的地方想，但愿它不会让大多数人失望，因为大家对其中的困难是一无所知。往坏的地方想，这有可能是整个战争中最可怕的灾难。我祈求上帝能平安过关。

　　对整个作战计划的软肋，我是再清楚不过了。首先是天气，在这一点上我们完全是凭运气；一场突如其来的暴风雨可以让一切变成一场空。其次是这种大规模两栖作战的复杂性，一点儿意外可能在短时间内造成混乱。行动一旦展开，就非常难以掌控，后续部队几乎没有其他选择。如果有泄密发生，最起码的隐蔽性就不复存在了。坐观这样一场大仗，最令人揪心的问题之一，可能是你对各路参战将领知根知底的了解。对他们的各种缺点了解越多，你就越担心他们在大敌当前的情况下，是否真的能做到同仇敌忾。

　　要想真正体会这几个小时的煎熬，还必须考虑到此前三年的背景。那早期遇到的所有挫折，那突如其来的意外胜利，一步一步地从防御转向进攻，然后是地中海的一系列反攻，现在终于到了至关重要的最后一战，明天一早就要开始了。

6月6日

　　7点半之前，我开始收到第一批有关登陆行动的战报。空降作战是成功的，据报第一攻击波正在挺进，抵抗不太激烈，侧翼有炮兵开火，等等。

整个白天不停地有战报送进来。英军登陆的战线进展顺利，三个师都已上岸。在美军战线上，西侧登陆点是成功的，但东侧部队没能拿下全部预定阵地！他们现在提出要在我们西侧的海滩上登陆。可能也只好这样了，但一定要避免引起海滩上的混乱。

我们开了参谋长例会，联合情报委员会也参加了。中午和克什米尔王公吃饭，客人还有丘吉尔夫人、克兰伯恩夫人、西蒙勋爵和夫人、兰塞尔①，以及另外两个人。

下午开了遴选委员会会议，会见了结束德里军区参谋长任期回国的特德·莫里斯，还有刚刚结束疗伤康复的霍罗克斯，他非常盼望能再给他一个军。

有时候真的让人很难想象，伦敦这里一切都平静地按部就班，而不远的法国海岸却正在浴血奋战！

6月7日

登陆已经超过一天了。我对情况不是很满意。美国第5军似乎被阻滞住了。我们没有拿下足够的地盘，德军正在迅速集结。我祈求上帝保佑我们能在一个更宽的战线上展开。

下午会见了彭尼②，他即将返回意大利战场上的第1师。还有刚刚出去考察回来的诺里，他和达夫·库珀去了马达加斯加和叙利亚。然后贝图阿尔③将军来了，他是和戴高乐一起回来的。他没有给我什么压力。

---

① 阿兰·兰塞尔(Alan Lascelles，1887—1981)，昵称"汤米"，曾担任英国乔治五世国王到现任女王四位君主的私人秘书。——译者
② 威廉·彭尼(William Ronald Campbell Penney，1896—1964)，英国陆军少将。——译者
③ 埃米尔·贝图阿尔(Marie Émile Antoine Béthouart，1889—1982)，法国陆军上将，参加过一战。1934年8月任驻南斯拉夫武官。1944年8月任法国第1集团军参谋长，9月任法国第1军军长，参加了反攻欧洲的作战，是盟军中第一支打过多瑙河进入奥地利的部队。——译者

一个脸色灰白、愁容满面但很好讲话的人。不像戴高乐，总是为难人。巴兹尔过来吃晚饭，他这次回国是常规安排。

亚历山大发回来的消息依旧振奋人心，他正在全力向比萨-里米尼①防线挺进。我提醒他在推进过程中分兵兼顾一下安科纳②。

6月8日

7点半到中午12点我们开了参谋长例会，作战参谋们也参加了。然后我们去拜见温斯顿，商量未来的计划。他提出一个书面方案，从意大利抽调部队参加法国西海岸的作战，这也太操之过急了。我们必须先看看横渡海峡行动的进展情况，以及亚历山大攻势最后阶段的战果。无论如何我们都必须保持对意大利德军的攻势，把他们赶到比萨-里米尼一线。午饭后有几个会见，晚上7点钟去欧点影院看了新拍的陆军电影，接着和斯特拉思科纳男爵夫人一起吃晚饭。

6月9日

法国传回来的消息有好转。英国第30军和美国第5军现在已经会师了。不过我对战局并不完全满意，希望美军的战线也能够打通，好连成一个整体。

贝图阿尔，戴高乐的参谋长，过来想了解战场态势。据报莫尼从印

---

① 里米尼(Rimini)，意大利北部城市，位于今艾米利亚—罗马涅大区，濒亚得里亚海。古罗马时称阿里米努姆，为艾米利亚大道和弗拉米尼亚大道的交叉点。后相继属于拜占庭、伦巴第和法国人。公元12世纪成为独立社区后长期为教廷和王室的争夺目标。1334年后马拉泰斯塔家族成为该镇的伯爵，在此修建了城防工事和马拉泰塔神庙。1860年归属意大利王国。——译者

② 安科纳(Ancona)，意大利中部滨亚得里亚海的港市，马尔凯大区的首府和最大的港口，有通向希腊和克罗地亚的海运，有关它的历史至少能追溯到公元前5世纪，当时被流放的希腊人从锡拉库萨(西西里岛东南岸港市)至此定居。安科纳的名字来自古希腊语"肘"，估计是描述科内罗山突出到海里的地理形状，并因此形成了一个良好的天然港口。——译者

度回来了。乔治·克拉克①，威尔逊的行政主任，来汇报意大利和北非的局势。晚上 7 点半到尤斯顿火车站迎接马歇尔、金和阿诺德，他们是从华盛顿飞过来的。然后回到公寓，克里勒过来找我一起吃晚饭。我们聊得很开心，他就要随他的集团军司令部一道开赴法国前线了。遗憾的是，迪尔这次没能来，因为身体不好。

在这个时候我越发想念迪尔；过去三年迪尔和我的关系是如此之亲密，对我的战略考虑一直都是心有灵犀，战争已达最后决战之时，我真希望能有他和我在一起。

6 月 10 日

11 点半美军参谋长们过来与我们会面，待到下午 1 点半。我们对整个面上的战局进行了大致回顾。会谈还没有结束首相就打电话找我，称他打算下周一去蒙蒂那里视察，要求我陪他一起去，史末资也去。我们周日晚上乘火车出发，周一一早再换乘驱逐舰。下午溜回家过个短周末。

6 月 11 日

中午 12 点钟离开家里，中午在斯泰恩斯附近的斯坦韦尔公园陪美军参谋长们共进午餐。午餐后召开了联合参谋长会议，一直到下午 5 点半。决定意大利战役推进到亚平宁山脉②或比萨-里米尼防线后暂停，着手准

---

① 约翰·乔治·沃特斯·克拉克（John George Walters Clark，1892—1948），英国陆军中将。——译者
② 亚平宁山脉（Apennine Mountains），周围有狭窄滨海地带环绕的山脉，是意大利半岛的自然骨干，山脉呈巨弧形，从西北部靠近滨海阿尔卑斯山脉的卡迪波纳山口（Cadibona Pass）起，一直延伸至西西里岛西边埃加迪群岛（Egadi Islands），总长约 1 400 公里，宽度为 40 至 200 公里，总的走向为西北-东南。比萨-里米尼防线位于北段山脉的南侧。——译者

备在法国南部或比斯开湾①实施另一次两栖登陆行动，视届时的战局而定。回到公寓吃晚饭，现在出发去阿斯科特②搭乘首相的专列。

现在再听马歇尔解释德国人为什么在意大利中部拼死抵抗，真是很有意思！他似乎忘记了数月之前大家争论时我告诉他的那些理由，当时我就预言这一定会发生。不管怎么说，我实在不认为他有多少战略眼光！

现在我们终于给法国南部的登陆行动明确了战略定位。等我们推进到比萨-里米尼一线，意大利战场也就完成了将德军预备部队从法国北部吸引过来的使命。到时候再盘算法国南部的登陆行动，为北非的法军新开辟一条战线，从南部侧翼配合"霸王行动"。我对登陆比斯开湾不感兴趣。

6月12日

晚上10点15分离开公寓，开车去阿斯科特火车站搭乘首相专列。发现他和史末资、美军参谋长们刚刚吃好晚饭。大家按照正常时间上床睡觉，因为明天一早7点半就要离开火车，去换乘"凯尔文号"驱逐舰，8点钟准时离开朴次茅斯港。美国人已经另外组团先出发了。一路行程非常舒服，也很有意思。我们一路上看到登陆舰、扫雷艇、一段段漂浮着的防波堤（凤凰）正在被拖出来，还有部分人工港（鲸鱼）的组件，等等。头顶上不停地有飞机飞过，还有从法国飞回来的。上午大约11点钟我们抵达法国海岸，场面真是言语难以形容。海面上停满了大小规格

---

① 比斯开湾（Bay of Biscay），名字来自西班牙的比斯开省，是北大西洋东部的大海湾，在欧洲伊比利亚半岛和法国布列塔尼半岛之间，略呈三角形。南北长约550公里，东西宽400公里，面积22.3万平方公里。——译者
② 阿斯科特（Ascot），坐落在英格兰伯克郡东边的一个小镇，位于伦敦向西约25英里。——译者

不一的船只，一片忙碌的景象。我们经过一排排下锚的坦克登陆舰，最后来到代号"醋栗树"①的人工港，它是用一排船沉在半新月形的基座里建成的，可以抵挡来自海面上的冲击。在这里我们遇到了前来迎接的维安海军上将（地中海舰队的），带我们登上他的驳船，再换乘水陆两用车，载着我们直接开上岸，还一直开到了公路上。

自从在圣纳泽尔港被第二次赶出去，发现自己近四年之后重新回到法国，真是一个美妙的时刻。记忆的长河把我带回到那次绝望的穷途末路之旅，经过漫长的四年艰苦努力，最后我们终于成功地重回法国。

蒙蒂到海滩上迎接我们，带来了一队吉普车，大家坐进去，驶上了库尔瑟勒②-巴约③公路，距离后者大约一半路程。在那里我们找到蒙蒂的司令部，他在地图上给我们讲解了他的兵力部署和作战计划。一如既往的棒，思路清晰，简明扼要。然后我们和他共进午餐，我的思绪又飘回到四年之前，我在勒芒和拉瓦勒等着蒙蒂和他的第3师前来汇合。当

---

① 根据译者考证，此处估计是作者的笔误。作者日记中记载的人工港代号为"Gooseberry"，直译为"醋栗树"，但其实诺曼底登陆行动中的人工港代号为"桑树"（Mulberry）。第一个提出建造人工港的是蒙巴顿。他综合各种因素，提出在诺曼底建造一个人工港。这个人工港大小适中，能经得住一定的风浪，可在最初夺取登陆场后立即拖过海峡投入使用。他的建议被丘吉尔和艾森豪威尔采纳，于1944年1月着手建造。最后确定的方案是建立两个人工港，美、英登陆地段各建一个。美军负责"奥马哈"登陆场的"桑树A"人工港，英军负责"戈尔德"登陆场的"桑树B"人工港。浮动港口在登陆突击的当天开始安装，到第十天安装设置完毕并投入使用，使得海滩的卸载速度大大提高。但是在两周后，由于遭遇了40年来在6月份从未有过的7级大风暴，两个人工港被不同程度的损坏，后期作用不是很明显。后来，有人曾对"桑树"人工港的实际价值提出异议，认为它所消耗掉的钢铁和人力远远超过它本身的价值。负责建造人工港的英国坦南特将军的参谋长曾经说过，"桑树"在登陆中只有15%的价值。但艾森豪威尔的参谋长史密斯认为，就算只有15%，那也是具有决定意义的15%。在盟军登陆初期没有大港口的情况下，人工港对解决初期物资上陆、稳定军心、鼓舞士气起了不可忽视的作用。——译者
② 滨海库尔瑟勒（Courseulles-sur-Mer），法国卡尔瓦多斯省的一个市镇，属于卡昂区和滨海库尔瑟勒县，紧邻登陆地点之一的朱诺海滩（Juno Beach）。——译者
③ 巴约（Bayeux），法国卡尔瓦多斯省的一个市镇，也是该省的一个副省会，下辖巴约区。位于首府卡昂和卡兰坦之间，距离奥马哈海岸只有一步之遥。巴约建城于公元一世纪，原名 Augustodurum，罗马人征服高卢后所建。——译者

时我已经知道用不了多久我们就会被赶出法国,如果自己还没有战死或被抓了俘虏;而且当时如果有人告诉我,四年之后我就能和温斯顿、史末资一起回来,坐在这里和蒙蒂一起吃午饭,还指挥着一支新的反攻大军,我恐怕不会相信。

午餐后我们开车去了邓普西的司令部。我惊诧于这里的乡村几乎没有受到德国人占领和五年战争的任何影响。庄稼长得很好,地里完全没有杂草,牛、马、鸡等牲畜家禽也都长着足够的膘。(温斯顿和我一起坐在车里的时候,又开始用他那无人能学得会的腔调描述这眼前的景象。他说:"我们的身边环绕着肥牛,盘着蹄子,摆出性感的姿势!"这就是它们给人留下的印象。)法国人民似乎也并不乐于看到我们作为一个战胜国来解放法国。他们对现状相当知足,而我们又给这个国家带来了战争和荒凉。然后我们又回到了库尔瑟勒,看到德国人的轰炸机对港口实施了空袭,但没有造成什么损害。

我们重新登上维安海军上将的驳船,就沿着海岸线航行,观看正在进行的各种工作。我们看到坦克登陆舰正在往海滩卸下卡车、坦克、火炮等物资,耗费的时间却非常短。然后又去看了阿梅尔①以西正在准备建造的新港口。在那里我们看到有一些大型的"凤凰"构件被沉到预定地点,效率很高。还有"鲸鱼"构件正在拼接漂浮的码头,一切都进展迅速。近处是一艘配备了14英寸炮的浅水炮舰,正在朝着法国开火。温斯顿说他还从来没有登上过和敌人交战的军舰,坚持要上去。还好我们爬不上去,因为这个"节目"太冒险了。然后我们就回到了我们的驱逐舰,开到海滩的东头,那里有几艘军舰正在炮击德国人。温斯顿想亲自参与一下战争,一直盼着能报复一下。但德国人对我们的炮击却根本不

---

① 阿梅尔(Hamel),是法国上法兰西大区诺尔省的一个市镇,位于该省中部偏南,属于杜埃区。原文如此,但阿梅尔距离海岸线比较远,距离诺曼底登陆地区更加遥远,所以译者估计此处地名是作者的笔误。——译者

战争日记(1939—1945)　867

在意。于是我们在 6 点 15 分开始返回，9 点 15 分回到朴次茅斯，真是很有意思的一天。我们登上首相的专列，发现马歇尔和金已经回来了。大家在回伦敦的路上吃了晚饭，抵达时刚刚过凌晨 1 点，累成狗了，真想睡觉！

6月13日

昨天晚上德国人第一次发射了他们的无人飞机（V-1），但造成的损害很小。查韦尔和邓肯·桑兹来出席了参谋长会议，大家商讨需要采取的应对措施，并决定，绝不能因为防御措施影响到法国的战斗！11 点半的时候美军参谋长们来了，我们召开了联合参谋长会议，拟定了发给威尔逊和艾森豪威尔的命令。大家决定，意大利战役推进到亚平宁山脉后开始放缓进攻，着手准备调用三个师，投入到比斯开湾、地中海或亚得里亚海西部的两栖登陆作战行动。具体地点视战局发展而定。然后美军参谋长们和我们一起在萨沃伊酒店共进午餐。

下午 6 点钟内阁开会，讨论解除横渡海峡行动筹备阶段采取的一系列安全保密措施。

6月14日

非常忙碌的一天！！一开始开了一个时间又长、又很费劲的参谋长会议，联合情报委员会也参加了，一直到午饭时间。赶回去陪你和我们的小泰先生吃午饭，彭戈也在。但不得不匆匆忙忙赶回来，因为下午 2 点半还要和美军参谋长开会，一直开到 5 点钟。我们讨论了太平洋战略，他们赞成我们提出的以澳大利亚西北部为基地的作战方案，通过安汶岛[①]向婆罗

---

① 安汶岛（Ambon），亦名"安波那"（Amboina），印度尼西亚马鲁古群岛南部小岛。位于班达海北岸，塞兰岛西南头。主要城市和海港是安汶，是马鲁古省的首府，重要的军港和商港。——译者

洲进攻。

赶回陆军部完成办公室的工作，然后去唐宁街10号参加首相招待的晚宴，出席的人有国王、艾德礼、兰塞尔、马歇尔、金、阿诺德、坎宁安、波特尔、伊斯梅和我。我觉得国王始终都很开心，一直待到凌晨1点45分！！！温斯顿发表了一次时间比较长的演说，称登陆法国的部队里塞满了"牙医的手术椅和基督教青年会的规章制度，而不是刺刀"。他说我们需要的是真正的战士，而不是一群乌合之众。我们和他争论，称战士离开了食物、弹药和汽油也没有用。这完全是对现代战争概念的曲解。

6月15日

又是忙碌的一天。10点半和作战参谋们一起开参谋长会，讨论兵力短缺的问题。然后11点半新西兰总理弗雷泽先生过来商量将来如何使用新西兰部队。他浪费三刻钟时间说了五分钟就能搞定的事情。不管怎么说，他还是全力支持我们从澳大利亚北部发起的攻势。

午餐后还是英美联合参谋长会议，这次讨论缅甸问题。只要听了马歇尔的陈述，你就很清楚地知道，他到现在还没有真正把握住缅甸战役的要领！会后我找了他，讲了目前史迪威的问题，一个人根本不可能同时身兼三职，史迪威眼下担着三个不同的职务，分别是：东南亚盟军司令部副总司令、中国驻印军司令，还有蒋介石的参谋长！马歇尔发了脾气，说史迪威是"斗士"，这就是他派史迪威去那里的原因，我们虽然有的是指挥官，但都没有真正的战斗精神！比如吉法德、皮尔斯和萨默维尔，和他比起来都是软弱无能，等等。我发现和马歇尔争这个问题根本就没用。

最初是马歇尔求我们接纳史迪威这个疯子的，算是帮他的忙，显然他找不到更合适的人来填补这个空缺。所以我觉得请他结束这样的安排是相当公平的，因为事实证明他就是不合适。我绝对没有想到马歇尔会发这么大的火，还指责我们的指挥官缺少战斗精神，尤其是一点儿都不反思一下他自己，以及他基于史迪威的汇报而形成的观点。我也被他的态度激怒了，不得不终止了谈话，免得自己也冲他发火，难免有损于我们之间的关系。

出去和伯利一家吃晚饭，然后回到家里写日记，正写着的时候一连串无人飞机打了过来。这是我们遭到的第二次袭击了。蒙蒂可能会遭到更加严厉的批评，以及一连串的猛烈抨击，不过到目前为止他都扛住了。

6月16日

皇家海军和皇家空军的参谋长都没出席参谋长会议，已经出发去法国了。主要议题是无人飞机，这东西对我们国家的袭击最终还是开始了。11点45分参加内阁会议，讨论的是同一个话题。下午5点钟首相又召集了一次参谋班子的会议，出席的有特德、从斯坦莫尔过来的希尔、大不列颠防空司令部的派尔，三军的参谋长。还是一样，没有达成什么真正有价值的决定。在我看来，事情是很清楚的，必须把握住三点：

a. 对"霸王行动"登陆地区之外的、可能被用作发射地点的地区发动攻击

b. 在伦敦以南构建战斗机、火炮和气球组成的拦截屏障

c. 在伦敦不能听到警报声和爆炸声

我希望我们最终能够实现，但还需要时间。

晚上和你一起陪班纳曼在赫林汉姆俱乐部吃饭，鲍迪伦一家也在。一个美好的夜晚。

6月17日

我早早结束了参谋长例会,然后去接上你和玛丽(贝妮塔的妹妹),我们一起开车回哈特利温特尼。一个晚上都很吵,拦截飞向伦敦的无人飞机的防空炮火响个不停。

6月18日

在家,平静的一天。

6月19日

早上到了才发现,无人飞机在星期天礼拜仪式的时候击中了卫兵教堂和威灵顿兵营,死了大约六十个人!!其中有伊万·科博尔德,真是令我痛心不已!在我的写字桌上还有一封他星期六写给我的信,说他正和卢纳公爵在凯恩顿钓鱼,请我本周一起吃中饭!这对我来说真是太难以接受了,脑海中都是他和可怜的布兰奇的身影。亨格福德桥也被击中了,陆军部的大部分窗户玻璃又一次被炸飞了。

法国传回来的消息是好的,瑟堡半岛已经被美国人切断了。

下午5点和首相开会,大不列颠防空司令部的人大部分都参加了,商量如何对付无人飞机,从现在起它被叫作飞弹了。之后又开了很长的内阁会议,会上温斯顿的情绪非常好,感觉像是年轻了十岁,原因就是飞弹又一次把我们大家都推上了前线!!我们要想办法阻止它们,找到一些有效的反制措施,否则它们将来会很麻烦。

伊万·科博尔德的死对我是个沉重打击。我们在凯恩顿待过好多个礼拜,和他很熟,我也越来越喜欢他。他和布兰奇对我都很亲切。我觉得,这个噩耗来的时间没有更糟糕的了,恰恰就在我从吸墨水板上拿起伊万的信的时候,布莱恩·博伊尔告诉了我他的死讯。他本周一起吃午饭的邀请让我一下子哽咽在喉。

6月20日

参谋长会议上大家认真研究了飞行火箭的问题。我们在伦敦以南部署了一道防空火炮阵地，后面是防空气球，再前面是战斗机。我认为我们应该能够强化一些防御。瑟堡的战斗进展顺利。下午不得不通知劳伦斯·卡尔，他的服役期要结束了，我和他交情不浅，很不愿意做这样的事。然后会见了西德尼·克莱夫，他刚刚接手"联合杰克俱乐部"，这是他眼下的头等大事！最后和老洛里一起吃晚饭，他身体很棒。

6月21日

我们在参谋长会议上讨论了各种问题，包括蒙巴顿和萨默维尔在指挥权问题上发生的小矛盾。发生这种指挥权上的问题，真是让人感到小儿科，太令人意外了。

昨夜一大批飞弹来袭。全被我赶上了，当时我刚刚从骑士俱乐部和洛里·查林顿吃饭回来，回到国会山大概二十分钟。午饭之后，下午2点45分和首相、史末资开会。首相希望史末资给我们谈谈他对意大利战场推进到比萨-里米尼一线之后的考虑。到底是继续意大利的攻势，这是亚历山大求之不得的，还是在法国再投放另一支远征军？不过，他还是喜欢进军维也纳的想法，认为这比从意大利抽调部队和在加来最窄处①实施第二次横渡海峡行动都要好。他显然没有注意到，这个国家的港口接纳能力已经无法支撑起另外一次远征军登陆，而且也找不到船，即使这两条都能克服，时间也太晚了，气象条件就不合适了。然后温斯顿，肯定是午饭吃得太饱了，喋喋不休讲了三刻钟，扯了一堆不相干的

---

① 英吉利海峡中最狭窄的临多夫-加来海峡只有34公里宽，离加来最近的英国城市是多佛尔，加来与多佛尔是法国与英国最近的渡口。——译者

想法，一点儿军事价值都没有。只好强忍着坐在那里。我们一直被留到下午 4 点 45 分。

然后回到陆军部，又是一件为难人的活儿，告诉马特尔他的服役期满了。后面是一系列的会见，直到晚上 8 点钟。

刚坐下来吃晚饭，首相打电话叫我过去见他、艾登和麦克米伦，商量意大利的作战计划！我知道肯定又是浪费时间，找个理由请假了。改成明天晚上碰头。

6 月 22 日

威尔逊的参谋长甘默尔出席了我们的参谋长会议，还有作战参谋们，大家一起审阅了亚历山大进军维也纳的野心方案，以及其他的可能选项。他提出的建议根本不切实际，就是推进太快之后被冲昏了头脑！

午饭后会见了华盛顿回来的赛克斯①，还有刚刚从意大利战场回来的新西兰军参谋长帕蒂克，现在准备回国了。和他商量了新西兰部队的下一步安排，还好他们同意眼下暂不调整。这会儿准备前去参加首相召集的、烦人的深夜 10 点半会议。艾登和麦克米伦也会出席。说是要商量有关意大利的战略考虑，不过我知道和平时一样是没有用的闲扯淡！

6 月 23 日

听着温斯顿的满嘴疯话，我们昨天过了一个漫长而痛苦的夜晚！在讨论战略性问题时，我很少看到他像这样乱开无轨电车。他叫艾登和麦克米伦过去，我认为是想说服他们。总体而言，他支持亚历山大进军维也纳的考虑。我指出来，就算根据亚历山大自己的乐观估计，推进到比萨-里米尼一线也要到九月份以后了。也就意味着，我们要在冬季发起

---

① 阿瑟·克利夫顿·赛克斯(Arthur Clifton Sykes, 1891—1967)，英国陆军准将。——译者

一场穿越阿尔卑斯山脉的战役！真是很难让他搞明白，如果加上今年酷寒的天气，还有那边崎岖的地形，我们要对付的就将是三个敌人而不是一个。我们被留到接近凌晨 1 点钟，什么意见也没有达成。等到我准备上床的时候，飞弹像下雨一样连着打了两个小时。下半夜的最后一段还被一个早早打过来的电话给搅了。

夺取瑟堡的战斗①进展相当迟缓，亚历山大的推进速度也慢下来了。中午和亚当在卡尔顿烤肉店吃饭。下午新西兰总理弗雷泽过来道别。

6 月 24 日

班纳曼过来找我吃午饭，然后我们一起开车去坎伯利拜访乔治·洛奇，看了他的画作。他正在忙着为班纳曼写的一本有关英国鸟类的新书配插图。我们翻看了他画的全部作品，最后我买了一副游隼的画。晚饭后温斯顿叫我过去，告诉我他草拟了一份继续展开意大利北部战役的新方案。他对此真是起劲啊！

6 月 25 日

在家休息，除了接温斯顿一个很长时间的电话，还是讨论我们意大利的未来战略，称不允许抽调亚历山大打赢这场仗所需的部队！为了等温斯顿的新方案，不得不坐到凌晨 12 点半！

6 月 26 日

9 点 15 分回到陆军部。尽管昨天晚上通讯兵已经送到家里来处理了

---

① 瑟堡攻克战，1944 年 6 月 6 日，盟军在诺曼底实施登陆，很快建立了登陆场。从 6 月中旬起，登陆盟军向外进攻，扩大登陆场，并于 6 月 21 日包围了瑟堡，经过战斗，美军第 7 军于 6 月 26 日占领法国瑟堡除码头区外的市区，歼灭德军 2.1 万人，俘虏德军瑟堡守军司令卡尔·威廉·冯·施利本中将。6 月 27 日，美军全部占领瑟堡。——译者

一批，办公室里还是摊了一堆的电报和材料。参谋长会议上我们草拟了回复美军参谋长的电文，还研究了首相提出的方案。我们又一次回到那个老问题上了，就是不允许抽调亚历山大的部队用于法国南部的登陆行动！！亚历山大越是坚持提进军维也纳，我们和美国人之间的麻烦就越大。我们大家一起去陪温斯顿吃午饭，席间继续谈了相关问题。然后 6 点钟又和他开了一个会，一直到晚上 8 点，审核通过了我们答复美国人的电报。现在电报虽然发出去了，但一定会把我们的美国朋友惹毛的。

6月27日

真是一个烦人的夜晚，从午夜到凌晨 3 点钟，一连串飞弹打个不停。一枚接着一枚，把我折腾得索性下了床，强忍着满腔怒火！

今天的参谋长会议时间比较长，和查韦尔勋爵、邓肯·桑兹一起商量如何对付这些飞弹。飞行火箭带着 5 吨重①的弹头，带来的威胁是实打实的。午饭后安排会见，先是准备回意大利的甘默尔，接着是爱尔兰回来的阿兰·坎宁安，他认为那里的驻军现在可以裁撤了。他是对的，我要给他再找个新岗位了。

内阁会议从下午 6 点开始，一直开到晚上 9 点钟！！温斯顿关于战略问题的讲话一个接一个。最后是赫伯特·莫里森发言，都快哭出来了，真是个没胆儿的家伙！飞弹把他吓晕了，说在老百姓当中也造成了恐慌！经过了五年的战争，我们不能再让他们承受这样的压力，等等，等等！！他根本就不管我们会不会输掉这场战争，只要能把飞弹拦住！不过，温斯顿肯定不会听他的。

---

① 此处的弹头重量应该是英军在遭到飞弹袭击初期的推测。实际数据是，V-1 导弹重 2.2 吨，导弹长 7.6 米，弹径 0.82 米，翼展 5.3 米，动力装置为空气喷气发动机，飞行速度每小时 550 至 600 公里，飞行高度 2 000 米，射程为 370 公里，战斗部装药 700 公斤。V-2 导弹全长 14 米，重 13 吨，直径 1.65 米，最大射程 320 公里，射高 96 公里，战斗部装药 800 公斤，由液体火箭发动机推动。——译者

赫伯特·莫里森的表现实在太差劲了，他反复强调，伦敦的老百姓在经过了五年战争之后，不能再承受这样的压力了。他建议我们改变在法国的战略部署，唯一的目标就是要把法国北部海岸肃清。这是在装可怜，根本就看不出伦敦人民有什么挺不住了，如果真有什么要告诉他们的，那就告诉他们说，历史第一次给了他们与自己在法国浴血奋战的儿子们一起共患难的机会，打到伦敦来的飞弹就不可能再打到他们头上了。还好温斯顿很快就把他对付过去了。

6月28日

上午美国人的回电到了，言语真是粗鲁！！他们依然坚持实施在法国南部登陆的"铁砧行动"，而且希望尽早。他们列举了一系列讲不通的理由。还说我们在地中海战役中已经赢得了战果，忘记了他们自己此前一直在反对，却说我们胜利的原因要归功于希特勒决心为意大利南部而战的失误。他们就是健忘，这明明是此前我们一直在提醒他们肯定会发生的！！现在，拜我们神奇的密码破译能力所赐，显示希特勒非常看重意大利北部地区，他命令守住比萨-里米尼以南的防线，目前这条防线正在加固！凯塞林的集团军现在变成了政治因素插手军事作战的牺牲品；不利用好这个机会简直是傻瓜，会延迟战争的结束。我们用一天的大部分时间来起草回复美国人的电报，鉴于眼下摆在我们面前的机会，不同意为了法国南部的登陆行动而从意大利抽调部队。温斯顿也发了份电报给罗斯福总统，支持我们回复的意见。

与此同时战局进展顺利。瑟堡已经拿下来了，对卡昂①的攻势开局

---

① 卡昂（Caen），法国西北部城市，位于诺曼底大区中西部，是卡尔瓦多斯省的省会和政治、经济、文化中心，城中有奥恩河流过。1944年6月6日，盟军在诺曼底实施登陆后，英军第2集团军为协助美军在圣洛地区施行突破，将德军装甲部队牵制在卡昂地区，而集中10个步兵师、3个装甲师、1个空降师和6个装甲旅，（转下页）

良好，苏联人的攻势也取得巨大成功，英帕尔-科希马公路又重新打开了①!!

　　这是美国人在驾驭战争上缺乏灵活性的又一个例证。此时我们已经截听了希特勒发给凯塞林的所有重要电报，命令他在亚平宁山脉以南加强抵抗，同时进一步加固比萨-里米尼防线。毫无疑问，我们在意大利战场上面对的德军将会撤退。以我看来，在眼下这个节骨眼上，最重要的事情就是要把他们拖住，防止他们从意大利抽调部队去法国北部。而且我们已经把部队部署在那里了，做好了战斗准备，继续发挥好他们的作用，肯定比抽出一部分去准备法国南部那还没有定论的登陆行动要更加合理。考虑到两栖作战的风险，能不能成功也是未知数。

6月29日

　　为了支持我们给美军参谋长的回电，首相本人也发了一封电报给罗斯福总统，如果总统回复了，首相就必须再回一封!!! 我们与自己的美

(接上页)共1 350辆坦克，对卡昂地区的6个步兵师、7个装甲师，共配备670辆坦克的德军展开了猛烈进攻。自6月10日至15日，英军向卡昂城包围进军。6月25日至29日，英军第8军在击退德军装甲部队后，切断了卡昂—法莱斯公路。7月7日，英军发动对卡昂城的攻击，至7月10日，英军攻占了卡昂城。英军的战斗有力配合了美军对圣洛的进攻，至7月18日，美军占领圣洛。至7月24日，盟军在西欧大陆建立了自卡昂，经科蒙、圣洛直至莱赛的稳固战线，建立了正面150公里、纵深13至35公里的战略登陆场。至此，诺曼底登陆战役第一阶段胜利结束。——译者

① 此处是指1944年3月至7月的英帕尔战役。1944年3月8日，日本缅甸方面军发动英帕尔战役（"乌"号作战），企图占领英帕尔和科希马等要地，威胁盟军重要补给基地迪马布尔，并切断中印公路，改善其在缅甸的防御态势。西方和日本军史学家评价这是日本历史上在陆战中遭到最惨重失败的一次战役，日军在发动进攻时约有10万人，结果有53 000多人在战斗中死亡或失踪，并且败退回原来进攻的出发地。英帕尔会战后，作为日军驻缅方面军主力部队的第15军，已不再具有一个战役兵团的战斗力了。盟军在印缅战场从此转入了总进攻的战略阶段。——译者

国盟友据理力争,但坦率地讲,我很怀疑能有个什么结果!

晚上6点钟我去骑士俱乐部接上洛里,又去了邱园①。那真是一个宁静而怡人的去处,感觉正是我梦寐以求的地方。工作、烦恼、困难、争论,等等,等等,把日子搅得一团糟。邱园让我通过自然与上帝心灵相通,让一切复归宁静。有好几回,当我感觉自己多一天也熬不下去的时候,就会来这里。和自然的亲近,有奇妙的效果。

今天你来了,我们在萨沃伊酒店和菲罗兹·汗·努恩先生共进午餐,不是很有劲的一餐。

6月30日

罗斯福总统的回电晚上到了。内容真有意思,你不看到最后一段,根本就看不懂想表达的观点是什么。然后你会发现,鉴于即将展开的总统大选,不考虑一些新的作战行动是不可能的。现在的局势还是充满了困难,美国人无论在陆地、空中还是海上都开始占据主要力量。因此他们认为,他们理所应当可以决定如何使用他们的部队。我们应当参与法国南部的登陆行动,但我不明白这为什么一定要抽调亚历山大用于击溃凯塞林的兵力。这会儿准备出发去参加温斯顿晚上10点钟召开的会议,争取形成一个最终意见。他已经要求"风帆号"和"约克号"专机待命,所以我们可能要往华盛顿飞一趟,但我怀疑是否有必要。我想温斯顿应该会认识到,再争也不会有什么结果的。还好亚历山大和温斯顿还没有提出他们那进军维也纳的疯狂计划。这会让我们与美国人之间不可

---

① 邱园(Kew Gardens),正式名称为皇家植物园(Royal Botanic Gardens),是世界上著名的植物园之一,植物分类学研究中心。邱园的历史可追溯到1759年,原本是英王乔治三世的皇太后奥格斯汀的私人植物园,起初只有3.6公顷。到1840年,邱园被移交给国家管理,并逐步对公众开放。以后经皇家三次捐赠,到1904年,邱园的规模达到了121公顷。邱园拥有世界上已知植物的1/8,将近5万种植物,收藏种类之丰,堪称世界之最。——译者

能达成一致意见。

午饭后去参加了伊万·科博尔德的葬礼。我不记得还有什么葬礼比这一次更难受，我非常怀念他。

晚些时候：

刚刚开完温斯顿的会回来。一开始我觉得他可能会找我们的麻烦，他看上去好像要和罗斯福总统斗下去。不过最后，我们让他知道了我们的立场，就是："好吧，假如您坚持要犯一次混，大家就一起豁出去了，我们陪着您一起，看看最后谁更混！"我们留下温斯顿和"巴哥犬"起草电报，我们等到明天看，上午11点钟和他一起讨论。

7月1日

10点半开参谋长会议，讨论首相起草的给罗斯福总统的电报，准备接受他们实施"铁砧行动"的决定。这不是他起草的最好的电文，但也算恰如其分。上午11点我们和首相碰了面，告诉他做了些许修改的地方。他心情不错，很容易都通过了。然后处理完办公室的工作，赶紧回家。

7月2日

雨天，但和你在家里很开心。总统回电报了，表示同意，要求给威尔逊下命令。昨天还给亚历山大拍了封电报，让他回国。

7月3日

美国人开始向瑟堡以南发起进攻。飞弹的威胁变得愈加严重，如果应对不当，或许会对我们的战争能力造成负面影响。中午和印度事务高级专员一起吃饭，他是来向克什米尔王公辞行的。然后5点半参加内阁会议，时间长得破了纪录，一直开到晚上9点15分!!!温斯顿的心情比较低落，一开始浪费了不少时间，等我们开始讨论飞弹的议题时，时间又不够了。赫伯特·莫里森还是老样子，描绘出一幅伦敦士气低落的阴晦画面，相当危言耸听。不过，现实的威胁有助于达成共识，有必要采取更多的果断措施了。

7月4日

参谋长会议时间很长，邓肯·桑兹和查韦尔都出席了，大家讨论了应对飞弹的各种措施。战斗机被证明飞得还不够快，防空火炮也打不到它们，气球有可能被割断拖线，大部分弹着点都不值得轰炸，等等，等等。事实上，会议开得相当沉闷，我很不满意。

亚历山大一大早就来了，我找他谈了两次。我告诉他，我感觉他已经错失了在凯塞林撤回到比萨-里米尼防线之前就将其击溃的机会，还有奥利弗·利斯的第8集团军也没有发挥好作用，依然拖在美军和法军的后面！恐怕亚历山大不太爱听这些，但是我认为很有必要把他的双脚拉回到地面上来，好好面对现实，而不是做着进军维也纳的春秋大梦。

下午6点半首相叫我过去。他心情不好，报复欲膨胀，还在想着和罗斯福总统一辩高下，准备着大吵一架！他已经草拟了一份恶言冷语的电报，我只盼着能说服他不要发出去！

7月5日

今天大家都很兴奋，为了温斯顿关于飞弹的演讲做准备。我们不得不考虑对德国小城镇进行报复的可能性，以示威慑。我个人对此是坚决反对的。德国人完全清楚，目前我们动用了近50%的空中力量来对付这些讨厌的飞弹，而且飞弹袭击还导致伦敦的工业生产下降25%！德国人不会轻易放弃这一招的好处。不过我还是担心，温斯顿的报复天性可能会驱使他寻求复仇。我希望我们能够阻止他！

7月6日

上午我开车去了坎伯利，就世界局势为参谋学院做了一场讲座。然后和你一起吃午饭，再开车回伦敦，回来大概3点半了。一个下午都在忙办公室的工作，亚历山大和哈丁来坐了很长时间，商量如何部署他们下一步攻势所需的部队。

晚上10点钟我们又和温斯顿开了一次剑拔弩张的会，一直搞到凌晨2点钟！！这是我们曾经和他一起开的最糟糕的会。在议会发表了有关飞弹的演说之后，其实他已经非常累了，又喝了点儿酒试图恢复活力。结果情绪越搞越差，还有些醉态，逮着谁骂谁，看见谁都可疑，对美国人也充满着报复心理。事实上，在如此强的报复心态下，他有关战略问题的总体看法都是扭曲的。我开始和他激烈的争吵。他指责蒙蒂推进速度不够快，显然是艾森豪威尔告状说蒙蒂过分谨慎。我大发脾气，问他能不能相信一次自己手下的将领，哪怕五分钟也好，而不是一味地指责他们、贬低他们。他说他从来没有这样过。然后我提醒他，在前两次周一内阁会议上，在一大帮子部长们面前，他把亚历山大骂的体无完肤，说他在数次进攻卡西诺山的作战中缺乏想象力和领导力。他冲我大发雷霆，但我觉得这样顶一下可能对将来有好处。

然后他提出来一连串半生不熟的建议，比如在埃及组建地方军，以增加兵力应对来自中东的威胁。一直到了后半夜才开始讨论我们原本拟定的议题，即远东地区的战事！我们又开始反驳他此前已经反复提出过的论调。艾德礼、艾登和利特尔顿都在那里，还好他们最终都站在我们这边儿反对他。这让他火气更大，讲话也越来越粗鲁。让我们走运的是，最后他把火气都撒在艾德礼身上了，关于印度的未来走向问题，两个人着实大吵了一架！差不多凌晨 2 点钟，我们才从烟雾腾腾的会议室里出来，整个晚上一无所获，白白搭上了我们的涵养和美梦！！

我对那个恐怖的夜晚记忆犹新，就像是昨天。温斯顿已经有好几次在内阁会议上当着全体阁臣的面，大骂亚历山大的脑子不好用，惹得我强压住满肚子火气。尽管我已经给他解释过，那边整个前线都是隆起的山地，作战艰难，但他还是不停地批评亚历山大的作战计划，骂他缺乏主见，死脑筋不转弯，伤亡累累却毫无战果，没有眼光，反正是一堆缺点。因为大部分阁臣都不了解情况，都把他的话当作真理，他们的意见足以改变亚历山大的命运。那天晚上，这一套又用到蒙蒂身上去了，尽管那里只有三位内阁大臣，我还是忍不住了。我觉得最让我光火的是，对蒙蒂在如此困难的两栖作战行动中掌控地面部队的出色表现，竟然连一个字的表扬或感谢都没有！又开始了一连串的指责。我也发脾气了，于是引发了一场我们还没遇到过的最猛烈的电闪雷鸣！他被彻底激怒了，整个晚上都把下巴往外杵着，瞪着我，因为我顶撞他、嫌他贬低自己手下将领而愤愤不平。

有一会儿他转向艾登问，这样说他有根据吗。我很高兴艾登同意我的看法，说他觉得总参谋长担心的是，温斯顿在内阁会议上对将领们的评价，可能被一些内阁大臣误解，而他们又不完全了解真实情况。这并没有让温斯顿消多少气，电闪雷鸣仍在继续，对我来说，还好最后是倒霉的艾德礼兜了底。

7月7日

10 点钟开始参谋长会议，以便赶在 11 点参加内阁会议，会上亚历山大汇报了意大利战役的情况。他表现很不错。中午和葡萄牙大使一起吃饭，很高兴发现也是位鸟类研究爱好者，让我们之间的交流变得很轻松。

7月8日

与过去周六的会议相比，今天的参谋长会时间要长得多。完成工作后开车带亚历山大去了弗吉尼亚湖，让我们有机会好好聊聊。他是那种最容易相处的人，但我担心他的心思过于简单，对政治家的想法完全没有概念！我担心麦克米伦把他完全当傻瓜耍，他喜欢自己的同事，很容易相信别人的话。虽然他也很虔诚地阅读《英国国会议事录》，保持"政治观念"与时俱进，但恐怕他从来都没有真正理解过政治的含义。他真是应了那句话，"军人一定不要有政治头脑"；但为什么这句话不能倒过来说呢？好像"政客一定不要有军事头脑"也是挺有道理的。

7月9日

下雨了，在家安静地过礼拜天。收到消息蒙蒂拿下了卡昂。

7月10日

参谋长会议还是主要讨论飞弹的议题。还有土耳其参战的可能性①。参谋学院退休院长柯林斯过来找我吃午饭。5点半参加内阁会议，首相今天心情不错。这会儿又等着开那讨厌的"深夜10点半会议"!! 我只

---

① 二战爆发后，时任土耳其总统穆斯塔法·伊诺努分析了土耳其的艰难处境，认为弱小的土耳其没有实力也没有必要参加这场战争，只有在各大集团中保持中立才符合自己的利益。1939年他和英法签订了互助条约；当法国战败后又与德国签订了互不侵犯条约。在德国横扫巴尔干时置身事外。美国参战后，丘吉尔醉心于地中海战略，1943年安排伊诺努和罗斯福会谈，打算让土耳其出兵50万反德，但伊诺努还是认为条件不成熟。直到德国败局已定，土耳其才于1945年2月对德宣战。——译者

希望这次不会再冲他发脾气。

晚些时候：

凌晨 1 点钟，我们刚刚开完会。他心情很高兴。我们就像绕着团花乱飞的群蜂，但为了多采一些花蜜，从不在一朵花上停留过长时间。议程虽然都走完了，但整个晚上一无所获。不过他对美国人的抱怨心小了一些，人也好说话多了。就是完全都在浪费时间！他不了解战局，对部队的部署及其战斗力都是凭空想象。纯粹是个业余战略家，总是纠缠于细枝末节，一叶障目，不见森林。

7 月 11 日

我们开了个很长的参谋长会，查韦尔勋爵和邓肯·桑兹也出席了，商量对付飞弹和火箭的事。防御措施虽然进展较慢，但取得了稳定的进步。你过来吃午饭，我们第一次一起看到了飞弹来袭。下午哈利法克斯来找我聊聊，花差不多一个小时讨论了华盛顿的背景情况、美军的参谋长们，还有迪尔的病情等等。他人很好，很热心。晚上去骑士俱乐部接上洛里·查林顿，和他去了邱园，最后一起吃晚饭。

7 月 12 日

上午是参谋长例会，这次研究了停战后对德占领的部分问题。德国将被划分成三个区，东区、西北区和西南区。俄国人占东区，但在其余两个区的分配上我们和美国人之间存在不同意见。

关于德国占领区分配的主要分歧是，我们希望拿下西北区，这个区的港口都朝着英国。美国人也想要这个区，我们花了点儿时间才搞清楚，美国人之所以这样选，是因为罗斯福总统不希望美国占领军的运输补给线通过戴高乐控制的法国。我们解决了这个问题，答应美国人的运输补给线路将通过西北区。

彭戈过来吃午饭，下午看了有关非洲战事的电影，晚上和约翰·肯尼迪一起吃饭。可怜的班纳曼也来了，他在南肯辛顿博物馆①里三天之内被Ｖ-1飞弹炸了两次，颇受惊吓！老头儿现在准备去康沃尔休假住段日子。他肯定是钻到了自己的橡木桌子下面，才没有被炸成碎片的。

7月13日

在我们上午的参谋长会议上，主要讨论了两个议题，一个是如何攻占太平洋上的安汶岛，二是如何对外交部的希腊政策提供军事支持。前者是我们明天和首相就太平洋战略开会要研究的内容，后者是我们打算对外交部的疯狂计划和他们那讨厌的驻希腊大使利珀先生提出保留意见！在我看来，他们的计划就是准备强加给希腊人一个政府，并用武力支撑它。我能预见到，我们很快就会背上一个沉重的军事包袱。

中午设宴招待了约翰·安德森和林利斯戈侯爵一家，你和戴安娜·查尔斯沃思都参加了。午宴之后会见了克兰伯恩子爵，我想让威洛比·诺里出任南澳大利亚州州长。然后是戈特，他即将从马耳他总督卸任，去巴勒斯坦担任高级专员；再后面是博蒙特-内斯比特②，他对法国、波兰和希腊的局势都很感兴趣。最后，下午6点钟温斯顿开会研究加快诺曼底的人工港建设。其实在会前问题就全部解决了，但他非要瞎掺和

---

① 南肯辛顿(South Kensington)，是英国伦敦市中心偏西部肯辛顿-切尔西区中的一个地区，主要由伦敦地铁南肯辛顿站周边的商业区、博览会路周边的文化教育区域，以及周边的公园和居民区组成。该区域是伦敦著名的富人区，地价昂贵。班纳曼任馆长的自然历史博物馆也在这个区。——译者

② 弗雷德里克·乔治·博蒙特-内斯比特(Frederick George Beaumont-Nesbitt, 1893—1971)，英国陆军少将。——译者

进来。

7月14日

我们抓紧把参谋长会开完，以便在11点半与首相讨论太平洋战略问题，争取形成最终方案！！！艾德礼、艾登、利特尔顿和往常一样都出席了，大家从11点半商量到下午2点钟，什么问题都没解决！！我们一直都在听首相那空洞无物的发言，此前不知听过多少遍了。艾德礼和艾登也都不同意他的意见，大家就只好继续绕来绕去。到最后我告诉他："我们已经深入细致地审查了两个选项（进攻日本的作战主要基于印度还是澳大利亚），我们已经反复给您汇报过了，为您提供了所有可能的情报信息，选择哪一个方案我们的建议也是一致的。两个方案各有其长处，但在我们看来，应该选择哪一个也是相当清楚的。而且大家更加清楚的一点就是，不管选择哪一个，都要立即做出决断，反正我们不能再犹豫不决了。假如政府不想接受我们的建议就请明说，但看在上帝份上，让我们拿出个意见！"然后他说他必须再考虑一下，一周之内给我们答复！我真是怀疑！！

晚上开车去契克斯庄园过夜，为了会见美国战争部长史汀生。斯塔福德·克里普斯也在那里，每一次见到他都会感觉自己越来越喜欢他。史汀生似乎不太关注身边发生的事情。晚宴后我们看了场电影，又聊了一会儿，凌晨2点前才上床睡觉。

7月15日

一早爬起来赶回伦敦，参加11点钟的参谋长会议，然后开溜回家。

7月16日

在家安静地过礼拜天。

7月17日

参谋长会议时间很长,从希腊回来的伍德豪斯①也参加了。我们想把关于"希腊人民解放军"(ELAS)的下步政策定下来,现在宣告这个组织为非法时机是否成熟。有关希腊未来的整个政策充满了风险变数,外交部和他们那位利珀大使,很可能给我们带来一堆麻烦,尤其是他们坚持要保留国王,使其成为他们在希腊的代理人,但希腊人民却不愿意让国王回去。

今天晚上的内阁会议真是令人绝望,从5点半一直开到9点钟!温斯顿东拉西扯,阁臣们也心不在焉,没有达成任何结果。我在那里如坐针毡,心想他这是要带领我们去向何方啊!为什么大佬们总是不知道自己何时应该急流勇退呢?

7月18日

我们和查韦尔、邓肯·桑兹一起开了很长时间的会,研究应对飞弹的措施。火箭攻势很可能只是个开始。这样下去肯定会影响到我们的法国战略,指引兵力投向火箭发射地点。这必须审慎对待。

《每日电讯报》的马丁过来找我吃午饭。他真倒霉,飞弹正好打中了他公寓的房顶。下午第78师师长凯特利来看望我,后面是刚刚从华盛顿回来的麦克雷迪。他讲了很多华盛顿的情况,以及美军参谋长们最近在"铁砧行动"上的立场!

7月19日

一夜无眠,附近落了大概一打的飞弹。落点最近的大约只有150码,凌晨3点钟左右。震掉了我们客厅的窗户框,房子四周都是碎玻璃。我

---

① 克里斯托弗·蒙塔古·伍德豪斯(Christopher Montague Woodhouse,1917—2001),英国保守党政治家、希腊问题专家。——译者

听着它呼啸而至，心想这一次距离肯定非常近，就从床上滑下来，躲到床后面的地板上，才没有被碎玻璃溅到。

起床之后，打算乘飞机去法国看看蒙蒂，但雾太浓了，没办法一早出发。9点半首相叫我过去。我发现他还没有起床，穿着一件蓝金色相间的新睡袍，不知道正在为什么事发火！嚷嚷着："蒙蒂竟敢命令我！我有权利访问法国，想什么时候去就什么时候去！蒙蒂竟敢阻止我！我是国防大臣，想去任何前线都可以去！在上一次大战的时候，我想去哪里黑格元帅都会批准，那时候我才是军需大臣。我不会放过这件事的，这事关信任！"等等。我根本搞不清楚到底发生了什么，也插不上话。最后我才知道，艾森豪威尔告诉他，蒙蒂说后面几天不接待任何来访，首相说蒙蒂这番话主要就是针对他的！我实在是无言以对。我只是觉得他精神越来越不正常！现在几乎不可能与其共事。我向他保证，我能花五分钟时间把蒙蒂搞定，就告辞了。

然后我去开参谋长会，11点半出发前往诺索尔特，在那儿特德很客气地把专机借给我，我乘机飞越海峡，在蒙蒂司令部附近的一条简易跑道上降落。一上来我先解决首相来访问的事情，让蒙蒂写了一封信给首相，告诉他不知道首相打算前来视察，并提出正式邀请。然后我警告蒙蒂，坎宁安正在撺掇着特德在首相面前告状，说蒙蒂现在打仗只是求稳，不愿意冒风险，而且首相比较听得进。还警告他首相的报复心很强，准备给蒙蒂好看，把他的近卫坦克旅撤回去交给亚历山大。我发现蒙蒂的状态极好，正为自己成功向卡昂以东推进而高兴。

哈利·克里勒也赶过来见我，我就加拿大部队高层指挥官的问题和他进行了长谈，目前看起来十分缺乏。

回来的时候我带了两块卡门贝尔干酪和一瓶白兰地，是从瑟堡德军守将冯·施利本①那里缴获的！在登陆场遇到了布罗德赫斯特，他用他的"鹳式"侦察机载我在海岸和人工港上空低飞了一圈。下午6点半离开。晚上7点半回到诺索尔特机场。开车去把蒙蒂的信送给首相，由于他已经睡觉了而没有见到。回到公寓发现陆军大臣写来的一封信，说首相还是没有忍住"蒙蒂胆敢命令他"这件事！！他写了一封恶毒的信，准备发给艾森豪威尔，通知首相打算来访问，但是不愿意见到蒙蒂，信中的语言充满了冒犯。陆军部长给我打了个电话，我给他讲了我已经做了什么，就在我们通电话的时候，他收到首相写给他的条子，称给艾森豪威尔的信并没有发出去。很快首相就打了电话给我，说看到蒙蒂写的信感到很高兴，对自己此前曾经说过的话感到很不好意思！！好吧，他还对自己感到不好意思！实在是小题大做！没有意义！

那天早上他叫我过去，我马上意识到事情很麻烦。他已经气得口无遮拦了。我一到立马冲着蒙蒂骂开了，诸如："你那个蒙蒂以为自己是谁啊？他觉得可以命令我？我是一国的首相，说了还不算数？你认为我应该听一个叫蒙蒂的？上次大战的时候，我才是个军需大臣，我想什么时候去法国就什么时候去。道格拉斯·黑格爵士准备了一栋别墅和一位参谋军官，随时听我调遣。现在我是首相了，你那个蒙蒂竟然认为他可以阻止我？"一等我能够插上话，就问他蒙蒂怎么阻止他了。他告诉了我他被拒绝访问的事。我提醒他同时还是国防大臣，没有人可以阻止他，发这么大火没有好处，但说什么都没有办法让他消气。所以我只好告诉他，自己飞过去一趟找蒙蒂，把事情搞清楚。

当我见到蒙蒂，问他为什么要阻止首相来法国。他向我保证自己没有做过这样的事。我告诉他，他是不是真的做过无关紧要，重要的是首

---

① 卡尔-威廉·冯·施利本（Karl-Wilhelm von Schlieben, 1894—1964），德国陆军上将。——译者

相确信他做了。蒙蒂接着告诉我,史汀生访问过布拉德利的司令部,待了很长时间,就有命令不准发动进攻,结果一场攻势就被延误了二十四小时。因此蒙蒂就要求艾森豪威尔眼下暂不接待来访。这个意见被艾克转述给了首相,首相立刻认为这是针对他的。然后我让蒙蒂回到自己的宿营车里,照着如下内容写了封信给首相:"总参谋长刚刚通知我,您感觉我试图阻止您来法国访问。这正是我最近求之不得的,随时恭候您的来访。我会为您备好宿营车,万一我有任务无法自己陪同在您身边,会安排一名参谋听您调遣。我只盼着您尽早来访。"蒙蒂照上面的文字写好,就是我带回来的那封信,起到了灭火剂的作用。

当我去内阁办公室送信的时候,阁臣们告诉我已经被折腾一天了,他们不停地被问到蒙蒂给首相下命令到底是什么意思。结果P.J.格里格还写了个条子给我,告诉我首相骂蒙蒂了。他给我讲了首相写的那封信的部分内容,因为他被要求签名;我记得信里的内容是,他们通知艾森豪威尔,首相同时作为国防大臣,可以在他愿意的时候访问法国。近期某一天将成行,但是他不想("不想"俩字还写了两遍)访问蒙哥马利将军!

蒙蒂的信产生了奇妙的作用。我估计温斯顿已经忘记了我去法国跑过一趟,他打电话给我的时候说:"我收到一封蒙蒂写来的诚恳的信,他希望我到法国去,随便我什么时候,如果时间允许他会自己陪同我,假如没空他会替我安排一名参谋军官听候调遣,还随时备好了宿营车。"总算暂时恢复了平静,但估计不会持续太久。

7月20日

10点半和作战参谋们一起开例会。大家研究了温斯顿写来的条子,说他无法就太平洋战略作出决定,除非再和迪基·蒙巴顿商量一回!!我们回了个条子给他,说明最高司令官们不是决定世界战略的人,这些决定必须由联合参谋长委员会以及相关盟国政府共同作出。然而他还是不理解战略的意思，继续在比较苏门答腊岛北端和安汶岛两个作战行动的利弊，而没有把心思放在对日作战到底是以印度还是澳大利亚为基地的优劣取舍上。这件事已经拖一个月了，现在他不仅不拿个结果出来，还准备飞到法国去，在那儿他什么也干不了，除了给那边忙于大战的指挥官们添乱。

中午12点15分，国防委员会开会研究我们未来关于土耳其的政策，决定敦促土耳其先断绝与轴心国的外交和经济关系，稍后再宣战。你过来吃午饭，罗宾·莫奈斯也陪着我们一起吃。饭后与法国回来的克劳福德①进行了面谈，他去观摩了一场空军为支援蒙蒂对卡昂以东攻势而实施的高强度轰炸。事实证明，部队的运作非常有效率，进展极为顺利。

7月21日

我早上8点钟醒来，为刺杀希特勒的消息所震惊，尽管这是一段时间以来我一直盼望的。目前还很难判断事态的严重程度，以及最终会是个什么结果。

一个晚上都是烦人的"嗡嗡炸弹"，最后一颗落在了公寓四分之一英里的半径之内。麦克雷迪出席了参谋长会议，给我们报告了华盛顿的最新情况，包括马歇尔对我们试图取消法国南部登陆行动电报的反应。显然他把这件事都怪罪在温斯顿身上了。然后和我们的科学顾问艾利斯教授就应对火箭攻击的事聊了很长时间。他相当肯定地说，德国人很快就会研制出重约15吨、射程160英里的火箭。这可不是个好兆头。

7月22日

肯尼迪一家过来吃午饭，然后开车带他们去老房子看他的画室。从

---

① 肯尼斯·诺埃尔·克劳福德（Crawford, Kenneth Noel, 1895—1961），英国陆军上将。——译者

那儿开车回家，肯尼迪夫人要和克罗聊聊，他准备做他们家的假日家庭教师。一个很开心的下午。

7月23日

今天是我的六十一岁生日，重感冒开始发出来了，感觉像七十一岁。

7月24日

要命的感冒，头痛欲裂。内阁会议从下午6点开到晚上8点45分，头痛得厉害，我本来以为自己撑不下来。刚准备上床好好睡一觉，"嗡嗡炸弹"的警报声又开始响了起来！！

7月25日

参谋长会拖得很长。首先是联合情报委员会的汇报，第二个议程是与邓肯·桑兹和查韦尔商量飞弹和火箭的事。现在大型火箭无疑即将研制成功，说不定哪一天就会打过来。不过在过去二十四小时飞弹数量却大为减少，主要是因为我们对克特雷特①进行了轰炸。亚当过来吃午饭，我们的谈话很有用。下午"男孩"布朗宁来了，我们商量了空降部队的事情。最近天气有所好转，诺曼底发起了两次新的攻势。

7月26日

今天上午拿到一份很糟糕的有关战后欧洲政策的文件，浪费了我们时间。然后刚刚从意大利回来的伯蒂，还有希尔达一起来吃午饭。下午4点钟我被首相叫去了，待了一个小时。艾森豪威尔和他共进午餐的时

---

① 克特雷特(荷兰语：Kortrijk，法语：Courtrai)，位于比利时西弗兰德省的一座城市。——译者

候又在告蒙哥马利的状！还是那些老故事："以牺牲美国人为代价，不肯动用英军部队，死伤的都是美国大兵。"不过温斯顿的心情不错，没有和艾森豪威尔争论。他甚至还说，在所有的军事问题上我是他的"知己"！！我还是第一次听他这么说，可能有什么其他原因。最后我被要求出席明天的晚宴，会见艾森豪威尔和比德尔·史密斯。

然后6点钟参加了内阁会议，讨论人力资源的问题，一直到晚上8点45分，会上没有解决任何问题！他既不下决断，又抓不住阁臣们的注意力，就是在一些陈年旧事上闲扯！真是让人不堪忍受。

7月27日

今天是领工资的日子！9点45分至10点45分忙活了一个小时，处理电报，为参谋长会议准备简报。10点半开始参谋长会议，作战参谋们也出席了，会上讨论了很多重要文件。回到陆军部和陆军大臣谈了一个小时，商量战后政策和我们的欧洲政策。是应该把德国肢解掉，还是把她转变成对付今后二十年苏联威胁的盟友？我建议采纳后者，并确信从现在开始就要对德国另眼相看了。德国已不再是欧洲的主宰力量，而是苏联。不幸的是，苏联并不是一个纯正的欧洲国家。尽管她资源丰富，但十五年之内还构不成主要威胁。因此要扶植德国，使其逐步强大，带领她进入西欧的联盟。只是这必须隐藏在英国、苏联和美国神圣同盟的外衣下面悄悄地做。实非易事，需要一位超级能干的外交大臣！

午饭后与威克斯和肯尼迪开了个长会，商量人力资源问题，打算对德战争结束后进行部队整编。下午6点召开内阁会议，研究德国V-2火箭和V-1飞弹，一直到晚上8点钟。

然后和首相、艾克、比德尔·史密斯共进晚餐，希望能拉近我和艾克的距离，并有助于改善艾克和蒙蒂的关系。的确收获良多。我主动向艾克提出，如果需要我可以协助他管束蒙蒂。上帝啊，战争把人搞得心理都有毛病了！！诺曼底登陆行动进展相当顺利。英军必须守住当前阵地并吸引德军离开西部侧翼，与此同时美军可以转而打开布雷斯特半岛。但现在麻烦来了，媒体开始发话了，我们听到议论说英军按兵不动，避免伤亡，而美国人把所有正面作战都全包了！！

我真是烦透了讨论什么人性的复杂狭隘！我们还真能学会"爱盟友如同爱自己"??!! 我表示怀疑！

毫无疑问，艾克是在尽其所能去维护英美之间的关系，但同样明白无误的是艾克根本就不懂战略，而且"相当"不适合坐最高总司令这个位子，这个人就是要考虑战争中的战略问题的！比德尔·史密斯虽然比较有脑子，但没有受过真正意义上的军事教育，更不幸的是还志得意满冲昏了头。他当然是最优秀的美国军官之一，但距离真正的战略思维还有不小的差距。如此组建起来的最高司令部，也就难怪有两把刷子的蒙蒂感觉不对路子。尤其是大家还带着不同"国家"的视角去曲解各自战略上的考虑。

7月28日

参谋长会议和往常一样排满了各种议题。然后和陆军大臣进行了面谈。下午3点钟又是烦人的内阁会议，持续了两个小时，全部时间都在讨论火箭和飞弹的事情。所有这些问题本来昨天就应该了结的，纯粹是浪费时间！在主持内阁会议的时候，温斯顿越来越多地闲扯他那些无聊的老黄历，和正在讨论的议题丝毫不相干。我还是对他充满期望，但他真是在考验我们的耐心啊！！

7月29日

礼拜六的参谋长会开得相当短，下午1点钟前离开办公室，回家吃了个晚中饭。

7月30日

在家安静地过礼拜天。

7月31日

周一上午的参谋长会能开这么短，有点儿意外。午饭后和刚刚从莫斯科回来的军事代表团团长布罗卡斯·波罗斯进行了长谈，那边的情况可真有意思。然后5点半内阁开会，慢腾腾地拖到晚上8点半。最后浪费了一个小时在讨论"嗡嗡弹"打过来的时候巴士司机到底该怎么办上！然后又花了一个小时研究是否有可能放松灯火管制！我越看赫伯特·莫里森，就越看不起他！假如英格兰被这种人统治，就注定要没落！

约翰·肯尼迪和太太一起来吃晚饭，还看了埃利奥特研究鸟类的书。

8月1日

8月到了！这往往是战争开打的一个月！我不知道这一次能不能变成结束战争的那个月!?

参谋长会议上我们很艰难地审议通过了联合情报委员会本周的报告；接着是飞弹处置委员会会议：查韦尔、邓肯·桑兹、博顿利等人出席。在我看来，一堆人都在东拉西扯，作为主持人，很难把他们拉回到点子上。波特尔喜欢炫耀他的科技知识，查韦尔必须要秀一下他的数学天赋，邓肯·桑兹是一定要让大家都看明白他是一颗未来的政治新星。所有这些都要耗费时间啊，真把我烦得要命！我感觉到亲爱的老安德鲁·坎宁安很同情我！

午饭后开了遴选委员会会议。然后核改温斯顿下一次的发言稿。最后设宴招待了陆军大臣和从莫斯科刚回来的布罗卡斯·波罗斯。宴会很成功，布罗卡斯讲了很多非常有意思的事，也证明我关于为什么要注意遏制俄国人的想法都是正确的。

8月2日

布罗卡斯·波罗斯出席了我们的参谋长会议，大家讨论了组建驻莫斯科参谋班底的事，尽管我感觉斯大林不太会同意组建这样的参谋班子。

晚上6点钟我接上洛里，又去了邱园，真是个怡人的地方。我们坐在长椅上，观察一群年幼的水鸡在母亲的带领下学游泳！她先做个示范，然后那些小家伙们就跟着学，多么温馨的一幕啊。

晚上捷报频传！圣马洛、雷恩、维特雷全部都拿下来了，维特雷曾是我在法国时候最后一个司令部的所在地！！！

8月3日

战报每天都有进展。在诺曼底，我们已经拿下了阿夫朗什到圣马洛再到雷恩一线。如果能像眼下这样进展顺利，我们应该很快就能肃清布雷斯特半岛。到时候德国佬就没有什么招数了，只能退到塞纳河一线，在我们掌握着绝对空中优势的前提下，他们是不是能够全身而退也很难说。

中午宴请葡萄牙大使帕尔梅拉公爵。还有克兰伯恩子爵一家、"神算子"劳埃德一家和帕默夫人。午宴后不得不给《画报》杂志拍彩色照片。昨天晚上"嗡嗡弹"闹腾得厉害，希望今晚表现能好点儿！

8月4日

蒙巴顿应该今天晚上到。周一（银行假日）我们准备和他一起讨论他的作战计划。然后周二和周三上午再和首相一起研究，希望周三之前能就太平洋战略得出个结果！以便温斯顿那晚启程前往意大利。波特尔和我都说那晚没办法陪他一起走，因为要把他的决定付诸实施。我们打算一周后赶过去，再在意大利待上一周。

今天艾森豪威尔提出来，如果法国南部的登陆行动取消了，那批部队应当调去进攻布列塔尼①。其实这正是我们曾经建议美国人的，被他们否决了！这是最好的解决方案。温斯顿马上行动起来，首先准备今晚10点召集一次会议，研究这一变化；其次决定明天就去法国和蒙哥马利商量。我看不出这有什么好讨论的，眼下需要尽快做决定，而且是一个可以轻松做出的决定。

晚些时候：

温斯顿没让我们待很长时间。给我们讲了艾森豪威尔过来吃午饭的时候，给他读了一份文件，建议参加法国南部登陆行动的部队应当转去进攻布列塔尼，温斯顿表示完全同意。他给我们的感觉是艾克已经拍电报回国讲了这件事。温斯顿已经起草了一封给罗斯福总统的电报，表示坚决支持这一提议。我告诉他，尽管我也完全赞同这个建议，但我敢肯定他不应该给总统拍电报。这只会挑动美国人改变主意反对我们。他不相信，决定发出他的电报，还要求我们也给美军参谋长们发封电报，以示对他的支持！

8月5日

迪基·蒙巴顿从印度回来了，我们和他开了个预备会，商量他的作战计划。然后开溜回家。

---

① 此处应指布列塔尼半岛，位于法国西部，与诺曼底紧紧相连，北部为圣马洛湾，南部为比斯开湾。遍布着海港，被称为"航海圣地"，重要港口布雷斯特就位于布列塔尼半岛西端。攻占该半岛有助于缓解反攻法国盟军的物资补给紧张问题。——译者

8月6日

接到电话，称艾森豪威尔没有拍过什么电报回国，还坚决反对任何对法国南部登陆行动的调整!! 这是谁在"耍"谁啊？是艾克在耍首相，还是首相在耍我们!! 不管怎样这也充分说明了我们和美国人的关系根本就没有改善！

8月7日

说是银行假日，其实是忙昏头的一天！一早赶回办公室。迪基·蒙巴顿和魏德迈来参加我们的参谋长会议。很清楚，史迪威已经引着我们去密支那①了。我们将不得不继续在缅甸作战。同样清楚的是，此役最好的打法就是在仰光实施空降作战，进而拿下整个缅甸。要进一步看到，这样做必定会削弱我们在太平洋战区的作用。最终在这种背景下，当德国被击败之后，是否还允许我们调遣兵力去远东？一整天我们开了一连串的会议，对上述问题进行了反复讨论。现在还没有作出决定，这件事可没那么容易！

8月8日

10点半开参谋长会议，11点钟和首相开会，一直到下午1点半。出席人员有艾登、利特尔顿、艾德礼、蒙巴顿和全体参谋长，还有魏德迈。下午6点到晚上8点又碰了一次面，说晚上10点半还要再开一个

---

① 密支那战役，缅北战役中的一次战役。密支那(Myitkyina)为北缅战略要地，列多公路之重要通道。日军近两个联队构筑坚固工事据守。1944年4月初，中国驻印军2个团及美军1个支队穿越丛林进袭该地。5月17日，中美联军突击并攻占密支那机场。日军退守市内，联军数度进攻未果。中国驻印军空运2个团和1个重炮连增援，日军亦增兵至3 000人。双方展开拉锯战。7月，中国驻印军新编第三十师师长胡素接替美军少将麦根指挥，并增兵2个团猛攻。8月2日以敢死队突入敌后，5日攻克全城。此战共毙日军约2 500人，日守军司令水上源藏少将自杀。——译者

会，不知道要到几点钟了。到目前为止任何问题都没有解决，在我看来今天晚上也不太可能解决什么问题了。我们已经讨论过太平洋战略，建议在仰光实施两栖登陆进而夺取缅甸，同时以澳大利亚为基地发起海陆空联合作战。温斯顿又倒回到他那攻占苏门答腊岛北端的作战行动上去了，其他事情都不肯考虑。

我刚刚开完首相晚上的会回来。没有比这样的会议更糟糕的了。我怀疑他已经丧失了果断决策的能力。他找一切借口回避下个决断。说出来的理由开始变得幼稚可笑了，比如他今天晚上提出来，对苏门答腊岛北端的进攻能够迫使缅北的日军撤退，了结我们对这一战区做出的承诺。我们已经商量了七个小时了！！！和他在一起一天什么都干不成。整个过程中他提出来的理由就没有一条值得听的。我也真是办法用尽了，实在走不下去了！

8月9日

又是很烦人的一天。10点半开参谋长会议，继续研究昨夜的议题，最终达成了有关东南亚的战略方案。12点半我们和首相、艾登、利特尔顿、艾德礼开会。首相拿出一份自己拟订的方案，读了一遍。我说和我们的方案差不太多，建议"巴哥犬"把两个方案捏在一起，起草一份新的。我私下里告诉他，内容上主要按照我们的文件起草，遣词造句上用首相的。

午餐后会见了波兰军总司令索松科夫斯基，他为我们不再援助在华沙与德国人战斗的地下抵抗军而感到十分忧虑。我很难让他宽下心来。

5点半参加内阁会议，首先讨论了如果德军撤退就派遣部队进入希腊的问题。原来佩吉特打算派第5师去，但现在这个师要派到意大利了。内阁会议一直开到晚上8点50分！！只好急匆匆赶回去，本来约好了和克兰伯恩一家吃饭。晚餐后10点半继续和首相开会，搞到凌晨1点半，会上最终敲定了东南亚战区的政策方案。虽然不是我们的原本意图，也不够理想，但它已经是尽可能地修补漏洞了，而且也更加符合美国人的想法，尽快履行我们夺取仰光的承诺。话又说回来，它也给了我们在太平洋使用皇家海军力量的空间，可以在太平洋组建英国特遣舰队。

8月10日

上午我们认真起草发给美国人的电报，通告昨天晚上达成的决定。电文的遣词造句比较困难，因为它既要能被美国人接受，还要符合首相的要求。两者相互矛盾，很难调和！！

午餐后阿兰·坎宁安来访，他从爱尔兰回来的，告诉我最近和自由邦军队总司令麦金纳联系的情况。很明显德·瓦勒拉正在设法招兵买马！战争结束之后一定会的。必须要和巴兹尔讨论一下这对北爱尔兰的影响。

然后阿奇代尔①来了，1940年的时候他曾经陪着我去找过魏刚。他已经退休了。他后面是阿奇·奈来访，再接着是陆军大臣，我给他讲了我和首相讨论的结果。最后蒙巴顿来询问谁能够接替吉法德，还有一些其他问题。然后和空军处处长克劳福德讨论了很长时间，主要是他上次去法国观摩的轰炸机支援陆军作战的事。最后赶回家换衣服，准备去克拉瑞芝酒店和约翰·安德森吃晚饭，那是接待摩根索的官方宴请。我坐在赫伯特·莫里森旁边，出席晚宴的还有艾德礼、艾登、利特尔顿、亚历山大、辛克莱、P.J.格里格、布莱登·布雷肯、查韦尔等等。

温斯顿今晚乘飞机去意大利。但他一直把我们发给美军参谋长的电报改完才走，电文从形式到文字都被改得一看就是出自他手，也把获得

---

① 阿瑟·萨默维尔·阿奇代尔（Arthur Somerville Archdale，1882—1948），英国陆军准将。——译者

通过的希望改得一点儿也没有了！！！

8月11日

我们不得不重新研究首相对电文的修改之处，最终决定不做修改了。然后一天忙于会见，结束之后看了迪基·蒙巴顿写给马歇尔的信，是他发给我看的，看完感觉真是不可救药！！我只好告诉他，像这样的信一封也不能发出去，让他下周一和魏德迈一起来参加参谋长会议，由我们来告诉他应该如何给马歇尔讲。

最后下午7点左右回家过个大周末。经过这一周的工作以及和首相之间的交锋，我感觉自己彻底累惨了！！

8月12、13日

和你在家里安静地休息。经过前面的一周，感觉像天堂。

8月14日

9点半之前赶回陆军部。捷报频传，蒙蒂的各处战场都在痛击德国佬。

迪基和魏德迈出席了参谋长会议，后者非常派用场，我希望他能够协助将方案转给美国人。亚当过来吃午饭，在我启程前往意大利之前与他进行了长谈。5点半艾德礼主持召开内阁会议，半个小时就结束了。然后去怀特俱乐部和伯蒂一起吃晚饭，也聊了很长时间。能把他叫回来真是开心，又有机会和他商量一些事情了。今天晚上将在法国南部实施登陆，地点位于土伦和圣拉斐尔附近！！

8月15日

温斯顿走了，这里的氛围安静、平和了很多！每件事完成的效率都翻倍,每个人也不再紧张了,大家不会再被一个接一个的无聊琐事轰炸了,整个机构都运作的平稳顺畅。我感觉如果他这个时候退出政坛,于国于民有利,对他自己的声望也有好处,真是幸莫大焉。他为自己祖国做出的贡献,可能已经超过了以往的任何人,他的声望也达到了巅峰,如果像前面一年这样拉也拉不住的每况愈下,万一惹出点儿什么傻事来,玷污了如此辉煌的过去,那真是一个悲剧。从我个人而言,我发现最近和他几乎没有办法共事了,对于他将带领我们去向何方,我的心中充满了忧虑。

一个上午都在开参谋长会议,和联合情报委员会一起研究德国人对于盟军在各个战线都高歌猛进的反应。这段时间真是激动人心。德国人显然已经在为如何守住塞纳河和马恩河防线而发愁了!

吃好午饭后去拜访艾默里,他对印度粮食歉收感到非常不安。他来请求我们的协助,很担心如果得不到政府支持的话,阿奇·韦维尔会辞去总督职务。下午5点钟艾德礼主持召开内阁会议研究飞弹的问题,看看是否有可能通过特工人员给德国人报告一些错误信息,让弹着点能够更偏南一些。蒙蒂在法国发起的大包围行动①进展很顺利,有很大的希望成功。

---

① 法莱斯口袋(Falaise Pocket),1944年8月12至21日,盟军在法国西北部实施的进攻作战,战役目的是合围并歼灭法莱斯、莫尔坦、阿尔让唐地区的德军集团并前出至塞纳河畔。1944年7月,诺曼底登陆战役结束后,美军推进速度惊人,7天内占领了布列塔尼半岛。8月6日,希特勒急令展开"列日作战",德军8个装甲师向莫尔坦地区的美军发起反击。8日,盟军最高司令部决定利用德军翼侧暴露的有利形势,命令布拉德利第12集团军群(美国第1、第3集团军)和蒙哥马利第21集团军群(英国第2集团军和加拿大第1集团军),从南北两面实施钳形夹击,形成合围之势。德国陆军元帅莫德尔率领的B集团军群(第7集团军和第5装甲集团军)近20个师(含5个装甲师)约28万人陷入法莱斯、阿尔让唐地区已形成包围态势的"口袋"。但是,"法莱斯口袋"的东端缺口因盟军将领重大误判而开放了一个星期,未能及时完成合围并达到歼灭德国第7集团军和第5装甲集团军的预定战役目的。德军B集团军群主要兵力均撤往塞纳河以东,但仍遭沉重打击,被俘5万人,死亡1万人,重装备丢失殆尽;盟军乘胜解放法国大部,并进军比利时。——译者

8月16日

参谋长会议的大部分时间都在讨论如何支持波兰人在华沙发动的起义①。俄国人看起来是故意不给任何援助,波兰人自然就抓狂了。土伦附近的登陆进展顺利,与此同时诺曼底的作战行动也达到了高潮。很有希望给德国人一次粉碎性打击,为解放法国其他地区扫清道路。

戈特过来吃午饭,他似乎对去巴勒斯坦做总督的想法感到非常开心。他状态很不错,看起来比过去几次都要好很多。

8月17日

联合作战计划参谋们过来参加参谋长会议,讨论了我们如果在明年三月份之前发动对仰光的攻势所面临的全部困难!陆军部已经提出来一系列的困难,推迟了行动。他们审核下来,认为在原定时间之前发动进攻是不可能的。因此上午我开了一个两小时的专题会议,给他们证明这是可能的,而且必须完成。面对着一片反对声,要把这项计划推下去还是非常吃力的。一开始是首相反对,现在变成了陆军部具体负责操作的人也都反对。事已至此我也没有什么好说的了,准备开车回家,这一切我也受够了,让他们另请高明来接替我吧!与作战方案真正落地实施相比,制订作战计划简直就是小孩子过家家。我感觉累坏了,一想到去意

---

① 华沙起义,第二次世界大战期间波兰军队在华沙发动的武装起义。1944年7月下旬苏联红军和波兰人民军进抵华沙近郊。波兰国家军总司令波尔-卡莫罗夫斯基将军为在苏军到达华沙之前抢先夺取首都,控制战后波兰政局,于8月1日下午5时发动代号为"风暴"的起义,起义者约4万余人,但仅有十分之一的人拥有武器,波兰工人党和人民军部队随后也参加起义。8月4日德军在轰炸机和重炮的掩护下开始组织反攻,华沙军民利用路障和街垒,依靠简陋的武器进行英勇战斗。8月5日,起义遍及全城。盟国空军曾予支援,9月15日,苏军一度渡过维斯瓦河,但未进一步采取有力支援行动。德军利用武器装备的优势,终于全面突破起义军防线。9月29日波尔-卡莫罗夫斯基与德军讨论停战条件,10月2日签署停战协议,起义失败。起义军在战斗中阵亡1.5万人,伤2.5万人;18万华沙市民丧生。德军被击毙1万人,7 000人失踪,9 000人受伤。——译者

大利调整和放松一下就非常高兴。

8月18日

我们和迪基·蒙巴顿进行了最后一次会面,商量了攻占仰光的作战计划,基础是我们在10月1日能够把第6师从欧洲战场撤出来。这是一场赌博,但我相信值得搏一把。下午5点钟内阁开会,商量华沙起义和俄国人不肯施以援手的情况。然后是一连串的会面,为今晚我和波特尔出发去意大利做准备。我们在午夜离开诺索尔特,希望能在早上大约7点抵达拉巴特①,明天下午4点左右抵达那不勒斯。

8月19日

下午2点半——飞在突尼斯和西西里岛之间的海面上空。我们在午夜时分准时起飞离开诺索尔特。一行人包括波特尔和他的两名助手,我自己则带上了博伊尔和洛克伍德。用了八个小时飞到拉巴特,一路非常顺利。看到冉冉升起的朝阳跃出海面上的浮云,将我们头顶上的天空染成没有一丝杂质的粉红,为了看这一眼飞八个小时也值得。在拉巴特我们开车去了皇家空军管理的旅馆,刮胡子、洗澡和吃早饭。上午10点钟再次出发,一路飞越了福兹、乌季达、奥兰以南和阿尔及尔,从突尼斯飞离非洲大陆。从空中我正好看到去年12月份首相生病时候和他一起住的别墅。还在非洲大陆上飞着的时候我们用了一顿非常舒适的午餐,飞行特别平稳。现在我们应该飞过西西里岛西头了,然后直飞那不勒斯,大约下午4点钟应该能到。这趟飞行比我第一次飞地中海要舒服多了,那还是在亚历山大和蒙蒂被部署到埃及之前。当时乘坐的是双引擎的"达科塔",还在夜间飞行,能够平安抵达已经谢天谢地了。

---

① 拉巴特(Rabat),摩洛哥首都,临大西洋,全国政治、文化和交通中心,重要的国际航空站。——译者

晚些时候：卡塞塔，3 000 英里

下午 4 点钟，我们准时在那不勒斯东北部的一个机场着陆，飞行十四小时、超过 3 000 英里，在过去的二十四小时中有十四个小时都在天上。威尔逊、斯莱塞和甘默尔都来机场迎接我们。大家去了威尔逊的司令部，在那里讨论了作战计划，安排了接下来几天的行程。然后我和"巨人"威尔逊聊了很长时间，最后去了卡塞塔山上他住的狩猎小屋。这次谈话很有用，我的大部分疑问，比如奥利弗·利斯的履职情况，都得到了证实。作为一名指挥官，他显然表现很一般。

8 月 20 日，卡塞塔

整个上午都在和"巨人"威尔逊、波特尔、约翰·坎宁安、斯莱塞、甘默尔以及美军将领德弗斯、某某（原文无法辨认）等人一起开会。我们回顾了最近在土伦附近取得的进展，讨论了下一步的法国南部登陆行动，以及整个地中海战区的战略问题，在德国人溃败的时候收复希腊等议题。中午德弗斯、某某（原文无法辨认）、波特尔和斯莱塞一起去"巨人"的食堂吃饭。午饭后又是一系列的会议，一直到晚饭时间。晚上佩吉特过来了，我花时间谈了他遇到的一些问题。

8 月 21 日，亚历山大司令部，佛罗伦萨省南部，锡耶纳附近

颇有意思的一天。早上 8 点 30 分离开那不勒斯机场，飞越我上次来爬过的卡米诺山，勾起了不少回忆，然后绕着卡西诺山脉和修道院山飞了两圈，对整个地形进行了非常仔细的观察。然后我们沿着利里河谷往北飞，总算亲眼看见了我曾在地图和沙盘上一遍遍察看过的地方。从那里飞往安齐奥桥头堡，再次进行了仔细察看。最后在罗马郊区降落。我们在罗马游览了三个小时，看了大部分著名景点。下午 1 点钟赶往英国大使馆，和驻罗马大使查尔斯共进午餐。出席的还有：刚刚抵达的首相，麦克米伦，"巨人"威尔逊，波特尔，莫兰，派克，罗恩和汤米。

午餐后和首相开会，讨论希腊的问题，让他同意了希腊政府应当迁到意大利来。会后他把我留下来，告诉我说"巨人"威尔逊对亚历山大的干预太多了。这不是事实，我不相信亚历山大会蠢到讲这种话，但我不敢很肯定。我还拖着他讲了施莱伯被任命为马耳他总督的事。然后我匆匆忙忙地去兜了一下罗马的书店，查找禽鸟类的书籍，但一无所获。

下午6点钟再次登机，飞往亚历山大的司令部。他来机场接我，大家一起开心地驾车前往他的小型营地。就住在这里的一辆宿营车里，非常舒服。

8月22日，锡耶纳附近

上午9点钟参加了亚历山大的情报会议，听取了各条战线上的最新动向。然后长途跋涉去前线视察。先去看望了默里①，他刚刚接掌第6装甲师，部署在第13军的右翼。在半路上我们接上了柯克蒙②，第13军的军长。从那里再去拜访拉塞尔，第8印度师的师长；接着去了一个炮兵的前进指挥所，在那儿可以很清楚地看到佛罗伦萨。我们还朝德国佬开了一炮。然后赶往第1师指挥部，看望了师长洛温③。汤姆也在那儿，他被分配在战线后方的第19团，显得很开心。晚上7点钟左右返回，洗了个澡，然后就地中海司令部的组织架构问题和亚历山大讨论了很长时间。发现他心中很是不安，显然罗伯特森和哈丁都胜过他。我还发现亚历山大和威尔逊之间的关系也不是最好。这是个麻烦事儿，需要

---

① 贺雷修斯·默里（Horatius Murray，1903—1989），英国陆军上将。——译者
② 西德尼·柯克蒙（Sidney Chevalier Kirkman，1895—1982），英国陆军上将。——译者
③ 查尔斯·洛温（Charles Falkland Loewen，1900—1986），英国陆军上将。——译者

做不少工作。迪克·麦克里利过来吃晚饭，再次见到他令我很高兴。

8月23日

上午9点钟参加了亚历山大主持的会议，然后乘吉普车前往营地附近的起降跑道。从那儿乘"空中离心机"去锡耶纳机场，再换乘亚历山大的"达科塔"专机。我们横穿意大利，在安科纳西边一个叫赛西的地方着陆。在那儿会见了波兰军的安德斯，发现他依然斗志昂扬，尽管华沙那边和俄国人之间产生了不少麻烦。他对此的看法是："我们波兰人有两个死对头，一个是德国人，另一个是俄国人。我们现在正与德国人开战——好吧，那么我们就先把这个敌人打败。"然后我们开车去奥利弗·利斯的司令部，在那里吃了午饭，讨论了他的下一步攻势。还见到了他的参谋长沃尔什①、后勤总监布瓦隆。午餐后查尔斯·凯特利来了，他刚刚接掌了第5军。在回去的路上会见了伯恩斯②，加拿大军的指挥官。

乘机飞回锡耶纳附近，回营地的路上参观了锡耶纳大教堂③，非常令人赞叹。最后去首相的别墅和他共进晚餐，他想在这儿住几天，近距离观察一下即将打响的战斗！

我想应该就是在这天的视察中，亚历山大告诉我，哈丁草拟了一份很重要的方案，希望我能看看。这是亚历山大典型的处事风格，他想让我和他的参谋长哈丁探讨一下这个方案。我发现他总是不愿意和我探讨任何战略上的问题，好像他害怕袒露自己的心声一样。不管怎么说，我

---

① 乔治·沃尔什（George Peregrine Walsh，1899—1972），英国陆军少将。——译者
② 爱德森·伯恩斯（Eedson Louis Millard Burns，1897—1985），加拿大陆军中将。——译者
③ 锡耶纳大教堂（1136—1382），是意大利最大的教堂之一。它融合了雕塑、油画以及罗马-哥特式的建筑风格。——译者

还是审读了哈丁的方案,然后和他进行了讨论。这是个异想天开的计划,打算先将美军从意大利战场调往法国,再用法国撤下来的英军接替美军,从而在意大利形成一个清一色英军的战线。然后用这支全料的英军部队继续向意大利北部挺进,穿过阿尔卑斯山脚下的卢布尔雅那①山口,直取维也纳。我不得不把他的注意力拉回到现实,靠着目前的航运能力,这样的行动将耗时数月,在此期间,一支庞大的部队无论在哪个战线都派不上用场。然后我问他,将最终打败德国人的主战场全部让给美国人,我们只扮演一个小角色,这样做他认为明智吗?最后我再问他,他希望什么时候能进抵亚平宁山脉一线?什么时候能突破这条防线②?什么时候能跨过波河③?还有他希望什么时候打到阿尔卑斯山脚下的卢布尔雅那?按照眼下的推进速度,我看在冬季之前拿下这条山地防线的希望很渺茫,而到那时候他又将面对补给路线只能维持开放一条的现实。

他的方案之所以不切合实际,主要是因为他没有收集汇总各方面的资料并以此为基础。我在此处举这么个例子,是想说明亚历山大就是缺乏对自己面对局势的驾驭能力。他和哈丁利用最近几天总是和丘吉尔待

---

① 卢布尔雅那(Ljubljana),是斯洛文尼亚共和国的首都和政治、文化中心,位于斯洛文尼亚的中央,阿尔卑斯山山麓萨瓦河上游的盆地。卢布尔雅那自古就是交通要道,目前仍是斯洛文尼亚通往意大利、奥地利、巴尔干诸国的国际铁路枢纽。——译者

② 哥特防线攻坚战,1944年5月底,盟军第5、第8集团军突破德军在意大利的古斯塔夫防线后,向北推进了400公里,8月在德军哥特防线前停止。哥特防线位于亚平宁山脉北段的南侧,西起比萨,东至亚得里亚海滨的里米尼,横贯意大利。8月26日,英军第8集团军在该防线靠近亚得里亚海一侧的32公里长的地段展开攻势,至9月20日,英国军队攻克里米尼。但其他地段的攻势均未成功。随着冬季的到来,盟军攻势陷于停顿。1945年4月9日,盟军再次展开攻势,很快突破了哥特防线。4月20日,波兰军队攻克博洛尼亚。4月23日,盟军渡过波河向退却中的德军展开追击。——译者

③ 波河(Po River),意大利最长的河,发源于意、法交界处科蒂安山脉的维索山,由西向东注入亚得里亚海,全长652公里,流域面积约为7.5万平方公里,约占国土面积的15%,解决了意大利三分之一人口的用水问题。——译者

在一起的机会，不断地描绘那直捣维也纳的美梦，而且还是全部靠英国军队来实现的。可惜他们俩眼里面只看到了胜利，对前进道路的障碍却没有给予足够的注意。

8月24日

弗赖伯格在我返程之前过来吃早饭。他的心情很不错。听完早上的情报分析汇报后，我出发前往机场，10点45分之前飞往那不勒斯。一路顺利，12点15分抵达那里。碰到了甘默尔，他有一堆的问题想和我商量。波特尔也在那儿，12点45分前我们再次启程飞往直布罗陀。我们在机舱里吃了午饭，一路上都很舒适，晚上7点抵达直布罗陀。"红脖子"伊斯特伍德过来迎接我们，去市政厅吃晚餐。本来打算晚上11点钟前再次出发，但因为家里那边是大雾天气，起飞时间被推迟到凌晨4点。午夜刚过我们就登上了飞机，在起飞之前美美地睡了一觉。

8月25日

我们在上午大约10点钟飞过海岸线，11点降落在诺索尔特，在过去的六天里，我们一共飞了差不多刚好7 000英里。这是一次很有价值的旅行，我收集到很多信息，但颇为棘手的还是亚历山大和威尔逊俩人司令部之间的紧张关系。

一天大部分时间都在向P.J.格里格回顾、讲述我的意大利之行以及那边的战况。德军在各条战线上溃败的消息不断传来，简直令人难以置信！

8月26日

又开始出席参谋长会议了，但事情并不多。早早开溜回家，路上顺便去坎伯利拜访了老洛奇，聊了聊他的画作。发现希尔达和伊夫林刚刚从海外兜了一大圈儿回来。

8月27日

在家安静地过礼拜天。

8月28日

今天的参谋长会议开得很困难，大家研究了艾森豪威尔提出来在9月1日由他自己对法国北部战区实施统一指挥的新计划。这个计划可能会让战争延长三到六个月！他急于分兵推进，派一路美军去攻打南锡①，与此同时英军的集团军群则沿海岸线前进。假使德国人没有像预期中那样被打败，这一部署将是致命的，因为攻击效果可能没有那么大。无论如何明天我都要到法国跑一趟，找蒙蒂讨论这一情况。此时此刻巴黎已经被解放，罗马尼亚退出了战争，保加利亚也快了。德国人撑不了多久了。中午12点出席了圣保罗大教堂的祈祷活动，庆祝巴黎获得解放。当听到《马赛曲》奏响，令我颇为激动，在内心深处给了我极大的鼓舞。法兰西在昏睡了五年之后，似乎又再一次醒来。

艾森豪威尔改变指挥关系的计划将引发巨大争论。到目前为止，他虽然是最高总司令，但海、陆、空三军也都分别有司令官。现在，他提出来将最高总司令和地面部队司令两个职务一肩挑。这个变故主要是来自美国人最近施加的压力，因为事实上目前是蒙蒂在指挥所有的地面部

---

① 南锡（Nancy），法国东北部城市，著名的历史文化名城，洛林大区默尔特-摩泽尔省的首府，重要的经济、文化中心和交通枢纽。南锡位于默尔特河上游与摩泽尔河交汇处，巴黎以东281公里，距法德边境的斯特拉斯堡116公里。普法战争结束后，根据《法兰克福条约》，阿尔萨斯-洛林的东北部地区被普鲁士所占有，南锡因地理位置相对靠南而未被占领，并一度成为法国边境城市。一战结束后这些领土都重新归入法国。——译者

队。我个人认为，最高司令官在担着最高层面职务的同时还兼任下一层级指挥官的做法是错误的。

8月29日

早上9点钟离开这里前往亨登，在倾盆大雨中起飞，在3架战斗机的护航下飞往诺曼底。11点抵达那里，德·金古德①来迎接，他说天气太糟糕了，无法继续飞往蒙蒂的司令部。因此，我只好在瓢泼大雨中的烂泥路上，混杂在卡车队里，还时不时地闻着死马的恶臭，坐了两个小时一刻钟的车。我们先后经过了卡昂、法莱斯、尚布瓦。下午2点前抵达蒙蒂的司令部。和他一起吃了午饭，就最近他和艾森豪威尔之间的危机谈了很长时间。显然他已经和美国第1集团军达成了共识，让他们在第21集团军群的右侧展开行动，向紧贴着阿登地区以北的比利时沙勒罗瓦、纳慕尔、列日一线攻击前进。美中不足的是这支部队不归蒙蒂指挥，他只能根据第21集团军群的作战情况，协调他们的行动。这应该行得通，看来艾森豪威尔是受到了政治因素的压力，以让美军的作战行动独立于英国人。

下午3点半离开，又花了两个小时三刻钟赶到机场，穿过朦胧的雨云飞回家，7点45分抵达亨登，给我护航的三架战斗机都在云团里飞丢了。希望他们能够平安返回。温斯顿今天晚上从意大利返回，冒着40摄氏度的酷暑高温！！

8月30日

温斯顿显然又生了一场小的肺炎。不是很严重，他们觉得可以让他下周乘坐"玛丽王后号"邮轮去魁北克开会。晚上7点他把我叫过去。

---

① 弗朗西斯·威尔弗雷德·德·金古德（Francis Wilfred de Guingand, 1900—1977），英国陆军少将，昵称"弗雷迪"。——译者

发现他看起来病快快的。我给他解释了艾森豪威尔试图掌控蒙蒂而引发的麻烦，以及他们打算让美军挺进南锡和法兰克福，而把英军留在法国北部对付德国鬼子。他告知我，准备把蒙蒂提升为陆军元帅，而且就在艾森豪威尔接掌地面部队的那天(9月1日)任命。他觉得，这样的动作可能会让英国人民认为，在法国打败德国人的战斗，是在蒙哥马利的领导下进行的。

8月31日

参谋长会议时间很长。然后马丁过来吃午饭。晚上6点钟内阁开会，研究击败德国人之后的人事调整问题。这是一个敏感而又棘手的话题。最后洛里·查林顿来吃晚饭，一个晚上和他聊得很开心。

9月1日

温斯顿康复得很快，看起来大家下周一晚上都要动身去魁北克了。中午和亚当一起吃饭，有关陆军整体状况的谈话颇有帮助。上午和下午温斯顿都打电话来，询问蒙蒂被提升为陆军元帅之后，亚历山大是否可以把他更高层面的位子让给蒙蒂！

9月2日

早早回家了，接上你去普瑞肖森林打猎。可惜是个大风大雨的天。

9月3日

在家安静地过礼拜天。

9月4日

收到一堆新电报。一天大部分时间都在为出发做准备。勒温过来吃午饭。内阁在 5 点 40 分开会，首相也出席了，但看起来身体不太好。我很担心他是否能撑得住这趟旅程的劳顿。今天晚上接到战报，我们的部队已经攻入布鲁塞尔，正在向安特卫普挺进！这真是令人难以置信！！

9 月 5 日，"玛丽王后号"邮轮上

上午 9 点刚过离开公寓，前往爱迪生路车站。在那儿登上首相的专列。上车的代表团成员有：温斯顿、克莱米、莫兰、波特尔、坎宁安、我、汤米和马丁。出发后不久，首相就叫我们过去，开了一个关于希腊问题的会。他似乎仍然坚持着自己的想法，我们应该在雅典附近空投一个伞兵加强旅（比一般的旅多出两千到三千人），但希腊还有差不多十五万德国鬼子！！我不得不说服他，这样的计划还为时尚早，如果要空投这支部队，需要等到德国人撤出希腊或者已经准备投降了。他身体看起来好多了，心情也很不错。

我们在大约晚上 7 点前抵达克莱德，直接登上了"玛丽王后号"邮轮。我还住在前两次去美国的那同一个船舱。晚餐后我和坎宁安、波特尔一起来到驾驶室，看着大船启程。

我不太看好这趟旅程和会议。温斯顿还在坚持着他那夺取苏门答腊岛北端的方案，虽然他同意了我们在缅甸南部实施空降作战的计划，但却只想单独攻占仰光，不去考虑扫清缅甸其他地区。这其实使得这次远征行动毫无意义，从回应美国人要求的角度来看甚至更糟，因为这对于改善他们空运航线所在的缅北战局没有任何帮助。在说服美国人接受我们的缅甸作战方案上，我估计会相当困难，再加上首相还在后面顶着，几乎就是不可能。一想到这些，我就感觉心很累，真不想参加这种难熬的会议！

可能我还是没有足够的先见之明。在这趟旅程中，我和温斯顿一起开的那些会议，是有史以来最艰难的。会上他把过去认可的东西全部都

推翻了。我觉得他还没有从肺炎中完全康复,还在大剂量地服用磺胺类药"M&B"并受此副作用的影响。根本不可能和他交换什么意见。比如,缅甸战役的主要目的是为了重新打开缅甸通向中国的交通补给线,但他的想法就是拿下仰光,缅甸的其他地方不去考虑。

在魁北克会议期间,情况变得更糟。他开始觉得,我们正和美军参谋长们"串通"(他和我讲话真的用了这样的词)起来反对他。他也知道,美军参谋长们和罗斯福总统打交道相当轻松,他很担心一帮军方的参谋长们再加上总统一起对付他。事实上,我们根本就没有和美军的同僚们有什么"串通",尽管我们真希望能这样做,因为这根本就不可能,我们和他们之间也吵得几乎达不成任何一致意见。我没办法让温斯顿相信这一点,他疑心满腹。不停地把我找过去,看看我们取得了什么进展,还总想着把已经达成的意见全部都推翻。这是我记忆中最恐怖的一段时光。

9月6日

醒来发现"玛丽王后号"正在穿过爱尔兰海峡,爱尔兰的海岸线清晰可见。上午10点半开了参谋长会议,研究我们和美国人会谈的路线方针。大家讨论了开始从欧洲战场撤军以投入对日作战的可能性,结论是根据目前的情况来看还是可行的,但还要观察一段时间再做最后决定。然后我们研究了意大利战役的下一步行动,认为只要一突破"比萨-里米尼防线",凯塞林的部队被击败并后撤,后续就必须把这个战场列入次等重要的序列了。可惜在这个问题上不太容易说服温斯顿与我们的看法达成一致。午餐后我们找来了参谋人员一起讨论。最后,去看了场很不错的电影。

9月7日

一早还是召开参谋长会议,请了莱瑟斯出席,讨论航运的情况,因为德国人一旦被打败，这个问题就会冒出来。人员运输的需求量是巨大的，包括运送部队参加对日作战，撤回我们的被俘人员，送美国人回国和转往对日作战，送加拿大人、新西兰人和南非人回国，还有必须优先满足的民用需求。而面对所有这些工作，如何安排优先权将会是个麻烦事。

坎宁安、波特尔、莱科克和我去陪首相、克莱米共进午餐。他看起来不太好，有气无力的。很可能是因为他服用的"M&B"。过了一个安静的下午，晚上在电影院里结束了一天。昨天晚上我们靠近一艘德国潜艇驶过，拦截了他们的电报，称看到我们的船队了！我们现在处在与菲尼斯特雷角同一个纬度，刚刚转向正西，指向哈利法克斯港。此时几艘驱逐舰也离我们而去了，只剩下一艘巡洋舰护航，我们正在以28节的速度航行，巡洋舰跟上我们还有些吃力。

9月8日，"玛丽王后号"邮轮上

我们一整天都航行在墨西哥湾流中，感觉就像在洗热腾腾、黏糊糊的土耳其浴。早上开了个参谋长短会，中午12点钟和首相开会，一直到下午1点半。他看起来又老又病，神情沮丧。显然难以集中精力，还一直用双手托着自己的头。他真是无法再合作共事了，一上来就指责我们串通好了反对他，和他的想法对着干。按照他的想法，我们这次去魁北克就是问美国人要二十艘登陆舰艇，以实施伊斯特拉半岛的作战行动，夺取的里雅斯特①；而我们建议，形势的变化可能会让伊斯特拉半岛毫

---

① 的里雅斯特（Trieste），意大利东北部边境港口城市。位于亚得里亚海东北岸、伊斯特拉半岛的西北侧、的里雅斯特湾的顶端，西距威尼斯113公里，历史上是日耳曼、拉丁和斯拉夫文化的交汇点。从1382年到1918年一直处于哈布斯堡王朝的统治之下，是奥匈帝国第四大城市、最重要的港口之一。一战结束后奥匈帝国崩溃，的里雅斯特与意大利合并。二战期间，意大利曾将其与卢布尔雅那省合并，并建造多个集中营，残酷迫害犹太人、斯拉夫人。1943年7月25日，意大利国王（转下页）

无意义。我们还建议从欧洲抽调部队去缅甸，而且从来没有给他说过抽调这些部队必须等到打败希特勒之后（这完全是他假想出来的）。他还说，我们对他讲过缅甸战场只需要一个师，而现在我们却要五个（这也纯粹是他在捏造事实）！无论是谁在他面前，都很难做到不发火，但我实在是为他感到伤心。他给我的感觉是这个人已经结束了，不得要领，不可理喻。我们没有取得任何进展，只好决定明天继续。结束的时候他还说："还有七十二个小时我们就要会美国人了，却还没有一件事情达成一致意见！！"

花了一个下午准备明天和他开会的材料。晚上去看了场电影。一想到这次会议，我就非常非常灰心，除非温斯顿彻底改一改，否则我们真是一点儿希望都没有。

9月9日，"玛丽王后号"邮轮上

今天我们收到两份首相写来的字条，更加清楚地说明他病了。他还是坚持自己那点想法——伊斯特拉。我们此行只有一个目的——就是为伊斯特拉作战行动搞到登陆舰艇！！其他的问题都是次要的。但是还有更加糟糕的，他把数周之前我们和他商量好的、经他批准打算提交给美

（接上页）伊曼纽尔三世罢黜并软禁墨索里尼，9月8日与盟军签订停战协定；德国遂出兵占领了意大利北部并解救出墨索里尼，9月23日宣布成立"意大利社会共和国"，实际上由德国直接统治，并将意大利东北部领土合并组建了亚得里亚海滨管理区，行政中心就设在的里雅斯特。1945年4月30日，斯洛文尼亚和意大利的反法西斯抵抗组织发动起义；5月1日，南斯拉夫解放军占领该市大部分地区，但据守圣朱斯托城堡的德军由于听闻南斯拉夫军队决战俘，只肯向新西兰军队投降，次日新西兰第2师也进驻的里雅斯特；南斯拉夫军队控制该市之后，逮捕并秘密处决了一批意大利和斯洛文尼亚的反共人士，引起盟军地中海战区总司令、英国陆军元帅哈罗德·亚历山大的强烈抗议；6月12日，南斯拉夫军队撤出该市，交由英美两国实行军事管制。1947年签订对意和约时，规定建立的里雅斯特自由区，面积约759平方公里，并把该区分为甲乙两区，甲区（包括城市和港口）由英美管辖，乙区（市外大部分地区，约527平方公里）由南斯拉夫管辖。1954年签订伦敦备忘录，将甲区划归意大利管辖，仍为自由港；乙区仍归南斯拉夫管辖。——译者

国人的一份方案也推翻了！这是一份关于准备将一支英国特遣部队交给麦克阿瑟指挥的方案，这件事已经在帝国会议上和柯廷、弗雷泽商量过了，也经过战时内阁会议的反复讨论才通过，现在说推翻就推翻了，变成了不允许和美国人提及的话题。事已至此，我也是招数使尽了，接下去不知道该怎么办。

我们本来准备晚上和他碰头，但他又开始发烧了，只能卧床休息，把邀请我们和他共进晚餐也取消了！我担心他病得不轻，不知道什么时候能够恢复。讨厌的是，以他目前的状态，还不知会惹出什么麻烦来！

去看了居里夫人发现镭元素的记录电影，我觉得拍得很不错。

9月10日

中午12点钟我们和温斯顿又开了一次会。他还是情绪非常差。提出一个很荒唐的理由，称军事行动必须进一步加快速度，因此到12月份之前不允许从欧洲撤走任何部队！他不了解具体细节，所以对事物的认识只是一知半解，听着他满嘴胡扯，我简直浑身血脉偾张。我觉得自己很难再保持修养了。令人难以置信的是，这个世界上有四分之三的人都认为，温斯顿·丘吉尔是历史上最伟大的战略家之一，是马尔伯勒再世，还有四分之一的人也根本不会知道他在这场战争中就是个祸害！世人还是不知道的好，不要去戳穿这个泥足巨人。没有他英国肯定会迷失方向，但有了他英国也是一次次濒临灾难的边缘。

除了必要的笼络人心之外，他从来不会对帮助他的人表示感激。我从来没有对一个人如此的又爱又恨。也从来没有见过哪个人像他这样兼具两个极端。

会后我们陪他和克莱米共进午餐。与此同时船开始靠岸了。英国驻加拿大高级专员麦克唐纳登上船来。吃完午饭我们抓紧上岸，在那儿我遇到了埃尔金斯,早年我在"N"连当副官的时候,他也在那个连队,还有曾和我一起在加拿大军服役的古迪夫。下午 3 点钟左右,我们的专列启程朝魁北克开去。

我那天对温斯顿的批评显然没必要那么过头,应该是被他会上的态度气急了的时候写的,面对着接下来的会议和他不停地作梗,我真是绝望。

9 月 11 日,魁北克

经过一段很舒服的旅程,我们在上午 10 点抵达这里,发现罗斯福总统的专列已经先于我们到了。大家和往常一样握手、拍照,然后我们乘车前往芳缇娜酒店。住宿条件非常好。午餐后开了个会,然后花了几个小时处理电报。晚上阿斯隆总督一家在古堡里宴请温斯顿和罗斯福。魁北克的各级将领、宗教领袖、社会名流和美军参谋长们都出席了。阿斯隆的演讲不好,罗斯福总统讲的也都是陈词滥调,没有什么诚意。是我在对所有人都吹毛求疵?也或许我是对的,这种官方宴会是最令人恶心的虚伪的集中体现?!

9 月 12 日

今天我们开始工作,上午 10 点的参谋长会后,中午 12 点钟我们开了第一次英美联合参谋长会议,然后吃午饭,下午 2 点半到 4 点半继续开。进展令人非常满意,我们与美军参谋长们的想法完全一致。他们已经准备将意大利战场上的美军留到亚历山大的攻势作战完成之后。如果我们需要,他们也打算留下登陆舰艇用于进攻伊斯特拉半岛。下午 4 点半我们开了个参谋长例会,讨论首相最新写过来的关于太平洋战略的便条。他在逐步恢复战略判断上的清醒,但我们已经吃了不少苦头。他现在同意派遣一支海军特遣舰队去太平洋，再派一支自治领部队交给麦克阿瑟指挥，等等。下午6点半，我们去古堡和他开会。他一脸微笑和友好，这也变得太快了。连愚人节的那些把戏也比不上他！

中午和马歇尔、莱希和迪尔共进午餐。晚上和阿斯隆一家在古堡酒店吃饭，一起出席的有罗斯福、丘吉尔和英美两军的参谋长们。我坐在总统的右手边，发现他很高兴，很乐于交谈。金海军上将在我的右边。晚宴结束后麦肯齐·金来了，我和他谈了很长时间。累人的一天，但完成了不少事情。

9月13日，魁北克

上午9点开了参谋长会，10点钟去会见美国人。但首相又请我们过去，说10点钟必须见到我们。结果我们只好推迟与美国人召开的会议。等我们与他碰了面，才发现根本就没有什么特别的事情！

11点半召开了全体会议，首相进行了长篇发言，阐明了他对如何打好这场战争的看法。按照他的说法，我们接下来有两个主要目标，首先是进军维也纳，其次是占领新加坡！不过他还是支持在太平洋战场部署皇家海军。午餐后和美军参谋长开了另外一个会，接着我们在下午4点又开了参谋长会，一直到差不多6点钟。最后是麦肯齐·金招待我们，有一大帮子加拿大人，再加上美国和英国代表团的成员。

要知道当时温斯顿是住在古堡里，而我们住在芳缇娜酒店。每一次我们被叫过去都要开车，来来回回浪费了很多宝贵的时间。

他在全体会议上提出的两个主要目标都毫无意义，因为在我们的方案中都没有提到。我们没有进军维也纳的计划，而且我也认为这根本就不可能实现。同样我们也没有夺取新加坡的计划。而且，他提出这些目标，对我们和美军参谋长的讨论没有任何帮助。

战争日记（1939—1945）　919

9月14日

一早7点半洛克伍德就来叫我，说首相想要在9点钟见我，在这之前"巴哥犬"伊斯梅要先见我一面！我匆匆吃过早饭，处理了一些工作，然后去见伊斯梅。发现他正坐立不安，前一天晚上又被温斯顿折腾过了！首相已经以个人的名义发电报给迪基·蒙巴顿，问他为什么此前说收复缅甸只需要支援两个师，而现在却要六个师。迪基回电详细解释了作战方案中发生的一系列变化。结果温斯顿把对我们的气都撒在伊斯梅身上了，说故意隐瞒作战方案中的调整变化，把他蒙在鼓里。这就是说我们全都在反对他，上帝知道真是冤枉！害的伊斯梅写了一封辞职信，来征求我的意见是否要交给他！！我告诉伊斯梅，这个决定只能他自己做出，但我同意这样可能会让温斯顿清醒一些。

然后我9点钟去见温斯顿，正担心着不知道自己会如何吵上一架。让我感到意外的是，我发现他还在床上没起来，而且心情非常好。迪基又拍来一封电报，提出了新的建议。这会儿他的坏情绪已经一扫而空了，现在他准备从亚历山大那里调两个印度师出来，而之前他都懒得看一眼！他是难得的好心情，于是我趁机提出把奥利弗·利斯也从亚历山大身边调出来，替换迪基身边的吉法德，他竟然同意了！

接着我赶回来参加9点半的参谋长会议，10点钟继续开联合参谋长会议，一直到中午12点。会议十分成功，我们让美国人接受了英国舰队参与中太平洋的作战，还有缅甸的作战方案。海军上将金给我们添了很大麻烦，他大发脾气，毫无克制，不过连他自己一方的整个团队也都反对他！他是下定决心不让英国海军加入中太平洋尼米兹的司令部。12点15分，我们又开了一个参谋长的短会，商量如何对付金上将那明摆着的敌意，尽管会议已经形成了结论。大家决定，留到最后一次全体会议上，让首相再就这个问题"敲定细节"。后面我的一位加拿大朋友博维过来找我吃午饭。

下午 3 点钟，我们出席了在古堡里召开的加拿大战时内阁会议。除了寒暄客气，什么内容也没有。下午 4 点我们和加拿大军的参谋长一起召开了参谋长会议。下午茶后出去购物，回来后工作了一个半小时。最后去参加克拉克上校的晚宴（他为《每日邮报》提供了全部的木质纸浆）。他设宴招待美军、加拿大军和英军的全体参谋长。晚宴很丰盛，服务也特别周到。

现在我的心情放松多了。我们基本上完成了会议议程，它们带给我的压力太大了。一切总体进展顺利，除了温斯顿那令人难以忍受的脾气。

可爱的好脾气"巴哥犬"终于到了忍耐的极限，再也受不了温斯顿的脾气了，但其实这些我们早就经历过了。当然，可怜的老"巴哥犬"经常比我们还惨，不过他总是那么耐着性子，对温斯顿所有的奇思妙想都信以为真，如果他把辞职信交给温斯顿，那真是最好玩的事情了。我想他肯定把信交上去了，温斯顿根本不会理睬他。但总是让压迫有所缓和。

9 月 15 日

一整天都很顺利，除了晚上和首相的会面！早上 9 点开了参谋长会议，10 点接着开联合参谋长会议。我们总结了这次会议的成果，形成了提交给总统和首相的最终报告。总体而言，从达成的协议来看，我们还是非常成功的，美国人表现了很好的合作精神。D·泰勒，在一战时候认识的加拿大老朋友，过来找我吃午饭。

晚上 6 点钟我们与首相会面。真是太吓人了！！他极力想把我们的最终报告撤回来，从里面找了一堆小毛病，还想把不少我们好不容易才达成的意见都改了。安东尼·艾登也在那里，他尽可能地帮着我们，只可惜遇上了温斯顿火气最大的时候之一。现在，只有上帝知道明天最后一次全体会议上将发生什么了。在明天之前,他可能会改变自己的想法,但我真是怀疑。悲剧的是,美国人正在严重怀疑他是不是一位真正的战略家。他所有的修改意见只可能加重他们的疑心。

9月16日,奥里斯卡尼营地

终于到会议的最后一天了!早上9点开参谋长会议,期望能拿到首相对我们最终报告的明确修改意见。我们真不知道该怎么办,因为最终报告已经提交给美军参谋长并达成了一致,因此我们现在不能奢望还能再做改动。这些改动应当在最后一次全体会议之前完成,但昨天晚上我们就是没有办法给温斯顿说明白。不过,他一定是想通了,这些意见还是不提出来为好,因此我们接到的通知是,他想在全体会议开始之前十分钟和我们见面。

上午11点钟,我们开了最后一次英美联合参谋长会议,然后我们去古堡见温斯顿。见面第一件事就是他通知我们所有人下午5点钟开会;而此前我们已经都说好下午2点半就出发去钓鱼了!我们告诉他,一切都安排好了,方案也都准备好了。他说,我们大家要有十天彼此见不到,所以必须开个会!然后我们发现,在我们的最终报告上,他少写了很多意见,一定是决定在这次会上他再说出来。他还写了份声明,一点儿意义都没有,除了让美国人更加怀疑他的战略眼光!!会议虽然进展顺利,但我们都愁眉苦脸地回到酒店,通知大家的飞机延迟起飞。还好,吃午饭的时候我们就收到了他写过来的条子,说他不准备开会了,不会再找我们了!

我们手忙脚乱地终于赶在下午3点钟之前离开酒店去机场。我们这行人有波特尔、坎宁安、莱基(加拿大空军参谋长)和我。我们乘坐两架水陆两用飞机出发,从魁北克朝西北方向的哈德逊湾飞了一个小时。一路上大多是没有开发的森林和大面积的湖泊。飞了大约150英里我们抵达钓鱼营地所在的奥里斯卡尼湖。营地覆盖了湖水的一大片面积，周围的伐木区为制作纸浆提供木材。四周景色迷人，三栋大型木屋的设备也非常好，有电灯、冷热水和淋浴房，等等。其中两栋用于住宿，还有一栋是厨房和餐厅。德·卡特雷特，是这里的一位经理，负责接待我们。我们在湖面上降落，摆渡到登陆平台，喝了下午茶，收拾好鱼竿，划着独木舟去钓鱼。我们每个人都有一艘独木舟和一名向导，从一个湖面到另一个湖面要靠"搬运"，向导把独木舟顶在头上转移。

我们先去了"深湖"，离主湖面大约半英里。在那儿我们发现了一些鳟鱼游得很欢，我们抓了不少小的。然后又走了一小段路去"银湖"。在天擦黑的时候，我抓了一条两磅重的鱼。回营地的路上靠火把照亮，差不多9点钟吃了一顿丰盛的晚餐。我一共钓了十四条鳟鱼，不过只有一条还像点儿样。

我注意到，在自己的日记里很少提到迪尔。这并不是因为他比过去发挥的作用小了，恰恰相反，他一直是马歇尔和我之间最最重要的纽带。不过，在这次会议上，我的确发觉他远比自己的实际年龄显得苍老。他好像日渐消瘦，不管是精神上、还是体力上，都有些跟不上节奏的样子。在酒店的过道上一起走的时候，他一直拖在后面。和他说话的时候经常要重复一些句子，他的脑子在理解上好像慢了一拍。看到他这个样子，我的心里甚是不安，但从来没有想过那竟是我们最后一次见面。仁慈的上帝让人不会未卜先知——否则真是太难以接受了。

9月17日，奥里斯卡尼营地

我们早上6点钟就起床了，喝了杯咖啡，带上独木舟跟着向导出发了。我们还经过了"深湖"和"银湖"，到了"亚特湖"和"斯珀利湖"，然后再回到"银湖"，正好兜了一圈儿，向导带我们到一个小木屋里吃送过来的早饭。吃好再次出发，一路经过"布雷德伦湖""锡安湖""桑登斯湖"到"蓝湖"。我们在那儿钓鱼，还用曳绳钓了一阵子，然后吃午餐，也是专门送过来的。最后，到了晚上，我们沿着来时的路再一路"搬运"回去。我那位小个子向导真不可思议，差不多和我一样岁数，扛着 80 磅的独木舟走了那么远距离，真是个奇迹。天黑之后我们才回到营地，过了开心的一天，又累又饿。我抓了十条不错的鳟鱼，大概都有 1 磅到 1 磅半重。

9 月 18 日，雪湖

还是早上 6 点起来，去奥里斯卡尼湖主湖区用曳绳钓灰鳟。我们装上很大的匙状假饵，有差不多 2 英寸长、1 英寸宽，上面还带着两个红眼睛。我钓了几条小的，从 1 磅半到 2 磅不等。上午 9 点吃早饭，然后开车去另一个湖区钓鱼，一直到中午。这里叫"哈比森湖"，是一个又窄又长的湖。波特尔和我在这里钓，莱基和坎宁安去了"鲸湖"。回来吃了午饭，然后打包准备离开。午餐后，坎宁安飞往魁北克，再转往纽约，波特尔和我打算从魁北克转向"雪湖"。很可惜，后一条航线要飞到 3 000 英尺以上，但云层又很低，我们只能开车去。负责接待的克拉克上校来机场接上我们，一道开车前往。我们在拉卡班停下用了下午茶，温斯顿去年在这里河边的宿营地住过。我们赶紧下车，想在天黑前钓一会儿鱼，但刚刚过了半个小时，天色就暗的无法钓鱼了。我们发现营地的工作人员还是去年那班人，出来欢迎我们，厨师萝丝做了一顿丰盛的晚餐。

9 月 19 日，雪湖

早上 6 点钟起床，波特尔和我在克拉克儿子的陪伴下，前往营地对面的海湾，我们发现那里水面上游着的鳟鱼很多。我们换了几个不同的地方钓鱼，9点半回来吃早饭。匆匆吃完，我们赶紧再出去，一直钓到下午2点半才吃午饭，然后又钓到天黑。这一天我一共钓了六十二条鳟鱼，平均都有1磅半，还有两条差不多3磅。今天真是爽。

9月20日

还是早上6点钟起床，一直钓到下午2点半，然后我们不得不离开了。一大早起来我就想集中精力好好钓一条灰鳟，把我那小细鱼竿不知道甩了多少圈。还真抓住了一条12磅的，可把我高兴坏了。它挣得很欢，我没有带鱼叉，只有一把兜网，把它搞上岸可费了不少劲。这一天我又钓了四十四条鳟鱼，两天一共钓了106条，差不多都1磅半重，有一条12磅的灰鳟。这里的湖是我到过的、钓鱼的最佳去处。回去的路上我们再次在拉卡班停留。就在等着下午茶准备好的那点儿空档时间里，我们赶紧跑到营地对面的河边，没有几分钟波特尔就钓上来一条5磅半的鳟鱼！！这是那片河塘里曾经钓上来过最大的。回到魁北克，克拉克给我们准备了咖啡和三明治。他还准备了一堆各种各样的食品，让我们带走。我很少看到像他这样热情好客的人。

我们返回酒店，准备一早出发。

当我们抵达拉卡班的时候，被送上来一份政府部门的电报，说是发给我们的。是温斯顿发来的，反映出他幽默的一面。电文如下：

代号：炮火（305）

以下内容发自首相，发给参谋总长和空军参谋长。

请告诉我陆军和空军分别抓了多少俘虏，尤其在"雪湖战役"中。

波特尔写了以下内容回复：

代号：火药（420）

以下内容发自参谋总长和空军参谋长，发给首相。

您的炮火（305）刚刚收到。"雪湖战役"在 19 日黎明时分展开，20 日下午 2 点 30 分结束。敌军从四处进犯，在所有熟悉的地点均抵抗激烈，尤其是"丘吉尔湾"和"布鲁克湾"。我们陆军和空军毙伤敌军的数量大致相当，总计大约两百五十名，其中敌首于周二下午向陆军投降。在蒙莫朗西的拉卡班展开的短暂收尾行动中，我们的空军俘获了该水域迄今为止最大的潜水艇。我们相信您的旅程一定很顺利。

9 月 21 日，帆船上

早上 5 点钟起床，5 点半离开酒店，6 点登上圣劳伦斯河的一艘帆船。7 点前我们的飞机起飞，从芳缇娜酒店上空飞过，还看到了我卧室的窗户。

我们在云层之上，飞行平稳，中午 12 点左右抵达博特伍德吃午餐。下午 2 点再次启程飞往英格兰。我坐到副驾驶的位子上，在准备穿越大西洋之前看纽芬兰岛最后一眼。我们带了一位乘客，哈丁顿夫人（德文郡公爵的儿媳），她的丈夫前不久在法国牺牲了。晚上 8 点半我们已经飞到了普利茅斯湾上空，雾气很重。不过我们的着陆相当完美。

9 月 22 日，伦敦

早上去了皇家空军食堂吃早饭。在食堂里接到通知，到普尔港上空的雾气已经散去，那是我们原定的目的地，专列在那里等着我们。因此我们再次登机，飞往普尔，换乘火车，下午 2 点半之前抵达伦敦。我到了办公室工作到晚上 7 点钟，包括和 P.J.格里格见了一面。然后开车回家，9 点刚过就到家了。

9 月 23 日

和洛里去打猎了，很开心。

9月24日

在家里，安静的一天。

9月25日

回来工作，上午11点钟开了参谋长会议，制订明年3月份收复仰光的作战计划。罗斯玛丽过来吃午饭，她就要离开去印度了。午餐后波兰军指挥官安德斯过来看望我。他很开心，状态不错。下午5点半是内阁周一例会，因为温斯顿不在，很快就结束了。

9月26日

上午10点，去尤斯顿火车站迎接从美国回来的首相。与平时一样来了一大群人。他看上去很健康，兴高采烈的。从那里直接去开参谋长会议，还是商量明年3月份收复缅甸的行动。午饭后兰塞尔来找我，商量国王去法国视察的细节问题，他希望尽早成行。然后和秘书长研究接下来的人事调整，接着去了陆军大臣那里，讨论斯大林企图赶走布罗卡斯·波罗斯，还有不少其他事情。

9月27日

今天上午的参谋长会议时间很短，主要是应艾森豪威尔的要求，组建派驻巴黎的军事代表团，以及如何处理好他们与达夫·库珀大使之间的关系。这不是一件很容易理清楚的事情。下午会见了东非司令部司令普拉特和西非司令部司令诺斯沃兹，商量他们的任职将于年底结束。如何和斯图尔特研究重组加拿大军司令部，因为克里勒生病了。

最后参加内阁下午6点钟的会，温斯顿主持讨论如何回应德国人提出来的给海峡群岛的英国居民运送食物。决定一粒粮食也不给，这样回复德国人：保证当地居民的基本食物是他们的责任，如果做不到就投降吧。

9月28日

开了个参谋长短会,作战参谋们也出席了,讨论未来对日战争中的人力资源问题。午饭后,从麦克阿瑟司令部回来的拉姆斯登过来看我,一起聊了很长时间。他后面是派驻布莱梅司令部的罗伯茨,所以我比较深入地了解了太平洋战场的作战情况。晚上去看了《希特勒匪帮》的电影首映——拍得很烂。洛里·查林顿和我一起看的,完了我们去吃晚饭。

9月29日

参谋长会议很短。然后亚当过来吃午饭,和他的谈话非常有价值,涉及很多重要问题。下午5点钟出席陆军委员会会议,我简要介绍了战略形势,然后就解放了,后面都是P.J.格里格的事了。有他当陆军大臣,我真是足够走运。他非常体谅人,很好合作。感谢上帝一周总算过完了,我可累坏了!

9月30日

没有什么事,因此参谋长会不开了,我早早地回家,赶上了吃午饭。

10月1日

在家里,很安静。

10月2日

一大早离开家。参谋长会议时间比较长,大家讨论了外交部对于我们拆分德国方案的意见。我们假定在可以预见的未来,苏联成为一个扩张性的国家,变成我们的威胁。外交部显然还不能接受苏联有一天会变得不再友好。

午餐后，去印度事务办公室拜访艾默里，他向讨论一下自己刚刚结束的意大利之行。内阁在下午5点半开会，晚上10点钟与首相开会商量缅甸作战方案。就在吃晚饭前，收到了蒙哥马利的电报，说他没有办法抽调出第52师、第3师、第6空降师、第6装甲旅和司令部直属部队，并提醒我们注意，在击败德国之前仍将面对艰苦的战斗。意大利战事也拖延不前，同样不愿意撤出部队。因此我建议将仰光战役推迟到明年的雨季之前，首相同意了。这虽然令人很失望，但我觉得决定还是正确的。

首相忽然告诉我们，他和安东尼·艾登下周六要去莫斯科，想让我陪他一起去!! 这有点儿意外，与我下周三至周日去法国的计划冲突了！我只好缩短法国之行。走运的是，我们发现首相今天非常心平气和。否则，我们可能什么决定也达不成。

10月3日

出访莫斯科已经基本敲定，我估计我们会在周六晚上启程。（就在刚刚，附近发生了巨大的爆炸！估计是一枚火箭！）外交部的代表出席了参谋长会议，大家研究了在德国战败之后如何组建管制委员会。你和普克斯过来吃午饭，然后我带你们去购物。下午先是参加了遴选委员会的会议，然后会见了第1空降师师长厄克特[①]，刚刚从阿纳姆[②]回来的。他是个很有趣的人。后面是从意大利回来的奥利弗·利斯，即将前往缅甸

[①] 罗伯特·艾略特·厄克特（Robert Elliott Urquhart，1901—1988），英国陆军少将。——译者
[②] 阿纳姆战役（Battle of Arnhem），是1944年9月17日至9月26日盟军与纳粹德国军队在荷兰阿纳姆市及其周围进行的一场战役，它是"市场花园行动"的一部分。在这场战役中，英国与波兰的空降部队始终无法夺取纳粹德国控制的阿纳姆大桥，英国陆军第30军也无法推进到阿纳姆大桥，最后英国与波兰的空降部队被迫强行突围，遭受重大损失，1984人阵亡，6 854人被俘。这场战役在1977年被拍成了电影《遥远的桥》。美国陆军第82、第101空降师均参加了"市场花园行动"，这是二战中盟军实施的规模最大的空降作战。——译者

替换吉法德。

10月4日

　　中午在泰勒商会吃饭，很丰盛。午餐后前往海斯顿机场，飞去凡尔赛拜访艾森豪威尔。他派来了自己用"米切尔"轰炸机改装的专机，能以每小时260英里的速度巡航！飞行中遇到了暴风雨，有些颠簸，飞机降落在维尔普勒机场，十年之前我来凡尔赛参加情报工作培训，曾在这个机场观看过阅兵式。再一次来到凡尔赛让我感到很激动。上一次是在39年的时候，当时正从拉瓦勒开车前往里尔。我在特里亚农酒店吃了午饭。上一次在这儿吃饭是我和你从卡尔卡松回来的路上，就是我在这里培训那个月结束的时候。我们去了艾森豪威尔设在特里亚农酒店副楼里的办公室。我和他谈得不错，还在那里会见了比德尔·史密斯和德·金古德。然后我们开车去了艾森豪威尔在圣日耳曼昂莱森林里的一座小城堡，龙德施泰特①在逃离巴黎之前就占用着那里！晚上伯迪·拉姆齐、汉弗莱·盖尔、利-马洛里和怀特利②都过来吃饭，让我有机会和他们好好聊了聊。晚上我听说有一枚火箭打到了巴黎。

10月5日

　　上午没什么事情，11点半出席了艾森豪威尔召集的集团军群指挥官会议，蒙哥马利、布拉德利、德弗斯、特德、拉姆齐、利-马洛里、比德尔·史密斯和德·金古德都参加了。艾克会议主持得很好。首先是集团军群指挥官汇报，接着是空军和海军汇报。然后艾克解读了下一步的

---

① 格尔·冯·龙德施泰特（Karl Rudolf Gerd von Rundstedt，1875—1953），德国陆军元帅。——译者
② 约翰·怀特利（John Francis Martin Whiteley，1896—1970），英国陆军上将。——译者

战略计划，包括攻占安特卫普，从南北两个方向朝莱茵河推进，直逼莱茵区北部和鲁尔工业区南部，拿下鲁尔工业区之后，再考虑是通过鲁尔工业区还是法兰克福向柏林进攻，届时视条件最佳而定。与此同时，作为佯攻计划，德弗斯从南边进逼慕尼黑。在整个讨论过程中，有一个问题凸显出来，就是必须尽早夺取安特卫普。我感觉蒙蒂在战略安排上犯了一个错误，就是不应该进攻阿纳姆，而应当把安特卫普作为首要攻击目标。拉姆齐在发言的时候指出了这一点，把蒙蒂狠狠批了一通。艾克大方地承担了所有责任，因为是他批准了蒙蒂关于实施阿纳姆战役的建议。

我觉得艾克把会议组织得相当漂亮，氛围热烈而友好，尽管对后勤方面也有些坦率的批评。会后艾克邀请蒙蒂、布拉德利和德弗斯共进午餐，让我有机会好好见见他们。午餐结束后飞回伦敦，花了一小时又十分钟！

发现甘默尔在办公室等我，聊了很久，一起讨论伊斯特拉半岛的作战计划。晚饭后首相叫我顺道过去一趟。他就是想了解我去拜访艾森豪威尔的情况，听听我们都瞎扯了什么。我发现波特尔在那里，最后敲定莫斯科之行的细节，现在都定下来了。

10月6日

繁忙的一天，先是补上法国之行耽误的工作，然后再处理完启程去莫斯科之前要了结的事务。亚当过来吃午饭，和他谈的内容很有用。尽管从去年以来我就听到不少对他的批评，但是我不知道陆军中还有谁比亚当更合适担任副官长一职。晚上7点钟离开伦敦回家，希望出发去苏联之前能在家安静地待上一天。

10月7日

在家，安静的一天，早早吃好晚饭，等着博伊尔晚上8点半来接我，去莱纳姆机场和安东尼·艾登会合，午夜出发。

晚些时候：

博伊尔准时来接，我们一路顺利，经过了贝辛斯托克、纽伯里、亨格福德、莫尔伯勒等城镇。比安东尼稍早一些到达，他和玛丽王后吃好晚饭过来的。凌晨 12 点 10 分，我们的飞机冲进了黑夜之中。

10 月 8 日，开罗

一路顺利，早上 7 点 10 分抵达那不勒斯，飞了正好七个小时。我们降落的很及时，因为我们刚刚落地就下了一场很大的雷阵雨，天地一片混沌。我们是紧跟在温斯顿的专机之后降落的，"巨人"威尔逊、亚历山大、麦克米伦、约翰·坎宁安等人前来迎接。大家开车去了那不勒斯的别墅，洗澡、刮胡子、吃早饭。然后我们和首相开会，与威尔逊、亚历山大、艾登、"巴哥犬"、雅各布一起讨论如何把美军部队和登陆舰艇留在意大利战场的最佳方案，防止他们被抽调走。方案很难做，亚历山大被阻在亚平宁山脉一线，部队也很疲惫，已经无法抽出一兵一卒参加两栖作战。与此同时匈牙利正在谋求和平，俄国人已进入南斯拉夫，铁托的游击队也有所进展。因此，等亚历山大腾出部队来，形势到底如何很难预测，据他说还要等到明年 2 月份！

上午 11 点半我们再次起飞，艾登换到了温斯顿的专机上，他本来叫我一起过去，但我觉得还是留在自己的飞机上为好，和伊斯梅、雅各布一起商量着发电报回伦敦，通报那不勒斯会议的结果。这会儿我就在天上写日记，飞机正沿着意大利的"小腿"往南飞，前往开罗。真不敢相信，昨天我还在英格兰舒舒服服吃晚饭，今天早晨却在那不勒斯吃早饭，而晚上则有可能在开罗吃晚饭，明天或许又在克里米亚吃早饭、在莫斯科吃午饭了！！

晚些时候：

我们一路飞得很平稳，下午 6 点半（当地时间 8 点半）抵达开罗，天已经漆黑一片了，黑暗中的着陆也很完美。可惜首相的专机着陆很糟糕，损坏了起落架，不能继续飞了。佩吉特来接我，开车载我去"凯西别墅"，现在莫伊内①住里面，晚上我们在那里吃饭。晚餐后大家在凌晨开车出发，准备起飞前往莫斯科。这次又要换机了，因为首相专机的起落架坏了，不能飞了。所以他换到了我的飞机上，现在同机的有首相、艾登、伊斯梅、莫兰、秘书马丁、汤普森中尉、洛克伍德和我。

10月9日，飞越哈尔科夫上空

我们在凌晨1点钟出发，飞越爱琴海，沿达达尼尔海峡进入黑海，避免翻越土耳其的群山，因为飞行太高对首相身体不好。我们从克里米亚进入苏联，天还没有亮，云层也很低。我早上8点起来，刚刚穿好衣服、刮了胡子，就飞到了第聂伯罗捷尔任斯克上空，仔细看了看著名的第聂伯河大坝。天空晴朗无云，大地虽久经战火，但看起来仍然充满生机。昨晚首相看起来很疲惫。这会儿还睡着，应该对他有好处。

晚些时候，莫斯科

飞机上的早餐很不错，有碎麦片、煮蛋和火腿。剩下来的时间我都在看苍茫大地上留下来的战争痕迹：被遗弃的战壕、火炮阵地、倒塌的房屋、反坦克壕，等等。根据我的观察，战争对苏联造成的创伤应该没有对法国和意大利来的重。我为我们飞越地区的人口密度所震惊，远比我上次从巴库飞经古比雪夫到莫斯科所看到的要多得多。当我们飞近莫斯科的时候，飞行员显然搞不清楚自己的方位了，他开始盘旋，最后找到个机场降落了，落地才被告知正确的机场还在前面大约30公里。因此

---

① 莫伊内男爵，即沃尔特·爱德华·吉尼斯（Walter Edward Guinness，1880—1944），时任中东事务大臣，大约一个月后的1944年11月6日，在此别墅门口被犹太复国主义恐怖组织"以色列自由战士"（Lehi）暗杀。——译者

我们再次起飞，很快就到了莫斯科上空。不过又冒出来一个问题，起落架放不到位，只好用紧急气动装置将它固定。最后我们在莫斯科时间中午 12 点差几分钟降落，距伦敦起飞已经整整三十四个小时了！莫洛托夫、麦斯基、一群苏军将领、克拉克·克尔、哈里曼、布罗卡斯·波罗斯等人来机场迎接。检阅了仪仗队，还看他们正步走过，乐队演奏了完整版的《天佑国王》和苏联国歌。最后温斯顿发表了广播讲话。

然后我们乘车去了国家饭店，我分到一间豪华套房，"巴哥犬""巨人"等人和我都住在这里。温斯顿单独住一幢小楼房，艾登住在大使馆。我和布罗卡斯在他的房间里共进午餐，和他商量因为俄国人不喜欢他，我们不得不将他召回。然后去大使馆看看给我安排的官方活动。从那儿我和布罗卡斯再去了英国军事代表团驻地，和大部分代表团成员都进行了交谈。最后回到酒店吃晚饭，感觉有些累了。

10 月 10 日

美美睡了一觉，吃了个晚早饭，然后走去他们在大使馆里为我安排的办公室。除了几封电报，那里没什么事情可干，我看到一份请柬，斯大林邀请我们所有人出席下午 2 点半的大型午宴。出席人员有温斯顿、斯大林、艾登、莫洛托夫、古谢夫（从伦敦赶过来的）、麦斯基、哈里曼、伊斯梅、波罗斯、迪恩、"巨人"、皮克①、卡尔索普，以及英联邦自治领驻苏联的外交代表，苏联的军事将领和外交部官员。所有的外交部工作人员，包括翻译，都穿着灰色制服，显得很机灵。斯大林对我晋升陆军元帅表示了祝贺，样子非常和蔼可亲。午餐是标准的宴会，一上来是各式开胃小菜，包括鱼子酱，大家还传了一道烤乳猪，然后是香菇干贝，接着是鱼、鸡肉和鹧鸪，最后一道是冰激凌。和往常一样，大家

---

① 书中皮克还出席过雅尔塔会议，据此译者推测是罗杰·皮克（Roger Peake），英国陆军准将，1944 至 1945 年任陆军部军事情报处副处长。——译者

都发言祝所有人健康。先是莫洛托夫祝首相身体健康,然后是艾登,接着是我、伊斯梅、哈里曼等等,我们还要再回敬一圈。最后是斯大林站起来,开始大段讲话。他指出,温斯顿和哈里曼在讲话中都提到英美两国均不愿看到战争。斯大林说苏联的军队也是一样。为什么这样说?原因显而易见,我们三个国家都是爱好和平的民族,从来没有侵略他人的念头。德国和日本都是处心积虑的侵略者,因为他们想打仗。将来如何防止这种情况重演呢?只有靠三个爱好和平的国家团结协作,在需要的时候依靠他们的力量来维持和平,等等。然后莫洛托夫又站了起来,说他有点儿"侵略"的想法,要每个人的杯子里都倒满香槟,最后敬一次酒,大家都必须喝完,他自己要看着每个人的酒杯变空!然后他祝愿三位伟大的领导人身体健康,我们只好把杯中酒喝光。还好一直到这个时候我都喝得不多,只有一杯伏特加和一杯白葡萄酒!

时间到了5点半,我们才从桌子上起身,整整坐了三个小时!!我们到底在干嘛?听一帮喝得半醉的政客和外交官在互诉衷肠,其实根本就是言不由衷。难道国际友谊就是建立在如此般酒后的一派胡言之上吗?如果真是这样,未来只有交给上帝了!

就这样还没有结束,又去了隔壁一个房间,上了咖啡、白兰地、香烟和水果。大家都挤在一个小桌子旁,有温斯顿、斯大林、艾登、莫洛托夫、麦斯基、古谢夫、巴尔弗、克拉克·克尔和哈里曼。最终下午六点一刻才散场,回到大使馆审阅最新的电报。然后参加了巴尔弗在使馆里举办的雪莉酒会。回到酒店安静地吃了晚饭,早早睡觉。

10月11日

先去大使馆里我的办公室处理了最新电报。11点钟布罗卡斯·波罗斯来接我去购物。虽然兜兜逛逛很有趣,但没有买到什么东西,其实这里根本就没有什么值得买,大部分都是廉价货,价钱还很贵。然后到美国大使馆吃午饭,商量英美双方共同处理军事问题的方针原则。哈里曼盯得相当紧,他就想把所有的功劳都戴在自己头上,不惜牺牲我们的利益!

下午开车去了莫斯科城外一处小的高地,拿破仑曾经在那里远望烈火焚城①。从这里看过去的视野非常好,整个城市一览无余。开车回去的路上经过文化公园,他们在那里搞了一次成功的展览,展示各种各样缴获的德军武器,从单兵装备到飞机都有。效果非常好。下午 6 点半出席了莫洛托夫举办的鸡尾酒会,发现麦斯基和夫人也在那里,还有利特维诺夫②夫妇也在,以及出席会议的其他人员。回到酒店洗了澡,晚上 9

---

① 1812 年莫斯科大火:1812 年 6 月 24 日,拿破仑率领近六十万军队侵入俄国,他没有进攻俄国首都圣彼得堡,而是直取俄国心脏莫斯科。9 月 7 日,在莫斯科以西 124 公里处的博罗季诺,俄军总司令库图佐夫指挥十二万俄军同法军展开著名的"博罗季诺会战",俄军死伤惨重,为保存主力,库图佐夫被迫放弃莫斯科向后方转移,伺机再同法军作战。9 月 14 日,莫斯科城里部分居民随同军队一道撤离莫斯科。9 月 15 日清晨,拿破仑领军进入莫斯科城,法军进之后进行了劫掠。9 月 16 日夜,莫斯科全城起火,连烧数日。1812 年以前,莫斯科有 3 万幢房屋,火后剩下不到 5 000 幢,全城着火面积达四分之三,死伤无数。随着严冬来临,加上大火使法军补给严重紧张,拿破仑不得不决定撤退,最后只剩下 1 万多名士兵狼狈逃回国内。至于这场大火的起因,历史上一直存在争议。主流观点认为是库图佐夫精心策划的,他要让法军舒舒服服住到莫斯科,把所有物资都安顿到城内以后,再将它们烧掉。拿破仑认为"放火烧城"是莫斯科总督罗斯托普金蓄意计划和部署的"疯狂做法",因为当人们企图救火时才发现,罗斯托普金事先把一切消防水龙和灭火器具都运走了;另外全城各处同时起火,显然有计划有预谋;据说罗斯托普金本人也承认,是他亲自下令放火烧城的。一些俄国人也认为这场大火是他们自己放的,这是一次勇敢的"焦土政策",表明俄国人决心不惜一切代价抵抗外敌入侵。但也有人认为,法国士兵对莫斯科大火负有直接责任。拿破仑的士兵"夜进私宅,点起蜡烛头、火把和柴火照明",不慎酿成灾难。俄国大文豪托尔斯泰在小说《战争与和平》中即持这种观点,他认为大火是喝醉了的法国士兵造成的。他的推断依据是:莫斯科这座始建于 1156 年的俄罗斯古都,地处森林稠密的东欧平原,数百年来人们习惯以木结构为城市建筑的骨干,故有"木屋市"的别名。一直到 17 世纪末,全城除了克里姆林宫等少数石建筑,木屋仍比比皆是,就连沙皇的其他宫殿也保持着传统的木结构风格。当拿破仑率军入城时,那些法国士兵并不了解莫斯科城内这些情况,因粗心大意而酿成火灾。不管起火原因究竟如何,这场大火改变了整个欧洲的历史,它直接导致了拿破仑帝国的衰弱直至灭亡。——译者
② 马克西姆·利特维诺夫(Maxim Maximovich Litvinov, 1876—1951),犹太人,苏联外交官。——译者

点钟去大使馆参加斯大林和温斯顿召集的晚宴。从头到尾都是各人的讲话，不过午夜前就散场了。席间放了一次礼炮，庆祝攻占克卢日①，在克里姆林宫窗户的映照下，烟花煞是好看。晚宴后是个大型招待会，招待那些参加不了宴会的人。最后搞外交的几位大员又陪着斯大林和温斯顿进了一个小房间，待到几点钟不清楚。我凌晨2点就溜回去睡觉了，真高兴还能睡上一会儿。

10 月 12 日

有一则寓言故事讲，几个猎人要去打熊，在开始狩猎之前就忙着争论怎样卖熊皮、怎样分钱，结果连打熊的事情也忘了！我感觉这就是我们这帮人眼下正在干的，一到这里我们就忙于讨论战后的利益分配，结果完全忽略了眼前该如何结束战争的问题。

上午我去找温斯顿，他还在床上，和他商定了一些职务任免，还有召回布罗卡斯·波罗斯的事。我还成功地说服他，在季风季节到来之前，不再从意大利抽调兵力，等到准备实施仰光战役的时候再议。他主要是受到自己一直打算为蒙巴顿做些什么的想法影响。我还和他敲定了一些周六或周日与苏联人开展军事会谈的细节。他准备在周一离开这里，周五前回到伦敦。我希望他能够保持这个计划不再变了。

下午，我和莫兰开车去参观第一圣母修道院，就在莫斯科的边上。我们参观了希腊教堂，墙上满是16世纪的壁画，保存得非常好，还有古老的圣像和宗教服饰。外面是一个大型公墓，里面葬着斯大林的第一位妻子，墓碑是根石柱，顶上还有雕刻。四周花园修葺得很好。公墓里还有一块很

---

① 克卢日(Cluj)，罗马尼亚西北部的一个县，全国第二大金融中心，四十一个县中最发达的之一，地处三大自然地貌阿普塞尼山脉、索梅桑高原、特兰西瓦尼亚平原的交汇处。——译者

大的纪念碑,为了纪念几年前六引擎巨型飞机"马克西姆·高尔基号"①在莫斯科坠毁的事故,机上乘客全部遇难,总数超过四十人。

---

① "马克西姆·高尔基号"飞机:20世纪二三十年代,被称为航空史上的"黄金年代",设计师不断推出革命性的新设计,制造商不断生产出更大更快的飞机。欧美几个航空大国你追我赶,把创造飞行世界纪录作为炫耀的目标。苏联也十分重视航空工业发展,出台了一系列扶植政策,到了30年代,苏联航空工业进入蓬勃发展时期,政府动员全国人民关心支持和参与航空工业建设,各种类别的飞机设计局、制造厂遍及全国,培养飞行员的航空俱乐部更是随处可见,"无产者造飞机去!""青年人学飞行去!"之类的宣传口号几乎家喻户晓。航空的发展使苏联人跻身于空中竞赛的世界舞台,也赋予苏联人对外展示自己的机会,苏维埃政权期望通过宣传航空成就进一步提高国际地位,增强国人信心。30年代初,苏联成立了一支航空宣传中队,以"马克西姆·高尔基"的名字命名。1932年10月,航空宣传中队队长、《真理报》著名记者科利佐夫提议制造一架里面可以安置印刷机和大功率无线电台的巨型飞机,以庆祝高尔基第一部文学作品发表四十周年。因为高尔基是斯大林最喜欢的作家,他的建议很快得到响应,在很短的时间内就筹集到800万卢布,由图波列夫主持的苏联中央流体动力研究院承担研制任务,飞机代号安特-20(ANT-20),也叫"马克西姆·高尔基号"。1933年7月4日开始制造,1934年4月3日完成,图波列夫团队只用短短九个月时间就造出了当时世界上最大的飞机,在航空领域落实了苏维埃政权"什么都要世界最大、什么都要世界最强"的信条。"高尔基号"机身长32.5米,翼展63米,机身结构分为5段,用高强度螺栓连接在一起;其中第四段工作区面积高达100平方米,有小卖部、电影放映设备、照片冲印间和广播电台;最多能搭载64名乘客和8名机组人员;安装8台米库林设计局的M-34FRN发动机,单台功率900马力,左右机翼各有3台,其他两台发动机一前一后装在机身上部的中心线上,有一台是推进式发动机。1934年6月17日完成首次试飞,两天后飞临莫斯科红场上空,参加了"切留斯金号"极地考察船凯旋欢迎大会,飞机从空中投下了20万份传单,欢迎从北极归来的勇士。1934年8月18日,飞机移交给高尔基航空宣传中队,开始进行飞行宣传。"高尔基号"所到之处,经常邀请地方政要访问飞机电影院,这个电影院其实就是一块大银幕,让人们坐在飞机旁边的椅子上看电影;有时宣传员们在飞机上印刷传单投给下面的人,飞机上的照相洗印室能处理胶片,迅速打印出来,有时就加印在传单上;此外,飞机上还有一部16个号码的电话交换机;连同所有设备,这架当时的巨无霸飞机起飞重量达到42吨,不管飞到哪儿,都会吸引极大的关注,这让航空宣传中队轻而易举就达到了它的目的。1935年5月1日,"高尔基号"再次飞临红场上空参加"五一节"庆祝集会。1935年5月18日,"高尔基号"从柯定卡机场起飞,在编队飞行时与伊-5歼击机相撞,两机双双坠毁。机上45人,包括两名飞行员、10名机组成员和33名乘客无一生还,所有遇难者和战斗机飞行员布拉金都安葬在莫斯科第一圣母修道院公墓。"高尔基号"曾大张旗鼓地飞了十一个月,这与美国飞行家霍华德·休斯十一年后那架只飞过一次、离水面仅4米高的"云杉鹅"不可同日而语,它为苏联日后研制一系列大型飞机积累了宝贵经验。———译者

晚上出去看了歌剧《伊戈尔王子》。在巨大的歌剧院里，舞台甚至比观众席还大。音乐、演唱、布景、服饰都很棒；事实上比伦敦所有的歌剧院都好得多。这场演出真是完美，给人印象深刻。所有的包厢都是留给政府官员和军官的，所以剧院里很是拥挤。普通士兵都不允许进来！这就是所谓的人人平等吗？（我们曾想给访问团里的军士们搞一个包厢，但接到的答复是他们不允许进。）歌剧从7点半一直演到午夜。

波兰人正在被从伦敦接过来的路上，今天白天将会讨论有关波兰未来的安排。天气变得更冷了。

那天上午，我和温斯顿一起商量工作的时候，他忽然停下来盯着我，问道："国王到法国去接见蒙蒂的时候，为什么没有把陆军元帅的权杖带给他？"我回答说不知道，但元帅权杖又不是沃尔沃斯百货商店柜台上的东西，或许还没有现成做好的。"不是！"温斯顿回答说，"不是那样。蒙蒂希望自己拿到元帅权杖的时候，林荫路①上挤满了欢呼的人群！"我向他保证，在这件事上，蒙蒂肯定不会有那样的想法。但他还是继续说，"就是的，他有这样的想法因为他是蒙蒂，我不会让他看到欢呼的人群的！"

显然他把这件事放心上了，在回国的路上，他又忽然转向我，说："授予蒙蒂元帅权杖的时候，不允许搞庆典仪式！""不允许"三个字还特别加重了语气。我还是第一次不得不警告蒙蒂，让他去白金汉宫的时候尽可能动静小一些。

他这样的小气、嫉妒简直令人难以置信。不过我确实经常注意到，他喜欢让聚光灯打在自己身上，而不是分散到他身边人的身上。那些挡住他阳光的人是得不到他支持的。这就是人性的弱点，总想让自己显得

---

① 林荫路(The Mall)，英国伦敦市中心威斯敏斯特区的一条马路，西起白金汉宫，东到水师提督门和特拉法尔加广场。——译者

更加伟大,用周围人的平凡映衬出自己的突出。

10月13日

花了一个上午准备明天军事会谈的要点,我要介绍法国、意大利和缅甸战线的局势。通过一个翻译,在地图上把战局讲清楚可不是一件容易的事情。中午和布罗卡斯·波罗斯一起吃饭,就在他代表团驻地的食堂,一栋很大的房子,过去是一位纺织业巨头的,显然是生怕别人不知道他的富有。(这是我猜的,在房子里代表团一共找到了十六个麦克风,为了在房子里就听得见!)午餐后和布罗卡斯去游览一处过去沙皇拥有的木质老城堡,是"恐怖伊凡"① 的最爱。这里可以远眺莫斯科河和一望无际的森林。16世纪的木质城堡什么也没有留下,因为木头早就腐烂了,但在一栋后来建造的石头房子里,他们用木头搭建了木城堡的模型,非常逼真,令人惊叹如此精妙的作品是如何用木头造出来的。一位女导游带着我们参观,她样子看起来像没有文化的农家妇女,但其实远非如此。她对俄罗斯历史有着深入的研究,基本没有什么问题难住她。回来之后去了办公室,花时间读了新近的电报,然后回到酒店用下午茶,吃了两个煮蛋,后面又去了一次歌剧院。在经过了前面几天的暴饮

---

① 伊凡四世(Ivan IV Vasilyevich),莫斯科和全俄罗斯大公,沙皇专制制度创建者。伊凡三世之孙,瓦西里三世之子。1533年继位,母后叶琳娜摄政,大贵族乘机专权作乱。1547年1月亲政,加冕称沙皇。从1549年起开始依靠小贵族(军人)的支持,推行行政、司法、军事等方面的改革,限制大贵族的专横,加强中央集权。1565年进行经济改革,建立占全国土地总面积一半的沙皇特辖区,彻底摧毁大贵族割据势力的基础;对于反对特辖区制度的大贵族予以残酷镇压,甚至血洗整个大贵族的村庄,故被称为"恐怖的伊凡"(或"伊凡雷帝")。在位期间,还颁布一系列加强农奴制的法令,支持中小贵族兼并农民土地,严禁农奴离开自己的主人。对外积极进行侵略扩张。1552年征服喀山汗国。1556年征服阿斯特拉罕汗国。1558年,为夺取波罗的海出海口而发动长达二十五年的立窝尼亚战争,失败。1581年又命惯匪叶尔马克组织哥萨克远征军,越过乌拉尔山,攻入失必儿汗国,开始向西伯利亚扩张。——译者

暴食之后，这顿简餐吃得真是舒服！

今天看的剧目是《尤金·奥涅金》，总的感觉比昨晚还要好。舞台布景又是美得无与伦比，决斗的那一幕被安排在白雪覆盖的桦树林中，灯光半暗，冷雾在山谷里弥漫，天空变成了珍珠灰色，还不时伴有闪电。演唱也相当美。我禁不住在想，这反复传唱、反映贵族生活的经典剧目，一定会对台下的共产主义观众产生影响。这国家剧院的布景和服饰都非常精美，我注意到每当幕布拉起，观众们都情不自禁地集体鼓掌。自从我最近来到这里就发现，无论是男人还是女人，给人感觉都是积极向上的。官员们也都比着看谁的表现会更好。女人们尽管表现的机会少一些，但也都在尽其所能。

不过从驻苏联代表团里听到的消息却令人十分沮丧，和当地居民建立任何社会关系都是不可能的。他们从不来吃饭，也从来不邀请我们的代表团成员外出。彼此之间存在着一条巨大的鸿沟，显然难以弥合。

10月14日

我用了上午时间，阅读准备晚上在克里姆林宫与斯大林进行会谈的资料。中午和阿切尔海军上将[1]一起吃饭，他承担着我们驻莫斯科军事代表团的一部分任务。然后回到大使馆看新来的电报。下午5点钟我和安东诺夫[2]开了个会，他代表眼下正在前线的苏军总参谋长华西列夫斯基[3]。波罗斯和我一同前往，在那边待了一个小时。我发现安东诺夫很友好，很好沟通。他解释了苏联红军是怎样在波罗的海和巴尔干两个侧

---

[1] 欧内斯特·阿切尔（Ernest Archer, 1891—1958），英国皇家海军上将。——译者
[2] 阿列克谢·因诺肯季耶维奇·安东诺夫（Aleksei Innokentevich Antonov, 1896—1962），苏联陆军大将。——译者
[3] 亚历山大·米哈伊洛维奇·华西列夫斯基（Aleksandr Mikhaylovich Vasilevsky, 1895—1977），苏联陆军元帅。——译者

翼同时展开进攻，进展比较顺利，只要从南边对德国人发动攻势，匈牙利就有可能会投降。不过，他说，匈牙利军队还没有答应投降的条件，部队中有很多德国军官，可能会造成不小的麻烦。然后我给他简单介绍了法国和意大利的战况。

下午6点钟赶往大剧院观看芭蕾舞表演。我们坐在一个沙皇皇室风格的老包厢里，有斯大林、温斯顿、艾登、莫洛托夫、哈里曼、麦斯基、利特维诺夫、利文斯基、伊斯梅、克拉克·克尔、波罗斯和我。芭蕾表演很精彩，结束之后我们到隔壁一幢房子吃晚饭，参加的有斯大林、温斯顿、艾登、莫洛托夫、哈里曼、克拉克·克尔、伊斯梅、麦斯基、哈里曼的女儿和我。还是老套路，不停地敬酒和讲话。

斯大林有一次敬酒没有被翻译过来，但引起了在座的俄国人哄堂大笑。那是给麦斯基敬酒，他就坐在我旁边，没有一起笑，我就问他那些人笑什么。他一脸阴沉地回答说："大元帅刚刚说我是一位诗人外交官，因为我有时候会写两句诗，但我们最后一位诗人外交官也被肃反了——这就是刚刚的玩笑！！"

莫洛托夫也搞了一回令人不快的祝酒。他说这一次祝酒太重要了，必须喝一满杯香槟才行！他让服务员把所有人的杯子都倒满，在检查完所有杯子都是满的之前他还不肯开口说，祝完酒之后还要盯着所有人把杯子都喝干！然后他才开始为红军祝酒！！我将酒杯一饮而尽，还担心酒劲儿会不会影响我那天晚上的观察和判断！

然后回到包厢里继续观看红军乐队、歌手和舞蹈演员的表演，包括很棒的哥萨克舞蹈。演出到9点半结束，大家再赶往克里姆林宫，到莫洛托夫的书房里讨论军事方面的问题。出席会议的有：斯大林、温斯顿、哈里曼、安东诺夫、东线的苏军参谋长、伊斯梅、雅各布、迪恩和我。我拿出法国、意大利和缅甸的地图,通过一名翻译,把各条战线上的情况讲解给斯大林听。他问了几个问题,谈了自己的观点和看法。然后迪恩汇报太平洋战场的情况。接着安东诺夫介绍了苏联战场的情况,我们问了不少问题。斯大林也会加进来回答,大家对德国整个东部战线的局势进行了深入讨论,包括下一步的行动。总体上大家的交流建立在开诚布公的基础之上。午夜前后送上来一些茶点,最后在凌晨 1 点半结束了会议,大家对会议都比较满意。我们远道而来,期待已久,但结果还算不错。明天下午 6 点,大家将在克里姆林宫继续讨论,研究如何对付日本。

10 月 15 日

上午 10 点钟布罗卡斯·波罗斯来接我,去他的公寓吃了午餐,然后出发前往扎戈尔斯克修道院①。修道院位于莫斯科以北约 40 英里处,它相当于俄罗斯的坎特伯雷大教堂②,是主要的宗教中心之一。一路上阳光明媚,我们参观了一些教堂和院长的房间,还保留着全套的老式家具,很有意思。然后我们启程返回,在一片森林的边上停车休息,中午布罗卡斯准备了很棒的野餐,大家都脱了大衣坐在小毯子上,阳光照得暖暖的。下午大约 3 点钟回到这里,接着我处理了电报。

下午 6 点,我们在克里姆林宫再次会见斯大林,但这次范围更小,因为温斯顿又发烧了!我们讨论了对日战争,安东诺夫介绍了他们眼里

---

① 扎戈尔斯克修道院(Zagorsk Monastery),即谢尔盖圣三一修道院(Trinity Lavra of St. Sergius),是俄罗斯东正教教会的精神中心,俄罗斯最重要的寺院之一,也是俄罗斯东正教最大的男修道院,现为全俄牧首公署所在地。——译者
② 坎特伯雷大教堂(Canterbury Cathedral),位于英国肯特郡坎特伯雷市,建于 598 年,是英国最古老、最著名的基督教建筑之一。——译者

看到的形势。无论是从中国还是从日本的角度来看，都给予了满洲①非常大的关注。日本人肯定不会撤离此地。恰恰相反，他们一定会逐步集中足够的兵力，俄国人估计届时可能需要动用大约六十个师来对付日本人的四十五个师。我问他们是不是考虑用西伯利亚大铁路来支撑六十个师和他们的战略空军。安东诺夫回答是的，但斯大林纠正了他，认为这可能会有问题。铁路每天可以发三十六对列车，但其中只有二十六对可以用于军事运输，每列火车能够运 600 至 700 吨。他认为，可能会需要美国通过太平洋方向给予协助。

会议非常成功。俄国人对参加对日作战没有什么迟疑，很积极地参与作战计划讨论。不过斯大林提出还有一些政治方面的问题需要解决。但对于自己出手相助，俄国人又想要得到什么回报呢？

会议在晚上 8 点结束，我赶去观看芭蕾舞剧《天鹅湖》，演出相当精彩。然后我们走着回美国大使馆吃晚饭，今晚演出的首席芭蕾舞演员也受邀一起参加，她很漂亮、纯朴，一点儿没有明星的感觉。凌晨 1 点半准备睡觉，对我们军事会谈的成果还是相当满意的。远比我最初期望的收获还要大。

那天我们和斯大林开会的时候，让我对他的军事能力有了全新的认知。当我问安东诺夫那个问题，即他是否能够用西伯利亚大铁路支撑六十个师和战略空军的作战，我敢肯定他知道答案，但他不确定斯大林希望他说什么。他望向斯大林想得到一些指点，但没有如愿，斯大林一脸毫无表情地站在后面。安东诺夫没了方向，只好说他们可以，但立刻被斯大林晾在一边，然后斯大林继续开始解释技术层面的问题，诸如西伯

---

① 此处原文用的是 Manchuria，即满洲，地理意义上通常指辽宁、吉林和黑龙江三省全境，再加上内蒙古东北部的地区（即东四盟）、旧热河省全部范围及外兴安岭以南（包括库页岛）。——译者

利亚大铁路每天只能开三十六对列车……，等等。他对铁路运输的技术细节展现出惊人的知识，显然读过远东战场作战的历史，并从这些知识中得出非常精准的推测。

10月16日

还好首相的身体好多了，热度降下来了，他也恢复了正常。昨晚传来的消息不太妙，据说他想在这里多待上几天！上午我们参观了克里姆林宫，这的确是最吸引人的去处。我们从宫殿最古老的部分开始参观，那是"恐怖伊凡"过去居住的地方。这部分外观上是明显的亚洲建筑风格。所有的原配家具都还在，包括他的四张床。就在卧室隔壁的房间里，他亲手杀死了自己十六岁的儿子！然后我们又参观了他专用的教堂，再穿过更加现代一些的建筑，来到18世纪建造的前厅，设有若干装饰精美的接待室。尤其是颁授"圣乔治勋章"的大厅，所有勋章授予者的名字都被刻在了墙壁上。还有一个大厅是用来颁授"圣凯瑟琳勋章"①的，我记得是上次来参加宴会的地方，因为我注意到在靠近天花板的地方有个勋章拼起来的装饰带。有一个很大的厅被改成了两个苏联部门的办公室，每个人都有自己的椅子、办公桌，桌上还有一个小扩音器！假如沙皇知道了自己的皇宫里建起了办公室，不知道会怎么想?!

最后结束参观，走到外面再回头看教堂，还有那世界上最大个的钟，17世纪把它吊起来的时候坠毁了。人们就把它留在坠落的地方，一半陷入了土里，一百多年后又把它挖了出来，竖起来当作纪念碑。我们还看到一门巨型火炮，但更加吸引我的，是克里姆林宫花园里那三只漂

---

① 圣乔治勋章（Order of St. George），现仍是俄罗斯联邦最高军事勋章。1769年11月26日，由俄国女皇叶卡特琳娜二世最早设立。2000年8月8日，俄罗斯第1463号总统令恢复了该勋章。圣凯瑟琳勋章（Order of Saint Catherine），原俄罗斯帝国勋章。1714年11月24日，彼得大帝在与凯瑟琳一世结婚时设立，是帝国唯一的女性奖项。——译者

亮的山雀！这是我来了以后第一次看到小型鸟类。中午我们和阿切尔海军上将一起共进午餐，他为出访团的军方成员举办了一个酒会。午餐后我在大使馆工作到下午 6 点半，然后回住处洗澡，晚上很安静，是个不错的放松，经过前几天那样的闹腾！

我们的返程又被推迟了二十四小时，因为有关波兰政治问题的讨论正在进行激烈的交锋。这有点儿扫兴，因为军事方面的工作已经结束了，我很想回去。继续待着很没劲，因为无论我到那里，都有三个特工和一名红军少校贴身跟着！他们人相当好，为了保护我，但就是很别扭。他们在群众面前有着绝对的权威。那天在买东西的时候，我身边慢慢围了一群人。一名特工走过去，用很轻的声音说，"你们最好不要待在这里"，他们立刻就散开了，消失得无影无踪！天气继续晴好。我只希望我们不会坐失飞行的好天气！

10 月 17 日

真是失望！我们的返程又被推迟了二十四小时！这次是为了让俄国人有机会在克里姆林宫举办一个宴会。说是如果我们没有举行这样一个宴会就离开，给俄国人和德国人的印象就是这次会晤是失败的，没有达成什么成果就走人了。真可悲啊！结果我们又浪费了二十四小时，而那些酒鬼又要狂欢一回了！！

今天，因为没有什么事可干，我上午 11 点钟去拜访了《英国盟友》报纸的编辑部。这是一个很棒的机构，宣传工作做得相当出色。他们每周发行一份报纸，反映英国的动态，配上照片，还有从英国报纸上摘录的文章。此外他们还管理着一个图书馆，借书给俄国人看。这个机构很受老百姓欢迎。从那里我去了莫斯科最有名的百货公司，相当于伦敦的"塞尔福里奇"，逛了两个楼面。整栋楼里都挤满了人，每个柜台上都是忙着采购的顾客，尽管价格贵的吓人，一条羽绒被要卖 10 英镑，一张地毯也要卖 8 英镑。不过这里有许多在英国商店买不到的商品。小孩子的玩具远比你在"哈姆雷斯"① 找到的要好玩。这边的药房竟然还卖橡胶热水袋!

午饭时候,布罗卡斯·波罗斯带我们去了他在莫斯科郊外森林里租的房子。我们开出去大约 30 英里,然后换乘四轮驱动汽车,沿着树林里前车开过的车辙继续开。最后我们到了一幢木制两层小楼前。在那儿他给我们做了一顿丰盛的午餐,吃完大家还去树林里散步。我想着能看到黑色啄木鸟,这种鸟我从前没有看到过,可惜一直都没有出现。午餐后我们走着去了附近一个湖,然后开车回大使馆。下午 6 点钟和大使开了个会,讨论关于代表团的未来安排,以及我们是否应该换下布罗卡斯,最后决定眼下暂不这样做。然后我们去观看俄罗斯民族歌舞表演,也相当棒。最后带布罗卡斯一起回酒店吃了晚饭。所有的军事和政治会谈都已经结束了,我希望后天一早能够按计划返程。

10 月 18 日

今天一天都在打发时间,就是因为今晚克里姆林宫的晚宴,我们出发又被推迟了二十四小时!上午去参观了红军俱乐部和红军剧院。前者是个红军官兵的活动中心,有座纪念馆、小型电影院、图书馆、娱乐室和室外运动场地。在其他城市也有类似的活动中心,但莫斯科这一处是最早创建的。纪念馆很有意思,陈列着很多地图、图表等,是来自各条战线的,但真正搞清楚它们的价值需要花上几个小时。红军剧院很大,

---

① 哈姆雷斯玩具店(Hamleys),威廉·哈姆雷(William Hamley)于 1760 年在英国伦敦创建,最初的店名叫 "Noah's Ark"(诺亚方舟)。1881 年,该公司在伦敦摄政街开设了旗舰店并延续至今,同时为了纪念创始人而将店名变更为 "哈姆雷斯",在全球开有 60 多家分店。摄政街旗舰店是目前世界上最大的玩具店,有 7 层楼高,约 5 万个品类的玩具,店铺本身也成为伦敦一个主要的旅游景点,每年可以招揽约 500 万游客。——译者

应该和伦敦最大的剧院差不多。可以坐一千六百人，舞台上可以容纳近两千人！它完全由军方运营，每天都有演出。午餐后去参观了一处城堡，是由叶卡捷琳娜女皇建造的，但因为她不喜欢，修建了一半又废弃了。现在克里姆林宫的晚宴就在前面了，真是可怕的煎熬，明天上午10点半我们就要打道回府了。

晚些时候：

结果证明晚上的宴会还是比较温和的。我们8点钟在圣凯瑟琳勋章大厅碰头。用俄国人的眼光来看，他们的出席人员还是很有代表性的。斯大林、莫洛托夫、麦斯基、利特维诺夫、古谢夫、伏罗希洛夫、安东诺夫，还有炮兵、坦克兵、航空兵、工程兵、铁道兵、后勤兵、军工生产和海军等等方面的主官。我们一边有首相、艾登、伊斯梅、"巨人"和我。外交方面的官员——克拉克·克尔、贝尔福、三位自治领的代表，还有美国人哈里曼和迪恩。菜肴精美，比上一次少了一些东方味道，包括鱼子酱、开胃小菜、汤、鱼、鸡肉或牛肉、山鹑肉和冰激凌。连续不停地敬酒和讲话。由莫洛托夫开场，然后是斯大林。莫洛托夫用了一通花言巧语祝福我的健康，我只好回敬一下他。我们在大约11点半离席，再到隔壁房间用咖啡和水果，在那儿待到差不多凌晨。然后我们又去看了两个电影，一直到凌晨2点15分，但电影确实不错。之后大家就分头回去了。

10月19日

上午9点45分离开酒店前往机场，发现艾登和克拉克·克尔已经到了。天下着烦人的蒙蒙细雨，又冷。我们只好在雨里等着首相。不过接着来到的大人物却是斯大林！他能亲自前来是很大的面子。我们继续站在雨里等着，嘀咕着温斯顿到底能晚到什么时候，说不定他刚刚洗完晨浴后正在擦干身子呢！还好他没有晚来多少。然后大家演奏国歌，检阅仪仗队。温斯顿在麦克风前做了简短讲话。再经过一连串的握手，最后首相的专机终于滑行到跑道上，紧接着是我们的飞机，后面还跟着一架"解放者"。上午 11 点钟的时候，我们已经飞在莫斯科上空了，看着克里姆林宫渐渐隐没在远方。这会儿我们正沐浴在温和的阳光下，朝着克里米亚飞去，我们在莫斯科的任务总算完成了，远比我曾经期望的还要好得多。

晚些时候：

我们在云层中飞行，很少能看到地面，一直到克里米亚周边的海上。下午 3 点半，我们降落在萨拉巴斯机场，驻克里米亚的政治委员和当地陆、空军指挥官来机场迎接我们。我们换乘小轿车，前往辛菲罗波尔①，大约一个小时车程。在那儿已经准备好一幢房子给我们休息。首相留在那里睡了一觉，艾登、伊斯梅和我以及出访团的其他人继续开往雅尔塔方向的山里，去看乡村风光。可惜没有充裕的时间再去塞瓦斯托波尔②，但我们对当地的总体状况有了大致了解。给我最大的印象是，克里米亚比我们看到的俄罗斯其他地区要富裕得多。房屋要好，衣着要好，总的感觉生活设施更为便利。政治委员告诉我们，居民曾有一百万，但被德国佬残害到只剩下五十万，他们现在不得不从苏联其他地方移民过来。我们在大约 7 点钟前回到辛菲罗波尔的房子，出席大型晚宴，也是一连串的敬酒。最后我们回到机场，凌晨 1 点出发飞往开罗。我本来想着能有时间去看看塞瓦斯托波尔和它周围那些地方的。

---

① 辛菲罗波尔（Simferopol），位于克里米亚半岛中部，是俄罗斯所称的克里米亚共和国首府，也是乌克兰宣称的克里米亚自治共和国首都。——译者
② 塞瓦斯托波尔（Sebastopol），位于克里米亚半岛西南端，著名港口城市、黑海门户，俄罗斯海军基地、黑海舰队司令部所在地，战略地位重要。——译者

10月20日

一路很顺利，但我却因为重感冒和喉咙痛而难以入睡。早上8点钟我们在开罗城外降落，开车去莫伊内那里一起吃早饭。迪基·蒙巴顿也在那里。由于缺少睡眠，首相显得不太开心！尽管佩吉特很客气地邀请我去他那里住，我还是决定去米娜宫酒店。我感觉，首相肯定会不时地在佩吉特开罗的家里召集会议的。

晚些时候：

上午10点半至下午1点钟，我主持召开了一个会议，和迪基·蒙巴顿、魏德迈、伊斯梅、"巨人"一起研究从印度发起攻势的问题。大家讨论了迪基的新作战计划和遇到的种种困难。中午在酒店吃了午饭，走着去莫伊内的别墅，出席首相召集的会议，还是讨论迪基未来的作战方案。会议进展顺利，首相同意了从日本人手上解放若开邦的计划。这项计划还有很多细节需要敲定，困难也不少，都被一贯乐天派的迪基一笔带过了。

会议一直开到5点半，6点半又开了一场佩吉特参加的会，讨论允许法国军队进入叙利亚和黎巴嫩可能引发的麻烦。这个会又开到晚上7点半，我赶回米娜宫酒店洗了个澡，换了衣服，去参加莫伊内的晚宴。出席人员有：首相、艾登、莫伊内、佩吉特、斯莱塞、魏德迈、莫兰、基明斯[①]等人。宴会快结束的时候，首相心情大好，讲了好几个经典金句。他还突然通知我，我们明天上午11点就出发，而不用等到半夜了。真是开心，这样可以让我们提早十二个小时到家。晚宴结束后，就解决佩吉特和迪基面临的各种困难，我和他们进行了很有效的交流。

---

① 布莱恩·基明斯（Brian Charles Hannam Kimmins，1899—1979），英国陆军中将。——译者

10月21日，地中海上空，班加西飞往墨西拿中途

昨晚睡得很香，弥补了再前一晚在飞机上没有睡好，喉咙痛也好多了。早上9点45分离开米娜宫酒店，和佩吉特开车去机场。莫伊内、佩吉特、蒙巴顿、帕克等人为我们送行。首相让我过去乘他的专机，机上除了我们两个，还有莫兰、马丁、打字员和汤米。11点钟之前我们准时起飞，到目前为止一路顺利。我们从开罗直飞班加西，从那儿折向那不勒斯。我们不能直飞，因为会经过仍被德国人占领着的克里特岛。在飞越班加西上空时，大家在飞机上吃了一顿丰盛的午餐，有开胃菜、汤、热牛肉、炖黄豆、奶酪、咖啡和威士忌苏打水，还有白兰地！很难相信这是在离地800英尺高的天上，还以每小时200英里的速度飞着！我整个上午都在看首相给的有关世界局势的秘密文件（破译的无线电报），都是通过非常隐秘的渠道收集的。首相对飞机上的温度特别敏感，总是带着一个小温度计走来走去。整个吃午饭的过程中温度都保持在72华氏度，我觉得已经很好了。他还是抱怨有点儿冷，我祈求上帝，在我们回到家之前，可别再出什么事！

晚些时候：

当地时间下午4点钟（开罗时间下午2点），我们在那不勒斯城外降落，正好飞了七个小时，平均时速200英里不到一点儿。"巨人"威尔逊、甘默尔、麦克米伦和约翰·坎宁安来迎接我们。开车直接去了威尔逊设在那不勒斯的接待客房，吃完下午茶后坐下来开会，从下午5点半开到晚上8点15分。首相参加了开头的部分，我们讨论了在达尔马提亚海岸①登陆，实施伊斯特拉作战行动的可行性。然后首相就走了，我接

---

① 达尔马提亚海岸（Dalmatian Coast），在克罗地亚东南部和南斯拉夫南部沿海，北起伊斯特拉半岛，南至德林湾，绵延700多公里，遍布半岛、岛屿、海峡和海湾，是地貌学上的沉降海岸，名字来自当地古代部落的名称。——译者

着主持研究了后续增援、装备、波兰部队部署、动用意大利部队等一系列问题。经过了长途飞行，我发觉主持会议是件很累人的活儿，尽管旅途中已经被照顾得再舒服不过了。

出席晚宴的有首相、亚历山大、威尔逊、坎宁安、麦克米伦、伊斯梅、莫兰和雅各布等人。首相的状态超好，一直把我们留到当地时间凌晨1点，但开罗时间已经是3点钟了。我发现把奥利弗·利斯调走，对大家来说都很开心，我想接下来迪克·麦克里利可能会接替他的位子。我依然相当肯定，哈丁（亚历山大的参谋长）不太胜任。可惜亚历山大还没有认识到，还指望靠着他呢。

10月22日，法国南部上空

昨天晚上通知说天气预报非常糟糕，很有可能只能在白天飞，但我们可以下午先飞往马耳他，以便利用那里的夜间起降设施，在夜里起飞回家。如果能够起飞，早上7点钟应该有人通知我。但一直没有人找我，所以到8点半了我还舒舒服服地躺在床上，突然接到通知说天气好转了，我们将在9点钟离开这幢房子!!我只好匆匆忙忙刮了胡子，穿衣、吃早饭，总算是赶在首相前面做好了准备。上午10点10分飞机起飞，我们沿着意大利海岸飞行，从科西嘉岛北端的巴斯蒂亚①上空穿过，可以清楚地看到科西嘉岛北部天空的暴风雨云团。然后从纳博讷②上空穿过法国海岸，继续往内陆飞行，可惜飞得离卡尔卡松③不够近，看不到。我真想从空中好好看看这座城市，毕竟已经离得这么近了，我们在那里休

---

① 巴斯蒂亚（Corsica），法国上科西嘉省省会，位于科西嘉岛东北部，临地中海，是上科西嘉省政治文化中心和人口最多的城市，拥有国际机场和港口。——译者
② 纳博讷（Narbonne），法国南部奥德省最大的城市，离地中海岸15公里，距巴黎849公里。——译者
③ 卡尔卡松（Carcassonne），法国南部奥德省省会、政治文化中心和人口第二多的城市，位于奥德省中北部的奥德河畔。——译者

假一个礼拜的诸多回忆，顷刻之间涌上心头。

晚些时候：

法国上空的天气变糟了，我们只好飞得更高一些，到云层上面，从那儿法国什么都看不到了，一直到瑟堡半岛上空。我们从怀特岛以西进入英国，飞越安多弗上空，折向诺索尔特，下午5点钟抵达，结束了我们六小时四十五分钟的航程。我们看到克莱米来机场迎接温斯顿，还有阿奇·奈和巴尼来接我。我们很快下了飞机，现在已经回到两周前离开的公寓里，这一走竟然跑了10 500英里！此行非常成功，先是在苏联收获很大，开罗和那不勒斯会议的成果也不少。为了将会议成果落实好，现在我有很多事要做，需要部署下去。这一圈儿兜下来，温斯顿的身体看起来还好，回来的时候心情非常好。他在莫斯科没有生病，能够把他平安无恙地带回来真是让人开心！加上这次航程，我在天上飞的距离已经超过了10万英里！从坐上这个位子算起。

10月23日

又开始了老套路的参谋长会议和内阁会议！从这样的生活里逃开一阵子让我还是很开心的，再次跳进这火坑里感到相当困难。不过，到了晚上，我已经觉得自己好像从未离开过伦敦了，只不过是感觉莫斯科也就是离这里有几英里远。

我很开心自己又跑了一趟俄国，这是一个有很多美食的国家。她还有着人类历史发展的丰富纪录。太多的流血、动荡、苦难，但终究要取得一些进步。在我看来，布尔什维克主义、纳粹主义、法西斯主义等等，尽管各有其目的，但也都在推动历史的车轮往前翻滚。谁都阻挡不了滚滚向前的大方向。人类的命运如潮起潮落。后面又说不定会有什么新的"主义"涌上滩头，最终还是要退去，回到它开始的原地。但历史前进的方向"始终"不会改变。在通向理想国的缓慢进程中，人类似乎注定要历经磨难。在人类学会"爱邻如己"的道路上，总是充满了荆棘和坎坷。但我丝毫都不怀疑，人类终将攀上这漫长而陡峭之阶梯的顶点。

10 月 24 日

十分平常的一天工作。开始是个时间很长的参谋长会议，联合情报委员会也出席了，然后是邓肯·桑兹汇报火箭和飞弹的情况。午饭后查尔斯·奥尔弗里在就任驻埃及英军司令之前来辞行，还有奥利弗·利斯来了解有关缅甸的情况。最后哈利·克里勒过来吃晚饭。现在他的身体康复了，可以返回法国前线了。

10 月 25 日

今天上午参谋长会议研究的主要问题是，如何从加拿大得到足够的增援，又不会动摇麦肯齐·金先生的政治地位。在加拿大有充足的受过训练的兵员，但他们只在加拿大境内服役，不愿意到海外服役。中午和财政大臣约翰·安德森共进午餐，他还是英格兰银行的总裁，还有一位法国人也在。和过去一样，那里的午餐非常丰盛。下午我通知肯尼斯·安德森将要去接掌东非司令部。然后见了"男孩"布朗宁，他讲述了自己的空降兵部队在阿纳姆的作战行动。下午 6 点钟和首相开会，讨论弹药生产问题，目前不是太正常。决定增加中型火炮弹药产量，以后再考虑 25 磅炮弹。最后晚上和约翰·肯尼迪一起吃饭，看了他新近从洛奇那里买的插图。

10 月 26 日

上午我们召集作战参谋，和他们讨论了马歇尔发来的电报，在里面他好像在考虑，如果我们真正地倾尽全力，再根据目前的情况，接下来假使不出意外，我们应该可以在今年底前结束战争！

午餐后见了阿兰·坎宁安，告诉他被任命为东部军区司令。然后和我们派驻马德里的军事联络官聊了一会儿，这会儿刚刚请洛里·查林顿来吃晚饭。

10月27日

参谋长会议结束后，和亚当一起去卡尔顿烤肉店吃午饭，下午工作的时间不长，6点钟回家。

10月28日、29日

在家过了安静、开心的两天。

10月30日

早上你和我一起走。我开了一个很长的参谋长会，首相写来了很多条子。中午和你一起吃饭。下午6点参加内阁会议，晚上10点又和首相开了个会。他的心情不错，我们把法国、意大利和缅甸几个战线的情况都过了一遍，午夜之前就结束了！！

10月31日

我们在关心即将对法拉盛①展开的轰炸。首相出于人道主义的原因予以反对，艾森豪威尔坚持实施，为了减少步兵进攻的伤亡。首相同意了。

我们俩在公寓里吃了午饭，然后去参观扎戈尔斯基的图书装订车

---

① 法拉盛(Flushing)，是荷兰城市弗利辛恩(Vlissingen)在历史上的英文名称，位于荷兰西南部瓦尔赫伦岛上，是重要的港口。——译者

间。下午 4 点钟国王召见我，一直到 5 点 15 分。他对自己的法国之行很是满意，还想听听我们莫斯科之行的情况。他的感召力一如往昔。回到陆军部会见了即将启程前往印度的奥利弗·利斯。

11 月 1 日

参谋长会议上没有什么特别重要的事情。午餐后我们俩去邱园散步，真是个令人耳目一新的去处。回到陆军部会见了拉姆斯登，他就要回麦克阿瑟的司令部了。然后和 P.J.格里格聊了很长时间，是关于 MI5① 的下一步考虑，这个机构将来如果落在别有用心的人手上，是非常危险的。然后和奈、克劳福德商量第 1 空降师的未来安排，它在阿纳姆遭受的损失太严重了。接着会见了滑翔机飞行员团团长查特顿。

11 月 2 日

上午 9 点半照常开始工作。参谋长会议很短，不到 10 点钟就结束了，接下来却是一堆麻烦事！先是会见加拿大政府代表蒙塔古。是我请他来的，商量亚历山大电报中提到的伯恩斯不适合指挥意大利战场的加拿大部队。从他那里我才发现，加拿大内阁正在上演一场危机，要把拉尔斯顿免职，任命麦克诺顿为国防部长。所以，眼下解决加拿大的麻烦就不可能了！然后和陆军部秘书长进行了商谈，研究蒙巴顿发来的那封不太开心的电报，是关于接替他的参谋长波纳尔的人选，他希望的人选

---

① 英国安全局(Security Service)，前身是 1909 年成立的安全局，当时它是军事情报局第五处(Military Intelligence, Section 5, 缩写 MI5)，是英国的情报及国家安全机关，总部设在伦敦的泰晤士大楼，在联合情报委员会(Joint Intelligence Committee)领导下运作，不隶属于英国内政部，由内阁办公室、内政大臣统辖，负责打击严重罪案、军事分离主义、恐怖主义及间谍活动等，对外的国家安全事务则由军情六处负责。英国安全局作为情报机关，并无逮捕人民的权力，因此在行动时一般会与警察合作。——译者

是斯韦恩或者奈,不同意用斯利姆①。

中午在唐宁街10号陪首相会见比德尔·史密斯,共进午餐。发现艾森豪威尔的作战计划还是老毛病,全线进攻,而不是集中在战略要点上。我担心"十一月攻势"最多也就是打到莱茵河!首相不像平时那样兴致高,不过他的战斗精神一如往常,他说如果自己是德国人,一定会让小女儿在英国人的床下面放炸弹,训练妻子等到美国人洗澡的时候用斧子砍他们的脖子,而他自己也会朝美国人和英国人打冷枪,格杀勿论!

回到陆军部会见了法军新任军事联络官诺瓦②,一位很出色的军官,1939年的时候是乔治斯老将军的参谋。然后是接替索松科夫斯基的波兰军参谋长。最后是掌管军情五处的伦诺克斯③,商量这个机构的将来,如果它落入不择手段的政客手中是极其危险的,眼下这样的人可是大有人在。然后和你一起去看为基督教青年会组织的电影首映,之后请坎宁安来家里吃晚饭。

11月3日

参谋长会议的准备工作不是很充分,所以我们休息一下等着。但10点45分我被首相叫去了。他告诉我,他一直在考虑替换迪尔的事情,因为他没有办法再履行职责了(就在昨天吃午饭的时候,他还说没有必要

---

① 威廉·约瑟夫·斯利姆(William Joseph Slim,1891—1970),英国陆军元帅。1956年出版回忆录《转败为胜》(*Defeat into Victory*)。——译者
② 罗杰·让·查尔斯·让·诺瓦(Roger-Jean-Charles-Jean Noiret,1895—1976),法国陆军上将。——译者
③ 此处可能是指弗雷德里克·戈登-伦诺克斯(Frederick Gordon-Lennox,1904—1989),英国贵族,拥有第9世里士满公爵、第9世伦诺克斯公爵、第4世戈登公爵等头衔。据维基资料考证,二战时期伦诺克斯曾在皇家空军服役,并曾代表飞机生产部派驻华盛顿工作,但也有可能是掩护身份。此外没有找到资历、身份适合掌管军情五处,名字中包含"伦诺克斯"的官员。另有一种可能性比较大,"伦诺克斯"是1941至1946年担任军情五处处长的陆军准将大卫·佩特里(David Petrie,1879—1961)的化名,否则作者将其名字写在日记中属于违反保密规定。——译者

换下迪尔，我们都表达了不同意见！）现在他建议派"巨人"威尔逊去华盛顿，再用亚历山大去接威尔逊，美军的克拉克接替亚历山大。这或许是最佳解决方案了，但最终还要看"巨人"是否对马歇尔的路子。去年在开罗的时候，马歇尔对他的印象不错。然后我留住首相继续提出给"巨人"晋升陆军元帅。他一开始拒绝了，说没有这个必要，不过经过我一番说服，他同意了，只希望他不会再反悔。我觉得那元帅权杖已经是"巨人"的囊中之物了！

然后我们搞了个大型午餐会，参加的人有艾默里一家、伊斯梅一家、亚历山大的妻子、巴尼和我们俩。晚上又被首相叫去了，这次是商量他打算去法国访问。他想 10 号出发，参加巴黎举行的一战停战仪式，肯定还有晚宴等活动，然后飞往贝桑松①，视察让·德·拉特尔·德·塔西尼②统率的法军部队。从那里再去拜访艾森豪威尔和蒙哥马利。他想让我陪同他一起去，说此行一定非常有趣。我们将派出英军士兵参加 11 月 11 日的一战停战仪式。唯一头疼的是安保问题，法国人已经宣布了他的来访，在那里随时准备找机会打温斯顿一枪的德国残余分子还是大有人在。

11 月 4 日

开完一个参谋长短会，我们俩一起回家，正好赶上吃午饭，然后过了一个安静的下午。

11 月 5 日

在家安静地过礼拜天。

---

① 贝桑松（Besançon），位于法国东部邻近瑞士边境，是弗朗什泰克大区和杜省的首府，工业和文化中心，法国大作家维克多·雨果的出生地。——译者
② 让·德·拉特尔·德·塔西尼（Jean de Lattre de Tassigny，1889—1952），法国陆军元帅。——译者

早上9点的广播里播放了杰克·迪尔去世的消息,我的心情很不好,又一个在我生命中占据重要位置的人走了,他是我最好的朋友之一,是我军事生涯里欠人情最多的人。他的离世是难以弥补的损失,他在华盛顿的位置也是别人无法替代的。如果没有他顶在那里,我真不知道过去这三年的日子该怎么过。

在我心目当中,当我们赢得最终胜利的时候,在所有的将领当中,我们欠迪尔是最多的。如果没有他在华盛顿发挥的关键作用,我们在盟国战略合作上就不可能达到现在的程度。战争的进程或许会更加困难。我对他无比的尊重和信任,同时他也慢慢赢得了马歇尔的尊敬和喜爱。因此他成为我们之间最理想的纽带,有时候我们的观点大相径庭,我看就没有希望达成一致,但迪尔却能够把我们引到一起。我之所以能够让马歇尔最终接受我们的地中海和意大利战略,全凭着迪尔的帮助。我经常听到人们称赞他是我们派到华盛顿最好的使节。

美国人对他的评价,没有比将他安葬在阿灵顿国家公墓更能说明的了。但温斯顿却从不认可迪尔的贡献。P.J.格里格和我两次力荐授予他贵族封号,首相都不置可否。我永远都不会原谅温斯顿对待迪尔的这种态度。

11月6日

和平常一样早早出门,今天的参谋长会议开得很费劲,我们讨论了分配巴勒斯坦土地用于安置犹太人的问题。大家一致反对在战争结束之前发布任何官方声明,但可能会有不小的压力。

午餐后布罗卡斯·波罗斯过来看望我,讲了他在莫斯科最后一段时光的情况。然后克里勒来商量麦克诺顿担任国防部长之后的加拿大政治局势。前景不容乐观。

5点半是内阁例会，可发生了不少事。先是首相宣布莫伊内勋爵在开罗被恐怖分子击中颈部身亡。然后首相和艾默里就印度的问题吵了一架。温斯顿批评了总督，艾默里大为光火，说他"一派胡言"！！温斯顿说如果艾默里像这样发脾气，最好退出内阁！艾默里没有再说什么，场面才平静下来。温斯顿接着又找约翰·安德森的岔子，更加是讽刺挖苦。最后8点15分大家才逃出来，我有一种感觉，温斯顿正在失去他在内阁中的权威，此前从没有看到过他如此把控不住局面。

11月7日

参谋长会议一开始先讨论了温斯顿准备发给罗斯福总统的电报，建议威尔逊接替迪尔在华盛顿的岗位，再用亚历山大接替威尔逊。只是这样就好了，可惜他又进一步提出，让亚历山大在现有职务的基础上再兼任战区最高司令一职。他还建议将希腊还给中东战区，这是我们刚刚从那里划出去的，他是一有机会就想重组地中海战区司令部。他本来昨天就想拉着我们商量电报内容的，现在又要求必须在今天下午3点钟之前发出去！不过我们已经把他的电报拆成几份了，并把改好的电文连同我们的理由发还给他。这样他就发不出去了，但他决定晚上10点半找我们开会，肯定开得相当激烈！

蒙蒂过来找我吃午饭，心情非常好，但满嘴都是对艾森豪威尔和他打仗套路的批评！午餐后我召集了一次遴选委员会会议，下午5点半参加内阁会议，完成昨天会上的未尽事项。我们花数小时讨论了给荷兰、挪威和海峡群岛援助食品的可行性，但没有达成什么结果。

晚些时候：

凌晨1点钟刚刚从首相召集的会上回来。安东尼·艾登出席了会议，正如我所料，他负责解释首相方案中的变化。他刚刚从意大利回来，见到了亚历山大，还是在抱怨要被威尔逊的司令部压垮了，有大量重复的工作，等等。结果他建议将战区最高司令和集团军群司令两个职务合二为一，这恰恰是想犯艾森豪威尔刚刚在法国犯的错误。我们讨论了很长时间，还好是个比较开心的会，并不激烈。第一海务大臣对亚历山大有点儿看法，认为他没有能力担当地中海战区最高司令的工作，这让问题变得有些复杂。我个人也是严重怀疑，感觉需要给他配一个很强的参谋长。争论的很久之后我表明了自己的观点，就是用威尔逊去接替迪尔，亚历山大替换威尔逊，克拉克接替亚历山大。这样尽管不是最理想，但也是诸多复杂个人因素（比如首相推崇亚历山大）背景下的最佳安排了。安东尼·艾登的表现不错，他着眼于解决问题，并不坚持己见。

11月8日

参谋长会上，大家讨论了秘书人员根据我们昨天晚上会议商量结果起草的电文，以首相名义发给了罗斯福总统。我们还和查韦尔、桑兹开了有关飞弹、火箭情况的周例会。我担心两者很可能会阻碍安特卫普港的修复工作，这是对下一步作战最最重要的事。你来吃午饭，然后我们一起去皇家阿尔伯特音乐厅看音乐会。然后我会见了朱伯特·德拉费尔泰，他给我讲了一些蒙巴顿司令部的趣事。他说英国人和美国人之间的关系还是不好。美国人对我们在印度的管理有颇多批评，公开宣称如果按照美国的方式，战后就不会再有大英帝国了！在他之后是意大利回来的罗伯特森和刘易斯，商量意大利战场糟糕的后勤补给状况。还和"男孩"布朗宁、克劳福德就从空军部队抽调滑翔机飞行员的事情讨论了很长时间，有必要在这些飞行员的滑翔训练中加入地面战斗的培训。还有我们巴黎之行的细节也敲定了，准备10号周五出发。

晚上《时代》周刊的军事记者西里尔·佛斯来看望我。他说被艾森豪威尔在法国的指挥体系搞糊涂了，身为最高司令，他既指挥着陆海空三军，与此同时还要直接指挥分成三个集团军群的地面部队。

他一句话切中要害，点出了美国人强加在艾森豪威尔身上的这套指挥体系的毛病。可惜这是一个政治问题，美国人拥有压倒数量的地面和空中部队，当然有优先权利去决定如何组织和指挥这些部队。佛斯去见过蒙蒂，他少不了也是一顿抨击！这的确是我们组织架构中一个非常严重的缺陷，可能会对战争的战略层面造成不利影响。我不太看好即将展开的攻势，都怀疑能不能推进到莱茵河一线，过河很有可能要到年底了。

11月9日

我们请作战参谋们出席了每周座谈会，讨论蒙巴顿下一步的春季作战方案。然后去市政厅参加新市长就职的午宴。温斯顿按惯例发表了讲话，我想这肯定是自己在那里听到的第四遍了，但还不如以前的。由于坎特伯雷大主教没有出席，西蒙勋爵负责顶起他的角色。我坐在海军大臣亚历山大和霍华德夫人当中。下午我找蒙蒂谈了一次，在他返回法国之前。他还在诟病法国战场上的指挥体系，事实上战争的进程已经被延误了。他的想法很强烈，因为这也影响到他自己的地位，他无法容忍自己不是地面行动的唯一掌控者。我同意这套体系不好，但不是哪一个人就能轻易改变的，因为美国人目前在法国战场上的兵力占绝对优势，当然认为他们自己应当对指挥作战拥有主要的发言权。或许只有等他们看到了在各个战线分散用兵的结果，才有可能说服他们做出一些重大调整，集中兵力打击要害部位。下午我去探望了拉斯伯里①，他是第1空降师的一位旅长，在阿纳姆战役中负了伤，被俘之后关在医院里，逃了出来。荷兰人给了他无微不至的照顾，最后帮助他和其他大约一百二十个人逃回到我们一边。他的故事可以拍一部相当精彩的惊悚片。最后和

---

① 杰拉德·威廉·拉斯伯里（Gerald William Lathbury, 1906—1978），英国陆军上将。——译者

威克斯开了一个长会，商量是否可以从地中海抽调一两个师的兵力出来。他倾向于只抽调一个师，我个人感觉最终应该可以抽调两个，机会很快就会有。我估计P.J.格里格也倾向于每次抽调一个，主要还是考虑抽调一个师比一下子抽调两个更容易在首相那里得到通过！但这个问题还是会报给首相两次，在我看来这样只会更糟。

巴黎之行的准备工作一切就绪，如果天气好就飞过去，不好就乘驱逐舰，我祈祷最好不要乘驱逐舰去！！目前海峡的天气状况非常糟糕。

11月10日，巴黎！！

参加了上午常规的参谋长会议后，吃了个早中饭，出发前往诺索尔特机场，我们的出访团在那里集合，准备分乘两架"达科塔"飞往巴黎。成员包括：首相、安东尼·艾登、丘吉尔夫人和女儿玛丽、"巴哥犬"伊斯梅、卡多根、两位外交部次长、巴尼、索耶斯、马丁、警卫员等人。航程非常顺利，下午4点半抵达巴黎以南近郊。机场里有国家仪仗队列队迎候，还有戴高乐、总参谋长朱安①将军、很多内阁成员和各级官员。我们乘着长长的车队穿过巴黎市区，街道两旁站满了欢迎的人群。我们先开往奥赛码头，温斯顿住在那里。我们把他放下之后，再开往朱安将军设在大陆酒店里的司令部，我被安顿在这里。他们安排了一间舒适的套房，有两个大房间，巴尼住在更衣室里，还有一间大客厅。酒店本身已经不对外营业了。在我的房间里，我发现有一套很珍贵的禽鸟类书籍，是专门从国家历史图书馆里借来给我看的！朱安提前问过派驻这里军事代表团的阿奇代尔，有什么我可能感兴趣的东西放在房间里招待我，他推荐了鸟类研究的书籍，真是深知我心！它们太珍贵了，很多插图都是原作者画的。

---

① 阿尔方斯·皮尔·朱安（Alphonse Pierre Juin，1888—1967），法国陆军元帅。——译者

晚上去参加奥赛码头那边的首相晚宴。出席人员有：首相夫妇和女儿玛丽、安东尼·艾登和夫人碧翠斯、达夫·库珀夫妇、卡多根、马丁和汤米。首相的心情特别好。说他上次来奥赛码头还是 1940 年，当时法国人正在忙着焚烧档案准备撤离。我在午夜之前没能逃掉。

11 月 11 日

上午 10 点钟朱安将军的副官来接我，拉开了一天大戏的序幕。我们开车到凯旋门，等着首相和戴高乐。他来了以后，他们一起为无名烈士墓献花圈，戴高乐重新点燃了火炬。然后戴高乐为一群军官颁发勋章。之后大家一起沿着香榭丽舍大街徒步行进，来到一个专门为我们搭建好的看台前。由于没有标记站立位置，而且一半地方已经被站满了，大家找位置引发了一些混乱。我站到一位法军将领旁边，他说："老百姓总是比警察多！"和过去一样，"特工"根本就控制不住人群，尤其是报社的摄影记者，这安保工作真是太吓人了，我不时地替温斯顿担心。

他受到了盛大欢迎，巴黎人都为他发疯了，不停地呼喊："丘吉尔！丘吉尔！"等大家都站好之后，开始阅兵，前后持续了一个小时。领头的是国家仪仗队及其乐队，和骑兵部队（在战争中被完整地保留下来），接着是英军的行进乐队和特遣队、加拿大部队和美军部队。我们的队伍包括一支很棒的乐队、海军特遣队、近卫合成连和皇家空军特遣队。后面是法国部队，包括一些摩洛哥人和阿尔及利亚人组成的特遣队，法国地下抵抗组织改编的山地部队，新近在巴黎刚刚组建的师，还有一支曾和我们在诺曼底并肩作战的伞兵劲旅。看完阅兵我们开车回到克列孟梭①雕像处，献了花圈，然后再来到福煦②墓，也敬献了花圈。最后我

---

① 乔治·克列孟梭（Georges Clemenceau，1841—1929），法国政治家，1906 至 1909 年、1917 至 1919 年两度担任法国总理。——译者

② 斐迪南·福煦（Ferdinand Foch，1851—1929），法国陆军元帅。——译者

们前往圣多米尼克街戴高乐住的总统酒店，举行官方午宴。这是场规模很大的宴会，有六十八位客人，除了内阁成员之外，还有卡特鲁、吉罗、朱安、凯尼格，各级海军将领，外交使节，等等。戴高乐发表了简短的讲话，接着是温斯顿，午餐结束后大家都去喝咖啡、抽烟。我和吉罗老将军谈了很长时间，问了他最近的伤势，他的哨兵开枪击穿了他的脖子，子弹从鼻子和嘴角当中射出，还好没有击碎下巴！他告诉我，他的妻子、两个女儿和7个孙辈还都扣在德国人手上做人质，音信全无。午餐后我乘车回到酒店，翻阅了空运过来的英国报纸。

我必须承认，上午的阅兵令我深感激动。为了重新打回法国、赶走德国鬼子，经过了四年的运筹帷幄和浴血奋战，终于能够站在巴黎看着法军部队从眼前列队走过，这种感觉真是好。我有时真怀疑自己是不是在做梦，醒来却发现是一年之前的那个时候。

晚上我们和朱安将军共进晚餐，招待得非常丰盛，很美味的汤、龙虾、鸡肉、鹅肝酱！好吃的芝士冰激凌！还有新鲜的梨、葡萄和苹果。酒水有上佳的夏布利干白、勃艮第红酒、索泰尔讷干白和白兰地。可悲的是，我的肠道严重不适有一周了，大部分都不敢吃。朱安请来的客人有吉罗、凯尼格、特德、拉姆齐、伊斯梅、巴尼和其他法国陆海军将领。大家度过了一个非常愉快的夜晚。我坐在朱安和凯尼格当中，正好可以操练一下自己的法语。最后朱安发表了一番十分精彩的讲话，我也用法语进行了回应，但有一些吃力，要不停地想单词。

这间酒店在战争期间是德国人的秘密调查部门，由盖世太保掌管。只要有一丝可疑的法国人，大多会被带到这里审查。朱安接手这里的时候，已经被毁坏得面目全非了。

11月12日

整个上午懒洋洋的很舒服，11点半去朱安将军的办公室聊了一会儿。他把自己尽快组建八个法国师的全部计划告诉了我。所有兵员都已经找到了，希望能够立即编练成型。和往常一样，装备问题是关键，我们能够提供什么援助呢？我说我们还有一批75毫米火炮，是美国人提供给我们，防备登陆行动出现万一的。他说这些东西应该会有用。他在提出需求的时候非常通情达理，是个很好相处的人。然后去了朱安家里吃饭，还有他的妻子、妻子的朋友、十四岁的儿子、他的副官和参谋长。巴尼也一起去了。午餐准备得相当丰盛。

然后在参加一个和戴高乐的会议之前，我和巴尼去散了会儿步。伊斯梅要和我一起去开会。戴高乐接待我们的房间，是上次世界大战时候克列孟梭办公用的。他也谈到了编练和装备法国部队的问题，和上午朱安的想法差不多一样。这是他心情比较好的时候，相当亲切。我们和他待了差不多一个小时。晚上和凯尼格一起吃饭，他还邀请了两位在地下抵抗运动中做出突出贡献的将军。他们讲述了自己的经历和生活，要使用十多个不同的化名，还有十多个藏身之处，令人惊心动魄。还被盖世太保关押过四个月，能够活下来就很不容易。最后开车前往里昂车站，大家登上总统专列，驶往贝桑松。列车非常舒适，我的车厢也相当豪华，但铁路线很不平稳，让我的字写得歪歪扭扭！！

我和法国地下抵抗运动将领的会面很有意思，可以听听他们对戴高乐的评价。他们对他做出的贡献不太认可。其中一个人对我说："戴高乐！他都干了什么？一开始就逃离自己的祖国，跑到了伦敦，就在那儿跟在英国人后面。整个战争期间他都在那边舒舒服服地过日子，而我们每天都在提着脑袋和德国人战斗，住在地窖里，他们就在我们头顶上，每天都在担心会不会被盖世太保认出来。他这个时候却躲在安全的地方，扯着嗓子喊'我就是法国'！"他们的评论非常辛辣，一点儿都看不上他。

11 月 13 日

一觉醒来才发现,我们列车驶过的原野覆盖着一层白雪!一个灰蒙蒙的早晨,雪下得很急!我们正好按预定时间在 10 点前抵达贝桑松。法国第 1 集团军司令德·拉特尔·德·塔西尼将军、省长、市长和一众官员来火车站迎接我们。雪还在下,脚下很泥泞。车站外面还有一支乐队、仪仗队和大群市民。当《天佑国王》《星条旗永不落》和《马赛曲》奏响的时候,大家都庄重地站在雪地里。

当我们抵达车站的时候,外面的人都在翘首以盼着温斯顿从车厢里优雅地走了出来。然而,这个时候温斯顿还是半裸着身子,刚刚上完厕所,足足在里面待了一刻钟,德·拉特尔将军和他的同事们很快就被雪花淋成圣诞老人了!最后温斯顿出现在餐车里,穿得像个飞行员。他透过镜子察看自己的形象如何,随从索耶斯不停地帮他扯平外套上的褶皱。就在索耶斯从身后为他递上腰带两头的时候,传来了雷鸣般的责骂声:"索耶斯你这个笨蛋,为什么不把这该死的东西拿开!!你知道我不再想被这该死的东西捆着!把它给我剪了!"玛丽站在我身边通向过道的餐车门旁,对父亲的火气不知道该说些什么,微笑着转向过道走开了。最后温斯顿终于收拾停当,走出车厢来到雪地里,面带微笑,叼着大雪茄,腰里当然没有捆那"该死的东西"。

然后我们乘轿车离开,领头车里是首相、戴高乐、德·拉特尔、玛丽,后一辆车里是朱安将军、巴尼和我。我们在大雪中开了很长一段路,大约有 60 英里,前往一个叫迈什①的地方,德·拉特尔的前进司令部设在那里。他本来希望带我们到足够靠前的观察哨,可以看到今天准

---

① 迈什(Maîche),法国杜省的一个市镇,位于该省东部,属于蒙贝利亚区。靠近瑞士边境。——译者

备发起的攻势。但雪下得太大了，什么也看不见！雪已经有一脚深了，进攻被迫推迟。首相的车胎被刺穿了两次，我们被迫临时停靠在路边，最后终于抵达了迈什。首相感到非常冷，一副狼狈样，我真希望不会变得更糟。

到了之后，贝图阿尔给我们讲述了法国第1军掌控的前线的情况，下一步的进攻计划。考虑到每个师都要负责攻击30公里的正面，已经连续作战两个半月没有休息了，而且士兵都是刚刚组织起来的白人，接替之前回到非洲的塞内加尔人，整个进攻方案在我看来简直是天方夜谭！这又是一个典型的例子，艾森豪威尔作为最高司令官，完全没有能力再指挥地面作战。而且这还是个受美国"全线进攻"教条影响的例子。美军部队就在德·拉特尔的北侧，通过一片平原进攻孚日山脉，根本就不可能，只会白白搭上士兵的性命。在那里他应当建立防御阵地，集中兵力攻击贝尔福①山口。只要在这里取得成功，孚日防线就会不攻自破，让那里的攻势毫无必要。法国人也很清楚地看到这一点，对下一步的后果颇为着急。

法国人设午宴招待我们，结束的时候温斯顿用法语发表了演讲，然后是戴高乐和德·拉特尔，接着首相命令我也要用法语讲一讲！我没什么可讲的，就把形势尽可能分析得清楚一些。午餐后我们在大雪中开车返回，天渐渐黑下来了。但回去的路上我们还要去视察一个训练营，在这里要把一些新招募的地下抵抗运动游击队员，训练成预备役兵员。我们还检阅了法国外籍军团的一个营。给人留下的印象非常深刻。然后一些坦克在夜幕半掩的时候隆隆开过，结束前看了一个新兵营的合唱。温斯顿看上去要冻僵了，我祈祷上帝他的身体可不要出什么问题。晚上7

---

① 贝尔福(Belfort)，法国东北部城市，弗朗什-孔泰大区贝尔福地区省省会，也是该省最大的城市。跨萨沃勒斯河两岸。由于贝尔福地处交通要道，自古以来就是兵家必争之地。——译者

点钟,在黑夜和大雪中,我们再次到火车上会合,已经在严寒和雪花里熬了九个小时,回到暖和的火车上真是非常开心。

戴高乐一整天都是和蔼可亲、笑容满面。但我十分可疑,在这个历史的紧要关头,他是否有这个魅力将法国团结在统一的行动下。朱安将军是个典型的乐天派,很好相处,一员久经沙场的大将,但我怀疑他是否有足够的分量在巴黎担任总参谋长。德·拉特尔看起来像个战斗型的指挥官,个性鲜明,敢于决断,但实力究竟如何,没有更多的接触不太好判断。贝图阿尔没有给我留下太多的印象。最后戴高乐在火车的餐车里设宴招待大家。出席人员有:首相、戴高乐、战争部长、运输部长、朱安将军、议长、玛丽·丘吉尔、巴尼和各位的副官。我坐在戴高乐的左手边,玛丽·丘吉尔在他的右侧。温斯顿一左一右坐着两位部长。他的心情相当好,尽管戴高乐显得有点儿不太买账。这会儿已经是午夜了,我觉得非常困倦。火车颠簸得几乎无法书写!!尽管总统专列十分舒适,但显然不是用来写作的,尤其是只能用手端着写的时候!

回想那一天看过的所有东西,在我脑海中记忆最深刻的,还是在天色微暗的大雪纷飞中检阅法国外籍军团。前面我们在视察抵抗组织的游击队员,都是些身体强壮的小伙子,这时候德·拉特尔说要给我们看看他留作预备队的外籍军团的一个营。他们有自己的臂章,在将落未落的夜幕中铿锵有力地走过来,有些人还吹着风笛,将人的思绪带回到北非的茫茫沙原。这夜色中大雪纷飞的一幕令我终生难忘。这是一支我看到过的最棒的队伍,一群真正的战士,在行进的时候高高侧昂起自己的头颅,仿佛他们已经征服了整个世界,满脸的饱经风霜,手中紧紧握着武器,迈出的步调保持着完美的一致。他们逐渐消失在夜色中,留下我依然热血沸腾,真想也能拥有一师这样的人马。

那天还有一件事给我留下了印象,就是吃午餐时候的温斯顿。来的时候他彻底冻僵了，缩得像只刺猬。他坐在椅子里，脚上和背上各放了一个热水袋。与此同时，上好的白兰地也被他倒进喉咙里温暖体内。效果很神奇，他马上就舒展开了，午餐会上用法语发表了他最为精彩的演讲之一，让整个屋子为之掌声雷动。

11 月 14 日

我们登上火车不久就驶离了贝桑松，连夜朝巴黎开，早上 6 点左右抵达。等戴高乐、朱安和部长们走了之后，我们也赶往兰斯。上午 11 点钟抵达，艾森豪威尔前来迎接，开车带我们前往他的营地，设在一处香槟酒巨商建的高尔夫球场里！他介绍了前线的部署情况，听起来好像是一笔糊涂账，事实上也是如此！我们和他共进午餐，然后前往机场，飞往诺索尔特，下午 4 点 45 分抵达，航程非常顺利。

考虑到巴黎的安保措施让人远不能满意，把首相安全带回来就松了一口气。此行令我很开心，现在对法国部队的情况及其下一步发展就更加清楚了。只要港口设施接纳得了，我们应当尽量抓紧给他们运送装备。

在我们和艾森豪威尔共进午餐的时候，我很有意思地发现，他的女司机凯·萨默斯比[1]，已经荣升女主人了，坐在桌子另一头儿，温斯顿坐在她的右手边。在凡尔赛宫的时候她才荣升为私人秘书，掌管着他办

---

[1] 凯·萨默斯比（Kay Summersby，全名 Kathleen Helen Summersby，1908—1975），出生于爱尔兰，父亲是爱尔兰人，母亲是英国人，少女时代移居到伦敦，做过时装模特。1942 年 5 月，凯被安排给当时刚刚抵达伦敦的艾森豪威尔少将开车。此后一直到 1945 年 11 月，凯都是艾森豪威尔的司机兼秘书，并在他的帮助下，凯成为美国公民，加入美国陆军妇女军团，不少人传言她与艾森豪威尔之间是情人关系，但两人始终未曾承认。在艾森豪威尔的回忆录《远征欧陆》（*Crusade in Europe*）中，只提到过一次凯的名字。据说 1945 年的时候，杜鲁门总统曾告诉自己的传记作家梅尔·米勒，艾森豪威尔曾向陆军参谋长马歇尔提出申请，与妻子离婚而与凯结婚，但未得到准许。——译者

公室旁边的接待室。现在她又攀着梯子上了一层。如此这般,艾克惹出了不少闲言碎语,对他一点儿好处都没有。

11月15日

又回到了开参谋长会议的老套路,真担心首相在指挥问题上的奇思妙想,他从来没有搞清楚过什么是指挥体系。这个担心和威尔逊替换迪尔、亚历山大接替威尔逊、克拉克再接替亚历山大的人事调整有关。温斯顿已经通过私人电报告诉了亚历山大,而没有告诉我。亚历山大已经有些飘飘然不知道自己是谁了,回电说了一大通不知所云的东西,更糟糕的是亚历山大已经开始打威尔逊的小报告了,指责他与某些政客的交往。我从来没有想到亚历山大会如此不老实。

午餐后和威克斯一起开了很长时间的会,讨论给法国人提供装备的问题。同时还安排威克斯去访问朱安和法国战争部长。

11月16日

上午和财政大臣约翰·安德森一起开参谋长会,研究原子弹的问题。他兴致很高,给我们详细介绍了他所掌握的德国人研发原子弹的情况,以及在不久的将来可能取得的成果,目前看来还构不成什么威胁。

然后大家和作战参谋们一起讨论蒙巴顿的作战方案,还和过去一样,做得半生不熟。亚当过来找我吃午饭,就目前的兵力状况进行了一次很有帮助的沟通,特别是目前印度的陆军只有大约三万人,低于编制数。下午会见了陆军大臣,然后是已接掌第50师的格雷厄姆[①],接着后面是坦普伍德勋爵(塞缪尔·霍尔),向他了解西班牙的情况。最后是威洛比·诺里,他即将启程去就任南澳大利亚州州长了。他和家人、副

---

① 道格拉斯·亚历山大·亨利·格雷厄姆(Douglas Alexander Henry Graham,1893—1971),英国陆军少将。——译者

官、佣人的船票竟然花了 1 400 英镑！！还只能自己掏腰包！

11 月 17 日

在上午的参谋长会议上，我们发现温斯顿还没有搞清楚意大利和地中海战区各自的指挥体系。已经很费劲地给他梳理过整个组织架构，威尔逊是最高司令，亚历山大指挥集团军群，把威尔逊轿子抬得高一些是为了亚历山大好，现在他让亚历山大当最高司令，又开始担心过去他尽力限制威尔逊权力的做法，倒过来变成了约束自己的权力！！他根本就不理解指挥的体系和链条。下午 4 点，我们只好再次碰头，费尽口舌，最后我终于说服他接受了。电报发给了罗斯福总统，新的建议如下：

威尔逊接替迪尔，

亚历山大接替威尔逊，

克拉克(美国)接替亚历山大，

特拉斯科特①(美国)接替克拉克。

我对这些新任命的效果表示严重怀疑！我担心，威尔逊永远也学不会迪尔的套路，我也无法想象亚历山大如何去当个最高司令，他就没有担当此任的脑子。

11 月 18 日

和洛里·查林顿去打猎了。

11 月 19 日

在家，安静的礼拜天。

---

① 卢西恩·金·特拉斯科特(Lucian King Truscott, 1895—1965)，美国陆军上将。——译者

11月20日

一早出门。参谋长会议开得相当长,研究战后的若干问题。还讨论了法国令人不尽满意的状况,艾森豪威尔作为最高司令,完全不称职,一事无成。比德尔·史密斯住在后方的巴黎,完全失去掌控,整个战局就像无人掌舵的船。周末蒙哥马利写来一封长信,透着满纸的沮丧。不知道还要忍美国人多久。

午饭后"男孩"布朗宁过来看我,我告诉他就要去担任蒙巴顿的参谋长了。他乐意接受,但我怀疑他是不是真心的!

11月21日

早上收到总统发来的电报,同意威尔逊接替迪尔、亚历山大接替威尔逊、克拉克接替亚历山大,因而现在我们可以继续下一步的人事调整了,希望能尽如人意。温斯顿还宣布将亚历山大和威尔逊晋升为陆军元帅,并在晚上的内阁会议上敲定下来。美国人对孚日山脉的攻势进展不错,但我还是感觉,最终的结果远达不到我们的期望。

11月22日

邓肯·桑兹出席了我们的参谋长会议,每双周研究一次火箭和飞弹的情况。他并没有取得多少长进,但对于政治生涯所积累的资本而言已经足够了!吉法德过来吃午饭,就他在迪基·蒙巴顿那里的遭遇,毫无隐瞒地大倒苦水,正如我过去料想的,他受到了非常不公正的对待。我认为亨利·波纳尔应当为此负主要责任,他本应该比过去更好地去约束迪基。不管怎样,我敢肯定,缅甸战局的成功主要应当归功于吉法德。

晚上在克拉瑞芝酒店,参加亚历山大·利文斯顿爵士[①]自战争爆发

[①] 亚历山大·麦肯齐·利文斯顿(Alexander McKenzie Livingstone,1880—1950),苏格兰自由党政治家。——译者

以来举办的第 150 场晚宴。客人包括希腊国王、R.B.罗塞蒂、怀南特、中华民国大使①、斯塔克、沃恩②、坎宁安、波特尔、西蒙勋爵、（原文无法辨认）勋爵、道尔顿、劳伦斯、哈迪和福克斯·威廉姆斯。菜品精致。怀南特、希腊国王和中华民国大使先后发表了简短的讲话。

11 月 23 日

早上先去了威斯敏斯特教堂，和美国人一起参加了感恩节教会活动。总体效果令人失望。然后开参谋长会议，关于如何在太平洋战场部署法国军队的问题。你过来吃午饭，然后我们去商店购物。晚上到阿尔伯特音乐厅观看了演出，为了美国人的"阵亡将士纪念日"。特伦查德邀请我们坐在他的包厢里，还有首相夫妇、艾德礼夫妇、西蒙勋爵夫

---

① 顾维钧(1888—1985)，字少川，汉族，江苏省嘉定县(今上海市嘉定区)人，中国近现代史上最卓越的外交家之一。早年就读于上海圣约翰书院。1904 年赴美留学，1912 年毕业于哥伦比亚大学，获法学博士学位。回国后，历任北京政府大总统英文秘书、国务院秘书。1914 年改任外交部参事。1915 年 7 月任中国驻墨西哥公使，同年 10 月改任中国驻美国兼驻古巴公使。1919 年任中国出席巴黎和会代表团团长。1920 年任驻英国公使。次年为中国出席华盛顿会议全权代表。1922 年任财政委员会主任委员，外交部总长。1924 年代表中国与苏联签订《中俄协定》，恢复邦交。旋任代理国务总理兼外交总长。1926 年 5 月任财政部总长兼关税委员会主任委员；同年 10 月任外交总长兼署国务总理。1928 年为海牙常设仲裁法院法官。1931 年九一八事变后，参加国际联盟满洲问题调查委员会，任鉴定官；同年 11 月任国民政府代理外交部长。1932 年 8 月出任中国驻法国公使。1933 年为中国出席裁减及限制军备会议代表团团长；同年为中国出席世界货币与经济会议代表及出席国联大会首席代表。1937 年为出席关于远东问题之布鲁塞尔会议首席代表。1941 年 5 月出任中国驻英国大使。1944 年为中国出席战罪委员会代表及顿巴敦橡园会议首席代表。1945 年 3 月为中国出席旧金山会议代表团代理团长，参加起草联合国宪章；5 月在国民党六大上当选为中央执行委员。1945 年为中国出席联合国执行委员会及预备会议代表团团长；旋为中国出席联合国第一届大会代表团长。1946 年 6 月起任中国驻美国大使，1956 年任台湾"总统府"资政。1964 年任国际法院副院长。1967 年退休，定居美国纽约。著有《外国人在中国之地位》《致国联李顿调查委员会备忘录》《门户开放政策》《顾维钧回忆录》等。——译者

② 此处的"Vaughan"放在当时常驻英国的美军将领斯塔克和杜立特当中，估计是小哈里·布里格斯·沃恩(Harry Briggs Vaughan Jr.，1888—1964)，美国陆军少将。——译者

妇、坎宁安夫妇、波特尔夫妇，以及怀南特和艾登。节目也很令人失望，音乐演奏很差。

11月24日

在上午参谋长会议结束的时候，我让其他参谋长和文秘人员先离场，只留下"巴哥犬"一个人。然后我给他谈了我对法国的情况很不满意，地面作战等于无人指挥。艾森豪威尔，尽管名义上是他担当此任，却在兰斯的高尔夫球场里忙着和自己的女司机鬼混——心思完全不在打仗上，实际上就没有在指挥作战！情况是如此之糟糕，怀特利、比德尔·史密斯和其他几位将领只好去找他劝说不能沉溺于此，必须回去"指挥"打仗，他说他会的。我个人认为，就算他想做好，都没有这个能力指挥这场战争。

我们讨论了找马歇尔出来商量这个情况，但我们担心他不会认同事态有这么严重。最后决定由我去找首相商量这个问题。这是我遇到过的最棘手的问题之一。我知道只有一个解决办法，但不知道是否能够实现。应该让布拉德利担任地面部队司令，特德担任空军司令，与他密切协作。然后要把前线部队划分成两个集团军群，阿登山脉以北的归蒙蒂指挥，以南的由巴顿统辖，而艾克真正回归最高司令的职责。

接着我们和安德鲁·坎宁安共进午餐，之后前往诺索尔特会见"巨人"威尔逊，他在动身去华盛顿赴任之前回来小住几天。晚上P.J.格里格来了，为了他在上午内阁会议的发言和温斯顿对巴勒斯坦问题的处理意见。最后我们俩静静地、开心地一起吃了顿饭。

11月25日

今天没有参谋长会，所以早早结束工作，和你一起开车带小泰出去，今天他过生日。阳光温暖怡人，我们带他去了纽伯里以南的机场，并在那边吃了午饭。

11月26日

蒙蒂从比利时飞回来了，上午11点半在哈特福德那边的公路上降落。我派了辆轿车把他接到费尔内街，在他又飞回去之前聊了一个小时。他来商量法国战场的情况，想找到解决问题的最佳路径。我们商定有以下三个最基本的问题需要纠正：

a. 首先是美国人那要命的"全线出击"战略

b. 避免在中部的阿登地区形成一个孤立的集团军群，组建一南一北两个集团军群，而不是眼下的三个

c. 任命一位地面部队的总司令

问题是如何将其付诸实施。我们想要的是布拉德利当地面部队总司令，蒙哥马利当北部集团军群的司令，巴顿的集团军还留在该集团军群里——用巴顿的第3集团军替换第9集团军——还有让德弗斯指挥南部集团军群。蒙蒂周一要去见艾森豪威尔，如果他提出这个话题，蒙蒂就抛出上述建议。与此同时，我会去找首相谈一回，建议请马歇尔过来商议上述问题。如果不做出一些调整，我们只有听天由命了，天知道这场仗要打到什么时候才能结束！

11月27日

一早返回。开了一个长时间的参谋长会，和皇家空军参谋长、第一海务大臣讨论兵种之间的协同问题，差点儿能打起来！勒温和家人一起过来吃午饭。晚上6点半到8点半参加内阁会议。首相明显开始感觉到法国的情况不太妙，但还没有真正搞清楚问题的真正所在！他眼下正盯着在接下来数月里肃清荷兰之敌，他认为"用两三个师花不了多少时间"就能完成！

11月28日

"巨人"威尔逊来参加我们的参谋长会议，谈了他对于未来意大利和达尔马提亚海岸作战行动的看法。他讲得相当好，完全符合此前我们下达给他的作战指令。

12点半的时候我们去见首相，是我们主动申请和他会谈一次。我告诉他，我对西线作战深感忧虑。我说，最近一次的攻势，事实上只能被看作是自我们在法国登陆以来第一次战略上出现的偏差。在我看来，在两个主要因素上都犯了错误，分别是：

a. 美国人的战略，和 b. 美国人的组织。

在战略方面，美国人总是要全线出击，而不顾可以调集的兵力，绝对是发疯了。在目前的攻势中，我们投入了6个集团军，而整个后方没有留任何预备队。在组织方面，我说我不认为艾森豪威尔能够同时做好最高司令和地面部队司令两件事。我认为布拉德利应该担任地面部队司令，前线部队要分成两个集团军群而不是三个，以中部的阿登高地为界。蒙哥马利指挥北边一个，德弗斯指挥南边一个。

温斯顿说，他也在为西线担心。他对我说的大部分都表示赞同，但吃不准是否有必要任命一个地面部队司令。我想我已经成功地说明白了，我们必须从艾森豪威尔手上拿回掌控权，最好的办法就是反复引用我们在突尼斯时候的做法，当时我们让亚历山大充当艾森豪威尔的副手，替他指挥地面部队。我告诉温斯顿，让事情重回正轨的唯一路径就是把马歇尔请到这边来。他同意了，我们决定这么做之前再等几天。匆忙赶回来吃午饭，因为温赖特已经在等着我了。

下午2点钟和P.J.格里格、威克斯开会，研究弹药生产的情况。下午5点钟和"巨人"威尔逊、威克斯、奈开会，商量意大利司令部的组织架构。亚历山大的想法总是不着边际，我敢肯定行不通。最后一个会从晚上6点开到8点，和温斯顿研究弹药生产的问题，如何增加产量以满足战争被拖到 1945 年的需求。

11 月 29 日

早上收到蒙蒂发来的电报。他已经和艾森豪威尔谈过了。后者承认战略上有错误,导致进攻在战略上出现了偏差,前线需要重组,但认为没必要任命地面部队司令。但准备让布拉德利指挥阿登以北、蒙蒂麾下的一个大集团军群,让德弗斯指挥阿登以南的部队。这样或许也可以,但我依然严重怀疑艾克是否有能力指挥地面作战,这完全要看蒙蒂是否能够掌控他。

下午的大部分时间都在接待希腊国王来访,提出了一堆问题,比如希腊的局势该如何掌控,如何处理帕潘德里欧①与民族解放阵线(EAM)和希腊人民解放军(ELAS)的关系。国王还希望英国能派遣一个军事代表团,帮助他们组建新的希腊军队。晚上 6 点钟和首相开会,研究地中海和东南亚两个战区的局势。结果是个很拖沓的会,开了两个小时一无所获!温斯顿变得越来越没法共事了!和约翰·肯尼迪一起吃了晚饭。

11 月 30 日

上午开车去了参谋学院,按照惯例做每个学期结束时候的训话。从那儿回家和你一起共进午餐,然后回到伦敦,在"巨人"威尔逊回意大利之前又谈了一次,换亚历山大回来休个假。我越想到亚历山大将要担任最高司令,就越感到前景黯淡!晚上和 P.J.格里格在萨沃伊酒店吃饭,"巨人"威尔逊也过来再深入地聊一聊。最重要的是要让亚历山大和他

---

① 乔治·安德里欧·帕潘德里欧(Georgios Papandreou,1888—1968),曾分别于 1944 年、1963 年和 1964 年三任希腊总理,在希腊政坛上发挥过重要的影响。资产阶级自由主义派领袖,1915 年以自由主义者的身份开始其政治生涯,历任教育部长、莱斯沃斯州州长、希俄斯州州长。——译者

的参谋长哈丁合作好，因为他实在是难以胜任。

12月1日

上午10点钟去见温斯顿，告诉他蒙蒂的电报。发现他正在床上吃早饭，四周摊了一堆生日礼物。"这是我的医生送给我的美味黄油，他夫人用家里的奶牛做的，自己挤的奶，自己搅拌出来的！！等等"。他的心情很不错，批准了蒙蒂已经做的动作，包括后者写给艾克的信，将他们俩的谈话白纸黑字地固定下来。如果真的像蒙蒂想的那样他已经搞定了，我们也真的万事大吉了，但我担心艾克和比德尔·史密斯、特德等人商量过之后，一定会改变主意！

中午在卡尔顿烤肉店和亚当一起吃饭，大家聊得很投机。晚上去看了新制作的介绍美国的纪录片，是我们准备用于部队教育培训的。我感觉不错，应该有助于我们的士兵了解美国人。

12月2日

起个大早，开车回费尔内街拿上猎枪，和伯蒂·费雪一起到图尔吉斯格林村打猎。天气一直不错，我们俩打得很开心。

晚上首相叫我过去，他已经起草了一份给艾森豪威尔的电报，准备发过去。电文写的真是令人失望，里面提到了蒙蒂和艾克的谈话，但后者根本不知道蒙蒂已经把情况告诉了我！电文里还在继续给艾克出主意，教给他如何指挥打仗，而且出的主意还非常糟糕！我只好设法阻止他，给他解释这么干的危害，但他不同意，说蒙蒂、艾克他们俩的会面报纸已经大肆报道过了，说这件事情需要政府来决定，靠军人们自己是解决不了的，等等！很显然，他的尊严又遭到冒犯了，蒙蒂和艾克把聚光灯都吸引到自己身上了，而他一点儿都没有照到！我光火了并告诉他，如果他私下里发电报，我就很难再把他们俩带过来见他。不管怎样，最后我还是让他同意拖到下周一再说！

12月3日

本来一个安静的礼拜天，被报社派来的一群记者给搅和了，还打来了好几个电话。希腊的麻烦越来越大，我所有最糟糕的预言都变成了现实！最初安东尼·艾登要求派五千名士兵，我就告诉他，最终可能需要四个师，他说绝对不需要。到目前为止，他已经投入超过四万人了！！美第9集团军司令辛普森①也打电话来，他刚刚去拜访过蒙蒂，讲了蒙蒂的最新情况。蒙蒂已经收到了艾克的答复，听起来不太好，自见了布拉德利之后，艾克好像改主意了！

12月4日

开了个长时间的参谋长会，中午和"神算子"劳埃德在草坪俱乐部吃饭。下午3点15分我去找温斯顿解决我们之间的争论。我发现他心情很不错，上周六我们俩谈过之后，他本来写了一个措辞很冲的便条给我，但是没有发出来。他还同意不再发出给艾森豪威尔的那封电报，在下周四蒙蒂和艾克再次会谈之前什么都不做。在我们讨论的时候他发表了一连串的高论！比如，他不想让什么人夹在艾克和集团军群之间，因为艾克是个好孩子，可塑性强，他可以施加影响！而布拉德利长着一张酸酸的瘦脸，可能不太听话。我回答说，如果他完全不适合去打赢这场战争的话，我看不出选个可塑性强的最高司令能有什么用！晚上6点钟出席了内阁会议。

12月5日

希腊的形势变得越来越错综复杂。温斯顿从凌晨3点钟就开始分别

---

① 威廉·胡德·辛普森（William Hood Simpson，1888—1980），美国陆军上将，1909年毕业于西点军校，与巴顿、德弗斯都是同班同学。——译者

给"巨人"威尔逊、驻军司令斯科比、利珀大使拍电报，一早上大部分时间都在处理这件事。与此同时，威尔逊也在给我拍电报，认为温斯顿发给他的指示不太合适。很显然，利珀开始感到紧张了，就是他起初说只要五千人就足够让希腊政府稳如泰山了，现在他已经有超过四万人了，还认为"兵力远远低于形势的需要"，应当立刻增援更多的部队。这正是我从一开始就预见到的！温斯顿想让威尔逊在希腊空投伞兵旅，但它也是意大利作战所必需的！而且这些作战是英美联合行动，联合参谋长委员会给威尔逊的指令是，希腊的作战行动不得干扰在意大利的作战。我请求见一下温斯顿，得到的回复是12点15分。他让我一直等到12点45分，因为他在参加议会的会议，有关希腊局势的，被拖住了！等他回来，我把整个情况原原本本告诉他。他喋喋不休说了好多，不过还是同意撤回伞兵旅。我对希腊的局势看不到多少光明。我敢肯定还会派去更多的部队！

杰克·柯林斯过来吃午饭。他正在帮着阿奇·韦维尔写回忆录。下午开了遴选委员会会议。

12月6日

参谋长会议时间很长，部分是由于亚历山大也出席了。我担心这次会上说到的问题和困难，让他这位即将上任的地中海战区最高司令傻了眼！！在这方面他简直是个孩子，还没能把握住自己的任务是什么！愿上帝保佑他也保佑我们！我已经竭尽所能让他接受哈丁当他的参谋长，还考虑过一批有能力的好手。我给他提到过"猴子"摩根[1]、"神算子"劳埃德、柯克蒙、凯特利或者斯科比，或者他喜欢选的任何人。我向他重点推荐了哈丁，为了他的感觉能好一点儿，我说他能够掌控住哈

---

[1] 威廉·杜西·摩根（William Duthie Morgan，1891—1977），英国陆军上将，绰号"猴子"（Monkey）。——译者

丁。实际上他已经答应为哈丁调整岗位，只是想再依靠他适应一下新的环境。

中午和富兰克林共进午餐，然后为本土军将领讲了战略形势。开车带着"大眼"索恩回来，听听他有些什么要求。然后和亚历山大谈了很长时间，让他保证不能"压制"克拉克，就像过去他指责威尔逊对待他那样！对亚历山大是否能胜任这个工作，我心里实在是七上八下！晚上在格雷花园酒店吃饭，约翰·安德森和西蒙勋爵也在那儿。

12月7日

又是一个长时间的参谋长会议，会上我们审核了美国人的太平洋作战方案。他们是基于欧洲战事在今年底前结束而制定的，一点儿都没有考虑到现实状况！他们将不得不降低对推进速度的估计。午餐后会见了迪克·奥康纳，他即将卸任法国战场上的军长一职，前往印度担任集团军司令，很是不情愿。然后会见了"男孩"布朗宁，在他启程去就任蒙巴顿的参谋长之前，他要接手的可是个费劲的差事！接着是新调换的美军联络官。最后和P.J.格里格聊了一会儿。晚上参加了坎宁安举办的宴会，希尔达和伊夫林也都在。

12月8日

晚上早早溜回了家，准备明天和洛里一起去打猎。

晚饭后温斯顿打电话来，得知他想拍电报给威尔逊，要再增援希腊两个旅。尽管他想这么做，但他其实不可能准确判断那边的形势。不过，有一点是肯定的，我们必须设法尽快从希腊这个泥潭中脱身。因此我同意增派部队，军力越强大，收拾局面越快。同时我还提醒他，这样我们将得罪美国人，而且不得不修改已发给地中海战区最高司令的指令。

这里看上去我的意见有些前后不一致，前面坚持撤回空降旅，现在又同意增派两个旅，但是要知道，空降旅是特殊的部队，需要执行特别任务。

12 月 9 日
天气很舒服，和洛里去打猎。打到的鸟不是很多，但非常开心。

12 月 10 日
一天都是大雨，在家安静地过礼拜天。

12 月 11 日
周一通常都很忙，再加上今天中午 12 点钟开内阁会议，就更加紧张了，还有一堆的电报。正如我预料的，美国人对希腊的事情不舒服，尤其是海军上将金，竟然命令不允许他们的登陆艇运载部队去希腊！不过，哈里·霍普金斯收回了金的命令，把事情理顺了。

12 月 12 日
在这战争最后阶段的紧要关头，我刚刚又混过去一天，竟然觉得完全没有价值！我感觉自己根本就没有做真正需要做的事，只有上帝知道我还能再做些什么！上午 10 点钟去找首相，商量蒙蒂的那封信。发现他还在床上吃早餐，一边吃一边看亚历山大新发来的有关希腊局势的电报！！除了他的早餐和希腊局势，其他的事情就没有听进去！我待到 10 点半，发现他还没有看过蒙蒂的信，对其内容一无所知。我试图解释给他听，但他不停地扯回到希腊问题上！"亚历山大真是太棒了！把握得真好！对形势一看就明白！脑子太好用了！"不知道他这评价能够持续多久？

我恶心的不得了，回去开参谋长会议，一直到差不多下午 1 点钟。吃午饭的时候接到通知，战时内阁下午 3 点钟开会讨论希腊问题。等我们碰面了，在讨论是否应该任命希腊大主教为摄政①的问题上浪费了一个半小时。最后内阁决定应该这样做，起草了一个条子通知希腊国王，在我看来这就是拒绝他回国！然后我抓紧赶回陆军部，但是又接到通知说 5 点半内阁要再次开会，我回复不再参加了。

晚上 6 点钟和首相一起在他的地图室会见艾克与特德，包括参谋长会议全体成员。艾克讲述了他的作战方案，就是分两路进攻德国，北边指向莱茵区，南边指向法兰克福。我表示坚决不同意，批评艾克违背了集中用兵的原则，此前的失利也是这个原因造成的。我分析了他的作战方案，指出凭他手上目前这有限的兵力，不可能做到两路出击。我强调了集中兵力突破一点的重要性。当前的现实是，他的兵力有限，任何两路出击的想法都只会导致兵力分散。首相就没有搞清楚重要的原则性问题是什么。他有一半的时间都在操心莱茵河上的水雷！！！他无法理解大的战略概念，一味地纠缠于细节！艾克也同样没有把握住真正的战略问题。更糟糕的是特德讲了一堆废话，还在给艾克撑腰。

最后和首相、艾克、特德、坎宁安、波特尔和伊斯梅一起在唐宁街 10 号吃了晚饭。然后接着讨论同一个话题，但是我没有再继续讲下去，温斯顿和艾克的战略考虑基本上都是错的。而且还有一个要命的发现，

---

① 1944 年 12 月，英国支持的保皇派与希腊共产党之间的矛盾激化，爆发武装冲突，这被看作是希腊内战的开始。英国首相丘吉尔参与了调停，双方决定设立一个摄政，雅典大主教达玛斯基诺斯被希腊国王乔治二世任命为摄政，并于 1944 年 12 月 31 日宣誓就任。在 1946 年 3 月的大选中，保皇派获胜，康斯坦丁·查尔达里斯就任首相；9 月 1 日举行公投，69% 赞成国王回国，乔治二世再次复位为希腊国王。——译者

现在艾克不希望在 5 月份之前渡过莱茵河！！！

12月13日

　　昨天晚上我非常沮丧，认真地考虑了辞职，因为昨晚温斯顿看上去一点儿都不在意我的想法。不过今天我发现，情况比我想象的要好多了。开完参谋长会议，下午 1 点钟我去见温斯顿。他告诉我，昨天晚上他不得不撑一把艾克，因为只有他一个美国人，对付我们五个，仅特德一个人支持他。而且他还是他请来的客人。我想他也感觉我对待艾克太过于生硬了，不过从另一个角度说明，我发现我已经让他认识到局势的严重性。我昨晚所讲的一番话，对他产生了远比我想象的大得多的影响。他决定，今晚 5 点半战时内阁必须集中，而我有必要把整个战略形势告诉他们。另外，他希望我把整个情况形成书面报告。

　　下午 5 点半，我们在唐宁街 10 号碰头，在首相做了总体介绍之后，我报告了整个情况。预计 5 月份渡过莱茵河的日期在内阁中引起了轩然大波。不过，这有助于澄清事实，内阁成员们现在知道前景如何了，这真是件好事情，反驳了报纸上的一片乐观。

12月14日

　　"巨人"威尔逊来参加我们的参谋长会议，在他启程赴美之前，研究一下需要解决的问题。午餐后"泰迪"施莱伯过来看望我，他刚刚从马耳他回来没有几天。他看上去一门心思都在操心马耳他的问题，我要尽量支持好他。晚上罗尼·斯塔尼福斯和普鲁过来吃晚饭。

12月15日

　　参谋长会议时间很短，会上讨论了迪基·蒙巴顿失去他手下的中国师所引发的问题①。亚当过来吃午饭,给我讲了他遇到的一系列麻烦。然后格洛斯特公爵过来拜访,他就要去澳大利亚担任总督了。接着是从巴勒斯坦回来的麦康奈尔②。然后和奥托·隆德一起去给各战线的炮兵指挥官讲了话,最后和陆军大臣开会。

12月16日

我本来想溜回家吃午饭的,但11点钟从契克斯庄园发来消息,首相要在下午3点钟召开战时内阁会议。花了大家两个小时,一直到5点以后才逃出来。会上讨论了希腊问题。利珀和麦克米伦还在呼吁请大主教来当摄政,而希腊国王不同意再搞个摄政出来,尤其是大主教!经过激烈的讨论,大家决定再等等看,视增援部队抵达希腊之后的情形而定。回到家里吃了下午茶。

12月17日

安静地在家里。

12月18日

相当平静的周一。开了个短时间的参谋长会议,中午12点钟开了内阁会议。下午甘默尔过来看我。德国人对美国人发动了猛

---

① 此处是指新六军回国:1944年,随着日本在太平洋战场接连失败,海上交通线被切断,南洋日军面临被切割的困境,为此日本制定了从中国战场寻求突破,企图固守大陆以坚持长期战争的计划,表面看来是日本的积极进攻作战,本质上却是出于防御目的。1944年4月至12月,日军集结五十万军队,对河南、湖南和广西三地发起大规模进攻,企图打通中国大陆交通线,将侵华日军各部贯通起来,并联系被切断海上交通的南洋日军,以保护本土和东海海上交通安全,中国史称"豫湘桂会战",日本称为"一号作战"。——译者
② 道格拉斯·菲茨杰拉德·麦康奈尔(Douglas Fitzgerald McConnel, 1893—1961),英国陆军少将。——译者

烈的反攻①，而美国人手上没有什么预备队来阻挡进攻。他们应该始终在手上保留一支预备队的，以便抓住机会对德国人实施重大打击，说不定就让德国人玩完了。但我不知道他们是否掌握这种作战技巧，我表示怀疑。局势令人非常担忧，如果美国人的师、军、集团军一级的指挥员和参谋班子能够比实际上更有能力的话，这反而有可能是一次天赐良机。然而，如果把握不好，有可能让击败德国人的时间再往后拖六个月。

我感觉是龙德施泰特在指挥这次反击，这才是一位"好将领"，他的做法是正确的，适时发动反击以打乱盟军的部署，使战败延后。不过，我觉得他也一定认识到了自己正在冒极大的风险，结果有可能恰恰是相反的，如果美国人善于利用他的冒险的话。也或许他是一位"德国好人"，希望有助于让这场战争能尽早有个结果，因而也就不顾一切风险了，难道他们是心甘情愿的？

现在，龙德施泰特证明了艾克的部署和组织有多么糟糕。在一个漫长的战线上平摊用兵，又没有足够的预备队，也没有一位地面部队司令官能够迅速应变，我们应该可以预见到，为了挡住德国人的攻势，他将不得不从斯特拉斯堡②撤出兵力，而如此一来将使戴高乐政府陷入危机。

---

① 阿登战役（Ardennes Offensive），又称"突出部之役"（Battle of the Bulge），第二次世界大战期间的重要战役之一。1944年秋，希特勒为了改变盟军登陆后其在西线所处的不利地位，计划在卢、比、德三国交界的阿登地区实施反扑，突破盟军防线，并渡过默兹河，直插布鲁塞尔和安特卫普，将盟军切成两半，消灭盟军在北方的四个集团军，迫使西方单独议和，然后再将兵力转向东方，对付苏联。经过数十天战斗，盟军于1945年1月28日将德军赶回德国边境，恢复了原来的阵线。此次战役是第二次世界大战中西线最大的一次阵地战。——译者

② 斯特拉斯堡（Strasbourg），法国大东部大区与下莱茵省的首府，位于法国国土的东端，莱茵河西岸，东侧与德国巴登-符腾堡州隔河相望，西侧则为孚日山脉。历史上，斯特拉斯堡处于多个民族活动范围的重合地带。从最初的凯尔特，再到高卢、日耳曼以及后来的法兰克、查理曼，这些民族都在斯特拉斯堡留下了足迹。19世纪中期开始逐渐成为德法长期争夺的焦点。1871年普法战争结束后，（转下页）

对德国人而言，这是一次大胆出击，如果没有这一招，蒙蒂的快速推进可能会取得明显进展。而艾森豪威尔则一时乱了阵脚。从另一个角度而言，龙德施泰特孤注一掷发动的这次进攻，如果失败了，对德国人的士气无疑将是重大打击。

12月19日

法国来的新消息不多，艾森豪威尔和他的参谋班子看起来相当自信，认为自己可以驾驭局势。我只希望这种自信不是"无知者无畏"！

希腊的局势也有了好转，但看起来已经相当确定的是，我们还需要进一步派出增援部队。汤米·林塞尔下午来了，他从印度回来，给我讲述了那边战场的全部情况。

12月20日

收到蒙蒂发来的电报，清楚地表明法国战局很严峻。美军战线被突破，德军已经推进到纳慕尔，而前面几乎没有什么兵力阻挡他们，美第1集团军的北部侧翼已经被击溃并陷入混乱，等等。还建议他应该被授予突破口以北所有部队的指挥权。我发了一份副本给首相，他叫我下午3点半到地图室。我发现他看上去疲惫不堪，显然中午喝过几杯白兰地。不太好确定他是否已经认识到形势的严峻性。我们谈了许多马尔伯勒公爵的旧事和其他一些不相干的事。不过，我让他打了一个电话给艾克，

（接上页）根据《法兰克福条约》的规定，该市并入新成立的德意志帝国，成为阿尔萨斯-洛林的一部分。一战德国战败后，根据《凡尔赛条约》，斯特拉斯堡被重新划入法国。由于曾经归属德国四十七年，斯特拉斯堡有浓重的德语口音。纳粹党据此极力促使德国夺回这座城市。二战期间，1940年法国沦陷以后，该市再次被并入德国。1944年底，盟军将其收复，恢复法国的统治。现在，欧洲委员会、欧洲人权法院、欧洲反贪局及欧洲议会等多个欧盟合作组织均在斯特拉斯堡设立总部，故其也被称为"欧洲第二首都"。——译者

建议让蒙蒂接掌整个北翼的部队，布拉德利负责指挥南边的。艾克同意了，已经准备发布命令落实。

然后晚上 6 点钟召集内阁开会，商量法国战局。内阁成员总体上相当坦然。我真怀疑他们是否认识到所有的可能性！

12 月 21 日

参谋长会议时间不长。我们研究了在荷兰、德国或丹麦海岸实施登陆，从侧翼包抄莱茵河地区的可能性。估计希望不大，但通过安特卫普的运河和须德海①或许还能够做些什么。午饭后我和海斯②谈了一次，他就要前往重庆担任军事联络官。

最后和帝国化学工业公司的麦高恩勋爵吃饭，他设晚宴招待澳大利亚断山私有有限公司的总经理。他还邀请了安德森、伍尔顿、亚历山大、塞尔伯恩、P.J.格里格、桑兹、戈维里等。我坐在伍尔顿和化学工业部化学处处长贝恩当中，后者是个独臂，但相当有活力。

来自法国的战报有较大改观。只要这两根"门柱"能够各自撑住一边，或许是个放"羊群"进来痛宰的机会。但愿美国人能够做到。

12 月 22 日

看起来德军的攻势在北边被挡住了，但我对南边还有一点儿担心。据说巴顿已经发起了反攻。这可能有些操之过急，我怀疑是否能奏效。

---

① 须德海(Zuider zee)，原北海的海湾，在荷兰西北，13 世纪时海水冲进内地，同原有湖沼汇合而成。从 1920 年代起，荷兰开始须德海工程建设。1932 年 5 月建成长 29 公里、宽 90 米、高出海面 7 米的拦海大坝，连接须德海北口两岸，使 4 000 平方公里的海湾变成内湖。其中已改造成圩田的有 16.6 万公顷，所余水面称为"艾瑟尔湖"，并已逐渐成为淡水湖。——译者

② 埃里克·查尔斯·海斯(Eric Charles Hayes，1896—1951)，英国陆军少将。——译者

亚历山大显然正在为希腊战事和接到的首相指示而发愁呢！我估计，只要他待在现在这个岗位上，更多发愁的事情还在后面呢！

12月23至30日

回家休假一周。

法国战局逐步好转，龙德施泰特的攻势看起来被挡住了，现在重要的是转入反击。蒙蒂又和艾克会谈了一次。我不喜欢对此的相关报道。在我看起来，就好像艾克不听蒙蒂的建议，而蒙蒂在盯着他反复说！蒙蒂做事一贯缺乏手腕。说了太多的"我告诉你应该怎么样"，无助于他们之间需要建立的友谊。按照蒙蒂的建议，艾克同意战线应当被一分为二，只打一个主攻方向。但我估计下次他不知碰到什么人，可能又会改主意了！他是一个没前途的指挥官。

与此同时温斯顿专门跑了一趟希腊，试图解决那里的麻烦。但看上去收获不大。第46师剩下的部队也出发去希腊了，这样总兵力就达到了我最初预计的八万人！我们到底要从中得到什么？在我看来，绝对将是一无所获！最终我们将不得不撤出希腊，然后她也会像自己的近邻一样被共产主义化。这段时间意大利战役陷入了停滞。

1945 年 1 月 1 日至 1945 年 12 月 31 日

1月1日

　　新的一年开始了，让我们期待这是对德作战的最后一年！时至今日，我在这个岗位上已经干了整整三年，实在是身心俱疲。今天一早就离开了家，天气阴冷潮湿，车子在雾霭中穿行，时不时地会打滑，直到9点25分才抵达陆军部。不过进入工作状态并不困难，因为每天我都会收到装满最新消息的棕色公文包。下午，会见了从西非回来的诺斯沃兹，以及准备去西非的波罗斯，还有从中国回来的卡尔东·德维亚尔，他对中国当前的现状十分关注，尽管有各种流言蜚语，蒋介石的地位看起来还是很稳固的。

　　整个下午，首相都在源源不断地派人送来便条，全都是些无用功（今天下午，我大概收到了十五份这样的条子!!）。要么是对此前报给他文件的错误解读，要么是纠缠于某些不该他关注的细枝末节。结果就是导致了一大堆不必要的工作，事半功倍，效率低下。

1月2日

　　令人厌恶的一天。上午10点半，和联合情报委员会一起召开参谋长会议。一直开到中午12点15分，我们移到首相的地图室与首相继续开会。会议首先讨论了亚历山大访问莫斯科的问题。我对温斯顿说，我看不出这次访问有什么必要。温斯顿自己也曾表示过希望亚历山大指挥意大利的作战行动,我问他如果要他去雅典两次,莫斯科一次,然后是贝尔格莱德,或许还要去克里米亚半岛参加我们的盟国会议,他会希望怎么做?温斯顿一时无言以对,但是他的脑袋就是一锅糨糊,不到五分钟,他就又催着亚历山大去莫斯科了!

接下来他提出的战略简直太疯狂了,完全就是为了确保英国军队始终处于大众关注的聚光灯之下,甚至不惜牺牲美国人的利益,而且压根不考虑任何战略方面的需求!我们又和他浪费了一个半小时,直到 1 点 45 分才得以解脱。中午和圣克莱尔一家共进午餐,3 点钟赶回来参加一个遴选委员会会议。最后又是一场烦人的内阁会议,从 5 点半一直开到晚上 8 点半,原本应该是在一个小时里就可以完成的。

今天法国那边几乎没什么消息,但是却传来了伯特伦·拉姆齐在巴黎飞机失事身亡的消息,他的离世是个令人心痛的巨大损失。

1 月 3 日

中午 12 点半,和首相一起乘飞机离开诺索尔特,前往巴黎。同行的还有:汤米、博伊尔、基明斯先生和索耶斯。恶劣的天气和一路颠簸,使我们的旅途花了一小时四十五分钟。艾森豪威尔到机场迎接我们,然后乘车前往他在凡尔赛的新住所。他已经从原来龙德施泰特在圣日耳曼大道上的旧房子搬出来,现在住在总统府邸,就在特里亚农宫①附近。艾克看上去忧心忡忡,因为戴高乐反对他在阿尔萨斯和洛林的部署计划:将战线后撤至孚日山脉,只留下一个前哨线。戴高乐声称,这种放

---

① 大特里亚农宫(Grand Trianon),位于凡尔赛宫的西北部,为路易十四和他的情妇蒙特斯庞侯爵夫人的住所,以及国王邀请宾客进便餐的地点。大特里亚农宫所在的花园内还有较小的小特里亚农宫,由路易十五建于 1762 至 1768 年。1920 年 6 月 4 日,《特里亚农和约》在此签订,让刚刚瓦解的奥匈帝国重新划定了匈牙利、奥地利及其他独立新国的边界。——译者

弃斯特拉斯堡的行为，将会引发阿尔萨斯和洛林人乃至全法国的强烈抗议，而这除了让他的政府垮台，不会有其他结果！就在今天下午，戴高乐打算来凡尔赛与艾克会谈。因此午餐之后，我们聚集在艾克的办公室，召开了一次重要会议，与会者包括首相、戴高乐、艾克、朱安、比德尔·史密斯、一名译员和我。戴高乐描绘了如果让德国人重返阿尔萨斯和洛林地区，将会导致一场大屠杀的骇人景象。不过，艾克已经决定改变部署，将各师的位置保持不变，原本准备并入巴顿麾下的两个师也不再撤回。

然后，首相和戴高乐离开进行政治会谈，我留下与艾森豪威尔继续讨论前线作战的问题。他看起来对局势的转变颇为担忧，对任何与指挥架构或者战略有关的问题我都避而不谈，因为谈也无济于事。晚餐之前，我们返回到艾森豪威尔的住所，在那儿又和他谈了很长时间。一起共进晚餐的有摩根、怀特利、埃克、柯蒂斯、斯特朗以及盖尔。

漫漫长夜：首相直到凌晨1点半才起身离开！！然后又把我拽进他卧室里进一步详谈。他说，他开始觉得从意大利向维也纳进军行动的成功机会很渺茫！这可是经过了我长时间耐心工作的成果，总算让他不再想着去冒这个险了！他同意，因为凯塞林撤退到阿迪杰河①一线而产生的多余兵力，最好全用在西线主攻战场上。这一点是让人最为满意的。接着，他继续谈到了亚历山大的问题，他说一旦意大利变成了只剩下小规模部队的次要战场，亚历山大就不能再留在那里了。他提议，如果空军部想让特德回来的话，我们可以让亚历山大接替他。这似乎是个明智

---

① 阿迪杰河(Adige River)，意大利第二大河，源出北部阿尔卑斯山的两个湖泊，流经韦诺斯塔(Venosta)谷地，在博尔札诺(Bolzano)接纳伊萨尔科河(Isarco River)向南流，在维罗纳(Verona)附近进入波河(Po River)低地后，折向东南，流入亚得里亚海。——译者

的选择，也有助于艾克此后的运作步入正轨。他让我去试探一下艾克对这个建议的反应。

1月4日

早晨醒来，发现下起了鹅毛大雪！看来坐飞机去蒙蒂那里是不可能了，我们只能改乘火车。早餐之后，和艾克一起去他的司令部，在那里我们和怀特利、斯特朗以及罗布一起回顾了当前的形势。总的来说，反攻行动在打通巴斯托涅①走廊方面取得了一些进展。可惜的是，由于天气恶劣，空军无法正常运转。

晚些时候：

午餐的时候，达夫·库珀也来了，下午4点半我们动身前往凡尔赛火车站，艾克的专列将会带我们去蒙蒂的司令部。用完午餐之后，温斯顿向艾克提出了由亚历山大接任特德的建议，艾克表示欢迎。火车上的晚餐十分丰盛，真是轻松惬意的一晚，途中经过亚眠、阿拉斯、里尔和布鲁塞尔，到达哈塞尔特。

1月5日

大约在上午7点半，我们抵达目的地。吃过早饭，9点钟的时候，蒙蒂来了，在首相露面之前，我先和他交谈了三刻钟。昨天，霍奇斯②

---

① 巴斯托涅（Bastogne），位于比利时卢森堡省东部阿登地区。美军101空降师坚守巴斯托涅是阿登战役中最著名的战斗之一。巴斯托涅位于阿登东部公路网的中心，美军第101空降师面对德军五个师的轮番进攻，始终坚守阵地，赢得"优异部队嘉奖令"。在美国陆军历史上，全师获得这一荣誉还是第一次。——译者
② 考特尼·希克斯·霍奇斯（Courtney Hicks Hodges，1887—1966），美国陆军上将，在美国陆军中是知名"野马"军官（"mustang" officer），也就是从最基层的士兵打拼到上来的将领。——译者

的集团军已经发起了进攻,并且进展顺利,这让他喜形于色。我从他那里获知,他手下大批的美国军队兵力严重不足,暂时已经失去了进攻的能力。他看上去相当自信,认为他和布拉德利足以对付突出部西边末端的德军,但是打回突出部底部将会困难重重。我告诉他,后续可能会得到来自意大利的增援,以及亚历山大可能接替特德的安排。他表示对这个有助于改变混乱局面的计划完全赞同。

上午 11 点 15 分,我们乘车前往布鲁塞尔机场。途中经过鲁汶,1939 年的许多往事涌上心头,当时我和蒙蒂关于鲁汶防御的讨论,还有从鲁汶到布鲁塞尔的撤退都历历在目。我无论如何想不到,最后那天从蒙蒂司令部开车回来的这条路,五年之后居然会再走一次,还是和身为首相的温斯顿一起!! 一时间,那段岁月的诸多回忆如潮水般涌来,令人思绪万千。

大约中午 12 点半,我们抵达布鲁塞尔东部的机场,看得出德国人此前对这里的轰炸有多么猛烈! 我们找到自己的飞机,玛丽·坎宁安也等在那里。在飞机上吃了午饭,花了一小时四十五分钟飞回诺索尔特机场。径直回到陆军部,和陆军大臣、副官长、军需总监、副总参谋长、作战处长和情报处长开会。勒温过来一起吃晚饭。

1 月 6 日

回到家刚好是午饭时间,参加了你为孩子们准备的欢乐聚会。

1 月 7 日

在家中,清净的礼拜天。

1 月 8 日

早晨驾车返回陆军部,寒冷异常。简短的参谋长会议之后,12 点半在教堂为伯迪·拉姆齐举行了追悼会。下午6点召开内阁会议。除了因为对回国休假士兵的接待安排不满，首相向P.J.格里格发了通火之外，整个会议死气沉沉。

蒙蒂的进攻看起来进展非常顺利，但是我并不确定，阿尔萨斯和洛林的形势就此好转。亚历山大也令我不大放心，他向希腊派遣的军队越来越多，却看不到什么希望能让他们撤出！

晚些时候：

晚上10点半，又被首相叫去。他收到了斯大林的回复电报，承诺在一月中旬发动攻势，这令他颇为得意，他保证说这个消息只透露给了艾森豪威尔和我。其实，他已经告诉过了安东尼·艾登，并且正打算说给美国总统听！！！我到的时候他已经上床了，喝着咖啡，品着白兰地，还抽着雪茄。给我也倒上咖啡和白兰地之后，我们开始讨论蒙蒂在记者采访时大放厥词的事①，这件事导致我们不得不给艾森豪威尔打电话解释，还得派布兰登·布拉肯出面。没多久，安德鲁·坎宁安也到了，随后是"巴哥犬"伊斯梅。然后叫来打字员，记录下给罗斯福的电报。后来，红色的记号笔找不到了，索耶斯派人去拿，新笔拿来之后，旧的那支又在床里面找到了……最后，直到凌晨1点半，我们所有人才离开，除了昏昏欲睡之外，我们有什么收获?! 我不知道。

1月9日

在参谋长会议上，我指出有必要给亚历山大下达新的指令，让他尽可能早地从希腊抽身而退，让意大利的部队进行休整，准备发起攻势，把凯塞林赶回阿迪杰河一线，并为法国战场提供增

---

① 蒙哥马利表示在阿登击败德国人的是他，而不是美国人。

援兵力。我们接到消息，拉姆斯登阵亡，真是一个巨大损失。在下午和威尔逊的会面中，想说服他不要带妻子去华盛顿。失败了！他说，他无法忍受两地分居，我敢说她在华盛顿会毁了他的！之后会见了从东南亚回来的波纳尔。最后，和罗尼·斯塔尼福斯一起吃了晚饭。

1月10日

又下雪了，寒冷的一天。今天的参谋长会议时间相当长，主要讨论一些具体问题，以及对后续赴克里米亚行程的一些最终评估。中午，杰克·柯林斯过来吃饭，我们交谈了很长时间。下午的时候，克里勒来访，他看起来状态不错。这一天在巴尼的晚宴中结束。

1月11日

参谋长会议一开始就安排得满满当当，要讨论解决在克里米亚召开参谋长联合会议和在马耳他召开预备会议的计划。马耳他会议的场地太小，没法给所有人提供住宿，而克里米亚能提供什么样的住宿条件还不确定！然后，我们和作战参谋们一起商量发给亚历山大的下一条指令，在尽早撤离希腊的基础上，从意大利调转兵力到法国。晚上，和洛里、斯特拉·查林顿在克拉瑞芝酒店共进晚餐，相谈甚欢。雪断断续续地下着，寒冷刺骨。

1月12日

难得的清净日子，让我有机会写一封长信给亚历山大。他现在已经完全迷失在该死的希腊事务里了，把整个战争都给忘了。他依赖麦克米伦做贴身顾问，对他言听计从，甚至包括军事问题，结果就是完全丧失了自己在军事上的主见。我对他看得越透，就越惊讶于他的无能。我不相信在他脑袋里能有什么自己的想法!

亚当在启程前往印度之前,来与我共进午餐,和他的谈话很有收获。

1 月 13 日

上午忙了一会儿,就回家过周末了。

1 月 14 日

在家中,清净的周日。

1 月 15 日

一如既往地早起赶回陆军部。我们赴马耳他和克里米亚的行程安排逐渐成形了。5 点半的内阁会议,大量的时间都花在听赫伯特·莫里森哀叹那些火箭袭击上了。"伦敦已经承受了太多苦难,不能再承受更多了!我们必须有所作为!必须展示出更强大的力量!都说陆军作战需要我们的空军提供支持,伦敦同样也需要这样的支持,这是不可否认的……"。实际上,我们战胜德国的时间是否会推迟他并不在乎,但无论如何我们得把那几枚落在伦敦的火箭给解决了!如果英国人都像他这样,我们活该输掉这场战争!

1 月 16 日

十分清净的一天。从苏联传来好消息,好像他们已经正式发起了冬季攻势。希望如此,这对于尽快结束战争至关重要。但是,仍然有大量的工作需要做。

傍晚,从锡兰回来的"男孩"布朗宁带来了奥利弗·利斯的信息,他要求为缅甸战役提供更多的飞机。

1月17日

今天的参谋长会议特别长，因为从康提①回来的"男孩"布朗宁也参加了，迪基派他为缅甸战役争取更多的运输机。毋庸置疑，现在缅甸战役局势发生了很大转变，真的有可能从北边攻下仰光！因为日本军队已经开始士气低落，行将崩溃。但我们面临的其中一个困难是，运输机都是美国人的，而他们对收复缅甸南部完全不感兴趣。他们想要的是缅甸北部，那些航空通道和输油管道，还有通往中国的列多公路②。实际上，这些现在已经完全在他们的掌控之中了，缅甸剩下的部分对他们几乎没有什么吸引力。中午，参加了海军联盟的午宴，坐在本尼特勋爵③和第一海务大臣中间。下午是一系列的会谈，时间安排得满满当当。

1月18日

参谋长会议开了很长时间，研究下达给地中海战区亚历山大的指令，希望能压制一下他那对希腊不合时宜的热情！现在，究竟谁才是地

---

① 康提（Kandy），位于斯里兰卡南部中央，为中央省首府，全国第二大城市。二战时期，盟军东南亚战区司令部于1944年移驻该地。——译者

② 列多公路（Ledo Road），又称"中印公路"。1941年9月，日军占领印度支那北部，切断了滇越铁路；次年5月，第一次缅甸战役失败，日军又切断了滇缅公路。自此，外界援助中国的两条重要交通线均已无法使用，中国用以和日军作战的外援物资只能通过飞越喜马拉雅山的"驼峰航线"来得到补充，不但运输物资有限，运行成本也很高。1942年1月1日，中国政府首先向美国建议，用租借物资修筑中印公路，以保障下缅地区一旦被日军攻占后的通往中国的陆上运输线。从印度阿萨姆邦的列多镇开始，向南穿越缅北的派凯山脉和胡康谷地、孟供谷地，最后在缅甸八莫东边与滇缅公路相连，从列多到昆明总里程1 079英里。后得美、英方面同意。1943年初开始动工，1945年1月正式通车，全长769公里，耗资1.48亿美元。建成后使通往中国的陆上交通线重新打开，与公路平行铺设有一条中印输油管道。1945年1月，经蒋介石提议以史迪威的名字命名，故也称为"史迪威公路"。——译者

③ 彼得·弗雷德里克·布莱克·本内特，埃德巴斯顿的本尼特一世男爵（Peter Frederick Blaker Bennett, 1st Baron Bennett of Edgbaston, Peter Bennett, 1880—1957），英国企业家、保守党政治家。——译者

中海战区的最高指挥官都很难说清楚！到底是麦克米伦还是亚历山大？想必是麦克米伦咯？看着脑子不够数的亚历山大，完全被别人支配着，真是太令人失望了！！他必须得依赖别人！没有一点儿自己的个性，谁都能牵着他的鼻子走！！在非洲、西西里和意大利南部，他被蒙哥马利带着走。在意大利中部则是奥利弗·利斯和哈丁，而且输得一塌糊涂，现在他又选了麦克米伦做他的靠山！他的新战马或许可以带他跨越政治的围栏，但一定会让他在军事上栽跟头！

我的上帝，驾驭战争是如此之艰难，因为我们必须面对形形色色的人，而如果他们都是些没有个性、没有灵魂的齿轮，那又将是多么无趣！但是，应付他们需要有年轻健壮的体魄，需要有充沛的精力和热情，而我却感到日渐衰老，疲惫不堪，越来越不想面对困难，就算遇到问题也是感觉心有余而力不足！吉卜林[1]说什么来着？"当青春不再时，你是否还能干劲十足"之类的话，真要做到这一点，是多么困难，却又如此吸引人想去尝试，但一旦失败又是多么危险！年轻的时候总感觉青春难以把握，人到中年更是一堆问题，但难道不是年老体衰才是最需要鼓足了勇气和平衡好心态去面对的吗？难道不是老年人的内心比年轻人更难以理解和把握吗？不管怎么说，后者只会给你引起一些小麻烦，而前者很可能会带来要命的后果。

我认为在我对亚历山大的批评之词中，说他"没有一点儿自己的个性"肯定是错误的。他当然是有着鲜明个性和独特魅力的，他沉着镇定，肝胆过人，极富个人魅力，令人情不自禁地喜欢上他，乐于和他在

---

[1] 约瑟夫·吉卜林（Joseph Rudyard Kipling，1865—1936），英国新闻记者，短篇小说家，诗人和小说家。其作品在20世纪初的世界文坛产生了很大的影响，他本人也在1907年获得了诺贝尔文学奖。他是英国第一个诺贝尔文学奖获得者，也是至今诺贝尔文学奖最年轻的获得者。——译者

一起。然而，我认为，正是由于所有这些外在品质，使得在了解他之后，人们才会意识到他在头脑和性格方面的缺陷。我经常把他比作是一面华丽的齐彭代尔①式镜子，有着最迷人可爱的外形，但当你仔细看这面镜子的时候，你总是能够找到某些曾经左右过他的人的影子，蒙蒂、奥利弗·利斯或者是麦克米伦。我对他的批评之词，可能有些太过严厉，但是从另一个角度来说，爱之深，所以责之切，我对他的华而不实、表里不一时常感到恼怒不已。毫无疑问，他很可能会因为他在战争中取得的成就而沾沾自喜。

1月19日

加拿大代表团参加了今天的参谋长会议，不得不给他们简短回顾一下目前各个战场的形势。下午，即将返回锡兰的"男孩"布朗宁过来告别。

特德在从莫斯科返回的路上，带回了他与斯大林会晤的结果。苏联强大攻势所取得的进展，看起来将加快战争的结束，但除此之外，他并没有带来更多消息。然后参加了陆军委员会为途经伦敦的美军后勤部队总司令萨默维尔在萨沃伊酒店举行的晚宴。

回到家，得知首相打电话说要见我！！只好又重新出门。事情与希腊有关，他担心我们会和美军参谋长"密谋"反对他提前退出希腊的打算。我向他保证，尽管最初我强烈反对介入希腊事务，但事已至此，我已经充分认识到从希腊抽调兵力几乎是不可能的，除非希腊军队已经被训练得能够自己应付局面。我们所做的承诺与我当时从军事角度提出的建议背道而驰，显然是基于政治因素优先。但现在既然已经做出了承诺，我完全清楚所有的后果。他坐在床上，看起来异常苍老，思维散乱不着边际，眼神黯淡无光。

---

① 托马斯·齐彭代尔(Thomas Chippendale, 1718—1779)，是18世纪英国最杰出的家具设计家和制作家，被誉为"欧洲家具之父"。——译者

1月20日

今天的参谋长会议安排得很满,创造了自战争开始以来一周处理事项最多的纪录!!!参谋长委员会在指挥这场战争中扮演着重要角色,但它或者它发挥的作用却鲜为人知,也是怪事一桩。普通民众从来不曾听说过它。任何对它的曝光都必然会使首相身上的光环失色!这或许就是他从来不曾在公众场合说过一丁点儿对它的赞誉之词的原因!

回到家吃中饭已经很晚了,花了一下午时间给我的鸟类书籍上粘贴书签。苏联不断传来令人振奋的好消息。这很可能是"结束的开始"!但是,我认为这次攻势仍然不足以取得最终的胜利,在春季,东西线战场必须同时发起另一场攻势。

参谋长委员会在战争中的作用不为人所知,这并不奇怪,因为这是这个在两次大战当中设立的机构所经历的第一场战争。战争开始后,它很快成为各条战线的作战指挥中心,三军参谋长三位一体,所以能够成为各条战线的最高指挥部门,所辖联合作战参谋处是负责作战的部门,联合情报参谋处是负责情报的部门。这两个部门还包括了来自政府相关部委的各级官员,比如外交部、内政部、交通部、供给部等等。参谋长委员会日复一日地处理着各种文件和报告。考虑在哪里开辟战场,如何调配兵力,以及相应的作战计划都由参谋长们负责。所有这些工作都必须与政府部门密切磋商,而且所有主要议题均须得到政府部门的同意。最终向各个战区指挥官发布命令或指令则由参谋长委员会定夺。如果战区最高指挥官遇到涉及各盟国军队之间的问题,那么这些问题就会提交给英美联合参谋长委员会来做出决定,并且要得到他们各自政府的批准。因此可以看出,参谋长委员会已经发展成为一个高效运转的战时司令部,与政府部门保持着密切联系,掌控着所有战区和所有作战行动。即便是在战争结束多年之后的今天,对于这个由参谋长委员会发展壮大起来的战时司令部，整个国家依然没有认识到它的价值所在。

1月21日

在家中，清净的星期天。

1月22日

莱瑟斯参加了今天的参谋长会议，讨论航运问题，他像往常一样不靠谱，我们没能取得太大进展。还讨论了艾森豪威尔的作战方案，又把我们搞得一头雾水，他依然想同步进攻法兰克福，但最终还是要两头兼顾，两头都不够强。下午5点半的战时内阁会议，又被温斯顿没完没了的长篇大论拖延了时间。上帝啊！我真是烦死这些内阁会议了！这种浪费时间的感觉糟透了。

和梅纳茨哈根一起吃晚饭，他还邀请了伦敦动物园的园长，还有他的侄女和女儿。一个有趣的夜晚。

1月23日

我觉得再也无法忍受与温斯顿共事了，多一天都受不了，真是令人绝望，他彻底没救了，根本掌控不了军事局势，也没有决断能力。今天早上，我们和他一起开会，想要在和美军参谋长们开会之前，得到他的某些意见。我们计划发给战区最高指挥官的指令，希望能得到他的批准。第一条是给亚历山大的，要求他在政治局势许可的情况下，尽快从希腊撤军，应当将大约六个师的兵力从意大利调往法国。有关这些行动计划，此前我已经得到了他的完全认可，可现在他又开始犹豫了，说我们对意大利战区造成了严重影响，但是他也同意，现在在意大利或者南斯拉夫我们什么也做不了。他自己没想明白，也不同意别人的意见。第二条是给艾森豪威尔的，敦促他只能发动一场攻势，并且应该是在北部地区，这是一个颇具争议的问题，而丘吉尔对此却没多大兴趣，所以这也是他唯一表示赞同的事情。下一个，是关于战争可能结束的日期，现在的战局还非常不明朗，无法做什么决定，所以不要向内阁提交什么书面报告，改为由参谋长口头陈述。接下来一个议题是，美国人建议老旧轰炸机空飞进入德国①，同样没有明确结论，尽管昨天他刚刚在内阁会议上对此冷嘲热讽。最后是调一个远程护航战斗机大队给空降师，参与缅甸战役，整个方案已经摆在他面前，他却断然拒绝表示意见，说将会做出一个书面决定！！可这完全是一个细节问题，他根本就不应该考虑。

晚上，在怀特俱乐部和第 21 集团军的梅德利科特②共进晚餐，8 点 45 分才到，而约好的时间是 8 点！！刚刚卸任的澳大利亚总督戈里伯爵③也参加了，聊起许多有关澳大利亚和麦克阿瑟的趣事。

1 月 24 日

在今天早晨的参谋长会议上，我们试图把昨天晚上和温斯顿会谈的内容理出些头绪来！这意味着，为了得到明确的答复，我们得再提交一份备忘录。下午，从意大利回来的安德斯来看我，商量波兰军队未来的安排。显然，他们急于开始计划最终在法国集结波兰军队，并组建一支以安德斯为首的军队。他们不想从意大利经由维也纳返回波兰，因为他们认为这可能会导致与苏联人的冲突。他们很快就将在法国会合，并吸纳来自德国的波兰人来壮大队伍，然后逐渐经过德国返回波兰，如有必

---

① 此处没有更多的上下文背景可以推断美国人建议的具体内容，据译者推测，应该是指将老旧型号的轰炸机进一步向德国境内的盟军机场转场，以贴近支援地面部队作战，空飞指的是不载弹，以提高老旧轰炸机转场飞行过程中的机动性。——译者
② 弗兰克·梅德利科特（Frank Medlicott，1903—1972），英国陆军准将。——译者
③ 亚历山大·戈尔·阿克赖特·霍尔-鲁瑟芬，戈里一世伯爵（Alexander Gore Arkwright Hore-Ruthven, 1st Earl of Gowrie, 1872—1955），英国陆军准将，1936 至 1945 年任第十任澳大利亚总督，此前曾担任南澳大利亚州州长（1928 至 1934 年）和新南威尔士州州长（1935 至 1936 年）。——译者

要，还会占领德国一段时间。我可以预见，这很可能会导致许多复杂的政治问题，此事必须与安东尼·艾登讨论一下。

1月25日

和作战参谋们开了很长时间的会，最后敲定我们和美军参谋长们开会讨论的几点问题。大部分问题现在都厘清了，只剩下从意大利调拨兵力到法国的问题，我们一直无法与首相达成一致。他反对的理由是调拨行动在时间上被拖延了。不过我们已经将时间从两个半月缩短至一个半月，本来他不应该再反对了。倒霉的是，这件事情还涉及削减亚历山大的指挥权，同时又很难给他找到其他的职务。事实上，战略考量现在正被人情世故所绑架。想要让他看清事实，我已经感到无能为力，完全绝望了！对于意大利，他没有做好其他的战略考虑，尽管他也同意意大利现在必须成为一个次要战场，但他仍然无法让自己做出决断。和他共事根本看不到希望，我真是受够了。

在我的日记中，几乎每一页都会出现指责和抱怨，我觉得对于我和他的关系，以及我对他的感情，我可能传达了一种错误的印象。在过往的这段艰难岁月中，我始终对他在战争初期的所作所为，怀有无限的敬佩和感激之情。对于这样一位天才和超人，人们都会情不自禁地报以最深厚的钦佩之情。另外，对他好的一面的真实情感也始终夹杂在日记的叙述之中。在读这些日记时，必须要记得，我和他一起度过了一段漫长而难捱的岁月，而写下这些日记，是我那些压抑在心中、无法与人分享的满腔郁闷能够得以舒缓的唯一途径。

蒙蒂又想飞回来，过来和我共进午餐，因为美国人的战略再次令他非常沮丧，而艾森豪威尔又总是含含糊糊，做不到说一不二。但是，天气太糟糕了，不适合飞行，他改成明天回来。下午，从直布罗陀回来的"红脖子"伊斯特伍德过来看我。

1月26日

整整忙了一天。早上10点开参谋长会议，11点与首相和国防委员会开会，讨论赫伯特·莫里森对V2火箭发的那些牢骚！他仍然是那套陈词滥调，什么伦敦已经疲惫不堪了，无法再承受更多的打击等等，等等！他几乎没讲什么新情况。然后，蒙蒂来和我一起吃午饭，我和他好好谈了谈。他脑子里还是那些老问题在翻来覆去。美国人的指挥缺乏组织，没有集中兵力在主攻方向上。下午3点钟，回去参加内阁会议，研究目前整体航运能力短缺的问题，并且敲定在接下来的会议上与美国人讨论的大政方针。然后返回陆军部，会见来访的俄罗斯将军，以及刚从巴黎与朱安见面回来的诺瓦将军。最后匆匆赶回家，在动身前往克里米亚之前享受周六。

1月27日

在家中享受清净的星期六，傍晚时分接到电话，由于天气不好，行程延期了。

1月28日

在家又过了一个清净周日，晚饭之后开车出发，以便在明天一早启程之前做好最后的工作安排。

1月29日，马耳他

我们上午9点离开诺索尔特！一个讨厌的寒冷早晨，在半明半暗的天色中，驾车穿过白雪覆盖着的海德公园。我讨厌把自己送上冷冰冰的天空，渴望能够继续窝在家里！不过，在12 000英尺高的云层上阳光明媚，大家享受了一次美妙的旅行。我们看到的一小部分法国国土，都覆盖着皑皑白雪，直到快到图卢兹时，雪才消失了。我们飞越了勒芒、图尔、纳博讷，然后是撒丁岛，在那之后的一段航程很是颠簸。下午2点45分，经过五小时四十五分钟的飞行，我们飞抵了马耳他上空!! 下午3点钟的时候，我们已经着陆了。

施莱伯到飞机上迎接我们，然后带我去了"大团长宫"，"巨人"威尔逊和比德尔·史密斯也住在这里。其余人分别安排在岛上各处。所有美军参谋长都住在炮兵食堂，安德鲁·坎宁安和地中海舰队司令一起住，波特尔和空军司令一起住。有传言说首相今晚到达，但还不能确定。

1月30日

早上10点的参谋长会议，开启了一天的工作，会议讨论确定我们的策略方针。中午12点，我们和美国人开会商定会议召开的次数和日程安排。然后，我和"巨人"在俱乐部一起吃了午饭。下午2点半，和美国人又开了一次会，研究西线战场情况和艾克的作战方案。一开场是由比德尔·史密斯和助理参谋长布尔①对艾克的作战方案进行了说明。他们的说明与我们此前一直表达的想法十分契合，却并不符合艾克原本在作战方案中表述的意思。这引起了相当激烈的讨论。比德尔·史密斯不得不承认，艾克的作战方案与他（比德尔）自己的想法并不完全一致。因此我提议，我们可能考虑批准会议记录中比德尔的发言，而不是艾森豪威尔的计划。我不知道他们会不会接受。

首相凌晨4点钟抵达之后，立刻发起了高烧！好在不久之后温度降了下来，随后他就搬到了他的巡洋舰上。我不得不在晚上6点半的时候，

---

① 哈罗德·罗·布尔（Harold Roe Bull，1893—1976），美国陆军中将。——译者

到那儿与他会面。亚历山大刚刚离开,安东尼·艾登正在等着见他。我和安东尼一起进去,发现他还在床上。应他的要求,我向他汇报了今天的情况进展。随后,我问他是否已经和亚历山大商量过,他现在是否同意我们从意大利撤军的提议。他表示完全支持我们的意见,我现在可以着手与美国人去谈了。这真是个令人意外的好消息,我正发愁没有得到他的认可,明天我们和美国人的会议要怎么开呢。他还告诉我,他已经向亚历山大提议,让他接替特德担任艾克的副手,亚历山大对此欣然接受。看来我明天必须去见一下亚历山大,对他的真实反应一探究竟。晚上,"泰迪"举办了一场二十二人参加的大型晚宴,到场的有马歇尔、金、比德尔·史密斯、安德鲁·坎宁安、斯塔克、罗布兄弟、布里恩·萨默维尔、"巴哥犬"和詹姆斯·萨默维尔等人。刺骨的寒冷天气!

1月31日

一天的工作从我们的参谋长会议开始,有几个棘手的问题需要讨论,包括西线战场的战略问题,和艾森豪威尔那份没有任何决定性行动的糟糕方案。还有昨天会议记录下的比德尔·史密斯的发言,与我们的观点十分接近。我们决定采纳比德尔的意见,不去理会艾克的那份方案了。然而,当我们下午2点半开会的时候,发现情况比以往任何时候都要混乱,因为比德尔·史密斯给艾克另外又发了一份电报,新提出的作战方案也是不可能实施的,而且艾克的回电已经到了!!所以我们又陷入了僵局。不过,在让亚历山大从意大利撤兵到法国的问题上,我们取得了很大进展,在东南亚战场的意见也取得了一致,考虑先拿下缅甸,然后再进军马来亚。

会后,我和亚历山大进行了一次长谈,颇有成效。我们谈了从意大利撤兵,也谈了他调任艾克副手的可能性。最后,我告诉他,我们当中有些人在质疑,到底是麦克米伦还是亚历山大是地中海战区的总司令!

我认为这应该起了效果。但是,我的上帝,我是多么讨厌用这种糟糕的方式啊。

之后和约翰·坎宁安去参加了一场大型晚宴,举办地点在地中海战区的总司令部,以前是纳尔逊①的司令部。我必须说,我感到仿佛瞬间穿越到了那个古老的年代,想象着他在这里运筹帷幄,还有他的浪漫情事!回来之后,正准备去睡觉时,比德尔·史密斯来了,我们交谈了至少一个小时,想要为我们之间的分歧找出某些解决之道。我认为,这次谈话对我们双方都有所裨益,明天的工作或许也能更顺畅些。这真是漫长的一天,工作量很大,我觉得自己老了,疲惫至极!

2月1日

艰难的一天。在上午10点开参谋长会议之前,匆匆忙忙地处理了电报等事宜。今天的会议时间漫长而且十分艰难,一直开到下午1点15分。我们讨论了船运短缺、调拨船只给解放国家、英国的石油储备等等问题。都是些棘手的难题。莱瑟斯也参加了会议,不过他肯定不会让事情变得更简单!会议结束之后,匆忙赶去和安东尼·艾登在他的巡洋舰上吃午餐,一同参加的还有美国国务卿斯特蒂纽斯②、哈里·霍普金斯和哈里曼。我坐在斯特蒂纽斯旁边,发现他性情平和,也很容易沟通。唯一让他感兴趣的是设置德国占领区的问题。

然后又急匆匆地赶回去参加2点半的联合参谋长会议。关于西线战

---

① 霍雷肖·纳尔逊(Horatio Nelson,1758—1805),英国风帆战列舰时代最著名的海军将领及军事家,在1798年尼罗河口海战及1801年哥本哈根战役等重大战役中率领皇家海军获胜。在1805年的特拉法尔加海战中,率领皇家海军击溃法国及西班牙组成的联合舰队,迫使拿破仑彻底放弃海上进攻英国本土的计划,英国海上霸主的地位得以巩固,但他自己却在战斗中阵亡。2002年,BBC举行了一个名为"最伟大的一百名英国人"的调查,纳尔逊位列第9位。——译者

② 小爱德华·赖利·斯特蒂纽斯(Edward Reilly Stettinius Jr.,1900—1949),美国第48任国务卿。——译者

场，我们遇到了更多的麻烦。马歇尔希望召开"闭门会议"，他反对下达任何指令去干涉艾森豪威尔的指挥！他希望我们批准他那份实在令人难以接受的形势分析和作战方案。我不同意，不过我说我会"保留意见"。最终我们还是通过了这份方案。不过，这给了马歇尔一个机会，让他表达对蒙哥马利的厌恶之情！我们还解决了东南亚和地中海战区的问题。下午6点，首相派人请我去"猎户座号"巡洋舰。我向他汇报了我们的进展情况，他看上去颇为满意。晚上与施莱伯一家共进晚餐。

与美国人的这次会议是令人不满意的，搞得我们摸不着方向，达成的结论也是最糊里糊涂的。一个"保留意见"的决定当然是没有多大意义的，尽管我不认可艾克的分析和计划，然而为形势所迫，我却不得不接受。所谓"为形势所迫"，也就是说，我们面对的情况是美国人在兵力上占优势，因此他们自然也希望在指挥作战方面能够占据主导地位。此外，马歇尔显然对战略一无所知，甚至辨别不清各种备选方案的优劣。由于他自己判断不了，所以他信任并支持艾克，认为自己的职责就是保护艾克免受干扰。前一天晚上我和比德尔·史密斯的谈话，还好已让我知道，比德尔已经完全意识到了艾克的战略安排的危险性，令我感到欣慰的是，他将利用自己的影响力来引导他。

对于上述问题，我还有一个考虑，那就是德国军队的情况。很明显，在龙德施泰特的进攻失败之后，德国人的士气衰落了，从现在开始，我们采取行动的自由度更大了。在这种新形势下，在更广泛的战线上发动攻势应该是有利的。

2月2日

今天早晨，我到办公室的时候，布莱恩·博伊尔带来了一个噩耗，巴尼乘坐的飞机于昨晚在潘泰莱里亚岛附近的海域坠毁！二十名乘客只有七名获救。尽管发了好几封电报试图弄清楚幸存者的姓名，但是到了晚上 8 点，还是得到了巴尼已经遇难的消息。这对我是个沉重的打击，因为巴尼已经成为我最亲密无间的一位伙伴，我一直认为我可以和他无所不谈，从来不用担心他会泄露秘密。他总是谈笑风生，无论有什么不愉快，他都能保持风趣幽默。他是我的知己，给予我莫大帮助，我是如此深切地怀念他，也为戴安娜感到非常非常难过。最重要的是，这一天非常忙碌，但我发现自己很难集中精力，不让思绪飘向巴尼。

早上 9 点半开始参谋长会议，莱瑟斯参与讨论另一个有关船运的问题。中午 12 点钟，我们和美国人开会，在动身前往克里米亚之前，我们想要讨论的事情大部分都完成了。我们也提交了一份临时报告给首相和总统，汇报最新的工作进展。午饭之后，我们为美国人安排了一次短途旅游，参观大团长宫、国家图书馆和圣约翰骑士大教堂。行程到下午 4 点结束，宾主尽欢。

下午 5 点半，所有人前往总统的战列舰上召开临时全体会议。像平常一样，温斯顿没有看过报告，尽管今天早上他就拿到了。他发表的那些愚蠢透顶的评论，证明他根本没看过报告，总而言之效果很糟！不过，会议通过了报告，没有改动。吃完晚饭，已经将近午夜，我驱车前往机场，准备出发去克里米亚。飞机上还有坎宁安、波特尔、雅各布、博伊尔和其他人等。

失去巴尼·查尔斯沃斯是我在战争期间遭遇的最沉重的打击之一。1940 年在法国时他就已经跟随我了，我们一起经历了敦刻尔克，从那时起，我们就住在同一套公寓里，在我担任帝国总参谋长期间，大部分时间都是我们两个人一起吃饭，只有我们两个人。因此，我对他非常了解，他也同样了解我。他是我最好的伙伴，和他在一起总是令人很放松。

坠机的情况也同样令人悲伤。在起飞前，他们乘坐的飞机出现了发动机故障。结果他们被带到另一架飞机上,我相信机组成员每个人都很优秀,但他们并没有作为一个整体一起飞行。由于导航出现故障,飞机在黑暗中飞到了潘泰莱里亚,以为是在马耳他上空。他们一直打电话要求机场亮灯,但显然没有收到任何信息。最后,在盘旋了一段时间后,他们发出信息说燃料耗尽,准备降落在海上。领航员选择了一处小海湾,我认为他们的海上着陆完成得很好。不幸的是,在着陆点有一个沉船残骸撕裂了飞机的底部,乘客因此殒命。至少,这是灾难发生后我得到的说法。

2月3日,克里米亚

旅途一路平稳舒适。早上6点起床,剃了胡子,然后吃早饭。之后飞机从黑海上空的云层飞过,大约7点30分的时候,云层逐渐消散,克里米亚半岛西海岸的叶夫帕托里亚①映入眼帘。飞机向着附近的萨基机场飞去,很快便安全着陆,整个行程花了7个半小时多一点。莫洛托夫、古谢夫、维辛斯基②以及其他许多人在机场迎候。我们喝了一杯茶,然后乘车前往雅尔塔。途中经过辛菲罗波尔、阿卢什塔到雅尔塔,然后到了阿卢普卡附近。我们住在一栋沙皇时期克里米亚贵族的大房子里③。房子是由苏格兰建筑师建造的,半摩尔风格,半苏格兰风格!这种混搭

---

① 叶夫帕托里亚(Eupatoria),位于克里米亚半岛西岸的一座港口城市。公元前5世纪希腊人就在此设立定居点。公元前1世纪克里米亚的统治者为本都国王米特里达梯六世,他的绰号Ευπάτωρ,意为"出身高贵的",随后演变成了这座城市现代的名称。公元7世纪至10世纪为可萨人定居点,之后则先后归属于钦察、蒙古人和克里米亚汗国。——译者
② 安德烈·亚努阿里耶维奇·维辛斯基(Andrey Yanuaryevich Vyshinsky, 1883—1954)。苏联政治家、法学家、外交家,曾任苏联总检察长和外交部长,在大清洗中扮演过重要角色。——译者
③ 沃龙佐夫宫(Vorontsov Palace),位于克里米亚南部海滨的阿卢普卡,又称阿卢普卡宫。建于1828至1848年,是沙皇时期新罗斯西科夫边疆区执行长官、俄罗斯政治军事家沃龙佐夫伯爵的官邸。雅尔塔会议期间,英国首相丘吉尔在此下榻。——译者

多少有些令人惊讶。

首相、安东尼·艾登、三位参谋长、克拉克·克尔、莱瑟斯还有其他几个人都住在这儿。我们乘车大约花了四个半小时，沿途风景相当宜人，还下着纷纷扬扬的雪。到了这儿雪已经消失了，但是在机场和经过辛菲罗波尔时雪还是相当大的。温度比我想象中暖和许多，为我们安排的住宿条件也十分舒适，远超预料之外。这栋房屋曾经被驻克里米亚的德军司令官占有，他得到承诺，房子在战后将会赠与他，因此不到最后关头，他不愿像对待其他房屋一样将其摧毁，结果到最后离开的时候已经为时已晚。

昨天忘了写下来，在全体会议之后，温斯顿叫住我，与他和总统还有马歇尔商量调换亚历山大和特德职务的建议。总统和马歇尔认为，如果现在实施这一举措，在政治上可能会对美国产生不良影响。这会被认为，亚历山大是在艾克遭遇阿登失败之后，被派去支援他的！不过，他们同意在大约六周之后，艾克新一轮的进攻行动已经开始，阿登战役相对被淡忘之后，再安排这一变动。

2月4日

上午10点召开参谋长会议，讨论我们在接下来几天里相关事项的指导方针。会议在11点左右就结束了，上午剩下的时间里便无事可做了。我却希望能够忙碌一些，以便让我的思绪远离可怜的老巴尼。

午饭之后，斯大林在3点钟的时候过来拜访温斯顿，所有人都聚在大厅里迎候。他和温斯顿会谈了一个小时，后来艾登告诉我，他提出我们应该从意大利派一支部队，穿越南斯拉夫北部，在他们的左翼作战。这就麻烦了，因为我们一直在打消这个念头，指望着从意大利调兵到法国，而且也已经与美国人达成了一致。

下午 5 点在美方总部开会。他们住的地方是以前沙皇在雅尔塔的皇宫①。马歇尔住在皇后的卧室，金则住在她的会客室，里面还有一个供拉斯普金私会她的特殊楼梯！我们召开的是圆桌会议，参加会议的有斯大林和为他担任翻译的麦斯基（最近刚刚退休）、莫洛托夫、安东诺夫、他们的海军和空军元帅，总统、莱希、马歇尔、金、斯特蒂纽斯、哈里曼和迪恩，首相、三位参谋长、艾登、"巴哥犬"、亚历山大和克拉克·克尔。在惯常的客套话讲完之后，斯大林做了一番开场致辞，然后要安东诺夫谈谈当前的战争局势。安东诺夫条理清晰，侃侃而谈，但却没多少新内容。然后，马歇尔说明了西线战场的情况。再之后是商量整个会议的总体安排，确定明天中午 12 点召开的军事会议的主要议题，会上将要讨论协同军事行动和进攻的问题，因为斯大林认为战争可能会持续到夏天，他十分希望我们的进攻行动能够同时进行。今天的天气仍然十分的温暖舒适。

2 月 5 日

一天的工作从早上 10 点的参谋长会议开始，确定在和美、苏召开的会议上，我们要采取的策略。上午 11 点半，我们驱车前往安东诺夫的总部，位于到雅尔塔的中途。经过哨兵多次检查，我们才被允许进入。与此同时，美国人在来这里的途中迷了路！结果他们迟到了半个小时，这对我们来说是好事，我和安东诺夫拥抱了一下，波特尔和坎宁安也和各自职务对应的苏军将领接洽上了，开始打破僵局，交上了朋友。

---

① 科列伊兹宫（Koreiz Palace），又称尤苏波夫宫（Yusupov Palace），位于雅尔塔西南，莫伊卡运河旁，曾经是俄国巨富门阀尤苏波夫家族的住所，科列伊兹为所在的居民区地名。这座宫殿是联邦历史文化建筑文物，是 18 至 20 世纪独一无二的均匀布局的宫殿，内部房间装饰奢华。1916 年 12 月 17 日，费利克斯·尤苏波夫亲王在此设宴谋杀了当时沙皇尼古拉二世宠信的僧人拉斯普金。"十月革命"后，宫殿收归国有，是斯大林最喜欢的度假地之一。——译者

当马歇尔、莱希和金终于出现时,我们进入会议室,开始工作。首先要解决的问题是由谁来主持这次会议!最后,这差事落到了我的头上!!于是,我提出战区合作的问题,指出在西线战场二月份发起的攻势中,实际上已经开始了协同作战。由于这次进攻至少要持续到3、4月份,因此我们希望苏联军队能够克服冰雪开始消融,以及交通补给线拉长的困难,在3月继续他们的攻势,如果可能的话也持续到4月份。马歇尔随后也就这一问题发表了意见,最后安东诺夫回应说,只要条件允许,他们就会继续攻势。他还提到了意大利战场,以及经由卢布尔雅那山口进攻维也纳的可能性。我指出这一方案可能遇到的困难,以及我们从意大利抽调五个师增援西线战场的决定。

之后,议题转到了所有战场的对空作战和协调配合上。结果,莱希向艾森豪威尔提出派一个代表团到莫斯科的建议(这是我们一直反对的!)。安东诺夫还没来得及回答,我先插话说,我们完全认同美国加强联络的意愿,但是我们认为这应该建立在一个健全组织的基础之上。即在莫斯科的委员会,其职责是解决所有与英、美参谋长高层战略协调的问题,同时在较低的层面上,我们也要与战区指挥官和苏联集团军群指挥官建立联系。安东诺夫同意前一条意见,后面一条则要征求斯大林的意见。从这个话题的讨论可以看出,马歇尔和我们的意见是一致的,莱希则不然,他似乎根本搞不清楚状况。

会议的最后一个议题是讨论协同战略轰炸,这是个棘手的问题。安东诺夫随意画了一条横穿柏林、莱比锡、维也纳和萨格勒布的路线,但这条路线并不适合我们,我们把它留到下一次会议讨论,在明天同一时间进行。下午3点钟,开了三个小时的会议终于结束了,我们开车回去吃午饭。

然后,我去看了会儿鸟,就在我们住所前面的海滩上。在那儿,我发现了一只北方大潜鸟,一些黑凫、鸬鹚,还有许多海鸥和潜鸭。还看到了捕食鱼群的海豚。

6点半，我们开了一次参谋长会议，时间不长，确定明天10点半和美国人开会的方案，在和苏联人的会议之前。吃晚餐的时候，温斯顿过来找我，要我一结束就去他房间的餐桌，告诉他会议结果。我向他做了详细汇报，并问他这边的情况如何。他讲的重点是，总统已经表示战争结束之后，美国人只会在德国待两年！法国可以参加占领军，但是不能派代表参加在柏林的盟国委员会！昨晚，丘吉尔在提议为国王的健康干杯的时候，斯大林表现得极不情愿，他说自己是共和国的人，而美国人也没有帮着我们说话！斯大林在为温斯顿的健康祝酒的时候，发表了一番精彩致辞，称赞他在危急时刻，独自挺身而出，反抗德国人的强权，并在苏联遭到攻击时给予支持，斯大林说自己永生不忘！！

　　与此同时，麦克米伦借着地中海战区最高司令官的名义，提交了一份疯狂的计划，要在希腊部署更多兵力，完全忘记了我们正在与德国作战！！我的天！我真是受够了！

2月6日

　　早上10点，美方的参谋长们过来开会。我们解决了几个在马耳他期间悬而未决的小问题，也确定了下一步和苏联人合作的路线方针。中午12点，我们前往安东诺夫的司令部，开了三个小时的会。

　　我再次被指定为会议主席，这次会议的气氛相当友好。会议的讨论主要围绕战略轰炸路线的划定。为了解决这个问题，我们任命了一个由空军参谋长组成的技术委员会来处理最后的细节问题。此后，我们转而讨论西线与苏联人协同作战的诸多事宜。一方面要看横渡莱茵河的时间，另一方面要看冰雪融化的情况。不过总体来说，协调得还是很不错的。最后，我们又简要讨论了一下太平洋的战事。金上将讲了太平洋战场的军事行动，我谈了谈缅甸的情况。

　　下午3点半左右，我们返回驻地吃午餐。之后去散了会儿步，穿过公园一直走到海边,看看鸟儿。我们所住的城堡风光也尽收眼底。这座阿卢普卡城堡是由沃龙佐夫亲王在 1837 年建造的,耗资 150 万美元,设计者是一位英国建筑师——布洛尔,他将哥特风格和摩尔风格融为了一体。沃龙佐夫曾担任过敖德萨总督、高加索总督和驻英国大使。

我们开会的同时,外交部长们在中午 12 点也召开了会议,"三巨头"则在下午 4 点钟再次碰头。这天晚上我没见到首相,因此不知道他们的进展如何。天气更冷了,有点儿想下雨。晚饭的时候,和克拉克·克尔坐在一起,跟他聊了很长时间,我觉得他感到在莫斯科的生活十分孤单!

2 月 7 日

最有意思的一天。早上 9 点出发去塞瓦斯托波尔,途中将会看到英军在克里米亚战争时期的战场!我们已经完成了军事方面的讨论,政治上的还处在白热化阶段,因此有了一个"偷得浮生半日闲"的机会。我们提前和温斯顿打了招呼,他同意了,但前提是我要教会某个人,能为他再现巴拉克拉瓦①战场!所以,我带上了皮克,把我最近从书上看来的那些东西,和我们实地参观的情况,回去之后悉数抖落给他。我们一行包括安德鲁·坎宁安、"巨人"威尔逊、亚历山大、梅特卡夫、莫兰、皮克和肖等人。俄罗斯向导很是尽职,车子和司机也很到位,因为这一路山路崎岖,好几个地方我们的命就掌握在他们的手中。

早上 9 点出发,车子行驶在被称为"沃龙佐夫路"的道路上,也就是说这条路是我们住的那所房子的前主人修建的,在他担任克里米亚总督期间。这条临海的山间公路蜿蜒曲折,沿途风景美不胜收,令人叹为

---

① 巴拉克拉瓦(Balaklava),位于克里米亚半岛上,是塞瓦斯托波尔市的一部分,因克里米亚战争中的巴拉克拉瓦战役而闻名。1854 年 10 月 25 日,因命令传达错误,英军轻骑兵在向俄军发起的冲锋中伤亡惨重。英国诗人丁尼生勋爵为此写下了诗作《轻骑兵的冲锋》(The Charge of the Light Brigade),咏赞轻骑兵的英勇,使这场战斗为后人铭记。——译者

观止。一路看着海景到了一个叫"白岱门"的地方,是一座叫作"贡品山口"顶部的石头门,然后从那里向下到达白岱的鞑靼人村庄。那里的孩子们一个个白白胖胖、身体健壮,兴高采烈地向我们挥着手,十分开心。这是个好兆头,证明苏联人已经开始摆脱饥荒。从那儿,我们穿过瓦穆特卡,然后沿着黑河支流沿岸一条长长的通道,直抵巴拉克拉瓦古战场。我们的左侧是重骑兵旅的冲锋地点,远处尽头是港口,在我们的右侧就是铭刻史册的轻骑兵旅冲锋地!!再往北边就是最近两次塞瓦斯托波尔围城战中坦克大战的地方!还好我带了当年战场的示意图,还有一份乔治·布莱肯伯里的《克里米亚战役》副本,上面有威廉·辛普森画的精美插图。有了这些帮助,那两次令人难忘的骑兵冲锋便能够很容易地再现还原,而那些图片似乎也让他们重新活了过来。太令人激动了!当我在地图上比比划划的时候,有人在离我们5码远的地方发现了一具完整的人体骨架,应该是最近一次战役中的遇难者。远处,巴拉克拉瓦港清晰可见,能够想象它作为基地时的繁忙景象,泥浆、风暴、艰巨的任务、可怕的灾难……然而,最为令人唏嘘的是,仿佛嫌这小小一隅见证的人类苦难还不够多,四周仍残留着大量战斗遗迹,充分显示出最近那场塞瓦斯托波尔争夺战的激烈程度!这儿是飞机残骸旁的一座坟墓,那儿是一辆损毁的坦克,四处密布的弹壳和弹坑,扭曲的铁制刺栏,缠绕的铁丝网,奇形怪状的坟堆,还有战场上那些常见的遗弃物品。令人感到离奇的是,历史总是能够以不同的形式重演。

我们从巴拉克拉瓦港开车驶向塞瓦斯托波尔的入海口,右侧就是英克曼①,很快,如同鬼魅一样的塞瓦斯托波尔赫然出现在我们面前!真

---

① 英克曼(Inkerman),克里米亚的一座城镇,位于该半岛南部,西距塞瓦斯托波尔5公里。克里米亚战争中,1854年11月5日,英、法、奥斯曼土耳其联军与沙俄军队在这里进行了激烈的战斗。当时战场上大雾弥漫,基本上不存在指挥,很多战斗都是士兵主动展开的,因而在历史上被称为"士兵之战"。——译者

的是座鬼城！几乎没有一座房子是直立着的，那些立着的也没有屋顶，但是整个港口却弥漫着一种莫名其妙的傲娇之气，这是一种只有在极少数情况下才能感觉得到的氛围。凡尔登就一直给我这种感觉。今天，我的这种感受很强烈。如果说面对在空中和装甲车辆方面拥有压倒性优势并且数量多一倍的德国人，而且后勤补给也严重困难的情况下，苏联人仍然能够成功地坚持了十一个月，那么毋庸置疑，他们是伟大至极的战士。

进入塞瓦斯托波尔，我们在一片片断壁残垣中驱车前行，前往苏联海军上将的司令部。在那里，我们受到热情款待。先是听了四十五分钟关于保卫塞瓦斯托波尔的演讲，然后是午餐，席间敬酒数次。午餐之后，驱车前往克里米亚战争的旧址"旗杆山"，研究1855年英国人、1941年到1942年德国人和1944年苏联人对塞瓦斯托波尔发起的进攻。从那里又去了著名的马拉科夫堡垒①，再次欣赏到了英克曼高地的美景。之后回到港口，和苏联海军上将告别，然后去看了"弗朗科尼亚号"，一艘大型跨大西洋运输船，它已经安排妥当，以备我们作为总部之需。他们在船上所做的准备工作相当出色。

最后大家启程返回，途中还参观了满目疮痍的克里米亚战争公墓。显然，在最近的战斗中它成为一个重要据点，并且遭到了猛烈的炮击。几乎所有的纪念堂和坟墓都严重损毁，到处是令人悲伤的景象。

在落日余晖的映照之下，沿途美景令人心旷神怡。晚上7点，在暮色沉沉中回到了住地。这是乐趣满满的一天，但是对亲爱的老巴尼的思念之情，就像背景里的乌云一样始终挥之不去。如果他和我们在一起的

---

① 马拉科夫堡垒（Malakoff redoubt），在克里米亚战争的塞瓦斯托波尔围城战中，1855年9月8日，法军在麦克马洪将军的带领下夺取俄军占领的马拉科夫堡垒，次日英、法、奥斯曼土耳其联军夺取塞瓦斯托波尔，结束了长达一年的围城战。——译者

话，一定会很开心。惟愿他的魂灵在此。这次会议始终如同一场噩梦，他的离去一直萦绕在我的心头。十分害怕回到公寓的感觉，比任何时候都更清楚地意识到他已经走了！

2月8日

上午10点召开参谋长会议，研究昨天委员会在石油和船运方面的成果。这两件麻烦事总算搞定了。中午12点，我们驱车去见美国人，和他们召开最后一次会议，商讨船运、石油和为希腊军队提供装备的问题。一切都十分顺利，现在我们可以轻松起草最终的报告了，明天将要进行讨论。然而，斯大林邀请我们参加晚上9点钟的宴会。这意味着今晚将会熬到深夜，还有没完没了的祝酒词和伏特加。我一点儿也不期待！

晚些时候：

正如我所料，晚宴十分冗长！我们晚上8点45分从这儿离开，凌晨1点之后才返回。参加晚宴的有斯大林、总统、首相、莫洛托夫、艾登、斯特蒂纽斯、莱希、三位英军参谋长、三位苏军参谋长、麦斯基、古谢夫、苏联驻美大使、克拉克·克尔、哈里曼、莱瑟斯、伯恩斯、罗斯福的女儿、哈里曼的女儿和丘吉尔的女儿莎拉。（我在日记中忘了三位美军参谋长，他们当然也参加了。）晚宴照例是连续不断的敬酒，导致大部分菜在上桌之前，或是等人们安心坐下来准备吃的时候，就已经凉了。斯大林的兴致极高，不时地幽默一下，开怀大笑，显然是彻底自我陶醉了。致辞的水准非常低，大部分都是些毫无诚意的矫情废话！我越来越无聊，越来越困，只好强打着精神。安东诺夫将军坐在我的右侧，他只会说一点点法语，但是还不足以进行流畅的交谈。哈里曼坐在我左侧，我讨厌他，他却不停地烦我。凌晨12点45分，晚宴终于结束了，我们站在桌边，与斯大林一一握手后离开，现在终于可以躺到床上了！

在斯大林的各种祝酒词中，有一条是献给："那些在战争中，我们要仰仗他们来保护，我们的安危全都取决于他们，那些所有女性心目中的英雄，只要战争不停止，他们就是万众瞩目的中心，战争一旦停止，就会被遗忘——我们的战士们"。在波茨坦一次类似的庆祝活动中，我曾想起来斯大林的这段话。（见1945年7月23日的日记）

2月9日

早上10点的参谋长会议很短，把最后一稿报告匆匆过了一遍。11点，和美国人开了最后一次会，通过了报告的最终稿。中午12点，与首相和总统召开全体会议，报告获得了批准，我们的出色工作也得到了赞扬！之后，我们就不得不停下来，花了大约三刻钟，听两位大人物在自己的思绪里徜徉，却没提出任何值得我们忍受这么长时间的建议！

最后，我们逃了出来，驱车半小时回去吃午饭。刚刚吃完，又要开半小时车回去，到美方住地拍摄这次会议的照片。这又花费了大约半个小时，期间混乱不堪，没有人能让各国代表团的军政要人们各就各位。

下午，安静地写信。晚上9点，不得不去参加温斯顿的晚宴，他还邀请了马歇尔和亚历山大。一场沉闷无聊的晚宴，马歇尔一直滔滔不绝地说着他生活和工作中的鸡毛蒜皮，温斯顿在琢磨些没什么用的战略问题，一到更高层次、更复杂一些的战略问题上，亚历山大便显示出了他的目光短浅。直到凌晨12点半我们才离开餐桌，然后又去地图室待了半个小时。最后，马歇尔离开了，温斯顿不见了，只剩下我和亚历山大单独在一起。我利用这个机会给了他不少建议，告诉他如何在没有麦克米伦的影响之下继续履行最高司令官的职责！我告诉他，有时我非常怀疑谁是最高司令官，他还是麦克米伦！他悉心接受了，但是要给他建议并不容易，因为他非常"天真"，对政客们的套路毫无防备！我希望我牺牲了一个小时的睡眠时间，能够物有所值，直到将近凌晨2点，我才躺到床上。

令人感到满意的是，会议已经结束，总的来说达到了我们理想中的效果，当然也是氛围最友好的一次。

2月10日，在希腊和意大利之间飞行

一早就动身了。早上7点吃早饭，在所有必要的告别之后，8点钟出发。在最后一刻，苏联人塞给我们每人一个包裹。驱车四个半小时，到达叶夫帕托里亚附近的机场。在那里我们和更多的人告别，带着伏特加和一个鸡蛋！斯大林派空军参谋长来为我们送行。下午1点整，我们起飞，直奔伊斯坦布尔以北的土耳其海岸。我们应该是从米德耶附近飞过去的，但是在云层上面什么也看不见。不久之后，我们又看到了地面，发现我们正在加利波利半岛上空飞越萨罗斯湾，苏弗拉湾就在我们的左边，上次战争登陆①的海滩清晰可见。然后我们看到了格克切岛和利姆诺斯岛的绝佳景色，萨莫色雷斯岛在我们的北侧。很快，云层又覆盖了大地，什么也看不到了，直到我们发现白雪覆盖的壮丽山峰从云海中探出头来。我们沿着科林斯湾以北飞行，云层渐渐散去，绵延起伏的群山再次映入眼帘，山顶上白雪皑皑，景色绚丽。从科林斯湾出海口的北侧，我们再次飞到海面上，从那里飞越凯法利尼亚岛。现在，我们正飞在意大利"靴子"底部以南的海域，前往马耳他。我们希望在天黑之前到达马耳他。

晚些时候：马耳他

晚上7点（苏联时间，马耳他时间下午5点），在享受了一段愉悦的

---

① 这里是指达达尼尔战役，也称加里波利战役，第一次世界大战中发生在土耳其加里波利半岛的一场战役，是当时最大的海上登陆作战，也是首次具有现代意义的登陆作战。——译者

旅程之后，我们在马耳他着陆。我径直去了埋葬巴尼的公墓，为他的坟墓献上一个花圈，还有另外三位死去的陆军部军官。我对巴尼说的最后一句话一直在我心头萦绕着，在我先于他离开诺索尔特的时候，我曾对他说："我们应该会在马耳他见面的。"然后我驱车前往大团长宫，在那里，施莱伯为三位参谋长、莱瑟斯和梅特卡夫举办了一场晚宴。晚宴结束之后，大约晚上 11 点我们开车去机场，并在凌晨 2 点出发之前稍微补了补觉。

2月11日

凌晨 1 点 15 分，波特尔被飞行员叫醒，他说英格兰最近一次的天气报告很糟糕，除非我们立刻出发，否则可能两天内都无法离开，如果不能进入诺索尔特，我们还可以在诺福克着陆。我们决定马上动身。度过了一段舒适的夜间飞行，早上 7 点被叫醒，告诉我们一个小时后就到诺索尔特了，并且天气状况不错，能够降落。于是起床，刮胡子，并喝了一杯茶。上午 8 点左右，我们开始偶尔能透过云层看到地面。我看到一条河，想要确定是不是泰晤士河。有一座大型城镇，但肯定不是雷丁。波特尔突然走过来说："你知道我们在那儿吗？巴黎！！"然后，我们便迷失在浓雾之中，气流干扰太厉害，无线电也不能用，我们在法国北部上空四处转悠，在云层中迷了路！幸运的是，在飞了一阵子之后，飞行员从云隙之间识别出了费康①。于是我们赶快沿着海峡上空飞行，在浓雾和大雨中，英吉利海峡几乎看不清楚。越过英国海岸不久，我们发现天气略微有所好转，最后在上午 9 点半降落在诺福特，比计划晚了一个半小时。这可不是一次令人愉快的飞行。

径直回到公寓，然后驱车回家，回家的感觉令人兴奋，也让我从对

---

① 费康(Fécamp)，法国港口城市，位于法国北部，勒阿弗尔港东北，临英吉利海峡。——译者

巴尼思念的洪流中逃离出来。大约在中午 12 点左右到家，距离我离开克里米亚大约二十三个小时，包括在马耳他的七个小时。我很高兴这次会议终于结束了，整个会议期间，巴尼的死讯始终如同一片乌云一样笼罩着我，这种感觉糟糕透了。

2 月 12 日

安静的时光，回家的感觉幸福之极。

2 月 13 日

一早离开家，回归日常工作。所幸今天的参谋长会议很短，工作也不算太忙。洛里·查林顿过来吃晚饭，他已经被征求意见，接替巴尼担任我的副官。我应该是很喜欢他来，不过不知道他是否乐意。我得仔细琢磨琢磨。

2 月 14 日

今天的参谋长会议创了纪录，只用了三十分钟就结束了！你过来一起吃午餐，随后我们去购物。然后和普拉特会面，他从东非司令部总司令的职位上卸任，正在办理退役。在他之后，一位希腊将军来访。然后艾德礼要我去唐宁街 11 号，向他汇报马耳他和雅尔塔会议的情况。

之后回到家，一个人孤独地吃了晚餐。这一周过得异常艰难，离去的亲爱的老巴尼，时时刻刻都在脑海中萦绕！这间公寓与他有着千丝万缕的联系，每一处地方都会让我想起他！

2 月 15 日

又一次创纪录的参谋长会，我在半小时之内就结束了会议!! 午饭后，去拜访了书店老板拉斐尔·金先生，他有一本新书要给我。我觉得自己几乎没有任何心情了，对什么东西都不感兴趣。这个星期，一直在努力适应巴尼不在身边的日子。我从来没有意识到，我有多么想念他，他的离去，给我的生活留下了多么可怕的空虚。

晚上不得不去白金汉宫吃饭。聚会的范围很小，只有国王、王后、波特尔和我。像往常一样，国王和王后这一对儿特别的主人，立刻使人忘记了皇家的庄严气氛，这是一次非常轻松愉快的晚宴。

国王对自己新设计的勋章带感到兴奋不已，他的口袋里有一个信封，装满了这种丝带。王后相当迷人，充满魅力，对一切都兴致盎然，她一直滔滔不绝，丝毫没有王室的呆板之感。毫无疑问，他们是完美的一对儿。

2月16日

又一次相当温和的参谋长会议，没有什么激烈的争议。会后，和可怜的黛安娜·查尔斯沃斯共进午餐。对于我们两个人来说，这都是令人心碎的时刻。表面上看，她非常坚强，但是很明显，悲伤已将她的内心撕成两半。真希望能给她更多的帮助。

下午和刚刚从荷兰回来的哈克特[1]会面，他在第一空降师的登陆作战中负伤之后，就一直在德军占领区养伤。还见了刚从意大利战场回来的福克斯[2]，他指挥着加拿大第1军，准备去和哈里·克里勒和加拿大第1集团军会合。

---

[1] 约翰·温思罗普·哈克特(John Winthrop Hackett, 1910—1997)，英国陆军上将、作家，绰号"山里人"(Shan)。1942年伤愈后参与组建并担任中东战区第1突击部队，也称"远距离沙漠部队"(Long Range Desert Group)的参谋长，这支部队是英国特种部队的前身。哈克特还笔耕不辍，出版了《第三次世界大战》等多部军事题材小说，1978年他将自己在荷兰被俘和逃亡的惊险经历写成《我是陌生人》一书出版。——译者

[2] 查尔斯·福克斯(Charles Foulkes, 1903—1969)，加拿大陆军上将。——译者

谢天谢地，没有巴尼的第一个星期结束了，令人备受煎熬的一周。

2月17日

今天没有参谋长会议，早早回家。

2月18日

在家中，安静的星期天。洛里·查林顿来了，我们商量好了，他来接替可怜的老巴尼的工作，前提是我们双方可以随时解除约定。

2月19日

如同往常一样，很早就出发，路上浓雾弥漫。参谋长会议很短。然后与德·拉·卢纳公爵在克拉瑞芝酒店共进午餐，他十分贴心地给了我更多鱼肠。温斯顿声势浩大的从地中海回来了，下午5点30分的内阁会议也因此中断。晚上和伯蒂在怀特俱乐部吃晚餐。

2月20日

我们和联合情报委员会一起进行每周的"环游世界"。德国的战争机器肯定开始出现了一些小裂缝，但是没有任何迹象表明，他们会出现大规模的溃败。很难估计它还能维持多久。

希尔达和伊夫林来吃午饭，之后不得不在2点45分去见温斯顿，讨论新收到的艾森豪威尔的一封信，他提议如果亚历山大来当他的副手，就让他负责后方区域！温斯顿已经起草了一封言辞妥当的回信，我们把它看了一遍，又做了几处修改。在信中，他建议下星期四和我一起去看看。

回到办公室，波兰军参谋长科潘斯基①和拉戈夫斯基②来访。在波兰问题上，科潘斯基的态度非常冷静沉着，但他想知道，当流亡政府总统辞职之后，我们打算采取什么措施，才能使西线盟军中波兰部队的地位正常化，现在的宣誓效忠是靠不住的。他说，波兰人希望继续与我们并肩作战，但除非他们知道波兰是完全自由的，不是苏联任何形式的附庸国，否则他们不会返回波兰。安德斯已经从意大利回来了，马切克③也从法国回来了，因此在接下来的几天里，我们可能会经历一段热闹而又难捱的时光④。

2月21日

一天之内，两次收到温斯顿给艾森豪威尔回信的修改版，都不是什么重要的修改，只是让用词更为合适。蒙蒂回复我的电报说，下周的视察没问题，欢迎我们的到来。下午，摩根来了，他要去亚历山大那里（代替哈丁担任他的参谋长）。我和他进行了一次长谈，向他说明了情况，以及我对他的要求。和奥斯瓦尔德·伯利夫妇共进晚餐，他们非常善解人意，对巴尼的离去极为同情。

2月22日

今天下午，荷兰大使来了，为了向被占领的荷兰额外提供两艘援助

---

① 斯坦尼斯瓦夫·科潘斯基(Stanisław kopanski, 1895—1976)，波兰陆军少将。1961年出版回忆录《战争记忆 1939—1945》(*Wspomnienia wojenne 1939—1945*)。——译者
② 布罗尼斯瓦夫·拉戈夫斯基(Bronisław Ragowski, 1895—1950)，波兰陆军准将。——译者
③ 斯坦尼斯瓦夫·马切克(Stanisław Maczek, 1892—1994)，波兰陆军中将。——译者
④ 1945年1月1日，苏联支持的卢布林委员会成立为波兰临时政府。同年5月，西方盟国给予正式承认，结果导致米科瓦伊奇克总理(Mikolajczyk)领导的伦敦流亡政府解散。这对于在西线与盟军军队并肩作战的波兰军人来说，是一个严重的问题，他们不愿意支持苏联人操控的临时政府。

船只。老天知道他们的确需要援助,但找到多余的船只确实是个难题。霍克斯沃思从希腊回来了,他对希腊的情况很感兴趣。最后,和从意大利回来的安德斯将军度过了难熬的一个小时。他昨天去见了首相,但结果依然令他十分痛苦。他认为问题的根源在于,基于他和苏联人打交道的经验,他是再也不会相信他们了,而温斯顿和罗斯福却准备信任苏联人。在经历了被囚禁,亲眼看到苏联人是如何对待波兰人之后,他认为他比总统或是首相,更能判断苏联人是什么样的。他说,自从战争开始以来,他从来没有这么痛苦过。在苏联的监狱里,他虽然处在黑暗的深渊里,但那时他始终充满希望。而现在,他在任何地方都看不到希望。就他个人而言,他的妻子和孩子都在波兰,他可能再也见不到他们了,这已经够糟糕的了。但更糟糕的是,他手下的所有人都指望他来解决这个无法解决的问题!他们都会说:哦!安德斯会去伦敦,为我们解决问题。而安德斯自己却看不到任何解决办法,这让他夜不能寐。我替他感到十分惋惜,他是个伟大的人,整个事件给了他沉重的打击。下星期三,他还要再去见一次温斯顿,然后再来见我。一想到下一次会面,我就不寒而栗。

2 月 23 日

今天评估 V2 火箭造成的威胁,每月都会评估一次,查韦尔参加了参谋长会议,但是邓肯·桑兹没有参加。很明显,对于敌人这种形式的攻击,还没有什么有效的办法。我们增加的防空措施,只能导致更多的炸弹!对付它们只有一个办法,那就是通过地面作战行动,清除它们的发射地,但现在还做不到。

亚当来吃午饭,我们讨论了我们各自可能的接替人选。蒙蒂可能担任帝国总参谋长,奈或斯韦恩担任副官长,罗伯特森担任军需总监,如果他愿意的话,亚历山大担任德国或者印度驻军总司令,邓普西担任澳大利亚的英军总司令，帝国副总参谋长可以是斯韦恩或者布朗宁。所有本土军区司令部司令也希望改由更年轻的人来担任。战后将会有一大堆的问题，需要年轻而精力充沛的人来解决它们。

晚上，去苏联大使馆参加红军节，受到了非常热烈的欢迎。

讲一个与最后一句话有关的故事。我曾经提到，在离开克里米亚的时候，我们每个人都收到了苏联人送的包裹。里面有伏特加和鱼子酱。所有这些包裹都放进了飞机，并在我们到达的时候分发了。显然，他们并没有提醒我们，为苏联大使馆特别托运的伏特加和鱼子酱也被装上了飞机，结果也被我们分了！过了不到四十八小时，外交部接到苏联大使馆的电话，询问为红军节招待会运来的伏特加和鱼子酱到哪里去了！外交部试图重新召集这批货物，但没有成功，太晚了，所有的鱼子酱当然都没有了，伏特加剩下的也不多了。为了弥补这个悲剧，我估计外交部向苏联大使馆提供了几箱香槟。

2月24日

今天没有参谋长会议，所以早早溜了。去拜访了住在坎伯利的老洛奇，聊了聊他的书的封面。然后就回家了。

2月25日

清静的星期天。

2月26日

洛里·查林顿上岗了，这是他接替可怜的老巴尼的第一天。勒温来吃午饭，他精神焕发，状态极佳。下午，我听说安德斯被任命为波兰军队的代理总司令。这只不过是给波兰军队的棺材上多钉了一颗钉子。我感到失望，实际上在去苏联之前，温斯顿与我会面时保证过，不会发生这种情况。内阁会议很短，因为温斯顿没有出席，感谢上帝。巴兹尔来吃晚饭的时候，不像平常那样，他看上去又累又沮丧。

2月27日

今天上午，地方行政长官委员会与我们讨论了石油储备情况。尽管我们在马耳他与美国人解决了这个问题，并确定我们的储备应该是600万吨而不是400万吨，但我们现在发现，由于油轮吨位短缺，我们可能再一次面临难题。摩根下午来见我，在去意大利接任亚历山大的参谋长之前。我不得不再次给他交代，让他明白自己该如何照顾亚历山大，使他免受目光短浅的伤害。最后去看了一部美国新拍摄的太平洋舰载机作战的彩色电影。一部精彩的电影。

2月28日

参谋长会议很短。下午，第8集团军的迪克·麦克里利来看我，他的状态很不错。安德斯本来要来的。谢天谢地，首相推迟了与他的会面，我也能够推迟与他的会面。与海军上将巴斯、北爱尔兰总理巴兹尔和伯蒂共进晚餐。非常轻松愉快的晚餐。

3月1日

参谋长会议上遇到一个难题，就是在德国战败后，如何解决人员运输的分配问题。这是一个几乎无解的问题，因为现有的航运能力根本无法满足那些大规模行动的需要，诸如美国人和加拿大人回美国和去日本，英国人回国和去远东，新西兰人回国，南非人回国，遣返囚犯，民用交通等等，等等。

中午和温斯顿在官邸附楼吃饭,你也参加了。巴兹尔、赫伯特·莫里森、莫兰夫妇,还有我们俩。温斯顿心情不错,他说,如果他是希特勒,他会亲自飞到这里来,向英国政府自首,宣布由他一个人对德国所犯下的全部罪行负责,并做好承担后果的准备。按照温斯顿的说法,这倒是我们面临的一个难题。

明天去蒙蒂和艾克那里,一切都准备就绪了。

3月2日,埃因霍温①附近的海尔德罗普

洛里和我在9点45分离开陆军部,前往诺索尔特,我们将在上午10点30分和首相一起前往法国。他像往常一样姗姗来迟,我们出发时已过了11点。我们乘坐的是他的新C-54飞机——漂亮,舒适至极,比"约克号"要安静得多。到布鲁塞尔的旅程花了我们大约一小时四十五分钟。此次出行的有温斯顿、克莱米、"巴哥犬"、派克、汤米、洛里·查林顿和我。"玛丽"康宁安和玛丽·丘吉尔来机场迎接我们。康宁安带我们去他在布鲁塞尔的司令部吃午餐,他招待我们吃了一顿豪华大餐,他经常这么吃!午餐之后,克莱米留下来,我们和玛丽乘坐两架"达科塔"飞往埃因霍温机场。蒙蒂在机场迎接我们,然后开车带我们去他的司令部喝茶。随后我们去了车站,艾森豪威尔派了他的专列供我们居住。我们换了衣服,然后和蒙蒂一起去吃晚饭。晚饭后,我们参加了他与联络官的会谈,他们每晚都会进行。这是最有趣和最令人印象深刻的。谈话结束后,根据联络官汇报的情况,他会将自己的想法口述成电报每天发给我。战斗进行得非常顺利,各方面的迹象表明,德国军队已经开始溃败。

---

① 埃因霍温(Eindhoven),位于荷兰南部的城市,交通枢纽,科技创新中心,一个多世纪以来一直是飞利浦电子的研发基地。海尔德罗普(Geldrop)是紧邻其东郊的一个镇。——译者

3月3日，海尔德罗普，停在侧线①的列车里

上午9点15分，首相、我和蒙蒂开着他的两辆劳斯莱斯出发了。我们直接驶向马斯特里赫特(那里损毁不太严重)。然后去了第9集团军司令部，见到了辛普森，美军指挥官。他把我们介绍给他的幕僚，温斯顿和我不得不向他们做了简短讲话。然后我们继续出发，辛普森和首相一辆车，蒙蒂和我一辆车。我们继续向亚琛驶去，中途在齐格菲防线上停了下来，查看了"龙牙"② 对坦克的防御效果，还看了一些被美国人炸毁的碉堡。

有一段关于齐格菲防线的小插曲，我没有把它写进我的日记里，但是我必须加进去，因为它是温斯顿孩子气幽默的典型代表。当我们离开辛普森的司令部准备上车时，辛普森问温斯顿是否要在出发前使用一下洗手间。没有丝毫迟疑，他问道："齐格菲防线有多远?"当他被告知大约需要半个小时，他回答说他不去厕所了，但这样我们就要一直憋到齐格菲防线！到达那里时，发现大约有二三十辆车停着，我们一个接一个走出来，沿着防线站成一排去方便。当摄影师们都冲上前来寻找有利的拍摄位置时，他转向他们说："这是与这次伟大战争有关的一次行动，但不能以图片的形式再现。"并确定他们会服从命令，于是他们就这样错过了发表这场战争中最伟大摄影作品的机会！我永远不会忘记他在低头时的一刹那，脸上露出孩子般的得意笑容！(参阅1945年3月26日的日记)

---

① 火车线路有正线、侧线之分。正线就是火车正常跑的那个线路，侧线在车站内才有。进站时会听到侧线进站，就是火车经过道岔跑离正线，进入站台。上车时火车停的那条线基本都是侧线，火车站内除了正线以外的都可以叫作侧线。——译者
② "龙牙"（德语：Drachenzähne），二战中用于阻碍坦克行动的四方锥形钢筋混凝土制防御工事，其防御思想在于减缓坦克推进速度并将其引入部署好反坦克武器的"猎杀区域"。——译者

亚琛遭到了严重破坏，看到最终是德国人的房屋被损毁，而不是法国人、意大利人、比利时人和英国人的，真解气！城里有几个德国人，但不多。我们继续驶向鲁尔河边的于利希，在那里我们遇到了美军指挥官麦克莱恩，他指挥了这条战线上的渡河行动。这一定是个难以逾越的障碍，特别是在河水暴涨的时候！这座城镇的破坏很严重。

我们经过一座贝雷桥①过河，并仔细勘察了堡垒，这是一座砖砌的"沃邦式"堡垒②，有一条很大的护城河，由一个连把守。美国人用一门大炮把门炸开，冲进入口，同时用火焰喷射器指向防卫墙掩护他们的进攻。一次非常成功的作战行动，证明了火焰喷射器的价值。美国人在这儿为我们提供了午餐，然后我们开车返回，于下午4点30分回到我们的火车，这次视察颇有收获。

晚上与蒙蒂共进晚餐，他还邀请了"傻瓜"邓普西、尼尔·里奇和"泡泡"巴克。再次见到他们真是太高兴了。晚饭后，我们和蒙蒂一起去听他的联络官的汇报。这一天的战斗是最成功的，希望在接下来的几天里，我们能够抵达莱茵河一直到科隆。

3月4日

上午10点15分，我们再次启程，穿过埃因霍温向奈梅亨③方向开去，快要到那里了，然后我们在加拿大集团军司令部停下来，见到了克

---

① 贝雷桥（Bailey Bridge），1938年英国工程师唐纳德·贝雷（Donald Bailey）发明。这种桥以高强钢材制成轻便的标准化桁架单元构件及横梁、纵梁、桥面板、桥座及连接件等组成，用专用的安装设备可就地迅速拼装成适用于各种跨径、荷载的桁架梁桥。1940年后，在英、美、加等盟军工程部队中得到广泛应用。——译者
② 塞巴斯蒂安·勒普雷斯特雷·德·沃邦（Sébastien Le Prestre de Vauban）（1633—1707），法国陆军元帅、著名军事工程师。有《论要塞的攻击和防御》《筑城论文集》和《围城论》等著作传世。——译者
③ 奈梅亨（荷兰语：Nijmegen），荷兰东部城市，瓦尔河沿岸，靠近德国边陲，被认为是荷兰历史最悠久的城市，2005年庆祝了建城2 000周年。——译者

里勒。我们进入他的地图室，听取了一次言简意赅的战况汇报，从行动开始到现在。然后我们驱车穿过雷赫瓦尔德①，找了一个较远的地方，从那里应该可以看到宽阔的莱茵河。不幸的是，天下着蒙蒙细雨，如烟的雨雾中什么也看不见。于是我们去了加拿大军的军部，在那里见到了军长西蒙兹②，他招待我们吃了一顿丰盛的午餐。然后驱车前往戈赫③，那里有一门8英寸火炮，首相要用它开火。在新闻摄影记者的环绕下，他拉动拉火绳，炮弹发射了。接着，我们前往亨讷普④，参观了在默兹河上搭建的贝雷桥，它们甚至比我去年在桑格罗河上看到的那些桥还要长。

最后，我们视察了从前线撤下来的第51师，一路上他们吹着风笛、打着鼓。最终在德国的土地上看到这支队伍，想来也是别有意趣。第一次与他们接触是在敦刻尔克之后，我返回法国接管圣瓦勒里战役之后的残局时。当我担任本土军总司令的时候，他们也在我麾下，我在苏格兰曾经两次视察过这支部队。接下来见到他们是在他们刚到埃及的时候，准备前往开罗抵御隆美尔的进攻。然后又在的黎波里，打败隆美尔之后首相阅兵的时候。再之后是在登陆西西里岛前夕，阿尔及利亚的布吉，现在终于在德国见到了他们！

晚上，我们在火车上用餐，蒙蒂和德·金古德也来了。温斯顿闷闷不乐，因为大家不允许他靠近前线，还不让他为穿越莱茵河的行动制定作战方案！

---

① 雷赫瓦尔德(Reichswald)，在奈梅亨以东，跨荷兰、德国边境的一片森林。——译者
② 盖·格兰维尔·西蒙兹(Guy Granville Simonds, 1903—1974)，加拿大陆军中将。——译者
③ 戈赫(Goch)，德国西部边境城市，靠近荷兰，位于奈梅亨东南、雷赫瓦尔德森林以南。——译者
④ 亨讷普(Gennep)，荷兰东南部市镇，靠近德国，位于默兹河右岸。——译者

3月5日，兰斯

午夜过后不久，我们的火车出发了，上午10点到达兰斯，车停放在外面的侧线上。艾克的副官来接我们，然后开车带着"巴哥犬"、洛里和我到艾克的司令部，位于车站附近的一个大型农学院。在那儿我见到了艾克和布拉德利，和他就总体战局讨论了很长时间。他把我带到地图室，说明前线的最新情况。然后，我们去了他的餐厅，设在海德西克香槟酒经理的家里。布拉德利也留下来一起吃午餐。开饭之前，首相出现了。在办公室里的时候，我和艾克单独待了一会儿，我告诉他，如果他强烈反对亚历山大出任他的副手的话，应该让首相知道。显然，他担心任用亚历山大会难以服众。蒙蒂也表达了同样的观点。午饭后，我留下艾克单独和首相在一起，给他一个表达自己想法的机会，然后和洛里一起去参观海德西克香槟酒窖，非常有趣。经理陪我们一起，介绍了香槟的生产过程，从葡萄汁运抵开始，一直到香槟装箱离开。洞穴深入地下25米，有10英里长的地下通道！每瓶酒必须要用软木塞封塞两次，在第二次封塞之前要清除沉淀物，这是一个非常复杂的过程。巨大的软木塞插入酒瓶的过程令人叹为观止。

最后，我们和经理一起喝了半瓶1934年的香槟，还学会了如何正确地品尝香槟！然后，我们准备去参观大教堂，但发现它关闭了。晚餐时，比德尔·史密斯、斯帕茨和特德都来了，我和比德尔·史密斯就钓鱼的话题聊了很长时间。

3月6日，返回伦敦

与艾克共进早餐，并与他再次长谈。毫无疑问，他极富人格魅力，但从战略角度来看，他的思维格局极其有限。在与他所有的谈话中，这一点始终都会表现出来。他与蒙蒂的关系是十分棘手的，他只看到蒙蒂最坏的一面，不能欣赏好的一面。目前一切顺利，但这种情况不会持续太久，我预见麻烦不久就会来临。尽管如此，我认为再安插一个亚历山大，当下只会给所有人带来麻烦！战争可能不会持续很长时间了，事情也或许会顺利熬到结束。因此，我认为现在把亚历山大留在原地不动是最好的。我想温斯顿现在应该有同样的看法。

上午 10 点半，我们离开艾克的餐厅，乘车去机场，然后在快到 11 点的时候起飞。旅途一切顺利，中午 12 点刚过就到了。C-54 真是比"老约克"安静太多了。你在机场接我，我们一起回到公寓吃午饭。下午很是忙碌，3 点 15 分与遴选委员会开会，5 点半的内阁会议一直开到晚上 8 点 15 分，让我说就是一无所获！在战争时期，这些大臣们怎么能这样浪费时间，真的是不可理喻。还有，温斯顿是最最糟糕的那个！

3 月 7 日

赫伯特·莫里森参加了今天的参谋长会议，讨论我们能做些什么，以使伦敦免受火箭和 V 型飞弹之苦。他描绘了一幅骇人景象，来说明伦敦这五年来遭受的苦难，以及如果让她再这样痛苦下去是多么的错误！他似乎忘了，那些剧院、电影院、餐厅、夜总会、俱乐部和音乐会等等，在过去几年照样是人气爆棚、热火朝天，敌人的袭击造成的影响微乎其微。我们尽可能保持同情地倾听着，然后向他解释，我们很难通过空中和地面行动来对付这种威胁。（在写这段文字的时候，我听到了远处传来一枚火箭落地爆炸的轰隆声！）

中午和富兰克林在本土军司令部吃午餐，为他们做了一个有关未来世界形势的报告。然后回办公室处理一大堆文件。晚上在公寓和斯特拉和特德·莫里斯一起吃晚餐。

3 月 8 日

今天早上，又回到了船运的问题上，最糟糕的是我根本搞不清楚全部需求有多少。我们在雅尔塔本来已经解决了所有问题，而现在首相又希望进一步削减！杰克·柯林斯来吃午饭。下午与安德斯的会谈，进行得艰难而令人痛苦。总的来说，我认为他对自己的新职位有点儿后悔。他想要尽力解决一旦伦敦的波兰流亡政府解散，将会出现的各种各样的问题！

3月9日

今天早上参谋长会议讨论的主要问题是，荷兰首相向温斯顿的诉苦，有关荷兰人民遭受的饥荒，并敦促我们重新考虑我们的战略，以便早日解放荷兰！又是一个政治因素影响战略安排的例子。我们已经不得不与其中很多进行了抗争！！无论如何，很明显，我们目前的计划，蒙蒂跨越莱茵河的作战行动是不能改变的。从军事角度来看，在渡过莱茵河之后，毫无疑问，我们要为摧毁德国而战，而不是让什么解决荷兰问题的行动拖延我们的部署。

我请可怜的黛安娜·查尔斯沃斯吃午餐，尽我所能地帮她解决生活上的问题。我为她感到难过。她想去布鲁塞尔，我已经让亚当去看看那里是否有空缺的职位可以给她。与罗尼·威克斯和南希·迪尔共进晚餐。

3月10日

就在我赶着想早点儿回家的时候，亚历山大发来一封电报，提出某些秘密达成和平谈判的建议。这意味着整个在意大利的凯塞林军队都投降了。然而，由于沃尔夫①是主谋，而且他是希姆莱党卫军狂热的追随

---

① 卡尔·沃尔夫（Karl Wolff，1900—1984），德国党卫军副总指挥，相当于上将。1933年6月任党卫军首领海因里希·希姆莱的副官。1936年成为第三帝国国会议员，并担任希姆莱的参谋长，是希姆莱集团的核心成员。1939年任希特勒的党卫队联络官，其实也是希姆莱安排在希特勒身边的耳目。二战爆发后参与组织了对犹太人的种族清洗。1945年初，沃尔夫开始策划"日出行动"，与驻瑞士的美国战（转下页）

者，这似乎不太可信。我们目前正对此采取进一步行动，并派代表前往瑞士的指定地点。然后我溜回家，及时赶到与你共进午餐。

3月11日

在家中，安静的星期天。

12.3.45！（即45年3月12日）

这组数字看起来真漂亮。可惜的是，这个数字组合再过一百年才能再看到！

忙忙碌碌一上午，开了参谋长会议和内阁会议，还好是艾德礼主持内阁会议，缩减了许多事务。蒙蒂来了一封长信，列出了本月24日跨越莱茵河的全部作战计划。还邀请首相前去观战，并与他一起坐镇指挥。这是因为我曾写信告诉他，如果让首相觉得蒙蒂又试图对他发号施令，不想让他出现，那么首相会再次发火的！

3月13日

糟糕的一天，因为我们被安排在下午6点参加一个会议，讨论荷兰人的食品问题，然后晚上10点讨论德国战败后的人员运输问题。我得了重感冒，这样的生活简直暗无天日！

不过，现在这两个会议都推迟了，在本周晚些时候再开。下午，奥金莱克的参谋长杰克·斯韦恩来见我，我们就印度问题谈了很长时间。听说

（接上页）略情报局负责人艾伦·杜勒斯秘密展开投降谈判，3月8日两人在瑞士卢塞恩进行了会谈，于4月29日结束了意大利战事；5月13日被盟军逮捕，但在后来的纽伦堡审判中被免于起诉。1948年11月，沃尔夫因参加党卫军被战后德国政府判处五年监禁，7个月后减刑为四年。1962年，以色列在审判"最终方案"主要执行者、党卫军中校阿道夫·艾希曼过程中，发现了沃尔夫在意大利迫害犹太人的新罪行，1964年被西德政府判处十五年监禁，1969年因病获释。——译者

奥克和迪基相处得很好，我感到非常满意。但他也证实了我的担心，迪基和奥利弗·利斯之间可能会有麻烦！如果是这样，那就是奥利弗的错。

3月14日

我们再次讨论了意大利德军投降的秘密行动。不知怎么的，整个事情看起来非常可疑，前景不容乐观。你过来吃午饭，老班纳曼也来了。晚上，面见国王，向他汇报西线战场的形势以及下一步的作战行动。他很感兴趣，听得津津有味。晚餐之后，又去了唐宁街11号，开会讨论德国战败之后的人员运输问题。

3月15日

今天的参谋长会议再次讨论有关从希腊撤军的问题。我担心，亚历山大现在已经彻底沦落在麦克米伦的掌控之下了，已经忘记这场战争的主要目标，也不再记得还有德国人这回事了！对他来说，希腊问题成了至关重要的。晚上请怀南特吃饭，和他聊聊美国，还有南希·迪尔和比利·吉布斯，彼得·波特尔夫妇也在。谢天谢地，这个晚上终于结束了，我的压力很大，担心这会是个容易冷场的聚会。

3月16日

参谋长会议和几个会谈结束之后，大约在晚上7点回到家度周末。

3月17日和18日

在家中，清净的两天。

3月19日

一如往常地早早出门，然后就是一大堆电话和文件，上午11点开参谋长会议，12点内阁会议。晚上克里勒来吃晚饭，餐后我和他聊了很长时间，效果不错。感谢上帝，我终于把整个加拿大军队全都召集在法国了！

3月20日

一次冗长而困难的参谋长会议，由于我们在研发委员会的问题上存在一定分歧而导致。不过，安德鲁·坎宁安和鲍勃·莱科克都站在我这边，我想我们达到了目的。彭戈过来吃午饭。下午会见了印度事务部的梅恩先生，讨论了许多有关印度军队的问题。然后是从奥利弗·利斯那里回来的基明斯，接着参加了一场美国人举办的鸡尾酒会，然后与约翰·肯尼迪一家共进晚餐，商量他接任澳大利亚东南部州州长一事，我强烈建议他如果有机会的话不要放弃。

3月21日

亚当过来吃午饭，告诉我已经安排黛安娜·查尔斯沃斯去兰斯了，经营一家为盟军士兵开设的旅馆。我们还详细聊了聊他访问法国和艾克司令部的情况。

晚上参加了英国鸟类协会举办的晚宴，观看了一部十分精彩的有关鸟类的电影。杰克·惠特克带我去的，班纳曼也来了，这样我就不会太过不知所措。梅纳茨哈根也在那里，他断掉的肋骨已经愈合了。

3月22日

平静的一天。和罗尼还有斯特拉在丽兹酒店共进午餐。下午见到陆军大臣，得知了约翰·肯尼迪接任西南澳大利亚州州长的消息，我们都认为他很适合这份工作。晚上，伯蒂和"神算子"劳埃德过来吃饭。明天，我将和首相一起出发去法国，视察横渡莱茵河的作战行动。对这次出行，我并不开心，他会很难搞，而且也没必要跑这一趟。他所做的一切只会将自己的生命置于不必要的危险之中，给所有人添乱，让所有人讨厌至极。然而，这个地球上没什么能阻止他！

3月23日，蒙蒂的总部，芬洛①

在陆军部处理了一些文件之后，如常召开了参谋长会议。然后，和温斯顿在官邸附楼吃了一顿简单的午餐，只有克莱米、布莱登·布雷肯和温斯顿。克莱米为她下星期去莫斯科的旅行，以及在那里的所有访问活动做了充分准备。午饭后，我和温斯顿坐车前往诺索尔特。途中道路在整修，司机准备绕道，但这不是温斯顿的风格，我们必须直接穿过去！这意味着要移动一些障碍物，在人行道上行驶等等，总体下来可能比绕圈子花的时间更长！然而，温斯顿很高兴行使了他的权力，并告诉我，国王做梦也不会这么做，他更守规矩！

下午3点左右，我们乘坐一架"达科塔"从诺索尔特出发。一行人包括首相、汤米、洛里、索耶斯和一个秘书。两个小时的旅程非常顺利，我们飞越了加来、里尔和布鲁塞尔。到达那里后，团队的人数减少到四个人——首相、汤米、索耶斯和我，然后我们驱车前往蒙蒂的司令

---

① 芬洛（Venlo），一译"文洛"。荷兰东南部城市，位于林堡省境内，在默兹河畔，靠近德国边界。历史悠久，罗马时代已成为默兹河畔重要的贸易市场，1343年建市，是中世纪的要塞和商业中心、汉萨同盟成员，现是荷兰东南部的交通枢纽和蔬菜、花卉集散地。1939年11月9日，该市还发生了德国党卫队保安局绑架两名英国情报局特工的"芬洛事件"，德国政府利用这一事件，将英国与前一天11月8日格奥尔格·艾尔塞（Georg Elser）在慕尼黑贝格勒劳凯勒啤酒馆暗杀希特勒失败的事件联系起来，并作为1940年5月10日入侵荷兰这个中立国家的理由。由于芬洛拥有一座横跨默兹河的公路铁路两用桥，使其成为二战期间盟军轰炸的重点。从1944年10月13日到11月19日，该桥遭到盟军空军的十三次空袭，试图切断德军补给线，并阻止德军通过桥梁越过默兹河撤退，但均以失败告终，最后还是撤退的德军炸毁了该桥以阻止盟军推进。最终盟军向东面迂回，从德国境内解放了芬洛，在战斗中历史建筑遭到严重破坏。——译者

部，那里离机场很近。我们见到了蒙蒂，他非常自豪，终于能够在德国安营扎寨了！

喝了会儿茶之后，蒙蒂讲述了今晚横渡莱茵河的进攻计划，从两个集团军的前沿阵地开始发动。美国第 9 集团军在右翼，英国第 2 集团军在左翼。渡河行动会持续整个夜晚，此时远处已经隐隐约约传来了枪声。

晚饭后，蒙蒂早早上床睡觉了，温斯顿和我到外面散步。起初我们在月光下来回踱步，这是一个难忘的荣耀之夜，我们正在经历着横渡莱茵河这样的重要时刻！之后我们回忆起过往的那些艰苦岁月，回忆起开罗，我们开始起用蒙蒂和亚历山大的时候。那时他是如何不得不相信我的选择。还有在那个危急关头，真是靠上帝帮忙才让戈特做出了正确的决定①等等，等等。他心情非常好，对我为他所做的一切表示感谢，以一种此前从未有过的方式。

然后我们走进他的宿营车，查看刚刚送到的公文箱。里面有一封来自莫洛托夫的电报，电报中苏联人对于沃尔夫试图在伯尔尼开启和平谈判的态度，令他十分担心。苏联人的态度让他担心，他们唯恐我们在西线单独媾和，而不让他们参与。他口述了一封回电，他的秘书走出宿营车后，又被叫了回来，他再三考虑，准备再另写一封，最后，非常明智地留到明天再仔细考虑。

现在要上床睡觉了，很难想象就在 15 英里之内，成千上万的士兵正在莱茵河沿岸浴血奋战，与此同时，也有成千上万的敌军正在拼死抵抗，他们都在面对一生中最严峻的考验！有了这种想法，想要躺下来安

---

① 此处没有更多的上下文背景，据译者推测应该是指，1940 年 5 月，德军入侵法国、荷兰、比利时等国，在战局溃败的情况下，时任英国远征军总司令的戈特子爵冒着被追究责任的风险，在 5 月 25 日独自作出决定，违反了向南进攻的命令，将英国远征军和部分法国、比利时军队往北撤退，最终通过敦刻尔克撤回英国。这一做法引来不少争议，有人认为他挽救了英国远征军，也有人称其为失败主义者。——译者

静地睡觉并不容易!

3月24日，芬洛

早餐时蒙蒂告诉我，从他收到的所有报告来看，莱茵河攻势进展顺利。8点45分，首相和我出发了，蒙蒂的副官陪同我们一起。我们开了四十五分钟的车，到了克桑滕①以南大约2 000码的一个观察点，天气晴朗的时候，那里可以欣赏到绝美的景色。不走运的是，天气雾蒙蒙的，我们只能辨认出从克桑滕附近到韦瑟尔②一带的莱茵河岸，只能看到一些小船正在渡过莱茵河，驶向已经建立登陆场的地点。我们当时身处支援前沿阵地的炮兵阵地中央，隆隆的炮声不断，他们正忙着炮击德军高射炮阵地，等待着空降师的到来。英第6空降师和美第17空降师将于上午10点开始抵达，在迪尔福尔德森林的外侧、莱茵河以北两三英里的区域内着陆。第6师从东盎格利亚③出发，第17师从巴黎地区出发。他们准时抵达了，这真是一个奇妙的景象! 整个天空都是大型运输机在飞行。他们直接从我们头顶上飞过，飞越莱茵河。遗憾的是，在伞兵跳下之前他们就消失在薄雾之中看不见了。在他们消失之前，可以看到高射炮在他们中间爆炸。不久之后，他们开始陆续飞回来，门开着，降落伞绳子挂在下面。有几架飞机在返回途中突然起火，飞行员从里面跳伞逃生。不间断的飞机编队持续了大约一个小时之后，滑翔机开始抵达，一架接一架地从天空飞过。

我们在这个观察点停留了大约两个小时，然后乘坐两辆装甲汽车，

---

① 克桑滕(Xanten)，德国西部城市，位于莱茵河下游左岸，因古罗马博物馆和考古公园而知名。——译者
② 韦瑟尔(Wesel)，德国西部城市，位于莱茵河下游右岸，与克桑滕隔河相望。历史古城，曾经是汉萨同盟成员。在二战中城市遭受很大破坏。——译者
③ 东盎格利亚(East Anglia)，对东英格兰一个地区的传统称呼，以古代的东盎格利亚王国命名，包括现在英格兰的诺福克郡、萨福克郡等地区。——译者

一人一辆。我们向南到克桑滕，然后转向北，穿过位于霍克森林东北角的马里昂鲍姆小镇，来到卡尔卡尔市南部的一块高地上。在那里，我们可以很清楚地看到第51师的渡河点，该师师长今天早上不幸牺牲。我们在那里吃了午饭，然后向南去了第3师师部，在一个古老的城堡里。我们见到了师长惠斯勒①，他向我们说明了他的师是如何负责准备前线进攻的。然后，温斯顿开始找麻烦了，他想去莱茵河渡口逛逛，我们好不容易才把他劝住。好在最后他表现得不错，我们开着装甲汽车返回，回到我们自己的车上，然后回到司令部。首相睡了一觉，他困极了，身体慢慢地滑到我的膝盖上，几乎睡了一路。

我洗洗脸，喝了杯茶，然后坐上蒙蒂的飞机飞到前线去看看。我们从芬洛飞到亨讷普，在默兹河上空飞得很低，看到了德国人为这条防线建造的精妙的防御工事。在亨讷普，我们向东北方向飞行，越过雷赫瓦尔德森林到达克莱夫，在那里转向东南，沿着卡尔卡尔-克桑滕-莱茵伯格的主干道飞行。最后我们转向西南，穿过盖尔登，回到了芬洛。整个航程大约100英里，感觉十分美妙。莱茵河沿线的大部分美景都尽收眼底。

晚些时候：

现在已经吃过晚餐，去参加蒙蒂和他的联络官们的会议。从他们的报告来看，这次行动无疑大获全胜。在南部，每个师都俘虏了大约一千多名战俘，伤亡人数只有一两百人。北部的第51师经历了一段艰难时刻。这支部队遭遇了德军伞兵师的顽强抵抗，俘获约六百名战俘，伤亡却超过六百人，其中包括师长雷尼②。此外，他们渡河和架桥的进程也

---

① 拉什默·戈登·惠斯勒（Lashmer Gordon Whistler，1898—1963），英国陆军上将，绰号"砍刀"（Bolo）。——译者
② 汤姆·戈登·雷尼（Tom Gordon Rennie），英国陆军少将。——译者

远远落后于其他部队。当天最成功的安排之一就是在近距离部署了空降师，有力地配合了进攻作战。

不管怎样，把这一天总体来看，并联系美国军队最近几周在摩泽尔南部取得的胜利，我非常肯定德国人的末日就快到了，他们什么时候缴械投降我都不会感到惊奇。再过几天，我觉得莱茵河以北地区的有组织抵抗就会停止，我们就可以让蒙蒂的第8装甲师大胆挺进到德国北部，并通过空运进行补给。另外，我们还有沃尔夫提出的凯塞林投降的谈判建议，凯塞林仍然指挥着意大利北部的军队，面临刚刚接手西线战场①的绝望局面，凯瑟林很可能会被诱使率整个西线德军投降，这难道不可能吗？如果是这样的话，那么苏联前线呢？当身处东方的德国士兵听到西线战场的德国士兵已经卷铺盖走人时，要让他们继续战斗似乎也不太可能。

3月25日，芬洛

圣枝主日②。和蒙蒂一起去他司令部里的小教堂做礼拜。温斯顿也来了。美好的赞美诗，牧师（长老会教徒）的布道也很精彩。做完礼拜后，我们启程前往莱茵贝格，美军第16军军长安德森③的指挥部设在那里。我们见到了艾森豪威尔、布拉德利和美国第9集团军司令辛普森。我和艾克讨论了凯塞林投降，以及其他纯军事投降方面的问题。他也想知道，我是否同意他目前向南推进到法兰克福和卡塞尔④的计划。我告

---

① 1945年3月10日，德国空军元帅艾伯特·凯塞林（Albert Kesselring）被任命为西线总司令。——译者
② 圣枝主日（Palm Sunday），也称棕枝主日、基督苦难主日（因耶稣在本周被出卖、审判，最后被处十字架死刑），是圣周开始的标志。——译者
③ 约翰·本杰明·安德森（John Benjamin Anderson，1891—1976），美国陆军少将。——译者
④ 卡塞尔（Kassel），德国黑森州北部唯一的大城市，也是黑森州内继法兰克福以及威斯巴登之后的第三大城市，位于德国地理中心点西北70公里，是德国中部的最大城市。1955年以来，该市每五年举办一次国际现代艺术展"卡塞尔文献展"。——译者

诉他，随着德国人的溃败，整个形势已经与我们之前讨论的时候发生了改变。很明显，德国佬正在分崩离析，我们现在要做的就是，无情地把他推到任何我们能推到的地方，直到他彻底崩溃。以他目前的情况，我们当然有相应兵力采取一种两路包抄的战略，而在他仍有能力顽强抵抗的时候，我认为这种战略是不合适的。

安德森接着说明了他们的情况，以及他们渡过莱茵河以来取得的迅速进展。然后我们在一个德国人家的花园里吃了一顿简单的午餐，那里曾经是一位煤矿经理的家。午饭后，我们沿着韦瑟尔公路向南前往布德瑞，那里有一栋矗立在莱茵河边上的房子，可以看到河对面的美丽景色。然后，我们向北到了韦瑟尔对面的河岸，又向南来到美国人搭建的浮桥上。随后我们登上一辆往返于河两岸的坦克登陆艇，渡过了莱茵河！我记得，我最后一次在莱茵河上航行是和格拉塞特一起，当时我们在参谋学院学习，乘船从威斯巴登到科隆，深入考察这个国家。我完全想不到，会在什么样的情况下再次航行在莱茵河上！当双脚踏上对面的河岸时，心情激动不已。我们花了一点儿时间看了看德国人的河岸防御工事，然后重新渡过河。在返程中，我们试图向下游方向开，想去看看被炸毁的韦瑟尔大桥，但由于河上有一连串的浮标，没有成功。

我们回到车上，驶向莱茵河上的主路桥，进入韦瑟尔。这座桥有几处损毁了，不过部分桥面上盖着木板，这样人们可以从桥上爬过去。温斯顿立刻开始向前爬了大约40码。但是，我们发现韦瑟尔仍然被敌人占领着，城内的阻击战仍很激烈。桥下大约200码的地方，有一群人正在准备搭建一座新桥。他们显然被德国人发现了，炮弹开始落在下游大约300码的地方；接着得到报告说德国人正在炮轰我们身后的道路，同时炮弹开始落在我们身后大约100码的地方。我们决定现在是时候让首相转移了，而他正为眼下的情形激动万分，十分地不情愿！不过，比我预想的要好，他还是乖乖地离开了。

这里我必须要打断一下,因为在日记中我没有记录那一天的生动一幕。那是美国的辛普森将军,我们站在他的前面,他走到温斯顿跟前说道:"首相,在你的前方有狙击手,他们正在炮轰桥的两侧,现在他们已经开始轰炸你身后的道路。您待在这儿是我无法承担的责任,必须要请您离开。"温斯顿脸上的那表情,就像一个小男孩被他的保姆从沙滩上的城堡旁叫走一样!他用两只胳膊环抱住桥上一根扭曲的桥梁,噘着嘴,用愤怒的眼神回头看着辛普森!谢天谢地,他默默地走开了,这对他来说实在是一种痛苦,他正玩得开心呢!

然后我们返回司令部,喝完茶后又坐着一架小型飞机兜了一圈。这一次是从芬洛向默兹河上游飞到与鲁尔河的交汇处。然后沿着鲁尔河上游,飞到离于利希不远的地方,从那里向北,越过了埃尔克伦茨、格拉德巴赫和克雷菲尔德。我本想继续飞到莫尔斯-维恩、莱茵贝格、克桑滕然后返回。但是河面上正浓烟滚滚,我们冲进了烟雾之中,有几分钟迷失了方向。我们向西北方向飞行了一段时间后,发现我们飞到了盖尔登①上空,然后便返回了。

晚饭后,又去参加了蒙蒂和他的联络官们的碰头会,他们汇报了去前线看到的情况。这场景令人印象极为深刻,这是一种新颖的工作方式,而且成效显著,他的团队成员都是精挑细选出来的。有些指挥官反对这种方式,因为如此一来就跳开了他们。不过,蒙蒂对这些反对意见一概不予理会。

巴顿在南方推进的消息清楚地表明了德军正在迅速溃败。

---

① 于利希(Jülich)、埃尔克伦茨(Erkelenz)、格拉德巴赫(Gladbach)、克雷费尔德(Krefeld)、莫尔斯-维恩(Moers)、莱茵贝格(Rheinberg)、盖尔登(Geldern),均是德国北莱茵-威斯特法伦州的市镇,位于克桑滕市以南、莱茵河西岸。——译者

在艾森豪威尔的《远征欧陆》第372页,他提到了我们之间的一次对话,就是在写这篇日记的那天。我敢肯定,我所说的话他并不是立刻记录下来的,我只能认为是等他写书的时候,已经记不太清楚当时的情况了。据他说,3月25日我们一起站在莱茵河边时,我对他说:"感谢上帝,艾克,你坚持了你的计划。你是完全正确的,如果我对分散兵力的担心增加了你的负担,我很抱歉。德国人现在已经被打败了。剩下来就是他们什么时候选择停战的问题了。感谢上帝,你坚持了自己的立场。"我认为,如果把这句话与我那天晚上在日记中写的内容联系起来看的话,很明显,我的话被错误地引用了。根据我的记忆,我衷心地祝贺了他的成功,并说,随着事态的进展,他的战略现在是正确的,由于德国人已经处于战败状态,现在分散兵力就不存在任何危险了。我很确定我从来没有对他说过"你是完全正确的",因为我仍然认为他是"完全错误的",正如龙德施泰特的反击使他一度失利所证明的那样,这大大延后了德国战败的时间。

3月26日,返回伦敦

上午10点15分,收拾好行李离开营地,前往尼尔·里奇的第12军军部。在路上遇到了"傻瓜"邓普西。见到尼尔后,我们换乘了吉普车,我上了他的车。我们直接开往克桑滕,然后沿着比斯利希①公路开到河边,看到一座新型40孔桥已经建设完成。我们开过桥进入比斯利希,从那儿转向北,沿着莱茵河东岸到达一个坦克登陆艇(被叫作"水牛")的过河点。途中看到一群新抓获的俘虏,这些人看上去身体十分羸弱。然后,我们登上一艘曾经用于进攻渡口的"水牛",再次穿过莱茵河。它们真是一种令人赞叹的交通工具,两边都有履带,既能像小船一

---

① 比斯利希(Bislich),韦瑟尔市西郊的小镇,紧邻莱茵河东岸。——译者

样浮在水上，又能通过履带爬上对面的河岸。我和老里奇一起沿着莱茵河东岸前行，回顾我们撤退到敦刻尔克的情景，这种感觉真是奇妙！我对他说，那时简直不敢想象，五年之后，我们会打败德国，一起重登莱茵河！我觉得几乎难以置信，经过六年无休无止、令人心碎的艰苦斗争之后，我们现在终于站在结束的边缘了！

穿过莱茵河之后，我们向北驶向下一座桥。那是一座9孔桥，桥上车流如织，正忙着开往对岸。然后，我们在莱茵河岸边享用了一顿丰盛的午餐，那里还应该算是我们的前线。

就在午饭前，我看到温斯顿溜达着走向莱茵河，有些好奇他要去哪里。他必须走相当长的一段路才能到达莱茵河岸，但那就是他要去的地方，一到那里，他就在莱茵河上堂而皇之地小了个便！我只能看到他的背影，但可以肯定的是，他脸上露出的那种孩子气的满足笑容，就像那天我在齐格菲防线上看到的那样！（参阅1945年3月3日的日记）。

午饭后，我们告别里奇，驱车回蒙蒂的司令部，然后到芬洛的机场，下午3点钟，我们乘飞机回家了。晚上7点我们降落在诺索尔特，开车回到公寓，沉浸在我离开后洗的第一个热水澡中！这次视察的结果令人振奋，我意识到，过去几年的呕心沥血和所遭受的那些痛苦磨难，至少获得了远远超出预期之外的回报。我觉得温斯顿一定非常享受这次旅行，无论他走到哪里都受到了热烈的欢迎。

把温斯顿安全地送回家，悬着的心终于放下了。我知道他一直都渴望跑到尽可能靠前的阵地上。我绝对相信，在这个成功的时刻，他真的希望自己能够血洒疆场。他经常对我说，死亡的方式就是要一腔热血战死沙场，毫无惧色。

3月27日，伦敦

又恢复了参谋长会议的工作，与桑兹和查韦尔召开例会，讨论火箭和飞弹的问题。戴安娜·查尔斯沃斯过来吃午饭，商量她出国的安排。下午会见了亚历山大的参谋长格伦瑟①将军，他被派来说明，如果我们从他那里调走一个师，那么在4月10日发起进攻是不可能的。不过，以眼下的局势，是否在西线增加一个师也无关紧要，德国人正在迅速溃败，我们的兵力足够对付他们了，不需要调用更多的部队。

明媚的春天，胜利的好消息源源不断。

3月28日

下午，阿奇·韦维尔来我办公室待了大约一个半小时。他看上去容光焕发，状态很好，但是却对他和温斯顿的会面忧心忡忡。恐怕他的担心完全有理由！据他说，如果他得不到想要的职位，他做好了辞职的准备，如果他真的走到这一步，我也不会感到惊讶。收到蒙蒂的最新作战方案，他正计划指挥大部装甲部队大举挺进易北河，根据大局判断，他完全有机会成功。

3月29日

一个很长的参谋长会议与一系列烦人的电报。最糟糕的是艾森豪威尔直接与斯大林联系，想要和苏联人协同进攻作战。首先，他无权直接向斯大林发电，他的电报应当经过英美联合参谋长委员会；第二，他发的电报莫名其妙、不知所云；最后，电报中所隐含的意思似乎完全脱离了轨道，并且改变了先前商定的一切。

巴兹尔过来吃午饭，他从爱尔兰回来了，会待上二十四小时。下午，

---

① 阿尔弗雷德·马克西米连·格伦瑟（Alfred Maximilian Gruenther, 1899—1983），美国陆军上将。——译者

安德斯来看我，他刚从意大利回来，在那里他见到了他的波兰军队。他精神振奋，决心率领波兰人与德国人战斗到底，剩下的问题之后再解决。

下午 5 点 15 分，首相找我们去研究艾克给斯大林的电报，以及我们的建议。他心情很糟糕，本来二十分钟内就能解决的问题，让我们花了两个小时！他快把我逼疯了，我只能压制着自己的怒火，他东拉西扯，总是抓住细节不放，看不到重点，根本不能理解战略的含义。在这种情况下，我觉得跟他多一分钟都待不下去，为了不再看到他，我愿意付出一切！过去三年来，与他打交道产生的压力影响正在显现！

最后一段是问题的关键。我实在已经忍无可忍了，温斯顿对我的神经刺激太大了，以至于他那难以忍受的一面在我的脑海里不断地被放大。因此，在阅读我后来对他所有的批评之词时，都应当考虑这个因素。

3 月 30 日

耶稣受难日。为了在周末前完成所有的工作，开了很长时间的参谋长会议。然而，由于艾森豪威尔发给斯大林那封荒唐的电报，要和他们协同作战，令情况看上去相当不妙。事实上，这封电报的措辞如此糟糕，以至于没有人能看懂它，即便如此，他也没有资格直接与斯大林商量问题。最重要的是，这封简短而难以理解的电报代表了政策上的变化！晚上溜回家，满怀希望能在家度过一个长长的周末，远离烦恼。

3 月 31 日

一大早出发去布罗德兰兹①钓鱼，那是我和安德鲁·坎宁安最喜欢去的地方。风很大，很遗憾没有鱼儿上钩，尽管如此，在乡下度过的这

---

① 布罗德兰兹(Broadlands Lake)，是英格兰汉普郡的一个湖，位于南安普敦西北，钓鱼胜地。——译者

一天非常愉快。回到家后，看到一封电报，首相明天要在契克斯庄园召开参谋长会议，复活节，上午 11 点半！！！

4 月 1 日

上午 10 点 15 分离开家，前往契克斯庄园。和首相的会议从 11 点半一直开到下午 1 点半，商量他起草的一份给罗斯福总统的电报。这可不是他写得最好的电报！我们还讨论了他给艾克的电报，艾克已经给他回电了，以及艾克给英美联合参谋长委员会的正式回复。艾克对他的计划做出了解释，现在很清楚了，并没有什么非常大的变化，除了进攻的主轴变成莱比锡而不是柏林。一旦鲁尔工业区被包围，他将把美第 9 集团军调回给布拉德利①，先清扫这个地方再继续推进。这些调整大多数是基于国家利益，以避免美军部队在英国人的指挥之下造成损失。这一切都令人遗憾，在盟军部队中，民族主义者的观点正在影响着本来简单明了的战略，这是结盟合作的缺陷之一。但正如温斯顿所说，"只有一件事比与盟友共同作战更糟糕，那就是没有盟友！"然后，我们在契克斯庄园共进午餐，参加聚会的包括首相、怀南特、查韦尔、桑兹和他的妻子、布莱登·布雷肯、莎拉和三位参谋长。午饭后，我们不得不继续起草对美国总统的回电，措辞相当粗糙。下午 6 点半，终于回家了，这一天已经彻底被温斯顿给毁了！

4 月 2 日

清净的一天，在家里贴藏书票和修剪玫瑰。赫胥黎和杨一家来喝

---

① 在 1944 年 12 月的突出部战役初期，原本隶属布拉德利第 12 集团军群（全部美军）的美第 1 集团军与美第 9 集团军被切断了与集团军群的联系，于 12 月 20 日一起被临时划归第 21 集团军群（英加联军）司令蒙哥马利指挥，在阻击德军及随后的反攻作战中发挥了重要作用。1945 年 1 月 17 日第 1 集团军归建，4 月 4 日第 9 集团军归建；4 月 19 日第 1、第 9 两个集团军会师，完成了对鲁尔工业区的包围。——译者

茶，我很有兴趣见见他和他的妻子。

4月3日

特德参加了参谋长会议，并试图解释说，由于蒙蒂发布了艾克不予同意的作战指令，艾克被迫与斯大林采取紧急行动！我表示，艾克为了控制蒙蒂而认为有必要去找斯大林，让我感到震惊！而且我也不能接受这个借口，因为第21集团军群和第9集团军既是在蒙蒂的指挥下，同样也是在艾克的指挥之下，唯一的借口就是想把第9集团军从蒙蒂手下转给布拉德利！为了这个肯定不需要寻求斯大林的帮助！！晚上出席内阁会议的有史末资、弗雷泽、福德①和埃瓦特，韦维尔和印度驻英国内阁代表菲罗兹·汗·努恩。因此，有不少发言就是为了表示个问候和赞成！

4月4日

今天的参谋长会议没什么特别的。你过来吃午饭，还有韦维尔一家。他们离开后，我们急匆匆赶到大理石拱门电影院，与保姆和孩子们一起去看《亨利五世国王》。和你们一起度过了一段非常愉快的时光，然后再匆匆赶回陆军部去见盖尔德纳，他刚刚去麦克阿瑟的司令部接手赫伯特·拉姆斯登的职位。他似乎对这份工作很满意。然后，和空降师的盖尔谈了一下，他告诉我更多关于第6空降师在莱茵河登陆的细节，并对滑翔机兵团的精彩表现赞不绝口。

---

① 从此次内阁会议出席人员均是英国殖民地政府首脑来看，此处应该是弗朗西斯·迈克尔·福德（Francis Michael Forde，1890—1983），澳大利亚政治家，1941年起任约翰·柯廷政府的副总理兼陆军部长。柯廷逝世后，1945年7月6日至13日担任澳大利亚总理，是澳大利亚历史上任职时间最短的总理。——译者

4月5日

《图画邮报》的摄影师为参谋长会议拍摄了一组照片,为这份报纸的胜利特刊做准备!!一想到某些照片上我们可能会是个什么样子,我就有点儿起鸡皮疙瘩。

又请了亚当共进午餐,和他相谈甚欢,商量陆军委员会未来必须要进行改革的事宜。然后去位于马里波恩大街的爱德华书店,看一本菲利普斯关于鸭子的专著。然而,就在我到达那里的同时,有电话说,首相要在下午3点钟召开参谋长会议!我看菲利普斯的书一直看到3点10分,然后开车到官邸附楼,到达的时候已经3点15分了,还花了五分钟等首相!这种感觉就像是当无敌舰队出现的时候,德雷克还在玩着他的保龄球游戏呢[①]!

他想让我们讨论一下他对斯大林最新电报的回复,在这封电报中,斯大林指责我们在没有告诉他的情况下,私下里接受凯塞林部队在西线投降!他还指责美国人也这样做。以这种方式贬低美国人赢得的胜利荣光,让他们很不舒服,更何况还指责他们欺骗,让他们更难以接受。在丘吉尔的信中,别的不说,肯定是要把盟友们撮合在一起的。我们待了一个半小时,差点儿被拖进后来的内阁会议。晚上,参加了克兰伯恩在克拉瑞芝酒店为自治领代表举行的招待会,然后是在唐宁街10号为他们举行的晚宴。首相、新西兰总理弗雷泽、澳大利亚副总理福德,艾德礼和印度总督执行委员会的拉马斯瓦米·马达利尔爵士都就印度问题发表了讲话。后者的演讲是当晚最精彩的一个。

[①] 弗朗西斯·德雷克(Francis Drake,1540—1596),英国伊丽莎白时代的著名私掠船船长、航海家、政治家,在1577年和1580年进行了两次环球航行。1581年4月,女王伊丽莎白一世亲自登船赐德雷克皇家爵士头衔。1588年晋升海军中将,曾领军击退过西班牙无敌舰队。1595年远征西印度群岛失利,1596年1月27日因痢疾病逝于巴拿马。据说,当西班牙无敌舰队杀向英国的消息传来时,德雷克正在和朋友玩保龄球,看到朋友十分紧张,德雷克轻松地说:"来!先玩完这局我再去收拾西班牙人。"——译者

4月6日

美国驻华大使赫尔利①将军参加了今早的参谋长会议。他算得上是人中翘楚了，外表英俊，身材高大，棱角鲜明，穿着得体，眼睛里闪烁着快乐的光芒。他向我们介绍了中国和印度支那②的背景情况。谈到了中国各派系联合起来的可能性，组建有战斗力的中国军队的可能性等等。他唯一不愿讨论的话题是印度支那的政治前景。这无疑是由于罗斯福总统决定不把这块殖民地归还给法国。后来我和艾登在外交部参加午宴的时候，再次见到了赫尔利。参加午宴的还有弗雷泽、怀南特、塞尔伯恩、伍尔顿、道尔顿、迪克森、伊斯梅、波特尔、坎宁安等人。午宴接近尾声的时候，赫尔利谈笑风生，兴致高涨。一个天生的"段子手"，有很强的幽默感和出色的记忆力。午宴结束之后，收到一本菲利普斯的《鸭子的自然史》，高兴万分，一本我找了很久的书。

4月7日

做好了一切计划，准备早点儿开溜，刚准备动身，首相那里传来消息，要我们去汇报迪基·蒙巴顿最近一封电报的情况！这件事绝对没有这么着急，也绝对没有必要在星期六召集参谋长会议。有人也这样劝他了，但他却坚持要我们开会，这再次显示出他完全不为别人着想，以及他总是在不必要的时候工作的一贯作风。在这种情况下，我对他的感觉

---

① 帕特里克·杰伊·赫尔利（Patrick Jay Hurley, 1883—1963），美国陆军少将。担任过胡佛总统的战争部长。1931年访问中国，1942年初任驻新西兰公使，1943年奉罗斯福总统之命前往苏联、中东协调盟国对中东的政策。1944年8月，经马歇尔和史汀生建议，作为罗斯福总统的私人代表来华，同年底接任驻华大使。曾访问延安，试图协调促成国共两党合作，失败后支持蒋介石发动内战。1945年11月辞去驻华大使职务。——译者

② 印度支那（法语：Indochine），亦称中南半岛或中印半岛，指亚洲东南部的半岛，东临南海，西濒印度洋，因位于中国以南，印度以东而得名。此处应该是指法国殖民地"法属印度支那"，包括今日的越南、柬埔寨（旧称高棉）、老挝三国。——译者

真是难以形容！我不得不在城里等着吃午饭，然后下午才回家。

4月8日

清静的星期天，感冒了，在家休养。

4月9日

今天的参谋长会议很长，我和空军参谋长发生了激烈的意见分歧，我拒绝支持皇家空军向吕宋岛派遣轰炸机的计划，除非我们得到这个计划的更多细节。从我目前掌握的信息来看，机场迟迟没有完工，估计等建好也没什么用了。"混混"霍巴特过来吃午饭，他看上去状态很好。下午5点半的内阁会议开了很长时间，参加会议的有史末资、弗雷泽、福德、埃瓦特、韦维尔、菲罗兹·汗·努恩等人。史末资提出向荷兰提供粮食救济的可能性，引发了长时间的讨论。

4月10日

又一个冗长而无聊的参谋长会议。在其他议题的讨论中，我们任命蒙蒂为英国占领区的"地方长官"。愿上帝帮助他完成这项工作！！刘易斯和艾特肯过来吃午饭，而洛里去请他的表兄、罗洛和伊丽莎白吃饭。战争开始进入另一个更为胶着的阶段。眼下我们并没有取得快速的推进。战争看来会拖延下去，除非斯大林再次发力，我完全有理由相信他很快就会这么做！

4月11日

在市长官邸参加午宴。惯常的外交午宴。艾登被叫走了，艾默里只好聊起外交使团的健康问题。法国大使做了回应。一顿无聊的午餐。下午，一直在印度负责后勤的查尔斯·金来看我。之后，美国陆军航空队总司令阿诺德的一位代表来看我，带来了他送给我的香蕉、橘子和苹果。很贴心的礼物。

4月12日

在今天早上的参谋长会议上，我们不得不讨论一份温斯顿的备忘录，我所见过的最差劲的。我只能认为他在口述的时候一定是醉醺醺的。它把他最糟糕的品性全都暴露无遗，而且是基于对现有组织架构彻头彻尾的错误理解之上。他又回到艾克直接联系斯大林的那件事情上，大骂特德允许他这样做却没有知会我们，说特德完全没有意识到他要充当艾克和我们之间的联络纽带。他又忘记了正是他自己一直与艾克直接联系，把特德排除在外，严重削弱了特德的地位！然后，他又骂怀特利，一会把他归为"委员会"成员，一会儿又说他是一名"联络官"，他忘了摩根是司令部的高级官员，但无论如何，这些人都是艾克自己的参谋班子，感谢上帝，他们足够忠诚，不会在背后打任何小报告！！什么"指挥系统"和"对上级忠诚"这些事对于他来说，完全都不存在！！我的天！这个世界上的大多数人根本不了解他的毛病和缺点！感谢上帝，还好他们不知道，否则我们也就不会在这里了！

你来了，我们和克罗夫特一家共进午餐，还有德文郡公爵、汉弗莱·温德姆的妻子、奥利弗·利斯的妻子和斯图尔特。晚上，珀西·詹姆斯·格里格夫妇来和我们一起吃饭，他说如果保守党上台的话，要我继续担任帝国总参谋长，和他共事，因为温斯顿请他继续担任陆军大臣。我告诉他，如果他需要我的话，我随时做好准备，但是我觉得我不应该在战争结束后继续留任，因为我认为这四年对于帝国总参谋长的任期来说已经太长了。至于我对温斯顿的影响，他说得很客气，说我是他见过的少数几个温斯顿愿意听意见的人之一。不过，因为你也在那里，他说你什么都听到了，所以我不需要再写到日记里了！

4月13日

你留下来待了一天,晚上我们一起开车回家。一个可爱的夜晚,百花盛开的美丽春天。

4月14日、15日

在家里安静地度过。

4月16日

一个忙碌的上午,开了参谋长会议和战时内阁会议。不过首相并没有参加后面的会议,所以会议进行得相当快,回家吃午饭时间正好。美好的一天,开始真正觉得暖和起来了。

4月17日

10点15分,匆忙开了参谋长会议,因为我们必须参加上午11点在圣保罗大教堂举行的罗斯福悼念仪式①。国王、王后、首相、希腊国王、南斯拉夫国王、挪威国王等人都出席了仪式。令人印象深刻的仪式。你和孩子们过来吃午饭,然后我们去了动物园。晚上,首相派人来找我,因为艾克来了,他想讨论一下我们的部队和苏联人会师之后需要采取的行动,在我们撤退到各自的占领区之前。晚上从亚历山大那里得到消息,说亨利阵亡了!可怜的老巴兹尔和辛西娅②!!

4月18日

匆忙的参谋长会议,为了上午11点和首相与艾森豪威尔开会。外交

---

① 罗斯福已于1945年4月12日去世,杜鲁门接任总统。——译者
② 二战期间,作者的侄子、北爱尔兰总理巴兹尔·布鲁克(Basil Brooke)的三个儿子中有两个阵亡。——译者

部的奥梅·萨金特和斯特昂也参加了会议(两名相当典型的外交人员)。我们讨论的主要问题是,在撤回占领区之前,我们与苏联人会师后要做些什么安排。其次,哪片区域应该给法国?它不应当把美国人和英国人分开,不应当让法国人和苏联人联合起来,也不应当切断美国与不来梅港之间的交通。晚上和洛里一起去看电影,是我一直很喜欢的萨沙·吉特里①的作品。

4月19日

去奥尔德肖特的蒙斯军营视察预备军官训练营结业会操。你和孩子们也来了。阳光明媚的一天,还有精彩的阅兵。和你们一起吃了午饭,然后和洛里开车回来会见新西兰总理弗雷泽先生,他来与我商量未来新西兰军队的安排。接着又见了波纳尔,告诉他不再给他安排新的职务了。最后和国防大臣谈了很长时间,关于蒙蒂将来担任德国北部占领区地方长官时的副手人选。

4月20日

苏联人正在节节推进,不久我们就会和他们在柏林—德累斯顿前线会合。我感觉离战争结束仍然需要数周的时间。在奥地利、捷克斯洛伐克、丹麦、荷兰和挪威还有几个抵抗据点必须解决掉,这可能仍给我们带来不少麻烦。另一方面,希特勒自杀很可能迅速结束战争。不管怎样,明天一大早要去度假了,在迪河待上一周,上帝保佑,希望我不会被召回!

4月21日至30日

21号飞到因弗内斯,视察了一支由卫戍炮兵旅改编的步兵旅。"大

---

① 亚历山大-皮埃尔·吉特里(Alexandre-Pierre Georges Guitry,1902—1957),绰号"萨沙"(Sacha),法国剧作家、演员、导演和编剧。——译者

眼"在机场接我，然后带我四处看了看，最后把我送到凯恩顿。在那儿我暂住在布兰奇·科博尔德和两个男孩的家里。伯蒂也在那里。一整个星期都在钓鱼，可惜条件很差，很少有鱼上钩。除了第一天早上钓到两条鱼，之后就再也没有钓到！此外唯一钓到的一条，鱼线还断了！29号，我从戴斯飞到奥迪厄姆，然后赶回家吃午饭。两名速递员送来的棕色包裹，让我整个晚上都忙得不可开交！

4月30日

像往常一样早早出门，再度回到工作当中。休息了一个星期，精神焕发，但是一点儿都不想再开始工作！冗长的参谋长会议，和一个不愉快的内阁会议，温斯顿的心情很糟。尽管亚历山大取得了他有史以来最成功的推进，但还是因为没有拿下的里雅斯特而遭到臭骂！在雅典娜酒店与阿奇·韦维尔一起吃晚餐。他心情不错，但是有些担心首相对他的建议会有什么反应。

5月1日

耗时漫长的参谋长会议，有三个棘手的议题：

a. 波特尔希望在台湾附近的岛屿上部署远程轰炸机大队。

b. 对日作战兵力的重新部署。

c. 将西南太平洋地区从美国人的控制下移交给我们。

下午，和遴选委员会开会，又和国防大臣谈了很长时间。德国正在迅速崩溃。在意大利的军队明天可能会向亚历山大投降。与此同时，贝纳多特①正在和希姆莱进行谈判。战争肯定很快就会结束。

---

① 福尔克·贝纳多特（Forke Bernadotte，1895—1948），维斯博格伯爵，瑞典王室贵族，祖父是瑞典国王奥斯卡二世，外交家。——译者

5月2日

昨天晚上，在午夜新闻中，报道了希特勒死亡的消息。过去的六年里，一直渴望听到这个消息，不知道自己是否能有幸如愿以偿，如今终于得偿所愿，我竟然完全无动于衷。为什么？我也不知道。我清楚地知道，这场宏大跌宕的战争真正地结束了，但是战争期间持续的紧张状态，让我厌倦至极，以至于我的大脑已经变得麻木，感觉迟钝了。

本来预计在下午2点，意大利的德军向亚历山大投降，由于凯塞林的干预并将当地指挥官免职，而未能实施。不过，凯塞林还是准备投降，但要求在48小时以后。与此同时，蒙蒂抵达了波罗的海，北方的德国佬可能会向他投降。我怀疑德国人是否能撑过这个周末！同时，在缅甸仰光以南的登陆行动正在顺利进行。

下午，安德斯又来看我，他在意大利视察了他的波兰军团。他说，在西欧至少有一百万波兰人，他可以（也希望）得到这些人来扩充他的军队。他想参加占领德国的战斗，并且还有一个疯狂的想法，打回老家去把苏联人赶出波兰！波兰军队将给我们带来一个无解的问题！

5月3日

就在德国行将崩溃的过程中，突然谣言四起，说危地马拉要攻击我们的殖民地洪都拉斯！参谋长会议上讨论了很久，浪费了许多时间，能调用的只有在牙买加的加拿大军队。必须联系殖民部，因为考虑美国的反应还要通知外交部等等。最后搞清楚只不过是一场严重的森林大火，危地马拉不得不动用大部分军队去灭火。这件事让洪都拉斯神经紧张，他们疑神疑鬼，我们本不必为此浪费时间。

与此同时，德国正在溃败。意大利前线已经投降，蒙蒂带走了十万名战俘,汉堡投降了,北德剩下的地方和丹麦也很可能投降,正在和蒙蒂谈判!和伯利夫妇共进午餐。下午,甘默尔在去莫斯科之前来见我。然后维克托·福琼回来了,结束了他的战俘生涯,自从1939年后我就再也没有见过他!!晚上与斯特拉、梅因、辛克莱和斯坦顿一起吃饭。

5月4日

一个值得纪念的日子,因为它可能是二战对德战争的最后一天!蒙蒂今天早上会见了德国陆军元帅凯特尔①,他们在荷兰,整个北德,石勒苏益格-荷尔斯泰因,丹麦,弗里西亚群岛和赫里格兰岛无条件投降!凯特尔随后前往艾克的司令部,讨论挪威投降的事宜。刚回到公寓,首相就派人来,要我去参加在唐宁街10号内阁会议室举行的参谋长会议。我们发现他正忙着打电话,告诉国王他与艾克和蒙蒂的谈话。然后他又把整个情况告诉了我们,他显然一直都把击败德国看作这场战争所有目标的重中之重。他非常友好地感谢我们所有人,眼里含着泪水,感谢我们在战争中所做的一切,以及我们"从阿拉曼到现在"无休无止的工作,然后和我们所有人一一握手。

晚上9点的新闻中宣布了这一消息。明天我们会听到其余的部分。我唯一不清楚的是,凯特尔是否有足够的权力让部署在捷克斯洛伐克的军队(大约五十个师)停战。如果他们明天停战,那么战争就结束了,因为他们是现在仅存的大部队。

5月5日

又是一大堆电报,使我们不得不在星期六开会。这些电报主要是亚

---

① 威廉·凯特尔(Wilhelm Keitel, 1882—1946),德军陆军元帅,最高统帅部总长。——译者

历山大与铁托在的里雅斯特发生的冲突①有关。还有许多是关于投降谈判的。德国特使去了蒙蒂的司令部,并被带到艾克那里,最终的投降可能在今天或者星期天。说服苏联人和我们一起谈判很困难,再加上德国人极不情愿向他们害怕的苏联人投降。蒙蒂面临的难题是丹麦占领军的投降,带来了一百多万德国士兵,四十万苏联囚犯,以及在石勒苏益格-荷尔斯泰因超过两百万的德国居民等等。

5月6日

宁静的星期天。下午会见了伯蒂·费雪,并为夜莺、牛头雀和黑冠雀的巢铺上兽皮。

5月7日

像往常一样早早回来,却得知德军宣布投降的消息仍然确定不下来!尽管所有的文件都已经签署,敌对行动从今天开始停止,但苏联人却找茬儿说,一定要在柏林签署谈判协定,并拒绝接受他们的代表已经认可的文件。首相邀请参谋长们与"巴哥犬"伊斯梅和霍利斯在唐宁街10号共进午餐,庆祝我们的努力终成正果。这顿饭吃得并不安宁,温斯顿正等着杜鲁门总统的电话,而电话直到午餐后才打来。同时,他又收到了艾克发来的电报,说他可能不得不飞往柏林参加苏联人要求的最后谈判。这就需要给艾克打个电话,而这个电话是在吃布丁的时候打通

---

① 1945 年 4 月 30 日,的里雅斯特市的斯洛文尼亚和意大利反法西斯抵抗组织发动起义。5 月 1 日,南斯拉夫解放军占领该市大部分地区,但据守圣朱斯托城堡的德军由于听闻南斯拉夫军队处决战俘,只肯向新西兰军队投降,次日新西兰第 2 师也进驻的里雅斯特;南斯拉夫军队控制该市之后,逮捕并秘密处决了一批意大利和斯洛文尼亚的反共人士,引起盟军地中海战区总司令、英国陆军元帅哈罗德·亚历山大的强烈抗议;6 月 12 日,南斯拉夫军队撤出该市,交由英美两国实行军事管制。——译者

的！在餐桌上，温斯顿说起了六月份选举的利和弊。我们从军事角度强调了这是"负面影响"，指出这只会导致分散精力，而这些精力最好集中在这场战争上。

午宴结束后，我们和温斯顿走出去，到唐宁街的花园里拍照合影，纪念我们数年来的不懈努力，终于成功结束了这场战争。下午没有召开内阁会议，但我们接到通知，6点半前往白金汉宫。不过后来并未成行，因为首相与总统通话后，决定推迟到明天下午3点宣布。国王也将在晚上9点发表讲话。

所以战争终于结束了！！胜利来之不易。我感受不到激动，更多的是一种精神上无尽的疲惫之感！一种头脑发昏的状态，不想去凑热闹，只想保持更平淡单调的节奏。不过，在这一切背后，也有一些可以认为是美妙宁静的感觉，一个几乎没有希望的目标，经过年复一年的艰苦奋斗，终于得以实现。然而，最强烈的感受却是一种深深的泄气，就像每次英美参谋长联席会议结束时的那种感觉。

5月8日，欧洲胜利日

胜利打乱了一天的计划！一片混乱，不过我还可以应付。

例行的参谋长会议花去了上午大部分时间。和奥金莱克共进午餐，一次令人愉悦的会面。他心情很好，我们相谈甚欢。然后不得不去一趟博物馆街28号的书店，途中行进艰难，等到了那里，发现已经关门了。下午4点10分，离开陆军部前往白金汉宫，4点半国王要召见战时内阁和参谋长委员会成员。费了好大劲儿穿过白厅，穿过皇家骑兵阅兵广场，沿着林荫路艰难前行，到了白金汉宫外，汹涌的人潮难以穿越。不过，经过多次的按喇叭和耐心等待，我们终于及时赶到了。首相迟到了很长时间，因为他坚持要开敞篷车来！终于，首相、贝文、伍尔顿、利特尔顿、莫里森、辛克莱和安德森都到齐了，还有坎宁安、波特尔、伊斯梅和布里奇斯①等人。国王发表了非常精彩的简短演说,表示祝贺,最后提到了参谋长委员会,因为可能只有在场的这些人才知道,这个组织在确保这场战争取得胜利中所发挥的作用。然后我们拍了照,先是合影,然后是国王、首相和参谋长委员会分别照。

接着我们去了内政部的办公室,那里有一个布置好的阳台,首相、内阁成员和参谋长委员会成员将在那里与白厅前的人群见面,并接受他们的欢呼。庞大的人群从陆军部附近一直延展到议会广场。然后,回到陆军部继续完成工作。还得去见珀西·詹姆斯·格里格,出来的时候格里格夫人抓住我,把我拉到过道里,她说:"今天早上,我从窗户看见你上了车,一群人看着你,他们当中没有一个人知道,他们身边的这个人可能是在对德战争中做得最多的人!"她说他们不了解这一点是完全不应该的,"我明白,也有许多人都明白,请代我转告布鲁克夫人"。她真是太好了,她说得如此感人,我真希望你能听到她说的话。

毫无疑问,公众们永远不会了解参谋长委员会成员们为这场战争所付出的努力。总之,首相从来没有告诉过他们,而且在他所有的演讲中,从来没有提到过参谋长委员会,或者他们在最高层面上为战争所做的一切。可能这也是应该的,但我确实认为,是时候让这个国家的人民了解战争是如何进行的,以及战略是如何控制的了。整个世界现在已经成为一个大战场,参谋长委员会代表最高司令官,指挥着所有战场上的作战行动、部队、运输、军火的调遣分配,为实现作战计划调配可用的资源,批准或否决作战方案,向各个战区发号施令。最困难的是处理军事行动涉及的政治问题,以及与我们的美国盟友进行协调。

---

① 爱德华·布里奇斯(Edward Ettingdere Bridges,1892—1969),英国公务员。参加过一战。1938年成为政府公务员,任内阁秘书长,一直到1946年。此后又担任财政部常任秘书和国内公务员主管至1956年。——译者

这远没有战场上赢得战斗的指挥官那么引人注目，然而，如果参谋长委员会犯了任何错误，战场上的指挥官将永远无法赢得战斗。他们的行动不为人瞩目，事实上大多数时候他们都被隐藏起来。因此，我们发现参谋长委员会的成员们夙兴夜寐，肩负重任，承担着巨大的风险，而这个国家的人们却根本没有意识到我们在工作。这也是一段奇妙的经历，回味无穷。有时要面对的工作和困难几乎超出了忍耐限度，与温斯顿相处的困难也简直令人难以忍受，有时候我觉得自己已经撑不到第二天了。即便如此，我还是不愿错过在过去三年半的时间里，为这个世界上的芸芸众生呕心沥血、鞠躬尽瘁的机会。

记得温斯顿任命我为帝国总参谋长的那天晚上，是在契克斯庄园的大吸烟室里，他不久就离开了，留我一个人待在房间里，我的本能反应是跪在沙发上，祈求上帝帮助我完成新的使命。在过去的三年半里，我经常回顾那段祈祷，感谢上帝聆听我的祈祷，给予我所需要的帮助，如果没有他，第一年我就会一筹莫展。在许多人看来，我不是一个虔诚的信徒。然而，我确信有一个全能的上帝在掌管着这个世界的命运。在战争开始之前，我就对此深信不疑，但这场战争使我比以往任何时候都更加坚信这一事实。在过去的六年里，我一次又一次地看到上帝之手掌控和指引着这个世界的命运，走向他所指定的最终和确定的命运。我们必须要铭记战争所带来的苦难和伤痛，逐渐领悟"爱邻如己"的基本法则。一旦吸取了这一教训，战争就将不复存在了。然而，我们距离到这种状态还有许多个世纪。在最终吸取教训之前，我们还会经历更多的战争和更多的苦难。不过，在这个世界上，人类仍然还很年轻，仍然有数百万年的时间，在这期间我们终将到达圆满。目前我们能做的，也只有继续努力增进睦邻友好。

基于这些想法，我必须将对德战争抛在脑后，在帝国总参谋长的剩余任期里，把精力转向日本，最终战胜他们。

5月9日

怀着喜悦的心情写下这篇日记,今天休息一天,可以回家了!今天是 VE2 日,也就是欧洲胜利的第二天,一个全国性的节日。显然,大多数英国人都喜欢扎堆挤在一起度过这个假期,就我个人而言,看见的人类越少,我就越满足!回到家,发现你正忙着挂上漂亮的旗杆和装饰品,还不小心割伤了手!我们一起照料山羊和小鸡们,度过了一个快乐而平静的下午。

5月10日

一早就回去工作了,总的来说这一天过得相当轻松。一个简短的参谋长会议,在家中吃了一顿安静的午餐,和一系列轻松的会面。唯一的麻烦与叙利亚和黎巴嫩有关,冲突正在酝酿之中。戴高乐显然决心竭尽所能,把他的魔爪再次伸向这个地区。现在是我们必须做出决定的时候了,在西欧与法国的友谊是否比在中东与泛阿拉伯联盟的友谊更为重要?这是一个很难抉择的问题,但无论如何要有一个明确的解决方案,二者必居其一。我担心我们将会在两者之间犹豫不决。

5月11日

亚当过来吃午饭,和他聊了很长时间。晚上提前溜了,赶在晚饭前回到家。

5月12日

整个上午都在安静地修理一个老旧的兔子窝!午饭后去了一趟特吉斯格林①,在那儿遇到了马森斯(费雪的猎场看守人)和伯蒂·费雪。马

---

① 特吉斯格林(Turgis Green),英国汉普郡斯特拉菲尔德·特吉斯(Stratfield Turgis)民事教区中的一个小村庄。——译者

森斯知道鹰雀巢的位置，但不方便拍照，还有夜莺、牛头雀、黑冠雀。我花了一个小时拍摄红腹灰雀，光线不是很好，闷热得令人窒息。回家喝了下午茶，继续在兔子窝干活。

5月13日

吃了一顿早午餐，然后开车去伦敦参加圣保罗大教堂举行的庆祝胜利仪式。途中在伯克利接了南希·迪尔。仪式总的来说令人相当失望，没有充分表现出胜利的感觉。仪式结束后，温斯顿召集战时内阁开会，讨论南斯拉夫局势。他收到了杜鲁门发来的电报，全都是好战的念头，并且准备要对铁托不客气了。温斯顿很是开心，他给我一种已经开始渴望另一场战争的感觉！即使这意味着要和苏联开战！我们一直被拖到6点15分，听他漫无目的地闲谈。然后再开车回家。

5月14日

早早出发，这个星期带你一起过来。参谋长会议花了相当的时间讨论铁托和苏联人惹的麻烦，再加上戴高乐谋划着在叙利亚瞎折腾！午餐时，作家阿瑟·布莱恩特①来了，我觉得他很有趣。下午蒙蒂来看我，然后陪着温斯顿开了一个又长又拖沓的内阁会议，他的情绪糟透了。一直在漫无边际地唠叨，没有得出任何结论。8点钟开溜了，内阁会议正

---

① 阿瑟·布莱恩特（Arthur Bryant，1899—1985），英国历史学家、作家，著述颇丰。作者的日记经由布莱恩特编辑，于1957出版了《历史的转折》（*The Turn of the Tide*），主要基于1939至1943年的日记；1959年出版了《西线的胜利》（*Triumph in the West*），主要基于1943至1946年的日记。作者的日记起初是写给自己的第二位夫人贝尼塔·丽斯看的（第一位夫人琼·理查德森1925年因车祸死亡），不准备发表，1950年代布鲁克再读的时候又添加了评论和批注。但后来丘吉尔出版了二战回忆录，将很多布鲁克和诸位参谋长的想法说成是自己的，为了还原史实，布鲁克才同意发表其日记。由于其日记中包含了许多对丘吉尔、马歇尔、艾森豪威尔等人的尖刻批评，尤其是对丘吉尔，而且这些人当时都在世，日记发表后引发巨大争议。——译者

开得如火如荼！我没见过比温斯顿更善于浪费大家时间的人了。

5月15日

今天的参谋长会议讨论的都是些琐碎烦事。铁托仍然拒绝退出伊斯特拉。杜鲁门，上个星期采取强硬态度把南斯拉夫人赶出了意大利威尼斯省的朱利亚地区，现在却声称做梦都不敢想让美国先动手，除非南斯拉夫人先攻击我们。

与此同时，戴高乐坚持在叙利亚挑起事端，向那里派遣法国增援部队。他还因拒绝从意大利西北部撤军而激怒了意大利人。事实上，欧洲的秃鹫们现在正围拢在一起，为争夺奥地利、德国和意大利残骸上的碎肉而争吵不休。与此同时，他们还聚在旧金山的一张桌子周围，讨论如何建立世界和平！①

5月16日

糟糕的一天！早上的参谋长会议匆忙做了个简报，之后被陆军大臣耽搁了很长时间。然后不得不在10点45分到11点半之间又匆匆召开了一次参谋长会议，在我们去和首相与艾森豪威尔开会之前。从11点半到下午1点半我们一直待在那里，什么都没做！温斯顿的情绪变化无常，从德国战俘消耗的卡路里数，到克莱米在苏联的经历，再到铁托对吞并威尼斯朱利亚的贪欲，突然又转到盟军联合控制德国的问题，再到克莱米在莫斯科的午餐会，那里所有的莫斯科妇女都必须由国家提供服装等等。一连串精彩的比喻，比如，"当老鹰沉默的时候，鹦鹉开始聒噪"——铁托和戴高乐是后者！又或者，"让德国人去找他们埋下的所有地雷，然后把它们挖出来。为什么不呢？猪就是用来找橄榄的！！！"

---

① "联合国家国际组织会议"，即联合国成立大会，1945年4月25日至6月26日在美国旧金山举行。

我们不得不提醒他松露才是猪要找的①。然后又告诉我们，苏联的孩子们从小就被灌输了这样的信条：

我爱列宁

列宁很穷，所以我喜欢贫穷

列宁挨饿了，所以我可以挨饿

列宁经常很冷，所以我不要求温暖，等等。

"拿着战斧的基督教"，温斯顿说。

下午去见克罗夫特，他担心军情五处和六处的安全，我也是！！然后，和蒙蒂谈谈他被任命为德国地方长官的事情，并提醒他，温斯顿会力主让威克斯担任他的副手。随后我接你去参加苏联大使馆的庆祝派对，然后又回到陆军部去见陆军大臣，告诉他上午和温斯顿的会议结果。杰克·柯林斯来和我们一起吃晚饭。晚上11点，又被拖去见温斯顿，他正和蒙蒂一起吃饭，讨论威克斯的任命！真是敲诈！！！温斯顿准备明天宣布蒙蒂和威克斯的任命，只要我们接受威克斯，并且我同意！！我看穿了他的把戏，说如果他没有征求过珀西·詹姆斯·格里格的意见，我不能同意。他同意了。凌晨1点回到家。

5月17日

漫长而累人的一天。参谋长会议一直开到12点半。然后和巴兹尔谈话，我错过了和他约好的晚餐，还有蒙蒂和陆军大臣。与后两者的会面都与温斯顿希望任命威克斯为蒙蒂在德国的副手有关。在《泰晤士报》参加午宴，一顿丰盛的午餐，阿斯特像往常一样风度翩翩。回到陆军部

---

① 松露猪（Truffle pig），松露是一种很珍贵的食材。每年秋天，法国农村的女人就把猪赶到松林里去，让它们帮助寻找埋在土里的松露。松露生于地下，表面没有任何露出的痕迹。松露成熟时会释放一种只有嗅觉灵敏的动物才可以闻到的气味，科学家相信这是一种天然性激素。——译者

与奥金莱克商量关于任命斯利姆为缅甸司令部总司令的事情。利斯正变得愈加疯狂，行事乖张，准备狠狠骂他一顿！和"神算子"劳埃德吃了一顿愉快的晚餐。

5月18日

安静的星期五，晚上很早就回家了。

5月19日

星期六，主要忙着与马森斯一起给蜡嘴鸟拍照。

5月20日

下午与安德鲁·坎宁安一家在布罗德兰兹会合，利用蜉蝣的最后几天去钓鱼。不幸的是，蜉蝣季结束了。在桥下钓到了一条大鱼，结果被它甩脱了。

5月21日

花了三个小时隐蔽拍摄一对夜莺。

5月22日

回去工作。奥金莱克过来一起吃午饭，和他的谈话收获颇丰。晚上伯利一家和惠特克一家来吃饭。

5月23日

漫长而艰难的参谋长会议，讨论外交部在德国设立盟军委员会，以及最终关闭艾森豪威尔司令部的提议。与此同时，温斯顿坚持要保留我们在推进中能够占领的那部分苏占区，作为与苏联人讨价还价的筹码。

考虑到我们能获得这些土地的唯一原因，就是德国人调用现有的兵力去抵抗苏联人了，从而有利于我们的推进；还考虑到我们已经同意了苏联人在德国的占领区，我认为温斯顿用这个作为讨价还价的筹码是完全错误的，但这是一个政治问题，政治就像公羊角一样，尽是些弯弯绕！

参谋长会议结束后接了你，我们一起去威斯敏斯特桥参观被俘获的德国潜艇。

温赖特一家来吃午饭。晚上去看斯蒂尔·韦伯斯特在卡奇拍摄的关于小红鹤的电影，十分有趣。然后与珀西·詹姆斯·格里格及夫人一起吃了一顿非常愉快的晚餐，老奥金莱克也在。

5月24日

今天的参谋长会议很长，与联合作战参谋们一起开的。讨论占领新加坡之后在太平洋地区的后续军事行动。如果可能的话，我们希望与所有三国部队一起参与进攻日本的行动。然而，制定计划并不容易，因为美国人似乎无法在入侵还是围困之间做出选择。温斯顿会采取什么态度还有待观察。我不知道他会有什么反应。眼下他的一门心思全都在这场疯狂的选举上，在接下来的几个月里，他不太可能投入太多精力在作战计划上！

晚上仔细阅读了作战参谋的报告，内容是如果将来与苏联的谈判中出现麻烦，我们对他们动手的可能性。这项研究任务被指派给了我们。这种想法真是不可思议，而且不可能有成功的机会。毋庸置疑，从现在开始，苏联人在欧洲将所向披靡。

大家应该还记得，几个星期前，在研究德国战败后是否有必要拆解它的时候，参谋长会议当时把苏联看作是我们国家未来潜在的敌人（见1944年10月2日）。那篇文章在外交部引起了相当大的震动，他们认为我们把当时的盟友看成未来可能的敌人，是很不负责任的行为，如果不是我们要求见安东尼·艾登，那篇文章甚至可能被要求撤回，他赞成我们的观点。现在，仅仅几个星期之后，温斯顿已经向我们表达了他看到"那只俄罗斯熊在欧洲四处乱窜"的焦虑，并指示我们从军事角度研究，在美国人和我们自己遣散部队之前，是否有可能把它赶回苏联去！我问他如果对我们的盟友发动战争，所有政治方面的责任他是否能够承担！他说我们可以把那方面的问题丢在一旁，专注于军事问题。

这是5月24日的晚上，也就是胜利日之后的几天，我检查了作战参谋们在这个问题上的工作成果。这项研究的结果清楚地表明，我们所能期望的最好结果就是把苏联人赶回到德国人曾经到达的那条线上。然后呢？难道我们要一直动用军事力量，把他们挡在那里吗？

5月25日

早早出发，和你一起开车去了布罗德兰兹，在那里与安德鲁·坎宁安夫妇会合。我们跑了那里的所有三个垂钓点，一直钓到晚上，一条鱼也没有见到！

5月26日

去特吉斯格林拍摄蜡嘴鸟，与它们相处了很长一段时间，效果如何很难说。

5月27日

一个安静的星期天。

5月28日

早早出发。参谋长会议的主要议题是日渐恶化的黎凡特局势。在我看来，这一切都是因为外交部对戴高乐的态度不够坚定。如此一来，佩吉特[1]就被置于一个十分艰难的境地。午饭后，首相派人找我，与他、安东尼·艾登、奥梅·萨金特和另外一个人会谈。艾登显然希望一旦法国人和叙利亚人真的开始动手，军方能够介入，温斯顿则持不同观点，认为我们应该袖手旁观，只看住我们自己的利益，让法国人和叙利亚人去自相残杀。

我个人认为温斯顿在这件事上是对的。如果我们现在介入，就不得不向两方开火以阻止战斗，而且两边都会不待见我们。只有一个地方可以制止这场纷争，那就是巴黎，要让戴高乐毫无保留地接受这一点。

5月29日

花了很长时间讨论铁托在威尼斯朱利亚地区的活动，还有黎凡特的骚乱也愈加频繁。这两个地方的局势很可能在不久之后就会引起严重的麻烦。在克拉瑞芝酒店与各国武官共进午餐，午餐后又花了很长时间与他们单独交谈。显然我吃的那份龙虾没有想象中那么好，导致下午感觉非常不舒服，我记忆中以前从来不曾发生过这种事情！

5月30日

叙利亚局势正在迅速恶化，可能导致我们不得不以牺牲与双方的友谊为代价来解决争端。晚上，和洛里一起去伦敦北部的一处水域夜钓，那里属于巴尼的律师。鳟鱼不怎么样，但我们在户外吃了一顿愉快的晚餐，看到了三只翠鸟，这比待在白厅开心多了。与此同时，佩吉特对叙利亚急剧恶化的局势感到担忧，温斯顿在下午6点半召开了内阁会议。

---

[1] 1944年1月起担任中东司令部总司令。——译者

我因为出去钓鱼而错过了这次会议！决定干预并平息乱局，但首先要确保美国的参与，或者至少是对我们行动的认可。

5月31日

早上的参谋长会议上，我们再次讨论了对苏联发动的"不可思议的战争"，并且比以往任何时候都更加确信这是"不可思议的"！亚当和我一起吃午饭，我们讨论了在接下来的几个月里，所有的陆军委员会成员和各司令部的总司令都要离任和接替人选的问题。午饭后，所有的总参谋长聚在一起拍照。又和国防大臣讨论了关于未来军队组织架构的问题。与此同时，佩吉特已经奉命采取行动，阻止叙利亚和黎巴嫩再发生任何流血事件。如果外交部不与美国国务院联手，以戴高乐应得的方式来解决他惹出来的问题，天知道这种局面会发展到什么地步。

6月1日

在丽兹酒店与马里诺先生共进午餐，他是布莱恩·博伊尔的朋友，也是一位书籍专家。他不久将返回法国云游。晚上，我们一起去参加罗尼·威克斯的鸡尾酒会，然后开车回家。

6月2日

星期六，杰克、玛德琳和汤姆、简都去了伊顿，家里很安静。

6月3日

利斯一家早上就回去了。

6月4日

参谋长会议讨论了戴高乐在叙利亚的疯狂举动，铁托对威尼斯朱利亚的觊觎，以及外交部希望从波斯撤军，旨在劝导苏联人也这样做！勒温和"大象"高辰过来一起吃午餐。晚上，米尔恩勋爵来商量军校学生运动以及陆军部在这方面表现出缺乏动力的问题。

6月5日

参谋长会议开了很长时间，和联合情报委员会讨论组建一个新的中央情报局。这个方案做得还不够，但在目前来讲也算是尽力了，除非我们决定是否成立国防部。

我们也不知道该如何处理"圣女贞德"①，他已经开始从奥兰进一步增援叙利亚！如果援军抵达了叙利亚，只能导致我们竭力平息了的动乱再次激化升级。此外，戴高乐在意大利西北部地区也日益放肆，他命令多恩②将军尽早开战而不是撤退！铁托方面仍然没有答复。

下午3点钟遴选委员会会议，下午6点内阁会议。我与新内阁成员参加的第一次会议。温斯顿看上去很疲惫，但是心情不错。艾登病了，所以温斯顿的负担比以往任何时候都重。

6月6日

与本土军共进午餐，并给他们做了一个关于世界形势的报告。这可能是他们作为本土军被解散之前，我给他们做的最后一次讲座。我不断地回想起以前在那些艰难岁月中和他们的所有谈话，我从来没有想到过会出现眼下的局势！我感到疲惫至极。

---

① 圣女贞德（Jeanne d'Arc，1412—1431），法国民族英雄。在英法百年战争中，她带领法兰西王国军队对抗英格兰军队的入侵，最后被捕并被处以火刑。此处应该是作者用来借喻戴高乐。——译者
② 保罗-安德烈·多恩（Paul-André Doyen，1881—1974），法国陆军中将。——译者

6月7日

　　今天的参谋长会议上,大部分时间用来讨论人员运输问题,困难重重,花费了很长时间。美国、加拿大、南非和新西兰部队的重新部署,战俘的遣返和我们向远东调遣部队,长期征战海外的士兵要回家,休假,民间旅游,都很难应付!!整个事情变成了一个让人深感头痛的问题!约翰·布鲁克斯在回亚历山大部队的路上,来找我一起吃午饭。

　　下午会见了斯科比,他刚从希腊回来休假一个月。紧接着是加拿大军参谋长默奇①,讨论了与加拿大军队和他们回国相关的各种问题。

6月8日

　　和安德斯在多切斯特酒店吃了一顿心事重重的午餐。他刚刚放弃了波兰军队副总司令的任命,准备返回他在意大利的旧部。他对苏联人的看法是一如既往的极端,并决心尽他所能扩大波兰军队的规模。他没有明确的计划,只是希望有更多的机会让他为回到波兰而奋斗。以他目前的状态,有可能铤而走险,需要小心观察。晚上开车回家。

6月9日、10日

　　在家中,清净的两天。

6月11日

　　早上返回。由于珀西·詹姆斯·格里格上周在众议院发表声明,说他缩短了海外服役的时间,让今天的参谋长会议开得相当艰难。这引起

---

① 约翰·卡尔·默奇(John Carl Murchie, 1895—1966),加拿大陆军中将。——译者

了迪基·蒙巴顿的强烈抗议，说他现在无法在指定日期发动攻势，因为这将造成兵力损失。恐怕他说得有些道理，这又是一个政治影响军事的例子。波特尔和坎宁安都倾向于支持迪基，我不能完全认为他们是错误的。

你来了，我们和加拿大众议院的蒙塔古在多切斯特酒店共进午餐，并与加拿大参谋长默奇见面。

在下午 5 点半的内阁会议上，温斯顿对欧洲的形势发表了一通长篇大论，非常的悲观沮丧。苏联人在欧洲的势力范围比以往任何时候都更加西进。他们在欧洲所向披靡。只要他们愿意，他们随时可以踏平欧洲的其他地方，把我们赶回到自己的岛上。他们在陆地上的兵力与我们相比是 2 比 1 的优势，并且美国人正在返回家园。他们回去得越快，就会越早被要求回到这里，等等，等等。他最后说，他一生中从来没有比现在更担心欧洲的局势。

6 月 12 日

参谋长会议结束之后，赶到市政厅参加为艾森豪威尔授予"荣誉市民"称号的仪式。艾森豪威尔发表了精彩的演讲，给市政厅内的所有听众留下了深刻印象，包括全体内阁成员。然后，他在市长官邸外发表了另一场不同的演讲，同样精彩，在市长官邸午餐会上的讲话也是一流水准。我从来没有觉得艾克是一个大人物，直到看到他今天的表现！晚上，和首相一起共进晚餐，招待艾克、比德尔·史密斯和特德。我们在餐桌旁边一直坐到午夜时分，然后我匆忙到国王十字车站赶火车。

6 月 13 日

花了一整天的时间视察第 43 师。

6月14日

在泰德·莫里斯①、内勒和洛里·查林顿的陪同下,游览了法恩群岛,天气宜人,非常美妙的一次旅行。

6月15日

返回伦敦。亚当过来一起吃午饭。和陆军委员会一起拍照,然后和"C"(军情六处负责人孟席斯的代号)共进晚餐,他想要把情报处长老辛克莱从我这里挖走。我同意让他去,前提是他的身体状况能够撑得住。

6月16日

结束了上午的工作之后,开车去唐屋中学②看看普克斯。有形体表演,芭蕾舞,还有小游戏,一个美好的下午。汤姆已经回来了,也一起来了,半路上还接了小泰先生,于是成了一次快乐的家庭聚会。

6月17日

早上把普克斯从学校接回来,她会待一晚上。

6月18日

安静的星期一,出乎意料!下午也没有内阁会议。起草了一封给蒙巴顿的信,建议他免掉奥利弗·利斯,事实证明他担任东南亚地面部队司令是失败的。太令人失望了。

---

① 埃德温·洛吉·莫里斯(Edwin Logie Morris,1889—1970),英国陆军上将,昵称"泰德"(Ted)。——译者
② 唐屋中学(Down House School),英国顶级女校之一,成立于1907年,是一所传统英式的全寄宿制学校。——译者

6月19日

选举继续对作战行动造成严重影响。国防大臣在众议院的声明,将在印度的服役期限从三年八个月缩短到三年四个月,这对我们收复马来半岛的作战前景产生了最恶劣的影响!我们现在复员的人比能够用船运回来的还多!因此,我们不仅失去了这部分人的战斗力,还因为不能把他们带回家而招致不满!所有这些都是为了吸引选民的选票!其次,拉斯基[1]拒绝同意艾德礼去参加三巨头会议,除非以观察员的身份!为此,三巨头的会议将从7月15日推迟到8月15日,由于将我们急需召开的参谋长联席会议推迟,对战局造成各种不利影响!下午和斯利姆第十四军聊了很长时间,颇有收获。

6月20日

斯利姆出席了参谋长会议,并向我们介绍了收复马来亚的行动方案。P.J.格里格将东南亚服役期缩短四个月的声明,仍然令我忧心忡忡。这个为了吸引选票的声明给我们造成的混乱,还看不到任何消散的希望。如果民主国家必须在战争中举行选举,愿上帝帮助他们!

与梅纳茨哈根共进晚餐,欣赏洛奇为他的书最新制作的插图,非常吸引人。老特伦查德也在那里用餐,他给我一种感觉,一种廉颇老矣的那种感觉;人生皆有定数,对他来说,退休是最好的选择。我也快到那个年纪了!

---

[1] 哈罗德·约瑟夫·拉斯基(Harold Joseph Laski,1893—1950),英国政治理论家、经济学家。1945至1946年任英国工党主席,支持丘吉尔战时联合政府。1926至1950年任伦敦政治经济学院教授。拉斯基起先赞成多元主义,1930年后转向马克思主义,强调阶级斗争和工人革命,与反对暴力革命的其他工党领导人存在严重分歧;支持印度革命和社会主义建设,与尼赫鲁等印度早期领导人交往甚密。拉斯基是二战时期英国最有影响的社会主义学者,他的教学对学生产生很大影响,其中有些人后来成为亚洲和非洲新独立国家的领导人。——译者

6月21日

　　上午，我们同作战参谋们讨论了很长时间，力图梳理出我们在占领新加坡之后的后续战略安排。我认为，我们必须为进攻日本本土的作战行动提供一定数量的地面部队，但是由于后勤部门制造的困难，这几乎是不可能的。驱使人们去克服困难是很累人的！下午，美军情报工作的主管比斯尔①将军来访。他对日本很感兴趣，很明显，他认为只有进攻日本本土才能达到我们想要的结果，通过围困是不可能实现我们的目标的。接着是从缅甸来的中国的孙将军②，我要授予他一枚三等巴斯勋章。最后在克拉瑞芝酒店与美国武官共进晚餐，再次见到了比斯尔。我坐在怀南特旁边，和他进行了一次饶有趣味的对话，讨论在战争结束后，保留英美参谋长联席会议组织某些权力的可取性。怀南特身上有种特别的魅力，每见他一次我就更加喜欢他。

---

① 克莱顿·劳伦斯·比斯尔（Clayton Lawrence Bissell，1896—1973），美国陆军少将。——译者

② 孙立人（1900—1990），字抚民，号仲能，安徽庐江人，国民党陆军二级上将，二战缅甸战场重要国军将领。1914年考取清华大学庚子赔款留美预科，1923年毕业后赴美留学，先后获普渡大学土木工程学士和弗吉尼亚军校文学士，1927年毕业后游历欧洲，考察英、法、德等国军事。1928年回国后受到同样留美的财政部部长宋子文赏识，1932年任财政部税警总团第四团团长，1937年在淞沪会战中身负重伤；次年伤愈后任财政部重组之缉私总队总队长，参加了武汉会战。1941年12月任缉私总队基础上组建的新编第38师师长，1942年随远征军入缅作战，在4月的仁安羌之战中以寡敌众击退日军，救出被包围的哈罗德·亚历山大上将、威廉·斯利姆中将、七千名英军及五百名西方记者和传教士，赢得国际声誉。第一次缅甸战役失利后，没有服从蒋介石下达给远征军第一路军副司令杜聿明穿过热带丛林野人山撤回云南的命令，而是随中国战区参谋长史迪威撤往英属印度。1942年8月与新22师进驻印度兰姆珈训练基地，番号改为中国驻印军，开始装备美械和训练；次年10月开始向缅北反攻，1944年8月任新编第1军军长。1945年5月率新1军返抵广西南宁，准备反攻广州；同月应艾森豪威尔之邀赴欧考察，是中国唯一被邀请的高级军官。国共内战前期，率新1军在东北作战，但与杜聿明将帅不和，1947年11月被调台湾。1950年任陆军总司令。1955年遭蒋介石指控"纵容"部属武装叛乱，被软禁三十三年。——译者

6月22日

一整天都相当安静,傍晚就回家了。

6月23日

在家里的花园干活。

6月24日

你今天把小泰先生接来了。

6月25日

亚当来吃午饭。格里格的拉票声明给印度带来了更多麻烦。现在决定我们7月15日去柏林。

6月26日

汤姆过来吃午饭,我带他去了牙医诊所和军用品商店。国防大臣从他参加竞选活动的加的夫①回来了。我和他进行了一番长谈,关于他缩减海外服役时间的言论在印度给我们带来的麻烦。我想他开始明白我们现在正陷入麻烦之中,我希望他发表一个声明帮我们摆脱困境。

6月27日

朱伯特·德拉费尔泰与怀斯参加了今天的参谋长会议,开了很长时间,讨论缅甸的指挥机构问题。迪基提出了一个愚蠢的方案,我们不得

---

① 加的夫(Cardiff),威尔士的首府和最大城市,也是英国第十六大城市。威尔士国民议会所在地。——译者

不予以否决。然后在上议院吃午饭，看邓普西的第 2 集团军接受军事协调委员会的质询。和珀西·詹姆斯·格里格谈了很长时间，我认为我们已说服他同意做出进一步声明，由于运输困难，将推迟服役期限满三年零四个月的人员遣返。最后，与洛里和他的两个女儿一起去看了一部精彩的电影。

6 月 28 日

部门主官和作战参谋们都参加了今天的参谋长会议，讨论我们在新加坡之后的行动计划，并和他们详细研究了后勤方面的问题。我们把讨论结果提交给首相，在下周一进行讨论，建议我们应该向美国人提出来，派一支大约三至五个师的小规模地面部队，参加对日本的主攻作战行动。这支部队的组成和架构将在与美国人讨论后决定。我不知道温斯顿是否会接受这个提议。

安德鲁·坎宁安和辛克莱来吃午饭，然后我们开车去"公园"①，所有的解码和破译工作都在那里进行。首先，我向大约四百名工作人员发表了讲话，他们中既有来自三个军种的军方人士，也有平民，男女都有。他们来自各行各业，教授、学生、演员、舞蹈家、数学家、电工、信号员等等，等等。我代表参谋长委员会向他们表示感谢，并祝贺他们取得的工作成就。然后我们进行了参观，在回来之前还喝了下午茶。

回来之后，和国王进行了一个小时的会谈。他想知道他去柏林是否合适，当我们下次在那里开会的时候。显然，他已经和温斯顿讨论过这个问题，温斯顿同意了，他还给杜鲁门发了电报，杜鲁门也同意。然而，斯大林显然没有接受这个提议！！蒙蒂也不太赞成，从安全方面考

---

① 此处是指布莱切利庄园（Bletchley Park）——译者

虑。我想国王会放弃这个想法。

6月29日

　　亚历山大，回来有几天了，参加了今天上午的参谋长会议。我们讨论了逐步削减部署在意大利的部队，希腊军队的武器装备和编制，以及设想中的意大利军队编制。午饭后，我不得不在下午3点去首相那里告诉他，我们应该把奥利弗·利斯从东南亚撤回来，让斯利姆取而代之。他和我谈了一个小时，最后同意了我的所有建议。现在，我们正下令让奥利弗回国，任命斯利姆接替他的职位，并增派邓普西担任集团军司令。回到陆军部与亚历山大谈了很长时间，我发现他状态相当好。

　　在我和温斯顿讨论高级军官职务调整的时候，我告诉他，我认为自己应该在今年年底结束任期了。他说，如果他能再次当选，他将不会听到我离任的消息，而且我还很年轻！！需要担起重组军队的重任！他说，他认为亚历山大应该进入陆军部，担任某个职务，"监察长"或者"总司令"，来协助我的工作。我没有和他争辩，但我真看不出这能够行得通。进入陆军部他唯一能够担任的职位是常务副总参谋长，而这对他来说又显得级别太低了。让他来接替我正好。

6月30日

　　整个上午都待在办公室，期间找到斯利姆，告诉他，他将接替奥利弗·利斯，并且邓普西也将被派往他那里。他看上去很高兴。我说无论如何，这个变动不能影响他的休假。午饭后我们一起开车去海韦尔城堡度周末。在那里，我们遇到了泰晤士报的巴林顿·沃兹一家和陆军部财务主管奥特利一家。

7月1日

在海韦尔城堡度过了一个轻松愉快的周末,晚上又开车回来。

7月2日

现在,摆在我们面前的困难是关于波兰军队的未来!再过几天,我们将正式承认华沙政府,并关停伦敦的流亡政府。因此波兰军队成了一个棘手的难题,尽管5月份以来我们一再问外交部拿个说法,但他们对此几乎无所作为!与"巴哥犬"伊斯梅共进午餐,路易斯·蒙巴顿夫人和布里奇斯也在那里。然后去看了一部关于反攻欧洲的新片,很少看到比这更烂的片子了!

7月3日

今天的参谋长会议以本周的联合情报调查作为开始,最后以蒂泽德教授的到访结束,基于战争用途的科研发展和合作。希拉①和汤姆来吃午饭,之后把汤姆送到一家电影院,然后回到陆军部参加每月一次的遴选委员会会议。有太多的困难和问题需要解决,都与关停伦敦的波兰流亡政府和承认华沙政府有关。波兰军队将如何应对,是否有波兰人愿意返回波兰,我对此深表怀疑。感谢上帝,选举终于快结束了!

7月4日

如常召开参谋长会议之后,中午12点与首相开会,请他批准我们提议的占领新加坡之后的作战方针。我们建议派遣一支五个师左右的部队直接参与对日作战。部队的具体构成取决于我们在柏林与美国人的会

---

① 希拉(Sheilah),作者的侄女。——译者

谈。最初的半个小时里,我们漫无目的地谈论着所有话题,除了大家真正想谈的那个!在结束了所有的竞选活动之后,温斯顿感到非常疲惫。他说,自从布尔战争中逃亡以来①,他从来没有这么累过!最后,终于谈到了我们的问题,他承认他甚至没有读过我们为他精心准备的那份文件!(不过,如果我们所提出的战略最终获得成功,就会变成他那想象力丰富的大脑的原创!!这种事现在经常发生。)因此,我提议在地图上为他把计划过一遍,这个主意令他十分高兴。在他这种精疲力尽的状态下,到底听明白和真正理解了多少就很难说了。不过我让他原则上接受了这个计划,授权我们把计划发送给美国人,并且发电报给自治领的总督们,感谢他们的配合!真是个巨大的胜利。然后我又和他商量了给美军参谋长们颁授"巴斯大十字勋章",并由国王向他们颁发,他也全都同意了。

回到公寓已经很晚了,希尔达和伊夫林等我一起吃午饭。午饭后,开车途中放下伊夫林,买了一些索伯恩②的原版作品,然后返回陆军部。在那儿会见了邓普西,告诉他去远东的安排。他的态度令我非常失望,骄傲自大,自以为是,为了杀杀他的傲气我费了不少力气!接着会见了达夫·库珀,他想要调整一下自己身边的武官。和他讨论了戴高乐和法国的局势,相谈甚欢。他认为戴高乐撑不了多久。波兰局势的麻烦越来越大,与之相关的信函也越来越多。

最后回家与约翰·肯尼迪夫妇和梅纳茨哈根共进晚餐。前者告诉我

---

① 1899 年 9 月,丘吉尔以《晨邮报》记者身份前往南非采访布尔战争。在随英军士兵行进途中被后来成为南非总理的史末资所俘虏,丘吉尔虽然是随军记者,但因其携带武器并参加战斗,布尔人拒绝释放他。1899 年 12 月,丘吉尔独自一人越狱成功,在当地英国侨民的帮助下逃到了莫桑比克的英国领事馆。这一事件使他在英国的名声大噪;1900 年 3 月,又经历了几次战斗的丘吉尔终于回到英国,通过越狱事件而闻名全国的丘吉尔决定抓住机会,从此踏入政坛。——译者
② 阿奇博尔德·索伯恩(Archibald Thorburn,1860—1935),苏格兰画家,擅长用水彩描绘野生动物尤其是鸟类,为众多鸟类研究书籍制作了插画。——译者

一个传闻，我从没听到过的，说我将成为下一任加拿大总督！我已经听说，哈利·克里勒将接手这个职位，而且他也会做得很好。

7月5日

投票日，谢天谢地，我们正在进行选举，希望不久将有一个理智的政府接手治理这个国家。去坎伯利做了一个常规的学期末谈话。然后我们开车回到费尔内街吃午饭。你去投了票，我们就开车返回伦敦了。晚上我们去看莱斯利·亨森的演出，带着汤姆和休假的辅助本土服务部队初级指挥官沃尔夫。一场令人失望的表演。

7月6日

早晨的参谋长会议开了很长时间，会上进行了一系列的会谈。午饭后，不得不去参加下午3点召开的内阁会议，详细介绍了最近两个晚上在奥尔德肖特发生的加拿大人骚乱。温斯顿早上9点就打电话给我，在电话里一通乱骂。内阁会议上，他又开始骂："为什么我们不能把秩序维持得更好？难道我们没有英国军队来恢复秩序吗？我们的宪兵在哪里？难道我们就听任那些野蛮的加拿大人毁了这里可怜小店主的家吗？"等等，等等！不过在他所提出的大多数建议中，都是彻头彻尾的错误！只有在万不得已的情况下，我才能命令英国军队以暴制暴那些制造麻烦的加拿大人。这才是最容易导致真正麻烦的。在这种情况下，加拿大人必须由他们自己人处理。即便是"红帽子"① 也不能插手。我被惹怒了，希望他能从我的回答中认识到这一点。

下午6点，我们去参加南非政府举办的招待会，在那里遇到了史末资。然后回家过周末。

---

① "红帽子"（British Red Cap Police），英国皇家宪兵（The Royal Military Police），缩写"RMP"。——译者

7月7日及8日

在家中，安静的周末。

7月9日

与我们即将访问柏林相关的诸多事项都在顺利进行中。下午，亚历山大来了，他即将返回意大利。然后与陆军大臣就人力资源问题谈了很长时间。接着是蒙塔古，讨论关于奥尔德肖特加拿大人骚乱的问题。还有罗尼·威克斯，关于柏林局势的分析，即食物和燃料短缺的问题。

7月10日

漫长的参谋长会议，和联合情报委员会一起，讨论一份关于日本继续进行战争的能力的报告。这篇报告有点儿令人沮丧，但如果能给"无条件投降"[①] 找到一些更适当的解释，就有希望缩短战争的时间。它清

---

① "无条件投降"（Unconditional surrender），即"全面的和政治上的投降"。此词最早出现于美国南北战争内战期间。1861 年，北军 U·S·格兰特将军在指挥进攻南军的唐奈森堡时，南军守城将领克纳派人求和，并打听讲和条件。格兰特毫不客气地回信说："没什么条件，只有立即无条件投降。"这是军事史上第一次使用"无条件投降"的字眼。1942 年 3 月，美国副国务卿韦尔斯领导的"战后对外政策咨询委员会"所属的安全问题小组委员会首先把要求德国、日本无条件投降作为一项政策提出来了；5 月 6 日，安全问题小组委员会负责人戴维斯向罗斯福总统建议，从同盟国打败轴心国这一假定出发提出："同意大利谈判停战以便把它拖出战争，或许是值得一试的；但是就德国和日本而言，只有无条件投降才能接受"；美国总统罗斯福非常赞成这一建议，并且认为意大利也应包括在无条件投降之列；同月，罗斯福私下坚定地表示："战争必须以无条件投降而告结束，协商停战是办不到的。"此后，罗斯福为了把要求德意日无条件投降变成同盟国共同认可和遵守的一项重要政策，进行了积极不懈的努力。1943 年 1 月 7 日，罗斯福在参谋长联席会议上说，他和丘吉尔磋商后将向斯大林通报："联合国家将继续进军，直至抵达柏林，而且他们的唯一条件就是无条件投降"；1 月 14 日至 24 日，美英首脑举行卡萨布兰卡会议，将"无条件投降"作为一项重要政策进行了讨论；丘吉尔提出，暂时不要把意大利包括进去，以便尽可能瓦解轴心国，罗斯福作了妥协；后因英国战时内阁反对将意大利排除在外，22 至 23 罗斯福和丘吉尔起草的声明中仍要求德意日无条件投降；24 日，罗斯福在记者招待会上以口头声明的形式向全世界 （转下页）

楚表明了，我们总体上对日本天皇、日本的宗教或者日本社会并无恶意。

彭戈来吃午餐，之后匆匆赶去劳埃德银行拜访怀亚特先生，商量贷款买房子的事情。下午 3 点的内阁会议由安东尼·艾登主持，他看起来不太好，刚刚从十二指肠溃疡的治疗中恢复过来，而且最近还听说他的儿子在缅甸失踪了。下午 6 点，可怜的奥利弗·利斯来见我，刚从东南亚回来。他情绪低落，十分后悔。不过他对这一切都坦然接受，并做好了退役或者被降级的准备，或随便安排什么岗位。给他找一个合适的工作应该很难。

7 月 11 日

从华盛顿回来的"巨人"威尔逊参加了今天的参谋长会议。我们和作战参谋们开了很长时间的会，讨论他们为我们参加柏林会议准备的最新文件。你、你的父亲和汤姆一起来吃午饭，结束之后我又忙了好一阵子。和陆军大臣谈了很长时间，商讨未来军需总监、副官长和印度地方军事长官的人员调整问题。最后和安德鲁·坎宁安一家、贝蒂·斯塔克还有艾伦·坎宁安一起去看演出！结束之后又和他们共进晚餐。一个非常愉快的夜晚。

(接上页)宣布要求德意日无条件投降的政策，罗斯福说："这次战争的目标可以列成这样一条简单的公式：要德国、意大利和日本无条件投降"。苏联对美英率先提出的无条件投降政策是非常赞同的，但苏联为避免刺激日本，采取了有保留的表态。1943 年 5 月 1 日，斯大林向红军发布公开命令宣布："只有希特勒军队被粉碎和希特勒德国无条件投降，才能使欧洲获得和平"。1943 年 8 月 14 日至 24 日，美英在加拿大召开第一次魁北克会议，拟就了一个美英苏中四国关于《普遍安全宣言》的草案，在序言中确定四大国继续联合作战，直至他们的所有敌人"在无条件投降基础上放下武器为止"，宣言在文字处理上照顾了苏联与日本微妙的外交关系，但又将苏联同样对日本坚持无条件投降政策含蓄地包括在其中；10 月下旬，苏美英三国外长在莫斯科举行会晤，美国国务卿赫尔与苏联外长莫洛托夫和中国驻苏联大使傅秉常讨论了《普遍安全宣言》，随后赫尔、莫洛托夫、艾登、傅秉常分别代表本国政府在宣言上签字。至此，同盟国的四大国都一致同意实行要求德意日无条件投降政策。但对此政策，当时的军方和历史学者均存在一些不同意见，认为其强化了轴心国的抵抗意志，延长了战争。——译者

7月12日

又一场漫长的参谋长会议,"巨人"再次参加。午餐后,凯特利来拜访,然后和刚休假回来的阿奇·奈谈了很长时间。最后接了你和约翰·肯尼迪一家共进晚餐,给他们看了一些法恩群岛鸟的影片。

7月13日

"巨人"威尔逊再次出席了上午的参谋长会议,我们完成了去柏林的准备工作。然后与路易斯·蒙巴顿夫人一起会见了瑞典女王储,并共进午餐。结束之后,我把你送到你父亲的公寓,返回陆军部完成工作,准备晚上带你父亲和我们一起回家。

7月14日

在家里,安静的时光。

……除了我下面补写的这些日记内容,实际上它对于我的意义远不止于此。

星期六下午在家的时候,有人告诉我,有一辆车上坐着几位先生,他们想见我。当我出去的时候,发现除了村子里的一个男孩,其他人我都不认识。那男孩告诉我,这些人想在哈特利温特尼的河湖区域搭建一个鸟的隐蔽棚,问我是否能提供帮助?他把我介绍给埃里克·霍斯金先生,一位伟大的鸟类摄影师,还有伍顿先生,他是桑德赫斯特附近一所私立学校的校长。显然他们在湖区的一棵苏格兰冷杉上,找到了一个小隼的巢,里面还有幼鸟,因此想要建一个隐蔽棚。贝尼塔[①]打电话给与水务局有联系的卢姆利·卡托尔先生,并获得了必要的许可。同时,我

[①] 即作者的第二位夫人贝尼塔·丽斯(Benita Lees, 1892—1968)。——译者

也和霍斯金聊了聊,他说,如果他成功了,或许我也可以利用他的隐蔽棚拍照。我告诉他,我确实有过这样的念头,但是第二天我要去波茨坦参加一个为期两周的会议。他回答说,到那个时候它应该还能用,鸟儿也不会离开鸟巢。所以我记下了他的电话号码,等我一从波茨坦回来就给他打电话。

这是和埃里克·霍斯金一起拍摄鸟类照片的诸多快乐时光的开始,我对他感激不尽。

7月15日,波茨坦

早上8点30分离开费尔内街,和洛里一起开车前往诺索尔特。在那里和安德鲁·坎宁安和彼得·波特尔会合。上午9点45分,我们乘坐老"约克号"出发前往柏林。我们沿着泰晤士河向南,从奥斯坦德附近越过海峡,沿着斯海尔德河,飞越安特卫普上空,经过芬洛到达莱茵河畔的杜伊斯堡。然后继续飞过埃森、哈姆、哈默尔恩、不伦瑞克、马格德堡,抵达波茨坦附近的一个机场。海、陆、空三军仪仗队以及一支海军军乐队在机场迎候我们。我们接受了仪仗队的敬礼,并进行了检阅。然后开车大约二十分钟到达我们在巴贝尔斯堡①的住所!那里全是一栋栋的别墅,面对着湖,非常舒适。我们和三位参谋长住在一栋别墅里,还有"巨人"也和我们在一起。艾德礼在我们隔壁的一栋,他的隔壁是内阁秘书长布里奇斯,再过去一栋是首相。"巴哥犬"在我们的另一边隔壁。我花了一个下午的时间安顿下来,晚上在湖里试着钓了一条梭子鱼。

---

① 巴贝尔斯堡(Babelsberg),德国勃兰登堡州首府波茨坦的一个历史悠久的高档社区,巴贝尔斯堡宫殿、波茨坦宫殿等建筑被联合国列入世界遗产名录,巴贝尔斯堡电影厂是德国魏玛时代最重要的电影基地,以及世界上第一个大型电影制片厂。——译者

7月16日

参谋长会议开启了一天的活动,"巨人"威尔逊也参加了,我们讨论了今天下午与美国人开会的议程安排。吃早饭的时候,我被告知,昨晚首相曾经派人来找我,在我上床睡觉之后。早上,在我们的参谋长会议之前,他又派人来找我。他是为了告诉我,他从兰塞尔那里听说,国王希望亚历山大取代阿斯隆担任加拿大总督。这就是约翰·肯尼迪曾经对我说过的,他说兰塞尔曾说过他们想要我来接手这个职位。这是一份我愿意为之付出很多的工作。不过,我认同亚历山大是合适的人选,也这样告诉了首相。因此,他去那里已经是板上钉钉的事了,我仍然有几分心痛,我想吉卜林的《如果》① 已经教会了我如何克服。

12点半的时候,蒙蒂来看我,一直待到午饭后。下午2点半,我们与美国人进行了第一次会议。莱希、马歇尔、金和阿诺德都在。会议进行顺利,没有什么有争议的问题!会议结束之后,马歇尔和阿诺德过来喝茶,然后我们前往柏林参观。这是最令人感慨的。毁坏的程度令我终生难忘。我们先去了1870年普法胜利纪念碑附近的英雄画廊。然后到了国会大厦,从那里再到更加令人唏嘘的总理府。可以想象两个多月之前那里的悲惨模样。希特勒的书房已成废墟,大理石桌面的写字台四脚朝天!盖世太保的总部就在对面,也是他们最后负隅顽抗的地方。楼里一

---

① 《如果》(IF),英国著名诗人约瑟夫·吉卜林写给十二岁儿子的一首诗,诗文如下:如果在众人六神无主之时,你能镇定自若而不人云亦云;如果在被人猜忌怀疑之日,你能自信如常而不去妄加辩论;如果你有梦想,又能不迷失自我;如果你有神思,又不至于走火入魔;如果在成功之中能不忘形于色,而在灾难之后勇于咀嚼苦果;如果听到自己说出的奥妙,被无赖歪曲成面目全非的魔术而不生怨艾;如果看到自己追求的美好,受天灾破灭为一摊零碎的瓦砾,也不说放弃;如果你辛苦劳作,已功成名就,还是冒险一搏,哪怕功名成乌有,即惨遭失败,也仍要从头开始;如果你跟村夫交谈也不离谦恭之态,和王侯散步而不露谄媚之颜;如果他人的爱憎左右不了你的正气;如果说你与任何人为伍都能卓然独立;你能等自己平心静气,再作答时——那么,你的修养就会如天地般博大,而你,就是个真正的男子汉了,我的儿子!——译者

个房间的地板上散落着大量的铁十字勋章和绶带。在路上,一个苏联士兵递给我一枚装在盒子里的德国勋章。如果一年前有人告诉我会发生这种事,我绝对不会相信!事实上,整个下午就像是一场梦境,令我觉得难以置信,经过了这么多年的"奋斗",我正在驾车穿越柏林!人口看起来并不太稀少,但大都面色阴沉,充满哀伤,看着难民成群结队重返柏林的景象,让我想起了当年我们从布鲁塞尔到达里尔的时候,法国难民蜂拥而至的一幕,宛若眼前。

在整个战争期间,德国人施加在别人身上的痛苦,已经通过各种方式报应在自己身上,但利息却是百分之一百。

最后一段中提到的痛苦,当然只是指战争造成的,并不包括党卫队和集中营造成的。

7月17日

从办公室的日常事务开始了一天的工作。然后是参谋长会议,讨论了秘书处从美国人那里收到的新文件。第一份是美国对我们希望直接参与对日作战的回应。他们的答复比我们所预想的要好得多,这个提议原则上是可以接受的。第二个问题是太平洋战区的指挥问题。我能预见到那里将会出现更多的麻烦。我们希望在太平洋战略的掌控权中获得更大的份额,然而他们显然不愿意提供。

亚历山大来吃午饭,然后我趁机问他对担任加拿大总督有何感想。他很高兴,也许他会很适合。

午饭后,下午2点半我们和美国人开会,会谈非常成功。我们进一步讨论了我们参与对日作战的问题,原则上通过了这一方案,并任命一名军级指挥官和参谋作为我们的代表,去和麦克阿瑟和尼米兹讨论作战计划。喝完茶后,我们驱车前往波茨坦,参观那里的新旧城堡(无忧宫），很有意思。每到一处，一位年长的守护人都会带我们四处看看，并向我们说明各个房间的情况，腓特烈二世死去的地方，包括他的那张椅子①，最后一位皇帝的住所，等等。

7月18日

亚历山大参加了我们的参谋长会议，为了与道格拉斯任命有关的一个小问题，一个本来就不应该到参谋长会议上讨论的问题。然后，我们就占领德国的《基本协定》讨论了很长时间。莱瑟斯已经到首相那里去告状，说我们的文件没有充分考虑进口方面的需要，那个胖子正在发火！首相发来了责备的便条，但基于错误的事实，与实际情况完全不符。罗尼·威克斯来吃午饭，看上去脸色不太好，必须让他马上休假。

下午2点半，召开了英美联合参谋长委员会会议，结果比我预想的还要成功。最初的几个议题与盟军的合作有关，荷兰和法国要求向远东派遣特遣队，这些问题比较容易解决。然后，我们转到太平洋战区的指挥问题上，大家都谨小慎微起来，如履薄冰！我们提出获得太平洋战区四分之一的控制权，但美国人明显表现出不情愿。不过，马歇尔的发言讲得很好，指出了在太平洋指挥体系中存在的困难，以及简化程序和避免延误的考虑。他们会与我们讨论战略安排，但最终决定必须由他们自己做出。如果进攻东京平原的计划不适合我们，我们可以不参加，但是他们仍会继续进行。总的来说，我认为这次讨论消除了很多误会，秘书们现在应该能够起草出我们之间达成的某种形式的协议。

会议结束后，马歇尔邀请我们视察美军第2装甲师。这个师沿着一条大型"高速公路"排开，包括所有坦克、装甲车、自行式高射炮以及步兵部队。令人叹为观止的壮观景象。那些武器装备的震撼效果

---

① 1786年8月17日，腓特烈二世在书房的椅子上安然去世，享年七十四岁。——译者

给人留下的印象远比人员更为深刻。晚上和彼得·波特尔一起在湖里钓鱼。

7月19日

莱瑟斯参加了我们早上的参谋长会议，所有人都不大待见他。他一直在研究《基本协定》，这是我们与美国人所有合作项目的基础，某些条款与我们的进口计划有关。这些条款将我们与美国人达成合作的机会降低到了最低限度。此外，他是如此狡猾，说不准什么时候他就会让你失望。不过，我们最后建议，解决这个问题的唯一办法是，今天下午他自己去找美国的萨默维尔将军谈谈。他同意这样做，但我们不知道结果会是什么。午餐后，我们与美军参谋长进行了另一次会议，会议进行得很顺利，需要讨论的问题减少了很多。

喝完茶后，我们回到柏林，参观了举办奥运会的体育场，还去看了希特勒的地下掩体，他应该就是在那里自杀的。一个脏兮兮、毫不起眼的地方。外面的混凝土搅拌机、钢筋、木材、破碎的家具、弹痕、衣服等等，四处散落，混乱不堪。到了掩体下面，更是乱七八糟。尽管如此，还是能辨认出一间大客厅可能是用来吃饭的，一间为希特勒准备的书房，一间希特勒的卧室，有两间分开的浴室和厕所，连接到爱娃·布劳恩的房间。除此之外，还有发电机房、其他卧室、厨房和一间设备齐全的手术室。在外面，我们看了戈培尔及其家人尸体被发现的地方，以及希特勒尸体被发现的地方。不过，负责那里的苏联人说，他认为希特勒现在在阿根廷，爱娃·布劳恩并没有死，死的是戈培尔的一名情妇。我很好奇真相何时能够水落石出。我们还参观了纳粹空军部，并驾车游览了柏林。看到的地方越多，就越发现它被毁灭地有多么彻底。天气又变热了。显然，三方会谈进展顺利，取得了一些进展。

7月20日

又一次棘手的参谋长会议,有关《基本协定》和人员运输分配问题。内阁大臣和首相的要求与美军参谋长的观点要协调一致并不容易。有时,他们会期望我们为不可能的事情而辩论。去和蒙蒂一起吃午饭,他没多说什么,主要是担心我们可能会失去罗尼·威克斯。回来参加2点半和美军参谋长的会议,时间不长。然后去看望了住宿地的警卫部队,并为他们所做的一切表示感谢。晚上去听了皇家空军乐团的音乐会。

7月21日

相当充实的一天!从首相的住所出发,整个车队包括首相、安东尼·艾登、艾德礼、三位美军参谋长和两位英军参谋长、亚历山大、"巨人"威尔逊,当然还有蒙蒂陪着首相。我们去观看蒙蒂的第7装甲师("沙漠之鼠")在柏林夏洛特大街举行的胜利游行。我们到达看台对面,然后乘坐卡车巡视部队。首车上是首相、安东尼、莱恩①和我。皇家骑兵团围绕着1870年普法战争胜利纪念碑排列,再过去是第4轻骑兵团、第11轻骑兵团、皇家工程兵等。在其他街道则是海军、步兵编队和皇家空军。我们回到看台上,然后部队列队走过。我想这一切所代表的意义本该令我激动不已。在我面前的这支英国军队来自埃及,经过了北非和意大利,最后到达法国(这个作战历程是我一直所主张的战略的一个真实写照),现在正行进在从前德国军队踢正步的地方!但不知怎么的,我却感到一阵阵寒意。

我们及时赶回波茨坦吃午饭,之后召开了参谋长会议,研究美国《租借法案》终止所引起的新的突发情况,以及我们提议的《基本协定》。下午3点半和美军参谋长开会,由于他们最新提议的文件,会议

---

① 里维斯·欧文·莱恩(Lewis Owen Lyne, 1899—1970),英国陆军少将。——译者

没有多大进展。下午4点15分,会议结束了,我和波特尔冲向机场,那里有一架飞机在等着我们。下午5点,我们飞行了450英里,途经马格德堡、卡塞尔、法兰克福,到达雄高附近的一个机场(距离慕尼黑西南30英里)。我们大约在晚上8点15分到达那里,比德尔·史密斯派了一名军官迎接我们。我们驱车前往上阿马高①,一个距离这个叫作阿尔特瑙的地方只有6英里的村庄。当地的客栈已经为我们安排妥当,非常舒适。沿途的风景很美,丝毫没有受到战争的影响。我们匆匆换好衣服后去钓鱼,一直钓到晚上11点。钓了几条鳟鱼,但大多数都很小。到了午夜,我们都心满意足地上床睡觉了!

7月22日

早上5点起床,匆匆吃完早饭,然后出去钓鱼直到中午12点钟。我们又钓到了少量的小鱼,不过这条河已经被太多的美国士兵毁掉了,他们到处用虫子钓鱼。由于德国党卫军此前也一直在用手榴弹炸鱼,这里钓鱼的条件已经被破坏得很严重,但是仍然相当不错。周围的环境是最令人陶醉的,健壮的棕色牛群,牛玲声清脆悠扬,郁郁葱葱的松树林,令人感受到一种原始野性之美。前一天晚上,我们看到了一只狍子,今天早上,我看到一只雄鹿在离我30码的地方过河。中午12点我们返回,洗了个澡,刮了胡子,收拾清爽。然后去了比德尔·史密斯的狩猎小屋,他在那里招待我们吃了一顿丰盛的午餐。他正在那里疗养,不过看起来还是不太好。我们在下午3点左右离开,回到客栈时,发现飞行员留言说,柏林天气不好,他想早点儿出发。我们喝了一杯咖啡,然后乘坐一辆吉普车,以每小时40英里的速度颠簸了20英里!6点15分上了

---

① 上阿玛高(Oberammergau),德国巴伐利亚州南部的一个小镇,傍依安珀河(Amper)流经的谷地。小镇以每隔十年演出大型耶稣受难剧(Passion Play)而闻名。当地民居建筑的外墙有彩色装饰壁画,亦为著名的景观。——译者

飞机,开始返回450英里以外的驻地。途中十分颠簸。晚上9点15分降落时,我们发现这里遭遇了一场小型龙卷风,大量树木被刮倒,机库的屋顶也被掀起来了,还死了一名苏联人!!

7月23日

在10点半我们自己的参谋长会议上,讨论了美军参谋长对分配缴获船只新提出的修正方案。然后继续与美军参谋长开会,解决了大部分悬而未决的问题,只剩下了《基本协定》,这个问题要看首相就《租借法案》和援英计划与总统谈判的情况。

下午1点半,我们与首相共进午餐,只有三位参谋长、莱瑟斯、伊斯梅和稍后才来的安东尼·艾登。首相的想法让我彻底崩溃了!他看到了美国"合金管"① 秘密爆炸试验结果的最新报道。美国人的小题大做影响了他,结果就是让他头脑发热!认为现在苏联人已经没有必要参加日本战争了,光是新的炸弹就足以解决这个问题了。此外,我们现在手中多了一些筹码,可以打破与苏联之间的平衡!这种炸弹的秘密以及使用它的能力,将会彻底改变自德国战败以来摇摆不定的外交平衡!现在我们有了一个新的利器,它改变了我们的地位(说到这里他伸出了下巴、皱起了眉头),现在我们可以说,如果你再坚持要这样或要那样,我们就能把莫斯科给抹平,然后是斯大林格勒,然后是基辅,然后是古比雪夫,卡尔霍夫,塞瓦斯托波尔等等。苏联人这会儿跑哪儿去了!!!

我试图打击他基于实验结果产生的过于乐观的想法,却被他轻蔑地

---

① 合金管工程(Tube Alloys),是二战期间英国与加拿大合作研制原子弹的工程代号。由于成本高昂,而且英国处在德国的轰炸之中,根据1943年8月魁北克会议上达成的协议,"合金管工程"被纳入美国主导的"曼哈顿工程"。尽管英美达成了共享核武器技术的协议,但美国并没有向英国提供其完整细节,而苏联则通过间谍获得了有价值的资料,研发出原子弹与氢弹。1946年,美国政府出台《原子能法案》终止了核合作,促使英国重新启动自己的研发计划,并在1952年成功进行了核试验。1958年英美两国再次恢复核武器技术的合作。——译者

反问我为什么要小看这些发明的作用。我试图打消他的幻想,像往常一样,他不喜欢这样。但是,他被一个尚不成熟的实验结果彻底扭曲了外交方面的预期,让我感到不寒而栗!午餐时,安东尼·艾登在与莫洛托夫和伯恩斯开会讨论过之后,气急败坏地回来了,我担心他会让我更加沮丧。在我看来,尽管他很讨人喜欢,但他似乎总是抓不住重点。

花了一下午时间阅读"三巨头"的会议记录,它们读来十分有意思,但有一个事实愈发明显,那就是什么问题都没有解决!!

晚上,温斯顿举行了一场盛大的晚宴,出席晚宴的有斯大林、杜鲁门、艾登、莫洛托夫、伯恩斯、马歇尔、金、阿诺德、莱希、坎宁安、波特尔、我、伊斯梅、亚历山大、蒙哥马利、艾德礼、布里奇斯、朱可夫、安东诺夫、莫兰等人。十分丰盛的晚宴,还有皇家空军乐队进行演奏,但不时被没完没了的讲话打断。杜鲁门和安东诺夫一起来给我敬酒,我不得不回应,并提到了斯大林在雅尔塔的祝酒辞"只要战争不停止,他们就是万众瞩目的中心,战争一旦停止,就会被遗忘——我们的战士们"。我说这些话的时候,仔细观察了安东诺夫的脸,看看他是否已经忘记了,很高兴看到他并没有。我其实是在提醒那些政客和外交官们,即使是到了和平时期,士兵们也会有用武之地的。最后,我提议为希望干杯,也许是一个难以实现的希望,希望士兵们在和平时期不会被遗忘!!这得到了斯大林的回应,他立刻回应说,士兵们永远不会被遗忘。晚宴结束后,大家纷纷在菜单上签名留念,我走过去请斯大林签名,他转过身来,看着我,非常友好地微笑着,在签名前热情地与我握手。等乐队演奏完所有的国歌后,我们就回去睡觉了。

记录下温斯顿对原子弹消息的反应,以及我截然相反的反应,是很有意思的。温斯顿对它在未来国际力量平衡中价值的评判肯定比我准确得多。但让我担心的是,他总是热衷于任何新鲜事物,有关第一次原子弹爆炸的只言片语就令他头脑发热了。他只管想象自己有能力消灭苏联全部的工业和人口中心，而不考虑相关联的问题，比如原子弹的运送，批量生产，苏联人可能也拥有这样的炸弹等等。他立刻想象出了一幅美妙的画面，把自己当成这些东西的唯一主人，可以随心所欲地投掷炸弹，威力无穷，这样一来，他就可以向斯大林发号施令了！他的这种态度激发了我所有的反感情绪，让我没有充分认识到这种新发明的重要意义。

7月24日

又是忙碌的一天，但总的来说是令人满意的。从10点半的参谋长会议开始。然后11点半在总统住所召开全体会议，他和首相都有出席。在和罗斯福多次会过面之后，我对这次与杜鲁门的第一次会面非常感兴趣。总的来说，我喜欢他，虽然不像他的前任那样性情温和，但是他的头脑敏捷，给人一种诚实的感觉，一个颇务实的人，性格开朗。昨晚，斯大林在一次简短讲话中曾经这样评价他："诚实使人高尚"，他说得不错。我们通过了最终版的报告，一切都搞定了。莱瑟斯和查韦尔自己也被《基本协定》搞得晕头转向了，结果引起了美国人深深地怀疑，因此首相最终答应下来的条款，还不如我们最早提出来的那么有利。

午饭之后，下午2点半，我们和苏军参谋长召开了三方会议。会议在萨西林霍夫宫召开，曾经的王储行宫。会议气氛相当友好。安东诺夫告诉我们，苏联准备在8月参战。我们怎样才能阻止日本军队在满洲集结？马歇尔和金从美国人的角度回答了他的问题，我和坎宁安、波特尔接着谈了我们的作战方案。然后大家返回住地，因为蒙巴顿已经到了，我们已经安排好，在5点半的时候让他给我们和美国人做一次简报。报告做得一塌糊涂，他的目的就是为了展示他在缺少一切作战装备的情况下所创造的奇迹。最后，参加了金举办的晚宴，与美军参谋长一起，随后去新波茨坦宫听皇家空军乐队的演奏。在我的要求下，他们为我演奏了亨德尔的广板，非常动听。

　　至此，我们的英美联合参谋长委员会会议就结束了，在柏林！！在战争伊始，我们做梦也不敢想象有一天能在这里会面。如今我们到了这里，我却感到如此精疲力竭，就像做好了饭，却一口儿都不想碰。这一切都让人觉得虚空。我感到非常非常累，疲惫不堪。

　　这是我们所有会议中最轻松的一次。过去的战争已经结束了。不需要再为阻止美国人过早横渡英吉利海峡而苦苦斗争了。不再有战争把他们引到北非并留在那里。不再有战争让他们穿越西西里岛到达意大利，也不再有战争要他们留在意大利直到关键时刻，所有这些都已经成为历史。

　　现在只剩下太平洋的问题需要协调，由于在这个战区，他们一直占主导地位，因此更多的是顺应他们的战略。回顾这次会议，我依然清楚地记得当时笼罩在心头的那种莫名其妙的平淡。我有一种感觉，在这样重要的历史时刻，我内心的反应好像不太正常。在经历了这么多年的不懈斗争、那些无比绝望的时刻、那些令人崩溃的失败、那些希望的曙光、那些接连不断的胜利之后，当大结局终于来临时，它却似乎归于平淡，没有点燃我本应期待的热情之火。毫无疑问，那时的我已经极度疲惫，这本身或许就足以解释我为何对我们的胜利如此的波澜不惊。

7月25日

　　上午10点半，我们乘坐"约克号"开启回家的旅程。在返程前，我们绕着柏林飞了几圈，从空中看看这座城市，我们能够感受到毁坏的程度。我们的旅程花了三小时十分钟的时间，但是时钟却要倒退两个小时，这让我在午饭前还有充足的时间处理陆军部的工作。然后，花了一个下午的时间整理过去的文件，把落下的工作补上。现在我发现自己的脑子已经转不动了，每篇文章都要读两三遍才能理解它。

7月26日，伦敦

在我们看来，波茨坦会议显然已经结束了！保守党政府已经完全败北，彻底退出了！要是温斯顿听了我的劝告，无论如何他会一直待到年底的！但是我的忠告于他而言不过是人微言轻！！！现在他离开了，还有珀西·詹姆斯·格里格。我将来要和谁打交道呢，艾德礼？他担任首相，谁又担任陆军大臣呢？我觉得自己太老了，没有兴趣再开始任何新的尝试。

从长远来看，这可能都是为了英格兰的利益，任何一届执政的政府都不会永远在台上。但是，在世界历史的这个节骨眼上开始选举是多么可怕的错误啊！愿上帝保佑英格兰。

7月27日

告别的一天！首先是参谋长会议，迪基参加了，没有太大贡献。午饭后，我和陆军大臣谈了很长时间。这是一个令人难过的决定，我不愿看到他离开。我们在一起合作得很好，我对他越来越了解，也越来越欣赏他的优秀品质。我真的很喜欢他，我们的分别令我十分难过。下午5点半，不得不和其他参谋长一起去唐宁街10号见温斯顿。这是一次充满悲伤和气氛感人的会议，我发现自己无法说得太多，因为害怕情绪失控。面对这样的打击他表现得反倒很坚强。

之后开车回家，路上顺便去看望亚历山大，他将在周一动身前往意大利。在家吃晚饭的时候，埃里克·霍斯金来了，明天要用他的隐蔽棚拍照，他为我做了详细的说明。

一想到我和温斯顿一起工作的日子就要结束了,我就深受打击。我们曾经相处得非常别扭,有时我甚至觉得无法再和他多待上一天,但是在我们患难与共的时候,我们之间已经形成了一种钢铁般的纽带,将我们联结在一起。在这场旷日持久的战争中,我们是如此紧密地联系在一起,若非存在着深厚的友谊,我们不可能一直并肩战斗下去;如果不是这样,只有一种选择,那就是分开。毋庸置疑,温斯顿一定经常会觉得再也无法忍受我了,即便是现在,我仍然感到奇怪,当我们之间发生某些分歧的时候,他为什么没有换掉我。在一场处于绝对劣势的艰苦战争中并肩战斗,并最终赢得胜利,没有什么比这更能将两个人紧密联系在一起了。

　　在阅读这些日记时,我一再为曾经对他的辱骂而感到羞愧,尤其是在最后几年。不过,必须记住,我的日记是我所有压抑情绪的安全阀和唯一发泄口。这是长期与一群疲惫至极的人打交道,难免产生摩擦而带来的负面情绪。在最近几年里,温斯顿已经变成一个孱弱多病的人,反复得肺炎,而且经常发烧。这种身体状况再加上精神上的疲劳,是我和他打交道时遇到困扰的原因所在,我在日记中没有充分考虑到这一点。和他一起工作的那些年,是我生命中最艰难、最辛苦的几年,我将永生难忘。尽管如此,我还是感谢上帝给了我与这样一个人一起工作的机会,让我看到这个世界上偶尔也有这样的超人存在。

　　这次选举对我来说是一个双重打击。一边是温斯顿的离去,另一边是珀西·詹姆斯·格里格。让珀西·詹姆斯在战争期间掌管陆军部,的确是上帝对我的眷顾。能找到一个我愿意与之共事的人很难。帝国总参谋长在战争中的地位处于两难之间,他必须听命于两个主人。按照《圣经》的说法,这是不可能的[①]。对此我应该订正一下,遇到出色的主人

[①] 源自《圣经·新约·马太福音》。原文为:"一个人不能侍奉两个主。不是恶这个爱那个,就是重这个轻那个。你们不能又侍奉神,又侍奉玛门('玛门'是'财利'的意思)"。——译者

战争日记(1939—1945)　　1103

这也是可能的。如果说在战争期间我之所以能够做到这一点，那应该归功于我的其中一位主人的态度——陆军大臣，尽管另一位主人——首相并不总是对这个三方机构的顺利运作发挥好作用。起初，我的确感觉到珀西·詹姆斯对我在参谋长委员会的工作，以及我与首相直接联系有一定程度的顾虑。不过，自从我得到他的信任，并向他保证会随时告知我和首相的一切活动之后，我在所有的工作中都得到了他的无私帮助和宝贵建议。他是我见过的头脑最敏捷的人之一，即使在很短的时间里，也能轻松洞悉全局。我知道当我向他咨询时，总是会得到最有价值的建议。最重要的是，我发现他具有这样的品格，人们越是了解他，就越能认识到他那种坚定不移的正直品质。在和他一起工作的这些年里，我越发欣赏他的这些品质，并对他产生了真挚的深厚感情，这使得我们的离别十分痛苦。

当战争进行到这个阶段，失去了这两位老朋友，让我倍感凄凉和孤单，已经无心恋战了。

7月28日

8点半在白狮酒店见到了霍斯金，然后立刻前往隐蔽棚。一个离地26英尺高的大建筑！不过离鸟巢不到12英尺。有三只小鸟。9点之前，我安顿下来。10点45分，雌鸟第一次回来，在窝里喂了十分钟小鸟。12点15分，她又回来了，并在那里停留了将近十分钟。我拍了很多照片，希望它们都不错。这是一个极好的机会，我相信这是小隼第一次被拍摄到彩色照片。

7月29日

在家中，一个安静的星期天。

7月30日

一如往常的周一，一大早就出发了，留下我珍贵的柯达胶卷，用心祈祷它们是好的！参谋长会议很短，之后去拜访阿克曼，从索伯恩的速写里挑选其他的插图。下午很安静。我们仍然不知道谁将担任我们的陆军大臣。我必须说，一想到要和一个新的人重新打交道，就让我瑟瑟发抖！

7月31日

参谋长会议不长，但是因为联合情报委员会的加入而变得有意思起来，他们警告说希腊北部边境战争的阴云密布。七个南斯拉夫师靠近边境，后面还有更多，十九个保加利亚师，所有在保加利亚的苏联人，大约有三十五万到四十万人。这看起来太像强权政治了，令人不快。同时，外交部像往常一样摇摆不定！最初，告诉我们说派一支一万人的军队到希腊支持希腊政府，我说要达到他们希望的结果，至少需要八万人。结果我被礼貌地告知，我对那里的情况一无所知，因为这是一个政治问题，一万人足够为希腊政府提供必要的支持。到头来，我们已经派了大约九万人到希腊！！！

现在已经派兵进入希腊，在其国内恢复法律和秩序，而我们被告知，这些部队也被要求去保卫希腊边境！！我们现在越陷越深，一个任务又牵出另一个，都在要求投入越来越多的兵力，而我们并不具备这样的能力。与此同时，我们接到指示，要求加快部队复员的速度！

午饭后，弗赖伯格来看我，我和他聊了很长时间，关于新西兰部队加入帝国特遣部队，参加对日作战的问题。他总是关注些细枝末节，想要让他纵览大局很难。

8月1日

早早起床，7点半之前就和洛里动身，向小隼的巢进发！9点15分，我再次登上距离地面22英尺高的隐蔽棚，很高兴自己能爬这么高！9点

45分,小隼回来喂食,我拍了大约100英尺的柯达胶圈,感觉都不错,我必须至少再拍一次喂食。但是不够幸运,我一直待到下午2点,它也没再回来!2点的时候,洛里和全家人都来了,我们开车回到公寓,然后喝了下午茶。我返回陆军部,洛里带你们去了桑盖特酒店,把你们交给南希。吉本过来吃晚餐。晚上,弗赖伯格来找我,向我保证他是指挥进攻日本部队的唯一合适人选!

8月2日

参谋长会议非常短,之后整理了上个星期六拍摄的珍贵的小隼照片。可以说拍得相当不错,十分开心。下午,先是会见了富兰克林,和他告别,然后是刚从意大利回来的"猴子"摩根。最后和辛普森谈了很长时间,计划派遣一个军作为我们的帝国远征军进攻日本,由英国、加拿大和澳大利亚各一个师组成。

8月3日

亚当来吃午饭,有关人员任命的问题和我商量了很长时间,他觉得吉法德作为他的继任者,因为年龄因素可能做不了太长时间。晚上,去桑盖特酒店与南希·迪尔、你和孩子们一起度过8月份法定假日的周末。

8月4、5、6日

天气很好,游了几次泳。6号晚上返回,因为蒙蒂要来吃晚饭。我和他讨论了陆军部可能的人事调整,他有可能在几个月之后接替我的职务。

8月7日

度过了漫长而疲惫的一天。先和蒙巴顿以及澳大利亚集团军的劳埃德①召开了一次参谋长会议。后者相当出色，头脑清晰。蒙巴顿一如既往地稀里糊涂，浪费了我们许多时间。总是盯着些无关紧要的问题，不断重复自己的观点，还抓不住重点。很少能找到像他这样搞不清楚自己本职工作的总司令了。午饭后，召开了遴选委员会会议，蒙蒂也参加了。

然后是我们的第一次工党新内阁会议！我们被要求谈谈战略形势！我只好发言，先从占领区开始，然后是整个世界形势等等。贝文、威尔金森女士②等人问了我许多问题。他们所有人大都从政治的角度考虑问题，而不是军事目的。内阁大换血，出现了许多新面孔，不过也有一些熟悉的面孔仍然在那里，比如艾德礼、贝文、斯塔福德·克里普斯、莫里森和亚历山大。

我还记得，当时艾德礼主持会议的效率令我印象深刻。他不像丘吉尔给人一种天赋禀异的感觉，但是更加务实高效。会议按照议程进行，虽然面对着一群有些难缠的人，他依然能够有条不紊。我们的工作完成得迅速而高效。

8月8日

简短的参谋长会议，然后和我们新的陆军大臣杰克·劳森③进行了一次谈话，给他介绍了今天下午要召开的国防委员会会议的情况。格拉塞特来吃午饭，一如往常地谈笑风生，和他一路步行返回陆军部。蒙巴

---

① 赫伯特·威廉·劳埃德（Herbert William Lloyd，1883—1957），澳大利亚陆军少将。——译者
② 爱伦·西塞利·威尔金森（Ellen Cicely Wilkinson，1891—1947），英国工党政治家。——译者
③ 约翰·詹姆斯·劳森（John James Lawson，1881—1965），英国工党政治家，"杰克"（Jack）是昵称。——译者

战争日记（1939—1945） 1107

顿在那里等着我。像平常一样，他总是给我提出些"火中取栗"的要求，他希望我去和第一海务大臣交涉，从太平洋舰队抽调航空母舰给他用！我没接他的茬儿，让他把自己的事干好。然后我们参加艾德礼主持的首次国防委员会会议。出席人员有首相、贝文、陆军大臣、海军大臣、空军大臣、参谋长们和迪基·蒙巴顿。总的来说是一次成功的会议，解决了所有需要解决的问题。晚上，陆军委员会在克拉瑞芝酒店为斯利姆和波纳尔举办晚宴。我第一次见到贝伦格①，内森勋爵也在。

8月9日

和作战参谋们开了一次相当长的参谋长会议，讨论为准备进攻日本而必须采取的最后行动，希腊边境的局势也有所缓解。

在开胃酒餐厅吃了午餐，与洛里和辛西娅一起。然后去见了阿奇博尔德·索伯恩夫人，她很是客气，给我看了索伯恩的一些写生作品，还把他的老熟人统统都讲给我听。她已经给了我一张公牛图，还坚持要再给我一张齐灵厄姆②母牛给它作伴！另外她还给我看了一张马鹿的素描。这位可爱的老太太非常高兴和一个真正对她丈夫画作感兴趣的人讨论他的画。

返回陆军部，与奥托·隆德负责的皇家炮兵指挥官们开会。然后和斯利姆见了一面，他即将前往印度。我和他反复讲了我对"女歌手将军们"和"电影明星将军们"的厌恶，希望他会把这件事放在心上。最后，和你一起与布莱克海军上将（美国海军首席联络官）共进晚餐，向即将离开的老斯塔克告别。怀南特、安德鲁·坎宁安和妻子也参加了。

---

① 弗雷德里克·约翰·贝伦格（Frederick John Bellenger，1894—1968），英国工党政治家。——译者
② 奇灵厄姆（Chillingham），英格兰诺森伯兰郡的一个村庄，因养殖牛而闻名。——译者

8月10日

对日战争中值得纪念的一天！①

今天的参谋长会议很长，蒙巴顿也参加了，我发现只要他一出现，就很难保持心情愉快！他是我在参谋长委员会中见过的最令人讨厌的人，总是纠缠在一些无关紧要的事情上，浪费别人的时间。

就在午餐前，BBC插播收到日本的和平提议，宣称接受《波茨坦公告》。不过，还有一个相当含糊的条件，关于保留天皇的特权。下午3点，首相召开内阁会议，审议这份提议。斯塔福德·克里普斯和乔维特②表达了他们法律角度的意见。内阁一致认为，这主要看美国人的态度，如果他们认为关于天皇的条件是可以接受的，我们就应该同意。我不得不发言，说明为使投降生效所必须采取的各种措施。还是一个挺复杂的问题！4点钟，参谋长被允许退出内阁会议，我们在5点又召集了一次参谋长会议，联合作战参谋也参加了。我告诉他们大致的情况，让他们在星期天晚上之前准备好一份文件，做好应对周一早晨可能出现的各种情况。给蒙巴顿、各自治领的电报，给外交部、自治领事务部的通知等等。其中当务之急是派兵迅速占领香港。下午6点，我们完成了所有准备工作。

随后返回陆军部，处理完紧急文件，从伯克利接了南希·迪尔，又从公寓接了你，然后出发去桑盖特度周末。

8月11和12日

享受在海边度过的美好周末，游了三次泳，十分放松和惬意！星期天晚上，与你和孩子们返回伦敦，刚好赶上吃晚饭。

之后就开始忙着处理各种信件、电报和参谋们起草的文件。一切顺

---

① 8月6日和9日，美国分别在广岛和长崎投下原子弹。
② 威廉·乔维特（William Allen Jowitt，1885—1957），英国政治家、律师。——译者

利，给日本的答复已经发出，现在等待他们最终的认可。与此同时，我们针对日本投降的行动方案也在进行中。麦克阿瑟作为驻日最高司令，太平洋舰队司令弗雷泽作为我们的代表配合他。派去香港的部队也在安排中，还包括建立一支英联邦占领军的详细计划。

难以想象，在下周结束之前，对日战争就可能宣告结束！

8月13日

外交部和东南亚司令部的代表参加了参谋长会议，会议开了很长时间，讨论有关日本投降的必要部署。然后和你还有孩子们一起吃午饭。下午，国防委员会就同一问题召开会议，参加会议的有赫伯特·莫里森、贝文、陆海空军三位大臣、自治领事务部，殖民地事务部，劳工和运输部。我对我们提出的所有建议做了大致说明。

晚上，霍斯金和他的妻子来吃饭，观看小隼的彩色影片。霍斯金赞不绝口，十分开心。

8月14日

早上，看到了三位参谋长加封男爵的公告！当你看到其他的诸多男爵和子爵之流时，就会纳闷这是否真的是一种荣誉和奖赏！

联合情报委员会参加了参谋长会议，我们和外交部的卡文迪什-本汀克①道别，他即将担任驻波兰大使。彭戈来吃午饭。下午的时候，哈利法克斯来看我，我们谈了很长时间。晚上和即将返回华盛顿的斯塔克共进晚餐，与他依依惜别。刚刚在午夜广播中听到日本接受投降条件的宣告！！这真的是战争的结束吗？

---

① 维克多·卡文迪什-本汀克，波特兰九世公爵(Victor Cavendish-Bentinck, 9th Duke of Portland, 1897—1990)，英国贵族、外交官。此处原文为驻莫斯科大使，应属笔误。——译者

8月15日

战争结束已成定局。无比漫长的六年，艰苦卓绝的斗争，紧张焦虑，希望破灭，无尽的绝望，和温斯顿无休无止的摩擦，等等，等等，都结束了！当我回首那些最黑暗的时刻，几乎无法相信眼下的事实。万千心绪之中，有一种最为强烈的愿望，那就是对上帝的无限感激，感谢他的指引，带领我们走到今天。在整个战争期间，始终都能感受得到他的指引。

早上，不得不以国王副官的身份出席议会的开幕式。我从未参加过这样的仪式，有些意思但没有鼓舞人心的感觉。午饭后，到斯托里门与首相、贝文、赫伯特·莫里森和格林利会合，一起前往王宫。其他几位参谋长，"巴哥犬"伊斯梅和布里奇斯也在那里。我们被带到国王面前，与他短暂会谈，和欧洲胜利日的时候一样。随后，战时内阁成员和参谋长委员会成员分别与国王拍照。回到陆军部，会见了麦克里利和陆军大臣。后者再次要求我继续留任一年，我也再次提出到今年年底视情况再定。他还告诉我，他希望尽快访问印度。最后和你一起回家，期待明天的拉克希尔之行。

8月16日

早上9点半，和洛里一起离开家，开车前往拉克希尔，观看奥托·隆德的演习。愉快的一天，演习非常精彩，"炮手长"米尔恩勋爵、"科帕"芬利森、克罗克和阿兰·坎宁安也参加了。大约下午6点返回陆军部，在晚饭前又工作了两个小时。

8月17日

戈特来吃午饭。我觉得他看上去并不太好。他对巴勒斯坦的相关问题很感兴趣。晚上开车回家的路上，顺便去给洛奇看新书中他画的插图。

8月18日

在家中,度过了清净的一天。

8月19日

提早吃了中饭,下午1点钟和你一起离开家,开车前往白金汉宫。从那儿,你开车带着波特尔夫人和坎宁安夫人前往圣保罗大教堂。我与坎宁安和波特尔则乘坐一辆由四匹栗色马拉着的"兰道"马车①上,随同国王的车队前往圣保罗大教堂。这种感觉很有意思,看着两边拥挤的人群而不是其中的一员!一到大教堂我就找到你,和你一起参加仪式。随后再次返回由三辆"兰道"组成的车队,一辆是国王和王后,一辆是侍女和兰塞尔,还有一辆是我们。国王和王后一到王宫就派人来请我们,像往常一样平易近人。然后,坎宁安开车送我去女士们所在的卡尔顿俱乐部,在那里我们再度会合,驱车前往哈特利温特尼。

8月20日

如常早起。很长的参谋长会议。整个下午访客不断,霍巴特、埃利斯,来讨论原子弹的科学顾问,陆军部秘书长,埃里克·斯皮德和阿奇·奈。

8月21日

香港问题,以及如何在中国或者美国军队到达之前由英国军队解放香港,成为参谋长会议讨论的主要内容。不管怎么说,我认为问题正在

---

① 兰道马车(Landau carriage),一种四轮敞篷豪华型的城市马车,车厢低矮,便于展示乘客及他们的服饰和装扮,这一特点使其成为英国某些城市举行欢迎或庆典仪式时的热门选择。——译者

逐渐解决。下午，作为成员首次参加了一个新的委员会会议，由约翰·安德森领导的，研究原子弹的未来发展。我们有一群奇怪的科学家，但它肯定是一个非常有意义的委员会。最后去参加了一个雪莉酒派对，为从中国回来的陈纳德接风。

8月22日

简短的参谋长会议，我们决定关于投降进程的时间安排，蒙巴顿必须听从麦克阿瑟的意愿。即先等待东京投降，然后才是边远地区的投降。马丁将军来吃午饭。午饭后会见了杰克·惠特克，他刚刚结束对缅甸和印度的访问。然后又觐见了从印度回来的国王。福蒂斯丘、斯特拉和斯坦顿来共进晚餐。

8月23日

今天的参谋长会议是以闭门内部会议的形式召开的，讨论参谋长委员会的未来、我们自己的继任者和我们可能的离任时间。大家都赞成在明年一到三月份期间结束我们的任期。以下是可能的继任者：

海军参谋长——托维太固执，约翰·坎宁安是最佳人选，弗雷泽经验稍有欠缺。

空军参谋长——特德是最佳人选，斯莱塞也不错，不过最好再等几年。

帝国总参谋长——从陆军的角度来说，蒙蒂足以胜任，但是在陆军中的人缘太差。阿奇·奈能力出众，但在陆军部已经待了七年，必须有些外部的工作经验。在这两个人中，波特尔和坎宁安都强烈支持蒙蒂。

"巴哥犬"的国防大臣参谋长——只有两个名副其实的候选人。"甜心"霍利斯或是伊恩·雅各布。"巴哥犬"喜欢前者，我个人觉得雅各布当然最合适。不过，海军陆战队可能需要霍利斯。

和阿尔巴在西班牙大使馆吃午饭。温斯顿本来应该来的，但他没有出现。出席的还有葡萄牙大使、奥利弗·斯坦利、博比蒂·克兰伯恩、莫顿和几个西班牙人。像往常一样，这是我吃过的最好的午餐之一。和陆军部秘书长谈了很长时间，关于陆军委员会和高级指挥官未来的人事调整。一件非常困难的事情！最后和洛里夫妇一起出去看音乐剧《我和我的女孩》，相当搞笑。

8月24日

一次超长的参谋长会议，我们在香港解放之后的指挥问题上无法达成一致！波特尔和我想要交给迪基·蒙巴顿，坎宁安希望交给参谋长委员会。最后我们不得不把它留到下周一再讨论。亚当来吃午饭，他感到相当内疚，因为他让部队复员的速度已经超过了我们带他们回家的能力！晚上回家。

8月25、26日

在家中，美好的周末。

8月27日

早起。参谋长会议上又一次为香港问题争得热火朝天，我觉得我们距离解决问题并没有更近一步！下午，施莱伯和刚从埃及回来的佩吉特来访，后者带来许多棘手的问题。

8月28日

今天早晨，在参谋长会议上舌战群儒，想要让另外两位参谋长认识到外交部关于希腊政策的危险性，他们现在提出我们既要担负起边境防卫的任务，又要在国内承担支持政府、维护社会治安和食品配给的任务。海军和空军的人怎么可能懂得陆地作战的问题呢，真是让人伤脑筋！你和孩子们来吃午饭，我们的聚餐很开心。和劳森又谈了一次，我不知道如何才能让他搞明白自己的职责任务是什么！！

劳森对我来说是个大难题，他是最有魅力的男士之一。一个虔诚的人，原则性很强，魅力十足，但完全不懂军事。这份工作对他有什么要求，他丝毫没有概念，在我看来，要让他搞明白这一点是不可能的。我感觉，光是向他简要介绍内阁会议上的各种讨论议题，就已经超出了我的能力范围。据我所知，他从来没有读过我们分送给他的任何文件，我怀疑即使他读过这些文件，也不一定会搞得更明白。他是个很有魅力的人，我对不能给他提供更多帮助而苦恼不已。另一方面，他和珀西·詹姆斯·格里格之间的反差是巨大的！我和珀西·詹姆斯讨论任何问题，都能得到最好和最有价值的建议。现在一切都过去了。幸运的是，我的这份工作现在容易多了，战争结束了，和艾德礼一起工作比和温斯顿一起工作也要容易得多。

8月30日

忙了一整天，却不知道都在忙些什么！自治领事务部的代表参加了上午的参谋长会议，讨论澳大利亚的最新声明，要求单独派一支占领军部队进驻日本。我们建议再尝试一下，劝澳大利亚加入我们的英联邦联合部队。他们想要自己独立出去。自治领事务部没有表现出多少反击的勇气。韦维尔来吃午饭，我向他建议，应该推荐奥金莱克当陆军元帅，他同意我的观点。下午，参加了贝文召集的地中海特别委员会会议，尽管我们没有取得太多进展，但他像往常一样很开心。

8月31日

参谋长会议之后,请佩吉特一起吃午饭,他气色很好,我们的谈话收获很大。晚上开车回家。

译后记
现代史上最重要也是最具争议的战争日记

英国是二战的战胜国之一,但这场大战也可以被认为是日不落帝国走下神坛的落幕之剧。尽管如此,帝国在这场大戏中依然英雄辈出,除了众所周知的蒙哥马利,实际上还有一位层级更高、整体贡献更大的人物,他是智将,擅长战略谋划,与马歇尔一样是盟军战略操盘手之一;他也是勇将,履历丰富、战绩骄人,是个上上下下、方方面面都服气的实战派;他习惯诤言直谏,敢于顶着丘吉尔不让他"瞎指挥";他爱惜人才,乐于提携后进,对蒙哥马利有知遇之恩。他就是英国陆军元帅、二战时期大英帝国总参谋长艾伦·布鲁克。他喜欢写日记,也文采斐然。1939年9月至1945年8月间,他把每天的战斗和生活经历,以及一些重要的感想、评论都记录下来,几乎是"知无不言、言无不尽",因此具有极为宝贵的史料价值。这段记录便成了这本《战争日记》。

一、阅历丰富、能文能武的军事全才

艾伦·弗朗西斯·布鲁克,艾伦布鲁克一世子爵(Alan Francis Brooke, 1st Viscount Alanbrooke, 1883—1963),出身于爱尔兰裔的军事贵族世家,1883年出生于法国西南部的巴涅尔-德比戈尔,在波城上学,一直在法国生活到十六岁。1902年,布鲁克毕业于伍尔维奇皇家军事学院，被分配到皇家炮兵部队。一战时曾协同法军和加拿大部队作战，1918年9月任第1集团军炮兵一等参谋。一战结束后，布鲁克在1923年调到坎伯利参谋学院担任教官。1927年进入帝国国防学院进修。1929年2月任炮兵学校校长。1932年3月任帝国国防学院教官。1934年4月任第8步兵旅旅长。1935年11月任陆军部炮兵总监。1936年8月任陆军部军事训练处处长。1937年11月任机械化师师长。1938年7月任防空军军长。1939年4月任防空司令部司令，7月任本土军南方司令部司令。

从两次世界大战之间的服役经历来看，布鲁克在军中的阅历不可谓不丰富，既有一线部队主官，也有主力兵种首长，既有一线实战部队，也有军事教学岗位，尤其是还有着那个年代新兴兵种——机械化部队和防空部队的任职经历。这一切，都为他二战期间从如云将星中脱颖而出、成为英军主帅奠定了扎实的基础。二战爆发后，布鲁克于1939年9月3日，也就是英国对德国宣战的当日被任命为第2军军长，辖蒙哥马利第3师和约翰逊第4师，随英国远征军开赴法国作战。1940年6月，在敦刻尔克大撤退之后，布鲁克又临危受命，担任了英国第二远征军司令，再赴局势已危如累卵的法国阻击德军，组织残余部队撤退，当月底回国后曾短暂任本土军南方司令部司令，7月被任命为本土军总司令，负责预防德国可能发起的入侵登陆。1941年12月，丘吉尔提名布鲁克出任大英帝国总参谋长，一直到1946年6月，期间他主导了二战时期英国的绝大多数重大战争决策，出席了战时同盟国召开的一系列重要国际会议，对赢得战争胜利做出了重大贡献。

二、让丘吉尔又爱又恨的"倔老头"

丘吉尔是个很难"伺候"的老板，而且因为前期战事不利，大英帝国总参谋长频繁更换。在布鲁克之前担任总参谋长的是陆军元帅约翰·迪尔（John Dill，1881—1944），他为人周到，性格温和，但是与强势的丘吉尔气场不合,被揶揄为"磨蹭",后来被丘吉尔一脚踢到华盛顿担任英军联合参谋团团长。接下来因为专业能力突出,给丘吉尔留下深刻印象的艾伦·布鲁克进入他的视线。但是丘吉尔万万没想到,这下子给自己找了个难缠的"冤家"。担任大英帝国总参谋长的时候,布鲁克已经四十八岁,也算是"入阁拜相"了,但他绝不是那种四平八稳、见风使舵的循吏和官僚。相反,布鲁克有个性、有主见,谋事公忠体国,敢于坚持原则,厌恶官僚主义,甚至不惜顶撞和触怒同样个性极强、固执己见的丘吉尔,从而避免了许多战略决策上的失误,译者觉得这可能也是丘吉尔在二战期间始终信任、重用这个"倔老头"的原因。

因为写日记时并不考虑要发表,布鲁克在里面如实记载了他与丘吉尔之间时常发生的分歧和争吵,以及他对丘吉尔的不满、批评甚至是挖苦。1950年代,布鲁克重读日记的时候,追忆往事,扪心反思,又添加了不少评论和批注(书中均以楷体标注以示区分),但他依然没有打算公开发表。后来,丘吉尔出版了二战回忆录,将很多布鲁克和诸位参谋长的想法说成是自己的,为了还原历史真相,布鲁克才同意发表其日记。由著名历史学家阿瑟·布莱恩特编辑,于1957出版了《历史的转折》(*The Turn of the Tide*),主要基于1939至1943年的日记;1959年出版了《西线的胜利》(*Triumph in the West*),主要基于1943至1946年的日记。由于其日记中包含了许多对丘吉尔、戴高乐、马歇尔、艾森豪威尔等盟国首脑和高级将领的尖刻批评,尤其是对丘吉尔,而且这些人当时都在世,日记发表后引发了巨大争议,丘吉尔的夫人曾专门发表声明进行回应。2001年,英国基尔大学的亚历克斯·丹切夫和剑桥大学的丹尼尔·托德曼将1939年9月28日至1945年8月31日的布鲁克日记原本内容再次汇编,其中包括布鲁克1950年代添加的、但在阿瑟·布莱恩特版本中被隐去的评论和批注。此次翻译的,就是布鲁克的完整版日记,包括他1950年代重读日记时添加的评论和批注。

布鲁克在日记里的评论有多"带劲儿",这里我们引用一个片段。1940年8月19日,当时还是本土军总司令的布鲁克与时任陆军大臣安东尼·艾登会见了流亡英国的"自由法国"领导人夏尔·戴高乐,留下了非常不好的印象。在1950年代重读日记时,布鲁克在当天的日记下面如此评价戴高乐:"不管他有什么高贵的品质,一切都已经被他傲慢的态度、妄自尊大的性格以及缺乏合作精神所毁于一旦……不管讨论什么,他都把解放法国当作是我这里的问题,他则全神贯注于一旦法国解放如何大权在握、掌控全国!更不好的是,他的司令部完全没有任何保密意识,因此几乎不可能与他讨论任何下一步措施。"

三、二战盟军战略的幕后操盘手

二战时期,除了美国负责的太平洋战场之外,盟军在欧洲、非洲、大西洋的绝大多数战略规划,都是布鲁克直接参与、亲手制订的,有时候甚至是力排众议坚持下来的。比如为广大军迷朋友们所熟知的"地中海战略",也就是从北非进攻欧洲南部的战略计划,根据一般史料的记载,都认为是丘吉尔在1943年1月的卡萨布兰卡会议上首次提出的,语言大师丘吉尔称地中海战略为打击欧洲"柔软的小腹",以极为形象的说法使之广为流传。事实上,地中海战略是布鲁克1941年就任大英帝国总参谋长之初就始终坚持的主张,并为此与希望尽早实施横渡英吉利海峡作战的美国军政高层领导人发生了激烈争论,这也是二战期间英美双方最大的战略分歧之一。

1941年12月3日,刚刚就任总参谋长职务的布鲁克在日记里写道:"上午10点半召开参谋长会议,会上'巴哥犬'伊斯梅带来了首相的一份备忘录,大意是准备把第18师和第50师投入到俄国人的南部防线去!艾登将在莫斯科之行中向斯大林提出这个意向!这有可能意味着终止利比亚战役,然而我很确信我们的作战总方针应该是从政治上、军事上倾尽全力,尽快赢得北非之战。在此基础上,可以重新打开地中海,并对意大利发起进攻。"

在 1950 年代重读日记的时候,回首往事,布鲁克为自己的战略判断正确而感到欣慰,他又在那天的日记下面批注道:"有意思的是那天是 12 月 3 日,我上任的第三天,我已经有了一个清晰的总体思路。那时美国都没参战,也压根不可能预见到后面在阿尔及利亚和摩洛哥的联合登陆。不过我心中已经下定主意要扫清北非,打开通往地中海之路,否则在此之前不可能有足够运力支持一场大规模作战。令人欣慰的是回首过去,这项思路在经历众多波折和反对之后被付诸实施了。"

四、蒙哥马利人生路上的伯乐

在二战的璀璨将星中,英国陆军元帅蒙哥马利称得上最耀眼的之一。其实,蒙哥马利是个出名的"刺头",个性鲜明,极度自我,颇难相处,他有一项"非凡"的本领,就是以各种欠考虑的言行把他的上司惹毛。早年在桑德赫斯特皇家军事学院读书时,发生过一件颇能预示蒙哥马利未来性格和行为的"趣事",这位未来的元帅点着了一位同学的衬衣下摆并将其严重烧伤,为了这桩恶行,元帅被勒令休学了一年。但蒙哥马利将才难得,他勇气过人,敢做敢当,思维缜密,意志坚定,笃信胜利来自一丝不苟的计划和完备的后勤保障;尤其是作为一线作战部队主官,他有着卓越的训练和鼓动能力,颇受基层官兵爱戴,这也正是布鲁克欣赏蒙哥马利的地方,视其为心腹爱将,既严格要求,又一路栽培提携。可以说,没有布鲁克,就没有后来风头出尽的蒙哥马利。这些,日记中多有记载。

比如,1939 年 8 月,二战爆发前夕,蒙哥马利调任第 2 军第 3 步兵师师长,随军长布鲁克远征法国。期间,随性的蒙哥马利闯了个不小的祸,他发表了一则措辞有严重问题的通告,结果被国教和红十字会的高级牧师一路投诉到总司令那里。负责处理此事的布鲁克一方面严厉批评蒙哥马利，另一方面尽量大事化小，苦心维护蒙哥马利在部队里的威信。他在日记里写道："我也向蒙哥马利指出，他师指挥官的位置已经被这次错误所严重动摇，绝对无法再次承受更多此类打击了。同时我也告诉他，我对他的军事业务水平评价很高，相应地对文字水平评价却很低！他非常虚心地接受了我的批评。我想这应该对他有帮助。他真是用胡言乱语和荒唐文字糟蹋他的军事才能，真是可惜极了。"

1942 年 8 月，在北非战局的关键时刻，布鲁克极力举荐蒙哥马利出任第 8 集团军司令，此后蒙哥马利率部转战北非、西西里和意大利，一路凯歌高奏，这是他从众将领中脱颖而出的关键一步。1944 年 1 月，蒙哥马利调回国内筹备实施诺曼底登陆，任盟军第 21 集团军群总司令兼"霸王行动"盟军地面部队总司令，后一职务兼任到登陆成功之后的 8 月，因为与艾森豪威尔争夺地面部队指挥权而被解除。但 9 月份布鲁克就推荐蒙哥马利晋升陆军元帅，至少在军衔上盖过了当时只是四星上将的盟军最高司令艾森豪威尔，给蒙哥马利挽回了不少面子。

而习惯了犟头倔脑的蒙哥马利，对布鲁克这位有知遇之恩的"老首长"也是颇为买账，可以说是言听计从。1944 年底，盟军在德军的"西墙"齐格菲防线受阻，希特勒也在阿登地区准备发起最后一次大规模反击，反攻欧洲战事打到了最紧张的阶段，远在比利时前线指挥部的蒙哥马利有时候会专程飞回来，在布鲁克家附近的公路上冒险降落，找"老首长"共商大计。布鲁克在 1944 年 11 月 26 日的日记里写道："蒙蒂从比利时飞回来了，上午 11 点半在哈特福德那边的公路上降落。我派了辆轿车把他接到费尔内街，在他又飞回去之前聊了一个小时。他来商量法国战场的情况，想找到解决问题的最佳路径。我们商定有以下三个最基本的问题需要纠正：

a. 首先是美国人那要命的'全线出击'战略。

b. 避免在中部的阿登地区形成一个孤立的集团军群，组建一南一北两个集团军群，而不是眼下的三个。

　　c. 任命一位地面部队的总司令。

　　问题是如何将其付诸实施。我们想要的是布拉德利当地面部队总司令，蒙哥马利当北部集团军群的司令，巴顿的集团军还留在该集团军群里——用巴顿的第 3 集团军替换第 9 集团军——还有让德弗斯指挥南部集团军群。蒙蒂周一要去见艾森豪威尔，如果他提出这个话题，蒙蒂就抛出上述建议。与此同时，我会去找首相谈一回，建议请马歇尔过来商议上述问题。如果不做出一些调整，我们只有听天由命了，天知道这场仗要打到什么时候才能结束！"

五、多情未必不丈夫

　　布鲁克深爱着自己的家庭，在外征战和旅行时候写的日记里面，时常会看到他对爱妻和孩子的思念。在伦敦的时候，那些虚头巴脑的文牍工作让他厌烦，他有时甚至想着法子提前结束那经常纯粹是浪费时间的公务，只是为了早点儿回家陪陪老婆孩子，日记里留下了许多温馨感人的生活片段。

　　1925 年的时候，布鲁克开车发生事故，第一位夫人琼·理查德森就死在了他的身边，留下一双儿女。或许正是这段悲惨的遭遇，让布鲁克倍加珍惜家庭生活。1929 年，布鲁克与一位寡妇贝尼塔·丽丝结婚，又添了一儿一女。到 1939 年二战开打的时候，第二场婚姻刚刚好满十年。在布鲁克写给丽丝看的日记里面，经常感恩上帝赐予他的这十年是如此之幸福美满，文字之细腻令人感动，也可以想象丽丝读到之后的甜蜜。让我们看看本书开头的第一篇日记，1939 年 9 月 28 日，布鲁克率领第 2 军横渡英吉利海峡，在"希舍姆贝尔法斯特号"运输船抵达法国之后写道："船已抛锚靠岸，现在我出来走走。那里离我们当年观赏'施耐德杯'中参赛飞机展翅翱翔的地方很近。这把我活生生地带回到我们携手共度的那些岁月。最近几天,我脑海中一遍又一遍地回映这些场景,在郡县酒店共进晚餐,一起驶回桑格罗夫。我并不敢过多回忆这些,以免自己会垮掉。难以想象的十年幸福时光就从那时开始,我无法告诉你这十年里你对我的影响有多大。"

布鲁克热爱自然,钓鱼和打猎是他最喜欢的消遣。他还是著名的鸟类研究学者,对拍摄鸟类照片尤其拿手,日记里记下了很多他观察鸟类和收集禽鸟图册的片段。1949 至 1961 年,布鲁克担任过皇家鸟类保护协会副主席,从 1954 年起还是皇家摄影协会的荣誉会员。从总参谋长的岗位上退下来之后,布鲁克又担任过几家企业和银行的管理职务。战后他和家人搬到过去家里园丁的乡下房子居住,一直到他 1963 年 6 月因心脏病去世。有外文资料上称他们是出于经济上的考虑,但是根据译者对作者性格和爱好的了解,他们更有可能是想远离喧闹、归隐田园。1961年,布鲁克的小女儿凯瑟林在骑马事故中不幸遇难,令他的晚年充满悲伤。

译者:章和言,修道石
于 2021 年 8 月,上海

Alan Francis Brooke
WAR DIARIES 1939 – 1945

图书在版编目(CIP)数据

战争日记:1939 – 1945/(英)艾伦·弗朗西斯·布鲁克(Alan Francis Brooke)著;章和言,修道石译. —上海:上海译文出版社,2023.5
书名原文:WAR DIARIES 1939 – 1945
ISBN 978 – 7 – 5327 – 8952 – 8

Ⅰ.①战… Ⅱ.①艾… ②章… ③修… Ⅲ.①艾伦·布鲁克—日记 Ⅳ.①K835.615.2

中国国家版本馆 CIP 数据核字(2023)第 100958 号

战争日记(1939—1945)
[英]艾伦·弗朗西斯·布鲁克 著 章和言 修道石 译
责任编辑/张吉人 装帧设计/张志全工作室

上海译文出版社有限公司出版、发行
网址:www.yiwen.com.cn
201101 上海市闵行区号景路 159 弄 B 座
山东韵杰文化科技有限公司印刷

开本 890×1240 1/32 印张 35.25 插页 14 字数 748,000
2023 年 8 月第 1 版 2023 年 8 月第 1 次印刷
印数:0,001—4,000 册

ISBN 978 – 7 – 5327 – 8952 – 8/K・298
定价:168.00 元

本书中文简体字专有出版权归本社独家所有,非经本社同意不得连载、摘编或复制
如有质量问题,请与承印厂质量科联系。T:0533 – 8510898